향가해독신사
鄕歌解讀愼思

향가해독신사

鄉歌解讀愼思

양희철 지음

보고사

머리말

이 책 『향가해독신사(鄕歌解讀愼思)』는 향가 25수의 해독을 어문학적(語文學的)으로 신사(愼思)하여 한 단계 높이기 위하여 썼다.

향가의 해독은 100년이 넘었다. 그 결과 많은 문제들을 해결하였다. 그러나 선행 해독들을 읽으면서 보면, 이해가 잘되지 않는 부분들도 적지 않다. 이 부분들의 문제를 해결하려면, 이 부분들에서 무엇이 문제인가를 명확하게 알아야 한다. 이를 크게 보면, 다음과 같이 여섯 문제로 정리할 수 있다.

첫째는 원전비평의 문제이다. 이 원전비평의 문제는 어학적 해독과 문학적 해독이 모두 당면한 문제이다. 일부 선행 해독들이 원전비평을 하였으나, 좀더 정치하면서도 적극적이고 집중적인 원전비평이 필요하다.

둘째는 표기와 표현의 수단인 당시의 한자음과 한자의의 문제이다. 향찰은 당시의 한자음과 한자의를 빌려서 만든 문자이다. 이로 인해 그 당시의 한자음과 한자의를 모르면 향찰을 해독할 수도 없다.

셋째는 표기와 표현의 대상인 형태소의 문제이다. 아무리 그 당시의 한자음과 한자의를 잘 알아도 그 당시의 형태소가 이미 소멸된 것이라면 그 의미를 알 수가 없다.

넷째는 향찰 운용법의 규범을 얼마나 정리하였는가의 문제이다.

이 둘째, 셋째, 넷째 등은 어학적 해독이 주로 다루는 영역이지만, 어학적 해독은 물론 문학적 해독에서도 당면한 문제임에 틀림이 없다.

다섯째는 향찰 운용법의 규범을 일탈한 경우에, 그 일탈의 이유와 의미를 검토해 보았는가의 문제이다. 이 문제는 수사법 및 겸독(兼讀)과 연결된다는 점에서, 시를 시이게 하는 시성(詩性)을 얼마나 알고, 해독에서 이 시성을 얼마나 살렸는가의 문제이다.

여섯째는 해독된 작품의 내용이 배경설화의 문맥과 일치하거나 문맥에 부합하는가의 문제이다.

이 다섯째와 여섯째는 문학적 해독이 주로 다루는 영역이지만, 문학적 해독은 물론 어학적 해독에서도 당면한 문제임에 틀림이 없다.

위에서와 같이 향가 해독이 당면한 문제를 여섯 가지로 정리하고 보면, 향가 해독이 당면한 문제를 해결할 수 있는 방법은 너무나 자명해진다. 어학적 해독과 문학적 해독을 함께하는 어문학적(語文學的) 해독을 하는 것이다. 물론 이 어문학적 해독에는 원전비평도 포함된다. 이에 따라 책을 6부로 나누어서 기술을 하였다.

제1부인 서설(序說)과 향찰의 기본적 이해에서는, 「서설」과 「향찰의 기본적 이해」의 2편으로 나누어서 정리를 하였다. 제2부인 원전비평에서는, 향가 25수의 원전비평의 문제를 해결하기 위하여, 「오자 30제」, 「누락자 9제」, 「서로 연계된 누락자와 연자 36제」 등의 3편으로 나누어서 정리를 하였다. 제3부인 중요한 문제 향찰의 어학적 해독: 향찰 운용법의 규범을 준수한 문제 향찰에서는, 어학적 해독이 주로 당면한 문제들을 해결하기 위하여, 「소멸된 한자음의 문제 향찰」, 「소멸된 형태소와 한자음의 문제 향찰」, 「신구음이 교체되거나 혼용된 문제 향찰」, 「의독자의 문제 향찰」, 「의독자와 음독자로 겸용된 문제 향찰」 등의 5편으로 나누어서 정리를 하였다. 제4부인 중요한 문제 향찰의 문학적 해독: 향찰 운용법의 규범을 일탈한 문제 향찰에서는, 문학적 해독이 주로 당면한 문제들을 해결하기 위하여, 「수사법과 연계된 문제 향찰」과 「잉여코드도 겸독한 문제 향찰」의 2편으로 나누어서 정리를 하였다. 그리고 제5, 6부에서는 작품별 해독의 문제를 해결하기 위하여, 『삼국유사』와 『균여전』에 수록된 향가를 작품별로 해독을 하였다.

이렇게 향가 25수를 대상으로, 어학적 해독과 문학적 해독을 아우른 어문학적 해독으로 향가를 해독하면서, 어문학적 해독으로 향가를 해독하는 것이 얼마나 어려운 것인가를 체감할 수 있었다. 이 해독은 쉽게 얻은 것이 아니라, 적지 않은 시행착오를 거치면서 보완한 결과이다.

처음에 향가를 연구할 때에는, 권위 있는 선학들의 해독을 참고하였다. 그러다가 1980년대에는 처음으로 10구체 향가의 제9구 첫머리에 나오는 '歎曰, 打心, 城上人, 病吟' 등의 차사류(嗟辭類)를 해독하고, 규범을 일탈한 향찰들을 해독하려 하였다. 그리고 1990년대에는 소멸된 형태소의 향찰(攴/ㅂ)을 해독하고, 규범을 일탈한 향찰들을 중의법의 차원에서 해독을 하였다. 그 결과 차사류의 해독, 소멸된 형태소를 표기한 향찰의 해독, 중의법 및 복수의 텍스트와 연계된 향찰의 해독 등에서는 어느 정도 소기의 성과를 얻을 수 있었다.

동시에 뼈저린 후회를 하면서 연구 방법을 바꾸게 되었다. 즉 어학적 해독은 가급적 선행 해독에 의존하면서 행한 문학적 해독이 종종 너무나 허망하여, 더 이상 어학적 해독을 가급적 선행 해독에 의존하지 않고, 문제를 보이는 향찰의 어학적 해독은 직접 문제를 풀기로 하였다. 그 결과 2000년대에 들어오면서 20년 동안 소멸된 한자음의 향찰, 소멸된 한자의의 향찰, 소멸된 형태소의 향찰 등에서 적지 않은 것들을 얻을 수 있었다. 그리고 이 시기에 '夘/톳기'가 은유적 중의를 보인다는 사실과 '人米/ㄴ미'의 해독은 완서법과 연계되어 있다는 사실을 징리히고, 4자의 원전비평도 할 수 있었다.

이렇게 2020년까지 어문학적인 해독으로 향가 25수를 해독하면서 많은 것들을 얻었지만, 아직도 해결하지 못한 문제들이 많았다. 이 문제들의 해결을 다시 두 측면에서 시도하였다. 하나는 어학적 해독으로 읽을 수 있는 방법을 모두 시도해 보고도 문제를 해결하지 못한 경우에는, 문학적 해독의 측면에서 접근을 한 것이다. 이 경우에 향찰 운용법의 규범을 10가지로 정리하고, 이 10가지 규범을 일탈한 문제 향찰을 문체론적으로 문학적으로 접근하여 수사법과 연계된 문제 향찰과 잉여코드도 겸독한 문제 향찰을 해독할 수 있었다. 특히 잉여코드도 겸독한 문제 향찰의 해독에서는, 이런 시어의 운용법은 한유(韓愈, 당나라 시인)의 유명한 작품 〈증동유(贈同遊)〉와 최승로(崔承老, 고려 초의 시인)의 작품에서도 확인된다는 사실도 정리를 하였다. 다른 하나는 검토할 수 있는 거의 모든 어문학적인 해독으로도 해결하지 못한 경우에는, 원전비평의 측면에서 접근을 한 것이다. 그 결과 최근 4년(2022-2025) 동안 상당히 많은 원전비평을 8편의 논문으로 발표를 하였다. 그 결과 그동안 해결하지 못한 문제 향찰의 대다수를 해결할 수 있었다.

원전비평을 포함한 어문학적 해독으로 향가 25수를 해독한 결과, 이 정도까지라도 향가의 향찰을 새롭게 읽을 수 있었다는 점에서 필자는 즐거움을 느낀다. 게다가 이 책에서 논한 것들 중에는 향가 해독사에서 매우 중요하다고 생각할 수 있는 다음의 세 가지 사실도 포함하고 있다.

첫째는 75곳에서 원전비평을 하였다는 사실이다. 본론에서 보겠지만, 2015년까지 나온 원전비평 중에서 인정된 것은 12곳이다. 이렇게 지엽적으로 정리되어 온 원전비평을 적극적으로 집중직으로 검토하여 75곳(이 중에서 7곳은 기왕의 오류설이 보인 논지와 논거의 부족한 점들을 보강하여 설득력을 더한 것들이다.)에서 오류를 정리하였다는 사실이다. 특히 오자와 누락자의 정리에서는, 원전비평으로 눈을 한 번만 돌려도 쉽게 발견할 수 있는 상당수의 오자와 누락자를 정리하고, 서로 연계된 누락자와 연자에서는, 서로 연계된 누락자와 연자가 서로 서로 상대 연자와 누락자를 확인하게 하면서 그 확신을 더하게 하는 것들을 정리하였다는 사실이다.

둘째는 무애 선생님과 김완진 선생님의 해독 이래로 최근까지 어학적 해독의 영역에서 드러난 네 가지 문제를 해결하였다는 사실이다. 그 하나는 소멸된 한자음의 향찰들을, '臻'섭에 속한 소멸된 한자음의 향찰들(根/곤, 斤/곤), '山'섭에 속한 소멸된 한자음의 향찰들(遣/곤, 反/분), '蟹'섭에 속한 소멸된 한자음의 향찰들(體/텨, 第/뎌, 齊/뎌, 抔/弥/며, 制/뎌 등등), '梗'섭에 속한 소멸된 한자음의 향찰(省/쇼), '曾'섭에 속한 소멸된 한자음의 향찰(等/돈) 등에서 밝히고, '止'섭에 속한 소멸된 한자음의 향찰들(賜/시, 史/시, 事/시, 次/지 등등)에서는 그 논거를 한국 한시의 압운자에서 보완한 것이다. 다른 하나는 소멸되거나 소멸되고 있는 한자의를 이용한 향찰들(將/아/어/여, 頓/믓)의 논거를 보완하거나 밝힌 것이다. 또 다른 하나는 소멸된 형태소를 보여주는 향찰들(攴/ㅂ, 惡攴/압, 乎攴/옵, 多攴/답, 如攴/답, 叱/'시-', 叱/'-실', 賜/'시-' 등등)을 밝힌 것이다. 마지막 하나는 신구음(新舊音)이 교체되거나 병용된 향찰들(喩/두/디, 尸/리/ㄹ/시/ㅅ 등등)을 밝힌 것이다. 이 중의 상당수는 무애 선생님과 김완진 선생님의 해독 이래로 최근까지도 문제를 보여온, 문제의 8대 향찰이라 할 수 있는, '遣, 攴, 叱, 內(=納), 將, 頓, 尸, 反' 등에도 속한 것들을 해결한 것들이어서 그 의미가 매우 크다고 할 수 있다.

셋째는 향가의 해독에서 문학 전공자들이 집중적으로 해야 하고, 다른 분야의 전공자들보다 잘할 수 있는 '문학적 해독'의 영역을 정리하고 구체적으로 해독을 하였다는 사실이다. 시를 시이게 하는 시성(詩性)은, 어학 전공자들이 주로 다루는 향찰 운용법의 규범을 준수한 향찰과는 거의 관계가 없으며, 문학 전공자들이 주로 다루어야 하고 주로 다루는 향찰 운용법의 규범을 일탈한 향찰과 연계되어 있다. 이 향찰들은 시를 시이게 하는 시성을 잘 보여주는 시어들의 수사법들(단일 수사, 비중의적 복합 수사, 중의적 복합 수사 등)과 연계된 향찰들과, 잉여코드도 겸독한 6유형의 향찰들이다. 이 향찰 운용법의 규범을 일탈한 향찰들에 대하여, 어학적 해독에서는 관심을 두지 않았고, 향찰 운용법의 규범을 준수한 향찰들에 주로 관심을 가지면서, 말음첨기 및 훈주음종(또는 의주음조)과 같은 향찰 운용법의 규범을 정리하는 데 머물렀다. 그리고 문학 전공자들 역시 이 향찰 운용법의 규범을 일탈한 향찰들에는 관심을 거의 보이지 않았고, 필자만이 관심을 보여왔다. 이 시성을 살린 해독까지를 할 때에, 우리는 향가의 향찰을 표준어 또는 일상어가 아니라, 시어로 해독하는 것이 된다. 이런 '문학적 해독'의 영역을 정리하고 구체적으로 해독을 하였다는 사실은 해독사에서 매우 중요한 사실이라고 생각한다.

이상의 세 가지 사실은 향찰의 해독사에서 매우 주목되는 사실로, 필자가 이 책을 내면서 즐거워하는 것들이다.

이 즐거움을 향유할 수 있도록, 향찰을 지도해 주신 김상억(金尙憶) 은사님과 정연찬(鄭然粲) 은사님의 고은(高恩)에, 평생 공부를 할 수 있도록 도와주신 조부님과 부모님의 홍은(鴻恩)에, 무한한 감사를 드린다. 그리고 종심(從心)을 훌쩍 넘긴 연치에도 항상 물심양면으로 옆에서 공부를 도와주고 있는 집사람에게도 다시 한번 고마움을 표한다.

끝으로 좋은 책을 만들어 주신 보고사의 김흥국 사장님과 이찬형 대리님께도 감사를 표한다.

2025년 8월 27일
백련이 청아한 좌구산록에서
양 희 철

차례

머리말 … 5

제1부
서설과 향찰의 기본적 이해

서설(序說) ... 19
1. 연구 목적 ... 19
2. 연구사와 문제 제기 ... 22
3. 연구 방법과 한계 ... 29

향찰의 기본적 이해 ... 36
1. 서론 ... 36
2. 녹법의 종류와 체계 ... 39
3. 제자 원리의 종류와 체계 ... 46
4. 운용법의 규범과 일탈의 전경화 ... 55
5. 결론 ... 72

제2부
원전비평

오자 30제 ·· 77
   1. 서론 ·· 77
   2. 유사자로 잘못 쓴 오자(1) ·· 79
   3. 유사자로 잘못 쓴 오자(2) ·· 111
   4. 동음자로 잘못 쓴 오자와 기타 ·· 127
   5. 결론 ·· 147

누락자 9제 ·· 149
   1. 서론 ·· 149
   2. 향찰음의 오해로 삭제된 누락자 ·· 150
   3. 첨가 위치의 오해로 삭제된 누락자(1) ·· 155
   4. 첨가 위치의 오해로 삭제된 누락자(2) ·· 166
   5. 결론 ·· 175

서로 연계된 누락자와 연자 36제 ·· 177
   1. 서론 ·· 177
   2. 『삼국유사』의 향가(1) ·· 178
   3. 『삼국유사』의 향가(2) ·· 210
   4. 『균여전』의 향가 ·· 239
   5. 결론 ·· 274

제3부
중요한 문제 향찰의 어학적 해독
– 향찰 운용법의 규범을 준수한 문제 향찰 –

소멸된 한자음의 문제 향찰 281
    1. 서론 281
    2. 斤/곤과 恨/혼 282
    3. 遣/곤과 反/분 285
    4. 焉/온과 省/쇼 289
    5. 결론 293

소멸된 형태소와 한자음의 문제 향찰 295
    1. 서론 295
    2. 攴/ㅂ 299
    3. 叱의 한자음 301
    4. 叱/시와 叱/실 309
    5. 결론 328

신구음이 교체되거나 혼용된 문제 향찰 330
    1. 서론 330
    2. 喩/두/디와 盻/글/홀 332
    3. 希/긔/희와 支/기/디 339
    4. 尸/리/ㄹ/시/ㅅ과 体/톄/텨 350
    5. 결론 375

의독자의 문제 향찰 377
    1. 서론 377
    2. 이체자(刕/톳기, 巴/잡)와 국자(閼/서둘) 378

3. 소멸된 한자의(冬/들/둘, 將/아/어/여) ················· 388

　　4. 복수의 한자의 1(頓/좃/못, 向/앗/안) ················· 411

　　5. 복수의 한자의 2(中/기/희, 白/힌/붉/숨/숩) ················· 419

　　6. 결론 ················· 426

의독자와 음독자로 겸용된 문제 향찰 ················· 429

　　1. 서론 ················· 429

　　2. 根/불휘/곤과 等/둘/든/ᄃ ················· 430

　　3. 賜/주시/시와 內/드리/ᄂ/니 ················· 442

　　4. 次/버그/지 ················· 451

　　5. 결론 ················· 467

제4부

중요한 문제 향찰의 문학적 해독
- 향찰 운용법의 규범을 일탈한 문제 향찰 -

수사법과 연계된 문제 향찰 ················· 471

　　1. 서론 ················· 471

　　2. 단일 수사 ················· 472

　　3. 비중의적 복합 수사 ················· 495

　　4. 중의적 복합 수사 ················· 502

　　5. 결론 ················· 515

잉여코드도 겸독한 문제 향찰 ················· 518

　　1. 서론 ················· 518

　　2. 전음독과 문맥적 의독의 겸독 ················· 522

　　3. 가의독과 문맥적 의독의 겸독 ················· 532

4. 실의독과 문맥적 의독의 겸독 540
5. 문맥적 의독과 동음이의적 음의독의 겸독 541
6. 동음이의적 음의독과 문맥적 의독의 겸독 542
7. 환유법적 가의독과 문맥적 의독의 겸독 542
8. 결론 548

제5부
『삼국유사』 향가의 작품별 해독

〈모죽지랑가〉 553
〈헌화가〉 592
〈안민가〉 605
〈찬기파랑가〉 642
〈처용가〉 673
〈서동요〉 701
〈맹아득안가〉 715
〈풍요〉 742
〈원왕생가〉 756
〈도솔가〉 775
〈제망매가〉 787
〈혜성가〉 819
〈원가〉 842
〈우적가〉 860

제6부
『균여전』 향가의 작품별 해독

〈예경제불가〉 893

〈칭찬여래가〉 913

〈광수공양가〉 935

〈참회업장가〉 954

〈수희공덕가〉 975

〈청전법륜가〉 997

〈청불주세가〉 1019

〈상수불학가〉 1041

〈항순중생가〉 1060

〈보개회향가〉 1079

〈총결무진가〉 1096

참고문헌 … 1115

찾아보기 … 1131

제1부

서설과 향찰의 기본적 이해

서설(序說)

이 글에서는 연구 목적, 연구사와 문제 제기, 연구 방법과 한계 등을 간단하게 정리하려 한다.

1. 연구 목적

이 책 『향가해독신사(鄕歌解讀愼思)』는 향가 25수의 향찰 해독을 어문학적 방법으로 신사(愼思)하여 한 단계 높이는 데 연구의 목적이 있다.

어문학적 방법이란 용어는 어학적 방법과 문학적 방법을 합친 말이다. 이 당연한 용어를 왜 새삼스럽게 논의하려 하는가는, 어문학적 방법을 다시 한번 확인하기 위한 것이다.

우리는 향가를 해독한다고 한다. 이 말은 향가를 문학으로, 좀더 좁게는 시로 해독한다는 말이다. 그러면 과연 우리는 향가의 해독을 문학으로 나아가 시로 해독하고 있는가를 스스로에게 물어볼 수 있다. 이 자문에 거의 모두가 나는 향가 해독을 문학으로 나아가 시로 해독하고 있다고 아무런 부담도 없이 답할 것이다. 그러면 용어를 바꿔서, 우리는 향가를 해독하면서 문학을 문학이게 하는 문학성(文學性), 나아가 시를 시이게 하는 시성(詩性, poeticalness)[1]을 얼마나 알면서, 얼마나 해독에 적용하고 있는가를 스스로

---

[1] 시성을 정리해 놓은 글(양희철 1997:30-31)을 인용하면 다음과 같다.
  시성(poeticalness)은 러시아 형식주의, 프라그 학파, 구조주의, 기호학, 수사학 등으로 이어지는 선상에서 발전하여 왔다. 이 시성은 러시아 형식주의 초기의 낯설게 하기(making strange, ostranenie), 후기의 비자동화(deautomatization), 프라그 학파의 전경화(foregrounding, akualisace) 등을 거치면서 야콥슨(Jakobson), 리파테르(Riffaterre), 에코(Eco), 리이치(Leech), 그룹 뮤(groupe μ), 플렌(Plett) 등등의 문체론자 기호학자 수사학자들에까지 이른다. 야콥슨에서는 시성 곧 시적 기능(poetic function)과 동의어가 되고, 리파테르에서는 문체 장치가 되고, 에코(1979:286-303)에서는 미적 텍스트가 되고, 리이치(1985:39-42)와 플렌(1985:59-62)에서는 일탈이 되고, 그룹 뮤에서는 문채(figure)가 된다.

에게 물어 볼 수 있다. 이 자문에는 아무런 부담도 없이 나는 문학성 나아가 시성을 잘 알면서 해독에 충분히 적용하고 있다고 자신 있게 대답할 수 있는 사람은 거의 없다. 결국 말로는 향가를 문학으로 나아가 시로 해독한다고 하면서, 실제에서는 향가의 문학성 나아가 시성을 거의 살리지 못한 어학적 해독을 하여 왔다고 할 수 있다. 이쯤 되면 향가 해독에서 왜 어학적 방법과 문학적 방법을 합친 어문학적 방법을 연구 방법으로 택했는가를 이해할 수 있을 것으로 판단한다.

어학적 방법은 선행 연구들이 철저하게 해온 것이어서, 여기에 필자가 새로운 해독을 한다고 하여야 이삭줍기를 크게 벗어나지는 않을 것이다. 이에 비해 문학적 해독[2]은

이 시성을 뜻하는 동의어들은 개념을 넘어서 작품에서는 구조적 자질들로 나타나는데, 이는 뇨스(Nöth 1990:354-359)에 따르면 세 가지로 정리되고 있다. 하나는 반복(recurrence)의 시성이고, 다른 하나는 일탈(deviation)의 시성이며, 마지막 하나는 수렴(convergence)의 시성이다.

반복의 시성은 주로 야콥슨의 작업에서 나타나며, 그의 유명한 시적 기능이 이를 대표한다. 이 시적 기능은 '전언 그 자체로 향한 경향(set, Einstellung)이고, 그 자체를 위하여 전언에 초점을 맞춘다.' 이때 초점 맞추기에는 두 종류가 있다. 하나는 전언의 개념적 의미와 관련된 의무적 본질적 기본적인 것이고, 다른 하나는 전언에 첨가된 비의무적 비본질적 부가적(잉여적)인 것이다. 전자는 전언 코드의 의무적 본질적 기본적인 자질들을 이용하지만, 후자는 전언 코드의 비의무적 비본질적 부가적(잉여적)인, 즉 가변적인 자질들을 이용한다. 이 후자의 잉여코드를 사용하는 것을 그랑제(Granger)는 잉여코드쓰기(surcodage)라 한다(테일러 Taylor 1981:46). 이 경우에 우리는 문학 특히 시는 시적 기능을 살린, 말을 바꾸면 잉여코드쓰기를 살린 문학이라 할 수 있다. 이 반복의 시성은 표현의 등가성과 내용의 등가성으로 분리되고 있다.

일탈의 시성은 세 가지로 정리된다. 하나는 문법적 규범들로부터의 일탈이고, 다른 하나는 기대(expectation)로부터의 일탈이며, 마지막 하나는 코드 규칙들의 파괴에 따른 일탈이다. 이 중에서 문법적 규범으로부터의 일탈은 문자 그대로 문법적인 규범으로부터의 일탈이다. 기대로부터의 일탈은 리파테르에 의해, 독자의 문맥적 기대로부터의 일탈로 정리되고 있다. 한편 코드 규칙들의 파괴에 따른 일탈은, 엠프슨(Empson)의 중의(Ambiguity)를 야콥슨이 시적 기능으로 해석하고, 다시 이를 에코(Eco)가 기호학적으로 다시 정리함에 의해 일탈의 영역으로 들어온다. 엠프슨의 중의는 코드 규칙들을 파괴하기라는 하나의 방식으로 규정되어야 한다고 정리하고, 시적 중의는 언어에서의 어떤 기대되지 않았던 유연성(flexibility)의 발견으로 독자의 주의를 집중시키고, 독자를 선동하기 때문에, 시적 중의는 미적 체험으로의 도입과 같은 것으로 규정한다. 이 규정에 따르면 중의는 일종의 일탈임에 틀림이 없다. 그리고 이와 같은 논리로 보면, 야콥슨의 시적 기능 역시 일상어의 기본적인 자질들 이외에 부가적인 즉 가변적인 자질들을 이용하는, 코드 규칙의 파괴라는 점에서는 일탈이라 할 수 있다.

수렴은 내용과 형식을 더이상 분리하지 않고 결합한 시성으로, 내용-형식의 의미론, 레빈(Levin)에 의한 결합(coupling), 그레마스(Greimas)와 여타 파리학파의 기호학자들에 의한 동위형태(isomorphy) 등으로 정리된다. 이것들 역시 일상어에서 발견되기 힘든 등가성을 조성시킨 것으로 일탈이라 할 수 있다.

또한 수사학자들이 보이는 문체를 플렛(1985:59-62)은 최소한 일탈로 정리하고 있다.

2 '향가의 문학적 해독'이라는 용어는 책 『고려향가연구』에서 처음으로 보인다. 이 책에서는 시어의 특성과 시가의 형식적 특성을 살린 해독을 문학적 해독으로 정리하였다(양희철 1988:115-117). 그리고 이

선행 해독에서 보여준 것들이 별로 없어 적지 않은 것을 밝힐 수 있으리라고 생각한다. 특히 향찰의 어학적 해독이 주로 다루는 표준어 또는 일상어의 규범을 넘어서, 향찰의 문학적 해독이 수로 다루는 시어의 특성인, 시성(詩性, 시를 시이게 하는 성질)과 연결된, 규범의 일탈을 해독에서 규명하면서 적지 않은 것을 밝힐 수 있으리라고 생각한다.

향찰 해독에서 시성을 중시한 해독이 전혀 없었던 것은 아니다. 『삼국유사 향가연구: 詩性과 鄕札式 思考를 중심으로』(양희철 1997)에서 시성을 중시한 해독을 시도하였다. 이 책에서는 소기의 목적을 어느 정도 달성하였지만, 적지 않은 의구심을 불러일으키기도 했다. 그 이유를 지금에 와서 생각해 보면, 다음의 세 가지로 정리할 수 있다.

첫째는 시성을 중시한 문학적 해독을 자유자재로 논의할 만큼 원전비평이 이루어져 있지 않았다는 문제이다. 제2부인 원전비평에서 정리하겠지만, 75곳에서 오류를 정리할 것이다. 25편으로 계산할 때에, 한 작품당 세 곳에서 오류가 발견되는데, 이를 정리하지 않고, 시성을 중시한 문학적 해독을 자유자재로 논의를 할 수는 없다. 이로 인해 오류를 포함한 향찰을 대상으로 시성을 중시한 문학적 해독을 논의한 곳에서는 의구심이 발생할 수밖에 없었다. 대표적인 예로 '爾處米'(〈찬기파랑가〉)를 들 수 있다. 원전비평에서 보겠지만, '爾處米'의 '爾'는 '彌'의 오자인데, 이런 오자를 수정하지 않고 문학적 해독을 할 때에, 그 문제는 두 말할 필요도 없다.

둘째는 시성을 중시한 문학적 해독을 자유자재로 논의할 만큼 어학적 해독이 진전되어 있지 않았다는 문제이다. 어학적 해독에서 양주동 이래로 최근까지 문제를 보여왔던 대표적인 향찰에는 '攴, 叱, 遣, 內(=納), 將, 頓, 尸, 反' 등의 여덟이 있다. 이 문제 향찰의 대다수를 어학적 해독에서 바르게 이해하지 못한 상태에서, 시성을 중시한 문학적 해독을 자유자재로 논의를 할 수는 없다. 이로 인해 어학적 해독이 정리되지 않은 향찰을 대상으로 시성을 중시한 문학적 해독을 논의한 곳에서도 의구심이 발생할 수밖에 없었다.

셋째는 시성을 중시한 문학적 해독을 전반적으로 체계적으로 논의를 하지 않고 중의법을 중심으로 논의를 하였다는 문제이다. 논의를 중의법을 중심으로 하였기에 중의법과 관련된 시성의 정리에서는 많은 것을 얻었지만, 나머지 많은 시성을 정리하지 못한 취약점을 보여주었다. 그리고 『고려향가연구』의 경우에, 잉여코드의 해독에서는 논리가 미약한 취약점도 보여주었다.

용어는 논문 「향가의 문학적 해독」에서도 보이는데, "이 글에서 문학적 해독이란 용어는 어학적 해독의 성과를 시어와 시문법이란 측면에서 살펴본다는 소박한 의미에서 쓴 말이다."(임기중 1996:18).

이 세 문제는 이제 거의 해결될 수 있을 것 같다. 첫째 문제는 제2부에서 해결할 수 있고, 둘째 문제는 제3부에서 해결할 수 있으며, 셋째 문제는 제4부에서 해결할 수 있을 것으로 판단한다.

이에 이 책에서는 향가 25수의 해독을 어문학적 입장에서 신사(愼思)하는 데 연구의 목적을 두고자 한다. 본래 목적은 향가 25수의 해독을 어문학적 입장에서 명변(明辯)하는 데 있었으나, 이에까지는 이르지 못한 것 같아, 신사(愼思)로 하였다.

2. 연구사와 문제 제기

향찰 해독을 어문학적으로 접근할 때에, 크게 5영역으로 나눌 수 있다.

첫째는 원전비평의 영역이다. 이 영역은 어문학의 공통 영역이다.

둘째는 향찰을 해독하기 위하여 당시의 한자음(漢字音)과 당시의 한자의(漢字義)를 밝히는 영역이다.

셋째는 향찰을 해독하기 위하여 독법(讀法)과 제자(製字) 원리의 종류와 체계를 밝히는 영역이다.

넷째는 향찰 운용법에 나타난 규범을 밝히고, 이에 둘째 영역과 셋째 영역에서 밝힌 내용을 기초로 하여, 향찰을 어학적으로 해독하는 영역이다.

다섯째는 향찰 운용법의 규범을 일탈한 문제의 향찰들을 문학적인 측면에서 해독하는 영역이다.

연구사와 문제 제기를 앞에서 제시한 5영역으로 나누어서 정리하면 다음과 같다.

2.1. 원전비평

향가의 원전비평은 두 영역으로 나뉜다. 하나는 향가의 분절과 관련된 영역이고, 다른 하나는 향찰과 관련된 영역이다. 전자는 앞의 글(양희철 2020)로 돌리고, 후자만을 보자.

향가의 향찰과 관련된 원전비평은 오구라와 양주동에서부터 시작되어 꾸준히 검토되어 왔다. 선행 연구들이 보인 원전비평의 결과를 이체자, 오자, 누락자, 연자 등으로 나누어 정리하면 다음과 같다.

이체자의 경우에 선행 연구들이 보인 결과를 정리해 보자.

'礼(=禮), 仏(=佛), 灯(=燈), 尽(=盡), 体(=體), 皃(=貌)' 등이 괄호 안에 있는 본자의 약자라는 사실은 오구라의 징리 이래로 인정되었고, 일부의 '巴(=把), 內(=納), 爾(=弥, 尒)' 등도 최근에 약자로 인정되거나 인정되어야 할 것들이다. 그리고 '苐(=第), 㓛(=功), 北(=北), 过(=邊), 夘(=卯)' 등은 속자 또는 이체자로 정리된 것들(양희철 2020)이다.

이체자/속자의 정리에서, '攴'을 '支'의 속자 또는 이체자로 본 경우들도 있다. 이는 음과 훈/의가 같고, 글자 모양만 다른 것이 이체자/속자인데, 음과 훈/의가 다른 '攴'을 '支'의 이체자/속자로 본 것은, 이체자/속자와 오자의 개념을 혼동한 것에 불과하다. 그리고 주목을 받지 못하고 있으나, 꼭 유념해서 기억할 것은 '內'의 일부 7자가 '納'자의 약자(신재홍 2000)라는 사실이다. 이 納의 약자를 인정하고 읽을 때에, 어형이나 음에서 사소한 문제를 보이기도 하지만, 이것만 수정하면 문맥이 매우 잘 통한다. 이체자의 연구에서 돋보이는 연구이다.

오자는 적지 않은 향찰에서 논의되어 왔다. 그러나 그 설명과 문맥으로 보아, 오자로 인정되었거나 인정될 수 있는 향찰은 그렇게 많지 않다. 겹친 글자를 각각 한 자로 계산하면 15자(양희철 2020:33-36)로 정리되었는데, 그중에서 문제가 있는 네 자[3]를 제외하고, 나머지 11자만을 인용하고, 1자를 더하면 다음과 같다.

  知右如(〈안민가〉)의 '右'()古, 오구라 1929; 양주동 1942 등등)
  臣多支(〈안민가〉)의 '支'()攴, 김완진 1980; 양희철 1997 등등)
  隱安攴(〈찬기파랑가〉)의 '攴'()支, 오구라 1929; 양주동 1942 등등)
  放冬矣(〈맹아득안가〉)의 '放'()於, 정열모 1965; 김선기 1968c 등등)
  (以攴)如攴(〈원가〉)의 '攴'()支, 오구라 1929; 양주동 1942 등등)
  間王冬留(〈칭찬여래가〉)의 '王'()毛, 신재홍 2000; 김지오 2012 등등)
  卜以支(〈참회업장가〉)의 '支'()攴, 김완진 1980b; 양희철 1997 등등)
  嫉妬(〈수희공덕가〉)의 '妬'()妒, 양주동 1942; 지헌영 1947 등등)

---

3 '隨攴行齊'(〈모죽지랑가〉)의 '攴'()攴, '汝於多攴'(〈원가〉)의 '攴'()支, '寶非鳴良爾'(〈청불주세가〉)의 '鳴'()嗚, '爲尸如'(〈항순중생가〉)의 '尸'()賜) 등이다. 이 글자들은 괄호 안의 오자로 수정할 필요가 없는 것들이다. 이 중에서 '爲尸如'(〈항순중생가〉)의 '尸'()賜)는 정리 단계에서도 "이는 '賜/시'를 '尸/시'로 잘못 쓴 오자로 본 것(양희철 2015a)이다. 오자로 볼 수도 있고, '尸'를 구결에서와 같이 주체존대법 '-시-'의 표기로 볼 수도 있다."고 본 것인데, 그 후에는 '尸'를 '시'로 읽었다.

毛叱 所只(〈예경제불가〉)의 '所'()巴, 양희철 2015a)
毛叱色只(〈광수공양가〉)의 '色'()ㅅ巴, 〃巴, 양희철 2015a)
毛叱 所只(〈수희공덕가〉)의 '所'()巴, 양희철 2015a)
烏乙反隱(〈청전법륜가〉)의 '反'()及, 양희철 2015a)

이 12자 중에서, 양희철이 2015a에서 더한 오자 4자를 빼면, 8자만이 오자로 인정되어 오고 있었다.

누락자는 이탁이 가장 많은 누락자를 제기하였고, 成遣賜(尸/ㄹ)去, 白反也(隱), 曉留(隱), 爲(隱/ㄴ)事置耶, 爲事(伊/이)置耶 등에서 괄호 안에 넣은 글자들이 누락되었다는 주장이 있었으나, 거의 인정되지 않고 있다.

연자(衍字)는 두 곳, 즉 '陪立羅良'(〈도솔가〉)의 '良'(이탁 1956)과 '-如支'(〈참회업장가〉의 '支'(잘못 덧들어간 글자: 홍기문 1956, 연문자: 신재홍 2000, 잘못 들어간 글자: 류렬 2003)에서 언급되기도 했다. 전자는 '-羅良'이 '-벌라'(김완진 1980)의 수정인 '-벌아'로 해독되고, 후자는 '-如支'가 현대어 '-듯, -드시'에 해당하는 '-돋, -드디'(양희철 2013a)로 읽힌다는 점에서, 각각 잘못 들어간 글자가 아니다.

이렇게 선행 연구들이 보인 원전비평(이체자, 오자, 누락자, 연자)의 결과는 향가 해독에 많은 기여를 하였다.

그러나 우리는 지금까지 향찰로 쓰인 한자의 음과 훈/의를 모두 검토해 보고도 문제의 향찰을 제대로 해독하지 못한 경우가 너무나 많다. 그 원인이 모두 원전비평의 문제라고 할 수는 없지만, 적어도 그 일부의 원인은 원전비평의 문제라고 생각한다. 이에 선행 연구들이 원전비평에서 보인 문제점을 정리하면 다음과 같다.

첫째로, 원전비평을 적극적으로 집중적으로 검토해 본 경우가 거의 없다는 문제이다. 지금에 와서 돌이켜 보면, 원전비평을 적극적으로 집중적으로 검토한 바가 거의 없다. 이는 향가 25수의 원전을 믿고 원전비평을 적극적으로 집중적으로 검토하지 않았다는 것이다. 이는 원전비평은 신중해야 한다는 신중론에 그 이유도 있지만, 향찰의 해독이 진척되지 못한 이유도 있다. 향찰 해독은 근 100여 년 동안 읽을 수 있는 한자의 음과 훈/의를 거의 모두 검토해 보고도 문제를 해결하지 못하는 것이 현실이다.

그리고 원전비평을 적극적으로 집중적으로 수행한 경우가 드물지만, 두 글에서 보인다. 김완진(1980)은 오류로 34자를 제시하였다. 그 내용을 보면, 속자 2자, 유사자의 오자 16자, 초서자의 오자 16자 등[4]이다. 그리고 박재민(2009)은 선행 연구를 중심으로 이체자 3자와 오자 8자를 다시 검토하였다. 그러나 이 두 연구의 결과는 앞에서 정리한 바와 같이, 그 오류가 인정된 12자에 속한 것은 매우 적다.

둘째로, 정정한 향찰의 해독이나, 앞뒤의 해독에 문제가 있어, 오자로 본 원전비평이 설득력을 얻지 못한 경우들도 적지 않다는 것이다. 이런 예는 賜去( )立 〈원왕생가〉), 仏伊( )体 〈수희공덕가〉) 등등에서 발견된다.

셋째로, 오류를 판단할 수 있는 준거, 말을 바꾸면 오류가 발생할 수 있는 원인을 체계적으로 가지고 있지 않았다는 것이다. 물론, 오자, 누락자, 연자 등의 기준은 문맥에 의존한다. 그 다음에 오자의 경우에 유사자를 기준으로 하고 있다. 이 기준만으로는 부족함을 느낀다.

2.2. 당시의 한자음과 한자의

향찰은 일차로 당시의 한자음과 당시의 한자훈/의를 이용한 문자이다. 이로 인해 향찰을 해독하려면, 한자의 당시 음과 당시 훈/의를 알아야 한다.

해독 초기에는 훈민정음 당시의 한자음을 주로 이용하였다. 그러나 그 후에 향가의 당시 한자음은 훈민정음 당시의 한자음과 다른 것이 추정되면서 변화를 보이기 시작했다. 그중에서 가장 주목되는 것은 네 가지이다.

첫째는 止攝에 속한 일부 한자의 모음이 현재 우리가 알고 있는 '賜/사, 詞/사, 史/사, 思/사, 事/사, 次/차, 處/처' 등등과 같은 음이 아니라, '賜/시, 詞/시, 史/시, 思/시, 事/시, 次/지, 處/지/치' 등등이라는 것이다. 이 음을 처음으로 정리하기 시작한 것은 정연찬(1972)이다. '賜'를 '시'로 읽기 시작한 것이다. 그 후에 이 연구는 중국의 한자음 연구에 힘입어 당시의 '止'섭 한자들의 모음을 '이'로 정리하게 되었다. 그러나 이 연구

---

4 속자(2): 爾→尒(爾處米 〈찬기파랑가〉), 爾→尒(爾屋攴 〈원가〉)

유사자의 오자(16): 支→攴(隨支行齊 〈모죽지랑가〉), 七→无(七史伊衣 〈모죽지랑가〉), 右→古(知右如 〈안민가〉), 乃→久(乃乎尸 〈찬기파랑가〉), 只→呂(賜以古只 〈맹아득안가〉), 遣→遺(遺知攴 〈맹아득안가〉), 放→於(放冬矣 〈맹아득안가〉), 北→甚(物北 〈혜성가〉), 只→見(毛達只將 〈우적가〉), 切→功(切德 〈칭찬여래가〉), 支→攴(如支 〈참회업장가〉), 支→攴(卜以攴 〈참회업장가〉), 只→以(闕遣只 〈참회업장가〉), 刀→刃(至刀 〈수희공덕가〉), 反→乃(仍反隱 〈청전법륜가〉), 反→乃(烏乙反隱 〈청전법륜가〉)

초서자의 오자(16): 弗→物(次弗 〈우적가〉), 過→遏(過乎 〈우적가〉), 日→法(日沙也 〈우적가〉), 也→聞(日沙也 〈우적가〉), 濟→淸(濟陵 〈우적가〉), 乎→無(都乎隱 〈우적가〉), 間→醫(間王 〈칭찬여래가〉), 手→香(手焉 〈광수공양가〉), 色→巴(色只 〈광수공양가〉), 手→香(手良 〈광수공양가〉), 法→佛(法供 〈광수공양가〉), 以→物(止以友 〈청불주세가〉), 留→沓(曉留 〈청불주세가〉), 闕→醫(闕尸也 〈청불주세가〉), 仁→在(置仁 〈총결무진가〉), 留→沓(毛冬留 〈총결무진가〉)

들은 그 근거를 중국의 한자음 연구에 기대고 있으며, 한국 자료에서 그 음을 논증하지 못한 문제를 보인다.

둘째는 향찰 '尸'의 음을 '리'에서 '시'로 변하였다고 본 유창균의 주장(1973, 1994) 이다. 이 주장은 매우 주목할 만한 연구임에도 불구하고, 향찰에는 '시'를 적용하지 않고 '리'만 적용한 한계를 보인다. 그 후에 이와 비슷한 연구가 김유범(1996)에 의해 나왔 고, 일부 구결의 '尸'는 'ㅅ'으로 읽어야 한다는 주장들이 나왔는데, 일부에서는 'ㄹ' 또 는 'ㅭ'으로 읽어야 한다는 주장이 나오면서, 어느 하나로 정리를 하지 못하고 있다.

셋째는 향찰 '叱'을 'ㅅ'과 '시'로 읽으면서 그 기원을 중국의 불경 자역자에서 찾은 연구(위국봉 2014)이다. 이 연구는 매우 중요한 자료를 제시하면서도, 불경 자역자를 오해하고, 향찰에서 이미 'ㅅ, 시, 실' 등으로 읽은 예가 있다는 사실을 이해하지 못하고, 향찰의 'ㅅ'와 '시'가 중국의 불역자에서 왔다고 보고, 이미 신라에서 '叱'의 한자음이 '실'이라는 사실을 정리하지 못한 문제를 보인다.

넷째는 중국 남방음을 검토한 것이다. 이는 주로 김선기에서 보이나 주목할 만한 연 구 성과를 보인 것은 아니다. 그리고 남방음을 좀더 천착하여 향찰 해독에 기여하지 못한 문제를 보인다.

그 당시의 한자훈/의를 살려서 읽기는 그렇게 쉽지 않다. 특히 사어가 된 경우에는 매우 어렵다. 그간 연구된 한자의 훈/의는 거의가 훈민정음 이후의 훈/의이다. 이 문제 를 극복하려고 노력한 것은 김선기와 강길운이다. 비교언어학적인 입장에서 고대어를 재구한 해독들이다.

선행 연구를 대다수 따라 가지만, 하나의 문제를 제기할 수 있다. 한국 한자의 훈은 시대에 따라 변한다는 점에서, 그리고 향찰에 쓰인 한자의 훈과 의는 현재 우리의 입장 에서 보면, 우리가 흔히 쓰고 있는 훈이나 의가 아니라, 드물게 쓰고 있는 훈이나 의이 고, 지역 방언일 수 있다는 것이다.

2.3. 독법과 제자 원리의 종류와 체계

향찰의 독법과 제자 원리의 종류와 체계는 양주동에서 시작되었다. 그 내용을 보면, 우선 義字와 借字의 용법을 나눈 다음에, 義字에서는 다시 音讀, 訓讀, 義訓讀 등으로 나누고, 借字에서는 音借, 訓借, 義訓借 등으로 나누었다. 이렇게 의자와 차자의 용법에 따라 그 윤곽을 정리한 다음에, 다시 그 차용된 樣相·形式·動機 등에 착안하여, 正借, 轉借, 通借, 畧借, 反切, 戱借 등의 여섯 가지를 제시하였다. 이 두 체계는 그 당시의 해독을 반영한 것이다. 그 당시로 보면 대단히 괄목할 만한 정리이다.

이 두 체계에 포함된 문제는 해독이 진전되면서 수정되는데, 이 수정은 일차로 남풍현(1981:14-15)에서 보인다. 남풍현은 일치로 차자 체계의 기본형을 제시하였다. 즉 먼저 義(字)와 假(字)를 나누고, 다시 전자는 音讀(字)와 訓讀(字)로 나누고 후자는 音假(字)와 訓假(字)로 정리를 하였다.

이 체계의 특성은 양주동의 義訓讀과 義訓借를 없애고, 讀借와 音借의 '借'를 '假'로 바꾼 것이다. 이해가 어려운 義訓讀, 義訓借, 義讀, 戲借 등을 없앤 것은 충분히 이해가 간다. 그러나 양주동이 고심 끝에 설정한 義訓讀, 義訓借, 義讀, 戲借 등에 속한 향찰들을 어떻게 처리했는지가 명확하지 않은 문제를 보인다. 그리고 讀借와 音借의 '借'를 '假'로 바꾸었는데, 이 '假'는 바로 '借'의 의미라는 점에서, 바꾼 효과가 어느 정도인지는 알 수 없다. 양주동이 '독'과 '차'라는 용어를 쓰면서 보인 독법과 차자법 즉 제자 원리를 혼용한 정리는 남풍현에 와서도 '독'과 '假'라는 용어를 쓰면서 여전히 벗어나지 못하고 있다.

이렇게 향찰의 독법과 제자 원리를 분리하지 못하고 혼용한 것은 선행 연구들이 보인 문제이다.

또한 남풍현은 讀字와 假字를 설명한 다음에 "또 變數로서 '擬'라는 槪念을 挿入시킬 수도 있다."라고 하면서, 擬音讀(字), 擬音假(字), 擬訓讀(字), 擬訓假(字) 등을 들고, "'擬'라는 槪念은 變數로서 作用하는 것이므로 二次的인 次元에서 다루어야 한다. 基本的인 表記體系를 문란하게 해서는 안 된다."고 하였다. '擬'라는 개념을 도입한 향찰의 네 종류는 문체론적인 측면에서 매우 중요한 지적인데, 더 이상의 언급이 없어 아쉽다.

이는 "이 變數는 讀과 假의 중간에 위치함을 말한다. 讀字이면서 假字의 性格을 띠거나 假字이면서 表意性이 加味된 借字를 말한다."로 보아, 겸독(兼讀)을 말하는 것 같다. 이는 양희철(1995, 1997)이 정리한 '歎曰, 打心, 城上人, 病吟' 등의 해독 및 잉여코드 쓰기와 연결된다.

남풍현의 '擬'가 보인 겸독과, 양희철의 잉여코드쓰기는 좀더 체계화가 필요한 문제를 보인다.

남풍현이 정리한 독법과 제자 원리의 종류와 체계는 체계를 명료하게 한 장점을 지닌다. 그러나 적지 않은 문제를 보인다. 이 문제는 양희철(1995)의 글에서 일부 수정되는데, 역시 좀더 체계화가 필요한 문제를 보인다.

2.4. 향찰 운용법의 규범

양주동의 義字末音添記에서 출발한 향찰의 운용법은 크게 두 가지로 정리된다. 하나는 말음(절)첨기법이고, 다른 하나는 訓主音從(또는 幹訓尾音)이다. 전자의 정리에는 큰 문제가 없다. 그러나 후자의 경우에는 문제를 포함하고 있다. '-將/아/어/여, -立/셔, -而/마론' 등등과 같은 경우에 훈주음종이나 간훈미음으로 설명을 할 수가 없다는 것이다.

이 문제 외에, 향찰을 문체론적 입장에서 연구를 하려고 할 때에, 좀더 많은 운용법의 정리가 필요하다. 특히 일탈 문체의 전경화라는 측면에서 볼 때에, 훈주음종의 규범 외에도, 좀더 많은 규범의 정리가 필요하다. 이를 앞의 책(양희철 1997)에서는 5가지의 규범, 즉 상용 향찰의 규범, 의주음조의 규범, 첨기의 규범, 연음자(連音字) 사용의 규범, 순수 한국어의 규범 등을 설정하였다. 큰 윤곽은 그렸지만, 좀더 체계적인 정리가 필요하다. 이 문제를 해결하기 전에는 향찰의 운용을 문체론적인 입장에서 연구할 수 있는 기반이 조성되지 않는다.

2.5. 규범의 일탈과 전경화

이 분야는 선행 연구에서 정리된 것이 거의 없다. 특히 선행 해독들은 이 분야까지 나아가지 않고 이전 분야인 향찰 운용법의 규범에 머물러 있다. 그것도 폭 넓은 규범의 정리가 아니라, 말음첨기와 의주음조(또는 훈주음종, 간훈미음)에 한정되어 있다. 이런 상황에서 규범의 일탈과 전경화를 기대하는 것은 지나친 기대인지도 모른다. 필자만이 앞의 책(양희철 1997)에서 규범의 일탈을 정리한 바가 있다. 즉 상용 향찰을 벗어난 일탈, 의주음조라는 향찰의 운용법을 벗어난 일탈, 음절말 자음첨기나 어절말 음절첨기와 같이 쓰이는 첨기를 벗어난 첨기의 일탈, 연음자를 사용하지 않은 연음자의 일탈, 외래어를 쓴 경우에 보이는 순수 한국어를 벗어난 순수 한국어의 일탈 등에, 격어미의 생략, 문장 성분(주어, 목적어)의 생략, 도치, 중의 등등의 일탈을 정리하였었다. 이 일탈은 앞에서 정리했던 규범에 상응하는 일탈이다. 앞에서 정리한 일탈이 보였던 문제와 같은 문제를 보인다. 수정이 필요한 일탈의 정리이다.

3. 연구 방법과 한계

연구 방법을 앞에서 정리한 5영역에 따라 정리하고 마지막에 한계를 정리하고자 한다.

3.1. 원전비평

앞의 문제 제기에서 정리하였듯이, 선행 연구들은 세 가지 문제를 보이고 있다. 문제별로 해결 방법을 제시하고자 한다.

첫째로, 적극적이고 집중적인 검토이다. 이 적극적이고 집중적인 검토의 필요성을 간단하게 보자.

앞에서 정리한 바와 같이 2020년까지 나온 원전비평을 보면, 향가는 비교적 정제(精製)된 텍스트로 인지가 되어왔다. 특히 양희철(2015a)이 새로 제시한 오자 넷을 제외하면, 2014년까지 정리된 오자는 여덟 자에 불과하여, 향가는 비교적 정제된 텍스트로 인지되어 왔다. 그러나 이 정제의 가능성은 새로 정리된 오자 넷[5]이 2015년에 추가되면서 퇴색의 기미를 보이기 시작하였고, 최근 4년 동안 8편의 논문에서 70여 자에 가까운 오자, 누락자, 서로 연계(連繫)된 누락자와 연자(衍字) 등이 정리되면서 거의 퇴색된 듯하다. 이 정리를 모두 요약할 수는 없으므로, 오자 넷과 누락자 셋만을 간단하게 보자.

오자로 정리된 것들 중에는 '尋只'(〈수희공덕가〉)의 오자 '只'(〉)尺', '潤只沙音也'(〈청전법륜가〉)의 오자 '只'(〉)尸', '塵伊'(〈상수불학가〉)의 오자 '伊'(〉)化', '身伊波'(〈보개회향가〉)의 오자 '伊'(〉)仁) 등도 있다. 이 네 향찰을 포함한 단어들은 그 현대역 또는 문맥적 의미가, '찾아, 적시삼여, 티끌되어, 몸인바' 등이어서, 원전비평으로 눈을 한 번만 돌려도, '尋只'의 '只'는 '尋尺/츳자'의 '尺'(자)를 잘못 쓴 오자이고, '潤只沙音也'의 '只'는 '潤尸沙音也/적시샴여'의 '尸'(시)[6]를 잘못 쓴 오자이며, '塵伊'의 '伊'는

---

[5] 추가된 오자 넷은 '毛叱 所只'(〈예경제불가〉, 〈수희공덕가〉)의 '所'(〉)巴', '毛叱色只'(〈광수공양가〉)의 '色'(〉)々巴, ″巴', '烏乙 反隱'(〈청전법륜가〉)의 '反'(〉)及' 등(양희철 2015a)이다. '두로'로 쓴 '巴'를 '바'로 잘못 보고, 이 '巴/바'를 동음자 '所/바'로 잘못 쓴 것이 '毛叱 所只'의 '所'이다. 수정된 '毛叱 巴只'는 '끝까지 두루'의 의미인 '못 두록'의 표기이다. 이 '못'(끝까지)은 '못내'(끝까지 내내)에서 보이는 '못'이다. '々巴, ″巴'를 '色'으로 잘못 쓴 것이 '毛叱色只'의 '色'이다. 수정된 '毛叱々巴(/ ″巴)只'는 '끝까지끝까지 두루'의 의미인 '못못 두록'의 표기이다. '及'을 유사자 '反'으로 잘못 쓴 것이 '烏乙 反隱'의 '反'이다. 수정된 '烏乙 及隱'은 '검게 잘 익을 믵은'의 의미인 '검을 믵은'의 표기이다.

[6] 향찰 '尸'가 'ㄹ'이 아니라 '시'로 쓰인 예는 '仏体/부텨 爲尸如/ᄒ시둣'(〈항순중생가〉)에서 보인다. 행위 주체가 '부처님'이라는 점에서 '爲尸如'의 '尸'는 'ㄹ'이 아니라 '시'로 읽을 수밖에 없다.

'塵化/드틀드비'(티끌되어)의 '化'(드비)를 잘못 쓴 오자이고, '身伊波'의 '伊'는 '身仁 波/몸인바'의 '仁'(인)을 잘못 쓴 오자임을 쉽게 알 수 있다.

누락자로 정리된 것들 중에는 '得賜(尸)伊馬落'(〈수희공덕가〉)의 누락자 '尸', '去米 (置)'(〈상수불학가〉)의 누락자 '置', '止以(賜)友'(〈청불주세가〉)의 누락자 '賜' 등도 있다. '得賜(尸)伊馬落'의 경우에는, 현대역이나 문맥적 의미가 '얻으실 이마다'에 해당 하여, '실실 이마라'를 표기한 '得賜尸伊馬落'에서 '尸'가 누락이 되었음을 쉽게 알 수 있다. '去米(置)'의 경우에는, 뒤에 온 '歲史中置'와 더불어 "… -이두 … -이두"의 구문 을 보여준다는 점에서, '置'의 누락을 쉽게 알 수 있다. 그리고 '止以(賜)友'의 경우에는, 행위 주체가 부처님이라는 점에서, '止以賜友'의 '賜'가 누락이 되었음을 쉽게 알 수 있다.

이렇게 최근까지 향가에서는 80여 자 이상의 오자, 누락자, 서로 연계된 누락자와 연자 등에서 원전이 비평되었다. 이 중에는 원전비평으로 눈을 한 번만 돌려도 그 오류 를 쉽게 확인할 수 있는 것들도 적지 않다. 오류가 이 정도까지 밝혀지고 있다는 점에서, 〈수희공덕가〉의 경우에는 한 작품 안에서도 여덟 개의 오류가 발견된다는 점[7]에서, 그 리고 현존 향가들은 전해오는 과정으로 보아 정제의 가능성이 매우 희박하다는 점[8]에서, 향가들은 잘 정제된 텍스트라고 보아온 입장에서 벗어나, 신중하면서도 철저하게, 그리 고 적극적으로 집중적으로 원전비평을 검토해 보아야 할 것으로 판단한다.

둘째로, 선행 연구들이 보인 원전비평을 다시 확인 검토하는 방법이다. 선행 연구들 을 보면, 정정한 향찰의 해독이나, 앞뒤의 해독에 문제가 있어, 오자로 본 원전비평이

---

[7] '迷悟同體叱'의 오자 '叱'(〉尸), '尋只'의 오자 '只'(〉尺), '仏伊'의 오자 '伊'(〉体), '毛叱所只'의 오자 '所'(〉巴), '得賜(尸)伊馬落'의 누락자 '尸', '嫉妬叱'의 오자 '妬'(〉妬), '至刀'의 오자 '刀'(〉乃), '來(尸) 去'의 누락자 '尸' 등이다.

[8] 균여가 〈원왕가〉를 지은 것은 967년 이전이고, 〈원왕가〉가 『균여전』에 수록된 것은 1075년이며, 『균여 전』이 『고려대장경』(補遺板)에 入藏된 것은 1251년이다. 결국 우리가 지금 보고 있는 〈원왕가〉는 1251년 의 것으로, 균여가 작품을 지은 지 거의 3세기가 지난 후의 것이다. 그 사이에 이 작품이 어떻게 전해 왔는가를 보면, 그 精製의 가능성이 희박하다. 『균여전』의 夾註에 따르면, 이 작품은 "사람들 사이에 퍼져 왕왕 여러 담벼락에 쓰여지기도 했다"(播在人口往往書諸牆壁)고 한다. 이 협주로 보면, 전해오는 과정에서 오류가 많이 발생할 수 있는 여지를 충분히 보여준다. 이 여지에 대해, 앞의 협주를 단 사람으로 추정되는 혁련정, 또는 天其와 그 제자들이 많은 오류를 발생시킬 정도로 향찰을 모르지는 않았을 것이라 고 추정하는 것이 일반적이었다. 그러나 이 추정은 어디까지나 추정이지, 이를 확정할 수 있는 논거는 하나도 없다. 단지 이 추정은 〈원왕가〉에서 발견된 오류가 몇에 불과하였을 때에는 설득력을 얻을 수 있었다. 그러나 김완진(1980)은 이 협주에 근거해 많은 부분에서 오류를 논의하였다. 그리고 최근에 〈원왕가〉의 34곳에서 오류가 정리되고 있다는 측면에서 보면, 현존 〈원왕가〉의 精製 가능성은 매우 희 박하다고 정리할 수밖에 없다.

설득력을 얻지 못한 경우들도 적지 않다. 이럴 경우에 정정한 향찰은 물론 앞뒤에 온 향찰을 다시 확인 검토하면 선행 연구를 인정하게 되는 경우도 적지 않다. 賜去()立〈원왕생가〉, 仏伊()体〈수회공덕기〉 등등이 바로 이 예에 해당한다.

셋째로, 오류를 판단할 수 있는 준거를 좀더 확충하는 방법이다. 선행 연구들은 오자, 누락자, 연자 등의 기준을 문맥에 의존하면서, 오자의 경우에는 유사자를 기준으로 삼고 있다. 이에 다른 방법을 더하고자 한다.

오자의 경우에는 문맥과 유사자의 오자에 동음자의 오자를 더하고자 한다.

누락자의 경우에는 일차로 문맥에서 찾아진다. 여기에다가, 전사 과정에서 선행 전사자가 누락자를 발견하고, 이 누락자를 보충하기 위하여, 누락자를 행간에 첨가하여 놓았는데, 이 행간에 첨가한 누락자의 위치를 후행 전사자가 오해하고, 이 행간에 첨가하여 놓은 글자가 이미 오해한 위치에 있어 그 글자가 보충되었다고 판단하고 지워 버리므로 인해 발생한 누락자를 찾는 방법을 더하고자 한다. 이 방법은 양희철(2022b, 2023b, 2024a, 2025)이 최근에 써온 방법이다.

연자와 누락자가 서로 연계된 경우에는, 서로 연계된 누락자와 연자를 찾는 방법을 쓰고자 한다. 선행 전사자가 전사를 하고 보니, 어느 한 글자가 누락되어서, 이 글자를 보충하기 위하여 행간에 첨가해 놓았는데, 이 행간에 보충된 글자의 위치를 오해한 후행 전사자가 그 행간에 보충된 글자의 위치를 다른 곳으로 오해하고 넣으므로 발생한 누락자와 연자를 찾는 방법을 쓰고자 한다. 이 방법 역시 양희철(2022a, b, 2023a, 2024a, c, 2025)이 최근에 써온 방법이다.

3.2. 당시의 한자음과 한자의

한자음의 연구에서도 앞에서 정리한 문제에 따라 그 해결 방법을 정리하고자 한다.

첫째로, '止'섭 한자음을 국내 자료에서 논증하지 못한 문제는 조선 초기 이전에 지어진 한시의 압운자를 찾아서 논증하는 방법을 택하려 한다. 특히 『동문선』에 수록되어 있는 신라인과 고려인들이 남긴 한시의 압운과, 『동국이상국집』에 수록되어 있는 한시들의 압운을 통하여 정리하려 한다. 이 방법은 양희철(2015a)이 취한 방법이다.

둘째로, 향찰 'ᄅ'의 한자음은, 불경에 나온 'ᄅ', 『삼국사기』에 나온 지명의 'ᄅ', 지방의 지명에 나온 'ᄅ', 향찰에 나온 'ᄅ', 구결에 나온 'ᄅ' 등을 종합적으로 다시 한번 검토하는 방법을 취하고자 한다.

셋째로 향찰에 쓰인 '叱'의 한자음이 '실'이라는 사실은, 위국봉이 제시한 자료에 다른 자료를 더하고, 위국봉이 오해한 불경 자역자의 개념과, 향찰에 이미 '실'로 읽히는 향찰들이 있다는 사실을 보완하면서 문제를 해결하고자 한다.

넷째로, 중국 남방음의 문제는 '臻'섭, '山'섭, '蟹'섭, '梗'섭, '曾'섭 등에 속한 한자의 음에서 특히 문제가 된다. 중국 남방의 한자음은 중국의 한자음을 연구한 글들을 참고하고, 한국 한자음에서 변한 한자음을 정리하는 방법으로 정리를 하려 한다. 이 방법은 양희철(2015a)이 취한 방법이다.

우리가 드물게 쓰는 훈이나 의이고, 지역 방언일 수도 있다는 문제는, 훈과 의를 검토하면서, 드물게 쓰는 훈이나 의와, 지역 방언도 검토하는 방법으로 문제를 해결하고자 한다. 이에 속한 대표적인 예로 '頓/믓'을 들 수 있다.

끝으로 풍부한 고려 구결을 이용하고자 한다. 구결 자료 중에는 당시의 한자음과 한자 훈/의를 보여준 예들도 적지 않다. 예로 '斤/곤, 無/업시, 支/디/ㄷ' 등등을 들 수 있다.

3.3. 독법과 제자 원리의 종류와 체계

선행 연구들이 독법과 제자 원리의 종류와 체계에서 보인 첫째 문제는 독법과 제자 원리를 분리하지 않고 혼용하였다는 점이다. 이 문제는 독법의 종류와 체계를 별도로 분리하고, 제자 원리의 종류와 체계도 별도로 분리하는 방법으로 정리하고자 한다.

선행 연구들이 독법의 종류와 체계에서 보인 문제를 해결하기 위하여, 音義讀(음의로 읽기, 즉 한자로 읽기) 全音讀(전음으로 읽기), 實義讀(실의로 읽기), 假義讀(가의로 읽기), 略音讀(약음으로 읽기), 略義讀(약의로 읽기) 등으로 나누어서 정리를 하려 한다. 특히 복잡한 문제를 야기시킨 '訓'과 '義'를 '義'로 통합하여 정리하려 한다.

선행 연구들이 제자 원리의 종류와 체계에서 보인 문제를 해결하기 위하여, 音義借用字(음의를 빌려서 쓴 글자, 漢字), 全音借製字(전음을 빌려서 만든 글자), 略音借製字(약음을 빌려서 만든 글자), 實義借製字(실의를 빌려서 만든 글자), 假義借製字(가의를 빌려서 만든 글자), 略義借製字(약의를 빌려서 만든 글자) 등으로 나누어서 정리하려 한다. 이 경우에도 복잡한 문제를 야기시킨 '訓'과 '義'를 '義'로 통합하여 정리하려 한다. 그리고 향찰이 차자가 아니라 차제자(借製字)라는 측면을 구체적으로 보여주기 위하여, 바르뜨(1970)의 기호학을 원용하여 약간의 변화를 주면서, 1차 언어, 2차 언어, 3차 언어, 4차 언어 등의 차원에서 정리하려 한다.

남풍현의 '擬'가 보인 겸독(兼讀)과, 양희철의 잉여코드쓰기의 설명에서 좀더 필요한 체계화의 문제는 겸독(兼讀)을 설정하여 문제를 해결하고자 한다. 겸독(兼讀)의 설정은 향찰의 문학적 사용과 밀접한 관계에 있다.

3.4. 향찰 운용법의 규범

訓主音從(또는 幹訓尾音)의 문제를 해결하기 위하여, 義主音助(=義字主音字助)의 규범을 설정하고자 한다. 의주음조는 의미부나 형태부나 할 것 없이 義字로 먼저 표기 표현하고, 의주를 살릴 수 없을 때에, 보조적으로 음자를 사용한다는 것이다(양희철 1995). 이렇게 정리할 때에 앞에서 문제를 제기하면서 예로 든, '-將/아/어/여, -立/셔, -而/마론' 등의 문제도 쉽게 해결된다.

의주음조의 규범 외에 좀더 많은 규범의 체계적인 정리가 필요한 문제를 보자. 이 문제를 해결하기 위하여, 향찰의 운용법은 대단히 광범위하지만, 그중에서 향찰의 해독에 관여할 수 있는 것만을 다음과 같이 정리하려 한다.

    1) 문장 성분을 갖추는 규범
    2) 문장 성분을 문법적이게 정배열하는 규범
    3) 문자적 의미로 문맥이 통하는 규범
    4) 문장에서 한 형태소는 한 의미만을 갖는 규범
    5) 직설적으로 표현하는 규범
    6) 문장의 연결에서 연결어미, 접속사, 지시대명사 등을 사용하는 규범
    7) 구문의 분절과 시행의 분절이 일치하는 규범
    8) 말음첨기의 규범
    9) 의주음조의 규범
    10) 상용 향찰을 사용하는 규범

3.5. 규범의 일탈과 전경화

규범의 일탈과 전경화가 당면한 문제는 규범을 수정함에 따라 그 일탈과 전경화도 수정을 해야 한다는 것이다. 이 문제를 해결하기 위하여 '3.4.'에서 정리한 규범에 상응하게 규범의 일탈과 전경화를 다음과 같이 정리하려 한다. 전경화의 결과인 수사법과 겸독은 괄호 안에 넣었다.

1) 문장 성분을 갖추는 규범의 일탈(격어미의 생략, 선어말 어미와 관형사형 어미의 생략, 관형사의 생략, 선어말 어미와 종결어미의 생략 등의 생략법, 중의법)
2) 문장 성분을 문법적이게 정배열하는 규범의 일탈(도치법)
3) 문자적 의미로 문맥이 통하는 규범의 일탈(비유법)
4) 문장에서 한 형태소는 한 의미만을 갖는 규범의 일탈(동음이의어의 중의, 다의어의 중의, 환칭어의 중의, 비유어의 중의 등의 중의법)
5) 직설적으로 표현하는 규범의 일탈(우언법, 완곡어법, 완서법)
6) 문장의 연결에서 연결어미, 접속사, 지시대명사 등을 사용하는 규범의 일탈(연쇄법)
7) 구문의 분절과 시행의 분절이 일치하는 규범의 일탈(행간걸침)
8) 말음첨기의 규범을 벗어난 일탈(중의법과 연계된 생략법, 문맥적 의독과 동음이의적 음의독의 겸독)
9) 의주음조의 규범을 벗어난 일탈(전음독과 문맥적 의독의 겸독)
10) 상용 향찰을 사용하는 규범의 일탈(전음독과 문맥적 의독의 겸독, 가의독과 문맥적 의독의 겸독, 실의독과 문맥적 의독의 겸독, 동음이의적 음의독(한자)과 문맥적 의독의 겸독, 환유법적 가의독과 문맥적 의독의 겸독)

일탈 1)-8)은 괄호 안의 수사법들을 읽게 하는 일탈로, '수사법과 연계된 문제 향찰'을 읽는 데 결정적인 도움을 준다. 그리고 일탈 8)-10)은 괄호 안의 겸독들[9]을 읽게 하는 일탈로, '잉여코드도 겸독한 문제 향찰'을 읽는 데 결정적인 도움을 준다.

이상과 같은 어문학적 연구 방법으로 향가 해독을 신사(愼思)하려는 이 책의 순서는 다음과 같다.

제1부인 서설과 향찰의 기본적 이해에서는 이 책의 이해에 필요한 전체적인 서설(序說)과 향찰의 기본적 이해를 정리하였다.

제2부인 원전비평에서는 오자, 누락자, 서로 연계된 연자와 누락자 등으로 나누어 정리하려 한다.

---

[9] 이 정리에서는 6종의 겸독을 정리하였다. 이 중에서 남풍현이 보인 겸독과 일치하는 것은 가의독과 문맥적 의독의 겸독 하나뿐이다. 남풍현(1981:15)은 "(20) 이 變數는 讀과 假의 중간에 위치함을 말한다. 讀字이면서 假字의 性格을 띠거나 假字이면서 表意性이 加味된 借字를 말한다."라고 하면서, 擬音讀(字), 擬音假(字), 擬訓讀(字), 擬訓假(字) 등을 열거하였다. 이 용어들을 정리하면 다음과 같다. 즉 擬音讀(字)는 음의독(한자)과 전음독/약음독의 겸독으로, 擬音假(字)는 전음독/약음독과 음의독(한자)의 겸독으로, 擬訓讀(字)는 실의독과 가의독의 겸독으로, 擬訓假(字)는 가의독과 문맥적 의독의 겸독으로 각각을 정리할 수 있다. 이 중에서 가의독과 문맥적 의독의 겸독으로 정리되는 擬訓假(字)는, 본문의 일탈 10)인 상용 향찰을 사용하는 규범의 일탈에서 보이는 '가의독과 문맥적 의독의 겸독'과 같은 것이다.

제3부인 중요한 문제 향찰의 어학적 해독에서는, 소멸된 한자음의 문제 향찰, 소멸된 형태소와 한자음의 문제 향찰, 신구음이 교체되거나 혼용된 문제 향찰, 의독자의 문제 향찰, 의독지와 음독자로 겸용된 문제 향찰 등으로 나누어서 정리하려 한다.

제4부인 중요한 문제 향찰의 문학적 해독에서는, '수사법과 연계된 문제 향찰'과 '잉여코드도 겸독한 문제 향찰'로 나누어서 정리하려 한다.

제5부인 『삼국유사』 향가의 작품별 해독에서는 『삼국유사』의 향가 14수의 향가 향찰을 작품별로 정리하려 한다.

제6부인 『균여전』 향가의 작품별 해독에서는 『균여전』의 향가 11수의 향가 향찰을 작품별로 정리하려 한다.

이렇게 향가의 향찰을 어문학적 방법으로 접근할 때에, 중요한 문제 향찰의 문학적 해독을 통하여, 기왕의 해독들이 어학적 해독에 머문 한계를 어느 정도 극복할 수 있을 것으로 판단한다.

동시에 이에는 문학 전공자가 미처 챙기지 못한 어학적 문제가 있을 수도 있다는 한계점을 수반한다. 이는 명확한 한계이다. 이 글에서는 순수하게 어학적이라 할 수 있는 문제는 피하고자 한다. 그 예로 그 당시의 모음에 'ㆍ'가 존재했느냐 존재하지 않았느냐 하는 문제, 그 당시에 'ㅿ'과 'ㅸ'이 존재했느냐 존재하지 않았느냐 하는 문제, 그 당시에 된소리가 존재했느냐 하는 문제 등은 논외로 하려 한다. 단지 기왕의 우세한 주장들에 따라 'ㆍ'와 된소리의 존재를 인정하고, 'ㅿ'과 'ㅸ'의 존재는 유보하려 한다. 끝으로 향가 향찰에는 성조가 존재했으리라는 것이 지배적이나, 이 문제의 해결에는 어려움이 가로막고 있으며, 이 성조의 문제는 다시 반복과 수렴의 시성과 연결되어 있다. 이 세 문제는 다음 연구로 돌린다.

향찰의 기본적 이해

1. 서론

향가의 향찰을 해독하려면, 먼저 향찰의 기본적 이해가 필요하다. 독법의 종류와 체계, 제자 원리의 종류와 체계, 향찰 운용법의 규범과 일탈의 전경화 등을 이해하여야 한다. 이를 위하여, 선행 연구를 먼저 보자.

향찰 독법의 종류와 체계를 제일 먼저 정리한 것은 양주동이다. 그 내용을 보면, 우선 義字와 借字의 용법을 다음과 같이 정리하였다.

    一. 義字
      1. 音　讀　　善化公主主隱　　善化公主
                法界毛叱所只　　法界
      2. 訓　讀　　去隱春　　　　　가·봄
                心未筆留　　　　ᄆᆞᅀᆞᆷ·붇
      3. 義訓讀　　今日此矣　　　　오늘

    二. 借字
      1. 音　借　　薯童房乙　　　　을
                君隱父也　　　　은·여
      2. 訓　借　　民是　　　　　　이
      3. 義訓借　　遊行如可　　　　다

이렇게 의자와 차자의 용법에 따라 그 윤곽을 정리한 다음에, 다시 그 차용된 양상·형식·동기 등에 착안하여 다음의 여섯 가지를 제시하였다.

1. 正借　原音·訓을 그대로 借한 것.
2. 轉借　原音·訓을 비슷이 借한 것.
3. 通借　原音·訓의 通音을 借한 것.
4. 畧借　原音·訓의 一部를 借한 것.
5. 反切　二字의 音·訓을 反切한 것.
6. 戱借　義·音·訓을 짓궂게 借한 것.

이 두 체계는 그 당시의 해독을 반영한 것이다. 그 당시로 보면 대단히 괄목할 만한 정리이다.

이 두 체계의 문제는 해독이 진전되면서 수정되는데, 일차로 남풍현(1981:14-15)에서 보인다. 남풍현이 제시한 차자 체계의 기본형은 다음과 같다.

一. 義(字)
　1. 音讀(字)
　2. 訓讀(字)

二. 假(字)
　1. 音假(字)
　2. 訓假(字)

이 체계는 한자를 音과 訓으로 나누고, 다시 音과 訓을 각각 讀과 假로 나누어서 4항으로 정리한 것이다. 이 4항의 의미는 다음과 같다.

音讀字: 借字를 音으로 읽고 그 원뜻도 살림.
音假字: 借字를 音으로 읽되 表音符號로만 씀.
訓讀字: 借字를 訓으로 읽고 그 원뜻도 살림.
訓假字: 借字를 訓으로 읽되 表音符號로만 씀.

이 체계의 특성은 양주동의 義訓讀과 義訓借를 없애고, 讀借와 音借의 '借'를 '假'로 바꾼 것이다. 이해가 어려운 義訓讀, 義訓借, 義讀, 戱借 등을 없앤 것은 충분히 이해가 간다. 그러나 양주동이 고심 끝에 설정한 義訓讀, 義訓借, 義讀, 戱借 등에 속한 향찰들을 어떻게 처리했는지가 명확하지 않은 문제를 보인다. 그리고 讀借와 音借의 '借'를 '假'로 바꾸었는데, 이 '假'는 바로 '借'의 의미라는 점에서 바꾼 효과가 어느 정도인지는 알 수 없다. 양주동이 '讀'과 '借'라는 용어를 쓰면서 보인 독법과 차(제)자의 원리를 혼용한 정리는 남풍현에 와서도 '讀'과 '假'라는 용어를 쓰면서 여전히 벗어나지 못하고 있다.

또한 남풍현은 讀字와 假字를 설명한 다음에 "또 變數로서 '擬'라는 槪念을 挿入시킬 수도 있다."라고 하면서, 擬音讀(字), 擬音假(字), 擬訓讀(字), 擬訓假(字) 등을 들고, "'擬'라는 槪念은 變數로서 作用하는 것이므로 二次的인 次元에서 다루어야 한다. 基本的인 表記體系를 문란하게 해서는 안 된다."고 하였다. '擬'라는 개념을 도입한 향찰의 네 종류는 문체론적인 측면에서 매우 중요한 지적인데, 더 이상의 언급이 없어 아쉽다. 이는 양희철(1995, 1997)이 정리한, '歎曰, 打心, 城上人, 病吟' 등의 해독 및 잉여코드 쓰기와 연결된다.

남풍현의 체계는 체계를 명료하게 한 장점을 지닌다. 그러나 적지 않은 문제도 보인다. 이 문제는 양희철(1995)의 글에서 일부 수정되는데, 그 내용과 문제는 본론에서 다시 정리를 하려 한다.

향찰의 제자 원리는 앞에서 정리한 향찰의 종류와 체계에 이미 포함되어 있다. 양주동과 남풍현에 이어서 향찰의 제자 원리를 기호학 입장에서 정리한 것은 양희철(1995)이다. 이 글 역시 본론에서 수정 보완을 하려 한다.

운용법에서 매우 중요한 언급은 다음의 글이다.

> 詞腦歌에 가장 慣用된 記寫法은 體·用言의 一單語를 먼저 義字로 表示하고 다음 그 말의 末音 또는 末音節를 主로 音借字로 添記함이니 이를 義字末音添記이라 한다.(양주동 1942: 61)

이 글은 두 가지를 말해주고 있다. 하나는 말음 또는 말음절을 음차자로 첨기한다는 것이다. 다른 하나는 의자는 한 단어(체언, 용언)의 앞부분에 쓰고 음차자는 뒷부분에 쓴다는 것이다. 이 짧은 지적은 그 후의 연구에서 발전되었다.

양주동이 보인 말음 또는 말음절을 음차자로 첨기한다는 것은 후대의 말음첨기로 발전되었다. 말음첨기의 종류는 김완진(1980:19)에 의해 정리되는데, 약간의 문제를 포함하고 있다. 말음첨기를 무첨기(無添記), 순정첨기(純正添記), 대체첨기(代替添記), 부가적첨기(附加的添記) 확인첨기(確認添記) 등으로 나누었다. 이 중에서 부가적첨기는 체언이나 용언에 붙는다는 점에서 부가적이란 말은 성립하지만, 그 붙은 것은 첨기가 아니라 표기라는 문제를 보인다. 대체첨기는 필자도 그 가능성을 언급하고 있지만, 약차(略借)를 인정할 경우에 첨기가 아니다. 이렇게 보면 실제상의 말음첨기에는 순정첨기와 확인첨기만이 남는다. 그런데 이 두 첨기는 훈독자(訓讀字)와 음차자(音借字)의 아래에 오는 것만 다르고 그 앞의 말음을 확인하면서 읽는 방법을 제약하는 첨기로 기능하는 것은 양자가 같다. 이런 점으로 보아 기왕의 말음첨기는 다시 한번 검토되어야 할 것으로 생각한다.

양주동이 보인, 의자는 한 단어(체언, 용언)의 앞부분에 쓰고, 음차자는 뒷부분에 쓴다는 것을, 김완진은 '훈주음종(訓主音從)'으로 발전시켰다. 이 훈주음종은 해독이 상당히 진척된 이후에 그 결과를 통계 처리하여 얻은 결과를 기초로 한다. 선행 해독을 통계 처리하면, 훈주음종이 아니라 훈주음종적(訓主音從的)이다. 이 훈주음종적 결과를 다시 단순화하여 훈주음종이란 운용법을 제시한 것이다. 그러나 운용 과정이 아니라 운용의 결과를 가지고 운용 과정의 운용법으로 처리하고 있어 새로운 해석이 요구된다.

이 훈주음종은 간훈미음(幹訓尾音, 유창균 1994)으로 용어를 바꾸기도 했고, 훈주음종을 의주음조(義主音助, 양희철 1995)로 수정한 주장도 나왔다. 훈주음종의 문제와 의주음조의 설명은 본론으로 돌린다.

훈주음종, 간훈미음, 의주음조 등은 문체론, 특히 일탈 문체론의 전경화로 보면 매우 중요한 정리이다. 왜냐하면, 이 훈주음종, 간훈미음, 의주음조 등은 일탈의 전경화를 논의할 수 있는 규범을 제공하기 때문이다. 이 훈주음종, 간훈미음, 의주음조 등을 규범으로 보면, 이에 기초하여 이를 벗어난 일탈의 전경화를 논의할 수 있기 때문이다.

2. 독법의 종류와 체계

제3장에서 향찰의 제자 원리의 종류와 체계를 정리하기에 앞서, 선행 연구들이 보여준, 향찰 독법의 종류를 참고하면서 향찰 독법의 종류와 체계를 다시 정리하고자 한다.

이 정리에 앞서 향찰에서 한자의 무엇을 어떻게 이용하고 있나를 정리하면서, 선행 연구들이 보여준 문제를 해결할 수 있는 방법을 모색해 보자.

먼저 향찰에서 한자의 무엇을 이용하느냐와 그에 따른 용어를 보자. 이에 대한 첫 정리는 서론에서 보았듯이 양주동에 의해 音·訓·義·義訓 등으로 제시되었다. 이 경우에 문제가 되는 것은 訓·義·義訓 등의 차이이다. 이 용어들에 대한 설명이 없어, 해독 실제의 예들을 보면, 그 차이는 매우 모호하다. 訓은 흔히 쓰이는 한자의 뜻에 사용되고,

義는 隔句·落句 등과 病吟·打心 등의 해독에 사용되었다. 義訓은 悟(알리)·邀(뫼시) 등과 같이 기본형에 선어말 어미가 붙은 경우, 형태소들(之:의, 將來:려/ㄹ, 如:닷/다이)의 경우, 訓이라 하지 않은 뜻(所:더, 自:저)의 경우, 그리고 今日(오늘)과 같은 경우 등에 두루 사용되었다. 대충 이처럼 訓·義·義訓 등을 쓰고 있는 것이지 정확하게 구분하고 있지는 않은 것으로 파악된다.

이렇게 訓·義·義訓 등의 개념과 사용이 정확하게 구분되지 않을 때에, 이 용어들의 설정과 사용은 애매하였음을 보여주고, 새로운 용어의 설정을 요구하게 된다. 이 용어를 다시 설정하고자 할 때에, 먼저 등장하는 것이 訓과 義의 개념 정립이다.

흔히 한자는 音과 訓으로 구성된다고 하며, 기호학적으로 한자는 기표인 音과 文字, 기의인 뜻(義)으로 구성된다. 그런데 音訓의 訓은 義의 뜻으로 쓰인다. 그러나 義의 하위 개념이지 결코 대등하거나 상위 개념은 아니다. 訓이 義의 뜻을 취하는 경우는 둘이다. 하나는 초입자들에게 한자를 가르칠 때에 쓰는 音訓의 訓으로, 이 訓은 어떤 한자의 여러 뜻들 중에서 대표적인 것이다. 그리고 다른 하나는 '徐邈撰正五經音訓 學者宗之'의 訓과 같은 것인데, 이 訓은 註를 낸 것으로 어떤 문맥 내에서 어떤 한자가 가진 뜻이다. 이렇게 訓이 뜻의 의미로 쓰일 때에, 그 訓은 義의 하위 개념이다.

이처럼 訓이 義의 하위 개념일 때에, 일차로 義라는 상위 개념 아래 訓·義·義訓과 같이 義를 다시 訓과 대등하게 쓰는 것은 분류의 혼돈을 가져오면서 비체계적이다. 게다가 한자 초입자들에게 가르치는 訓은 시대와 사람에 따라 변한다. 시대와 사람에 따라 訓이 변할 때에, 말을 바꾸면 어떤 한자의 대표적인 뜻이 바뀔 때에, 이를 이용한 향찰을 訓과 義 중에서 어느 것으로 설명할 것인가는 매우 어려운 문제이다.

이렇게 義는 訓과 대등하게 놓을 수 없는 상위 개념이고, 訓은 시대와 사람에 따라 변한다고 할 때에, 향찰이 이용하는 것을 音과 더불어 義로 놓아야 한다고 생각한다. 왜냐하면 義는 訓을 포함할 수 있어도 訓은 義를 포함할 수 없기 때문이다. 그리고 향찰이 이용하는 한자의 한 영역을 義로 대표할 때에, 이 義는 訓뿐만 아니라, 그 모호한 義訓도 포함하기 때문이다. 예로 지금까지 義訓으로 보았던 悟(알리), 邀(뫼시), 之(의), 如(돗/다이), 所(더), 自(저), 今日(오늘) 등등은 모두가 義에 지나지 않는다.

일단 향찰이 한자의 무엇을 이용하느냐에서 音과 義의 두 종류를 정리했다. 이는 기왕의 주장들이 제시한 것과 크게는 같다. 그러나 필자는 하나를 더 제시하여 셋으로 정리하고자 한다. 새로 제시하고자 하는 것은 音義이다. 이것은 한자의 音이나 義 중에서 어느 하나만을 이용하는 것이 아니라 音과 義 모두를 동시에 이용하는 것이다. 이 音義를 설정하고자 하는 이유는, 音과 義만으로는 설명할 수 없는 한자를 설명하고,

모호한 설명을 명확하게 하기 위한 것이다. 音과 義를 모두 이용한 향찰은 기왕의 용어로 보면, 音讀(字)이다. 이 경우에, 字義에도 없는 '이용 한자의 原意를 살려서 읽는다'로 讀을 새기지 않기 위한 것이다. 향찰을 읽을 때에, 이는 이미 한자의 뜻을 유지시킨 향찰뿐만 아니라, 한자의 뜻을 버린 향찰들을 읽는 것인데, 굳이 한자의 뜻을 유지시킨 향찰들에만 讀을 쓰는 것이 문제이다. 이런 문제들의 근본은 향찰에서 한자의 무엇을 이용하느냐에서 音과 義만을 설정한 데에 있다. 이 문제를 극복하고자 본고에서는 향찰이 한자의 무엇을 이용하느냐에, 音·義·音義 등의 셋을 설정한다.

이번에는 한자의 音·義·音義 등을 향찰이 어떻게 이용하는가와 그에 관련된 용어들을 보자. 이와 관련된 용어로는 借 戱借·讀·假 등이 있다 이 중에서 戱借는 借에 속하면서도 讀과 借의 분류와 그 체계를 방해한다. 왜냐하면 借에 속하면서도 借로 설명할 수 없기에 만든 용어이기 때문이다. 다음으로 借와 讀을 보자. 借는 音借·訓借·義訓借 등에서와 같이 차용 한자의 原意와는 상관없이 그 音·訓·義訓 등을 빌려서 쓰는 데에 사용된다. 그리고 讀은 音讀·訓讀·義讀·義訓讀 등에서와 같이 차용 한자의 原意를 살리면서 그 音·訓·義·義訓 등을 사용하는 데에 사용된다. 이렇게 借와 讀을 사용할 경우에 두 가지 문제가 제기된다.

하나는 향찰 모두가 借인데(양주동 1942:59), 어떻게 다시 그 하위 분류에서 讀과 借를 분리하고, 다시 이 용어를 써서 용어의 혼동을 일으키느냐 하는 문제이다. 이 문제점을 피하기 위하여 借를 假로 바꾸는 대안이 나오기도 했다(남풍현 1981:14). 그러나 이 假 역시 그 의미에서는 借의 의미로 쓰고 있어 문제의 완전한 해결에까지 이르지 못하고 있다. 만약 借를 假로 바꾼 주장을 따르려면, 借라는 상위 개념 아래 讀과 假라는 하위 개념이 있어야 하는데, 假와 讀은 借의 하위 개념이 아니다. 그리고 이 假를 쓰기 위해 전고 인용한 假도 앞에서와 같이 향찰의 일부인, 지금까지 하위 개념의 借에 쓰인 말이 아니다. '昔新羅薛聰 始作吏文 官府民間 至今行之 然皆假字而用…'(『訓民正音』 정인지 발문)의 인용에서 假字는 곧 吏文을 지칭하면서 이두에 쓰인 한자가 빌려 쓴 글자라는 뜻이다. 이때 빌려 쓴 글자 곧 借字와 같은 개념으로 이 假는 借이지, 우리가 지금까지 써온 音借·訓借 등등의 借와 같은 개념이 아니다. 즉 빌리다의 개념인 假는, '이용 한자의 原意와 상관없이 그 한자를 빌리다'라는 신조어적 借와 다르다. 이런 두 사실로 보아 借를 假로 교체한 것도 문제를 해결하지 못했다고 할 수 있다.

다른 하나는 讀의 문제이다. 우선 향찰을 읽을 때에, 어떤 향찰이 한자의 原意를 유지하든 그렇지 않든 간에, 모두가 읽음이지, 어떤 향찰이 한자의 原意를 유지할 때만 읽음이 되는 것은 아니다. 그리고 讀의 개념에는 '이용 한자의 原意를 유지하며 읽는다'는 뜻도 없다. 게다가 字義上 讀은 借의 하위 개념도 아니다.

 이상과 같이 향찰에서 한자의 音·義·音義 등을 어떻게 사용하느냐의 문제에 대한 지금까지의 대답인 讀·借 또는 讀·假는 그 설명의 체계에서 모호하였다고 볼 수 있다.

 그러면 이 문제를 해결해야 하는데, 이에 직접 들어가기 전에, 기왕의 설명들이 실패한 이유를 먼저 살피고자 한다. 그 이유는 크게 두 가지로 요약된다.

 하나는 빌리다의 개념인 借 또는 假라는 용어를 상하위에서 다른 용어로 썼다는 점이다.

 다른 하나는 해독의 실제와 관련된 것으로, 해독의 원리를 좀더 천착하지 않고 개략적인 선상에서 讀과 借(假)라는 용어를 취했다는 점이다.

 전자의 문제는 앞의 설명으로 충분하리라 생각하고, 후자의 문제를 보자. 借와 讀의 차이는 이용 한자의 原意를 살리느냐 아니냐에만 초점이 주어졌다. 이럴 경우에 좀더 천착할 것이 있다. 즉 이용 한자의 원의를 살리지 않을 때에 그 한자의 音과 義는 향찰에서 記表로 쓰이면서 다른 記義를 취하는데, 이 記表와 記義의 관계는 무엇인가 하는 점이다. 이 記表와 記義의 관계가 자의적이라면, 이때는 이미 번역이나 차제자(借製字)가 불가능하다. 적어도 이 記表와 記義의 관계는 동기부여적이다. 이에 대한 자세한 논의는 해당 항목으로 돌리고, 그 결과만을 미리 보면, 동음이의적(同音異義的)이고 환유법적(換喩法的)이다. 예로 향찰 慕가 畵의 뜻인 '그리'로 쓰이는데, 이런 차제자가 가능한 것은 慕의 原意에 상관없이 그 義만을 이용한 것이기 때문이 아니라, 이용한 한자의 義가 기표로 쓰이면서 이 기표와 畵의 義(그리)가 동음이의적 관계에 있기 때문이다. 이는 곧 '그리(慕)'가 '그리(畵)'로 전의(轉義)되는 것 때문에 가능한 것이다. 전의라는 차원에서는 환유법적인 것도 마찬가지이다.

 이런 사실은 향찰에서 이용 한자를 어떻게 사용하느냐의 문제에서, 이용 한자의 뜻을 그대로 쓰느냐 아니면 전의를 시키느냐의 문제인데, 이것을 정리하지 않고 개략적으로 이용 한자의 뜻을 살리느냐 아니냐의 선에서 讀과 借를 제안한 것이 이 문제를 풀지 못한 이유라 생각한다.

 이제 향찰이 한자의 音, 義, 音義 등을 어떻게 사용하느냐 하는 문제를 정리해 보자. 이는 두 종류의 용어 설정으로 해결될 수 있다고 본다. 하나는 義의 실가(實假) 여부이고, 다른 하나는 전략(全略) 여부이다.

 한자의 音을 이용하여 우리말을 표기할 때에, 이 한자의 음에는 假實의 구분이 없다. 그러나 한자의 義로 우리말을 표기할 때에, 이 한자의 뜻에는 假와 實이 존재한다. 즉 표기에 쓰인 한자의 의미가 향찰에서의 의미와 같은 실의(實義)로 쓰이는 경우와, 표기에 쓰인 한자의 의미가 향찰에서의 의미로 전의된 가의(假義)로 쓰이는 경우가 있다. 실의는 기왕의 훈독과 거의 같은 것이고, 가의는 기왕의 훈차와 거의 같은 것이다. 그러나 실의와 가의라는 용어를 사용하면, 훈독이나 훈차보다 체계적이고 경제적이다. 왜냐하면 이 용어들을 쓸 때에, 훈독, 훈차, 의독, 의훈독, 의훈차, 의훈희차(義訓戱借) 등과 같이 상당히 모호한 용어를 체계화하여 둘로 압축할 수 있기 때문이다. 이런 점에서 향찰이 한자의 義를 어떻게 사용하느냐의 문제에서 '가의(假義)'와 '실의(實義)'의 용어를 설정하고자 한다.

다음으로 全(전체)과 略(부분)을 보자. 이 全略은 기왕의 해독 용어들에서 정차(正借), 전차(轉借), 약차(略借), 반절(反切), 통차(通借), 희차(戱借) 등의 이차적인 것들과 통한다. 그러나 이들의 몇은 향찰의 표기체계의 체계화를 방해하는 것이고, 이것들을 제외한 나머지는 全略으로 정리되며, 이 全略은 이차적인 것이 아니고 일차적인 것이다. 우선 희차는 借로 정리할 수 없어 고안한 편법으로 체계화를 방해하는 용어이다. 다음으로 전차(轉借)와 통차(通借) 역시 借로 정리할 수 없어 고안한 편법이며, 그 표기를 借로 해독하지 않고 그 유사한 것으로 본 것이다. 그리고 이 전차와 통차의 경우는 과거에 해당 한자의 당시 음을 모르던 때의 것으로, 현재는 설정이 불필요한 것들이다. 이런 점들에서 이 희차, 전차, 통차 등을 제외하면, 정차, 약차, 반절 등이 남는다. 그런데 이 남은 정차, 약차, 반절 등은 全略의 개념으로 통합된다. 반절은 이미 略의 개념 안에 있고, 약차 역시 이를 벗어나지 않는다. 이런 점에서 全과 略을 설정하고자 한다.

지금까지 설정한 용어는 세 종류이다. 즉 音·義·音義, 實·假, 全·略 등이다. 이것들을 결합하여 용어를 만들면 두 종류가 나온다. 하나는 향찰을 독법의 측면에서 정리한 종류이고, 다른 하나는 제자 원리의 측면에서 정리한 종류이다. 이 독법의 측면과 제자 원리의 측면을 분리한 것은 선행 연구들이 향찰의 독법과 제자 원리를 혼효하면서 보여준 분류 기준을 명확하게 하기 위한 것이다. 후자는 다음 장에서 정리하고, 전자를 이 장에서 먼저 보면, 다음의 여섯만이 가능하다.

2.1. 음의독

한자에서는 實假의 구분이 필요 없고, 全略의 구분이 필요 없으며, 해당 한자의 音義를 모두 읽는다는 점에서 음의독(音義讀, 음의로 읽기, 즉 한자로 읽기)으로 정리한다. 이 음의독은 선행 연구들이 음독(音讀)이라고 하던 것이다. 이 음의독은 한자의 음과 의를 모두 차용한 것으로 한자를 말한다.

2.2. 전음독과 약음독

音에는 實假의 구분이 없고, 全과 略이 있다는 점에서, 전음독(全音讀, 전음으로 읽기)과 약음독(略音讀, 부분의 음으로 읽기)으로 정리한다.

전음독은 선행 연구에서 음차자(音借字) 또는 음가자(音假字)라고 부르던 것이다. 약음독은 선행 연구에서 약음차(略音借)라고 부르던 것이다. 약음독에는 하위 부류로 셋이 있는데, 다음과 같다.

1) 초성의 약음독
2) 초성과 중성의 약음독
3) 종성의 약음독

초성의 약음독은 '只/ㄱ'이나 '攴/ㅂ'과 같이 초성을 약음으로 읽는 향찰이다. 초성과 중성의 약음독은 '陵/르'나 '火/브'와 같이 초성과 중성을 약음으로 읽는 향찰이다. 종성의 약음독은 '隱/ㄴ'이나 '音/ㅁ'과 같이 종성을 약음으로 읽는 향찰이다.

2.3. 실의독, 가의독, 약의독

義에는 實과 假가 있고, 全과 略이 있어, 이론상 전실의독(全實義讀), 전가의독(全假義讀), 약실의독(略實義讀), 약가의독(略假義讀) 등이 가능하다. 그러나 약실의독과 약가의독은 실제상에서 하나로 통합된다는 점에서, 전실의독을 실의독(實義讀, 실의로 읽기)으로, 전가의독을 가의독(假義讀, 가의로 읽기)으로, 약실의독과 약가의독을 약의독(略義讀, 부분의 의로 읽기)으로, 각각 정리하면 간편해진다.

가의독에는 하위 부류로 둘이 있다.

1) 동음이의적 가의독
2) 환유법적 가의독

동음이의적 가의독은 '賜立/시셔'(있으셔)의 '-立/셔'와 같이, 동음이의적 가의인 '立/셔'(standing)로 '시셔'의 '-셔'를 표기한 경우이다. 선행 연구들이 훈차 또는 훈가라고 한 것은 거의가 이 동음이의적 가의독에 속한다.

환유법적 가의독은 '歡曰, 打心, 城上人, 病吟' 등과 같이, 이 단어들이 보여주는 환유법적 가의인 '아라'를 표기한 것이다. 양주동이 '打心'과 '歎曰'을 義讀으로, '病吟'을 義借로, '城上人'을 戲訓借로 각각 보아온(양주동 1942:696, 828, 840, 853) 義讀, 義借, 戲訓借 등이 모두 이에 해당한다.

이상과 같이 정리하면, 향찰 독법의 종류는 음의독(한자), 전음독, 약음독, 실의독, 가의독, 약의독 등의 여섯 종류로 정리할 수 있다. 이렇게 향찰 독법의 종류를 정리할 때에, 선행 연구들이 향찰의 종류와 체계를 정리하면서 '讀'과 '借/假'를 혼효한 문제를 해결하게 된다.

향찰 독법의 종류와 체계를 정리하면 다음과 같다.

		음(音)	의(義)
전	실	음의독(音義讀: 한자)	
	실	전음독(全音讀)	실의독(實義讀)
	가		가의독(假義讀)
약		약음독(略音讀)	약의독(略義讀)

2.4. 6종의 겸독과 문맥적 의독

이 절에서 정리하려는 독법은 겸독(兼讀)과 관련된 2차적인 것들이다. 향가가 문학이라는 점에서 매우 중요한 독법들이다. 겸독에는 함께 읽은 것들이 병립적인 것들과 계기적인 것들의 두 종류가 있다. 전자는 수사법 그중에서도 중의법에서 주로 나타나고 후자는 정보용량의 극대화를 보이는 향찰에서 나타난다.

'문맥적 의독'은 '잉여코드를 실의독으로 읽지 않고 문맥적 의미로 읽는 것'을 말한다. 이런 독법은 한문의 번역에서, 한문에 없는 격어미, 관형사형 어미, 연결어미, 전성어미 등등을 문맥에 맞추어 넣어, 한자들을 문맥적 의미로 읽으면서 나타난다. 이 문맥적 의독은 한문의 의역(義譯)에서 보이는 의독(義讀)이라는 점에서, 이차적인 독법으로 정리를 하였다.

잉여코드도 겸독하여, 정보용량의 극대화를 도모한 경우에 나타난 겸독에는, 전음독과 문맥적 의독의 겸독, 가의독과 문맥적 의독의 겸독, 실의독과 문맥적 의독의 겸독, 문맥적 의독과 동음이의적 음의독의 겸독, 동음이의적 음의독과 문맥적 의독의 겸독, 환유법적 가의독과 문맥적 의독의 겸독 등의 여섯 종류가 있다. 구체적인 설명은 제4부의 두 번째 논문인 「잉여코드도 겸독한 문제 향찰」로 돌린다.

3. 제자 원리의 종류와 체계

이 장에서는 향찰에서 보이는 제자 원리의 종류와 체계를 정리하고자 한다.

향찰, 이두, 구결 등을 흔히 차자(借字)라고 한다. 그리고 향찰로 쓴 글을 향찰표기라고 하고, 그 체계를 향찰의 표기체계라고 하며, 그 원리를 표기원리라고 한다. 이 용어들에서 보이는 '차자'와 '표기'는 관습적으로 써왔기 때문에, 별다른 생각 없이 당연한 용어로 받아들인다. 그러나 그 의미를 조금만 생각해 보면, 매우 당황스럽다.

먼저 '차자(借字)'라는 용어를 보자. 차자는 빌린 글자/문자의 의미이다. 분명 향찰에 나오는 한자와 한문은 빌린 글자/문자이다. 그러면 이것이 다인가를 생각해 보자. 향찰 문자가 빌린 글자/문자에 지나지 않는다면, 향찰 문자라는 용어가 필요 없다. 빌린 한자라고 하면 된다. 그런데 우리는 한자와 구분하여 향찰 문자라는 용어를 쓰고 있다. 이는 한자와 향찰 문자가 다른 문자임을 말해준다. 그런데도 우리는 차자라는 용어를 쓰고 있다. 이는 엄밀하게 말해서, 향찰은 한자를 빌린 차자(借字)가 아니라, 한자를 빌려서 만든 차제자(借製字)이다. 이런 점에서 차자라는 용어를 쓰지 않고, 차제자라는 용어를 쓰고자 한다. 그리고 차자가 아니라 차제자라고 할 때에, 한자를 빌려서 향찰을 어떻게 만들었는가 하는 제자 원리가 문제가 된다. 이를 이 장에서 정리하고자 한다.

이번에는 '표기(表記)'라는 용어를 보자. 표기는 생각을 기록한다는 의미이다. 의미를 다소 다르게 정리할 수도 있으나, 생각을 표기하는 수단이지, 생각의 거푸집을 의미하지는 않는다. 이는 문자를 음성언어를 적은 수단으로 본 것이지, 생각의 수단으로 본 것은 아니다. 이런 사고방식은 음성언어를 중심으로 한 소쉬르나 블룸필드(Bloomfield)가 보여주는 언어관이다. 그런데 문제는 문자가 더 이상 표기 수단만이 아니라는 데에 있다. 블룸필드식으로 보면 문자는 언어가 아니라 표기 수단에 불과하다. 그러나 더 이상 문자를 표기수단으로만 보지 않으며 언어로 본다. 지금은 언어관이 변하여 문자언어 역시 음성언어와 대등한 언어로 보고 있다(Mountford 1990). 이런 상황에서, 우리는 향찰 문자를 음성언어와 대등하게 표기하고 표현하는 문자언어로 보아야지, 음성언어를 기록하는 표기로만 볼 수는 없다. 이 경우에 표기와 표현은 향찰이 어떻게 만들어진 문자인지를 알지 못하면, 향찰로 표기하고 표현한 글을 쉽게 이해할 수가 없다. 이 측면 역시 향찰의 제자 원리를 규명하게 한다.

이 제자 원리를 기호학적 입장에서 정리할 때에, 차자가 아니라 차제자라는 측면이 명확하게 드러난다.

3.1. 1차 언어

이 점에서는 2차 언어의 설명에 필요한 1차 언어를 간단하게 정리하려 한다. 우리가 가지고 있는 1차 언어는 두 가지이다. 하나는 한글이고, 다른 하나는 한자이다.

3.1.1. 한글의 1차 언어

| sori | 자의적 관계 | sound/音 | 1차 언어 |
| 소리 | (a·r) | | |

위에서 보듯이, 소리의 기표는 /sori/이고, 문자의 기표는 '소리'이며, 그 기의는 'sound/音'이다. 그리고 기표와 기의의 관계는 자의적 관계(恣意的 關係, arbitrary relation, a·r)이다.

3.1.2. 한자의 1차 언어와 음의차용자

| bul | 동기부여적 관계 | 일어나다 | 1차 언어 |
| 佛 | (m·r) | 돕다 | |

| chun | 동기부여적 관계 | spring | 1차 언어 |
| 春 | (m·r) | | |

위에서 보듯이, 소리의 기표는 /bul, chun/이고, 문자의 기표는 '佛, 春'이며, 그 기의는 '일어나다, 돕다, spring'이다. 그리고 기표와 기의의 관계는 동기부여적 관계(動機附與的 關係, motivational relation, m·r)이다.

이에 속한 향찰은 선행 연구에서 음독(자)라고 했던 것을 이 장에서는 음의차용자(音義借用字, 한자의 음의를 빌려 쓴 글자, 즉 한자)라고 부르려 한다. '善花公主'와 '衆生界盡我懺盡' 등의 한자가 이 1차 언어에 속한다.

3.2. 2차 언어

2차 언어에는 두 종류가 있다. 하나는 초언어(meta-language)이고, 다른 하나는 내포 언어(language of connotation)이다. 향찰의 경우에 내포 언어에 속한 것은 선행 연구에서 음차자 또는 음가자라고 하던 것을 이 장에서 전음차제자(全音借製字, 한자의 전음을 빌려서 만든 글자)라고 부르는 것이다. 그리고 향찰의 경우에 초언어에 속한 것은 선행 연구에서 훈독자라고 하던 것을 실의차제자(實義借製字, 한자의 실의를 빌려서 만든 글자)라고 부르는 것이다.

3.2.1. 전음차제자

한자의 전음(全音)을 빌려서 만든 향찰에는 두 종류가 있다. 하나는 이미 중국에서 한자의 전음을 이용하여 만든 한자를 차용한 것이고, 다른 하나는 우리나라에서 한자의 전음을 빌려서 만든 향찰로 전음차제자라고 하는 것이다. 전자는 불경의 범자(梵字)를 중국에서 한자로 옮긴 불경의 자역자(字譯字)이다.

3.2.1.1. 불경 자역자의 전음차제자

차용된 한자들의 대부분은 앞에서 살핀 바와 같이, 1차 언어의 향찰들이다. 그러나 그 일부인 범자(梵字)를 음절로 자역(字譯)한 한자들은 이미 1차 언어의 한자가 아니라, 2차 언어의 한자가 되어 있다. 이 한자들이 차용되어 향찰로 쓰일 때에, 이 향찰들은 2차 언어의 향찰이 된다. 예로 '乾達婆'(Gandharva)의 '達'과 '婆'를 보자. 이를 바르트가 보여준 내포 언어(language of connotation, R. Barthes 1970:90)의 도형을 약간 변형하여 그리면 다음과 같다.

dhar, va	m·r	다다르다			1차 언어
達, 婆		할미			
dhar, va	m·r	(다다르다)	m·r	(Gan)dharva	2차 언어
達, 婆		(할미)			

'乾達婆'의 '達'과 '婆'는 분명히 한자이다. 그러나 이 한자들의 기의(다다르다, 할미)는 유보되어 있으며, 이 기표들은 (Gan)dharva의 표기에 쓰인 dhar과 va의 기의를 갖는다. 말을 바꾸면, 이 한자들은 그 본래의 기의와 기표를 가진 순수한 한자가 아니라, 범자를 자역하는 데에 쓰인 문자들이다. 이는 향찰의 표기법으로 말하면 전음차제자(全音借製字, 전음을 빌려 만든 글자)에 해당한다.

이 중국의 불경 자역자는 한국에 유입되어 한국 한자의 일부가 되고, 이 한자들이 향찰에 차용되어서, 앞에서 인용한 2차 언어의 하나인 내포 언어의 향찰들이 된 것이다.

3.2.1.2. 향찰의 전음차제자

chun	m·r	spring			1차 언어
春					
chun	m·r	(spring)	m·r	춘(추+ㄴ)	2차 언어
春					

이 내포 언어의 2차 언어에 속한 향찰은 지금까지 음차자 또는 음가자라 부르던 것들이다. 이 향찰들은 형태소의 음절을 표기하느냐, 아니면 비형태소의 음절을 표기하느냐에 따라 둘로 나눌 수 있지만, 큰 차이가 없이 전자만을 정리한다.

형태소의 음절을 표기한 전음차제자(全音借製字, 전음을 빌려서 만든 글자)들을 보자. 앞의 '春'으로 '춘 춤은 너무 고상하다'의 '춘'(舞)을 표기할 때에, 이 향찰은 내포 언어의 2차 언어이다. 1차 언어인 한자 '春'은 내포 언어의 2차 언어에서 그 기표가 된다. 그리고 이 기표는 새로운 기의 즉 '춘'(舞)과 결합하면서 내포 언어의 2차 언어가 된다. 이때 이 2차 언어의 기표와 기의의 관계는 한자·향찰 간 동음이의어적(同音異義的)인 동기부여적 관계이다. 이런 점에서 형태소의 음절을 표기한 전음차제자들은 1차 언어인 한자들을 한자·향찰 간 동음이의적 관계에서 재코드화한 내포 언어의 2차 언어라 할 수 있다.

3.2.2. 실의차제자

2차 언어의 한 종류로 초언어(meta-language)가 있다. 이 초언어의 2차 언어에 속한 향찰은 실의차제자(實義借製字, 실의를 빌려서 만든 글자)이다. 이 실의차제자는 선행 연구들이 훈독자와 의훈독이라고 부르던 것을 하나로 묶은 것이다.

		chun	m·r	spring	1차 문자
		春			
봄	m·r	(chun)	m·r	spring	2차 문자
春		春			

실의차제자들이 초언어의 2차 언어라는 사실을 '春/봄'이란 향찰에서 보자. 한자 '春'은 1차 언어로 기표와 기의를 가지고 있으며, 이 기표와 기의의 관계는 동기부여적이다. 이 1차 언어는 초언어에서 2차 언어의 기의가 되어 새로운 기표를 취하게 되는데,

이 '春'이란 실의차제자는 '봄'이란 기표를 취한다. 이때 기표인 '봄'과 기의인 '春'의 관계는 한자·향찰간(漢字·鄕札間) 이음동의적(異音同義的)인 동기부여적 관계이다. 이런 점에서 실의차제자들은 1차 언어인 한자를 한자와 향찰 사이의 이음동의적 관계에서 재코드화(recoding)한 초언어의 2차 언어라 할 수 있다.

3.3. 3차 언어

3차 언어에 속하는 향찰은 두 종류이다. 하나는 약음차제자(略音借製字, 한자의 약음을 빌려서 만든 글자)이고 다른 하나는 가의차제자(假義借製字 한자의 가의를 빌려서 만든 글자)이다. 가의차제자는 동음이의적 가의차제자와 환유법적 가의차제자로 분리된다.

이 가의차제자는 필자가 기왕의 訓借, 義訓借, 義讀, 義讀, 戲借 등을 하나의 借製字 원리로 묶어 설명하기 위하여 제시했던 가의만자(假義滿字)를 바꾼 용어이다. 기왕의 訓借, 義訓借, 義讀, 義訓戲借 등은 그 借製字 원리에서 다양한 것이 아니라, 假義 즉 이용 한자의 기의를 다른 기의로 轉義시킴에 기초한 단일 원리에 있으며, 이 단일 원리는 아무렇게나 다른 기의로 전의되는 것이 아니라, 同音異義나 換喻法과 같은 意味 轉義의 범주 안에 있는 것임을 정리할 수 있다.

3.3.1. 약음차제자

약음차제자는 선행 연구에서 약음차라고 하던 것이다. 약음차제자에는 두 종류가 있다. 중국의 불경자역(佛經字譯)의 반자(半字)들을 차용한 약음차제자가 그 한 종류이다. 다른 한 종류는 한국에서 만든 약음차제자이다.

중국의 불경자역에 나타난 반자들은 3종류이다(양희철 1995). 즉 반절상자(反切上字)의 반자, 반절상자(反切上字)의 대칭반자(對稱半字), 반절하자(反切下字)의 대칭반자(對稱半字) 등이다. 향찰이 차용한 예들과 향찰에서 만든 글자들은 앞의 책(양희철 1995:182-183)으로 돌리고, 용어를 바꾸어 예들을 하나씩 들면 다음과 같다.

1) 초성의 약음차제자(반절상자의 반자)
   자역자: 多/t(娑路多羅 Srotra), 향찰: 支/ㅂ(高支好 놉호, 〈찬기파랑가〉)
2) 종성의 약음차제자(반절상자의 대칭반자)
   자역자: 斯/s(呾羅斯 Talas), 향찰: 斯/ㅅ(尼斯今 닛금)

3) 초성과 중성의 약음차제자(반절하자의 대칭반자)
자역자: 良/la(罡良耶舍 Kalayasas), 향찰: 良/라(知良 아라, 〈청불주세가〉)

이 예들에서 살필 수 있듯이 향찰과 이두에서 쓰이고 있는 약음차제자에는 불경 자역자의 반자가 차용된 것들도 있고, 향찰에서 만든 것들도 있다. 그런데 이 약음차제자들을 만드는 과정은 크게 보면, 불경 자역의 경우나 한국에서 만든 경우가 같다.

이 약음차제자는 1차 언어를 초언어의 2차 언어로 만들고, 다시 2차 언어를 내포 언어로 만드는 두 과정을 거친다.

		eun	m·r	hide/			1차 언어
		隱		숨다			
ㄴ	m·r	(eun)	m·r	hide/			2차 언어
隱		隱		숨다			
ㄴ	m·r	(eun)	m·r	(hide/	m·r	-ㄴ(-)	3차 언어
隱		隱		숨다)			

먼저 1차 언어를 초언어의 2차 언어로 만드는 과정을 보자. 1차 언어의 기표('eun, 隱')와 기의('hide/숨다')는 2차 언어의 기의가 되어, 동기부여적 관계, 즉 1차 언어의 기표('eun, 隱')와 2차 언어의 기표('ㄴ, 隱') 사이의 제유적 관계(부분과 전체의 관계)에서, 새로운 기표('ㄴ, 隱')를 얻게 된다. 이때 1차 언어의 소리의 기표('eun')는 2차 언어에서는 실현되지 않고, 잉여코드로 내포되어 있다. 이런 점에서 'hide/숨다'의 기의는 1차 언어에서는 'eun, 隱'의 기표로 표현되지만, 2차 언어에서는 'ㄴ, 隱'의 기표로 표현된다. 'eun, 隱'은 1차 언어이고, 'ㄴ, 隱'은 2차 언어이다. 이 과정은 우리가 '학과사무실'을 '과사'로 줄여서 쓰는 과정과 같다.

이번에는 초언어인 2차 언어를 다시 내포 언어로 만드는 과정을 보자. 2차 언어의 기표('ㄴ, 隱')와 기의('hide/숨다')는 3차 언어의 기표가 되어, 동기부여적 관계, 즉 2차 언어의 기표('ㄴ, 隱')와 3차 언어의 기표('-ㄴ, -ㄴ-') 사이의 동음이의적 관계에서, 새로운 기의('-ㄴ, -ㄴ-')를 얻게 된다. 이때 2차 언어의 기의('hide/숨다')는 3차 언어에서는 실현되지 않고, 잉여코드로 내포되어 있다. 이런 점에서 'hide/숨다'의 기의를 보여주는 기표 'ㄴ, 隱'은 2차 언어이고, '-ㄴ, -ㄴ-'의 기의를 보여주는 기표 'ㄴ, 隱'은 3차 언어의 향찰이다.

이 경우에 중국의 불경자역으로부터 차용한 약음(차제자)들은 차용된 코드에 기반한 것이 되고, 향찰에서 만든 약음차제자들은 전음차제자들을 다시 제유음동의적(提喩音同義的)인 동기부여적 관계에서 재코드화한 것이다. 그러나 이들의 차용과 자체 생산이라는 다른 점도 있지만, 그 근본적인 차원에서는 같은 유형에 기초한 것들이다.

3.3.2. 동음이의적 가의차제자

동음이의적 가의차제자는, 선행 연구에서 훈차자, 훈가자, 동음이의적 가의만자(假義滿字) 등으로 부르던 것이다. 이를 '白遣 賜立'(〈원왕생가〉)의 '-立/셔'를 예로 보자.

		rip 立	m·r	standing			1차 언어
syeo 立	m·r	(rip) 立	m·r	standing			2차 언어
syeo 立	m·r	(rip) 立	m·r	(standing)	m·r	-셔	3차 언어

이 3차 언어는 초언어의 2차 언어를 만드는 과정과 이 2차 언어를 다시 내포 언어로 만드는 과정에 의해 만들어진다.

먼저 초언어의 2차 언어를 만드는 과정을 보자. 1차 언어의 기표('rip, 立')와 기의('standing')는 2차 언어의 기의가 되어, 동기부여적 관계, 즉 1차 언어의 기표('rip, 立')와 2차 언어의 기표('syeo, 立')가 이음동의적 관계에서, 새로운 기표('syeo, 立')를 얻게 된다. 이때 1차 언어의 소리의 기표('rip')는 2차 언어에서는 실현되지 않고, 잉여코드로 내포되어 있다. 이런 점에서 'standing'의 기의는 1차 언어의 표현에서는 'rip, 立'으로 표현되지만, 2차 언어의 표현에서는 'syeo, 立'로 표현된다. 'rip, 立'은 1차 언어인 한자이고, 'syeo, 立'는 2차 언어인 향찰이다.

이번에는 초문자인 2차 언어를 다시 내포 언어로 만드는 과정을 보자. 2차 언어의 기표('syeo, 立')와 기의('rip, 立')는 3차 문자의 기표가 되어, 동기부여적 관계, 즉 3차 언어의 기표('syeo, 立')와 3차 언어의 기의('-셔')가 보이는 동음이의적 관계에서, 새로운 기의('-셔')를 얻게 된다. 이때 2차 언어의 기의('standing')는 3차 언어에서는 실현되지 않고, 잉여코드로 내포되어 있다. 이런 점에서 'standing'의 기의를 보여주는 기표('syeo, 立')는 2차 언어의 향찰이고, '-셔'의 기의를 보여주는 기표('syeo, 立')는 3차 언어의 향찰이다.

이 두 과정을 종합하면, 동음이의적 가의차제자는 3차 언어가 된다.

3.3.3. 환유법적 가의차제자

환유법적 가의차제자를 '城上人'을 예로 보자.

	seongsangin	m·r	성위의 사람				1차 언어
	城上人						
	seongsangin	m·r	(성위의 사람)	m·r	아라 (감탄사)		2차 언어
	城上人						
ara	(seongsangin)	m·r	(성위의 사람)	m·r	아라 (감탄사)		3차 언어
城上人	城上人						

  이 환유법적 가의차제자는 1차 언어를 2차 언어인 내포 언어로 만들고, 다시 이 2차 언어인 내포 언어를 다시 초언어로 만드는 과정을 거치게 된다.
  먼저 1차 언어를 2차 언어인 내포 언어로 만드는 과정을 보자. 1차 언어의 기표('seongsangin, 城上人')와 기의('성위의 사람')는 2차 언어의 기표가 되어, 동기부여적 관계, 즉 2차 언어의 기표(성상인: 생산자)와 2차 언어의 기의(감탄사: 생산품)의 관계에서, 새로운 기의('아라')를 얻게 된다. 이때 1차 언어의 기의('성위의 사람')는 2차 언어에서는 실현되지 않고, 잉여코드로 내포되어 있다. 이런 점에서 'seongsangin, 城上人'의 1차 언어의 의미는 '성위의 사람'이 되고, 2차 언어의 의미는 '아라'가 된다.
  이번에는 2차 언어를 다시 초문자로 만드는 과정을 보자. 2차 언어의 기표('seongsangin, 城上人')와 기의('아라')는 3차 언어의 기의가 되어, 동기부여적 관계, 즉 2차 언어의 기의(감탄사 '아라')와 3차 언어의 기표('ara, 城上人') 사이의 동음이의적 관계에서, 새로운 기표('아라, 城上人')를 얻게 된다. 이때 2차 언어의 기표('seongsangin')는 3차 언어에서는 실현되지 않고, 잉여코드로 내포되어 있다. 이런 점에서 감탄사 '아라'의 기의는 2차 언어의 표현에서는 'seongsangin, 城上人'의 기표로 표현되지만, 3차 언어의 표현에서는 '아라, 城上人'의 기표로 표현된다.
  이 환유법적 가의차제자는 '打心, 歎曰, 病吟' 등에서도 나타나는데, 생산자와 생산물의 관계가 인접 관계의 동기부여적 관계로 바뀌는 것만이 다르다.

3.4. 4차 언어

  4차 언어에는 약의차제자(略義借製字, 한자의 약의를 빌려서 만든 글자)가 있다. 이는 선행 연구에서 약의자(略義字) 또는 의반자(義半字)라고 하던 것들이다. 이에 속한 향찰들은 다음과 같이 매우 드물다.

飛(놀→ㄴ): 安爲飛等(안ᄒᆞᄂᆞ돈 〈항순중생가〉)
乎(온→오): 行乎尸(녀올 〈모죽지랑가〉), 獻乎理音如(받줍오림다 〈헌화가〉)
如(담→다): 獻乎理音如(받줍오림다 〈헌화가〉), 知古如(알고다 〈안민가〉)
臥(눕→누): 臥乎隱(누온 〈참회업장가〉), 落臥乎隱(디누온 〈참회업장가〉)
火(블→브): 迷火隱乙(이븐을 〈항순중생가〉)

이 향찰들은 초성과 중성의 약의를 이용한 약의차제자들이다. 이 중에서 '飛'를 예로 보자.

				bi	m·r	fly			1차 언어
				飛					
		놀	m·r	(bi)	m·r	fly			2차 언어
		飛		飛					
ㄴ	m·r	(놀)	m·r	(bi)	m·r	fly			3차 언어
飛		飛		飛					
ㄴ	m·r	(놀)	m·r	(bi)	m·r	(fly)	m·r	-ㄴ(-)	4차 언어
飛		飛		飛					

이 약의차제자 '-飛/ㄴ-, -飛/ㄴ'는 3단계를 거쳐서 만들어진다. 즉 1차 언어를 초언어의 2차 언어로 만드는 단계, 2차 언어를 다시 초언어로 만드는 단계, 3차 언어를 다시 내포 언어로 만드는 단계이다. 이를 차례로 보자.

기표('bi, 飛')와 기의('fly')로 구성된 1차 언어는 초언어인 2차 언어의 기의가 되면서, 1차 언어의 기표('bi, 飛')와 2차 문자의 기표('놀, 飛)의 사이에서 보이는 이음동의적 관계에서, 새로운 기표('놀, 飛')를 얻으면서 초언어의 2차 언어가 된다. 이때 1차 언어의 소리의 기표('bi')는 실현되지 않고 잉여코드가 된다. 이 2차 언어는 실의차제자이다.

기표('놀, 飛')와 기의('fly')로 구성된 2차 언어는 다시 초언어인 3차 언어의 기의가 되면서, 2차 언어의 기표('놀')와 3차 언어의 기표(ㄴ)의 사이에서 보이는 제유법적 관계(부분과 전체)에서, 새로운 기표('ㄴ, 飛')를 얻으면서 3차 언어가 된다. 이때 2차 언어의 소리의 기표('놀')는 실현되지 않고 잉여코드가 된다. 이 3차 문자는 약호에 해당한다.

기표('ᄂ, 飛')와 기의('fly')로 구성된 3차 언어는 다시 4차 언어의 기표가 되면서, 4차 언어의 기표('ᄂ, 飛')와 4차 언어의 기의('-ᄂ, -ᄂ-')의 사이에서 보이는 동음이의적 관계에서, 새로운 기의('-ᄂ, -ᄂ-')를 얻으면서 4차 언어가 된다. 이때 3차 언어의 소리의 기표('늘')는 실현되지 않고 잉여코드가 된다.

이상의 정리에서 보듯이, 향찰은 1차 언어에서는 1차 언어인 한자를 차용하고, 2차 언어부터는 빌려서 제자(製字)한 성격을 잘 보여준다. 이런 점에서 향찰은 한자를 빌려서 만든 문자 언어라고 할 수 있다. 그리고 향찰의 체계는 기호학적인 측면에서 볼 때에 다음과 같이 정리된다.

	음(音)	의(義)
1차 언어	음의차용자(音義借用字, 한자)	
2차 언어	전음차제자(全音借製字)	실의차제자(實義借製字)
3차 언어	약음차제자(略音借製字)	가의차제자(假義借製字)
4차 언어		약의차제자(略義借製字)

이렇게 정리를 하면 향찰의 체계는 대단히 간단하다.

그리고 6종의 겸독과 관련된 6종의 차제자들은 잉여코드로 쓰인 기의의 코드도 살린 것인데, 이에 대한 설명은 생략한다.

4. 운용법의 규범과 일탈의 전경화

이 장에서는 향찰 운용법의 규범과 그 일탈의 전경화를 정리하는 데에 목적이 있다. 향찰의 운용법은 향찰의 독법 및 제자 원리와 더불어 향찰 해독을 가능하게 하는 중요한 영역이다. 아무리 향찰의 독법 및 제자 원리를 잘 알아도, 향찰의 운용법을 잘 알지 못하면, 향찰의 해독은 상당히 어렵다. 이로 인해 향찰 운용법의 연구는 향찰 해독과 동시에 시작되었다고 할 수 있다. 이렇게 시작되어 이루어져 오고 있는 향찰 운용법의 연구는 크게 보아 말음첨기, 향찰 종류와 사용처의 관계를 다룬 영역으로 나누어진다.

이 글에서는 문체론적인 측면을 강화하기 위하여, 선행 연구들이 보인 말음첨기의 규범과 훈주음종의 규범을 포함한 전체적인 규범을 다시 정리하고, 그 일탈에 따른 전경화를 다시 정리하고자 한다. 이는 운용법의 규범에 머물고 있는 어학적 해독을 넘어서,

운용법의 규범을 벗어난 일탈을 연구하는 문학적 해독으로 영역을 확장하려는 것이다.

4.1. 운용법의 규범

향찰의 운용법은 대단히 광범위하다. 그중에서 향찰의 해독에 관여할 수 있는 것만을 정리하면 다음과 같다.

1) 문장 성분을 갖추는 규범
2) 문장 성분을 문법적이게 정배열하는 규범
3) 문자적 의미로 문맥이 통하는 규범
4) 문장에서 한 형태소는 한 의미만을 갖는 규범
5) 직설적으로 표현하는 규범
6) 문장의 연결에서 연결어미, 접속사, 지시대명사 등을 사용하는 규범
7) 구문의 분절과 시행의 분절이 일치하는 규범
8) 말음첨기의 규범
9) 의주음조의 규범
10) 상용 향찰을 사용하는 규범

1)부터 6)까지는 향찰뿐만 아니라 다른 글에서도 보이는 규범이다. 그런데도 여기에서 규범으로 정리한 것은, 이 규범이 있어야 그 일탈을 정리할 수 있고, 그 일탈들이 있어야 그 일탈들이 전경화를 통하여 드러내는 다양한 수사법들을 정리할 수 있기 때문이다. 이 일탈들이 드러내는 다양한 수사법들은 '4.2.'에서 정리하려 한다.

7)은 산문이 아니라 시가에서 보이는 규범이다. 이 규범이 있어야 그 일탈의 행간걸침을 정리할 수 있다.

8), 9), 10)은 향찰에서 보이는 규범들이다. 이 규범들이 있어야 그 일탈들이 보이는 전경화를 정리할 수 있다.

이 규범들을 모두 정리할 필요는 없고, 향찰에서 보이는 말음첨기의 규범과 의주음조의 규범만을 정리하려 한다.

4.1.1. 말음(절)첨기의 규범

운용법에서 매우 중요한 언급은 다음의 글이다.

詞腦歌에 가장 慣用된 記寫法은 體·用言의 一單語를 먼저 義字로 表示하고 다음 그 말의 末音 또는 末音節을 主로 音借字로 添記함이니 이를 義字末音添記이라 한다.(양주동 1942: 61)

말음첨기는 양주동이 정리한 의자말음첨기(義字末音添記)에 기원한다. 앞의 인용에서 구분하듯이 '말음(末音)'의 첨기와 '말음절(末音節)'의 첨기를 구분하여 정리하려 한다.

4.1.1.1. 말음첨기
이 항에서는 말음첨기자의 종류와 기능을 정리하고자 한다.

1) 음절말 말음첨기자의 종류
첨기자(添記字)와 피첨기체(被添記體)를 정리하기 위하여, 먼저 음절말에 온 말음첨기를 정리하면 다음과 같다.

只(ㄱ): 密只(그슥 〈서동요〉), 使以惡只(브리악 〈도솔가〉) 등등
隱/仁(ㄴ): 仰頓隱(울월돈 〈원가〉), 直等隱(곧돈 〈도솔가〉), 懺爲如乎仁(懺ᄒ다온 〈보개회향가〉), 向乎仁(앗온 〈총결무진가〉) 등등
尸/乙(ㄹ): 道尸(길 〈혜성가〉), 秋察尸(ᄀ줄 〈원가〉), 長乙隱(길은 〈청전법륜가〉) 등등
音(ㅁ): 夜音(밤 〈모죽지랑가〉), 人音(님 〈수희공덕가〉) 등등
攴(ㅂ): 高攴好(놉호 〈찬기파랑가〉)
叱(ㅅ): 城叱肹良(자시글랑 〈혜성가〉), 然叱(그럿 〈상수불학가〉) 등등

이상의 음절말 말음첨기자를 정리하면, ㄱ(只), ㄴ(隱/仁), ㄹ(尸/乙), ㅁ(音), ㅂ(攴), ㅅ(叱) 등의 약음차제자들에 한정된다. 이는 기왕의 주장들이 제시한 것과 다르다. 'ㄴ'과 'ㄹ'에 仁과 乙이 각각 첨가되고, 攴이 'ㆆ/ㅿ'이 아니라 'ㅂ'이라는 차이이다. 그리고 약의차제자를 첨기자로 쓰지 않고 약음차제자만을 첨기자로 쓰는 것은 음절말 말음첨기자의 한 특징이다.

앞의 정리에서는 말음첨기자로 'ㆆ/支(ㄷ)'를 정리하지 않았다. 이 말음첨기는 『화엄경』 구결의 '故ㆆ(단/탄), 能ㆆ(신), 免ㆆ(변)-, 善ㆆ(ᄼᅩ)(일ᄒ며), 則ㆆ(곧), 如ㆆ(돋/ᄃ디)' 등과 향찰 '出隱伊音叱如支'(〈참회업장가〉)의 '-如支(돋/ᄃ디)' 등(양희철 2013a:397-470)에서 보인다. 구결과 향찰 전반에서 나타나는 현상이 아니어서 앞의

정리에는 포함시키지 않았다.

2) 음절말 말음첨기자의 기능

이번에는 음절말 말음첨기자 앞의 향찰에 따라 정리하여, 첨기된 향찰의 기능을 살피고자 한다. 음절말 말음첨기자 앞의 향찰은 세 종류로 정리된다. 실의차제자(실의독자), 동음이의적 가의차제자(가의독자), 전음차제자(전음독자) 등이다. 이것들과 연결된 음절말 말음첨기자의 기능은 한 마디로 그 앞 음절의 음절말 자음을 확인시켜 그 앞의 향찰을 이 말자음이 포함된 실의차제자(실의독자), 동음이의적 가의차제자(가의독자), 전음차제자(전음독자) 이외의 다른 것으로는 읽지 못하게 하는 것이라 할 수 있다.

먼저 음절말 말음첨기자의 앞에 실의차제자(실의독자)가 온 경우를 보자.

只(ㄱ): 密只(그슥 〈서동요〉), 唯只(오딕 〈우적가〉)
尸/乙(ㄹ): 道尸(길 〈모죽지랑가〉), 長乙隱(길은 〈청전법륜가〉) 등등
音(ㅁ): 夜音(밤 〈모죽지랑가〉), 餘音良(남아 〈총결무진가〉) 등등
攴(ㅂ): 高攴好(놉호 〈찬기파랑가〉)
叱(ㅅ): 汀叱(믈깟 〈혜성가〉), 際叱肹(又홀 〈찬기파랑가〉) 등등

이들 음절말 말음첨기자들은 그 앞 향찰의 음절말 자음을 확인시키면서 이 말자음들이 포함된 실의차제자(실의독자)로만 읽게 하는 기능을 보인다.

이번에는 음절말 말음첨기자의 앞에 동음이의적 가의차제자(가의독자)가 오는 경우를 보자.

乎+隱(ㄴ): 白乎隱(솗온 〈도솔가〉), 內乎隱(드리온 〈예경제불가〉), 臥乎隱(누온 〈참회업장가〉) 등등
乎+仁(ㄴ): 懺爲如乎仁(懺ᄒ다온 〈보개회향가〉), 向乎仁(아온 〈총결무진가〉)

이 隱(ㄴ)과 仁(ㄴ)의 음절말 말음첨기자들 앞에는 동음이의적 가의차제자(가의독자)와 약의차제자(약의독자)로 동시에 쓰이는 乎(온/오)가 와 있다. 만약 이 乎(온/오) 다음에 음절말 말음첨기자를 쓰지 않았다면, 이 향찰들은 동음이의적 가의차제자(가의독자)와 약의차제자(약의독자)에서 어느 것으로 읽어야 할지에서 상당히 모호할 수 있다. 그러나 음절말 말음첨기자 隱(ㄴ)과 仁(ㄴ)이 앞 음절의 음절말 말음이 '-ㄴ'임을 확인시켜 주면서, 약의차제자(약의독자)로 읽는 것을 방지하고, 이 말음이 포함된 동음

이의적 가의차제자(가의독자)로만 읽게 한다.

이번에는 음절말 말음첨기자의 앞에 전음차제자(전음독자)가 오는 경우를 보자. 이 경우에는 음절말 말음첨기자 앞의 향찰이 이 음절말 말음첨기의 말음을 포함하는 전음차제자(전음독자)로도 쓰이고, 동시에 이 자음이 삭제된 약음차제자(약음독자)로도 쓰이는 향찰일 경우에, 이 음절말 말음을 한결같이 확인하여, 약음차제자(약음독자)가 아닌 전음차제자(전음독자)로만 읽게 한다. 이에 속하는 것들은 다음과 같다.

惡+只(ㄱ): 使以惡只(브리악 〈도솔가〉), 對爲白惡只(대ᄒᆞ숣악 〈칭찬여래가〉)
玉+只(ㄱ): 餘乎只(남옥 〈참회업장가〉)
等+隱(ㄴ): 直等隱(곧든 〈도솔가〉), 一等隱(ᄒᆞ든 〈제망매가〉)
頓+隱(ㄴ): 仰頓隱(울월돈 〈원가〉)
呑+隱(ㄴ): 來呑隱(오ᄃᆞᆫ 〈우적가〉)

이 음절말 말음첨기자 只(ㄱ)와 隱(ㄴ)의 앞에는 惡, 玉, 等, 頓, 呑 등이 오고 있다. 이 향찰들은 전음차제자(전음독자)로 '악, 옥, 든, 돈, ᄃᆞᆫ' 등이며, 동시에 약음차제자(약음독자)로는 '아, 오, ᄃᆞ, 도, ᄃᆞ' 등이 되기도 한다. 이럴 경우에 只(ㄱ)와 隱(ㄴ)이 없으면 그 결정은 상당히 어렵게 된다. 이를 방지하기 위해서 이 음절말 말음첨기가 쓰이었다고 할 수 있다.

이렇게 음절말 말음첨기는 앞 음절의 말자음을 확인시키는 주기능에서 하나가 된다. 그리고 이 주기능은 그 앞의 향찰을 음의차용자(음의독자, 漢字), 약의차제자(약의독자), 약음차제자(약음독자) 등으로 읽는 것을 방지하고, 이 말자음을 포함한 실의차제자(실의독자), 동음이의적 가의차제자(가의독자), 전음차제자(전음독자) 등으로만 읽게 하는 부수적 기능을 포함한다.

2) 말음절첨기

이 말음절첨기는 하나의 특성을 가지고 있다. 즉 그 앞에 오는 향찰이 2음절 이상의 실의차제자(실의독자)라는 점이다. 이는 그 앞의 향찰의 어절말 음절을 확인시킴에 의하여 그 앞의 향찰을 다른 향찰이 아닌 실의차제자(실의독자)로만 읽으라는 기능을 한다. 이 말음첨기자는 동음이의적 가의차제자(가의독자)와 전음차제자(전음독자)로 나뉜다.

(1) 동음이의적 가의차제자의 말음절첨기
이에 속하는 예들을 정리하면 다음과 같다.

　　日(눌): 今日(오눌 〈두솔가〉〈칭찬여래가〉〈참회업장가〉)
　　出(나): 過出(디나 〈우적가〉)
　　等(둘): 海等(바둘 〈칭찬여래가〉〈보개회향가〉)
　　冬(들/둘): 不冬(안들/안둘 〈수희공덕가〉〈청불주세가〉 등등)

　이상의 '日(눌), 出(나), 等(둘), 冬(들/둘)' 등은 동음이의적 가의차제자(가의독자)들로 바로 앞 향찰의 두 번째 음절을 확인한다. 그리고 이로 인해 바로 앞의 향찰을 이 말음절을 포함한 실의차제자(실의독자) 이외의 다른 것으로 해독하는 것을 방지한다.

(2) 전음차제자의 말음절첨기
이에 속하는 예들을 정리하면 다음과 같다.

　　理(리): 舊理(여리), 倭理叱(여릿)(이상 〈혜성가〉), 世理(누리 〈원가〉), 汀理也中(믈서리
　　　　　야희), 川理叱(나릿)(이상 〈찬기파랑가〉)
　　利(리): 星利(벼리 〈혜성가〉)
　　史(시): 皃史(즈시 〈모죽지랑가〉), 栢史(자시), 皃史沙叱(즈시샃)(이상 〈원가〉), 母史也
　　　　　(어시여 〈안민가〉), 皃史(즈시), 栢史叱(자싯)(이상 〈찬기파랑가〉), 皃史(즈시
　　　　　〈우적가〉)
　　知(디): 惡知(엇디 〈모죽지랑가〉)
　　察(줄): 秋察尸(ᄀᆞ줄 〈원가〉), 秋察(ᄀᆞ줄 〈제망매가〉, 〈청전법륜가〉)
　　次(지): 枝次(가지 〈찬기파랑가?〉)
　　呑(단): 今呑(열단 〈우적가〉)
　　支(기): 誰支(누기 〈처용가〉)
　　寸(즌): 惡寸(머즌), 惡寸隱(머즌)(이상 〈참회업장가〉), 惡寸(머즌 〈보개회향가〉)

　이상의 '理(리), 利(리), 史(시), 知(디), 察(줄), 次(지), 呑(단), 支(기), 寸(즌)' 등은 전음차제자(전음독자)로 앞의 음절을 확인하기 위하여 첨기한 경우들이다. 이 확인은 물론 앞의 향찰을 이 말음절을 포함한 실의차제자(실의독자)로만 읽게 하는 기능을 보인다.
　이상과 같이 볼 경우에, 어절말의 말음절첨기는 동음이의적 가의차제자(가의독자)와

전음차제자(전음독자)로 이루어지고, 그 기능은 바로 앞 향찰의 마지막 음절을 확인시키면서, 한결같이 그 앞의 향찰을 이 말음절을 포함한 실의차제자(실의독자)로만 읽게 하는 기능을 수행한다고 할 수 있다. 그리고 어절말의 말음첨기와 음절말의 말음첨기는 모두가 바로 앞 향찰의 말음(末音)과 말음절(末音節)을 확인시켜, 그 말음을 말음으로 포함하는 향찰 이외의 다른 것으로 해독하는 것을 방지한다고 할 수 있다

4.1.2. 의주음조의 규범

향찰의 의미부는 주로 의자(義字)로 해독되고, 형태부는 주로 음자(音字)로 해독되고 있다. 이것을 흔히 훈주음종(訓主音從)이라 부르며, 이를 간훈미음(幹訓尾音)으로 부르기도 한다. 훈주음종적인 사실은 해독의 결과만을 두고 보면, 틀림이 없다. 그러나 향찰의 해독 결과가 훈주음종적이므로 해독의 운용이 훈주음종적이라고 단정하기는 힘들다. 말을 바꾸면 향찰의 운용은 훈주음종적이 아니라, 훈주음종적과 밀접한 관계에 있는 그 무엇이며, 그 운용의 결과가 훈주음종적으로 나타났다고 볼 수도 있다. 필자가 보기에 향찰 운용의 결과는 훈주음종적이지만, 그 운용은 훈주음종적과 밀접한 관계에 있는 의주음조(義主音助=義字主音字助, 양희철 1995)라고 본다. 이때 의주음조는 문자상 훈주음종과 비슷하지만, 그 의미에서는 전혀 다르다. 즉 훈주가 의미부에서 훈을 이용한 향찰이 주로 사용됨을 주장하는 것에 비해, 의주(=義字主)는 단어 전체의 쓰기에서 의(義)를 이용한 향찰을 우선 쓰고자 하고, 음종(音從)이 형태부에서 주로 음을 이용한 향찰을 사용하고자 한다고 주장하는 것에 비해, 음조(=音字助)는 단어 전체의 쓰기에서 의를 이용한 향찰 다음의 차선책 즉 보조적으로 음을 이용한 향찰을 사용한다는 것이다.

이런 사실은 어미에서 쓰인 '-將/아/어/여, -而/마론, -立/셔' 등을 보면 쉽게 알 수 있다. 이 향찰들은 모두가 해당 한자의 뜻을 이용한 향찰들이다. 그런데 이 향찰들은 어미에 나오면서 (훈주)음종이나 (간훈)미음으로는 설명할 방법이 없다. 그러나 의미부나 형태부나 할 것 없이 의로 표기할 수 있으면 모두 의로 표기한다는 의주로 보면 자연스럽게 설명이 된다.

의주와 음조로 나누어서 좀더 자세히 검토해 보자.

4.1.2.1. 의주

향찰이 의주를 지향하는 이유는 경제적인 세 측면에서 이해된다.

1) 표기 노력의 절약과 의미 전달의 용이

이 경우는 한국어 2음절(二音節) 이상을 표기한 한 자의 실의차제자(실의독자)에서 주로 나타난다. 우선 이 실의차제자(실의독자)들은 이용 한자의 뜻과 향찰의 뜻이 같다. 이로 인해 이 향찰들은 그 사용처에서의 의미와 한자의 의미가 일치하여, 그 향찰의 의미 전달에서 매우 용이한 언어의 경제성을 보인다.

持以支(딕히기 〈안민가〉)
仰頓隱(울월돈 〈원가〉)
待是古如(기드리고다 〈제망매가〉)

이 향찰들 중에서 '持'와 '仰'은 각각 '딕히'와 '울월'의 2음절의 두 글자에 해당하고, '待'는 '기드리'의 3음절의 세 글자에 해당한다. 그런데 이 '딕히, 울월, 기드리' 등은 의주를 일탈하여 쓸 수도 있다. 즉 '直闇, 蔚月, 期等理' 등등과 같이 전음차제자(전음독자)나 약음차제자(약음독자)를 이용하여 쓸 수도 있다. 이렇게 전음차제자(전음독자)나 약음차제자(약음독자)를 이용하여 쓸 경우를 실의차제자(실의독자)로 썼을 경우와 비교하면, 실의차제자(실의독자)로 쓴 의주의 경우가 경제적임을 쉽게 파악할 수 있다. 즉 실의차제자(실의독자)로 썼을 경우에는 한 글자(one character)의 향찰이 필요하지만, 전음차제자(전음독자)나 약음차제자(약음독자)로 썼을 경우에는 둘 또는 세 글자(two or three characters)의 향찰이 필요하다. 이런 상황에서 어느 쪽이 더 경제적인가는 자명하다.

2) 의미 전달의 용이

의미 전달의 용이는 음의차용자(음의독자, 漢字)와 실의차제자(실의독자)에서 나타난다.

우선 음의차용자(음의독자, 漢字)는 그 사용처에서의 의미와 그 한자의 의미가 같아 의미 전달이 용이한 언어의 경제성을 지닌다.

다음으로 한국어 1음절을 표기한 한 자의 실의차제자(실의독자)들도, 그 사용처에서의 의미와 그 한자의 의미가 같아, 의미 전달이 용이한 언어의 경제성을 보인다. 그러나 이 향찰들은 음의차용자(음의독자, 漢字)와 다르게 표기 노력의 절약이라는 점에서는, 비경제성을 수반한다. 앞의 음절말 말음첨기와 어절말 말음절첨기에서 보았듯이, 실의차제자(실의독자)들은 다른 종류의 향찰들과 구분되기 위하여 음절말 말음첨기나 어절말 말음절첨기를 수반한다. 이 수반에 의해 한국어 일음절을 표기한 한 자의 실의차제자(실의독자)는 실제 쓰기에서는 '道尸'과 같이 두 자가 쓰이면서 표기 노력의 절약에서는 비경제적이다. 이렇게 이 송류의 실의차제사(실의독자)들은 의미 전달의 용이라는 경제성도 지니지만, 표기 노력의 소비라는 비경제성도 지닌다. 이로 인해 이와 정반대의 현상인 의미 전달의 난해라는 비경제성과, 표기 노력의 절약이라는 경제성을 보이는, 전음차제자(전음독자)들이나 약음차제자(약음독자)들과 경제적 대등성을 보이면서 서로 혼용되는 양상을 보인다.

가의차제자(가의독자)는 실의차제자(실의독자)와는 동음이의적 관계에 있어 전음차제자(전음독자)보다는 의미 선달이 용이하지만, 실의치제지(실의독자)보다는 이미 전달의 용이성이 떨어진다.

3) 표기 노력의 절약

표기 노력을 절약하는 언어의 경제성은 한국어 2음절 이상을 한 자의 동음이의적 가의차제자(가의독자)로 표기할 경우에 잘 드러난다.

巴: 毛叱 (所〉)巴只(못 두록 〈예경제불가〉)

巴는 한 글자로 2음절의 한국어를 표기하고 있다. 이 한국어를 전음차제자(전음독자)나 약음차제자(약음독자)로 표기하려면, '두록(도록)'의 '룩'에 해당하는 한자가 없어, 頭留只이나 兜路只과 같이 향찰 세 글자가 소용된다. 이렇게 볼 경우에 巴(〈所〉)의 표기는 표기의 노력을 절약하는 경제성을 보인다.

이에 비해 한국어 1음절을 표기한 한 자의 가의차제자(가의독자)는 표기 노력을 절약하는 언어의 경제성을 가지지 못한다. 이로 인해 이 가의차제자(가의독자)는 그 경제성에서 전음차제자(전음독자)나 약음차제자(약음독자)들과 같이 의미 전달의 용이와 표기 노력의 절약 모두에서 경제성을 가지지 못하면서 대등하게 혼용된다. 통계상으로는 전음차제자(전음독자)가 더 많으나 이는 향찰의 발달 과정에서 전음차제자(전음독자)가 가의차제자(가의독자)보다 먼저 발생하여 사용되어 온 관습에 의한 것으로 판단된다.

4.1.2.2. 음조

한자의 의미로 우리말을 표기하고자 할 때에 한계점에 봉착한다. 이는 번역의 한계와도 통한다. 이는 한자는 고립어(孤立語)이고 한국어는 교착어(膠着語)라는 점에 있다. 이로 인해 모든 한국어에 정확하게 일치하는 어휘, 격어미, 선어말어미 등등을 한자의 의미로 표기할 수는 거의 없다. 이럴 경우에 눈을 돌릴 수 있는 것이 한자의 음이다. 이런 점에서 음조(音字助=音助)란 용어를 쓴다.

이에 속한 경우를 어근과 어간, 어미류(격어미, 연결어미, 선어말어미, 종결어미), 음절말 말음첨기와 어절말 말음절첨기 등으로 정리한다.

1) 어근과 어간

한국어를 한자로 의역하고자 할 경우에 접하는 한계의 하나가 개념어도 문제이지만, 가장 큰 한계는 정감어(情感語)를 그대로 옮길 수 없다는 것이다. 이는 한국어를 의자의 향찰로 표기할 경우에도 나타난다. 이 경우에 의자를 사용하지 못하고 보조적으로 음자를 사용하게 된다.

  乾達婆矣(건달바의 〈혜성가〉)
  彌勒座主(미륵座主 〈도솔가〉)
  彌陀刹良(미타찰아 〈제망매가〉)
  須彌也(수미야 〈광수공양가〉)

위의 밑줄 친 부분의 향찰(어근)들은 모두가 음조로 표기할 수밖에 없는 것들이다. 왜냐하면 모두가 차용어가 되어 차용 당시부터 이미 의주로는 도저히 쓸 수 없는 것들이기 때문이다.

감탄사에서 의주로 표기할 수 없어 음조로 표기한 예는 다음과 같다. '阿邪/아라, 阿耶/아라, 阿也/아라, 阿邪也/아라라' 등이다.

관형사의 경우는 於內(어느 〈수희공덕가〉〈제망매가〉)가 있다. '어느'의 경우에 해당 한자를 찾기 어렵다. 何內로 표기하면 이미 '엇디느'가 되어 다른 뜻이 된다.

동사에서 의주로 표기할 수 없어 음조로 표기한 것으로 다음의 것들을 들 수 있다.

  好 叱等耶(호 시드야 〈항순중생가〉)

'好 叱等耶'의 '好/호'는 '爲/ㅎ+오'의 의미이다. 이 '호'는 의주(義主)로 옮길 수 없는 것이기에 음조로 표기한 것이라 할 수 있다.

부사에서 의주로 정확하게 표기할 수 없어 음조로 표기한 것에는 多可攴(다갑 〈願往

生歌〉)이 있다. 多可攴(다갑)은 무엇인가를 대상의 쪽으로 가까이 옮긴다는 동사의 부동사형이다. 이런 한자의 의미를 찾기 힘들다.

2) 어미류(격어미, 연결어미, 선어말어미, 종결어미)

이 네 종류의 어미들 역시 엄격한 의미에서 한자에서는 발견되지 않는다. 이것들을 표기하는 데에서 최선의 길은 한자의 음을 이용할 수밖에 없다. 예는 생략한다.

3) 음절말 말음첨기와 어절말 말음절첨기

이 두 종류의 첨기자들은 한자의 의미에서는 발견되지 않는 것들이다. 이와 동일한 것을 한자의 뜻에서 찾는다는 것은 불가능하다. 이런 점에서 이들 첨기에 사용된 한자들은 음조(音助)를 따를 수밖에 없으며, 의를 이용한 경우는 모두가 앞에서 본 '日, 等, 出, 冬' 등과 같이 동음이의적 가의차제자(가의독자)에 불과하다. 이 경우에 어느 것을 취해도 그 경제성은 같다. 왜냐하면 동음이의적 가의차제자(가의독자)를 쓰거나 전음차제자(전음독자)를 쓰거나 그 안에서는 표기 노력의 절약이나 의미 전달의 용이 어느 것도 발견할 수 없기 때문이다.

지금까지 검토한 규범들을 준수하면서 읽은 해독은 주로 어학적 해독에 해당한다.

4.2. 규범의 일탈과 전경화

이 절에서 다루려는 향찰의 해독은 문학적 해독에 해당한다. '4.1.'에서 정리한 규범에 대응하는 일탈을 정리하면 다음과 같다.

1) 문장 성분을 갖추는 규범의 일탈
2) 문장 성분을 문법적이게 정배열하는 규범의 일탈
3) 문자적 의미로 문맥이 통하는 규범의 일탈
4) 문장에서 한 형태소는 한 의미만을 갖는 규범의 일탈
5) 직설적으로 표현하는 규범의 일탈
6) 문장의 연결에서 연결어미, 접속사, 지시대명사 등을 사용하는 규범의 일탈
7) 구문의 분절과 시행의 분절이 일치하는 규범의 일탈
8) 말음첨기의 규범을 벗어난 일탈
9) 의주음조의 규범을 벗어난 일탈
10) 상용 향찰을 사용하는 규범의 일탈

이 일탈들은 향찰 운용법의 규범을 일탈한 것들로, 시를 시이게 하는 시성(詩性)을 잘 보여주는데, 우리가 잘 알고 있는 용어로 보면, 거의가 수사법 및 겸독과 연결되어 있다. 향찰을 해독하면서 이 수사법 및 겸독을 알지 못하면 원만한 해독을 하기가 어렵다. 이를 차례로 보자.

1)인 문장 성분을 갖추는 규범의 일탈은 생략법을 찾아내는 데 도움을 준다. 물론 이 생략법은 향찰 해독에서 생략된 부분을 참고하여 해독을 하게 한다. 격어미의 생략, 선어말 어미와 관형사형 어미의 생략, 관형사의 생략, 선어말 어미와 종결어미의 생략 등이 모두 이에 해당한다. 이 생략법은 생략된 부분을 보충하여 문맥을 이해하게 하는 기능도 있지만, 종종 중의법을 구성하기 위하여 생략을 하기도 한다는 사실에 주목을 하여야 한다.

2)인 문장 성분을 문법적이게 정배열하는 규범의 일탈을 잘 보여주는 것이 도치법이다. 가끔 있는 일이지만, 도치법을 이해하지 못하고 틀린 문장이나 누락자가 있는 문장으로 보기도 하는 해독의 문제를 풀 수 있게 하는 일탈이다.

3)인 문자적 의미로 문맥이 통하는 규범의 일탈은 시가에서 흔히 발견하는 일탈이다. 우리는 흔히 시가는 비문법적인 것 같이 보인다고 한다. 이 비문법적인 것 같이 보이게 하는 것의 대다수는 비유법 때문이다. 비유법으로 쓴 글을 비유적 의미가 아닌 문자적 의미로 읽을 때에 해당 문장은 거의가 비문법적인 것 같이 보인다. 그러나 그 비유의 비유적 의미를 넣고 보면, 모두가 문법적인 문장으로 이해된다. 이와 마찬가지로 비유법으로 쓴 향찰을 문자적 의미로 읽으면 해당 문장이 비문법적으로 보이면서 해독에서 애를 먹는다. 그러나 그 향찰의 비유적 의미를 이해하면서 해독을 하면 아무런 지장을 느끼지 않는다.

4)인 문장에서 한 형태소는 한 의미만을 갖는 규범의 일탈은, 동음이의어의 중의, 다의어의 중의, 환칭어의 중의, 비유어의 중의 등에서 나타난다. 향찰의 경우에도 마찬가지이다. 이 일탈을 이해하지 못하면, 다양한 중의의 표현을 이해할 수 없다.

5)인 직설적으로 표현하는 규범의 일탈은, 우회적 표현인 우언법, 완곡어법, 완서법 등에서 주로 나타난다. 이 표현들을 이해하지 못하면 향찰 해독을 문법적으로 설명할 수 없다.

6)인 문장의 연결에서 연결어미, 접속사, 지시대명사 등을 사용하는 규범의 일탈은, 주로 연쇄법에서 나타난다.

7)인 구문의 분절과 시행의 분절이 일치하는 규범의 일탈은, 행간걸침에서 나타나는 수사법이다. 이 행간걸침은 도치법과 결합하여 구문상의 중의법을 형성한다.

8)인 말음첨기의 규범을 벗어난 일탈은 가끔 생략법으로 나타나기도 한다. 이 생략법 역시 중의법과 겸독에 사용된 향찰의 해독에 도움을 준다. 이 부분부터는 생소한 내용이 되어 약간의 설명을 더한다.

말음첨기의 규범을 벗어난 일탈이 겸독을 보여주는 예로 '慕人'이 있다. 이 '慕人'은 문맥적 의독과 동음이의적 음의독의 겸독을 보여준다. '慕人'을 문맥적 의독으로 읽으면 '그리는/그리논 사룸'이 된다. 이는 '白雲'을 문맥적 의독 '힌구룸'으로 읽은 것과 같은 것이다. 그런데 후자는 '白雲音'과 같이 말음첨기 '音/ㅁ'을 보여준다. 이에 비해 전자에서는 말음첨기를 보여주지 않으면서, 말음첨기의 일탈의 보여준다. 이 일탈은 '慕人'을 동음이의적 음의독인 '某人'(저, 나)으로도 읽게 하기 위한 것으로 보인다. 만약 말음첨기 '音/ㅁ'을 첨가하였다면, '慕人'은 동음이의적 음의독인 '某人'(저, 나)으로 읽을 수 없다. 이렇게 볼 때에, '慕人'은 문맥적 의독인 '그리는/그리논 사룸'과 동음이의적 음의독인 '某人'(저, 나)을 겸독하여, '그리는 사람 (나, 저)'와 같이 정보용량의 극대화를 추구한 표기로 판단된다.

9)인 의주음조의 규범을 벗어난 일탈은, 정확한 음형의 전달을 목적으로 한 향찰과, 겸독을 목적으로 한 향찰의 발견에 도움을 준다.

정확한 음형의 전달을 목적으로 한 향찰은 모음의 음형 전달[10], 이음동의어의 음형 전달[11], 다의어의 음형 전달[12], 발음상의 음형 전달[13] 등으로 나눌 수 있다. 이는 향찰

---

10 모음의 음형 전달을 위하여 의주음조를 일탈한 예는 다음과 같다.

    寶非(보븨 〈청불주세가〉)   捻非(부븨/보븨)
    丘物叱丘物叱(구므실구므실 〈항순중생가〉)   蠢叱蠢叱(구므실구므실/고므실고므실)

이 단어들은 위의 오른쪽과 같이 의주를 이용하여 표기할 수 있다. 그러나 이럴 경우에 그 괄호 안의 표기와 같이 본래 표기하려고 하지도 않았던 다른 모음의 음형 가능성도 포함하게 된다. 이 중에서 어느 음형인가를 결정할 수 없게 된다. 이를 방지하기 위하여 의수를 버리고 음소를 택하여 정확한 음형을 용이하게 전달한다.

11 이음동의어(異音同義語)를 의주로 표기하면 어느 음형의 표기인지를 알 수 없다. 이럴 경우에 의주를 피하고 음조로 표기하여 이음동의어의 음형을 용이하게 전달하는 경우가 있다. 이에 속한 것들로 다음의 것들을 들 수 있다. 설명을 쉽게 하기 위하여 오른쪽에 의주로 표기할 경우에 나타날 수 있는 이음동의어를 보자.

    史衣(시의 〈모죽지랑가〉)   者(/物)衣(시의/것의/거의/하의)
    下是(하이 〈모죽지랑가〉)   者(/物)是(시이/것이/거이/하이)
    下叱(핫 〈맹아득안가〉)   者(/物)叱(싯/것/핫)
    省如(쇼다 〈우적가〉)   有乎如(있오다/이시오다/쇼다)
    達(달 〈혜성가〉)   山(달/뫼/산)

해독에서 도움을 주지만, 이 글의 목적이 아니므로 그 내용을 각주로 돌렸다.

겸독을 목적으로 의주음조를 일탈한 향찰에는 念丁의 '念'(越), 以攴如攴의 '以' (迷), 逸留去耶의 '逸'(成), 閼遣只의 '閼'(知), 必于의 '必'(雖) 등이다. 이 향찰들은 의주음조(또는 훈주음종 간훈미음)의 규범을 일탈한 것들이다. 일차로 그 음을 이용하여 괄호 안에 있는 한자들의 훈/의를 표기하였다. 그 다음에 이 향찰들은 훈/의를 잉여코드로 하여 해당 향찰들의 의미를 부차적으로 문맥에 보완하여, 정보용량의 극대화를 도모하였다. 예로 念丁의 '念'(越)을 보자. 일차로 '念'의 음 '념'으로 '念丁/념뎌'의 '념'을 표기하였다. 그 다음에 '念'의 훈/의인 '잠깐'의 잉여코드를 문맥적 의독자로 겸독하면서 '념뎌(거의 넘게 되어) (잠깐)'과 같이 정보용량의 극대화를 도모하였다. 결국 전음독과 문맥적 의독을 겸독한 것이다.

10)인 상용 향찰을 사용하는 규범의 일탈은 겸독자의 해독에 도움을 준다. 이 규범을 일탈한 향찰은 여섯 종류이다.

위 왼쪽 향찰을 의주로 표기하면 위 오른쪽의 다양한 이음동의어가 된다. 이 중에서 어느 것을 표기한 것인지를 알 수 없다. 이런 혼동을 방지하기 위하여 앞의 예들과 같이 음조로 표기할 경우, 표기하고자 하는 음형을 정확하게 전달한다. 이런 점에서 이음동의어의 경우에 그 음형을 용이하게 전달하기 위하여 음조를 쓴다고 할 수 있다.

12 다의어의 경우에 의주로 표기하면 여러 의미 중에서 어느 것을 표기하려 한 것인지를 판단하기 힘들다. 이를 방지하기 위하여 음조로 쓰는 경우가 있다.

毛冬(모둘 〈모죽지랑가〉)　　　不冬(안둘/몯둘)
毛達(모둘 〈우적가〉)　　　　　不達(안둘/몯둘)
毛等(모둘 〈칭찬여래가〉)　　　不等(안둘/몯둘)
阿孩(羅)古(아히라고 〈안민가〉)　兒孩古(아히라고/아기히라고/아히히라고)
沙音賜焉(삼시온 〈항순중생가〉)　爲音賜焉(삼시온/홈시온)

위의 왼쪽 예들을 의주로 표기하면, 위의 오른쪽과 같이 된다. 이때 의주로 표기한 한자들은 다의어가 되어 괄호 속의 표기들과 같이 여러 의미의 음형을 보인다. 이 중에서 어느 것을 표기하려고 한 것인지를 전달하는 데에 문제를 포함하게 된다. 이런 취약점을 보완하기 위하여 왼쪽과 같이 음조로 표기하게 된다.

13 의주로 표기하였을 경우에 발음상의 음형을 제대로 전달하지 못할 수도 있다. 이 경우에도 의주를 피하고 음조를 따르고 있다.

阿羅(아라 〈혜성가〉)　　　　下良(알아)
古召䣱(고됴며 〈맹아득안가〉)　直召䣱(곧됴며)

위의 왼쪽 표기를 의주로 표기하면 오른쪽과 같이 된다. 이럴 경우에 대다수가 분절의 발음을 보이면서 실제의 발음과는 멀어진다. 이는 실제 발음의 전달이라는 측면에서 보면 실패한다. 이를 방지하기 위하여 왼쪽의 표기와 같이 음조로 표기한다.

첫째는 逸烏隱第也의 '第'(齊, 制), 毛達尸將의 '達'(冬), 身靡只의 '靡'(弋, 是/ㅣ), 逸良의 '逸'(伊), 爲事置耶의 '事'(賜), 普賢叱都의 '都'(刀) 등에서와 같이, 규범적으로 상용하는 괄호 안의 향찰들을 일탈한 것들이다. 일차로 그 음을 이용하여 괄호 안에 있는 한자들의 음을 전음독자(전음차제자)로 표기하였다. 그 다음에 이 향찰들은 문맥적 의독자를 잉여코드로 이용하여 해당 향찰들의 의미를 부차적으로 문맥에 보완하여, 정보용량의 극대화를 도모한다. 예로 爲事置耶의 '事'(賜)를 보자. 일차로 '事'의 음으로 '賜'의 음 '시'를 표기하였다. 이차로 '事'의 실의인 '배우다'를 이용하여 '(배워) 흐시두야'의 문맥적 의미를 보완하여 정보용량의 극대화를 도모하였다. 결국 전음독과 문맥적 의독을 겸독한 것이다.

둘째는 慕呂의 '慕'(畵), 直體의 '直'(改), 秋察羅의 '羅'(伐), 鳴良尒의 '鳴'(叫), 曉留의 '曉'(新) 등에서와 같이, 규범적으로 상용하는 괄호 안의 향찰들을 일탈한 것들이다. 일차로 그 뜻을 이용하여 괄호 안에 있는 한자들의 뜻을 가의독자(가의차제자)로 표기하였다. 그 다음에 이 향찰들은 문맥적 의독자를 잉여코드로 이용하여 해당 향찰들의 의미를 부차적으로 문맥에 보완하여, 정보용량의 극대화를 도모한다. 예로 慕呂의 '慕'(畵)를 보자. 일차로 '慕'를 가의독자로 사용하여 '그려'의 '그리'를 표기하였다. 이차로 '慕'를 문맥적 의독자로 사용하여 '붓으로 [그리며(慕)] 그려'에서와 같이, 정보용량의 극대화를 도모하였다. 결국 가의독과 문맥적 의독을 겸독한 것이다.

셋째는 乃兮의 '乃'(我, 吾)에서와 같이, 상용 향찰인 괄호 안의 규범자들(我, 吾)을 일탈한 것들이다. 일차적으로 '乃'의 뜻을 이용하여 괄호 안에 있는 한자의 뜻을 실의독자(실의차제자)로 표기하였다. 그 다음에 이 향찰은 다른 뜻인 '너와'를 문맥적 의독자로 표기하여, '(너와) 나여'에서와 같이, 부차적으로 문맥에 보완하여, 정보용량의 극대화를 도모하였다. 결국 실의독과 문맥적 의독을 겸독한 것이다.

넷째는 朗也의 '朗'(郎)에서와 같이, 규범적으로 상용하는 괄호 안의 향찰을 일탈한 것이다. 일차로 그 음을 이용하여 괄호 안에 있는 한자를 동음이의적 음의독자(음의차용자, 한자)로 표기하여 '낭(郎)여'를 표기하였다. 그 다음에 이 향찰은 문맥적 의독자를 잉여코드로 이용하여, '(밝은) 낭여'에서와 같이, 해당 향찰의 의미를 부차적으로 문맥에 보완하여, 정보용량의 극대화를 도모한다. 결국 동음이의적 음의독(음의차용자, 한자)과 문맥적 의독을 겸독한 것이다.

여섯째는 '歎曰, 打心, 城上人, 病吟' 등에서와 같이, 감탄사의 표기에서 '阿也, 阿耶, 阿邪' 등으로 상용하는 규범자들을 일탈한 표기들이다. 일차로 그 환유법적 가의독자(가의차제자)인 '아라'로 감탄사 '아라'를 표기하였다. 그 다음에 이 향찰들은 뜻을 잉여코드로 이용하여 해당 감탄사 '아라'의 속성을 부차적으로 문맥에 보완하여, 정보용량의 극대화를 도모하였다. 예로 '歎曰'을 보자. 일차로 그 환유법적 가의독자(가의차제자)인 '아라'로 감탄사 '아라'를 표기하였다. 그 다음에 '歎曰'의 문맥적 의독인 '탄식하며 말하는'을 잉여코드로 이용하여, '(탄식하며 말하는) 아라'에서와 같이 해당 감탄사 '아라'의 속성을 부차적으로 문맥에 보완하여, 정보용량의 극대화를 도모하였다. 결국 환유법적 가의독과 문맥적 의독을 겸독한 것이다.

8)인 말음첨기의 규범을 벗어난 일탈, 9)인 의주음조의 규범을 벗어난 일탈, 10)인 상용 향찰을 사용하는 규범의 일탈 등을 통하여 보여주는 구체적인 겸독은 제4부의 두 번째 논문인「잉여코드도 겸독한 문제 향찰」로 돌린다.

이렇게 향찰 운용법의 규범을 일탈한 문제 향찰들이 보이는 수사법 및 겸독은 향찰의 해독에서 매우 중요하다. 여러 수사법들 중에서도 중의법이 매우 중요한데, 이 중의법의 무지로 인해 발생한 다음의 두 글을 보면서, 중의법 나아가 규범을 일탈한 향찰들이 보여주는 수사법 및 겸독의 이해가 향가의 해독에서 얼마나 중요한가를 확인하고자 한다.

> 또한 양희철이 높이 평가한 문학적 표현수단으로서 중의·복의 설정은 향가가 문자의 기본 기능인 표기를 통한 의사소통에 크나큰 결함을 지니고 있음을 간접적으로 드러내는 것에 불과하다.(ⓢⓒⓦ 2009:116)

> 표기체계 연구의 과정에서 중의·복의가 하나의 원칙으로 파악[각주 119) 양희철(1995), 양희철(1997), 양희철(2000)]될 정도로 향찰 체계의-의사소통 수단으로서-결점은 심각한 것이었다.(ⓢⓒⓦ 2009:176)

이 두 인용에서는 운용법에서 논의한 중의와 복의를, 표기체계에서 논의한 것으로 오해하고, 중의법을 향찰의 심각한 결점으로 오해하였다. 이 부정적 시각은 학위논문과 이를 출판한 저술에서는 [양희철은 "잉여코드의 발생", "중의"·"복의" 등의 개념을 통해 다양한 청자에게 다양한 의미를 형성할 수 있는 향찰·향가의 특성에 주목한 바 있다.](ⓢⓒⓦ 2011:36-37)에서와 같이 시각을 중립적으로 바꾸고 있지만, 이미 적지 않은 문제를 야기시켰다.

앞의 인용에서 주장한, "향찰 체계의-의사소통 수단으로서-(크나큰) 결점"의 가능성은 거의 없다. 그리고 향찰과 중의법을 제대로 알지 못하는 상태에서, 비판에 급급한 나머지, 뒤에 두고두고 후회할 감당하기 힘든 독설(毒舌)을 아무 부담도 없이 한 것으로 보인다.

중의법은 어휘상의 중의와 구문상의 중의로 나뉜다. 전자의 중의법은 동음이의어, 다의어, 비유어, 환칭어 등을 통하여 중의를 보여준다. 그리고 후자의 중의법은 동음이의어, 다의어, 비유어, 환칭어 등에, 행간걸침, 도치법, 생략법 등을 더하여 중의를 보여준다. 이 수사법들은 향찰이 아닌 한글로도 구사가 가능한 것들이라는 점에서, 굳이 '향찰 체계의-의사소통 수단으로서-(크나큰) 결점'이 '심각한 것'으로 설명하기는 어렵다. 잘 모르면 독설만은 피하는 것이 본인의 명예는 물론 소속 집단의 명예를 위해서도 바람직해 보인다.

이렇게 중의법을 잘 모르게 된 이유는 세 가지로 정리할 수 있다.

하나는 대학의 시론에서 중의법을 거의 교육하지 않았다는 것이다. 대학에서 시론의 교제로 쓰는 (현대)시론 20여 종을 도서관에서 2000년대 초반에 검토해 본 적이 있다. 놀랍게도 20여 종의 (현대)시론 중에서 중의법을 다룬 책은 『현대시론』(김학동·조용훈 공저, 새문社, 1997)뿐이었다. 검토하지 못한 시론을 계산하여도 대학에서 중의법을 거의 교육하지 않은 것만은 분명하다.

다른 하나는 대학의 고전시가 교육에서 중의법을 거의 다루지 않았다는 것이다. 고전시가에 나타난 중의법은 기녀 시조에 나오는 언어 유희적인 어휘상의 중의법(다의어, 동음이의어)이 다인 것 같이 알고 있었다. 황진이의 〈어져 내일이야…〉가 구문상의 중의를 보인다는 것이 밝혀진 것(양희철 2012b)은 얼마 되지 않았다. 그리고 연시조에서 구문상의 중의가 정리된 것(양희철 2016b, 2021)도 최근이다.

마지막 하나는 향가에서 중의법이 많이 나올 수밖에 없는 향가의 시론적(詩論的) 측면을 거의 이해하지 못하여 왔다는 것이다. 향가에 영향을 준 시론 중에서 대표적인 둘을 든다면, 감천지동귀신(感天地動鬼神)과 기의심고(其意甚高)에서 보이는 의격(意格)의 이취(理趣)이다.

전자는 『중용』 致曲章의 '誠……明則動'에 근거한다. 특히 '明則動'의 '明'을 '明則誠'으로 이해하면, 至誠이면 감동천지귀신이란 논리에 근거한다. 이럴 경우에, 천지귀신을 감동시키려면, 향가의 수용자에 밝아야 하고, 당면 문제를 해결할 수 있는 방법에도 밝아야 한다. 특히 향가의 수용자들이 같은 부류가 아니라 여러 부류일 때에, 작가는 그 부류들을 모두 감동시킬 수 있는 내용을 작품에서 보여주어야 하는데, 그 방법에는 중의법을 쓰는 수밖에 없다. 예로 〈헌화가〉의 경우에, 순정공과 주변 사람에게만 전달하는 '헌화의 텍스트'와, 수로부인에게만 전달하는 '수작의 텍스트'를 한 작품에서 전달할 수 있는 방법은 중의법을 쓰는 수밖에 없다. 〈도솔가〉의 경우에, 산화공덕을 믿는 불교 신자들에게 전달하는 '종교적 텍스트'와 산화공덕을 믿지 않고 이일병현을 정치적으로만 해결할 수 있다고 믿는 사람들에게 전달하는 '정치적 텍스트'를 한 작품에서 전달할 수 있는 방법은 중의법을 쓰는 수밖에 없다. 〈서동요〉의 경우에도, 아이들이 부담 없이 부를 수 있는 '아이들의 텍스트', 왕과 백관이 공주를 원방에 귀향을 보낼 수밖에 별다른 방법이 없게 하는 '왕과 백관의 텍스트', 공주가 노래의 효험을 믿게 하는 '공주의 텍스트' 등을 모두 보여줄 수 있는 방법은 중의법을 쓰는 수밖에 없다. 이렇게 감동천지귀신을 실현시키는 작품에서는 중의법을 쓸 수밖에 없다.

후자는 의격(意格)의 이취(理趣)인데, 이는 작품의 주제 또는 내용인 '이'(이치, 도리, 사리 등)가 '취'(격에 맞는 멋/풍취)를 얻은 것을 말한다. 이 경우에 취를 얻는 방법은 자연과 인간 세계이다. 이 '이'가 얻은 '취'를 표현할 때에, '이'는 이면적인 주제나 내용이 되고, '취'는 표면적인 자연이나 인간 세계가 된다. 이 경우에도 이면적인 주제나 내용을 표면적인 자연이나 인간 세계로 보여줄 때에, 중의법을 피할 방법이 없다. 예로 〈찬기파랑가〉의 제2, 3구와 제9, 10구를 들 수 있다.

이렇게 감천지동귀신이나 이취의 시가에서는 중의법을 쓸 수밖에 없는데, 이 두 시론이 정리된 것은 아주 최근(양희철 2020)이다.

이상과 같이 볼 때에, 고전시가 특히 향가의 향찰을 해독하면서, 전공자들은 향찰 운용법의 규범을 일탈한 향찰들이 보여주는 중의법을 포함한 여러 수사법 및 겸독을 모르면, 어떤 결과를 초래하게 되는지를 반드시 유념해야 할 것으로 판단한다.

지금까지 정리한 일탈 1)-8)의 '수사법과 연계된 향찰'과, 일탈 8)-10)의 '잉여코드도 겸독한 향찰'은, 제4부인 '중요한 문제 향찰의 문학적 해독: 향찰 운용법의 규범을 일탈한 문제 향찰'에서 좀더 구체적으로 논할 것이다.

5. 결론

지금까지 향가의 향찰을 해독하는 데 필요한, 향찰의 기본적 이해로, 독법의 종류와 체계, 제자 원리의 종류와 체계, 향찰 운용법의 규범과 일탈의 전경화 등을 정리하였다. 그 핵심만을 요약하여 결론을 대신하려 한다.

1) 독법의 종류와 체계로, 음의독(音義讀: 한자), 전음독(全音讀), 약음독(略音讀), 실의독(實義讀), 가의독(假義讀), 약의독(略義讀) 등을 정리하였다. 이 정리에서는 선행 연구들이 보인 訓, 義, 義訓 등의 모호한 개념을 피하기 위하여 義 하나로 묶었다. 그리고 선행 연구들이 독법과 제자 원리를 혼용하면서 보인 문제를 해결하기 위하여,

독법에서는 讀, 借, 假 등을 혼용하지 않고, '讀'으로 통일을 하였다.

2) 독법의 2차적인 종류와 체계에서는, 정보용량의 극대화를 도모한 겸독으로, 가의독과 문맥적 의독의 겸독, 실의독과 문맥적 의독의 겸독, 문맥적 의독과 동음이의적 음의독(한자)의 겸독, 전음독과 문맥적 의독의 겸독, 동음이의적 음의독과 문맥적 의독의 겸독, 환유법적 가의독과 문맥적 의독의 겸독 등의 여섯 종류를 정리하였다.

3) 제자 원리의 종류와 체계에서는, 1차 언어에 속한 음의차용자(音義借用字, 한자), 2차 언어에 속한 전음차제자(全音借製字)와 실의차제자(實義借製字), 3차 언어에 속한 약음차제자(略音借製字)와 가의차제자(假義借製字), 4차 언어에 속한 약의차제자(略義借製字) 등을 정리하였다. 그리고 선행 연구들이 독법과 제자 원리를 혼용하면서 보인 문제를 해결하기 위하여, 독법에서는 讀, 借, 假 등을 혼용하지 않고, '차용자'와 '차제자'로 통일을 하였다.

4) 차용자와 차제자는 향찰이 한자를 빌려서 쓰면서 다시 빌려서 만든 글자임을 잘 보여준다.

5) 운용법의 규범으로는 다음의 10가지를 정리하였다.

   (1) 문장 성분을 갖추는 규범
   (2) 문장 성분을 문법적이게 정배열하는 규범
   (3) 문자적 의미로 문맥이 통하는 규범
   (4) 문장에서 한 형태소는 한 의미만을 갖는 규범
   (5) 직설적으로 표현하는 규범
   (6) 문장의 연결에서 연결어미, 접속사, 지시대명사 등을 사용하는 규범
   (7) 구문의 분절과 시행의 분절이 일치하는 규범
   (8) 말음첨기의 규범
   (9) 의주음조의 규범
  (10) 상용 향찰을 사용하는 규범

6) 운용법에서 정리한 규범의 일탈과 전경화에서는 다음의 10가지를 정리하였다.

   (1) 문장 성분을 갖추는 규범의 일탈(격어미의 생략, 선어말 어미와 관형사형 어미의 생략, 관형사의 생략, 선어말 어미와 종결어미의 생략 등의 생략법, 중의법)
   (2) 문장 성분을 문법적이게 정배열하는 규범의 일탈(도치법)
   (3) 문자적 의미로 문맥이 통하는 규범의 일탈(비유법)
   (4) 문장에서 한 형태소는 한 의미만을 갖는 규범의 일탈(동음이의어의 중의, 다의어의

중의, 환칭어의 중의, 비유어의 중의 등)
(5) 직설적으로 표현하는 규범의 일탈(우언법, 완곡어법, 완서법)
(6) 문장의 연결에서 연결어미, 접속사, 지시대명사 등을 사용하는 규범의 일탈(연쇄법)
(7) 구문의 분절과 시행의 분절이 일치하는 규범의 일탈(행간걸침)
(8) 말음첨기의 규범을 벗어난 일탈(생략법, 중의법, 문맥적 의독과 동음이의적 음의독의 겸독)
(9) 의주음조의 규범을 벗어난 일탈(전음독과 문맥적 의독의 겸독)
(10) 상용 향찰을 사용하는 규범의 일탈(전음독과 문맥적 의독의 겸독, 가의독과 문맥적 의독의 겸독, 실의독과 문맥적 의독의 겸독, 동음이의적 음의독과 문맥적 의독의 겸독, 환유법적 가의독과 문맥적 의독의 겸독)

이 일탈들은 거의가 수사법 및 겸독과 연결되어 있다. 향찰을 읽으면서 이 수사법 및 겸독을 알지 못하면 원만한 해독을 하기가 힘이 든다. 특히 일탈별로 괄호 안에 정리한 수사법 및 겸독을 이해하지 못하면서 원만한 해독을 하지 못한다. 이 수사법 및 겸독을 모르고 향찰을 원만하게 해독을 한다는 것은 어불성설이다. 수사법 특히 비유법을 모르고 해독을 할 때에, 그 문자적 의미는 문맥을 비문법적인 것 같이 보이게 하기 때문이다. 그리고 중의법을 모르고 해독을 할 때에, 작가가 의미한 의미의 반이나 그 이하만을 이해하면서 작품의 올바른 해독에는 나아가지 못한다.

운용법에서 규범을 준수한 문제 향찰들은 제3부인 '중요한 문제 향찰의 어학적 해독: 향찰 운용법의 규범을 준수한 문제 향찰'에서 구체적으로 정리를 할 것이고, 규범의 일탈과 전경화를 보이는 문제 향찰들은 제4부인 '중요한 문제 향찰의 문학적 해독: 향찰 운용법의 규범을 일탈한 문제 향찰'에서 구체적으로 논의할 것이다.

제2부

원전비평

오자 30제

1. 서론

이 글은 향찰에 나타난 오자를 검토 정리하는 데 연구의 목적이 있다.

향찰의 원전비평은 누락자(漏落字), 누락문(漏落文), 연자(衍字), 전도자(顚倒字), 전도구(顚倒句), 괴자(壞字), 이체자(異體字, 略字, 俗字), 오자(誤字), 오독자(誤讀字), 기타 등에서 행해져 왔다. 최근에 정리된 이 원전비평의 현황(양희철 2020)을 보면, 상당한 부분이 정리된 것 같다. 그러나, 최근 4년 동안 8편의 글을 통하여 향찰의 원전비평을 다시 검토해 보니, 오자, 누락자, 연자, 전도구 등에서 보완해야 할 것들이 적지 않게 발견되었다. 이에 8편의 글을 세 편으로 나누어 정리하면서 미처 다루지 못한 것들을 보완하기로 하고, 이 글에서는 먼저 오자를 정리 보완하였다.[1]

선행 연구들을 보면, 향찰에서 많은 글자들이 오자로 언급되어 왔다. 그러나 그 설명과 문맥으로 보아, 오자로 인정되었거나 인정될 수 있는 향찰은 10여 자로 정리되었다. 겹친 글자를 각각 한 자로 계산하면 15자(양희철 2020:33-36)로 정리되었다.

그리고 이 자료를 다시 정리하면, 제1부의 「서설」 2.1.의 원전비평에서 정리한 바와 같이 오자는 12자에 불과하다.

이 중에서 '毛叱 所只'(〈예경제불가〉, 〈수희공덕가〉)의 두 '所'(〉巴)만이, 오독자를 다시 동음자로 잘못 쓴 오자이고, 나머지 10자는 유사자로 잘못 쓴 오자들이다.

이외에 많은 향찰에서 오자설이 제기되기도 하였으나, 거의가 논거나 문맥의 차원에

---

[1] 이 글에서 정리하는 오자 30제 중에서, '何如'(〈처용가〉)의 오자 '如'(〉知), '修叱如'(〈풍요〉)의 오자 '如'(〉加), '成遣 賜去(〈원왕생가〉)'의 오자 '去'(〉立). '也人是'(〈혜성가〉)의 오자 '也'(〉他), '遠鳥'(〈우적가〉)의 오자 '鳥'(〉烏), '安攴'(〈우적가〉)의 오자 '攴'(〉支), '邊衣于音毛'(〈총결무진가〉)의 오자 '毛'(〉尾), '國惡攴'(〈안민가〉)의 오자 '攴'(〉只), '部伊冬衣'(〈칭찬여래가〉)의 오자 '冬'(〉等), '毛等'(〈칭찬여래가〉)의 오자 '等'(〉冬) 등의 10제를 제외한, 나머지 20제는 4편의 글(양희철 2023b, 2024a, b, 2025)에서 쓴 것들을 다시 정리한 것이다.

서 설득력을 얻지 못하여 왔다. 그런데 그중에는, 양립된 의견을 변증하거나, 해당 향찰의 의미를 다르게 보거나, 앞뒤 향찰을 선행 해독과 다르게 해독하면서, 논거나 문맥의 차원에서 설득력을 얻을 수 있는 것들이 있다. 바로 '何如'(〈처용가〉)의 오자 '如'()知), '修叱如良'(〈풍요〉)의 오자 '如'()加), '賜去'(〈원왕생가〉)의 오자 '去'()立), '也人是'(〈혜성가〉)의 오자 '也'()他), '遠鳥'(〈우적가〉)의 오자 '鳥'()烏), '安攴'(〈우적가〉)의 오자 '攴'()支), '佛伊'(〈수희공덕가〉)의 오자 '伊'()体) 등의 일곱 오자이다.

논거나 문맥의 차원에서 설득력을 얻지 못해온 오자설 중에는, 선행 연구가 주장한 오자가 아니라 다른 오자로 정리할 때에 문제가 해결될 수 있는 경우도 있다. 이에 해당하는 오자는 이 글에서 다루려는 '爾處米'(〈찬기파랑가〉)의 오자 '爾'()彌), '毛達只將'(〈우적가〉)의 오자 '只'()尸), '至刀'(〈수희공덕가〉)의 오자 '刀'()乃), '友伊音叱多'(〈상수불학가〉)의 오자 '友'()及), '于音毛'(〈총결무진가〉)의 오자 '毛'()尾) 등의 다섯이다. '爾處米'의 '爾'는 선행 연구에서 '尒'의 오자로 보던 것을, '毛達只將'의 '只'는 선행 연구에서 '見'의 오자로 보던 것을, '至刀'의 '刀'는 선행 연구에서 '刃, 力, 尸' 등의 오자로 보던 것을, '友伊音叱多'의 '友'는 선행 연구에서 '攴, 反, 尸' 등의 오자로 보던 것을, '于音毛'의 '毛'는 선행 연구에서 '未, 矣, 多' 등의 오자나 '尾'의 약자일 가능성을 열어 놓았던 것을, 각각 괄호 안의 다른 글자들('彌, 尸, 乃, 及, 尾')의 오자로 수정할 때에 문제를 해결할 수 있다.

선행 연구에서 오자로 보지 않았던 향찰 중에는 오자로 보아야 문제를 해결할 수 있는 경우도 있다. 이에 해당하는 향찰로 이 글에서 다루려는 것에는 18자가 있다. 이 18자는 유사자로 잘못 쓴 오자, 동음자로 잘못 쓴 오자, 기타 등으로 나뉜다.

선행 연구에서 오자로 보지 않았던 향찰 중에서, 유사자로 잘못 쓴 오자에는 9자가 있다. '好攴'(〈원가〉)의 오자 '攴'()支), '古理因'(〈원가〉)의 오자 '古'()右), '唯只伊'(〈우적가〉)의 오자 '伊'()作), '邀呂白乎隱'(〈칭찬여래가〉)의 오자 '呂'()尸), '尋只'(〈수희공덕가〉)의 오자 '只'()尺), '潤只沙音也'(〈청전법륜가〉)의 오자 '只'()尸), '塵伊'(〈상수불학가〉)의 오자 '伊'()化), '根中'(〈항순중생가〉)의 오자 '中'()尸), '身伊波'(〈보개회향가〉)의 오자 '伊'()仁) 등이다. 이 오자들이 포함된 어구들은 선행 해독에서 많은 문제를 보이고 있는데, 각각 괄호 안에 제시한 향찰의 오자로 정리하면, 문제를 해결할 수 있는 것들이다.

선행 연구에서 오자로 보지 않았던 향찰 중에서 동음자로 잘못 쓴 오자로는 5자가 있다. 즉 '國惡攴'(〈안민가〉)의 오자 '攴'()只), '友物'(〈혜성가〉)의 오자 '物'()徒), '部伊冬衣'(〈칭찬여래가〉)의 오자 '冬'()等), '毛等'(〈칭찬여래가〉)의 오자 '等'()冬), '卜

以攴'(〈참회업장가〉)의 오자 '卜'()持) 등이다. 그리고 오독자를 다시 동음자로 잘못 쓴 오자로는 3자가 있다. 즉 '邀里白乎隱'(〈예경제불가〉)의 오자 '里'()尸), '迷悟同體叱'(〈수희공덕가〉)의 오자 '叱'()尸), '一等下叱'(〈맹아득안가〉)의 오자 '叱'()尸) 등이다. 끝으로 오독자를 다시 이체자로 옮겨 쓴 오자로 '矣徒'의 오자 '矣(=厶)'[)私(=厶)]가 있다.

2. 유사자로 잘못 쓴 오자 (1)

이 장에서 다루려는 오자는 12자이다. 이 오자들은 선행 연구에서 오자로 지적되었으나, 의견이 양립하거나, 향찰 자체의 의미가 인정되지 않거나, 문맥상 인정이 되지 않은 것들이다. 양립된 의견을 변증하거나, 향찰 자체의 의미를 수정하거나, 앞뒤의 향찰을 다르게 읽거나, 오자로 수정한 향찰을 다른 향찰로 수정할 때에, 설득력을 얻을 수 있는 것들이다. 오자로 수정한 향찰을 다른 향찰로 수정할 때에 설득력을 얻는 5자는 이 장의 끝에서 다루려 한다.

2.1. 何如의 오자 如(〉知)

何如(〈처용가〉)는 '아다, 아따, 어다, 어떠, 어여, 어이, 얻드, 엇디, 엇뎨, 엇더, 엇며, 엇다' 등으로 읽히고 있다. '아다, 아따, 어다, 어떠, 어여, 어이, 얻드' 등의 경우는 중세어에서도 발견되지 않는 문제를 보인다. '엇디, 엇뎨, 엇더, 엇며, 엇다' 등은 모두가 중세어에서도 보이는 형태들이라는 점에서 모두 가능성을 보인다.

'엇디'는 양주동이 명확하게 설명을 하였다. 즉 '何如'의 의훈(義訓)을 '엇디'(엇뎨)와 '엇다'(엇더)의 양형으로 보고, '엇디ᄒ-'는 동사로, '엇더ᄒ-'는 형용사로 정리하고, 문맥상 '奈何'의 의미인 전자로 보았다. '何如'를 의훈으로 볼 때에는 충분히 이해되는 해독이다. 그러나 의훈으로 읽은 해독들이 거의 허물어진 상태에서 이 해독을 따라야 할지는 의문이다.

'엇뎨'(어찌:홍기문, 어떻게:유창균)는 '엇디'가 '엇뎨'에서 온 것이라고 주장하거나, 중세어에서 가장 이른 것이라고 한다. 그러나 〈모죽지랑가〉에서 이미 '엇디'(惡知)가 등장한다는 문제와, 같은 〈처용가〉에서 '遊行如可'와 '吾下是如馬於隱'의 '如'가 정확하게 '-다-'로 읽힌다는 문제를 보인다.

'엇더'는 '如'를 음과 의 중에서 어느 것으로도 이해가 되지 않는 해독이다.

'엇뎌'(박창원 1987)에서는 '如'를 '여'로 읽었는데, '遊行如可'와 '吾下是如馬於隱'에서 정확하게 '-다-'로 읽힌다는 문제를 보인다.

'엇다'는 '如'를 말음첨기로 본 해독이다. 이에 속한 해독들은 '엇다'를 '어디에다'와 '어떠'의 의미로 보았다. '어디다가'는 문맥에 맞지 않는다. '엇다'는 '어떠'의 의미로 쓰이는데, 이 '엇다'를 '어찌'의 의미로 본 글들도 있다. "「어찌(奈何)」라는 말은 鮮初에는 「엇데·엇제」로 쓰이고 어떻게(如何)라는 말은 「엇다」로 쓰였는데 羅代에는 그것이 通用되었거나 「如」는 「知」의 誤字로 보아야 하겠다."(김준영 1964:60)에서는, '엇데, 엇제'와 '엇다'의 통용이라는 점에서 '엇다'를 '어찌'의 의미로 보려 하였다. 그 후에 서재극(1975)은 〈도산십이곡〉의 '엇다ᄒ-'를 인용한 다음에 '어찌'로 보았고, 그 후에 적지 않은 해독들이 이 주장을 따르고 있다. 그러나 〈도산십이곡〉의 "이런ᄃᆞᆯ 엇다ᄒᆞ며 뎌런ᄃᆞᆯ 엇다ᄒᆞ료 / 草野 愚生이 이러타 엇다ᄒᆞ료 / ᄒᆞ물며 泉石膏肓을 고텨 므슴ᄒᆞ료"에 나온 '엇다ᄒ-'는 '어떠하-'의 의미이지, '어찌하-'의 의미가 아니다. 만약 이 '엇다'들을 '어찌'의 의미로 보면, 이래도 좋고 저래도 좋은데, 하물며 천석고황을 고쳐서 무엇을 하겠느냐는 반문을 통하여 천석고황을 고치지 않겠다는 의미가 아니라, 이래도 어찌할 수 없고, 저래도 어찌할 수가 없는데, 하물며 천석고황을 고쳐서 무엇을 하겠느냐는 이상한 의미를 보이게 된다. 이런 점들로 보아, '엇다'가 '어찌'의 의미로 쓰인 예를 다시 제시하지 않는 한, '엇다'를 '어찌'의 의미로 본 해독은 따르기가 어렵다.

이렇게 되면, '何如'의 의훈(義訓) '엇디'를 따르든지, 아니면 '何如'의 '如'를 '知'의 오자로 보든지 해야 한다. 의훈의 가능성도 있지만, 의훈이 거의 무너지고 있다는 점에서, 김준영이 주장했던 후자를 다시 살려 읽으려 한다.

이렇게 '如'를 '知'의 오자로 수정하고 '何知'를 '엇디'로 읽을 때에, '知'의 한자음 '디'를 살리고, '何/엇디+知/디'에서 말음첨기를 살리며, '엇디'(어찌)의 해독과 현대역이 형태소 차원에서 일치하고, '어찌 하릿고'의 문맥이 잘 통하며, 이 '何知/엇디'는 '惡知'(〈모죽지랑가〉)와 같은 형태의 표기라는 점에서, '如'를 '知'의 오자로 수정하고 '何知'를 '엇디'로 읽은 것은 합리적이라고 할 수 있다. 또한 '如'를 '知'의 오자로 수정하고 '何知'를 '엇디'로 읽으면, '何如'를 의훈으로 보아 '엇디'(어찌)로 읽은 해독이 당면한 문제, 즉 의훈으로 읽는 해독이 거의 인정되지 않는 문제는, 이 문제를 야기한 의훈으로 읽지 않음에 따라, 원천적으로 아예 발생하지 않는다는 점에서도, '如'를 '知'의 오자로 수정하고 '何知'를 '엇디'로 읽은 해독은 합리적이라고 할 수 있다.

이상과 같이 볼 때에, '何如'의 '如'는 유사자인 '知'의 오자라는 오자설은 좀더 논리적으로 설득력을 얻는다고 할 수 있다.

2.2. 修叱如의 오자 如(〉加)

'修叱如良'(〈풍요〉)의 '如'는 선행 연구에서 '奴, 可, 加' 등의 오자로 보기도 하였다. 이 오자설들은 인접한 향찰들을 현재와 같이 읽는 한, 설득력을 얻지 못한다. 그러나 이 중에서 '加'의 오자설은 '修叱如良'의 '良'을 연자(衍字)로 볼 때에 설득력을 얻을 수 있다. 이에 '修叱如良'의 '良'이 연자이고, 5회 나온 '來如'의 '如'는 오자일 수 없다는 사실을 보면서, '修叱如'의 '如'가 '加'의 오자라는 사실을 정리하고자 한다.

먼저 '修叱如良'의 '良'이 연자라는 사실을 보자. '修叱如良'의 '良'이 연자라는 사실은 이미 앞의 글(양희철 2024a)에서 정리한 바가 있다. 그 요지는 '修叱如良'에 대한 선행 해독들은 세 가지의 문제를 보이는데, 이 세 가지의 문제는 '修叱如良'의 '良'을 연자로 보고 빼버린 다음에, '修叱加'를 '닷가'로 읽으면 모두 해결된다는 것이다. 선행 해독들이 보인 세 가지 문제의 구체적인 설명은 앞의 글로 돌리고, 그 요지만을 인용하면 다음과 같다.

첫 번째는 거의 모든 선행 해독들이 '修叱如良'을 '닦으러'나 '닦으려(고)'의 의미로 보면서, 〈풍요〉를 공덕을 닦아 오면서 부른 노래가 아니라, 공덕을 닦으러 오거나 닦으려(고) 오면서 부른 작품으로 오해하게 하는 문제를 보이고, 이 문제를 벗어난 '닷ㄱ아'(닦아)는 두 번째로 제기할 '如'의 해독에서 문제를 보인다는 문제이다.

두 번째는 상당수의 선행 해독들이 '修叱如良'의 '如'를 형태소들의 문법적인 연결이 어려운 '여, ·, 다, 라, 노, 가' 등으로 읽었으며, '如'를 형태소들의 문법적인 연결이 가능한 'ㄱ, 그라/그러, 글' 등으로 읽은 경우에는 '如'를 '來如'의 '如'와 다르게 본 문제, '如'의 오자 '加/가'나 '如'의 훈 '가'로 'ㄱ'를 표기했다고 본 문제, '奴'의 훈이 '글'이란 논거를 제시하지 않은 문제 등을 보인다는 것이다.

세 번째는 '修叱如良'의 '良'을 '러, 려, ㄹ' 등으로 읽은 해독들은 '良'의 음훈을 벗어났고, '랑'으로 읽은 '닷다랑'(닦으러)은 해독과 현대역이 상응/일치하지 않으며, '라'로 읽은 해독들은 '多羅'의 '羅'를 '라'로 읽고, 다시 '修叱如良'의 '良'도 '라'로 읽은 문제와 '矣徒良'의 '良'을 '랑, 래, 아, 야, 여' 등으로 읽은 문제를 보이며, '修叱如良'의 '良'를 '아'로 읽은 해독들은 바로 앞의 '如'를 논증되지 않은 '글'로 읽거나 중세어에서 확인되지 않는 '닷ㄱ아'나 '닷ㄱ다→닷ㄱ라'로 읽은 문제를 보인다는 것이다.

이 세 문제를 원전비평의 문제로 판단하고, '修叱如良'의 '如'는 '加'의 오자로, '良'

은 불필요하게 들어간 연자(衍字)로 수정하였다. 이 수정에 따라 연자를 빼고 '修叱加'로 수정하여 읽으면 '닷가'(닦아)가 된다. 이 '닷가'(닦아)로 읽으면, 〈풍요〉는 공덕을 닦아 오면서 부른 노래가 되어, 선행 해독들이 보인 첫 번째 문제를 해결하게 된다. 그리고 '修叱如良'의 '良'을 연자로 보아 빼고, '如'를 '加'로 수정한 '修叱加'를 '닷가'(닦아)로 읽으면, 단어 '修叱如良'이 단어 '修叱加'로 바뀌면서, 선행 해독들이 '修叱如良'의 '如'를 '여, ㆍ, 다, 라, 노, 가' 등으로 읽으면서 보인 형태소들의 비문법적인 연결이 해소되고, '修叱如良'의 '如'를 'ㄱ, 그라/그러, 글' 등으로 읽으면서 보인, '如'를 '來如'의 '如'와 다르게 본 문제, '如'의 오자 '加/가'나 '如'의 훈 '가'로 'ㄱ'를 표기했다고 본 문제, '奴'의 훈이 '글'이란 논거를 제시하지 않은 문제 등이 해소되면서, 선행 해독들이 보인 두 번째 문제도 해결하게 된다. 끝으로 '修叱如良'의 '良'을 연자로 보아 빼고, '如'를 '加'로 수정한 '修叱加'를 '닷가'(닦아)로 읽으면, '修叱如良'의 해독에서 문제를 일으킨 '良'('러, 려, ㄹ, 랑, 라, 아') 자체가 삭제되면서 선행 해독들이 보여준 세 번째의 문제도 해결하게 된다.

이상과 같은 점들로 보아, '修叱如良'의 '如'는 '加'의 오자이고, '良'은 연자이며, '修叱加'는 '닷가'(닦아)로 읽힌다고 정리를 할 수 있다고 하면서, 다음의 각주를 붙였다. 즉 "이렇게 '修叱如良'의 '良'을 연자로 정리한 다음에, '修叱如'의 '如'를 '來如'의 '如'와 함께 보면, '修叱如'의 '如'는 유사자 '加'의 오자임을 알 수 있다. 이는 좀더 구체적인 설명이 필요하지만, 오자를 다루는 자리가 아니므로, 후고에서 구체적으로 다루고자 한다." 이 각주에서와 같이 '修叱如'의 '如'가 '加'의 오자라는 사실은 좀더 구체적인 설명이 필요하다.

'修叱如'의 '如'가 '加'의 오자라는 사실은 '修叱如'의 '如'와 '來如'의 '如'를 함께 해독하면서 인지할 수 있는 문제이다. 선행 해독들을 보면, 거의가 '修叱如'의 '如'와 '來如'의 '如'를 다르게 읽었다. 두 '如'를 같게 '다'나 '여'로 읽은 것은 '슷다러, 온다'(아유가이 1923), '닷다랑, 온다'(정열모 1947), '닥석여러, 와여'(정창일 1987) 등이다. 이 세 경우에서는 각각 '슷다러, 닷다랑, 닥석여러' 등의 의미가 명확하지 않은 문제를 보인다. 나머지 해독들은 모두가 '修叱如'의 '如'와 '來如'의 '如'를 다르게 읽었다. 문제는 바로 여기에 있다. 4구, 그것도 '來如, 哀反, 多羅, 矣徒良, 功德, 修叱如良' 등의 일곱 단어만을 사용한 〈풍요〉에서, '來如'의 '如'와 '修叱如(良)'의 '如'를 다르게 사용하였다고 볼 수는 없다. 이 문제는 '來如'와 '修叱如(良)'에 대한 선행 해독들을 모두 변증하고, 두 '如' 중에서 어느 하나가 오자라는 것을 설명해야 한다. 그러나 이렇게 설명을 하려면, 너무나 많은 지면이 필요하다. 이보다는 〈풍요〉에서 5회 나온 '來如'의 '如'는,

어떻게 읽히든 간에, 모두가 오자일 수 없고, '修叱如(良)'의 '如'가 오자일 수 있다는 측면에서, 선행 해독들이 보여준 오자설을 변증하면서 보완하면 다음과 같다.

'如'가 '奴'의 오자라는 주장들을 보자. 양주동은 '修叱如良'을 '닷ᄀ라'로 읽은 다음에, "「修叱如」를 「닷ᄀ」로, 곧 「如」를 「ㆍ」로 解함에 잇어서 「如」字의 用法은 畢竟 多少의 不安이 잇다."고 언급하고, '如'가 '奴'의 오자일 수도 있음을 보여주면서, 만약 '如'가 '奴'의 오자라면, '修叱奴良'은 '닷노라'(양주동 1942)로 읽을 수 있다고 하였다. 이 수정은 '닭노라'(전규태 1976)로 이어졌다. 이 두 수정은 자신들의 해독인 "功德 닷노라/닭노라 오다."의 문맥 자체에서도 의미가 잘 통하지 않는다. 이 수정은 '닷그라'(닭으러, 상실운 1995)로도 이어지는데, '奴'를 '노'가 아닌 '글'로 읽고, '글/奴+아/良'를 '그라'로 읽었다. '닷그라'는 중세어에서 확인할 수 있는 형태이지만, '奴'의 훈이 '골→글'이라고만 하였지, 논증이 되지 않은 문제를 보인다.

'如'가 '可'의 오자라는 주장을 보자. '닷가라'(닭으러, 김준영 1964, 1979)에서는 '如'를 '可'의 오자로 보았다. '닭으러'의 중세어는 '닷가라'라 아니라, '닷ᄀ라'라는 문제를 보인다.

'如'가 '加'의 오자라는 주장들을 보자. '닫가라'(닭으러, 김선기 1968a), '닷가라'[닭으려(김선기 1993), 닭으려고(유창균 1994)], '닷ᄀ라'(닭으려고, 전규태 1976) 등에서는 '如'를 유사자인 '加'의 오자로 보았다. '닷가라, 닫가라'의 경우에는, '닭으러'나 '닭으려'의 의미를 '닷ᄀ라'나 '닷그라'로 표기하지 않은 문제를 보인다. '닷ᄀ라'의 경우에는 '加/가'로 'ᄀ'를 표기했다고 본 문제를 보인다.

이렇게 '如'를 '可'나 '加'의 오자로 본 해독들은 '如'를 '可/가'나 '加/가'로 보면서 중세어 '닷ᄀ라'를 '닷가라'로 보거나, 'ᄀ'를 '可/가'나 '加/가'로 표기했다고 본 문제를 보인다. 그리고 앞에서 정리했듯이, 이 해독들은 그 현대역 '닭으러, 닭으려, 닭으려고' 등을 보여주면서, 〈풍요〉를 공덕을 닭으면서 부른 노래가 아니라, 공덕을 닭으러 오거나 공덕을 닭으려고 오면서 부른 노래로 본 문제를 보였다.

이 두 문제는 '修叱如良'의 '良'을 연자로 보아 삭제하고, '如'를 '加'나 '可'의 오자로 본 다음에, '修叱加/修叱可'를 '닷가'로 읽을 때에 해소된다. 즉 '修叱加/修叱可'를 '닷가'로 읽으면, '如'를 '加/가'나 '可/가'로 읽고 중세어 '닷ᄀ라'를 '닷가라'로 표기했다고 보거나, '加/가'나 '可/가'로 'ᄀ'를 표기했다고 본 문제가 해소되고, '修叱加/修叱可'를 '닷가'로 읽으면, 〈풍요〉는 공덕을 닭아 오면서 부른 노래가 되면서, 공덕을 닭으러 오거나 공덕을 닭으려고 오면서 부른 노래로 보았던 문제도 해소된다.

이렇게 '修叱加'와 '修叱可'가 모두 가능하다. 즉 '加'는 '如'의 유사자이고, '可'는

'如'를 의 '가'로 읽을 때에 '如/가'의 동음자이다. 오자는 유사자인 경우와 동음자인 경우가 있어, '加'와 '可'가 모두 가능하다. 그러나 향가의 오자에서는 유사자의 오자가 우세하다는 점에서, '可'의 오자일 가능성을 열어 놓고, '加'의 오자로 정리한다.

이상과 같은 점들로 보아, '修叱如良'의 '如'가 '加'의 오자라는 주장은, '修叱如良'의 '良'을 연자로 보고 삭제할 때에, 좀더 논리적인 오자설이 된다고 정리할 수 있다.

2.3. 成遣 賜去의 오자 去(〉立)

이 절에서는 '成遣 賜去'(〈원왕생가〉)의 '去'가 '立'의 오자라는 사실을 정리하고자 한다. 이런 사실을 보기 위하여, '成遣賜去'와 '成遣 賜去'의 띄어읽기에 따라 선행 해독들을 먼저 보자.

대다수의 해독들은 '成遣賜去'로 붙여 읽었다. 이 해독들은 '遣'을 '고'나 '겨'로 읽고, '賜'를 '샤, 스, 시, 스' 등으로 읽었는데, 모두가 선어말어미의 위치에서 어떤 기능을 하는지가 명확하지 않은 결정적인 문제를 보인다. 그리고 이 해독들은 '-去'의 해독에서도 문제를 보이는데, 네 경우로 나누어서 정리하면 다음과 같다.

첫째로, '-去'를 '-과라/ㄹ까/ㄹ가'로 읽은 경우이다. '닐우고샤과라'(이루게 하소서, 오구라 1929), '일고샬까'[성취하실까(양주동 1942), 이루어질까(김상억 1974) 등등], '일고샬가'[성취하실까(지헌영 1947), 이루실까(전규태 1976) 등등], '이르고실가'(이루실가, 류렬 2003) 등이 이에 해당한다. '닐우고샤과라'에서는 '去'를 '去耶/과라'의 (省)略으로 보았는데, 이해가 되지 않는다. '일고샬까'에서는 '去'를 '-ㄹ가'의 표기에 관용된 것으로 보고, 그 예로 『대명률직해』의 '爲去=爲乙去'를 들었다. 이는 이두식 표기에서 '-ㄹ'을 첨가하여 읽는 방식을 인용한 것이다. 이런 첨가는 후대의 이두에서는 용인되지만, 향찰에서는 용인되지 않는다. 이와 같이 '-ㄹ'을 첨가하여 읽은 향찰의 예로, '得賜(尸)伊馬落'(〈수희공덕가〉), '菱玉 內乎(尸)留 叱等耶'(〈항순중생가〉), '喜賜(尸)以留也'(〈항순중생가〉) 등의 괄호 안에 넣은 '尸' 앞의 '賜'와 '乎'를 들고 있으나, 이 세 곳에는 괄호 안에 넣은 '尸'가 모두 누락이 되어 있다. 이 누락에 대한 구체적인 이유는 앞의 글(양희철 2022b)로 돌린다. 이 누락은 뒤에 검토할 누락자에도 옮겨져 있다.

둘째로, '尸'를 첨가한 '-尸去'를 '-ㄹ까/ㄹ가'로 읽은 경우이다. '去'를 '-ㄹ가'의 표기에 관용된 것으로 보는 것이 어렵게 되자, 이번에는 누락이라는 용어는 쓰지 않았지만, '尸'를 첨가하여 읽거나 '尸'의 생략으로 본 해독들이 나왔다. '일고술가'(이루실까? 이탁 1956), '일고실가'[이루실까(김완진 1980; 지형률 2007; 신재홍 2000), 이루어져 주실까(지형률 1996)], '일고샬가'(이루어지고 있을까, 금기창 1993), '일고슬가'(일우실가, 강길운 1995), '일(우)겨실가'(이루시겠는가? 황선엽 2006), '일이고싶가'(꼭 이룰 것입니까?, 남풍현 2018a) 등이다. 이 해독들은 '去' 앞에 'ᄅ'를 첨가하여 읽었다. 그러나 '遣'을 '고'나 '겨'로 읽으면서 해독과 현대역이 형태소 차원에서 일치/상응하지 않는 문제를 보인다.

셋째로, '-去'를 '-가/까'로 읽은 경우이다. '일우고샤가'(이루실가? 홍기문 1956), '이ᄅ겨시가'(이루실까, 서재극 1975), '일고샤가'(이루오실가, 김준영 1979), '일고시가'(일우시가, 최남희 1996; 양희철 1997) 등이다. '일우고샤가'에서는 명사 다음에 시제 선어말어미가 없이 '-가'가 붙은 예를 제시한 다음에, 시제 선어말어미가 '-가'의 앞에 붙은 것은 후대라고 주장하였다. 그리고 '이ᄅ겨시가'에서는 "「有叱故」는 「잇고?」로서 疑問形이었음이 틀림없다. 여기 「去」도 마찬가지로 「成去」(*이ᄅ가) 或은 「成遣賜去」(*이ᄅ겨시가)로서 可能한 形態素라고 하겠다."(서재극 1975:34)고 주장하였다. '有叱故'는 '잇고'로 읽히지 않고, '이실고'로 읽히는 어휘이다. 이는 '叱'이 'ㅅ'은 물론 '시'와 '실'로도 읽힌다는 사실을 몰랐을 때의 해독이다. 결국 '-去' 앞에 시제 선어말어미가 없이 의문형이 가능하다는 주장을 논증하는 데 실패한 것이 된다.

넷째로, '-去'를 '-立'으로 수정하고 '-서/셔/쇼/리'로 읽은 경우이다. '이루고사서'(이루소서, 정열모 1947), '이뤄겨샤셔'(이루십시오, 정열모 1965), '닐고샤쇼'(니릅소서, 김선기 1968b), '일겨샤셔'(이루도록 하소서, 김선기 1993), '일우고시리'(이루고자 하나이다, 유창균 1994), '(일우)고(ㄱ)시셔'(이루소서, 박재민 2009a) 등이 이에 속한다. 이 해독들은 모두가 '去'를 '立'으로 수정하여 읽었는데, 제4, 8, 10구의 종결이 '-遣賜立'으로 통일성을 보인다는 개연성(정열모, 김선기, 유창균, 박재민 등)을 제외하고는, '去'를 '立'으로 수정하여 읽어야만 하는 필연성을 거의 지적하지 못하였다. 이는 '遣'을 '고'나 '겨'로 읽으면서, 그 기능이 명확하지 않기 때문에 발생한 현상으로 보인다.

이렇게 '成遣賜去'의 해독에서 문제가 발견되자, '成遣賜去'를 '成遣 賜去'로 띄운 해독들이 나왔다. 이에 속한 해독들은 '遣'을 '겨'로 읽은 경우와 '곤'으로 읽은 경우로 나뉜다.

전자에는 '니ᄅ겨/이ᄅ겨 주시셔'(이종철 1987), '일겨 줄가'(정창일 1987), '成겨 시去'(장윤희 2005) 등이 있다. 이 해독들은 '-遣'을 '-겨'로 읽고, 그 의미를 '-아/여'의 연결어미로 보았는데, 논증이 되지 않은 주장이다. 그리고 '일겨 줄가'에서는 향찰에 없는 '-ㄹ'을 첨가한 문제도 보이고, '成겨 시去'에서는 '去' 앞에 시제의 선어말어미가 없는 문제를 보인다.

　후자인 '-遣'을 '-곤'으로 읽은 해독에는 '이루곤 시셔'(이루곤 있으셔, 양희철 2015a)가 있다. 이 해독에 와서야 '遣'의 오음(吳音)이 '곤'이라는 사실이 규명되고, '成遣 賜去'의 해독 역시 본궤도에 들어선 것으로 판단된다. 즉 '成遣賜去'를 '成遣 賜去'로 띄운 해독들이 '-遣'을 '-아/여'의 의미인 '-겨'로 읽으면서도 논거를 제시하지 못한 문제를, 연결어미 '-곤'의 의미인 '-遣/곤'으로 읽으면서 해결한 것이다. 이 해독에서도 '去'를 '立'으로 수정하였지만, 그 필연성을 설명하지 않은 문제를 보인다.

　이 문제를 확실하게 정리하기 위하여, '去'를 '立'으로 수정하여, '成遣 賜立'을 '이루곤 시셔'로 읽어야 하는 필연성을 정리해 보자.

　먼저 '成遣賜去'는 '成遣 賜去'로 띄어 읽어야 한다는 사실을 보자. 앞에서 정리하였듯이 많은 해독들이 '成遣賜去'를 한 단위로 붙여서 읽으려 하였지만, '遣'을 '고/겨'로 '賜'를 '사/스/샤/시'로 읽으면서 각각 그 기능이 명확하지 않은 선어말어미로 본 문제를 보인다. 이에 비해 '成遣賜去'를 '成遣 賜去'로 띄우고 '-遣'을 연결어미 '-곤'으로 읽고, '賜-'를 어간 '시-'로 읽을 때에 어떤 문제도 발생하지 않는다. 이런 사실은 '成遣賜去'를 '成遣 賜去'로 띄어 읽어야 한다는 필연성을 말해준다.

　이번에는 '賜去'를 '賜立'으로 수정하여 읽어야 한다는 사실을 보자.

　첫째로, '(成遣)賜去'는 의문형이 되지 못한다는 점이다. '(成遣)賜去'를 의문형으로 보려면, '(成遣)賜去'는 '(成遣)賜隱去'나 '(成遣)賜尸去'에서와 같이 '隱'이나 '尸'를 첨가하여야 하는 문제가 있다.

　둘째로, '隱/ㄴ'이나 '尸/ㄹ'을 첨가한 '-隱去/ㄴ가'와 '-尸去/ㄹ가'는 제4, 8구 말에 나온 '賜立/시셔'의 '-立/셔'와는 그 어투가 너무나 다르기 때문에, 문맥에 적합하지 않다는 문제이다.

　셋째로 향찰 '賜立/시셔'와 구결 'ㅎ효/시셔'가 보인다는 점이다. 선행 해독에서는 '成遣賜去'를 '成遣賜立'으로 수정하고, 이에 포함된 '-遣賜立'을 '閼遣只賜立'의 '-遣只賜立'은 물론 구결 '-ㅁㅅㅎ효(古只賜立)'과 견주었다. 그러나 '只/ㅅ(ㄱ)'이 포함되어 있고 없고는 큰 차이이고, '-遣只/ㅁㅅ'(연결어미)와 '賜立/ㅎ효'(어간+종결어미)이 하나의 단어로 붙은 향찰 '-遣只賜立'과 구결 '-ㅁㅅㅎ효(古只賜立)'은 문법론적으로 존재할 수 없다. 이런 점에서 향찰 '-遣只賜立'과 구결 '-ㅁㅅㅎ효(古只賜立)'에 근거하여, 향찰 '-遣賜去'를 '-遣賜立'으로 수정할 수는 없다. 이보다는 향찰 '-遣只賜立'과 구결 '-ㅁㅅㅎ효(古只賜立)'은 '-遣只 賜立'과 '-ㅁㅅ ㅎ효(古只 賜立)'으로 띄어 읽힌다는 점에서, '成遣賜去'는 '成遣 賜去'로 띄어 읽을 수 있고, 이때 '賜去'는

'白遣 賜立', '-遣只 賜立', '-ㅁㅅ ㆆ효(古只 賜立)' 등의 '賜立/ㆆ효'과 같이 '賜立'으로 수정할 수 있다고 판단한다.

넷째로, '成遣 賜去'의 '賜去'를 '賜立'으로 수정하고 읽을 때에, 작품 전체의 흐름이 통일된다는 점이다. '成遣 賜去'의 '賜去'를 '賜立'으로 수정하고, '成遣 賜立'을 '이루곤 시셔'로 읽으면, 이는 제4구 말과 제8구 말의 '白遣 賜立'(숨곤 시셔)와 함께 '-遣 賜立'(-곤 시셔)의 어투, 즉 화제에 대한 시적 화자의 태도와 시적 청자에 대한 시적 화자의 태도가 말에 투영된 어투가 통일성을 보인다. 이는 '成遣 賜去'의 '-去'를 '立'으로 수정하지 않았을 때에 나타난 문제, 즉 제4구 말과 제8구 말의 '白遣 賜立'(숨곤 시셔)에서 보이는 '-遣 賜立'(-곤 시셔)의 어투와 제10구 말의 '成遣 賜去'(이루곤 시가)에서 보이는 '-遣 賜(尸)去'[-곤 시(ㄹ)가]의 어투가 일치하지 않던 문제를 해결한 것이 된다.

이상과 같이 '成遣賜去'는 '成遣 賜立'으로 띄우고 수정을 할 수밖에 없는 필연성을 보인다는 점에서, '成遣 賜去'로 띄우고, '去'는 '立'의 오자로 정리한다. 이렇게 '成遣 賜去'로 띄우고 '成遣'을 '이루곤'으로 읽을 때에, '賜去'의 '去'는 '立'의 오자라는 주장이 좀더 설득력을 얻게 된다.

2.4. 也人是의 오자 也(〉他)

'也人是'(〈혜성가〉)의 해독에서 '人是'는 큰 문제를 보이지 않는다. '也'를 중심으로 보자.

'也'의 음의를 벗어난 세 해독[2]을 제외한 나머지 해독들을, '也'를 의/뜻 '여'로 읽은 해독, 의/뜻 '라'로 읽은 해독, 음 '야'로 읽은 해독, 의/뜻 '또'로 읽거나 '他'의 오자로 본 해독 등으로 나누어서 보자.

'也'를 의/뜻 '여'로 읽은 해독은, 다시 네 경우로 나뉜다.

첫째는 음수율에 맞는 감탄조사로 본 경우이다. 이 해독은 '술븐여'(사뢴, 양주동 1942)에서 시작되어, 이를 따른 경우도 있고, '슬브여'(말한, 김준영 1964), '살븐여'(사뢴, 김상억 1974), '슬봊녀'(사뢰는, 황패강 2001) 등에서와 같이 약간의 변화를 준 경우들도 있다. 이 해독들에 대하여, 관형사형 어미 아래에서는 특수조사 또는 첨사류의

---

2 '슯은'(사뢴, 유창선 1936e)에서는 '也'를 전혀 설명하지 않았다. '살볼예'(살별이니 하는, 정열모 1947)에서는 '也'를 '예'로 본 문제를 보인다. '술온이'(말한 이, 이탁 1956)에서는 '也'를 '이'로 읽은 문제를 보인다.

개재가 허용되지 않는다는 김완진의 비판이 나왔다.

둘째는 '술바녀'(사륀, 김완진 1980)의 '녀'를 '겨, 젓'과 같이 관계화를 성취한 것으로 해석한 경우이다. 이 해석에 대하여 신재홍(2000:240-241)은 관계화의 성취는 '겨'나 '젓'에 의한 것이 아니라, 관형사형 어미 '-ㄴ'과 '-ㅅ'에 의한 것이라고 비판하였다.

셋째는 의문형이나 서술형으로 본 경우이다. '술본여'[사륀 것인가(라고 말한), 금기창 1993]와 '술본여'(사뢰였음이라, 지형률 2007)가 있다. 전자의 해독은 괄호 안에 첨가한 '라고 말한'이 첨가되어야 의미가 통하는 문제를 보이고, 후자의 해독은 "살별이라 사뢰였음이라 사람이 있다."에서와 같이 문맥이 잘 통하지 않는다.

넷째는 '이'의 의미로 본 '술본 여 사롬'(사륀 이 사람, 지형률 1996)의 경우이다. 이 경우에는 '也'를 '여'로 읽고, 그 의미를 '이'로 보았다. 이해할 수 없는 해독이다.

'也'를 의/뜻 '라'로 읽은 해독은 다시 네 경우로 나뉜다. 많은 문제를 보이므로 각주[3]로 돌린다.

'也'를 음 '야'로 읽은 해독에는 넷이 있다. 이 해독들 역시 많은 문제를 보이므로 각주[4]로 돌린다.

끝으로 '也'를 의/뜻 '또'로 읽거나 '他'의 오자로 본 해독을 보자. 이 해독은 서재극에서 시작되었다. "여기 「也」는 「又·亦」의 뜻으로 訓借된 것이라 본다. 그래서 「又一人」을 「也一人」으로 보고, 「또 한 사람」 즉 「他人(녀)」으로 보려 한다."(서재극 1975:43)의 전반부에서는, '也'를 의 '또/又'로 읽은 다음에, 후반부에서는 향찰에 없는

---

[3] 첫째는 '라'에서 'ㄹ'을 취한 '술ㄹ'(사륄, 오구라 1929)의 경우이다. '也'를 '라〉ㄹ'로 읽었는데, 'ㄹ'에는 '乙'이나 '尸'를 쓴다.
　둘째는 '라'를 서술형으로 본 '술벼리라'[살블 것이다(말할 것이다), 정열모 1965]의 경우이다. 서술형으로 본 것 자체에는 문제가 없으나, 당시음이 '분'인 '反'을 '벼리'로 읽는 것이 어렵다.
　셋째는 '라'를 감탄형으로 본 '술ㅂ니라'(여쭙는구나, 유창균 1994)의 경우이다. 이 경우에는 "술ㅂ니라 사롬이 잇다[여쭙는구나(바로 그렇게 말하는), 사람이 있다.]"에서와 같이 문맥이 통하지 않아, 시어에도 없는 "(바로 그렇게 말하는)"을 첨가해야 문맥이 통하는 문제를 보인다.
　넷째는 '라'를 명령형으로 본 경우로 세 해독이 있다. '살바란'(외치란, 김선기 1967a; 1993)과 "彗星야 술봋라"ㄴ("혜성야 사뢰라", 신재홍 2000)에서는 '白反也' 다음에 '隱'이 생략된 것으로 보고 읽었다. 그리고 '살바라'(아뢰라는, 류렬 2003)의 현대역에서는 향찰에 없는 '-는'을 첨가하였다. 이 '隱'과 '은'이 없으면, 문맥이 통하지 않는다. 이 첨가도 문제이지만, '바, 봋'로 읽은 '反'은 신라음이 '분'이다.

[4] '술봋야'(여쭙는, 홍기문 1956)에서는 해독이 문맥에 맞지 않아, 현대역에서 '-는'을 첨가한 문제를 보인다. '술브야'(말하는, 정창일 1987)에서는 향찰 '反也'와 해독 '브야'이 대응하지 않는 문제를 보인다.
　'술본야'(사륀, 전규태 1976)에서는 양주동의 '여'를 '야'로 바꾼 것에 불과하며, '술본야'(사륀사, 양희철 1997)에서는 '야'를 강세조사로 보았다. 이 두 해독은 양주동의 해독에 대한 김완진의 비판과 같은 비판을 피할 수 없다.

'一'을 첨가한 다음에 '也一人'를 '또 한 사람'으로 읽고, 이 '또 한 사람'을 '他人(념)'으로 바꾸었다. 그리고 전체를 다시 정리한 부분에서는 '녀니(어떤 사람이, 서재극 1975)로 정리를 하였다. 결국 오자라는 주장을 하지 않고, 논리 비약을 통하여, '也人是'를 '他人是'로 바꾸면서 '녀니'(어떤 사람이)로 읽었다. 그리고 이 해독이 보인 "彗星이야 슬본 녀니 잇다."[「彗星이야」(고) 말한 어떤 사람이 있다.]의 단정적 해독은 이 문장 자체로만 보면 문제가 없으나, 혜성의 출현을 무화(無化)하거나 약화시키려는 작품의 주제에 부합하지도 않는다.

서재극이 보인 문제를 해결하려는 시도는 두 해독에서 보인다.

'슬본 년기'(최남희 1996)에서는 '녀느+이〉년기'를 추정하고, '也'가 '他'와 통하는 글자라고 예를 들었다. 그러나 그 예는 오자의 정정인지, 통하는 글자인지를 확인할 수 없다.

'솔본 남이'(강길운 1995)에서는, "「也人是」는 '他人是'의 오기로 다루어서 '남이'로 재구하여 둔다."라고 하면서, '也'를 '他'의 오자로 명확하게 정리하였다. 그러나, 해당 문장을 "살비려(〉살별이여) 솔본(〉슬온) 남이 잇다."('혜성이여' 하고 사뢴 여느 사람이 있었다.)로 읽으면서, 해독은 '남'으로 하고 현대역은 '여느 사람'으로 한 문제와, 해독은 '잇다'로 하고 현대역은 '있었다'로 한 문제를 보인다. 그리고 이 단정적인 해독은 이 문장 자체로만 보면 문제가 없으나, 혜성의 출현을 무화하거나 약화시키려는 작품의 주제에 부합하지도 않는다.

이렇게 선행 해독들은 문제를 보이는데, 오자설의 해독과 논리를 보완하면 문제를 해결할 수 있다. '也'를 유사자인 '他'의 오자로 보고, 이 '他'를 '녀느'로 읽고, '人是'는 '사롬이'로 읽으면서, "彗星也 白反 (也〉)他 人是 有叱多"를 [슬벼리라 슬분 녀느 사롬이 이실다]로 읽고 그 의미는 [혜성이라(고) 사뢰온 다른 사람이 있겠느냐?]로 정리한다. 시적 청자 그중에서도 혜성이라고 사뢴 사람에게, 혜성이라고 사뢴 사람이, 너 말고 다른 사람이 있겠느냐? 너만 혜성이라고 하였다고, 바보로 만들고 있는 것이다. 특히 '他'를 '다른'의 의미인 '녀느'로 읽고, '有叱多'를 '잇다'가 아니라 '이실다?'(있겠느냐?)로 읽을 때에, '也'를 '他'로 수정하는 것이 설득력을 얻게 된다.

요약하면 '有叱多'를 '잇다'가 아니라 '이실다?'(있겠느냐?)로 읽을 때에, '也'를 '他'로 수정한 '他'의 오자설은 좀더 설득력을 얻는다고 할 수 있다.

2.5. 遠鳥의 오자 鳥(〉烏)

초기의 해독과 이를 이은 해독에서는 '(-)遠鳥逸'(〈우적가〉)의 '鳥'를 '烏'의 오자로 보면서 해독을 하였다. 이 경우에는 '(-)遠鳥逸'을 '(-)遠鳥逸'로 붙인 경우와 '(-)遠鳥逸□□'로 띄어 읽은 경우로 대별된다.

'(-)遠鳥逸'로 붙인 경우에는 다시 3음절과 2음절로 읽은 경우로 나뉜다. 3음절로 읽은 해독에는 '머오일 □□'[멀 □□(오구라 1929), 오랜 동안을(김준영 1979)], '멀오일 셔산'(머언 서산, 김선기 1969c, 1993), '져므올 느리/川理'(해가 저물은 너리, 지헌영 1947) 등이 있다. '머오일'이나 '멀오일'의 경우는 현대역의 '멀'이나 '머언'과의 연결이 어렵고, '져므올'의 경우에는 설명이 없어 '日遠鳥逸'을 어떻게 '져므올'로 읽었는지를 이해하기가 어렵다.

2음절로 읽은 해독에는 '머리 □□'(멀리, 양주동 1942; 김상억 1974; 전규태 1976)가 있다. '遠/멀+烏/오+逸/ㄹ'로 읽은 다음에, '멀오'를 '머오'로 보고, 'ㄹ'을 '리'로 바꾼 다음에, '머오리'를 '머리'로 보고, 그 의미를 '멀리'로 보았는데, 이해가 되지 않는 설명이다.

'(-)遠鳥 逸□□'로 띄어 읽은 경우에서는, '遠鳥'를 '멀오'와 '멀감'으로 읽었다. '멀오'로 읽은 경우에는 그 현대역으로 보면 '멀리'(홍기문 1956; 권재선 1988; 유창균 1994; 신재홍 2000), '멀으오/오래오'(이탁 1956), '멀고'(정창일 1987) 등으로 나뉜다. '멀리'와 '멀으오/오래오'는 해독의 '멀오'가 어떻게 이런 현대역과 연결되는지를 알 수 없다. 유추를 하고 있으나 좀더 확실한 자료가 필요하다. '멀고'는 '멀오'와 연결이 가능하나, 이어지는 '逸□□'을 '逸鳥隱/逸오논'으로 재구하고 '함부로 하는'과 '멋대로 된'의 현대역을 달고 있어, 문맥의 의미를 파악하기가 어렵다. '멀감'의 경우에는 '鳥'을 '감'으로 읽고, '멀감'을 '멀끔이(깨긋이)'의 의미로 보았는데, 해독과 현대역의 연결이 쉽지 않다.

이렇게 '(-)遠鳥逸'의 '鳥'를 '烏'의 오자로 본 초기의 해독들이 문제를 보이자, 이 문제를 해결하기 위하여, '鳥'를 수정하지 않고 읽은, 세 유형의 해독이 나왔다. 즉 '(-)遠鳥'를 '-ㄹ새'의 의미로 본 해독[5], '(-)遠鳥'의 '鳥'를 '새'로 읽은 해독[6], '日遠鳥逸'을

---

[5] '(-)遠鳥'를 '-ㄹ새'의 의미로 본 해독에는, '멀새'(정열모 1947), '멀쌔'(강길운 1995), '멀싀'(양희철 1997; 지형률 1996) 등이 있다. '-ㄹ새'의 중세형은 '-ㄹ싀'인데, '싀'를 '鳥/새'로 표기했다고 보는 것이 쉽지 않다.

[6] '(-)遠鳥'의 '鳥'를 '새'로 읽은 해독에는 다섯이 있다. '멀 새 돋(如支/드히) 디나티견'[먼 새 달아나(듯)

한문으로 읽은 해독[7] 등이 나왔다. 그런데 이 해독들 역시 각주에서 보는 바와 같이 문제를 보인다.

이상과 같이 선행 해독들은 '日遠鳥逸□□'의 해독에서 문제를 보인다. 이 문제를 해결하기 위하여, 초기 해독에서와 같이 '鳥'를 '烏'의 오자로 수정하여, '日遠烏逸□□'을 '日 遠烏 逸□□'로 띄우고, '日 遠烏'을 '날 멀오'로 읽고, 그 의미는 '날(이) 멀어'로 본다. 이는 '-오'를 이유를 나타내는 연결어미 '-어'의 이형태로 본 것이다. 이 해독의 표면적인 형태인 '멀오'는 선행 해독인 '멀오'[멀리(홍기문 1956; 권재선 1988; 유창균 1994; 신재홍 2000), 멀으오/오래오(이탁 1956), 멀고(정창일 1987)]와 같지만, 그 의미는 '멀리, 멀으오/오래오, 멀고' 등으로 보지 않고, '멀어'(멀므로, 멀기 때문에)로 본 것이다. 이는 '멀오'(멀리, 멀으오/오래오)의 선행 해독들이 보인 해독과 그 현대역이 형태소 차원에서 상응/일치하지 않는 문제와, '멀오'(멀고)의 선행 해독이 보인 모호한 문맥의 문제, 즉 이어지는 '逸□□'을 '逸烏隱/逸오논'으로 재구하고 '함부로 하는'과 '멋대로 된'의 현대역을 달면서 보여준 모호한 문맥의 문제를 해결한 것이다.

이렇게 '멀오'에서 '-오'의 의미를 선행 해독들과는 다르게 이유를 나타내는 연결어미 '-어'의 이형태로 볼 때에, '遠鳥'의 '鳥'를 '烏'의 오자로 본 해독은 좀더 설득력을 얻게 된다.

2.6. 安攴의 오자 攴(〉支)

'安攴'(〈우적가〉)의 해독은 '攴'을 '支'의 오자 또는 오각자로 보고, '安攴'를 '안디'(아니)로 읽은 해독으로 귀착되는 듯했다. 그러나 그 후에 '攴'을 '支'의 이체자라는 주장이

지나가 버리고선, 서재극 1975], '멀 새 수믈 나죄히 디나 알고'[해가 멀고 새가 숨을 저녁 나절이(夕陽) 지나서 알고, 금기창 1993], '먼 새 느라□□ 디나디고'(먼 새 날아가 지나치고, 최남희 1996), '머리 새 돋득히 디나 알고'(멀리 새 달아나듯 지나사 알고, 황패강 2001), '머리 새 숨온 수플 디나티고'(멀리 새 숨어드는 숲을/林乙 지나쳐, 황병익 2019b) 등이다. 이 해독들은 관형사형 어미나 부사형의 어미가 없이 '遠'이 관형사나 부사를 표기했다고 본 문제를 보이고, 이 해독들이 제시한 의미가 작품의 문맥에서 무엇을 의미하는지도 선명하지 않다.

[7] '日遠鳥逸'을 한문으로 읽은 해독에는 둘이 있다. '日遠鳥逸 드라리 난 알고'(日遠鳥逸 달이 난 것을 알고, 김완진 1980)와 '日遠鳥逸 □□ 디나디고'[해가 멀어지고 새가 숨는 (세월이) 지나가고 지나가, 남풍현 2017c]이다. 향가에 나타난 한문은 그 어순을 우리말식으로 취하고, 그렇지 않을 경우는 '원왕싱(願往生)'이나 '중싱계진(衆生界盡)'과 같이 불교의 상투어나 용어에 한정된다는 점에서, '日遠鳥逸'을 한문으로 보는 것이 쉽지 않다. 그렇다고 '日遠鳥'를 막연하게 당시 불교의 어떤 설화에 관련된 가상적 새로 추측해 버릴 수도 없다. 그리고 이 해독들이 보인 문맥 역시 매끄러운 것이 아니다.

나오면서 의견이 양분되었다. 그러나 이 이체자설은 성립되지 않는 주장이라는 사실을 정리하여, 오자설만이 설득력을 가지고 있음을 이 절에서 정리하고자 한다.

'攴'의 해독이 모호한 두 해독[8]을 제외한 나머지의 해독들은 '攴'으로 읽은 경우와 '支'로 읽은 경우로 대별된다. 전자의 설명은 각주[9]로 돌리고, 후자의 설명만을 보자.

'攴'을 '支'로 보고 읽은 해독에는 속자설, 오자설, 오각설, 이형표기설(이체자설) 등이 있다.

속자설에서는 '支'를 다양하게 읽었다. 특별한 의미가 없는 글자, 'ㄷ, 지', 'ㅎ, 히', 'ㅣ, ㄱ', '디, 기' 등으로 5분이 된다. '支'의 당시음이나 운용법을 벗어난, 특별한 의미가 없는 글자, 'ㄷ, 지', 'ㅎ, 히', 'ㅣ, ㄱ' 등으로 읽은 해독들의 변증은 각주[10]로 돌리고, '디, 기'로 읽은 경우만을 구체적으로 보자.

'안디'(아니, 양주동 1942; 홍기문 1956; 김상억 1974; 전규태 1976; 류렬 2003)에서는 '支'를 '디'로 읽으면서, 향찰 '不喩/안디'와 같은 표기로 정리를 하였다. 이는 탁견이라고 생각한다. 그러나 '攴'을 '支'의 속자로 보면서, 속자의 개념을 오해하여, 후대의 다른 해독들을 발생시킨 것은 이 해독의 흠이다. '아디'(어디, 김선기 1969c, 1993)에서도 '攴'을 '支'의 속자로 보고, '支'를 '디'로 읽었는데, '아디'가 '어디'의 의미라고

---

8 '겨팋'(가까운, 정창일 1987)는 우리가 알고 있는 '安'과 '攴'의 음도 훈도 아니다. '安攴尙宅'(安宅, 황병익 2019b)에서는 '攴'의 처리가 모호하다.
9 '攴'으로 읽은 경우는 지정문자로 본 경우와 'ㅂ'으로 읽은 경우로 나뉜다. 지정문자로 읽은 해독에는 '안죽'(아직, 김완진 1980)과 '안'(마음이, 강길운 1995)이 있는데, 돌이켜 보면, 난해했던 '攴'의 해독에서 한 때를 주름잡던 하나의 학설에 불과하다. 'ㅂ'으로 읽은 해독에서는 '隱安攴'을 '숨압'(숨어, 양희철 1997)으로 읽었는데, '阿'를 두고 '安'으로 '아'를 표기했다고 본 데 문제가 있다.
10 '支'를 특별한 의미가 없는 글자로 본 해독에는 '어니'(어디다, 오구라 1929)가 있다. 속자의 개념을 오해한, 무의미한 해독이다.
   '支'를 'ㄷ'나 '지'로 읽은 해독에는 둘이 있다. '안ㄷ'(어디다가, 이탁 1956)에서는 '支'의 한자음을 벗어난 'ㄷ'로 읽었다. 그리고 '알지'(尊者, 최남희 1996)에서 '支'의 당대음(디, 기)을 벗어난 '지'로 읽었다.
   '支'를 'ㅎ'이나 '히'으로 읽은 해독에는 셋이 있다. '安(ㅎ)尙宅'(김준영 1964, 1979)에서는 '支'를 'ㅎ'으로 읽고 '安尙宅'의 의미로 보았다. 그리고 '안ㅎ'(못, 권재선 1988)에서도 'ㅎ'을 '支'를 'ㅎ'으로 읽었다. '안히'(마음이, 서재극 1975; 신석환 1990)에서는 '支'를 '히'로 읽었다. 'ㅎ'과 '히'는 '支'의 음도 훈도 아니다.
   '支'를 'ㅣ, ㄱ'으로 읽은 해독에는 둘이 있다. '괴외'(寂靜, 금기창 1993)에서는 '安'을 '고요'의 고어 '괴외/寂'로, '支'를 말음첨기 'ㅣ'로 보았다. '支'를 말음첨기 'ㅣ'로 보는 것이 쉽지 않다. '바룩'(바로, 지형률 1996)에서는 '攴'을 'ㄱ'으로 읽는 것을 보면, '支'의 속자로 보는 것 같다. '바룩'(바로)은 문맥에 맞추려 한 해독인데, '安'의 훈이 '바룩'라는 단서가 미흡하고, 'ㄱ'의 표기에는 'ㅭ'를 쓴다는 문제를 보인다.

보는 것이 쉽지 않고, 문맥에 잘 어울리는 것도 아니다. '안기'(맘, 정열모 1965)에서는 '攴'를 '기'로 읽었다. '안'을 '마음'의 의미로 보는 것은 가능하지만, '안기'가 '맘'의 의미라고 보기는 어렵다.

이렇게 많은 해독들이 '安攴'의 '攴'이 '支'의 속자라는 오구라와 양주동의 주장을 따르고 있었다. 이 속자설에 대하여, 속자는 그 본자 또는 정자와 그 모양 즉 字體만 다르고, 그 음과 훈은 본자 또는 정자와 같은 것이라는, 속자의 개념으로, 비판을 가한 글(양희철 1990, 1995, 1997)이 나오자, 이 속자설은 더 이상 주장되지 않고, 속자설을 오자설, 오각설, 이체자설 등으로 바꾼 주장들이 나왔다.

'安攴'의 '攴'이 '支'의 오자라는 주장은 '안기'(아니, 유창균 1994)에서 보인다. 양주동의 속자설을 오자설로 바꾸고, '攴'의 음을 '기'로 바꾼 것이다. '攴'의 신라음이 '기'와 '디'라는 점에서는 이 해독을 부정할 수는 없다. 그러나 '不喩/안디'로 보아, '安攴'의 '攴'를 '기'로 읽는 데는 한계가 있다.

'安攴'의 '攴'이 '支'의 오각이라는 주장은 '안디'(아니, 황패강 1996, 2001)와 '알히/주오기'[寂靜한(조용한), 편한한, 신재홍 2000]에서 보인다. '안디'(아니)는 양주동의 속자설을 오각설로 바꾸었다고 할 수 있다. 이 해독 자체로만 보면, 상당한 설득력을 보인다. 이에 비해 '알히/주오기'[寂靜한(조용한), 편한한]에서는 '攴'를 '히'나 '기'로 읽었다. '히'는 '攴'의 음이 아니다. 그리고 '安'의 음훈을 명확하게 할 필요가 있으며, '攴'를 '히'나 '기'로 읽고 현대역에서 관형사형으로 보는 것도 한계이다.

이렇게 '安攴'의 '攴'이 '支'의 속자라는 주장이, 오자설과 오각설에 의해 수정되면서, '安攴'의 '攴'은 '支'의 오자로 정리되는 듯했다. 오각설 역시 오각에 의해서 오자가 발생하였다는 점에서 오자설과 함께 묶을 수 있다.

그러나 '安攴'의 '攴'이 '支'의 이형표기(이체자)라는 주장이 최근에 나오면서, '安攴'의 '攴'이 '支'의 오자라는 주장과 이체자라는 주장이 양립하게 되었다. '安攴'의 '攴'을 '支'의 이체자로 본 해독에는 '알히'(참히, 지형률 2007)와 '안디'(아니, 남풍현 2017c)가 있다. 전자는 '攴'의 음이 '히'가 아니라는 문제를 보인다. 그리고 이 이체자설은 속자설이 보인 속자를 보다 큰 개념인 이체자로 바꾼 것에 불과하다. 속자는 그 본자 또는 정자와 그 모양 즉 字體만 다르고, 그 음과 훈은 본자 또는 정자와 같은 것이다. 이 속자의 개념을 확대한 이체자 역시 그 본자 또는 정자와 그 모양 즉 字體만 다르고, 그 음과 훈은 본자 또는 정자와 같은 것이다. 이런 개념을 무시하고 '攴'을 '支'의 속자 또는 이체자라고 하는 것은, '支'가 오자로 잘못 쓰인 '攴'을 '支'의 오자로 인식하지 못하고, 이 잘못 쓰인 오자 '攴'이 그 위치에서 '支'와 같은 의미를 갖는다는 점에서,

'攴'을 '支'의 속자 또는 이체자로 오해한 것에 불과하다. 이런 사실은 다음의 두 글에서도 확인할 수 있다. "支는 향가에서 攴으로도 쓰인다. 支와 攴은 본래 각기 다른 글자이나 실제에 있어서는 相涉하는 글자이고 또 향가에서도 서로 구별되지 않는다."(지형률 1996:13)와 "支는 향가에서 攴으로도 쓰인다. 두 글자는 字典上 각기 다른 글자이나 자형의 유사성으로 相涉한다."(지형률 2007:14)를 보자. 이 두 설명에서 보여주는, "支는 향가에서 攴으로도 쓰인다."는 설명은, '支'가 오자로 잘못 쓰인 '攴'을 '支'의 오자로 인식하지 못하고, 이 잘못 쓰인 오자 '攴'이 그 위치에서 '支'와 같은 의미를 가진다는 점에서, '攴'을 '支'의 속자 또는 이체자로 오해한 것에 불과하다. 그리고 이 지형률의 이체자설은 그 후에 두 해독자(박재민, 남풍현)의 글에서도 보이는데, 유사자로 인해 발생한 오자와 이체자/변체자의 개념을 혼동한 것으로 반드시 비판받고 수정되어야 할 주장이다. 유사자로 인해 발생한 오자는 글자가 유사하지만, 그 음과 의가 다르다. 이에 비해 이체자/변체자는 글자가 유사하지만, 그 음과 의/뜻 역시 같다. 게다가 속자설, 오자설, 오각설, 이체자설 등은 '支'의 오자인 '攴'만을 예로 들고, '攴'의 오자인 '支'는 못 본 척을 하면서, '支'의 오자로 잘못 쓰인 일부의 '攴'으로 향가에 나온 모든 '攴'이 모두 '支'인 것과 같이 설명하는 일반화의 오류를 보여준다.

이상과 같이 '安攴'의 '攴'은 '支'의 속자라는 양주동의 속자설이 오자설이나 오각설에 의해 수정되면서, '安攴'의 '攴'은 '支'의 오자라는 데 거의 의견들이 일치하고 있었는데, 이체자설이 나오면서, 오자설과 이체자설이 양립하게 되었다. 그러나 이체자설은 '攴'으로 잘못 쓰인 '支'의 오자를 오자로 인식하지 못하고, 오자로 잘못 쓰인 '攴'이 문맥상 '支'와 같은 의미를 갖는다는 점에서 이체자로 오해한 것에 불과하다. 이렇게 '攴'을 '支'의 이체자로 본 주장이 오해에 불과하다는 점에서, '安攴'의 '攴'을 '支'의 오자로 본 주장은 다시 확고한 설득력을 홀로 얻게 된다고 정리할 수 있다.

2.7. 佛伊의 오자 伊(〉体)

'佛伊'(〈수희공덕가〉)는 '부톄, 佛이, 부텨 뎌, 부처, 븓디' 등으로 읽어 왔다. 이 해독들은 '伊'로 보면 크게 음, 훈, '体'의 오자 등으로 3분 된다.

먼저 '伊'를 음으로 읽은 경우에는 'ㅣ, 이, 익' 등[11]이 있다. 이에 속한 해독들은 모두

---

11 '익'('븓디', 이탁 1956)는 '伊'의 음을 벗어나 있다.
　일부의 'ㅣ'(오구라 1929; 양주동 1942 등등)에서는 '부텨'의 속음인 '부톄'의 'ㅣ'로 보았다. 다른 곳에

가 각주에서와 같이 문제를 보인다.

'伊'를 의/뜻으로 읽은 해독에는 둘이 있다.

'부텨'(정열모 1965)에서는 '伊'를 '뎌'로 읽었는데, 이 '뎌'는 '부텨'의 음절 첨기가 될 수 없다.

'부텨 뎌'(부처 되어, 김완진 1980)에서는 '부텨'를 주어로 보았다. '伊'를 주격으로 본 해독들과 같이, 주체 존대법 '-시-'가 나오지 않고, 이 문장의 주체는 시적 화자라는 점에서 문제를 보인다.

'伊'를 '体'의 오자로 본 해독에는 둘이 있다.

홍기문(1956:366)은 "대개 〈體〉의 반자인 〈体〉는 〈伊〉와 외형이 사뭇 비슷하다. 거기서 〈体〉를 〈伊〉로 잘못 쓴 것이다."라고 주장하였다.

박재민(2013b:302)은 세 가지 측면에서 '伊'를 '体'의 오기(誤記)로 보았다. '伊'와 '体'는 "어형이 사뭇 닮은 글자"라는 측면, 균여 향가에서 '佛體'는 모두 '仏体'(13회)로 되어 있다는 측면, "부텨로 읽을 수밖에 없는 이유는 후행하는 '毛叱所只'가 '두루'의 의미로 파악되기 때문이다. 이 경우, 우리는 '佛體·衆生 두루'로 보아야지 '불체가 중생 두루'라든지, '佛體 뎌 중생 두루'로 볼 수 없음을 안다."라는 측면 등이다. 이 설명은 '伊'를 '体'의 오자로 볼 수 있는 사실에 거의 접근하였다.

그런데 이를 확정하기에 미심쩍은 것이 '毛叱所只'의 해독이다. '毛叱所只'를 '못도록'으로 읽고 그 의미를 한자 '遍'의 의미인 '두루, 모두 다'로 정리를 하였다. 이는 '毛叱所只'의 정확한 해독이 아니다. 이 때문에 "'못도록'으로 읽힐 법한 이 단어의 형태론적 기원에 대해서는 더 좋은 자료의 확보를 기대하며, 일단 그 의미만은 '두로'로 이해한다."고 스스로 한계를 인정하였다.

이 한계는 '毛叱 所只'를 '毛叱 巴只'의 오자로 보고, '못 두록'(끝까지 두루)으로 읽은 해독(양희철 2015a:555-559)에 의해 보완되었다. 즉 '毛叱 所只'의 '所'를 '巴/바'의 동음자인 '所/바'로 잘못 쓴 오자로 보고, '毛叱 巴只'를 '못 두록'(끝까지 두루)

서는 '부텨'로 표기하였는데 이곳에서만 '부톄'로 보기 어렵다.

일부의 'ㅣ'(강길운 1995; 금기창 1996b 등등)와 일부의 '이'(김준영 1964, 1979; 김선기 1975a, 1993 등등)에서는 주격으로 보았다. 주체 존대법 '-시-'가 나오지 않고, 이 문장의 주체는 시적 화자라는 점에서 문제를 보인다.

일부의 'ㅣ'(신재홍 2000)와 일부의 '이'(지형률 2007; 김지오 2012; 이준환 2014)에서는 공동격으로 보았다. 'ㅣ'는 『이조어사전』의 예를 인용하여 공동격으로 설명을 하였고, '이'는 구결의 예를 인용하여 공동격으로 설명을 하였다. 이 공동격에 대하여 "중생에 후행하여 '와'가 나타나지 않은 점으로나 음상의 차이로나 도저히 '伊'을 '와'로 읽을 수는 없다."(박재민 2013:302)는 비판이 나왔다.

으로 읽은 것이다. '못'은 '못내'(끝까지 내내)의 '못'이다.

이렇게 '毛叱 所只'를 '毛叱 巴只'로 수정하고 '못 두룩'(끝까지 두루)으로 읽을 때에, '佛體·衆生 끝까지 두루'의 해독은 선행 해독인 '부처가 중생 두루'나 '佛體 뎌 중생 두루'가 보인 문맥적 문제를 해결하게 되어, '佛伊'의 '伊'가 유사자인 '体'의 오자라는 오자설은 좀더 설득력을 얻게 된다.

지금까지 정리한 7자는 선행 연구들이 오자로 본 것들이나, 논의가 양립하거나, 논리나 논거가 부정확하여 오자로 인정하기가 쉽지 않았다. 그러나 앞에서와 같이 보완 보충을 하면 선행 연구의 오자설은 좀더 확실한 논리와 논거를 얻으면서 설득력을 좀더 얻게 된다.

그리고 이하에서 정리할 오자들은 선행 연구들이 오자로 본 글자가 아니라 다른 글자의 오자로 볼 때에 설득력을 얻게 되는 것들이다.

2.8. 爾處米의 오자 爾(〉彌)

이 절에서는 '爾處米'(〈찬기파랑가〉)의 '爾'가 '彌'의 오자라는 사실을 정리하려 한다. '爾處米'는 '咽鳴爾 處米'로 띄운 경우와 '咽鳴 爾處米'로 붙인 경우로 나뉜다. 전자의 문제는 각주[12]로 돌리고 후자만을 보자.

'咽鳴 爾處米'에서와 같이 '爾處米'를 취한 해독은 다음과 같다.

'爾'의 음은 '니〉이'이고, '爾'의 훈은 '이(是, 此), 그(其), 너(你)' 등이다. 그리고 '處'의 음은 '치, 지'이다. 이 의나 음을 벗어난 해독으로 '뎌치미'(열어 젖히매, 정열모

---

[12] '咽鳴爾 處米'에서 볼 수 있는 '-爾 處米'를 보자. '-爾'는 '-이/ㅣ, -ㄹ, -곰, -며' 등으로 읽었다. '-이/ㅣ'에는 '是, 伊' 등을 사용한다는 점에서 문제를 보인다. 특히 이 작품에서 주격 '-이'를 '雪是'에서 '是'로 쓰고 있다. 그리고 '-ㄹ, -곰, -며' 등은 '爾'의 음도 훈도 아니라는 문제를 보인다. 그래서 '-곰'(김완진 1980; 박재민 2009a)과 '-며'(서정목 2014)의 해독은 '爾'를 '尒'의 轉訛로 보았다. 이를 인정해도 '處米'의 해독에 동의하기가 어렵다.

'處米'는 '즘, 치매, 치미, 치매, 티미(로), 바라미, ᄇ라매' 등으로 읽었다. 우선 '즘'(즘에, 이탁 1956)은 '處米'의 음의와 거리가 멀다. '치매'(우니까? 서재극 1975)와 '치미'(보매, 황패강 2001)는 해독과 괄호 안의 현대역이 잘 연결되지 않는다. '티미'(보는데, 류렬 2003)와 '티미(로)'(치밀어, 권재선 1988)는 '米'를 '미'로 읽은 문제를 보인다. 'ᄇ라매'(바라보매, 김완진 1980; 서정목 2014)의 경우는 '處'의 고훈이 'ᄇ라'라는 논거가 사전의 의미상 미심쩍으며, '望阿(/良)米'로 써서 운용상의 경제성을 살리지 않은 문제를 처리하기 힘들다. '바라미'(곁하매, 신재홍 2000)의 경우는 '處'와 '傍'이 엄연히 다른데, 이를 같은 것으로 처리한 문제를 보인다.

1965), '지치매'(지치매, 강길운 1995), '외지미'(최남희 1996), '이처매'(지치매, 지형률 1996) 등이 있다. '지'는 대충표기로 본 것인데, 이해가 되지 않는다. 나머지 해독들을 보자.

먼저 '爾'를 음 '니'로 읽은 경우를 보자. '니쵸매'(닞+히+오+매, 넞어 버리매, 김선기 1993)에서는 '爾'를 '니'로 읽었다. '爾'의 음이 '니〉이'로 변했다는 점에서 가능한 해독이나, '處'를 '쵸'로 읽은 문제를 보인다. 이 '닞-'의 해독은 양희철의 '니지미'(1997)와 '니치매'(2020)로 이어진다. '니치매'는 '잊히매'의 의미인 '닞+히+매'로 본 것이다. 이는 '咽嗚(이) 이치매(잊히매)'와 연결된다. 그런데 이 해독은 왜 '忘'을 쓰지 않았는가 하는 이유를 설명하기가 힘들고, '咽嗚(이) 이치매(잊히매)'의 의미가 문맥에 맞는지가 의심스럽다.

'爾'의 뜻 '이(是, 此), 너(你), 그(其)' 등으로 읽은 경우를 차례로 보자.

먼저 '爾'의 의/뜻 '이'를 살린 해독에는 '이즈며, 이치미/이치매, 爾處메' 등이 있다.

'이즈며'(잊으며, 유창균 1994)에서는 '處'를 '즈'로 읽은 문제와 한자 '忘'을 이용하지 않은 문제를 보인다.

'이치매/이치미'의 해독은 '이치다'의 의미인 '흔들리다'와 '시달리다'를 살린 경우와 다른 의미로 본 경우로 갈린다. '이치매'(시달리매, 김준영 1979)와 '이치미'(흔들매, 지형률 2007)의 해독이 보여주는 '시달리매'와 '흔들매'의 현대역은 정확한 것이다. 그러나 문맥에 맞지 않는 문제를 보인다. 이 문제를 해결하기 위하여, '이치매'(떨어 울리매, 금기창 1993), '이치매'(힘들어하매, 성호경 2008), 이치미(잔잔해진 뒤, 황병익 2019a) 등이 나왔는데, 이 해독들이 보여주는 현대역은 '이치-'의 정확한 의미가 아니다.

'爾處메'(此土, 정창일 1987)에서 '處'를 '土'의 의미로 보았는데, 쉽게 이해되지 않는다.

'爾'의 뜻 '너'를 살린 해독에는 '너치매'(열어 젖히매, 정열모 1947)가 있으나, '너치-'는 현대역 '젖히-'와 연결되지 않는다.

마지막으로 '爾'의 뜻 '그'를 살린 해독에는 '그치매'(긏+히+매, 양희철 2020)가 있다. '그치-'의 표기에 '止, 彌, 休' 등을 이용하여 훈주음종이나 의주음조로 쓰지 않은 문제를 보인다.

이상과 같이 선행 해독들은 모두 문제를 보인다. 특히 해독과 현대역이 서로 연결되는 해독들 중에서, '爾'의 뜻을 살린 '이즈며, 이치미/이치매, 爾處메, 그치매' 등을, 의주음조나 훈주음종으로 보면, 모두가 문제를 보인다. 즉 '이즈매'의 경우에는 한자 '忘'을, '이치미/이치매'의 경우에는 한자 '動, 搖'를, '그치매'의 경우에는 한자 '止, 彌'를,

각각 사용하여 실의독자로 쓰지 않은 이유를 이해할 수 없다.

이와 같이 선행 해독들은 '爾'의 해독에서 문제를 보이는데, 이 문제는 원전비평의 문제로 보인다. 특히 '爾'의 유사자인 '彌'의 오자로 판단된다. 이 한자 '彌'에는 '그치다, 마치다, 끝내다' 등의 의미가 있다. 이 중에서 '그치다'의 훈을 이용한 것으로 보인다. '彌/그치+處/치+米/미'로 '그치미'를 표기한 것으로 판단한다.

이렇게 '爾'를 유사자 '彌'의 오자로 보고 '彌處米'를 '그치미'로 읽으면, 이 향찰들은 '彌/그치+處/치+米/미'에서와 같이 해당 한자의 음이나 훈을 살리고, 음절 첨기를 살리며, 형태소의 연결이 문법적이고, '그치미'(그치매)의 해독과 현대역이 형태소 차원에서 일치하며, 의주음조나 훈주음종을 살리고, '咽嗚 그치매 나타난 달이'의 문맥이 잘 통한다는 점에서, '爾'를 유사자 '彌'의 오자로 보고 '彌處米'를 '그치미'로 읽은 해독은 합리적이라고 할 수 있다. 또한 '爾'를 유사자 '彌'의 오자로 보고 '彌處米'를 '그치미'로 읽으면, 선행 해독들이 보인 문제, 특히 해독과 현대역이 서로 연결되는 해독들 중에서도, '爾'의 훈을 살린 해독들('이즈며, 이치미/이치매, 爾處메, 그치매')이 의주음조나 훈주음종을 살리지 못한 문제, 즉 '이즈매'의 경우에는 한자 '忘'을, '이치미/이치매'의 경우에는 한자 '動, 搖'를, '그치매'의 경우에는 한자 '止, 彌'를, 각각 사용하여 훈독자/실의독자로 쓰지 않은 문제는, 이 문제를 발생시킨 향찰 '爾'를 '彌'로 수정함에 따라, 모두 원천적으로 아예 발생하지도 않는다는 점에서도, '爾'를 유사자 '彌'의 오자로 보고 '彌處米'를 '그치미'로 읽은 것은 합리적이라고 할 수 있다.

2.9. 毛達只將의 오자 只(〉尸)

毛達只將來吞隱(〈우적가〉)은 그 띄어 읽기에서, '毛達只將來吞隱', '毛達只 將來吞隱', '毛達 只將來吞隱', '毛達只將 來吞隱', '毛達 只將 來吞隱' 등의 다섯 유형을 보인다. 먼저 유형별로 '毛達只將'의 해독을 변증하면 다음과 같다.

'毛達只將來吞隱'을 한 단위로 붙여 읽은 해독은 상당히 많은데, 다시 '只'를 허자로 읽은 경우와 '기'로 읽은 경우로 나눌 수 있다. 전자는 각주[13]로 돌리고, 후자만을 보자.

---

13 '毛達只將來吞隱'을 한 단위로 붙이고 '只'를 허자로 읽은 경우에는 다시 '毛達'을 '몰을, 모두, 모르' 등으로 읽은 경우와 '毛達'을 '모달/모둘'로 읽은 경우로 나뉜다. 전자에는 '몰을단오'(오구라 1929), '모드렷단'(양주동 1942), '모르려던'(성호경 2008) 등이 속하고, 후자에는 '모달렷단'(김상억 1974)와 '모둘렷돈'(전규태 1976)이 속한다. 전자에 속한 해독들은 '모르'를 의식한 해독으로 '達'의 해독에서 문제를 보인다. 이 문제는 후자인 '모달'과 '모둘'에서 해결된다. 그러나 이 해독들은 '只'를 허자로 본

'毛達只將來吞隱'을 한 단위로 붙이고 '只'를 '기'로 읽은 해독들은, 다시 '毛達'을 '모둘'로 읽은 경우와 다르게 읽은 경우로 나뉜다.

전자에는 '모돌기려돈'(모르던, 홍기문 1956; 황패강 2001)과 '모돌기려단'(모르겠던, 류렬 2003)이 속한다. '모돌기려돈'에서는 '기'를 설명하지 않았다. '모돌기려단'에서는 '只/기'를 부사형토 '-게'로 설명하였다. 이 설명으로는 해독과 현대역이 이해되지 않는다. 그리고 이 해독들은 '將來'를 '려'나 '래'로 읽은 문제를 보인다.

후자에는 네 해독이 있다. 이 해독들 역시 문제를 보이므로 각주[14]로 돌린다.

'毛達只 將來吞隱'로 띄어 읽은 해독들도 많다. '毛達只'의 의미로 보면, '못 알아, 못 알게, 모자라게, 못 따르게' 등과 기타로 나눌 수 있다.

'못 알아'의 의미는 '모드르 올돈온'(지헌영 1947)에서 보인다. '只'를 어떻게 처리한 것인지 명확하지 않다. 그리고 '將來'를 '올'로 읽은 문제도 보인다.

'못 알게'의 의미는 다섯 해독에서 보인다. 이 해독들 역시 문제를 보이므로 각주[15]로

문제와, '將來'를 'ㄹ'이나 '려'로 읽은 문제를 보인다.

14 '모딜기려돈'(모질게 되려고 하는, 유창균 1994)에서는 '達'을 '迷'로 수정하고, '只'를 사동형 선어말어미 '기'(-게 되다)로 보았다. 뒤에 보겠지만, 이 '기'(-게 되다)의 해독은 가능성을 보이지만, '達'을 '迷'로 수정하는 것이 쉽지 않아 보인다. 특히 수정하여 읽고 그 현대역을 '모질게 되려고 하는'으로 정리하고도 문맥이 원활하지 않아, "즉 마음이 점차 사나워져 佛心이 흐트러져 가려고 함을 표현한 것으로 볼 것이다."라고 부연한 것으로 보면, 수정에 회의를 느낀다.

'못드로기려돈'(마치도록 하려, 지형률 1996)에서는 '毛達只'를 '毛叱所只'와 같은 것으로 보았는데, '毛叱所只'의 '所'는 '巴'의 오자라는 점에서 문제를 보인다.

'모둘기렬돈'(숨기려거든, 지형률 2007)에서는 '毛達只'를 '못알게/모르게 하-'로 보는 것까지는 이해할 수 있으나, 이를 다시 '감추-'나 '숨기-'로 확대하는 데는 문제가 있다.

'모드기려돈'(구하려거든, 신재홍 2000)에서는 '毛達只'를 '모드기'로 읽고, 그 뜻은 '모디'의 동사적 의미 '기필하다, 요하다, 구하다'로 파악하였다. 그러나 '모디'는 '반드시'의 의미이지 '구하다'의 의미는 '모디'에 존재하지 않는다. 이런 설정은 '모디'가 나타난 문맥에서 인접한 단어의 의미로 전이된 논증이다. 예로 '모디 求티 마롤디니라'(切莫求, 『목우자수심결』 3)에서 '모디'는 '求'에 해당하는 것이 아니라 '切'에 해당한다. 그리고 '只/기'를 '어간이나 어미 뒤에 붙어 뒤에 오는 구절, 선어말어미, 용언 등과 연결시키는 문법적 형태소'라고 설명하였는데, 이는 '毛達只將來吞隱'에 나타난 '只'의 위치를 기술한 것이지, 확립된 문법은 아니다. 게다가 이 네 해독은 '-아/어 오-'로 읽히는 '將來'를 '려'나 '렬'로 읽은 문제도 보인다.

15 '모드리 올돈'(금기창 1993)에서는 '只'를 '이'로 읽고, '모드리'를 '못 알게'의 의미로 보았는데 이해가 되지 않는다. '將來'를 '올'로 읽은 문제도 보인다.

'몯알기 올라니 슘안'(몯 알게 올 골짜기, 김선기 1969c)와 '몯알기 올다니 슘은'(못 알게 오단, 김선기 1993)에서는 '只'를 '-게'의 의미인 '기'로 읽었다. 이는 가능하나, '-아/어 오-'로 읽히는 '將來'를 '올'로 읽은 문제를 보인다.

'모달기 굴오숩는'(못알게 대적하-, 정창일 1987)과 '몯알긔 오렬단은'(남이 내 모습을 알지 못하게 몰래 오려 한 골짜기는, 강길운 1995)에서는 '只'를 '-게'의 의미인 '긔'로 읽었다. 이 역시 가능하나,

돌린다.

'모자라게'의 의미는 '모ᄌ락 디녀오돈 날'[形體(를) 부족하게 지녀오던, 서재극 1975] 에서 보인다. 이 해독에서는 '達'을 'ᄌ라'로 읽었는데, 이는 '達'의 뜻인 'ᄌ라다'(成長) 를 이용한 것이다. '디녀'는 '將'의 뜻인 '지니다'(持)를 이용한 것인데, '디니-'가 아닌 '디녀'로 본 문제를 보인다. 그리고 "즛 모ᄌ락 디녀오돈"의 현대역인 "形體(를) 부족하게 지녀 오던"에서, "形體를 부족하게 지닌다는 것이 무엇을 뜻하는지 알 수 없다."(유창균 1994:921)

'못 따르게'의 의미는 '모달기 브리돈'[행실이 딸치 못하게(/못 따르게) 보내던, 정열 모 1965]에서 보인다. '모달'을 '못 따르'의 의미로 보는 것이 쉽지 않다.

기타에는 둘이 있다. '못딸기 올튼'(외양과 다른게다, 옳던, 정열모 1947)에서는 해 독과 현대역이 상응/일치하지 않고, '모둘기 디녀오돈 날'[내 마음에 (내)모습을 지니지 못하던 날, 최남희 1996]에서는 '모둘기'를 '不能'으로 보았는데, '기'의 기능이 명확하 지 않다.

'毛達 只將來呑隱'으로 띠어 읽은 해독에는 다섯이 있다. 이 해독들 역시 문제를 보이 므로 각주[16]로 돌린다.

'毛達只將 來呑隱'이나 '毛達 只將 來呑隱'으로 띠어 읽은 해독에는 넷이 있다. 이 해독들은 '將來'를 '-아/어 오-'로 읽는 데 성공하지만, 나머지 부분의 해독에서 문제를 보인다.

'몰아 오돈'(몰라 오던, 이탁 1956)에서는 '毛(모)+達(ᄃ)+只(ᄋ)+將(아) 來(오)+

'-아/어 오-'로 읽히는 '將來'를 '귤오'나 '오렬'로 읽은 문제를 보인다.
16 'ᄌᄉᆡ 모둘 보려돈'(모습이 볼 수 없는 것인데, 김완진 1980)와 'ᄌ시 모둘 보려돈온'(모습을 못 보겠기 에, 신석환 1990)에서는 '毛達'을 '못'의 의미인 '모둘'로 읽고, '只'를 '見'으로 수정하여 '보-'로 읽으면 서, '將來'를 의도법 '-려-'로 읽거나, 이와 같은 기능을 하는 '더'로 읽었다. 수정과 '將來'의 해독에서 문제를 보이며, 해독과 그 현대역이 형태소 차원에서 상응/일치하지 않는다.
'ᄌᄉᆡ 모둘 기울단'[짓이 (부처님께) 아니 기울던, 권재선 1988]에서는 '毛達'을 '아니'의 의미인 '모둘' 로 읽고, '將來'를 '올'로 읽었다. '毛達'은 '不冬/안둘'과 구분되는 것으로 '아니'의 의미로 보기 어렵고, '將來'를 '올'로 읽는 것도 쉽지 않으며, '기울다'에 '傾'을 사용하지 않은 것도 의문이다.
'ᄌ시 모둘 기려돈(짓이 못 끼려던, 양희철 1997) 역시 '將來'를 '려'로 읽는 문제를 보인다. '즛 모둘 기가지옳 돈'[삶의 모습을 훌륭하게 지녀오지 못했던 그것은(못했다마는), 남풍현 2017c]에서는 "'只/기' 는 능동사로 쓰여 '훌륭하게 행동하다', '점잖게 행동하다' 정도의 뜻으로 볼 수 있다."고 하고, "'將來'를 조동사로 보고 어간과 어간의 복합어인 '가지오-'로 읽어 '과거부터 해 내려오다'의 뜻으로 해석한다."고 하였다. '只/기'의 해석은 검증되지 않은 가설이고, '將來'의 해독은 '將'이 한문에서 연결어미 '而'에 해당하고, 다른 '將來'들이 '-아/어 오-'로 읽힌다는 연구(양희철 2013a)를 참조할 필요가 있는 해독이다.

吞(돈)+隱(ㄴ)'으로 개별 향찰을 읽고, '몰라 오던'의 의미로 보았다. 이 해독에서 '達(ㄷ)+只(ㅇ)'의 분석은 이해가 가지 않는다.

'모둘ㄱ아 오돈'(모르고 시내딘, 김준영 1964, 1979)에서는 '毛(모)+達(둘)+只(ㄱ)+將(아) 來(오)+吞(돈)+隱(ㄴ)'으로 개별 향찰을 읽고, '모르고 지내던'의 의미로 보았다. '毛(모)+達(둘)+只(ㄱ)'이 '모둙'으로 되어 '몯알'의 의미가 된다고 하는데, 이에 문제가 있어 보인다.

'모즈라 그저/그저어 오돈'(양희철 2008b)에서는 '毛'를 음 '모'로, '達'을 뜻 '즈라(다)(成長)'로, '只'는 '그저'로, '-將來-'를 앞에서와 같이 '-어 오-'로 각각 읽었다. 이 해독은 문맥에 부합하지 않는 문제를 보인다. 이는 '達只'를 잘못 읽은 결과이다.

이렇게 '毛達只將(來吞隱)'에 대한 선행 해독들은 문제를 보인다. 그렇지만, '毛達只將(來吞隱)'의 해독에서 부분적으로 보면, 주목되는 두 가지 사실도 있다. 첫째는 '毛達'을 '모달/모둘'(不知)로 읽은 것이다. 둘째는 '將來'를 '-아/어 오-'로 읽은 것이다. 이 둘을 제외하고 보면, 문제는 '只'라는 것을 알 수 있다. 이 때문에 '只'를 '見'으로 수정한 경우(김완진, 신석환)도 있었다. 이 경우에 '見'의 초서가 '只'와 유사한 유사자 인지는 의문이다. 이보다는 '只'를 그 유사자인 '尸'의 오자로 추정한다. 이 오자를 수정한 '毛達尸將'을 '못 알아'의 의미인 '모둘아'로 읽으면, 해당 문맥이 "자기 마음의 즛(모양)을 (훤하게) 알지 못하여 오던 날"에서와 같이 자연스럽게 된다. 이 해독에 대하여 '못 알'의 표기에는 '不冬'을 쓴다는 점에서 문제가 제기될 수 있다. 이는 '達'의 음으로 '모둘'의 '둘'을 표기하면서, 동시에 '達'의 훈인 '훤하게 알다'를 잉여코드로 사용한 것으로 보인다(제4부 잉여코드도 겸독한 문제 향찰 참조).

이상과 같은 점들로 보아, '毛達只將'의 '只'를 유사자인 '尸'로 수정하여, '毛達尸將'을 '[훤하게(達)] 모둘아'로 읽고, 그 뜻은 '(훤하게) 못 알아' 즉 '(훤하게) 알지 못하여'로 정리한다.

이렇게 '只'를 유사자인 '尸'로 수정하여, '毛達尸將'을 '[훤하게(達)] 모둘아'로 읽을 때에, '毛/모+達/둘+尸/ㄹ+將/아'에서 보듯이, 해당 한자의 음이나 뜻을 살렸고, 말음첨기를 살렸으며, 형태소의 연결이 문법적이고, '자심상을 (훤하게) 알지 못하여 오던'의 문맥이 잘 통한다는 점에서, '只'를 유사자인 '尸'로 수정하여, '毛達尸將'을 '[훤하게(達)] 모둘아'로 읽은 해독은 합리적이라고 할 수 있다. 또한 이렇게 수정하여 읽을 때에, 선행 해독들, 그중에서도 '達'을 '迭'로 수정하고 '모딜기려든'(모질게 되려고 하는)으로 읽은 해독과, '只'를 '見'으로 수정하여 '즈싀 모둘 보려든'(모습이 볼 수 없는 것인데)와 '즈시 모둘 보뎌돈오'(모습을 못 보겠기에)의 해독에서 보이는 문맥이 잘 통하지 않는 문제는, 이 문제를 발생시킨 '毛迭只將'이나 '毛達見將'을 '毛達尸將'으로 바꿈에 따라, 모두 원천적으로 아예 발생하지도 않는다는 점에서도, '只'를 유사자인 '尸'로 수정하여, '毛達尸將'을 '[훤하게(達)] 모돌아'로 읽은 해독은 합리적이라고 할 수 있다. [훤하게(達)]는 뒤에 볼 겸독이다.

2.10. 至刀의 오자 刀(〉乃)

'至刀'(〈수희공덕가〉)에 대한 기왕의 해독들은 상당히 엇갈리고 있다. 크게 보면 5분된다. '至刀-'를 '닐도-, 니르도-, 니ᄅ도-, 니를도-' 등으로 읽은 부류, '至刀'를 '일도-, 이르도-, 이를도-, 닏도-' 등으로 읽은 부류, '至刀-'를 '닏오-, 니르와도-, 니르러도-' 등으로 읽은 부류, '至'를 'ᄭ장'으로 읽거나 '刀'를 '이르'나 '거루'로 읽은 부류, '至刀'를 '到'의 회차로 보거나, '刀'를 '刃, 力, 尸' 등의 오자로 본 부류 등이다. 부류별로 문제점들을 지적하면 다음과 같다.

첫째로, '至刀-'를 '닐도-, 니르도-, 니ᄅ도-, 니를도-' 등으로 읽은 부류를 보자. '至刀/닐도-'는 '닐도올가'[생기올까(오구라 1929), 일어올까(양주동 1942) 등등]에서, '至刀/니르도-'는 '니르도올가'(닥쳐 올까, 김근수 1979)에서, '至刀/니ᄅ도-'는 '니ᄅ도올가'(이르올까? 류렬 2003)에서, '至刀/니를도-'는 '니를도 올가'[일어날 것인가(유창균 1994), 이르러도 올까(지형률 2007)]에서 각각 보인다.

무엇보다도 이 해독들의 문제는 '至'와 '刀'의 연결에서 나타난다. 중세어에서 어간과 '-도'의 연결은 상당히 제한적이다. 세 경우에만 그 연결이 가능하다. 첫째는 [어간+연결어미(아/어, 게, 지, 고)+도]의 경우이다. 둘째는 '하도할싸'의 경우이다. 셋째는 부정사 앞에서 '-지도'의 의미로 쓰인 [어간+도, 부정사]의 경우이다. 이에 속한 예로 "뵈도 몯ᄒ며, 적도 크도 아니ᄒ고, 늦도 아니ᄒ며" 등등이 있다. 이렇게 어간 다음에 '-도'가 오는 경우는 상당히 제한적이다. 이런 중세어의 문법으로 보면, '닐도올가, 니르도올가, 니ᄅ도올가, 니를도 올가' 등의 해독들이 가지고 있는 문제를 쉽게 파악할 수 있다. '至刀'의 해독에서 '至'의 해독과 '刀'의 해독을 문법적으로 연결하지 못하였다는 것이다. 이런 비문법성은 두 가지 형태로 나타났다.

하나는 선행 해독들과 그 현대역이 형태소의 차원에서 일치하지 않거나 상응하지 않는다는 것이다. 대다수의 해독들이 이에 해당하는데, '-도'의 의미를 현대역에서 발견할 수 없다. '니를도 올까'(이르러도 올까, 지형률 2007)의 현대역에서만 '-도'를 살리고 있는데, '이를-'과 '-도' 사이에 해독에 없는 연결어미(-어)를 첨가한 문제를 보인다.

다른 하나는 부정사 앞에서 '-지도'의 의미로 쓰인 [어간+도]를 예로 든 다음에, 이와 환경이 다른 '至刀'를 [어간+도](유창균 1994)로 읽었다는 문제를 보인다.

둘째로, '至刀-'를 '일도-, 이르도-, 이를도-, 닐도-' 등으로 읽은 부류를 보자.

'至刀/일도-'는 '일도올가'[일어(起) 올까? 신태현 1940와 '일도올까'(일어날가, 김선기 1975a)에서, '至刀/이르도-'는 '이르도올가'(날 수 있으랴, 정열모 1947)에서, '至刀/이를도-'는 '이를도 올가'(생길 수 있나, 정열모 1965)에서, '至刀/닐도-'는 '닐도올가'(닥쳐 올까, 김근수 1990)에서 각각 보인다. 이 해독들에서 보이는 '일-, 이르-, 이를-, 닐-' 등은 '至'의 후대 뜻이거나 '至'의 뜻이 아니다. 그리고 이 해독들은 '至-' (일-, 이르-, 이를-, 닐-)와 '刀/도'의 결합에서 비문법적이다.

셋째로, '至刀-'를 '닏오-, 니르와도-, 니르러도-' 등으로 읽은 부류를 보자.

'至刀-'를 '닏오-'로 읽은 '닏올가'(일어날까? 이탁 1956)와 '닏올가'[생기오리까(김준영 1964), 일어나리까(김준영 1979)]에서는, '至'를 '닏'으로 '刀'를 '도'로 읽은 다음에, 그 결합에서는 '닏오-'로 정리하면서, 앞의 첫째와 둘째의 부류들이 보인 '어간+도'의 문제를 피하였다. 그러나 '至'를 '닐'이 아닌 '닏'으로 읽을 수 없는 문제를 피하기 어렵다.

'至刀-'를 '니르와도-'로 읽은 '니르와도 올가'(일어나서 올까, 박재민 2002, 2013b)에서는, 불경의 번역에서 보이는 '니르와둘씨라(興), 니르와도문(興), 니르와다눌, 니르와다' 등에 근거하여 '니르와도'(興·起, 일어나서)로 읽었다. 이는 '일으키다'의 의미인 '니르왇다'에 기초한 해독으로, 그 기본 의미가 '일어나다'가 아니라 '일으키다'라는 문제를 보인다.

그리고 '至刀-'를 '니르와도-'로 읽은 '니르와도 오(ㄹ)가'(일으켜 올까, 김지오 2012)에서는 '니르와도'의 '-왇-'을 강세 접미사로 '-오'를 연결어미로 보고, '니르와도'의 의미를 '일으켜'로 보았다. 제9, 10구의 문맥에 '질투의 마음을 일으켜 올까'가 적합한가는 의문이다.

그리고 이 두 해독은 한결같이, '至'의 뜻인 '니르다/니르다'로 읽은 것이 아니라, '起, 興'의 뜻 '니르다'에 강세 접미사 '받〉왇'이 첨가된 '니르왇다'를 이용한 문제를 보인다. '至'가 '니르왇-'으로 쓰인 예는 보이지 않으며, 향찰에서 강세 접미사까지 포함한 의미를 뜻으로 취한 경우를 찾기 어렵다.

'至刀-'를 '니르러도-'로 읽은 '니르러도 올가'(이르러도 올까, 이준환 2014)에서는, '니를'과 '도' 사이에 출처가 명확하지 않은 '어'를 첨가한 문제를 보인다.

이렇게 '至刀-'를 '닏오-, 니르와도-, 니르러도-' 등으로 읽은 부류의 해독들은 '至'

와 '刀'의 연결에서 오는 문제를 피하지만 또 다른 문제를 보인다.

넷째로, '至'를 'ㅼ장'으로 읽거나 '刀'를 '이르'나 '거루'로 읽은 부류를 보자.

'ㅼ장도 올가'(까지도 올까, 지형률 1996)에서는 '至刀'를 'ㅼ장도'로 읽고 그 문맥을 "嫉妬心까지도 올까"로 보았다. 이 해독은 그 후에 '니를도 올까'(이르러도 올까, 지형률 2007)로 수정을 하였는데, 향찰에 없는 '어'를 '니를'과 '도' 사이에 첨가한 문제를 보인다.

'이를도 올가'(생길 수 있나, 정열모 1965)에서는 『釋名』의 '刀 到也'를 인용하여 '至刀'가 '至/이르'에 '刀/이르'를 더한 강조의 가능성을 언급하였는데, '이르-'와 '-도' 사이에 'ㄹ'를 첨기한 문제를 보인다.

'니를 거루(小船) 올까'(이르를 작은 배 올 것인가, 금기창 1996b)에서는, '니를'에서 '-ㄹ'을 첨가한 문제와, '刀'를 벽훈 '거루(小船)'로 읽은 문제를 보인다.

다섯째로, '至刀'를 '到'의 희차로 보거나, '刀'를 '刃, 力, 尸' 등의 오자로 본 부류를 보자.

'이를도 올가'(생길 수 있나, 정열모 1965)에서는 '至刀'를 '到'의 희차일 수도 있다는 가능성을 보이기도 했으나, 희차를 한 이유를 알 수가 없다.

'니를올가'(이르러 올까, 김완진 1980)에서는 '刀'를 '刃/날'의 오자로 보고, '롤'로 읽으면서 '至刀'을 '니를/니롤'(이르러)로 정리하였다. '날'과 '롤'의 차이를 좀더 검토해 보아야 할 것 같다.

'니르올가'(절대로 일어나지 않는다, 강길운 1995)에서는 '刀'를 '力'의 오자로 보고, 이 '力'의 음을 '륵'으로 보고, 이 '륵'에서 르'를 이용한 것으로 보았다. '彌勒/미륵'이나 '鷄肋/계륵'으로 보면, '力'의 당시음이 '륵'일 가능성이 있으나, '力'이 '륵'으로 쓰인 예가 없어, 객관성이 떨어진다.

'니르올가'(이르러 올까, 신재홍 2000)에서는 '刀'를 '尸'의 오자로 보고 '르'로 읽었다. '尸'를 '르'로 보는 데는 한계가 있다.

이상과 같이 선행 해독들은 검토해 볼 만한 것들을 모두 검토해 본 것 같다. 특히 '至'와 '刀'의 음과 뜻을 모두 검토해 본 것 같다. 그러나 문제를 해결하지 못하고 있다.

이에 오자의 가능성, 특히 '刀'의 유사자인 '乃'의 가능성을 검토하고자 한다.

'至刀'를 '至乃'의 오자로 보고, '일어나(생겨나)'(起, 興)의 의미인 '니르나/니ᄅ나'로 읽는다. '일어나-'의 의미인 '니르나/니ᄅ나-'의 표기에 '起'나 '興'을 쓰지 않고 '至'를 사용한 것은, '起'의 뜻에는 '닐다'만이 있고, '니르다/니ᄅ다'가 없기 때문에, '닐-'의 활용형 '니르-/니ᄅ-'를 '起/닐'로 표기할 수 없어, '至/니르/니ᄅ'를 이용한 것으로 보인다. '刀'는 '乃'와 글자가 유사하여 오자가 발생할 수 있는데, 이렇게 〈수희공덕가〉에서 유사자로 잘못 쓴 오자는, 이 '至刀來去'의 '刀'(〉乃) 외에, '尋只'의 '只'(〉尺), '佛伊'의 '伊'(〉体), '嫉妒'의 '妒'(〉妬) 등이 있다.

이상과 같은 점들로 보아, '至刀'의 '刀'는 '乃'의 오자로 정리하고, '至乃'는 '니르나/니ᄅ나'(일어나)로 읽는다.

이렇게 '刀'를 '乃'의 오자로 정리하고, '至乃'는 '니르나/니ᄅ나'(일어나)로 읽을 때에, 이 해독은 '至/니르/니ᄅ+乃/나'에서 보듯이, 향찰로 쓰인 한자의 뜻과 음을 살렸고, 형태소의 연결이 문법적이며, '니르나/니ᄅ나'(일어나)의 해독과 현대역이 형태소 차원에서 일치하고, '질투의 마음이 일어나 올가'의 문맥이 잘 통한다는 점에서, 이 수정과 해독은 합리적이라고 할 수 있다. 또한 이 수정과 해독은, 선행 연구들 그중에서도 '至刀'를 '到'의 회차로 보거나, '刀'를 '刄, 力, 尸' 등의 오자로 본 해독들이 보인 문제들, 즉 '至刀'를 '到'의 회차로 보고 '이를도 올가'(생길 수 있나)로 읽은 해독에서, 회차를 한 이유를 알 수 없는 문제, '刀'를 '刄/날'의 오자로 보고 '니를올가'(이르러 올까)로 읽은 해독에서, '刄/날'을 '롤'로 읽은 문제, '刀'를 '力'의 오자로 보고 '니르올가'(절대로 일어나지 않는다)로 읽은 해독에서, '力'이 '륵'으로 쓰인 예가 없는 문제, '刀'를 '尸'의 오자로 보고 '니르올가'(이르러 올가)로 읽은 해독에서, '尸'를 '르'로 본 문제 등은, 이 문제들을 발생시킨 회차 또는 '刄, 力, 尸' 등의 오자로 본 '刀'를 '乃'의 오자로 처리함에 따라, 모두 원천적으로 아예 발생하지도 않는다는 점에서도, '刀'를 '乃'의 오자로 정리하고, '至乃'를 '니르나/니ᄅ나'(일어나)로 읽은 해독은 합리적이라고 할 수 있다.

2.11. 友伊音叱多의 오자 友(〉及)

'友伊音叱多'(〈상수불학가〉)의 '友'는 유사자인 '及'의 오자로 보인다. 이런 사실을 보기 위하여, 오자나 전도자를 설정하지 않고 '逐好友伊音叱多'로 붙여 읽은 경우[17]와 '逐 好友 伊音叱多'로 띄어 읽은 경우[18]는 각주로 돌리고, '逐好 友伊音叱多'로 띄어

---

17 오자나 전도자를 설정하지 않고, '逐好友伊音叱多'로 붙여 읽은 경우로는 두 부류의 해독이 있다.
　하나는 '조추리잇다'[좇우리이다(양주동 1942), 따르리이다(지헌영 1947), 좇으리다(전규태 1976; 황패강 2001)]와 '조초우림싸'(좇오오리라, 김준영 1979)에서와 같이 '伊'를 '리'의 통음차로 읽은 부류이다. 이 통음차는 해독 초기에는 용인되었으나, 현재는 인정되지 않는다.
　다른 하나는 '조초밭임다'(좇게 하옵니다, 강길운 1995)에서 '友'를 '벋'으로 읽고, 이 '벋'을 '밭'의 대충 표기로 본 부류이다. 대충 표기는 용어만 달리하였지 통음차와 같은 문제를 보인다.

읽은 경우와, 오자나 전도자를 설정하고 '逐好友伊音叱多'로 붙여 읽은 경우의 순서로 선행 해독들을 변증하려 한다.

'逐好友伊音叱多'를 '逐好 友伊音叱多'로 띄어서 읽은 경우에는 여섯 해독이 있다.

'조초 벋뎜짜'(쫓아 벋 지어 있도다, 김완진 1980:194)에서는 "'뎌'(←디-[作]+-어)"로 보아 '友伊音叱多'를 〈벋디(어간)+어(부동사형 어미:연결어미)+ㅁ(지속태의 선어말어미)+짜(종결어미)〉로 생각한 것 같은데, 부동사형 어미와 종결어미 사이에 선어말어미가 오는 결합이 가능하다고 보기가 어렵다.

'조초 사고임짜'(따라 벗삼을지로다, 유창균 1994)에서는 〈友(사고이, 어간)+음(동명사/명사형)+叱多(감탄형 종결어미)〉의 형태소 결합을 보이는데, 동명사/명사형 '-ㅁ' 다음에 감탄형 어미가 왔다고 보기가 어렵고, 해독과 현대역이 형태소 차원에서 일치/상응한다고 보기도 어렵다.

'조초 다뭀다'(좇아 함께 하렵니다, 지형률 1996)와 '조초 다물이ㅄ다'(좇아 더불겠음입니다, 지형률 2007)에서는 '友'를 '다물'로 읽었는데, 이는 한자 '友'의 음도 뜻도 아니다.

'좇호 ᄯᆞᄅᆞ(ㄴ)이ㅄ다'(좇아 따름직하다, 따르는 것이 마땅하다, 김지오 2012)에서는 〈ᄯᆞᄅᆞ(友, 어간)+ㄴ(생략)+이(계사)+ᇇ(당위의 선어말어미)+다(종결어미)〉로 설명을 하였다. 'ㄴ'의 생략을 인정하기가 쉽지 않고, 한자 '音'의 당시음이 '임'이라는 점에서, '이(계사)+ᇇ(당위의 선어말어미)'의 정리에 문제가 있어 보인다.

'조초 벋이임 실다'(좇기에 벋됨이 있을 것이다, 양희철 2015a)에서는 '벋이임'이 '벋됨(이)'의 의미라고 보기 어렵다.

'逐好友伊音叱多'로 붙여 읽으면서 오자나 전도자를 설정한 경우로는 여섯 해독이 있다.

'조차이다'(좇아이다, 오구라 1929)의 해독에서는 '友'를 '支'의 오자로 처리한 다음에, '逐-'을 '좇-'으로, '-好支-'를 연용형 '-아-'로 읽었다. '-好支-'를 연용형 '-아-'로 읽은 것은 한자 '好'와 '支'의 음과 뜻을 모두 벗어난 문제를 피하기 어렵다.

'逐호임짜'(모두 좇으려 한다, 따르리라, 박재민 2013b)에서는 '友'가 '支'의 오자일 가능성이 많다고 하면서, 확정적인 해독은 유보하였다.

---

18 '축, 호우 이음ㅅ다'[側 好友 잇다(繼)가:패거리 好友의 행적을 계승하다가, 정열모 1965]에서는 '逐-'을 '側-'으로 '-好友-'를 음독자, 즉 한자로 읽고 있었는데, 향찰이 아닌 한자로 본 문제를 보이면서, '-友-'의 해독 역시 문제를 보인다.

'조초호리밋다'(좇아 가려 하외다, 홍기문 1956)에서는 '好友'를 '友好'로 뒤집고, '伊'를 '尸'의 오자로 처리한 다음에, '逐/좇+友/오+好/호+尸/리'로 읽었다. '好友'를 '友好'의 전도자로 볼 만한 이유를 이해하기 어렵고, '伊'와 '尸'는 동음자도 아니고, 유사자도 아니라는 점에서, 오자를 설정하는 것도 쉽지 않다.

'좇고바니이다'(좇고파니이다, 김선기 1993)에서는 '友-'를 '-反-'으로 수정한 다음에, '逐/좇+好/고+反/반'으로 읽었다. '-好-'를 '-고-'로 읽고, '-友-'를 '-反-'의 오자로 처리하는 것이 쉽지 않다.

'좇호리ㅅ다'(좇으리이다, 신재홍 2000)에서는 '-友-'를 '-尸-'로 수정한 다음에, '逐/좇+好/호+尸/ㄹ'로 읽었다. '-友-'를 '-尸-'로 수정한 다음에 '-ㄹ-'로 읽고, 이 '-ㄹ-'과 '-ㅣ(伊)-'를 반절식으로 합쳐 읽은 데에는 문제가 있어 보인다.

'조초ᄒ홈이시다'(좇아 할 마음이 있다, 류렬 2003)에서는 '伊音'을 '音伊'로 바꾸고, '好/ᄒ+友/호+叱/시'로 읽었다. 두 향찰의 순서를 바꾼 문제와, '友'를 '호'로 읽은 문제를 보인다. 물론 해독과 그 현대역이 형태소의 측면에서 거의 일치하지 않는 문제도 보인다.

이상과 같이 '逐好友伊音叱多'에 대한 선행 해독들은 문제를 보인다. 이 문제는 원전 비평의 문제로 보여서, '逐好友伊音叱多'를 '逐好 友伊音 叱多'로 끊고, '友'를 유사자 '及'의 오자로 보아, '逐好 及伊音 叱多'을 '좇호 밎임(추종하기에) 미침(수준이 일정한 선에 닿음)이 있을 것이다.'의 의미인 '좇호 밎임 실다'로 읽는다.

이렇게 '友'를 '及'으로 수정하고 '逐好 及伊音 叱多'를 '좇호 밎임 실다'로 읽으면, '逐/좇+好/호 及/밎+伊/이+音/ㅁ 叱/실+多/다'에서 보듯이, 향찰에 쓰인 한자의 음과 뜻을 살렸고, 형태소들의 연결이 문법적이며, '좇호 밎임 실다'[좇기에(추종하기에) 미침(수준이 일정한 선에 닿음)이 있을 것이다.]의 해독과 현대역이 형태소 차원에서 상응하며, 문맥이 잘 통한다는 점에서, '友'를 '及'으로 수정하고 '逐好 及伊音 叱多'를 '좇호 밎임 실다'로 읽은 해독은 합리적이라고 할 수 있다. 또한 이렇게 읽으면, 선행 해독들 그중에서 '友'를 '支, 反, 尸' 등의 오자로 본 해독들의 문제들, 즉 '友'를 '支'의 오자로 보고 '조차이다'(좇아이다)로 읽은 해독이 보이는 '-好支-'를 연용형 '-아-'로 읽으면서 '好'와 '支'의 음과 뜻을 모두 벗어난 문제, '友-'를 '-反-'의 오자로 보고 '좇고바니이다'(좇고파니이다)로 읽은 해독이 보이는 해독과 형대역이 형태소 차원에서 상응/일치하지 않는 문제, '-友-'를 '-尸-'의 오자로 보고 '좇호리ㅅ다'(좇으리이다)로 읽은 해독이 보이는 '尸/ㄹ+伊/ㅣ'의 반절식으로 '리'를 표기했다고 본 문제 등은, 이 문제들을 발생시킨 '支, 反, 尸' 등의 오자로 본 '友'를 '及'의 오자로 처리함에 따라,

모두 원천적으로 아예 발생하지도 않는다는 점에서도, '友'를 '及'으로 수정하고 '逐好 及伊音 叱多'를 '좇호 및임 실다'로 읽은 해독은 합리적이라고 할 수 있다.(이 절은 2024b에서 '伊'를 '化'의 오자로 보았던 것을, 문맥적 의미로 보아, '友'를 '及'으로 수정한 것이다.)

2.12. 于音毛의 오자 毛(〉尾)

'邊衣于音毛'(〈총결무진가〉)에 대한 선행 해독들을 보면, 많은 문제가 노출되고 있다. 특히 '衣'와 '毛'의 해독에서 많은 문제를 보여준다. '邊衣于音毛'의 띄어 읽기는 네 종류로 정리된다. 그중에서 '邊衣于音毛'로 붙인 경우[19]의 문제, '邊毛于音衣'로 띄운 경우[20]의 문제, '邊衣 于音 毛'로 띄운 경우의 문제[21] 등은 각주로 돌리고, '邊衣 于音 毛'로 띄운 경우만을 보자.

'邊衣 于音毛'로 끊어 읽은 해독은 여럿이다. '邊衣'와 '于音毛'를 나누어서 설명한다. '邊衣'는 '衣'의 해독으로 보아 '의, 이, 인, 에' 등으로 사분이 된다.

'衣'를 '의'로 읽은 해독에는 'ᄀᆞᆺ의'(갓의, 오구라 1929)가 있다. '衣'의 음을 정확하게 살렸다. 그러나 '衆生ㅅ ᄀᆞᆺ의 움에'[중생의 갓의 고해에, 움(窨):苦海의 비유]에서와

---

19 '邊衣于音毛'로 끊어 읽은 해독에는 다섯 해독이 있다.
   '衆生ㅅ 끠우미'[중생을 깨움(驚)이(양주동 1942), 중생을 일깨워(지헌영 1947), 衆生을 일깨움이(황패강 2001)], '중생ㅅ 깨우미'(중생을 깨우침은, 김상억 1974), '衆生ㅅ 끠움미'(중생계가 끝이 없으니, 전규태 1976) 등이 있다. 이 중에서 '끠/깨-'로 읽은 세 해독에서는 '邊'을 'ᄀ/가'로, '衣'를 약음차 'ㅣ'로 읽고, 이 둘을 반절로 보아 '긔/깨'(驚)로 본 것이다. 이런 반절은 한자음의 표기에서나 가능하지, 불경 자역이나 향찰에서는 이해가 되지 않는 해독이다. 그리고 '驚'을 실의독자(/훈독자)로 쓰지 않은 이유를 이해할 수 없다. 게다가 이 해독들 중에서 '-미'를 취한 해독들은 '毛'를 '미'를 표기한 통음차로 보았는데, 이 역시 이해가 되지 않는다. '이'를 표기한 '以'나 '伊'를 배제한 이유를 알 수 없다.
   '衆生ㅅ ᄀᆞᆺ이옴들'(衆生을 깨움들은, 이탁 1956)과 '衆生 가시오모'(衆生 更生시키고 있노라니, 김완진 1980)의 두 해독에서는 '衣'를 '이'로 읽었다. 이는 '衣'의 음 '의'를 벗어난 음이다. 그리고 이 두 해독에서는 '-于音毛'를 '-옴들'과 '-오모'로 읽었는데, '于'의 음이 '우'라는 점과, 해독과 현대역이 형태소 차원에서 상응/일치하지 않는다는 점에서 문제를 보인다.
   결국 '邊衣于音毛'로 끊어 읽은 다섯 해독 모두가 '衣'와 '毛'의 해독에서 문제를 보인 것이 된다.
20 '邊 衣于音毛'로 띄운 경우로는 '중생ㅅ 갓 다로미(중생의 갓 다함이, 홍기문 1956)의 해독이 있다. '衣'와 '毛'의 위치를 바꾸어 해독한 것이다. 이 바꿈은 이해가 되지 않으며, '毛'를 '달'로 읽는 것과 '衣'를 '이'로 읽는 것이 어렵다.
21 '邊衣 于音 毛'로 끊어 읽은 경우로는 '衆生ㅅ ᄀᆞᆺ의 받옴 터럭'(衆生들의 받은 부처님의 分身, 유창균 1994)의 해독이 있다. '于'를 '受'의 뜻으로 읽고 있는데, 너무 벽훈으로 읽은 문제가 있다. 그리고 '毛'를 '터럭'으로 읽고, 그 의미를 '부처님의 신분'으로 해석하고 있는데, 이 해석 역시 쉽게 이해가 가지 않는다. 이 두 해독 역시 '衣'와 '毛'의 해독에서 문제를 보인 것이 된다.

같이 '-의'를 속격으로 볼 수 없는 문제를 보인다.

'衣'를 '이'로 읽은 해독에는 여섯이 있다. 'ᄀ이'(끝이, 김준영 1964), 'ᄀ시'(끝이, 정열모 1965), 'ᄀ이'(가이, 김준영 1979), '갇이'(갓이, 김선기 1993), '가싀'(갓이, 금기창 1995c), 'ᄀ싀'(가이, 류렬 2003) 등에서는 '衣'를 약음차 '이'로 읽었다. 이런 약음차는 해독 초기에서나 용인되었지, 현재는 용인되지 않는다.

'衣'를 '의'로 읽은 해독에는 넷이 있다. 'ᄀ식'(끝, 신재홍 2000), 'ᄀ의'(가가, 지형률 1996, 2007), 'ᄀ(畍)의'(끝의, 박재민 2002, 2013b), 'ᄀ의'[끝(이), 김지오 2012] 등에서는 '衣'를 '의'로 읽고, 그 의미를 주어적 속격으로 보았다. '衣'의 음 '의'를 벗어났고, 이어서 보겠지만, '于音毛'의 해독에서도 문제를 보인다.

'衣'를 '에'로 읽은 해독에는 '가셰'(가장자리에, 강길운 1995)가 있다. '衣'를 대충 표기 '에'로 본 문제를 보인다.

'于音毛'의 해독 역시 상당히 엇갈리고 있다. '于'를 읽은 '넙, 으, 우, 가' 등에 따라 차례로 보자.

'于'를 '넙'으로 읽은 해독은 '가싀 너븜미'(갓이 넓으미, 금기창 1995c)에서 보인다. '于'의 벽훈을 이용하였고, '毛'를 '미'의 통음차로 본 문제를 보인다.

'于'를 '으'로 읽은 해독은 'ᄀ시 음뒤'(끝이 없으나, 정열모 1965)에서 보인다. '于音'을 '없-'의 변음 '음'으로 읽은 것인데, 이미 '于'의 음을 벗어나 있다. 그리고 '-뒤'는 '毛'와 같은 음의 한자인 '茅'의 뜻으로 읽은 것인데, 이런 해독은 전혀 이해되지 않는다.

'于'를 '우'로 읽은 해독은 여럿이다. '움[窟]'으로 본 경우와 '움[無]'으로 본 경우로 양분된다.

'움[窟]'으로 본 경우에는 'ᄀ의 움[窟]에'(갓의 고해에, 오구라 1929)와 '갇이 우모'(갓의 움, 김선기 1993)가 있다. '窟'를 실의독자(/훈독자)로 쓰지 않은 이유를 알 수 없다. 그리고 전자에서는 '움'을 '고해(苦海)'의 비유로 해석하고 있으나 이해가 되지 않는 해석이다. 물론 '毛'를 '메'로 읽은 것도 문제이다. 후자에서는 '움[窟]'이 그 이전에는 '우모'였을 것이라는 주장만을 하고, 문맥적 의미를 정리하지 않아, 구체적인 해독을 이해할 수 없다.

'움[無]'으로 본 경우에는 다섯이 있다. 이에 속한 해독들은 전체적으로 '움'이 '없'의 변음이라고 주장하고 있는데, 이해가 잘 가지 않는다. 그리고 '毛'의 해독에서 개별적으로 문제를 보인다.

'ᄀ이 움이'(끝이 없도다, 김준영 1964)과 'ᄀ이 움이'(가이 없음이, 김준영 1979)에서는, '없이'의 속음 표기는 '움이'가 아니라 '움시'가 된다는 점에서도 이해가 가지 않는 해독이다. 그리고 '毛'를 '未'의 오자로 보았는데, 오자를 인정해도 '未'의 당시음은 '미'가 아니라 '믿/매'라는 문제를 보인다.

'겨듸 움다'(최남희 1996)와 'ㄱ식 움다'(가이 없다, 류렬 2003)에서는 '毛'를 '다'로 읽었다. 전자에서는 '毛'를 '多'의 오자로 보고 '다'로 읽었는데, '毛'와 '多'는 유사자도 동음자도 아니라는 점에서 오자로 이해하기 어렵다. 후자는 '털'의 고형을 '다라/다리'로 보고, 그 첫음절을 이용한 것으로 보았는데, 이해가 되지 않는 설명이다.

'ㄱ식 움모'(끝이 없어도, 신재홍 2000)와 'ㅈ(界)이 움모'(끝이 없으므로, 박재민 2013b)에서는 '毛'의 음을 살려 '모'로 읽었지만, 해독과 현대역이 형태소 차원에서 상응/일치하지 않는다.

'于'를 '가'로 읽은 해독은 셋이다.

'가쉐 감에'(가장자리에 가니, 강길운 1995)에서는 '毛'를 '矣'로 수정하여 '에'로 읽었다. '毛'와 '矣'는 유사자도 동음자도 아니라는 점에서 수정에 동의하기가 어렵다. 그리고 해석에서 보이는 "중생의 가장자리에 가니 가를 모르게(=그지없이) 願海로다"가 무엇을 의미하는 말인지를 잘 알 수 없는 문제도 보인다.

'ㅈ이 감오'(가가 가마득하니, 지형률 1996, 2007)와 'ㅈ이 감모'[끝(이) 깜깜해(가마득해), 김지오 2012]에서는 '가마득하다'의 의미를 포함하고 있다. 이는 '于萬(隱)'과 연결시킨 해독이다. 그러나 '衣'를 주어적 속격 '익'로 읽은 다음에 '于音毛'를 동명사형이 포함되지 않은 어휘로 읽은 문제를 보인다.

이상과 같이 '邊衣于音毛'는 어떻게 끊어서 읽어도 '衣'와 '毛'에서 문제를 보인다.

이 문제를 해결하기 위하여, '毛'를 유사자 '尾'로 수정하고, '邊衣于音毛'를 '邊衣于音尾'로 끊고 수정하여, '가에 지속적으로 감이'의 의미인 'ㅈ의 감미'로 읽는다. 물론 '于/가+音/ㅁ+尾/미'의 'ㅁ'은 지속의 선어말어미로 보인다. '衣/의'가 처격으로 쓰인 예는 "目連이 耶輸ㅅ宮의 가보니"(『석보상절』 六 2)에서 보인다.

이렇게 '毛'를 '尾'로 수정하여 '于音尾'를 '감미'로 읽을 때에, '于/가+音/ㅁ+尾/미'에 쓰인 향찰은 해당 한자의 뜻과 음을 벗어나지 않았고, 형태소의 연결이 문법적이고, '감미'(지속적으로 감이)의 해독과 현대역이 형태소 차원에서 상응하며, '가에 지속적으로 감이'의 문맥이 잘 통한다는 점에서, 이 해독은 합리적이라고 할 수 있다. 또한 이렇게 읽으면, 선행 연구들 그중에서도 '毛'를 '未, 矣, 多' 등의 오자로 보거나, '毛'를 '尾'의 약자로 본 연구들의 문제들, 즉 '毛'를 '未'의 오자로 보고 'ㅈ이 움이'(끝이 없도다)와 'ㄱ이 움이'(가이 없음이)로 읽은 해독들이 보이는 '未'를 '믿/매'가 아닌 '미'로 읽은 문제, '毛'를 '多'의 오자로 보고 '겨듸 움다'와 'ㄱ식 움다'(가이 없다)로 읽은 해독들이 보이는 '毛'와 '多'는 유사자도 동음자도 아니라는 문제, '毛'를 '矣'의 오자로 보고 '가세 감에'(가장자리에 가니)로 읽은 해독이 보이는 '毛'와 '矣'는 유사자도 동음자도 아니라는 문제, "즁생의 가장자리에 가니 가를 모르게(=그지없이) 願海로다"가 무엇을 의미하는 말인지를 잘 알 수 없는 문제, '毛'는 '尾'의 약자가 아니라는 문제 등은, 이 문제들을 발생시킨 '毛'를 '未, 矣, 多' 등의 오자로 보거나, '毛'를 '尾'의 약자로 보지 않고 '尾'의 오자로 봄에 따라, 모두 원천적으로 아예 발생하지도 않는다는 점에서, '毛'를 '尾'로 수정하여 '于音尾'를 '감미'로 읽은 해독은 합리적이라고 할 수 있다.

3. 유사자로 잘못 쓴 오자 (2)

이 장에서는 선행 연구에서 오자로 본 적이 없는 오자 9개를 정리하고자 한다.

3.1. 好攴의 오자 攴(>攴)

'好攴'(〈원가〉)의 '攴'는 '攴'의 오자로 판단된다. 이런 사실을 정리하기 위하여 선행 해독의 한계를 먼저 보자.

우선 '好攴'의 음이나 뜻을 벗어난 해독들[22]이 있다. 이 해독들을 제외한 나머지 해독들은 '好'를 음 '호'나 '고'로 읽은 유형과, '好'를 뜻 '즐기-, 고비/곱-, 둏-' 등으로 읽은 유형으로 양분된다.

'好攴'의 '好'를 음 '호'나 '고'로 읽은 유형에는 '홋'[들홋(宮庭의), 지헌영 1947], '홋'[믌홋(모든, 김준영 1964), 믌홋(무릇, 김준영 1979)], '고디'[갇고디(꺼꾸로), 김선기 1967e, 1993] 등의 세 해독이 있다. 이 세 해독에서는 '好'를 '호'나 '고'로 읽었다. 이 해독을 인정해도, 해독과 괄호 안의 현대역이 잘 연결되지 않는다.

'好'를 뜻 '즐기-, 고비/곱-, 둏-' 등으로 읽은 해독들 중에서, 가능성이 희박한 '즐기-'와 '고비/곱-'의 해독은 각주[23]로 돌리고, '둏-'의 해독만을 보자. 이에 속한 해독들은

---

22 '쳐'(것쳐, 오구라 1929), '훗'(믈훗, 양주동 1942; 전규태 1976), '히'(믈히, 양주동 1965), '돋'(돋돋, 이탁 1956), '회'(만회, 김상억 1974), '마기'(좋게, 류렬 2003) 등이다.
23 '즐기'(줄기, 정열모 1947, 1965)에서는 '好'의 '즐기-'를 이용하여 '枝'의 '줄기'를 표기했다고 보았는데, '枝'를 직접 이용하지 않은 이유를 이해하기 어렵다. '고비/곱-'는 '고비기'(사랑스럽게 생긴, 사랑스럽게 자란, 유창균 1994)와 '곱기'(곱게 할, 지형률 2007)에서 보인다. '好'를 '美/곱'에 전용하였다고

다시 '支'의 해독에 따라 보면, 크게 3분할 수 있다.

첫째는 '好支'를 관형사형으로 읽은 해독들이다. 이에는 '됴턴'(좋던, 정창일 1987)과 '됴흔'(좋은, 강길운 1995)이 있다. 전자에서는 '-어'나 '-언'의 근거가 명확하지 않다. 후자에서는 '支'를 지정문자로 보고, 이두에서와 같이 'ㄴ'을 첨가하였다. 지정문자를 인정하는 것이 쉽지 않다.

둘째는 '好支'를 '됴히'로 읽은 해독들이다. 이 해독들이 보이는 현대역을 보면, '무성한'(홍기문 1956), '좋게'(서재극 1972; 금기창 1993), '좋은'(김완진 1980; 신재홍 2000; 황패강 2001; 박재민 2010a), '꾸밀'(지형률 1996) 등이다. 이 해독들은 우선 '支'를 '히'로 읽는 것이 어렵다. 그리고 이 해독들이 제시한 현대역들은 '됴히'에서 끌어내는 것도 쉽지 않다.

셋째는 '支'를 '기'나 '디'로 읽은 해독이다. 이에는 '둏기'(좋기에, 양희철 1997)와 '둏디'(좋고도 좋은, 남풍현 2017b)가 있다. 전자는 '以支如支(〈攴〉)'(제6구)의 '支'가 '디'나 'ㄷ'으로 읽힌다는 점에서 '(好)支'를 '기'로 읽을 수 없는 문제를 보인다. 후자에서는 '支/디'를 여실법으로 보았는데, 여실법은 좀더 논리화가 필요한 주장이다.

이렇게 선행 해독들은 모두가 '好支'에서 문제를 보인다. 이 문제는 원전비평의 문제로 보인다. 즉 '攴'이 유사자인 '支'의 오자로 쓰인 것과 비슷하게, '支'가 유사자인 '攴'의 오자로 쓰였다는 것이다. 이런 측면에서 '好支'를 '好攴'으로 수정하고, '좋아'(좋으므로, 좋기 때문에)의 의미인 '됴흡'으로 읽는다. '됴ᄒ-'는 '둏-'의 이형태이고, '-ㅂ'은 연결어미이다.

이렇게 '支'를 유사자 '攴'으로 수정하여 '好攴'을 '됴흡'으로 읽을 때에, '好/됴ᄒ+攴/ㅂ'은 해당 향찰의 한자의와 한자음을 살렸고, 형태소의 결합이 문법적이며, '됴흡'(좋아)의 해독과 현대역은 형태소 차원에서 상응하며, 제1, 2구는 "물이 좋아(좋으므로) 잣이 가을에 이울어 떨어지지 않으므로"에서와 같이 문맥이 잘 통한다는 점에서, '支'를 유사자 '攴'으로 수정하여 '好攴'을 '됴흡'으로 읽은 해독은 합리적이라고 할 수 있다. 또한 이렇게 수정하여 읽으면, 선행 연구 그중에서도 '好'의 뜻 '둏/됴ᄒ'와 '支'의 음 '기/디'를 살려 읽은 해독들이 보이는 문제들, 즉 '둏기'(좋기에)에서는 '支'를 '기'로 읽고 '以支如支(〈攴〉)'(제6구)에서는 '支'가 '디'나 'ㄷ'으로 읽은 문제, '둏디'(좋고도 좋은)에서는 '支/디'를 이해하기 힘든 여실법으로 본 문제 등은, 이 문제들을 발생시킨

보았는데, '美'를 직접 이용하지 않은 이유를 이해하기 어렵다. 그리고 해독에서 괄호 안의 현대역을 끌어내는 것도 쉽지 않다.

'攴'를 '夂'으로 수정하여 읽음에 따라, 모두 원천적으로 아예 발생하지도 않는다는 점에서도, '攴'를 유사자 '夂'으로 수정하여 '好攴'을 '됴홉'으로 읽은 해독은 합리적이라고 할 수 있다.

이런 점에서 '好攴'의 '攴'는 '夂'의 오자로 정리하고, '好夂'은 '좋아'(좋으므로, 좋기 때문에)의 의미인 '됴홉'으로 읽는다.

3.2. 古理因의 오자 古(〉右)

'古理因'(〈원가〉)의 '古'는 '右'의 오자로 판단된다. 이렇게 오자로 볼 수밖에 없는 사정을, 먼저 선행 해독들의 한계에서 보자.

선행 해독들은 크게 세 부류로 정리된다. 그중에서 '고인'과 '고린'으로 읽은 부류의 문제[24]는 각주로 돌리고, '녠, 나린, ㄴ린, 녜린, 네린, 녀린' 등으로 읽은 부류와 기타의 문제만을 보자.

'녠, 나린, ㄴ린, 녜린, 네린, 녀린' 등으로 읽은 부류를 보자.

'녠'(〉녯, 양주동 1942; 김상억 1974; 황패강 2001)에서는 '녯'을 의식하고 '古/녀+理/ㅣ+因/ㄴ'으로 읽었다. '理'의 해독과 문맥에서 문제를 보인다.

'나린'(내린, 정열모 1947)에서는 '古'의 해독이 명확하지 않다.

이 문제를 해결하고자 'ㄴ린'(내린, 김완진 1980)에서는 'ㄴ'를 '古/늙'으로 설명하였으나 '늙'의 'ㄱ'을 살리지 못한 문제를 보인다.

이 문제를 해결하고자 '나린'(내린, 류렬 2003)에서는 '古'를 "'낡'의 옛뿌리 '날'의

---

24 '고인, 고린, 고리인' 등으로 읽은 부류의 문제를 보자.
'고인'(오구라 1929; 지헌영 1947)과 '얼히고인'(최남희 1996)에서는 '理'를 '리'가 아닌 '이'로 읽은 문제를 보인다.
이 문제는 '고린'의 해독에서 해결된다. 그러나 이 '고린'의 해독들은 해독과 현대역이 상응한다고 보기 어려운 문제를 보인다. 즉 '오디고린'(〉어릿거린, 어른거린, 김선기 1967e)과 '어디고린'(어릿거린, 어른거린, 김선기 1993)에서는 '夂'을 '攴'로 수정하는 것이 어렵고, 해독과 현대역이 상응하지 않는다.
'고린'(귄, 유창균 1994; 지형률 2007)에서는 '고리-〉고이-〉괴-'의 변화를 주장하고 있으나, 이 변화를 증명하기가 어렵고, 해독과 현대역이 상응한다고 보기도 어렵다.
'고린'(卽한, 신재홍 2000)에서는 '골+이+ㄴ' 또는 '곧+이+ㄴ'(卽한)으로 설명을 하고 있으나, 역시 해독과 현대역이 상응한다고 보기 어렵다.
'고리인'(고르게, 남풍현 2017b)에서는 '고리-'를 중세어 '고르-(調)'의 사동형으로 읽고, '고르게 한'의 의미로 보고, 이는 '달의 그림자를 고르게 펴다'의 뜻이니 '물속에 달빛이 골고루 비치고 있음'을 표현한 것으로 보았다. '고르-'의 사동형이 '고리-'인지가 의문이고, 문맥도 잘 통하지 않는다.

옛 형태 '나리'"로 설명하고 있으나 논증이 되지 않는다.

이런 문제를 해결하기 위하여, '녜린, 네린, 녀린' 등이 나왔다. 이 중에서 '녜린'(下, '니리'의 방언, 김준영 1964)과 '네린'[나린(정열모 1965), 내린(전규태 1976; 김준영 1979)]의 경우에는 '古/녀리'를 '녜'나 '네'로 읽은 문제를 보일 뿐만 아니라, 해독과 현대역이 상응하지 않는다.

이에 비해 '녀린'[여린, 생생하게 비친(강길운 1995), 내린(지형률 1996), 오래된(박재민 2010a)]의 경우에는 '古/녀리'와 '理/리'의 해독에서 합리적이지만, 역시 해독과 현대역이 상응/일치하지 않는다.

기타에는 다섯이 있다.

'그린'(그려져 있는, 이탁 1956)에서는 '古'를 '그'나 '그리'로 읽을 수 없는 문제를 보인다.

'딘 녜'(고인 옛, 홍기문 1956)에서는 '攴 古理因'를 '攴因 古理'의 도치로 본 데 문제가 있다.

'얼히고 다ᄉ론'(비치고 잠잠한, 서재극 1975)에서는 '影攴古 理因'으로 띄우고 읽었는데, '影(=映)'을 '얼' 또는 '얼히'로 읽을 수 없는 문제와 '攴'을 '히'로 읽을 수 없는 문제를 보이며, 해독과 현대역이 상응하지 않는 문제도 보인다.

'理影러고 理因'(정창일 1987)에서는 그 설명이 명확하지 않다. '치고 다스린'(내리고 다스려진, 금기창 1993)에서는 '攴'을 '支'로 수정하고 '치'로 읽은 문제와, 해독과 현대역이 상응하지 않는 문제를 보인다.

이상과 같이 선행 해독들은 모두가 문제를 보인다. 이 문제는 모두에서 언급했듯이, '古理因'의 '古'를 '右'의 오자로 보고, '古理因'을 '右理因'으로 수정하여, '우린'으로 읽을 때에 풀린다.

'우리다'는 '어리다'의 고어로 정리한 사전도 있고, 현재도 쓰고 있는 것으로 정리한 사전도 있다. 『우리말샘』의 '우리다'조를 보면, 고어로 정리하고, "봄 궁전에 갠 빛이 붉은 깃으로 만든 깃발에 어려 있도다."의 의미인 "붉 宮殿에 갠 비치 블근 지츠로 혼 旗예 우렷도다. 春殿晴曛赤羽旗."(『두시언해』(초) 6:6)를 예로 들었다. 그리고 『표준국어대사전』, 『고려대 한국어대사전』, 『우리말샘』 등의 '우리다'조를 보면, 고어는 물론 현재도 쓰는 어휘로 정리하고, "짙은 구름 속에서 햇빛이 우려 사물이 불분명하게 보였다."를 예로 들었다. 이 사전들에서 정리한 '우리다'는 "빛이나 그림자, 모습 따위가 희미하게 비치다."와 "달빛이나 햇빛 따위가 희미하게 비치다."이다.

이런 '우리다'의 의미로 보아, '古'를 유사자 '右'의 오자로 보고, '右理因'을 '우린'으로 읽는다.

　이렇게 수정하여 읽을 때에, '右/우+理/리+因/인/ㄴ'의 표기에 쓰인 한자들의 음을 살렸고, '우리+인/ㄴ'의 연결은 문법적이고, '우린'(어린)의 해독과 현대역은 형태소 차원에서 상응하며, 〈원가〉의 제5구는 "ᄃ리 비ᄎᆞᆸ[25] 우린 못잇"(달이 비치어 어린 연못에 의)로 해독되면서 문맥이 잘 통하게 된다는 점에서, '古'를 유사자 '右'의 오자로 보고, '右理因'을 '우린'으로 읽은 해독은 합리적이라고 할 수 있다. 또한 이렇게 수정하여 읽으면, 선행 연구들 그중에서도 '古'의 음 '고'나 훈 '녀리'를 살리고, '理'의 음 '리'를 살린 해독들이 보이는 문제, 즉 '오디고린'(〉어릿거린, 어른거린), '어디고린'(어릿거린, 어른거린), '고린'(꿘, 卽한), '고리인'(고르게), '녀린'(여린, 생생하게 비친, 내린, 오래된) 등의 해독에서 해독과 현대역이 상응/일치하지 않는 문제는, 이 문제를 야기시킨 '古'를 '右'로 수정함에 따라, 원천적으로 아예 발생하지도 않는다는 점에서도, '古'를 유사자 '右'의 오자로 보고, '右理因'을 '우린'으로 읽은 것은 합리적이라고 할 수 있다.

　이런 사실들로 보아, '古理因'의 '古'는 '右'를 그 유사자로 잘못 쓴 오자로 정리할 수 있다.

3.3. 唯只伊의 오자 伊(〉作)

　'唯只'는 '오직'이나 '오딕'으로 읽는 데는 거의 문제가 없다. '伊'는 '作'의 오자인데, 이 오자는 연자로, 뒤에 볼 '尙宅都(作)乎隱以多'에 누락된 누락자 '作'과도 연계되어 있어, 구체적인 설명은 뒤로 미루고, 일단 '伊'를 불필요한 연자로 처리한다.

　이렇게 '伊'를 불필요한 연자로 처리하고 '唯只'를 '오딕/오직'으로 읽으면, '唯'의 뜻과 '只'의 음을 벗어나지 않고, '오딕/오직+ㄱ(말음첨기)'은 향찰의 운용법을 준수했으며, "오직 내소리의 한은"의 문맥이 잘 통한다는 점에서, '伊'를 불필요한 연자로 처리한 것은 합리적이라고 할 수 있다. 또한 '伊'를 불필요한 연자로 처리하고 '唯只'를 '오딕/오직'으로 읽으면, 선행 해독들이 '唯只伊吾音之叱'을 '唯只伊 吾音之叱', '唯只 伊吾音之叱', '唯只 伊 吾音之叱' 등으로 떠어 읽으면서 보인 문제들은, 이 문제를 야기시킨 연자 '伊'를 제거함에 따라, 원천적으로 아예 발생하지도 않는다는 점에서, '伊'를 불필요한 연자로 처리한 것은 합리적이라고 할 수 있다.

25　이 해독에서 '影'은 '映'과 같은 의미의 '비치다'(〈비취다)이고, 'ᄉ'은 부동사형 어미(연결어미) '-ㅂ'이다.

3.4. 邀呂白乎隱의 오자 呂(〉尸)

邀呂白乎隱(〈칭찬여래가〉)의 '呂'는 유사자 '尸'의 오자로 보인다. 이런 사실을 보기 위하여 선행 해독들을 한 단어로 본 경우와, 두 단어로 본 경우로 나누어서 보자.

'邀呂白乎隱'을 한 단어로 읽은 해독들에는, '기드리술본'의 부류, '드리솗온/드리술온'의 부류, '브르솗온'의 부류 등으로 읽은 경우도 있지만, '마ᄌ리숣온/마ᄌ리술본'의 부류, '뫼시리솗온/뫼시리술본'의 부류, '모리숣온/모리술본/모리솗온'의 부류 등의 세 부류가 주류를 이룬다. 이 세 부류를 중심으로 보면, 다음과 같이 세 가지의 문제를 보인다.

첫째로 이 해독들은 '呂'의 음을 '리'나 '이'의 표기로 오해하였다. 이 오해의 근원은 '邀呂白乎隱'와 '邀里白乎隱'이 같은 것이라는 주장(오구라 1929)에 있다. 이로 인해 '呂'의 음을 '리'로 읽었다. 그러나 '呂'의 음은 '려'이지, '리'일 수 없으며, '邀里白乎隱'은 뒤에 보겠지만, '뫼시숣온'으로 읽히는 '邀尸白乎隱'에서 '尸'가 '里'로 잘못 쓰인 오자이다. 이 문제를 벗어나고자, '마지숣온'(모신)에서는 '呂/리'로 '이'를 표기한 글자로 보았는데, 이런 반절식 표기는 향찰에서 허용되지 않는다. '브르솗온'(부르시온)에서는 '呂'를 읽지 않았다.

둘째로, '呂'를 '리'로 읽은 '마ᄌ리숣온'의 부류, '뫼시리술본'의 부류, '모리술본'의 부류 등에서는, '리'의 기능이 명확하지 않거나 문증이 불가능한 '모리-'를 설정하였다. '마ᄌ리숣온'의 부류와 '뫼시리술본'의 부류에서는 '리'가 어떤 형태소인가가 명확하지 않다. 이 문제를 해결하기 위하여, 즉 '呂/리'의 음을 살리기 위하여, '모리술본'의 부류에서는 '뫼시-'의 선행형이 '모리'라고 가정하였다. 이 '모리'는 문증되지 않는다.

셋째로, 이 해독들은 '白'을 '숣, 삷, 숩' 등으로 읽고서도 그 현대역에서는 이 '숣, 삷, 숩' 등을 살리지 못하였고, 엉뚱하게 '시'를 첨가하기도 하였다. 이 문제를 벗어난 해독은 넷이다. 그런데 'ᄆᆞᄌ리숣온'의 경우에는 각론에서는 '맞으실'의 의미로 보고, 전체를 정리한 부분에서는 '마지하여 모시옵는'으로 그 의미를 정리하면서, '옵'을 살렸고, '마ᄌ리술본'(맞이하옵는)에서도 '옵'을 살렸지만, 이미 '리'의 기능에서 문제를 피하지 못하였다. 그리고 '모시리살본'(모시리사온)에서는 '리'의 기능도 모호하다.

이렇게 '邀呂白乎隱'을 한 단어로 읽은 해독들은 '呂'를 '리'나 '이'로 읽을 수 없는 문제를 보인다. 특히 '呂'를 '리'로 읽는 것이 어렵다는 사실은 이미 지적(김완진 1980: 159; 김선기 1993:467-468; 유창균 1994:864)된 것이다.

이 문제를 해결하고자, '邀呂白乎隱'을 '邀呂 白乎隱'로 띄어서 두 단어로 읽은 해독들이 나왔다. 이에 속한 해독은 다섯이다.

'뫼시료 살본'(뫼시련 말씀, 김선기 1975b)에서는 '살본'을 동명사로 보고 '말씀'의 의미로 보았다. 해독과 현대역이 정확하게 일치하지 않는다. '모시로 삷온'(김선기 1993)에서는 현대역을 제시하지 않아, 구체적인 의미를 알 수 없다.

'티려 술호논'(모시어 말하는, 정창일 1987)에서는 '邀呂'를 "손님을 치루다.", "손님 치다.", "잔치 치루다." 등에 대응시켜서 '티려'로 읽었다. 해독 '티려'와 현대역 '모시어'가 정확하게 일치/상응하지 않는다.

'물려 솔본'(모셔 사뢴, 강길운 1995)에서는 '모리'와 '려'를 모두 살리려고, '邀'의 고훈을 '물리'(모시, 어간)로 추정하고, 여기에 '어'(부사형어미)가 붙은 '물려'를 설정한 다음에, 이 '물려'(≒물여, 모셔)를 괄호 안에서와 같이 설명하였다. '모리'는 물론 '물리'는 문증이 되지 않는다.

'모려 솖온'(뫼시려 사뢴, 양희철 2013a)에서는, '모리'의 해독을 의식하여, '邀呂'를 '뫼시려'나 '모시려'로 읽지 않은 문제를 보인다.

이렇게 '邀呂白乎隱'을 '邀呂 白乎隱'로 띄우고 두 단어로 읽은 해독들 역시 문제를 보인다.

이 '邀呂白乎隱'의 해독에서 다시 생각해 볼 것으로 두 가지가 있다.

하나는 '邀呂 白乎隱'를 '뫼시려 숣온'으로 읽는 것이다. 이 해독은 '邀呂 白乎隱'의 축자적 해독으로만 보면 문제가 없다. 그러나 이 해독은 "塵塵虛物叱 邀呂白乎隱 功德叱 身乙 對爲白惡只"의 문맥에 부합하지 않는 문제를, 특히 시제가 부합하지 않는 문제를 보인다.

다른 하나는 원전비평의 문제이다. '邀呂白乎隱'의 '呂'는 '尸'의 오자로 보인다. 이 오자는 '尸'가 마모되어 '口'만 남았는데, 이 '尸'에서 남은 '口'를 '呂'의 윗부분에 있는 '口'로 보고, 이 '口'를 '尸'로 복원하지 못하고, '呂'로 잘못 복원하면서 발생한 오자로 판단한다. 이런 마모는 같은 작품의 제8구에 있는 '間王冬留'의 '王'에서도 보인다. 이 '王'이 '毛'의 마모라는 사실(신재홍 2000)은 이미 밝혀져 있다. 그리고 '尸'가 '시'로 읽힌 예는 '佛體/부텨 爲尸如/ᄒ시듯'(〈항순중생가〉)과 '尸羅/시라'(『제왕운기』, 『균여전』)에서도 보인다.

이상과 같은 측면에서, '邀呂白乎隱'의 '呂'를 '尸'의 오자로 보아, '邀呂白乎隱'을 '邀尸白乎隱'으로 복원하고, '뫼시숩온'으로 읽는다. '뫼시숩온'의 '뫼시숩-'은 '大神들히 뫼시ᅀᆞᆸ니'(『월인천강지곡』 23)에서 보이는 형태이다.

이렇게 수정하여 읽을 때에, '邀/뫼시+尸/시+白/숩+乎/오+隱/ㄴ'의 향찰에 쓰인 한자의 뜻과 음을 살렸고, 말음첨기를 살렸으며, '뫼시+숩+오+ㄴ'의 결합이 문법적이고,

'뫼시숩온'(뫼시옵는)의 해독과 현대역이 형태소 차원에서 상응하며, '塵塵 虛物叱(사부대중이) 뫼시옵는'의 문맥이 잘 통한다는 점에서, '呂'를 '尸'로 수정하고 '邀尸白乎隱'을 '뫼시숩온'(뫼시옵는)으로 읽은 해독은 합리적이라고 할 수 있다. 또한 이렇게 수정하고 읽으면, 선행 연구들 그중에서도 '呂'의 음 '려'를 살려서 읽은 해독들이 보이는 문제들, 즉 '티려 술호는'(모시어 말하는)의 해독에서 해독과 현대역이 형태소 차원에서 상응/일치하지 않는 문제, '물려 솔본'(모셔 사뢴)에서 '모시'의 의미로 추정한 '모리'는 물론 '물리'가 문증이 되지 않는 문제, '모려 숩온'(뫼시려 사뢴)에서 '뫼시려'의 선행형으로 본 '모려'가 예증되지 않는 문제 등은, 이 문제들을 야기시킨 '呂'를 '尸'로 수정함에 따라, 모두 원천적으로 아예 발생하지도 않는다는 점에서도, '呂'를 '尸'로 수정하고 '邀尸白乎隱'을 '뫼시숩온'(뫼시옵는)으로 읽은 해독은 합리적이라고 할 수 있다.

3.5. 尋只의 오자 只(>尺)

尋只(〈수희공덕가〉)는 '츠저, 차지, 찾디, 츠ᄌ기, 찾, 차자, 잦아, 찾아, 차작, 찾악, 츠작, 춪악, 찾(아)ㄱ' 등으로 읽어 왔다. 양분하여 간단하게 보자.

먼저 '츠저, 차지, 찾디, 츠ᄌ기, 찾, 차자, 잦아, 찾아' 등을 차례로 보자.

'츠저'(오구라 1929; 신태현 1940)로 읽은 해독에서는 '只'를 '저'로 읽을 수 없는 문제를 보인다.

'차지'(양주동 1942; 정열모 1947 등등), '찾디'(김선기 1975), '츠ᄌ기'(>츠ᄌ이>츠지, 유창균 1994) 등으로 읽은 해독들에서는, 모두 부사로 읽고, 현대역에서는 '찾아, 찾어' 등의 연결형으로 정리한 문제를 보인다.

'찾'(김준영 1964, 1979; 김근수 1979; 금기창 1996b)으로 읽은 해독에서는 '찾아'의 의미인 '찾'으로 읽었는데, '只'를 어떻게 읽은 것인지가 명확하지 않다.

'차자'(지헌영 1947; 정열모 1965), '잦아'(이탁 1956), '찾아'(김선기 1993) 등으로 읽은 해독에서는 '只'의 해독에서 문제를 보인다. 즉 '只'의 해독이 모호하고 '아'의 출처가 명확하지 않거나, '只'를 '지'로 읽고, 이 '지'가 모음조화에 의해 '자'로 변하였다고 설명하고 있는데, 이해가 되지 않는다.

'잦아'(찾아)에서는 '只'를 '아'로 읽은 문제를 보인다.

'찾아'는 그 각론에서는 '춪기'와 '춪디'로 읽고, 이를 모두에서는 '찾아'로 정리를 하고 있어, 이해가 되지 않는다.

이번에는 '차작, 찾악, 츠작, 춪악, 찾(아)ㄱ' 등을 차례로 보자.

'차작'(찾아, 김완진 1980; 지형률 1996; 신재홍 2000)의 해독에서는 '아'를 첨가 또는 보입하면서, 그 이유를 설명하지 않았다.

'찿악'(찾이서, 강길운 1995)의 해독에서는 고려초의 '찾-'을 '차자-'로 보았다. 이는 '차작'에서 '아'를 첨가 또는 보입하면서, 그 이유를 설명하지 않은 문제를 다른 각도에서 해결하려 한 해독으로 보인다. 예증을 하지 않은 문제를 보인다.

'츳작'(박재민 2002, 2013b; 이준환 2014), '춧악'(찾아, 지형률 2007), '찿(아)ㄱ'(찾아, 김지오 2012) 등의 해독에서는, '아'에 해당하는 향찰 '良'의 생략으로 정리를 하였다. 즉, '츳작'에서는 '尋良只'의 略形으로, '춧악'에서는 '良'의 생략으로, '찿(아)ㄱ'에서도 '良/아'가 생략된 형태로, 각각 보았다. 이는 '차작'의 해독들에서 '아'를 보입한 것을 좀더 구체적으로 '良/아'의 생략으로 본 것이다. 이렇게 최근에는 '尋良只'의 축약형 또는 '良'의 생략으로 정리하고 있다. 축약형이나 생략은 이 형태를 작가가 사용하였다는 말이 되는데, '尋只'의 상태로는 '尋良只'로의 이해가 되지 않는다는 점에서, 이렇게 설명하려면, 용어를 '良'의 생략이 아니라, 누락 또는 탈락으로 설명하는 것이 정확할 것 같다.

이 누락 또는 탈락의 가능성도 있지만, '尺/자'를 유사자인 '只'로 잘못 옮겨 썼을 가능성이 더 많다. 즉 '尋尺/츳자'를 '尋只'로 잘못 옮겨 썼을 가능성이 더 많다. 이 중에서 어느 것으로 볼 것인가는 논리적으로 판단할 수 있다. '尋(良)只'에서는 '良'이 누락되거나 탈락될 수 있는 이유가 명확하지 않다. 그리고 '츳자'의 선행형이 '츳작'이라는 사실을 논증한 것도 아니다. 이에 비해 '尺/자'를 유사자인 '只'로 잘못 옮겨 썼을 가능성은 그 이유가 어느 정도 명확하다. 왜냐하면, 〈수희공덕가〉에는 이 '尋只'의 '只'와 같은 유사자의 오자가, '嫉妬'의 '妬'(>妬), '佛伊'의 '伊'(>体), '至刀來去'의 '刀'(>乃) 등에서도 발견되기 때문이다.

이런 점들에서 '尋只'의 '只'는 유사자인 '尺/자'를 잘못 쓴 오자로 정리한다. '尋尺'은 '츳자'의 표기이다.

이렇게 '只'를 '尺'의 오자로 수정하여 '尋尺'을 '츳자'로 읽을 때에, 향찰로 쓰인 한자의 뜻(尋/츳, 尺/자)을 살렸고, '츳+아'의 결합은 문법적이며, '츳자'(찾아)의 해독과 현대역은 형태소 차원에서 일치하고, '緣起의 이치에서 찾아보곤'의 문맥이 잘 통한다는 점에서, '只'를 '尺'의 오자로 수정하여 '尋尺'을 '츳자'로 읽은 것은 합리적이라고 할 수 있다. 또한 이렇게 수정하여 읽으면, 선행 해독 그중에서도 '只'의 음 'ㄱ/기'를 살려서 읽은 해독들이 보이는 문제, 즉 '츳즈기, 차작'의 해독에서 향찰에 없는 '·'나 '아'를 첨가한 문제, '찿악'의 해독에서 고려 초의 '찾-'을 예증되지 않은 '차자-'로 본 문제, '촛작, 촛악, 찿(아)ㄱ' 등에서 생략되지 않는 '아'가 생략되었다고 본 문제 등은, 이 문제들을 야기시킨 'ㅁ'를 '尋尺/추자'에서 보이는 '尺'의 오자로 수정함에 따라, 모두 원천적으로 아예 발생하지도 않는다는 점에서도, 'ㅁ'를 '尺'의 오자로 수정하여 '尋尺'을 '추자'로 읽은 것은 합리적이라고 할 수 있다.

3.6. 潤只沙音也의 오자 只(〉尸)

'潤只沙音也'(《청전법륜가》)의 '只'는 '尸'의 오자로 보인다. 이런 사실을 보기 위하여, 먼저 선행 해독들을 보자.

'潤只'는 '불어, 부루, 블ᄋ, 붇기, 누기, 흐윅, 저지, 적시, 적, 저쳐, 젓긔, 저즈기, 저지기, 저직' 등으로 읽어 왔다. 문맥에 어색한 '불어, 부루, 블ᄋ, 붇기, 누기, 흐윅' 등의 해독들이 보인 문제의 지적은 생략하고, 나머지인 '저지, 적시, 적, 저쳐, 젓긔, 저즈기, 저지기, 저직' 등만을 보자.

'저지'는 '저지삼여'(양주동 1942)를 필두로, '저지샴여', '저지샴야, '저지샴이여', '저지샴이라' 등에서 보인다. '저지'를 '저지다'의 의미로 보면서, '只'를 '지'의 첨기로 보았는데, '只'의 음이 '기'라는 문제를 보인다.

'적'이나 '적시'는 '적삼여'(적심이여, 김준영 1964, 1979)를 필두로, '적셔미여'(적심이여, 적시, 只:ㄱ), '적샴여'(적시, 只:ㄱ, 적심이여, 적시리라), '적셤여'(적심이여), '적사—라'(적시어라) 등에서 보인다. 이 해독들은 '潤'의 뜻과 '只'의 처리에서 문제를 보인다. 이 해독들의 상당수는 '潤'의 뜻을 '적시'라고 명확하게 밝히지 않고 있다. 이는 만약 '潤'의 뜻을 '적시'라고 명확하게 밝히고 나면, '只/ㄱ'이 한 단어의 말음절이 아니라 중간 음절의 말음을 첨기했다고 설명한 문제를 보이기 때문이다. 결국 이 해독들은 '潤'의 뜻과 '只'의 처리에서 문제를 보인다고 정리할 수 있다.

'저쳐, 젓긔, 저즈기, 저지기, 저직' 등은 '저쳐 삼여'(지헌영 1947), '젓긔사옴야'(정창일 1987), '저즈기 삼이라'(유창균 1994), '저지기 삼여'(이건식 2012), '저직 삼야'(김지오 2012) 등에서 보이며, '젖히다, 저지다, 젖다, 적시다' 등의 의미로 읽었다. '저쳐'를 제외한 나머지 해독들은 '只'를 살려 읽는 데 성공한다. 그러나 '젓긔'는 '긔'의 기능을 전혀 설명하지 않았고, '저즈기, 저지기, 저직' 등은 '只'의 음을 살려서 읽었지만, '只'의 음을 살리기 위하여, '潤只沙音也'를 '潤只 沙音也'로 떠어 읽으면서, 주체존대의 '-시-'가 들어갈 수 있는 여지를 없애 버렸다.

이렇게 본다면, '潤只'를 정확하게 읽은 해독은 없다고 정리할 수 있다.

이번에는 '潤只沙音也'를 한 단어로 보느냐 두 단어로 보느냐의 문제를 보자. 이는 '潤只沙音也'에 나온 '沙/샤'의 '시'를 주체 존대로 볼 것이냐, 아니면 '潤只 沙音也'로 띄우고, 이에 나온 '沙/샤'를 '샴다'(삼다)의 '샤'로 볼 것이냐의 문제이다.

먼저 '潤只 沙音也'로 띄워서 읽은 해독들을 보자. '불어 삼으오', '저쳐 삼여', '저즈기 삼이라', '흐윽 삼여', '저지기 삼여', '저직 삼야' 등은 모두가 두 단어로 보면서, 주체 존대의 '-시-'가 들어갈 자리의 해독을 없애버렸다. 이 해독들과 같이 '-시-'를 무시해도 좋은지를 문맥에서 보자. '潤只沙音也'의 행동 주체는 부처님이다. 행동 주체를 부처님으로 하는 문장에서 '-시-'를 쓰지 않았다면, 이는 어법에서 벗어난 문장이다. 이런 잘못을 범한 것이 이 해독들이다. 특히 최근에 나온 해독들이 이 잘못을 범하였는데, 이는 선행 해독에 대한 지나친 차별화를 도모한 결과로 판단된다.

이번에는 '潤只沙音也'를 한 단어로 읽으면서 '-시-'를 살린 해독들을 보자. '潤只沙音也'를 한 단어로 보고, '沙'를 '샤'로 읽은 해독들은 모두가 이 해독에 속한다. 그런데 문제는 이렇게 읽고서도 많은 해독들이 그 현대역에서는 '-시-'를 살리지 못했다는 것이다. 현대역에서 '-시-'를 살린 해독들에는, '저지샴여'(적시심이여, 양주동 1942; 김상억 1974), '저쳐 삼여'(젖게 하심이여, 지헌영 1947), '블ᄋ 숨여'(불구심이여, 불구실 것이어, 이탁 1956), '븓기삼이라'(븓기심이여, 김선기 1975a), '적샴여'(적셔 주시는구나, 강길운 1995), '저지삼여'(젖게 하심이여, 황패강 2001) 등이다. 그런데 이 해독들은 앞에서 살폈듯이, '潤只'의 해독에서 문제를 보였다.

지금까지의 정리에서 핵심적인 것만을 다시 요약하면 다음과 같다. 문맥에 맞는 '潤'의 뜻을 살린 해독은 없다. 그리고 대다수의 해독들은 해당 문맥의 행동 주체가 부처님이라는 점에서 주체 존대의 '-시-'를 살리지 못한 문제를 보인다. 일부 해독들이 이 '-시-'를 보여주지만, '潤只'의 해독에서 문제를 보인다.

이상과 같이 선행 해독들은 모두 문제를 보이는데, 이 문제는 원전비평의 문제로 판단한다. '潤只'의 '只'는 '尸'의 오자로 보인다. '尸'가 마모되어 'ㅁ'만 남았는데, 이 'ㅁ'를 '尸'로 재구하지 못하고 '只'로 잘못 재구한 오자이거나, '尸'를 유사자 '只'로 잘못 옮기면서 발생한 오자로 판단한다. '尸'가 '시'에 쓰인 예는 '佛體/부텨 爲尸如/ᄒ시듯'(〈항순중생가〉)과 '尸羅/시라'(『제왕운기』, 『균여전』)에서도 발견된다.

이런 점들로 보아, '潤只沙音也'의 '只'를 '尸'의 오자로 보고, '潤只沙音也'를 '潤尸沙音也'로 재구하고, '적시샴여'로 읽는다.

이렇게 '只'를 '尸'의 오자로 보고, '潤尸沙音也'를 '적시샴여'로 읽을 때에, '潤/적시+尸/시+沙/샤+音/ㅁ+也/여'의 향찰들은 해당 한자의 뜻과 음을 벗어나지 않았고, 말음첨기를 살렸으며, 형태소들의 연결이 문법적이며, '적시샴여'(적시삼여)의 해독과 현대역이 형태소 처원에서 일치하고, '대비의 물로 적시삼여'의 문맥이 잘 통한다는 점에서, '只'를 '尸'의 오자로 보고, '潤尸沙音也'를 '적시샴여'로 읽은 것은 합리적이라고 할 수 있다. 또한 이렇게 수정하여 읽을 때에, 선행 연구 그중에서도 '只'의 'ㄱ/기'를 살려서 읽은 해독들과 '-시-'를 살려서 읽은 해독들이 보이는 문제들, 즉 '只'의 음 'ㄱ/기'를 살리기 위하여 '저즈기 삼이라', '저지기 삼여', '저직 삼야' 등으로 읽으면서 주체 존대의 '-시-'가 들어갈 수 있는 여지를 없애 버린 문제, 주체 존대의 '-시-'를 살려 읽은 '저지샴여'(적시심이여), '저쳐 삼여'(젖게 하심이여), '블ㅇ숨여'(불구심이여, 불구실 것이어), '붇기삼이라'(붇기심이여), '적샴여'(적셔 주시는구나), '저지삼여'(젖게 하심이여) 등에서 '潤'의 뜻 '적시'를 살리지 못한 문제 등은, 이 문제들을 야기시킨 향찰 '只'를 '尸/시'로 수정함에 따라, 모두 원천적으로 아예 발생하지도 않는다는 점에서도, '只'를 '尸'의 오자로 보고, '潤尸沙音也'를 '적시샴여'로 읽은 것은 합리적이라고 할 수 있다.

3.7. 塵伊의 오자 伊(〉化)

塵伊去米(〈상수불학가〉)의 '伊' 역시 유사자인 '化'의 오자로 보이는데, 이런 사실을 보기 위하여, 먼저 선행 해독들을 그 현대역인 '티끌이 되다', '티끌이 되어 가다', 기타 등에 따라 정리하면 다음과 같다.

'티글이 되다'의 의미는 초기 해독에서부터 보인다. '伊'를 주격으로 본 경우와 변성격으로 본 경우로 나눌 수 있다.

'伊'를 주격으로 본 해독들을 보자. '든글이 가매'(티끌이 되어, 오구라 1929; 신태현 1940)와 '드트리 가매'(티끌이 되어, 양주동 1942)에서는 '伊'를 주격 '-이'로 읽고, '去米'를 '되어'의 의미인 '가매'로 읽었다. 해독의 '가매'를 '되어'의 의미로 보는 것이 어렵다.

이 문제는 초기의 해독을 따르면서 약간의 변화를 보인, '디글이 가매'(가루가 되나, 정열모 1947), '드틀이 가매'(티끌이 되며, 김준영 1964), '드틀이 가매'(티끌 되어, 김상억 1974), '드트리 가매'(티끌이 되매, 전규태 1976) 등에서도 그대로 보인다. '도꼴이 까매'(티끌이 가매, 김선기 1975a)의 경우에는 이 문제를 피하기 위하여 '까매'(가매)를 그대로 두었는데, 문맥이 통하지 않는다.

초기 해독과 이를 따른 해독의 문제를 지적한 것은 홍기문이다. '드트리 가매'(티끌이 되더라도, 홍기문 1956)에서는, 오구라와 양주동이 보인 '티끌이 간다'에 대하여 글자만으로는 정당한 해석이나, 무슨 말인지 모르겠다고 비판하고, "맛이 변한 것을 〈맛이 가다〉라고 하고 금이 난 것을 〈금이 가다〉라고 하는 류다."(홍기문 1956:398-399)라고 설명하였다. 이 해독의 논지는 '드트리 가메'(티끌이 되네, 정열모 1965)와 드트리 가미(티끌이 되어도, 류렬 2003)에서도 보인다. '去/가-'의 의미를 '변하-'의 의미로 본 것이다. 그러나 신재홍(2000)은 홍기문의 해독에 대하여, '맛이 가다'는 '맛이 변하다'이지 '맛이 되다'는 되지 않는다고 비판하였다.

'伊'를 변성격으로 본 해독에는 '드트리 가며'(티끌이 되며, 유창균 1994)가 있다. '-이'를 변성격으로 보고, 홍기문의 '가다'를 취하였다. '가며'는 '변하며'는 될 수 있어도 '되며'는 될 수 없다.

'티끌이 되어 가다'의 의미로 본 해독은 '伊'를 '이'로 읽은 경우와 '뎌'로 읽은 경우로 나뉜다.

'伊'를 '이'로 읽은 해독은 '드트리가매'(塵土되어 가리매, 지헌영 1947)가 주도하였고, 그 후에 '드트리 가매'(티끌이 되어가), '드트리 가매'[티끌이 (되어) 가매], '드틀이 가매'(티끌이 되어 가는) 등이 나왔다. 향찰에 없는 '되다'의 의미를 현대역에서 첨가한 문제를 보인다.

'伊'를 '뎌'로 읽은 해독은 '드틀뎌 가매'(티끌 되어 가매, 김완진 1980)가 주도하였고, 그 후에 '트틀뎌 가메'(티끌이 되어 가므로), '드틀 뎌가매'(티끌 져가매/되어감에), '들글 뎌 가미'(티끌 져 가매/되어 감에), '드틀뎌 가미'(티끌이 되어 가느라) 등이 나왔다. 이 해독을 주도한 김완진은 '아롬뎌(私私로히)'나 '뎌=디어=되어'로 설명을 하였는데, '뎌'가 '되어, 만들어져'라고 보는 것이 쉽지 않다.

기타의 의미로 본 해독에는 다섯이 있다.

'드리이아며'(티끌이거나, 먼지가 되며, 이탁 1956)에서는 '去'를 '아'로 읽은 문제와, 해독이 괄호 안의 현대역 및 의역과 쉽게 연결되지 않는 문제를 보인다.

'드트리거미'(티끌이어니, 티끌일 뿐이매, 신재홍 2000)에서는 이탁의 해녹을 의미 있는 해독으로 본 다음에, '-去/거-'를 확인법의 선어말어미로 보았다. 해독과 현대역이 상응/일치한다고 보기 어렵다.

'드틀이 가메'(塵世에 가며, 김준영 1979)와 '드트리 가매'(티끌에 가매, 황패강 2001)에서는 '伊'를 '에'의 의미인 '이'로 읽었다. 불경을 인용하여 문맥을 설명하고 있으나, 문맥에 맞는 해독으로 보기는 어렵다.

'드티 가메'(티끌로 가므로, 정창일 1987)에서는 향찰에 없는 '-로'를 현대역에 첨가한 문제를 보인다.

이상과 같이 선행 해독들은 모두가 문제를 보인다. 이 문제는 원전비평의 문제로 보인다. '塵伊去米'의 '伊'를 유사자인 '化'의 오자로 보아, '塵化去米'로 수정하고, '티끌되어 감에'의 의미인 '드틀ᄃ뷔가미'로 읽는다. '伊'의 동음자인 '以'의 오자로 보고, '티끌로 변함에'의 의미인 '드틀로 가미'로 읽을 수도 있으나, 문맥상 유사자인 '化'의 오자로 정리한다.

이렇게 수정하여 '塵化去米'를 '드틀ᄃ뷔가미'로 읽을 때에, '塵/드틀+化/ᄃ뷔+去/가+米/미'의 향찰들은 해당 한자의 뜻과 음을 살렸고, 형태소들의 연결은 문법적이며, '드틀ᄃ뷔가미'(티끌되어감에)의 해독과 현대역은 형태소 차원에서 상응하며, '몸이 티끌되어 감에'의 문맥이 잘 통한다는 점에서, '伊'를 '化'로 수정하여 '塵化去米'를 '드틀ᄃ뷔가미'로 읽은 것은 합리적이라고 할 수 있다. 또한 이렇게 수정하여 읽을 때에, 선행 연구 그중에서도 세 유형의 해독들이 보인 문제들, 즉 '가매/가메/가며'(되어, 되나, 되며, 되매, 되더라도, 되네, 되어도)로 읽은 유형에서 보이는 해독과 현대역이 형태소 차원에서 상응/일치하지 않는 문제, '드트리가매'(塵土되어 가리매), '드트리 가매'(티끌이 되어가), '드트리 가매'[티끌이 (되어) 가매], '드틀이 가매'(티끌이 되어 가는) 등으로 읽은 유형에서 보이는 향찰에 없는 '되다'의 의미를 현대역에서 첨가한 문제, '드틀뎌 가매'(티끌 되어 가매), '트틀뎌 가메'(티끌이 되어 가므로), '드틀 뎌가매'(티끌 져가매/되어감에) 등등으로 읽은 유형에서 '伊'를 '뎌'(뎌=디어=되어)로 읽고 설명하면서, 해독과 현대역이 형태소 차원에서 상응/일치하지 않는 문제 등은, 이 문제들을 야기시킨 '伊'를 '化/ᄃ뷔'로 수정하여 읽음에 따라, 모두 원천적으로 아예 발생하지도 않는다는 점에서도, '伊'를 '化'로 수정하여 '塵化去米'를 '드틀ᄃ뷔가미'로 읽은 것은 합리적이라고 할 수 있다.

3.8. 根中의 오자 中(〉尸)

根中(〈항순중생가〉)의 '中'은 '尸'의 오자이다. 그런데 이 오자는 뒤에 설명할 '根中'의 연자 '中'과 '萎玉內乎(尸)留'의 누락자 '尸'와 연결되어 있어, 자세한 설명은 '根中'의 연자 '中'과 '萎玉內乎(尸)留'의 누락자 '尸'로 돌린다.

3.9. 身伊波의 오자 伊(〉仁)

身伊波(〈보개회향가〉)의 '伊'는 유사자인 '仁'의 오자로 보인다. 이런 사실을 보기 위하여, 선행 해독들이 보인 '伊波'의 해독을 다섯 유형으로 나누어서 보자.

첫째는 '伊波'를 '이바, 이버, 이봐, 입어' 등으로 읽은 해독들이다. 이 해독을 이끈 해독에서는 '이바'로 읽고, 호격 감탄사의 의미(양주동 1942 등등)로 보았다. 이 해독은 문맥이 잘 통하지 않는다. 이 문제를 해결하기 위하여, '이바'로 읽고, '-이니'(정열모 1947), '-이어니'(지헌영 1947), '-이지'(김선기 1975a) 등의 의미로 본 경우도 있다. 이 해독들의 현대역만을 보면, 문맥이 매우 잘 통한다. 그러나 '이바'의 해독에서 '-이니, -이어니, -이지' 등의 현대역을 끌어낼 수 없는 문제를 보인다.

둘째는 '伊波'를 '이버, 이바, 이봐, 입아, 입어' 등으로 읽고, 그 의미를 '미혹하고, 혼미하여, 미혹하여, 피로하게 하여, 시들어 죽으면' 등으로 본 경우이다. '이버'(미혹코, 홍기문 1956), '이바'(미혹하고, 김준영 1979), '이봐'[혼미하여(강길운 1995), 迷惑하여(금기창 1995a) 등등], '입어'(미혹하여, 지형률 1996, 2007), '입아'[疲勞, 잇비 하여(피로하게 하여), 이탁 1956], '이바'(枯, 시들어 죽으면, 유창균 1994) 등이 있다. 이 해독들은 '伊波'를 '迷波, 疲波, 枯波' 등과 같은 것으로 보았는데, 한자 '迷, 疲, 枯' 등을 이용하여 '迷波, 疲波, 枯波' 등으로 표기하지 않은 이유를 설명하기가 어렵다.

셋째는 '伊波'를 '이믈'로 읽은 해독이다. 이에 속한 해독으로 '모미믈'[몸+이믈, (몸)인데, 정열모 1965]이 있다. '身/몸+伊/이+波/믈'로 읽고 '몸인데'의 의미로 보았다. 현대역은 문맥에 잘 맞지만, 해독에서 끌어낼 수 없는 현대역이다.

넷째는 '伊波'를 '(뎌바〉)뎌버'로 읽은 해독이다. 이에 속한 해독으로 '뎌버'(접어 놓고, 제쳐 놓고, 김완진 1980)가 있다. 해독에서 볼 수 없는 '놓고'를 현대역에 첨가한 문제를 보인다.

다섯째는 '伊波'에 없는 'ㄴ'이나 'ㄹ'의 음을 더한 해독들이다. '(몸)인바'[(몸)인 까닭에, 오구라 1929]와 '(몸)이(ㄹ) 바'(몸일 뿐, 김지오 2012)에서는 '伊/이' 다음에 'ㄴ'이나 'ㄹ'를 첨가하였다. '이반'('伊波'는 '隱/ㄴ'을 줄인 것으로 '伊反'과 같은 것, 김선기 1993), '(몸)이 본'[(몸)과 같은, 'ㄴ' 보충, 신재홍 2000], '이바니'(근본적으로 供敬하는 사람이, 정창일 1987) 등에서는 '波/바/ㅂ' 다음에 'ㄴ'을 첨가하였다. 'ㄴ'이나 'ㄹ'을 첨가하는 것이 쉽지 않다.

이상과 같이 선행 해독들에서는 문제를 보인다. 그런데 선행 해독들을 문맥이 잘 통하는가의 기준으로 다시 판단하면, '몸인바'(몸인 까닭에, 오구라 1929), '몸이바'(몸이니, 정열모 1947; 몸이어니, 지헌영 1947), '모미믈'(몸인데, 정열모 1965) 등이 이 기준을 만족시킨다. 이 셋을 다시 해독과 현대역이 형태소 차원에서 상응/일치하는가의 기준으로 판단하면, '몸인바'(몸인 까닭에, 오구라 1929)만이 이 기준을 만족시킨다. 그런데 이 해독은 '伊'를 '인'으로 읽으면서 아무런 설명도 없이 '伊'의 음에 없는 'ㄴ'을 첨가하였다. 이는 조선조 이두에서 'ㄴ, ㄹ'을 첨가하여 읽는 방법을 취한 것으로 이해되는데, 향찰에서 사용하지 않는 독법이다.

이 문제는 원전비평의 문제로 판단한다. '伊'는 유사자인 '仁'의 오자로 판단한다. 이에 따라 '吾衣 身伊波'를 '吾衣 身仁波'로 복원하여 '우리의 몸이기 때문에'의 의미인 '우리의 몸인바'로 읽는다. 이에 포함된 '-인바'는 "뒤 절에서 어떤 사실을 말하기 위하여 그 사실이 있게 된 것과 관련된 상황을 제시하는 데 쓰는 연결어미"로, "'-ㄴ데', '-니' 따위에 가까운 뜻을 나타낸다."

이렇게 '伊'를 '仁'의 오자로 보는 것에 대하여, '-仁'이 구결이나 이두에서 '-인'으로 쓰인 예가 없다는 점에서 부정적인 태도를 취할 수도 있다. 그러나 이는 균여 향찰의 한 특징을 검토할 때에, 의미 있는 문제의 제기는 아니라고 판단한다.[26]

이렇게 '伊'를 유사자인 '仁'으로 수정하여 '身仁波'를 '몸인바'로 읽으면, '身/몸+仁/인+波/바'에 쓰인 한자의 뜻과 음을 벗어나지 않았고, 형태소의 연결이 문법적이며, '몸인바'(몸인 까닭에)의 해독과 현대역이 형태소 차원에서 일치하며, '우리의 몸인 까닭에'의 문맥적 의미가 잘 통한다는 점에서, '伊'를 유사자인 '仁'으로 수정하여 '身仁波'를 '몸인바'로 읽은 해독은 합리적이라고 할 수 있다. 또한 이렇게 수정하여 읽으면, 선행 해독 그중에서 문맥적 의미가 가장 잘 통하는 '몸인바'(몸인 까닭에, 오구라 1929)의 해독이 보인 이유 없이 '-ㄴ'을 첨가한 문제는, 이 문제를 야기한 '伊'를 '仁'으로 수정함에 따라, 원천적으로 아예 발생하지도 않는다는 점에서도, '伊'를 유사자인 '仁'으로 수정하여 '身仁波'를 '몸인바'로 읽은 해독은 합리적이라고 할 수 있다.

이상과 같은 점들로 보아, '身伊波'의 '伊'를 유사자인 '仁'의 오자로 보고, '身仁波'로 수정하여 '몸인바'로 읽는다.

---

26 '-시-'는 구결에서는 '-ㅎ(賜)-'와 '-ㄷ(示)-'로 나오고, 이두에서는 '-賜-'로 나오고, 신라 향가에서는 '-賜-'로 나오지만, 균여의 향가에서는 '-賜-'는 물론 '佛体 爲尸如/ㅎ시돗'(〈항순중생가〉)의 '-尸-'와 '爲事置耶/ㅎ시두야'(〈보개회향가〉)의 '-事-'로도 나온다. 그리고 '-ㄴ'은 구결에서 '-ㄱ(隱)'으로 나오고, 이두에서는 '-隱'으로 나오며, 신라 향가에서는 '-隱'과 '-焉'으로 나오지만, 균여의 향가에서는 '-隱'과 '-焉'은 물론, 다른 차제자들에서는 보여주지 않는 '-仁'도 나온다. 게다가 '-이(계사)+ㄴ(관형사형어미)'은 구결에서는 '-ㅣㄱ'으로, 이두에서는 '-是隱'으로 나오지만, 삼국유사의 향가에서는 '-이(계사)+ㄴ(관형사형어미)' 자체가 보이지 않으며, 계사 '-이-'만이 '四是良羅/넷이아라'(〈처용가〉)에서 '-是/이-'로 보인다. 이에 비해 균여의 향가에서는 계사 '-이-'를 '事伊置耶/일이두야'(〈총결무진가〉)에서 '-伊/이-'로 보이고, '-이(계사)+ㄴ(관형사형어미)'을 '身伊波'를 수정한 '身仁波'의 '-仁/인-'에서 보인다. 이렇게 균여 향가의 향찰에서는 다른 향가, 구결, 이두 등에서 볼 수 없는 글자들(한자의 음을 이용한 차제자)도 쓰고 있다. 이에 따라, 다른 향가, 이두, 구결 등에서 '-仁'으로 '-인'을 표기한 예가 없다고, '-伊'를 '-仁'으로 수정하여 '-인'으로 읽은 것을 부정할 수는 없다고 판단한다.

4. 동음자로 잘못 쓴 오자와 기타

이 장에서는 선행 연구에서 오자로 보지 않았던 향찰 중에서 동음자로 잘못 쓴, 國惡支(〈안민가〉)의 오자 '支'(〉只), 友物(〈혜성가〉)의 오자 '物'(〉徒), 部伊冬衣(〈칭찬여래가〉)의 오자 '冬'(〉等), 毛等(〈칭찬여래가〉)의 오자 '等'(〉冬), 卜以支(〈참회업장가〉)의 오자 '卜'(〉持) 등을 먼저 정리하고, 이어서 오독자를 다시 동음자로 잘못 쓴, 邀里白乎隱(〈예경제불가〉)의 오자 '里'(〉尸), 迷悟同體叱(〈수희공덕가〉)의 오자 '叱'(〉尸), 一等下叱(〈맹아득안가〉)의 오자 '叱'(〉尸) 등을 정리하며, 마지막에 오독자를 다시 이체자로 옮겨 쓴, 矣徒의 오자 '矣(=厶)'[〉私(=厶)]를 정리하고자 한다.

4.1. 國惡支의 오자 支(〉只)

國惡支의 '支'는 동음자인 '只'의 오자로 추정된다. 이런 사실을 보기 위해 선행 해독들을 변증해 보자.

'國'은 '나라' 또는 '나락'으로 읽고 있는데, 뒤에 보겠지만 '나락'으로 보인다. '-惡支'의 해독에서 서로 엇갈린 양상을 보인다. 이 중에서 '나라해, 나라, 나라옷, 나라아디, 볼이, 나라히, 나라앗, 나라 굳이, 나라 엇디' 등의 해독들은, '惡'의 음 '악/아'와 뜻 '엇디', 그리고 '支'의 음 '기'의 범위를 벗어나거나, 해독하지 않은 문제들을 보인다.

적어도 '惡'과 '支'의 음과 뜻을 살린 해독들로는 '나라악, 나락, 나라기' 등의 세 형태가 있다.

'나라악'은 '나라 안'의 의미로 본 것인데, 제10행의 '國惡'이 만약 '나라 안'이라면 그 다음에 이어지는 태평과 괴리되는 점을 보인다. 즉 태평이 나라의 안에만 의해 성립되느냐 하는 것이다. 적어도 나라의 태평은 나라 안팎 모두에 의해 결정되지 안에만 의해 결정되지 않는다.

'나락'은 '-ㄱ'을 표기한 향찰로는 주로 '只'가 쓰인다는 문제를 보인다.

國惡支의 '支'을 '支'로 수정하여 '기'와 '디'로 읽은 해독은 여럿이다. 그런데 〈안민가〉에서는 '디'를 '爲(賜)尸知'의 '知'로 쓰고 있어, '支'를 '기'로 읽은 해독만을 보자.

'나라아기'(정열모 1947)는 구체적인 설명이 없어 어떻게 읽은 것인지를 알 수 없다. 나머지 해독들을 주격으로 본 경우와 목적격으로 본 경우로 양분된다.

먼저 주격으로 본 경우를 보자. '나라-기'(나라가, 양희철 1997)와 '나라기'(나라가, 신재홍 2000)가 있다. 이 해독 자체에는 문제가 없다. 그러나 이어지는 '持以支'와의 연결에서 문제를 보인다.

 國惡攴를 '나라기'로 읽고 목적격으로 본 것은 '나라기'(나라를, 유창균 1994)이다. 이 해독에서는 '나라기'를 '國/나락'의 기저형으로 볼 수도 있고, 『이조어사전』에 근거해 '-이'가 목적격에 해당하는 것으로도 볼 수도 있다고 설명을 하였다.

 기저형으로 본 경우에는, 이 해독과 같이 '國惡攴'을 '나라기'로 읽고, 이어서 나온 '國惡'을 '나라기'로 읽을 수 없다는 점에서, '나라기'를 기저형으로 볼 수 없는 문제를 보인다.

 『이조어사전』에 근거해 '-이'를 목적격으로 본 경우에는 환경이 다르다는 문제를 보인다. 이 주장에서는 『이조어사전』에서 '-을'의 의미로 정리한 '-이'의 예들을 모두 옮겨 놓았다. 그런데 그 예들을 보면, 거의가 부정문이나 금지문에 속한 것들이다. 즉 "쑈煩惱 내요미 몯ᄒᆞ리라(몽법 16)"로 시작하여, 이와 같이 부정사 'ᄝᅩᆮᄒᆞ-' 앞에 온 '-이'의 예를 7개 들고, 부정사 '아니ᄒᆞᆯ' 앞에 온 '-이'를 1개 들고, 금지사 '말-' 앞에 온 '-이'를 1개 들었다.

 부정사나 금지사 앞에 온 '-이'가 아닌 경우로는, "잡다가 ᄲᅡ진 줄이 謫仙이 헌ᄉᆞ할샤(松江一, 21)"만을 들었다. 그런데 이 경우에 '줄이'의 '-이'를 '-을'의 의미로 보면, '헌ᄉᆞ할샤'와 연결되지 않는다. '줄이'의 '-이'는 '-을'보다는 '-에'의 의미라고 할 수 있다. 즉 인용의 '줄이'는 '줄을'의 의미가 아니라 '줄에'의 의미이다. 이런 점들로 보아, 『이조어사전』에 근거해 주어진 환경이 다른 '-이'를 목적격으로 볼 수도 없다.

 이렇게 國惡攴에 나타난 '攴'의 해독에서 선행 연구들은 모두 문제를 보인다. 이 문제는 원전비평의 문제로 보인다. 즉 원전에 보이는 國惡攴의 '攴'은 유사자 '攴'의 오자이다. 그리고 이 '攴'는 동음자 '只'의 오자이다.

 '(攴))攴'를 '只'의 오자로 수정하고 '國惡只'를 '나락'으로 읽으면, 이 향찰들은 이용한 한자 '國'의 훈/의 '나락', '惡'의 음 '악', '只'의 음 '기/ㄱ'을 벗어나지 않고, '國(나락)+惡(악/아)+只(ㄱ)'에서 말음첨기는 논리적이며, '나락 디니기/디키기 알고다'(나라를 지니기를/지키기를 알고다)의 문맥이 잘 통한다는 점에서, 國惡攴의 '攴'의 동음자인 '只'로 수정한 것은 합리적이라고 할 수 있다. 또한 이렇게 수정하여 '나락'(國惡只)으로 읽으면, 선행 해독들이 國惡攴를 문맥에 맞추어 목적격으로 보려 한 해독들이 보여준 문제, 즉 '攴'를 'ㄱ'으로 읽거나, '攴'의 '-이'를 목적격으로 읽기 위하여 환경이 다른 '-이'를 가지고 비논리적으로 설명한 문제는, 이 문제를 야기시킨 '攴'를 동음자의 '只'로 수정함에 따라, 아예 원천적으로 발생하지도 않는다는 점에서, '攴'를 '只'로 수정하여, 國惡只을 '나락'으로 읽은 해독은 합리적이라고 할 수 있다.

4.2. 友物의 오자 物(〉徒)

友物의 '物/물'은 무리를 뜻하는 '徒/물'과 동음자의 관계에서 발생한 오자로 보인다. 이를 이 절에서 정리하고자 한다.

此也友物北所音叱(〈혜성가〉)은 해독이 난해한 부분 중의 하나이다. 끊어 읽기로 보면 매우 다양하다. 즉 '此 也友 物北所音叱', '此也友 物北所音叱', '此友也 物叱北所音', '此(也) 友物 北所音叱', '此也 友物北 所音叱', '此也 友物 北所音叱', '此也 友物北 所音叱' 등의 일곱 유형으로 나눌 수 있다. 이 중에서 '此 也友 物北所音叱'의 유형[27], '此也友 物北所音叱'의 유형[28], '此友也 物叱北所音'의 유형[29] 등의 문제는 각주로 돌리고, 나머지 네 유형별 문제들 간단하게 보자.

'此也 友物北 所音叱'의 유형에는 세 해독이 있다. '이에 밧갓듸 밤ㅅ'(오구라 1929)의 경우에는 '밧갓듸 밤ㅅ'의 의미를 '밖같에 밤'으로 보는 것이 쉽지 않다. '이에 벋들ㅅ 소리ㅅ'(이에 동무들의 소리, 지헌영 1947)의 경우에는 '北'을 '叱'로 수정한 해독인데, '物'을 '둘'로 읽은 것과 '所音'를 '소리'로 읽은 문제를 보인다. '이야 덜갓 바—ㅅ'(신재홍 2000)의 경우에는 '友'를 '友/덜'의 오자로, '北'을 '叱'의 오자로, '音'을 장음부호로 각각 보는 것이 쉽지 않다.

'此(也) 友物 北所音叱'로 띄운 해독은 '이 본돌 므슴'(이탁 1956)에서 보이는데, '也'를 읽지 않고, '所音叱'의 '叱'를 빼버린 문제를 보인다. 그리고 '北'을 '므'로 보았는데, 그 설명이 없어 그 이유를 알 수 없다.

'此也 友物 北所音叱'의 유형에 속한 해독들은 우선 '北'을 '化'의 오자로 본 경우와 그렇지 않은 경우로 나뉜다.

---

27 '此 也友 物北所音叱'로 띄어 읽은 해독에는 '이 어우 므슴ㅅ'(양주동 1942; 황병익 2005)가 있다. 다른 부분보다도 '物北所音叱'을 '므슴ㅅ'으로 읽는 것이 쉽지 않다. 특히 '北'을 미상 또는 '叱'의 오자로 보았는데, 이 오자를 인정해도 해독이 잘 이해되지 않는다.

28 '此也友 物北所音叱'로 띄어 읽은 해독들을 보자. 이 해독은 양주동의 해독을 따라 '므슴'(황패강 2001)으로 읽거나, 양주동의 수정과 해독을 따라 '뭇슴ㅅ'(김상억 1974)으로 읽거나, 약간 수정하여 '믓솜'(김준영 1964), '못솜'(김준영 1979), '뭇솜'(전규태 1976) 등으로 읽으면서 '무슨'의 의미로 보았다. '物北所音叱'의 '北'과 '叱'의 해독에서 문제를 보인다. 특히 '-ㅁ+ㅅ'을 '-ㄴ'의 의미로 보는 것을 인정해도, 나머지 부분의 해독과 현대역이 형태소 차원에서 상응/일치하지 않는 문제를 보인다. '가시보솜시'(꺼림직한, 류렬 2003)의 경우에는 나름대로 어형의 변화를 설명하고 있으나 쉽게 이해되지 않는다.

29 '此友也 物叱北所音'의 유형은 '이버댜 ᄭᅩᆲ솜'(이벗아 께름한, 홍기문 1956)에서 보인다. '此也友'의 순서를 '此也友'로 바꾸고, '物北所音叱'을 '物叱北所音'로 수정하여 읽은 해독이다. 두 곳의 수정이 쉽지 않고, '物叱北所音'을 'ᄭᅩᆲ솜'(께름한)으로 해독한 것도 이해가 쉽지 않다.

전자에는 '이야 받몯 다뵈숌ㄷ(이야 벗이 됨직한, 김선기 1967a)와 '이얘 벋몯 다뵈숌ㄷ'(김선기 1993)의 해독이 있다. '物'을 '몯'으로 읽는 것이 쉽지 않고, 해독과 현대역이 형태소 차원에서 상응/일치하지 않는다.

후자에는 여러 해독들이 있다. 이 해독들은 '友物'을 '다믈, 다몰'로 읽은 경우, '벋믈, 벋물'로 읽은 경우, '받갇, 벗갓'으로 읽은 경우로 3분 된다.

友物을 '다믈, 다몰'로 읽은 경우에는 '이도 다믈 비슴ㅅ'(겹치장, 정열모 1965)와 '이여 다몰 므솜ㅅ'(이것이 도대체 무슨, 지형률 1996)이 있다. 전자에서는 '友/다모+物/믈 北/비+所/ㅅ+홈/ㅁ+叱(절음 표시)로 읽었는데, '友/다모, 所/ㅅ, 叱(절음 표시)' 등의 해독에서 문제를 보인다. 후자에서는 '友'를 '다ᄆ사리, 다못'의 '다모'로 보고 '友物'을 '다몰'(다, 도무지, 도대체)로 읽었는데, '-ㄹ'을 '尸, 乙'로 표기하지 않은 것이 이상하고, '北'을 '믈(退)'의 '므'라고 하였는데, '北'에 '믈(退)'의 훈이 있다고 보는 것이 어렵고, 설령 있다고 하여도 너무 벽훈으로 정리한 문제를 보인다.

友物을 '벋믈, 벋물'로 읽은 경우에는 '벋믈 배솜ㅅ'(벗들/벗의 무리 망치는/궂히는, 서재극 1975)과 이를 가볍게 수정한 '벋물 배솜ㅎ'(벗의 무리, 배솜: 미상, 최남희 1996)가 있다. 전자에서는 '배솜ㅅ'을 '망치는/궂히는'의 의미로 볼 수 있는 근거가 거의 없고, 후자에서는 '배솜ㅎ'의 의미를 미상으로 처리한 문제를 보인다. 그러나 '友物'을 '벋믈'로 읽고 그 의미를 '벗의 무리'로 본 것은 정열모와 지헌영이 본 것과 더불어 시사하는 바가 크다. 이는 뒤에 다시 언급하려 한다.

友物을 '받갇, 벗갓'으로 읽은 경우로는 '밧갇 므섬ㅅ'(바깥 무슨, 강길운 1995)과 '벗갓 뒤숌ㅅ'이 있다. 전자에서는 '밧갇'을 '바깥'의 의미로 본 문제를 보이고, 후자에서는 '벗갓'의 의미가 문맥에서 명확하지 않다.

'此也 友物(北) 所音叱'의 유형에는 '벗무리 밤ㅅ'(정열모 1947)과 '버믈 므슴ㅅ'(어우릴 무슨, 김완진 1980)의 해독이 있다. '北'을 명확하게 하지 않았다.

'此也 友物北所音叱'로 띄어 읽은 해독에는 '이라 버므리솜'(더 이상 버물게 될, 유창균 1994)이 있다. 이 해독에서는 '北'을 '以'의 오자로 처리하고, 아무런 설명도 없이 友物北所音叱의 '叱'을 삭제하고 해독을 하였다. '友物以(<北>)'를 '버므리'로 해독하는 것도 쉽지 않다.

'此也 友物 北 所音叱'의 유형에는 '이야 友物(벗갓, 우믈) 디 숌ㅅ'(뒤에 있음의, 양희철 2008a:243)와 '이야 벋갓 디 숌ㅅ'(이런 형편이야 벗갓의 뒤에 있음의, 양희철 2015a:59)의 해독이 있다. 이 두 해독의 특성은 '北'을 앞뒤와 분리하여 '뒤'(後)의 방언 '디'로 읽고, '所音叱'을 '숌ㅅ'(있음의)로 읽은 것이다. 그러나 나머지 부분의 해독에서 문제를 보인다.

이상과 같이 此也友物北所音叱의 선행 해독들은 모두가 문제를 보인다. 이 문제를 해결하기 위하여 선행 해독들이 보인 장점들을 참고하면서 다시 해독을 하려 한다.

此也는 '이런 상황이므로'의 의미인 '이라'로 읽는다.

友物을 '友徒'로 수정하여 '벗의 무리'를 의미하는 '벋물'로 읽는다. 선행 해독들을 보면, 友物을 '동무들'(지헌영), '벗의 무리'(정열모, 최남희), 벗들/벗의 무리(서재극) 등의 의미로 보았다. 이 의미들은 문맥상 시사하는 바가 크다. 그러나 '무리'의 의미를 '物/믈/물'로 가의독(假義讀)을 하였다고 보는 데는 한계가 있다. 이보다는 '友物'을 '友徒'로 수정하여 '벗의 무리'를 의미하는 '벋물'로 읽는 것이 좀더 합리적이라고 할 수 있다. 이렇게 수정을 하지 않고 '友物'을 고수하면, 선행 해독에서와 같이 '物'을 '갓, 므, 물, 몰' 등등으로 읽으면서 혼란을 야기시킬 수도 있다.

北은 '뒤'(後)의 방언형 '디'로 읽는다.

所音叱은 '있옴의' 즉 '현재도 (남아) 있음의, 현재도 (남아) 있는'의 의미인 '숌시'로 읽는다. 이는 '시+오+ㅁ+시'로 분석된다.

이상을 종합하면, '此也 友徒 北 所音叱'은 '이런 상황이므로, 벗의 무리 뒤(에) 지속적으로 (남아) 있는'의 의미인 '이라 벋물 디 숌시'로 읽힌다고 정리할 수 있다. '-시'는 속격이다.

이렇게 '物'을 '徒'로 수정한 '此也 友徒 北 所音叱'을 '이런 상황이므로, 벗의 무리 뒤(에) 지속적으로 (남아) 있는'의 의미인 '이라 벋물 디 숌시'로 읽으면, 이 구절의 해독에 사용된 향찰들은 해당 한자의 뜻과 음을 벗어나지 않았고, 형태소들의 연결이 문법적이고, 해독과 현대역이 형태소 차원에서 상응/일치하며, 문맥이 잘 통한다는 점에서, '物'을 '徒'로 수정하고 '此也 友徒 北 所音叱'을 '이런 상황이므로, 벗의 무리 뒤(에) 지속적으로 (남아) 있는'의 의미인 '이라 벋물 디 숌시'로 읽은 해독은 합리적이라고 할 수 있다.

4.3. 部伊冬衣의 오자 冬(〉等)

今日部로 끊고, '오늘눌, 오늘볼' 등으로 읽은 경우도 있지만, '今日'로 끊고, '오늘, 오날, 오늘, 오늘' 등으로 읽은 것이 주종이다. '日/눌/날'을 음절첨기로 보는 한, '오늘'(양주동 1942 등등)과 '오날'(김상억 1974; 김선기 1975)의 해독이 가장 적합하다.

部伊冬衣(〈칭찬여래가〉)는 '伊冬衣', '部伊 冬衣', '部伊冬衣' 등으로 띄어서 읽어

왔다.

伊冬衣는 '이를어'(오구라 1929), '이드의'(이탁 1956), '이 디'(신재홍 2000) 등에서 보이나, 큰 의미가 없어 보인다. '部伊 冬衣'는 '주비 겨우레'(정열모 1965)에서 보인다. 향찰에서 쓰인 '冬'의 훈은 '겨울'과 '즐/즘' 중에서 '즐/즘'과 연결된 '들, 듥' 등이다.

部伊冬衣를 한 단위로 읽은 것이 주종을 이룬다. '部伊'는 양주동 이래 '주비'로 통일되어 있다. '冬'은 '둘, 듥, 달, 도, 돌, 들' 등으로, '衣'는 '이, 히, 의, 히, 에, 이' 등으로 각각 읽어 왔다. '冬'은 '둘'이나 '들'로, '衣'는 '의'로 읽고, '部伊冬衣'의 분철을 살려, '주비둘의'(김준영 1964, 1979)이나 '주비들의'(신태현 1940; 강길운 1995; 양희철 2013a)로 정리한다.

'주비들'은 '사부'(四部, 四衆, 四部 大衆)로 '비구, 비구니, 우바새, 우바니' 등을 의미한다

여기에서 우리는 왜 '等'이 아닌 '冬'으로 썼을까를 생각해 보아야 한다.

양주동(1942:704)은 '冬'은 '等'의 戱書라고 하면서, '冬'과 '等'이 "相通됨은 根本的으로 類音字通用이었다."고 설명을 하였다. 그리고 그 후의 해독들에서는 큰 이의 없이 이를 따랐다.

그런데 '戱書'를 한 이유를 설명하지 않아, 그 이유를 알 수 없다. 이를 다른 측면에서 보자. 복수 접미사에는 '等'을 쓰는데, 이는 독법으로 보면 실의독에 해당하고, 제자 원리로 보면 실의차제자에 해당한다. 그리고 복수 접미사를 '冬'으로 표기하면, 이는 독법으로 보면 가의독(假義讀)에 해당하는 동시에, 동음자로 잘못 쓴 오자에 해당하기도 한다. 이렇게 되면 가의독자와 동음자의 오자 중에서 어느 것으로 볼 것인가 하는 문제에 봉착하게 된다.

이 문제는 〈칭찬여래가〉의 경우에, '部伊冬衣, 海等, 間(王)毛冬留, 毛等' 등의 두 '冬'과 두 '等'을 함께 검토할 필요가 있다. '冬=等'이 아니라 '部伊冬衣'의 '冬'과 '毛等'의 '等'은 각각 동음자인 '等'과 '冬'의 오자일 수 있기 때문이다.

間(王)毛冬留의 '王'은 최근에 '毛'의 오자 또는 오각자로 정리되면서, '部伊冬衣'의 '冬'은 '等'의 자리에 온 유일한 예가 되고, '毛等'의 '等'은 '冬'의 자리에 온 유일한 예가 되었다. 서로 통용된 것이 아니라, 전자를 잘못 쓰고 보니, 이와 구별하기 위하여 후자를 잘못 쓰게 된 것으로 보인다. '海等'의 '等'은 지명으로 보면, 김선기가 주장하듯이, '둘'보다도 '돌'일 수 있다. 그러나 이 작품(〈칭찬여래가〉) 안에서 보면, '둘'로 보인다. 왜냐하면, '毛等'의 '等'은 '돌'보다 '둘'이기 때문이다.

이상과 같은 점들로 보아, '部伊冬衣'의 '冬/둘'은 동음자 '等/둘'의 오자로 정리할

수 있다.

 이렇게 수정할 때에, 복수 접미사에 '等/둘'을 쓰는 원칙을 유지할 수 있고, 이렇게 수정하여 읽을 때에, 선행 연구가 '戲書'라고 주장하면서도 그 이유를 설명하지 못한 문제는, 이 문제를 야기시킨 '冬'을 '等'의 오자로 수정함에 따라, 원천적으로 아예 발생하지도 않는다는 점에서, 이 수정은 합리적이라고 할 수 있다.

4.4. 毛等의 오자 等(〉冬)

 毛等(〈칭찬여래가〉)을 양주동(1942:717)은 '몯둘'(不能)로 읽고, 不冬=毛等으로 보면서, '冬'과 '等'이 相通한다고 보았다. 그 후에 이 주장은 다음의 인용에서와 같이 큰 이의 없이 수용되었다. 즉 "鄕歌에서는 주로 '毛冬'으로 表記하는데 여기서는 '毛等'으로 表記했다."(김준영 1979:190). "'毛等'은 '모둘'로 '毛冬'의 異表記이다. 均如歌에도 '毛冬(請轉)'로 표기한 예가 있다."(유창균 1994:907). "毛等은 毛冬의 이형표기이다."(지형률 2007:201).

 그런데 이 선행 해독들을 독법으로 보면 가의독에 해당한다. 즉 '等'의 뜻인 '둘'로 '모둘'의 '둘'을 표기한 것이다. 그러나 이 '毛等/모둘'의 '等/둘'은 원전비평의 차원에서 보면, 동음자인 '冬/둘'의 오자이다. 이렇게 되면 가의독자와 동음자의 오자 중에서 어느 것으로 볼 것인가 하는 문제에 봉착하게 된다.

 이 문제는 部伊冬衣의 '冬'은 '等'의 자리에 온 유일한 예이고, '毛等'의 '等'은 '冬'의 자리에 온 유일한 예라는 점에서, 서로 통용된 것이 아니라, 전자를 잘못 쓰고 보니, 이와 구별하기 위하여 후자를 잘못 쓰게 된 것으로 보인다.

 이상과 같은 점들로 보아, '毛等'의 '等/둘'은 동음자 '冬/둘'의 오자로 정리할 수 있다.

 이렇게 수정할 때에, 부정사의 표기에 '冬/둘'을 쓰는 원칙을 유지할 수 있고, 이렇게 수정하여 읽을 때에, 선행 연구들이 오자를 논리적 근거도 없이, 이표기 또는 이형표기라고 주장한 문제는, 이 문제를 야기시킨 '等'을 '冬'으로 수정함에 따라, 원천적으로 아예 발생하지도 않는다는 점에서, 이 수정은 합리적이라고 할 수 있다.

4.5. 卜以支(〈支)의 卜(〉持)

 卜以支乃遣只(〈참회업장가〉)의 '卜'이 '持'의 오자라는 사실을 정리하고자 한다.
 卜以支乃遣只는 거의 의미가 없어 보이는 세 해독[30]을 제외한 나머지 해독들은, 크게 보면, 'ㅏ'을 '디'로 읽은 경우와 'ㅏ以'를 '디니'로 읽은 경우로 양분할 수 있다.

먼저 'ㅏ'을 '디'로 읽은 해독에는 넷이 있다. 이 해독들의 문제를 차례로 보자.

'디어내고'(戴くことを完全に行ふにいふ, 오구라 1929:90)에서는 'ㅏ'을 '디'로 읽고 '以'를 '어'로 읽었다. '以'의 음도 뜻도 아니다. 그리고 '攴'를 기능이 없는 글자로 본 문제를 보인다.

'디아 디나겨디'(지어 지나고, 김선기 1975a)와 '디아 디나격'(지어 지나고, 김선기 1993)에서는 'ㅏ'을 '디'로 읽고 '以'를 '아'로 읽었다. '以'의 음도 뜻도 아니다. 그리고 '攴乃-'를 '디나-'로 읽었는데, 왜 '過出-'과 같이 한자의 뜻을 이용해 표기하지 않았느냐 하는 문제도 보인다.

'디나곡'(지고서, 김지오 2012)에서는 '以'를 '이'로 읽고, '디'의 '이'를 첨기한 것으로 보면서, '以'의 음을 살렸다. 그러나 '攴'를 읽지 않은 문제를 보인다.

'ㅏ以'를 '디니'로 읽은 해독들은 다시 두 부류로 나눌 수 있다. 하나는 '攴'를 허자나 지정문자로 본 부류이고, 다른 하나는 '攴'를 '어, ㅅ, ㅈ, ㅿ, ㆆ, 디, 기, 히' 등으로 읽은 부류이다. 전자는 의미가 없어 각주[31]로 돌리고 후자만을 보자.

'ㅏ以'를 '디니' 또는 '딘히'로 읽고 '攴'를 '어, ㅅ, ㅈ, ㅿ, ㆆ, 디, 기, 히' 등으로 읽은 부류를 보자. 이에 속한 해독들은 'ㅏ以'를 '디니' 또는 '딘히'로 읽었다. 유창균을 제외한 나머지의 해독들은, 양주동이 'ㅏ以'를 '持以'와 같이 '디니'로 읽은 것을 따른 것이다. 양주동의 해독이 보여준 문제는 이미 각주에서 지적한 바와 같다.

유창균(1994:949-951)은 양주동의 해독에 대하여 아래의 네 가지 문제를 지적하면서 'ㅏ' 자체를 '디니'로 읽었다.

첫째 'ㅏ'을 '디-'나 '딘'으로 가정했을 때 '負'의 訓 '지-'와 부합하지 않는다. '負'의 중세어는 '지다'이며 '디다'가 아니다.

둘째 근세 이두에서 'ㅏ'은 '지-'와 '디-'가 혼용되어 있는데, 근세 이두의 'ㅏ'가 사

---

30 '디니 떠나겨져'(삼아 떠나리라, 정열모 1965), 'ㅏ이앗내것긔'(졈치심이기에, 정찰일 1987), '졈으로히 사곡'(져믈도록 쌓고, 최범영 2012).

31 'ㅏ以'를 '디니'로 읽고, '攴'를 허자나 지정문자로 본 부류를 먼저 보자. 이에 속한 해독들은 'ㅏ以'를 'ㅏ/디+以/이'로 읽고 '持以'와 같이 '디니'로 종합하였는데, '디이'가 '디니'가 된다고 보기가 어렵다. 그리고 '디니누곡'[지니고(양주동 1942; 김근수 1979), 지키오니(김상억 1974), 저내고(전규태 1976)], '디니나곡'(지니고, 황패강 2001), '디니 (벗어)나곡' (지녀 벗어나고, 박재민 2013b) 등에서는 '攴'를 허자로 본 문제를 보이며, '디니ㄴ곡'(지니고, 김완진 1980)과 '디니(>디녀)내곡'(유지하여 내고서, 강길운 1995)에서는 '攴'를 'ㆁ'으로 수정하여 지정문자로 볼 수 없는 문제를 보인다.

람이(丨) 짐(·)을 딘 것을 형상한 한국식 속자에 근거를 둔 것이라면, 그것은 '지-'가 옳다.

셋째 '卜定/디졍/지졍'이 『난즁잡록』(1593)부터 나오기 시작하여 근세의 자료에서 나오고, 『대명률직해』에서는 '負定'으로 되어 있다.

넷째 '卜'이 '負'의 省文으로써 그 訓이 '디-'이었다고 가정하더라도 어떻게 '디-'가 '딘'이 된다는 말인가. '딘-'은 '디-'에 관형사형 'ㄴ'이 결합한 형태이다.

이 반론 중에서 넷째를 뺀 나머지는 문제를 보인다. '負'는 중세어에서 '디-'로 확인된다. 즉 "서로 이긔락 디락 ᄒᆞ니 互勝負"(『두시언해』 중간본 五 34)의 '디락'에서 '디-'가 보인다. 그리고 "國用卜定爲乎, 織造緞疋軍器等乙, 定日內良中, 准數上納"(『대명률직해』 29, 工律, 營造)의 '卜定'을 보면, 셋째의 반론에도 문제가 있음을 알 수 있다.

유창균은 이어서 '卜'을 근세 이두에 나오는 한국의 속자가 아니라, 한자로서의 '卜'을 잉용한 것으로 보면서 '卜' 자체를 '디니-'로 읽었다. 즉 '卜'을 '付'와 연결시킨 다음에, "이 '付'는 '附'와 연결되어 '持'와 관계를 맺게 되는 것으로 본다."고 주장하고, "'卜'의 訓은 '디니'가 되나 이것은 俗字 '負'에서 由來하는 것이 아니라 '卜' 그 자체가 '디니(持)'의 뜻에 쓰였다고 보는 것이다."(유창균 1994:951)라고 주장하였다. 상당히 정치하게 설명한 것 같으나, 이해가 되지 않는 설명이다. 결과만을 보면, 문맥상 '卜以'가 '持以'에 해당한다는 점에서 '卜'에 '디니-'의 의미를 부여한 것으로 추정된다.

그리고 이에 속한 해독들은 '支'를 '어, ㅅ, ㅈ, ㅿ, ㅎ, 디, 기, 히' 등으로 읽으면서 문제를 보인다. 즉 '디녀내고'(戴き出して, 신태현 1940)와 '지니어내오ᄃᆞ'(지니어 내고져, 이탁 1956)에서는 '支'를 '어'로, '디니ㅅ누고아'(지니어, 지헌영 1947), '디니ㅈ내곡'(저 내고, 김준영 1964), '디니ㅿ내곡'(저 내고, 김준영 1979), '디닗ㄴ곡'(지니고서, 지형률 1996) 등에서는 '支'를 'ㅅ, ㅈ, ㅿ, ㅎ' 등으로, '디니디 나고기'[지니어 지나도록(홍기문 1956), 지녀 나도록(류렬 2003)]에서는 '支'를 '디'로, '디니기 나곡'(태어 나서, 유창균 1994)과 '디니기 너곡'(견디어 내고는, 신재홍 2000)에서는 '支'를 '기'로, '딘히 나곡'(지니고, 지형률 2007)에서는 '支'를 '히'로, 각각 읽으면서 연결어미의 의미로 보았다. 이 해독들 중에서 '디'와 '기'를 제외한 나머지들은 '支'의 음을 벗어난 문제를 보이며, 거의가 해독과 현대역이 형태소 차원에서 상응/일치하지 않는 문제를 보인다.

이상과 같이 선행 해독들은 해독에서 문제를 보인다. 특히 문맥에 비교적 적합한 '디니-'의 경우에는 '卜以-'나 '卜-'에서 끌어낼 수 없는 해독이란 문제를 보이며, '卜以'의 '以'의 음을 살린 '디-'는 문맥에 맞지 않는 문제를 보인다.

이 문제는 원전비평의 문제로 보인다. 특히 '卜/디'의 동음자 '持/디'의 오자로 판단한다. 이는 '딕킈-, 딕희-, 딕히-' 등의 뜻을 보여주는 '持'를 그 한자음 '디'로 읽고, 그 동음자인 'ㅏ/디'로 잘못 쓴 오자로 본 것이다. 이렇게 볼 때에, 'ㅏ以支'는 '持以支'로 수정되어, '持/딕히+以/이+支/ㅂ'으로 분석되며, '지키어'의 의미인 '딕힙'으로 해독된다. 그리고 선행 해독들의 상당수가 '디니-'로 읽고 '지니-'의 의미로 잡고 있는데, 이 '지니-'가 '三業'을 목적어로 할 수 있는지는 의문이다. '지니다'의 의미를 보면, 〈…을 …에〉의 구문에서 "몸에 간직하여 가지다."와 "기억하여 잊지 않고 새겨 두다."의 의미가 있고, 〈…을〉의 구문에서 "바탕으로 갖추고 있다.", "본래의 모양을 그대로 간직하다.", "어떠한 일 따위를 맡아 가지다." 등의 의미가 있다. 이 중에서 어느 의미가 '三業을 지니다'에서 '지니다'의 의미인지를 알 수 없다. 이보다는 '三業'을 목적어로 하는 '持'의 의미는 '지키-'로 판단된다.

乃遣只는 '나곡'으로 읽는다. '乃'는 그 음이 '내'이기도 하지만, 향찰에서는 '나'로 쓰이기 때문이다. '나다'에는 "(동사 뒤에서 '-어 나다' 구성으로 쓰여) 앞말이 뜻하는 행동을 끝내어 이루었음을 나타내는 말."의 의미가 있으며, 이런 예는 "겪어 나다. 읽어 나다. 먹어 나다." 등에서 발견된다(『표준국어대사전』의 '나다'조). 이 '나다'는 '내다'와 같은 말이다.

이렇게 'ㅏ'을 '持'의 오자로 보고 '持以支'을 '딕힙'으로 읽을 때에, '持/딕히+以/이+支/ㅂ'에서 보듯이 해당 한자의 뜻이나 음을 살렸고, '딕히(어간)+ㅂ(연결어미, 부동사형 어미)'의 연결은 문법적이며, '딕힙'(지키어)의 해독과 현대역은 형태소 차원에서 상응하고, '淨戒의 주로 지키어 내고'의 문맥이 잘 통한다는 점에서, 'ㅏ'을 '持'의 오자로 보고 '持以支'을 '딕힙'으로 읽은 해독은 합리적이라고 할 수 있다. 또한 이렇게 수정하여 읽으면, 선행 연구들이 보인 두 문제, 즉 'ㅏ以'의 해독에서 'ㅏ'을 그 뜻도 음도 아닌 '디니'로 읽거나 '以'를 음도 뜻도 아닌 '아/어'나 '니'로 읽은 문제와, 'ㅏ以支'의 '支'를 '支'으로 수정하여 연결어미 '-ㅂ'으로 읽지 않고 다르게 본 문제[32]는, 이 문제를 야기시킨 'ㅏ/디'를 동음자 '持/디'의 오자로 수정하고 '支'를 연결어미 '支/ㅂ'으로 수정함에 따라, 원천적으로 아예 발생하지도 않는다는 점에서도, 'ㅏ/디'를 '持/디'의 오자로 보고 '持以支'을 '딕힙'으로 읽은 해독은 합리적이라고 할 수 있다.

---

32 기능이 없는 글자나 허자로 보거나, 읽지 않거나, '支'의 음을 벗어난 'ㅅ, ㅈ, ㅿ, ㅎ, 히' 등으로 읽거나, '支'의 음 '디, 기'를 살렸으나, 문법적으로 설명할 수 없는 연결어미의 기능을 부여하거나, '支'를 '支'으로 수정하고 지정문자로 처리한 문제이다.

4.6. 邀里白乎隱의 오자 里(〉尸)

이 절부터 세 절에서는, 오독자를 다시 동음자로 잘못 쓴 오자들을 정리하고자 한다. '邀里白乎隱'(〈예경제불가〉)의 '里'는 '尸'의 오자로 보인다. 이를 보기 위해, 선행 해독들을 한 단어로 읽은 경우와 두 단어로 읽은 경우로 나누어서 보자.

한 단어로 읽은 해독에서는 '기드리슬븐'(기대리는), '드리삷온'(맞아들여), '드리슬온'(드리사온) 등도 보이지만, 'ㅁㅈ리숣온'(오구라 1929)의 부류, '뫼시리슬본'(양주동 1942)의 부류, '모리슬본'(김완진 1980)의 부류 등이 주류를 이룬다. 어느 부류를 막론하고 다음과 같이 '里'의 해독에서 문제를 보인다.

'ㅁㅈ리숣온'의 부류에는 'ㅁㅈ리숣온, ㅁㅈ리슬본, ㅁㅈ리숣온, ㅂㅅ리슬본, 바지숣온' 등이 있다. 이 해독들은 '里'의 기능을 명확하게 하지 않았다. 그리고 이 해독의 대다수는 '맞+ㅇ'의 'ㅇ'를 첨가해야 하는 문제를 보인다. 이 문제를 해결하고자 '里'를 '마지'의 '이'를 첨가한 글자로 궁색하게 해석하기도 하였다. 또한 이 해독들은 '白'을 상대 존대의 '-숣-'으로 해독한 다음에, 현대역 '맞으시온'에서는 이 상대 존대를 살리지 못하고, 향찰에도 없는 주체 존대의 '-시-'를 첨가한 문제를 보인다. 'ㅁㅈ리숣온'(맞이하옵는, 지헌영 1947)에서만 '-옵-'을 살리고 있으나, 해독과 현대역이 형태소 차원에서 상응/일치하지 않는다.

'뫼시리슬본'의 부류에는 '뫼시리슬본, 뫼시리삷온, 모시리슬본' 등이 있다. '里'를 선어말어미 '-리-'로 보았는데, '-숩/숩-' 앞에 선어말어미 '-리-'가 올 수 없는 문제를 보인다.

'모리슬본'의 부류에는 '모리슬본, 모리슬본, 모리슬본, 모리슬본, 모리숣온, 모리숩온, 모리슳온' 등이 있다. 이 부류에서는 "'邀'字가 '陪立'에 대응되는 것으로 보아도 그것이 '뫼시다'의 뜻임이 분명하지만", '-숩/숩-' 앞에 선어말어미 '-리-'가 올 수 없다는 점에서, '里/리'를 발음첨기로 보면서, '邀'의 고훈을 '모리'로 추정하기도 하였다. 이 논리로 보면, '모시-'의 선행형이 '모리-'라는 것인데, 이 주장은 논증된 것이 아니다. 그리고 이 주장은 앞에서 본 '邀呂白乎隱'(〈칭찬여래가〉)의 '呂'를 '리'로 읽어야 가능한 주장이고, '陪立'(〈도솔가〉)을 복합동사 '모리셔'(뫼셔)로 읽어야 가능한 주장이다. 그런데 앞의 '呂'를 '리'로 읽는 것은, "과연 '呂'가 '리'를 위한 것인가. 또 그렇다면 왜 '呂'가 '리'로 읽히게 되었는가가 宿題로 남을 것이다."(김완진, 1980:159)라고 숙제로 남겨 놓은 문제이다. 또한 '呂'를 '리'로 읽는 것이 어렵다는 사실은 그 후에 김선기와 유창균에 의해서도 지적되었다. 이 지적은 매우 중요하므로 좀더 자세히 보자.

김선기(1993:467-468)는 "'呂'는 [KGSR] #76에 보면 [*gl/io/liwo/lü], [gl/io/liwo/lü]이다."로 시작하고, 몇 줄을 넘어서, "'呂'가 분명히 '理'나 '里'가 될 수 없는데, '呂'를 '리'로 읽었다고 봄은 '慕呂'는 '慕理'와 달라 '기로'나 '고로'로 읽었다고 하여야 고구려 사람의 한자 발음이 밝혀질 터인데, 오구라 박사가 이런 절호의 기회를 놓쳐 버리고 '리'로 읽었다."고 비판을 하였다.

유창균(1994:864)은 "'呂'는 예외 없이 '리'로 읽고 있다. 그러나 이것이 '리'에 代用될 수 있었던 理由는 설명하기 어렵다."로 서두를 시작하면서, '呂'의 재구음 上古(liag) 前漢(liag) 後漢(liag) 魏晉(lio) 南北(lio) 中古(liwo) 등을 열거한 다음에, "이것과 같은 部類에 속하는 '書·許'가 '셔·허'로 되어 있다. 이런 점에서 미루어 보면 '呂'도 '려'가 됨이 당연하다. 기층음의 추이에서 '리'가 될 수 있는 이유는 찾을 수 없다."고 '呂'를 '리'로 읽은 해독을 비판하였다.

게다가 '陪立'을 복합동사 '모리셔'(뫼셔)라고 설명하지만, '모리셔'(뫼셔)가 어떤 점에서 복합동사인가는 구체적인 설명이 없어 수긍하기가 어렵다. 오히려 '陪立'은 '뫼셔'(뫼시+어)일 가능성이 더 많아 보인다. 이런 문제들은 오구라가 '邀里白乎隱'과 '邀呂白乎隱'의 '里'와 '呂'가 같은 것이라고 잘못 본 오해의 파장을 벗어나지 못해서 발생한 문제로 판단된다.

邀里白乎隱을 '邀里 白乎隱'의 두 단어로 띄어 읽은 해독에는, '티리 슐호논'(모시어 사뢰는, 정창일 1987), '뫼리 슐본'(뫼시리 사뢰온, 양희철 1988), '뫼시리 솖온'(뫼실이 솖온, 김선기 1993) 등이 있다. 이 세 해독에서는 '白'을 '솖-'(사뢰-)으로 읽은 것만은 분명하다. 그러나 邀里의 해독과 그 설명이 명확하지 않다.

이렇게 선행 해독들은 '里'의 해독에서 문제를 보이는데, 두 측면에서 이 문제를 다시 검토해 볼 수 있다.

하나는 邀里를 '뫼시리'('邀/뫼시+里/리')로 읽고, 이 '뫼시리'를 '뫼시리라 솖온'(뫼시리라 사뢰온)의 '뫼시리라'에서 '-라'를 생략한 '뫼시리'로 정리하는 측면이다. '-리라'와 '-리오'에서 '-라'와 '-오'는 흔히 생략된다. 이렇게 보면, '邀里/뫼시리 白乎隱/솖온'의 해독에는 문제가 전혀 없다. 그러나 문맥의 차원에서 보면, 현재 완료의 시제를 요구하는 문맥을 미래 시제의 문맥으로 바꾸면서, 문맥이 통하지 않는 문제를 보인다.

다른 하나는 '시'로 쓴 '尸'를 '리'로 오해하고, 이 오해한 '尸/리'를 동음자인 '里/리'로 바꾼 오자로 보는 측면이다. 이는 같은 작품의 제4구에 나온 '毛叱(所>)巴只'에서와 같이 '두로'로 쓴 '巴'를 '바'로 오해하고, 이 오해한 '巴/바'를 동음자인 '所/바'로 바꾼 오자(양희철 2015a:555-559)와 같은 유형이다. '尸/시'는 '佛體/부텨 爲尸

如/ㅎ시돗'(〈항순중생가〉)과 '尸羅/시라'(『제왕운기』, 『균여전』)에서도 보이며, '尸/리'는 '狂尸恨/어리혼'(〈安民歌〉)과 '古尸山=古利山'(『삼국유사』)에서 보인다.

이런 사실들로 보아, '里'를 동유자인 '尸/리'와 '시'로 동시에 읽히는 '尸'의 오자로 보아 수정하고, 개별 향찰을 '邀/뫼시+尸/시+白/습+乎/오+隱/ㄴ'으로 읽고, 전체를 '뫼시숩온'으로 읽는다. '뫼시숩온'의 '뫼시숩-'은 '大神들히 뫼시슥ᄫ니'(『월인천강지곡』 23)에서 보이는 형태이다.

이렇게 '里'를 '尸'로 수정하고 '邀尸白乎隱'을 '뫼시숩온'으로 읽을 때에, '邀/뫼시+尸/시+白/습+乎/오+隱/ㄴ'에서와 같이 향찰로 쓰인 한자의 뜻과 음을 벗어나지 않았고, '尸/시'의 말음첨기를 살릴 수 있으며, '뫼시+숩+오+ㄴ'의 결합은 문법적이고, '뫼시숩온'(뫼시옵는)의 해독과 현대역은 형태소 차원에서 상응하며, '刹刹마다 뫼시옵는'의 문맥이 잘 통한다는 점에서, '里'를 '尸'로 수정하고 邀尸白乎隱을 '뫼시숩온'으로 읽은 해독은 합리적이라고 할 수 있다. 또한 이렇게 수정하여 읽으면, 선행 연구들이 보인 문제, 즉 '里'를 '리'로 읽고 그 기능을 명확하게 하지 않은 문제, 이 '里/리'를 살리기 위하여 '邀'의 훈을 문증 되지 않는 '모리/뫼리'로 본 문제 등은, 이 문제들을 야기시킨 '里'를 '尸'로 수정함에 따라, 모두 원천적으로 아예 발생하지도 않는다는 점에서도, '里'를 '尸'로 수정하고 邀尸白乎隱을 '뫼시숩온'으로 읽은 해독은 합리적이라고 할 수 있다.

4.7. 迷悟同體叱의 오자 叱(〉尸)

迷悟同體叱(〈수희공덕가〉)의 해독에서 문제가 되는 것은 '叱'이다. 이 '叱'의 해독은 제1구뿐만 아니라, 尋只見根(제2구)의 해독과도 밀접한 관계에 있다. 이에 迷悟同體叱에 대한 선행 해독들이 보이는 문제를 문맥적 차원에서 먼저 검토하고, 이어서 迷悟同體叱의 해독에서도 문제를 검토하고자 한다.

迷悟同體叱에 대한 선행 해독들이 보이는 문제를 문맥적 차원에서 보자. 제2구의 '찾아보곤(尋只見根)'의 목적어를 무엇으로 보느냐의 측면에서 보면, 선행 해독들은 네 부류로 나뉜다.

첫째로, 緣起叱을 '찾아보곤'의 목적어로 본 부류이다. "迷悟同體ㅅ / 緣起를 다스려 ᄎ저보곤"(迷悟同體의 / 緣起를 다사려 찾아보곤, 오구라 1929)과 "미오동체ㅅ / 연기 다사려 차지보곤"(미오가 동체인 연기를 다스려 찾아 보건대, 정열모 1947)에서는, 緣起叱을 '緣起를'과 '연기'로 해독하고 '다스려 찾아보곤'과 '다스려 찾아보곤'의 목적어로 보았다. 그러나 '-叱'을 '-를'로 읽을 수 없거나 '-叱'을 읽지 않은 문제를 보이면서,

'찾아보곤'의 목적어를 찾는 데 실패하였다. 그리고 '理良'을 '다스려'와 '다스려'로 읽으면서, '-良/아'의 해독에서도 문제를 보인다.

둘째로, 緣起叱理良을 '찾아보곤'의 목적어로 본 부류이다. 이 부류에는 '理良'을 '理ㄹ'(양주동 1942; 이탁 1956 등등), '理럴'(정창일 1987), '리에'(리치를, 홍기문 1956), '理애'[根源을(김준영 1964), 理致를(김준영 1979; 전규태 1976)] 등으로 읽은 해독들이 있다. 그런데 '理ㄹ'의 경우에는 목적격 어미의 표기에 '乙, 肹, 尸' 등을 사용한다는 문제를 보인다. 그리고 '理럴, 리에, 理애' 등의 경우에는 '-良'을 '-럴, -에, -애' 등으로 읽을 수 없는 문제와, 그 현대역을 '-를, -을, -를' 등으로 달 수 없는 문제를 보인다. 결국 '理/리'를 '찾아보곤'의 목적어로 본 해독들은, '찾아보곤'의 목적어를 찾지 못했을 뿐만 아니라, 처격 어미인 '-良/아'의 해독에서도 실패한 결과를 보여준다.

셋째로 '찾아보곤'의 목적어가 명확하지 않은 부류이다. 이 부류에 속한 해독들은 迷悟同體叱의 '叱'을 'ㅅ, ㄷ, 시' 등으로 읽고, '理良'의 '良'을, '애'(지헌영 1947), '의'(금기창 1996b), '예'(박재민 2013b), '라'(김선기 1975a, 1993), '아'(류렬 2003; 김지오 2012; 이준환 2014) 등으로 읽으면서, 해독은 물론 현대역에서도 '찾아보곤'의 목적어를 명확하게 보여주지 못했다.

넷째로 迷悟同體叱을 '찾아보곤'의 목적어로 본 부류이다. 이에 속한 해독들(정열모 1965; 김완진 1980; 유창균 1994; 강길운 1995; 신재홍 2000)은 迷悟同體叱의 '叱'을 모두 'ㅅ'으로 읽고, 그 현대역에서 迷悟同體叱을 목적어로 보았다. 이 해독들은 '찾아보곤'의 목적어를 迷悟同體叱로 잡으면서 문맥의 파악에서는 성공하지만, 迷悟同體叱의 해독에서는 실패를 하였다. 특히 'ㅅ'에는 목적격 어미의 기능이 없다.

이 해독들이 迷悟同體叱을 목적어로 설명하는 논거들을 둘만 보면 다음과 같다.

> 여기서는 대격 위치에 쓰였다.(정열모 1965:398)
> 문장 구조상으로는 '尋只見根'의 목적어다. …중간 생략… 그러나 이 동사가 목적어를 필요로 하는 타동사인 이상, 前條에서 말했듯이 그 목적어는 '迷悟同體'요 그것을 찾아보는 곳이 '緣起叱理良'라야 하는 것이다.(김완진 1980:180-181)

이 두 설명은 물론 다른 두 설명(유창균 1994:963; 신재홍 2000:359)에서는 迷悟同體叱을 문맥상 목적어로 보지만, '叱'의 해독인 'ㅅ'이 목적격 어미라는 사실을 증명하지 못하였다.

이상과 같이 본다면, 선행 해독들은 제1, 2구에서 '찾아보곤'의 목적어를 정확하게 해독해 내는 데 실패를 하였다.

이번에는 迷悟同體叱 자체의 해독들을 보자. 迷悟同體叱은 '迷悟同體ㅅ, 미오동체ㅅ, 미오동쳬ㅅ, 메오 똥톙, 메오 똥톋, 迷悟同體싀, 迷悟同體시' 등으로 읽어 왔다. 표면적으로만 보면, 해독이 거의 완결된 것 같이 보인다. 그러나 '叱'을 읽은 'ㅅ, ㄷ, 싀, 시' 등의 의미나 기능을 보면, 해독된 형태와 현대역의 형태가 일치하지 않는 문제를 보인다. 이런 문제를 보기 위해 '叱'의 해독과 현대역을 정리하면, 네 부류로 나뉜다. 속격, 원인격[33], 목적격[34], 기타(미제시, -인, 강조사)[35] 등이다. 이 중에서 원인격, 목적격, 기타(미제시, 강조사) 등은 'ㅅ'의 기능이 아니다. 속격으로 읽은 해독에는 'ㅅ'(-의, 오구라 1929; 신태현 1940 등등), 'ㄷ'(-의, 김선기 1975a, 1993), '싀'(-의, 류렬 2003), 'ㅅ'(-라는, 이탁 1956; 지형률 1996 등등) 등이 있다. 이렇게 '叱'을 'ㅅ, ㄷ, 시' 등으로 읽고, 그 의미를 '-의'와 '-라는'의 속격으로 본 이 해독들은 형태소 차원에서는 문제가 없다. 그러나 이 해독들은 문맥의 차원에서 문제를 보인다. 즉 제2구에 나오는 '찾아보곤'의 목적어를 발견할 수 없는 문제이다. 이 해독들은 '緣起叱'이나 '理良'을 목적어로 보았는데, 앞에서 정리하였듯이, '緣起叱'이나 '理良'의 어느 것도 목적어가 아니라는 점에서, 문제를 보인다.

이상과 같이 선행 해독들은, 迷悟同體叱의 '叱'을 속격으로 읽은 경우에는, 해독과 현대역이 형태소 차원에서 연결이 가능하지만, 문맥에 맞지 않는 문제를 보이고, 迷悟同體叱의 '叱'을 'ㅅ'으로 읽고 그 현대역을 목적격의 'ㄹ'로 본 경우에는 그 현대역이 해독에서 끌어낼 수 없는 것이라는 문제를 보인다.

이 문제는 원전비평의 차원에서 迷悟同體叱의 '叱'을 다시 검토하게 한다. 결론부터 말하면, 'ㄹ'로 읽히는 향찰 'ㇱ'를 'ㅅ'으로 읽히는 'ㇱ'로 잘못 보고, 이 'ㇱ/ㅅ'을 동음자인 '叱/ㅅ'으로 오사(誤寫)한 오자로 판단한다.

이 판단에는 구결 'ㇱ'의 표기음이 최소한 'ㄹ'과 'ㅅ'이라는 사실이 도움을 준다. 구결 'ㇱ'는 'ㄹ'로 읽는 것이 기본이며, 'ㅅ'으로 읽는 것도 인정되고 있다. 특히 『화엄경』과 그밖의 구결 'ㇱ' 중에서, 속격의 위치에 온 경우에는 'ㅅ'으로 읽어야 한다는 주장(백두

---

[33] 'ㅅ'[-라(:이니, 김준영 1964, 1979), -라(전규태 1976), -이라(황패강 2001)]과 '싀'(-므로, 정창일 1987)가 이에 해당한다.
[34] 'ㅅ'[∅(목적격으로 추정, 정열모 1965 등등), -를(김완진 1980), -을(강길운 1995; 신재홍 2000)]이 이에 해당한다.
[35] 'ㅅ'[현대역 미제시(지헌영 1947; 홍기문 1956), -인(정열모 1947; 김상억 1974), 강조사(금기창 1996b)]이 이에 해당한다.

현 1993), 명사 다음에 온 구결 'ア'는 'ㅅ'으로 읽어야 한다는 주장(이장희 1995), 주어적 속격과 속격의 'ア'는 'ㅅ'으로 읽어야 한다는 주장(김유범 1996; 심재기·이승재 1998; 이승재 2000) 등이 나왔다. 이런 연구들로 보면, 구결 'ア'는 목적격 어미 'ㄹ'에는 물론 속격 어미 'ㅅ'에도 쓰였음을 알 수 있다.

구결 'ア'가 목적격 어미 'ㄹ'과 속격 어미 'ㅅ'에 쓰였다고 할 때에, 이는 그대로 향찰 'ア'에도 적용할 수 있다. 이 경우에 목적격 어미로 쓰인 'ア/ㄹ'은 쉽게 속격 어미 'ア/ㅅ'으로 오해할 수 있고, 이 속격 어미로 본 'ア/ㅅ'은 동음의 속격 어미 '叱/ㅅ'으로 오사할 수 있다. 즉 목적격 어미 'ア/ㄹ'을 속격 어미 'ア/ㅅ'으로 오해하고, 이 오해한 'ア/ㅅ'을 다시 동음자인 '叱/ㅅ'으로 오사하면서, 오자가 발생했다는 것이다.

이 'ア/ㄹ'을 '叱/ㅅ'으로 오사(誤寫)할 수 있는 가능성을 보자. 이와 비슷한 예는 '巴/두로'를 '巴/바'로 오해하고, 이 '巴/바'를 '所/바'로 오사한 '毛叱所只'는 〈예경제불가〉뿐만 아니라, 문제의 迷悟同體叱이 함께 나오는 〈수희공덕가〉에서 볼 수 있다(양희철 2015a:555-559).

이런 사실들과 迷悟同體叱이 목적어의 위치에 있다는 사실을 종합적으로 검토하여, 迷悟同體叱은 '迷悟同體ㄹ(미오동쳴)'로 읽히는 '迷悟同體ア'의 오사로 판단한다. 즉 향찰 'ア/ㄹ'을 향찰 'ア/ㅅ'으로 보고, 이 'ア/ㅅ'을 동음의 '叱/ㅅ'으로 잘못 옮겨 쓴 것이다. 이 원전비평의 결과는 迷悟同體叱의 의미를 목적격으로 본 해독들(정열모 1965; 김완진 1980; 유창균 1994; 강길운 1995; 신재홍 2000)과 일치한다.

이상과 같은 점들로 보아, 迷悟同體叱의 '叱'은 'ㄹ'로 읽히는 'ア'를 'ㅅ'으로 읽히는 'ア'로 오해하고, 이 'ア/ㅅ'을 동음자인 '叱/ㅅ'으로 오사한 오자라고 정리한다.

이렇게 '叱'을 'ア'의 오자로 보고 '迷悟同體ア'를 '迷悟同體ㄹ'로 읽을 때에, 'ア/리'의 음 'ㄹ'을 살리고, '迷悟同體+ㄹ'의 연결이 문법적이며, '迷悟同體ㄹ'(迷悟同體를)의 해독과 현대역이 형태소 차원에서 상응하며, '迷悟同體를 연기의 이치에서 찾아보곤'의 문맥이 잘 통한다는 점에서, '叱'을 'ア'의 오자로 보고 '迷悟同體ア'를 '迷悟同體ㄹ'로 읽은 것은 합리적이라고 할 수 있다. 또한 이렇게 수정하고 읽을 때에, 선행 연구들 그중에서도 '迷悟同體叱'을 '迷悟同體ㅅ'으로 읽고 그 의미를 목적격으로 본 문제는, 이 문제를 야기시킨 '叱'을 'ア'로 수정함에 따라, 원천적으로 아예 발생하지도 않는다는 점에서도, '叱'을 'ア'의 오자로 보고 '迷悟同體ア'를 '迷悟同體ㄹ'로 읽은 것은 합리적이라고 할 수 있다.

4.8. 一等下叱의 오자 叱(>尸)

一等下叱(〈맹아득안가〉)의 해독은 격어미를 기준으로 보면 5분 된다. '下叱'을 목적격 어미로 본 경우, '叱'을 목적격 어미로 본 경우, 격어미(목적격, 주세격)의 생략으로 본 경우, '放'을 수정한 '於'를 '一等下叱'에 붙이고 처격으로 본 경우, '叱'을 읽지 않거나 '싀'나 'ㆆ'으로 읽은 경우 등이다. 이 해독들을 차례로 변증해 보자.

먼저 '下叱'을 목적격 어미 '홀'이나 '훌'로 본 경우를 보자. '한 무리홀'(오구라 1929), '훈 낱홀'(유창선 1936d), 'ᄒᆞ 돈 홀'(양주동 1942; 황패강 2001 등등), 'ᄒᆞ나홀'(이탁 1956), '하단할'(김상억 1974), 'ᄒᆞᄃᆞ눌'(下: 덧들어 간 글, 홍기문 1956) 등이 있다. 이 해독들은 해당구를 대구로 보고, '肹'에 대응하는 표현으로 '下叱'을 '홀'이나 '훌'로 읽었다. 이 해독들은 세 가지 문제를 보인다. 첫째는 '하나를 놓고 하나를 덜어'의 의미가 문맥에서 모호하다는 것이다. 둘째는 대구를 의식한 것은 사실이지만, 대구의 앞뒤를 '下叱'이나 '肹'로 통일하지 않은 문제이다. 셋째는 'ㄹ'에 '乙'이나 '尸'가 쓰인다는 문제이다.

'叱'을 목적격 어미 'ㅅ(/ᄒᆞᆺ)'으로 본 경우를 보자. 'ᄒᆞ 돈 핫'(서재극 1975; 김완진 1980[36] 등등)과 'ᄒᆞ 돈 홋'(지헌영 1947; 김준영 1964, 1979)이 있다. 이 해독들도 세 가지 문제를 보인다. 첫째는 '하나를 놓고 하나를 덜어'의 의미가 문맥에서 모호하다는 것이다. 둘째는 이 해독들은 '叱/ㅅ'을 목적격 어미(/대격 어미)로 보면서, 'ㅅ'이 목적격 어미라는 사실을 거의 증명하지 못했다는 것이다. '叱/ㅅ'의 위치가 목적격 어미의 위치라는 점에서 목적격 어미로 본 것이지, 'ㅅ'이 목적격 어미라는 사실을 논증한 것은 아니다. 유일하게 "목적격조사 '홀'을 입성적이고 강세적인 '홋'으로 발음한 것"(김준영 1979:132)이라는 설명이 있으나 설득력이 없다. 셋째는 '一等下叱'을 읽은 'ᄒᆞ 돈 핫'의 의미를 '하나를' 또는 '한 개를'로 달면서, '下/하/ᄒᆞ'의 해독에서도 문제를 보인다.[37]

---

[36] "여기서 '叱'은 격형태가 생략된, 주로 대격의 자리에서 종종 발견케 되는 문제의 '叱'로 보여 그 앞의 '下'는 '一等'에 붙은 接辭이거나 아니면 명사일 것으로 짐작된다."(김완진 1980:103)의 문장을 보면, "'叱'은 격형태가 생략된"의 의미는 명확하지 않다. 이를 제외한 "대격의 자리에서 종종 발견되는 문제의 '叱'로 보여"와 'ᄒᆞ 돈 핫'으로 보아, '叱'을 'ㅅ'으로 읽고 대격 어미(목적격 어미)로 본 것으로 정리하였다.

[37] '하/ᄒᆞ'를 '목적어 성분'(서재극)으로 보거나, "'下'는 '一等'에 붙은 接辭이거나 아니면 명사일 것"(김완진)으로 보면서 '하/ᄒᆞ'를 명확하게 하지 않은 경우도 있고, '홋'을 목적격 어미(김준영)로 처리하면서 문제를 보인 경우도 있으며, 'ᄒᆞ 돈 하'(하나의 것)로 읽고 '하나'(신재홍)의 의미로 보면서 '하'를 명확하게 하지 않은 경우도 있고, '하'를 '개'(지형률)의 의미로 보면서 문제를 보인 경우도 있다. 거의가 '下'의 해독에서도 문제를 보인다.

격어미(목적격, 주제격)의 생략으로 본 경우를 보자.

목적격 어미의 생략으로 본 경우에는 '흐둔핫'(서재극 1975; 금기창 1993; 유창균 1994)이 있다. 이 해독의 현대역을 보면, '하나(를), 하나를, 하나만(을)' 등과 같이 목적격 어미가 생략된 형태로 보았다. 이 해독들은 두 가지 문제를 보인다.

첫째는 [하나(를) 버리(소서) 하나를 빼(소서)], [하나를 놓아 하나를 덜어], [하나만 놓고 하나는 덜어] 등의 의미가 문맥에서 모호하다는 것이다.

둘째는 해독과 현대역에서 문제를 보인다는 것이다. 탈격으로 설명하고 그 현대역은 '하나를'로 단 경우[38]에는, 탈격으로 설명한 '下叱/핫'과 현대역의 목적격 어미 '-를'이 어떻게 연결되는지를 알 수 없다. 한정 또는 강세의 접미사로 본 경우[39]에는, 문맥상 '下'는 한정의 접미사 '만'과 같다고 보고, 이를 합리화하기 위하여, '下/하'를 예증되지 않는 한정이나 강세의 접미사로 본 다음에, '下叱/핫'을 '하나만(을)'의 의미인 '흐둔핫'의 '핫'으로 보았다. 강세의 접미사는 '一等沙隱'의 '沙'에서 보이는데, 이를 피하고 예증되지 않는 설명을 한 것은 문제이다.

주제격 어미의 생략으로 본 경우를 보자. '가튼 갓'(하나 개는, 한 개는, 강길운 1995), 흐둔 핫(한 개는 지형률 1996), '흐둔핫'(하나정도는, 하나만은, 남풍현 2017a) 등이 있다. 이 해독들 역시 두 가지 문제를 보인다.

첫째는 [한 개는 그냥 놓아두고 하나만을 덜어서], [한 개는 놓아두고 하나를 덜어], [하나 정도는(만은) 놓고, 하나는 꼭 덜어서] 등의 의미가 문맥에서 모호하다는 것이다.

둘째는 '갓'이나 '핫'의 의미가 '개'나 '정도'일 수 없다는 문제이다. 이 해독들은 '가튼 갓'과 '흐둔 핫'에서 '갓'과 '핫'을 '개'나 '정도'의 의미로 보았다. '가'와 '하'는 '것'의 의미일 수 있으나, '갓'과 '핫'은 '개'의 의미일 수 없다. 그리고 '흐둔핫'에서는 '흐둔 ㅎ+아+ㅅ'(하나정도, 하나만큼)으로 분석하고, '아+ㅅ'를 〈원가〉에서 보이는 '之叱/읫'의 '읫'과 일치하는 표현으로 보았는데, '下叱/핫'과 '之叱/읫'을 같은 것으로 볼 수 있는 논거가 부족해 보인다.

'放'을 수정한 '於'를 '一等下叱'에 붙이고 처격으로 본 경우를 보자. '까단 깐애'(같은 것에서, 김선기 1968c)와 '까돈 깐애'(같은 것에, 김선기 1993)가 있다. 이 해독들

---

[38] "「下叱」(하ㅅ) 곧 「핫」은 여기서는 奪格助詞로 보여지며 「흐둔핫」으로 읽는다."(금기창 1993:187)
[39] "문맥상으로 '下'는 限定이나 强勢의 접미사 '하'와 같은 형태의 접미사의 예를 찾을 수 없으나, 의미상으로는 접미사 '만'과 같다고 하겠다. '하'는 본디 '하-(多)'의 부사형 '하'에 연유하는 것이 아닐까 한다. '하'가 여기서는 한정 또는 강세의 접미사로 전용된 것으로 보는 것이다."(유창균 1994:601)

역시 두 가지 문제를 보인다.

첫째는 '같은 것에서 하나를 더소서'의 의미가 문맥에서 모호하다는 문제이다.

둘째는 '放'을 '於'로 수정하고, ' 에(서)'의 의미인 '애'로 읽었는데, '-에'의 의미에 '-아(良)'를 쓰지 않고 '-애(於)'를 썼다고 보는 것이 쉽지 않다.

마지막으로 '叱'을 읽지 않거나 '식'나 'ㆆ'으로 읽은 경우를 보자. '한무리해'(정열모 1947), '훈기리히'(정열모 1965), 'ᄒᆞ돈 알식'(정창일 1987), 'ᄒᆞ돈 알ㆆ'(최남희 1996) 등에서는 '叱'을 읽지 않거나 '식'나 'ㆆ'으로 읽었다. 이해되지 않는 해독들이다. 이 해독들 역시 문맥상 문제를 보이고, '下叱'의 해독에서 문제를 보인다.

이와 같이 一等 下叱에 대한 선행 해독들은 '下叱' 또는 '下叱放'의 해독과 문맥에서 문제를 보인다. 이 문제는 '一等'을 'ᄒᆞ돈'(같은)으로, '下'를 '하'(것)로 각각 읽고, '一等 下叱'의 '叱'을 'ㄹ'을 표기한 '尸'를 'ㅅ'을 표기한 '尸'로 오해하고, 이 '尸/ㅅ'을 동음의 '叱/ㅅ'으로 잘못 옮겨 쓴 것으로 판단할 때에 풀린다.

이렇게 '一等 下叱'을 '一等 下尸'로 수정하여, 'ᄒᆞ돈 할'로 읽을 때에, '一/ᄒᆞ돈+等/돈 下/하+尸/ㄹ'에 쓰인 한자의 음과 뜻을 벗어나지 않고, 그 연결이 문법적이며, 'ᄒᆞ돈 할'(같은 것을)의 해독과 현대역은 형태소 차원에서 상응하며, '천 손의 천 눈을(천 손의 천 눈에서), 같은 것(들)을 놓고, (그중에서) 하나를 덜어'[40]는 문맥이 잘 통한다는 점에서, '叱'을 '尸'로 수정하고, '一等 下尸'를 'ᄒᆞ돈 할'로 읽은 것은 합리적이라 할 수 있다. 또한 이렇게 수정하여 읽을 때에, 선행 행독들이 보인 문제, 그중에서도 '一等 下叱'의 '-下叱'을 목적격 어미로 본 해독들이 보인, '下叱'이나 '肹'로 통일하지 않은 문제는, 이 문제를 야기시킨 '-下叱'의 '叱'을 '尸'로 수정함에 따라, 원천적으로 아예 발생하지도 않는다는 점에서도, '叱'을 '尸'로 수정하고, '一等 下尸'를 'ᄒᆞ돈 할'로 읽은 것은 합리적이라 할 수 있다.

이상과 같은 점들에서, 一等下叱의 '叱'을 '尸'의 오자로 정리한다. 이 오자를 잘못 쓰게 된 이유와 설명은 앞의 迷悟同體叱의 '叱'과 같다.

4.9. 矣徒의 오자 矣(=厶)[〉 私(=厶)]

이 절에서는 오독자를 이체자로 옮긴 오자를 정리하려 한다.

---

40 '一等'을 'ᄒᆞ돈'으로 읽고, 전반부의 'ᄒᆞ돈'은 '같은'의 의미로 보고, 후반부의 'ᄒᆞ돈'은 '하나'의 의미로 보았는데, 이에 대한 자세한 설명은 '一等'의 해독 참조.

矣徒良은 '矣'를 끊어서 앞에 붙이는 경우와 뒤에 붙이는 경우가 있다. 그러나 후자를 택한다. 왜냐하면 '矣'를 끊어서 앞에 붙이고 나면, 나머지 '徒良'은 '물+아'가 되는데, 이 경우는 작품을 진흙 나르기에 참여한 사람들의 노래가 아니라, 진흙 나르기를 관찰하는 사람의 노래가 되기 때문이다.

矣徒良의 '矣徒'를 보자. '矣徒'는 이두에도 있어 쉽게 '의니(저희내/우리들)'로 해독할 수 있었다. 그러나 이 이두를 차제자의 원리로 설명하고자 할 때에 상당히 큰 문제가 발견된다. 왜냐하면, '矣'를 '이/의'의 전음독자로 본다면, 한국어 '이/의'에 '저희'의 뜻이 없고, 그렇다고 '矣'를 '저희'의 뜻인 실의독자로 읽을 수도 없기 때문이다. 특히 '矣'의 한국 속훈은 '주비(都, 統首)' 또는 뜻이 없는 어기사 또는 어조사이기 때문이다. 그러면 '矣徒'의 '矣'가 어떻게 '저희/우리'의 뜻을 얻었는가는 매우 큰 문제가 된다.

이 문제는 동자이의(同字異義)의 관계에서 밝혀진다. 고자(古字)에서 '저희/우리(我)'를 뜻하는 '私'는 '厶'이고, 구결에서 '矣'도 '厶'로 쓰인다. 이렇게 '私'와 '矣'가 모두 '厶'로 쓰일 때에, '厶(=私)'는 '厶(=矣)'로, '厶徒(=私徒)'는 '厶徒(=矣徒)'로 오해할 수도 있게 된다. 즉 '우리물아'를 표기한 '厶徒(=私徒)良'을 '의너아' 또는 '이니아'를 표기한 '厶徒(=矣徒)良'로 잘못 볼 수도 있다는 것이다. 이렇게 이해할 때에, '矣'의 음에도 뜻에도 없는 '저희'나 '우리'의 의미를 이해할 수 있다.

이런 점들로 보아, '矣'는 고자의 '厶(=私)'를 구결의 '厶(=矣)'로 오해하고, 이 '厶(=矣)'를 다시 이체자(/본자) '矣'로 바꾸면서 발생한 오자로 정리할 수 있다. 이는 관습자(양희철 1997)로 보았던 내용을 오자의 차원에서 다시 정리한 것이다.

이렇게 '矣'를 '私'로 수정하고 '私徒良'을 '우리물아'(우리무리야)로 읽을 때에, 향찰들은 해당 한자의 뜻과 음을 살렸고, '우리+물+아'의 결합은 문법적이며, '우리물아'(우리무리야)의 해독과 현대역은 형태소 차원에서 일치하며, '서러운 것 많아 우리 무리야 공덕 닦아'의 문맥이 잘 통한다는 점에서, '矣'를 '私'로 수정하고 '私徒良'을 '우리물아'(우리무리야)로 읽은 것은 합리적이라고 할 수 있다. 또한 이렇게 수정하여 읽을 때에, 선행 연구들이 '의니아'로 읽고 그 의미를 '우리네아'로 보면서 형태소 차원에서 '의'와 '우리'가 상응/일치하지 않는 문제는, 이 문제를 야기시킨 '矣'를 '私'로 수정함에 따라, 원천적으로 아예 발생하지도 않는다는 점에서도, '矣'를 '私'로 수정하고 '私徒良'을 '우리물아'(우리무리야)로 읽은 해독은 합리적이라고 할 수 있다.

5. 결론

 지금까지 향가의 원전비평, 그중에서도 오자를 다시 한번 검토하고 정리해 보았다. 그 결과 선행 연구에서 밝혀 놓은 12자의 오자 외에, 30자의 오자를 다시 정리하였다. 이 결과를 요약하여 결론을 대신하면 다음과 같다.

 1) 자체의 의미나, 논거나 문맥의 차원에서 설득력을 얻지 못해 오던 오자설을 보완한 것으로 일곱이 있다. '何如'(〈처용가〉)의 오자 '如'는 '惡知'(엇디, 〈모죽지랑가〉)를 참고할 때에, '知'의 오자설이 설득력을 얻는다. '修叱如良'(〈풍요〉)의 '如'는 '良'을 연자로 읽을 때에, '加'의 오자설이 설득력을 얻는다. '賜去'(〈원왕생가〉)의 '去'는 바로 앞의 '-遣'을 띠우고 '-곤'으로 읽을 때에, '立'의 오자설이 설득력을 얻는다. '也人是'(〈혜성가〉)의 '也'는 이어지는 '有叱多'를 '잇다'가 아닌 '이실다?'(있겠느냐?)로 읽을 때에, '他'의 오자설이 설득력을 얻는다. '遠鳥'(〈우적가〉)의 '鳥'의 수정자 '烏'는 원인이나 이유를 나타내는 연결어미 '-어'의 이형태 '-오'로 읽을 때에, '烏'의 오자설은 설득력을 얻는다. '安攴'(〈우적가〉)의 '攴'은 '攴'이 '支'의 이체자가 아니라는 사실을 확인할 때에, '支'의 오자설은 설득력을 얻는다. '佛伊'(〈수희공덕가〉)의 '伊'는 이어지는 '毛叱 所只'를 '毛叱 巴只'의 오자로 보고, '못 두록'(끝까지 두루)로 읽을 때에, '体'의 오자설이 설득력을 얻는다.

 2) 선행 오자설 중에는 선행 주장과 다르게 다른 글자의 오자로 정리해야 하는 것으로 다섯이 있다. '爾處米'의 '爾'는 선행 연구에서 '尒'의 오자로 보아 왔는데, 이보다는 '彌'의 오자로 보는 것이 좀더 설득력을 얻는다. '毛達只將'(〈우적가〉)의 '只'는 선행 연구에서 '見'의 오자로 보아 왔는데, 이보다는 '尸'의 오자로 보는 것이 좀더 설득력을 얻는다. '至刀'(〈수희공덕가〉)의 '刀'는 선행 연구에서 '刃, 力, 尸' 등의 오자로 보아 왔는데, 이보다는 '乃'의 오자로 보는 것이 좀더 설득력을 얻는다. '友伊音叱多'(〈상수불학가〉)의 '友'는 선행 연구에서 '支, 反, 尸' 등의 오자로 보아 왔는데, 이보다는 '及'의 오자로 보는 것이 좀더 설득력을 얻는다. '于音毛'(〈총결무진가〉)의 '毛'는 선행 연구에서 '未, 矣, 多' 등의 오자나 '尾'의 약자일 가능성을 열어 놓았는데, 이보다는 '尾'의 오자로 보는 것이 좀더 설득력을 얻는다.

 3) 선행 연구에서는 오자로 보지 않다가, 이 글에서 처음으로 정리한 유사자의 오자에는 9개가 있다. '好攴'(〈원가〉)의 오자 '攴'()支), '古理因'(〈원가〉)의 오자 '古'()右), '唯只伊'(〈우적가〉)의 오자 '伊'()作), '邀呂白乎隱'(〈칭찬여래가〉)의 오자 '呂'()尸), '尋只'(〈수희공덕가〉)의 오자 '只'()尺), '潤只沙音也'(〈청전법륜가〉)의 오자 '只'()尸),

'塵伊'(〈상수불학가〉)의 오자 '伊'()化), '根中'(〈항순중생가〉)의 오자 '中'()尸), '身伊波'(〈보개회향가〉)의 오자 '伊'()仁) 등이다. '唯只伊'(〈우적가〉)의 오자 '伊'()作)와 '根中'(〈항순중생가〉)의 오자 '中'()尸)는 오자이면서 동시에 '서로 연계된 연자와 누락자'의 연자이다.

4) 선행 연구에서는 오자로 보지 않다가, 이 글에서 처음으로 정리한 동음자로 잘못 쓴 오자와 기타에는 9자가 있다. 동음자로 잘못 쓴 오자에는 '國惡支'(〈안민가〉)의 오자 '支'()只), '友物'(〈혜성가〉)의 오자 '物'()徒), '部伊冬衣'(〈칭찬여래가〉)의 오자 '冬'()等), '毛等'(〈칭찬여래가〉)의 오자 '等'()冬), '卜以攴'(〈참회업장가〉)의 오자 '卜'()持) 등이 있다. 오독자를 다시 동음자로 잘못 쓴 오자에는 '邀里白乎隱'(〈예경제불가〉)의 '里'()尸), '迷悟同體叱'(〈수희공덕가〉)의 오자 '叱'()尸), '一等下叱'(〈맹아득안가〉)의 오자 '叱'()尸) 등이 있다. 오독자를 다시 이체자로 옮긴 오자에는, '矣徒'(〈풍요〉)의 오자 '矣(=厶)'[)私(=厶)]가 있다.

5) 선행 연구에서 정리된 오자 12자와 이 글에서 정리한 오자 30자를 합치면 향가의 오자는 42자로 정리된다.

이 글에서는 원전비평 중에서 오자만을 정리하였다. 누락자, 전도구, 연자 등의 문제는 이어지는 글에서 다루려 한다.

누락자 9제

1. 서론

이 글은 향찰에 나타난 누락자를 검토 정리하는 데 연구의 목적이 있다.
　향찰의 원전비평은 누락자(漏落字), 누락문(漏落文), 연자(衍字), 전도자(顚倒字), 전도구(顚倒句), 괴자(壞字), 이체자(異體字, 略字, 俗字), 오자(誤字), 오독자(誤讀字), 기타 등에서 행해져 왔다. 최근에 정리된 이 원전비평의 현황(양희철 2020)을 보면, 상당한 부분이 정리된 것 같다. 그런데, 향찰의 원전비평을 다시 검토해 보니, 오자, 누락자, 연자, 전도구 등에서 보완해야 할 것들이 적지 않게 발견되었다. 이에 글을 세 편으로 나누어 보완하기로 하고, 이 글에서는 앞의 글에서 정리한 오자에 이어서 누락자를 보완하였다. 서로 연계된 누락자와 연자는 이 글에 이어서 쓸 다음의 글에서 정리하려 한다.
　향가의 향찰에서 누락자 또는 낙자는 오구라(1929), 신태현(1940), 이탁(1956), 김선기(1967a), 금기창(1993), 강길운(1995), 신재홍(2000) 등에 의해 주장되었다. 그러나 그 주장들을 구체적으로 검토해 보면, 누락자로 인정되는 것은 거의 없다(양희철 2020). 특히 누락자를 누락이나 누락자로 정확하게 언급한 경우는 매우 드물다. 유창균(1994)만이 '得賜(尸)伊馬落'(〈수희공덕가〉)에서 괄호 안의 '尸'가 누락 또는 생략되었다고 지적하였다. 누락자와 연관이 있는 연구로는 아무런 설명도 없이 음이나 향찰을 첨가하거나, 생략형 또는 생략 표기라고 설명하면서 음이나 향찰을 첨가한 경우들이 있다. 이 연구들은 엄격한 의미에서 누락자의 연구는 아니다. 이런 연구 현황으로 보면, 향가에는 누락자가 거의 없는 것 같다.
　그러면 더 이상의 누락자는 없는가 하는 질문을 할 수 있다. 이 질문에 자신 있게 더 이상의 누락자는 없다고 답하기는 어렵다. 향가를 읽다 보면, 비문법적이고 문맥이 통하지 않는 부분이 적지 않기 때문이다. 비문법적이고 문맥이 통하지 않는 부분들은 원전비평의 차원에서 보면, 오자, 누락자, 연자 등이 포함되어 있음을 의미한다. 비문법적이고 문맥이 통하지 않는 부분들을 구체적으로 검토한 결과, 필자는 누락자로 정리할 수 있는 아홉 향찰을 발견하였다. '喜賜(尸)以留也'(〈항순중생가〉), '得賜(尸)伊馬落'(〈수희공덕가〉), '爲理(叱)古'(〈처용가〉), '來(尸)去'(〈수희공덕가〉), '寶非(乎)'(〈청불주세가〉), '止以(賜)友'(〈청불주세가〉), '去米(置)'(〈상수불학가〉), '修(叱)孫'(〈보개회향가〉), '悟(乎)內去齊'(〈보개회향가〉) 등의 괄호 안에 넣은 '尸, 尸, 叱, 尸, 乎, 賜, 置, 叱, 乎' 등이다. 이 누락자들[41]을 이 글에서 구체적으로 정리하려 한다.

2. 향찰음의 오해로 삭제된 누락자

향찰 '尸'의 표기음은 'ㄹ/리'에서 'ㄹ/리, ㅅ, 시' 등으로 확장되는데, '尸/시'는 '爲尸如'(〈항순중생가〉)에서 보인다. 향찰 '尸'는 'ㄹ' 또는 'ㅭ'으로 읽어왔다. 그러나 최근에 들어, 선행 해독들을 철저하게 변증[42]한 다음에, '尸/시'를 동음자인 '賜/시'의 오자로

---

41 이 글에서 정리하는 누락자 9제 중에서 '修(叱)孫'의 누락자 '叱'(〈보개회향가〉)을 제외한 나머지 8제는 3편의 글(양희철 2022b, 2023b, 2024a)에서 정리한 것들이다.
42 '爲尸如'에 대한 기왕의 해독들을 최근에 철저하게 변증한 내용(양희철 2015a:553-555) 중에서, '尸'를 'ㄹ'과 '시'로 읽은 여섯 유형에 대한 변증을 간단하게 요약하면 다음과 같다.
　　첫째로 '尸'를 'ㄹ'로 읽고, '如'를 '둣'이나 '닷'으로 읽은 유형에는 '홀둣'[부처가 할듯(양주동 1942), 님께서 悲願하시듯(지헌영 1947), 부처님이 하오신 바처럼(전규태 1976), 부처가 했듯이(황패강 2001)], '깔닷'(부처가 하듯이, 김선기 1993) 등이 있다.
　　둘째로 '尸'를 'ㄹ'로 읽고, '如'를 '다비, 다이, 다비, 드비' 등으로 읽은 유형에는 '홀다비'(부처 하듯, 홍기문 1956), '홀다이'(부처님이 하신 바와 같이, 김준영 1964), '깔라비'(부처 하듯, 김선기 1975a), '홀다비'(부처 한 바와 같이, 김준영 1979), '헐다비'(부처님이 하는 것처럼, 강길운 1995), '홀ㄷ비'(부처가 하는 듯이, 류렬 2003) 등이 있다.
　　이 두 유형의 해독들은 다음과 같은 두 차원에서 문제를 보인다.
　　하나는 주어를 부처로 하면서 주체 존대의 선어말어미를 해독에서 보여주지 않은 문제이다. 〈항순중생가〉에서 부처님을 주어로 할 경우에는 '沙音賜焉' 및 '喜賜以留也'에서와 같이 주체 존대의 선어말어미 '賜'를 썼다. 이런 사실들로 보아, '佛體'를 주어로 하는 '爲尸如'에서도 주체 존대의 선어말어미 '-시-'를 해독에서 살려야 하는데, 그렇지 못한 것은 문제이다. 일부 해독에서는 해독에 없는 '-시-'를 현대역에서 보여주기도 했는데, 이는 스스로 문제가 있음을 잘 보여준다.
　　다른 하나는 '尸'를 'ㄹ'로 읽으면서, 그 뜻을 현재나 과거로 본 문제이다. 앞의 해독에서 'ㄹ'을 미래로 정리하면, 문맥이 통하지 않는다. 이 문제를 해결하기 위하여 그 뜻을 현재나 과거로 보았다. 이 역시 문제이다.
　　이렇게 앞의 유형들이 문제를 보이자. 이 문제를 해결하려는 다음의 해독들이 나왔다.
　　셋째로 '尸'를 'ㄹ'로 읽고, '如'를 '처럼'의 의미로 읽은 유형에는 '홀처로'(부처처럼, 정열모 1965)와 '홀 다'(부처처럼, 이용 2007)가 있다. '홀처로'나 '홀 다'의 해독이 '(부처)처럼'의 현대역으로 연결되지

본 해독[43]이 나왔다. 그런데 그 후에 구결에서도 'ㄗ/시'[44]가 발견되어, '爲ㄗ如'의 'ㄗ' 역시 '賜'의 오자가 아니라 '시'의 표기로 보게 되었다. 이렇게 'ㄹ/리'에서 'ㄹ/리, ㅅ, 시' 등으로 확장된 향찰과 구결 'ㄗ'의 표기음은 '喜賜伊留也'와 '得賜伊馬落'에서 삭제된 누락자 'ㄗ/ㄹ'을 찾아내는 데 결정적인 도움을 준다.

2.1. 喜賜(ㄗ)以留也의 누락자 ㄗ

이 절에서는 '爲ㄗ如'와 함께 〈항순중생가〉에 나오는 '喜賜(ㄗ)以留也'의 누락자 'ㄗ/ㄹ'을 찾아서 정리하고자 한다.

않는다.
　넷째로 'ㄗ'를 'ㄹ'로 읽고, '如'를 '다이, 닷, 다' 등으로 읽으면서, '佛體'를 '부처님께'의 의미로 읽은 유형에는 '할다이'(부처께 하듯이, 정열모 1947), '홀닷'(부처께 할 듯이, 신재홍 2000), '홀 다'(부처님께 하듯이, 김지오 2012), '홀 다이'(부처께 하듯이, 박재민 2013b) 등이 있다. '부처' 다음에 생략될 수 없는 '-께'가 생략된 것으로 본 것이 문제이다. 그리고 '홀닷'을 제외한 나머지 해독들은 해독에서 보이는 'ㄹ'을 현대역에서 무시한 것도 문제이다.
　다섯째로 '爲'를 'ᄃᆡ' 또는 'ᄃᆞ비'로 읽은 유형에는 'ᄃᆡᆯ다'(부처 되려 하느냐, 김완진 1980)와 'ᄃᆞ빌다'(佛體가 되겠다고, 유창균 1994)가 있다. '-ㄹ다'는 '-ㄹ 것이다' 또는 '-겠느냐'의 의미로, 이 해독들이 보여주는 '-려 하느냐' 또는 '-겠다'의 의미가 아니다. 그리고 이 해독들은 부처님이 하시듯이 항상 중생을 따르겠다는 〈항순중생가〉의 주제에도 부합하지 않는다.
　여섯째로 '흐시열'(부처님에게 하시는, 정창일 1987)의 유형이다. 이 해독은 생략될 수 없는 '-에게'를 생략으로 본 문제와, 해독이 현대역으로 연결되지 않는 문제를 보인다.

[43] "이렇게 선행 해독들은 두 가지 미흡점을 보인다. 하나는 문맥에서 요구하는 주체 존대의 선어말어미를 살리지 못한 미흡점이고, 다른 하나는 해독과 현대역이 형태소의 측면에서 상응하지 않는다는 미흡점이다. 이 미흡점들을 보완하면 다음과 같다. 앞에서 살폈듯이, '爲ㄗ如'는 주체 존대의 선어말어미를 필요로 하는 부처를 주어로 한다. 이에 따라 '爲ㄗ如'를 '爲賜如'의 誤寫로 판단하고, '흐시닷'으로 읽으려 한다. 즉 한자로 보았을 때에, 동음이자인 'ㄗ'(시)와 '賜'(시)를 혼동하여 誤寫한 것으로 판단하고, '흐시닷'으로 읽는다. 이렇게 읽을 때에, 이 해독은 차자자의 원리에 맞고, 형태소들의 연결이 문법적이며, 문맥에도 적합하다."(양희철 2015a:555)

[44] 구결 'ㄗ' 중에는 'ㄹ'이나 'ㅭ'으로 읽을 수 없는 것들이 있다. 이것들을 철저하게 무시해 오다가, 최근에야 'ㄗ/시'로 읽기 시작했다. 이 'ㄗ/시'는 속격, 부주격, 주격 등으로 나뉜다(양희철 2016a:129-134). 속격의 'ㄗ/시'로는 '如來ㄗ(之)身ㅣ'(『합부금광명경』 06:20), '如來ㄗ地ㅣ+'(『화엄경』 10:01), '如來ㄗ體ㅣ'(『화엄경』 11:14-15) 등의 'ㄗ'들을 들었다. 부주격의 'ㄗ/시'로는 '二者 諸 佛 如來ㄗ 說白ノㄱ 甚深 法ㄷ'(『합부금광명경』 03:25-04:01)의 'ㄗ'를 들었다. 주격의 'ㄗ/시'로는 '(此)ㅣㅣ 藏ㄱ 窮盡ㄗ 無ㄣ 分段 無ㄣ 間ㄗ 無ㄣ 斷ㄗ 無ㄣ 變異ㄗ 無ㄣ 隔礙ㄗ 無ㄣ'(『화엄경소』 26:04-06), '一切 劫ㅣ+ 斷絶ㄗ 無ㅣᆝㅅ入ㅡ(故)ㅣㄣ'(『화엄경소』 26:14), '心ㅣ+ 動亂ㄗ 無ㅎㅣㅌ뇨'(『화엄경』 08:14) 등등의 'ㄗ'들을 들었다. 이런 주격 '-시'는 '겹시 많다.'와 '겹시 난다.'에서도 보인다. 이상의 'ㄗ'들은 앞의 정리가 나오기 전까지는 거의 도식적으로 'ㄹ'이나 'ㅭ'으로 읽어왔던 것들이다.

'喜賜以留也'의 해독은, '깃부샤일야'(기쁘샤 일야, 오구라 1929)를 제외하면, 미래시제의 선어말어미 '-리-'를 포함한 경우와 동명사형 어미 '-ㄴ'이나 '-ㄹ'을 포함한 경우로 양분된다.

미래시제의 선어말어미 '-리-'를 포함한 경우에, 이 '-리-'를 설명하는 세 양상을 보면, 이 해독들의 한계를 쉽게 알 수 있다. 이 해독들은 현대역의 '-리-'를 해독에서 보여주지 않거나, '以'를 '리'의 잉용으로 보거나, '賜/실+以/이'에서 '리'를 끌어낸 문제를 보인다.[45]

동명사형 어미 '-ㄴ'이나 '-ㄹ'을 포함한 경우에도, 이 '-ㄴ'이나 '-ㄹ'을 설명하는 다섯 양상을 보면, 이 해독들의 한계를 쉽게 알 수 있다.

첫째는 '留'를 'ㄹ'로 읽은 '깃스어ㄹ여'(기뻐하실 것이다, 이탁 1956)의 경우이다. 'ㄹ'을 동명사형 어미로 보았는데, 'ㄹ' 표기에 '尸, 乙' 등을 쓴다는 문제와, 해독과 괄호 안의 현대역이 형태소의 측면에서 대응하지 않는 문제를 보인다.

둘째는 '以'와 '留'의 위치를 바꾼 '기스시루히라'(기쁘실 것이로다, 기뻐하실 것이로다, 류렬 2003)의 경우이다. 향찰의 순서를 바꾼 문제와, '이'를 '히'로 바꾼 문제를 보인다.

셋째는 '以'가 '리'에 대용되었다고 본 '깃그시리로야'(기뻐하실 것이로다, 박재민 2013b)의 경우이다. '以'가 '리'에 대용될 수 없다는 문제를 보인다.

넷째는 '賜'를 이두에서와 같이 '샨, 신' 등으로 읽은 '긷샨이루라'(즐거움 이루라, 김선기 1975a)와 '기신일우라'(즐거움 이루라, 김선기 1993)의 경우이다. 동명사형 어미 'ㄴ'을 현대역에서 'ㅁ'으로 바꾸는 것이 어렵다.

다섯째는 '賜'를 이두에서와 같이 '실'로 읽은 '깃그시리로라'(기뻐하실 것이로다, 유창균 1994)와 '깄(으)시(ㄹ) 이루야'(기쁘실 것이로다, 김지오 2012)의 경우이다. 이렇게 읽을 수도 있지만, 향찰에서는 이두식 표기를 인정하기가 어렵다.

---

45 첫째는 현대역에서 보이는 '-리-'의 근거를 해독에서 보여주지 않는 경우로 '깃사일예'(기거하리라, 정열모 1947)와 '깃샤로여'(기뻐하시리여, 김준영 1979)가 있다. 둘째는 현대역에서 보이는 '-리-'의 근거를, '以'가 '리'에 잉용되는 것으로 본 경우(양주동 1942; 지헌영 1947 등등)이다. 이 해독들은 '以'를 '리'의 잉용으로 보면서, 이 '리'를 미래시제의 선어말어미 '-리-'로 보았다. 이해되지 않는 설명이다. 셋째는 현대역에서 보이는 '-리-'의 근거를, '賜'를 이두에서와 같이 '실'로 읽고, 이 '실'을 '以/이'와 결합시켜서 설명한 경우로, '깃그실이루다'(기뻐하시리로다, 강길운 1995), '깃시리로라'(기쁘시리로다, 신재홍 2000), '기그시리로다'(기뻐하시겠도다, 이용 2007) 등이 있다. 미래시제의 선어말어미에는 '理, 里' 등이 쓰인다는 문제를 보인다.

이렇게 선행 해독들을 보면, 아직도 미흡점을 보인다. 이 문제는 '喜賜以留也'에 'ㄕ'를 첨가하여 '喜賜ㄕ以留也'로 복원하고, '기그실이루라(기쁘실 것이로다)로 읽어서 해결하려 한다. 이 복원은 전사자가 향찰의 'ㄕ/ㄹ'을 향찰 'ㄕ/시'로 오해하고, '賜ㄕ/시시'에서 '시'가 중복되었다고 판단하면서 삭제한 'ㄕ/시'를, '喜賜以留也'에 첨가하여 '喜賜ㄕ以留也'로 복원한 것이다. 이렇게 'ㄕ'를 '시'로 읽은 예는 '喜賜以留也'가 수록된 〈항순중생가〉의 제8구에 나온 '爲ㄕ如'의 'ㄕ'는 물론, 바로 뒤에서 검토할 '得賜(ㄕ)伊馬落'의 'ㄕ'에서도 발견된다.

이상의 논의를 종합하면, '喜賜(ㄕ)以留也'의 'ㄕ/ㄹ'은 오해된 향찰음으로 인해 삭제된 누락자라고 정리할 수 있다.

이렇게 누락자 'ㄕ'를 첨가하여 읽을 때에, '喜/기그+賜/시+ㄕ/ㄹ+以/이+留/루+也/라'에서와 같이 향찰로 쓰인 한자의 뜻과 음을 벗어 나지 않았고, '喜/기그(어간)+賜/시(선어말어미)+ㄕ/ㄹ(동명사형 어미)+以/이(계사)+留也/루라(어미)'는 형태소의 연결이 문법적이며, '기그실이루라'(기쁘실 것이로다)의 해독과 현대역은 형태소 차원에서 일치하고, '부처 함께 기쁘실 것이로다'의 문맥이 잘 통한다는 점에서, 누락자 'ㄕ'를 첨가하여 '喜賜ㄕ以留也'를 '기그실이루라'로 읽은 것은 합리적이라고 할 수 있다. 또한 이렇게 수정하여 읽을 때에, 선행 해독들이 보여주는 문제들, 즉 미래시제의 선어말어미 '-리-'를 현대역에 포함한 해독들이 해독에서 '-리-'를 보여주지 않은 문제, '以'를 '리'의 잉용으로 본 문제, '賜/실+以/이'에서 '리'를 끌어낸 문제, 동명사형 어미 '-ㄴ'이나 '-ㄹ'을 포함한 해독들이 '留'를 'ㄹ'로 읽은 문제, '以'가 '리'에 대용되었다고 본 문제, '賜'를 이두에서와 같이 '샨, 신' 등으로 읽고 동명사형 어미 'ㄴ'을 현대역에서 'ㅁ'으로 바꾼 문제, '賜'를 이두에서와 같이 '실'로 읽은 문제 등은, 이 문제들을 야기시킨 누락자 'ㄕ'를 첨가함에 따라, 모두 원천적으로 아예 발생하지도 않는다는 점에서도, 누락자 'ㄕ'를 첨가하여 '喜賜ㄕ以留也'를 '기그실이루라'로 읽은 것은 합리적이라고 할 수 있다.

2.2. 得賜(ㄕ)伊馬落의 누락자 ㄕ

이 절에서는 得賜(ㄕ)伊馬落(〈수희공덕가〉)의 괄호 안에 있는 누락자 'ㄕ/ㄹ'을 찾아서 정리하고자 한다.

'得賜伊馬落'의 '得'은 '언, 엇, 어드, 나으리, 슬' 등으로 읽어 왔다.

'언, 엇' 등은 그 다음에 나온 '賜'와의 연결이 어렵다. 이 때문에 '으'나 'ㅇ'를 보입한 해독이 나왔다.

'어드'는 향찰에 없는 '으'를 첨가한 문제를 보인다.

'나으리'의 해독은 '得'의 정확한 뜻이 아니라는 문제를 보인다.

'술'은 '실어'에 나오는 '실'의 전차어(前次語)라고 설명한 다음에 '賜/손'을 괄호 안에 처리하고, '得(賜)伊'를 '술이'(生)로 정리하고 있어, 이해가 되지 않는다.

그러나 이 해독이 취한 한자 '得'의 뜻인 '실-'(얻-)에 주목할 필요가 있다. 이 '실-'은 "十八法을 得ᄒ시며 十神力을 쏘 시르시니"(『월인천강지곡』 79), "得은 시를 씨라"(『훈민정음언해』) 등에서 보인다. 그리고 〈모죽지랑가〉의 작가인 '得烏'가 '실오'로 읽히고 있다. 이 뜻 '실'을 이용해서 '得賜-'를 읽으면, '실시-'가 되어 자음충돌을 피할 수 있다.

'得賜伊馬落'의 '賜'는 '샬, 실, 샨' 등으로 읽거나, '샤, 시' 등으로 읽고 'ㄹ, ㄴ, 온' 등을 보충하기도 한다.[46] 이는 실훈(實訓)이 아니라 독훈(讀訓)으로 읽은 것이거나, '尸'의 누락 또는 생략 중에서 어느 것인지의 판단을 유보한 것(유창균 1994:971)이거나, '賜'를 '賜(乎隱)'의 약형(略形)으로 본 것(박재민 2013b:311)이다. 독훈은 향찰에서 쓰지 않는다는 문제를 보인다. 그리고 생략 또는 약형은 생략된 상태나 약형의 상태로도 이해가 가능해야 하는데, 그렇지 못하다는 점에서, 생략 또는 약형이 아니고, 누락이라 할 수 있다.

이렇게 '得賜伊馬落'의 해독은 '賜'의 해독에서 엇갈리고 있는데, 필자가 보기에, 향찰음의 오해로 인해 '賜' 다음에 온 '尸'를 삭제한 것으로 판단한다.

향찰 '尸/ㄹ'을 향찰 '尸/시'로 읽거나 오해한 예는, 앞에서 언급했듯이, '爲尸如'(〈항순중생가〉)과 '喜賜(尸)以留也'(〈항순중생가〉)에서 보인다. 이 '尸'는 향찰과 구결에서 일반적으로 'ㄹ'로 읽어왔지만, 최근에 '爲尸如(ᄒ시닷)'에서는 '尸/시'로 읽었고, 구결에서도 '尸/시'가 발견되었다. 이는 향찰과 구결에서 '尸'의 표기음이 'ㄹ/리'에서 'ㄹ/리, ㅅ, 시' 등으로 확장되었음을 의미한다. 이 중에서 향찰 '尸/시'로 '得賜尸伊馬落'을 보면, 이에 포함된 '賜尸/시시'의 '尸/시'는 불필요한 중복 표기가 되고, 이를 삭제하면, 현재 우리가 보고 있는 '得賜伊馬落'이 된다. 이런 점들로 보아, '得賜伊馬落'은 향찰 '尸/ㄹ'을 향찰 '尸/시'로 오해하고, '賜尸/시시'에 들어간 '尸/시'를 불필요한 것으로

---

[46] '賜'를 '샬'로 읽거나, '샤'로 읽고 'ㄹ'을 보충한 해독은 초기 해독(양주동 1942 등등)에서 보이며, '賜'를 '실'로 읽거나, '시'로 읽고 'ㄹ'을 보충한 해독은 1980년대(김완진 1980 등등)에서부터 나타났으며, '賜'를 '신, 샨' 등으로 읽거나, '샤, 시' 등으로 읽고 '온, ㄴ' 등을 보충한 해독은 비교적 최근(김준영 1979; 박재민 2013; 김지오 2012)에 나타났다.

인식하고 삭제한 결과로 판단한다.

'得賜伊馬落'을 '得賜尸伊馬落'으로 복원하고, '실실이마라'(얻으실 것마다)로 읽는다. 이렇게 '賜'를 이두에서와 같이 '실'로 읽지 않고, '尸'의 누락으로 보는 이유는, 이 '賜'와 앞에서 본 '喜賜以留也'의 '賜'를 제외한 나머지 '賜'들은 이두에서와 같이 '실'로 읽을 수 없기 때문이다.

이상의 논의를 종합하면, '得賜(尸)伊馬落'의 괄호 안에 있는 '尸/ㄹ'은 오해된 향찰음으로 인해 삭제된 누락자라고 정리할 수 있다.

이렇게 누락자 '尸'를 첨가하여 읽을 때에, '得/실+賜/시+尸/ㄹ+伊/이+馬/마+落/라'에 쓰인 한자의 뜻과 음을 벗어나지 않았고, '得/실(어간)+賜/시(선어말어미)+尸/ㄹ(관형사형 어미)+伊/이(의존명사)+馬落/마라(보조사)'의 연결이 문법적이며, '실실이마라'(얻으실 것마다)의 해독과 현대역이 형태소 차원에서 상응하고, '얻으실 것마다 남에 없으니'의 문맥이 잘 통한다는 점에서 누락자 '尸'를 첨가하여 '得賜尸伊馬落'를 '실실 이마라'(얻으실 것마다)로 읽은 것은 합리적이라고 할 수 있다. 또한 이렇게 수정하여 읽을 때에, 선행 연구들이 보인 문제들, 즉 '賜'를 이두에서와 같이 독훈 '샬, 실, 샨' 등으로 읽은 문제, '尸'의 누락 또는 생략 중에서 어느 것인지의 판단을 유보한 문제, 생략 또는 약형은 생략된 상태나 약형의 상태로도 이해가 가능해야 하는데, 그렇지 못한 문제 등은, 문제를 야기시킨 누락자 '尸'를 보충함에 따라, 모두 원천적으로 아예 발생하지도 않는다는 점에서도, 누락자 '尸'를 첨가하여 '得賜尸伊馬落'를 '실실 이마라'(얻으실 것마다)로 읽은 것은 합리적이라고 할 수 있다.

3. 첨가 위치의 오해로 삭제된 누락자 (1)

이 장에서는 첨가된 위치의 오해로 삭제된 누락자를, '爲理(叱)古'(〈처용가〉), '來(尸)去'(〈수희공덕가〉), '寶非(乎)'(〈청불주세가〉), '止以(賜)友'(〈청불주세가〉) 등에서 정리하고자 한다.

3.1. 爲理(叱)古의 누락자 叱

'爲理(叱)古'(〈처용가〉)에는 괄호 안에 넣은 '叱'이 누락되어 있다. 이런 사실을 보기 위하여 선행 해독들을 먼저 변증하려 한다.

'爲理古'는 '홀고, 할고, ᄒᆞ리잇고, ᄒᆞ릿고, ᄒᆞ리ᄊᆞ, 까릳고, 하리오, ᄒᆞ리고, 까리고 (가리고), 허리고' 등으로 읽히고 있다. 이 해독들은 '理'의 해독에서 삼분 된다.

'理'를 'ㄹ'로 읽은 해독에는 '홀고'(마에마 1929)와 '할고'(신채호 1924; 정열모 1947)가 있다. 'ㄹ'에 'ㅅ'나 '乙'을 쓰지 않은 이유를 알 수 없다.

'理'를 '리'로 읽고 '잇, ㅅ, ㄷ' 등을 첨가한 해독들이 있다. 'ᄒᆞ리잇고'(오구라 1929), '하리ᄊᆞ'(신태현 1940), 'ᄒᆞ릿고'(양주동 1942; 이탁 1956 등등), '까릳고'(김선기 1993) 등이다. 이 해독들에서 가장 문제가 되는 것은 향찰에 없는 '잇, ㅅ, ㄷ' 등을 첨가한 것이다.

'ᄒᆞ리잇고'에서는 '-理古'를 '-리고'로 읽은 다음에 '리잇고'(생략형 '릿고')로 설명하면서 '-잇'을 첨가한 이유를 설명하지 않았다.

'하리ᄊᆞ'에서도 'ㅅ'을 첨가한 이유를 설명하지 않았다.

'ᄒᆞ릿고'로 읽은 양주동은 '-理古'를 '-리고'로 읽고 '-리잇고'의 축약 '-릿고'로 정리하였다. 그 다음에 'ㅅ'을 첨가한 이유를, "하등 문법적 작용이 없이 다만 발음의 촉음 현상뿐이오."라고 설명을 하였다. 이해가 되지 않는 설명이다.

전규태는 'ᄒᆞ리고'는 'ᄒᆞ리잇고'의 준말이라고 보면서, 'ᄒᆞ릿고'를 합리화를 하였는데, 역시 이해가 되지 않는다.

'까릳고'에서도 'ㄷ'을 첨가한 이유를 설명하지 않았다. 이렇게 '理'를 '리'로 읽고 '잇, ㅅ, ㄷ' 등을 첨가한 해독들은 "표기에 충실하지 못하다."(강길운 1995:338)

'理'를 '리'로 읽은 해독에는 '하리오, ᄒᆞ리고, 까리고, 허리고' 등이 있다. 이 중에서 현대역과 구체적인 설명이 없는 '까리고(가리고)'를 제외하고 보면, '-理-'를 시제의 선어말어미로 본 경우와 동명사형 어미와 '이'의 결합으로 본 경우로 양분된다.

'-理-'를 시제의 선어말어미로 본 경우에는, '하리오'(권덕규 1923), 'ᄒᆞ리고'(하리오, 김준영 1964, 1979; 신재홍 2000; 지형률 2007), 'ᄒᆞ리고'(하리요, 서재극 1975; 지형률 1996; 류렬 2003) 등이 있다. '하리오'에서는 '古'를 '오'로 읽은 이유를 알 수 없다. 그리고 'ᄒᆞ리고'(하리오, 하리요)에서는 '古'를 '고'로 읽고, 현대역에서 '오/요'로 바꾼 이유를 알 수 없다.

'-理-'를 동명사형 어미와 '이'의 결합으로 본 경우에는, ᄒᆞ리고(할 것인가, 박창원 1987; 고정의 1989; 유창균 1994), 'ᄒᆞ리고'(할 것인고, 금기창 1993), '허리고'(할 것인고, 강길운 1995) 등이 있다. 이에 속한 해독들은 '理古'를 '리고'로 읽고, 그 의미를 '것이고, 것이가'로 보지 않고, 그 의미를 '것인가, 것인고'로 보면서, 향찰에 없는 'ㄴ'을 첨가한 문제를 보인다.

이상과 같이 선행 해독들은 '理'를 'ㄹ'로 읽은 경우에는 'ㄹ'의 표기에 'ㄱ'나 '乙'을 쓴다는 점에서 문제를 보이고, '理'를 '리'로 읽고 '잇, ㅅ, ㄷ' 등을 첨가한 경우에는 향찰 '爲理古'에 없는 '잇, ㅅ, ㄷ' 등을 현대역에서 첨가한 문제를 보인다. 그리고 '古'를 '오'로 읽은 해독은 한자의 음을 벗어나고, '古'를 '고'로 읽고 그 현대역을 '오, 요'로 단 경우에는 해독과 현대역이 형태소 차원에서 상응하지 않는 문제를 보인다. '理'를 '리'로 읽고, 'ㄹ'을 동명사형 어미로 읽은 경우에는 '할 것인고/것인가'에서와 같이, 향찰 '爲理古'에 없는 'ㄴ'을 현대역에서 첨가한 문제를 보인다.

이는 원전비평의 문제로 판단한다. 이 문제를 해결하기 위하여, 1행 7자나 1행 27자로 정리하고 보니, '爲理叱古'의 '叱'이 빠져서 이 '叱'을 행간에 첨가한 텍스트를 추정하면 다음과 같다.

東京明期月良夜
入伊遊行如可入
良沙寢矣見昆脚
烏伊四是良羅二
肹隱吾下於叱古
二肹隱誰支下焉
古本矣吾下是如
馬於隱奪叱良乙
　　　叱
何如爲理古

東京明期月良夜入伊遊行如可入良沙寢矣見昆脚烏伊四是良羅
二肹隱吾下於叱古二肹隱誰支下焉古本矣吾下是如馬於隱奪叱
　　　　　　　　　　　　　　　　　　　　　　　　叱
良乙何如爲理古

1행 7자의 경우에는 선행 전사자가 '理' 자와 '古' 자의 사이에 빠진 누락자 '叱'(제9행의 제5자)을 제8행과 제9행의 행간에 첨가한 텍스트이다. 만약 후행 전사자가 선행 전사자의 의도대로 제9행의 '理'와 '古'의 사이에 '叱'을 첨가하여 전사를 하였다면 문제가 발생하지 않았을 것이다. 그러나 선행 전사자의 의도와 다르게 행간에 첨가되어 있는 '叱'을 제8행 제5자의 '叱'로 오해하고, 이미 제8행의 제5자로 '叱'이 있다는 점에서, 행간에 첨가되어 있는 '叱'을 무시해 버리거나, 기능이 없다고 무시해 버리면, '爲理古'에는 '叱'의 누락자가 발생하게 된다.

1행 27자의 경우에는 선행 전사자가 '理' 자와 '古' 자의 사이에 빠진 누락자 '叱'(제3행의 제7자)을 제2행과 제3행의 행간에 첨가한 텍스트이다. 만약 후행 전사자가 선행 전사자의 의도대로 제3행의 '理'와 '古'의 사이에 '叱'을 첨가하여 전사를 하였다면 문제가 발생하지 않았을 것이다. 그러나 선행 전사자의 의도와 다르게 행간에 첨가되어 있는 '叱'을 제2행 제7자의 '叱'로 오해하고, 이미 제2행의 제7자로 '叱'이 있다는 점에서, 행간에 첨가되어 있는 '叱'을 무시해 버리거나, 기능이 없다고 무시해 버리면, '爲理古'에는 '叱'의 누락자가 발생하게 된다.

1행 7자의 텍스트와 1행 27자의 텍스트 중에서 어느 것인지는 알 수 없지만, 이렇게 발생한 누락자 '叱'을 복원하면, '爲理叱古/ㅎ릿고'가 된다.

이상과 같은 점들로 보아, '爲理(叱)古'의 누락자 '叱'은 첨가된 향찰의 위치를 오해하여 생긴 누락자이므로, '爲理叱古'로 복원하여 'ㅎ릿고'로 읽는다.

이렇게 누락자 '叱'을 첨가하여 '爲理叱古'를 'ㅎ릿고'로 읽으면, '爲/ㅎ+理/리+叱/ㅅ+古/고'에 쓰인 향찰들은 해당 한자의 뜻과 음을 살렸고, '爲/ㅎ(어간)+理/리(선어말어미)+叱古/ㅅ고(어미)'의 결합은 문법적이며, 'ㅎ릿고'(하리꼬)의 해독과 현대역이 형태소 차원에서 일치하고, '어찌 하릿고'의 문맥에 잘 통한다는 점에서, 누락자 '叱'을 첨가하여 '爲理叱古'를 'ㅎ릿고'로 읽은 것은 합리적이라 할 수 있다. 또한 이렇게 수정하여 읽으면, 선행 연구들이 보인 문제들, 즉 'ㄹ'의 표기에 'ㄹ'나 '乙'을 쓰지 않고 '理'를 썼다고 본 문제, '理'를 '리'로 읽고 향찰에 없는 '잇, ㅅ, ㄷ' 등을 첨가한 문제, '古'를 '오'로 읽거나 '고'로 읽고 그 현대역에서 '오, 요'로 바꾼 문제, '理/리'의 'ㄹ'을 동명사형 어미로 보고, 그 현대역을 '것인고, 것인가'로 달면서 향찰에 없는 'ㄴ'을 첨가한 문제 등은, 이 문제들을 야기시킨 누락자 '叱'을 첨가함에 따라, 모두 원천적으로 아예 발생하지도 않는다는 점에서도, 누락자 '叱'을 첨가하여 '爲理叱古'를 'ㅎ릿고'로 읽은 것은 합리적이라 할 수 있다.

3.2. 來(尸)去의 누락자 尸

'來去'(〈수희공덕가〉)에는 '來(尸)去'의 괄호 안에 넣은 '尸'가 누락되어 있다. 이런 사실을 보기 위하여 먼저 선행 해독들의 한계를 보자.

'來去'에서 '來'는 '올, 오, ㄹ' 등으로 읽히고 있다.

'오'는 '닐도 오가'(홍기문 1956)와 '니르도오가'(최남희 1996)에서 보이는데, 문맥상 '올가'가 오지 않은 문제를 보인다.

'ㄹ'은 '닔올가'(이탁 1956)와 '일돌가'(양희철 1988)에서 보이는데, 'ㄹ' 표기에 '乙'이나 '尸'를 쓰지 않은 문제를 보인다.

'올'은 거의 모든 해독들에서 보인다. 특히 제9, 10구의 문맥으로 보아, '來去'는 '올가'에 해당한다.[47] 그런데 문제는 '來去'를 '올가'로 읽는 것이 쉽지 않다는 것이다. 이런 사실을 좀더 구체적으로 보자.

첫째는 '來'의 훈을 '오-'의 실훈(實訓)으로 읽지 않고 '올'의 독훈(讀訓)으로 읽은 경우이다. 이에 속하는 글에는 "來 訓借「올」, 곧 雅語助詞「오」와 連體助詞「ㄹ」의 合成인「올」을「來」字로 訓借한 것."(양주동 1942:780)과 "새김도《올(래)》인 만큼《올》로 읽어서"(류렬 2003:418)가 있다. 이 해독들은 향찰에서는 실훈을 쓰지 독훈을 쓰지 않는다는 문제를 보인다.

둘째는 향찰에 없는 'ㄹ(尸)'을 보충/삽입하여 읽으면서, 보충/삽입의 이유를 모호하게 설명을 하거나 생략할 수 없는 'ㄹ'을 생략으로 본 경우이다. 많은 해독들이 'ㄹ'을 보충/삽입하여 읽었지만, 그 이유를 밝힌 글은 하나에 불과한데, 그 설명이 다음과 같이 다소 모호하다. "'來去'는 '올가'이다. 원칙적으로는 '來尸去'와 같이 'ㄹ'의 표시가 있어야 한다. 그러나 風謠(8.)에서와 마찬가지로 語尾에 바로 연결된 예로 'ㄹ'을 삽입하는 것이 마땅하다."(유창균 1994:980)이다. 이 글에서는 'ㄹ'을 삽입하여 읽은 이유를 명확하게 밝히지 않고, "원칙적으로는 '來尸去'와 같이 'ㄹ'의 표시가 있어야 한다."를 통하여, '來去'로도 '來尸去'와 같은 의미를 보여주는 것 같이 설명하면서도, "'ㄹ'을 삽입하는 것이 마땅하다."에서는 '來去'로는 '來尸去'의 의미를 전달할 수 없는 것 같이 설명을 하였다. 설명이 다소 모호하다. 그리고 생략할 수 없는 'ㄹ'을 생략으로 설명한 것은 다음의 글이다. "여기서는 'ㄹ(尸)'이 생략된 표기로 본다."(신재홍 2000:365)이다. 이 글에서는 'ㄹ'을 보충하여 읽은 이유를, "'ㄹ(尸)'이 생략된 표기로 본다."고 명확하게 보여준다. 그런데, 'ㄹ'이 생략된 표기라면, '올가'와 'ㄹ'이 생략된 '오가'가 모두 같은 의미로 쓰인다고 주장하는 것인데, 'ㄹ'이 생략된 '오가'는 '올가'의 의미가 아니라는 문제를 보인다. 결국 'ㄹ'을 보충하거나 삽입하여 읽은 해독들은 그 이유를 합리적으로 설명하지 못했다고 정리할 수 있다.

이 문제는 원전비평의 문제로 판단한다. 이를 검토하기 위하여 선행 전사자가 이 텍

---

47 이런 사실은 암묵적으로 인정되어 왔으며, 다음의 인용을 보면 좀더 명확하다. "제9행을 조건이나 가정을 나타낸 것으로 본다면 이 말은 아직 일어나지 않은 일에 대한 물음을 하는 것이므로 '올-'로 해독하는 것이 무난할 것으로 보인다."(이준환 2014:351)

스트를 1행 25자로 전사하고 보니 '尸'가 빠져서 이를 행간에 보충한 텍스트를 가정하여 보자.

> 迷悟同體叱○緣起叱理良尋只見根○仏伊衆生毛叱所只○
> 吾衣身不喩仁人有叱下呂○修叱賜乙隱頓部叱吾衣修叱孫
> 丁○得賜伊馬落人米無叱昆○於內人衣善陵等沙○不冬喜
> 好尸置乎理叱過○後句○伊羅趣可行等○嫉妬叱心音至刀
> 　　尸
> 來去[48]

> 迷悟同體叱○緣起叱理良尋只見根○仏伊衆生毛叱所只○
> 吾衣身不喩仁人有叱下呂○修叱賜乙隱頓部叱吾衣修叱孫
> 丁○得賜伊尸馬落人米無叱昆○於內人衣善陵等沙○不冬
> 喜好尸置乎理叱過○後句○伊羅趣可行等○嫉妬叱心音至
> 　尸
> 刀來去('得賜伊尸馬落'의 누락자 '尸'를 보충한 경우)

이 텍스트는 선행 전사자가 1행 25로 전사하면서 제5행의 '來去'에 빠진 누락자 '尸'를 제4행과 제5행의 행간에 첨가해 놓은 것이다. 그런데 이 텍스트를 후행 전사자가 전사하면서, 제4행과 제5행의 행간에 첨가해 놓은 '尸'의 위치를 제5행의 '來'와 '去'의 사이에 첨가해 놓은 것으로 인식하지 못하고, 제4행의 제2자로 '尸'가 이미 있다는 점에서 불필요한 글자로 무시하고 전사를 해버리면, 현재 우리가 보는 바와 같이 '來去'에는 '尸'의 누락이 발생한다.

　이상의 논의를 종합하여, '來(尸)去'의 괄호 안에 넣은 '尸'를 누락자로 판단하고, '來尸去'로 복원하여 '올가'로 읽는다.

　이렇게 누락자 '尸'를 첨가하여 '來尸去'를 '올가'로 읽을 때에, 이에 쓰인 향찰들은 해당 한자의 뜻과 음을 벗어나지 않았고, '오(어간)+ㄹ가(어미)'의 결합은 문법적이며, '올가'(올까)의 해독과 현대역은 형태소 차원에서 일치하고, '질투의 마음 일어나 올까'는 문맥이 잘 통한다는 점에서, 누락자 '尸'를 첨가하여 '來尸去'를 '올가'로 읽은 해독은 합리적이라고 할 수 있다. 또한 이렇게 수정하여 읽으면, 선행 연구들이 보인 문제들, 즉 '來去'를 문맥에 맞지 않는 '오가'로 읽은 문제, 'ㄹ' 표기에 '乙'이나 '尸'를 쓰지

---

[48] '得賜伊馬落'에 누락자 '尸'를 넣은 '得賜尸伊馬落'으로 보아도 같은 현상이 나타난다.

않고 '來'를 썼다고 본 문제, '來去'를 '올가'로 읽은 해독들에서 보이는 '來'를 실훈 '오'가 아니라 독훈 '올'로 읽은 문제, 향찰에 없는 'ㄹ(尸)'을 보충/삽입하여 읽으면서, 보충/삽입의 이유를 모호하게 설명하거나 생략할 수 없는 'ㄹ'을 생략으로 본 문제 등은, 이 문제를 야기시킨 누락자 '尸/ㄹ'를 첨가함에 따라, 모두 원천적으로 아예 발생하지도 않는다는 점에서도, 누락자 '尸'를 첨가하여 '來尸去'를 '올가'로 읽은 해독은 합리적이라 할 수 있다.

3.3. 寶非(乎)의 누락자 乎

이 절에서는 '寶非(乎)'(〈청불주세가〉)의 괄호 안에 있는 누락자 '乎'를 찾아서 정리하고자 한다.

'寶非'(〈청불주세가〉)는 '부뵈여, 보비여, 보돗, 부븨, 보비, 부비' 등으로 읽어 왔다.

향찰에 없는 '여'를 참가한 '부뵈여'(오구라 1929) 및 '보비여'와, 문맥을 벗어난 '보돗'(見/보듯, 정열모 1965)의 해독은 별다른 의미를 갖지 않는다.

나머지는 '부븨, 보비, 부비' 등인데, '寶'의 음 '보'와 '非'의 중고음 '븨'를 살린 '보븨'를 취하면, 일단 해독이 끝난 것 같이 보인다. 그러나 그 기능 또는 현대역을 보면 문제가 있음을 알 수 있다.

'부븨'(양주동 1942)에서는 부사로 처리를 하였지만, 그 이후의 해독들에서는 '비비어, 비벼'(정열모 1947; 홍기문 1956 등등)의 의미로 보거나, '비비고'(지헌영 1947; 정창일 1987; 강길운 1995; 지형률 1996, 2007)의 의미로 보는 것이 주류를 이룬다.

'비비어, 비벼'의 경우에는 복합용언의 선행 어간 다음에 연결어미가 생략되기도 한다는 점에서 이해가 가지만, '비비어, 비벼'가 '울다, 울리다' 등과 복합용언으로 연결되지 못한다는 문제를 보인다.

이에 비해 '비비고'는 문맥상 '울다, 울리다' 등과의 연결이 가능하다. 그러나 '寶非'의 표기만으로는 '비비고'의 '-고'가 생략된 것이라고 주장하는 데는 한계가 있다. 왜냐하면, '-고'의 생략은, 향가[49]와 『이조어사전』[50]을 검토해 보면, 거의가 1음절의 선행

---

49 『균여전』에 실린 향가의 경우에는 생략된 '고/오'가 없다. '乞白乎'(빌숣오, 〈청불주세가〉)와 '好'(호:ᄒ오, 〈항순중생가〉)에서는 '-오'를 생략하지 않고 살려서 표현을 하였다. 그리고 『삼국유사』에 실린 향가의 경우에는 생략과 비생략이 하나씩 나타난다. '巴寶白隱乎'(자보숣온, 〈도솔가〉)에서는 '-오'를 살렸다. 이에 비해 '來叱多'[오시다(오고 있다), 〈혜성가〉]에서는 '-고'를 생략하였다.

50 『이조어사전』에서 1음절의 선행어간 다음에 '-고/오'가 생략된 어휘는 다음과 같다. 굳세다(굳고 세다),

어간 다음에 나타나고, 2음절의 선행 어간 다음에 나타난 것은 '이우시들다(이울고 시들다)' 하나뿐이기 때문이다. 물론 이 '이우시들다(이울고 시들다)'마저도, "이우시드려아 圖辟苦롤 비로서 시름ᄒᆞᄂᆞ니(憔悴ᄒᆞ야아)"(『남명집언해』 上 65)의 문맥으로 보아, '이울고 시들다'[쇠약하고 시들다(생기를 잃다)]보다는 '이울어 시들다'[쇠약하여 시들다(생기를 잃다)]의 가능성이 많다.

이렇게 '寶非'는 그 의미를 '부사, 비비고, 비비어, 비벼' 등의 어느 것으로도 볼 수 없는 문제를 보인다.

이 문제는 원전비평의 문제로 판단한다. 선행 전사자가 〈청불주세가〉를 1행 24자나 1행 25자로 옮겨 쓴 다음에 보니, 제1행 제19자의 위치에, '乎/오'가 빠진 것을 알고, 제1행과 제2행의 사이에, '乎/오'를 첨가한 텍스트를 정리하면 다음과 같다.

皆佛體○必于化緣盡動賜隱乃○手乙寶非鳴良尒○世呂
　　　　　　　　　　　　　　　　　　　　乎
中止以友白乎等耶○曉留朝于萬夜未○向屋賜尸朋知良
閪尸也○伊知皆矣爲米○道尸迷反群良哀呂舌○落句○
吾里心音水淸等○佛影不冬應爲賜下呂

皆佛體○必于化緣盡動賜隱乃○手乙寶非鳴良尒○世呂中
　　　　　　　　　　　　　　　　　　　　乎
止以友白乎等耶○曉留朝于萬夜未○向屋賜尸朋知良閪尸
也○伊知皆矣爲米○道尸迷反群良哀呂舌○落句○吾里心
音水淸等○佛影不冬應爲賜下呂

이렇게 선행 전사자가 정리해 놓은 텍스트를, 후행 전사자가 옮겨 쓰면서, 제대로 옮겨 쓰지 못한 것 같다. 즉 제1행 제19자의 위치에, '乎'를 첨가해 놓은 것을 그대로 살리지 못하고, 1행 24자의 경우는 제2행의 제19자에 이미 '乎/오'와 같은 음을 가진 '屋/오'가 있다는 점에서, 1행 25자의 경우는 제2행의 제18자에 이미 '乎/오'와 같은 음을 가진 '屋/오'가 있다는 점에서, 행간에 첨가해 놓은 '乎/오'를 불필요한(또는 기능이 없는) 향찰의 첨가로 오해하였다고 판단한다.

긁빗다(긁고 빗다), 긁빗기다(긁고 빗기다), 긁싯다(긁고 씻다), 깁보타다/깁보태다(깁고 보태다), 덥달다(덥고 달다), 덥듯하다(덥고 훈훈하다), 보비호다(보고 배우다), 봇닳다(볶고 달다), 봇닺다(볶고 닦다), 슬미다(싫고 밉다), 싯닺다(씻고 닦다), 싯봇기다(씻고 부시게 하다), 싯빗기다(씻고 빗기다), 죽바이다/죽배다(죽고 패하다), 죽살다(죽고 살다), 타가다(타고가다), 타오다(타고 오다) 등이다.

이런 점들로 보아, '寶非'의 누락자 '乎'를 복원하면 '寶非乎'가 된다. 이는 '부비고'의 의미인 '부븨오'의 표기이다. 물론 '寶非(乎)'의 누락자 '乎'는 첨가된 향찰의 위치를 오해하여 생긴 누락자로 정리할 수 있다.

이렇게 누락자 '乎'를 첨가하여 '寶非乎'를 '부븨오'(부비고)로 읽으면, 향찰에 쓰인 한자의 뜻과 음을 살리고, '부븨+고'의 결합은 문법적이며, '부븨오'(부비고)의 해독과 현대역은 형태소 차원에서 상응하며, '손을 비비고 울리어'의 문맥이 잘 통한다는 점에서, 누락자 '乎'를 첨가하여 '寶非乎'를 '부븨오'(부비고)로 읽은 것은 합리적이라 할 수 있다. 또한 이렇게 수정하여 읽으면, 선행 해독들이 보인 문제, 즉 2음절로 된 선행 어간 다음에는 연결어미 '-오'가 생략될 수 없는데도 이를 생략으로 본 문제는, 이 문제를 야기시킨 누락자 '乎/오'를 첨가함에 따라, 원천적으로 아예 발생하지도 않는다는 점에서도, 누락자 '乎'를 첨가하여 '寶非乎'를 '부븨오'(부비고)로 읽은 것은 합리적이라 할 수 있다.

3.4. 止以(賜)友의 누락자 賜

이 절에서는 '止以(賜)友'(〈청불주세가〉)의 괄호 안에 누락된 '賜'를 복원하고, '머무르시오'의 의미인 '머무로시우'로 읽으려 한다.

'止以友白乎等耶'에 대한 선행 해독들은 '止以友白乎等耶', '止以 友白乎等耶', '止以 友 白乎等耶', '止以友 白乎等耶' 등으로 띄어 읽었다. 이 해독들이 공통으로 가지고 있는 문제를 먼저 보고, 이어서 띄어 읽기에 따라 보이는 문제를 간단하게 보자.

띄어 읽기를 어떻게 하였든, 공통으로 보이는 문제는 경어법의 문제이다. '止以友白乎等耶'를 어떻게 띄어 읽었는가에 관계없이, 선행 해독들은 '止以友(-)'의 행동 주체인 부처님에 대한 경어법을 전혀 보여주지 않는다. 단지 여섯 해독의 현대역에서만 주체 존대의 '-시-'를 보여준다.[51] 이런 사실은 '止以友(-)'의 해독에서 선행 연구들이 경어법을 보여주는 선어말어미가 누락되었다는 사실을 직시하고, 이를 원전비평의 차원에서 정리하지 못한 문제를 잘 보여준다.

---

51 '몾숩오다라'(머므르시옵더라:머무시어 계시옵더이다, 지헌영 1947), '멈치우 술보다라'(계셔 달라 청했더라, 홍기문 1956), '긷디반 삷곤도라'(머무르심 사뢰리라, 김선기 1975a), '그티바 삷곤도라'(머무르심 사뢰리라, 김선기 1993), '머믈우 술보다라'(머무르시게 하도다, 김완진 1980), '머믈우 술보다라'(머무시도록 아뢰더라, 황패강 2001) 등의 현대역에서만 주체 존대의 '-시-'를 보여준다.

이번에는 띄어 읽은 유형별로 가지고 있는 문제를 보자. '止以友白乎等耶'로 붙인 경우[52]와 '止以 友白乎等耶'로 띄운 경우[53]에는, 일차로 '止以友'의 해독에서 문제를 보인다. 이 문제를 해결하기 위하여 나온 것이 '止以友 白乎等耶'로 띄어 읽은 해독들이다. 이 해독들에서, '止以友'의 해독은 다섯 유형으로 나뉜다.

첫째는 '以'를 'ㄹ'로 읽으면서, '止以友'를 '머믈우'로 읽은 유형이다. '머믈우 삷오다라'(머물게 하오리라, 김상억 1974), '머믈우 숣오더라'(머물도록 사뢰더라, 전규태 1976), '머믈우 술봇다라'(머무시도록 아뢰더라, 황패강 2001) 등이 이 유형에 속한다. 이 세 해독은 양주동이 '以'를 'ㄹ'로 읽은 것을 따르면서도, '止以友'는 띄어 읽었다. 'ㄹ'의 표기에 '乙/尸'가 쓰인다는 점에서 문제가 있다. 양주동이 '以'를 'ㄹ'로 읽은 문제를 해결하기 위하여 다음의 해독들이 나왔다.

---

[52] '止以友白乎等耶'를 하나의 단위로 묶어서 해독한 경우의 문제를 보자. 이에 속한 해독은 일곱이다. 이 일곱 해독은 '止'의 해독으로 보면 세 유형으로 정리할 수 있다.

첫째는 '止'를 '머믈/머믈-'로 읽은 유형이다. 이 유형에 속한 해독은 셋이다. '머물게 ᄒᆞ숣오더라'(머물게 하시옵더라, 오구라 1929)에서는, '止以友'를 '止以支'로 수정하여, '支'를 별다른 의미가 없는 글자로 보고, '머믈게ᄒᆞ-'로 읽었는데, '-以-'를 그 음에도 뜻에도 없는 '-게ᄒᆞ-'로 읽을 수 없는 문제를 보인다. '머믈우숣오다라'(머물게 하옵더라, 양주동 1942)에서는 '-以-'를 '-ㄹ-'로, '-友-'를 타동사형 전성어미 '-우-'로 각각 해독하였는데, 'ㄹ'의 표기에 '乙/尸'가 쓰인다는 점에서 향찰 운용의 일반성을 벗어나 있다. '머므리숩오ᄃᆞ야'(머물게 하옵니다, 박재민 2013b)에서는, 오구라와 같이 '友'를 '支'로 수정하고, '支'를 '이'의 표기로 보았다. '支'를 '이'로 보는 것이 어렵고, 해독과 현대역이 형태소 차원에서 상응/일치하지 않는다.

둘째는 '止'를 '무' 또는 '뮈'로 읽은 유형이다. 이 유형에는 '뭇숣오다라'(머므르시옵더라:머무시어 계시옵더이다, 지헌영 1947)가 속한다. 이 해독에서는 '友'를 '支'로 수정하고 'ㅅ'으로 읽었는데, 이 수정을 인정하기도 힘들고, '뭇'이 '止(머믈-)'와 연결되지 않는 문제를 보인다.

셋째는 '止'를 '그치-'로 읽은 유형이다. 이 유형에는 세 해독이 있다. '그치받조봇드라'(머무르게 하옵더라, 강길운 1995)에서는, '-友-'를 강세접미사 '-받-'의 대충 표기로 보고, '叱'을 첨가하여 'ㅅ'으로 읽었다. 대충 표기로 본 것과 '叱'의 첨가에 문제가 있으며, 해독과 현대역이 형태소 차원에서 상응/일치하지 않는다. '그치받술보ᄃᆞ야'(머물게 하옵노라, 지형률 1996)와 '그치받숣오ᄃᆞ야'(그치옵도다, 지형률 2007)에서는 강길운의 '白/좁'을 '白/숣'으로 바꾸고, '耶/라'를 '耶/야'로 바꾸었다고 볼 수 있다. '友'를 '받'으로 본 문제와, 해독과 현대역이 형태소 차원에서 상응/일치하지 않는 문제를 보인다.

[53] '止以 友白乎等耶'로 띄어서 해독한 경우의 문제를 보자. 이에 속한 해독은 둘이다. '멈어 벌솔올드라'(멈춰 벗하올지라, 이탁 1956)에서는, '-以-'의 음이나 훈에도 없는 '-어'로 읽은 문제와, '叱'을 '乎' 다음에 첨가한 다음에 'ㄹ'로 읽은 문제도 보인다. 물론 해독과 현대역이 일치하지 않는 문제도 보인다. '바로 다모술보ᄃᆞ야'(그대로 같이 있습니다, 정열모 1965)에서는, 『산해경(山海經)』에 나오는 '한류린신거고 돈지(韓流麟身渠股豚止)'의 '止'에 대한 『곽주(郭註)』의 '止 足也' 등등에 의거하여 '止-'를 '발-'로 읽고, '-以'를 '-로'로 읽어, '止以'를 '바로'로 읽은 것이다. 이 해독은 '止'를 가의만자(/훈차자/훈가자)로 본 것에는 이해가 가지만, 이 '바로'가 괄호 안의 현대역 '그대로'와 어떻게 연결되는지 알 수 없다. 그리고 '友'를 '다모'(㠯)로 읽고, '다모술보ᄃᆞ야'를 '같이 있습니다'의 의미로 보았는데, 해독과 현대역이 상응/일치하지 않는다.

둘째는 '以'를 '이'로 읽으면서, '止以友'를 명사형으로 읽은 유형이다. 이 유형에 속한 해독에는 셋이 있다. 이 세 해독에서는 '以'를 '이'로 읽으면서 '止'를 긷디-, 그티-, 그치-' 등으로 읽었다. '긷디반 삷곧드라'(머무르심 사뢰리라, 김선기 1975a)와 '그티바 삷곧도라'(머무르심 사뢰리라, 김선기 1993)에서는 '友'를 '反'으로 수정하여 '반'과 '바'로 읽고, '그치기 술봇드라'(머물기를 사뢰도다, 신재홍 2000)에서는 '友'를 '支'로 수정하여 '기'로 읽었다. '反'과 '支'는 '友'의 유사자라는 점에서, 수정을 인정할 수 있다. 그러나 해독의 '긷디-, 그티-, 그치-' 등이 현대역의 '머물-'이 된다고 보기는 어렵다.

셋째는 '以'를 '이'로 읽으면서, '止以友'를 '멈치우'로 읽은 유형이다. 이 유형에는 '멈치우 술보다라'(계셔 달라 청했더라, 홍기문 1956)와 '멈치우 숣오(ㅅ) 드야'(멈추게 사뢸 것이다, 김지오 2012)의 해독이 있다. 전자에서는 '멈치우'가 '계셔 달라'의 의미가 되는 이유를 구체적으로 설명하지 않아 이해가 쉽지 않다. 후자에서는 '멈치우'를 '멈추게'의 의미로 보았다. 어휘만으로 보면 손색이 없다. 그러나 나머지의 해독인 '숣오(ㅅ) 드야'가 '사뢸 것이다'의 의미라고 보는 것이 쉽지 않다.

넷째는 '以'를 '이'로 읽으면서 그 처리가 모호하거나 '物'의 오자로 처리하면서, '止以友'를 '머믈우'나 '머무리우'로 읽은 유형이다. 이 유형에 속한 해독은 셋이다. '머믈우 술오드라'(머물도록 사뢰리로다, 김준영 1979)에서는 '-以友'를 '-이우'로 읽고, 이 '-이우'는 '-우'가 이렇게 발음된 것이라 설명한 후에, '-이-'를 이유 없이 빼버렸다. 이 궁색한 설명을 극복하고자, '머믈우 술보다라'(머무르시게 하도다, 김완진 1980)에서는 '-以-'를 '-物-'로 수정하였다. 역시 수정의 문제를 가지고 있는 듯하다. '머무리우 술보다라'(머물라고 사뢰더라, 류렬 2003)에서는 '머무리우'의 현대역을 '머물라고'로 보았는데, 해독과 현대역의 연결이 어렵다.

다섯째는 '以'를 '로'로, '止以友'를 '머므로우'로 읽은 유형이다. 이 유형에는 '머므로우 숣오드라'(머믈게 여쭙나이다, 유창균 1994)의 해독이 있다. 이 해독에서는 '止-'를 '머믈-'이 아니라 '머므로-'로 보았는데, 그 이유는 중세어의 '머믈우-'가 '머므로우-'의 축약형이라는 것이다. 예증을 하지 않은 문제를 보인다.

이상과 같이 '止以友白乎等耶'는 어떻게 띄어서 읽었든, '止以友(-)'의 해독에서는 문제를 보인다. 특히 행위 주체가 부처님이라는 점에서, '-시-'를 살리지 않은 문제를 보인다. 그리고 띄어 읽은 유형별로도 각각 문제를 보인다.

이 문제는 원전비평의 문제로 판단한다. 즉 '止以(賜)友'에서 괄호 안의 '賜'가 누락되었다는 것이다. 이런 사실을 보기 위하여 다음의 글을 보자.

皆佛體○必于化緣盡動賜隱乃○手乙
寶非鳴良尒○世呂中止以友白乎等耶
　　　　　　　　　賜
○曉留朝于萬夜未○向屋賜尸朋知良
閪尸也○伊知皆矣爲米○道尸迷反群
良哀呂舌○落句○吾里心音水淸等○
佛影不冬應爲賜下呂

  이 글은 선행 전사자가 1행 16자로 글을 전사한 다음에 보니 제2행의 제12자로 '賜'가 누락되어서, 이 누락자를 행간에 첨가한 것이다. 이를 후행 전사자가 선행 전사자의 의도대로 첨가하여 전사를 하였다면, 문제가 없었을 것이다. 그러나 후행 전사자가 이 행간에 첨가된 '賜'를 제3행의 제12자로 오해하고, 이미 '賜'가 있다는 점에서, 행간에 첨가한 '賜'를 불필요한 것으로 무시해 버리면, 제2행의 제12자로 '賜'가 누락자가 된다. 이런 과정을 거치지 않고 누락자가 발생했을 가능성도 열어 놓는다.

  이런 점에서 '止以友'를 '止以賜友'로 복원하고, '머무르시오'의 의미인 '머므로시우'로 읽는다. '止/머므로+以/로+賜/시+友/우'로 읽은 것이다. '止/머므로'는 '머무르다'의 의미인 '머무로다(留着)'(『同文類解』 상 30)에서 추정한 것이고, '-友/우'는 '-오'의 이형태이다.

  이렇게 누락자 '賜'를 첨가하여 '止以賜友'를 '머므로시우'로 읽으면, 향찰로 쓰인 한자의 음과 뜻을 벗어나지 않고, '止/머믈+以/로+賜/시+友/우'의 형태소들의 연결이 문법적이고, '머므로시우'(머무르시오)의 해독과 현대역이 형태소 차원에서 일치하며, '머무르시오 사뢰도다'의 문맥이 잘 통한다는 점에서, 누락자 '賜'를 첨가하여 '止以賜友'를 '머므로시우'로 읽은 것은 합리적이라 할 수 있다. 또한 이렇게 수정하여 읽으면, 선행 해독들이 보여준 문제, 즉 부처님을 행위 주체로 하는 문장에서 주체 존대 '-시-'를 보여주지 못한 문제는, 이 문제를 야기시킨 누락자 '賜/시'를 보충함에 따라, 원천적으로 아예 발생하지도 않는다는 점에서도, 누락자 '賜'를 첨가하여 '止以賜友'를 '머므로시우'로 읽은 것은 합리적이라 할 수 있다.

4. 첨가 위치의 오해로 삭제된 누락자 (2)

  이 장에서는 '去米(置)'의 누락자 '置', '修(叱)孫'의 누락자 '叱', '悟(乎)內去齊'의

누락자 '乎' 등을 정리하고자 한다.

4.1. 去米(置)의 누락자 置

'去米'(〈상수불학가〉)는 '가매, 가메, 까매, 가메, 가며, 가미, 가미' 등으로 비슷하게 읽고 있다. '去米'의 음과 뜻을 살려, '감에'의 의미인 '가미/가매'로 읽으면 큰 문제가 없어 보인다. 그러나 해독과 문맥을 보면 이해할 수 없는 측면을 보인다. 이를 자세히 보자.

대다수의 해독들은 '가미/가매'로 읽고, 그 현대역도 '가매'로 달았다. 이 '가매'의 '-애'는 원인격 어미나 처격 어미 '-에'이다. '가매'를 '되어'의 의미로 파악한 해독들은 원인격으로 본 것이다. '가메, 가메'(가므로)로 읽은 해독들은 원인격의 '가매'로 읽은 해독과 같은 것들이다. '가매'의 의미를 '되나, 되더라도, 되어 가는, 되어 가느라' 등으로 본 해석들도 있는데, 이 해석들은 정확한 것은 아니지만, '가매'를 처격이나 원인격으로 볼 때에 문맥이 통하지 않는다는 점에서, 문맥에 맞게 바꾼 것으로 짐작된다. 게다가 '가며, 가메'(되며), '가매'(되네), '가미'(되여도) 등으로 읽은 해독들도 있는데, 이 해독들 역시 '去米'를 원인격이나 처격의 '가매/가미'로 읽을 때에 문제가 있다는 점에서 새로운 해독을 시도한 것으로 짐작된다.

이렇게 당연한 것 같으면서도 문제를 보이는데, 이 문제를 원인격으로 보았을 때와 처격으로 보았을 때로 나누어 검토해 보자.

먼저 '가미/가매'를 원인격으로 보면, 시적 화자가 늘 부처님을 따라 배우려는(/본받으려는) 이유가, 부처님도 그렇게 하셨기 때문이 아니라, '몸이 부스러져 티끌이 되어 감에(/티끌로 됨에)(身靡只 碎良只 塵伊 去米, 제5구)'가 된다. 왜냐하면, 제5-7구에서, 제5구의 원인 때문에 제7구에서 시적 화자는 부처님을 따라 배우려는 것이 되기 때문이다. 게다가 부처님을 따라 배우려는 원인은 제8구(모두 부처도 그렇게 하신 이루혀)에 나온다. 이런 점들로 보아 '가미/가매'의 '-이/애'를 원인격으로 볼 수 없다.

그렇다고 '가미/가매'를 처격으로 볼 수도 없다. 만약 처격으로 보면, 시적 화자는 '몸이 부스러져 티끌이 되어 감에(/티끌로 됨에)(身靡只 碎良只 塵伊 去米, 제5구)' 처하고, 이에 다시 '목숨을 버려줄 순간에나'(命乙 施好尸 歲史中置), 부처님을 따라 배우겠다는 것이 된다. 아주 극단적인 상황에나 부처님을 따라 배우겠다는 이상한 내용이 된다. 이는 부처님이 닦아오신 모든 난행(難行)과 고행(苦行)을 아주 극단적인 상황에나 따라 배우겠다는 이상한 내용이 된다. 부처님은 난행과 고행을 모두 항상 닦았지,

이렇게 극단적인 상황에서만 난행과 고행을 닦지는 않았다.

이상과 같이 '去米'는 원인격이나 처격의 '가미/가매'로 읽을 때에, 어느 경우에도 항상 부처님을 따라 배우겠다(/본받겠다)는 〈상수불학가〉의 주제와 문맥을 벗어난, 문제가 발생한다.

이 문제는 '去米'의 해독이 잘못된 것이 아니라, 원전비평의 문제, 그중에서도 누락자의 문제로 판단한다. 원전비평으로 이 문제에 접근할 때에, 우리는 구문론적 차원에서 확인할 것이 하나 있다. 바로 제6구가 '-에두(희두)'로 끝난 "命乙施好尸歲史中置"라는 점에서, 제5구인 "身靡只碎良只塵伊去米"도 '-에두(익두)'로 끝난 구문이라는 것이다. 말을 바꾸면, 제5, 6구는 "… -에도, … -에도"의 구문이라는 것이다. 이렇게 읽을 때에, 이 구문은 시적 화자가 항상 부처님을 따라 배우겠다(/본받겠다)는 〈상수불학가〉의 주제와 문맥을 만족시킨다. 이 구문에 필요한 '置'가 '去米' 다음에 왜 빠졌는가는 원전비평의 측면에서 다음과 같이 설명할 수 있다.

선행 전사자가 작품을 1행 23자나 1행 24자로 전사해 놓고 보니, 1행 23자의 경우에는 제3행의 제2자에, 1행 24자의 경우에는 제2행의 제24자에, '置/두'가 빠졌다는 사실을 확인하고, 1행 23자의 경우에는 제3행과 제4행의 사이에, 1행 24자의 경우에는 제2행과 제3행의 사이에, '置/두'를 다음과 같이 첨가해 놓았다고 보자.

我佛體○皆往焉世呂修將來賜留隱○難行苦行叱願乙
○吾焉頓部叱逐好友伊音叱多○身靡只碎良只塵伊去
米○命乙施好尸歲史中置○然叱皆好尸卜下里○皆佛
　　　　　　　　　　　　　　　　　　　　　　　置
體置然叱爲賜隱伊留兮○城上人○佛道向隱心下○他
道不冬斜良只行齊

我佛體○皆往焉世呂修將來賜留隱○難行苦行叱願乙○
吾焉頓部叱逐好友伊音叱多○身靡只碎良只塵伊去米○
　　　　　　　　　　　　　　　　　　　　　　　　置
命乙施好尸歲史中置○然叱皆好尸卜下里○皆佛體置然
叱爲賜隱伊留兮○城上人○佛道向隱心下○他道不冬斜
良只行齊

이 정리를 그 후에 후행 전사자가, 1행 23자의 경우에는 행간의 '置/두'를 제3행의 제2자로 정리하지 않고, 제4행의 제2자로 '置/두'가 있다는 점에서, 제3행과 제4행의 사이에 첨가해 놓은 '置/두'를 불필요한(또는 기능이 없는) 향찰의 첨가로 오해하면 현재 우리가 보고 있는 판본과 같이 된다. 그리고 1행 24자의 경우에는 행간의 '置/두'를 제2행의 제24자로 정리하지 않고, 제3행의 제23자로 이미 '置/두'가 있다는 점에서, 제2행과 제3행의 사이에 첨가해 놓은 '置/두'를 불필요한(또는 기능이 없는) 향찰로 오해하면, 현재 우리가 보고 있는 판본과 같이 된다.

이런 점들로 보아, '去米'를 '去米置'로 복원하고, '감에도'의 의미인 '가미두'로 해독한다. 그리고 '去米(置)'의 누락자 '置'는 첨가된 향찰의 위치를 오해하여 생긴 누락자로 정리할 수 있다.

이렇게 누락자 '置'를 첨가하여 '去米置'를 '가미두'로 읽을 때에, '去/가+米/미+置/두'에 쓰인 한자의 음과 뜻을 살리고, '가+ㅁ+이+두'의 연결은 문법적이며, '가미두(감에도)의 해독과 현대역은 형태소 차원에서 일치하며, '… 去米置'는 이어지는 "命乙 施好尸 歲史中置"(제6구)와 더불어 '… -이두 … -이두'의 구문을 이루게 되고, 이 구문은 항상 부처님을 따라 배우겠다(/본받겠다)는 〈상수불학가〉의 주제와 문맥을 잘 보여주게 된다는 점에서, 누락자 '置'를 첨가하여 '去米置'를 '가미두'로 읽은 것은 합리적이라 할 수 있다. 또한 이렇게 수정하여 읽으면, 선행 해독들이 보인 문제, 즉 '去米/가미'의 '이'(에)를 처격 또는 원인격으로 보면서, 항상 부처님을 따라 배우겠다(/본받겠다)는 〈상수불학가〉의 주제와 문맥을 벗어난 문제는, 이 문제를 야기시킨 누락자 '置/두'를 첨가함에 따라, 원천적으로 아예 발생하지도 않는다는 점에서도, 누락자 '置'를 첨가하여 '去米置'를 '가미두'로 읽은 해독은 합리적이라 할 수 있다.

4.2. 修(叱)孫의 누락자 叱

이 절에서는 '修(叱)孫'(〈보개회향가〉)의 누락자 '叱'을 정리하고자 한다. '修孫'은 의존명사를 포함시킨 해독과 그렇지 않은 해독으로 나뉜다.

의존명사를 포함하지 않은 해독에는 네 유형이 있다.

첫째는 '닥손'(닦은, 오구라 1929; 김선기 1975a), '닷손'[닦는(지헌영 1947), 닦은(신재홍 2000; 박재민 2013b)], '돐손'(닦은, 김지오 2012) 등으로 읽은 유형이다. 해독의 '-손'이 현대역의 '-은'이나 '-는'이 되는 이유를 설명하지 않았다. 그리고 해독과 현대역이 형태소 차원에서 상응하지 않는 문제를 보인다.

둘째는 '닷온'(닦은, 이탁 1956)으로 읽은 유형이다. '修孫'을 '닷손'으로 읽은 다음에, 이유 없이 이를 '닷온'으로 바꾸었다. 이해가 가지 않는다.

셋째는 '닷골'(닦을, 정열모 1965)로 읽은 유형이다. '孫'을 그 음을 벗어난 '올'로 읽었는데, 이해가 가지 않는다.

넷째는 '돍손'(현대역 미제시, 김선기 1993)으로 읽은 유형이다. '손'을 강조로 설명하면서, 현대역을 제시하지 않아, 어떻게 읽은 것인지를 자세히 알 수 없다. '다시손'(돍은, 양희철 2015a)에선 '닷'의 선행형을 '다시'로 보고, '다시+소(영탄법의 선어말어미)+ㄴ'으로 분석하면서, '돍은'(영탄법의 선어말어미 '소'는 현대어에서 사용하지 않아 현대어로 옮길 수 없음)의 의미로 보았다. 이 영탄법이 문맥에 부합한다고 보는 것이 쉽지 않다.

그리고 이 네 유형의 해독들 중에서 세 유형의 현대역에서는 '돍은'이나 '돍는'을 보여주는데, 사부대중에 해당하는 시적 화자가 '一切善陵'(일체의 능과 같이 크고 높게 쌓은 공덕)을 지금 닦고 있거나 지금까지 닦았다고 보는 것이 어렵다. 이 또한 문제이다.

의존명사를 포함한 해독에는 여섯 유형이 있다.

첫째는 '닷굴손'이나 '닷굴 손'으로 읽은 유형이다. 이 해독을 주도한 양주동(1942)은 '修'를 독훈 '닷굴'로 읽으면서 현대역을 제시하지 않았다. 그 후에 나온 해독에는 '닷굴손'[돍은 바(김준영 1964, 1979; 전규태 1976; 황패강 2001), 돍을손(김완진 1980)]과 '닷굴 손'(돍는 바, 지형렬 1996, 2007)가 있다. 향찰 해독에서는 독훈을 사용하지 않는다는 문제를 보인다. 그리고 해독의 '-올'을 현대역에서 '-을'이 아닌 '-은'이나 '-는'으로 처리한 것도 문제이다.

둘째는 '닷글손'으로 읽은 유형이다. 이 유형에는 '닷글손'(修ㅁㅅㄴ, 돍은 바, 신태현 1940)과 '닷글손'[돍은 바(김상억 1974), 돍은 바인(강길운 1995)]이 있다. '닷굴손'의 '·'를 '一'로 바꾼 것으로, '닷굴손'의 유형과 같은 문제를 보인다.

셋째는 '닷ㄱ손'와 '닷ㄱ 손'으로 읽은 유형이다. 이 유형에는 '닷ㄱ손'(돍는 바는, 홍기문 1956)과 '닷ㄱ 손'(돍을 바는, 금기창 1995a)이 있다. '·'를 첨가한 문제와, 향찰에 없는 관형사형 어미를 현대역에 첨가한 문제를 보인다.

넷째는 '다스리손'으로 읽은 유형이다. 이 유형에는 '다스리손'(돍은 것은, 유창균 1994)이 있다.

다섯째는 '다술손'으로 읽은 유형이다. 이 유형에는 '다술손'(돍는 것은, 류렬 2003)이 있다.

이 두 유형에서는 각각 '修'를 '다스리'와 '다술'('닷'의 옛말)로 읽은 다음에, 향찰에 없는 관형사형 어미를 현대역에서 붙인 문제를 보인다.

여섯째는 '돍온 손'으로 읽은 유형이다. 이 유형에는 '돍온 손'(김성주 2011)이 있다. 이 해독에서는 '오'의 생략을 언급하고, '손'을 의존명사로 본 것 같다. '오'의 생략을 객관적으로 설명하지 못하였다.

그리고 이 여섯 유형의 해독들은 그 현대역에서 '닦은, 닦는, 닦을' 등을 보여주는데, 시적 화자가 사부대중이라는 점에서 '닦을'(김완진)이 가장 적합하고, 나머지는 문제를 보인다고 할 수 있다.

이상과 같이 '修孫'에 대한 선행 해독들은 문제를 보인다. 특히 의존명사를 포함하지 않은 해독에서는 '孫'의 해독이 명확하지 않고, 의존명사를 포함한 해독에서는 '의존명사의 서술격(시)[←의존명사(ㅅ)+서술격(이)]+의도법 선어말어미(오)+관형사형어미(ㄴ)'의 결합인 '숀'의 이표기인 '손'(양희철 2015a:420-421) 앞에, 향찰에 존재하지 않는 관형사형 어미를 현대역에서 첨가한 문제를 보인다.

이 문제는 '吾衣 修孫'을 '吾衣 修叱孫(丁)'(〈수희공덕가〉 제5구)과 비교할 때에, '修(叱)孫'의 괄호 안에 쓴 '叱'이 누락된 것이 아닌가를 의심하게 된다. 이 문제는 원전비평의 문제로 보인다. 그것도 '修孫'만의 문제가 아니라, 뒤에 온 '頓部叱'의 원전비평과도 연계된 문제로 보인다.

皆吾衣修孫○一切
　叱
善陵頓部叱廻良只
○衆生叱海惡中○
迷反群無史悟內去
齊○佛體叱海等成
留焉日尸恨○懺爲
如乎仁惡寸業置○
法性叱宅阿叱寶良
○舊留然叱爲事置
耶○病吟○禮爲白
孫佛體刀○吾衣身
伊波人有叱下呂

이 텍스트는 작품을 선행 전사자가 1행 8자로 전사를 하고 보니, 제1행의 제5자로 '叱'이 빠져서 이를 제1행과 제2행의 행간에 첨가해 놓았는데, 이를 후행 전사자가 그 위치를 잘못 이해하고, 제2행의 제5자로 이미 '叱'이 있다는 점에서 삭제해 버림으로 인해 발생한 누락자로 보인다. '修孫'을 '修叱孫'로 복원하여, '닦으실 것은'의 의미인 '다실 손'으로 읽는다.

이렇게 '修孫'을 '修叱孫'으로 복원하여 '다실 손'으로 읽으면, '修/다시+叱/실+孫/손'에 쓰인 향찰들은 한자들의 음이나 뜻을 벗어나지 않았고, 형태소들의 연결이 '다시+ㄹ 손'에서와 같이 문법적이고, '다실 손'(닦을 것은)의 해독과 현대역이 상응하고, '모두 우리의 닦을 것은'의 문맥이 잘 통한다는 점에서, 누락자 '叱'을 첨가하여 '修叱孫'을 복원하고, '吾衣修叱孫(丁)'(〈수희공덕가〉 제5구)의 '修叱孫'와 같이 '다실 손'으로 읽은 것은 합리적이라고 할 수 있다. 또한 이렇게 수정하여 읽으면, 선행 해독들이 당면한 문제들, 특히 의존명사를 포함하지 않은 선행 해독들에서 '孫'을 명확하게 해독하지 않은 문제와, 의존명사를 포함한 선행 해독들에서 '의존명사의 서술격(시)[←의존명사(ㅅ)+서술격(이)]+의도법 선어말어미(오)+관형사형어미(ㄴ)'의 결합인 '숀'의 이표기인 '손' 앞에, 향찰에 존재하지 않는 관형사형 어미를 현대역에서 첨가한 문제는, 이 문제를 야기시킨 누락자 '叱'을 첨가함에 따라, 원천적으로 아예 발생하지도 않는다는 점에서도, 누락자 '叱'을 첨가하여 '修叱孫'을 복원하고, '修叱孫(丁)'(〈수희공덕가〉)의 '修叱孫'와 같이 '다실 손'으로 읽은 것은 합리적이라고 할 수 있다.

4.3. 悟(乎)內去齊의 누락자 乎

이 절에서는 '悟(乎)內去齊'(〈보개회향가〉)의 괄호 안에 넣은 누락자 '乎'를 정리하고자 한다.

'悟內去齊'의 선행 해독들은 간단하지 않다. 선행 해독들은 '깨닫-'으로 읽은 해독들, '알-'로 읽은 해독들, '깨/끼-'로 읽은 해독들 등으로 삼분 된다.

이 선행 해독들은 크게 보면, 하나의 공통점을 가지고 있다. "衆生叱海惡中 / 迷反群無史悟內去齊"의 문맥으로 보아, '悟內去齊'는 '사동'의 의미('使悟')여야 한다는 점을 해독에 반영하려 한 점이다. 그러나 이 사동의 의미를 해독에서는 발견하지 못하고, 이를 합리화하기 위하여 애써 해독을 왜곡하거나, 현대역에서만 이 사동의 의미를 보여주고 있다. 이런 사실을 차례로 보자.

'깨닫-'으로 읽은 해독에는 '쌔닷게 흐야 가졔'(깨닫게 하여 가졔, 오구라 1929), '끼드르거져'(깨닫게 하려노라, 김완진 1980), '쌔달=나가자'(깨달아 나가고 싶다, 강길운 1995), '끼돌ᄂ가져'(깨닫기 바라노라, 지형률 1996) 등이 있다. 이 해독들의 일부는 해독 자체에서는 사동의 의미를 보여주지 못하고, 현대역에서만 사동의 의미를 보여주고 있다. 그리고 이 해독들은 '內'의 처리에서 실패를 하였다. '흐야'와 '끼드르거져'에서는 '內'의 음이나 뜻을 살리지 못했고, '나가자'에서는 '出' 자를 몰라서 '內'를 썼다고 보기가 어려우며, '씨둗ᄂ가져'에서는 형태소 차원에서 그 의미가 명확하지 않다.

'알-'로 읽은 해독들은 '內'를 '리'나 '이'로 읽은 해독들과, '누'나 'ᄂ'로 읽은 해독으로 양분된다. 전자에는 '알리가져'(양주동 1942; 지헌영 1947 등등), '알리거져'(금기창 1995a; 박재민 2013b), '알이ᄂ가져'(깨닫게 하고자, 김성주 2011) 등이 있다. 이 해독들은 사동의 의미를 해독에서 보여주기 위하여 '內'를 통음차 '리'나 '이'로 읽었는데, 이런 해독은 해독 초기에는 용인되었지만, 현재는 용인되지 않는다. 후자에는 '아누거져'[알고(깨닫고) 싶어라, 김지오 2012]가 있다. 형태소 차원에서 해독과 현대역의 연결이 잘되지 않는다.

'깨/끼-'로 읽은 해독들은 그 현대역으로 보아 네 부류로 정리된다.

첫째는 현대역에서 '깨닫-'의 의미를 보여주는 'ᄀᅀ인ᄂ아돈'(깨달아지사이다, 이탁 1956), '끼ᄂ가져'(깨닫게 하고 싶도다, 유창균 1994), '끼이과져'(깨닫게 하련다, 김근수 1979) 등의 부류이다. 이 해독들은 형태소로 보아, 해독에서 사동의 의미를 보이는 현대역을 끌어내기가 어려운 문제를 보인다.

둘째는 현대역에서 '깨우치-'나 '깨치-'를 보여주는 '끼ᄂ가져'(깨우치고자, 김준영 1964), '깨오가져'(깨우치고자, 전규태 1976), '끼ᄂ가져'(깨우치고자 하노라, 김준영 1979), '끼나 가제'(깨치게 하여 가야지, 정창일 1987), '쌔ᄂ거져'(깨우치고저, 신재홍 2000) 등의 부류이다. 이 해독들 역시 형태소로 보아, 해독에서 사동의 의미를 보이는 현대역을 끌어내기가 어려운 문제를 보인다.

셋째는 현대역에서 '깨-'나 '깨나-'를 보여주는 '끼내거져'(깨나게 하자, 정열모 1965), '깨나가재'(깨나가라, 김선기 1975a), '쌔나가째'(깨나가져, 김선기 1993), '끼ᄂ거져'(깨고져, 지형률 2007) 등의 부류이다. 이 해독들은 중생들을 깨거나 깨나게 하는 의미를 보이면서, 중생들을 깨닫게 하거나 깨워내려는 문맥을 벗어난 문제를 보인다.

넷째는 현대역에서 '깨워내-'를 보여주는 '끼내가져'(깨워내어 가져, 양희철 2008a)의 부류이다. 이 해독은 현대역에서 중생들을 깨워내려는 의미를 보이면서, 문맥에는 부합한다. 그러나 현대역의 '-우-' 또는 '-워-'를 해독이 보여주지 못하는 문제를 보인다.

이상과 같이 '悟內去齊'에 대한 선행 해독들은, 작품의 문맥에서 보이는 사동의 의미를 살린 해독을 다각도로 시도하면서, 현대역에서는 사동의 의미를 살렸지만, 사동의 의미를 보여주는 향찰이 없어서, 해독 자체에서는 사동의 의미를 살리지 못했다.

이 문제를 해결하기 위하여, '悟內去齊'를 '悟乎內去齊'로 복원하고 '깨워내고져/깨와내고져'의 의미인 '끼오ᄂ거져'로 읽으려 한다. '끼오-' 다음에 연결어미가 없는 것은 복합용언의 선행어간 다음에 연결어미가 오지 않은 형태이기 때문이다. 그리고 이 해독에서는 '乎/오'가 누락된 것으로 정리를 하였는데, 이는 '懺爲如乎仁'의 '乎'와도 연결되어 있다. 이를 설명하기 위하여, 선행 전사자가 1행 19자로 글을 전사하는 과정에서 '悟乎'의 '乎'가 누락되어, 이를 행간에 첨가한 텍스트를 재구성하면 다음과 같다.

皆吾衣修孫○一切善陵頓部叱廻良只○衆生
叱海惡中○迷反群無史悟內去齊○佛體叱海
　　　　　　　　　　　　　　乎
等成留焉日尸恨○懺爲如乎仁惡寸業置○法
性叱宅阿叱寶良○舊留然叱爲事置耶○病吟
○禮爲白孫佛體刀○吾衣身伊波人有叱下呂

이렇게 선행 전사자가 글을 전사하면서 누락된 '乎'를 행간에 첨가하여 놓았는데, 이를 후행 전사자가 전사하면서, '悟' 다음에 '乎'를 첨가하여 전사를 하였다면 문제가 없게 된다. 그러나 후행 전사자가 이 첨가자 '乎'의 위치를 제3행의 제12자로 오해하고, 이미 '乎'가 있다고 이 첨가자를 무시하거나, 기능이 없다고 판단하여 삭제해 버리면, 현재 우리가 보고 있는 텍스트와 같이 '悟(乎)內去齊'의 '乎'는 누락자가 된다.

이런 점들로 보아, '悟內去齊'의 누락자 '乎'를 복원하면 '悟乎內去齊'가 된다. 이는 '깨워내고져/깨와내고져'의 의미인 '끼오닉거져'의 표기이다. '끼오' 다음에는 연결어미가 생략되어 있다. 그리고 '悟(乎)內去齊'의 누락자 '乎'는 첨가된 향찰의 위치와 기능을 오해하여 생긴 누락자라 할 수 있다.

이렇게 누락자 '乎'를 첨가하여 '悟乎內去齊'를 '끼오닉거져'로 읽을 때에, 이 해독은 향찰로 사용된 한자의 음과 뜻을 살리고, 형태소들의 연결이 문법적이며, '끼오닉거져'(깨워내고져/깨와내고져)의 해독과 현대역이 형태소 차원에서 상응하고, '혼미한 무리 없이 깨워내고져'의 문맥이 잘 통한다는 점에서, 누락자 '乎'를 첨가하여 '悟乎內去齊'를 '끼오닉거져'로 읽은 해독은 합리적이라 할 수 있다. 또한 이렇게 수정하여 읽으면, 선행 해독들이 보여준 문제, 즉 문맥상 사동의 의미이므로, 이 사동의 의미를 살리기 위하여 다각도로 많은 시도를 하였지만, 끝내 향찰에서는 사동의 의미를 찾지 못하고, 일부 현대역에서만 사동의 의미를 첨가한 문제는, 이 문제를 야기시킨 누락자 '乎/오'를 첨가함에 따라, 원천적으로 아예 발생하지도 않는다는 점에서도, 누락자 '乎'를 첨가하여 '悟乎內去齊'를 '끼오닉거져'로 읽은 해독은 합리적이라 할 수 있다.

5. 결론

지금까지 향가에 나타난 누락자를 검토 정리해 보았다. 그 결과를 요약 정리하여 결론을 대신하면 다음과 같다.

1) '喜賜(尸)以留也'(기그실이루야, 〈항순중생가〉)와 '得賜(尸)伊馬落'(실실이마라, 〈수희공덕가〉)의 '尸/ㄹ'들은 '賜'와 '尸'를 각각 '시'로 보고, '시'가 '시시'로 중복되었다는 점에서 불필요한 연자로 오해하고, '尸'를 삭제하므로 인해 발생한 누락자들이다.

2) '爲理(叱)古'(ᄒ릿고, 〈처용가〉)의 '叱'은 선행 전사자가 전사 과정에서 누락된 '叱'을 확인하고, 이 누락자를 행간에 첨가하였는데, 후행 전사자가 그 위치를 '爲理(叱)古'의 '叱'로 보지 못하고, '奪叱良乙' 또는 '吾下於叱古'에 들어 있는 '叱'의 위치로 오해하고, 이미 같은 향찰 '叱'이 있다는 점에서, 행간에 첨가되어 있는 '叱'을 불필요한(또는 기능이 없는) 향찰로 오해하고 삭제해 버림으로 인해 발생한 누락자이다.

3) '來(尸)去'(올가, 〈수희공덕가〉)의 '尸'는 선행 전사자가 전사 과정에서 누락된 '尸'를 확인하고, 이 누락자를 행간에 첨가하였는데, 후행 전사자가 그 위치를 '來(尸)去'의 '尸'로 보지 못하고, '喜好尸'에 들어 있는 '尸'의 위치로 오해하고, 이미 같은 향찰 '尸'가 있다는 점에서, 행간에 첨가되어 있는 '尸'를 불필요한(또는 기능이 없는) 향찰로 오해하고 삭제해 버림으로 인해 발생한 누락자이다.

4) '寶非(乎)'(부븨오, 〈청불주세가〉)의 '乎'는 선행 전사자가 전사 과정에서 누락된 '乎'를 확인하고, 이 누락자를 행간에 첨가하였는데, 후행 전사자가 그 위치를 '寶非(乎)'의 '乎'로 보지 못하고, '向屋賜尸'에 들어 있는 '屋/오'의 위치로 오해하고, 이미 같은 음의 '屋/오'가 있다는 점에서, 행간의 '乎/오'를 불필요한(또는 기능이 없는) 향찰로 오해하고 삭제해 버림으로 인해 발생한 누락자이다.

5) '止以(賜)友'(머므로시우, 〈청불주세가〉)의 '賜'는 선행 전사자가 전사 과정에서 누락된 '賜'를 확인하고, 이 누락자를 행간에 첨가하였는데, 후행 전사자가 그 위치를 '止以(賜)友'의 '賜'로 보지 못하고, '向屋賜尸'에 들어 있는 '賜'의 위치로 오해하고, 이미 같은 향찰 '賜/시'가 있다는 점에서, 행간의 '賜'를 불필요한(또는 기능이 없는) 향찰로 오해하고 삭제해 버림으로 인해 발생한 누락자이다.

6) '去米(置)'(가미두, 〈상수불학가〉)의 '置'는 선행 전사자가 전사 과정에서 누락된 '置'를 확인하고, 이 누락자를 행간에 첨가하였는데, 후행 전사자가 그 위치를 '去米(置)'의 '置'로 보지 못하고, '佛体置'에 들어 있는 '置'의 위치로 오해하고, 이미 같은 향찰 '置/두'가 있다는 점에서, 행간의 '置'를 불필요한(또는 기능이 없는) 향찰로 오해하고

삭제해 버림으로 인해 발생한 누락자이다.

7) '修(叱)孫'(다실 손, 〈보개회향가〉)의 '叱'은 선행 전사자가 전사 과정에서 누락된 '叱'을 확인하고, 이 누락자를 행간에 첨가하였는데, 후행 전사자가 그 위치를 '修(叱)孫'의 '叱'로 보지 못하고, '頓部叱'에 들어 있는 '叱'의 위치로 오해하고, 이미 같은 향찰 '叱'이 있다는 점에서, 행간의 '叱'을 불필요한(또는 기능이 없는) 향찰로 오해하고 삭제해 버림으로 인해 발생한 누락자이다.

8) '悟(乎)內去齊'(씨오니거져, 〈보개회향가〉)의 '乎'는 선행 전사자가 전사 과정에서 누락된 '乎'를 확인하고, 이 누락자를 행간에 첨가하였는데, 후행 전사자가 그 위치를 '悟(乎)'의 '乎'로 보지 못하고, '懺爲如乎仁'에 들어 있는 '乎'의 위치로 오해하고, 이미 같은 향찰 '乎/오'가 있다는 점에서, 행간의 '乎'를 불필요한(또는 기능이 없는) 향찰로 오해하고 삭제해 버림으로 인해 발생한 누락자이다.

이 글에서 정리한 누락자 외에도 적지 않은 누락자가 발견되는데, 이 누락자들은 단독으로 발견되지 않고, 연자와 함께 연계되어 나타나므로, 글을 바꾸어 서로 연계된 누락자와 연자에서 정리하고자 한다.

서로 연계된 누락자와 연자 36제

1. 서론

이 글의 연구 목적은, 전사(傳寫) 과정에서 나타날 수 있는 오해의 측면에서, 서로 연계된 누락자(漏落字)와 연자(衍字)를 중심으로 향가의 원전을 비평하는 데 있다.

향가의 원전비평은 해독 초기부터 시작되어, 최근까지도 수행되었다. 그중에서 누락자와 연자의 연구사를 간단하게 보자.

향가의 향찰에서 누락자 또는 낙자는 오구라(1929), 신태현(1940), 이탁(1956), 김선기(1967a), 금기창(1993), 강길운(1995), 신재홍(2000) 등에 의해 주장되었다. 그러나 양희철(2020)의 검토를 보면, 선행 연구에서 인정할 만한 누락자는 거의 발견되지 않고 있다.

그리고 연자(衍字) 또는 잘못 들어간 글자는 陪立羅良(〈도솔가〉)의 '良'(이탁 1956)과 '-如攴'(〈참회업장가〉)의 '攴'(잘못 덧들어간 글자: 홍기문 1956, 연문자: 신재홍 2000, 잘못 들어간 글자: 류렬 2003)에서 언급되기도 했다. 그러나 전자는 '-羅良'이 '-벌라'(김완진 1980)의 수정인 '-벌아'로 해독되고, 후자는 '-如攴'가 현대어 '-듯, -드시'에 해당하는 '-돗, -드디'(양희철 2013a)로 읽힌다는 점에서, 각각 잘못 들어간 글자가 아니다.

그러면 더 이상의 누락자와 연자는 없는가 하는 질문을 할 수 있다. 이 질문에 자신 있게 더 이상의 누락자와 연자는 없다고 답하기는 어렵다. 향가를 읽다 보면, 비문법적이고 문맥이 통하지 않는 부분이 적지 않기 때문이다. 비문법적이고 문맥이 통하지 않는 부분들은 원전비평의 차원에서 보면 오자, 누락자, 연자 등이 포함되어 있음을 의미한다. 비문법적이고 문맥이 통하지 않는 부분들을 구체적으로 검토한 결과, 많은 오자, 누락자, 연자 등을 발견하였다. 이 중에서 오자와 누락자는 앞에서 정리를 하였다. 나머지 서로 연계된 누락자와 연자는 이 글에서 검토 정리를 하고자 한다.

누락자와 연자의 상호 연계는 전사 과정에서의 오해라는 측면에서 이해가 가능하다.

즉 선행 전사자(傳寫者)가 전사한 다음에, 빠진 누락자를 발견하고, 이 누락자를 행간에 첨가하여 놓았는데, 첨가된 위치를 후행 전사자가 오해하게 되면, 서로 연계된 누락자와 연자가 발생할 수 있다는 것이다. 연자와 누락자의 상호 연계라는 측면에서 원전비평을 하는 것은 필자가 처음이다.[54]

전도구는 주로 〈찬기파랑가〉에서 논의되었다. 김준영(1979)은 제4구와 제5구의 순서가 바뀌었다고 보았고, 안병희(1987)와 서정목(2014)은 이를 따랐다. 유창균(1994)은 10구를 제1, 4, 2, 3, 6, 5, 7, 8, 9, 10구 등으로 바꾸어야 한다고 주장하였다. 전자의 주장이 대체로 인정되어 가는 추세인데, 아직도 이 전도구가 발생하게 된 이유를 설명하지 못하고 있다. 이 문제는 자료 처리의 편의상, 〈찬기파랑가〉의 서로 연계된 누락자와 연자에서 함께 정리하고자 한다.

2. 『삼국유사』의 향가 (1)

이 장에서는 年數就音(伊)의 누락자 '伊'와 史伊衣의 연자 '伊'(〈모죽지랑가〉), 廻於尸七의 연자 '尸'와 作乎(尸)의 누락자 '尸'(〈모죽지랑가〉), 阿孩(羅)古의 누락자 '羅'와 治良羅의 연자 '羅'(〈안민가〉), 月羅理의 연자 '羅'와 下(羅)의 누락자 '羅'(〈찬기파랑가〉), 放(古)의 누락자 '古'와 隱賜以古只의 연자 '古'(〈맹아득안가〉) 등을 정리하고자 한다.

2.1. 年數就音(伊)의 누락자 伊와 史伊衣의 연자 伊

이 절에서는 서로 연계된 年數就音(伊)의 누락자 '伊'와 史伊衣의 연자 '伊'를 정리하고자 한다.

2.1.1. 年數就音(伊)의 누락자 伊

年數就音에는 年數就音(伊)의 괄호 안에 넣은 '伊'가 누락되어 있다. 이런 사실은 제4구("兒史 年數就音 墮支 行齊")의 문맥과, 주격 '-이'의 생략은 문맥이 명확하여

---

54 이 글에서 정리하는 서로 연계된 누락자와 연자 36제는 모두가 앞의 글(양희철 2022a, b, 2023a, 2024a, c, 2025)에서 정리한 것들이다.

글을 간결하게 쓰거나 글을 중의적으로 쓸 때만 가능하다는 점에서 알 수 있다. 이런 사실을 확인하기 위하여, 장황하지만, 제4구의 해독을 차례로 변증하려 한다.

皃史는 '모습이'나 '얼굴이'를 의미하는 'ㅈ시'나 'ㅈ싀' 정도로 해독되고 있다. 문제는 이 '모습'이나 '얼굴'의 문자적 의미로는 문맥이 통하지 않는다는 것이다. 적지 않은 해독들이 이 '모습'이나 '얼굴'을 죽지랑의 '영정(影幀)'으로 보려고 한다. 그러나 배경 설화로 보아, <모죽지랑가>는 죽지랑이 죽기 이전인 효소왕대(孝昭王代)에 지어졌다는 점에서, '모습'이나 '얼굴'을 죽지랑의 '영정'으로 보는 것이 쉽지 않다. 그리고 '모습'이나 '얼굴'이 '영정'을 뜻한다는 주장은 수사적으로 설명할 수도 없다. 게다가 皃史(얼굴 또는 모습)를 영정으로 보기 위하여, '皃史'(얼굴 또는 모습)를 '墮/헐(=낡)-'의 주어로 보려면, 數就音이나 就音의 '-音/ㅁ'을 부동사형 어미나 현재 진행상의 연결어미로 보아야 하는데, 이런 '-ㅁ'은 뒤에 보겠지만, 한국어는 물론 인접 언어에서도 발견되지 않는다는 점에서도, 皃史(얼굴 또는 모습)를 영정으로 볼 수 없다.[55]

이에 비해 죽지랑의 '모습'이나 '얼굴'은 제유법의 측면에서 '죽지랑'으로 설명할 수 있다. 즉 전체('죽지랑')를 부분(죽지랑의 '모습, 얼굴')으로 표현한 개별화의 제유법이다. 이는 '죽지랑'의 표현보다, 죽지랑이 보여준 '모습'이나 '얼굴'을 드러낸 표현이다.

年數就音은 '皃史 年數就音 墮支 行齊'에서와 같이 그 전후를 띄어 읽는 데에 거의 모든 해독자들이 동의한다.[56] 이런 年數就音의 띄어 읽기는 '年數就音, 年數 就音, 年數就音' 등의 세 유형으로 나뉜다. 年數就音으로 띄어 읽은 유형[57]과 '年數 就音'으로 띄어 읽은 유형[58]의 문제는 각주로 돌리고, '年 數就音'으로 띄어 읽은 유형의 문제를

---

55 만에 하나, <모죽지랑가>가 죽지랑의 사후에 지어졌다고 해도, 죽지랑을 따른 득오가 지었다는 점에서, 죽지랑이 죽은 지가 얼마 되지 않은 사후에 지어졌다고 할 수 있다. 그리고 고서화나 영정을 보면, 쉽게 낡지 않도록 제작을 하였다. 이런 두 사실을 함께 검토하면, '皃史'(모습 또는 얼굴)를 영정으로 보고, 뒤에 나온 '墮-'를 '낡-'의 의미인 '毀/헐-'로 읽어서 연결하기는 쉽지 않다.

56 이와 다르게 '皃史年 數就音'으로 띄우고, '즁히 희어줌'(이몸을 그르칠세라)과 '짓히 잦음'(지난해에 가끔)으로 읽은 경우도 있다. 두 해독 모두 '年'을 '中/히'와 같은 말로 보고 앞에 붙였다. 이 해독도 문제이고, 해독과 현대역이 연결되지 않는다.

57 '年數就音'을 합쳐서 해독한 유형에는 '살쯈'과 '살음'(生命, 生活)이 있다. 전자의 해독은 '추(皺)' 자 고훈의 동명사형으로 읽은 것이다. 이 해독에 대해 "이음절의 표기에 네 자를 대당시킴은 한자의 자수가 좀 많아 보인다."(정연찬 1972:83)는 문제가 제기되었다. 그리고 만약 '皺' 자 고훈의 동명사형이라면, 왜 '皺'를 이용하여 '皺音'(살쯈)으로 쓰지 않았나 하는 문제가 있다. 후자인 '살음'의 경우에는 '살-'을 표기하려 했다면, '生-'을 쓰지 왜 어렵게 '年數'로 썼을까 하는 문제와, '就'를 해독하지 않은 문제가 있다.

58 '年數 就音'으로 띄어 읽은 해독들은 '年數'를 일곱 가지의 의미로 보았는데, 모두가 문제를 보인다.

보면 다음과 같다.

처음으로 '年 數就音'으로 띄어 읽은 '히 두서쯈(살쯈)'에서는 '두어 해가'의 의미로 보았다. '두서 히쯈'의 순서라면 몰라도, '히 두서쯈(살쯈)'의 어순으로는 '두어 해가'의 의미로 보기가 어렵다.

'히 혜나삼'(해가 갈수록)과 '히 혜나삼'(해 헤어나감)의 두 해독에 이르러 외형상의 해독은 일단락된 것 같다. 그러나 이 '혜나삼'과 '혜나삼'은 물론, '-音'을 '-ㅁ'으로 읽은 모든 해독들은 주어진 문맥에서 의미를 자연스럽게 보여주지 못하는 문제를 보인다. 이 문제 때문에 이를 해명하기 위한 설명을 부연하고 있다. 바로 '-ㅁ'을 지속의 부동사형 또는 현재 진행상의 연결어미로 설명하거나, 동명사형 어미 다음에 생략된 격어미를 설명하는 것이다.

'-ㅁ'을 지속의 부동사형 또는 현재 진행상의 연결어미로 설명한 경우로는, '즈싀 히 혜나삼'(모습이 해가 갈수록, 김완진 1980; 이병기 2008), '즈싀/즈싀 나스 들음'(모습이 나이 들면서, 강길운 1995; 지형률 2007), '즈싀 年數 나솜'[모습이 고령 (및 시세)에 나가면서, 신재홍 2000], '즈시 햇수 좇음'[모습이 나이를 조차서(따라서), 남풍현

첫째는 '年數'를 '해포'로 본 경우이다. '數'가 '포'로 읽히는 이유를 설명할 수 없다.

둘째는 '年數'를 '命數'나 '나수(命數)'로 본 경우이다. '年'이 '命'이 되는 근거를 알 수 없다.

셋째는 '年數'를 '나이'로 본 경우이다. '年數'는 "나이가 아니요 해수 내지 년대수"(홍기문 1956:90)이고, '年數'는 '나이'가 아니라 '나이수'의 의미이다.

넷째는 '年數'를 '나해, 나히, 나스' 등으로 본 경우이다. '年'은 '나이'(齡)의 의미를 가지고 있다. 이 '나이'(齡)의 고어 형태가 어떤 것인지는 명확하게 알 수 없다. 단지 그 고형으로 '나해, 나히' 등이 논의된다. 이를 살리려면, '數'를 '해'나 '히'로 읽어야 하는데, '數'의 음이나 훈에는 '해'나 '히'가 없다. 이 문제를 극복하고자, '나이'의 고형을 '나스'로 잡은 경우도 있다. 이 경우에는 그 근거를 터어키어(naš)와 몽고어(nasu)에 두고 있다. 이 해독은 세 가지 문제를 보인다. 하나는 '나스'가 '나이' 또는 '나히'로 연결되는 과정이 명확하지 않은 것이고, 다른 하나는 '數'의 음이 '스'가 아니라는 것이며, 마지막 하나는 '就-'의 음이나 훈에 '들-'이 없다는 것이다.

다섯째는 '年數'를 '年數, 히수, 히數' 등으로 읽고, '세월'의 의미인 '年光'이나 '年月'로 본 경우이다. '히수'나 '年數'에는 '세월'의 의미가 없다.

여섯째는 '年數'를 '年數'로 읽고, 그 의미를 '시운, 시세, 세태' 등으로 잡은 경우이다. '年數'에는 '시운, 시세, 세태' 등의 의미가 없다.

일곱째는 '年數'를 '年數'(햇수)로 읽은 경우이다. 한자 '年數'의 의미 파악에서 유일하게 정확하다. 그러나 그 다음의 '나사감'과의 연결이 어렵다. '나아가다'는 '앞으로 이동하다.'와 '목적하는 바를 지향하여 가다.'의 두 의미를 가지고 있다. 이 의미들과 '햇수'를 연결하면, 의미가 통하지 않는다. 즉 햇수가 나아간다는 말이 의미가 통하지 않는다.

이상과 같이 '年數 就音'으로 띄어 읽은 해독들은 '年數'의 해독에서부터 많은 문제를 보인다. 이에 '就音'의 해독에 따른 문제는 생략한다.

2020] 등이 있다. 이 해독들은 이어지는 墮支의 주어를 皃史로 보기 위하여, '-音/ㅁ'을 지속의 부동사형 어미 또는 현재 진행상의 연결어미로 본 것이다. 그런데 '-ㅁ'을 지속의 부동사형 또는 현재 진행상의 연결어미로 본 이 주장들은 정확하게 논증되지 않은 주장들에 불과하여 설득력이 없다.[59] 논증을 할 수 없는 설명을 하는 것보다, '-ㅁ'을 동명사형 어미로 보고, 墮支의 주어를 皃史가 아닌 다른 것으로 보는 것이 훨씬 논리적이다.

거의 모든 해독들은 '-ㅁ'을 동명사형 어미로 보고, 그 다음에 격어미가 생략되었다고 보았다. 생략된 격어미로는 주격(이), 목적격(을), 원인격(에, 을=에) 등이 있다. 이 중에서 원인격 어미는 그 생략이 '-기' 다음을 제외하고는 불가능하다는 점에서, '年 數就音' 다음에 생략된 격을 원인격으로 보기는 어렵다. 그리고 원인격도 그 생략이 가능하다고 주장하면서, 그 증명의 예로 제시하고 있는 "헌함을 비겨서 울다."와 "薯童房乙"의 '-을(/乙)'은 바로 장소(軒檻, 서동방)를 나타내는 명사 다음에 붙은 처격이지, 원인격이 아니다. 이런 점에서 이것들을 예로 하여 '年 數就音' 다음에 생략된 격을 원인격이라고 주장할 수는 없다.

이렇게 정리하고 나면, '年 數就音' 다음에 생략된 격은 주격(지헌영 1947; 김선기 1993 등등)이나 목적격이 되는데, 이어서 볼 墮支의 해독인 '디기'[떨어지기에(=약해지기에), 꺾이기에]를 고려할 때에, '年 數就音'은 '힌 혜나삼(이)'으로 해독되고, 생략된 격어미는 주격으로 정리할 수 있다.

이런 사실과 이어서 볼 '墮支 行齊'의 해독을 종합하면, 제4구는 '즈시(=낭이) 히(를) 혜나삼(이) 디기(에) (제가) 니져'로 읽을 수 있고, '혜나삼' 다음에 주격 어미 '-이'가 생략되었다고 볼 수 있다.

'혜나삼' 다음에 주격 어미 '-이'가 생략되었다는 해독을 좀더 명확하게 하기 위하여, 이어지는 '墮支 行齊'의 해독을 계속하여 보자.

'墮'는 가의독자의 '디-'로 읽은 경우[60]도 있으나, 실의독자로 읽은 세 유형이 중심

---

59 김완진(1980:61)은 "菩菩는 '就音'을 文字 그대로의 '나아감'이요, 명사형이 아닌 持續의 副動詞形이라고 보거니와, 여기 더하여 '年數'에 대한 再考를 제의한다."고만 하였지, 예증을 하지 않았다. 강길운(1995:132)은 "이조어나 제주도방언에서는 'ㅁ'은 현재진행상 선행어미로만 쓰이나, 여기서 'ㅁ'은 현재 진행상에 연결어미를 겸하여 쓰인 것이지 단순한 명사형은 아니다."라고 주장하면서, 〈안민가〉의 '生以支所音物生'(살이솜 갓살이)와 『대명률직해』의 "身上良中持音牌面"[身上아히 가짐(가지고 있는) 牌面]을 예로 들었다. 그런데 이 주장에서 예로 든 '生以支所音/살이솜'(살리고 있는)과 '持音/가짐'(가지고 있는)에 포함된 '-ㅁ'(-고 있는)은, '就音/들음'(들면서)의 설명에서 보인 '-ㅁ'(-면서)과는, 괄호 안의 의미로 보아, 의미와 성격이 너무나 다르다. 게다가 '-ㅁ'이 현재진행상에 연결어미를 겸하고 있다는 설명은 한국어는 물론 인접 언어에서도 확인되지 않은 주장이다.

이다.

첫째는 '毀'의 의미인 '헐-'로 읽은 유형이다. '헐-'을 타동사로 본 '헐히니져'는 "年數 나삼(年月의 흐름)을 헐히니져(허물어 버리자)"와 "모습은 세월 따라 헐히니져(헐어 버릴진저)"의 문맥에서 보이는데, 문맥이 통하지 않는다. '헐-'을 자동사로 본 해독에는 '헐니져'(헐어 가도다, 김완진 1980), '헐니져'(사라지는구나, 헐어 가겠군요), '헐히 니져'(헐어 가는구나), '헐억 녀져(헐어 가네) 등이 있다. 자동사 '헐-'에는 두 가지 의미가 있다. 하나는 '(부스럼이나 상처 따위가) 덧나서 짓무르다.'의 의미이고, 다른 하나는 '(물건이) 낡다.'의 의미이다. 이 두 의미는 모두 문맥에 부합하지 않는다. 특히 '헐-'을 '낡다'의 의미로 보기 위하여, 皃史(얼굴 또는 모습)를 전각의 영정으로 보는 데는, 앞의 皃史(얼굴 또는 모습)에서 설명했듯이, 명확한 한계가 있다.

둘째는 '死'의 의미인 '디-'로 읽은 유형이다. '디ㅅ니져'(殞命하시었구나, 지헌영 1947), '디ㅿ니져'(죽었구나, 돌아가셨도다), '디니져'(돌아가셨도다), '디기니져'(돌아가셨구려) 등이 있다. 이 해독들은 해독과 현대역이 상응/일치하지 않는다. 특히 墮支行齊는 복합동사로 보면, '죽어가고 있는 상태'를 의미할 수는 있어도, '죽은 상태'를 의미할 수는 없다.

셋째는 '落'의 의미인 '디-'나 '뻐디-'로 읽은 유형이다. 이 유형에 속한 해독들[61]은 해독과 현대역이 거의 일치하지 않는다. 그리고 주어를 '얼굴'로 보았는데, 이 얼굴이 죽지랑을 표현한다는 점까지를 계산하여도, '얼굴(또는 낭)이 (떨어)지다(落).'는 문맥이 통하지 않는다.

이렇게 선행 해독들이 문제를 보이자, 이 문제를 해결하기 위하여, '디기 니져'(떨어지기에/꺾이기에 가려, 양희철 2000)로 읽고, 주어를 '헤어나감'으로 본 해독이 나왔다. 이 해독에서는 '힘이 떨어지다(=약해지다)'와 '싸움에서 지다(=꺾이다)'를 예로, '지다'의 의미를 '떨어지다(=약해지다)'와 '꺾이다'로 이해하였다. 이 해독은 '즈시(낭이) 해(를) 셰어나감(이) 떨어지기(=약해지기)(에)'의 문맥과 '즈시(낭이) 해(=왕)(를) 혜아

---

60 이에 속한 해독에는 '디니져'(持, 지니려 하옵내다), '디기 녀져'(遲, 뜨게 가자), '디치 니져'(乏/疲, 지쳐서 가는구나), '디닛져'(成, 졌구나), '디니져'(負, 등지어 가져) 등이 있다. 이 해독들은 괄호 안에 쓴 한자들을 몰라서 '墮'를 훈차/가의만자로 사용하였다고 보기 어렵다.

61 '뻐러뎌 녀제'(흩어져 가십니까, 오구라 1929), '뻐디 녀져'(조심해 나가자), '뻐디 녀자이'(더디게 가자이), '뻐러 녀제'(떨고 가야지), '뻐디니녀'[떠러져(=못해져, 점점 잊혀져) 간다], '디기녈져'[떨어져(=축나) 가겠구나], '디어 녀돈'(나려오시는 것?), '디니져'(떨어지려 하는구나) 등이다. '뎌녀제'의 경우에는 현대역을 제시하지 않아, 구체적인 의미를 알 수 없다.

려나감(이) 떨어지기/꺾이기(에)'의 문맥에 부합한다. '支'를 '기(에)'로 읽은 이유는 이어서 설명한다.

墮支의 '支'는 히지(虛字), -ㅅ/ㅿ, -어, -히(=어), -치, 지정문자, -디, -ㄱ, -기(부사형 어미, 연결어미, 타동사화의 접미사), -ㅂ(부동사형 어미), -기(명사형 어미) 등의 열 형태로 해독되고 있다. 이 중에서 허자(虛字), -ㅅ/ㅿ, -어, -히(=어), -치, 지정문자 등은 '支'나 '攴'의 음이나 훈을 벗어난 해독으로 의미가 없다. 나머지의 해독만을 간단하게 보자.

'支'를 '-디'로 읽은 해독에는 '뼈디 녀져'(조심해 나가자)와 '뼈디 녀자이'(더디게 가자이)가 있다. 해독과 현대역이 연결되지 않는다.

'支'를 '-ㄱ'으로 읽은 해독에는 '헐억 녀져'(헐어 가네)가 있다. 이 해독에서는 '支' 앞에 '어'(부동사형 어미)가 생략되었다고 본 다음에 '支'를 강조 접사 '-ㄱ'으로 읽었다. 어간과 어간 사이에서는 부동사형 어미가 생략될 수는 있지만, 강조 접사 앞에서 부동사형 어미가 생략되었다고 보기는 어렵다.

'支'를 '-기'(부사형 어미, 연결어미, 타동사화의 접미사)로 읽은 세 해독이 있다. '디기 녀져'(뜨게 가자)에서는 '-기'를 부사형 어미 '-게'에 해당하는 것으로 보았다. 이는 인정할 수 있으나, '디기'를 '뜨게'의 의미로 보는 것이 어렵다. '디기널져'[떨어져(=축나) 가겠구나]에서는 '-기'를 연결어미 '-어'에 해당하는 것으로 보았다. 논증된 주장이 아니다. '디기니져'(돌아가셨구려, 유창균 1994)에서는 '-기-'를 타동사화의 접미사로 보았다. 이 타동사설을 따르면 '디기-'는 타동사 '죽이-'의 의미가 되지, 해독자가 주장한 자동사 '돌아가-'의 의미가 되지 않는다.

'支'를 '攴'으로 수정하고 'ㅂ'으로 읽은 해독에는 '딥니져'(등지어 가져)가 있다. 수정을 하지 않아도 해독이 가능하다는 점에서 수정을 인정하기가 어렵다.

'支'를 '기'(명사형 어미)로 읽은 해독에는 '디기(에) 니져'(떨어지기에/꺾이기에 가져, 양희철 2000)가 있다. 이 해독에서는 '支'를 '-기'로 읽고, '-기' 다음에 원인격 어미 '-에'가 생략된 일곱 예[62]를 들면서 '-기' 다음에 원인격 '-에'가 생략된 것으로 보았다.

---

62 "東京 明期 月良 夜入伊 遊行如可(동경 붉기 둘아 밤들이 노니다가, 양희철 1997:132-134) / 物叱 好支 栢史(갓 둏기 자시, 양희철 1997:514-515) / 大肹 生以支 所音(한흘 살이기 숌, 양희철 1997:664-666) / 닙고 시브냐 흐시기 닉 더흐디 슬스오이다.(『한중록』, p.26) / 鄕歌文學에 있어 形式의 考察이란 필자의 생각으로는 … 같이 판단하는 바이기 이대로 그치려는 것이다.(이능우 1956:205) / … 라는 見解는 … 라는 條件이 붙어 있기 그것이 充足될 때까지 기다리기로 한다.(정연찬 1972:103) / 鄕歌 解讀은 너무나 많은 問題가 남았기 언제 끝날지 모르겠다.(정연찬 1972:105)"(양희철 2000:64-65)

그리고 '行齊/니져'의 바로 앞에는 '제가'와 '낭이'가 생략된 것으로 보았다. '니져'의 바로 앞에 생략된 주어 중에서 '낭이'를 제외한 '제가'만을 취하면 문제가 없을 것 같다.

이렇게 보면, 제4구는 '즈시(=낭이) 히(를) 혜나삼(이) 디기(에) (제가) 니져'로 읽을 수 있고, '혜나삼' 다음에 주격 어미 '-이'가 생략되었다고 볼 수 있다.

그런데 이 주격 어미가 과연 생략해도 좋은 것인가는 반드시 검토해 볼 필요가 있다. 주격 어미의 생략은 두 경우에 나타난다. 하나는 생략을 하여도 문맥이 명확하여 글을 간결하게 쓸 경우이다. 다른 하나는 중의를 위하여 생략한 경우이다. 그런데 지금까지 정리해 왔듯이, '히 혜어나감 디기'의 문맥을 보면, '해' 다음에 생략된 목적격 어미('-를'), '혜어나감' 다음에 생략된 주격 어미('-이'), '디기' 다음에 생략된 원인격 어미('-에') 등으로 인해 문맥이 모호하게 되어 있다. 이 때문에 해독자들이 많은 고생을 하였다고 할 수 있으며, 이 때문에 문맥이 명확하여 글을 간결하게 쓰기 위하여 격어미를 생략하였다고 할 수는 없다. 그리고 '혜어나감' 다음에 생략된 주격 어미 '-이'가 중의를 형성하는 것도 아니다.[63] 이런 사실로 보면, '혜어나감' 다음에는 주격 어미가 생략된 것이 아니라, 주격 어미가 누락되었다고 정리할 수 있다.

이 누락은 원전비평의 문제이다. 그것도 數就音만의 문제가 아니라, 이어서 볼 史伊衣와도 연계된 원전비평의 문제이다. 이에 일단 數就音伊로 복원하여 '혜나삼이'로 읽는다.

이렇게 누락자 '伊'를 보충하여 數就音伊로 복원하고 '혜나삼이'로 읽으면, '數/혜+就/나사+音/ㅁ+伊/이'의 향찰들은 한자의 음과 훈을 벗어나지 않았고, '數/혜(어간)+就/나사(어간)+音/ㅁ(동명사형 어미)+伊/이'(격어미)의 연결이 문법적이고, '혜나삼이'(혜어나감이)의 해독과 현대역이 상응하며, '죽지랑(이) 해 헤어나감이 지기(에)'의 문맥이 잘 통한다는 점에서, 누락자 '伊'의 첨가는 합리적이라고 할 수 있다. 또한 이렇게 수정하여 읽으면, 선행 연구들이 당면한 대표적인 문제들, 즉 '數就音'의 '-音/ㅁ'을 논증할 수 없는 지속의 부동사형 또는 현재 진행상의 연결어미로 본 문제와, '數就音' 다음에 주격 어미(이)가 생략되었다고 봄으로 인해 '해 혜나삼 디기'의 문맥이 모호한 문제는, 이 문제를 야기시킨 격어미 '-伊/이'를 보충함으로 인해, 모두 源泉的으로 아예

---

63 〈모죽지랑가〉의 제4구("兒史年數就音墮支行齊")는 구문적 중의를 형성한다. 즉 '히'의 중의['해'(年)와 '해'(왕의 상징)], '혜나삼'의 중의('세어나감'과 '헤아려나감'), '디기'의 중의('약해지기에'와 '꺾이기에') 등에 의해 구문적 중의를 형성한다. 그러나 이 구문적 중의에, '혜나삼' 다음에 생략된 격어미('-이')는 관여하지 않는다.

발생하지도 않는다는 점에서도, 누락자 '伊'를 보충하여 '數就音伊'로 복원하고 '혜나삼이'로 읽은 해독은 합리적이라고 할 수 있다.

이 누락자가 발생한 이유는 뒤에 볼 史伊衣의 연자 '伊'와 연계되어 있으므로, 그 구체적인 설명은 史伊衣에서 함께 하려 한다.

2.1.2. 史伊衣의 연자 伊

史伊衣에는 불필요한 연자 '伊'가 들어가 있다. 이런 사실은 廻於尸七史伊衣에 포함된 '史伊衣'를 '史伊衣(1)', '-七史 伊衣', '七史伊衣', '七史 伊衣', '无史 伊衣', '史伊衣(2)' 등으로 다양하게 읽으면서도 만족할 만한 해독을 얻지 못했다는 사실과, '廻於尸七史伊衣逢乎支'에서 후반부의 대략적인 의미는 '-ㄹ 것의 맛보기'라는 사실에서 알 수 있다. 선행 해독들이 문제를 보인다는 점을 확인하기 위하여, '史'의 음('시'), '伊'의 음('이')이나 훈('뎌'), '衣'의 음('의')이나 훈('옷') 등을 정확하게 살린 해독들을 확인하면서 선행 해독들을 차례로 보자.

'廻於尸七 史伊衣'로 띄운 유형에서는, 史伊衣를 '스싀예, 스싀의, 스리히, 스이예, 스이의, 스이이, 사이예, 사이에, 사이애, 시이이' 등으로 다양하게 읽었다. '止'섭에 속한 '史'의 당시음이 '시'라는 점에서, '史'를 '스'와 '사'로 읽은 해독들은 결정적인 문제를 보인다. 그리고 '衣/옷/의'를 '예, 히, 이, 애, 이' 등으로 읽은 것도 문제이다. '시이이'는 무슨 의미인지를 알 수 없다.

'廻於尸七史 伊衣'로 띄운 유형에서는, 伊衣를 '伊옷'과 '뎨'로 읽었다. 전자는 '伊옷'의 의미가 명확하지 않고, 후자는 '뎌'가 문맥에 부합하지 않으며, '衣'의 음 '의'를 벗어난 'ㅣ'로 읽었다.

'廻於尸 七史伊衣'로 띄운 유형에서는, 七史伊衣를 '짓애'[짓(兒)에], '즛의'[(郞의 高貴한) 양자에], '츠시의'(동안이나마), '스시예'(순간이라도), '스시익'(현대역 미제시), '七史伊衣'(해독은 확정하지 않고 문맥상의 의미만 '사이, 순간'으로 정리) 등으로 읽었다. '짓애'와 '즛의'의 경우에는 '兒'를 몰라서 '七史'로 썼다고 보기 어렵고, '츠시의, 스시예, 스시익' 등의 경우에는 '間'을 몰라서 '七史'로 썼다고 보기 어렵다. 게다가 '짓애, 즛의, 스시예, 스시익' 등은 '伊/이'와 '衣/의'의 해독에서도 적지 않은 문제를 보인다.

'廻於尸 七史 伊衣'로 띄운 유형에서는, '七史 伊衣'를 '칠새 이에'(삼삼한지고 이에), '칠시 이에'(이 흐름에 그와), '스시 이익'(사이, 아!), '스시 뎌의'(때 그 분을) 등으로 읽었다. '칠새'의 경우에는 '史'를 '새'로 읽은 문제를 보이며, '칠새'와 '칠시'는 무슨 의미인지를 알 수 없다. '스시'의 경우에는 '사이'의 의미로 보았는데, '間'을 몰라서 '七史'로 표기했다고 보기도 어렵다. 게다가 '에'와 '이'는 '衣/의'의 음을 벗어났고, '이'와 '뎌'를 '그'나 '그 분'으로 본 경우에는, 죽지랑을 '郎'이나 '님'으로 부르지 않고, '이'나 '뎌'로 표현하였다고 보는 것이 어렵다.

'廻於尸 无史 伊衣'로 수정하고 띄운 유형에서는, '无史 伊衣'를 '(도랄) 업시 뎌옷'[(돌음) 없이 저를], '(도롤) 업시 뎌의'[(돌리지) 않고서 그 분을], '(돌을) 업싀 이에'[(돌아감이, 즉 죽어서라도) 없이 이에], '(도롤) 업시 이익'[(돌림, 돌봄, 顧) 없이 이에] 등에서와 같이 읽었다. 이 해독들은 '七史'를 '无史'로 수정하여 읽었는데, 이 수정을 인정해도, '廻於尸'를 '도랄, 돌올/도롤, 도롤' 등의 미래시제의 동명사로 읽은 다음에, 현재시제의 동명사로 현대역을 단 문제를 보인다. 게다가 '伊/뎌'를 '저'나 '그 분'으로 본 경우에는, 죽지랑을 '郎'이나 '님'으로 부르지 않고, '뎌'로 표현하였다고 보는 것이 어렵다. 그리고 '뎌옷'(저를)과 '뎌의'(그 분을)의 경우에는 '-옷'과 '-의'를 '-를'과 '-을'의 의미로 본 근거를 알 수 없으며, '衣'를 '에'나 '익'로 읽은 경우에는 '衣'의 음('의')이나 훈('옷')을 벗어났다.

'廻於尸 七 史伊衣'로 띄운 유형에서는, 史伊衣를 '시-의'(것의)로 읽었다. 이 해독에서는 '伊'를 '史/시'의 장음표기로 보았는데, '시'(것)가 상성(上聲)이 아니라 거성(去聲)이라는 점에서 장음표기로 보는 것이 어렵다.

이상과 같이 史伊衣는 '史伊衣'로 읽어도, '七史伊衣, -七史 伊衣, 七史 伊衣, 无史 伊衣' 등의 어느 것으로 읽어도, 문제를 보인다. 특히 '史'의 음('시'), '伊'의 음('이')이나 훈('뎌'), '衣'의 음('의')이나 훈('옷') 등을 정확하게 살린 해독으로는 겨우 넷이 있다. 즉, '스시 뎌의'(때 그 분을), '(도랄) 업시 뎌옷'[(돌음) 없이 저를], '(도롤) 업시 뎌의'[(돌리지) 않고서 그 분을], '시-의'(것의) 등이 있다. 그런데 이것들마저도 앞에서 정리했듯이 또 다른 문제를 보인다. 이렇게 검토해 볼 만한 거의 모든 것들을 살펴보았는데도, 문제를 해결하지 못하고 있다.

이는 원전비평의 문제로 판단한다. 바로 史伊衣의 '伊'가 연자라는 것이다. 이 연자 '伊'를 제거하고 '史衣'를 '시의'로 읽는다.

이렇게 史伊衣의 '伊'를 연자로 빼고 '史衣'를 '시의'로 읽으면, 이 해독은 '史'와 '衣'의 음 '시'와 '의'를 살렸고, '시(의존명사)+의'(격어미)의 연결이 문법적이고, '시의'(것의)의 해독과 현대역이 상응하며, '-ㄹ 것의 맛보기'의 문맥이 잘 통한다는 점에서, '伊'를 연자로 빼고 '史衣'를 '시의'로 읽은 해독은 합리적이라고 할 수 있다. 또한 이렇게 수정하여 읽을 때에, 선행 해독들이 당면한 대표적인 문제들, 즉 '史'의 음('시'), '伊'의 음

('이')이나 훈('뎌'), '衣'의 음('의')이나 훈('옷') 등을 정확하게 살린 해독들 중에서 '스시 뎌의'(때 그 분을), '(도랄) 업시 뎌옷'[(돌음) 없이 저를], '(도롤) 업시 뎌의'[(돌리지) 않고서 그 분을] 등이 보여주는 죽지랑을 '낭'이나 '임'이 아니라 '저'로 표현했다고 본 문제와, '시-의'(것의)의 해독에서 '시'(것)가 상성(上聲)이 아니라 거성(去聲)임에도 불구하고 '伊'를 '史/시'의 장음표기로 본 문제 등은, 이 문제를 야기시킨 향찰 '伊'를 연자로 보아 삭제함으로 인해, 모두 源泉的으로 아예 발생하지도 않는다는 점에서도, '伊'를 연자로 빼고 '史衣'를 '시의'로 읽은 것은 합리적이라고 할 수 있다.

　이 연자 '伊'의 문제는 앞에서 그 구체적인 설명을 보류한 數就音(伊)의 누락자 '伊'와도 연계된 원전비평의 문제이다. 이 문제를 해결하기 위하여, 1행 11자로 텍스트를 전사한 다음에 보니, 두 곳에서 빠진 누락자를 발견하고, 두 누락자를 행간에 첨가해 놓은 텍스트를 가정하고 정리하면 다음과 같다.

去隱春皆理米〇毛冬居叱
沙哭屋尸以憂音〇阿冬音
乃叱好支賜烏隱〇皃史年
數就音墮支行齊〇目煙廻
　　伊
於七史衣〇逢烏支惡知作
　　　尸
乎下是〇郞也慕理尸心未
行乎尸道尸〇蓬次叱巷中
宿尸夜音有叱下是

　이 텍스트에서 텍스트의 전사자는 數就音 다음에 빠진 누락자 '伊'를 행간에 첨가하였다. 그런데 후행의 전사자가 이를 오해하여, 數就音 다음에 제4행의 제4자로 '伊'를 첨가하여 전사하지 않고, '史衣'의 '史'와 '衣'의 중간에 제5행의 제4자로 첨가하여 전사하면, 현재 우리가 보고 있는 數就音과 史伊衣가 된다. 이를 바로 잡고 해독하면, 數就音伊는 '혜나삼이'(세어나감이, 헤아려나감이)가 되고, '史衣'는 '시의'(것의)가 된다. 이 해독들은 '즈시 히(를) 혜나삼이 디기(에) (제가) 니져'의 문맥과, '目煙廻於尸七史衣逢烏支'에 포함된 '-ㄹ 시의(것의) 맛보기'의 문맥에, 매우 자연스럽게 부합하면서, 선행 해독들이 보인 문제들을 해결하게 된다.

　이런 점들로 보아, 數就音(伊)의 괄호 안에 넣은 '伊'는 누락자이고, 史伊衣에 들어간 '伊'는 잘못 들어간 '연자(衍字)'라고 정리할 수 있다.

2.2. 廻於尸七의 연자 尸와 作乎(尸)의 누락자 尸

2.2.1. 廻於尸七의 연자 尸

廻於尸七(〈모죽지랑가〉)에는 불필요한 연자로 '尸'가 들어가 있다. 이런 사실은 廻於尸七의 '-尸/ㄹ'과 '-七/질'에서 관형사형 어미가 겹치는 문제를 해결하기 위하여, 廻於尸七史伊衣를 끊어 읽을 수 있는 여섯 유형을 모두 검토해 보았지만, 문제를 해결하지 못했다는 사실과, 제5, 6구의 대략적인 의미가 "눈안개 돌아질 것의 맛보기(입니까?) 어찌 이룰 것이"라는 사실에서 알 수 있다. 이를 차례로 보자.

目煙은 세 해독[64]을 제외한 나머지 해독에서는 한 단위로 읽었다. '目煙, 눈, 눈(연), 눈니(눈에), 눈깔, 누늬(눈의). 눈니(눈물, 눈물과 비슷한 의미, 눈안개), 눈의' 등이다. '目煙'의 경우에는 이 작품의 어디에도 한자 용어가 나오지 않는다는 점에서, '눈'의 경우에는 '-ㄴ'의 표기에 흔히 쓰이는 '-隱'을, 특히 賜烏隱에서도 보여준 '隱'을 버리고 '-煙'을 썼다고 본 점에서, '눈니'와 '누늬'의 경우에는 '-이/-의'의 표기에 흔히 쓰이는 '-矣'나 '-衣'를 버리고 '-煙'을 썼다고 본 점에서, 그리고 '눈(연)'과 '눈깔'의 경우에는 '연'이 강조사라고 하였을 뿐 설명이 없고, '-깔'과 '-煙'의 연결이 어렵다는 점에서, 각각 믿기 어렵다. 그리고 '눈니'로 읽을 수도 있으나, '니'는 '연기'나 '냄새'만을 의미하면서, '눈니'는 '눈 연기'나 '눈 냄새'로 문맥에 부합하지 않는다.

이에 '目/눈+煙/안기'의 '눈안기'로 읽는다. '눈안기'는 일부 해독자들이 제시한 '눈물'(정창일 1987), '눈물과 비슷한 의미'(신동흔 1990), '눈안개'(양희철 1997, 2000) 등의 의미와 같은 맥락에 있다. 즉 '눈안기'는 감정이 복받쳐서 눈물이 눈에 고이기 직전에 눈시울이 뜨거워지는(/붉어지는) 순간이나 그 직전에 눈에 희뿌옇게 일어나는 안개를 뜻한다. 그리고 이 '눈안기'는 이어서 나오는 제6구의 시어 '맛보기'가 어떤 성격의 것인가를 시적 화자의 절제된 감정의 측면에서 잘 보여주는 시어로 판단한다.

廻於尸七史伊衣의 띄어 읽기는 여섯 유형으로 분리된다. 이 중에서 의미 파악이 어려운 유형[65]은 논외로 한다. 나머지 다섯 유형은 廻於尸七의 '-尸/ㄹ'과 '-七/질'에서 관형사형 어미가 겹치는 문제를 극복하려는 노력의 결과로 볼 수 있다. 이를 차례로 보자.

'廻於尸七 史伊衣'로 띄운 유형에서는, '廻於尸七'을 '멀'(멀), '돌칠'(돌릴, 깜박, 내

---

[64] '目煙'의 '煙'을 '廻於尸(七)'와 연결하여, '눈 니돌얼칠'(눈을 내두를/내둘을), '눈 니돌얼'(눈 내두를), '눈 내돌칠'[눈(을) 내돌려질] 등으로 읽은 해독들이 있으나, 의미 있는 해독으로는 보이지 않는다.

[65] '廻於尸七史 伊衣'로 띄운 유형에서는, '廻於尸七史'를 '도럴히츨시'와 '도랄치ㅅ(돌칠ㅅ)'로 읽었다. 무슨 의미인지를 파악하기가 어렵다.

두를, 돌이킬, 짧은), '돌얼칠'(돌려 볼 수 있는), '돌올칠'(꿈뻑할, 현대역 미제시), '도올칠'[깜짝할(잠깐)], 도르칠(돌칠), '도라딜/도르딜'(돌아칠 깜박사이에) 등으로 읽었다. '멀'은 '廻'를 '逈'의 오자로 보고 읽은 해독이다. 문맥을 벗어난 수정이다. '돌침, 돌얼칠, 돌올칠, 도올칠' 등은 해독과 현대역이 상응/일치하지 않는다. '-칠'의 의미를 살리지 못했다. 이는 '-七/칠'을 무시하는 것으로, '廻於尸七'의 '-尸/ㄹ'과 '-七/질'에서 관형사형 어미가 겹치는 문제를 극복하려 했다고 할 수 있다. '도르칠'과 '도라딜/도르딜'에서는 '於'와 '尸'를 어떻게 읽은 것인지가 명확하지 않으며, 해독과 현대역이 상응/일치하지도 않는다.

이어서 다루려는 '廻於尸 七史伊衣', '廻於尸 七史 伊衣', '廻於尸 无史 伊衣' 등의 유형에서는, '廻於尸七'의 '-尸/ㄹ'과 '-七/질'에서 관형사형 어미가 겹치는 문제를, '廻於尸七'의 '七'을 띄어서 뒤에 붙이는 방법으로 해결하려 하였다. 그러나 다음과 같이 문제를 보인다.

'廻於尸 七史伊衣'로 띄운 유형에서는, '廻於尸'을 '돌려'(돌려), '돌알'[(암암하게) 떠도는(곧, 어리는)], '돌올'(한눈팔), '돌얼'(눈 돌리는), '도롤'(현대역 미제시), '돌리엻'(휙 돌릴) 등으로 읽었다. '돌려'는 '於尸'의 음이나 훈을 벗어난 해독이다. 나머지 '於尸'를 '얼' 또는 '올'로 읽은 해독들은 해독과 현대역이 상응/일치하지 않는다.

'廻於尸 七史 伊衣'로 띄운 유형에서는, '廻於尸'를 '돌얼'(어려), '도럴'(보일), '돌올'[도는(살아 있는)], '도롤'(돌릴) 등으로 읽었다. 이 해독들 역시 해독과 현대역이 상응/일치하지 않는다.

'廻於尸 无史 伊衣'로 수정하여 띄운 유형에서는, '廻於尸'를 '도랄'(돌음), '돌을'[돌아감이(즉 죽어서라도)], '도롤'(돌리지), '도롤'[돌림(돌봄, 顧)], '도랄'(돌음) 등으로 읽었다. 이 해독들 역시 해독과 현대역이 상응/일치하지 않는다. 특히 이 해독들의 상당수는 미래시제의 동명사로 읽은 다음에, 현재시제의 동명사로 현대역을 달았다.

'廻於尸 七 史伊衣'로 띄운 유형에서는, '廻於尸 七'을 '돌얼 딜'[돌 것(이) 질]이나 '돌얼, 딜'(돌얼, 질)로 읽었다. 이 해독들에서는 '廻於尸七'을 '廻於尸 七'로 띄우면서, '廻於尸七'의 '-尸/ㄹ'과 '-七/질'에서 관형사형 어미가 겹치는 문제를 해결하려 하였다. 그러나 "눈안개 돌 것(이) 질 것의"에서는 문맥이 거칠고, 시가에서 '돌어질'을 '돌얼, 딜'로 표현했다고 보기에는 석연치 않은 점이 있다.

이상과 같이 '廻於尸七'의 '-尸/ㄹ'과 '-七/질'에서 관형사형 어미가 겹치는 문제를 해결하기 위하여, 廻於尸七史伊衣를 끊어 읽을 수 있는 여섯 유형을 모두 검토해 보았지만, 적지 않은 문제를 보인다. 이는 원전비평의 문제로 판단한다. 그것도 뒤에 볼 '作

乎'의 원전비평과 연계된 원전비평의 문제이다. 이에 '作乎'의 원전비평과 연계된 구체적인 설명은 뒤로 돌리고, 일단 廻於尸七을 '廻於七'로 복원하고, '돌어칠'의 가능성을 열어놓고, '돌어질'로 읽는다.

이렇게 '尸'를 연자로 빼고, 廻於七을 '돌어질'로 읽으면, '廻/돌+於/어+七/질'의 향찰에 쓰인 한자의 음과 훈을 벗어나지 않고, '廻/돌(어간)+於/어(연결어미)+七/질(어간+관형사형 어미)'의 연결이 문법적이며, '돌어질'(돌어질)의 해독과 현대역이 일치하고, "눈안개 돌아질 것의 맛보기(입니까?) 어찌 이룰 것이"의 문맥이 잘 통한다는 점에서, '尸'를 연자로 빼고, '廻於七'을 '돌어질'로 읽은 것은 합리적이라고 할 수 있다. 또한 '尸'를 연자로 빼고, 廻於七을 '돌어질'로 읽으면, 선행 해독들이 당면한 문제들, 즉 廻於尸七의 '-尸/ㄹ'과 '-七/질'에서 관형사형 어미가 겹치는 문제를 극복하기 위하여, 廻於尸七史伊衣를 '廻於尸七史 伊衣', '廻於尸七 史伊衣', '廻於尸 七史伊衣', '廻於尸 七史 伊衣', '廻於尸 无史 伊衣', '廻於尸 七 史伊衣' 등의 여섯 유형으로 끊어 읽고도 해결하지 못한 문제와 그 과정에서 발생한 문제들은, 이 문제들을 야기시킨 '尸'를 연자로 제거함에 따라, 모두 원천적으로 아예 발생하지도 않는다는 점에서도, '尸'를 연자로 빼고, '廻於七'을 '돌어질'로 읽은 것은 합리적이라고 할 수 있다.

2.2.2. 作乎(尸)의 누락자 尸

作乎下是에는 作乎(尸)下是의 괄호 안에 쓴 '尸'가 누락되어 있다. 이 '尸'의 누락은 제5, 6구와 제7, 8구의 시적 청자가 죽지랑이란 점에서 겸양법과 깊게 연계되어 있다. 그런데 선행 해독들은 거개가 이 겸양법을 고려하지 않았고, 극히 일부에서만 이 겸양법을 고려하였으나, '尸'의 누락에까지는 나아가지 못하였다. 이를 차례로 보자.

'作-'은 '-줃( )슬-, 두외(되)-, 일/일오-, 짓-, 지스-' 등으로 해독되고 있다. '-줃( )슬-'은 '作'의 음과 훈의 어느 것인지를 알 수 없다. '두외-'는 '두외아리'(그 아니 어려우리)의 해독에서 나오는데, 해독과 현대역이 일치/상응하지 않는다. 이 해독들에 비해 초기 해독(오구라 1929; 양주동 1942 등등)에서부터 나타난 '짓/지시-'와 '지스-'의 경우는 '作'의 훈이라는 장점을 갖고 있으나, 현재는 물론 중세어에서도 '만나기를 짓다.'라는 말을 쓰지 않는다는 단점을 보인다. 이에 나온 '일오-'(김완진 1980 등등)의 경우는 '만남을 이루다.'라는 말을 현재도 쓴다는 장점을 보인다. 그러나 이 '일오-'가 '作'의 어느 훈을 이용한 것인가가 명확하지 않다. 이 문제는 作乎의 해독에서 매우 중요하여, '作乎-'를 '일오-'로 읽은 해독들을 자세하게 변증하고자 한다.

김완진(1980)은 서재극(1975)이 作乎下是를 '짓와리'(꾸며댈 수 있겠습니까?)로 읽고, '-오-'와 '-아-'를 선어말어미라고 본 해독에 대하여, "徐在克에 와서야 겨우 해독다운 해독을 보게 되었다."고 평가한 다음에, 作乎下是를 '일오아리'로 읽었다.[66] 이 해독은 作乎下是의 해독에서 획기적인 전환을 보여준다. 그러나 '作'을 어느 훈으로 읽은 것인지, '일'과 '일오' 중에서 어느 것으로 읽은 것인지, '-오-'와 '-아-'를 어떻게 본 것인지 등을 설명하지 않았다.

김완진(1980)의 해독에 동의하면서 '作'의 훈을 '일우다'와 연결시키려는 글(유창균 1994)이 나왔다. 이 글에서는 한문으로 설명한 한자 '作'의 의미와 용례를 제시한 다음에, 이 한문으로 설명한 의미를 여덟 종류의 우리말 어휘로 정리하고, '作'을 '일우다'와 연결시키려 하였다.[67] 그러나 정작 '作'의 의미로 제시한 여덟 어휘에는 '일우다'가 없다.

이렇게 선행 해독들은 '作'을 '짓-'으로 읽으려면 문맥에 부합하지 않고, '作乎-'를 '일오-'로 읽으려면, '作'의 어느 뜻을 이용한 것인지를 명확하게 하지 않은 문제를 보인다. 이에 '일오/이로-'가 '作'의 어느 뜻을 이용한 것인가를 다시 검토해 보고자 한다.

'짓-'과 같이 '만들다'의 의미를 가진 어휘로 '이로다, 이루다, 이르다, 일다' 등이 있다. 이 중에서 '이로다'를 『이조어사전』에서 보면, 그 의미를 '만들다'로 정리하고, "뒷 東山에 五百塔을 이로고"(석十一 38), "胸中에 머근 뜻을 속절업시 못 이로고"(靑 p.84). "큰 일 이로지 못호리라"(三譯一 11) 등을 예로 들었다. 이 중에서 탑과 관련된 첫 번째의 '이로-'는 '짓다/만들다'의 의미이고, '먹은 뜻'이나 '큰 일'과 관련된 두 번째와 세 번째의 '이로-'는 '성취하다'의 의미이다. '이로-'는 "물ㄱ 性을 브터 일오리니"(능四 28)와 "두 字 아로물브터 果를 일오이다"(능一 105)에서는 '일오-'로도 나타난다. 이런 사실들은 '이로/일오-'가 과거에는 '짓다/만들다'와 '성취하다'의 두 의미를 모두 보여주는 다의어였다는 사실을 추정하게 한다. 이런 '일오/이로-'(짓다/만들다, 성취하다)의 의미로 보면, '作'의 훈으로는 '짓-'과 '일오/이로-'가 모두 가능한데, 현재 '만남을 짓다.'는 쓰지 않아도, '만남을 이루다.'는 쓴다는 점에서, '作'은 그 훈 '일오/이로-'를 이용한 표기로 정리할 수 있다.

---

66 "'作乎'에 대하여는 한결같이 動詞 '짓-'을 비정해 오고 있으나, 이 동사의 목적어가 되는 '逢乎支'와의 관련으로 보아서도 일오-(=일우-)를 代入시킬 곳이 아닌가 한다. 따라서 '作乎下是'는 '일오아리'가 된다."(김완진 1980:64)

67 "이외에도 '作'은 여러 뜻으로 쓰인다. 위의 예는 '①되다. ②짓다. ③창시하다. ④行하다. ⑤일어나다. ⑥쓰다. ⑦비롯하다. ⑧하게 하다' 등의 뜻이다. 여기에서는 '逢乎支'의 '마조기'와 관련지어 보면 '짓다'도 不適한 것이 아니나, 아래의 '-乎下是'와의 관계에서 보면 '일우다'가 가장 적합하다. 이런 점에서 金完鎭의 '일오'를 수용하기로 한다."(유창균 1994:221)

'-乎-'는 '-오-, -호-, -온-' 등으로 읽어 왔다. 이 중에서 '-오-'로 의견이 수렴되고 있다. '-오-'의 해석은 네 종류로 나뉜다.

첫째는 '-오-'를 선어말어미로 본 경우이다. 서재극(1975)은 作乎下是를 '짓와리'('꾸며댈 수 있겠습니까?')로 읽으면서 '-乎/오-'를 선어말어미로 처리하였다. 어떤 종류의 선어말어미인가는 언급하지 않았다. 김완진(1980)은 서재극의 해독 '짓와리'를 '일오아리'(이루리)로 바꾸어 읽으면서, '-오-'가 어간 '일오-'의 '-오-'인지, 아니면 선어말어미의 '-오-'인지를 설명하지 않았다.

둘째는 '-오-'를 사동의 형태소 또는 선어말어미로 본 경우이다. 김완진의 해독을 따르면서 '-乎(오)-'를 사동의 형태소 또는 선어말어미로 처리한 것은 신석환(1987)과 지형률(2007)이다. '作乎下是'를 '일오아리'(만날 수 있으리오)와 '일오아리'(이루랴)로 읽으면서, '일오-'를 자동사의 어간 '일-(成)'에 사동의 형태소(또는 사동의 선어말어미) '-오-'를 연결시킨 타동사로 보았다. 자동사 '일-(成)'의 예가 발견되지 않는 문제를 보인다. '-오-'를 사동의 선어말어미로 보고 '지솨리'(만들게 하고 싶다, 강길운 1995)로 읽은 해독도 있다. 이 해독은 '-乎(오)-'를 사동의 선어말어미로 처리하고, 그 의미 '하게 하-'를 살리는 데에 성공한다. 그러나 '만나기를 만들게 하고 싶다.'나, 이를 다시 쓴 '만나기를 기약하고 싶어라.'가 문맥에 잘 어울리는지는 의문이다. '-오-'를 사동의 선어말어미로 보고 '지소아리'(지으리, 作하리?)로 읽은 해독(신재홍 2000)도 있다. 만약 '짓+오(사동의 선어말어미)-'라면 '짓게 하-'의 의미가 되어야 하는데, 현대역 '지으리'는 이를 벗어나고 있다. 최근에 나온 '짓오하이'(지어봅니다, 남풍현 2020)에서는 '-오-'를 사동형이라고 설명하고서, 현대역에서는 이를 살리지 않았다.

셋째는 '-오-'를 타동사화의 파생 접미사로 본 경우이다. '일오아리'(일우오리까? 유창균 1994)에서는 신석환(1987)과 같이 '일-'을 자동사의 어간으로 보고, '-오-'를 타동사화의 파생 접미사로 보았다. 이런 설명이 가능한지는 해당 전공에 돌려도, '일우아리'로 읽은 모든 해독들은 '作-'을 어느 훈으로 읽은 것인지를 명확하게 하지 않았고, 뒤에 볼 '下' 또는 '下是'의 해독에서 문제를 피할 수 없다.

넷째는 아어(雅語) 조사설과 주체 표시의 '-오-'로 본 경우이다. 초기의 해독에서 보인 '-오-'의 아어조사설을 비판하고, 그 대안으로 의도법의 선어말어미나 주체 표시의 인칭법으로 보는 주장이 나왔다. 이 두 주장은 '짓오아리'나 '일오아리'의 어간을 '짓-'이나 '일-'로 본다면 충분히 가능한 주장이다. 그러나 '짓-'은 문맥에 맞지 않고, '일-'은 '일오아리'의 어간, 특히 '이루-'의 의미를 보이는 어간으로 보는 데는 한계가 있다. 『이조어사전』을 보면, '이루-'와 '일-'에도 '만들다'의 의미가 있다. 이 '일-'(타동사의 어간)을 취하면, '-오-'를 의도법의 선어말어미나 주체 표시의 인칭법으로 볼 수 있다. 그러나 이 '일오-'는 뒤에 볼 '下是/아리'에서 문제를 보인다.

이렇게 '作乎-'의 '-乎-'를 '-오-'로 읽은 선행 해독들은 문제를 보인다. 이 문제는 '作'의 훈을 어느 것으로 보느냐에도 깊게 연결된 것인데, '作'의 훈이 '일오/이로-'라는 점에서, '-乎/오-'는 '일오/이로-'의 '-오'를 첨기한 말음첨기로 정리한다.

'下是'의 해독 역시 다양하다. '下'와 '是'의 음('하')과 훈('알, 이')을 벗어난 해독들이 해독 초기에 있었다. 바로 '下'를 허자(虛字)로 본 해독들과 '是'를 '이리'나 '리'(통음차)로 읽은 해독들이다. 이 초기의 해독들을 지금에도 주장하는 사람은 없다. '下'의 음('하')과 훈('알'), '是'의 훈('이')을 살린 '하이, 아리, 알이' 등의 해독들만을 자세히 변증하면 다음과 같다.

먼저 '下是'를 '하이'로 읽은 해독을 보자. '하이'는 '짓오하이'[못하게 되었던가, 짓고 싶습니다(정연찬 1972 등등)], '짓오하이'(지어봅니다, 남풍현 2020), '짓온 하이'(짓온 것이, 양희철 1997) 등에서 보인다. 두 '짓오하이'에서는 해독과 그 현대역이 잘 연결되지 않는다. 특히 후자에서는 [짓+오(사동형)+하(ㅎ+아/확인법)+이(겸양과 바램의 '-습니다')]로 분석을 한 다음에 '지어봅니다'의 현대역을 달고 있어 이해가 되지 않는다. 그러나 두 해독의 현대역에서 보인 겸양법은 매우 중요한 사실을 말해준다. 이 겸양법은 제5, 6구의 시적 청자를 문맥상 죽지랑으로 보았다는 사실을 말해준다. 이런 사실은 '郎也'를 포함한 제7, 8구의 '有叱下是'를 '이시하이'로 읽고 그 의미를 '있옵니다.'로 본 것에서 더욱 확실하다. 이렇게 제5, 6구와 제7, 8구의 문맥에는 겸양법이 필요하다는 사실의 인식은, 그동안 〈모죽지랑가〉를 해독하면서 인식하지 못한 중요한 것을 보여준 것이라고 할 수 있다. 그리고 '짓온 하이'에서는 '下是'를 '하이'(것이)[68] 로 읽은 것이 돋보이지만, '乎'를 '온'으로 읽은 문제를 보인다. '下是'를 '하이'로 읽으려면, '作乎'를 관형사형으로 읽을 수 있는 다른 방법의 검토가 필요하다.

이번에는 '아리'로 읽은 해독들을 보자. 이 유형의 해독들은 당연한 것 같지만, 차제자 원리의 측면, 형태소의 측면, 문맥의 측면 등에서 많은 문제를 보인다. 이 중에서 차제자 원리의 측면에서 보이는 문제는 각주[69]로 돌리고, 형태소의 측면과 문맥의 측면

---

68 '是/이'는 '民是'(〈안민가〉), '人是'(〈혜성가〉), '雪是'(〈찬기파랑가〉) 등에서도 주격어미로 사용되었고, '下是/하이'는 '吾下是如'(〈처용가〉)에서 보인다.
69 차제자 원리의 측면에서 보이는 문제를 보자. '下是'를 '아리'로 읽은 해독들은 차제자 원리의 측면에서 보면, 두 유형으로 나뉜다. 하나는 '下/알'과 '是/이'를 결합하여 '아리'로 해독한 것이고, 다른 하나는 '下/아래'와 '是/이'를 결합하여 '아리'로 해독한 것이다.

에서 보이는 문제만을 보자.

　형태소의 측면에서 보이는 문제를 보자. '下是'를 '아리'로 읽은 해독들은 대다수가 '아리' 또는 '아리'의 '아'가 어떤 형태소인가를 설명하지 않았고, 소수에서만 설명을 하였다.

　서재극은 선어말어미라고만 하였지, 어떤 형태소인가를 설명하지 않았다. 금기창(1993)은 강조·영탄법의 선어말어미라고만 하였지, 예를 들지 않았다. 유창균(1994)과 이병기(2008)는 인칭법 선어말어미(오/우)의 이형태라고 하였고, 지형률(2007)은 용어를 바꾸어 의도법(오)의 이형태라고 주장하였다. '아'를 애써 인칭법 또는 의도법 선어말어미(오/우)의 이형태로 보려는 경우에, 그 이유는 作乎下是의 '作乎-'를 '일우-'로 읽고, '-우-'를 사동 또는 타동의 형태소로 해석한 나머지, 어쩔 수 없이 '-아-'를 '-오/우-'의 이형태로 처리한 것이 아닌가 한다. '-아-'가 '-오/우-'의 이형태로 쓰인 곳이 있는 것은 사실이다. 그러나 '일우-' 다음에 나오는 '-오/우-'는 '-아-'로 바뀌지 않고, '-오/우-'로 나온다. '行홀 일우오디'(『月印釋譜』 十七 24), '애드라 일우우니'(『永嘉集諺解』 下 128), '몯 일우옳 갓'(『月印千江之曲』 53), '無量功德을 일우옳 고디라'(『楞嚴經諺解』 一 33) 등의 예들로 보아, '일우아리'의 '아'는 '-오/우-'의 이형태로 처리하는 것이 어렵다.

　강길운(1995)은 '-아리'를 '-고 싶다'의 희망형으로 보고, 제5구를 '逢烏支惡 知作乎下是'로 띄워, '맞보악 지솨리'(만나기를 기약하고 싶어라)로 읽었다. 이 제5구의 해독에서, '惡知'를 분리하여 앞뒤에 붙이고, '知'를 두음첨기로 해독한 것은, '-아리'를 '-고 싶다'의 희망형으로 본 것을 합리화하기 위한 방편으로 보인다. 그리고 신재홍(2000)은 '-아리'를 의문종결법 '-아리아/아리여'의 생략형으로 보았다. '-리'가 '-리라'와 '-리오'의 생략형이라는 점에서, '-아리'를 의문종결법 '-아리아/아리여'의 생략형으로 보는 것은 가능하다. 그러나 '-아-'의 형태소를 분석하지 않은 것 같다.

　이상과 같은 점에서, '下是'를 '아리'로 읽은 해독들은 형태소 측면에서 문제를 보인다.

　전자에서는 '下'를 '알'로, '是'를 '이'로 각각 읽고, '알+이'를 '아리'의 표기로 보았다(정열모 1965; 서재극 1975 등등). 이 해독들은 '알+이'를 '아리'의 표기로 보았는데, '-리'의 표기라면 향찰에서 보이는 '-里'를 쓰지 않은 문제에 답하기가 어렵다.
　후자에서는 '下'를 '아래'로, '是'를 '이'로 각각 읽고, '아래+이'를 '아리'의 표기로 보았다(홍기문 1956; 김완진 1980 등등). 이 해독은 두 가지 문제를 보인다. 하나는 '下/아래'의 'ㅐ'를 '是/이'의 'ㅣ'로 대체하여 첨기하였다고 이해할 수 없는 설명을 하였다는 문제이다. 다른 하나는 '아래'는 '알+애'로 분석된다는 점에서 '알'보다 후대의 훈이라는 문제이다.

문맥의 측면에서 보이는 문제를 보자. '作乎下是'의 '-下是'를 '-아리'로 읽은 해독들은 거의가 제5, 6구의 문맥에서 겸양법을 보여주지 않는다. 서재극(1975)만이 앞에서 본 정연찬(1972)에 이어서 겸양법을 제5, 6구의 문맥에 포함시켰다. 즉 '짓와리'로 읽고 그 현대역을 '꾸며댈 수 있겠습니까?'로 달면서, 겸양법을 제5, 6구에 포함시켰다. 제5, 6구의 문맥에 겸양법이 포함되어야 한다는 사실은 제7, 8구의 문맥과 함께 보면 좀더 명확하다. 제7, 8구에는 감탄 호격의 '郎也'가 포함되어 있어, 제7, 8구의 문맥에는 겸양법이 포함되어야 한다. 이 때문에 '-下是'를 '아리'로 읽은 다음의 두 해독에서는 현대역에 겸양법을 포함시켰다. 즉 "郎야 …… 잘 밤 이사리(이)"로 읽고, "郎이여, …… 잠 오는 밤이 있겠습니까?"(서재극 1975)로 현대역을 달았고, "마루여 …… 잘 밤 이사리"로 읽고, "님이여 …… 자고 갈 밤이 있을 것입니다."(강길운 1995)로 현대역을 달았다. 이 해독들은 제5, 6구와 제7, 8구의 문맥상 겸양법이 필요하다는 사실을 인식하였다. 그러나 향찰이나 해독에서 발견할 수 없는 겸양법을 현대역에 첨가한 것은 문제이다. 겸양법을 문맥에 포함시킬 수 있는 다른 방법의 검토가 필요하다.

이상과 같이 下是를 '아리'로 읽은 해독들은, 차제자 원리의 측면, 형태소의 측면, 문맥의 측면 등에서 많은 문제를 보여주고 있다.[70]

이번에는 下是를 '알이'로 읽은 해독의 문제를 보자. '下'와 '是'를 각각 '알'과 '이'로 읽고, '-알 것이'의 의미인 '알이'로 읽은 해독(양희철 2000)이 있다. 이 해독에서는 '-아-'를 강조의 선어말어미로 보고, 겸양법의 문제는 '맛보기(이겠습니까?)'에서와 같이 '맛보기' 이하가 생략된 것으로 보았다. 이 해독은 '맛보기(이겠습니까?)'까지를 술부로, '어찌' 이하를 주부로 보면서, 제5, 6구를 도치 구문으로 보았다. 이로 인해 이 해독은 선행 해독들이 보인 문제, 겸양법을 해독과 현대역에서 보여주지 않아 작품의 문맥으로부터 벗어났거나, 향찰이나 해독에서 발견할 수 없는 겸양법을 현대역에 포함시킨 문제를 해결할 수 있었다. 그러나 아직도 두 가지 문제를 안고 있다. 하나는 앞에서 설명했듯이, '-아-'를 강조의 선어말어미로 본 것이고, 다른 하나는 '맛보기' 다음에

---

70 '下是'를 '아리'로 읽은 해독의 한계는 이미 다음과 같이 지적된 바가 있다. "그리고 '下是'를 '아리'로 읽는 것은 부정하기 어렵지만 '아'가 구체적으로 어떤 형태소인지는 설명이 필요하다. 가장 가능성이 높은 것은 홍기문(1956), 정렬모(1965), 서재극(1975), 김완진(1980ㄱ), 유창균(1994)에서와 같이 선어말어미로 파악하는 것인데, 그 기능은 역시 확실하지 않다. 유창균(1994)는 이를 인칭법 '-오/우-'의 이형태라고 하였다. 또 한 가능성은 확인법 선어말어미로 보는 것이다. 그런데 15세기 언해에서 종결어미로 사용되는 '-(으)니'나 '-(으)리'에 높임의 선어말어미를 제외하고 다른 선어말어미가 통합하는 예는 보이지 않는다. '下是'는 …… 아직 정확하게 분석할 수 없다."(이병기 2008:334)

생략된 것이 '-이겠습니까?'보다는 '-입니까?'가 더 적합하다는 것이다. 이 두 문제는 보완되어야 할 과제이다.

이상과 같이 '作乎下是'의 해독에서 선행 연구들은 모두가 문제를 보인다. 특히 검토해 볼 만한 것들을 모두 검토해 보고도 원만한 해독을 끌어내지 못하고 있다. 이 문제는 원전비평의 문제로 보인다. 이에 일단 作乎下是에 누락자 '尸'를 첨가하여 '作乎尸 下是'로 수정하여 '일올 하이'로 읽는다.

이렇게 누락자 '尸'를 첨가하여 '作乎尸 下是'로 수정하여 '일올 하이'로 읽으면, '作/일오2+乎/오+尸/ㄹ 下/하+是/이'의 향찰에 쓰인 한자의 음과 훈을 벗어나지 않았고, 말음첨기 '乎/오'를 살리며, '일오(어간)+ㄹ(관형사형 어미) 하(의존명사)+이(주격 어미)'의 연결이 문법적이며, '일올 하이'(이룰 것이)의 해독과 현대역이 상응하며, '눈안개 돌어질 것의 / 만나기(입니까?) 어찌 이룰 것이'의 문맥이 잘 통하고, 제6구 말의 '作乎尸/일올 下是/하이'와 제8구 말의 '有叱/이실 下是/하이'는 '-ㄹ 하이'의 반복을 보인다는 점에서, 누락자 '尸'를 첨가하여 '作乎尸 下是'로 수정하여 '일올 하이'로 읽은 것은 합리적이라 할 수 있다. 또한 이렇게 수정하여 읽으면, 선행 해독들이 보인 가장 큰 문제, 즉 제5, 6구의 시적 청자인 죽지랑에게 겸양법을 쓰지 않은 해독을 하거나, 이 문제를 해결하기 위하여, '作乎尸/일올 下是/하이'에서 발견할 수 없는 겸양법을 현대역에 첨가한 문제는, 이 문제를 간접적으로 야기시킨 누락자 '尸'를 첨가함에 따라, 源泉的으로 아예 발생하지도 않는다는 점에서도, 누락자 '尸'를 첨가하여 '作乎尸 下是'로 수정하여 '일올 하이'(이룰 것이)로 읽은 것은 합리적이라고 할 수 있다.

'作乎 下是'에 '尸'가 누락된 것은 앞에서 정리한 廻於尸七의 원전비평과 연결된 원전비평의 문제로 보인다. 이 문제를 해결하기 위하여, 앞에서 정리한 1행 11자의 텍스트를 다시 보자.

去隱春皆理米○毛冬居叱
沙哭屋尸以憂音○阿冬音
乃叱好支賜烏隱○皃史年
數就音墮支行齊○目煙廻
伊
於七史衣○逢烏支惡知作
尸
乎下是○郎也慕理尸心未
行乎尸道尸○蓬次叱巷中
宿尸夜音有叱下是

이 텍스트는 1행 11자로 전사를 하고 보니, 빠진 글자가 있어서 행간에 첨가해 놓은 텍스트이다. 이 중에서 '尸'는 '作乎' 다음인 제6행의 제2자에 빠진 누락자를 행간에 첨가해 놓은 것이다. 그런데 후행 전사자가 전사를 하면서 이 '尸'를 '廻於七'의 '廻於'와 '七'의 사이인 제5행의 제2자로 첨가해 놓은 것으로 오해하고 전사하면, 현재 우리가 보는 바와 같이, 廻於尸七에 '尸'가 연자로 잘못 들어가고, '作乎' 다음에 '尸'가 누락된 것이 된다.

이렇게 연자와 누락자를 정리하고 해독하면, '廻於七'은 앞에서 해독했듯이 '돌어질'이고, '作乎尸下是'는 '이룰 것이'의 의미인 '일올 하이'로 해독된다. 이 두 해독에는 문제가 없다. 그리고 제5, 6구의 문맥에 필요한 겸양법은 '逢烏支'를 '-입니까?'가 생략된 '맛보기(입니까?)'로 해독할 때에 해결되고, 제7, 8구의 문맥에 필요한 겸양법 역시 '有叱下是'를 '있을 것이'의 의미인 '이실 하이'로 해독하고, '道尸'를 '-입니까?/입니다'가 생략된 '길(입니까?/입니다)'로 해독할 때에 해결된다. 물론 제5, 6구와 제7, 8구는 각각 도치 구문이며, '逢烏支/맛보기(입니까?)'와 '道尸/길(입니까?/입니다)'에 생략된 '-입니까?/입니다'는 제2구 끝의 '憂音/시름' 다음에 생략된 '-합니다'와 같은 부류이며 같은 생략법이다.

지금까지 정리한 제4, 5, 6구를 다시 정리하면, 원전은 [兒史 年 數就音伊 墮支 行齊 / 目煙 廻於七 史衣 / 逢烏支 惡知 作乎尸 下是]로 복원되고, [즈시 히(를) 혜나삼이 디기(에) (제가) 니져 … / 눈안기 돌어질 시의 / 맛보기(입니까?) 엇디 일올 하이]로 해독된다. [낭이 해(年, 日=王)를 세어나감이/헤아려나감이 떨어지기에(=약해지기에) / 꺾이기에 (제가) 가려 … / 눈안개 돌어질 것의 / 만나기(입니까?) 어찌(어떤 방법으로, 어떤 이유로) 이룰 것이]의 의미이다.

이런 점들로 보아, '廻於尸七'의 '尸'는 연자로, '作乎(尸)'의 '尸'는 누락자로 정리할 수 있다.

2.3. 阿孩(羅)古의 누락자 羅와 治良羅의 연자 羅

2.3.1. 阿孩(羅)古의 누락자 羅

阿孩古(〈안민가〉)는 '어히고, 아히고, 아까고, 아해고, 아개고' 등으로 읽어 왔다. 문제는 '孩'가 '히'인가 아니면 '개'인가 하는 문제이다. '阿孩'의 다른 표기가 '阿海'라는 점에서 '아히'의 해독을 따른다. 이렇게 해독할 때에 문제는 '-고(古)'의 문법적 기능이다. 이 '-고'는 네 유형의 해독을 보이고 있다.

인용형: '-고'(-라고, 오구라, 이탁, 정열모, 김준영, 김완진, 서영석, 금기창, 유창균, 신재홍, 황선엽) '-고'(-라, 홍기문, 김선기, 황패강)
감탄형: '-고'(-로고, 양주동, 김상억, 류렬) '-고'(-로구나, 지헌영, 전규태, 지형률), '-고'(-로다, 남풍현)
접속형: '-고'(-이고, 유창선, 서재극)
의문형: '-고'(-ㄴ고: -라고나, 강길운), '-고'(-ㄴ가, 지형률)

　인용형에는 '-고'가 있다. 그러나 "백성은 어린 아히고"의 문맥에 나온 '-고'는 인용형이 아니다. 감탄형은 '-고'가 감탄형이 아니라는 점이 문제이다. 접속형은 그 다음에 접속되는 것이 무엇인지 알 수 없다는 문제를 보인다. 의문형은 가능하나, '아히' 다음에는 '-ㄴ고'의 형태를 취한다는 문제를 보인다. 이상과 같이 기왕의 해독들은 모두가 '-고'로 보여줄 수 없는 의미를 부여하고 있다. 이런 문제점의 거의 대부분은 이미 황선엽에 의해 지적된 바[71]가 있다.
　이 부분에서 우리는 하나 생각해 볼 것이 있다. 대다수의 해독들이 취하고 있는 인용형 '-고'(홍기문 1956; 김준영 1979; 김완진 1980; 유창균 1994 등등)가 문맥에서 왜 객관성을 확보하지 못하느냐 하는 문제이다. 이는 바로 인용형의 '-고' 앞에는 명사가 아니라 종결형이 온다는 것이다. 즉 ["백성은 어린 아히라"고]와 같이 종결형 다음에 '-고'가 오면 인용형이 성립된다는 것이다. 이런 사실은 阿孩 다음에 종결어미 '羅'가 누락된 것이 아닌가를 의심하게 한다. 이는 문맥과도 일치한다. 즉 "君隱 父也"와 "臣隱 愛賜尸 母史也"는 각각 '父也'와 '母史也'의 종결어미 '也'로 종결되어 있다. 이 두 문장과 병렬적 관계에 있는 "民焉 狂尸恨 阿孩"도 종결어미로 종결되어야 한다. 그런데 "民焉 狂尸恨 阿孩"에는 종결어미가 없다. 이는 阿孩 다음에 종결어미 '羅'가 누락된 것으로 판단하게 한다.
　이 문제는 원전비평의 차원에서 해결할 수 있다. 그것도 이어서 볼 治良羅의 '羅'와

---

[71] '阿孩'가 '아히'로 읽힘에는 의문의 여지가 없다. 그러나 '阿孩' 뒤에 통합한 '古'는 현재의 文法的 지식으로는 正體를 알 수가 없다. 體言 뒤에 붙어 문장 終結 위치에 올 수 있는 것은 疑問助詞 '-고'밖에 없는데 의미상 이곳의 '古'를 疑問助詞로 볼 수는 없다. 現代國語의 '-(이)라고'에 이끌려 상당수 해독자들이 별다른 문제를 제기하지 않았으나 필자는 이곳의 '古'가 文法史的 관점에서 〈安民歌〉 중 가장 해결하기 어려운 문제라고 생각한다. 우선은 '古'가 音讀되어 '고'로 읽힐 것임은 분명하며 문맥으로 보아 現代語의 '-라고' 정도에 해당한다는 정도로 기술해 둘 수밖에 없다. 혹 '古'字가 誤字일 가능성이나 '古'字 뒤에 脫字가 있을 가능성도 고려해 볼 수 있으나 이를 객관적으로 입증할 만한 논거가 없는 이상 그러한 가능성에 대해서는 고찰하지 않기로 한다.(황선엽 2008:214)

연결되어 있어, 구체적인 설명은 治良羅를 설명하는 곳으로 돌리고, 이곳에서는 일단 阿孩古를 '阿孩羅古'로 복원하여, ["……아히라"고]로 읽는다.

이렇게 누락자 '羅'를 첨가하여 '阿孩羅古'를 ["……아히라"고]로 읽으면, 이에 쓰인 향찰들은 해당 한자의 음을 벗어나지 않았고, '아히+라+고'의 연결은 문법적이며, ['아히라'고]('아해라'고)의 해독과 현대역은 상응하며, ['백성은 어리한 아해라']의 문맥이 잘 통한다는 점에서, 누락자 '羅'를 첨가하여 '阿孩羅古'를 ["……아히라"고]로 읽은 것은 합리적이라고 할 수 있다. 또한 이렇게 수정하여 읽으면, 선행 해독들이 보인 문제, 그중에서도 阿孩古를 인용형으로 보면서도 설득력을 보이지 못한 문제는, 이 문제를 야기시킨 누락자 '羅'를 첨가시킴에 따라, 원천적으로 아예 발생하지도 않는다는 점에서도, 누락자 '羅'를 첨가하여 '阿孩羅古'를 ["……아히라"고]로 읽은 해독은 합리적이라고 할 수 있다.

2.3.2. 治良羅의 연자 羅

治良羅의 선행 해독은 연결형, 명령형, 감탄형 등으로 3분 된다. 문맥상 治良羅를 제7구("此 地肹 捨遣只 於冬是 去於丁")의 이유나 근거를 명확하게 보여주도록 읽어야 문맥이 자연스러운데, 제6구의 끝에 온 '治良羅'를 명령형 종결로 읽으면, 문맥이 통하지 않는 문제를 보인다. 그리고 피치자인 백성이 이런 명령을 할 수 있을까도 의문이다. 이에 연결형과 감탄형만을 구체적으로 보자.

연결형에는 두 부류가 있다. 하나는 '다스라'[다살아(양주동 1942), 다스리어서(지헌영 1947), 安定하여(신재홍 2000)], '다슬아라'(다스려, 김준영 1964), '다사라'(다스리어, 김상억 1974), '다서라'(다스리어, 정창일 1987) 등의 부류이고, 다른 하나는 '다스려져'(양주동 1964)와 '다스려라'(다스려, 전규태 1976)의 부류이다.

전자에서는 '다슬+아'와 '다살+아'로 보아, 연결형으로 보았다. 이 해독들은 연결형으로 해독하면서, 다른 어떤 해독보다도 문맥에 잘 부합한다. 그러나 '羅'를 설명하지 않거나, '羅'를 '(다스/다사)ㄹ+아'의 '라'를 첨기한 것으로 보거나, '良羅'를 '라'로 읽은 문제를 보인다. 결국 '治良羅'를 문맥에 맞추어 연결형으로 보려면, '羅'가 불필요한 것이 되는 문제를 보인다.

후자에서는 '다사리+어져'로 보아 연결형으로 보거나, '다스리+어라'로 읽고 그 현대역을 '다스려'의 연결형으로 보았다. 현대역에서 연결형으로 본 것은 문맥에 잘 부합한다. 그러나 '羅'를 '져'로 읽거나, '-어라'로 읽고는 이유 없이 그 현대역에서 '-라'를 삭제한 것은 문제이다. 이 해독들 역시 '治良羅'를 문맥에 맞추어 연결형으로 보려면,

'羅'가 불필요한 것이 되는 문제를 보인다.

감탄형에는 '다스라라'(다스릴 것이로다, 유창균 1994), '다사라라'(다스려지도다, 강길운 1995), '다슬아라'(다스려지도다, 양희철 1997), '다슬러라'(평안히 살 것이더라, 지형률 2007), '다술아라'(다스려지는구나, 황선엽 2008) 등이 있다. 이 해독 자체에는 문제가 없는 것 같이 보이지만, '-良羅/아라'를 감탄형으로 볼 수 없는 문제를 보인다.

叺是良羅(〈처용가〉)의 '-아라'와 '달도 밝아라, 꽃도 붉어라'의 '-아라/어라'는 감탄형 종결어미이다. 그런데 이 '-아라/어라'의 감탄형은 계사(또는 서술형)의 '-이-'와 형용사의 어간 다음에 온 '-아라/어라'로, '治/다슬-'과 같이 동사의 어간 다음에 온 명령형과는 구분되는 형태소이다.

이런 점으로 보아, '-良羅/아라'를 감탄형으로 본 해독들은, '-아라/어라'가 동사의 어간 다음에는 명령형이 되고, 계사나 형용사의 어간 다음에는 감탄형이 된다는 사실을 혼동한 것으로 판단된다. 그리고 제7구("此 地肹 捨遣只 於冬是 去於丁")의 이유나 근거를 명확하게 해야 문맥이 자연스러운데, 제6구의 끝에 온 治良羅를, '다스라라'(다스릴 것이로다), '다사라라'(다스려지도다), '다슬러라'(평안히 살 것이더라), '다술아라'(다스려지는구나) 등의 감탄형 종결로 읽어, 문맥이 통하지 않는 문제도 보인다.

이렇게 선행 연구들을 검토해 보면, 무엇이 문제인가가 명확해진다. 治良羅를 연결형으로 읽으려 하면, '羅'가 문제가 되고, 治良羅를 명령형 종결이나, 감탄형 종결로 읽으려 하면, 문맥에서 문제를 보인다. 결국 문맥에 맞추어 보면, '治良/다슬아'의 연결형으로 보게 되는데, 이 경우에 治良羅의 '羅'가 문제가 된다.

결국 '治良/다슬아'의 연결형으로 보게 되므로, '治良羅'의 '羅'를 연자로 보아 빼고, '治良'을 '다슬아'로 읽는다.

이렇게 연자 '羅'를 빼고, '治良'을 '다슬아'로 읽으면, '治/다슬+良/아'는 한자의 훈을 벗어나지 않았고, 형태소의 연결이 문법적이며, '다슬아'(다스리어)의 해독과 현대역이 상응하고, '이를 먹여 다스리어 이 땅을 버리고 어디로 갈져'의 문맥이 잘 통한다는 점에서, 연자 '羅'를 빼고, '治良'을 '다슬아'로 읽은 해독은 합리적이라고 할 수 있다. 또한 이렇게 수정하여 읽으면, 선행 해독들이 보인 문제들, 즉, 治良羅를 명령형으로 읽어서 바로 이어지는 제7구("此 地肹 捨遣只 於冬是 去於丁")의 이유나 근거를 보여주지 못한 문제, 治良羅를 연결형으로 읽으면서, '羅'를 명확하게 처리하지 못한 문제, 治良羅의 동사 어간 다음에 온 '-어라/아라'를 형용사 어간이나 계사 '-이-' 다음에 온 '-어라/아라'로 혼돈하고 명령형이 아니라 감탄형으로 본 문제 등은, 이 문제들을 야기시킨 '羅'를 빼어 버림에 따라, 모두 원천적으로 아예 발생하지도 않는다는 점에서도, '羅'를 빼고, '治良'을 '다亽라'로 읽은 해독은 합리적이라고 할 수 있다.

이 연지 '羅'의 발생은 앞에서 阿孩古를 '阿孩羅古'로 복원한 문제와 서로 연계되어 있다. 현존본 『삼국유사』의 판각용 정서본을 쓰기 전에, 어느 전사자인지는 모르지만, 어느 선행 전사자가 작품을 1행 32자로 전사하고 보니, 제9행 제18자에 '羅'가 빠져서 제9행과 제10행의 사이에 '羅'를 첨가하였다고 보고, 그 텍스트를 정리하면 다음과 같다.

> 德經等大王備禮受之王御國二十四年五岳三山神等時或現侍於殿庭三月三
> 日王御歸正門樓上謂左右曰誰能途中得一員榮服僧來於是適有一大德威儀
> 鮮潔徜佯而行左右望而引見之王曰非吾所謂榮僧也退之更有一僧被衲衣負
> 櫻筒從南來王喜見之邀致樓上視其筒中盛茶具已曰汝爲誰耶僧曰忠談曰
> 何所歸來僧曰僧每重三重九之日烹茶饗南山三花嶺彌勒世尊今玆旣獻而還
> 矣王曰寡人亦一甌茶有分乎僧乃煎茶獻之茶之氣味異常甌中異香郁烈王曰
> 朕嘗聞師讚耆婆郞詞腦歌其意甚高是其果乎對曰然王曰然則爲朕作理安民
> 歌僧應時奉勅歌呈之王佳之封王師曰僧再拜固辭不受安民歌曰○君隱父也
> ○臣隱愛賜尸母史也○民焉狂尸恨阿孩古爲賜尸知民是愛尸知古如○窟理
> 　　　　　　　　　　　　　　　　　　　　　　　　　　　　　　　羅
> 叱大肹生以支所音物生此肹喰惡支治良○此地肹捨遣只於冬是去於丁○爲
> 尸知國惡支持以支知古如○後句○君如臣多支民隱如○爲內尸等焉國惡太
> 平恨音叱如[72]

이렇게 선행 전사자가 첨가한 '羅'를 후행 전사자가 다시 전사하면서, 제9행의 '阿孩' 다음에 첨가하지 않고, 제10행의 '治良' 다음에 첨가하면, 현재 우리가 보고 있는 잘못된 텍스트가 된다.

이런 점들로 보아, '阿孩古'와 '治良羅'는 각각 잘못된 것으로, '阿孩羅古'와 '治良'로 복원되어야 한다고 판단한다. 이렇게 정리할 때에, 阿孩古와 治良羅의 해독에 포함되어 있는 두 문제를 동시에 해결할 수 있다.

이상의 논의를 종합하면, 阿孩(羅)古의 '羅'는 누락자이고, 治良羅의 '羅'는 연자

---

[72] 이 정리에서는 '櫻筒'에 달려 있는 협주의 '一作荷簣'를 제외하였다. 만약 이 협주를 본문에 넣으면 본문의 두 글자에 해당하는 공간이 뒤로 밀릴 뿐 결과는 같다. 그리고 〈안민가〉만을 1행 32자로 정리해도 같은 현상이 발견된다. 이렇게 협주를 포함한 경우와 〈안민가〉만을 정리한 경우에도 같은 결과를 보여주기에, 두 경우의 구체적인 논의는 생략하였다.

이다.

2.4. 月羅理의 연자 羅와 下(羅)의 누락자 羅

2.4.1. 月羅理의 연자 羅

〈찬기파랑가〉의 月羅理를 '둘, ᄃ리, 둘이, 다리, 달이, ᄃ리, 둘리, 따리' 등의 1, 2음절로 읽은 것은 무리이다. 이 문제를 해결하기 위하여, 'ᄃ라리'(김완진 1980)를 필두로, '다라리, 다ᄅ리, 따라리, ᄃ롤이, ᄃ랄이, 둘라리, 돌알이, 둘알이' 등의 해독들이 나왔다. 이 해독들은 그 의미로 보아 세 경우로 나뉜다.

하나는 'ᄃ라리'(달 아래)로 본 경우이다. 이 해독은 '알이'가 '아래'가 될 수 없는 문제를 보인다.

다른 하나는 'ᄃ라리, 다라리, 다ᄅ리, 따라리, ᄃ롤이, ᄃ랄이, 둘라리' 등으로, 'ᄃ랄, ᄃ롤, 다랄, 다롤' 등을 '둘'(月)의 고대어 내지 이형태로 본 경우이다. 이 해독들은 이 해독들이 설정한 이형태를 인접 언어에서 찾아 제시하지 못하는 문제와, 음운 변화에서 'ᄃ랄, ᄃ롤, 다랄, 다롤' 등을 중세어 '둘'로 쉽게 연결하지 못하는 문제를 보인다.[73]

마지막 하나는 '돌알이'나 '둘알이'로 읽고, '알'을 터어키계 존칭접미사(강길운 1995)나 아칭(雅稱)접사(지형률 2007)로 본 경우이다. 이 해독들은 이런 예들을 한국어에서 찾아 제시하지 못한 문제를 보인다.

---

[73] '모마~몸', '고마~곰', '부리~블/벌' 등은 모두 2음절어에서 제2음절의 모음이 생략되어 '몸, 곰, 블/벌' 등이 된 예들이다. 이와 같은 논리로 보면, 'ᄃ라라'는 'ᄃ랄'이 될 수는 있어도 '둘'이 될 수는 없다. 이 한계를 인식한 김완진은 중간에 'ᄃ라~ᄃ리'를 설정하였다. 이는 'ᄃ라라'가 'ᄃ라~ᄃ리'가 되고, 'ᄃ라~ᄃ리'가 '둘'이 되었다고 본 것이다. 그런데 이 주장은 'ᄃ라~ᄃ리'를 예증하지 못했을 뿐만 아니라, 'ᄃ라라'도 객관적으로 예증하지 못하였다. 'ᄃ라라'의 논거로 〈혜성가〉의 '達阿羅'를 들었는데, 다섯 가지 문제를 보인다. 첫째로 '達阿羅'는 '月'(ᄃ라라)의 표기가 아니라, '달아래'나 '산아래(山下)'를 의미하는 '둘아라'의 표기라는 문제이다. 둘째로 '達阿羅'의 세 향찰을 모두 음(달아라)으로 읽으면 훈주음종을 벗어난다는 문제이다. 셋째로 제6행에서 '月置/둘도'로 표기한 '月/둘'을 '達阿羅/ᄃ라라'로 표기했다고 보기 어렵다는 문제이다. 넷째로 만약 '月/ᄃ라라'를 '達阿羅/둘아라〉ᄃ라라'로 표기하였다고 본다면, 이는 향찰 1자('月')로 표기할 수 있는 것을 향찰 3자('達阿羅')로 표기했다는 점에서, 표기상에서 언어의 경제원칙을 벗어났다는 문제를 보이게 된다. 다섯째는 작품의 대립 체계를 파괴한다는 문제이다. 〈혜성가〉를 보면, '달(자연의 달, 왕의 상징), 화랑, 시적 화자' 등이 한 집단이 되고, '혜성, 왜군, 혜성을 사뢴자' 등이 다른 집단이 되어, 두 집단이 대립하는 체계를 보여준다. 그런데 이 해독이 보여주는 "아아, 달은 떠가 버렸더라. 이에 어울릴 무슨 彗星을 함께 하였읍니까"로 보면, 달과 혜성이 한 집단이 된다. 이는 작품의 대립 체계를 파괴하는 것이다. 게다가 이 주장은 '妲/달'(『계림유사』), '月良'(〈처용가〉), '月置'(〈혜성가〉) 등으로 보아 3음절로 읽는 것이 어렵다는 비판(박재민 2010b)도 받았다.

이상과 같이 月羅理의 해독은 문제를 보인다. 이 문제는 제3구의 '下'와 연계된 원전 비평의 문제이다. 이에 일단 月羅理를 '月理'로 복원하여 '드리'로 읽고, 그 구체적인 설명은 '下'로 돌린다.

이렇게 月羅理의 '羅'를 연자로 보아 빼고 '月理'를 '드리'로 읽으면, 한자 '月'의 뜻 '둘'과 '理'의 음 '리'를 살리게 되고, '둘+이'의 결합은 문법적이고, '드리'(달이)의 해독과 현대역은 형태소 차원에서 상응하며, '달이 흰구름 좇아'의 문맥이 잘 통한다는 점에서, 月羅理의 '羅'를 연자로 보아 빼고 '月理'를 '드리'로 읽은 것은 합리적이라고 할 수 있다. 또한 이렇게 수정하여 읽으면, 선행 해독들이 보인 문제들, 즉 '드라리'(달 아래)의 경우에 해독과 현대역이 상응하지 않는 문제, '드랄, 드롤, 다랄, 다롤' 등을 '둘'(月)의 고대어 내지 이형태로 본 경우에 이 이형태를 인접 언어에서 찾아 제시하지 못하는 문제와, 음운 변화에서 '드랄, 드롤, 다랄, 다롤' 등을 중세어 '둘'로 쉽게 연결하지 못하는 문제, '돌알이'나 '둘알이'의 '알'을 터어키계 존칭접미사나 아칭(雅稱)접사로 본 경우에 이런 예들을 한국어에서 찾아서 제시하지 못한 문제 등은, 이 문제들을 직간접적으로 야기시킨 연자 '羅'를 제거함에 따라, 모두 源泉的으로 아예 발생하지도 않는다는 점에서도, 月羅理의 '羅'를 연자로 보아 빼고 '月理'를 '드리'로 읽은 것은 합리적이라고 할 수 있다.

2.4.2. 下(羅)의 누락자 羅

浮去隱安(攴)攴下의 해독은 일차로 '浮去隱 安攴下'와 '浮去 隱安攴下'로 양분된다. 전자로 읽은 해독들이 많으나, 개별 향찰의 해독과 제1-3구와 제4, 5구의 문맥적 연결이라는 차원에서 너무나 많은 문제들[74]을 보여서, 후자로 읽은 해독이 나왔다.

---

74 '浮去隱 安攴下'로 띄어 읽은 해독은 '安攴下'에 따라 다섯 부류로 나눌 수 있다. 그 문제를 간단하게 보면 다음과 같다.

첫째는 '어듸이(오), 어듸 아(몰이), 안득하, 아디까'(어디요, 어디야, 어디가)의 부류이다. 이 해독들에서와 같이 '安'을 '어듸'로 읽을 수는 있다. 그러나 '어듸이(오)'와 '어듸 아(몰이)'에서는 '攴下'의 음훈을 벗어났고, 나머지는 '攴下'의 해독이 현대역으로 연결되지 않는다.

둘째는 '안디하, 안디가'(아니야?, 않거니, 아닌가? 아니 하겠지)의 부류이다. 이 해독들은 '不喩/안디'와 연결시켰는데, 왜 '不喩'로 표기하지 않았는가 하는 문제는 물론, '下'를 '-가?'로 보는 것이 쉽지 않다.

셋째는 '안스희, 안기해, 안기희, 안즈희, 안ᅀ희, 안희, 안게, 안하, 안ㅎ하'(안에, 방향에, 안쪽에, 하늘, 속에, 마음이여)의 부류이다. 이 해독들의 상당수는 '攴' 또는 '攴'을 다양하게 읽거나 읽지 않는데, 그 기능이 모호하고, '下'를 '희, 해, 게' 등으로 읽은 문제를 보인다.

넷째는 '언저레, 므스기하, 속카'(언저리에, 무슨 까닭인가? 속에)의 부류이다. '언저레'는 '없-'이 확

'浮去 隱安支下'로 읽은 해독에는, '뼈가 수만괴하'(서재극 1975), '드가 숨압 디샤'(양희철 1997), '뼈가 수먼 아래'(성호경 2008), '드가 숨안 디 알'(양희철 2020) 등이 있다. 이 해독들은 '浮去隱 安支下'의 해독들이 보인 문제, 즉 흰구름을 좇아 떠간(또는 떠가 숨은) 달(기파랑의 상징, 제1-3구)과 물서리에 있는 기파랑의 모양(또는 잔흔, 제4, 5구)이 자연스럽게 연결되지 않는 문제를 해결하지만, 다른 미진함을 보인다. '수만괴하'(숨어 버렸구나)에서는 '支下'를 '괴하'로 읽었는데, 이 해독이 명확하지 않다. '드가 숨압 디샤'(떠가 숨어 지샤)에서는 다음구에 있는 '沙'를 끌어올려야 하는 문제를 보인다. '뼈가 수먼 아래'(떠가 숨은 아래)에서는 '安'의 훈을 '언, 어느/어느'로 보고, '支'은 다음의 문자를 훈으로 읽으라는 지정문자로 보면서 '下'를 '아래'로 읽었다. 지정문자의 설정과 '下'를 '알'이 아닌 '아래'로 읽은 문제를 보인다. '드가 숨안 디 알'(떠가 숨은 데 아래)에서는 '支'을 '支'의 오자로 수정하여 '디'로 읽고, '데(곳)'의 축약형 내지 방언형으로 보고, '下'를 '알'로 읽었다. 처격 어미가 향찰과 해독에 없는 문제를 보인다.

이렇게 '下'를 '아래' 또는 '알'로 읽은 해독들은 흰구름을 좇아 떠간(또는 떠가 숨은) 달, 즉 기파랑을 상징한 하늘의 달(제1-3구)과 물서리에 있는 기파랑의 모양(또는 잔흔, 제4, 5구)이 자연스럽게 연결될 수 있는 여지를 잘 보여준다. 그러나 여전히 '下'를 '아래'로 읽을 수 없는 문제와, '알'로 읽으면서 그 다음에 처격 어미가 없는 문제를 보인다.

이 '下/알' 다음에 처격 어미가 없는 문제는 원전비평의 필요성을 잘 보여준다. 그것도 安支下 자체의 원전비평만이 아니라, 앞에서 미룬 月羅理의 원전비평과도 연결되어 있다. 이에 일단 '下' 다음에 누락자 '羅'를 첨가하여 '下羅'를 '아라'(아래)로 읽는다.

이렇게 누락자 '羅'를 첨가하여 '下羅'를 '아라'(아래)로 읽으면, 한자 '下'의 훈 '알'과 '羅'의 음 '라'를 살리게 되고, '알+아'의 연결은 문법적이며, '아라'(아래)의 해독과 현대역은 형태소 차원에서 상응하고, 흰구름을 좇아 떠간(또는 떠가 숨은) 달, 즉 기파랑을 상징한 하늘의 달(제1-3구)과 물서리에 있는 기파랑의 모양(또는 잔흔, 제4, 5구)이

인되지 않으며, '下'의 당시훈이 '알'이라는 문제를 보인다. '므스기하'는 '므슥(무엇)+이하(이가)'로 '무엇이가?'의 의미는 가능해도 '무슨 까닭인가?'의 의미는 되지 않는다. '소카'는 '安/속+下/하'로 '支'의 해독이 명확하지 않다.

다섯째는 '安희, 알히 하(사이), 올지하'(安靜히, 안식처만이, 尊者하/기파랑하, 고요한 곳에)의 부류이다. '安희'는 '支下'의 해독에서, '알히 하(사이)'는 '安支'의 해독에서, '올지하'는 '安'의 해독에서 문제를 보인다. 그리고 이 다섯 부류의 해독들은 모두 한결같이 기랑의 상징인 달(제1~3구)과 물서리에 있는 기랑의 모습(또는 잔흔, 제4, 5구)을 연결시키지 못하는 문제를 보인다.

자연스럽게 연결된다는 점에서, 누락자 '羅'를 첨가하여 '下羅'를 '아라'(아래)로 읽은 것은 합리적이라 할 수 있다. 또한 이렇게 수정하여 읽으면, 선행 해독들이 보인 문제들, 즉 흰구름을 좇아 떠간(또는 떠가 숨은) 달, 즉 기파랑을 상징한 하늘의 달(제1-3구)과 물서리에 있는 기파랑의 모양(또는 잔흔, 제4, 5구)이 자연스럽게 연결되지 않는 문제, 이 문제를 해결하기 위하여 '下'를 '아래'로 읽거나 '下'를 '알'로 읽고 그 뜻을 '아래'로 본 문제 등은, 이 문제를 야기시킨 누락자 '羅'를 첨가함에 따라, 모두 원천적으로 아예 발생하지도 않는다는 점에서도, 누락자 '羅'를 첨가하여 '下羅'를 '아라'(아래)로 읽은 해독은 합리적이라고 할 수 있다.

下羅의 '羅'가 누락된 이유는 앞에서 정리한 月羅理의 연자 '羅'와 연계되어 있다. 이 문제를 해결하기 위하여 전사 과정에서 다음과 같은 두 상황을 가정할 수 있다. 하나는 텍스트를 1행 13자로 전사한 다음에 보니, 제2행의 제12자로 '羅'가 빠지고, 제4구인 '耆郞矣皃史是史藪邪'가 빠져서 이를 행간에 첨가한 상황이고, 다른 하나는 제2행의 제12자로 '羅'가 빠지고, 제5구인 '沙是八陵隱汀理也中'이 빠져서 이를 행간에 첨가한 상황이다.

咽嗚爾處米○露曉邪隱月理○
　　　　　　　　　　　　　羅
白雲音逐于浮去隱安支下○沙
　耆郞矣皃史是史藪邪
是八陵隱汀理也中○逸烏川理
叱磧惡希○郎也持以支如賜烏
隱○心未際叱肹逐內良齊○阿
耶○栢史叱枝次高支好○雪是
毛冬乃乎尸花判也

咽嗚爾處米○露曉邪隱月理○
　　　　　　　　　　　　　羅
白雲音逐于浮去隱安支下○耆
　　沙是八陵隱汀理也中
郎矣皃史是史藪邪○逸烏川理
叱磧惡希○郎也持以支如賜烏
隱○心未際叱肹逐內良齊○阿
耶○栢史叱枝次高支好○雪是
毛冬乃乎尸花判也

이 두 상황에서 누락자와 누락구를 첨가한 선행 전사자의 의도와 같이, 후행 전사자가 읽고 전사하여, '羅'를 '隱安攴下' 다음에 넣어 읽고 전사를 하였다면, '月理'와 '隱安攴下羅'는 '月羅理'와 '隱安攴下'로 잘못되지 않았을 것이다. 그리고 '耆郞矣兒史是史藪邪'를 제4구로, '沙是八陵隱汀理也中'를 제5구로 읽고 전사를 하였다면, 제4구와 제5구가 전도되지 않았을 것이다. 그러나 누락자와 누락구를 첨가한 선행 전사자의 의도와 다르게 '羅'의 위치와 제5구 또는 제4구의 위치를 오해하면, 현재 우리가 보고 있는 현존의 잘못된 텍스트가 된다.

이런 점들로 보아, 잘못된 月羅理와 浮去隱安攴下를 '月理'와 '浮去隱安攴下羅'로 복원하여, '드리'(달이)와 '뜨가 숨안 디 아라'(떠가 숨은 데 아래에)[75]로 읽고, 제4구와 제5구는 전도구로 정리한다.

2.5. 放(古)의 누락자 古와 隱賜以古只의 연자 古

2.5.1. 放(古)의 누락자 古

放(〈맹아득안가〉)은 그 원전비평이 구구한데, 네 경우로 나뉜다.

첫째는 조사자(助詞字) 즉 '아, ᄋ, 오, 소서, 고' 등의 연결어미가 생략되었다고 본 경우이다.[76] 이 해독들은 '放' 다음에 표기가 생략되었다고 보고, 그 생략된 연결어미를 살려서 해독하거나, 생략된 형태를 살려서 문맥을 이해하였다.

여기에서 명확하게 할 것이 하나 있다. 생략된 것이면 생략된 형태로도 그 이해가 가능하다는 주장이다. 그러나 생략된 형태로는 '放'의 이해가 어렵다는 점에서, 이는 생략이 아니라, 누락된 누락자가 있다고 명확하게 하고, 이를 복원해야 할 것으로 판단한다.

둘째는 '一等下叱放'을 '一等叱放下'의 전도로 보고, '放下'를 '노하'로 읽은 경우이다. 이렇게 보면 '叱'의 기능이 문제가 된다.

셋째는 '放'과 '於'는 모양이 유사하다는 점에서, '放'을 '於'로 수정하고, '下叱於'를 '깓애'로 읽은 경우이다. 이 경우에는 수정이 쉽지 않다.

---

75 '드가'(떠가) 다음에는 연결어미가 없는 것 같이 보이나, '드가'에 '가'의 '아'와 같은 연결어미 '-아'가 생략된 것으로, 뒤에 다룰 '놓(放)' 다음에 누락된 연결어미와는 성격이 전혀 다른 것이다. '隱安/숨안'은 '숨(어간)+아(선어말어미)+ㄴ(관형사형 어미)'으로 정리되는 표기이다. 그리고 '下羅/아라'는 '下/알+아(처격 어미)'가 연철된 '아라'(아래에)이다.

76 '아'는 '노하, 냐, 놓아' 등에서, 'ᄋ'는 '노ᄒ'와 '노ᄃ'에서, '오'는 '노오'에서, '소서'는 'ᄇ리소서'에서, '고'는 'ᄠ고'에서 각각 보인다.

넷째는 '놓…'이나 '놓'과 같이 연결어미의 줄임으로 본 경우이다. 이 해독들은 이렇게 용언의 어간만을 표현한 예가 없다는 문제를 보인다.[77]

이상과 같이 선행 해독들은 문제를 보인다. 이 문제는 이 자체의 원전비평뿐만 아니라, 이어서 볼 '隱賜以古只'의 원전비평과도 연결되어 있다. 이에 '放'과 '隱賜以古只'을 연결한 원전비평은 뒤로 돌리고, 일단 여기에서는 '放'을 '放古'로 복원하여, '놓고'[78]로 해독한다.

이렇게 수정하여 읽을 때에, '放'의 훈 '놓'과 '古'의 음 '고'를 벗어나지 않고, '놓+고'의 연결은 문법적이며, '놓고'(놓고)의 해독과 현대역은 형태소 차원에서 일치하고, '같은 것을 놓고'이 문맥이 잘 통한다는 점에서, 누락자 '古'를 보충한 것은 합리적이라 할 수 있다. 또한 이렇게 수정하여 읽을 때에, 선행 해독들이 보여주는 문제, 그중에서도 생략될 수 없는 '-고'를 생략된 것으로 본 문제는, 이 문제를 야기시킨 누락자 '古'를 첨가함에 의해, 원천적으로 아예 발생하지도 않는다는 점에서도, 누락자 '古'를 보충한 것은 합리적이라 할 수 있다.

2.5.2. 隱賜以古只의 연자 古

隱賜以古只의 해독 역시 쉽지 않다. 초기의 해독들과 이를 따른 해독들은 隱賜以古只內乎叱等邪를 '隱賜以 古只內乎叱等邪'로 띄어 읽었다. 이 해독들이 가진 문제를 극복하기 위하여, 최근에는 隱賜以古只內乎叱等邪를 '隱賜以古只 內乎叱等邪'나 '隱賜以古 只內乎叱等邪'로 띄어 읽은 해독들이 주류를 이루고 있다. 선행 해독의 전반적인 변증은 앞의 글(양희철 2015a)로 돌리고 최근에 주로 논의되고 있는 해독들만을 다시 보려 한다. 최근에 논의되고 있는 해독들은 '-古只 內-'로 띄어 읽은 해독과 '-古 只內-'로 띄어 읽은 해독으로 양분할 수 있다.

먼저 '-古只 內-'로 띄어 읽은 여섯 해독을 보자.

'그싀곡 놓드라'(몰래 내어 놓더라, 강길운 1995)에서는 賜以古只를 '그싀곡'으로 읽고 '숨기고서, 몰래'의 의미로 보았다. 그리고 內乎叱等邪를 '內/느+乎/오+叱/ㅎ+等邪/드라'로 읽고 '놓드라'로 종합을 하였다. '-곡'을 '-고서'의 의미로 파악한 것을 빼고는 모두가 이해하기 힘든 해독이다.

---

[77] 남풍현(2017:18)은 '放'을 '놓'으로 해독한 다음에, 중세어 '곧'과 같이 부사어로 쓰여 '놓고'의 의미를 보여준다고 주장하기도 하였다. '곧'은 '같이'의 부사이지만, '놓고'는 부사가 아니라는 문제를 보인다.
[78] 이 부분은 '放沙'(양희철 2022a)로 보았던 것을 '放古'로 수정한 것임.

'주시곡 (ᄒ)ᄂ옷ᄃ야'(주셨으면 하도다, 지형률 1996)에서는 'ᄂ-' 앞에 'ᄒ-'가 생략된 것으로 보았는데, 이를 인정하여도 나머지 해독과 그 현대역이 거의 일치하지 않는다.

'그시시곡 나오ㅅᄃ라'(최남희 1996)에서는 현대역을 제시하지 않아, 어떻게 읽은 것인지를 이해하기 어렵다.

"'주이고'ㄱ 드롯ᄃ라"(줄까 라고 드리는도다, 신재홍 2000)에서는 '-ㄱ'을 '라고'로 읽고, '內乎叱等邪/드롯ᄃ라'를 '드리는도다'의 의미로 보았다. '內'를 '納'의 약자로 보고 '드리-'로 읽은 것이 돋보이지만, 나머지 부분에서는 문제를 보인다.

'주시이곡 드리옷ᄃ야'[(반드시) 주시오 여쭈옵다야, 양희철 2008a]와 '주시이곡 드리오 시ᄃ야'[(반드시) 주시오 드리고 있다야, 양희철 2015a]에서는 신재홍의 '드리-'를 수용하고, '-곡'을 '(반드시) -고'의 의미로 읽고, 內乎叱等邪를 '內乎 叱等邪/드리오 시ᄃ야'로 읽었다. '內乎 叱等邪/드리오 시ᄃ야'의 해독이 주목된다.

이렇게 앞의 여섯 해독은 隱賜以古只의 '-古只'를 '-곡'으로 읽었다. 문제는 이 '-곡'의 의미이다. 이 해독들과 괄호 안의 현대역을 비교해 보면, 서로 연결되지 않는다. 해독은 향찰을 기반으로 해놓고, 현대역은 문맥에 맞춘 인상이 강하다. 특히 구결에서 보이는 '-ㅁㅅ'(古只/곡)이 '-고서'의 의미라는 점에서 앞의 해독들은 문제를 보인다.

이번에는 '-古 只內-'로 띄어 읽은 네 해독을 보자. 이에는 '주이고 디나 꼳따라'(주셔도 지나오리, 김선기 1968c), '주이고 디나 곧도라'(주셔도 지나오리, 김선기 1993), '주시로고 기ᄂ옷ᄃ야'(하나야는 주시고 하는 바이라, 지형률 2007), '주시고 기아옷ᄃ야'[꼭(틀림없이) 주시어야 하도다, 남풍현 2017a] 등이 있다.

이 해독들은 각각 해독과 그 현대역이 형태소 차원에서 상당히 일치하지 않는 문제를 보인다. 남풍현의 해독을 제외한 나머지 해독들에서는 해당 해독이 왜 현대역의 의미인지를 구체적으로 설명하지도 않았다.

남풍현의 경우에는 구결에서 보이는 '-ㅁㅅ'(古只/곡)은 '-고서'의 의미라는 점에서, '-古只 內-'로 띄어 읽을 수 없다고 보고, '-古 只內-'로 띄어서 다음과 같이 읽었다. 즉 ['-고'(확신법 보조어간)+기(只, 조동사, '점잖은 행위, 품위 있는 행위를 하다'의 나타내는 동사)+아(內, 확신법 보조어간)+오(의도법 보조어간)+ㅅ(감탄의 보조어간)+ᄃ(여실법 의존명사)+야(평서법 서술격 조사)]로 분석하고, '주시고'는 '확실히 주심을'의 의미로, '기아'는 '관음께서 꼭 그렇게 하시다'의 의미로, '옷 ᄃ야'는 '(꼭 주실 것임에) 틀림없도다'의 의미로 보고, 전체를 [꼭(틀림없이) 주시어야 하도다]의 의미로 정리하였다(남풍현 2017a:21-22). '-곡'의 의미를 '-고서'로 정리한 것을 제외하면 거의가 이해되지 않는다.

　이상과 같이 隱賜以古只(內乎叱等邪)의 해독도 문제를 보인다. 이 문제는 앞에서 그 설명을 보류한 '放古'의 문제와도 연결된 원전비평의 문제인데, 일단 '古'를 연자로 보아 빼고, '隱賜以只'로 수정하여 '그시주시기'로 읽는다.

　이렇게 수정하여 읽을 때에, '隱/그시+賜/주시+以/이+只/기'에서와 같이 해당 한자의 음이나 뜻을 벗어나지 않았고, 말음첨기 '以/이'를 살리고, '그시(어간)+주시(어간)+기(명사형 접미사)'의 연결이 문법적이며, '그시주시기'(숨겨 주시기)의 해독과 현대역이 형태소 차원에서 상응하며, 'ᄒᆞ든사 그시주시기 드리오 시ᄃᆞ야'[하나만은 숨겨 주시기(ㄹ) 비는 일을 하고 있다야(/빌고 있다야)]의 문맥이 잘 통한다는 점에서, '古'를 연자로 정리한 것은 합리적이라 할 수 있다. 또한 이렇게 수정하여 읽으면, 선행 해독들이 보이는 문제들, 그중에서도 최근에 나온 '-古只 內-'로 띄어 읽은 해독들이 보이는 '-古只/곡'의 의미인 '-고서'는 문맥에 부합하지 않는다는 문제와, '-古 只內-'로 띄어 읽은 해독들이 보이는 해독과 현대역이 형태소 차원에서 상응/일치하지 않는 문제 등은, 이 문제를 야기시킨 연자 '古'를 제거함에 따라, 모두 원천적으로 아예 발생하지도 않는다는 점에서, '古'를 연자로 보고, 隱賜以只를 '그시주시기'로 읽은 것은 합리적이라고 할 수 있다.

　연자 '古'가 발생한 이유는 앞에서 그 설명을 보류한 '放古'의 문제와도 연결된 원전비평의 문제이다. 이 문제는 1행 20자로 자료를 정리하고 보니, 제6행의 제3자로 '古'자가 빠져서, 이를 첨가한 경우를 다음과 같이 상정할 수 있다.

景德王代漢岐里女希明之兒生五稔而忽盲一日
其母抱兒詣芬皇寺左殿北壁畵千手大悲前令兒
作歌禱之遂得明其詞曰○膝肹古召旀○二尸掌
音毛乎攴內良○千手觀音叱前良中○祈以攴白
屋尸置內乎多○千隱手□叱千隱目肹○一等下
叱放一等肹除惡攴○二于萬隱吾羅○一等沙隱
　　　　　　　古
賜以只內乎叱等邪○阿邪也○吾良遺知攴賜尸
等焉○放冬矣用屋尸慈悲也根古讚曰○竹馬葱
笙戲陌塵一朝雙碧失瞳人不因大士廻慈眼虛度
楊花幾杜春[79]

선행 전사자가 1행 20자로 정리한 글에서 제6행의 제3자로 빠진 '古'를 행간에 첨가하여 놓았는데, 이를 후행 전사자가 제7행의 제3자로 오해하여, 특히 구결에서 흔히 보이는 'ㅁ八(古只)'의 '古'로 오해하여 전사한 것이 현존 텍스트로 판단된다. 흔히 나오는 구결 'ㅁ八(古只)'은 이런 오류를 발생하게 만든 주요 원인 중의 하나라고 판단한다.

이상의 논의를 종합하면, 隱賜以古只의 '古'는 연자이고, 放(古)의 '古'는 누락자이다.

3. 『삼국유사』의 향가 (2)

이 장에서는 '哀反 多(良)'의 누락자 '良'과 修叱如良의 연자 '良'(〈풍요〉), 月下伊의 연자 '伊'와 誓音(伊)의 누락자 '伊'(〈원왕생가〉), (於)見賜烏尸의 누락자 '於'와 數於將의 연자 '於'(〈혜성가〉), 秋察尸(矣)의 누락자 '矣'와 冬矣也의 연자 '矣'(〈원가〉), 月羅理의 연자 '羅'와 望(羅)阿乃의 누락자 '羅'(〈원가〉), 唯只伊의 연자 '伊'와 都(作)乎隱以多의 누락자 '作'(〈우적가〉) 등을 정리하고자 한다.

3.1. 哀反 多(良)의 누락자 良과 修叱如良의 연자 良

3.1.1. 哀反 多(良)의 누락자 良

哀反多矣徒良(〈풍요〉)의 '多' 다음에는 '良'이 누락되어 있다. 이런 사실을 보기 위해, 哀反多矣徒良의 해독을 검토하려 한다.

哀反多矣徒良의 선행 해독은 '哀反多 矣徒良', '哀反多 矣 徒良', '哀反多矣 徒良', '哀反 多矣 徒良', '哀反 多 矣徒良' 등의 5종류로 나뉜다. '哀反多 矣 徒良'의 문제[80]와 '哀反多矣 徒良'의 문제[81]는 각주로 돌리고, 나머지만을 차례로 보자.

'哀反多 矣徒良'으로 끊어 읽은 해독은 주로 초기의 해독에서 나타나며, '이반다'(아

---

79 〈맹아득안가〉만을 1행 20자로 정리해도 같은 현상이 발견되어, 구체적인 논의는 생략하였다.
80 '哀反多 矣 徒良'으로 끊어 읽은 해독은 '서러버다 이 나라'(서럽다 이들이라, 류렬 2003)에서 나타난다. 이 해독에서는 '哀反多'의 시제를 자신이 앞에서 취한 '哀反多羅/서러버다라'(서럽더라)의 시제와 다르게 본 문제를 보이고, '矣'를 '이'로 읽을 수 없으며, 해독과 현대역이 일치하지 않는 문제를 보인다.
81 '哀反多矣 徒良'으로 끊어 읽은 해독은 '셜브더리 무러'(정창일 1987)에서 보인다. '矣'를 '의'로 읽고 'ㄹ'을 첨가한 문제와, '셜브더리'의 의미가 명확하지 않은 문제를 보인다.

유가이 1923), '서러외다'(오구라 1929), '셔럽다'(양주동 1942; 지헌영 1947 등등) 등등에서와 같이, '多'를 종결어미 '-다'로 읽었다. 이 해독들은 '哀反多'의 시제를 자신들이 앞에서 취한 '哀反多羅'(익반다라, 서러외더라, 서럽더라)의 과거시제(-다/더-)와 다르게 보았는데, 이는 윤창(輪唱)이나 회문(回文)에서 보이는 반복법을 벗어난 해독이다. 그리고 이 해독들은 '矣徒良'을 '의니아'로 읽었는데, 이에 대한 비판은 앞의 글로 돌린다.

'哀反 多矣 徒良'으로 끊어 읽은 해독들은 '多矣'를 부사로 읽은 경우와 관형어(冠形語)로 읽은 경우로 대별된다.

먼저 부사로 읽은 경우를 보자. '하이'(정열모 1965), '해'(서재극 1975; 전규태 1976), '하이'(홍재휴 1983), '하의'(강길운 1995) 등에서는 모두 '많으이'의 의미로 보았고, '까이'(김선기 1968a)에서는 '커이'의 의미로 보았다. 우선 '矣'를 '이'나 '의'가 아닌 '이'로 읽은 것이 문제이다. 그리고 이 해독들이 취한 '하이, 까이'나 그 축약형인 '해'는 '많으이'의 의미가 아니라, '많이'의 의미를 가진 부사이다.[82] 이런 점으로 보아, '해'나 '하이, 까이'로 읽고 그 의미를 '많으이'로 파악한 앞의 해독들은 문제를 보인다고 할 수 있다. 그리고 '하이'와 '하의'로 읽은 경우에는 현대역 '많으이'와 연결되지 않는다.

'哀反 多矣 徒良'으로 끊고, '多矣'를 관형어(冠形語)로 읽은 해독들은 다음과 같다. 이 '多矣'의 '多'는 '多羅'의 '多'와 연계되어 있어 앞부분도 함께 인용한다.

셜번 해라 셜번 하니 물아(서러운 이 많아라 서러운 중생의 무리여, 김완진 1980)
셜본 하라 셜본 하이 물아(서러운 이 많구나 서러운 것의 무리들아, 금기창 1993)
셜븐 한게라 셜븐 한게의 물아(서러운 중생이라 서러운 중생의 무리야, 지형률 1996)
셜븐 하라 셜븐 한이 내아(서러운 이 많아라 서러움 많음의 무리야, 지형률 2007)
셜본 다라 셜본 ᄃ익/디 물아(서러운 곳이라 서러운 곳의 무리여, 신재홍 2000)

이 해독들은 '矣'의 음을 관형격의 '이'나 '의'로 읽으면서 '多'를 명사로 읽었다. 그러나 다음의 네 가지 문제 중에서 어느 하나 이상을 범하고 있다.

첫째로, 같은 '多'를 다르게 읽은 문제이다. 이 문제는 '多'를 '해'와 '한'으로 다르게 읽은 경우(김완진), '하'와 '한'으로 다르게 읽은 경우(지형률), '다'와 'ᄃ'로 다르게

---

82 예문은 다음과 같다. "方國이 해 모두나"(方國多瑧, 『용비어천가』 8), "해 드로물 브려"(『석보상절』 九 13), "天龍도 해 모두며"(『월인천강지곡』 26), "해 傳홀 쯔루미라"(『금강경언해』 後書 14).

읽은 경우(신재홍) 등에서 보인다.

둘째로, 같은 해독을 한 다음에 그 의미를 다르게 본 문제이다. 이 문제는 '哀反'을 '셜번'으로 읽고 '서러운 이'와 '서러운'의 의미로 다르게 본 경우(김완진), '哀反'을 '셜본'으로 읽고 '서러운 이'와 '서러운'의 의미로 다르게 본 경우(금기창), '哀反'을 '셜븐'으로 읽고 '서러운 이'와 '서러움'의 의미로 다르게 본 경우(지형률) 등에서 보인다. 이 두 문제는 제2구의 '哀反 多羅'와 제3구의 '哀反 多(羅) 矣徒良'에서 반복하는 '哀反 多'는 윤창이나 회문시에서 보여주는 반복의 성격상 그 어휘는 물론 그 의미를 다르게 볼 수 없다는 점에서 피할 수 없는 문제이다.

셋째로, 일부 향찰의 해독에서 논증되지 않는 해독을 하였다는 문제이다. '多'를 '한'(중생, 많음)이나 '한게'(중생)로 읽은 경우가 있는데, 이 두 해독은 논거가 명확하지 않다.

넷째로, 이 해독들은 '徒良'을 띄어서 읽었는데, 이렇게 읽으면, 이 작품은 공덕을 닦는 공덕자의 노래가 아니라, 공덕을 닦는 무리를 보고 있는 관찰자의 노래가 되는 문제를 보인다.

'哀反 多 矣徒良'으로 끊어 읽은 해독에는 다음의 넷이 있다.

> 설이 하라 서리 한 의내아[[(우리의) 떼서리 많아라! 떼서리 많은 우리야, 이탁 1956]
> 셜븐 하라 셜븐 한 의내라(서러움이 많도다 서러움 많은 이내라, 유창균 1994)
> 셜븐 해라 셜븐 한 의내여(슬픔 많아라 슬픔 많은 우리 무리여, 황패강 2001)
> 셟반 하라 셟반 하 의너아(서러운 것이구나! 서러운 것 우리내야, 양희철 1997)

'多'를 '한'으로 읽은 세 해독에서는 생략자로 본 'ㄴ'을 보입하거나 'ㄴ'의 생략표기로 보았다. 문맥의 의미상, 원인을 나타내는 연결어미 '-아'의 누락으로 보는 것보다 논리성이 떨어진다. '多'를 '하'(것)로 읽은 경우에는 문맥이 통하는 것 같지만, '서러운 것'과 '우리내'가 동격이라고 보기가 어렵다.

이상과 같이 哀反多矣徒良의 '多'는 哀反多矣徒良의 띄어 읽기인 '哀反多 矣徒良', '哀反多 矣 徒良', '哀反多矣 徒良', '哀反 多矣 徒良', '哀反 多 矣徒良' 등의 5종류 어느 것으로 보아도 문제를 보인다.

이 문제는 원전비평의 문제로 판단한다. 그것도 哀反多矣徒良 자체만의 문제가 아니라, 修叱如良의 원전비평과도 연계된 원전비평의 문제로 보인다. 이에 일단 哀反多矣徒良을 '哀反 多良 矣徒良'으로 복원하여 띄우고, '셜분 하아/많아 우리물아'[서러운 것 많아(많으므로) 우리무리야]로 해독한다.

이렇게 누락자 '良'을 보충하여, '多良'를 '하아/많아'(많아)로 읽을 때에, 한자 '多'의 훈 '하(많)'와 '良'의 훈 '(앋)아'를 벗어나지 않고, '하(/많)+아'의 연결이 문법적이며, 해독과 현대역이 형태소 차원에서 상응하며, '셜분 하아/많아 우리물아'[서러운 것 많아(많으므로) 우리무리야]의 문맥이 잘 통한다는 점에서, 누락자 '良'을 보충하여, '多良'를 '하아/많아'(많아)로 읽은 해독은 합리적이라 할 수 있다. 또한 이렇게 수정하여 읽을 때에, 선행 해독들이 문맥의 의미를 통하게 하기 위하여, '哀反多矣徒良'을 '哀反多 矣徒良', '哀反多 矣 徒良', '哀反多矣 徒良', '哀反 多矣 徒良', '哀反 多 矣徒良' 등의 5종류로 끊어 읽으면서 다양하게 보인 문제들은, 이 문제들을 야기시킨 누락자 '良'을 보충함에 따라, 모두 源泉的으로 아예 발생하지도 않는다는 점에서도, 누락자 '良'을 보충하여, '多良'를 '하아/많아'(많아)로 읽은 것은 합리적이라 할 수 있다.

3.1.2. 修叱如良의 연자 良

이번에는 修叱如良의 '良'이 연자라는 사실을 보자. 이런 사실을 확인하기 위하여, 먼저 修叱如良에 대한 선행 해독들의 문제를 보면, 다음과 같이 세 가지로 정리된다.

첫 번째는 거의 모든 선행 해독들이 修叱如良을 '닦으러'나 '닦으려(고)'의 의미로 보면서, 〈풍요〉를 공덕을 닦아 오면서 부른 노래가 아니라, 공덕을 닦으러 오거나 닦으려(고) 오면서 부른 작품으로 오해하게 하였다는 문제이다.

선행 해독들이 修叱如良을 읽고 제시한 현대역을 보면, 修叱如良의 해독은 4분이 된다. 즉 현대역이 미상인 경우, '닦으러'로 본 경우, '닦으려(고)'로 본 경우, '닦아'로 본 경우 등이다.

현대역이 미상인 경우에는 '슷다러'(아유가이 1923)와 '닥싀여러'(정창일 1987)가 있다.

현대역을 '닦으러'로 본 해독에는 다음의 여덟이 있다. '닥그러'(닦으러, 오구라 1929), '닷ᄀ라'(닦으러, 양주동 1942; 홍기문 1956; 정열모 1965; 금기창 1993; 신재홍 2000), '닷ᄀᄅ'(닦으러, 지헌영 1947), '닷다랑'(닦으러, 정열모 1947), '닷ᄋ라'(닦으러, 이탁 1956), '닷가라'(닦으러, 김준영 1964, 1979; 김상억 1974), '닷그라'(닦으러, 서재극 1975; 강길운 1995), '닷그러'(닦으러, 최남희 1996), '다스라라'(닦으러, 류렬 2003) 등이다.

현대역을 '닦으려(고)'로 본 경우에는 다음의 넷이 있다. '닷그려'(닦으려, 유창선 1936e), '닫가라'(닦으려, 김선기 1968a), '닷ᄀ라'[닦으려(김완진 1980; 황패강 2001),

닦으려고(전규태 1976)], '닷가라'[닦으려(김선기 1993), 닦으려고(유창균 1994)] 등이다.

현대역을 '닦아'로 본 경우에는 '닷ᄀ아'(닦아, 양희철 1997)가 있다.

이렇게 거의 모든 해독들이 현대역에서, 가거나 오거나 하는 동작의 목적을 나타내는 연결어미 '-러'나, 어떤 행동을 할 의도나 욕망을 가지고 있음을 나타내는 연결어미 '-려'의 의미로 보았다. 이런 '닦으러'나 '닦으려(고)'의 현대역으로 보면, 〈풍요〉는 공덕을 닦으러 또는 공덕을 닦으려(고) 오면서 부른 노래가 된다. 그런데 이런 내용은 "故傾城士女爭運泥土"에서와 같이, 진흙을 나르는 공덕을 닦아 오면서 부른 〈풍요〉의 성격에 부합하지 않는다. 이는 '修叱如良'의 해독에 문제가 있음을, 특히 '-良'이 이곳에 필요한 것인가 하는 문제를 잘 말해준다.

유일하게 〈풍요〉의 성격에 부합하는 해독은 '닷ᄀ아'(닦아)인데, '닦아'의 중세어는 '닷ᄀ아'가 아니라 '닷가'라는 문제를 보인다.

두 번째는 상당수의 선행 해독들이 修叱如良의 '如'를 형태소들의 문법적인 연결이 어려운 '여, ·, 다, 라, 노, 가' 등으로 읽었으며, '如'를 형태소들의 문법적인 연결이 가능한, 'ᄀ, 그라/그러, 글' 등으로 읽은 해독들은, 모두가 앞에서 지적한 첫 번째의 문제를 보이고, 일부는 '如'를 수정한 '奴'의 훈('글')과 이어서 볼 '良'의 해독에서 문제를 보인다는 문제이다.

修叱如良의 해독에서, '如'를 불필요한 글자나 '여, ·, 다, 라, 노, 가' 등으로 읽은 경우와 'ᄀ, 그라/그러, 글' 등으로 읽은 경우로 나누어 정리하는 것이 편리하다. 먼저 '如'를 불필요한 글자나 '여, ·, 다, 라, 노, 가' 등으로 읽은 경우의 문제를 차례로 보자.

'닥그러'(오구라 1929)에서는 '如'를 불필요한 글자로 보았으며, '그'의 '으'를 첨가해야 하는 문제를 보인다.

'닷그려'(유창선 1936e)와 '닥싀여러'(정창일 1987)에서는 '如'를 '여'로 읽었다. '닷그려'는 '修/닷그+ㄹ+如/여+良/려'로 분석하고 '닷그려'로 정리한 것인데, 쉽게 이해되지 않는다.

'닥싀여러'(닦으여러면)는 해독과 현대역 모두가 쉽게 이해되지 않는다.

'닷ᄀ라'(양주동 1942)와 '닷ᄋ라'(이탁 1956)에서는 '如'를 '·'로 읽었는데, 홍기문에 의해 억지라는 비판을 받았다.

'다'는 '숫다러'(아유가이 1923)에서 보인다. 이는 '답'의 '다'로 정리한 것인데, '숫다러'가 무슨 의미인지를 알 수 없다.

'라'는 '닷ᄀ라'(닦으러, 홍기문 1956)와 '다스라라'(닦으러, 류렬 2003)에서 보인다. 전자에서는 '修叱如良'을 '修叱良如'의 전도로 보고, '良'을 'ᆞ'로 '如'를 '라'로 읽었다. 후자에서는 '如'를 '라'로 읽었다. 이는 '다'가 '라'로 변한다는 측면에서 정리한 것인데, 쉽게 이해되지 않는다.

'노'는 '如'를 '奴'의 오자로 본 '닷노라'(양주동 1942)와 '닦노라'(전규태 1976)에서 보인다. 이 두 수정은 자신들의 해독인 "功德 닷노라/닦노라 오다."의 문맥에서도 문제를 보인다.

'가'는 '如'를 '可'의 오자로 본 '닷가라'(닦으러, 김준영 1964, 1979)와, '如'를 '加'의 오자로 본 '닫가라'(닦으려, 김선기 1968a)와 '닷가라'[닦으려(김선기 1993), 닦으려고(유창균 1993)]에서 보인다. 이 해독들은 '닦으러'나 '닦으려'의 의미를 '닷ᄀ라'나 '닷그라'로 표기하지 않은 문제를 보인다.

이렇게 '如'를 불필요한 글자나 '여, ᆞ, 다, 라, 노, 가' 등으로 읽은 해독들이 문제를 보이자, 이에 대안으로 'ᄀ, 그라/그러, 글' 등의 해독들이 나왔다. 이 해독들은 '如'를 '來如'의 '如'와 다르게 본 문제, '如'의 오자 '加/가'나 '如'의 훈 '가'로 'ᄀ'를 표기했다고 본 문제, '奴'의 훈이 '글'이란 논거를 제시하지 않은 문제 등을 보인다. 이를 좀더 구체적으로 보자.

修叱如良의 '如'를 'ᄀ'로 읽은 해독들은 그 근거에서 세 유형으로 나뉜다.

하나는 'ᄀ'를 '곧'의 'ᄀ'로 본 유형으로, '닷ᄀ라'[닦으러(정열모 1965; 금기창 1993; 신재홍 2000), 닦으려(김완진 1980; 황패강 2001)]에서 보인다. 같은 작품의 앞과 뒤에서는 '來如'의 '如'를 '다'로 읽고[83], 다시 이곳에서는 '如'를 'ᄀ'로 읽었다고 보는 것이 쉽지 않다.

다른 하나는 '如'를 '加'로 수정한 다음에 이 '加/가'로 'ᄀ'를 표기했다고 본 유형으로, '닷ᄀ라'(닦으려고, 전규태 1976)에서 보인다. 수정한 '加/가'로 'ᄀ'를 표기했다고 본 한계를 피하기 어렵다.

마지막 하나는 '如/가'로 'ᄀ'를 표기했다고 본 유형으로, 닷ᄀ아(닦아, 양희철 1997)와 '닷ᄀ라'(닦으러, 지형률 2007)에서 보인다. '가/如'로 'ᄀ'를 표기했다고 본 문제를 보인다.

'그라/그러'는 '닷그라'(닦으러, 서재극 1975)와 '닷그러'(닦그라, 최남희 1996)에서 보인다. '그럴 여/如'와 그 방언형에 기초한 해독이다. '來如'의 '如'를 '다'로 읽고서,

---

[83] '來如'의 '如'는 '오요'(정열모 1965), '올려'(홍재휴 1983), '와여'(정창일 1987), '옳겨'(강길운 1995), '오가'(양희철 1997) 등에서만 '요, 려, 여, 겨, 가' 등으로 읽고, 나머지 해독들에서는 모두 '-다'로 읽었다.

'修叱如良'의 '如'를 '그라/그러'로 읽었다고 본 한계를 보인다. 그리고 '닷그러'에서 보이는 '러'는 와전된 이두에 기초한 해독으로 '良'의 음이나 훈을 벗어나 있다.

'글'은 '닷그라'(닦으러, 강길운 1995)에서 보인다. 이 '닷그라'는 '如'을 '奴/글'로 수정하고, '글/奴+아/良'를 '그라'로 읽은 것이다. 중세어에서 확인되는 어형이지만, '如'를 수정한 '奴'의 훈이 '골'에서 '글'로 변했다는 사실을 예증하지 않은 문제를 보인다. 그리고 이 해독은, 앞에서 정리한 '如'를 'ᄀ'나 '그라/그러'로 읽은 해독들과 함께, 공덕을 닦아 오면서 부른 노래가 아니라, 공덕을 닦으러 오면서 부른 노래가 되는 문제도 보인다.

세 번째는 修叱如良의 '良'은 선행 해독들('러, 려, ᄅ, 랑, 라, 아')의 어느 것으로 읽어도 문제를 보인다는 문제이다. 논의를 간단하게 하기 위하여 3분하여 문제를 정리한다.

먼저 '良'을 '러, 려, ᄅ, 랑' 등으로 읽은 경우를 보자. '슷다러'(아유가이 1923), '닥그러'(닦으러, 오구라 1929), '닥싀여러'(정창일 1987), 닷그러(최남희 1996) 등에서는 '良'을 '러'로, '닷그려'(닦으려, 유창선 1936e)에서는 '良'을 '려'로, '닷ᄀᄅ'(닦으러, 지헌영 1947)에서는 '良'을 'ᄅ'로, '닷다랑'(닦으러, 정열모 1947)에서는 '良'을 '랑'으로 각각 읽었다. '良'을 '러, 려, ᄅ' 등으로 읽은 해독들은 '良'의 음과 훈을 벗어났다. '良'을 '랑'으로 읽은 '닷다랑'(닦으러)은 해독과 현대역이 형태소 차원에서 상응/일치하지 않는다.

이번에는 修叱如良의 '良'을 '라'로 읽은 경우를 보자. '良'을 '라'로 읽은 해독들은 대단히 많지만, 다음의 두 가지 문제를 보인다.

하나는 多羅의 '羅'를 '라'로 읽은 다음에 다시 修叱如良의 '良'을 '라'로 읽어도 좋으냐 하는 문제이다. 哀反多羅의 '羅'에 대한 선행 해독들을 보면, '슬번 하ᄅ'(홍재휴 1983)의 'ᄅ'와 '설브다나'(라경수 1995)의 '나'를 제외한 나머지 해독들은 모두 '라'로 읽었다. 그런데 이 해독들은 이어서, 修叱如良의 '良'도 다음과 같이 '라'로 읽었다. '닷ᄀ라'[닦으러(양주동 1942; 홍기문 1956; 정열모 1965; 금기창 1993), 닦으려(김완진 1980; 황패강 2001), 닦으려고(전규태 1976)], '닷ᄋ라'(닦으러, 이탁 1956), '닷가라'[닦으러(김준영 1964, 1979; 김상억 1974), 닦으려(김선기 1993), 닦으려고(유창균 1994)], '닫가라'(닦으러, 김선기 1968a), '닷그라'(닦으러, 서재극 1975), '다ᄉ라라'(닦으러, 류렬 2003) 등이다. 이렇게 多羅의 '羅'를 '라'로 읽은 다음에, 修叱如良의 '良'도 '라'로 읽으면서 문제를 보인다. 특히 〈풍요〉에서는 '來如, 哀反, 多羅, 矣徒良, 功德, 修叱如良' 등의 일곱 단어만을 사용하였는데, '라'를 '羅'로 표기한 다음에, 다시

'라'를 '良'으로 표기했다고 보는 것은 이 해독들이 보여주는 한계이다.

다른 하나는 修叱如良의 '良'은 '라'로 읽고, 矣徒良의 '良'은 '랑, 래, 아, 야, 여' 등으로 다르게 읽는 것이 합리적인가 하는 문제이다. 修叱如良의 '良'을 '라'로 읽은 해독들은 矣徒良의 '良'을 '라'로 읽은 해독들[84]과, '랑, 래, 아, 야, 여' 등으로 읽은 해독들[85]로 나뉜다. 전자의 해독들에서는 修叱如良의 '良'과 矣徒良의 '良'을 모두 '라'로 읽었는데, 앞에서 살핀 바와 같이, 多羅의 '羅'를 '라'로 읽은 다음에, 다시 修叱如良의 '良'과 矣徒良의 '良'을 모두 '라'로 읽은 문제를 보인다. 후자의 해독들에서는 修叱如良의 '良'을 '라'로 읽은 다음에 矣徒良의 '良'을 '랑, 래, 아, 야, 여' 등으로 각각 다르게 읽었다. 같은 글자를 이렇게 다르게 읽은 것도 이 해독들의 한계이다.

이어서 修叱如良의 '良'을 '아'로 읽은 경우를 보자. 세 해독이 있는데, '良'을 '아'로 읽은 이 자체에는 문제가 없어 보인다. 그러나 바로 앞의 '如'의 해독에 문제가 있어, '良'을 '아'로 읽은 것까지 확신하기가 어렵다. '닷그라'(닷+글+아, 닦으러, 강길운 1995)에서는 '如'를 '奴'로 수정하고, '奴'를 '글'로 읽었다. '奴'를 '글'로 읽은 논거를 구체적으로 설명하지 않고, 색인에서만 '奴(訓)굴→글'이라고 간단하게 언급하였다. 좀더 구체적인 논거와 설명이 있기 전에는 수긍하기가 어렵다. '닷ᄀ아'(닦아, 양희철 1997)에서는, '닦아'의 의미는 중세어에서 '닷가'이지, '닷ᄀ아'가 아니라는 문제를 보인다. '닷ᄀ라'(닷+곧+아, 닦으러, 신재홍 2000)에서는 '닷ᄀ다'가 '닷ᄀ라'로 변했다고 보았는데, '다'가 '라'로 변한 경우는 있지만, 종결어미에서 '-다'가 '-라'로 변한 것을 논증하지 않는 한, 설득력을 얻기 어렵다.

이상과 같이 修叱如良의 해독은 세 가지 문제를 보인다.

첫 번째는 修叱如良의 '良'을 거의 모든 선행 해독들이 보인 '-러'나 '-려(고)'의 의미로 읽을 수 없다는 문제이다.

두 번째는 상당수의 선행 해독들이 修叱如良의 '如'를 형태소들의 문법적인 연결이 어려운 '여, ·, 다, 라, 노, 가' 등으로 읽었으며, '如'를 형태소들의 문법적인 연결이

---

84 '닫가라, 무라'(김선기 1968a), '닷가라, 무라'(김선기 1993), '닷가라, 의내라'(유창균 1994), '닥ᄀ라, 의내라'(라경수 1995), '다스라라, 이 나라'(류렬 2003) 등이 있다.

85 '닷ᄀ라, 무리랑'(전규태 1976)에서는 '良'을 '라, 랑'으로, '닷ᄀ라, 도래'(정열모 1965)에서는 '良'을 '라, 래'로, '닷ᄋ라, 의내아'(이탁 1956), '닷가라, 의내아'(김준영 1964, 1979), '닷그라, 무라(물아)'(서재극 1975), '닷ᄀ라, 물아'(김완진 1980; 금기창 1993; 지형률 1996), '닷ᄀ라, 내아'(지형률 2007) 등에서는 '良'을 '라, 아'로, '닷ᄀ라, 의닉야'(홍기문 1956)에서는 '良'을 '라, 야'로, '닷ᄀ라, 의내여'(양주동 1942; 황패강 2001)와 '닷가라, 의내여'(김상억 1974)에서는 '良'을 '라, 여'로 각각 다르게 읽었다.

가능한 'ㄱ, 그라/그러, 글' 등으로 읽은 경우에는 '如'를 '來如'의 '如'와 다르게 본 문제, '如'의 오자 '加/가'나 '如'의 훈 '가'로 'ㄱ'를 표기했다고 본 문제, '奴'의 훈이 '글'이란 논거를 제시하지 않은 문제 등을 보인다는 것이다.

세 번째는 '修叱如良'의 '良'을 '러, 려, ㄹ' 등으로 읽은 해독들은 '良'의 음훈을 벗어났고, '랑'으로 읽은 '닷다랑'(닦으러)은 해독과 현대역이 상응/일치하지 않으며, '라'로 읽은 해독들은 '多羅'의 '羅'를 '라'로 읽고 다시 修叱如良의 '良'도 '라'로 읽은 문제와 矣徒良의 '良'을 '랑, 래, 아, 야, 여' 등으로 읽은 문제를 보이며, 修叱如良의 '良'를 '아'로 읽은 해독들은 바로 앞의 '如'를 논증되지 않은 '글'로 읽거나 중세어에서 확인되지 않는 '닷ㄱ아'나 '닷ㄱ다→닷ㄱ라'로 읽은 문제를 보인다는 것이다.

이 세 문제는 원전비평의 문제로 판단한다. 즉 修叱如良의 '如'는 '加'의 오자로, '良'은 불필요하게 들어간 연자(衍字)로 판단한다. 이 수정에 따라 연자를 빼고, '如'를 '加'로 수정한 '修叱加'를 읽으면 '닷가'(닦아)가 된다.

이렇게 修叱如良의 '如'를 '加'의 오자로, '良'은 불필요하게 들어간 연자(衍字)로 보고, '修叱加'로 수정하여 '닷가'(닦아)로 읽으면, '修/닷+叱/ㅅ+加/가'에 쓰인 한자의 음과 훈을 벗어나지 않고, '닦+아'의 연결은 문법적이며, '닷가'(닦아)의 해독과 현대역은 형태소 차원에서 상응하며, '공덕 닦아 오여'의 문맥이 잘 통한다는 점에서, 修叱如良의 '如'를 '加'의 오자로, '良'은 불필요하게 들어간 연자(衍字)로 보고, '修叱加'로 수정하여 '닷가'(닦아)로 읽은 해독은 합리적이라 할 수 있다. 또한 이렇게 수정하여 읽으면, 선행 해독들이 보인 문제들, 즉 공덕을 닦으러 또는 닦으려고 오는 노래로 본 문제, 修叱如良의 '如'를 '여, ᆞ, 다, 라, 노, 가' 등으로 읽으면서 보인 형태소들의 비문법적인 연결의 문제, 修叱如良의 '如'를 'ㄱ, 그라/그러, 글' 등으로 읽으면서 보인, '如'를 '來如'의 '如'와 다르게 본 문제, '如'의 오자 '加/가'나 '如'의 훈 '가'로 'ㄱ'를 표기했다고 본 문제, '奴'의 훈이 '글'이란 논거를 제시하지 않은 문제 등은, 이 문제를 야기시킨 修叱如良의 '良'을 연자로 보아 빼고, '如'를 '加'로 수정함에 따라, 모두 원천적으로 아예 발생하지도 않는다는 점에서도, 修叱如良의 '如'를 '加'의 오자로, '良'은 불필요하게 들어간 연자(衍字)로 보고, '修叱加'로 수정하여 '닷가'(닦아)로 읽은 해독은 합리적이라 할 수 있다.

지금까지 정리한 修叱加良의 연자 '良'은 단순하게 修叱加良에 들어간 연자가 아니라, 앞에서 그 설명을 미룬 '哀反 多(良) 矣徒良'의 누락자 '良'과도 연계되어 있다. 이 연계성을 보기 위하여, 선행 전사자가 1행 9자로 텍스트를 전사한 다음에 보니, '多良'의 '良'이 누락되어 있어, 이를 행간에 첨가한 텍스트를 상정하면 다음과 같다.

來如來如來如○來如
哀反多羅○哀反多矣
　　　　　　良
徒良○功德修叱加來
如

이 텍스트는 선행 전사자가 1행 9자로 텍스트를 전사하고 보니, '多良'의 '良'이 누락되어 있어, 이를 행간에 첨가한 것이다. 이 의도를 살려서 후행 전사자가 텍스트를 전사하였다면, '多(良)'의 누락자 '良'도, 修叱加良의 연자 '良'도 발생하지 않았을 것이다. 그러나 후행 전사자가 선행 전사자의 의도를 오해하여, 행간의 '良'을 '多良'의 '良'으로 보지 않고, 修叱加良의 '良'으로 오해하고 전사를 하면, 현존하는 텍스트와 같이 연자와 누락자가 발생하게 된다.

이상과 같은 점들로 보아, '多(良)'의 '良'은 누락자이고, 修叱加良의 '良'은 연자라고 정리할 수 있다. 그리고 이에 따라 복원한 '多良'은 '하아/많아'로, '修叱加'는 '닷가'로, 각각 읽게 된다.[86]

3.2. 月下伊의 연자 伊와 誓音(伊)의 누락자 伊

3.2.1. 月下伊의 연자 伊

月下伊底亦(〈원왕생가〉)의 '伊'는 다양하게 읽어 왔다. 그러나 이 '伊'는 연자로 추정된다. 이런 사실을 차례로 보자.

먼저 '月 下伊'나 '月下伊'와 같이 '伊'를 '下'에 붙일 수 없다는 사실을 보자.

전자인 '月 下伊'로 끊은 해독에는 '둘 아리'(달 아래)와 '딸 알이'(달 아래)가 있다. 이 해독들은 '-이'를 현대역의 '-애'로 볼 수 없는 문제를 보인다.

후자인 '月下伊'로 끊은 해독에는 '둘햇, 딸까이(달애), 드라리, 드랄이, 둘알이, 돌알아' 등이 있다. 이 중에서 '둘햇'은 '下伊'의 음인 '하이'를 살리지 못했고, '돌알아'는 '下'의 '알'을 '알아'로 확대한 문제를 보인다.

그리고 '月 下伊'와 '月下伊'로 띄어 읽은 해독들은 제1, 2구 나아가서는 작품 전체의 문맥을 모호하게 한다. 제1, 2구의 종결은 白遣賜立의 청원형 또는 청원적 의문형이다.

---

86 이렇게 '修叱如良'의 '良'을 연자로 정리한 다음에, '修叱如'의 '如'를 '來如'의 '如'와 함께 보면, '修叱如'의 '如'는 유사자 '加'의 오자임을 알 수 있다. 이 오자의 정리는 앞의 오자에서 다루었다.

이 청원은 시적 화자가 달로 하여금 아미타불에게 惱叱古音을 사뢰어 달라는 상황의 것이다. 이 상황에서 피청원자인 달이 청자의 위치에 없으면, 이 문장은 문맥이 모호하거나 호응 관계를 벗어난다. 이상과 같은 두 측면에서, '月 下伊'나 '月下伊'로 띄어 읽을 수 없고, '月下'로 끊고 '둘하'로 읽어야 한다고 생각한다.

이번에는 앞과 뒤에서 띄어서 '伊'로 읽을 수도 없다는 사실을 보자. '月下 伊 底亦'로 끊은 해독에는 '둘하 이 어느제'(달님이여! 이 언제쯤)와 '둘하 이 뎨여'(달님이시여 이 곳에서부터)가 있다. 전자는 '亦'을 'ㅣ'로 읽은 문제와 '伊/이'가 문맥에서 필요한가 하는 문제를 보인다. 그리고 주기적으로 떴다가 지는 달에게 '어느제 가느냐'의 '어느제'라는 말을 쓸 수 있을까 하는 문제도 보인다. 후자는 '곳'의 표기에 '底'를 썼다고 보기 어렵고, '뎨여'를 '곳에서부터'로 이해하기도 어렵다.

마지막으로 '伊底亦'이나 '伊底 亦'으로 읽을 수 없다는 사실을 보자. 이에 속한 해독으로는 '이뎨, 이제, 이적, 이저여, 이져, 잎이, 이러히, 이뎨 쑈' 등이 있다. 이 중에서 '이뎨 쑈'를 뺀 나머지는 모두가 '伊底亦'을 모두 음으로 읽었다. 세 글자 모두를 음으로 읽는 것은 쉽지 않다. 그리고 '亦'을 '이, ㄱ, 여, 인, 히' 등으로 읽었는데, 이해가 되는 것은 '여'뿐이다. 게다가 '이제'의 의미를 표기하면서, '此際'를 이용하지 않은 것도 문제이고, 주기적으로 떴다가 지는 달에게 '이제 서방 가실 것이니'라는 문맥의 '이제'라는 말을 쓸 수 있는가 하는 것도 문제이다. 이 문제를 해결하기 위하여 많은 해독들은 '伊'를 '月下'에 붙이고, '底'를 뜻으로 읽고 있지만, 月下伊를 인정할 수도 없다. 그 이유는 앞에서 살핀 바와 같다.

이렇게 月下伊底亦의 '伊'는 '月 下'나 '月下'에 붙여서 '月 下伊'나 '月下伊'로 읽을 수도 없고, 앞과 뒤에서 띄어서 '伊'로 읽을 수도 없으며, 뒤에 붙여서 '伊底亦'나 '伊底 亦'로 읽을 수도 없는 연자의 향찰이다.

이 '伊'는 '月下伊底亦'뿐만 아니라, '誓音'(제6구)과도 연계된 원전비평의 문제이다. 이에 일단 月下伊底亦을 '月下 底亦'로 복원하여, '둘하 믿여'[87]로 읽고, 그 이유의 설명은 誓音(제6구)에서 함께 하고자 한다.

---

87 '底'를 '믿'으로 읽는 것은 오구라 이래로 이미 있었던 일이나, 그 의미를 다르게 잡는다. 기왕의 해독들은 그 의미를 아래(下方)로 잡았다. 그러나 본고에서는 '本, 元, 原' 등의 의미로 잡는다. '밑'에는 '아래'(下方)의 의미만 있는 것이 아니라, "사물의 기초가 되는, 본디부터 있던 부분"이나 "어떤 일을 하는 데 바탕이 되는 돈이나 물건, 기술, 재주 따위를 이르는 말"의 의미도 있다. 이런 '밑'의 의미는 '믿곧'(본고장), '믿나라'(本國), '믿城'(本城), '밋짜ㅎ'(原産地) 등에서는 '本, 原'으로 나타나며, '元'은 '本, 原'과 같은 의미로 쓰이기도 한다.

이렇게 연자 '伊'를 빼고, '月下 底亦'로 띄어서 '둘하 믿여'로 읽으면, '月下'는 한자 '月'의 훈(둘)과 '下'의 음(하)을 살리고, '둘+하'의 연결은 문법적이며, '둘하'(달아)의 해독과 현대역은 형태소 차원에서 상응하고, '둘하 믿여'(달아 본향여)의 문맥이 잘 통한다는 점에서, 연자 '伊'를 빼고, '月下 底亦'로 띄어서 '둘하 믿여'로 읽은 해독은 합리적이라고 할 수 있다. 또한 이렇게 수정하여 읽으면, 선행 해독들이 당면한 다양한 문제들[88]은, 이 문제들을 야기시킨 연자 '伊'를 제거함에 따라, 모두 源泉的으로 아예 발생하지도 않는다는 점에서도, 연자 '伊'를 빼고, '月下 底亦'로 띄어서 '둘하 믿여'로 읽은 해독은 합리적이라고 할 수 있다.

3.2.2. 誓音(伊)의 누락자 伊

誓音은 '셤(思慮, 分別), 다딤, 誓홈, 다짐, 담(約束, 盟誓), 誓音[미상(벼김, 다딤)](誓願), 벼김(盟誓)' 등으로 읽어 왔다. 일단 '벼김'(황선엽 2006; 남풍현 2018a)의 가능성을 열어 놓고, 서원(誓願)의 의미인 '다딤'을 따르면서 논의를 진행한다.

선행 해독들을 보면, 매우 드물게 현대역에서 '-이'(홍기문 1956)와 '-가'(김준영 1964)를 보여주지만, 주격 어미에 대한 논의는 해독에서 전혀 보이지 않는다. 이 시점에서 우리는 '다딤' 다음에 주격 어미가 생략된 것인지, 아니면 누락된 것인지를 명확하게 생각해 보아야 한다. 이는 '다딤 깊으신'과 '다딤이 깊으신'의 어감에서 판단할 수 있다. '다딤이 깊으신'은 주격 어미를 명확하게 보여주면서 '다딤 깊으신'보다 '다딤'을 명확하게 강조한다. 그리고 이 작품에서 '다딤' 곧 '48대원'은 시적 화자가 무량수불과 달(대세지보살의 화신)에게 매달릴 수 있는 확실한 근거이다. 이렇게 중요한 단어가 '다딤'이란 점에서, 이 '다딤' 다음에는 주격 어미가 생략된 것이 아니라, 누락되었다고 판단한다.

이렇게 누락자 '伊'를 첨가하여 '誓音伊'를 '다딤이'로 읽으면, '誓/다디+音/ㅁ+伊/이'에 쓰인 향찰들은 한자의 훈과 음을 살렸고, '誓/다디+音/ㅁ+伊/이'의 연결은 문법적이며, '다딤이'(다짐이)의 해독과 현대역은 형태소 차원에서 상응하고, 주격 어미 '-이'를 살려 읽으면서 그 주어를 명확하게 하였으며, '다딤이 깊으신 존'의 문맥이 잘 통한다

---

[88] '月 下伊'나 '月下伊'로 끊어 읽을 때에, 피청원자인 달이 청자가 되지 못하는 문제, '月下 伊 底亦'로 끊어 읽은 '둘하 이 어느제'(달님이여! 이 언제쯤)와 '둘하 이 데여'(달님이시여 이 곳에서부터)의 해독에서 '이'의 기능이 모호한 문제, '伊底亦'이나 '伊底 亦'으로 끊고, '이뎨, 이제, 이젹, 이저여, 이겨, 읻이, 이러히, 이뎨 쏘' 등으로 읽은 해독들이 보인, '이제'의 의미를 표기하면서, '此際'를 이용하지 않은 문제, 주기적으로 떴다가 지는 달에게 '이제 서방 가실 것이니'라는 문맥의 '이제'라는 말을 쓸 수 있는가 하는 문제.

는 점에서, 누락자 '伊'를 첨가하여 '誓音伊'를 '다딤이'로 읽은 것은 합리적이라 할 수 있다. 또한 이렇게 수정하여 읽으면, 선행 해독이 보여준 문제, 즉 시적 화자가 무량수불과 달(대세지보살의 화신)에게 매달릴 수 있는 확실한 근거인 '다짐' 곧 '48대원' 다음에 주격 어미를 생략함으로 인해 '다짐'을 강조하지 않은 문제는, 이 문제를 야기시킨 주격 '-伊/이'를 첨가함에 따라, 원천적으로 아예 발생하지도 않는다는 점에서도, 누락자 '伊'를 첨가하여 '誓音伊'를 '다딤이'로 읽은 것은 합리적이라 할 수 있다.

이 누락자 '伊'의 발생은 앞에서 다룬 月下伊底亦의 '伊'와 연결되어 있다. 선행 전사자가 텍스트를 1행 35자로 전사한 다음에 '伊'가 빠진 것을 확인하고, 그 누락자를 행간에 첨가하였다고 보고, 그 텍스트를 정리하면 다음과 같다.

> 文武王代有沙門名廣德嚴莊二人友善日夕約曰先歸安養者須告之德隱居芬皇
> 西里蒲鞋爲業挾妻子而居莊庵栖南岳大種力耕一日日影施紅松陰靜暮窓外有
> 聲報云某已西住矣惟君好住速從我來莊排闥而出顧之雲外有天樂聲光明屬地
> 明日歸訪其居德果亡矣於是乃與其婦收骸同營蒿里旣事乃謂婦曰夫子逝矣偕
> 處何如婦曰可遂留夜宿將欲通焉婦慚之曰師求淨土可謂求魚緣木莊驚怪問曰
> 德旣乃爾予又何妨婦曰夫子與我同居十餘載未嘗一夕同床而枕況觸汚乎但每
> 夜端身正坐一聲念阿彌陀佛號或作十六觀觀旣熟明月入戶時昇其光加趺於上
> 竭誠若此雖欲勿西溪住夫適千里者一步可規今師之觀可云東矣西則未可知也
> 莊愧赧而退便詣元曉法師處懇求津要曉作錚觀法誘之藏於是潔已悔責一意修
> 觀亦得西昇錚觀在曉師本傳與海東僧傳中其婦乃芬皇寺之婢盖十九應身之一
>   伊
> 德嘗有歌云○月下底亦○西方念丁去賜里遣○無量壽佛前乃○惱叱古音多可
> 支白遣賜立○誓音深史隱尊衣希仰支○兩手集刀花乎白良○願往生願往生○
> 慕人有如白遣賜立○阿邪○此身遺也置遣○四十八大願成遺賜去[89]

이 글을 전사한 선행 전사자는 제12행의 제9자로 '伊'가 누락되었다고 '伊'를 행간에 첨가하였다. 그런데 그 후에 후행 전사자가 이 글을 보고 '伊'를 제12행의 제9자로 보지 않고, 제11행의 제9자로 전사한 것이 바로 우리가 현재 보고 있는 잘못된 '月下伊底亦'이다.

---

89 '芬皇西里'에 달려 있는 협주의 '或云皇龍寺有西去房未知孰是'와 '惱叱古音'에 달려 있는 협주의 '鄕言云報言也'를 넣어서 정리해도 같은 현상이 발견되고, 〈원왕생가〉만을 1행 35자로 정리해도 같은 현상이 발견되기 때문에, 두 경우의 구체적인 논의는 생략하였다.

이런 잘못을 계산하면, 月下伊底亦과 誓音深史隱은 '月下底亦'과 '誓音伊深史隱'으로 복원되어야 하며, '月下底亦'과 '誓音伊深史隱'은 '둘하 믿여'와 '다딤이 깁으신'으로 읽어야 한다고 판단한다.

이상의 논의를 종합하면, 月下伊底亦의 '伊'는 연자이고, 誓音(伊)深史隱의 '伊'는 누락자이다.

3.3. (於)見賜烏尸의 누락자 於와 數於將의 연자 於

3.3.1. (於)見賜烏尸의 누락자 於

〈혜성가〉의 岳音은 다양하게 읽고 있다. 즉 '오롬, 오롬, 드리(오롬), 덤(岳音)' 등등으로 읽어 왔다. 이 자리는 岳音의 해독을 다루는 자리가 아니므로, 금강산을 의미하는 '오롬' 정도로 보고 논의를 진행하려 한다.

見賜烏尸는 '보샤올, 보스올, 보시올, 보시홀, 보리 ᄀ몰, 보샤오리, 보드올히, 보솔' 등으로 읽어 왔다. 이 해독들은 선어말어미 이하는 다르지만, 어간을 '보-'로 보는 데는 이의가 없다. 결국 '岳音 見-'은 '산(금강산) 보-'의 의미로 본 것이고, 이 의미에 어떤 문제도 제기된 적이 없다.

이에 하나의 문제를 제기하고자 한다. 산(금강산)은 지금 세 화랑의 앞에 있는 것이 아니라, 경주에서 금강산으로 가서 보려는 산이다. 이런 시적 상황에서 '산(금강산) 가서 보-'가 아니라, '산(금강산) 보-'로 표현할 수 있을까 하는 문제의 제기이다. 세 화랑이 금강산으로 가서 보려는 시적 상황으로 보아, '岳音 見賜烏尸'에는 '於/가'가 누락되었다고 판단하고, '岳音 於見賜烏尸'로 복원하여, '오롬 가보시올'로 읽는다.

이렇게 누락자 '於'를 첨가하여 '於見賜烏尸'를 '가보시올'로 읽으면, '於/가+見/보+賜/시+烏/오+尸/ㄹ'의 향찰에 쓰인 한자의 훈과 음을 살리고, 형태소들의 연결이 문법적이고, '가보시올'(가보시올 것)의 해독과 현대역이 상응하며, '오름 가보시올 것'의 문맥이 잘 통한다는 점에서, 누락자 '於'를 첨가하여 '於見賜烏尸'를 '가보시올'로 읽은 것은 합리적이라고 할 수 있다. 또한 이렇게 수정하여 읽으면, 선행 해독들이 당면한 문제, 즉 '금강산을 (경주에서) 보실 것'이라고 문맥이 통하지 않게 해독을 한 문제는, 이 문제를 야기시킨 누락자 '於'를 첨가함으로 인해, 源泉的으로 아예 발생하지도 않는다는 점에서도, 누락자 '於'를 첨가하여 '於見賜烏尸'를 '가보시올'로 읽은 것은 합리적이라고 할 수 있다.

누락자 '於'가 발생한 이유는 이어서 다룰 數於將의 연자 '於'와 연계되어 있어, 뒤에 함께 설명하려 한다.

3.3.2. 數於將의 연자 於

數於將來尸의 해독은 '將'의 해독에 따르면 4분 된다.

첫째는 '將'의 음이나 훈을 살리지 못한 해독들이다. 이 해독들에는 여섯이 있는데, 각각 '將'의 음이나 훈을 살리지 못한 문제를 보인다.[90]

둘째는 '將'을 '來'와 합쳐서 '將來'를 'ㄹ, 려, 러, 올, 가, ㅂ래, 굴오' 등으로 읽은 해독들이다.[91] 이 해독들은 '將來'의 어떤 의미가 이 표기들('ㄹ, 려, 러, 올, 가, ㅂ래, 굴오')이 되는지를 정확하게 보여주지 못한 문제를 보인다.

셋째는 '將'을 '받, 디니' 등으로 읽은 해독이다. '혀바돌'(켜는)에서는 '將'을 '奉(받다)'에 의지하여 강세의 선어말어미 '받'으로 읽으면서, 數於將來尸를 '혀바돌'로 읽었다. 이 해독은 해독자의 문맥인 "달도 바뻐 (불) 켜는 터에"를 따라도 문맥이 어색한 측면을 보인다. '혀어 디녀올'에서는 '將'를 '디니'로 보았다. 이 해독 역시 문맥이 어색함을 피하기 어렵다.

넷째는 '將'을 연결어미 '-아, -어' 등으로 읽은 해독이다. 이에 속한 해독에는 셋이 있다. '잦아옷'(찾아온, 이탁 1956)에서는 '於'를 '아'로 읽고, '將'을 번역[92]에 근거하여 '아'로 읽었다. '於'를 '아'로 읽은 문제를 보인다. '혀어올'(밝히는, 김준영 1964, 1979)에서는 '於'를 '어'로 읽고, 다시 '將'을 '어'로 읽은 다음에 '어'로 통합하였다. '於/어'와 '將/어' 중에서 어느 하나면 충분할 것으로 보인다. '혜오어 올'(혜어 올, 양희철 2013a)에서는 '於'를 '오'로 읽고, 번역, 사전, 번역시와의 비교 등을 통하여 '將'을 '어'로 읽었다.[93] '於'를 '어'로 읽고, 다시 '將'을 '어'로 읽을 수 없는 문제를 피하지만, 복합용언의

---

90 '셔(혀) 올'(길밝히라 할)에서는 '將'의 해독이 명확하지 않다. '잦올'(찾아올)에서는 '將來尸'을 '올'로 읽으면서, '將'의 처리가 명확하지 않다. '잦오올'(찾아올)에서는 "'將'은 읽지 않고 뒤에 오는 '來'를 '안온끼겿'을 더하여 읽으라는 것"으로 보면서 문제를 보인다. '자로 올'(잘 올)에서는 '將'을 "앞으로 〈올〉 것이라는 것을 힘주어 두드러지게 나타내기 위해서"로 정리하면서 문제를 보인다.

91 'ㄹ'은 '쉴'에서, '려'는 '혀렬, 헤어렬(破/思), 혀여렬/혜오렬, 혀렬, 혜렬, 자자렬, ㅂ르렬' 등에서, '러'는 '혈오렬, 혈오렬(破/思)' 등에서, '올'은 '혀 올'에서, '가'는 '혜여 가올'에서, 'ㅂ래'는 'ㅂ랠'에서, '굴오'는 '혀어 굴온히'에서, 각각 보인다.

92 "'將=意讀아=修飾制語尾=於의 讀法表示, 또는 音聲借字=數於(잦아)의 末音節表示.(將=아, 做將去=工夫ᄒᆞ역가다. 貼將來=홍정갑슬 거스러오다-朱子語錄解)"(이탁 1956:9), "나. 將=意讀아[做將去 공부하여가다(朱子語錄解), 爬將起來 긔여 니러나다, 鑽將出來 부븨어 나오다(水許誌 語錄諺解)]"(이탁 1956: 36).

선행 어간 다음에 선어말어미를 놓은 문제를 보인다.

이렇게 셋째와 같이 해독하면 문맥에서 문제를 보이고, 넷째와 같이 '將'을 '어'로 읽으면 '於'의 해독에서 문제를 보인다.

이 해독의 문제 역시 원전비평의 차원에서 해결된다. 바로 數於將의 '於'를 불필요한 연자(衍字)로 보아 빼고, '數將'를 '헤어'로 읽는다.

이렇게 數於將의 '於'를 연자로 보아 빼고, '數將'를 '헤어'로 읽으면, '헤어'는 '數'의 훈 '헤'와 '將'의 훈 '어'를 살리고, '헤+어'의 연결은 문법적이며, '헤어'(헤어)의 해독과 현대역이 일치하고, '헤어 올 바에'의 문맥이 잘 통한다는 점에서, 數於將의 '於'를 연자로 보아 빼고, 數將를 '헤어'로 읽은 것은 합리적이라고 할 수 있다. 또한 이렇게 수정하여 읽으면, 선행 해독들이 보이는 문제들, 그중에서 '數'의 훈 '헤'와 '將'의 훈 '아/어'를 살린 해독들이 '於'를 '아, 어, 오' 등으로 읽으면서 그 기능을 명확하게 설명하지 못한 문제는, 이 문제를 야기시킨 연자 '於'를 삭제함에 따라, 源泉的으로 아예 발생하지도 않는다는 점에서도, 數於將의 '於'를 연자로 보아 빼고, 數將를 '헤어'로 읽은 것은 합리적이라고 할 수 있다.

數於將의 연자 '於'가 발생한 이유는 앞에서 그 설명을 보류한 岳音見賜烏尸의 해독과도 연계되어 있다. 이 문제를 해결하기 위하여, 텍스트를 선행 전사자가 1행 13자로 전사하고 보니, '岳音'과 '見賜烏尸'의 사이에 '於'가 빠져서, 이 '於'를 행간에 첨가한 텍스트를 정리하면 다음과 같다.

第五居烈郎第六實處郎第七寶
同郎等三花之徒欲遊楓岳有慧
星犯心大星郎徒疑之欲罷其行
時天師作歌歌之星怪卽滅日本
兵還國反成福慶大王歡喜遣郎
遊岳焉歌曰○舊理東尸汀叱○
乾達婆矣遊烏隱城叱肹良望良

---

93 '將'이 연결어미로 번역된 예로는 이탁이 인용한 인용문에, "보롬뼈 더브러 와[半頭取將來, 『朴通事諺解』(초간본, 상 46)]"를 더하였다. '將'이 연결어미 '而'라는 사전의 정리로는 "猶而也. [古書虛字集解] 將, 猶而也. [左氏, 成, 二] 韓獻子將斬人, 却獻子馳將救之. [經詞衍釋] 言馳而救之. … (『중문대사전』 '將'조의 '乙')"를 들었다. 그리고 〈참회업장가〉의 '造將來'는 '成(而)來'(〈참회업장송〉)와의 비교를 통하여, 〈상수불학가〉의 '修將來'는 '修(而)來'(〈상수불학송〉)와의 비교를 통하여, 각각 '將'이 연결어미 '而/어'임을 보여주었다.

古○倭理叱軍置來叱多○烽燒
邪隱邊也藪耶○三花矣岳音見
　　　　　　　　　　　於
賜烏尸聞古○月置八切爾數將
來尸波衣○道尸掃尸星利望良
古○彗星也白反也人是有叱多
○後句○達阿羅浮去伊叱等邪
○此也友物北所音叱彗叱只有
叱故[94]

이 텍스트에서 선행 전사자가 첨가한 위치를 살려서 후행 전사자가 읽고 다시 '岳音於見賜烏尸'과 '數將來尸'로 전사를 하였다면 문제가 발생하지 않았을 것이다. 그러나 선행 전사자가 첨가한 위치를 후행 전사자가 오해하여 '岳音見賜烏尸'과 '數於將來尸'로 전사하면, 현존 텍스트와 같이 잘못된 텍스트를 보여주게 된다.

이런 점들로 보아, 잘못된 '岳音見賜烏尸'와 數於將來尸를 '岳音於見賜烏尸'와 '數將來尸'로 복원하고, 각각 '오롬 가보시올'과 '헤어(思/破) 올'로 읽는다.

이상의 논의를 종합하면, 岳音(於)見賜烏尸의 '於'는 누락자이고, 數於將來尸의 '於'는 연자이다.

3.4. 秋察尸(矣)의 누락자 矣와 冬矣也의 연자 矣

3.4.1. 秋察尸(矣)의 누락자 矣

〈원가〉의 秋察尸는 'ᄀ슐, ᄀ숣, ᄀ슐히, ᄀ술, ᄀ줄, ᄀ슬철, 가살, 가슬, 가잘, 고슬' 등으로 읽어 왔다. 이 차이는 '·'와 'ㅿ'의 인정 여부에 기인한다. 일단 'ᄀ줄'의 해독을 따르면서, 논의를 진행한다.

문제는 이 'ᄀ줄' 다음에 생략 또는 누락된 격어미가 무엇이고, 왜 이런 생략 또는 누락이 발생하였느냐 하는 것이다. 선행 해독들을 보면, 이 'ᄀ줄' 다음에 생략된 격어미로, '-도, -에도, -이, -에' 등을 운위하여 왔다. 이 중에서 '-도'와 '-에도'는 그 생략이 어렵다는 점에서 논외로 한다. '-이'는 생략이 가능하지만 문맥에 부합하지 않는다.

양주동(1942:614)은 '他道'를 가장 적합한 예로 들어, 처격 어미 '-에'의 생략을 설

---

[94] '實處郎'에 달려 있는 협주의 '一作突處郎'을 포함해서 정리해도 같은 현상이 발견되고, 〈혜성가〉만을 1행 13자로 정리해도 같은 현상이 발견되기에, 두 경우의 구체적인 논의는 생략하였다.

명하였다. 그러나 'ᄀ줄'은 이 '他道'와 같이 '위치'가 아니라 계절의 시간이라는 문제를 보인다. '서울(에/로) 가다'에서는 격어미의 생략이 자유롭다. 이에 비해 '가을(에) 가다'에서는 '-에'의 생략이 자유롭지 않다. 왜냐하면 '가을 가다'는 '가을이 가다'와 '가을에 가다'를 구별할 수 없기 때문이다.

이런 점에서 이 주장과 이 주장을 따른 해독들과 같이 '-에'를 생략으로 볼 수 없으며, 누락으로 판단한다. 이 누락된 '-에'의 신라어는 '-익'이다.

이 누락은 원전비평의 차원에서 해결된다. 그것도 '秋察尸' 자체의 원전비평뿐만 아니라, '冬矣也'(제4구)의 원전비평과도 연계되어 있다. 이에 구체적인 설명은 뒤로 미루고, 일단 '秋察尸'를 '秋察尸矣'로 복원하여 'ᄀ줄익'로 읽는다.

이렇게 누락자 '矣'를 보충하여 秋察尸矣를 'ᄀ줄익'로 읽으면, '秋察尸矣/ᄀ줄익'의 표기에 이용한 한자의 훈과 음을 벗어나지 않고, 형태소들의 연결이 문법적이며, 'ᄀ줄익'(가을에)의 해독과 현대역이 형태소 차원에서 상응하고, '물이 좋으므로 잣이 가을에 아니 시들어지매'의 문맥이 잘 통한다는 점에서, 누락자 '矣'를 보충하여 秋察尸矣를 'ᄀ줄익'로 읽은 것은 합리적이라고 할 수 있다. 또한 이렇게 수정하여 읽으면, 선행 해독이 보인 문제들, 즉 생략될 수 없는 '-도'나 '-에도'가 생략되었다고 본 문제, 문맥에 맞지 않는 '-이'가 생략되었다고 본 문제, '他道'와 같은 장소 다음에 생략된 '-에'로 생략될 수 없는 계절 다음의 '-에'를 설명한 문제 등은, 이 문제들을 야기시킨 누락자 '矣/익'를 첨가함에 따라, 모두 원천적으로 아예 발생하지도 않는다는 점에서, 누락자 '矣'를 보충하여 '秋察尸矣'를 'ᄀ줄익'로 읽은 것은 합리적이라고 할 수 있다.

3.4.2. 冬矣也의 연자 '矣'

冬矣也의 '冬'은 다양하게 읽어 왔지만, 이곳은 '冬'을 논하는 자리가 아니므로, '겨울'의 의미인 '들/듥' 정도로 보고[95] 논의를 진행한다.

冬矣也의 '矣'는 설명이 명확하지 않은 경우를 제외하면, '익, 애, 의, 디비, 이, (의>)에, 히' 등으로 읽어 왔다. '矣'의 음을 살린 해독에는 '익, 애, 의, (의>)에' 등이 있다. 그런데 문제는 '冬'의 의미인 '들/듥(/겨울)'이나 의존명사 'ᄃ'와, '也'(라/여/야)로 표기한 종결어미 사이에 이 '익, 애, 의, (의>)에' 등이 왜 왔는지를 알 수 없다는 것이다.

---

95 '冬'의 훈을 서재극(1982)과 강길운(1995)은 길약어의 'tul, tulf, tulv' 등과 관련시켰고, 양희철(2008a)은 충청도 방언 '즐, 즒, 즉' 등과 관련시켰다. 이 길약어, 충청도 방언, 이두집의 '(不)冬'에 병기된 '(안)들', '冬(音)'에 병기된 '둘(음)' 등으로 보아, '冬'의 훈은 '들/듥~둘'로 추정되고 있다.

'冬'을 여실법의 의존명사로 보고, '矣'를 처격의 '-의'로 보아, '드의야'(형편이로다, 바로 그 처지로다, 남풍현 2017b)로 읽은 경우에도 마찬가지이다. 특히 "仰頓隱 面矣 改衣賜乎隱 冬矣也"의 문맥에서 이 '익, 애, 의, (의))에' 등이 왜 왔는지를 알 수 없다.

이 문제는 원전비평의 문제로, 특히 제2구의 '秋察尸'과 연계된 연자로, 일단 '矣'를 연자(衍字)로 보고, '冬也'를 '들/듥여'로 읽는다.

이렇게 '矣'를 연자로 보고, '冬也'를 '들/듥여'로 읽으면, 이 해독에 쓰인 한자들의 훈 '들/듥'과 '여'를 벗어나지 않고, '들/듥+여'의 연결은 문법적이며, '들/듥여'(겨울이여)의 해독과 현대역은 형태소 차원에서 상응하며, '우러러 조아린 얼굴의 고치시온 겨울이여'의 문맥이 잘 통한다는 점에서, '矣'를 연자로 보고, '冬也'를 '들/듥여'로 읽은 해독은 합리적이라고 할 수 있다. 또한 이렇게 수정하여 읽으면, 선행 해독들이 보인 문제, 즉 '冬'의 의미인 '들/듥(/겨울)'이나 의존명사 '드'와, '也'(라/여/야)로 표기한 종결어미 사이에 '矣'[익, 애, 의, (의))에]가 왜 들어갔는지를 알 수 없는 문제는, 이 문제를 야기시킨 '矣'를 삭제함에 따라, 원천적으로 아예 발생하지도 않는다는 점에서도, '矣'를 연자로 보고, '冬也'를 '들/듥여'로 읽은 해독은 합리적이라고 할 수 있다.

이제 누락자 '矣'와 연자 '矣'가 왜 발생하였는가를 보기 위하여, 선행 전사자가 1행 29자로 텍스트를 전사한 다음에 보니, '矣' 자가 빠져서 이 누락자를 행간에 첨가한 텍스트를 정리하면 다음과 같다.

孝成王潛邸時與賢師信忠圍碁於宮庭栢樹下嘗謂曰他日若忘卿有如栢樹信忠興拜隔數月王卽位賞功臣忘忠而不第之忠怨而作歌帖於栢樹樹忽黃悴王怪使審之得歌獻之大驚曰萬機鞅掌幾忘乎角弓乃召之賜爵祿栢樹乃蘇○歌曰○物叱好支栢史○秋察尸不冬爾屋支墮米○矣汝於多支行齊敎因隱○仰頓隱面矣改衣賜乎隱冬也○月理影支古理●羅因淵之叱○行尸浪□阿叱沙矣以支如支○皃史沙叱望阿乃○世理都□之叱逸烏隱弟也○後句亡○由是寵現於兩朝…[96]

이 텍스트에서 선행 전사자가 누락자를 첨가한 위치를 살려서 후행 전사자가 읽고 전사하면 '秋察尸矣'와 '冬也'는 그 해독에서 문제를 보이지 않는다. 이에 비해 선행 전사자가 누락자를 첨가한 위치를 후행 전사자가 오해하여 '秋察尸'과 '冬矣也'로 전사

---

96 〈원가〉만을 1행 29자로 정리해도 같은 현상이 발견되어 구체적인 논의는 생략하였다.

를 하면 현존 텍스트와 같이 잘못된 텍스트가 된다.

이상의 논의를 종합하면, 秋察尸(矣)의 '矣'는 누락자이고, 冬矣也의 '矣'는 연자이다.

3.5. 月羅理의 연자 羅와 望(羅)阿乃의 누락자 羅

3.5.1. 月羅理의 연자 羅

月羅理(〈원가〉)를 '돐, 달, 둘이(달의), 도리, 달이, 도리, 딸이(달빛이)' 등으로 읽는 것이 어려워, 月羅理를 3음절로 읽은 해독들이 나왔다. 3음절로 읽은 해독은 두 경우로 나눌 수 있다.

하나는 '月'을 '둘'이나 '돌'로 읽은 경우이다. '도라리'(달아래)에서는 '月下伊'와 같이 '달아래'의 의미로 읽은 것을 보면, '月'을 1음절어 '둘'로 읽은 것이다. '알이/아리'가 '아래'의 의미라고 보기가 어렵다. '돌알이'(달님이)에서는 '月/돌'에 터어키계 복수접미사가 존대접미사로 쓰인 'lar'과 격어미 'ㅣ'가 붙은 것으로 보고, 그 의미를 '달님이'로 정리하였다. '님'에 해당하는 존대접미사 '랄'의 존재를 한국어에서 확인하기가 어렵다.

다른 하나는 '둘'의 고대어 내지 이형태를 설정한 경우이다. '도라리, 도랄이, 돌올이, 따라리' 등에서는 '도랄, 돌올, 따랄' 등을 '둘'(月)의 고대어 내지 이형태로 보았고, '다라리'(달의)에서는 '다라/다랄'을 '둘'(月)의 고대어로 보았다. '도라리'(달빛의)에서는 '도랄'을 '둘'(月)의 고대어 내지 이형태로 본 다음에 현대역으로 '달빛의'를 제시하였다.

이 '둘'의 고대어 내지 이형태를 설정한 해독들은, '姐/달'(『계림유사』), '月良'(〈처용가〉), '月置'(〈혜성가〉) 등으로 보아 3음절로 읽는 것이 어렵다고 비판되기도 했다. 이 비판에서는 '달羅理'(달빛, 박재민 2010a)와 같이 추정적인 의견을 개진하였다.

'둘'의 고대어 내지 이형태로 '도랄'을 설정하는 것은 쉽지 않아 보인다. 이 고대어 내지 이형태를 설정한 김완진의 경우에, '도랄'을 설정한 다음에 다시 '도랄~도라라'로 확대를 하고도, '도랄~도라라'가 중세어 '둘'로 변화하는 과정을 쉽게 설명하지 못하였다(〈찬기파랑가〉 참조). 그리고 이 이형태는 인접 언어에서 확인되지 않고 있다.

이상과 같이 月羅理(〈원가〉)의 해독은 문제를 보인다. 이 문제 역시 月羅理(〈찬기파랑가〉)와 마찬가지로 원전비평의 문제이다. 그것도 제7구의 '望阿乃'와 연계된 원전비평의 문제이다. 이에 일단 羅를 연자로 보고 月羅理를 '月理'로 복원하여 '도리'로 읽고, 그 구체적인 설명은 '望阿乃'로 돌린다.

이렇게 '羅'를 연자로 보고 月羅理를 '月理'로 복원하여 '도리'로 읽으면, '月/둘'과 '理/리'는 해당 한자의 훈과 음을 벗어나지 않고, '둘+이(〉도리)'의 연결은 문법적이며,

'드리'(달이)의 해독과 현대역은 형태소 차원에서 일치하고, '달이 비치어 우린 연못'의 문맥이 잘 통한다는 점에서, '羅'를 연자로 보고 '月理'를 '드리'로 읽은 것은 합리적이라고 할 수 있다. 또한 이렇게 수정하여 읽으면, 선행 해독이 당면한 문제들, 즉 '드라리'(달 아래)로 읽은 경우에 '알이/아리'가 '아래'의 의미가 아니라는 문제, '돌알이'(달님이)로 읽은 경우에 존대접미사 '랄'의 존재를 한국어에서 확인할 수 없는 문제, 'ᄃ랄, 돌올, 따랄' 등을 '돌'(月)의 고대어 내지 이형태로 볼 수 없는 문제 등은, 이 문제들을 직간접으로 야기시킨 연자 '羅'를 삭제함에 따라, 모두 원천적으로 아예 발생하지도 않는다는 점에서도, '羅'를 연자로 보고 '月理'를 '드리'로 읽은 것은 합리적이라고 할 수 있다.

3.5.2. 望(羅)阿乃의 누락자 羅

望阿乃는 '바라나, ᄇ라나, ᄇᄅ나, ᄇ라내, ᄇ라-나' 등으로 읽어 왔다. 대다수의 해독들에서 '阿'를 '바라-, ᄇ라-'의 '아'를 첨기한 것으로 보았다. 'ᄇ라-나'에서는 '아'를 장음표기로 보았다. 이 해독들에는 큰 문제가 없어 보인다. 그러나 시적 표현에서 보면, 시적 화자가 절실하게 바라보는 입장을 표현하기에는 상당히 부족한 측면을 보인다. 적어도 강조의 의미가 들어갔을 것으로 보인다.

이런 점으로 보아, 望阿乃를 '望羅阿乃'로 복원하고, 'ᄇ라아나'로 읽는다.

이렇게 읽을 때에, '望/ᄇ라+羅/라+阿/아+乃/나'에 사용된 한자들의 훈과 음을 살렸고, 'ᄇ라(어간)+아(강조의 선어말어미)[97]+나(연접의 연결어미)'의 연결은 문법적이며, 'ᄇ라아나'(바라아나)의 해독과 현대역은 형태소 차원에서 상응하고, '즛이야 바라아나'의 문맥이 잘 통한다는 점에서, 누락자 '羅'를 첨가한 '望羅阿乃'를 'ᄇ라아나'로 읽은 것은 합리적이라고 할 수 있다.

이 누락이 발생한 이유는 앞에서 그 설명을 미룬 '月羅理'와도 연결되어 있는데, 그

---

97 이 '望羅阿乃'의 '望阿-'는 〈혜성가〉에서 2번 나온다. 그러나 이 '望羅阿/ᄇ라아-'와 '望阿/ᄇ라-'는 강조의 선어말어미가 있고 없고의 차이를 보이는데, 이는 두 시적 상황의 차이에 기인한 것으로 판단된다. 전자는 시적 화자가 절실하게 갈망하는 바를 강하게 표현한 것이라면, 후자는 왜군과 혜성을 사뢴 자의 행동을 강하지 않게 표현한 것이다. 왜군과 혜성을 사뢴 자는 시적 화자와 화랑의 반대편에 있는 존재들이며, 그들의 행동은 바람직하지 않은 것으로 약하게 표현한 내용들이다. 이런 점에서 〈원가〉의 '望羅阿/ᄇ라아-'와 〈혜성가〉의 '望阿/ᄇ라-'는 엄격하게 구분되어야 한다고 판단한다.

혹시 '秋察尸'에서와 같이 말음첨기를 이중으로 할 수도 있다. 즉 '秋/ᄀ술+察/술+尸/ㄹ'에서와 같이, 'ᄀ술'의 '술'을 '察/술'로 말음첨기를 하고, 다시 '察/술'의 'ㄹ'을 '尸/ㄹ'로 말음첨기를 하였듯이, '望/ᄇ라'의 '라'를 '羅/라'로 말음첨기를 하고, 다시 '羅/라'의 '아'를 '良/아'로 말음첨기를 하였다고 볼 수도 있다. 이 가능성도 있으나 전자로 정리한다.

설명은 두 가지로 가능하다. 하나는 1행 29자로 정리하였을 때이고, 다른 하나는 1행 28자로 정리하였을 때이다. 먼저 전자로 보기 위하여 앞에서 정리한 1행 29자의 텍스트를 보자.

> 孝成王潛邸時與賢師信忠圍碁於宮庭栢樹下嘗謂曰他日若忘卿有如
> 栢樹信忠興拜隔數月王卽位賞功臣忘忠而不第之忠怨而作歌帖於栢
> 樹樹忽黃悴王怪使審之得歌獻之大驚曰萬機鞅掌幾忘乎角弓乃召之
> 賜爵祿栢樹乃蘇○歌曰○物叱好支栢史○秋察尸不冬爾屋支墮米○
> 矣
> 汝於多支行齊敎因隱○仰頓隱面矣改衣賜乎隱冬也○月理影支古理
> ●羅
> 因淵之叱○行尸浪□阿叱沙矣以支如支○皃史沙叱望阿乃○世理都
> □之叱逸烏隱第也○後句亡○由是寵現於兩朝…

이 1행 29자의 정리에서 望(羅)阿乃에 '羅'가 누락되어, 이 '羅'를 행간에 첨가하는 과정에서, '羅'를 잘못 써서 검게 지우고(●) 그 다음에 '羅'를 첨가하였다고 볼 수 있다. 후행 전사자가 이 선행 전사자의 의도를 살려서 '月理'와 '望羅阿乃'로 전사를 하였다면 현재와 같은 잘못은 발생하지 않았을 것이다. 그러나 선행 전사자의 의도를 오해하여, 후행 전사자가 '月羅理'와 '望阿乃'로 읽고 전사를 하면 현존 텍스트와 같이 문제를 보인다.

이번에는 1행 28자의 경우를 보자.

> 孝成王潛邸時與賢師信忠圍碁於宮庭栢樹下嘗謂曰他日若忘卿有
> 如栢樹信忠興拜隔數月王卽位賞功臣忘忠而不第之忠怨而作歌帖
> 於栢樹樹忽黃悴王怪使審之得歌獻之大驚曰萬機鞅掌幾忘乎角弓
> 乃召之賜爵祿栢樹乃蘇○歌曰○物叱好支栢史○秋察尸不冬爾屋
> 支墮米○汝於多支行齊敎因隱○仰頓隱面矣改衣賜乎隱冬矣也○
> 月理影支古理因淵之叱○行尸浪□阿叱沙矣以支如支○皃史沙叱
> 羅
> 望阿乃○世理都□之叱逸烏隱第也○後句亡○由是寵現於兩朝…

이 텍스트는 1행 28자로 선행 전사자가 작품을 전사하고 보니, 제7행의 제2자로 '羅'가 빠진 것으로 발견하고, 이 누락자를 제6, 7행의 사이에 첨가한 텍스트를 추정한 것이다. 선행 전사자가 의도한 바와 같이 후행 전사자가 제7행의 제2자로 '羅'를 첨가하여 전사를 하였다면 연자와 누락자가 발생하지 않았을 것이다. 그러나 후행 전사자가 선행 전사자의 의도를 오해하여 '羅'를 제6행 제2자로 전사하면 현행 텍스트와 같이 연자가 누락자가 발생한다.

이상의 논의를 종합하면, 月羅理의 '羅'는 연자이고, 望(羅)阿乃의 '羅'는 누락자이다.

3.6. 唯只伊의 연자 伊와 都(作)乎隱以多의 누락자 作

3.6.1. 唯只伊의 연자 伊

먼저 唯只伊의 '伊'가 연자라는 사실을 보기 위하여 선행 해독들을 보자.

'唯只'는 '오직'이나 '오딕'으로 읽는 데는 거의 문제가 없다.

문제는 '伊'의 해독이다. '伊'는 '唯只伊'로 붙여서 읽은 경우와 '唯只 伊(-)'로 끊어 읽은 경우가 있다.

끊어 읽은 경우에는 '오지 이(오맛훈)'(양주동, 김상억), '오직 이(내)'(이탁, 김준영, 금기창, 전규태, 황패강), '오지 이'(홍기문), '오직 이'(전규태, 권재선, 지형률, 남풍현), '아기 이'(유창균) 등과 같이 '伊'를 '이(此)'로 읽은 경우와, '오직 뎌(오밋훈)'(김완진, 신석환)와 같이 '伊'를 '뎌'로 읽은 경우가 있다. '伊'를 '이(此)'로 읽은 경우는 '이'를 이 작품의 '此 兵物叱沙'에서 '此'로 표기한 문제를 보인다. 이 문제를 극복하고자 '뎌'의 해독들이 나왔다. 그런데 이 해독은 향찰에서 흔히 쓰는 '彼'를 쓰지 않은 문제와, '뎌오밋 한'(조만한)의 해독이 괄호 안의 현대역으로 연결되지 않는다는 문제를 보인다.

이 문제를 극복하고자 '오지기'(정열모, 신재홍) '오디기'(김선기) '오직이'(강길운) 등의 해독이 나왔다고 할 수 있다. 향찰 자체에는 비교적 충실하지만, '오직'의 선행형이 '오디기, 오지기, 오직이' 등의 어느 하나라는 것을 논증할 만한 자료가 없다.

이렇게 '伊'는 앞에 온 '唯只'에 붙여서 읽어도, 뒤에 온 '吾音之叱'에 붙여서 읽어도, 앞에 온 '唯只'와 뒤에 온 '吾音之叱'로부터 분리하여 '伊'만을 분리하여 읽어도, 각각 문제를 보인다.

이 문제는 원전비평의 문제로 보인다. 그것도 뒤에 볼 尙宅都乎隱以多의 원전비평과도 연계된 문제로 보인다. 이에 구체적인 설명은 뒤로 돌리고, 일단 '伊'를 불필요한 연자로 처리한다.

'伊'를 불필요한 연자로 처리하고 '唯只'를 '오딕/오직'으로 읽으면, '唯'의 훈과 '只'의 음을 벗어나지 않고, '오딕/오직+ㄱ(말음첨기)'은 향찰의 운용법을 준수했으며, "오직 내소리의 한은"의 문맥이 잘 통한다는 점에서, '伊'를 불필요한 연자로 처리한 것은 합리적이라고 할 수 있다. 또한 '伊'를 불필요한 연자로 처리하고 '唯只'를 '오딕/오직'

으로 읽으면, 선행 해독들이 唯只伊吾音之叱을 '唯只伊 吾音之叱', '唯只 伊吾音之叱', '唯只 伊 吾音之叱' 등으로 띄어 읽으면서 보인 문제들이, 이 문제들을 야기시킨 연자 '伊'를 제거함에 따라, 원천적으로 아예 발생하지도 않는다는 점에서, '伊'를 불필요한 연자로 처리한 것은 합리적이라고 할 수 있다.

3.6.2. (作)乎隱以多의 누락자 作

이번에는 尙宅都(作)乎隱以多의 괄호 안에 '作'이 누락되었다는 사실을 정리하기 위하여, 선행 해독들을 검토 정리하려 한다. 편의상 尙宅都乎隱以多를 '尙宅'과 '都乎隱以多'로 나누어 설명한다.

尙宅의 해독에는 '尙'이나 '宅'의 음이나 훈을 벗어나거나, 읽지 않은 해독들[98]이 있다. 논외로 한다. 나머지 해독들은 '尙宅'이나 '宅'을 부사로 읽은 경우, 의존명사로 읽은 경우, 명사로 읽은 경우 등으로 삼분이 된다. 이 중에서 앞의 두 경우는 그 설명을 각주[99]로 돌리고, 명사로 읽은 경우만을 보자.

명사로 읽은 해독은 한자나 그 음으로 읽은 경우와 고유어로 옮긴 경우가 있는데, 말음첨기나 관형사형 어미가 표기에 없는 것으로 보아 한자로 읽은 '尙宅(상댁)'을 따른다.

한자로 읽은 '尙宅(상댁)'을 따를 때에, 문제가 되는 것은 이 '尙宅'의 문자적 의미와 함축적 의미이다. 선행 연구들이 보여주는 문자적 의미와 함축적 의미는 다음과 같다.

尙宅의 문자적 의미로는 '높으신 집'(김선기 1969c), '숭상할 만한 집'(권재선 1988), '노필 집'(금기창 1993), '높은 집'(최남희 1996; 지형률 1996, 2007), '브라는 집'(황패강 2001) 등이 있다. 문맥적 상황으로 보아, 尙宅의 문자적 의미를 '높은 집' 정도로

---

[98] '새집'(새 집, 양주동 1942; 전규태 1976), '수릉'(淸淨無垢, 지헌영 1947), '손뎌'(상기까지, 이탁 1956), 상댁(上宅)(큰 집, 홍기문 1956), '더딕/뎌댁'(도적, 정열모 1965), '일쪽'(일쩍이, 신석환 1990), '큰 짓'(高大廣室, 유창균 1994), '스집'(시골집, 신재홍 2000), '우시기시'(웃집, 류렬 2003), '安宅'[편안한 집(정토), 황병익 2019b] 등이 이에 속한다.

[99] 부사로 읽은 해독에는 셋이 있다. '놉즉이'(높이, 오구라 1929)에서는 '宅/턱'을 '즉'으로 읽는 것이 어렵고, 안죽(아직, 서재극 1975)에서는 '宅/칙/턱'을 '죽'으로 읽는 것이 어려우며, '안직'(아직, 강길운 1995)에서는 '宅/짓'을 '직'으로 읽는 것이 쉽지 않다.

  의존명사로 읽은 해독에는 '턱도'(턱도, 김완진 1980)가 있다. '宅'의 음을 살렸지만, 바로 앞의 '尙'의 해독에서 문제를 보인다. 바로 앞의 '尙'을 '安攴'에 붙여서, '安攴尙'을 '안죽(아직)'으로 읽으면서, "'尙'은 義字後添이라 할 存在로 義訓借 '安'으로 音相을 보이면서 그 뜻을 指示하는 기능을 하는 것으로 보는 것이니, …"(김완진 1980:155)라고 설명하고 있으나, '攴'을 지정문자로 본 것과 더불어, 쉽게 이해가 되지 않는다.

정리한다.

尙宅의 함축적/내포적 의미로는 '大宅, 金入宅'과 같이 부귀한 집의 의미로 본 경우와 '寂靜, 열반'과 같이 불교적 의미로 본 경우로 나뉜다. 전자에는 '宅號로 부귀공명의 대명사'(김준영 1964, 1979), '大宅, 金入宅'(김선기 1993), '좋은 집'(최남희 1996), '귀한 집'(류렬 2003), '높은 집'(지형률 2007), '상위에 있는 큰 부자집, 가장 높고 부유한 집'(남풍현 2017c) 등이 있고, 후자에는 '清淨無垢'(지헌영 1947), '부처님 댁(涅槃)'(금기창 1993), '훌륭한 무덤'(寂靜處, 지형률 1996), '蓮華藏界'(황패강 2001) 등이 있다.

앞에서 尙宅의 문자적 의미로 정리한 '높은 집'은 두 가지 의미를 갖는 중의어이다. 하나는 도적들이 영재를 위협하는 상황에서 '높은 집'이 가지는 상대를 지칭하는 '도적'의 의미이다. 이는 높은 자(도적)와 낮은 자(영재)의 관계 상황에서 갖는 의미로, 폭력적인 측면이며, 윤리적 종교적인 측면에서 보면, 반어이다. 다른 하나는 승려 영재가 추구하는 '부처님 댁'의 의미이다. 이 부처님의 집은, '涅槃'이나 '寂靜' 정도로 보인다.

'都'는 尙宅에 붙은 '-도'로 읽는다. 이렇게 '-도'로 읽는 이유는 두 가지이다. 하나는 문맥적 의미이고, 다른 하나는 內於都의 '-都'와 같이 '-도'로 통일하여 읽어야 한다는 것이다. 이런 사실을 보기 위하여 선행 해독을 검토 정리해 보자.

대다수의 선행 해독들은 都乎隱以多를 하나로 묶어서 정리를 하였다. '都'는 그 처리가 모호한 두 해독[100]을 제외하고는, 음이나 훈으로 읽었다.

'都(-)'를 훈/뜻으로 읽은 경우로는 '모도-, 몯, 살-, 아모-, 다(-)' 등이 있다.

'모도니다'(全部인 게다, 서재극 1975), '모도니다'(정립된 사람이다, 신석환 1990), '모돈이다'(이르는 길이라! 황병익 2019b) 등에서는 '都'를 '모도'로 읽었으나, 이 '모도-'가 괄호 안의 현대역과 연결되지 않는다. 그리고 이 해독들은 '모도, 도'(모도니다, 잇ᄂ오도, 서재극 1975), '모도, 도'(모도니다, 이시ᄂ어도, 신석환 1990), '모도, 도'(모돈이다, 너어도, 황병익 2019b) 등에서와 같이, 都乎隱以多의 '都'와 內於都의 '都'를 다르게 읽은 문제를 보인다.

'모도니다'(모은 것입니다, 금기창 1993), '모돈이다'(모음이다, 지형률 2007), '모도호니이다'(모아짐입니다, 황패강 2001), '몯온이다'(모은 것이로다, 남풍현 2017c) 등에서는 '都'를 '모도/몯(諸)'으로 읽고, '모도/몯(會, 集)-'의 의미로 보았다. 용언의

---

[100] '수ᄅ오니다'(至善이외다, 지헌영 1947)에서는 '都'를 읽지 않았고, '눈에(도)(눈에, 이탁 1947)에서는 표음에서는 '도'로 읽은 다음에, 표어와 표의에서는 '도'를 빼어 버렸다.

어간인 '모도/몯-'의 표기에 '會'나 '集'을 쓰지 않은 이유를 이해하기가 어렵다. 이 문제를 해결하기 위하여, '모도 수믄이다'(모두 숨어있는 것입니다, 강길운 1995)에서는 '모도'를 띄어서 부사로 보면서, '隱'을 '숨우'으로 읽었는데, 향찰에 없는 '-은'을 첨가한 문제를 보인다. 그리고 이 해독들 역시 '모도, 도'(모도니다, 도, 금기창 1993), '모도, 도'(모돈이다, 어도, 지형률 2007), '모도, 다'(모도호니이다, 다, 황패강 2001), '몯, 모두'(몯온이다, 모두, 남풍현 2017c), '모도, 두'(모도 수믄이다, 내어두, 강길운 1995) 등에서와 같이, 都乎隱以多의 '都'와 內於都의 '都'를 다르게 읽은 문제를 보인다.

이렇게 '都'를 '모도-'나 '몯'으로 읽은 해독들은 적지 않은 문제를 보인다. 이 문제를 해결하기 위하여, '都'를 '살-'이나 '아모-'로 읽은 해독이 나왔다.

'都'를 '살-'로 읽은 해독에서는 都乎隱以多를 '살오니다'(유창균 1994)로 읽었다. '都'에는 벽훈이지만, '살다(居也)'의 의미가 있다. 이를 인정해도 '살오니다'의 의미에서 문제를 보인다. 都乎隱以多를 '살오니다'로 읽은 다음에, 그 의미를 "이상에서 '안기 큰집 살오니다'가 된다. '큰 집에 살고 싶지 않습니다'로 '高大廣室에 좋은 집에 살고자 하는 것이 아니라'라는 뜻으로 볼 것이다."(유창균 1994:859)로 설명을 하였다. '隱/ㄴ'을 동명사형 어미로 본 것은 당연하지만, '살오니다'의 의미를 '살고 싶습니다.'나 '살고자 하는 것이다.'로 본 것은 아무리 보아도 비약이다. 그리고 이 해독은 '살, 도'(살오니다, ㄴ오도)에서와 같이 都乎隱以多의 '都'와 內於都의 '都'를 다르게 읽은 문제도 보인다.

'都'를 '아모'로 읽은 해독에서는 都乎隱以多를 '아모니다'(신재홍 2000)로 읽었다. 이 해독에서는 '都'를 '아모'로 읽고, 현대어 '아무, 어떤'에 대응하는 말로 보았다. 이 의미를 제9, 10구의 해독에 적용하여 보면, "나--잇 恨은 아슥란 알히/ㅈ오기 스집 아모니다(나-의 한은 아스라한 조용한 시골집 아무니라)"에서와 같이, '아모니다' 즉 '아무/어떠니다'의 의미가 문맥에 어울리지 않는다. 그리고 이 해독은 '아모, 도'(아모니다, 드려도)에서와 같이 都乎隱以多의 '都'와 內於都의 '都'를 다르게 읽은 문제도 보인다.

'都'를 '다(-)'로 읽은 해독에는 둘이 있다. 이 두 해독에서는 '다, 다'(다, 다-)와 '다, 다'(다호니다, 어다)에서와 같이, 都乎隱以多의 '都'와 內於都의 '都'를 같게 '다'로 읽은 장점을 보이지만, 다음과 같은 문제를 보인다.

'다 호ᄂ이다'(모두 하는데 있다, 정창일 1987)에서는 '都/다'를 부사로 보고, '乎隱'을 '호ᄂ'으로 읽었다. 'ㅎ+오'의 '호'는 '好'로 쓰지 '오'나 '온'의 표기에 주로 쓴 '乎'로 쓴 적이 없다. 그리고 해독과 현대역의 연결 역시 쉽지 않다.

'다호니다'(답습니다, 지형률 1996)에서는 '都乎'를 '다호-'로 붙여서 읽었다. '다호-'의 표기라면, '如好-' 정도로 표기했을 것으로 생각한다. 그리고 '-니다'의 '-니-'의 표기에 '尼' 정도가 아니라, '隱+伊'의 반절법을 사용했다고 보기는 어렵다.

이제부터는 '都'를 음으로 읽은 '두-, ᄃ-, 도-, -도' 등을 보자. '都'의 음을 벗어난 '두-'와 'ᄃ-'의 해독이 보이는 구체적인 문제는 각주[101]로 돌리고, '都'의 음을 살린 '도-'와 '-도'만을 본문에서 보려 한다.

'都'를 '도-'로 읽은 해독들을 보자. 이에 속한 해독들은 '도온이다, 내어도', '도고 숨은이다, 사나오도', '도고 쇼이다, 시나오도', '도온이다, 너어도' 등등에서와 같이 都乎隱以多의 '都'와 內於都의 '都'를 '도, 도'로 통일되게 읽은 장점을 보이나, 다음과 같이 세 유형으로 나뉘면서 문제를 보인다.

첫째는 해독과 현대역이 상응/일치하지 않는 유형으로, '도온이다'(전보다 더한 것이다, 정열모 1947)의 해독이 있다.

둘째는 '都'를 '두(置)-'의 의미인 '도-'로 읽은 유형으로 '도온이다'(이탁 1956), '도고 숨은이다'(김선기 1969c), '도고 쇼이다'(김선기 1993) 등이 있다. '都'를 '도-'로 읽는 것에는 문제가 없으나, '도-'를 '두(置)-'의 의미로 연결하는 것은 쉽지 않다.

셋째는 '都'를 '되-'의 의미인 '도-'로 읽은 유형으로 '도온이다'(됩니다, 김준영 1964, 1979), '도외니다'(되나리라, 김상억 1974), '도호나이다'(되나이다, 류렬 2003) 등이다. 이 해독들이 보인 '도-'는 '되-'의 중세어인 'ᄃᄫᅵ다, ᄃ오다, ᄃ외다' 등의 'ᄃ'를 벗어났으며, '爲'나 '化'를 이용하지 않은 것도 의문이다.

이렇게 '都'를 '도-'로 읽은 해독들은 '두-'나 'ᄃ-'로 읽은 해독들에 비해, '都'의 음 '도'를 살리고, 都乎隱以多의 '都'와 內於都의 '都'를 '도, 도'로 통일되게 읽은 장점

---

101 '都'를 '두-'로 읽은 '두오니이다'(오구라 1929)에서는, '都'를 '두-'로 읽는 것이 어렵고, 한자 '置'를 이용하지 않은 것이 의아하다. 그리고 오구라는 '內於都'를 해독하지 않아 이 '都'를 '都乎隱以多'의 '都'와 같이 '두-'로 읽었는지 아닌지를 알 수 없다.

'都'를 'ᄃ-'로, '乎'를 '외, 오'로 각각 읽은 경우에는 네 해독이 있다. 이 중에서 'ᄃ외니다'(되니이다, 양주동 1942; 전규태 1976), 'ᄃ오니다'(된 것일세, 된 것이다, 정열모 1965), 'ᄃ빈니다'(>ᄃ외니다)되니이다, 권재선 1988) 등에서는 '되-'의 중세어인 'ᄃᄫᅵ다, ᄃ오다, ᄃ외다' 등을 의식하였는데, '都'를 'ᄃ'로 읽은 해독들은 '都'의 음을 벗어났고, '되다'의 의미인 '爲'나 '化'를 이용하지 않은 것도 의문이다. 그리고, '안디 상댁(上宅) ᄃ외니다'(못 들어 갈 큰 집이 아니외다, 홍기문 1956)에서는 해독 'ᄃ외니다'와 괄호 안의 현대역이 연결되지 않는데, 양주동의 'ᄃ외니다'(되니이다)를 'ᄃ외니이다'로 오해하고, 'ᄃ외니이다'가 "타당하나 단지 〈이〉만 뺀다."고 한 것으로 보아, 양주동과 같은 해독과 현대역이라고 판단한다. 그리고 '都乎隱以多'의 '都'와 '內於都'의 '都'를 읽은 양상을 보면, 'ᄃ외니다, 쏘'(양주동 1942)에서는 'ᄃ, 쏘'로 두 '都'를 다르게 읽었고, 'ᄃ외니다, ᄂ외도'(홍기문 1956), 'ᄃ오니다, 내여도'(정열모 1965), 'ᄃ외니다, 너어도'(전규태 1976) 등에서는 'ᄃ, 도'로 각각 다르게 읽었으며, 'ᄃ빈이다, 다'(권재선 1988)에서는 'ᄃ, 다'로 다르게 읽었다. 한 작품에 나온 두 '都'를 다르게 읽은 것은 문제이다.

을 보인다. 그러나 '두-'나 'ㄷ-'로 읽은 해독들과 함께, 표기하고자 하는 '두-'나 '되-'의 의미를 '置-'나 '爲/化-'의 훈을 살려서 의주음조나 훈주음종으로 표기하지 않은 문제를 보인다.

'都'를 강조사 '-도'로 읽은 해독으로, '턱도 업스니다'(턱도 없습니다)가 있다. 이 해독에서는 都廻於尸朗也를 '도도랄랑여'(놀라겠읍니까)로 읽었다. 이로 인해 이 해독 역시 都乎隱以多의 '都'와 內於都의 '都'를 '도, 도'로 통일되게 읽은 장점을 보여준다. 게다가 선행 해독들 대다수와 같이 '都'를 뒤에 붙여서 都乎隱以多로 읽지 않고, '都'를 앞에 붙여서 '宅都/턱도'로 읽었다. 이 띄어 읽기는 시사하는 바가 많지만, 바로 앞('安支尙')의 "'尙'은 義字後添이라 할 存在로 義訓借 '安'으로 音相을 보이면서 그 뜻을 지시하는 기능을 하는 것으로 보는 것이니, …"(김완진 1980:155)라고 설명한 점은 '支'을 지정문자로 본 것과 더불어, 쉽게 이해가 되지 않고, '都' 바로 뒤의 '乎'를 '无'의 오자로 수정한 문제도 보인다.

이상과 같이 선행 해독들은 都乎隱以多의 해독에서 문제를 보인다. 특히 선행 해독들은 '-宅 都-'나 '-都 无(〈乎)-'로 띄우고, '都-'나 '无(〈乎)-'를 용언의 어간으로 보려 하였지만, 해독에서 실패를 하였다. 이 문제는 원전비평의 문제로, '-都'와 '乎-' 사이에 누락자가 있는 것이 아닌가를 의심하게 한다. 이 누락자는 '作'으로 추정된다. 이는 〈모죽지랑가〉의 '作乎-'에서 보이는 '作'과 같은 것이다. 누락자 '作'을 보충한 '作乎隱伊多'의 개별 향찰을 '作/일오+乎/오+隱/ㄴ+以/이+多/다'로 읽고, 전체를 '이룬 것이다'의 의미인 '일온이다'로 읽는다.

이렇게 尙宅都乎隱以多에 누락자 '作'을 첨가하고, '尙宅都 作乎隱以多'로 띄어서 '尙宅도 일온이다'로 읽으면, '作'의 훈 '일오'를 살렸고, '作/일오+乎/오+隱/ㄴ(동명사형 어미)+以/이(계사)+多/다(어미)'의 연결이 문법적이며, '일온이다'(이룬 것이다)의 해독과 현대역이 형태소 차원에서 일치하며, '尙宅도 이룬 것이다'의 문맥이 잘 통한다는 점에서, 누락자 '作'을 첨가하고, '尙宅都 作乎隱以多'로 띄어서 '尙宅도 일온이다'로 읽은 해독은 합리적이라고 할 수 있다. 또한 '尙宅都 作乎隱以多'로 띄어서 '尙宅도 일온이다'로 읽으면, 선행 해독들이 '尙宅都乎隱以多'를 '尙宅 都乎隱以多'나 '尙宅都 乎隱以多'로 띄어 읽으면서 보인 문제는, 이 문제를 야기시킨 누락자 '作'을 첨가함에 따라, 원천적으로 아예 발생하지도 않는다는 점에서, 누락자 '作'을 첨가하고, '尙宅都 作乎隱以多'로 띄어서 '尙宅도 일온이다'로 읽은 해독은 합리적이라고 할 수 있다.

이 누락자 '作'은 단순한 누락자가 아니라, 앞에서 그 설명을 미룬 '伊'와도 연계된 원전비평의 문제로 보인다. 이 문제를 해결하기 위하여 1행 15자로 정리한 자료를 보자.

自矣心未○皃史毛達只將來吞隱日
○遠鳥逸□□過出知遣○今吞藪未
去遣省如○但非乎隱焉破□主○次
弗□史內於都還於尸朗也○此兵物
叱沙過乎○好尸日沙也內乎吞尼○
阿耶○唯只吾音之叱恨隱澓陵隱○
　　　　　　　　　　作
安支尙宅都乎隱以多

  이 자료는 선행 전사자가 1행 15자로 전사를 한 다음에 보니, 제7행의 제6자로 '作'이 빠져서 이를 제6행과 제7행의 행간에 보충해 놓았다고 본 것이다. 이 자료를 선행 전사자의 의도대로 후행 전사자가 전사를 하였다면 문제가 발생하지 않았을 것이다. 그렇지 않고 후행 전사자가 행간의 '作'을 제6행의 제6자로, 그것도 '作'이 아닌 유사자 '伊'로 잘못 이해하고 전사를 하면, 현존 자료에서와 같이 '伊'는 잘못 들어간 연자가 되고, '尙宅都(作)乎隱以多'에는 괄호 안에 쓴 누락자 '作'이 발생하게 된다.

  이런 점에서, 唯只伊의 '伊'는 연자로, 尙宅都(作)乎隱以多의 괄호 안에 넣은 '作'은 누락자로 정리하고, '唯只'는 '오직/오딕'으로, '作乎隱以多'는 '이룬 것이다'의 의미인 '일온이다'로 읽는다.

  마지막으로 이 부분의 해독은 이것으로 끝나는 것이 아니라, 완서법과 환칭적 중의법이라는 수사와도 연결되어 있다. 앞의 의미를 '安支 尙宅'과 합쳐서 보면, 다음과 같은 환칭적 중의를 갖는다. '아니 尙宅(높은 집: 그대 도적들)도 이루온 것이다.'와 '아니 尙宅[높은 집: 부처님의 댁(涅槃, 寂靜)]도 이루온 것이다.'이다. 이 두 의미는 전달하고자 하는 의미가 부정문이 되어 명확하지 않은데, 이는 완서법에 기인한 것이다. 즉 표현하고자 하는 내용을 반대의 부정으로 표현한 완서법이다. 이 완서법을 계산하면 다음과 같다.

  '아니 尙宅(높은 집: 그대 도적들)도 이루온 것이다.'는 '尙宅(높은 집: 그대 도적들)도 이루지 못한 것이다.'의 의미가 되고, '아니 尙宅[높은 집: 부처님의 댁(涅槃, 寂靜)]도 이루온 것이다.'는 '尙宅[높은 집: 부처님의 댁(涅槃, 寂靜)]도 이루지 못한 것이다.'의 의미가 된다. 이 환칭적 중의법은 '彌勒座主'(미륵보살, 경덕왕, 〈도솔가〉)의 환칭적 중의법과 같은 수사이다.

4. 『균여전』의 향가

이 장에서는 『균여전』의 향가에서 발견되는, 法供沙叱의 연자 '沙'와 衣波(沙)의 누락자 '沙', 動賜隱乃의 연자 '隱'과 白乎(隱)等耶의 누락자 '隱', 修將來賜留隱의 연자 '留'와 頓部叱(留)의 누락자 '留', 根中의 연자 '中'와 內乎(尸)留의 누락자 '尸', 日(留)의 누락자 '留'와 毛冬留의 연자 '留', 置仁伊而也의 연자 '也'와 願海伊過(也)의 누락자 '也', 又都의 연자 '都'와 普賢叱(都)의 누락자 '都' 등을 정리하려 한다.

4.1. 法供沙叱의 연자 沙와 衣波(沙)의 누락자 沙

4.1.1. 法供沙叱의 연자 沙

法供沙叱多奈(〈광수공양가〉)의 '沙'는 불필요한 것이 들어간 연자이다. 이런 사실을 보기 위하여 선행 해독들을 보자.

法供沙叱多奈의 해독은 '-沙(叱)'을 강조사로 본 경우와 강조사로 보지 않은 경우로 양분할 수 있다.

먼저 '-沙(叱)'을 강조사로 보지 않은 경우를 보자. 이에 속한 해독으로는 '법공샷다나'(법공이로구나, 정열모 1965)와 '法供 몰 하나'(法供은 모래처럼 많으나, 이탁 1956)가 있는데, 해독과 현대역이 형태소 차원에서 상응/일치하지 않는 문제를 보인다.

이번에는 '-沙(叱)'을 강조사로 본 경우를 보자. 이에 속한 해독들은 원전을 수정한 경우와 그렇지 않은 경우로 양분이 된다.

원전을 '전도, 오자, 생략' 등으로 수정하고, '-沙(叱)'을 강조사로 본 해독에는 다섯이 있다.

전도로 원전을 수정한 해독에는 셋이 있다. 하나는 '沙叱'을 '叱沙'의 전도로 보고, '法供(숣)올사'(오구라 1929)로 읽은 것이고, 다른 둘은 法供沙叱을 '法叱供沙'의 전도로 보고, 'ㅂ법ㅅ공사'(홍기문 1956)와 '법시공사'(류렬 2003)로 읽은 것이다. 전도를 쉽게 인정할 수 없다.

오자로 원전을 수정한 해독은 '佛供샷'(김완진 1980; 금기창 1996a)이다. 이 해독에서는 '法'을 '佛'의 오자로 보고 읽었다. 이 원전비평은 '叱/실'의 기능을 모르거나, 문맥 파악의 문제에 기인한 것으로, 재고가 필요해 보인다.

생략으로 원전을 수정한 해독은 '法供사 잇다 (ᄒ)나'(법공이야 있다고 하나, 김유범 2010)이다. 이 해독에서는 'ᄒ/爲'의 생략을 인정하는 것이 어렵고, 문맥상 역접의 연결어미 앞에 온 '法供' 다음에 강조사 '沙'가 왔다고 보는 것도 쉽지 않다.

원전을 수정하지 않은 대다수의 해독들은 法供沙叱의 '沙叱'를 '솨, 사, 삿, 샂, 사식, 샷, 이야' 등으로 읽어 왔다. '솨, 사'에서는 '叱'을 'ㅅ'으로 읽고도 그 정리에서는 생략으로 처리하거나, 이해하기 어려운 설명을 하였다. 나머지 해독들은 이 'ㅅ'을 살려 읽으면서도 그 기능을 정리하지 못하다가, '삿'이 강조사라는 설명(김준영 1964, 1979)이나 '삿'이 '사'(이야)의 강조라는 설명(김선기 1975b)에 이르러 그 설명이 된 것 같다. 이 설명은 최근의 해독들(김지오 2012; 박재민 2013b)로 이어졌다. 동시에 '삿'을 강조사 '사'에 주어적 속격 'ㅅ'이 붙은 경우(지형률 2007)로 보기도 하였다. 그러나 이 '沙叱'은 皃史沙叱(〈원가〉)에서도 보인다는 점에서, 法供沙叱 자체로만 보면, '삿'을 강조사로 보는 것이 옳게 보인다.

그러나 '삿'을 강조사로 본 경우에, 문맥상 이런 구문이 옳은가는 의문이다. 즉 역접의 연결어미 앞에 온 어휘에 강조사를 붙였다고 보기 어렵다. 특히 해당 구문은 '법공이야 많으나'보다는 '법공이 많으나' 또는 '법공의 일이 많으나' 정도로 판단한다.

이상과 같이 선행 해독들은 法供沙叱의 해독에서 문제를 보인다. 그것도 뒤에 다룰 '衣波'의 원전비평과도 연계된 문제로, 구체적인 설명은 뒤로 돌리고, 일단 法供沙叱의 '沙'를 연자(衍字)로 보아, '法供叱'로 복원하고, '법공의 일' 또는 '법공하는 일'의 의미인 '法供(법공)실'로 읽는다. '-실/叱'은 현대어 '-질'에 해당하는 접미사이다(양희철 2015a).

이렇게 수정하여 읽으면, '法供실'은 한자 '法供'과 '叱'의 음을 살리고, '法供+실(접미사)'의 연결은 문법적이며, '법공실'(법공의 일, 법공하는 일)의 해독과 현대역은 형태소 차원에서 상응하며, '법공의 일 많으나'의 문맥이 잘 통한다는 점에서, 法供沙叱의 '沙'를 연자(衍字)로 보고, 法供叱을 '법공실'로 읽은 것은 합리적이라고 할 수 있다. 또한 이렇게 수정하여 읽으면, 선행 해독들이 보여주는 문제들, 그중에서 '-沙(叱)'을 강조사로 본 해독들이 보여주는 문제, 즉 역접의 연결어미 앞에 강조사가 왔다고 본 문제는, 이 문제를 야기시킨 연자 '沙'를 제거함에 따라, 원천적으로 아예 발생하지도 않는다는 점에서도, 法供沙叱의 '沙'를 연자로 보고, '法供叱'을 '법공실'로 읽은 것은 합리적이라고 할 수 있다.

4.1.2. 衣波(沙)의 누락자 沙

多奈는 '하나, 만흐나, 까나, 하내, 하논' 등으로 읽어 왔는데, '하나'로 본다.

이제부터는 '衣波' 다음에 '沙'가 누락되었다는 사실을 보기 위하여, '伊於 衣波 最勝

供也'를 보려 한다.

'伊於 衣波'는 난해구의 하나이다. 띠어 읽기에서 '伊於衣波', '伊於衣 波', '伊 於衣波', '伊於 衣波' 등의 네 부류로 갈린다. 이 중에서 '伊於衣波'의 문제[102], '伊於衣 波'의 문제[103], '伊 於衣波'의 문제[104] 등은 각주로 돌리고, '伊於 衣波'의 해독만을 보자.

'伊於 衣波'로 읽은 해독에는, '이어 이바'(여 이바, 정열모 1947), '이어 니바'(즉시 입어, 정열모 1965), '뎌를 니버'(法供을 體得해야, 김완진 1980), '이를 니버'(법공을 입으니, 지형률 1996), '뎌를 닙어'(법공을 입으니, 지형률 2007) 등이 있다. '伊於'를 '이어, 뎌를, 이를' 등으로 읽고, '여, 즉시, 法供을' 등의 의미로 읽었다. '이어'(여, 즉시)는 문맥에 어울리지 않고, '뎌를/이를'(法供을)은 법공을 입으면 최승공이 된다는 논리가 되어 문제를 보인다. 말을 바꾸면, 체득된 법공은 최승공이고, 체득되기 전의 법공은 법공이라는 논리가 이해되지 않는다. 이 해독들은 '이'가 지시하는 의미를 좀더

---

[102] '伊於衣波'로 읽은 해독은 세 경우로 나뉜다. 첫째는 최소한 '衣'의 음이나 훈을 벗어난 해독들이다. '이어이바'[이것(법공양)이야말로, 김근수 1979], '이야말로'(박재민 2002, 2013b), '이어히바'(여기봐, 이거봐, 류렬 2003) 등이 이에 속하는데, '伊於衣波'의 네 글자 중에서 최소한 '衣'의 음이나 훈을 벗어난 문제를 보인다. 둘째는 '波'를 '沙'로 수정하고 '이어긔사'[(바로) 여기[此岸]에서야, 김유범 2010로 읽은 해독이다. 수정을 인정해도 '衣'의 음이나 훈을 벗어난 문제를 보인다. 셋째는 '伊於衣波'의 네 글자를 모두 음으로 읽은 '이어의바'(이것이야말로, 이것이 다시없는, 전규태 1976)와 '이어의바'[이(보현행원)에서야말로, 김지오 2012]이다. 해독에서 현대역을 끌어내는 것이 쉽지 않다.

[103] '伊於衣 波'로 읽은 해독에는, '이것 바'(이것 봐, 오구라 1929), '예 바'(여기 봐, 신태현 1940), '이어의 바'(이거 바, 이것 봐, 홍기문 1956), '이어의 바'(이것이야 말로 바로, 유창균 1994), '어웃 波'(어찌 波婆에서의, 정창일 1987) 등이 있다. 이 해독들은 바로 앞에 온 역접의 연결어미 다음에 이 의미가 온다고 할 때에, 문맥이 잘 통하지 않는다.

[104] '伊 於衣波'로 읽은 해독은 다시 세 경우로 나뉜다. 첫째는 '於衣波'의 의미를 감탄사로 본 경우이다. 이에는 '이 어의바'(이것 이바/어와/어우와, 양주동 1942; 김준영 1964; 김상억 1974)와 '이 어의바'[이것이(心供養이) 어와, 금기창 1996a]가 있다. 바로 앞의 역접의 연결어미 다음에 이런 의미가 왔을 때에, 문맥이 잘 통하지 않는다. 둘째는 '於衣波'의 의미를 '(이것)이야말로, 어찌, 어찌하여' 등으로 본 경우이다. 이에는 '이 어의바'(이것이/이것이야말로, 지헌영 1947), '이 오이바'(이 어찌, 김선기 1975b), '이 어이바'(이 어찌하여, 김선기 1993) 등이 있다. 이 해독들 역시 바로 앞의 역접의 연결어미 다음에 이런 의미가 왔을 때에, 문맥이 잘 통하지 않으며, 해독의 '바'가 어떤 의미인지도 명확하지 않다. 셋째는 '於衣波'의 의미를 '넓어, 광대하여, 늘어나, 광대한' 등으로 본 경우이다. 이에는 '이 어이바'(이것 넓어, 이탁 1956), '이 어의바'(이것이 광대하여, 강길운 1995), '이 늘의바'[이것이 늘어나(확대되어), 신재홍 2000], '이 어의바'(이것이 광대한, 김준영 1979; 황패강 2001) 등이 있다. 이 해독들은 계경의 '此廣大最勝供養'을 의식하고, '廣大'를 '넓어, 광대하여, 늘어나(확대어), 광대한' 등으로 보고, 해독에 반영한 것이다. 특히 '광대하여'의 의미로 본 경우에는 '어위-'의 소급형 '어의보-'에 '아'가 붙은 '어의봐'로 읽고 드리비다어 '어의바'(廣大하여)로 보았다. 문맥으로 보아, 가능한 해독이다. 그러나 드리비다어로부터 유추하는 과정과, '廣(大), 普, 洪' 등을 직접 이용하지 않은 문제는 좀더 검토해 보아야 할 문제로 판단한다.

천착할 필요가 있다. '니바'와 '니버'는 '입어'(받어, 당하여)의 의미이다.

이렇게 선행 해독들은 문제를 보이지만, 부분적으로는 주목되는 것들도 있다. 정열모가 衣波를 '니바'로 읽고, 김완진이 '於'를 훈독하여 '를'로 읽은 것이다. 이는 '어, 가' 등으로 읽던 '於'의 표기음이 '를'로까지 확장된 것으로 본 것이다. 특히 이 '를'은 '於'를 '를'로 읽은 다른 예가 없다는 점에서 부정되기도 하지만, 한자 '於'가 목적격 어미 '-을/를'에도 해당한다는 점에서 부정만을 할 수 있는 것은 아니다. 그러나 아직도 '伊'가 지시하는 의미와 '니바'의 구체적인 의미가 명확하지 않다. 이 문제를 계경(契經)의 내용과 비교하면서 정리하면 다음과 같다.

먼저 『보현행원품』에 실려 있는 〈광수공양자〉의 내용을 보자. "모든 공양 가운데 법공양이 으뜸이다."(諸供養中 法供養最). 이 법공양에는 7가지가 있다.[105] 그리고 "만약 모든 보살들이 법공양을 (넓게) 행한다면 바로 여래(들)께(=부처님들께) (두루) 공양하기를 성취하게 된다. 이와 같이 수행하는 것이 진공양(眞供養)이기 때문이다. 이 광대최승공양은…"[若諸菩薩行法供養則得成就供養如來 如是修行是 眞供養故. 此廣大最勝供養…]에서 보듯이, 모든 보살들이 법공양을 (넓게) 수행하면, 이는 바로 여래(들)께(=부처님들께) (두루) 공양하기를 성취하게 된다. 이와 같이 수행하는 것이 진공양(眞供養)이며, 이 진공양이 곧 광대최승의 공양이다.

이 번역과 설명에서는 본문에 없는 내용을 괄호 안에 보충하였다. 이는 비교하려는 〈광수공양가〉의 제5-9구를 참고한 것이다. 즉 〈광수공양가〉의 "손은 법계 끝까지 두루하며, 손에마다 법공으로, 법계 차신 부처 佛佛(부처부처, 부처마다) 두루 공양하옵져"에 근거하여, '넓게', '여래(들)께'의 '들', '부처님들께', '두루' 등을 괄호 안에 보충한 것이다. 이 보충한 내용들을 고려할 때에, 〈광수공양자〉에서 설명한 내용이 왜 '광대최승의 공양'이 되는지를 좀더 명확하게 이해할 수 있다.

이 계경의 내용을 제5-8구와 비교해 보자. 제10구에서 보여주는 최승공은 모든 보살들이 법공양을 넓게 두루 수행한 진공양이다. 이런 내용으로 보면, 법공양이 많지만, 제5-8구(手焉 法界 毛叱毛叱 巴只 爲旀 / 手良每如 法叱供乙留 / 法界 滿賜仁 佛體 / 佛佛 周 物叱 供爲白制)에서와 같이, 법계 차신 부처님께(=여래들께) 넓게 두루

---

[105] "善男子 諸供養中 法供養最 所謂如說修行供養 利益衆生供養 攝受衆生供養 代衆生苦供養 勤修善根供養 不捨菩薩業供養 不離菩提心供養"(선남자여, 모든 공양 가운데 법공양이 으뜸이다. 말하자면 가르침대로 수행하는 공양이며 중생에게 이익되게 하는 공양이고 중생의 고통을 대신하는 공양이고 선근을 부지런히 닦는 공양이고 보살의 일을 버리지 않는 공양이고 보리심을 떠나지 않는 공양이다.)

법공양을 하고저 함에 의해, 즉 법계 차신 부처님들께(=여래들께) 넓게 두루 법공양을 수행함에 의해 최승공이 된다. 이는 광수공양(廣修供養)을 하려는 것이다. 이런 내용과 작품의 흐름으로 보면, '이를 입어 최승공여'에서 '이'는 〈부처님들께(=여래들께) 넓게 두루 공양하기를 성취하게 되는 광수공양(곧 보현보살의 넓은 법공양)〉이 된다. 이 '이'는 '바로 앞(제5-8구)에서 이야기한 대상을 가리키는 지시 대명사'의 의미와 일치한다.

이런 사실로 보면, '伊於 衣波'는 '이[부처님들께(=여래들께) 넓게 두루 공양하기를 성취하게 되는 광수공양(곧 보현보살의 넓은 법공양)]를 입어(받아)'의 의미인 '이를 니버'로 해독된다.

이제 이 해독에 기초하여, '衣波'에 '沙'가 누락되었다는 사실을 구문적인 측면에서 보자.

〈광수공양가〉의 제9, 10구에 누락자와 연자가 없다고 보면, 제9, 10구는 '아-, 법공이야 많으나 이를 입어 최승공야'의 의미가 된다. 제9, 10구에서 문맥상 강조되는 부분은 뒷부분인데, 역접의 연결어미 앞에 온 '법공'에 강조사를 붙이고, 뒤에 온 '입어'에 강조사를 붙이지 않았다는 문제를 보인다. 이에 비해, '法供沙叱'의 '沙'는 연자이고, '衣波(沙)'에 '沙'가 누락되었다고 보면, 제9, 10구는 '아-, 법공의 일(/법공하는 일) 많으나 이를 입어야 최승공야'의 의미가 된다. 이 경우에는 강조사가 필요 없는 '법공'에서는 강조사를 제거하고, 강조사가 필요한 '입어(야)'에 강조사 '-야'를 첨가하였다. 이런 강조는 '니버'(體得해야, 김완진 1980)와 '이어긔사'{(바로) 여기[此岸]에서야, 김유범 2010}의 현대역에서도 보인다. 특히 후자에서는 '-波'를 강조사 '-沙/사'로 수정하여 읽었다. 이런 강조사의 가감을 고려한, 제9, 10구의 두 의미를 비교할 때에, 제9, 10구는 '아-, 法供의 일이 많으나, 이[부처님들께(=여래들께) 두루 공양하기를 성취하게 되는 광수공양(곧 보현보살의 넓은 법공양)]를 입어야(:받아야) 최승공(진공양)이여'가 된다고 정리할 수 있다.

이런 사실들로 보아, '衣波' 다음에는 '沙'가 누락되었다고 정리할 수 있다. 이 문제는 앞에서 그 설명을 미룬 法供沙叱의 연자 '沙'와 연결되어 있다. 이 설명은 뒤로 미루고, 일단 '衣波' 다음에는 '沙'가 누락되었다고 보고, '衣波沙'를 '니바사'(입어야)로 읽는다.

이렇게 수정하여 읽으면, '衣/닙+波/바+沙/사'의 향찰들은 해당 한자의 음과 훈을 벗어나지 않았고, '닙(어간)+아(연결어미)+사(강조사)'의 형태소 연결이 문법적이며, '니바사'(입어야)의 해독과 현대역이 형태소 차원에서 상응하고, '이를 입어야 최승공여'의 문맥이 잘 통한다는 점에서, 누락자 '沙'를 보충하여, '衣波沙'를 '니바사'(입어야)로 읽은 것은 합리적이라고 할 수 있다. 또한 이렇게 수정하여 읽으면, 선행 해독들이 보인 문제, 특히 역접의 연결어미 뒤에 온 어구에 강조사가 없고, 역접의 연결어미 앞에 온 어구에 강조사가 왔다고 본 문제는, 이 문제를 야기시킨 '沙'를 역접의 연결어미 뒤에 온 어사에 붙인 것으로 수정함에 따라, 원천적으로 아예 발생하지도 않는다는 점에서도, 누락자 '沙'를 보충하여, '衣波沙'를 '니바사'(입어야)로 읽은 것은 합리적이라고 할 수 있다.

지금까지 정리한 누락자와 연자는 서로 연계되어 있는데, 이를 보기 위하여 다음의 글을 보자.

火條執音馬○佛前
灯乙直體良焉多衣
○灯炷隱須彌也○
灯油隱須彌逸留去
耶○手焉法界毛叱
々巴只爲㫆○手良
每如法叱供乙留○
法界滿賜仁佛體○
佛佛周物叱供爲白
制○阿耶○法供叱
　　　　　　沙
多奈○伊於衣波最
勝供也

이 글은 선행 전사자가 1행 8자로 작품을 전사하고 보니, 제11행의 제8자로 '沙'가 빠져 있어서, 이 글자를 제10행과 제11행의 행간에 첨가한 글이다. 그런데 이 글에 첨가된 '沙'를 후행 전사자가 제11행의 제8자로 '衣波' 다음에 옮겨 쓰지 못하고, 제10행의 제8자로 '法供' 다음에 옮겨 쓰면서 발생한 오류로 판단한다. 특히 '沙'를 '法供(沙)叱'의 사이에 첨가한 것은 강조사 '沙叱'에 끌려 이렇게 정리한 것으로 추정된다. 만약 선행 전사자의 의도대로 후행 전사자가 그 첨가 위치를 정확하게 인식하고 옮겨 썼다면, 이런 오류는 발생하지 않았을 것으로 판단한다.

이상과 같은 점들로 보아, 法供沙叱의 '沙'는 연자이고, 衣波(沙)의 괄호 안에 넣은 '沙'는 누락자라고 정리할 수 있다.

4.2. 動賜隱乃의 연자 隱과 白乎(隱)等耶의 누락자 隱

4.2.1. 動賜隱乃의 연자 隱

動賜隱乃(〈청불주세가〉)의 해독에서, '動, 賜, 乃' 등의 문제는 거의 해결되었고, '隱'은 현재까지도 문제를 보이고 있다.

'動'은 '움직이, 믇, 호, 무이, 뮈, 뭇(盡動)의 動' 등으로 읽어 왔다. 양주동은 '뭇'(盡動)을 주장하면서도, '動'의 훈이 '뮈'라는 것을 보여주었는데, 이를 취하기 시작한 것은 신태현(1940)이다. '뮈'로 수렴되었다. 動賜隱乃의 '賜'는 '샤, 시, ㅅ' 등으로 읽어 왔다. '시'로 수렴되었다. 動賜隱乃의 '乃'는 '나'나 '너'로 읽어 왔다. '나'로 수렴되었다.

動賜隱乃의 '隱'은 'ㄴ'으로 읽고, 중복 표기(오구라 1929; 양주동 1942 능능), '샷/셧+내/나/너'의 역행동화에 의한 '샨/션+내/나/너'의 'ㄴ'(정열모 1947, 1965; 김선기 1975a), 동명사형 어미(유창균 1994; 지형률 2007) 등으로 보고 있다. 중복 표기와 역행동화는 쉽게 이해되지 않는다. 동명사형 어미의 해독은 'ᄆᆞᄎᆞ신이나'(마치신 바이나, 유창균 1994)와 '뮈신나'(움직이셨음이나, 지형률 2007)에서 보인다. 전자는 화연을 마치기 전에 또는 마칠 무렵에 부처님께 세상에 머물기를 청하지 않고, 화연을 다 마친 이후에 청불주세를 하였다고 읽은 것이 문맥에 어울리지 않는다. 후자는 동명사형 어미 '-ㄴ'을 '-ㄴ 것'의 의미가 아닌 '-ㅁ'의 의미로 잡은 문제를 보인다.

이렇게 動賜隱乃의 '隱'은 해독에서 문제를 보이는데, 이는 원전비평의 문제로 판단한다. 그것도 動賜隱乃만의 원전비평의 문제가 아니라, 뒤에 이어서 볼 '白乎等耶'의 원전비평과도 연계된 문제이다. 이에 연계된 원전비평은 뒤로 돌리고, 일단 動賜隱乃의 '隱'을 연자로 보고, '動賜乃'를 '뮈시나'로 읽는다.

이렇게 연자 '隱'을 빼고, '動賜乃'를 '動/뮈+賜/시+乃/나'로 읽으면, 이 향찰들은 한자의 훈과 음을 벗어나지 않고, 그 연결이 문법적이며, '뮈시나'(움직이시나)의 해독과 현대역은 형태소 차원에서 상응하고, '화언을 다 뮈시나'의 문맥이 잘 통한다는 점에서, 연자 '隱'을 빼고, '動賜乃'를 '뮈시나'로 읽은 것은 합리적이라 할 수 있다. 또한 이렇게 수정하여 읽으면, 선행 해독들이 당면한 문제들, 즉 '隱/ㄴ'을 이해가 되지 않는 중복 표기나 역행동화로 본 문제, '隱/ㄴ'을 동명사형으로 보면서, 화연이 끝나기 이전에 청불주세를 하지 않고 화연이 끝난 다음에 청불주세를 한다고 본 문제, '隱/ㄴ'을 동명사형으로 보면서 그 의미는 '-ㅁ'으로 본 문제 등은, 이 문제들을 야기시킨 연자 '隱'을 제거함에 따라, 모두 원천적으로 아예 발생하지도 않는다 점에서도, 연자 '隱'을 빼고, '動賜乃'를 '뮈시나'로 읽은 것은 합리적이라 할 수 있다.

4.2.2. 白乎(隱)等耶의 누락자 隱

白乎等耶의 해독에서 가장 문제가 되는 것은 '-乎等耶'의 해독과 그 현대역이 일치하지 않는다는 문제이다. 이를 띄어 읽기의 유형에 따라 정리하면 다음과 같다.

止以友白乎等耶로 붙여 읽은 해독에서 '-白乎等耶'의 해독을 보면, 현대역에서 '-더-'를 포함한 경우와 그렇지 않은 경우로 양분된다.

전자에는 '머물게 ㅎ숣오더라'(머물게 하시옵더라, 오구라 1929), '머믈우숣오다라'(머물게 하옵더라, 양주동 1942), '몃숣오다라'(머므르시옵더라, 머무시어 계시옵더이다, 지헌영 1947), '그치밭조봇드라'(머무르게 하옵더라, 강길운 1995) 등이 있다. 이 중에서 '머물게 ㅎ숣오더라'(머물게 하시옵더라)와 '몃숣오다라'(머므르시옵더라)는 각각 해독과 현대역이 상응/일치하지 않고, '머믈우숣오다라'(머물게 하옵더라)와 '그치밭조봇드라'(머무르게 하옵더라)는 시적 화자를 '나'로 하는 한, 문맥이 통하지 않고, 해독과 현대역이 상응/일치하지 않는다.

현대역에서 '-더-'를 포함하지 않은 후자에는, '그치받술보드야'(머물게 하옵노라, 지형률 1996), '그치받숣오드야'(그치옵도다, 지형률 2007), '머므리숩오드야'(머물게 하옵니다, 박재민 2013b) 등이 있다. '-乎等耶'의 해독과 현대역이 상응/일치하지 않는다.

'止以 友白乎等耶'로 띄어 읽은 해독에서, '友白乎等耶'는 '벋술올드라'(벗하올지라, 이탁 1956)와 '다모술봇드야'(같이 있습니다, 정열모 1965)로 읽었다. 전자는 '叱/ㄹ'을 첨가한 해독이다. 두 해독 모두가 '-乎等耶'의 해독과 현대역이 상응/일치한다고 보기 어렵다.

'止以友 白乎等耶'로 띄어 읽은 해독에서 白乎等耶는 네 경우로 정리할 수 있다. 첫째는 현대역에서 과거시제를 포함한 경우로, '술보다라'[청했더라(홍기문 1956), 아뢰더라(황패강 2001), 사뢰더라(류렬 2003)]와 '숣오더라'(사뢰더라, 전규태 1976)가 있다. 해독의 '-다라/더라'는 그 현대역이 '-더라'이다. 이 경우에 문제는 시적 화자를 '나'로 하는 한, 문맥이 통하지 않고, 해독과 현대역이 상응/일치하지 않는다.

둘째는 '-乎等耶'의 현대역에서 '-리라, -리로다, -도다, -나이다' 등을 보여준 경우로, '숣오다라'(하오리라, 김상억 1974), '술오드라'(사뢰리로다, 김준영 1979), '술보다라'(하도다, 김완진 1980), '숣오드라'(여쭈옵나이다, 유창균 1994), '술봇드라'(사뢰도다, 신재홍 2000) 등이 있다. 이 해독들은 '-다라/드라'의 해독이 '-리라, -리로다, -도다, -나이다' 등의 현대역으로 연결되지 않는 문제를 보인다.

셋째는 '叱'을 첨가하여 읽은 경우로, '삷곤도라'(사뢰리라, 김선기 1975a, 1993)와

'숣오(ㅅ) 드야'(사뢸 것이다, 김지오 2012)가 있다. 이 경우에도 '-乎等耶'의 해독과 현대역이 상응/일치하지 않는 문제를 보인다.

넷째는 '乎'를 '혼'이나 '온'으로 읽은 '술혼드야'(말씀 드린다냐, 정창일 1987)와 '사뢰온드야'(양희철 2015a)이다. 『삼국유사』의 향가에서는 '乎'로 '온'을 표기한 경우가 있다. 즉 '毛冬乎丁'(모돌온뎌, 〈제망매가〉), '內乎多'(드리온다, 〈맹아득안가〉), '內乎呑尼'(드리온드니, 〈우적가〉) 등에서는 '온'을 '乎'로 표기를 하였다. 그러나 『균여전』의 향가에서는 '온'이나 '혼'을 '乎隱'으로 표기를 하였지, '乎'로 표기한 적이 없다는 문제를 보인다.

이상과 같이 선행 해독들은 문제를 보인다. 이 문제는 원전비평의 문제로 판단한다. 앞에서 살폈듯이 선행 연구 중에는, '(-)白乎等耶'의 '-乎'-와 '-等耶' 사이에 '叱'이 생략된 것(이탁, 김선기, 강길운, 김지오)으로 본 경우도 있다. 생략이 아니라 누락으로 보면 가능한 해독[106]이지만, '隱'의 누락으로 판단하고, 이를 첨가한 '白乎隱等耶'는 '숣온드야'(사뢰온다야)로 읽는다.

이렇게 수정하여 읽으면, '白/숣+乎/오+隱/ㄴ+等/드+耶/야'에 쓰인 한자의 훈과 음을 벗어나지 않고, '숣(어간)+오(선어말어미)+ㄴ드(서술형 어미)+야(강조사)'의 연결이 문법적이며, '숣온드야'(사뢰온다야)의 해독과 현대역이 상응하며, "'누리에 머무로시우' 사뢰온다야"의 문맥이 잘 통한다는 점에서 누락자 '隱'을 보충하고 '白乎隱等耶'를 '숣온드야'(사뢰온다야)로 읽은 것은 합리적이라고 할 수 있다. 또한 이렇게 수정하여 읽으면, 선행 해독이 당면한 문제들, 즉 해독과 현대역이 형태소의 차원에서 상응/일치하지 않는 문제, '乎'를 '오'가 아니라 '온'으로 읽은 문제 등은, 이 문제들을 직간접적으로 야기시킨 누락자 '隱'을 보충함에 따라, 모두 源泉的으로 아예 발생하지도 않는다는 점에서도, '隱'을 보충하고 '白乎隱等耶'를 '숣온드야'(사뢰온다야)로 읽은 것은 합리적이라고 할 수 있다.

이 누락자 '隱'의 발생은 앞에서 정리한 動賜隱乃의 연자 '隱'과 연계되어 있다. 이런 사실을 보기 위하여 아래의 두 글을 보자.

---

[106] 이 생략을 생략이 아니라 누락된 것으로 보면, '사뢰고 있다야'의 의미인 '숣오 시드야'로 읽게 된다. 이 '-乎(오) 叱等耶'의 형태는 '內乎 叱等邪'(〈맹아득안가〉), '乞白乎 叱等耶'(〈청전법륜가〉), '作沙毛 叱等耶'(〈예경제불가〉), '好 叱等耶'(〈항순중생가〉) 등에서도 발견된다.

```
        皆佛體○必于化緣盡動賜乃○手乙寶非鳴
                        隱
        良尒○世呂中止以友白乎等耶○曉留朝于
        萬夜未○向屋賜尸朋知良閪尸也○伊知皆
        矣爲米○道尸迷反群良哀呂舌○落句○吾
        里心音水淸等○佛影不冬應爲賜下呂


        皆佛體○必于化緣盡動賜乃○手乙寶非鳴良
                       隱
        尒○世呂中止以賜友白乎等耶○曉留朝于萬
        夜未○向屋賜尸朋知良閪尸也○伊知皆矣爲
        米○道尸迷反群良哀呂舌○落句○吾里心音
        水淸等○佛影不冬應爲賜下呂
```

전자인 1행 18자의 글은 止以友에 이미 '賜'가 누락된 상태에서 白乎(隱)等耶의 누락자 '隱'을 행간에 첨가한 경우이고, 후자인 1행 19자의 글은 止以賜友의 '賜'가 누락되지 않은 상태에서 白乎(隱)等耶의 누락자 '隱'을 행간에 첨가한 경우이다. 이 두 글에 첨가된 '隱'을 선행 전사자의 의도대로 후행 전사자가 白乎(隱)等耶에 첨가를 하였다면 문제가 발생하지 않았을 것이다. 그렇지 않고 후행 전사자가 이두에서 종종 보이는 '-賜隱乃'에 끌리어, 이를 動賜(隱)乃의 괄호 안에 들어가는 것으로 오해를 하고 전사를 하면, 현존 텍스트와 같이 문제가 발생한다.

이런 점들로 보아, 動賜隱乃의 '隱'은 연자이고, 白乎(隱)等耶의 괄호 안에 있는 '隱'은 누락자라고 정리할 수 있다.

4.3. 修將來賜留隱의 연자 留와 頓部叱(留)의 누락자 留

4.3.1. 修將來賜留隱의 연자 留

修將來賜留隱(〈상수불학가〉)의 '留'는 선행 해독에서 많은 문제를 보이고 있다. 이런 사실을 보기 위하여, 선행 해독들을 검토해 보려 한다. 선행 해독들은 '留'를 'ㄹ'로 읽은 해독, '로'로 읽은 해독, '루'로 읽은 해독, '록'이나 '오'로 읽은 해독 등으로 4분이 된다.

'留'를 'ㄹ'로 읽은 해독은 초기 해독들(오구라 1929; 양주동 1939, 1942 등등)에서 보인다. 'ㄹ'의 표기에 '尸'나 '乙'을 쓴다는 문제와, 'ㄹ'의 기능이 무엇이냐 하는 문제를 보인다.

'루'는 여섯 해독에서 보인다. '오샤룬'(오신, 김준영 1964)에서는 '룬'을 '온'의 사투리로 보았고, '오샤룬'(오시온, 김준영 1979)에서는 '루(>로)'를 '오'에 대응시켰는데, 이해가 갈피지 않는디. 이 대응의 논리는 뒤에 보겠지만, 후대의 해독에 영향을 주었다. '닭을 주룬' 또는 '닭 오시(룬)다'(현대역 미제시, 김선기 1993), '닷고려시룬'(닭으려 하신, 강길운 1995), '다ᄉ려시룬'(닭아 오신, 류렬 2003), '닭아 오시룬'(양희철 2013a) 등에서는 '留'를 '루'로 읽었지만, 그 설명을 하지 않아, 해독과 현대역을 대응시킬 수도 없다.

'로'는 일곱 해독에서 보인다. '닭오샤론'(닭으실, 김선기 1975a)과 '다스려시론'(닭으려 하신, 신재홍 2000)에서는 해독과 현대역이 상응하지 않는다. '닷ᄀ려시론'(닭으려 하신)은 세 해독에서 보인다. 이 해독들도 해독과 현대역이 상응하지 않는다. 김완진(1980)은 계사 다음에 온 '로'로 보면서 그 구체적인 기능은 후고를 기다렸고,[107] 지형률(1996, 2007)은 계사 다음에 온 강세 접사 '로'로 보았는데, 이해가 되지 않는다. '다스라시론'(닭으시려 하시던 것은, 유창균 1994)에서는 '留'를 '로'로 읽고, 'ㄹ' 명사형의 구실을 한다고 하였는데, 해독과 현대역이 상응하지 않는다. 특히 '-ㄹ'을 '-ㄹ 것'이 아니라, '-던 것'으로 본 문제를 보인다. '닭가져 오시론'(닭아가지고 오신, 김지오 2012)에서는, 김완진의 추정을 좀더 확대하여, '留'를 '로'로 읽고, '-시-' 다음에 온 '-오-'의 이형태로 추정하였다.[108] 예증이 되지 않을 뿐만 아니라, '留'의 당시음은 '루'이지 '로'가 아니다.

'록'과 '오'는 두 해독에서 보인다. '록'은 '닷ᄀ 오드록은'(修行하여 올수록, 정창일 1987)에서 보이는데, '留'를 '록'으로 읽은 이유를 이해할 수 없다. '닷ᄀ 오시온'(닭아 오시온, 박재민 2013b)에서는 '留'를 '오(乎)'에 대응시키고 같은 기능으로 보았다. 해

---

107 "'修將來賜留隱'에서 '留'를 이런 자리에서 발견하는 것은 의외의 일이다. 中世에는 繫辭 '이' 아래에서만 올 수 있는 것인데, 古代에서는 그 사용의 폭이 더 넓었던 것인지 後考를 기다린다."(김완진 1980:194)

108 "한편 金完鎭(1980:195)에서는 선어말어미 '-오-'의 이형태인 '-로-'로 파악했는데, 계사 '이-' 뒤에 나타나는 '留'가 이런 자리에서 나타나는 것은 의외라는 점을 지적하고 고대에서는 그 사용의 폭이 더 넓었을 가능성을 제시하였다. 만일 '留'가 '-오-'의 이형태 '-로-'가 실현된 것이라면, 선어말어미 '-시-'에 의한 것일 가능성이 크다. 고대국어 '-시-'는 중세국어에서는 나타나지 않는 다양한 음운현상을 보이기 때문이다. 가령 석독구결에서 연결어미 '-아'가 '-시-' 뒤에서는 '-하-'로만 실현된다는 점과 '-고-'가 '-오-'로 약화되는 현상이 포착되기 때문이다. 이와 같이 '-시-'의 영향으로 '-오-'가 '留'로 나타났을 가능성을 충분히 생각해 볼만하다. 따라서 본고에서도 '留'를 관형사절에 나타나는 '-오-'의 이형태로 파악한다."(김지오 2012:97-98)

독이 아니라 대응에 의해 기능을 설명한 것으로 보인다.

　이상과 같이 脩將來賜留隱의 '留'는 'ㄹ, 루, 로, 록, 오' 등의 어느 것으로 읽어도 문제를 보인다. 이 문제는 원전비평의 문제로 보인다. 그것도 脩將來賜留隱 자체의 원전비평뿐만 아니라, 뒤에 볼 '頓部叱'의 원전비평과도 연계된 문제로 보인다. 이에 일단 脩將來賜留隱의 '留'를 연자로 보고, '脩將 來賜隱'으로 띄어 '닦아 오신'[109]으로 읽는다.

　이렇게 '留'를 연자로 보아 빼고, '脩將 來賜隱'으로 띄어 '닦아 오신'으로 읽을 때에, '脩/닦+將/아 來/오+賜/시+隱/ㄴ'에 쓰인 향찰들은 해당 한자의 음과 훈을 벗어나지 않았고, '脩/닦(어간)+將/아(연결어미) 來/오(어간)+賜/시(선어말어미)+隱/ㄴ(관형사형어미)'의 연결은 문법적이며, '닦아 오신'(닦아 오신)의 해독과 현대역은 형태소 차원에서 일치하고, '지나간 누리 닦아 오신'의 문맥이 잘 통한다는 점에서, '留'를 연자로 보아 빼고, '脩將 來賜隱'으로 띄어 '닦아 오신'으로 읽은 해독은 합리적이라 할 수 있다. 또한 이렇게 수정하여 읽으면, 선행 해독들이 당면한 문제들, 즉 '留'를 'ㄹ'로 읽으면서 'ㄹ'의 표기에 'ᄅ'나 '乙'을 쓰지 않은 문제, '로, 록, 오' 등으로 읽으면서 '留/루'의 당시 음을 벗어난 문제, '留'를 '루'로 읽으면서, 그 기능을 명확하게 하지 않은 문제 등은, 이 문제들을 야기시킨 연자 '留'를 제거함에 따라, 모두 源泉的으로 아예 발생하지도 않는다는 점에서도, '留'를 연자로 보아 빼고, '脩將 來賜隱'으로 띄어 '닦아 오신'으로 읽은 해독은 합리적이라 할 수 있다.

4.3.2. 頓部叱(留)의 누락자 留

　頓部叱의 해독도 상당히 엇갈려 왔다. 선행 해독의 문제를 정리하고, '뭇 주비실'(뭇 부류의 일, 양희철 2015a:115-134, 339-342)로 읽은 바가 있다. 선행 해독에 대한 비판은 앞의 글로 돌린다.

　이 해독에서는 '頓'을 그 의미의 하나인 '貯'의 훈인 '뭇/묻'으로 읽고, '叱'을 '실'로 읽었다. 그리고 이 해독에서는 '뭇 부류의 일(을)'에서와 같이 목적격 어미가 생략된 것으로 보았는데, 여기에 문제가 있는 것 같다. 이보다는 '뭇 부류의 일(루)'에서와 같이 '루'에 해당하는 '留'가 누락된 것으로 보는 것이 좀더 논리적이다.

---

[109] 최근에 '將來'를 '-가 오-'나 '-가져 오-'로 읽은 경우들이 있는데, 〈상수불학가〉의 '脩將來'는 〈상수불학송〉의 '脩(而)來'와 대응한다는 점과, '將'은 한자사전에서 '而'로 정리되어 있다는 점으로 보아 '-아 오-'가 좀더 정확한 해독으로 판단된다. 좀더 자세한 '將來'의 해독과 설명은 앞의 글(양희철 2013a: 233-278)로 돌린다.

이렇게 누락자 '留'를 첨가하여 '頓 部叱留'를 '뭇 주비실루'로 읽으면, '頓/뭇 部/주비+叱/실+留/루'의 향찰은 해당 한자의 음과 훈을 벗어나지 않았고, '뭇(관형사) 주비(명사)+실(접미사)+루(격어미)'의 연결은 문법적이며, '뭇 주비실로'(무수한 부류의 일로)의 해독과 현대역은 형태소 차원에서 상응하고, '나는 무수한 부류의 일로 좇으므로'의 문맥이 잘 통한다는 점에서, 누락자 '留'를 첨가하여 '頓 部叱留'를 '뭇 주비실루'로 읽은 것은 합리적이라 할 수 있다.

이 '留/루'의 누락은 앞에서 그 설명을 보류한 修將來賜留隱의 연자 '留'와 연계되어 있다. 이런 사실을 보기 위하여 다음의 글을 보자.

我佛體○皆往焉世呂修將來賜隱○
　　　　　　　　　　　　　　留
難行苦行叱願乙○吾焉頓部叱逐好
友伊音叱多○身靡只碎良只塵伊去
米○命乙施好尸歲史中置○然叱皆
好尸卜下里○皆佛體置然叱爲賜隱
伊留兮○城上人○佛道向隱心下○
他道不冬斜良只行齊

이 글은 선행 전사자가 1행 15자로 글을 전사하고 보니, 제2행의 제14자로 '留'가 누락되어 있어서, 이를 제1행과 제2행의 행간에 첨가하여 놓은 글을 추정한 것이다. 만약 후행 전사자가 선행 전사자의 의도를 살려서 글을 옮겼다면, 문제가 발생하지 않았을 것이다. 그렇지 않고 후행 전사자가 선행 전사자의 의도를 오해하여, 특히 '頓部叱'(〈참회업장가〉, 〈수희공덕가〉, 〈보개회향가〉)에 끌려 '頓部叱' 다음에 붙이지 않고, 제1행의 제14자로 '留'를 '修將來賜' 다음에 첨가하면, 현재 우리가 보고 있는 잘못된 텍스트와 같이, 제1행의 修將來賜留隱에는 불필요한 연자 '留'가 들어가 있고, 제2행의 頓部叱 다음에는 필요한 '留'가 누락되어 있게 된다.

이런 점들로 보아, 修將來賜留隱의 '留'는 연자이고, 頓部叱(留)의 '留'는 누락자라고 할 수 있다.

4.4. 根中의 연자 中과 內乎(尸)留의 누락자 尸

이 절에서는 '根中'(〈항순중생가〉)의 연자 '中'과 '內乎(尸)留'의 괄호 안에 있는 누락자 '尸'를 찾아서 정리하고자 한다.

4.4.1. 根中의 연자 中

根中에 대한 기왕의 해독은 크게 보아 세 부류로 나눌 수 있다.

첫째는 根中의 '中'을 '둥'으로 읽은 '믿둥'과 '根둥'의 부류이다. 의미 있는 해독은 아니다.

둘째는 '根'을 '뿌리'의 의미인 '불휘, 불기, 불귀, 불회, 부루히' 등으로 읽고, '中'을 처격 어미 '에, 해, 히, 애, 여헤' 등으로 읽은 부류이다. '根中'의 단어로만 보면 해독에 문제가 없다. 그러나 뒤에 이어지는 '沙音賜焉逸良'로 보면 문맥이 괴리된 비문이 된다. 특히 "중생을 뿌리(로) 삼으신 …"의 문맥에서, '뿌리(로)'의 위치에 '뿌리에'의 단어가 왔다고 해독하는 것은 문제이다. 이 문제를 의식하여, '불희여헤'의 해독에서는 '불희여헤'의 의미를 '뿌리로'로 추정하여 문맥에 맞추었다. 문맥에는 부합하지만, 해독에서 끌어낼 수 없는 현대역이다.

셋째는 根中을 '뿌리'의 의미로 읽은 '불휘, 불히, 불희, 븓의' 등의 부류이다. 이 해독들 중에서 '불휘'의 경우는 '中/히'를 살리지 못한 문제를 보인다. 그리고 '불히, 불희, 븓의' 등의 경우에는 '中/히' 또는 이 음과 연결시킬 수 있는 '히, 희, 의' 등을 살릴 수 있지만, '根'의 가장 보편적인 훈 '불휘'의 '휘'를 살리지 못한 문제를 보인다. 특히 '히, 희, 의' 중에서 '中/히'의 음을 살려 읽은 '불히'(김준영 1964, 1979; 유창균 1994; 지형률 1996)의 경우에는 '根(불히)'에 '中'(히)를 첨기한 것으로 보았는데, 논증의 한계[110]를 보인다. 그리고 이 '불히'의 해독은 '根中'의 해독과 연계된 '萎玉內乎留叱等耶'의 해독에서도 한계를 보인다. 이 한계는 후술한다.

이상과 같이 根中의 해독들은 모두가 문제를 보인다. 이 문제는 원전비평의 문제이다. 그것도 이어서 볼 萎玉內乎留叱等耶와 연계된 원전비평의 문제이다. 이에 일단 根中을 '根'으로 복원하여 '불휘'로 읽고, '中'을 삭제한 이유는 萎玉內乎留叱等耶와 연계

---

110 이 해독을 처음으로 시도한 김준영은 "「불히」는 「불휘」의 前期語나 方言으로 봄."(1964:173)과 "15세기 말은 '불휘, 불회, 불위'였으나 그 前期語나 方言은 '불히'였던 모양이다."(1979:232)라고, 논거 없는 추측을 하였다. 김준영의 주장을 따른 것으로 보이는 지형률은 "'불히'는 '불휘'보다 후대의 자료에 나타나나 방언형으로 오래 전부터 존재했던 것으로 생각된다."(1996:248)라고, 논거 없는 추측을 하다가, 다른 책(2007:259)에서는 '불희'로 수정하였다. 지형률이 언급한 후대 자료는 『한청문감』(1779)의 '블히'(1회)와 『백련초해』(명종조)의 '댓뿔히'(1회)로 짐작된다. 이런 후대의 자료로 '불히'를 주장하는 데는 한계가 있다. 특히 이 '히'는 '희'의 오자일 가능성도 있다. 좀더 명확하고 풍부한 논거를 제시하기 전에는 따르기 어려운 주장이다. 또한 유창균은 "그러나 여기서 이것을 처소격조사로 처리하면 뒤선 '沙音(삼-)'과의 呼應關係가 적절치 않다. …… 이런 점에서 '中'는 '히'와 '휘'는 音聲으로 유사하기 때문에 代用表記했다고 보는 것이다."(1994:1049-1050)라고, 거의 가능성이 없는 주장을 하였다.

하여 설명하는 뒤로 돌린다.

이렇게 根中의 '中'을 연자로 삭제하고 '根'을 '불휘'로 읽으면, 향찰에 이용한 한자의 훈을 살리고, '불휘(뿌리)'의 해독과 현대역은 상응하며, '뿌리 삼으신 분이라'의 문맥이 잘 통한다는 점에서, '中'을 연자로 삭제하고 '根'을 '불휘'로 읽은 해독은 합리적이라 할 수 있다. 또한 이렇게 수정하여 읽으면, 선행 해독들이 보이는 문제들, 즉 '中'을 처격 어미로 읽을 때에, '뿌리에 삼으로 신 분이라'에서와 같이 문맥이 통하지 않는 문제, 根中을 '뿌리'의 의미인 '불휘, 불희, 불희, 븓의' 등으로 읽은 해독들, 그중에서 '불희'로 읽은 해독이 보이는, 후대의 자료로 입증을 하려고 한 문제 등은, 이 문제들을 야기시킨 '中'을 제거함으로 인해, 모두 원천적으로 아예 발생하지도 않는다는 점에서, '中'을 연자로 삭제하고 '根'을 '불휘'로 읽은 해독은 합리적이라 할 수 있다.

4.4.2. 內乎(尸)留의 누락자 尸

萎玉內乎留叱等耶의 해독은 띄어읽기에서부터 문제를 보인다. 선행 해독들은 크게 보면 3종류의 띄어읽기로 정리된다.

대다수의 해독들은 萎玉內乎留叱等耶를 한 단어로 붙여서 읽었다. '萎'를 어간으로 보고, 나머지 일곱 향찰을 선어말어미와 종결어미로 본 것이다. 이렇게 긴 선어말어미와 종결어미를 본 적이 없다. 설령 이것이 가능하다고 하여도, 萎玉內乎留叱等耶를 한 단어로 읽은 해독들을 보면, 해독과 그 현대역이 형태소의 측면에서 상응/일치하지 않는 심각한 문제를 보인다.

萎玉內乎留叱等耶를 한 단어로 읽은 해독들이 보이는 한계를 극복하려는 노력은 두 방향에서 진행되었다.

하나는 萎玉內乎留叱等耶를 '萎玉留內乎叱等耶'에서와 같이 '留'의 위치를 '玉' 다음으로 바꾼 해독들이다. 이 해독들은 홍기문, 정열모, 류렬 등에 의해 시도되었으나, '留'의 위치를 바꾸어도, 나머지 해독과 그 현대역이 형태소 차원에서 상응/일치하지 않는 문제를 피하지 못하였다.

다른 하나는 萎玉內乎留叱等耶를 '萎玉 內乎留叱等耶'의 두 단어로 끊은 해독들이다. 이 해독들은 다시 '內'를 '納'의 속자로 본 해독과 그렇지 않은 해독으로 나뉜다.

'內'를 '納'의 속자로 보지 않은 해독에는 '안둘 이온 ᄂ올ᄃ라'(이울들 아니 하올지라, 이탁 1956), '안들 시들옥 노룻드라'(시들어 노릇하지 아니하더라, 강길운 1995), '안둘 이블옥 ᄂ오롯ᄃ야'(아니 이울어 하노라, 지형률 1996) 등이 있다. 이 해독들 역시 해독과 그 현대역이 형태소 차원에서 상응/일치하지 않는 문제를 보인다.

'內'를 '納'의 속자로 보아 '드리-'로 읽은 해독에는 '(不冬) 이보록 드료롯드라'(아니 이울어 들었도다, 신재홍 2000)와 '(不冬) 이옥 드리오롯드야'(아니 이울어 들게 하였다야, 양희철 2008a)가 있다. 이 두 해독은 '內'의 해독에는 성공하지만, 여전히 나머지 부분의 해독에서 문제를 보였다.

이렇게 (不冬)萎玉內乎留叱等耶의 해독에서 선행 해독들은 모두 해독에서 문제를 보였다. 특히 '-乎留叱-'의 세 향찰의 해독에서 문제를 보였다. 이 문제를 해결하기 위하여, '(不冬) 萎玉 內乎留 叱等耶'로 끊고, '(안둘) 이옥 드리올루 시드야'(시들어 늘어뜨리지 않을 것으로 있다야, 양희철 2015a:314-316)로 읽은 해독이 나왔다. 이 해독은 '內'(=納, 드리-), '乎'(올, 오:선어말어미, ㄹ:동명사형어미), '留'(루, 자격격조사) 등의 형태소를 명확하게 해독함은 물론, '叱'의 해독도 형태소 차원에서 명확하게 하였다. 즉 '叱'을 선행 해독과 같이 설명하기 어려운 선어말어미로 보지 않고, 어간 '시-'로 보면서 형태소를 명확하게 하였다. 이 해독만큼 '(不冬)萎玉內乎留叱等耶'의 해독에서 형태소를 명확하게 설명한 것은 아직까지 없어 보인다.

그런데 이 해독 역시 아직도 하나의 문제를 보인다. 즉 '乎'를 '올'로 읽은 이유를 시가의 창사(唱詞)에서 보이는 'ㄹ(尸)'의 생략표현으로 설명하면서 문제를 보인다. '乎'를 '올'로 읽을 수 있는 논거로는 네 가지가 언급되어 왔다. '尸/ㄹ'의 누락, '尸/ㄹ'의 생략표기, 'ㄹ'을 첨가해서 읽는 이두식 표기, 시가의 창사(唱詞)에서 보이는 'ㄹ(尸)'의 생략표현 등이다. 이 중에서 시가의 창사에서 보이는 'ㄹ(尸)'의 생략표현으로 설명을 하였는데, 왜 다른 표현에서는 이 생략표현을 보여주지 않느냐 하는 문제를 해결할 수 없다. 그렇다고 'ㄹ'을 첨가해서 읽는 이두식 표기를 생각할 수도 없다. 왜냐하면, 다른 표기에서는 왜 이 이두식 표기를 하지 않았느냐 하는 문제를 피할 수 없기 때문이다.

이 문제는 '尸/ㄹ'의 누락으로 그 설명이 가능하다. 그것도 앞에서 그 설명을 미룬 '根中'의 원전비평과 연결하여 문제를 해결할 수 있다. 이 연계하여 설명하는 것은 뒤로 돌리고, 일단 누락자 '尸'를 보충하고 '(不冬)萎玉 內乎尸留 叱等耶'로 띄어 '(안둘) 이옥 드리올루 시드야'(시들어 늘어뜨리지 않을 것으로 있다야)로 읽는다.

이렇게 수정하여 읽을 때에, 해당 향찰들은 '(不冬/안둘) 萎/이오+玉/옥 內/드리+乎/오+尸/ㄹ+留/루 叱/시+等/드+耶/야'에서와 같이 해당 한자의 음과 뜻을 살렸고, '이오(어간)+ㄱ(어미) 드리(어간)+오(선어말어미)+ㄹ(동명사형어미)+루(조사) 시(어간)+드(어미)+야(강조사)'로 연결이 문법적이며, '(안둘) 이옥 드리올루 시드야'(시들어 늘어뜨리지 않을 것으로 있다야)의 해독과 현대역이 형태소 차원에서 상응하고, 문맥이 잘 통한다는 점에서, 누락자 '尸'를 보충하고 '(不冬)萎玉 內乎尸留 叱等耶'로 띄어

'(안둘) 이옥 드리올루 시ᄃ야'로 읽은 것은 합리적이라고 할 수 있다. 또한 이렇게 수정하여 읽으면, 선행 해독들이 당면한 문제들, 즉 해독과 그 현대역이 형태소 차원에서 상응/일치하지 않는 문제, '乎'를 '올'로 읽으면서, 'ㄹ'을 첨가한 이유를 논리적으로 설명하기가 어려운, '尸/ㄹ'의 생략표기, 'ㄹ'을 첨가해서 읽는 이두식 표기, 시가의 창사(唱詞)에서 보이는 'ㄹ(尸)'의 생략표현 등으로 본 문제 등은, 이 문제들을 야기시킨 누락자 '尸'를 보충함으로 인해, 모두 원천적으로 아예 발생하지도 않는다는 점에서도, 누락자 '尸'를 보충하고 '(不冬)萎玉 內乎尸留 叱等耶'로 띄어 '(안둘) 이옥 드리올루 시ᄃ야'로 읽은 것은 합리적이라고 할 수 있다.

지금까지 정리한 연자 '中'과 누락자 '尸'는 서로 연계되어 있다. 이런 사실을 보자. 작품을 1행 22자로 정리한 다음에 보니, 제2행의 제11자인 '尸'가 빠진 것을 확인하고, 제1행과 제2행 사이에 '尸'를 첨가하여 놓았다고 가정하고, 그 텍스트를 정리하면 다음과 같다.

　　　　　　　　　　　　　　　　　　尸
　　覺樹王焉○迷火隱乙根沙音賜焉逸良○大悲叱水留
　　潤良只○不冬萎玉內乎留叱等耶○法界居得丘物叱
　　丘物叱○爲乙吾置同生同死○念念相續无間斷○佛
　　體爲尸如敬叱好叱等耶○打心○衆生安爲飛等○佛
　　體頓叱喜賜以留也

이렇게 첨가해 놓은 글을 그 이후의 전사자가 보면서, 이 '尸'를 첨가의 의도와는 다르게, 제1행의 제9자('根') 다음에 보충하면서 '根'과 어울리게 '尸'를 '中'으로 바꾼 결과, 우리가 현재 보는 바와 같이 '根中'이 되었다고 판단한다. 말을 바꾸면, 옮겨 쓰면서 제2행의 제10자('乎') 다음에 누락된 '尸' 자를, 제1행과 제2행의 행간에, 그것도 제2행으로 보면 제10자와 제11자 사이의 바로 옆에 첨가하였는데, 이를 의도와는 다르게, 제1행의 제10자('根') 다음에다가 '根' 자와 의미가 통하게 '中'으로 바꾸어 놓았다는 것이다.

이렇게 정리하고 보면, 두 문제가 동시에 풀린다. 하나는 '根中'의 '中'이 문맥상 올 수 없다는 문제가 해결된다. 즉 "중생을 뿌리(로) 삼으신 …"의 문맥에 맞지 않게 '根中'를 '뿌리에'로 읽은 문제를 해결할 수 있다. 다른 하나는 '內乎留'를 읽으면서 '乎'를 '오'가 아닌 '올'로 읽거나 'ㄹ'이 누락 또는 생략되었다고 보아온 문제를 명확하게 정리할 수 있음은 물론, 선행 해독들이 부정확하게 정리해온 '內乎(尸)留叱等耶'의 형태소들[111]을 정확하게 정리할 수 있다. 이런 두 사실로 보아, '根中'의 '中'은 옮겨 쓰는 과정에서 누락된 '內乎尸留'의 '尸'를 보충하였는데, 이를 잘못 이해하고, 이 '尸'를 '中'으로 바꾼 것으로 이해한다.

이상의 논의를 종합하면, 內乎(尸)留의 괄호 안에 있는 누락자 '尸/ㄹ'과 根中의 연자 '中/히'는 첨가된 향찰의 위치를 오해하여 생긴 누락자와 연자로 정리할 수 있다.

4.5. 日(留)의 누락자 留와 毛冬留의 연자 留

4.5.1. 日(留)의 누락자 留

日置仁伊而也는 앞의 글(양희철 2022b)에서 검토한 바가 있는데, 日(留)의 누락자 '留'의 설명에 필요한 부분을 보강하면서 앞의 글을 다시 정리하려 한다.

盡尸日은 '다올 날'이다. '날' 다음에 '留/루'가 누락되어 있다. 이는 이어서 置仁伊而也와 함께 설명하려 한다.

日置仁伊而也를 읽은 선행 해독들은 그 띄어 읽기에서 '日置 仁伊而也'의 경우와 '日 置仁伊而也'의 경우로 대별된다.

'日置 仁伊而也'로 띄어 읽은 경우에, '仁伊而也'는 '仁(伊)-'만 보아도 문제가 명확

---

111 기왕의 해독들이 '萎玉內乎留叱等耶'의 해독에서 얼마나 형태소를 부정확하게 정리해 왔는가는 두 부류의 해독을 통하여 알 수 있다.
　한 부류는 '萎玉內乎留叱等耶'의 해독과 연계된 '根中'을 '불희'로 읽은 해독들이 보인 해독들이다. 이에 속한 해독으로는 '안돌 이옥ㄴ오루ㅅ드라'(시들지 않도록 하셨나니라, 김준영 1964), '안돌 이옥ㄴ 오루ㅅ드라(아니 시들으리로다, 김준영 1979), '모둘 이브로ㄴ오롯드라'(시들지 못하게 하도다, 유창균 1994), '안돌 이블옥 ㄴ오롯드야'(아니 이울어 하노라, 이울지 않노라, 지형률 1996) 등이 있다. 이 해독들이 '內乎留叱等耶'의 해독에서 얼마나 형태소를 부정확하게 정리하였는가는 해독과 괄호 안의 현대역만을 비교해 보아도 알 수 있다. 해독과 현대역이 형태소의 차원에서 거의 일치하지 않는다. 이런 사실은 '內乎留叱等耶'의 해독뿐만 아니라, '根中'을 '불희'로 읽은 것까지도 의심을 하게 한다.
　다른 부류는 최근의 해독들이다. 이에 속한 해독으로 '안돌 이우ㄴ오니롯다야'(이울지 않는 것이로구나, 이용 2007), '안돌 이울오누오롯 드야'(아니 시들게 할 것이다, 김지오 2012), '안돌 이우리오롯드야'(아니 시들게 하오리라, 박재민 2013b) 등이 있다. '안돌 이우ㄴ오니롯다야'에서는 '乎'를 '오니'(온+이)로 읽는 것이 어렵고, 형태소 차원에서 해독과 현대역이 일치하지 않는다. '안돌 이울오누오롯 드야'에서는 '이울오'까지만을 설명하고, '內乎留叱'을 설명 없이 '누오롯'으로 해독하고, '이울오누오롯'의 현대역을 '시들게 할'로 달고 있어, 어떤 형태소들로 해독한 것인지가 정확하지 않다. 이로 인해 해독과 현대역이 형태소의 차원에서 일치하지 않는다. '이우리오롯드야'에서는, '乎留叱等耶'를 '오롯드야'로 읽고 '-오리라'의 의미로 보았는데, 어떤 형태소로 해독하였는지가 정확하지 않다. 이로 인해 해독과 현대역이 형태소의 차원에서 일치하지 않는다.
　이런 사실들에서, 기왕의 해독들이 '內乎留叱等耶'의 해독에서 형태소들을 매우 부정확하게 정리해온 사실을 쉽게 판단할 수 있다.

하므로, '仁(伊)-'만을 설명하려 한다.

'仁'은 '얻'의 의미로 본 경우와 '있'의 의미로 본 경우로 나눌 수 있다.

'仁'을 '얻'의 의미로 본 경우에는 '어디마리야'(얻으리라, 홍기문 1956)가 있다. 이 해독은 '仁'의 훈 '어딜다'를 근거로 '얻'을 끌어내고 있지만 논증력이 떨어지며, 왜 한자 '獲'이나 '得'을 이용하지 않았는지를 이해할 수 없다.

'仁'을 '있'의 의미로 본 경우에는, 그 근거를 세 경우로 다르게 제시하고 있다. 하나는 '인이'를 '有'의 의미(小倉進平 1929 등등)로 보거나, '인'을 '있'의 방언(김준영 1979)으로 본 경우이다. 다른 하나는 '仁'의 훈을 '善/읻'으로 보고, 이를 다시 '이시'로 본 경우(양주동 1942 등등)이다. 마지막 하나는 '仁'을 '在'의 誤字로 보고, 이 '在'를 '이실'로 본 경우(김완진 1980)이다. 이 세 경우에는 '仁伊, 仁, (仁)在' 등을 '인이, 인, 읻이, 이실' 등으로 해독하고 '有/있'의 의미로 보았다. 해독과 현대역이 형태소 차원에서 상응/일치하지 않는 문제를 보이며, 공통으로 왜 '있'의 의미에 해당하는 한자 '有'를 쓰지 않았는가 하는 문제도 보인다.

이상과 같이 '日置 仁伊而也'로 띄어 읽는 해독들이 문제를 보이자, '日 置仁伊而也'로 띄어 읽은 해독들이 나왔다. 이에 속한 해독들은 '日 置(仁伊)-'까지만 보아도 문제가 명확하게 파악되므로, '日 置(仁伊)-'까지만을 간단하게 보려 한다.

'日'은 거의 모든 해독에서 '날'로 읽었다.

'置'는 '도'로 읽은 경우도 있지만, 정열모(1965) 이래로 거의 모두가 '두'로 읽고, '日 置仁伊-'를 '날 둔이-'(날 둔 것이-)로 읽었다. 그런데 문제는 이 '날 둔이-'의 '날' 다음에 '-루/로'나 '-도'가 누락되어 문맥이 매끄럽지 못하다는 것이다. 이 문제를 해결하고자, '날 두니ᄂ라'(날도 있을 것이로다, 유창균 1994), '날 두니마리여'(날을 둔 것이지마는, 강길운 1995), '날 두니마리여'(날로 두었지마는, 지형률 1996) 등의 현대역에서는 향찰에 없는 '-도, -을, -로' 등을 첨가하기도 했다.

이상과 같이 선행 해독들은 '日置 仁伊而也'로 띄어 읽은 경우에는 '仁(伊)-'의 해독에서 문제를 보이고, '日 置仁伊而也'로 띄어 읽은 경우에는 '날 둔-'의 구문에서 '날' 다음에 '-루/로'나 '-도'가 없는 문제를 보인다.

이 문제들을 해결하기 위하여, 원전비평의 차원에서 일단 '日置仁伊-'에 누락자 '留'를 첨가하여 '日留 置仁伊-'로 수정 복원하고, '날루 둔이-'(날로 둔 것이-)로 읽는다. '置仁'은 '둔'으로 읽은 동명사형[112]이고, '伊'는 계사 '-이'이다.

이렇게 누락자 '留'를 첨가하여 '日留'를 '날루'로 읽을 때에, '루'는 '留'의 한자음이고, '날+루'의 연결이 문법적이고, '날루'(날로)의 해독과 현대역이 형태소 차원에서 일치하며, '날로 둔 것이지만'의 문맥이 잘 통한다는 점에서, 누락자 '留'를 첨가하여 '日留'를 '날루'로 읽은 것은 합리적이라 할 수 있다. 또한 '留'를 첨가하여 '日留'를 '날루'로 읽으면, '日置 仁伊而也'로 띄어 읽은 선행 해독들이 '仁'을 문맥적 의미인 '얻-'과 '있-'으로 보면서 '仁'의 음훈을 벗어난 해독을 한 문제, '日 置仁伊而也'로 띄어 읽은 선행 해독들이, "내 원 다할 날(로) 둔 것이지만"의 문맥에서 '(로)'가 없어 문맥이 잘 통하지 않는 문제, 향찰에 없는 '(로)'를 임의로 첨가한 문제 등은, 이 문제들을 발생시킨 누락자 '留'를 첨가함에 따라, 원천적으로 아예 발생하지도 않는다는 점에서도, 누락자 '留'를 첨가하여 '日留'를 '날루'로 읽은 것은 합리적이라고 할 수 있다.

이 누락자 '留'가 왜 발생하게 되었는가 하는 문제는 이어서 볼 毛冬留와 서로 연계되어 있으므로, '毛冬留'의 연자 '留'에서 함께 설명하려 한다.

4.5.2. 毛冬留의 연자 留

際은 '갓'이다.

毛冬留는 균여의 향가에서 두 번 나온다.

'間 毛(《王》)冬留 讚伊白制'(〈칭찬여래가〉)의 경우에는, 毛冬留가 부사 '모르게'의 의미로 동사 '讚伊白制'를 수식한다는 점에서, 해독에 문제가 없다.

이에 비해 '際 毛冬留 願海伊過'(〈총결무진가〉)의 경우에는, 願海伊過(명사+계사+어미) 앞에, 관형사형 '모를'은 올 수 있어도, 부사 毛冬留는 올 수 없는 문제를 보인다. 이 문제를 해결하기 위하여, 선행 해독들은 毛冬留를 관형사형의 의미('모를, 모르는, 없는')로 본 해독이나 부사의 의미('끝끝내, 모두로, 모를 때까지, 모르게')로 읽은 해독을 취하거나, 願海伊過의 '海'를 접미사 '-ㅎ-'나 동사의 '히-'나 '혜-'로 읽은 해독을 취하였다. 이를 좀더 구체적으로 보자.

먼저 毛冬留를 관형사형인 '모를, 모르는, 없는' 등의 의미로 본 경우들을 보자.

毛冬留를 관형사형인 '모를'의 의미로 본 해독들은 '留'의 해독에 따라 세 유형으로 나눌 수 있다.

첫째는 留를 'ㄹ'로 읽은, '몰을'(小倉進平 1929), '모둘'(양주동 1942 등등) 등의 유형이다. 이 해독들은 留를 연체조사 '-ㄹ'로 잡았는데, '-ㄹ'에는 '尸/乙'이 쓰인다는 점에서, 留를 '-ㄹ'로 읽을 수 없는 문제를 보인다.

---

112 '仁/ㄴ'을 동명사형 어미로 본 해독은 두 글(지형률 1996:263; 김지오 2012:113)에서 보인다.

둘째는 留를 '룰'로 읽은, '모둘룰'(모르올, 모를, 김준영 1979)의 유형이다. 이 해독에서는 '룰'의 근거를 알 수 없으며, 해독과 현대역이 형태소 차원에서 상응/일치하지 않는다.

셋째는 留를 '루'로 읽은 '모로루'(모를, 김선기 1993)의 유형이다. 이 해독에서는 '모를'의 선행형으로 추정한 '모로루'로 읽었다. 이 추정이 쉽지 않고, 이를 인정해도, 冬을 '로'로 읽을 수 없는 문제를 보인다.

毛冬留를 관형사형인 '모르는'의 의미로 읽은 해독은 '모ᄃ논'(모르는, 김완진 1980)에서 보인다. 毛冬을 '모ᄃ'로 읽기 어렵고, 留를 畓으로 수정한 것도 이해가 잘되지 않는다.

毛冬留를 관형사형인 '없는'의 의미로 읽은 해독은 '모ᄃ로'(없는, 박재민 2013b)의 해독에서 보인다. '毛冬'을 '모ᄃ'로 읽기 어렵고, 해독과 현대역이 형태소 차원에서 상응/일치하지 않는다.

毛冬留를 부사 '끝끝내, 모두로, 모를 때까지' 등의 의미로 읽은 해독에는 다음의 셋이 있다. '그음두루'(끝끝내, 정열모 1965)의 해독에서는 해독과 현대역이 형태소 차원에서 상응/일치하지 않는다. '모둘로'(모를 때까지, 유창균 1994)의 해독에서는 명사 '모둘'이 '모를 때'의 의미가 되는 근거를 알 수 없고, '-로부터'의 의미인 '-로'를 '-까지'의 의미로 본 것도 문제이다. '모다로'(모두로, 신재홍 2000)의 해독에서는 '모둘/모들'로 읽히는 毛冬을 '모다'로 읽는 것이 쉽지 않다.

毛冬留를 부사 '모르게'의 의미로 본 해독은 願海伊過의 '海'를 '海'로 읽은 경우와 '-ㅎ-, 희-, 혜-' 등으로 읽은 경우로 나뉜다.

전자의 경우에는 '모드루'(모르게, 강길운 1995)와 '모둘오'(모르게, 지형률 1996)가 있다. 이 '모르게'의 의미는 '際 毛冬留 願海伊過'(〈총결무진가〉)를 해석한, "가를 모르게(=그지없이) 願海로다."와 "끝 모르게 願海이뇨(가이없이 願海런가. 끝 모르게 願海이로구나)"에서는, '願海伊過'(명사+계사+어미) 앞에, 관형사형 '모를'은 올 수 있어도, 부사 '毛冬留/모르게'는 올 수 없는 문제를 보인다.

후자의 경우에는, 願海伊過를 명사적 서술절이 아닌 동사적 서술절로 보아 'ᄇᄅ이고'나 '원ᄒ이고'로 읽은 해독(안정희 2011:161), '願 海伊過'의 '海'를 사동의 '海(伊)/히-'로 읽은 해독(남풍현 2012b:25), 부사어 毛冬留 다음에는 동사나 동사구가 나와야 한다는 점에서, '海伊過'를 '혜이과'(헤아리리라)로 읽은 해독(김지오 2012) 등이 있다. 이 해독들은 '願海伊過'의 '海'를 '-ㅎ-, 희-, 혜-' 등으로 읽었는데, '-ㅎ-'와 '혜-'는 '海/히'의 음을 벗어났고, '희-'는 사동의 용언으로 쓰인 예가 없고, 이 사동의 용언을 인정해도, 현대역이 없어 문맥을 자세히 알 수 없지만, 문맥이 통하지 않는 문제를 보인다. 게다가 '願海'의 '海'는 '音聲海, 言辭海, 功德海'(〈칭찬여래품〉), '德海'(〈칭찬여래가〉), '利海'(〈항순중생품〉) 등에서와 같이, 불경과 〈원왕가〉에서 명사에 붙어 구상화와 장엄화를 꾀하는 표현의 하나로 해석하는 것이 이미 문학 쪽에서는 보편화가 되어 있다. 이런 표현의 '海'를 '-ㅎ-, 히-, 혜-' 등으로 읽는 것은 매우 어렵다고 판단한다.

이상과 같이 毛冬留에 대한 선행 해독들은, '際 毛冬留 願海伊過'의 문맥이 통하지 않는 문제의 해결책을 毛冬留의 해독이나 願海伊過의 해독에서 찾았는데, 모두가 문제를 보인다. 이 문제는 단순한 해독의 문제가 아니라, 원전비평의 문제로 판단한다. 留를 연자로 보고 '毛冬'을 '모를'의 의미인 '모돌'로 읽는다.

이렇게 연자 '留'를 제거한 '毛冬'을 '모돌'로 읽을 때에, '毛/모'와 '冬/돌'은 한자의 음과 훈을 벗어나지 않았고, '몬+올'의 결합이 문법적이고, '모돌'(모를)의 해독과 현대역이 형태소 차원에서 상응하며, "끝 모를 원해이구나/원해이도다"의 문맥이 잘 통한다는 점에서, 연자 '留'를 빼고, '毛冬'을 관형사형 '모돌'(모를)로 읽은 것은 합리적이라고 할 수 있다. 또한 연자 '留'를 빼고, '毛冬'을 관형사형 '모돌'(모를)로 읽으면, 선행 연구들이 보인, '毛冬留'를 '願海伊過'(명사+계사+어미)의 앞에 올 수 없는 부사의 의미로 읽거나, 부사로 읽고 그 의미는 관형사형으로 보거나, 설명이 어려운 관형사형으로 읽은 문제와, 願海伊過의 '海'를 이해가 쉽지 않은 접미사 '-ㅎ-'나 동사의 '히-, 혜-'로 읽은 문제는, 이 문제들을 직간접적으로 발생시킨 毛冬留의 연자 '留'를 제거함에 따라, 원천적으로 아예 발생하지도 않는다는 점에서도, 연자 '留'를 빼고, '毛冬'을 관형사형 '모돌'(모를)로 읽은 것은 합리적이라고 할 수 있다.

이 연자 '留'가 발생한 이유는 앞에서 그 설명을 보류하였던 '日留'와 연계되어 있다. 이를 함께 설명하기 위하여 다음의 글을 보자.

生界盡尸等隱○吾衣願盡尸日置仁伊而
　　　　　　　　　留　　也1
○衆生叱邊衣于音毛○際毛冬留願海伊過
也2
○此如趣可伊羅行根○向乎仁所留善陵
道也○伊波普賢行願○又佛體叱事伊置
耶○阿耶○普賢叱都心音阿于波○伊留
叱餘音良他事捨齊

이 글은 현존판이 보이는 1행 22자로 정리하기 이전에, 어느 선행 전사자가 글을

1행 17자로 전사한 다음에 보니, '留'가 제1행의 제13자인 '日' 다음에 누락된 것을 확인하고, 행간에 이 누락자 '留'를 보충한 글을 추정한 것이다. 이 글을 후행 전사자[113]가 다시 선사하면서 '留'를 제1행의 '日' 다음에 첨가하여 전사를 하였다면, 문제가 발생하지 않았을 것이다. 그러나 후행 전사자가 행간에 첨가된 '留'를 제1행의 '日' 다음이 아니라, 제2행의 '毛冬' 다음에 첨가하여 전사하면, 현재 우리가 보고 있는 텍스트에서와 같이, '日' 다음에는 '留'가 누락되고, '毛冬' 다음에는 '留'가 불필요한 연자로 들어가게 된다. 이때 왜 행간에 첨가한 '留'를 '毛冬' 다음에 첨가하였나 하는 문제가 발생하는데, 이는 향찰을 완전하게 이해하지 못한 후행의 전사자가 외형상 같은 형태를 보이는 '間毛(〈王)冬留 讚伊白制'의 '毛冬留'와 같게, '留'를 '毛冬' 다음에 붙인 것으로 추정된다. 이런 점들로 보아, 日(留)의 '留'는 누락자로, 毛冬留의 '留'는 연자로 정리할 수 있다.[114]

---

113 後行 傳寫者는 정확하게 확정할 수는 없다. 단지 『均如傳』의 기록으로 보아, 담벼락에 전사한 사람, 혁연정, 최행귀, 天其와 그 제자들 등을 추론할 수 있다. 이들의 어느 누가 균여의 향가를 전사하면서, 현존본에서와 같이, 많은 오류를 발생시켰는지는 자료가 없어 알 수 없다. 현존본에서 보이는 오류들(이 책에서 정리하고 있는 오류들)로 미루어 보아, 현존본과 연관된 후행 전사자의 누구인가가 향가의 향찰을 온전하게 이해하지 못하고 대충 이해하는 선에 있었던 것으로 추정된다.

114 이 원전비평을 2024년 7월에 학회에서 발표하면서 토론 과정에서 큰 문제가 없어, 학회에 투고한 바가 있다. 그런데 이 논문에 대해 심사자 3인 중 한 사람이 엉뚱한 심사결과를 보내와서 그 답변서를 보낸 바가 있다. 이렇게 파렴치한 심사를 무기명이 아닌 기명에서도 할 수 있는 자신이 있는지를 묻고 싶다. 이렇게 파렴치한 심사가 다시는 없기를 바라는 마음에서, 그리고 논문은 논거와 논리로 무엇이 옳으냐를 검토하는 것이지, 누가 옳으냐를 감정적으로 검토하는 것이 아니라는 점을 명확하게 하기 위하여, 심사 내용과 답변 내용을 옮긴다.

〈심사 내용〉
　　그러나 이 주장은 원전비평의 결과로 제시될 만한 가치가 없다. 왜냐하면 원전비평은 그렇게 했을 때 그간 설명되지 않던 것들이 해명되는 점이 있어야 하는데 이번의 제시는 원전으로 명확히 확인되는 기존의 정황을 오히려 왜곡하는 면이 있기 때문이다. 즉, '-毛冬留'는 원래부터 다음처럼 하나의 정형 표현으로 뚜렷이 형성되어 있는 어휘체이다.

間毛冬留 讚伊白制 〈칭찬여래가〉, 際毛冬留 願海伊過 〈총결무진가〉

　　하나는 '시간' 뒤에 붙고, 하나는 '공간'뒤에 붙어 있는 '毛冬留'는 그 자체로 완성된 어휘이면서 그 의미도 '사이 모르게(間毛冬留), 끝 모르게(際毛冬留)' 정도도 正解되고 있음을 본다. 그런데 이렇듯 잘 대응되는 둘을 두고, 굳이 하나를 오자로 추정해야 할 이유가 있는가? 과잉된 추정을 관철시키기 위해 견실한 어휘체 하나를 희생시키는 것에 무슨 학술적 의미가 있는가?
　　이 글자와 연관되어 이 留를 다시 앞의 '日'에 연결 시킨 것이 이 투고문의 또다른 핵심 주장이다. 이 留는 '間毛冬留, 際毛冬留' 등에서 보이듯이 '시공간 + 毛冬留'로 결합되는 어휘체의 한 부분이므로 이를 떼어 앞으로 이동시키는 것이 불가한바 이 주장 역시 근거를 잃는다.

〈답변 내용〉
　　투고자가 '毛冬留'의 '留'를 衍字로 정리한 것은, 선행 연구들 모두가 '毛冬留'와 '願海伊過'의 관계가

4.6. 置仁伊而也의 연자 也와 願海伊過(也)의 누락자 也

4.6.1. 置仁伊而也의 연자 也

置仁伊而也의 '置仁伊-'는 앞에서 정리하였다. 그 결과는 '置仁伊-'를 '둔이-'(둔 것이-)로 읽어야 한다는 것이다. 이에 이어서 置仁伊而也의 '也'가 연자라는 사실을 보기 위하여, '-伊而也'에 대한 선행 연구들을 검토하려 한다.

이 '-伊而也'의 해독은 '-而也'를 종결어미로 본 경우와 연결어미로 본 경우로 분리된다.

먼저 '-而也'를 종결어미로 본 '-伊而也'를 간단하게 보자. 이에 속한 해독들 중에서 '伊'의 음 '이', '而'의 음 'ᅀᅵ'(『六祖法寶壇經諺解』, 『飜譯小學』)와 훈 'ᄂ', 이두 '而/마리' 등을 살린 해독으로는 '어디마리야'(얻으리라, 홍기문 1956)와 '두니ᄂ라'(있을 것이로다, 유창균 1994)만이 있다. 물론 '어디마리야'(얻으리라)에서는 '仁'을 '얻'으로 읽은 문제를 보인다. 그리고 이 해독들과 같이 '-而也'를 종결어미로 읽으면, 10구체 향가에서 제2구 말에는 종결어미가 오지 않는다는 원칙을 벗어나게 되고, 제1, 2구와 제3, 4구의 연결도 매끄럽지 못하게 된다. 게다가 '-伊而也'의 개별 향찰의 해독에서 문제를 보인 이 해독들은 '-伊而也'의 전체 해독에서도, 해독과 그 현대역이 형태소 차원에서 상응/일치하지 않는 문제도 보인다. 이 문제의 양상은 각주[115]로 돌린다.

이렇게 '-而也'를 종결어미로 본 해독들이 문제를 보이자, 이 문제를 해결하기 위하여 나온 것이 '-而也'를 연결어미 '마리여'로 본 해독들이다. 이 해독들은 오구라(小倉進平 1929)에서부터 시작하여 최근까지 나오고 있다. 연결어미로 본 것은 일치하지만, '마리여'가 어떤 연결어미인가를 정확하게 언급한 것은 강길운과 김지오뿐이다.

강길운(1995:505)은 '상반형 어미'라고만 간단하게 언급을 하였다. 김지오는 "이 부

문법적이지 않아 고민하는 문제를 해결하기 위한 것이다. 이에 비해 심사위원은 논점을 바꾸어 엉뚱하게 '毛冬留'가 앞에 온 '間'이나 '際'와의 연결 측면에서 문제가 없다고 주장하면서, 투고자의 논의를 혹평 내지 무시하고 있다. 선행 해독들 거의 모두가 '毛冬留 願海伊過'의 연결이 비문법적이라는 점에서, '毛冬留'를 관형사형이나 부사로 읽으려 했고, 이 해독들이 가지고 있는 문제를 해결하기 위하여, '願海伊過'의 '海'를 '-ᄒ-, 히-, 혜-' 등으로 읽으려 했으나, 또 다른 문제를 보이게 되었다. 이런 사실을 알면서도 이런 심사를 할 수 있는가는 매우 의심스럽다. 그리고 "내원 다할 날(로) 둔 것이지만"의 문맥에서 '(로)'가 필요한가 불필요한가를 검토하면 '日(留)'의 '留'가 누락자임을 쉽게 판단할 수 있다.

[115] '이시리여'(있으리여, 양주동 1942), '어디마리야'(얻으리라, 홍기문 1956), '두니ᄀ타라'(끝나리라, 정열모 1965), '인시리여'(있으리여, 김준영 1979), '두니ᄂ라'(이: 불완전명사, 있을 것이로다, 유창균 1994), '인이이라'(있습니다, 신재홍 2000).

분은 '置仁伊而也'로 끊어 읽고 어간 '置(두)-'와 동명사형 어미 '-仁(ㄴ)'과 계사 '伊'와 양보의 연결어미 '而也'가 연결된 형태로 파악해야 한다."고 진술한 다음에, 40여 페이지를 지나서, 향찰 '置仁伊而也'에 대한 선행 연구들과 이승재의 글을 인용하면서, 이 향찰 '而也'는 이두 '而亦'과 같은 것이라고 하였다(김지오 2012:113, 155-156). 향찰 '而也'를 '마리여'로 읽고 양보의 연결어미로 규정한 것이다.

그러나 이 해독은 물론, 오구라에서부터 〈상서도관첩〉(1262년), 〈장전소지〉(1385년), 『대명률직해』(1395년) 등에서 보이는 이두 '有而亦'과 '在而亦'의 '-而亦'에 의존하여 향찰 '-而也'를 '-마리여'로 읽은 해독들은, 다음과 같은 두 문제를 보인다.

첫째는 환경이 다르다는 문제이다. 이두의 '而亦/마리여'는 '有'와 '在' 다음에만 오는데, 향찰 '而也'는 '有'나 '在'가 아닌, '伊' 다음에 온 문제를 해결하지 못하고 있다. 이 문제는 해결 방법이 없어서, 그대로 묵인이 되어왔다. 그러나 문제가 해결된 것은 아니다.

둘째는 해독 '-마리여'와 현대역 '-마는'의 연결이 형태소 차원에서 상응/일치하지 않다는 문제이다.

이렇게 '-而也'의 개별 향찰은 그 해독에서 문제를 보이고, '-而也'의 전체 해독과 그 현대역이 형태소 차원에서 상응/일치하지 않는 문제도 보인다. 이 문제의 양상도 각주[116]로 돌린다.

이상과 같이 선행 해독들은 '日置仁伊而也'의 '-而也'를 종결어미로 보든 연결어미로 보든 해독에서 적지 않은 문제를 보인다.

이 문제들을 해결하기 위하여, 원전비평의 차원에서 일단 연자 '也'를 제거하고, 앞에서 누락자로 본 '留'를 보충하여, '日置仁伊而也'를 '日留 置仁伊而'로 수정 복원하고, '날로 둔 것이지만'의 의미인 '날루 둔이마론' 정도로 읽는다. '置仁'은 '둔'으로 읽은 동명사형이고, '-伊/이-'는 계사이며, '-而'는 역접의 연결어미 '-마론'이다.

그런데 이 해독에서 '-而'를 연결어미 '-마론'으로 읽은 것은 선행 연구에서 볼 수 없는 것으로, 좀더 구체적인 설명이 필요하다. 이 설명은 석독구결, 신라 이두, 〈처용가〉의 향찰, 〈서경별곡〉 등의 자료들을 통하여 다음과 같이 설명할 수 있다.

석독구결을 보면, 한자 '而'와 관련된 어휘가 매우 많아, '而ㅅ, 而(순접), 而ㄱ'(역

---

[116] '인이마리여'(있을 것인데, 小倉進平 1929), '이시리마리여'(있으리마는, 김완진 1980), '두니마리여' [둔(=될) 것이지만, 둔 것이나, 강길운 1995], '두니마리여'(두었지마는, 지형률 1996), '둔이마리여'(두었겠지만, 김지오 2012), '된이마리여'(되련마는, 되겠지만, 박재민 2013b).

접) 등으로 구분하고, 역접의 '-나'는 '乃, 那'로 쓰고 있다. '而ㄱ'의 말음첨기는 석독구결 '而ㄱ'을 '(그러ᄒ)나'가 아니라, '그러ᄒ다만'이나 '그러ᄒ지만'의 '-다만'이나 '-지만'의 의미로만 읽게 한다.

이 구결 '而ㄱ'은 향찰 '置仁伊而'의 '-而'와는 'ㄱ/隱'이 있고 없음으로 인해 다른 표기로 볼 수도 있다. 그러나 말음첨기 'ㄱ/隱'이 필수적인 것이 아니라 수의적(隨意的)인 것이라는 점과, 향찰에서는 석독구결에서와 같이 '而ᄽ, 而(순접), 而ㄱ'(역접) 등을 구분해야 할 만큼 '而'가 많이 나오지 않고 매우 드물게 나온다는 점에서, '-而'와 '-而ㄱ'은 같은 것으로 볼 수도 있다. 이런 사실은 신라 이두, 〈처용가〉, 〈서경별곡〉 등을 참고할 때에 좀더 구체적으로 드러난다.

신라 이두 '-而'는 '植內是而(死白)'[심안이마론(심은 것이지만), 〈신라장적〉(758년)]와 '上仕而(汚去如)'[바치었지만, 〈신라출납장〉(正倉院 所藏)(755년)]에서 보이며, 이에 나온 '-而'를 보면, '-(이)지만'의 의미를 보여준다. 특히 전자의 예는 동명사형 어미 다음에 '-이지만'의 의미를 보여주면서 '置仁伊而/둔이마론'(둔 것이지만)과 같은 형태를 보여준다. 이 자료들로 보면, '-而'를 역접으로 읽을 수 있다고 판단한다.

이번에는 〈처용가〉와 〈서경별곡〉의 자료를 보자.

(吾下)是如馬於隱(〈처용가〉)은 '-이다마는/이다만'의 의미를 보여주는 향찰로, '-이다말온'이나 '-이다말언'으로 읽을 수 있으며, 나아가 '-이다마론'을 추정할 수 있는 자료이다. 그리고 '西京이 셔울히마르는'(〈서경별곡〉)은 '서경이 서울이지마는'과 '서경이 서울이다마는'의 의미(『증정 고어사전』, 『이조어사전』, 『우리말샘』)이며, '고외마른'(〈서경별곡〉)은 '사랑하오이다마는'(『증정 고어사전』)의 의미이다. 이 세 자료에 나온 '-是如馬於隱/이다말온/이다말언', '-이마르는, -이마른' 등을 통하여, '마론'을 추정하여 설정할 수 있다. 그리고 이 '-마론'에 근거해서, '置仁伊而'를 '둔이마론'(둔 것이지마는)으로 읽을 수 있다.

그런데 현대역에서 보이는 '-이다마는'은 〈처용가〉의 '(吾下)是如馬於隱/이다말온/이다말언'과는 연결하기가 비교적 쉽다. 『표준국어대사전』(국립국어원)에서 보면, '-마는'을 "(종결어미 '-다, -냐, -랴, -지' 따위의 뒤에 붙어) 앞의 사실을 인정을 하면서도 그에 대한 의문이나 그와 어긋나는 상황 따위를 나타내는 보조사. 종결어미 '-지', '-다' 따위와 결합하여 확대된 연결어미 '-지마는', '-다마는' 따위를 만들기도 한다."로 정리하고 있다. 이 내용으로 보면, 〈처용가〉의 '(吾下)是如馬於隱/이다말온/이다말언'을 쉽게 이해할 수 있다.

이에 비해 '셔울히마르는(서울이지마는, 서울이다마는)', '고외마른(사랑하오이다마는)', '置仁伊而/둔이마론(둔 것이지마는)' 등의 경우에는, 표기에 없는 '-다/지-'를 현대역에 첨가시키면서 문제를 보인다. 이는 앞에서 본 신라 이두 '植內是而'[심안이마론(신은 것이지만)]에서도 마찬가지이다. 이 문제는 앞에서 인용한 사전의 '-마는'으로 보면 잘 드러난다. 즉 앞의 사전에서는 종결어미 '-다, -냐, -랴, -지' 따위의 뒤에 붙은 '-마는'을 설명하였지, 계사 '-이-' 다음에 온 '-마는'을 설명하지는 않았다. 이 사전으로만 보면, 계사 '-이-' 다음에 온 '-마는'을 설명할 수 없다. 그러나 앞에서 정리한 '-이마르는, -이마른, -伊而/是而/이마론' 등의 의미가 '-이지(/다)마는'이라는 사실이 명확한 이상, 현대어 '-마는'에 해당하는 고대어 '-마론'은 '-이마르는, -이마른, -伊而/是而/이마론' 등에서와 같이, 계사 '-이-' 뒤에 붙어, '-이지(/다)마는'의 의미를 보여주기도 한다고 규정하여도 큰 무리는 없을 것으로 판단한다.

　이상과 같은 점들로 보아, 置仁伊而也의 '也'는 연자로 보아 빼고, 置仁伊而로 수정하여 '둔이마론'(둔 것이지마는)으로 읽는다.

　이렇게 연자 '也'를 빼고, '置仁伊而'를 '둔이마론'으로 읽을 때에, 개별 향찰들은 '置(두)+仁(ㄴ)+伊(이)+而(마론)'에서와 같이 해당 한자의 훈이나 음을 벗어나지 않고, '두(어간)+ㄴ(동명사형 어미)+이(계사)+마론(연결어미)'의 결합이 문법적이며, '둔이마론'(둔 것이지만)의 해독과 현대역이 형태소 차원에서 상응하며, "날루 둔 것이지(/다)마는"의 문맥이 잘 통한다는 점에서, 연자 '也'를 빼고, '置仁伊而'를 '둔이마론'으로 읽은 것은 합리적이라고 할 수 있다. 또한 연자 '也'를 빼고, '置仁伊而'를 '둔이마론'으로 읽으면, 선행 해독들이 보인 10구체 향가의 제2구 끝에 종결어미가 왔다고 본 문제, 제1, 2구와 제3, 4구의 연결이 매끄럽지 못한 문제, '-而也'를 연결어미 '-마리여'로 읽은 해독의 두 문제, 즉 이두 '有而亦'이나 '在而亦'에 의존하여 읽은 '마리여'로 읽은 해독이 보여준 '有-'나 '在-' 다음에 '而也'가 오지 않은 문제, 해독 '마리여'와 현대역 '-마는'이 형태소 차원에서 상응/일치하지 않는 문제 등은, 이 문제들을 발생시킨 연자 '也'를 제거함에 따라, 모두 源泉的으로 아예 발생하지도 않는다는 점에서도, 연자 '也'를 빼고, '置仁伊而'를 '둔이마론'으로 읽은 것은 합리적이라고 할 수 있다.

　이 연자 '也'가 왜 발생하게 되었는가 하는 문제는 願海伊過와 서로 연계되어 있으므로, 願海伊過(也)의 누락자 '也'와 함께 설명하려 한다.

4.6.2. 願海伊過(也)의 누락자 也

　願海伊過에 대한 선행 해독들은 매우 복잡하다. 우선 '海'를 '海'로 읽은 경우와 '海'를 '호, 히, 혜' 등으로 읽은 경우로 양분된다. 전자는 다시 네 부류로 나뉜다.

첫째는 '(伊)過'를 '지나, 와, 닏가' 등으로 읽은 부류이다. 둘째는 '過'를 '고'로 읽은 부류이다. 이 부류에서는 '과'의 '고'로 보거나, '過'를 '遣'의 오자로 보기도 하였다. 이 두 부류는 큰 의미가 있는 것은 아니다.

셋째는 '過'를 '과'로 읽은 부류이다. 이 부류에 속한 해독들은 '願海이과'의 형태를 보인다. 이 해독들의 상당수는 '過'와 '과'의 형태소를 설명하지 않았고, 많은 경우[117]에는 거의가 추정이며, 정확한 논거를 제시한 것은 아니다. 특히 최근에 구결을 참고하면서, '과'의 '고'를 원망이나 소망의 선어말어미로 본 해독들은, '不冬 喜好尸 置乎理叱 過'(〈수희공덕가〉)의 '過'(과, 가. 의문형)와는 전혀 다른 해독을 하였다. 그리고 원망이나 소망의 선어말어미는 행위 동사에서 나오며, 구결에서 인용한 'ㅅ'(과)들을 보면 모두가 행위 동사에서 나온다. 그런데 '願海伊過'는 행위 동사가 아니라는 점에서, 이 '과'의 '고'를 원망이나 소망의 선어말어미로 보기는 쉽지 않다.

넷째는 '-과'를 '-과라'의 생략어나 '耶'의 누락으로 본 부류이다. '願海이과라'(小倉進平 1929)에서는 '-과'를 감탄형 '-과라'의 생략어로 보았다. 생략어라면, 생략된 상태로도 이해가 가능해야 하는데, 그렇지 않다는 점에서, 생략보다는 누락으로 판단된다. 특히 『보정 고어사전』에서는 '-노라'의 의미로 보고, 『이조어사전』에서는 '-도다'의 의미로 본 '-과라'는, '얻과라'(『석보상절』 十九 40), '得과라'(『월인천강지곡』 十八 7), '보과라'(『두시언해(초간본)』 七 13) 등등으로 문증되는 형태이므로, '-과(過)' 다음에 '-라'에 해당하는 향찰이 누락되었다고 판단한다. 그리고 '願海이가라'(發心修行하리로다, 유창균 1994)에서는 '過(가)' 다음에 '耶'가 누락되었다고 보았다. '願海이과라'에서와 같이 누락은 확실한 것 같다. 그러나 '願海이가라'의 해독이 '發心修行하리로다'의 현대역으로 연결된다고 보기는 어렵고, '過'를 '가'로 읽고, 그 다음에 누락된 향찰을 '耶'로 보는 것 역시 문제[118]를 보인다.

---

117 '과'를 '고+와'(정열모 1965), 감탄서술형(姜吉云 1995), '고자'의 축약형(신재홍 2000), '고'(원망의 선어말어미)와 '아'(종결어미)의 결합형(김지오 2012), '고져'(소망의 어미)의 축약형(박재민 2013b) 등으로 설명한 경우.

118 유창균은 제2구 말인 '置仁伊而也/두니ᄂ라'(있을 것이로다)와 제6구 말인 '善陵道也/이드른 길이라'(善한 길이로다)에서 격구로 '-也/라'가 반복하므로, 제4구 말에도 '願海伊過(耶)/願海이가라'(發心修行하리로다)와 같이 누락자 '耶'를 첨가하여서, 제8구 말인 '事伊置耶/일이두라'(일이로다)와 함께 격구로 '耶/라'가 반복한다고 주장하면서, 제4구 말에 '耶/라'를 첨가하였다. 이 첨가의 유일한 논거는 제2구 말과 제6구 말에서 '也/라'가 격구로 반복한다는 것이다. 그런데 이 논거는 문제를 보인다. 10구체 향가에서 제2, 6구 말에는 종결어미가 오지 않는다는 원칙을 위반한 것이다. 그리고 제2구 말의 '置仁伊而也'를 '두니ᄂ라'(있을 것이로다)로 읽었는데, 해독과 현대역이 형태소 차원에서 상응/일치하지 않는다.

이번에는 '海'를 접미사 '-ㅎ-'나 동사의 어간 '힉-, 혜-'로 읽은 경우들을 보자. 이에 속한 해독들은 '願ㅎ이고, 願 힉伊過, 願(을) 혜이과' 등의 형태를 보이는데, 앞에서 정리한 '毛冬留'의 衍字 '留'에서 보았듯이 쉽지 않은 해독들이다. 특히 願海의 '海'는 앞에서 설명하였듯이, 불경과 〈원왕가〉에서 앞의 명사를 구상화하고 장엄화하는 표현이다.

이상과 같이 願海伊過에 대한 선행 연구들은 문제를 보이는데, 이 문제는 원전비평의 문제로 願海伊過 다음에 '也'가 누락된 것으로 보고, '願海伊過也'를 '願海이과라'(願海이노라/願海이도다)[119]로 읽는다.

이렇게 누락자 '也'를 첨가하여 願海伊過也를 '願海이과라'로 읽을 때에, 향찰로 쓰인 한자의 음과 훈을 벗어나지 않았고, '願海+이(계사)+과라(감탄형 어미)'의 결합이 문법적이며, '願海이과라'(원해이노라/원해이도다)의 해독과 현대역이 형태소 차원에서 상응하고, "끝 모를 원해이노라/원해이도다"의 문맥이 잘 통한다는 점에서, 누락자 '也'를 첨가하여 '願海伊過也'를 '願海이과라'로 읽은 것은 합리적이라 할 수 있다. 또한 누락자 '也'를 첨가하여 '願海伊過也'를 '願海이과라'로 읽을 때에, 선행 해독들이 보인, '願海伊過'의 '過'를 '과'로 읽고 그 기능을 설명하지 않은 문제, 그 기능을 합리적으로 논증할 수 없는 '고+와', 감탄서술형, '고자'의 축약형, '고'(원망의 선어말어미)와 '아'(종결어미)의 결합형, '고져'(소망의 어미)의 축약형 등으로 본 문제, 논거 없이 '-과'를 '-과라'의 생략이나 '耶'의 누락으로 본 문제, '海'를 접미사 '-ㅎ-'나 동사의 어간 '힉-, 혜-'로 읽은 문제 등은, 이 문제들을 직간접적으로 발생시킨 毛冬留의 '留'를 연자로 빼고, '누락자 '也'를 첨가함에 따라, 모두 원천적으로 아예 발생하지도 않는다는 점에서도, '也'를 누락자로 보고 보충하여 願海伊過也를 '願海이과라'로 읽은 것이 합리적이라고 할 수 있다.

누락자 '也'가 발생한 이유는 원전비평의 차원에서 해결되는데, 置仁伊而也의 해독

특히 '而'의 음을 'ㄴ'로 보고, '-而也'를 감탄형 '-ㄴ라'라고 본 것은 이해가 가지 않는다. 앞에서 정리했듯이 '也'는 衍字이다. 그리고 제6구 말의 '善陵道也'를 '이드른 길이라'(선한 길이로다)로 읽었는데, 문맥상 '善陵道라'(善陵道이므로)로 읽어야 할 부분이다. 이 두 사실로 보면, 제2, 6구 말에서 '也/라'가 격구로 반복한다는 주장이 허물어지고, 이로 인해 제4, 8구 말에서 '耶/라'가 반복하도록 하기 위하여, 제4구 말에 '耶/라'가 누락되었다고 본 주장도 그 근거를 잃게 된다. 물론 제4구 말에 '-과라'의 '라'가 누락된 것은 사실이지만, 그 글자가 '也'가 아니라 '耶'라고 주장할 만한 논거는 발견할 수 없다.

119 '-也'가 '-라'로 읽힌 예는 '閼尸也/셔둘라'(〈청불주세가〉), '善陵道也/善陵道라'(善陵道이므로, 〈총결무진가〉), '阿也/아라'(〈제망매가〉) 등에서 보인다. 이는 한자 '-也'가 판단 어기사로 쓰일 때의 훈 '-라'이다.

에서 '也'를 삭제한 문제와도 서로 연계되어 있다.

　　　生界盡尸等隱○吾衣願盡尸日置仁伊而
　　　　　　　　　　　　　　　留　　　也1
　　○衆生叱邊衣于音毛○際毛冬願海伊過
　　也2
　　　○此如趣可伊羅行根○向乎仁所留善陵
　　道也○伊波普賢行願○又佛體叱事伊置
　　耶○阿耶○普賢叱都心音阿于波○伊留
　　叱餘音良他事捨齊

이 글은 선행 전사자가 작품을 전사하면서 願海伊過 다음에 누락된 '也'를 '也1' 또는 '也2'로 행간에 첨가한 글을 추정한 것이다. 후행 전사자가 이 의도를 살려서 願海伊過 다음에 누락된 '也'를 첨가하여 전사를 하였다면 문제가 없었을 것이다. 그러나 후행 전사자가 선행 전사자의 의도를 오해하여 행간의 '也'(也1 또는 也2)를 置仁伊而 다음에 첨가하여 전사를 하면, 현재 우리가 보고 있는 텍스트와 같이, 置仁伊而 다음에 불필요한 연자 '也'가 붙게 되고, 願海伊過 다음에는 '也'가 누락되게 된다. 이때 행간에 첨가한 '也'를 왜 置仁伊而 다음에 붙였는가 하는 문제가 발생하는데, 이는 향찰을 완벽하게 이해하지 못한 후행 전사자가 '不冬 喜好尸 置乎理叱過'(〈수희공덕가〉)의 '-過'와 같게 하기 위하여, '也'를 願海伊過 다음에 붙이지 않고, 置仁伊而 다음에 붙인 것으로 추정된다.

이상의 논의를 종합하면, 置仁伊而也의 '也'는 연자로, 願海伊過(也)의 '也'는 누락자로 각각 정리할 수 있고, 이 연자와 누락자는 서로 연계된 연자와 누락자로 정리할 수 있다.

4.7. 又都의 연자 都와 普賢叱(都)의 누락자 都

4.7.1. 又都의 연자 都

又都의 해독은 '-又 都'와 '又都'로 대별된다.

전자에는 '-도 모다'(姜吉云 1995)가 있으나, '-도'는 흔히 '刀'나 '都'로 표기한다는 점에서, 큰 의미는 없어 보인다.

후자에는 '다시 쏘'(小倉進平 1929), '쏘'(梁柱東 1942 등등), '모도'(정열모 1965), '쏘 다'(홍기문 1956 등등), '쏘 모다'(金俊榮 1979 등등), '쏘 모다'(俞昌均 1994; 김지

오 2012) 등이 있다.

'쏘'는 1음절의 표기에, 그것도 말음첨기를 포함하지 않은 향찰 두 글자를 썼다고 보기는 어렵다.

'모도'는 '叉'를 '모'로, '다시 쏘'는 '叉'를 '다시'로, 각각 읽는 것이 쉽지 않다.

'쏘 다', '쏘 모드', '쏘 모다', '또 모두' 등은, 이 해독의 의미와 생략된 부분을 제7, 8구에 넣어보면, 대략 "이봐 보현행원 (우리의 일이고) 또 다/모두 부처의 일이도다"가 되는데, 왜 '또' 다음에 '다/모두'가 들어갔는지를 이해할 수 없다. 그러나 '다/모두'를 제외하면, "이봐 보현행원 (우리의 일이고) 또 부처의 일이구나"가 되어 의미가 잘 통한다. 이렇게 보면, 일단 '叉都'의 '都'는 연자라고 정리를 할 수 있다.

이렇게 정리한다고 문제가 모두 해결된 것은 아니다. '叉都'는 구결에서 본문의 한자 다음에 구결을 붙인 경우와 비슷하여 향찰과 석독구결의 차이를 설명하여야 한다. 석독구결의 전훈독은 앞에 온 한자를 구결로 읽으라는 음표기이다. 즉 이미 한자로 쓰여 있는 '爲, 我' 등을 구결 'ᄼ, 三, ᅪ' 등으로 읽으라는 음표기이다. 이에 비해 향찰에서는 표기 또는 표현하고자 하는 'ᄒ-, 삼-, 우리' 등을 향찰 '爲-, 我-' 등으로 쓴다. 이로 인해 1음절어의 표기나 표현에서 같은 표기가 구결에서와 같이 한 번은 한자에 해당하는 향찰로, 한 번은 구결에 해당하는 향찰로, 두 번 나타나지 않는다. 즉 구결에서 흔히 보이는 '爲ᄼ-, 爲三, 叉刀, 此ᄁ, 是ᄁ' 등은 향찰에서 나타나지 않고, '爲-, 叉, 此, 是' 등만이 나타난다. 특히 향찰에서 1음절어를 '叉都'와 같이 앞의 '叉/도'를 뒤에 온 '都/도'로 확인한 경우는 없다. 단지 1음절어에서는 말음(받침)을 첨기(예: 道尸/길, 頓叱/믓, 掃尸/슬/쓸)하고, 2음절 이상의 어휘에서는 말음절의 첨기가 있을 뿐이다. 이런 향찰과 석독구결의 차이로 보아, 이 '叉都'는 구결에서 쓰는 '叉刀'와 같은 사용법을 향찰의 전사 과정에서 착각하여 발생한 표기이며, 이에 포함된 '都'는 연자로 보인다.

이런 점들로 보아 叉都의 '都'를 불필요하게 들어간 연자로 처리한다.

이렇게 연자 '都'를 제거하고 나머지 '叉'를 '도'(또)로 읽을 때에, 이 '도'는 '叉'의 훈이고, '도'(또)는 중세어에서 확인되는 단어이고, '도'(또)의 해독과 현대역은 형태소 차원에서 일치하며, "이봐 普賢行願 또 부처의 일이도다"의 문맥이 잘 통한다는 점에서, 연자 '都'를 제거하고 나머지 '叉'를 '도'(또)로 읽은 것은 합리적이라 할 수 있다. 또한 연자 '都'를 제거하고 나머지 '叉'를 '도'(또)로 읽을 때에, 선행 해독들이 보인, '叉都'를 '쏘'나 '도'로 읽으면서 1음절의 표기에 말음첨기를 포함하지 않은 향찰 2자를 사용하였다고 본 문제, 문맥상 한 단어인 '도/쏘'로 충분한 부분에서 '叉都'를 '다시 쏘', '쏘 다', '쏘 모드', '쏘 모듯', '쏘 모다' 등의 두 단어로 읽은 문제, 말음첨기를 포함한 1음절의 표기에만 향찰 2자를 쓰고 나머지 1음절의 표기에는 향찰 1자를 쓰는 향찰식 표기를 쓰지 않고, 앞에 온 한자의 全音을 뒤에 온 구결로 표기하는 구결식 표기를 보여준 문제 등은, 이 문제들을 발생시킨 연자 '都'를 제거함에 따라, 源泉的으로 아예 발생하지도 않는다는 점에서도, '都'를 연자로 제거하고 나머지 '叉'를 '도'(또)로 읽은 것은 합리적이라고 할 수 있다.

이 연자 '都'의 발생은 이어서 볼 제9구의 普賢叱 다음에 누락된 '都'와 서로 연계되어 있어, 뒤에 함께 설명하려 한다.

4.7.2. 普賢叱(都)의 누락자 都

이번에는 普賢叱(都)에 '都'가 누락되었다는 사실을 보기 위하여 제9구에 대한 선행 해독들을 먼저 보자.

해독 초기에는 普賢叱을 속격 '普賢ㅅ'으로 읽었고, 그 후에 속격 '普賢시'로 읽은 해독도 나왔다. 그러나 얼마 전부터 '叱'을 'ㅅ, 시, 실' 등으로 읽으면서 '叱'의 해독은 상당히 변하였다. 그중에는 '일'을 의미하는 '叱/실'도 포함되어 있다. 이 '일'을 의미하는 '叱/실'은 '辭叱都/말실도, 命叱/시기실/ᄒᆞ이실, 敬叱/경실/고마실' 등의 '叱/실'(양희철 2015a:355-358), '法供(沙)叱/법공실'과 '頓部叱留/뭇 주비실루'[120]의 '叱/실'(양희철 2024a:84-90, 94-96), 중세어 '그위실'(구위/官廳+실, 관청의 일)의 '실'[121] 등에서 발견된다. 이 '일'을 의미하는 '실'을 '普賢叱'에 적용하여 '보현의 일'을 의미하는 '普賢(보현)실'로 읽는다. 이렇게 읽을 때에, '普賢叱 心音'의 '마음'은 선행 연구들이 보여준 '보현의 마음'이 아니라, '시적 화자의 마음'이 된다.

왜 普賢叱을 속격의 '普賢ㅅ/시'가 아니라, 普賢叱을 '普賢실'(보현의 일)로 읽어야 하느냐를 설명해야 하는데, 이 문제는 普賢叱 다음에는 '都'가 누락되었다는 문제와 함께, 이어지는 心音阿于波 이하의 해독을 명확하게 한 다음에 구체적인 논의를 하려

---

120 '法供沙叱'의 '沙'는 연자이고, '頓部叱留'의 '留'는 누락자를 첨가한 것이다(양희철 2024a:84-85, 94-96).

121 '그위실'의 의미를 『補訂 古語辭典』에서는 '구실'과 '公共 또는 官家의 일을 맡아보는 직무'로 보았다. 이 중에서 '公共 또는 官家의 일을 맡아보는 직무'의 '職務'는 그 의미가 '관직의 일'이라는 점에서, '그위실'의 의미를 '관청의 일'로 이해할 수 있게 한다. 결국 '그위실'의 '실'은 '일'의 의미로 현재 우리가 쓰고 있는 접미사 '-질'의 선행형임을 알 수 있다. 그리고 『우리말샘』의 '그위실'을 보면, 옛말로 그 의미는 '공직, 관직'으로 정리를 하고 있다. 이 경우의 '공직'과 '관직'은 '공적인 일'과 '관청의 일'이라는 의미를 가지고 있어, '그위실'의 '-실'이 '-일'의 의미인 '-질'의 선행형임을 알 수 있게 한다. 게다가 『우리말샘』의 '-실'을 보면 "[옛말] (일부 명사 뒤에 붙어) '일'의 뜻을 더하는 접미사."로 정리되어 있다.

한다.

心音阿于波는 '心音 阿于波'와 '心音阿 于波'로 띄어 읽어 왔다. '阿于波'의 해독은 '阿'를 훈으로 읽은 경우와 음으로 읽은 경우로 나뉜다.

'阿'를 뜻으로 읽은 경우에는 '조초사'(조차, 유창균 1994)가 있다. 이 해독은 '阿'를 '隨, 從'의 의미로 보고, '波'를 '沙'의 오자로 보았다. 한자 '隨, 從'으로 쓰지 않고 '阿'의 벽훈을 썼다고 보고 '波'를 '沙'로 수정하면서, 난해하게 해독을 하였다. '阿于波'(따라, 김지오 2012)는 한역시로 보아, '따라'의 의미를 추정하였는데, 앞의 해독과 같은 범주에 속한다.

'阿于波'의 '阿'를 음으로 읽은 해독들은 크게 삼분이 되는데, 그 설명이 모두 난해하다.

첫째는 '합치하다'의 의미를 포함한 해독들이다. '어운바'(合致하는 바, 小倉進平 1929)와 '아ᇰ바'(합치하여, 신재홍 2000)가 있다. 이는 '마음' 다음에 생략될 수 없는 '-에'가 생략되었다고 본 문제와 'ㄴ'을 첨가하거나, '于'를 'ᇰ'로 읽은 문제를 보인다.

둘째는 '알다/아다(知)'의 의미를 포함한 해독들이다. 이 해독은 '아+ᄉᆞᆸ+아'의 '아ᅀᆞ바'가 '아ᅀᆞ바>아ᇰ바>아우바'로 변화하였다고 보고, '阿于波'는 '아우바'는 물론 '아ᅀᆞ바'나 '아ᇰ바' 등(양주동 1942 등등)으로 읽었다. 설명 과정이 복잡하고 난해하여 쉽게 이해할 수 없는 해독이다.

셋째는 둘째와 비슷하게 읽었지만, 그 뜻을 '알다/아다'가 아닌 다른 것으로 읽은 두 해독이 있다. '아우바'(광대하여, 강길운 1995)에서는 드리비다-타밀어를 동원하여 해독과 현대역을 연결하고 있는데, 쉽게 이해되지 않으며, '廣大'를 몰라서 '阿于波'로 적었다고 보기 어렵다. '아우바'(펼쳐 내어, 박재민 2013b)의 현대역은 해독에 기초한 의미가 아니라, 문맥에 따른 추정적 의미로 보인다.

'于波'로 끊어 읽은 해독에는 'ᄀᆞ바'(괴어, 김완진 1980)와 '굽아'[괴어(머물러), 지형률 1996]가 있다. 이 해독들은 "자비스러운 普賢菩薩의 마음에 잔잔히 괴어 있어"나 "普賢의 마음에 괴어(머물러)"의 문맥이 잘 통하지 않는 문제를 보인다. 그리고 '于'의 훈은 '가'이지, 'ᄀᆞ'가 아니다. 이는 '괴다'(고이다)의 의미인 '굽다'에 맞추기 위한 조정으로 보인다. 이로 인해 이 해독들 역시 난해한 측면을 보여준다.

이렇게 선행 해독들은 이해하기 어렵게 설명한 난해한 문제를 보인다. 이 문제는 '于波'를 '차(가득하게 되어)'의 의미인 '가바'로 읽을 때에 해결된다. 이 '가바'는 '차다'의 의미인 함경도 방언 '갑다'(『고려대 한국어대사전』, 『우리말샘』)의 연결형이다. 이 함경도 방언 '갑다'["(무엇이 장소에) 들어 있거나 가득하게 되다."의 '가득하게 되다']는 고대어의 잔존형(殘存形)으로 추정된다.

이상을 종합하면, 제9구("阿耶 普賢叱 心音阿 于波")는 '아-, 보현의 일 마음에 차(가득하게 되어)'의 의미인 '아라 보현실 무슴아 가바'로 읽을 수 있다.

이제 앞에서 미루었던 '普賢叱'을 '普賢실'로 읽어야 하는 이유와, '普賢叱' 다음에 '都'가 누락되었다는 사실을 차례로 보자.

'叱'은 'ㅅ/시'와 '실'로 쓰인다는 점에서, '普賢叱'을 '普賢ㅅ/시'와 '普賢실'로 읽는 것은 모두 가능하다. 그러나 〈총결무진가〉의 내용으로 보면 '普賢실'로 읽어야 할 것 같다.

선행 연구들은 모두가 '普賢叱 心音'을 보현의 마음으로 읽어 왔다. 그런데 이렇게 '普賢叱 心音'을 보현의 마음으로 읽으면, 〈총결무진가〉의 중심 화제라 할 수 있는 보현행원, 즉 보현의 일을 벗어나게 된다. 제7, 8구를 보면, '이봐 보현행원 또 부처의 일이도 다'라고 하면서, 중심 화제가 보현행원임을 보여준다. 그리고 제10구를 보면 "이로 남아 他事(다른 일) 버리져"를 통하여 중심 화제가 보현의 일, 즉 보현행원임을 보여준다. 제10구에서 내용의 흐름을 주도하는 단어는 '이'와 '他事(다른 일)'이며, '이'는 "바로 앞에서 이야기한 대상을 가리키는 지시 대명사"로, '他事(다른 일)'의 반대어인 '此事(이 일)'로, 보현행원, 즉 보현의 일을 의미한다. 이렇게 전개된 제7-10구의 중간인 제9구의 '普賢叱 心音'을 '보현의 마음'으로 읽으면, 앞뒤의 중심 화제인 보현행원, 즉 보현의 일을 벗어나게 된다. 이에 비해 제9구의 '普賢叱 心音阿'를 '보현의 일(보현행원) 마음에'로 읽으면, 제7-10구의 중심 화제인 보현의 일(보현행원)을 벗어나지 않게 된다. 즉, 제7-10구인 "이봐 보현행원 또 부처의 일이도다. 아-, 보현의 일(보현행원) 마음에 가득하게 되어 이(보현의 일)로 남아 다른 일 버리져"에서, 제9구의 '普賢叱/보현실'(보현의 일)은 제7-10구의 중심 화제인 '보현의 일'(보현행원)을 벗어나지 않게 된다. 이런 점에서 普賢叱은 속격의 '普賢ㅅ/시'가 아니라 '普賢실'(보현의 일)로 읽어야 한다고 판단한다.

이번에는 '都'가 누락되었다는 사실을 보자. 제9구의 의미인 '아-, 보현의 일 마음에 차(가득하게 되어)'의 문맥을 보면, '보현의 일' 다음에, 격어미 '-은'이나 '-이'가 생략되었거나, 보조사 '-도'가 누락되었음을 알 수 있다. 이 중에서도, 보조사 '-도'가 누락되어 있음을 알 수 있다. 이런 점에서 普賢叱 다음에 누락된 '都'를 첨가하여 普賢叱都를 '보현실도'(보현의 일도)로 읽는다.

이상을 종합하면, 누락자 '都'를 첨가한 제9구("阿耶 普賢叱都 心音阿 于波")는 '아-, 보현의 일도 마음에 차(가득하게 되어)'의 의미인 '아라 보현실도 무슴아 가바'로 읽을 수 있다.

　이렇게 누락자 '都'를 첨가하여, 普賢叱都를 '普賢실도'로 읽고, '于波'를 고어의 잔존형으로 보이는 함경도 방언 '갑다'의 연결형 '가바'(가득하게 되어)로 읽을 때에, '都'의 한자음이 '도'이고, '普賢(명사)+叱/실(보조사)+都/도(보조사)'의 결합이 문법적이며, '普賢실도'(普賢일도/普賢의 일도)의 해독과 현대역이 형태소 차원에서 상응하고, 제7-10구의 중심 화제인 보현의 일(보현행원)과 일치하고, "보현의 일도 마음에 가득하게 되어"의 문맥이 잘 통하며, '보현의 일'은 제10구에 나온 지시 대명사 '이(일)'와 연결되고, 普賢叱都의 '-叱都'는 辭叱都(〈제망매가〉)의 '-叱都'와 같은 것이라는 점에서, 누락자 '都'를 첨가하여 '普賢叱都'를 '普賢실도'로 읽은 것은 합리적이라 할 수 있다. 또한 누락자 '都'를 첨가하고, '于波'를 고어의 잔존형으로 보이는 함경도 방언 '갑다'의 연결형 '가바'(가득하게 되어)로 읽을 때에, 선행 해독들이 '普賢叱 心音'을 '보현의 마음'으로 읽으면서, 제7-10구의 중심 화제인 보현행원(보현의 일)을 벗어난 문제, 제10구의 지시 대명사 '이'가 지시하는 '일'을 직접 보여주지 못한 문제, '心音 阿于波'와 '心音阿于波'로 띄우고 '阿于波'와 '于波'를 이해가 잘되지 않게 난해하게 해독을 한 문제들[122]은, 이 문제들을 발생시킨 누락자 '都'를 첨가하고, '普賢叱都'와 '于波'를 '普賢실도'(보현의 일도)와 '가바'(가득하게 되어)로 읽음에 따라, 원천적으로 아예 발생하지도 않는다는 점에서도, '普賢叱' 다음에 누락자 '都'를 첨가하고, 普賢叱都와 于波를 '普賢실도'(보현의 일도)와 '가바'(가득하게 되어)로 읽은 것은 합리적이라 할 수 있다.

　普賢叱 다음에 '都'가 누락되게 된 원인은 앞에서 정리한 叉都의 연자 '都'와 연계되어 있다. 이를 함께 보기 위하여, 다음의 글을 보자.

　　　　生界盡尸等隱○吾衣願盡尸日留
　　　　置仁伊而○衆生叱邊衣于音毛○
　　　　際毛冬願海伊過也○此如趣可伊
　　　　羅行根○向乎仁所留善陵道也○

---

[122] '阿于波'로 띄어 읽은 해독에서, '조초사'(조차)의 표기에 한자 '隨, 從'을 쓰지 않고, 벽훈 '阿'를 썼다고 본 문제, '어운바'(合致하는 바)와 '아ᄋ바'(합치하여)가 보이는 '마음' 다음에 생략될 수 없는 '-에'가 생략되었다고 본 문제와 'ㄴ'을 첨가하거나, '于'를 'ᄋ'로 읽은 문제, '아우바, 아ᅀ바, 아으바'(알아) 등에서 보이는 변화 과정이 복잡하고 난해한 문제, '아우봐'(광대하여), '아우바'(펼쳐 내어) 등에서 보이는 해독과 현대역이 형태소 차원에서 상응/일치하지 않거나 그 연결이 어려운 문제, '于波'로 띄어 읽은 해독에서, 'ᄀ바'(괴어)와 '곱아'[괴어(머물러)]의 해독들이 보이는 문맥이 잘 통하지 않는 문제와 '于'의 훈을 '가'가 아닌 'ᄀ'로 본 문제.

```
        伊波普賢行願○又佛體叱事伊置
                都
        耶○阿耶○普賢叱心音阿于波○
      伊留叱餘音良他事捨齊
```

　이 글은 선행 전사자가 작품을 1행 14자[123]로 전사하면서 普賢叱 다음에 누락된 '都'를 행간에 첨가한 글을 추정한 것이다. 후행 전사자가 이 의도를 살려서 普賢叱 다음에 누락된 '都'를 첨가하여 전사를 하였다면 문제가 없었을 것이다. 그러나 후행 전사자가 선행 전사자의 의도를 오해하여 행간의 '都'를 '又' 다음에 첨가하여 전사를 하면, 현재 우리가 보고 있는 텍스트와 같이, '又' 다음에 불필요한 연자가 붙게 되고, 普賢叱 다음에는 '都'가 누락된다.

　이런 점들로 보아 又都의 '都'는 연자로, 普賢叱(都)의 괄호 안에 넣은 '都'는 누락자로 정리할 수 있다.

5. 결론

　지금까지 전사 과정에서 나타날 수 있는 오해의 측면에서, 누락자, 연자, 전도구 등을 중심으로, 향가의 원전을 비평해 보았다. 그 결과를 요약하여 결론을 대신하면 다음과 같다.

　1) 史伊衣(〈모죽지랑가〉)의 '伊'는, 선행 전사자가 數就音(伊)에 빠진 누락자를 행간에 첨가한 것인데, 이를 후행 전사자가 史伊衣에 들어가는 것으로 오해하고 잘못 넣은 연자이고, 이 연자와 연계된 數就音(伊)의 '伊'는 누락자이다. '數就音伊'와 '史衣'로 복원하고, '혜나삼이'(세어나감이, 헤아려나감이)와 '시의'(것의)로 해독하였다.

　2) 廻於尸七(〈모죽지랑가〉)의 '尸'는, 선행 전사자가 作乎(尸)下是에 빠진 누락자를 행간에 첨가한 것인데, 이를 후행 전사자가 '廻於尸七'에 들어가는 것으로 오해하고 잘못 넣은 연자이고, 이 연자와 연계된 '作乎(尸)下是'의 '尸'는 누락자이다. '廻於七'과 '作乎尸下是'로 복원하고, '돌어질'(돌아질)과 '일올 하이'(이룰 것이)로 해독하였다.

　3) 治良羅(〈안민가〉)의 '羅'는, 선행 전사자가 '阿孩(羅)古'에 빠진 누락자를 행간에

123　1행 14자는 앞에서 보았던 1행 17자와 다르다. 이는 전사가 한 번 된 것이 아니라 2회 이상 되었기 때문에 다른 것으로 판단한다.

첨가한 것인데, 이를 후행 전사자가 治良羅에 들어가는 것으로 오해하고 잘못 넣은 연자이고, 이 연자와 연계된 阿孩(羅)古의 '羅'는 누락자이다. '阿孩羅古'와 '治良'로 복원하고, "'아희라'ㄱ"와 '다슨아'로 해독하였다.

4) 月羅理(〈찬기파랑가〉)의 '羅'는, 선행 전사자가 下(羅)에 빠진 누락자를 행간에 첨가한 것인데, 이를 후행 전사자가 月羅理에 들어가는 것으로 오해하고 잘못 넣은 연자이고, 이 연자와 연계된 下(羅)의 '羅'는 누락자이다. '月理'와 '下羅'로 복원하고, '드리'와 '아라'(아래에)로 해독하였다. 〈찬기파랑가〉의 제4, 5구는 앞뒤가 바뀐 전도구이다.

5) 賜以古只(〈맹아득안가〉)의 '古'는, 선행 전사자가 '放' 바로 다음에 빠진 누락자를 행간에 첨가한 것인데, 이를 후행 전사자가 賜以古只에 들어가는 것으로 오해하고 잘못 넣은 연자이다. 이 연자와 연계된 放(古)의 '古'는 누락자이다. '放古'와 '賜以只'로 복원하고, '놓고'와 '주시기'로 해독하였다.

6) 修叱如良(〈풍요〉)의 '良'은, 선행 전사자가 多(良)에 빠진 누락자를 행간에 첨가한 것인데, 이를 후행 전사자가 修叱如良에 들어가는 것으로 오해하고 잘못 넣은 연자이다. 이 연자와 연계된 '哀反 多(良)'의 '良'은 누락자이다. '哀反 多良'와 '修叱加'로 복원하고, '셜분 하아/많아'와 '닷가'로 해독하였다.

7) 月下伊(〈원왕생가〉)의 '伊'는, 선행 전사자가 誓音(伊)에 빠진 누락자를 행간에 첨가한 것인데, 이를 후행 전사자가 月下伊에 들어가는 것으로 오해하고 잘못 넣은 연자이다. 이 연자와 연계된 誓音(伊)의 '伊'는 누락자이다. '月下'와 '誓音伊'로 복원하고, '돌하'와 '다딤이'로 해독하였다.

8) 數於將(〈혜성가〉)의 '於'는, 선행 전사자가 (於)見賜烏尸에 빠진 누락자를 행간에 첨가한 것인데, 이를 후행 전사자가 數於將에 들어가는 것으로 오해하고 잘못 넣은 연자이다. 이 연자와 연계된 (於)見賜烏尸의 '於'는 누락자이다. '於見賜烏尸'과 '數將'로 복원하고, '가보시올'과 '헤어'로 해독하였다.

9) 冬矣也(〈원가〉)의 '矣'는, 선행 전사자가 秋察尸(矣)에 빠진 누락자를 행간에 첨가한 것인데, 이를 후행 전사자가 冬矣也에 들어가는 것으로 오해하고 잘못 넣은 연자이다. 이 연자와 연계된 秋察尸(矣)의 '矣'는 누락자이다. '秋察尸矣'와 '冬也'로 복원하고, 'ᄀ줄익'와 '들여/듥여'로 해독하였다.

10) 月羅理(〈원가〉)의 '羅'는, 선행 전사자가 望(羅)阿乃에 빠진 누락자를 행간에 첨가한 것인데, 이를 후행 전사자가 月羅理에 들어가는 것으로 오해하고 잘못 넣은 연자이다. 이 연자와 연계된 望(羅)阿乃의 '羅'는 누락자이다. '月理'와 '望羅阿乃'로 복원하고, '드리'와 'ᄇ라아나'로 해독하였다.

11) 唯只伊(〈우적가〉)의 '伊'는, 선행 전사자가 (作)乎隱以多에 빠진 누락자 '作'를 행간에 첨가하였는데, 이를 후행 전사자가 唯只伊에 들어가는 '(作〉)伊'로 오해하고 잘못 넣은 연자이다. 이 연자와 연계된 都(作)乎隱以多의 '作'은 누락자이다. '唯只'와 '作乎隱以多'로 복원하고, '오딕/오직'과 '일온이다'(이룬 것이다)로 해독하였다.

12) 法供沙叱(〈광수공양가〉)의 '沙'는, 선행 전사자가 衣波(沙)에 빠진 누락자를 행간에 첨가한 것인데, 이를 후행 전사자가 法供沙叱에 들어가는 것으로 오해하고 잘못 넣은 연자이다. 이 연자와 연계된 衣波(沙)의 '沙'는 누락자이다. '法供叱'과 '衣波沙'로 복원하고, '法供(법공)실'(법공의 일)과 '니바사'(입어야)로 해독하였다.

13) 動賜隱乃(〈청불주세가〉)의 '隱'은, 선행 전사자가 白乎(隱)等耶에 빠진 누락자를 행간에 첨가한 것인데, 이를 후행 전사자가 動賜隱乃에 들어가는 것으로 오해하고 잘못 넣은 연자이다. 이 연자와 연계된 白乎(隱)等耶의 '隱'은 누락자이다. '動賜乃'와 '白乎隱等耶'로 복원하고, '뮈시나'와 '숣온ᄃ야'로 해독하였다.

14) 修將來賜留隱(〈상수불학가〉)의 '留'는, 선행 전사자가 頓部叱(留)에 빠진 누락자를 행간에 첨가한 것인데, 이를 후행 전사자가 修將來賜留隱에 들어가는 것으로 오해하고 잘못 넣은 연자이다. 이 연자와 연계된 頓部叱(留)의 '留'는 누락자이다. '修將來賜隱'과 '頓部叱留'로 복원하고, '닦아 오신'과 '못 주비실루'(수많은 주비의 일로)로 해독하였다.

15) 根中(〈항순중생가〉)의 '中'은, 선행 전사자가 전사 과정에서 누락된 內乎(尸)留의 '尸/ㄹ'을 행간에 첨가하였는데, 후행 전사자가 첨가된 향찰의 위치를 '根' 다음에 들어가는 것으로 오해하고, '根'에 맞게 '尸/ㄹ'을 유사한 향찰 '中'으로 바꾸어 놓은 연자이다. 이 연자와 연계된 '內乎(尸)留'의 '尸'는 누락자이다. '根'과 '內乎尸留'로 복원하고 '불휘'와 '드리올루'(드리울 것으로)로 해독하였다.

16) 毛冬留(〈총결무진가〉)의 '留'는, 선행 전사자가 전사 과정에서 누락된 日(留)의 '留'를 행간에 첨가하였는데, 후행 전사자가 첨가된 향찰의 위치를 오해하고, 毛冬留에 '留'를 넣으므로 인해 발생한 연자이다. 이 연자와 연계된 日(留)의 '留'는 누락자이다. '日留'와 '毛冬'로 복원하고, '날로'와 '모둘'로 해독하였다.

17) 置尸伊而也(〈총결무진가〉)의 '也'는, 선행 전사자가 전사 과정에서 누락된 願海伊過(也)(願海이과라)의 '也'를 행간에 첨가하였는데, 후행 전사자가 첨가된 향찰의 위치를 오해하고, 置尸伊而也에 '也'를 넣으므로 인해 발생한 연자이다. 이 연자와 연계된 '願海伊過(也)'의 '也'는 누락자이다. '置尸伊而'와 '願海伊過也'로 복원하고, '둘이마론'(둘 것이지만)과 '願海이과라'(원해이구나)로 해독하였다.

18) 又都(〈총결무진가〉)의 '都'는, 선행 전사자가 전사 과정에서 누락된 普賢叱(都)의 '都'를 행간에 첨가하였는데, 후행 전사자가 첨가된 향찰의 위치를 오해하고, 又都에 '都'를 넣으므로 인해 발생한 연자이다. 이 연자와 연계된 普賢叱(都)의 '都'는 누락자이다. '又'와 '普賢叱都'로 복원하고, '도/쏘'와 '普賢실도'(보현의 일도)로 해독하였다.

이상과 같이 『삼국유사』의 향가와 『균여전』의 향가에서는 서로 연계된 연자와 누락자가 18쌍으로 나타난다. 이 연자들과 누락자들을 각각 개별적으로 나타난 것으로 보면, 그 연자와 누락자를 찾아내는 것이 쉽지 않았을 것이다. 그러나 연자와 누락자를 서로 연계시켜서 검토하면서, 연자와 누락자의 확인은 물론, 확신을 할 수 있었다. 이렇게 연자와 누락자를 연계시켜서 연구한 것은 필자가 처음인데, 그 확인과 확신을 통하여, 매우 의미 있는 연구로 판단한다.

제3부

중요한 문제 향찰의 어학적 해독
- 향찰 운용법의 규범을 준수한 문제 향찰 -

소멸된 한자음의 문제 향찰

1. 서론

이 글에서는 소멸된 한자음의 문제 향찰로 여럿이 있지만, 우선 향찰 '斤, 恨, 遣, 反, 焉, 省' 등을 검토 정리하고자 한다.

한자의 음으로 읽은 향찰들의 상당수는 그 해독에서 그렇게 큰 어려움이 없다. 그러나 일부의 향찰들, 특히 이 글에서 다루려는 향찰들은 음으로 읽은 향찰이면서도, 적지 않은 어려움이 수반되어 왔다. 그 이유는 해당 향찰의 한자음이 우리가 알고 있는 근현대음이 아니라는 것이다. 이 글에서 다루려는 향찰 '斤, 恨, 遣, 反, 焉, 省' 등의 한자음을 '근, 한/흔, 견, 반, 언, 성/생' 등으로 보면 해독이 거의 불가능하다. 이런 사실은 향찰별로 간단하게 연구사를 통하여 보면 쉽게 알 수 있다.

'斤'은 'ㄴ, 오, 간, 긴, 근' 등으로 읽어 왔다. 'ㄴ, 오, 간, 긴' 등의 경우에는 한자 '斤'에서 볼 수 없는 음이고, '근'은 근현대음으로 중세어에서 보이는 '불근'의 'ㄴ'과도 일치하지 않는다.

'恨'은 '한, 흔, 깐, ㅎ, 恨, 金, 측, 흔, 은' 등등으로 읽어 왔다. 근현대음 '흔/한'을 계산하면, 음으로 읽을 경우에 '한, 흔, ㅎ' 등만이 가능하다. 그런데 太平恨音叱如(〈안민가〉)의 '恨'을 'ㅎ'로 읽으면, 왜 '爲賜尸知, 爲尸知, 爲內尸等焉' 등에서와 같이 '爲'로 'ㅎ'를 표기하지 않았느냐 하는 문제에 답을 할 수가 없다. 그리고 '恨'의 중세음이라고 하는 '흔'은 어디에서 온 것인지를 명확하게 알 수 없다. 게다가 '恨'이 속한 臻섭 1등운 한자들의 그 당시의 운은 '온'이다.

'遣'은 이두집에 병기된 '고'로 읽은 해독과 근현대음 '견'에 의존한 해독이 교차하여 왔다. 전자는 이두집에 병기된 '고'를 제외하면, '遣'을 '고'로 읽을 수 있는 논거가 부족하다는 문제를 보인다. 후자의 경우는 일부의 '遣'에서만 가능성을 보인다는 문제를 보인다.

'反'은 '반, 번, 븐, 본' 등등으로 읽어 왔다. 이 중에서 '반, 번' 등은 근현대음이라는 장점을 갖지만, 해독에서 '-아-'와 '-어-'의 기능을 알 수 없다. 그리고 '븐, 본' 등은 해당 어휘에는 비교적 적합하지만, 한자 '反'의 음이 '븐, 본' 등이라는 것을 설명하지 못한 문제를 보인다.

향찰 '焉'은 매우 다양하게 읽어왔으나, '焉'의 한자음을 '언'으로 보는 한, '언, ㄴ'의 해독만이 당위성을 얻는다. 그런데 본론에서 보겠지만, 일부의 '焉'은 '온'을 읽어야 하는 것이 보인다는 점에서 향찰 '焉'은 다시 한번 검토해 보아야 할 문제를 보인다.

'省'은 세 부류로 읽혀 왔다. 하나는 이두 지명에서 '省'에 대응시킨 이두 '蘇, 所, 述' 등에 기초한 '소, 쇼, 솔' 등의 해독이다. 이 해독들은 한자 '省'의 음과 의/뜻 중에서 어느 것으로도 '소, 쇼, 솔' 등을 설명하지 못한 문제를 보인다. 다른 하나는 한자 '省'의 유사훈 '보, 씨' 등으로 읽은 해독이다. 이 해독들은 한자 '省'의 정확한 훈을 이용하지 않은 문제를 보인다. 마지막 하나는 한자 '省'의 중세음 '싱, 셩' 등에 기초한 'ᄉ, 시, 싱, 셔, 셩' 등의 해독이다. 이 해독들은 향찰 당시의 한자 '省'의 고음 '숑'을 암시하는 이두 '蘇/쇼, 所/쇼' 등의 음을 고려하지 않은 문제를 보인다.

이상과 같이 소멸된 한자음의 문제 향찰인 '斤, 恨, 遣, 反, 焉, 省' 등은 그 해독에서 많은 문제를 보인다. 이 문제들을 해결하기 위하여, 개별 향찰별로 글을 쓰고, 책(양희철 2008a, 2013a, 2015a)에 수록한 바가 있다. 그리고 그 후에 중요한 문제 향찰을 정리하면서, '斤, 省, 遣, 反' 등을 요약 정리한 바(양희철 2020)가 있다. 이 정리한 글을 일차로 인용하려 한다. '恨'은 이 글에서 처음으로 검토 정리한 것이고, '焉'은 앞의 글 (양희철 2013a)을 줄이고 수정 보완을 하려 한다.

2. 斤/곤과 恨/혼

2.1. 斤/곤

향찰 '斤'은 "明斤 秋察羅 波處也"(〈청전법륜가〉)의 문맥에서 나온다. 이 '斤'에 대한 선행 해독들에서는 '근, 은, 간, 긴, 근' 등으로 읽어 왔다. 이에 대한 변증과 보완을 하면서 '근'(양희철 2015a)으로 읽었으나, 다음과 같은 점들로 보아, 특히 구결 자료로 보아, '斤'을 '곤'으로 수정해서 읽었다(양희철 2020).

'斤'을 '근'으로 읽은 해독은 '붉은'(오구라 1929)과 '볼근'(양주동 1942)에서 보인다. 이 두 해독에서는 '斤'의 음을 '근'이라고 설명한 다음에, 明斤을 '붉은, 볼근' 등으로 읽으면서 '근'을 '건'으로 바꾸었다. 이는 모음조화의 측면에서 '붉'에 맞추어, '근'을 '건'으로 바꾼 것으로 이해된다. 나머지의 '온, 간' 등은 오구라와 양주동의 해독을 크게 벗어나지 않는다.

'斤'을 '긴'으로 읽은 해독은 '밝인'에서 보인다. 이 해독에서는 "'斤'과 '期'는 모두 [ki]인 것에 일본발음에서 눈을 멈추어 본다."(김선기 1993:621)고 설명을 하였다. 한자음과 문맥의 차원에서 '밝인'이 가능한가는 좀더 검토해 보아야 할 것 같다.

'斤'을 '근'으로 읽은 해독은 '밝은'(김준영 1964, 1979), '발근'(김상억 1974), '불근'(유창균 1994), '벌근'(강길운 1995) 등에서 보인다. '밝은'과 '발근'에서는 '斤'의 음을 '근'으로 보면서 별다른 설명을 하지 않았다. 이에 비해 '불근'과 '벌근'에서는 '斤'을 '근'으로 읽으면서, 외국 학자들이 재구한 중국 중고음이 [kjən] 또는 [kɪnə]이고 동음이 '근'이란 점에서 '斤'을 '근'으로 읽었다. 이 설명들은 좀더 구체적으로 설명되어야 할 것 같다.

한자 '斤'과 그 해성자들(近, 欣, 焮, 訢)은 현대 중국어로 보면, '臻'섭 3등 합구음의 '文'운(평성)과 '間'운(거성)에 속하며, 반절하자로 보면 '斤'은 '臻'섭 3등 개구음의 '欣'운(평성)과 '焮'운(거성)에 속한다. 그리고 '文'운과 '間'운의 운은 '-juən'으로, '欣'운과 '焮'운의 운은 '-jən'으로 재구되었는데, 이에 포함된 '-ən'은 오음과 일본음에서 '-on'으로 수용되었다(칼그렌 1954; 이돈주 역 1985:61, 69). '欣'의 일본음은 '긴'과 '곤'인데, '곤'의 음은 '欣求'(곤구)에서 발견된다.

이런 '臻'섭 3등운의 특성을 그대로 한국음에 적용하면, '斤'을 '곤'으로 읽을 수 있다. 그러나 한국 한시에서 '斤'이 '곤'의 음으로 정확하게 쓰인 예를 찾기는 어렵다. '곤'보다는 '군'의 음을 보여준다. 이를 말해주는 작품으로, 『동국이상국집』(제10권 고율시)에 수록된 〈次韻崔相國詵謝奇平章贈熨石〉(이규보, 1168-1241)의 압운자들과 『동문선』(권지11의 5언 排律)에 수록된 〈東征頌〉(釋圓鑑, 1226-1292)의 압운자들을 들 수 있다. 이 압운자들을 보면, '斤'은 '군〉근'으로 보인다.

이런 사실들로 보아, '明斤'의 '斤'은 그 음을 '근'으로 읽고, '斤'의 한자음은 중국 고음인 [kjən]이 오음과 일본음에서 [kon]으로 수용되고, 이것이 한국 고음에서 [kon/kun〉kɨn]으로 변하여 균여의 향찰 '明斤'의 '斤'에서는 '근'이 되었다고 정리한 바가 있다.

그런데 앞의 한시들보다 그 시대가 앞서고, 그 논증성이 좀더 높은 구결 자료로 보면, '군〉근'보다 앞선 '곤'으로 해석된다.

고려 구결에서 '斤'은 'ㅎ斤, ㆍㅎ斤, ㅁ斤, ㅎㅁㅅ斤'의 형태로 나온다. 이 중에서 그 해독이 명확하지 않은 '亥口八斤'을 제외하고, 나머지를 차례로 보자.

' ㅋ 斤'은 『유가사지론』의 구결에서 "又 善友ㅋ{之} 攝受ノㄱ 所乙 依ㅋ斤 {於}所知 境ㅣㄱ 眞實性ㄴ 中ㅋ十 覺了欲 {有}ㅛ흑"(06:19-20)의 '依ㅋ斤'을 필두로 5회 보인다. 그 형태는 '依ㅋ斤'(2회), '得ㅋ斤'(2회), '爲八ㅋ斤'(1회) 등의 3종이다. 이 '-ㅋ斤'들은 모두 '-아곤'의 표기이다.

'ᆢㅋ斤'은 『유가사지론』의 구결에서 "謂ㄱ 卽ᆢ 彼 補特伽羅ㅣㅣ (內ㄴ 五種) 生圓滿乙 具 已氵ᆢㅋ斤"(02:20-21〉)을 필두로 14회 나온다. 모두가 '已氵ᆢㅋ斤'의 형태를 보인다. 이 '已氵ᆢㅋ斤'은 '이미사 ᄒᆞ아곤'의 표기이다.

'口斤'은 『유가사지론』의 구결에서 "此乙 除口斤 更ㅋ …"(04:05-06)를 필두로 13회 나온다. 모두가 '除口斤'의 형태이다. 이 '除口斤'이 '제외하곤'의 의미라는 점에서, '口斤'은 '고+곤'에 의한 '곤'의 표기라 할 수 있다. '고곤'과 '곤' 어느 쪽으로 보든 '-斤'이 '곤'의 표기임에는 틀림이 없다.

이상과 같이 '斤'의 한자음은 중국 고음인 [kjən]이 오음과 일본음에서 [kon]으로 수용되고, 이것이 한국 고음에서 [kon/kun〉kin]으로 변하였고, 고려의 구결에서 '斤'이 '곤'으로 읽힌다는 점에서, '明斤'은 '붉곤'으로, '斤'은 '곤'으로 읽어야 한다고 판단한다.

참고로, '隱' 역시 '臻'섭 3등운에 속하며, '欣隱焮' 등은 '-jən'이며, 그 오음이 '온'이며, 일본음 역시 '온'이다. 이런 사실은 '隱'의 신라음도 '온'일 수도 있음을 말해준다. 이럴 가능성은 '穩'의 음이 '온'이란 점에서 알 수 있다. 그러나 '斤'과 다르게 "[集韻] 於刃切 音靷 震去聲"에서 보이는 '인'이 일찍이 들어와 '은'으로 쓰인 것으로 보인다.

2.2. 향찰 恨/혼

향찰 '恨'은 4번 나온다. 狂尸恨阿孩(羅)古(〈안민가〉), 太平恨音叱如(〈안민가〉), 日尸恨(〈보개회향가〉), 恨隱(〈우적가〉) 등의 '恨'이다.

恨隱의 '恨'은 주제어의 위치에 있어, '恨, 솖, 측' 등의 어느 하나로 읽으면 된다. 日尸恨의 '恨'은 주제격 어미의 위치에 있다. '狂尸恨 阿孩(羅)古'의 '恨'은 접미사와 관형사형어미가 붙은 형태이고, 太平恨音叱如의 '恨'은 접미사, 또는 접미사에 동명사형 어미가 붙은 형태이다. 주제격 어미, 접미사+관형사형어미, 접미사+동명사형 어미 등의 위치에 왔다는 점에서 'ᄒᆞᆫ'으로, 접미사의 위치에 왔다는 점에서 'ᄒᆞ'로 읽는 것이 일반적이다.

그런데 두 가지 문제를 제기할 수 있다.

하나는 太平恨音叱如의 '恨'을 'ㅎ'로 읽은 경우에, 왜 '爲賜尸知, 爲尸知, 爲內尸等焉' 등에서와 같이 'ㅎ'의 표기에 '爲'를 쓰지 않았느냐 하는 문제이다.

다른 하나는 '恨'과 같이 臻섭 1등운에 속한 한자들의 당시 음이 'ㅎ'이 아니라 '혼'이라는 문제이다.

우리가 지금 보고 있는 '恨'은 바로 앞에서 본 '斤'과 같이 臻섭에 속하는데, 그 당시 음이 '곤'이다. 그리고 '恨'은 뒤에 볼 '根'과 같이 臻섭 1등운에 속하며, 그 오음(吳音)이 '혼'이며, 일본음은 '혼'이 변한 '곤'이다. 이렇게 臻섭 1등운과 山섭 3등운의 오음의 운이 '온'이며, 이 운이 백제와 신라를 거쳐서 일본음이 되었음은 이미 잘 알려져 있는 사실이다.

이런 사실로 보아, 향찰에 나온 '恨'은 그 음을 '혼, ㅎ'가 아니라 '혼, 호'로 보아야 한다고 판단한다. 이렇게 보면, 〈안민가〉에서 왜 'ㅎ'의 표기에 '爲'를 쓰지 않았느냐 하는 문제를 해결할 수 있다.

이런 점들로 보아, 狂尸恨은 '어리혼'으로, '太平恨音叱如'는 '太平홈 실다'로, 日尸恨은 '날혼'으로 각각 읽는다.

3. 遣/곤과 反/분

3.1. 遣/곤

향찰 '遣'에 대한 선행 해독들은 세 유형으로 나눌 수 있다. 첫째는 『유서필지』를 비롯한 조선 후기의 이두집에서 '遣'을 '고'로 읽었다는 점에서 향찰 '遣'을 '고'로 읽은 유형이다. 둘째는 향찰 '遣'을 '고, 겨, 견' 등으로 읽은 유형이다. 셋째는 향찰 '遣'을 '겨, 견, 것' 등으로 읽은 유형이다.

이렇게 해독되어 온 향찰 '遣'은 최근까지도 두 문제를 해결하지 못하였다. 하나는 향찰 '遣'을 '고'로 읽은 경우에, 이두집에 함께 표기된 '고'를 제외하면, 그 논거가 명확하지 않다는 문제이다. 이 문제는 셋째 유형의 해독들(황선엽 2002b:4; 장윤희 2005:124)에서 지적되었다. 다른 하나는 향찰 '遣'을 '겨, 견' 등으로 읽은 경우에, 그 일부만이 문맥에 맞는다는 문제이다. 이 문제는 첫째 유형의 해독들(유창균 1994:663-664; 강길운 1995:43-45; 남풍현 2010:23)에서 지적되었다.

이런 연구 상황에서 향찰 '遣'의 신라 한자음을 '곤'으로 재구하고, 향찰 '遣'을 '곤, 고'로 읽은 것은 양희철(2013b, 2015a)이다. 그 내용은 한자 '遣'의 신라음을 재구하고, 고려의 표기 체계에서 이두 '遣'은 '곤, 고'로 쓰였다는 점을 정리한 다음에, 향찰 '遣'을 '곤, 고'로 해독한 것이다. 이를 좀더 구체적으로 보자.

먼저 한자 '遣'의 신라음을 『설문해자』, 운서, 사전 등의 세 측면에서 '곤'으로 추정하였다.

첫째는 『설문해자』에서 '遣'을 보면 그 성부가 'ㅣ'이고, 이 성부 'ㅣ'을 포함한 한자로는 '山'섭 3등('元, 阮' 등의 운)에 속한 '坤, ㅣ' 등과 '山'섭 4등('銑, 霰' 등의 운)에 속한 '遣, 譴, 繾' 등이 있는데, 성부 'ㅣ'이 3등에 속한 측면과, 운서와 한국음에서 '山'섭 3등에서 4등으로 변한 한자들이 발견되는 측면으로 보아, '遣'도 과거에는 3등에 속했던 것으로 추정하고, 그 신라음을 '곤'으로 추정하였다. 특히 '山'섭 3등에 속한 한자들(昆, 坤, 敦, 孫, 溫, 存, 尊, 樽, 村, 昏, 魂)의 한국운이, 칼그렌(1954; 이돈주 역주 1985:68)이 오음(吳音)과 일본음에서 정리한 바와 같이 '-on'이고, 이 한자들의 일부인 '昆, 孫, 尊' 등이 향가 향찰에서 발견된다는 점에서, '遣'의 신라음을 '곤'으로 추정하였다.

둘째는 운서와 사전에서 성부 'ㅣ'을 포함한 한자들과 함께, 같은 음(곤, 견), 같은 운(온, 연), 같은 분포('山'섭 3등과 4등) 등을 보여주는, 성부 '玄'을 포함한 해성자들은 '山'섭 3등의 음과, 3등에서 4등으로 변한 음의 반영을 보여주는데, 이 변한 음의 반영에 나타난 두 음의 변화는 '遣'의 추정음 '곤'('山'섭 3등의 '阮'운)에서 중세음 '견'('山'섭 4등의 '銑'운)으로의 변화와 일치한다는 측면에서, '遣'의 신라음을 '곤()견'으로 추정하였다.

셋째는 현재 '山'섭 4등의 '銑'운에 속한 '錢'의 음이 '돈〉뎐〉전'으로 변해온 것으로 추정하는데, 이 변화는 현재 '山'섭 4등의 '銑'운에 속한 '遣'도 '곤〉견'으로 변해왔음을 추정하게 한다는 측면에서, '遣'의 신라음을 '곤()견'으로 추정하였다.

이번에는 구결 'ㅁ(ㄱ)'와 이두 '遣'을 포함한 고려표기의 체계에서 한자 '遣'의 음을 '곤'으로 정리한 내용을 보자. 고려 구결은 '거(ㄴ)-겨(ㄴ)-고(ㄴ)'의 표기체계에서 '去(ㄱ)-ナ(ㄱ)-ㅁ(ㄱ)'의 표기를 보이며, 향찰과 이두에서 보이는 '遣'이나 이 '遣' 자를 구결로 만든 글자는 보이지 않는다. 그리고 고려 이두는 '거-겨(ㄴ)-고(ㄴ)'의 표기체계에서 '去-在-遣'의 표기를 보이며, 후기 향가(〈처용가〉와 〈수희공덕가〉)에서 각각 1회씩 보이는 향찰 '昆'은 보여주지 않는다. 이 고려표기의 체계로 보아, 고려 이두 '遣'은 '겨(ㄴ)'로 읽을 수 없고, '고(ㄴ)'로 읽어야 하는 세 가지 이유를 말해준다.

첫째 이유는 만약 '遣'을 '겨(ㄴ)'로 읽으면, '겨(ㄴ)'의 표기인 '在'와 겹치기 때문이다.

둘째 이유는 '-고(ㄴ)'가 있어야 해당 문맥의 의미가 통하는데, 구결에서 '고(ㄴ)'의 표기에 사용된 'ㅁ(ㄱ)'는 물론 '고(ㄴ)'를 표기할 수 있는 이두가 고려 이두에서 '遣'을 제외하고는 발견되지 않기 때문이다.

셋째 이유는 '遣'의 신라음으로 추정된 '곤'에 따라 고려 이두 '遣'들을 '고(ㄴ)'로 읽으면 문맥이 잘 통하기 때문이다.¹ 조선 후기의 이두집들에서 '遣'을 '고'로 읽은 것도 이 신라음 '곤'으로 읽은 것의 잔영으로 판단된다.

이번에는 한자 '遣'의 신라음을 '곤'으로 보고, 향찰 '遣'을 '곤, 고'로 읽을 때에 어떤 문제도 발견되지 않는다는 사실을 보자.

'去賜里遣'(가시리곤)과 '次肹伊遣'(미글이곤)의 '遣'들은 '-니'의 의미를 가진 '곤'으로 해독된다.

'置遣(두곤), 放教遣(놓이시곤), 白遣 賜立(솗곤 시셔?), 成遣 賜立(이루곤 시셔?), 云遣(니ᄅ곤), 過出 知遣(디나 알곤), 去遣 省如(가곤 쇼다), 抱遣 去如(안곤 가여)' 등의 '遣'들은 '-고는'의 의미를 가진 '곤'으로 해독된다.

'捨遣只(ᄇ리곡), 乃遣只(내곡), 閼遣只 賜立(알곡 시셔)' 등의 '遣'들은 '只'(ㄱ) 앞에서 '고'로 해독된다.

이상과 같이 한자 '遣'의 신라음을 '곤'으로 보고, 향찰 '遣'을 '곤, 고'로 읽을 때에, 지금까지 나온 해독 중에서 가장 확실한 논거와 타당성을 보인다는 점에서, 향찰 '遣'의 해독은 이 해독으로 정리되는 것 같다.

3.2. 反/분

향찰 '反'은 '哀反(2회, 〈풍요〉), 白反也(〈혜성가〉), 仍反隱(청전법륜가〉), 烏乙 反隱, 迷反(2회, 〈청불주세가〉, 〈보개회향가〉)' 등에서 7회 나온다. 이 중에서 '烏乙 反隱'

---

1 "石塔 伍層乙 成是白乎 願 表爲遣 成是 不得 爲乎 天禧二年歲次壬戌五月初七日 身病以 遷世爲去在乙"(〈정도사조탑형지기〉 8)는 "석탑 오층을 이리숣올 願(을) <u>表ᄒ곤</u> 이리 몯딜 ᄒ온 天禧二年歲次壬戌五月初七日 身病으로 遷世ᄒ거늘"로 읽으며, 그 의미는 "석탑 오층을 이루올 願(을) <u>表하고는</u> 이루지 못한 天禧二年歲次壬戌五月初七日 身病으로 遷世하거늘"이다. 그리고 "幷以 石record良 第二年春節已只 了兮齊遣 成是 不得爲 犯由 白去乎等 用良"(〈정도사조탑형지기〉 14~15)은 "아ᄇ로 돌을랑 第二年春節 가지 <u>못히져곤</u> 일이 몯딜 훌 犯由 숣거온돌ᄡᅡ"로 읽으며, 그 의미는 "아울러 돌은 第二年春節까지 <u>마치게 하져 하고는</u> 이루지 못할 犯由(:事由)를 보고하였으므로"이다. 이 두 문장에서는 전후가 반대인 의미를 '-고'로 연결할 수 없다는 점에서, 이 '遣'들은 '-고는'의 의미인 '곤'으로 읽힌다.

은 '烏乙 及隱'의 오자이므로, 나머지의 '反' 자만을 보자.

　이 향찰 '反'은 다양하게 읽혔지만, 신빙성이 있는 해독은 일단 '반, 번, 븐, 본' 등으로 그 범위가 좁혀진다. 이 중에서 '반'과 '번'은 근현대음이라는 장점을 갖지만, 해독에서 '-아-'와 '-어-'의 기능을 알 수 없다. 그리고 '븐'과 '본'은 해당 어휘에는 비교적 적합하지만, 한자 '反'의 음이 '븐'이나 '본'이라는 것을 설명하지 못한 문제를 보인다.

　이 문제를 해결하기 위한 노력은 양주동, 유창균, 강길운, 양희철 등에서 보인다.

　양주동(1942:594-595)은 한자 '反'의 음은 본래 '翻'과 통하는 '번'인데, 이 '反/번'으로 통음차하여 '븐'을 표기하였다고 보았다. 그러나 '新反'(『경상도속지지』)과 "宣桑縣 本辛分縣 景德王改名 今新繁縣"(『삼국사기』〈지리1〉)에 나온, '反(번, 반), 分(분), 繁(번)' 등은 괄호 안의 음으로 읽을 때에 결코 유사하거나 통하는 음들이 아니다. 그리고 "眞德王立 名勝曼 眞平王母弟國飯 一云國芬 葛文王之女也"(『삼국사기』〈본기5〉)에 나온, '飯(반), 芬(분)' 등도 괄호 안의 음으로 읽을 때에 결코 유사하거나 통하는 음들이 아니다. 이 설명에서 인용한 자료들은 매우 중요한 것들이지만, 앞의 설명만으로는 '反(번, 반), 飯(반), 繁(번)' 등이 '븐' 또는 '분(分, 芬)'의 표기라는 주장을 설득시키기에는 미흡한 점이 너무 많다. 한자 '反, 飯, 繁' 등의 한국 고음을 좀더 검토하여 보완을 했어야 했다.

　유창균(1994:630)은 "筆者가 생각하는 土着化音의 體系에서 귀납했을 때, 中古音 piwan을 기층으로 하면 '븐'이 된다. 이것이 冠形詞形이라는 입장에서 보면 上古音의 '번'을 취하기보다는 中古音의 '번'이나 '븐'을 취할 만한 것이다."라고 주장하고 있지만, '븐'을 끌어내는 과정이 명확하지 않다.

　강길운(1995:81)은 외국 학자들이 재구한 '反'의 중국 고음([pjwʌn]〈칼그렌〉· [pɪuʌn]〈FD〉)을 인용하고 동운의 '빤'을 인용한 다음에, 향찰 '反'을 '븐~본'의 대충(표기)으로 보았다. 이 주장에서 보이는 대충(표기)은 양주동의 통음차와 비슷한 것으로 같은 문제를 보인다. 즉 통한다고 본 것이나 대충했다고 본 것이 거의 같은 의미이다. 좀더 구체적으로 문제를 보면, '反'(반)으로 '븐~본'을, '飯'(반)으로 '분'(芬)을 대충 표기하였다는 것인데, 논리적인 설득력을 얻지 못한다. 양주동에서와 같이, 한자 '反, 飯' 등등의 한국 고음에 '븐, 분' 등에 가까운 음들이 있는지 좀 더 검토해서 보완했어야 했다.

　양희철(2015a:396-400)은 한자 '反'과 그 해성자들이 '山'섭 2등과 3등에 속한다는 사실을 정리한 다음에, 한시에서 압운된 한자 '反'과 그 해성자들을 통하여 한자 '反'의 신라음을 '분'으로 재구하였다.

　한자 '反'과 그 해성자들('販, 飯, 板, 版, 翻, 幡' 등)은 '山'섭 2등과 3등에 속하여,

그 근현대음은 '반, 번' 등이므로, '븐'으로 읽은 '反'의 설명에 도움을 줄 수 없다고 보고, 한시의 압운자에서 '反'의 음 '분'을 찾아냈다. 즉 '反' 자와 그 해성자들('返, 飯, 阪, 返')을 '분'의 압운자로 쓴 예들을 〈송조신득본자(送曹伸得本字)〉(金宗直)와 〈기화숙풍덕산사(寄和叔豊德山寺)〉(南孝溫)에서 찾아낸 동시에, 한국 한시에서 압운된 '山' 섭 3등의 한자들 중에서도, '反' 자와 같은 반절하자를 가진 '幡, 繁, 藩, 飜, 翻' 등을 압운자로 쓴 예들을 〈출수춘주화인증별(出守春州和人贈別)〉(崔瀹), 〈차이밀직학사연시(次李密直學士宴詩)〉(趙簡), 〈익재이학사영친연차존공동암운(益齋李學士榮親宴次尊公東菴韻)〉(權溥), 〈주상제태부심양왕(主上除太傅瀋陽王)〉(白元恒), 〈谷口驛〉(홍귀달), 〈윤팔월십구일직려우음(閏八月十九日直廬偶吟)〉(김종직) 등에서 찾아냈다(양희철 2015a:396-400).

이렇게 찾아낸 한자 '反'의 신라음 '분'은 양주동이 인용했던 중요한 자료의 해석도 다시 하게 한다. 즉 '新反'(『경상도속지지』)과 "宣桑縣 本辛分縣 景德王改名 今新繁縣"(『삼국사기』 〈지리1〉)에 나온, '反'과 '繁'은 그 고음이 중근세음 '반'과 '번'이 아니라 '분'이라는 것이다. 이 '분'(反, 繁)의 음은 '分'의 음 '분'과 일치한다. 그리고 "眞德王立 名勝曼 眞平王母弟國飯 一云國芬 葛文王之女也"(『삼국사기』 〈본기5〉)에 나타난, '飯' 역시 그 고음이 중근세음 '반'이 아니라 '분'이라는 것이다. 이 '분'(飯)의 음 역시 '芬'의 음 '분'과 일치한다. 이런 사실도 향찰에서 '反'을 '분'으로 읽을 수 있게 하였다.

이상과 같은 정리로 보아, 향찰 '反' 자의 신라 한자음은 '분'이며, 이 음 역시 '山' 섭 3등에 속한 한자들이 오음-신라음-일본음의 선상에서 '온/운'운으로 수용된 것이라고 정리할 수 있으며, 향찰 '反'은 '哀反/셜분, 白反/술분, 仍反隱/거들분(거듧운), 迷反/이분' 등에서 '분'의 표기에 쓰였다고 정리할 수 있다.

4. 焉/온과 省/쇼

4.1. 焉/온

향찰 '焉'은 〈안민가〉에서부터 14회 나온다. 『삼국유사』에 '民焉'(〈안민가〉), '爲內尸等焉'(〈안민가〉), '(遺知支)賜尸等焉'(〈맹아득안가〉), '(但非乎)隱焉'(〈우적가〉), '誰支下焉古'(〈처용가〉) 등으로 5회 나오고, 『균여전』에 '手焉'(〈광수공양가〉), '直體良焉'(〈광수공양가〉), '吾焉'(〈청전법륜가〉), '向焉'(〈참회업장가〉), '(皆)往焉'(〈상수불

학가〉), '吾焉'(〈상수불학가〉), '覺樹王焉'(〈항순중생가〉), '沙音賜焉'(〈항순중생가〉), '成留焉'(〈보개회향가〉) 등으로 9회 나온다. 이 향찰 '焉'에 대한 기왕의 해독들은 음으로 읽은 '는, 난, 는, 온, 안, 언, 은, ㄴ, 엔' 등의 9종이다. 그러나 焉의 한자음으로 보아 유효한 해독은 'ㄴ, 언'에 거의 한정된다.

14회 나온 '焉' 중에서 'ㄴ'으로 읽는 데 문제가 없는 해독들을 정리하면 다음과 같다.

『삼국유사』의 향가: 民焉(〈안민가〉), 爲內尸等焉(〈안민가〉), (遣知支)賜尸等焉(〈맹아득안가〉), 誰支下焉古(〈처용가〉)

『균여전』의 향가: 吾焉(〈청전법륜가〉), (皆)往焉(〈상수불학가〉), 吾焉(〈상수불학가〉), 沙音賜焉(〈항순중생가〉), 成留焉(〈보개회향가〉)

이 분류에서 보듯이, 소재 문헌에 관계없이 'ㄴ'은 대체로 인정된다. '民焉'의 'ㄴ'은 '民'의 뜻을 '일건'으로 보면서, '隱'을 말음첨기로 본 것이다. 이 말음첨기는 '民隱如'의 '隱'을 '일건'의 말음첨기 'ㄴ'으로 본 것과 같은 것이다. 그리고 〈처용가〉의 경우에 '언'은 제7구의 '下是如馬於隱'에서 보듯이, '於隱'으로 표기하는 것으로 보아, 이 '焉'의 당시 음은 '온'으로 추정된다.

문제는 앞의 'ㄴ'에 귀속시키지 않은 '(但非乎)隱焉'(〈우적가〉), '手焉'(〈광수공양가〉), '直體良焉'(〈광수공양가〉), '向焉'(〈참회업장가〉), '覺樹王焉'(〈항순중생가〉) 등의 다섯이다. '(但非乎)隱焉'의 '隱焉'은 '숨언'으로 읽을 때에 별로 큰 문제가 없어 보인다. 그러나 관형사형어미로 '-언'을 설정하는 것이 쉽지 않고, '숨-' 다음에 '-언'이 왔다고 보는 것이 쉽지 않다. 〈찬기파랑가〉의 경우에, '隱安(支)支 下(羅)'의 '隱/숨-' 다음에 '언'이 아닌 '안'이 오고, '逸烏 川理'의 '逸烏/숨오'에서 '숨-' 다음에 '오'가 왔다. 이렇게 '숨-' 다음에 양성 모음 '아, 오'가 오고 있다는 점에서 '隱焉'의 '焉'은 '안'이나 '온'일 가능성을 보인다.

나머지 넷에서도 '언'이 올 자리가 아니라 '오/안'이 올 자리이다. 그렇다고 모음조화를 가지고 '焉'의 음에도 없는 '오/안'으로 읽을 수도 없다.

여기에서 우리는 '焉'의 과거음을 한번 다시 검토해 볼 필요가 있다.

甲, [廣韻] 於虔切 [集韻] [韻會] 於虔切 [正韻] 因肩切 音嫣 先平聲

乙, [廣韻] 有乾切 [集韻] [韻會] 尤虔切 [正韻] 夷然切 音漹 先平聲

丙, [正韻] [字韻] 延知切 音夷 支平聲

丁, [廣韻] 謁言切 [集韻] 依言切 音蔫 元平聲

이는 『중문대사전』의 '焉'조에서 인용한 것이다. 운자에서 보이는 '先'운은 '山'섭 4등운이고, '元'운은 '山'섭 3등운이다. 이 '山'섭 3등운과 4등운은 오음에서 '언'이 아니라 '온'이다. 이런 사실은 향찰 '遣'과 '反'에서 이미 밝혀져 있다.

그리고 향찰의 '焉'이 '온'일 수 있다는 사실은 '向乎仁 所留'(〈총결무진가〉)의 '向乎仁'과 '菩提向焉'(〈참회업장가〉)의 '向焉'을 비교하면 어느 정도 알 수 있다. 즉 '向乎仁'을 '앗온'으로 읽고, '菩提向焉'(〈참회업장가〉)의 '向焉'을 '앗온'으로 읽게 된다. 이렇게 되면 '焉'의 당시 음은 '온'이라고 할 수 있다. 그리고 앞에서 'ㄴ'에 귀속시키지 않은, '手焉', '直體良焉', '覺樹王焉' 등의 '焉'은 중세어의 표기로 보면, '온'이 와야 할 곳들이다. 그런데 향찰 시대의 '오'는 후대의 '·'로 연결된다는 점에서, 이에 속한 '焉'의 당시음은 '온'일 가능성이 많다.

이런 점들로 보아, 향찰 '焉'은 소멸된 한자음 '온'을 바탕으로 만들어진 차제자라고 할 수 있다.

4.2. 省/쇼

'梗'섭의 한자를 이용한 향찰로 '省'이 있다. 이 향찰 '省'은 '去遣 省如'(〈우적가〉)에서 나온다. 그리고 이두 '省'이 '蘇, 所' 등에 대응한다는 사실이 "方言呼省爲所 所或作蘇…"(『문헌비고』 권7)에서 일찍부터 밝혀졌고, '가고소다'(行きかゝれり: 막 가고 있다, 오구라 1929)와 '가고쇼다'(가고 있노라, 양주동 1942)의 해독에서부터, '去遣 省如'에는 '-고 있-'의 의미가 있다는 것이 중론이었다. 거의 모든 '去遣 省如'의 해독들이 이 두 가지 사실을 만족시키지 못하다가, '가곤 쇼다'의 해독에 와서야 어느 정도 만족시켰다. 즉 '가곤 쇼다'(가고는 있소다, 양희철 2013b)에서는 '省'을 '쇼'로 읽었지만, '遣'을 '곤'으로 읽는 데 치중한 나머지, '省'을 '쇼'로 읽은 해독의 근거를 명확하게 하지 않았다. '가곤 쇼다'[(나는) 가고는 있다. 양희철 2014, 2015a, 2015b]에서는 한자 '省'의 백제음과 신라음을 '숑'으로 정리하고, 이두와 향찰 '省-'을 '쇼-'로 읽으면서, 이 '쇼-'의 '시-'를 현대역 '있-'과 연결시켰다.

한자 '省'의 백제음과 신라음을 '숑'으로 정리하고, 이두와 향찰 '省'을 '쇼'로 읽은 내용을 요약한 글(양희철 2015b)을 정리하면 다음과 같다.

첫째, "來蘇郡本高句麗買省縣", "蘇泰縣本百濟省大號縣"(『삼국사기』 지리지), "方言呼省爲所 所或作蘇…"(『문헌비고』 권7) 등에서 보면, 이두 '省'에 '所'와 '蘇'가 대응되어 있고, 이 '所'와 '蘇'의 한국 중세음과 중국음이 '쇼'라는 점은 이두와 향찰의 '省'

이 '쇼'의 표기임을 말해준다.

둘째, 한자음의 종성을 생략하여 이용하는 이두 약음차제자의 차제자 원리와, 한자 '省'의 재구된 고음의 모음들(iĕ, iä, iɐ)과 그 변화음들(iö, io) 등으로 보아, 이두와 향찰의 '省/쇼'는 한자 '省'의 당시음의 하나가 '숑'일 수 있음을 말해준다.

셋째, 이두 '省/쇼'를 포함한 "來蘇郡本高句麗買省縣"(『대동지지』에서는 본래 백제의 '買省郡'이라함. 양주시 일대), "蘇泰縣本百濟省大號縣"(충남 서산시 일대), "述川郡一云省乙買"(경기 여주군 금사면 일대), "首原縣本買省坪"(전남 순천 일대) 등은 백제가 지배하던 지역이란 점에서, 이두 '省/쇼'를 만드는 데 이용된 한자 '省'의 음 '숑'은 백제음으로 추정하였다.

넷째, 백제의 한자음 '省/숑'은 중국의 吳音과 연결되어 있는데, 이는 중국의 고음('sjɐŋ' 또는 'siɐng')이 변한 오음('sjoŋ' 또는 'siong')의 수용으로 추정하였다.

다섯째, 한자 '省'이 속한 '梗'섭의 한자들은 일본음에서, '교도(京都)'의 '京/교', '쇼투쿠(聖德)'의 '聖/쇼', '다이쇼(大正)'의 '正/쇼' 등에서와 같이 '요'운으로 수용되었다. 그리고 '省'도 '쇼사쯔(省察)'와 '몬부쇼(文部省)'에서와 같이 '省/쇼'로 수용되었는데, 이는 한자 '省'의 오음과 백제음/신라음 '숑'에서 종성을 삭제한 음으로 추정하였다.

이상과 같은 사실들로부터, 한자 '省'의 고음 중의 하나가 중국 고음('sjɐŋ' 또는 'siɐng', 오음은 '숑')-백제음/신라음('숑')-일본음('쇼')으로 이어지는 선상에 있으며, 이에 따라 이두와 향찰 '省/쇼'는 백제와 신라에 들어온 오음 '숑'을 이용한 약음차제자 또는 음반자로 정리를 하였다.

이 '省/쇼'로 읽은 '가곤 쇼다'[(나는) 가고는 있다]의 해독은 '쇼-'의 존재동사 '시-'를 통하여 현대역의 '있-'을 잘 보여주면서, 일단 해독에서 성공을 하였다. 그러나 이 '가곤 쇼다'의 해독은 '-고(ㄴ) 시-'로 쓰인 예들을 15세기는 물론 그 이전의 표기에서 정확하게 예증하지 않은 미흡점을 보였다.

이 미흡점은 그 후에 다음과 같이 보완(양희철 2015b)되었다. 즉, '오 시며'(오고 있으며, 『월인석보』 1459년), '오 실셔'(오고 있을 것이어, 『악학궤범』의 〈동동〉 1493년), '來 叱多'[오 시다(오고 있다)] 등의 '-(고>)오) 시-', '비취오 시라', '밀오 시라', '內乎 叱等邪'(드리오 시ᄃ야), '乞白乎 叱等耶'(빌사뢰오 시ᄃ야), '沙毛 叱等耶'(사모 시ᄃ야), '好 叱等耶'[(ᄒ오>)호 시ᄃ야] 등의 '-오 시-', 구결 '-ㅁ ㅌ-'(-고, 시-, 『화엄경소』 12세기 초), '-ㅁㅁ ㅌ-'(-고 시-, 『합부금광명경』 13세기), '노코 시라' (『악학궤범』의 〈정읍사〉 1493년), '가고 신된'(『악장가사』의 〈쌍화점〉, 16세기 초중반의 채록) 등의 '-고 시-', '閼遣只 賜立'(알곡 시셔)의 '-고(ㄱ) 시-', '白遣 賜立'(숣곤 시셔)와 '成遣 賜立(《去》)'[이루곤 시셔]의 '-곤 시-' 등이, 앞의 미흡점을 충분하게 예증한다는 것이다.

이렇게 '去遣 省如'를 '(나는) 가고는 있다'의 의미인 '가곤 쇼다'로 읽은 해독은 '시-'는 물론 '-곤 시-'의 예증의 자료들도 확보하게 되면서, 해독의 타당성을 좀더 획득하게 되었다.

5. 결론

지금까지 한자의 음으로 읽은 향찰 '斤, 恨, 遣, 反, 焉, 省' 등을 검토 정리하였다. 그 결과를 요약하여 결론을 대신하면 다음과 같다.

1) '臻'섭 3등운에 속한 '明斤'의 '斤'은 중국 고음인 [kjən]이 오음과 일본음에서 [kon]으로 수용되고, 이것이 한국 고음에서 [kon/kun>kin]으로 변하였는데, 고려의 구결에서 '-ㄣ斤, -ᄼㄣ斤, -ロ斤' 등의 '斤'이 '곤'으로 읽힌다는 점에서, '明斤'은 '붉곤'으로, '斤'은 '곤'으로 읽었다.

2) 향찰 '恨'은 狂尸恨阿孩(羅)古(〈안민가〉), 太平恨音叱如(〈안민가〉), 日尸恨(〈보개회향가〉), 恨隱(〈우적가〉) 등에서 4번 나온다. 恨隱의 '恨'은 주제어의 위치에 있어, '恨, 슳, 측' 등의 어느 하나로 읽으면 된다. 그리고 나머지의 '恨'들은 'ᄒᆞᆫ, ᄒᆞ' 정도로 읽어 왔다. 그런데 太平恨音叱如의 '恨'을 'ᄒᆞ'로 읽은 경우에, 왜 '爲賜尸知, 爲尸知, 爲內尸等焉' 등에서와 같이 'ᄒᆞ'의 표기에 '爲'를 쓰지 않았느냐 하는 문제와 '恨'과 같이 臻섭 1등운에 속한 한자들의 당시 음이 'ᄒᆞᆫ'이 아니라 '혼'이라는 문제를 보인다. 이 문제는 '恨'의 음을 'ᄒᆞᆫ, ᄒᆞ'가 아니라 '혼, 호'로 볼 때에 풀린다. 이렇게 보면, 〈안민가〉에서 왜 'ᄒᆞ'의 표기에 '爲'를 쓰지 않았느냐 하는 문제를 해결할 수 있다.

3) 현재는 '山'섭 4등운에 속하는 '遣'이, 오음(吳音)과 일본음에서 '-on'으로 정리된 '山'섭 3등운에 속한 글자로 추정된다는 점, 운서와 사전에서 성부 'ㅣ'을 포함한 한자들과 함께, 같은 음(곤, 견), 같은 운(온, 연), 같은 분포('山'섭 3등과 4등) 등을 보여주는, 성부 '玄'을 포함한 해성자들이 '곤'에서 '견/현'으로 변했다는 점, 현재 '遣'과 같이 '山'섭 4등의 '銑'운에 속한 '錢'의 음이 '돈〉뎐〉젼〉전'으로 변해온 것으로 추정된다는 점, 고려 이두에 '곤'으로만 읽어야만 하는 '遣'이 존재한다는 점 등으로 보아, '遣'의 신라음을 '곤'으로 추정하였다. 그리고 이 한자음 '곤'에 따라, '去賜里遣'(가시리곤)과 '次肹伊遣'(버글이곤)의 '遣'들은 '-니'의 의미를 가진 '곤'으로 해독하였다.

'置遣(두곤), 放敎遣(놓이시곤), 白遣 賜立(솗곤 시셔?), 成遣 賜立(이루곤 시셔?), 云遣(니ᄅ곤), 過出 知遣(디나 알곤), 去遣 省如(가곤 쇼다), 抱遣 去如(안곤 가여)' 등의 '遣'들은 '-고는'의 의미를 가진 '곤'으로 해독하였다. '捨遣只(ᄇ리곡), 乃遣只(내곡), 閼遣只 賜立(알곡 시셔)' 등의 '遣'들은 '只'(ㄱ) 앞에서 '고'로 해독하였다.

 4) '山'섭 2등운과 3등운에 속한 한자 '反'과 그 해성자들이 한국 한시에서 '운'으로 압운된 예들을 통하여 한자 '反'의 신라음을 '분'으로 재구하였는데, 이 음 역시 '山'섭 3등에 속한 한자들이 오음-신라음-일본음의 선상에서 '온/운'으로 수용된 것이라고 정리할 수 있으며, 향찰 '反'은 '哀反/셜분, 白反/솔분, 仍反隱/거들분(거듧운), 迷反/이분' 등에서 '분'의 표기에 쓰였다고 정리하였다.

 5) 향찰 '焉'은 'ㄴ'과 '언'으로 읽혀왔는데, '언'으로 읽는 것이 쉽지 않으며, '온'으로 읽히는 것이 있고, 향가에서의 'ㅗ'는 후대의 'ㆍ'와 연결된다는 점에서, 향찰 '焉'은 소멸된 한자음 '온'에 기반한 차제자라 할 수 있다.

 6) 고지명에서, 이두 '省'에 '所'와 '蘇'가 대응한다는 점, 이 대응의 지명은 백제가 지배하던 지역이라는 점, '省'의 재구된 고음들(iɛ, iä, iɐ)의 변화음들이 'iö, io' 등이라는 점, 백제의 한자음 '省/숑'은 중국의 吳音('sjoŋ' 또는 'siong')의 수용이라는 점, 한자 '省'이 속한 '梗'섭의 한자들은 일본음에서 '요'운으로 수용되었다는 점 등으로 보아, 향찰 '省'은 백제와 신라에 들어온 오음 '숑'에서 종성을 삭제한 음으로 추정하였다.

 이렇게 한자의 음으로 읽은 향찰 중에서, '斤, 恨, 遣, 反, 焉, 省' 등의 한자음은 우리가 알고 있는 근현대음이 아니라, 이미 소멸된 한자음들이다. 이미 소멸된 한자음들이기에 그동안 해독에서 많은 어려움을 겪은 것으로 판단한다. 앞으로 해독에서 어떤 어려움에 직면하게 되면, 혹시 그 향찰의 한자음이 이미 소멸된 한자음이 아닌가를 세심하게 검토해 볼 필요가 있음을 잘 말해준다.

소멸된 형태소와 한자음의 문제 향찰

1. 서론

이 글은 향찰 '攴'과 '叱'에 대한 선행 해독들을 변증하고, 그 과정에서 발견되는 미흡점들을 보완하는 데 연구의 목적이 있다.

우리가 알고 있는 근현대음과 같은 음으로 읽어도 되지만, 그 표기 대상인 형태소가 이미 소멸된 경우가 있다. 이에 속한 향찰로 '攴'이 있다. '攴'의 해독은 네 부류로 정리된다. 하나는 '攴'의 속자 또는 이체자로 본 부류이다. 이 부류에서는 오자와 속자(또는 이체자)의 개념을 혼동한 문제를 보인다. 다른 하나는 '攴'을 '支'의 오자나 오각자로 본 부류이다. 일부의 오자나 오각자에 근거하여 전체를 오자나 오각자로 본 일반화의 오류를 범하였다. 또 다른 하나는 '攴'을 지정문자로 본 부류이다. 지정문자설 자체를 인정하기가 어렵고, 인정한다고 해도 예외가 너무 많은 문제를 피하기 어렵다. 마지막 하나는 '攴'을 'ㅂ'으로 읽은 부류이다. 이 'ㅂ'설은 지정문자설에 가리어 있었는데, 차차 그 가치가 드러나고 있다.

향찰 '叱'은 용언에서 나오는 것들(31회)과, 용언 외의 어휘에서 나오는 것들(59회)로 나눌 수 있다. 분량이 너무 많아, 연구 현황을 둘로 나누어서 정리한다.

용언에 나온 '叱'의 상당수는 'ㅅ'으로 읽으면 문제가 거의 없다. 이에 속한 '叱/ㅅ'은 두 종류이다. 한 종류는 '折叱可, 修叱如良' 등등에서 어간의 일부인 'ㅅ'을 표기한 것들(9회)[2]이고, 다른 한 종류는 '吾下於叱古, 去內尼叱古' 등등에서 어미의 'ㅅ'을 표기한 것들(3회)[3]이다. 이 두 종류를 제외한 것들(19회)은, 그 해독에서 문제를 보이는데, 다

---

[2] '折叱可'(〈헌화가〉), '惱叱古音'(〈원왕생가〉), '修叱如良'(〈풍요〉), '奪叱良乙'(〈처용가〉), '毛叱所只'(〈예경제불가〉), '毛叱色只'(〈광수공양가〉), '毛叱所只'(〈수희공덕가〉), '頓叱喜賜以留也'(〈항순중생가〉), '頓叱進良只'(〈청전법륜가〉) 등의 '叱'들이다.

[3] '吾下於叱古'(〈처용가〉), '去內尼叱古'(〈제망매가〉), '置乎理叱過'(〈수희공덕가〉) 등의 '叱'들이다.

음과 같이 분류할 수 있다.

1) 어간의 말음 '-叱/시-': 有叱下是, 有叱下呂(2회), 伊叱等邪, 無叱昆, 修叱賜乙隱
2) 어간의 말음과 어미의 '-叱/실-': 有叱故, 有叱多, 居叱沙, 修叱孫丁
3) 어간의 '叱/시-': (內乎)叱等邪, (乞白乎)叱等耶, (沙毛)叱等耶, (好)叱等耶, (來)叱多, (內乎留)叱等耶
4) 어간과 전성어미의 '叱/실': (太平恨音)叱如, (友伊音)叱多, (出隱伊音)叱如支

이 '叱' 자들에 대한 선행 해독들을 구체적으로 변증하는 것은 앞의 글(양희철 2015a)로 돌리고, 연구사를 간단하게 정리해 보자.

1)의 향찰 '叱'들은 'ㅅ, ㅅ(촉음), ㄷ, ㅂ, 시, 싀, ᄉᆞ' 등으로 읽어 왔다. 이 중에서 한자 '叱'의 고음인 '실'의 'ㅅ'과 '시'로 읽은 해독들이 객관적이다. 그러나 이 중에서 어느 것을 취할 것인가는 아직도 문제로 남아 있다.

2)의 향찰 '叱'들은 'ㅅ, ㄷ, ㄹ, (ㄹ))르, (ㄹ))ㄺ, ㅭ, 시, 싀, 싫, 실, 슬' 등으로 다양하게 읽어 왔다. 그런데 이 중에서 한자 '叱'의 고음인 '실'의 'ㅅ'과 '시'를 살려 읽은 해독들은 의문이나 감탄의 문맥적 의미에 맞지 않는 문제를 보인다.

3)의 향찰 '叱'들은 'ㅅ(촉음, 입성), ㄷ, ㄹ, 시, 쉰' 등으로 읽어 왔다. 이 중에서 한자 '叱'의 고음인 '실'의 'ㅅ'을 살려서 읽은 해독들은 그 기능이 명확하지 않고, 한자 '叱'의 고음인 '실'의 '시'를 살려서 읽은 해독들은 형태소 연결에서 비문법적인 문제를 보이거나 문맥에 맞지 않는다.

4)의 향찰 '叱'들은 'ㅅ(촉음, 입성, 음편상의 삽입), ㅅ, ㄷ, ㄹ, 시, 싀' 등으로 다양하게 읽어 왔다. 이 중에서 한자 '叱'의 고음인 '실'의 'ㅅ'을 살려서 읽은 해독들은, 촉음, 입성, 음편상의 삽입 등으로 설명을 하였는데, 촉음, 입성, 음편상의 삽입 등의 표기가 용언에서 필요한가 하는 문제를 보인다. 또한 '-音叱(多/如)'을 '-ㅁㅅ(다), -ㅄ(다)' 등으로 읽은 해독들과, '-音叱(多/如)'을 그대로 옮긴 경우에는, 구결에서와 같이 그 의미를 '…함이 마땅하다'나 '당연히 … -ㄹ 것이다', '응당, 가능, 화자의 의지' 등등의 의미나, '-하고 있다'의 상적 의미 등으로 보았다. 그런데, 이 의미들은 문맥적 의미를 '-ㅁㅅ(다), -ㅄ(다), -音叱(多/如)' 등에 부여한 것이지, '-ㅁㅅ(다), -ㅄ(다), -音叱(多/如)' 등의 형태소들이 보여주는 의미는 아니다. 그리고 한자 '叱'의 고음인 '실'의 '시'를 살려서 읽은 해독들은 그 해독과 현대역이 전혀 연결되지 않는 문제를 보인다.

용언 외의 어휘에서 나오는 '叱'들 중에서 그 해독이 거의 굳어진 것들로는 세 종류가 있다. 첫째는 '蓬次叱, 窟理叱' 등의 명사(+처격) 아래 온 속격(/소유격)의 '叱/ㅅ'들

(25회)[4]이다. 둘째는 '兒史沙叱' 등의 강세접사의 '叱/ㅅ'들(3회)[5]이다. 셋째는 '乃叱, 然叱' 등의 부사의 부분음 '叱/ㅅ'들(4회)[6]이다. 이외의 것들(26회)은 그 해독에서 문제를 보이는데, 다음과 같이 나눌 수 있다.

5) 명사의 말음 '叱/시'(4회): 城叱肹良, 際叱肹, 物叱, 塵塵虛物叱
6) 속격의 '叱/시'(10회): 千手觀音叱前良中, 物北所音叱彗, 功德叱身乙, 法叱供乙留, 十方叱佛體, 衆生叱田乙, 難行苦行叱願乙, 衆生叱海惡中, 法性叱宅, 衆生叱邊衣
7) 명사의 말음과 격어미의 '叱/실'(2회): 兵物叱沙, 周物叱
8) 접미사의 '叱/실'(9회): 命叱, 辭叱都, 敬叱 頓部叱(4회), 法供(沙)叱, 普賢叱心音
9) 부사의 말음 '叱/실'(2회): 丘物叱 丘物叱

이 향찰 '叱'들에 대한 선행 해독들을 구체적으로 변증하는 것은 본론으로 돌리고, 간단하게 문제만을 정리해 보자.

5)의 명사의 말음 '叱/시'에 속한 '叱'들은 'ㅅ, ㄷ, ㄹ, 도('ㄹ'의 오자), 을, 슬, 시, 싀, 즈' 등으로 읽어 왔다. 이 중에서 '叱'의 고음인 '실'의 'ㅅ'과 '시'가 유력하지만, 어느 것을 취할 것인가는 문제로 남아 있다.

6)의 속격은 'ㅅ, ㄷ, ㅈ, ㅊ, ㅅ, ㄹ, 싀, 실, ㆆ, 시' 등으로 읽어 왔다. 받침이 있는 명사 다음에 온 '叱'을 소리가 나지 않는 'ㅅ'으로 해독해도 좋은가 하는 문제를 보이며, 이를 피한 '싀, 시'의 경우는 속격 '-싀, -시'의 논거에서 문제를 보인다.

7)의 명사의 말음과 격어미의 '叱/실'에 속한 '叱'들은 'ㅅ, ㄷ, ㆆ, ㄹ, (ㄹ)르, 을, 시, 싀, 슬' 등으로 읽어 왔다. 이 해독들은 '物' 다음에 '叱'을 'ㅅ, ㄷ, ㆆ, 시, 싀' 등은

---

[4] '逢次叱巷中'(〈모죽지랑가〉), '窟理叱大肹'(〈안민가〉), '川理叱磧惡希, 栢史叱枝次'(〈찬기파랑가〉), '千隱手叱叱千隱目肹'(〈맹아득안가〉), '汀叱, 倭理叱軍置, 彗叱只'(〈혜성가〉), '淵之叱行尸浪'(〈원가〉), '行尸浪阿叱沙矣, 世理都□之叱'(〈원가〉), '吾音之叱恨隱'(〈우적가〉), '佛體叱刹亦(〈예경제불가〉)', '辯才叱海等, 一毛叱德置'(〈칭찬여래가〉), '淨戒叱主留'(〈참회업장가〉), '迷悟同體叱綠起, 綠起叱理良, 嫉妬叱心音'(〈수희공덕가〉) '法界惡之叱佛會, 菩提叱菓音'(〈청전법륜가〉), '大悲叱水'(〈항순중생가〉), '佛體叱海等, 宅阿叱宝良'(〈보개회향가〉), '佛體叱事'(〈총결무진가〉) 등이다. 이 25개의 '叱'들은 'ㅅ, ㄷ, ㅈ, ㅊ, ㅅ, ㄹ, 싀, 실, ㆆ, 시' 등으로 다양하게 읽고 있으나, 거의 대다수의 해독자들이 'ㅅ'을 취하고 있다.

[5] '一等下叱'(〈맹아득안가〉), '兒史沙叱'(〈원가〉), '伊留叱'(〈총결무진가〉) 등이다. 이 3개의 '叱'들은 '하, 사, 루' 등의 모음 아래 왔다는 점에서 'ㅅ'으로 읽는 데 거의 문제가 없다.

[6] '乃叱'(〈모죽지랑가〉), '然叱'(〈상수불학가〉, 〈상수불학가〉, 〈보개회향가〉) 등이다. 이 4개의 '叱'들은 '곧(乃), 그렇게'의 과거형 '곳, 그릿' 등에서와 같이 'ㅅ'으로 읽는 데 거의 문제가 없다.

물론, 'ㄹ, (ㄹ)르, 을, 슬' 등으로 읽을 수 없는 문제를 보인다.

8)의 접미사 '叱/실'에 속한 '叱'들은 '불필요한 문자, ㄱ, ㅅ, ㄷ, ㄹ, (ㄹ)으르, 로, 르, 을, 올, 롤, 싀, 시' 등으로 다양하게 읽어 왔다. 이 해독들은 자음으로 끝난 명사 다음에 '叱'을 '불필요한 문자, ㄱ, ㅅ, ㄷ' 등은 물론, 'ㄹ, (ㄹ)으르, 로, 르, 을, 올, 롤' 등으로 읽을 수 없는 문제를 보인다.

9)의 부사의 말음 '叱/실'에 속한 '叱'들은 'ㅅ, ㄷ, ㄹ, 루, 실' 등으로 읽어 왔다. 이 중의 'ㅅ, ㄷ, 실' 등의 경우는 그 기능이 명확하지 않은 문제를 보이고, 'ㄹ, 루' 등은 '叱'을 이렇게 읽을 수 없는 문제를 보인다.

이렇게 5)-9)의 '叱'들은 그 해독에서 적지 않은 문제들을 보인다.

이상과 같이 1)-9)에 속한 향찰 '叱'들은 그 해독에서 미흡점들을 보인다. 이 미흡점들이 발생한 이유를 생각하면, 크게 세 가지로 정리할 수 있다.

첫째 이유는 향찰 '叱'의 정확한 한자음을 모른다는 점이다. '실'로 추정한 주장이 우세하지만, 정확하게 정리된 음은 아니다. 이 때문에 'ㄷ, ㅈ, ㅊ, ㆆ, 스, 슬, 싀, 실' 등이 계속 주장되고 있다.

둘째 이유는 '叱'로 표기한 음을 'ㅅ'에 거의 한정하여 왔다는 점이다. 향찰 '叱'을 '시'로 읽은 해독은 1960년대부터, 몇 분의 글에서 드물게 보인다. 1)의 '叱'들을 '시'로 읽은 해독은 정열모(1965), 정연찬(1972), 천소영(1985), 금기창(1993), 최남희(1996), 류렬(2003) 등의 일부 해독에서만 보인다. 그리고 3)의 '叱'들을 '시'로 읽은 해독은 천소영(1985), 류렬(2003), 황국정(2004) 등의 일부 해독에서만 보인다. 게다가 2)와 4)의 '叱'들을 '실'로 읽은 해독은 보이지 않으며, '有叱故'의 '叱'을 '슬'(유창균)과 '싫'(류렬 2003)로, '居叱沙'의 '叱'을 '슬'(유창균 1994)과 '실'(정창일 1987)로 각각 읽은 것들이 '실'에 가장 가까운 해독들이다. 5)의 '叱'들을 '시'로 읽은 해독은 천소영(1985), 유창균(1994), 류렬(2003) 등의 해독 일부에서만 보인다. 6)의 '叱'들을 '시'로 읽은 해독은 류렬(2003)의 해독에서만 보인다. 그리고 7), 8), 9) 등의 경우에, '叱'을 '실'로 읽은 해독은 하나도 보이지 않는다. 단지 '兵物叱沙'의 '叱'을 '슬'(유창균 1994)로 읽은 것이 가장 가까운 예이다.

셋째 이유는 소멸된 형태소를 계산하지 않았다는 점이다. 소멸된 형태소의 대표로 용언 '시-'와 속격의 '-시'를 들 수 있다. 본론에서 보겠지만, 이 두 소멸된 형태소는 용언에 나타난 '叱'과 받침이 있는 명사 다음에 온 '叱'의 해독에 결정적인 역할을 한다.

이 미흡점들을 해결하기 위하여, 이 글에서는 먼저 향찰 '호'의 경우에는 앞의 글 (2020)에서 정리한 글을 그대로 옮긴다. 그리고 향찰 '叱'의 해독에서는, 향찰 '叱'의 한자음을 정확하게 정리하고, 이어서 소멸된 형태소들을 참고하여 향찰 '攴'이 보여주는 '시'와 '실'을 다시 한번 검토 정리하고자 한다. 이 글에서 다루는 '攴'은 앞서 써서 발표한 글들(양희철 2014, 2015a, 2015b, 2016b)을 종합하면서 부분을 수정한 것이다.

2. 攴/ㅂ

향찰 '攴'의 해독은 다른 글(양희철 2008)을 바탕으로 정리한 바(양희철 2020)가 있으므로 이를 옮기면서 부분 수정을 하려 한다. 선행 해독들은 '攴'과 '支'의 분리 여부에 따라 크게 두 유형으로 나눌 수 있다. 그중에서 '攴'과 '支'를 분리하지 않은 유형을 먼저 보고, 분리한 유형을 이어서 보자.

분리하지 않은 유형은 다시 '攴'을 '支'의 속자나 이체자로 처리한 경우와 오각이나 오자로 처리한 경우로 나뉜다.

속자로 처리한 경우는 허자(虛字)의 인정 여부에 따라 둘로 나뉘지만, 음과 훈이 같으나, 그 글자의 모양만이 다른 글자를 의미하는 '속자'의 개념상, '攴'(가볍게 두드릴 복)이 '支'(지탱할 지)의 속자라는 주장은 성립하지 않는다. 최근에 나온 이체자설(지형률 2007; 박재민 2009a)은 속자설의 속자를 이체자로 바꾸어 쓴 것에 불과하다. 이 이체자설은 선행 해독들과는 다른 차별화를 지나치게 시도하다가, 속자설에 이체자설이라는 새옷을 입힌 결과를 가져왔다. 이런 사실은 두 가지 사실에서 알 수 있다.

첫째로, 이체자는 약자(略字), 속자(俗字), 고자(古字), 간체자(簡體字) 등등을 통틀어 쓰는 용어로 변체자(變體字)라고도 하며, 글자 모양만 다르고 그 음과 훈은 같다는 점에서, '攴'(가볍게 두드릴 복)이 '支'(지탱할 지)의 이체자라고 주장하는 것은 '攴'(가볍게 두드릴 복)이 '支'(지탱할 지)의 속자라고 주장한 속자설에 이체자설이라는 새옷을 입힌 것에 지나지 않는다.

둘째로, '攴'을 '支'의 이체자로 본 이 해독의 실제를 보면, '攴'과 '支'를 모두 'Ø, ㅣ, 이, 히' 등으로 읽었는데, 이 해독은 '攴'을 '支'의 속자로 본 해독들이 취한 형태들이다. 특히 '攴'을 '支'의 속자 또는 이체자로 보아 통합한 '支'의 신라와 고려의 음은 '기, 디' 등인데, 이 '기, 디' 등의 음을 살리지 못했을 뿐만 아니라, 'Ø'로 해독한 가장 많은 분량은 초기 해독들이 보인 '특별한 의미가 없는 첨가'(오구라)나 '허자(虛字)'(양주동)라는 용어만 쓰지 않았지, 초기 해독의 속자설로 다시 돌아간 것에 지나지 않는다.

속자의 개념으로 속자설을 비판(양희철 1990, 1995, 1997)하자, 이를 대신한 것이 오각설과 오자설이다. 이 주장들은 네 가지의 공통된 문제를 보인다.

첫째로, '攴'이 '支'의 오각 또는 오자라고 주장한 주장들은 '支'가 '攴'으로 오각되거나 오자가 된 예만 제시하고, 그 역인 '攴/攵'이 '支'로 오각되거나 오자가 된 예들[所至攴(〈원종흥법 염촉멸신〉조), (臣多)攴(民隱如)(〈안민가〉), (卜以)攴(乃遺只)(〈참회업장가〉)]은 못본 척을 한다는 것이다.

둘째로, 이 주장들은 '支'가 '攴'으로 오각되거나 오자가 된 두세 예들을 근거로, 나머지도 오각이나 오자라고 일반화를 하였는데, 나머지를 검토해 보면, 오각이나 오자가 아니라는 점에서, 이 주장들은 일반화의 오류를 범하였다.

셋째로, 이 주장들은 17개의 '攴'이 모두 '支'의 오각이나 오자라고 하였는데, 이렇게 17개의 '攴'이 모두 '支'의 오각이나 오자라고 보기는 어렵다.

넷째로, 이 오자설이나 오각설이 보여준 실제 해독들은, 한국어나 인접 알타이어로도 이해되지 않는 면을 너무나 많이 보여주고, 심한 경우에는 해독이 아니라 '攴' 자가 나온 위치의 기술에 머문 문제를 보여준다.

'攴'과 '支'를 분리한 유형에는 지정문자설과 'ㅂ'설이 있다. 지정문자설은 '攴' 자 앞의 향찰을 뜻으로 읽으라는 의미로 본 경우와, 이를 변개하여 '攴' 자 뒤의 향찰을 뜻으로 읽으라는 의미로 본 경우로 나뉜다. 어느 경우로 보든, '攴' 자 앞의 향찰이나 뒤의 향찰을 뜻으로 읽을 수 없는 경우가 많고, 뜻으로 읽는 향찰들의 뒤나 앞에 이 '攴'을 쓰지 않은 경우가 너무 많은 문제를 피할 수 없다. 그러나 훈과 음이 다른 '攴'(가볍게 두드릴 복)과 '支'(지탱할 지)를 해독에서 분리하였다는 사실은, 지정문자설(김완진 1980)이 향찰 해독에서 기여한 공헌이다.

'ㅂ'설은 양희철에 의해 제시되었다. 첫 번째 글(1990)에서는 '攴'의 'ㅂ' 가능성을 제시하였으나, '高攴乎/놉호'의 '攴/ㅂ'을 제외한 나머지에서는 추정에 머물렀다. 두 번째 글(1995)에서는 네 가지 논거를 보완하였다.

첫째로, 향가에서 쓰인 연결어미 '-ㅂ'이 한국어와 같은 계통어인 돌궐어에서 발견된다(이등룡 1984:10)는 논거이다.

둘째로, 향가에서 쓰인 연결어미 '-ㅂ'이 중세어인 '무릅(무르어), 냅(내어), 므롭(므르어), 팁(치어)' 등[7]의 '-ㅂ'에서 발견된다는 논거이다.

---

7 "무릅 쓰다(倒退)"(『同文類解(上)』 30, 『漢淸文鑑』 347). "左足을 냅 드며 왼편으로 칼을 드리우고 左足을 므롭 쓰며 올흔편으로 칼을 드리우고"(『武藝圖譜通志諺解』 31). "눈을 팁 쓰고"(『痘瘡經驗方』 34). "天中의 팁 쓰니 鶴髮을 혜리로다"(『松江歌辭』 1:7).

셋째로, 향가에서 쓰인 연결어미 '-옵'(연결어미 '-아'와 '-ㅂ'의 결합인 '-압'의 이형태)이 중세어인 '소솝(솟어)'[8]에서 발견된다는 논거이다.

넷째로, 향찰 '攴/ㅂ'은 향찰의 말음표기 또는 말음첨기의 체계인 '只(ㄱ), 隱(ㄴ), [支(ㄷ),] 尸/乙(ㄹ), 音(ㅁ), 叱(ㅅ)' 등에서 빠져 있는 'ㅂ'을 '攴'이 보완하여 체계를 완전하게 한다는 논거이다.

이 두 번째 글에서 '攴'을 'ㅂ'으로 읽는 논거를 설득력이 있게 제시하면서, 향찰 '攴'을 'ㅂ'으로 읽었다. 이 해독은 그 후의 정리에서 부분적인 보완을 보인다. 최근까지 정리한 '攴'의 해독은 다음과 같다.

부동사형어미(연결어미) '-ㅂ': '持以攴 如賜烏隱'(딕힙 가시온, 지키어 가시온), '遣知攴 賜尸等隱'(기딥 주실돈, 기티어 주신다면), '好攴(←支)…不冬 爾屋攴'(됴힙…안들 이옵, 좋아…아니 이울어 지매), '仰攴…慕…'(울엷…그릴, 우러러…그릴), '影攴 右(←古)理因'(비칩 우린, 비치어 어린), '持以攴(←支) 乃遣只'(딕힙 나곡, 지키어 나고).

부동사형어미(연결어미) '-압'의 말음 '-ㅂ': ('喰惡攴 治良'에서 '攴'은 '支'의 오자), '多可攴 白遣 賜立'(다갑 숣곤 시셔, 앞당기어 사뢰곤 있으셔), '除惡攴…賜以只'(덜압…주시기, 덜어 주시기), ('隱安攴…都乎隱'에서 '安攴'의 '攴'은 '支'의 오자)

부동사형어미(연결어미) '-옵'의 말음 '-ㅂ': '毛乎攴 內良'(모홉 드리아, 모아 드리어), '祈以攴 白屋尸'(비룝 붉올, 빌어 밝올)

형용사어간의 말음 '-ㅂ-': '高攴好'(놉호, 높어), '沙矣 以攴如攴'(모릭 입돋/입ㄷ디, 모래 혼미하듯)

접미사 '-돕/답'의 말음 '-ㅂ': '臣多攴(←支)'(신돕, 신하답게), '汝於多攴'(너돕, 너처럼)

이렇게 '攴'의 'ㅂ'설은 논증에서 강장점들을 보인다는 점에서, 향찰 '攴'은 'ㅂ'의 표기로 정리한다.

3. 叱의 한자음

이 장에서는 향찰 '叱'의 한자음에 대한 선행 연구들을 변증하고, 그 미흡점을 보완하

---

[8] "허위허위 소솝 뛰어 올라"(『青丘永言(吳氏本)』117). "青天 구름속에 소솝 쩌 올은 말이"(『青丘永言(吳氏本)』117).

고자 한다.

3.1. 선행 연구의 변증

한자 '叱'의 고음은, 향찰과 이두의 '叱'을 해독하던 초기부터 그 검토가 진행되었다. 그 연구사를 간단하게 검토한 것(양희철 2016b)이 있어, 이를 체제에 맞추어 옮기면 다음과 같다.

이두에서 '叱'은 'ㅅ'으로 읽힌다. 이는 한자 '叱'의 한국 중근대음 '즐, 질' 등으로 설명할 수 없다. 이 문제를 해결하고자, 양주동(1942:85-88)은 '尼叱今或作尼斯今'(『삼국유사』)과 '尼師今·尼叱今'(『삼국사기』)의 '叱=斯=師', 『일본서기』의 신라 인명에 나오는 '叱'(シ) 등을 근거로 '叱'이 'ㅅ'의 표기임을 논증하였다. 그 후에 이 문제는 두 방향에서 논의되어 왔다.

한 방향은 향찰과 이두의 '叱'이 한자 '叱'이 아니라 다른 글자라는 주장들이다. 이 주장은 네 연구자들의 글에서 보인다.

김준영(1979:62)은 "'叱'은 '꾸짖을 즐'字가 아니라 입구(口)字에 'ㅅ'받침 發音 때의 혀 모양인 ㄴ를 붙인 것인데 그것이 漢字가 되지 못하므로 劃을 添加한 것"이란 주장을 하였다. 그런데 "입구(口)字에 'ㅅ'받침 發音 때의 혀 모양인 ㄴ"을 붙인 글자는, 한자가 되지 못하는 것이 아니라, 한자 "새소리 알 : 鳥聲"이 된다는 점에서 문제를 보인다.

김완진(1985a:6)은 '叱'을 '時'의 초서로 보았다. 한자 '時'의 초서는 '叱'보다는 '日'자 변에 '寸' 자가 붙은 글자에 가깝고, 구결의 경우에는 本字(본래의 한자)의 어느 한 부분을 이용하는데, '時'에서는 구결 'ㄴ'의 형태를 발견할 수 없다는 점에서, 검토가 좀더 필요하다.

오정란(1988:24)은 '叱'을 진언에서와 같이 '瑟' 자의 앞에 '口' 자를 붙여서 음을 표시한 글자의 약자로 보았다. 향찰이나 구결에서는 진언에서 글자를 만드는 방법을 이용하지 않는다는 점과, '瑟'의 약자가 'ㄴ'이라는 근거가 없다는 문제를 보인다.

박병채(1990:61)는 'ㅅ'를 표기하기 위해 창안한 특수 용자로 보았다. 이미 그 당시에 'ㅅ'의 표기에 쓰인 불경의 자역자들이 많고, 이두에서 'ㅅ'을 표기하거나 할 수 있는 '斯, 所, 西, 沙, 師' 등이 쓰이었는데, 이 글자들을 버리고 굳이 특수 용자로 '叱'을 창안하였다고 보기는 어렵다.

다른 한 방향은 양주동의 주장을 좀더 발전시켜서, 한자 '叱'의 음을 '실, 슬, 속, 시' 등으로 추정한 주장들이다. 이 주장들은 여러 글에서 보인다.

먼저 '실, 슬, 시' 등으로 본 주장들을 보자.

정연찬(1972:72-73)은 "이른바 齒音 次淸 漢字는 日本漢字音 경우의「s」를 反映하고 있는 것으로 보아,「叱」字의 羅代音이「실」일 可能性은 多分히 있는 것으로 보인다."고 '叱'의 고음이 '실'일 가능성을 설명하였다.

김홍곤(1977:168-172)은 일본 한자음과 이두들을 통하여 한자 '叱'의 고음을 '슽(sit), 슬/실(sil/sil)' 등으로 설정하고, 이를 '六叱, 多叱, 叱郞' 등으로 예증하고자 하였다.

유창균(1994:142-149)은 한자 '叱'의 음을 '슬'(초기), '시/ㅅ'(중기), '즐/ㅈ'(후기) 등으로 보았는데, 왜 중기음에서는 '실'을 인정하지 않고 '시'만 설정하였는지 의아하다.

김동소(1998:37, 44-47)는 "앞에서 '叱'의 고대음을 *si(r)로 추정한 바 있는데, 이는 '尼叱今·尼師今·齒叱今' 등의 혼용과 '城叱'(중세한국어 '잣', 고대일본어 *sasi 또는 *tsasi), 有叱(잇-·이시-) 등에서 그렇게 본 것이다."라고 설명하고, '叱'의 음이 [sir]에서 [tsir]로 완전히 바뀐 것은『향약구급방』부터로 정리를 하였다.

이렇게 한자 '叱'의 고음을 '실, 슬, 시' 등으로 본 이 주장들은 이 '실, 슬, 시' 등의 'ㅅ'을 중국 고음과 연결시키지 못한 공통의 문제를 보인다.

최남희(1994:5-46)는 '叱'의 고음을 '속'으로 보았다. 『집운』에서는 '嘯' 자의 세 음, 즉 '소'(先弔切, 嘯去聲), '속'(息六切, 屋入聲), '짇'(尺栗切, 質入聲) 등을 보여주면서, '叱或作嘯'와 '嘯讀爲叱'의 설명을 하였다. 이 경우에 '叱或作嘯'와 '嘯讀爲叱'에서와 같이 '嘯'와 같은 '叱'의 음은 '짇'(尺栗切, 質入聲)이다. 왜냐하면, 『집운』에 수록된 '叱'의 음은 '짇'(尺栗切, 質入聲)뿐이기 때문이다. 이렇게 '叱'에는 '속'의 음이 없는데도, '叱'의 음을 '속'(息六切, 屋入聲)으로 본 것은『집운』의 '嘯' 자 설명을 오해한 것으로 판단한다.

위국봉(2014:49-79)은 한자 '叱'의 중국 고음을 정리하는 데 매우 중요한 자료들을 불경 자역자에서 찾아 정리하였다. 그 중요한 자료의 일부를 인용하면 다음과 같다.

(1) 가. 摩那叱囉, manaḥ śilā, 觀世音菩薩如意摩尼陀羅尼經, [唐]不空三藏寶思惟(?-721, 693년 抵洛京)

나. 洛叱彌, lakṣmī, 佛說大吉祥陀羅尼經, [宋]法賢(?-1000?)

다. 唵叱洛呬焰, om srhyim, 曼殊室利菩薩呪藏中一字呪王經, [唐]三藏法師義淨(635-713)

(1)에서 보여준, '叱'과 'śi, ṣ, s' 등의 대응은, 선행 연구들이 향찰과 이두의 '叱'을 'ㅅ, 시, 실' 등으로 읽으면서도, 한자 '叱'의 중근세음인 '즐, 질' 등에서 찾지 못한 'ㅅ, 시' 등의 근거를 불경 자역자에서 찾아 제시했다는 점에서, 대단히 가치 있는 연구이다. 그러나 이 음이 한자음이 아니고, 한자 '叱'의 본래의 음인 '짇'을 버리고, 범어식으로 읽은 것이라고 본 미흡점을 보인다.[9]

3.2. 선행 연구의 보완

위국봉이 왜 불경의 자역자에서 범자의 'śi, ṣ, s' 등과 이에 대응하는 한자 '叱'을 보고도, 한자 '叱'의 중국 고음을 '신'으로 정리하지 못했을까? 이는 두 가지의 오해에 기인한다. 하나는 불경 자역자에 대한 오해이고, 다른 하나는 이두, 향찰, 구결 등의 해독에 대한 오해이다. 이를 차례로 보완해 보자.

3.2.1. 불경 자역자의 한자음

불경의 자역(字譯, transliteration)은 두 종류로 나뉜다. 하나는 범자의 뜻을 한자의 뜻으로 옮긴 의역이다. 다른 하나는 범자의 음을 한자의 음으로 옮긴 음역이다. 이 음역의 경우에는 범자의 음을 알 수 있어, 고승들이 다라니를 포함한 범자를 읽고 암송하는 데 많은 도움을 주었다. 그리고 한자의 중국 고음을 연구하는 연구가들에게는 한자의 중국 고음을 재구하는 데 많은 도움을 주어왔다.

이렇게 불경의 자역자는 고승들과 한자음 연구가들에게 많은 도움을 주어왔지만, 한계점도 포함하고 있다. 이 한계점은 한마디로 말하면, 음소적 문자인 범자를 음절적 문자인 한자로 옮기면서 나타나는 한계이다. 즉 범자를 자역한 한자들 중에서 어느 것들은 자음(子音, 불경 자역자의 용어로 말하면 半字)으로 읽고, 어느 것들은 음절로 읽어야 하는가가 명확하지 않고, 한자는 두세 종류의 음을 가진 복음자가 있는데, 이 중에서 어느 음으로 읽느냐가 명확하지 않다는 것이다. 이런 문제들을 보완하기 위하여, 二合, 三合, 引, 반절법 등을 협주로 달았지만, 글자마다 모두 단 것이 아니어서, 다라니를

---

[9] 이런 생각은 다음의 인용에서 보인다. "다만 일부 한자들은 범어 음역 때문에 비정상적으로 사용되었는데, 이러한 한자들의 음은 본래의 한자음과 거리가 멀기 때문에 특별하게 범어식으로 읽었을 것이라는 것이 필자의 주장이다. '叱'도 그 본래의 음이 범어의 'śi, ṣ, s'와 차이가 있기 때문에 이 범주에 속한다고 본다."(위국봉 2014:73).

포함한 범자를 완전하게 송독하지 못하는 경우가 많았다.[10]

　그러면 범자의 'śi, ṣ, s' 등을 자역한 한자 '叱'은 다라니를 포함한 범자를 완전하게 송독히지 못하게 하는 한계점을 보여주는 것인가? 아니면 한자의 중국 고음을 연구하는 데 도움을 주는 자료인가? 필자가 보기에 이 둘 모두라고 판단한다. 이를 나누어서 차례로 보자.

　범어의 단어나 범자의 음을 잘 모를 때에, (1가)의 '摩那叱囉', (1나)의 '洛叱彌', (1다)의 '唵叱洛呬焰' 등을 어떻게 읽을까? 범어를 잘 아는 사람이 아니면, '摩那叱囉'를 'manaḥ śilā'는 물론 'manaḥ śIā'로 읽을 수 있고, '洛叱彌'를 'lakṣmī'는 물론 'lakṣimī'로 읽을 수 있으며, '唵叱洛呬焰'을 'om srhyim'은 물론 'om sirahyim'으로 읽을 수도 있다. 이는 '叱'을 'śi, ṣ, s' 등에서 어느 것으로 읽고, '洛'을 'r, ra, lak' 등에서 어느 것으로 읽을 것인가를 명확하게 보여주지 못하는 한계점을 보여준다. 이런 사실들로 보면, 범자의 'śi, ṣ, s' 등을 자역한 한자 '叱'은 'śi, ṣ, s' 등에서 어느 것을 옮긴 것인지를 명확하게 보여주지 못하는 불경 자역자의 한계를 보여준다고 정리할 수 있다.

　이번에는 범자의 'śi, ṣ, s' 등을 자역한 한자 '叱'이 한자의 중국 고음을 연구하는 데 도움을 준다는 사실을 보자. (1가)의 '摩那叱囉'는 범자의 'manaḥ śilā'를 당나라 불공삼장보사유(不空三藏寶思惟)가 중국의 한자로 옮긴 것이다. 이 범자의 'manaḥ śilā'를 서천축국(西天竺國)의 삼장가범달마(三藏伽梵達摩)는 『대정신수대장경』 20권 (1928:104)에 수록된 『천수천안 관세음보살 치병합약집경(千手千眼 觀世音菩薩 治病合藥集經)』에서 '摩那屎羅'로 옮겼다. 이 자역들에서 보이는 'śi=叱=屎'를 통하여, '摩那叱囉'의 한자 '叱'은 그 고음의 초성과 중성의 발음이 '시'임을 말해준다. 그리고 (1나)의 '洛叱彌'는 범자의 'lakṣmī'를 송나라의 법현(法賢)이 중국의 한자로 옮긴 것이다. 이 범자의 'lakṣmī'를 당나라의 『대일경소』(善無畏가 해석하고 一行이 撰함)에서는 '落吃澁弭'로 옮겼다(丁仲祜 1921:2314). 이 자역들에서 보이는 'ṣ=叱=澁'을 통하여, '洛叱彌'의 '叱'은 그 고음의 초성이 'ㅅ'임을 말해준다.

　이런 사실들은 당나라에서 범자의 'śi, ṣ, s' 등을 한자 '叱'로 음역을 하였다는 사실

10　이런 사실은 다음의 인용에서도 알 수 있다. "…… 범어를 매우 잘 하는 승려를 제외하면 고대중국의 대부분의 승려들은 한어식 범어로 송독했을 것이다. 이는 陀羅尼經의 음독 주석이 모든 한자나 어절 뒤에 달았던 것은 아니었던 점, 주석을 달았어도 범어의 음마다 구체적으로 어떻게 발음해야 하는지 자세한 설명은 없었다는 점을 고려하여 내린 결론이다. 위에서 제시한 鄭樵의 《通治·六書略》의 기록도 그 당시 중국 승려들이 陀羅尼를 범음으로 송독하려고 노력했으나 완전히 범어로 하지 못하였다는 증거로 삼을 수 있다."(위국봉 2014:73).

과, 한자 '叱'의 당대 고음에 '신'이 있었다는 사실을 말해준다. 혹시 우리가 지금까지 알고 있는 한자 '叱'의 고음에 '신'이 없다는 점에서, 한자 '叱'의 고음의 하나를 '신'으로 잡지 않고, '叱'의 본래의 음인 '짇'을 버리고, '叱'을 범자식, 즉 범자의 'śi, ṣ, s' 등으로 읽었다고 생각해 볼 수도 있다. 그러나 이는 오해이다. 기본적으로 불경의 자역은, 그 음을 모르는 범자의 음을 알 수 있게, 음을 알고 있는 당시의 한자음으로 바꾸거나 한자음을 부기한 것이다. 이런 불경 자역자의 한자음을 범자의 음으로 읽었다고 보는 것은 불경의 자역자에 대한 오해이다. 이 오해는 한자 '叱'의 고음의 하나가 '신'일 수 있다는 사실을 생각하지 않고, 범자의 'śi, ṣ, s' 등과 이에 대응된 '叱'의 중근대음인 '즐, 질' 등만을 연결시켜서 도출한 무리한 해석으로 판단된다.

이런 오해는 불경 자역자에서 'ㅅ'이나 '시'를 옮길 수 있는 한자들이 없었다면 가능할 수 있다. 그러나 불경 자역자에서 'ㅅ'을 옮긴 한자들[11]은 상당히 많으며, '시'를 옮긴 한자들도 다음과 같이 적지 않다. '시'를 자역한 한자들을 『불학대사전(佛學大辭典)』(丁仲祜 1921)과 『중영불학사전(中英佛學辭典)』(蘇爾慈·郝德士 1934)에서 정리하면 다음과 같다.

    (2) 가. 屎: 摩那屎羅 manaḥ śilā
        나. 師: 尼師但那 Niṣidanā, 伊師迦 Iṣigā, 劬師羅 Ghoṣira
        다. 尸: 尸多婆那 Śitavana, 尸羅 Śira, 迦尸 Kāśi
        라. 史: 吠(/鞞)世史迦 Vaiśeṣiga, 具(/瞿)史羅 Ghoṣira
        마. 始: 呾叉始羅 Takṣaśila
        바. 施: 施乞叉難陀 Śikṣānanda
        사. 私: 迦私 Kāśi
        아. 實: 實叉難陀 Śikṣānanda

---

11 불경의 자역자에서 범자 'ś, s, ṣ' 등을 옮기는 데 사용된 한자들을, 『中英佛學辭典』(蘇爾慈·郝德士 1934)에서 정리한 것(양희철 1995:114)이 있다. 이를 다시 정리하면 다음과 같다. 舍(Śramana 舍羅摩拏), 師(Śri 師利, Vāṣpa 婆師波), 莎(Svabha 莎發幹), 沙(Svāha 沙波訶), 娑(Svāha 娑婆訶, Śrotra 娑路多羅), 斯(Talas 叫羅斯), 殺(Dhṛtārāṣtra 第黎多局羅殺吒羅), 澁(Lakṣmi 落吃澁弭, Puṣpa 補澁波), 塞(Skanda 塞健陀), 色(Jyotiṣka 殊底色迦), 恕(Sarpiṣkundika 薩鋑恕魂直迦), 攝(Valokiteśvara 連盧羯底攝伐羅), 葉(Iśvara 伊葉婆羅), 蘇(Śri 蘇利, Svūha 蘇波訶), 率(Srughna 率祿勤那, Stūpa 率塔婆), 窣(Stūpa 窣堵波, Vaṣtu 跋窣堵), 首(Śloka 首盧迦), 藪(Stūpa 藪卒婆), 戍(Śrotra 戍縷多羅), 膝(Duṣkrtra 突膝吉栗多), 瑟(Kṛṣna 訖里瑟拏, Uṣnisa 鬱瑟尼沙), 濕(Avalokiteśvara 阿婆盧枳底濕伐羅), 淫(Iśvara 伊淫伐羅), 尸(Śmaśāma 尸摩賒那), 屍(Śrimit 屍黎密), 室(Śanaiścara 賒乃以室折羅, Śri 室利), 失(Śra 失羅), 深(Śmaśāna 深摩舍那).

자. 失: 失守摩羅, 失獸磨羅, 失收磨羅 Śiśumāra
차. 室: 室獸摩羅 Śiśumāra, 室灑 Śisya

(2)의 인용에서 볼 수 있는 '屎, 師, 尸, 史, 始, 施, 私, 實, 失, 室' 등은 모두가 범자의 '시'를 자역한 한자들이다. 이 중에서 '實, 失, 室' 등은 그 종성까지도 '叱'과 같은 한자들이다. 이렇게 범자의 'ㅅ'이나 '시'를 자역한 한자들이 많은데도, 이 한자들을 버리고, 본래의 음에도 없는 'ㅅ'이나 '시'를 이 음과 다른 '叱'로 옮겼다고 보는 것은 거의 불가능하다고 판단한다.[12] 이보다는 불경의 자역에서 보이는, 'śi, ṣ, s' 등과 한자 '叱'의 대응은, 한자 '叱'의 고음 중의 하나가 그 초성과 중성을 '시'로 하였다고 판단하고, '叱'의 중국 고음의 하나가 '싵'이었다고 판단하는 것이 훨씬 객관적이다. 즉 한자 '叱'의 고음은 『광운』에서 보이는 '짏'(昌栗切)과 불경의 자역자에서 보이는 '시(ㄷ)'의 '싵'이었다고 보는 것이 객관적이다.

이런 사실은 이어서 볼 향찰 '叱'과 구결 'ㄴ'에 이용된 한자 '叱'의 신라음이 '실'이라는 점에서도 알 수 있다. 한자의 중국 고음을 재구하면서, 주변 국가들(한국, 일본, 월남)에서 수용한 한자음을 이용하는 방법은, 불경의 자역자를 이용하는 방법과 더불어, 한자의 중국 고음을 연구하는 학자들이 취하는 중요한 방법의 하나이다. 이 방법에서와 같이, 이어서 볼 향찰 '叱'과 구결 'ㄴ'의 표기음 '실'로 보면, 이 한자 '叱'의 중국 고음의 하나는 '(싵〉)실'로 변하기 이전의 '싵'이라고 정리할 수 있다.

3.2.2. 향찰 叱과 구결 ㄴ의 해독음

이 항에서는 향찰 '叱/실'과 구결 'ㄴ/실'을 통하여, 향찰 '叱'과 구결 'ㄴ'의 한자 '叱'의 신라음이 중국 고음의 하나인 '싵'의 변음인 '실'이란 사실을 정리하고자 한다.

왕명('尼叱今')의 이두 '叱/시', 향찰의 '叱/ㅅ', 구결의 'ㄴ/ㅅ' 등은 불경의 자역자인 '叱/si, ṣ, ś' 등에서 유래하였다(위국봉 2014)고 볼 수도 있고, '叱'의 신라음인 '실'을 이용했다고 볼 수도 있다. 이런 두 해석은 왕명('尼叱今')의 이두 '叱'을 '시'로, 향찰

---

12 이 해석의 문제는 다음의 인용으로 보아, 이 연구자도 어느 정도 인식한 것으로 보인다. "따라서 '叱'이 陀羅尼에서 'śi, ṣ, s'를 표기한 것은 그대로 고대한국에 전해왔다고 본다. 이러한 까닭에 '叱'은 인명의 同音異表記에서 '師, 斯'와 대응되고 향가 및 구결에서 'ㅅ'을 표기한 것이라고 본다. 문제는 〈표 7〉에서 '叱'이 陀羅尼經 'kṣe, che' 등과도 대응되었다는 점이다. 이는 '叱'이 원래 正齒次淸音이기 때문에 'kṣ, ch' 등과 음성적인 차이는 그리 크지 않아 陀羅尼에서 특별히 이를 범어식으로 읽지 않았을 가능성이 크다고 해석된다."(위국봉 2014:73-74).

'叱'과 구결 'ヒ'을 'ㅅ'으로, 각각 읽을 때만 가능하다. 그러나 향찰 '叱'과 구결 'ヒ'은 'ㅅ'은 물론, '시, 실' 등으로도 읽힌다는 점을 계산하면, 향찰 '叱'의 한자음은 중국 고음 '싣'의 변음인 한국 고음 '실'에 기초한 것임을 확인하게 된다. 왜냐하면, 향찰 '叱/실'의 음 '실'은 한국의 고음은 될 수 있어도, 중국의 고음이나 불경 자역의 '시'는 될 수 없기 때문이다.

이런 사실을 정리하기 위하여, '실'로 해독된 향찰 '叱'의 세 유형만을 인용 정리하면 다음과 같다.(설명에 필요한 예만 들고, 모든 예는 뒤에 다시 정리한다.)

(3) 가. 어간의 말음절과 어미의 '叱/실': 有叱故, 有叱多(〈혜성가〉)
나. 명사의 말음절과 어미의 '叱/실': 兵物叱沙(〈우적가〉), 周物叱(〈광수공양가〉)
다. 접미사의 '叱/실': 命叱(〈도솔가〉), 辭叱都(〈제망매가〉), 敬叱(〈항순중생가〉)

(3가)의 두 '叱'은 모두가 '실'의 표기이다. 이 중에서 '有叱故'를 먼저 보자. 많은 선행 해독들은 이 '有叱故'를 문맥상 '있을꼬'의 의미로 읽었다. 이에 속한 해독들로는 '이실꼬'(有/이실+叱/ㅅ+故/고, 양주동 1942 등등), '이실고'(有/이실+叱/ㄹ+故/고, 홍기문 1956 등등), '이싫고'(有/이시+叱/ಕ+故/고, 정열모 1965, 有/이싫+叱/싫+故/고, 류렬 2003), '이슬고'(본문에서 '잇고'로 읽은 것을 모두에서 설명 없이 '이슬고'로 정리한 것, 유창균 1994) 등이 있다. 그런데 이 해독들은 괄호 안에 부기한 개별 향찰의 해독들에서, '有'를 '이실, 이싫' 등과 같이 '有'에 없는 'ㄹ, ಕ' 등을 첨가하여 읽거나, '叱'을 'ㄹ, ಕ, 싫' 등과 같이 이상하게 읽은 문제들을 보였다. 이 문제를 해결하기 위하여, '有叱故'의 개별 향찰을 '이시(有)+실(叱)+고(故)'로 읽고, 전체를 '있을꼬?'의 의미인 '이실고'로 읽은 해독이 나왔다. 그리고 '有叱多'의 경우에도 '有叱故'에서와 같은 문제가 발생하기 때문에, 이 문제를 해결하기 위하여, '有叱多'의 개별 향찰을 '이시(有)+실(叱)+다(多)'로 읽고, 전체를 '있겠느냐?'의 의미인 '이실다'로 읽은 해독이 나왔다. 이 두 해독(양희철 2015a)은 비교적 객관적이다. 이 해독들로 보아, '有叱多'와 '有叱故'의 '叱'은 어간의 말음절과 어미가 결합된 '실'의 표기임을 알 수 있다.

(3나)의 두 '叱'도 모두가 '실'의 표기이다. '兵物叱沙'와 '周物叱'은 각각 "此 兵物叱 沙 過乎"와 "佛佛 周物叱 供爲白制"의 문맥에서 목적어의 위치에 있다. 이로 인해 많은 해독들이 '叱'을 목적격어미 '-을, -ㄹ' 등으로 읽었다. 그러나 향찰 '叱'은 '-을, -ㄹ' 등으로 읽을 수 없다는 문제를 보였다. 이 문제를 해결하기 위하여, '兵物叱沙'의 개별 향찰들을 '잠(兵)+가시(物)+실(叱)+사(沙)'로 읽고, 전체를 '잠가시(兵物)+ㄹ(목적격

어미)+사(강조사)의 의미인 '잠가실사'로 읽은 해독과, '周物叱'의 개별 향찰을 '두루 (周) 가시(物)+실(叱)'로 읽고, 전체를 '두루 가시(物)를'의 의미인 '두루 가실'로 읽은 해독이 나왔다. 이 해독들(양희철 2015a)은 '兵物叱沙'와 '周物叱'에서, 두 '叱'이 명사 '가시'의 말음절 '시'와 목적격 어미 '-ㄹ'의 결합인 '실'의 표기임을 잘 보여준다.

(3다)의 세 '叱'도 모두가 '실'로 읽힌다. 이 '叱'들은 많은 해독들이 거의 도식적으로 읽어 왔으며, 그 기능이 모호하였다. 이 문제를 해결한 것이 '실'의 해독이다. '命叱'의 개별 향찰을 '시기(또는 ᄒᆡ)(命)+실(叱, '일'의 의미를 가진 접미사)'로 읽고, 전체를 '시킴의 일' 또는 '시키는 일'의 의미인 '시기실'(또는 'ᄒᆡ실')로 읽었다. '敬叱'의 개별 향찰을 '경(또는 고마)(敬)+실(叱, '일'의 의미를 가진 접미사)'로 읽고, 전체를 '경의 일' 또는 '경하는 일'의 의미인 '경실'(또는 '고마실')로 읽었다. '辭叱都'의 개별 향찰을 '말(辭)+실(叱, '일'의 의미를 가진 접미사)+도(都)'로 읽고, 전체를 '말하는 일도'의 의미인 '말실도'로 읽었다. 이 해독들에 포함된 '-실'들은, 현대 한국어의 접미사 '-질'의 선행형으로, "靜이 아ᄅᆞ 사오나온 그위실올 因ᄒᆞ야 接足을 親히 받ᄌᆞ오니"(『선종영가집언해』서: 13), "그위실 ᄒᆡ와"(『능엄경언해』3) 등등에 나오는 '그위실'의 '-실'이다. 이렇게 읽은 (3다)의 '叱'들은 접미사 '실'의 표기로 정리(양희철 2015a)할 수 있다.

이렇게 '실'로 읽히는 (3가, 나, 다)의 '叱'들과, 앞으로 이어서 구체적으로 볼 '叱/실'과 'ㄴ/실'로 보아, 향찰 '叱'과 구결 'ㄴ'은 'ㅅ, 시'뿐만 아니라, '실'로도 쓰이었음을 알 수 있다. 이런 사실은 두 가지의 사실을 말해준다.

하나는 'ㅅ, 시' 등을 표기한 향찰 '叱'은 그 유래를 불경의 자역자에도 두고 있지만, 'ㅅ, 시, 실' 등을 표기한 향찰 '叱'과 구결 'ㄴ'은 한자 '叱'의 신라음 '실'에 기초하여 만들었다는 사실이다.

다른 하나는 'ㅅ, 시, 실' 등을 표기한 향찰 '叱'과 구결 'ㄴ'의 기초가 된 한자 '叱'의 한국 고음(신라음, 고려음)은 중국 고음의 하나인 '싣'이 변한 '실'이란 사실이다.

이 한자 '叱'의 한국 고음이 '(싣〉)실'이란 점은 이 절의 결론이다.

4. 叱/시와 叱/실

앞에서 정리한 향찰 '叱'의 한자음 '실'은, 이제까지 향찰 '叱'의 한자음을 '실'로 추정하고, 향찰 '叱'을 'ㅅ, 시, 실' 등으로 읽은 해독들을, 한자음의 차원에서, 확정할 수 있게 하였다. 'ㅅ'으로 읽은 '叱'들은 그 설명을 생략하고, '시'와 '실'로 읽은 향찰들을 절을 나누어서 정리하려 한다.

4.1. 叱/시

먼저 향찰 '叱/시'의 양상을 정리하고, 이어서 '시-'의 논거와 속격 '-시'의 논거를 정리하면 다음과 같다.

4.1.1. 향찰 叱/시의 양상

'叱'로 '시'를 표기한 것은 네 유형(양희철 2015a, 2016)으로 정리된다.

첫째로, 어간의 말음 '-시-'를 표기한(첨기한) '叱'이다. '有叱下是, 有叱下呂, 浮去伊叱等邪' 등의 '叱'은 어간 '이시-'의 말음 '-시-'의 표기(첨기)이고, '無叱昆'의 '叱'은 구결 '無ㄴㄢ'(업시며)와 '無ㄢ'(업시며)에서 보이는 어간 '업시-'의 말음 '-시-'의 첨기이며, '居叱沙/안지사>안시사'의 '叱'은 어간 '안시-'의 말음 '-시-'의 첨기이다.

둘째로, 어간의 '시-'를 표기한 '叱'이다. '內乎/드리오 叱等邪/시ᄃ야', '乞白乎/빌숣오 叱等耶/시ᄃ야', '作沙毛/삼사모 叱等耶/시ᄃ야', '好/호 叱等耶/시ᄃ야', '來/오 叱多/시다'(오고 있다), '內乎(尸)留/드리올루 叱等耶/시ᄃ야'(늘어트리올 것으로 있다야) 등의 '叱'들은 어간 '시-'의 표기이다.

셋째로, 명사의 말음 '-시'를 첨기한 '叱'이다. '城叱肹良/자시글랑'와 '物叱/가시'의 '叱'은 '자시, 가시'의 말음 '-시'의 첨기이다.

넷째로, 속격 '-시'와 주격 '-시'를 표기한 '叱'이다. 음절말 자음으로 끝난 명사와 명사 사이에 온 향찰 '叱'은, '千手觀音叱前良中, 物北所音叱彗, 功德叱身乙, 法叱供乙留, 十方叱佛體, 衆生叱田乙, 難行苦行叱願乙, 衆生叱海惡中, 法性叱宅, 衆生叱邊衣' 등에서 나온다. 이 '叱'들이 속격의 기능을 하는 것만은 분명하다. 그런데 문제가 된 것은 발음이 안 되는 'ㅅ'의 표기로 본 것이었다. 이 문제의 해결에는 한자 '之/㞢'의 음과 고려 구결이 도움을 준다. 한자 '之'의 고자인 '㞢'는, '時, 詩, 侍, 恃, 邿' 등의 고자들에서 보이는 '寺'의 '㞢'이다. 그리고 한자 '之'의 일본음은 '시'이다. 이런 사실은 한자 '之'의 고음이 '시'일 수 있음을 말해준다. 그리고 고려 구결을 보면, 주격, 주어적 속격, 속격 등의 위치에서 한자 '之'를 바꾸거나 한자 '之'에 대응시킨 구결 'ㄴ'와 '尸'가 나온다. 이 한자 '之'의 고음 '시'와 그 주격, 부주격, 속격 등의 기능은, 고려 구결 'ㄴ'와 '尸'의 음 '시'와 주격, 주어적 속격, 속격 등의 기능과 일치한다. 이렇게 고려 구결에서 한자 '之'와 구결 'ㄴ, 尸'의 음('시')과 기능(주격, 주어적 속격, 속격)이 일치한다는 점에서, 이는 한자 '之'의 음과 기능을 차용하고, 이를 구결 'ㄴ, ㄹ'는 물론 향찰 '叱'로 표기한 것으로 판단하게 한다.(이에 대해서는 다음의 절에서 구체적으로 설명할 것이다)
'塵塵 虛物叱(塵塵 虛物시)'의 '叱/시'는 주격의 '-시'이다.

4.1.2. 속격과 주격 '-시'의 논거

앞에서 정리한 '叱'의 해독에는 아직도 보완해야 할 문제가 남아 있다. 하나는 속격과 주격 '-시'를 설정할 수 있는 논거의 문제이다. 다른 하나는 향찰 '叱'을 '시-'로 읽었을 때에, 한국어에서 '시-'가 확실하게 존재하였다는 논거를 제시하는 것이다.

속격 '-시'는 음절말 자음으로 끝난 명사와 명사 사이에 온 속격의 향찰 '叱'들을 읽은 것이다. 이 '叱'들에 대한 선행 해독들을 간단하게 변증하고, 그 미흡점을 보완하고자 한다.

4.1.2.1. 선행 해독의 변증

음절말 자음으로 끝난 명사와 명사 사이에 온 속격의 향찰 '叱'들은 다음과 같다.

(4) 가. 千手觀音叱前良中(〈맹아득안가〉), 物北所音叱彗(〈혜성가〉)
    나. 功德叱身乙(〈칭찬여래가〉), 法叱供乙留(〈광수공양가〉), 十方叱佛體(〈참회업장가〉), 衆生叱田乙(〈청전법륜가〉), 難行苦行叱願乙(〈상수불학가〉), 衆生叱海惡中, 法性叱宅(〈보개회향가〉), 衆生叱邊衣(〈총결무진가〉)

이 (4)의 '叱'들을 선행 해독들은 'ㅅ, ㄷ, ㆆ, ∅, 싀, 실, 시' 등으로 읽어 왔다. 논의를 편하게 하기 위하여, 'ㅅ, ㄷ, ㆆ, ∅' 등과, '싀, 실, 시' 등으로 나누어 변증하려 한다. 먼저 (4)의 '叱'들을 'ㅅ, ㄷ, ㆆ, ∅' 등으로 읽은 해독들을 간단하게 정리한 다음에, 그 전체적인 문제를 변증하고자 한다.

(4)의 '叱'들을 'ㅅ'으로 읽은 해독은 오구라와 양주동이 주도하였다. 오구라(1929: 45-47)는 '法叱供乙留'의 '叱'만을 '발음 편의상의 촉음(促音, 音休止 pause)' 또는 '지격(持格, Genitive case)'으로 보고, 나머지는 모두 지격으로 해석을 하였다. 양주동(1942:182-185)은 'ㅅ'으로 읽으면서 다양한 해석을 하였다. '千手觀音叱前良中, 衆生叱田乙, 難行苦行叱願乙, 衆生叱海惡中, 法性叱宅' 등의 '叱/ㅅ'들은 지격촉음으로, '功德叱身乙, 法叱供乙留, 十方叱佛體, 普賢叱心音' 등의 '叱/ㅅ'들은 지격으로, '衆生叱邊衣'의 '叱/ㅅ'은 촉음으로, '物北所音叱彗'의 '叱/ㅅ'은 형식적인 'ㅅ'의 삽입으로, 각

각 해석을 하였다.

　(4)의 '叱'들을 'ㄷ, ㆆ' 등으로 읽은 해독은 '叱/ㅅ'의 해독을 '叱/ㄷ'이나 '叱/ㆆ'으로 바꾼 것으로 이해된다. '叱/ㄷ'은 'ㅅ'이 음절말에서 'ㄷ'으로 발음된다는 사실을 살리려 한 것이다. 그리고 '叱/ㆆ'은, '叱=嘯=속'이라는 주장을 하면서 '속'의 종성 'ㄱ'을 변모시킨 '叱/ㆆ'으로, 음휴지('소리 없는 휴식', 또는 '소리 끊음 현상')를 표기한 것이라고 설명을 하였다.

　(4)의 '叱'들을 'Ø'로 읽은 해독은 '叱'을 촉음(음휴지)의 부호로 보아, 해독에서는 이 부호의 표지화를 하지 않았다. 이 해독은 앞의 'ㅅ, ㄷ, ㆆ' 등의 해독들이 가진 문제의 하나를 해결하지만, 또 다른 문제를 발생시켰다. 즉 '叱'을 'ㅅ, ㄷ, ㆆ' 등으로 해독을 하면, '叱'이 가진 속격의 기능은 잘 보여주지만, 음휴지의 기능을 띄어쓰기와 더불어 두 번 보여주는 문제를 보여준다. 이 문제를 해결하기 위하여, 'Ø'와 같이 부호를 사용하지 않으면, 음휴지의 기능을 띄어쓰기로 보여주지만, 속격의 기능을 보여주지 못하는 문제를 보여준다.

　이렇게 (4)의 '叱'들을 'ㅅ, ㄷ, ㆆ, Ø' 등으로 읽은 해독들은 그 외형은 다양하지만, 그 기능은 거의가 지격촉음(발음이 되지 않는 속격과 음휴지의 표기)으로 일치한다. 이 지격촉음으로 본 해독들은, 그 근거를 훈민정음 창제 이후에 잠깐 보인 지격촉음에 두고 있다. 외적으로만 보면, 훈민정음 이후에 잠깐 보이던 지격촉음과, 이 장에서 다루고 있는 (4)의 향찰 '叱'은, 음절말 자음으로 끝난 명사와 명사 사이에 온다는 측면에서, 같은 표기로 볼 수 있다. 이 점 때문에 오구라와 양주동은 음절말 자음으로 끝난 명사와 명사 사이에 온 향찰 '叱'을 지격촉음으로 보았다. 특히 음절말 자음으로 끝난 명사와 명사 사이에 온 향찰 '叱'을 해독한 'ㅅ'과 훈민정음 이후에 잠깐 나타난 지격촉음 'ㅅ'이 같다는 점에서 같은 것으로 보았다. 이런 사실들만을 보면, 향찰 '叱'을 지격촉음('ㅅ, ㄷ, ㆆ, Ø')으로 읽은 해독들은 일단 맞는 것 같다.

　그러나 이 훈민정음 이후에 잠깐 보인 지격촉음이 향찰과 구결에도 적용될지는 검토를 요한다. 특히 우리가 이 장에서 다루고 있는 향찰은 구어와 문어이고, 구결은 구어인데 비해, 훈민정음 이후에 잠깐 보인 지격촉음은 문어라는 점에서 검토를 요한다. 이 차이점을 계산하면서 자료들을 보면, 다음과 같은 두 문제 때문에, (4)의 '叱'들을 지격촉음('ㅅ, ㄷ, ㆆ, Ø')으로 읽을 수 없다는 사실을 정리할 수 있다.

　첫째로, 문어의 문법의식을 전제로 하는 지격촉음은 일부 문어의 향찰에 적용할 수 있지만, 향찰과 구결에는 적용할 수 없다는 문제이다. 훈민정음 이후에 잠깐 보인 지격 촉음은, 발음이 되지 않는 속격과 음휴지의 표기로, 훈민정음의 창제라는 계기를 통하여 잠깐 나타났던 문어의 문법의식을 보여준다. 이에 비해, 우리가 검토하고 있는 (4)의 향찰 '叱'이 포함된 향찰은 노래와 독송(讀誦)이라는 구어와 문어의 성격을 모두 보여주지만, 문어적 문법의식까지를 보여주는 것은 아니다. 이런 사실은 향찰만으로는 그 판단이 어렵다. 그러나 구결의 성격을 보면, 이 문어적 문법의식을 주장할 수 없다. 향찰 '叱'에 해당하는 구결 'ㄴ'의 경우에, 이 구결이라는 현토의 '토(吐)'는 입에서 나오는, 즉 발음이 되는 것이지, 발음이 되지 않는 부호는 포함하지 않는다.[13] 이런 사실로 보아, 향찰 '叱'의 해독에서 지격촉음(발음이 되지 않는 속격과 음휴지의 표기)은 인정하기 어렵다. 훈민정음 이후에 잠깐 나타났던 문어적 문법의식이, 신라와 고려의 향가에서 지속적으로 나타났다고 보기는 어렵다.

둘째로, 문어의 문법의식을 전제로 하는 지격촉음은 구어의 향찰과 구결에 적용하면, 그 존재가 무의미하다는 문제이다. 지격촉음은 오구라 이래의 연구가들이 보여주듯이, 발음이 되지 않는 속격과 음휴지의 표기이다. 그런데 이 지격촉음(발음이 되지 않는 속격과 음휴지의 표기)은 구어의 표기에서 그 존재의 의미가 없다. 왜냐하면 지격촉음(발음이 되지 않는 속격과 음휴지의 표기)의 표기는, 표기가 생략된 속격과 같기 때문에, 구어에서는 무의미하다. 이런 사실은 지격촉음(발음이 되지 않는 속격과 음휴지의 표기)으로 해독한 (4가, 나)와, 지격촉음(발음이 되지 않는 속격과 음휴지의 표기)을 표시하지 않은 다음의 예들을 비교할 때에 잘 드러난다.

(5) 가. 目煙(눈의 내, 〈모죽지랑가〉), 岩乎邊希(바호의 끝에, 〈헌화가〉), 逸鳥川理(일오의 나리, 〈찬기파랑가〉), 薯童房(서동의 방, 〈서동요〉), 無量壽佛前(무량수불의 전, 〈원왕생가〉), 彌勒座主(미륵좌의 주인, 〈도솔가〉), 生死路(생사의 길, 〈제망매가〉), 彌陀刹(미타의 찰, 〈제망매가〉), 破□(戒/邪)主(파계/파사의 주, 〈우적가〉)

나. 無盡邊才(무진의 변재, 〈칭찬여래가〉), 塵塵虛物(진진의 허물, 〈칭찬여래가〉), 佛前燈(부처 앞의 등, 〈광수공양가〉), 燈炷(등의 주, 〈광수공양가〉), 燈油(등의 유, 〈광수공양가〉), 佛佛周物(불불의 두루 가시, 〈광수공양가〉), 法供(법의 공, 〈광수공양가〉), 最勝供(최승의 공, 〈광수공양가〉), 法雨(법의 우, 〈청전법륜가〉),

---

13 이런 사실은 다음의 글을 보면, 좀더 이해할 수 있다. "석독구결은 본래 청자(해독자)의 입장에서 경서들을 이해하기 위하여 經典에 토를 기입하여 이루어진 것이지만 향찰은 이 석독구결의 표기법을 화자의 입장에서 우리말의 표기에 응용한 것이다. 석독구결은 경전을 우리말로 釋讀하기 위하여 경전의 원문인 漢文에 토를 기입한 것이므로 경전의 원문인 한문은 讀字(표의자)가 되고 우리말의 조사와 어미를 표기하기 위하여 기입한 토는 假字(표음자)가 되므로 이를 풀어 놓으면 '讀字 + 假字'의 구조가 되는 것이다."(남풍현 2017b:4)

無明土(무명의 토, 〈청전법륜가〉), 煩惱熱(번뇌의 열, 〈청전법륜가〉), 心音水(마음의 물, 〈청불주세가〉), 佛影(불의 영, 〈청불주세가〉), 佛道(불의 도, 〈상수불학가〉), 覺樹王(각수의 왕, 〈항순중생가〉), 願海(원의 해, 〈총결무진가〉), 普賢行願(보현의 행원, 〈총결무진가〉), 他事(타의 사, 〈총결무진가〉)

이 (5)의 자료들은 지격촉음(발음이 되지 않는 속격과 음휴지의 표기)의 위치에서 지격촉음(발음이 되지 않는 속격과 음휴지의 표기)의 '叱'을 표기하지 않은 것들이다. 그런데 지격촉음(발음이 되지 않는 속격과 음휴지의 표기)으로 해독한 (4가, 나)의 것들과, 지격촉음(발음이 되지 않는 속격과 음휴지의 표기)을 표기하지 않은 (5가, 나)의 것들은, 실제로 읽을 경우에 어떤 차이도 없다. 즉 '叱'을 해독한 (4가, 나)의 경우나, 지격촉음을 표기하지 않은 (5가, 나)의 경우나, 모두가 의미상으로는 지격촉음(발음이 되지 않는 속격과 음휴지의 표기)을 보여준다. 말을 바꾸면, 지격촉음(발음이 되지 않는 속격과 음휴지의 표기)의 '叱'이 표기되어 있든, 표기되어 있지 않든, 양자는 지격촉음(발음이 되지 않는 속격과 음휴지의 표기)의 기능을 가지고 있으며, 그 해독음도 같다. 굳이 차이점을 찾는다면, 현대어의 띄어쓰기에 해당하는 음휴지의 부호가 있고 없음의 차이만이 발견된다. 그렇다고 (4가, 나)에서만, 현대어의 띄어쓰기에 해당하는 음휴지의 부호가 필요하고, (5가, 나)에서는 현대어의 띄어쓰기에 해당하는 음휴지의 부호가 불필요한가? 그럴만한 이유를 찾을 수 없다. 이렇게 음절말 자음으로 끝난 명사와 명사의 사이에서, 지격촉음(발음이 되지 않는 속격과 음휴지의 표기)의 표기는 그 유무가 무의미하다는 점에서, 음절말 자음으로 끝난 명사와 명사의 사이에 온 향찰 '叱'을, 지격촉음(발음이 되지 않는 속격과 음휴지의 표기)의 'ㅅ, ㄷ, ㆆ, ∅' 등으로 읽은 해독들은 문제를 보인다고 정리할 수 있다.

이상과 같이, (4)의 '叱'들을 'ㅅ, ㄷ, ㆆ, ∅' 등으로 읽은 해독들은 앞의 두 가지 문제를 보인다는 점에서, 음절말 자음으로 끝난 명사와 명사의 사이에 온 향찰 '叱'을, 지격촉음(발음이 되지 않는 속격과 음휴지의 표기)의 'ㅅ, ㄷ, ㆆ, ∅' 등으로 읽을 수 없다.

이번에는 음절말 자음으로 끝난 명사와 명사의 사이에 온 향찰 '叱'을, '싀, 실, 시' 등으로 읽은 해독들을 변증하려 한다. '叱'을 지격촉음(발음이 되지 않는 속격과 음휴지의 표기)의 'ㅅ, ㄷ, ㆆ, ∅' 등으로 읽은 해독들에 대하여, 과연 발음이 되지 않는 향찰의 표기인가 하는 의문과 더불어, '叱'이 처음에는 '스, 스, 시' 등으로 쓰이다가 'ㅅ'의 표기에만 쓰이게 되었을 것이라는 추정(정연찬 1972:72)은, (4)의 향찰 '叱'들을 '싀, 실, 시' 등으로 읽게 하였다. 이 해독들을 간단하게 변증해 보자.

(4)의 '叱'들을 '싀'와 '실'로 읽은 해독들(정창일 1987)은 한자 '叱'의 훈인 '슳다, 싫다' 등에서 '싀, 실' 등을 끌어내는 것이 어려운 문제를 보인다.

(4)의 '叱'들을 '시'로 읽은 해독들은 '叱'의 고음이 '실'이란 점에서 가능한 해독이다. 그런데 문제는 그 설명에 있다. 이 해독을 주도한 류렬은 향찰에 나온 '叱'들을 모두 '시'로 읽으면서, 그 이유를 단지 중세어의 말음 'ㅅ'이 그 이전에는 '시'였다고만 주장하고, 그 논거를 전혀 제시하지 않았다. 특히 속격의 'ㅅ'은 '시'가 변한 것인데, 그 당시에는 '시'였다(류렬 2003:290, 401, 429)는 논증이 결여된 주장만을 반복한 문제를 보인다. '므슴시'의 해독에서는 현대 방언의 '므슴시(무삼시)'로 보고 있는데, 이해가 잘되지 않으며, '物北所音叱'을 '므슴시'로 읽는 것도 쉽지 않다.

4.1.2.2. 선행 해독의 보완

앞의 목에서 검토한 바와 같이, 지격촉음으로 읽은 해독들('ㅅ, ㄷ, ㆆ, ∅')과 한자 '叱'의 음('실')과 뜻을 벗어난 해독들('싀, 실')은 문제를 보인다. 그리고 '실'의 음을 만족시킨 '시'의 경우에도, '시'가 속격의 기능을 하는 근거가 명확하지 않다. '시'의 해독을 가능하게 한 정연찬(1972)의 추정은 연구 방향을 제시해 주신 제안이지, '叱'이 '시'로 읽혔다는 사실을 입증한 것은 아니다. 이런 사실로 보아, '시'로 읽은 해독은 '시'가 어떤 점에서 속격의 기능을 하는가를 보완해야 한다.

이 보완은 두 측면에서 생각해 볼 수 있다. 하나는 속격 'ㅅ'의 선행형이 '시'라는 것을 입증하는 측면이다. 다른 하나는 '시'가 한자의 속격 '之'의 고음이라는 것을 입증하는 측면이다. 이 두 측면은 구결의 검토와 한자음의 검토를 통하여 확인할 수 있다.

먼저 구결 'ㄴ, ㄹ' 등과 한자 '之'의 기능이 일치한다는 사실을 보자. 향찰 '叱'과 한자 '之'의 기능이 일치한다는 사실을 직접 보여주는 자료는 없다. 그러나 향찰 '叱'에 해당하는 구결 'ㄴ'과 한자 '之'의 기능이 일치한다는 사실을 보여주는 자료들이 발견된다. 이에 구결 'ㄴ, ㄹ' 등과 한자 '之'가 기능의 일치를 보인다는 사실을 정리하여, 향찰 '叱'과 한자 '之'의 기능이 일치한다는 사실을 정리하고자 한다. 이를 보기 위하여 다음의 구결들을 보자.

(6) 가. 三毒ㄴ{之}刺ㄹ(『화엄경』 05:09), 不善ㄴ{之}業ㄹ(『화엄경』 06:17), 佛法ㄴ{之}門 ʒ 十(『화엄경』 07:04)

나. 如來ㄹ{之}身ㅣ(『합부금광명경』 06:20), 如來ㄹ地 ʒ 十(『화엄경』 10:01), 如來 ㄹ體ㅣ(『화엄경』 11:14-15)

(6가)의 '三毒ㄴ{之}刺乙, 不善ㄴ{之}業乙, 佛法ㄴ{之}門 3 +' 등은 원문인 '三毒之刺, 不善之業, 佛法之門' 등의 한자 '之'를 '{ }' 안에 넣고, 이 한자 '之'를 구결 'ㄴ'로 바꾼 것들이다.

(6나) 중에서, '如來尸{之}身'은 원문인 '如來之身'의 한자 '之'를 '{ }' 안에 넣고, 이 한자 '之'를 구결 '尸'로 바꾼 것이다. 그리고 '如來尸地'와 '如來尸體'는 원문인 '如來地'와 '如來體'에 구결 '尸'를 첨가시킨 것들이다.

이 (6가, 나)의 'ㄴ'과 '尸'는 한자 '之'를 바꾸거나, 한자 '之'에 대응하는 속격들이다. 이 'ㄴ'과 '尸'를 선행 연구들은 이상하게 읽었다. 즉 모음으로 끝난 음절 다음에는 발음이 되는 'ㅅ'으로 읽고, 받침으로 끝난 음절 다음에는 발음이 되지 않는 'ㅅ'으로 읽었다. 'ㄴ, 尸' 등을 어느 경우에는 발음이 되는 'ㅅ'으로 읽고, 어느 경우에는 발음이 되지 않는 'ㅅ'으로 이상하게 읽은 것이다. 이 'ㄴ'과 '尸'를 어떻게 읽을 것인가는 주어적 속격과 주격에 쓰인 'ㄴ'과 '尸'를 정리한 다음에 함께 정리하려 한다.

이번에는 주어적 속격에 쓰인 'ㄴ'과 '尸'를 보자.

(7) 가. 二者 諸 佛 如來尸 說白ノㄱ 甚深 法乙(『합부금광명경』 03:25-04:01)
　　나. 一切 世間ㄴ 作ノㄱ 所乙(『화엄경소』 26:19-20), 一切 世間ㄴ 作ノㅏㄷㄱ 所ㄴ(『화엄경』 18:10), 世間ㄴ 有ㄴㄱ 所ㄴ(『유가사지론』 07:06-08)

(7가)의 '諸 佛 如來尸 說白ノㄱ 甚深 法'의 구결 '尸'는 한자 '之'와 같이 주어적 속격의 기능을 한다.

(7나)의 '一切世間ㄴ 作ノㄱ 所', '一切 世間ㄴ 作ノㅏㄷㄱ 所', '世間ㄴ 有ㄴㄱ 所' 등의 세 'ㄴ'들 역시 한자 '之'와 같이 주어적 속격의 기능을 보여준다.

이번에는 주격에 쓰인 '尸'를 보자.

(8) 가. {此}ㅣㅣ 藏ㄱ 窮盡尸 無ㅅ 分段 無ㅅ 間尸 無ㅅ 斷尸 無ㅅ 變異尸 無ㅅ 隔礙尸 無ㅅ(『화엄경소』 26:04-06)
　　나. 一切 劫 3 + 斷絶尸 無ㅣㅣㄴ尸ㅅ一{故}ㅣㅅ(『화엄경소』 26:14)
　　다. 時乙 以 3 寢息ㄴㅗㄱㅣㅣㅜ 當 願 衆生 身 3 + 安隱ㄴㄱ ㅅ乙 得ㅎ 心 3 + 動亂尸 無ㅎㄴㅌㅛ(『화엄경』 08:14)
　　라. 此 所依ㅣㅣㄱ 所建立處乙 依止 {爲}ㆍㄱㅅ乙 由ㆍㄱ 一 故ノ 如來尸 諸 弟子 衆ᄒ {有}ㅛ白ノㄱ 所ㄴ 聖法乙 證得ㄴㅏㅎㄴㅣ(『유가사지론』 03:20-22)

(8)의 밑줄 친 부분들인 '窮盡尸, 間尸, 斷尸, 變異尸, 隔礙尸, 斷絶尸, 動亂尸, 如來尸' 등은 모두가 주어의 위치에 있다. 특히 선행모음의 'ㅣ' 여부에 관계없이, 이에 포함된 구결 '尸'는 주격 어미의 기능을 한다. 이는 한자 '之'가 그 앞에 온 글자가 주어임을 말해주는 기능과 같다.

이상의 정리를 요약하면, 구결 'ㄴ, 尸' 등은 한자 '之'와 함께 속격과 주어적 속격의 기능에서 일치하고, 구결 '尸'는 한자 '之'와 함께 주격의 기능에서 일치한다는 사실을 정리할 수 있다(『구역인왕경』의 구결에서는 속격, 부주격, 주격 등으로 쓰인 '尸'가 발견되지 않는다.).

이번에는 구결 'ㄴ, 尸' 등과 한자 '之'의 고음이 일치한다는 사실을 보자. 지금까지 정리한 바와 같이, 속격의 'ㄴ, 尸' 등은 한자 '之'를 바꾼 것이거나 한자 '之'에 대응하고, 주어적 속격의 'ㄴ, 尸' 등은 한자 '之'에 대응하며, 주격의 '尸'는 한자 '之'에 대응한다. 그러면, 이 바꿈이나 대응의 근거가 의역인가 음역인가를 보자.

먼저 의역의 가능성이 없음을 보자. 앞에서 살펴본 바와 같이, 구결 'ㄴ, 尸' 등에 대응하는 한자 '之'는 주격, 주어적 속격, 속격 등의 기능을 보인다. 이 기능을 살려서 의역할 수 있는 한국어는 '-이'(주격), '-ㅅ, -의'(주어적 속격), '-ㅅ, -의'(속격) 등이다. 그리고 한자 '之'의 주격, 주어적 속격, 속격 등의 기능에 대응시킨 구결 'ㄴ, 尸' 등의 음은 'ㅅ'과 '시'이다. 구결 '尸'는 'ㄹ'을 표기하는 것이 일반적이지만, 이 글에서 다루고 있는 구결 '尸'는 한자 '尸'에 기초한 문자로, '시'를 표기한다. 이렇게 구결 'ㄴ, 尸' 등의 음인 'ㅅ'과 '시'는, 한자 '之'의 주격, 주어적 속격, 속격 등의 기능을 의역한, 한국어의 '-이'(주격), '-ㅅ, -의'(부주격), '-ㅅ, -의'(속격) 등과는 'ㅅ'만이 부분적으로 일치한다. 이 부분적으로 일치하는 속격과 주어적 속격의 'ㅅ'에 근거하여, (4)의 '叱'들을 지격촉음의 'ㅅ'으로 읽어 왔다. 그러나 이 지격촉음의 '叱/ㅅ'은, 앞절에서 정리했듯이, (4)의 향찰과 구결에 적용할 수 없다. 이런 사실은 주격, 주어적 속격, 속격 등에 사용된 구결 'ㄴ, 尸' 등이 한자 '之'의 의역이 아님을 말해준다.

이번에는 음역의 가능성을 보자. 주격, 주어적 속격, 속격 등의 기능을 하는 한자 '之'를 음역하면, '지'이다. 이에 비해 주격, 주어적 속격, 속격 등에 사용된 구결 'ㄴ, 尸' 등의 음은 'ㅅ'과 '시'이다. 이 한자 '之'의 음('지')과 구결 'ㄴ, 尸' 등의 음('ㅅ, 시')을 간단하게 비교하면, 일치점을 발견할 수 없다. 이에 근거하여, 주격, 주어적 속격, 속격 등에 사용된 구결 'ㄴ, 尸' 등은 한자 '之'의 음역이 아니라고 간단하게 처리할 수도 있다. 그러나 두 가지 측면에서, 이렇게 음역이 아니라고 간단하게 처리할 일이 아닌 것 같다.

첫째는 이렇게 처리하고 나면, 한자 '之'를 바꾸거나 한자 '之'에 대응하는 구결 'ㄴ,

'ㄹ' 등은 의역도 음역도 되지 않아, 한자 '之'를 바꾸거나, 한자 '之'에 대응하는 구결 'ㄴ, ㄹ' 등과 한자 '之'의 관계를 설명할 수 없다는 측면이다.

둘째는 주격, 주어적 속격, 속격 등에 사용된 구결 'ㄴ, ㄹ' 등의 음 '시'는, 한자 '之'의 중근대음 '지'와 비슷하여, 한자 '之'의 고음(신라음, 고려음)일 수도 있다는 측면이다.

이렇게 주격, 주어적 속격, 속격 등에 사용된 구결 'ㄴ, ㄹ' 등의 음 '시'는 한자 '之'의 고음(신라음, 고려음)일 수 있다는 점에서, 이를 좀더 검토해 보자.

한자 '之' 자는 照母 之類에 속하며, 之類에 속한 글자로는 '之, 職, 章, 諸, 旨, 止, 脂, 征, 占, 支, 煮' 등이 있다. 이 한자들은 그 초성을 'ㅈ'으로 한다. 그리고 이 한자들의 일부인 '之, 職, 止, 支' 등은 해성자들을 통하여 초성 'ㅅ'도 보여준다. '之'의 해성자는 뒤로 돌리고, '職, 止, 支' 등의 해성자와 그 초성 'ㅅ'를 보자. '職'은 해성자인 '識/식/시/시'와 '戠/직/시'를 통하여, '止'는 해성자인 '柴/시'와 '紫/시'를 통하여, '支'는 해성자인 '跂/시'와 '翅/시'를 통하여, 각각 그 초성이 'ㅅ'일 수 있음을 보여준다. 게다가 이 之類를 포괄한 照母의 '照'도 해성자인 '昭/조/소, 召/소, 紹/소' 등을 통하여, 초성이 'ㅅ'일 수 있음을 보여준다. 이런 사실들은 한자 '之'의 고음이 '시'일 수도 있음을 말해준다.

이렇게 한자 '之'의 고음이 '시'일 수도 있다는 사실을 좀더 보기 위하여, 『중문대사전』(중문대사전 편찬위원회 1973)에서 관련된 한자 몇몇의 음운을 보자.

   (9) 가. 㞢: '之' 자의 古字
      나. 旹: '時' 자의 古字
      다. 時: [廣韻][集韻][韻會]市之切 [正韻]辰之切 音蒔 支平聲
      라. 寺: [廣韻][集韻]祥吏切 寘去聲
      마. 詩: [廣韻]書之切 [集韻][韻會][正韻]申之切 支平聲
      바. 侍: [廣韻][集韻][韻會][正韻]時吏切 寘去聲
      사. 恃: [廣韻]時止切 [集韻]士止切 音市 紙上聲
          [廣韻][集韻]時吏切 音侍 寘去聲
      아. 邿: [廣韻]耆之切 [集韻][正韻]申之切 [韻會]商支切 音詩 支平聲

(9가)에서 보듯이, '㞢'는 '之'의 고자(古字)이다. 그리고 이 고자 '㞢'의 음이 '시'일 수 있다는 사실은 '時'의 고자인 (9나)의 '旹'에서 알 수 있다. 즉 '旹'의 '㞢'는 성부로 그 음은 '時'의 '寺'와 같은 '시'이다. 그리고 (9다-마)에 포함된 '寺'의 '土'들 역시 '㞢'가 변한 글자들이다. 이를 좀더 구체적으로 보기 위하여, 『성부중심 설문해자』(금하

연·오채금 2006)와 『중문대사전』에서 앞의 한자들을 보자.

(10)	금자	之1	之2	時1	時2	寺
	고자					
	금자	詩1	詩2	侍	恃	邿
	고자					

　(10)의 금자(今字)들과 고자(古字)들에서 보는 바와 같이, '之'의 고자인 '㞢'는 '時1, 詩1' 등의 고자에서와 같이 '寺'에 대응하기도 하며, '時2, 詩2, 侍, 恃, 邿' 등의 고자들에서 보이는 '寺'의 '土'는 한자 '之'의 고자인 '㞢'에 해당한다. 이런 사실들은 '之'의 고음이 '시'일 수 있다는 사실을 말해준다(詩1의 고자는 「중문대사전」에서 정리한 詩2의 고자이다.).

　끝으로 한자 '之'의 일본음이 '시'라는 점이다.

　이런 점들로 보아, 한자 '之'의 백제음은 물론, 신라음은 '시'라고 할 수 있다. 그리고 주격, 주어적 속격, 속격 등의 위치에서 한자 '之'를 바꾸거나 한자 '之'에 대응시킨 구결 'ㄴ'와 'ㄹ'의 음 '시'와 그 기능은 바로 한자 '之'의 백제음 및 신라음과 주격, 주어적 속격, 속격 등의 기능을 차용한 것이라고 정리할 수 있다. 이 차용은 먼저 백제와 신라에 들어와 토착화된 한자 '之'의 음(시)과 기능으로 뒤에 들어온 한자 '之'에 구결을 달면서 나타난 현상으로 보인다. 이는 마치 먼저 들어온 '筆'과 '錢'의 음 '붓'과 '돈'으로 뒤에 들어온 '筆/필'과 '錢/전'의 훈을 '붓'과 '돈'으로 단 것과 같은 현상으로 보인다.

　이 정리에 대해 한 가지 문제를 제기할 수도 있다. 즉 이 구결 'ㄴ/시, ㄹ/시' 등의 기능은 순수 한국어의 기능이 아니라, 한자 '之'의 기능이라는 문제의 제기이다. 그러나 이 문제는 향찰, 이두, 구결 등을 우리가 연구하면서 잊고 있던 하나의 사실을 확인하게 한다. 즉 향찰, 이두, 구결 등은 순수한 한국어만도 아니고, 순수한 한문만도 아니라, 이중의 언어라는 사실이다.[14] 이 이중의 언어성을 염두에 두고 보면, 주격, 주어적 속격,

---

14　향찰의 한문성을 잘 보여주는 어휘로는, 願往生願往生, 慕人, 此身, 四十八大願(〈원왕생가〉), 身語意業无疲厭(〈예경제불가〉), 衆生界盡我懺盡(〈참회업장가〉), 迷悟同體(〈수희공덕가〉), 念念相續无間斷(〈항순중생가〉) 등을 들 수 있다. 그리고 구결은 그 바탕글이 한문이라는 점에서 한문성을 보여준다.

속격 등의 기능을 보여주는 구결 'ㄴ, ㄹ' 등을, 한자 '之/시'와 같이, '시'로 읽는 데에 문제가 없다고 생각한다.

이상과 같은 점들로 보아, 음절말 자음으로 끝난 명사와 명사 사이에 온 속격의 구결 'ㄴ, ㄹ' 등과 향찰 '叱'은 '시'로 읽을 수 있다고 생각한다. 특히 이 속격의 구결 'ㄴ, ㄹ' 등과 향찰 '叱'은 거의가 음절말 자음으로 끝난 (한자의) 명사와 명사 사이에 오고 있다는 점에서, '시'로 읽을 수 있다고 정리한다. 주격의 '-시'도 이와 같다.

4.1.3. '시-'의 논거

'시-'는 소멸된 형태소이다. 이 '시-'가 한국어에서 존재했었다는 사실을 확실하게 하지 않으면, 향찰 '叱'을 '시-'로 읽은 해독은 물론, '賜'를 '시-'로 읽은 해독과 '省'을 '쇼-'로 읽은 해독들은 '시-'의 논거가 없는 주장이 된다. 이에 이 항에서는 '시-'의 논거를 정리하고자 한다.

1970년대 초반까지 나온 향찰의 해독들에서는 어간 '시-'를 전혀 보여주지 않는다. 그리고 그 후에 나온 해독들에서도 세심한 주의를 기울이지 않으면 그 존재를 인식하지 못할 정도로 어간 '시-'를 아주 드물게 보여준다. 이로 인해 상당수의 향찰 해독자들은 향찰 표기에서 '시-'의 존재를 거의 인식하지 못하고 있다.

이렇게 향찰 해독에서 '시-'의 존재를 거의 인식하지 못한 데는 그만한 이유가 있다. 이숭녕(1957)이 제주도 방언에서 '시-'의 존재를 밝히고, 유창돈(1964)과 이숭녕(1976)이 중세 국어에서 '시-'를 정리할 때까지, 향찰 해독자들은 물론 한국어 연구자들의 머릿속에는 '시-'가 존재하지 않았다. 이로 인해 1970년대 초반까지 향찰 해독자들은 '시-'의 존재를 모르고 향찰을 해독하였다. 그리고 이 '시-'를 모르고 읽은 향찰 해독들의 결정적인 영향 아래 있는 그 후의 해독들 역시 거의가 이 '시-'를 인식하지 못했다.

이렇게 '시-'의 존재를 거의 알지 못하거나, 거의 알지 못하게 되어 있는 연구 상황에서, '시-'를 보여주는 향찰의 해독들은 1970년대 중반부터 아주 드물게 나오다가, 최근에야 그 빈도를 조금씩 더하고 있다. '賜/시-'는 '閼遣只 賜立', '白遣 賜立', '成遣 賜立(〈去〉)' 등의 '賜-'를 '이시/잇/시-'(이승재 1991)나 '시-'(장윤희 2005; 양희철 2013b, 2015a)로 읽은 해독들에서 보인다. '叱/시-'는 '來 叱多'(황국정 2004; 양희철 2014, 2015a), '內乎 叱等邪', '乞白乎 叱等耶', '沙毛 叱等耶', '好 叱等耶', '內乎留 叱等耶' 등의 '叱-'을 '시-'로 읽은 해독들(양희철 2014, 2015a)에서 보인다. '省/쇼-'의 '시-'는 '去遣 省如'의 '省-'을 '잇-/이시-/시-'(이승재 1991)나 '쇼-'(양희철 2014, 2015a)로 읽은 해독들에서 보인다. '叱/싈'의 '시-'는 '太平恨音 叱如', '友伊音 叱多', '出隱伊

吾 叱 如支' 등의 '叱(-)'을 '시-'(금기창 1993)나 '실'(양희철 2014, 2015a)로 읽은 해독들에서 보인다. 이렇게 산발적으로 보이는 '시-'의 정리에 필요한 자료들을 인용하면 다음과 같다.

(11) 가. 흔 노미 큰 象 튼고 오 시며(『월인석보』 10:28a), 아으 오 실셔 곳고리새여(『악학궤범』의 〈동동〉)

나. 시다 동 있다 *殘廢훈 ᄀᆞ을핸 여슨 슬기 셔 말ᄒᆞ고 뷘 ᄆᆞ술힌 버미 셔 ᄃᆞ토놋다(『두시언해(초)』 23:4), 벼슬 ᄒᆞ야 쇼몬(『두시언해(초)』 21:45), 됴이 시리이다(『계축일기』 p.93), 브터 슐 싸히 업도다(『두시언해(초)』 25:12), 벼슬ᄒᆞ여신 저기나 벼슬 업슨 저기나(『번역소학』 10:31), 雙花 사라 가고 신틴(『악장가사』 〈쌍화점〉), 녯나롤 닛고 신뎌(『악학궤범』 〈동동〉), ᄆᆞᅀᆞ매 가져 실 씨라(『몽산화상법어략록언해』 3)(유창돈 1964)

다. 고려가요의 '-고 시-'(-고 있-, 현평효 1975, 1985)

라. 시니, 시니라, 시며, 시라(비취오 시라, 혀고 시라 밀오 시라), 신, 실, 신디(가고 신디), 신뎌(닛고 신뎌), 셔, 슐, 슈라, 슘, 쇼디, 슈디(이숭녕 1976)

마. {我}又 {等}ㅣヽㄱㄱ 風乙 欽ヒロヒノアㅅᆢ 故ᄯ 來ヽᄒ 禾 {此}ㅣㅅ 至ᄯ ロヒノㅣ(『화엄경소』 12:11-12)

{吾}又尸 曹ㄱ 今ヽㄱ {者} 各ᄒ 禾 求ノ尸 所乙 {有}ㅛ口ヒノㄱㅣㅣ四(『화엄경소』 12:12)

{我}又ᅩ 身ㄱ 薄祐ヽᄒ 諸ㄱ 根 殘缺ヽノロヒノㅣ(『화엄경소』 15:20)

(11가)의 '오 시며'와 '오 실셔'는 '오시며'와 '오실셔'로 붙여서 읽어왔다. 그러나 이렇게 붙여서 읽으면, '오시며'와 '오실셔'의 '-시-'를 주체 존대의 선어말어미로 보는 문제를 보인다. 즉 '흔 노미'의 '놈'과 '꾀꼬리 새'에 주체 존재의 선어말어미를 쓴 문제를 보인다.[15] 이렇게 문제를 포함한 '오시며'와 'ᄋᆞ실셔'로 해석하는 것보다, '오고 있으며'와 '오고 있을셔'의 의미인 '오 시며'와 '오 실셔'로 읽는 것이 문법적이다. 이 두 경우에 '오'가 '오고'의 의미가 되는 것은, '오' 다음에 '-고'의 의미인 '-오'가 동음의 중복을 피해 생략되었기 때문이다. 이런 점들로 보아, '오 시며'(『월인석보』 1459년)와 '오 실셔'(『악학궤범』의 〈동동〉 1493년)는 '-(오) 시-'를 명확하게 보여주는 자료들이다.

---

15 이 '오실셔'의 '-시-'를 선어말어미로 본 해석으로는, "「오시」의 語義的主語는 「곳고리」(鶯), 自然物에 敬語를 汎用한 古語法의 一例"(양주동 1947:98)와 "오시는도다"(지헌영 1947:82)가 있다. 이외의 해석들도 이 해석들을 따르고 있다.

(11나)는 『이조어사전』(1964)의 '시다'조이다. 이는 이숭녕(1957)이 제주도 방언에서 채집한 '시-'들[16]을 발표한 이래, 이를 중세 국어에서 처음으로 확인하여 정리한 자료이다. 이에 포함된 '가고 신틴'(『악장가사』의 〈쌍화점〉, 16세기 초중반에 채록)은 '-고 시-'의 형태를 정확하게 보여주면서, '가고신틴'으로 붙여서 읽을 때에 발생하는 문제[17]를 확실하게 해결해 준다. 즉 이 '가고 신틴'의 주어가 시적 화자라는 점에서, '시'를 주체 존대의 선어말어미로 볼 수 없고, 어간 '시-'로만 보게 되어, '-고 시-'의 형태를 정확하고 확실하게 보여준다.

(11다)에서는 고려가요의 '-고 시-'를 모두 '-고 있-'의 의미로 보았다.

(11라)는 이숭녕이 중세 국어에서 정리한 '시-'의 어휘와 예들을 인용한 것이다. 이 경우에는 15-16세기에 채록된 고려 악장의 '-오 시-'와 '-고 시-'를 모두 '-오/고 있-'의 의미로 보았다.

이렇게 (11나, 다, 라)의 자료들은 최소한 15-16세기의 '시-', '-오 시-', '-고 시-' 등의 형태들을 잘 보여준다.

(11마)의 구결 '-ㅁ ㅌ-'도 '-고 시-'의 형태를 보여준다. 이 구결들의 행위 주체가 1인칭의 '我, 吾' 등이라는 점에서, '-ㅁㅌ-'는 주체 존대의 '-시-'를 포함한 '-고시-'로 읽을 수 없고, '-ㅁ ㅌ-'로 떠워서 '-고 있-'의 의미인 '-고 시-'로 읽게 된다. 즉 '欽ㅌㅁ ㅌノア入ᄶ'는 '고맛고 시올돌로'[공경하고 있을 것으로]로, '至厼ㅁ ㅌノㅣ'는 '이르거고 시오다'[이르고 있다]로, '{有}ㅛㅁ ㅌノㄱㅣ罒'는 '두고 시온이라'[두고 있는 것이라]로, '殘缺ᄼㅁ ㅌノㅣ'는 '殘缺ᄒ고 시오다'[殘缺하고 있다]로 각각 읽을 수 있다. 이 '-고 시-'로 읽히는 구결 '-ㅁ ㅌ-'들은, 12세기 초의 문헌인 『화엄경소』의 것들로, '-고 시-'의 형태를 예증하는 논거들이다. 그리고 구결 '-ㅁㅁㅌ-'(『합부금광명경』 13세기 중엽)[18]도 '-ㅁㅁ ㅌ-'로 떠우고, '-고 시-'로 읽을 수 있는데, 이 역시

---

[16] 채록 보고된 어휘는 "시라, 십서, 실티아, 시난, 시먼, 시엄서, 시엄디어, 시엄시냐, 시어두엉, 십주, 싯도록, 싯단, 시그네"(이숭녕 1957) 등이다.
[17] 이렇게 붙여서 읽을 경우에는, '-시-'를 주체 존대의 선어말어미로 보고서, 비존칭에도 '-시-'가 범용(양주동 1947:254)되었다고 주장하는 문제를 보인다.
[18] 『합부금광명경』(13세기)에 나온 '-ㅁㅁ ㅌ-'은 다음과 같다. "是 所ㅣㄱ 國土ㅊㅓㄱ 諸 怨賊ᅩ 恐怖ノ ᄉㅌ{之} 難ᅩノアㄹ 無ㅣᄼㅎ 飢饉ㅌ 畏ノア入ㄹ 無ㅣᄼㅎ 非人ㅌ 畏ノア入ㄹ 無ㅣᄼㅎ 人民 興盛ᄼ ᄉㅣㅁㅁㅌノㅎᄼ"(『합부금광명경』 15:08-09), "是 說法處ㄹㅆ 一切 諸 天ᅩ 人ᅩ 非人ᅩ 等ᄼㄱㅣᅩ 及 諸 衆生ᅩノアㄹ 得ㅊㅊ 上ㄹ 從ㅌ 而ᄶ 過ᄼㅊ 說法ㅌ{之} 處ㄹ 汗漫ᄼㅣア 不多ᄼノㅁㅁㅌノㅎㅌㅣ" (『합부금광명경』 15:09-11), "其 須ㅌㅓノア 所ㄹ 隨ノ 意ㄹ 如ハ 供給ᄼㅊㅊ 悉 具足ᄼ{令}ㅣㅁㅁㅌノ ㅎㅌㅣ"(『합부금광명경』 15:13-14).

'-고 시-'의 예들이다.

이상과 같이, '-(오) 시-'는 '오 시며'(『월인석보』 1459년)와 '오 실셔'(『악학궤범』의 〈동동〉 1493년)에서 확인되고, '-오 시-'는 '비취오 시라'(『악학궤범』의 〈정읍사〉 1493년)와 '밀오 시라'(『악학궤범』의 〈한림별곡〉 1493년, 『악장가사』의 〈한림별곡〉 16세기 초중반의 채록)에서 확인되며, '-고 시-'는 구결 '-ㅁ ㅌ-'(『화엄경소』 12세기 초)과 '-ㅁㅁ ㅌ-'(『합부금광명경』 13세기 중엽), '가고 신던'(『악장가사』의 〈쌍화점〉, 16세기 초중반의 채록), '혀고 시라'(〈한림별곡〉) 등에서 확인된다. 이 중에서 '-(오) 시-'와 '-오 시-'를 확인시켜 준 예들은 '叱/시-'[來 叱多(〈혜성가〉), 內乎 叱等邪(〈맹아득안가〉), 乞白乎 叱等耶(〈청전법륜가〉), 沙毛 叱等耶(〈예경제불가〉), 好 叱等耶(〈항순중생가〉)]의 변증에서 필요한, '-(오) 시-'와 '-오 시-'의 예를 잘 보여준다. 그리고 '-고 시-'를 확인시켜 준 예들과 고려 이두 '-遣/곤'은, '賜/시-'[閼遣只 賜立(〈참회업장가〉), 白遣 賜立(〈원왕생가〉)]의 변증에서 필요한, '시-'와 '-고(ㄴ) 시-'를 예를 잘 보여준다.

이런 예들로 보아, '잇-'의 의미인 '시-'로 읽은 '賜-'와 '叱-' 등은 그 해독의 타당성을 좀더 확보하였다고 판단한다.

4.2. 叱/실

이 절에서는 향찰 '叱'이 '실'로 읽히는 양상을 정리하고, '시(어간)+ㄹ(전성어미)'의 '실'로 읽히는 해독의 논거를 보완하고자 한다.

4.2.1. 향찰 叱/실의 양상

향찰 '叱'로 '실'을 표기한 것은 다섯 유형(양희철 2015a, 2016b)으로 정리된다.

첫째로, 어간의 말음과 어미가 결합된 '-실-'을 표기한 '叱'이다. '有叱故/이실고', '有叱多/이실다' 등의 '叱'은 어간의 말음('-시-')과 어미('-ㄹ-')가 결합된 '-실-'의 표기이다.

둘째로, 어간과 전성어미가 결합된 '실'을 표기한 '叱'이다. '太平恨音/태평홈 叱如/실다'[태평함(이) 있을 것이다], '逐好/좇호 及(〈友)伊音/및임 叱多/실다'[좇기에 미침(이) 있을 것이다], '出隱伊音/눈임 叱/실 如支/ᄃ디'[(남아) 나온 것임(이) 있을 듯이] 등의 '叱'은 어간 '시-'와 전성어미 '-ㄹ'의 결합인 '실'의 표기이다.

셋째로, 명사의 말음과 격어미의 결합인 '실'을 표기한 '叱'이다. '兵物叱沙/잠가실사', '周/두루 物叱/가실' 등의 '叱'은 명사의 말음(-시)과 어미(-ㄹ)를 결합한 '실'의 표기이다.

넷째로, 접미사 '실'을 표기한 '叱'이다. '命叱/시기실(또는 ᄒᆡ이실)', '敬叱/경실(또는 고마실)', '辭叱都/말실도', '頓/뭇 部叱/주비실', '法供(沙:연자)叱/법공실', '普賢叱/보현실' 등의 '叱'은 '일'의 의미인 접미사 '실'의 표기이다. 이 접미사 '실'은 현대어의 접미사 '질'로 연결된다. 특히 '普賢叱'(〈총결무진가〉)은 '보현실(보현의 일)'로 읽을 때에, 선행 해독인 '보현의 ᄆᆞ슴아'(보현의 마음에)와는 문맥이 전혀 다른 '보현실 ᄆᆞ슴아'(보현의 일이 마음에)의 의미가 된다.

다섯째로, 부사의 말음 '실'을 표기한 '叱'이다. '丘物叱丘物叱/구므실구므실(또는 구무실구무실)'의 '叱'은 부사 '굼실굼실'의 과거 형태로 추정되는 '구므실구므실(/구무실구무실)'의 말음 '실'의 표기이다.

4.2.2. 향찰 叱/실의 구결 논거

앞에서 정리한 다섯 유형의 해독 중에서 논거를 좀더 보완해야 할 것이 '시(어간)+ㄹ(전성어미)'의 '실'로 읽은 해독이다.

'太平恨音 叱如'(〈안민가〉), '及(〈友〉伊音 叱多'(〈상수불학가〉), '出隱伊音 叱 如支'(〈참회업장가〉) 등의 '叱'은 거의 모든 해독들에서, 그 바로 앞뒤의 향찰과 붙여서, 촉음, 입성, 음편상의 삽입 등의 'ㅅ'으로 읽거나, 선어말어미 또는 어미의 'ㅅ, ㄷ, ㄹ, 싀' 등으로 읽어 왔다. 그런데 이 해독들은 이 위치에서 촉음, 입성, 음편상의 삽입 등이 필요한가 하는 문제에 답할 수 없는 미흡점을 보이거나, 해독한 선어말어미나 어미 'ㅅ'의 기능을 정확하게 설명하지 못한 미흡점을 보인다. 이 미흡점의 정리는 앞의 글(양희철 2015a, 2016b)로 돌린다. 이 미흡점을 보완하고자, '叱'을 '시-'나 '실'로 읽은 해독들이 나왔다.

(10) 가. 太平ᄒᆞᆫ 소리 시다(태평한 소리가 있다)(금기창 1993)

나. 태평홈 실다[태평함(이) 있을 것이다][19], 좇호 미침 실다[좇기에 미침(이) 있을 것이다][20], 눈이임 실 ᄃᆞ디[(납아) 나오게 된 것임(이) 있을 듯이](양희철 2014, 2015a)

---

19 '太平ᄒᆞ임'로 읽었던 것을 '太平홈'으로 수정한 갓이다.
20 '좇호 벋이임 실다'[좇기에 벗됨(이) 있을 것이다]로 읽었던 것을 수정한 것이다.

(10가)에서는 '叱-'을 처음으로 '있-'의 의미인 어간 '시-'로 읽었다. 상당히 주목되지만, '爲內尸等焉'의 조건과 연결해 보면, 미래가 아닌 현재의 의미 '시다'(있다)로 읽은 미흡점이 보인다.

(10나)에서는 '叱'을 어간 '시-'와 전성어미 '-ㄹ'이 결합된 '실'로 읽었다. '太平恨音叱如'의 경우에는 개별 향찰을 '태평(太平)+호(恨)+ㅁ(音) 실(叱)+다(如)'로 읽고, 전체를 '태평함(이) 있을 것이다'의 의미인 '태평홈 실다'로 읽었다. '실'의 'ㄹ'은 동명사형어미이고, '-다(如)'는 서술형 어미 또는 계사 '-(이)다'이다. '逐好及(〈友〉伊音叱多'의 경우에는 개별 향찰을 '좇(逐)+호(好) 미치(及〈友〉)+이(伊)+ㅁ(音) 실(叱)+다(多)'로 읽고, 전체를 '좇기에 미침(이) 있을 것이다'의 의미인 '좇호 미침 실다'로 읽었다. '出隱伊音叱如支'의 경우에는 개별 향찰을 'ㄴ(出)+ㄴ(隱)+이(伊)+ㅁ(音) 실(叱) 둘(如)+디(支)'로 읽고, 전체를 '(남아) 나온 것임(이) 있을 듯이'의 의미인 '는임 실 드디'로 읽었다. 이 해독의 '드디'는 '둘(如)+디(支)'를 구결 '如支'(둘+디〉드디)[21]에 근거해 현대어 '듯/드시'에 해당하는 중세어 '드시'의 이표기로 읽은 것이다.

이렇게 (10나)에서 '叱'을 '실'로 읽은 해독들은 형태소들의 연결에서 문법적이지만, 미흡점도 보인다. 즉 '出隱伊音叱如支'의 '如支'는 예증을 하였지만, 나머지 부분들의 해독에서 좀더 자세한 설명을 필요로 한다. 그리고 '太平恨音叱如'와 '逐好(友〉)及伊音叱多'의 '-音叱如/-音叱多(-ㅁ/임 실다)'는 향찰 외의 자료들에서 예증을 하지 않은 미흡점을 보인다.

이 미흡점을 보완하면 다음과 같다.

먼저 '出隱伊音 叱 如支'로 띄우고 '는임 실 드디'로 읽은 경우를 보완해 보자. 구결 '-如支(둘/드디)', '-ㄱ(ㄴ) 如支(둘/드디)', '-尸(ㄹ) 如支(둘/드디)' 등은 구결의 동

---

21 『화엄경』에서 인용한 '-ㄴ(ㄱ)/ㄹ(尸) 둘/드디(如支)' 또는 '-둘/드니(如支)'의 예는 다음과 같다. 즉 "譬の1 大海 3 ㄴ 金剛聚ㄱ 如支"[비유한다면 大海엣 金剛이 모인 둣(/드시) 14:13], "一ㄱ 塵ㄴ 中 3 十 示現ノㄱ 所乙 ∨尸 如支"[한 티끌(속세) 중에 示現혼 바를 할 듯(/드시) 15:14], "譬のㄱ 蓮華リ 水 3 十 著 不ノ尸 如支"[비유한다면 연꽃이 물에 묻지 아니홀 듯(/드시) 19:5], "若見華開∨ㄱ 乙 當願 衆生 神通等ㅣ∨ㄱ 法リ 華 開如支∨ 3 敷∨ㄴ효"[만약 꽃이 개흐늘(개하는 것을) 보면, 마땅히 원하기를 모든 중생이 神通 곧다(等)혼 법이 꽃 피둘/피드디 흐아(하여) 피여(敷)지이다 5:11], "月光 影如支∨ 3 尒 靡不周"[달빛이 비추둘/비추드디 흐아곰 두루 하지 않음이 없고 14:18](양희철 2013a:442, 445) 등이다.
『合部金光明經』(卷三, 02:02-15)에서 인용한 '-ㄹ(尸) 드디/둘(如支)'의 예는 다음과 같다. 즉 "第二 發心ㄱ 譬ㄱ 大地リ 一切 (法)事ㄱノ尸乙 持尸 如支∨ㄱ入灬 故ノ 是乙 名下 尸波羅蜜因ㄱノ禾 亇"(02:01-02), "譬 七寶 樓觀 3 十 四階道 有七リㄱ乙 清凉之風リ 來∨ 3 尒 四門乙 吹尸 如支"(02:06-07), "(譬) 大富商主リ 能 一切 心願乙 滿足 令リ尸 如支"(02:10-11), "譬 轉輪聖王 ラ 主兵寶臣リ 意乙 如ハ 處分∨尸 如支"(02:14-15)(양희철 2015b:321) 등이다.

명사형 어미 '-ㅎ/임'과 더불어, 향찰 '出隱伊音叱如支'를 '出隱伊音 叱 如支'로 띄우고, '叱'을 '있을'의 의미인 '실'(시+ㄹ)로 읽는 것을 도와준다. 왜냐하면 동명사형 어미 '-音/임'으로 보면 '叱'은 용언이어야 하고, 의존명사 '如支/ᄃ/ᄃ디'로 보면 '叱'은 관형사형이어야 한다. 그런데 이 용언의 관형사형은 '叱'의 고음인 '실'에서 발견된다. 즉 어간 '시-'와 관형사형어미 '-ㄹ'의 결합인 '실'이다. 이로 보면 '出隱伊音 叱 如支'의 '叱'은 '있을'의 의미인 '실'로 읽을 수 있다. 이렇게 '出隱伊音 叱 如支'를 '(남아) 나온 것임(이) 있을 ᄃ디'의 의미인 '눈임 실 ᄃ디'로 읽을 때에, 이 해독은 형태소의 연결에서 문법적이며, 문맥에 부합한다.

이 '出隱伊音 叱 如支'의 해독은 '太平恨音叱如'와 '(友))及伊音叱多'를 '太平恨音 叱如'와 '友伊音 叱多'로 띄워 읽는 것을 도와준다. 왜냐하면, 이 '出隱伊音'의 '-音'은 주어의 위치에 온 동명사형 어미로, '太平恨音'과 '及(〈友)伊音'의 '-音'이 주어의 위치에 온 동명사형 어미일 수 있음을 말해주고, '出隱伊音 叱 如支'의 '叱'은 어간 '시-'와 관형사형어미 '-ㄹ'이 결합한 '실'로, '叱如'와 '叱多'의 '叱-'이 어간 '시-'와 동명사형어미 '-ㄹ'의 결합인 '실'임을 이해하는 데 도움을 주기 때문이다.

이렇게 '太平恨音 叱如'와 '(友))及伊音 叱多'의 '-音 叱-'을 '-ㅁ/임 실-'로 읽어야 한다는 사실은 다음의 구결들로도 설명하고 예증할 수 있다.

(11) 가. 若 善男子ㅗ 善女人ㅗノア丁 當 諸 香ㅗ 花ㅗ 繪ㅗ 綵ㅗ 幡ㅗ 蓋ㅗノア乙 {以}ㆉ 是 說法處乙 <u>供養ノㅎ應セノレロㅣ</u>(『합부금광명경』15:11-13), 鬚髮乙 剃除ノㄱ入乙 由ㆉㄱ入ㅡ{故}ㆃ 俗 形好乙 捨ノㄱ入ㅡ{故}ㆃ 壞色衣乙 著ㅅㅏㄱ入ㅡ 故ノ 自ㅡ 形色ㅣㅣ 人ㆋ十 異ㅊノㄱ入乙 <u>觀察ノㅎ應セノㄱㅣ四</u>(『유가사지론』16:19-21), 是 如支ㅅㆍㅎㅣㆉ 乃ㆉ 他ㆋ 信施乙 <u>受ノㅎ應セㅅㆃ</u>(『유가사지론』17:20)(밑줄 필자)

나. 謂ㄱ 佛世尊ㄱ <u>般涅槃ㅅノㅎ七入</u>{雖}ㅕ 而ㄱ 俗正法ㅣㅣ 猶ㅣㅣ 住ㅅㆉ 亓 未滅ㅅㆃ 勝義正法ㅣㅣ 未隱未斷ㅅㆃㅅア矢ㅣ(『유가사지론』03:11-13), 五 勤方便ㅡ 不淨乙 <u>修習ㅅㅏㅎ七入</u>{雖}ㅕ 而ㄱ 作意錯亂ノアㅅ(『유가사지론』09:23-10:01), 四 其 能聽者ㅣㅣ 樂欲 {有}ㅓㆉ 亓 屬耳ㅅㆉ 而ㅡ <u>聽ㅅㆍㅎ七入</u>{雖}ㅕ 然ㅅㆃ 闇鈍ㅅㄱ入ㅡ{故}ㆃ 覺慧 劣ㅅㄱ入ㅡ 故ノ 領受 能 不ハノㅅ ᄉ七 過失ㅣㅣㆃ(『유가사지론』13:13-15)(밑줄 필자)

(11가, 나)에서 밑줄 친 부분들의 '-ㅎ'들은 '-ㅎ七ㅣ'의 '-ㅎ七-'과 '-ㅎ{應}七-'이 선어말어미나 종결어미의 일부분이 아니고, '-ㅎ七ㅣ'의 '-ㅎ'이 동명사형 어미이

고, 'ㄴ'이 어간 '시-'와 동명사형 어미 '-ㄹ'이 결합한 '실'임을 보여준다. 이를 구체적으로 보자.

만약 (11가)의 '-ㅎ{應}ㄴ-'을 선어말어미나 종결어미의 일부분으로 보면, 'ㅅ(ㅎ)-' 앞에 선어말어미나 종결어미의 일부분이 오는 비문법적인 연결이 된다. 이런 사실은 '應'을 '-ㅎ{應}ㄴ-'에서와 같이 읽지 않는 글자가 아니라, '-ㅎ 應ㄴ-'에서와 같이 띄워서 읽어야 하는 글자로 보게 한다. 그리고 이로 인해 '-ㅎ'은 자연스럽게 그 다음에 격어미가 생략된 동명사형 어미로 읽게 된다.

만약 (11나)의 '-ㅎㄴㅅ-'에 나온 '-ㅎㄴ-'을 선어말어미나 종결어미의 일부분으로 보면, 공동격조사 '-ㅅ(과/와)' 앞에 선어말어미나 종결어미의 일부분이 오는 비문법적인 연결이 된다. 이런 사실들은 '-ㅎㄴㅅ-'에 나온 '-ㅎㄴ-'이 '-ㅎㄴㅣ'의 '-ㅎㄴ-'과 더불어 선어말어미나 종결어미의 일부분이 아님을 잘 보여준다. 그리고 (11나)의 '-ㅎㄴㅅ'에서 'ㄴ'은 동명사형 어미 '-ㅎ(ㅁ/임)'과 공동격조사 '-ㅅ(과/와)'의 사이에 있다. 이로 인해 'ㄴ'은 그 앞에 온 '-ㅎ(ㅁ/임)'으로 보면 용언의 형태이어야 하고, 그 뒤에 온 공동격조사 '-ㅅ(과/와)'로 보면 체언의 형태이어야 한다. 이 '용언+체언'의 형태를 보여주는 어휘는 동명사형인데, 'ㄴ'의 한자 '叱'의 고음 '실'은 어간 '시-'와 동명사형 어미 '-ㄹ'의 결합인 '실'과 일치한다. 이런 사실들은 '-ㅎㄴㅅ'가 '-ㅁ/임(이) 있을 것과'의 의미인 '-ㅁ/임 실과'의 표기임을 말해준다. 그리고 이 '-ㅎㄴㅅ'에 포함된 '-ㅎㄴ-'은 구결 '-ㅎㄴㅣ'에 포함된 '-ㅎㄴ-'과 함께 '-ㅁ/임(이) 있을 것'의 의미인 '-ㅁ/임 실'의 표기임을 말해준다.[22]

이렇게 구결 '-ㅎㄴ'은 '-ㅁ/임(이) 있을 것'의 의미인 '-ㅁ/임 실'로 읽힌다. 그리고 이 구결은 향찰 '-音 叱多(/叱如)'의 '-音 叱'과 같은 것으로, 이 향찰의 해독을 예증하는 자료가 된다. 이로 인해 향찰 '-音 叱多(/叱如)'를 '-ㅁ/임(이) 있을 것이다'의 의미인 '-ㅁ/임 실다'로 읽은 해독은, 구결 '-ㅎ ㄴ'로도 설명이 되고, 예증도 된다는 점에서, 그 타당성을 좀더 확보하였다고 정리할 수 있다.

---

22 이런 사실은 향찰 '-音叱-'과 구결 '-ㅎㄴ-'의 해독에 많은 영향을 주어온 '뵈요ᄯᅡ다'(『삼강행실도』 충신 6)의 '-ᄯᅡ-'이, 향찰 '-音叱-' 및 구결 '-ㅎㄴ-'과 같은 형태소들이 아니라, 별개의 형태소들이라는 사실도 말해준다. 왜냐하면, '뵈요ᄯᅡ다'의 '-ᄯᅡ-'은 선어말어미나 종결어미의 일부분이지만, 향찰 '-音叱-'과 구결 '-ㅎㄴ-'은 동명사형어미와, 어간+전성어미이기 때문이다.

5. 결론

지금까지 향찰 '攴'과 '叱'을 정리하였다. 그 결과를 요약하여 결론을 대신하려 한다.

1) 향가에서 쓰인 연결어미 '-ㅂ'이 한국어와 같은 계통어인 돌궐어에서 발견된다는 점, 향가에서 쓰인 연결어미 '-ㅂ'이 중세어인 '무릅(무르어), 냅(내어), 므릅(므르어), 팁(치어)' 등의 '-ㅂ'에서 발견된다는 점, 향가에서 쓰인 연결어미 '-옵'(연결어미 '-아'와 '-ㅂ'의 결합인 '-압'의 이형태)이 중세어인 '소솝(솟어)'에서 발견된다는 점, 향찰 '攴/ㅂ'은 향찰의 말음표기 또는 말음첨기의 체계인 '只(ㄱ), 隱(ㄴ), [支(ㄷ),] 尸/乙(ㄹ), 音(ㅁ), 叱(ㅅ)' 등에서 빠져 있는 'ㅂ'을 '攴'이 보완하여 체계를 완전하게 한다는 점 등으로 보아, 향찰 '攴'을 'ㅂ'으로 읽었다. 이 'ㅂ'은 부동사형어미(연결어미) '-ㅂ', 부동사형어미(연결어미) '-압'과 '-옵'의 말음 '-ㅂ', 형용사어간의 말음 '-ㅂ-', 접미사 '-듭/답'의 말음 '-ㅂ' 등으로 나뉜다.

2) 불경 자역자에서 발견한 범자 'śi, ṣ, s' 등과 한자 '叱'의 대응은, 다음의 두 사실에 근거해, 한자 '叱'의 중국 고음 중의 하나가 '싣'임을 보여주는 자료로 정리하였다. 첫째로, 불경 자역자는 불경의 범자를 그 당시의 한자음으로 음역한 문자라는 사실이다. 둘째로, 중국고음으로 추정되는 '싣'이 변한 '叱'의 한국 고음 '실'에 기초한 향찰 '叱/실'과 구결 'ㄴ/실'이 적지 않게 발견된다는 사실이다.

3) 향찰 '叱'의 한자음은 불경 자역자에서 추정할 수 있는 중국 고음 '싣'과 이 음이 신라에 들어와 변한 '실'로 보아, '실'이다.

4) 향찰 '叱/시'는, 어간의 말음 '-시-'를 표기한(첨기한) '叱', 어간의 '시-'를 표기한 '叱', 명사의 말음 '-시'를 첨기한 '叱', 속격과 주격 '-시'를 표기한 '叱' 등으로 나타난다. 이 중에서 어간의 '시-'를 표기한 '叱'은 소멸된 형태소의 대표이다.

5) 4) 중에서 속격과 주격의 '-시/叱'는 순수 한국어에서 발견할 수 없는 것인데, 이는 상대에 백제와 신라에 들어와 토착화된 한문의 속격과 주격 '-시/之'로 보인다. 이런 사실은 두 측면에서 추정이 가능하다. 하나는 '之'의 상대음이 '시'로 추정된다는 측면이다. '之'의 상대음이 '시'라는 사실은 '之'의 해성자들(時, 詩, 侍, 恃, 邿 등등)의 음이 '시'라는 점과 '之'의 일본음이 '시'라는 점에서 추정할 수 있다. 다른 하나는 고려 구결에서 주격, 주어적 속격, 속격 등의 기능을 하는 한자 '之'를 바꾸거나 한자 '之'에 대응시킨 구결 'ㄴ'과 '尸'가 나온다는 측면이다. 이 구결 'ㄴ'과 '尸'의 기능(주격, 주어적 속격, 속격)이 한자 '之'의 기능(주격, 주어적 속격, 속격)과 일치한다는 사실은 이 구결들이 토착화된 한자 '之/시'의 기능을 이용한 것으로 판단된다. 그리고 구결 'ㄴ'과

'尸'는 흔히 'ㅅ'으로 읽고 있지만, 음절말 자음으로 끝난 체언 다음에 온 주격, 주어적 속격, 속격 등의 위치에서는 'ㅅ'이 아닌 '시'로 읽게 된다. 왜냐하면 구결에서 발음되지 않는 구결은 있을 수 없기 때문이다.

6) 4)의 어간 '시-'의 존재를, 1970년대 초반까지 향찰 해독자들은 거의 모르고 향찰을 해독하였으며, 이 해독들의 결정적인 영향 아래 있는 그 후의 해독들 역시 거의가 이 '시-'를 인식해 오지 못하다가, 최근에야 이 '시-'의 존재를 점점 인식하고 있다. 이 '시-'의 존재를 제주도 방언, 중세어, 구결 등의 예로 확실하게 확인하였다.

7) 향찰 '叱/실'은, 어간의 말음과 어미가 결합된 '-실-', 어간과 전성어미가 결합된 '실', 명사의 말음과 격어미의 결합인 '실', 접미사 '실', 부사의 말음을 표기한 '실' 등으로 나타난다.

이렇게 정리한 '叱/시'와 '叱/실'은, 선행 해독들이 향찰 '叱'을 읽으면서 보여준 많은 문제들을 해결하였다는 점에서, 향찰 해독사에서 매우 중요한 정리로 판단한다.

신구음이 교체되거나 혼용된 문제 향찰

1. 서론

이 글에서는 신구음이 교체되거나 혼용된 문제 향찰, '喩, 肹, 希, 支, 尸, 体' 등을 정리하기 위하여 선행 연구들을 변증하고 보완하는 데 연구의 목적이 있다.

먼저 이 향찰들에 대한 선행 연구들을 간단하게 보면, 다음과 같다.

향찰 '喩'의 해독은 그렇게 쉽지는 않다. 이 '喩'는 '디, 지, 둘, 니' 등으로 읽고 있는데, 한자 '喩'의 음이나 훈이 '디(/지/둘/니)'와 연결되지 않는 문제를 보인다.

향찰 '肹'은 '흘, 홀' 정도로 읽는 것이 주종이다. 그런데 '慚肹伊賜等'(〈헌화가〉)과 '次肹伊遣'(〈제망매가〉)의 '肹'에서는 '글'로 읽어야 하는 문제가 있다. 이 문제를 해결하기 위하여 여러 방법이 모색되고 있으나 시원스럽지는 않다.

향찰 '希'는 '익, 애, 에, 예, 의, ㅣ, 히, 해, 헤, 회, 희, 게, 긔, 기, 브라, 바라' 등의 15종으로 해독이 되어왔다. '회, 희, 해, 헤' 등의 주종을 이루지만, '希'의 신라음이 과연 이 음들인가 하는 문제를 보이고, 이에 '기, 긔, 게' 등이 나오면서 문제를 보이고 있다.

향찰 '支'는 양주동 이래로 거의 '기'로 굳어져 왔다. 그러나 최근에 남풍현에 의해 '디'라는 주장이 나왔다. '기'와 '디' 중에서 어느 것이 옳은가, 아니면 둘 모두가 옳은가의 문제가 대두되었다.

향찰 '尸'에 대한 선행 연구들은 'ㅅ, 시, ㄹ, 리' 등으로 읽은 경우와, 'ㄼ, ㅭ, 읋/욿' 등으로 읽은 경우로 양분되어 그 정리가 필요하다.

먼저 향찰 '尸'를 'ㅅ, 시, ㄹ, 리' 등으로 읽은 경우를 보자. 오구라(1929)는 '아(어), ㄹ, ㄴ' 등으로 읽으면서 'ㄹ'를 보여주었다. '아(어)'와 'ㄴ'은 한자 '尸'의 음과 훈을 벗어났다. 양주동은 'ㄹ'과 'ㅅ'으로 읽었다. 'ㅅ'은 한자 '尸/시'의 'ㅅ'을 이용한 표기로 보았고, 'ㄹ'은 '羅'의 생문(省文) 즉 약자인 '尸/라'의 'ㄹ'을 이용한 표기로 보았다. 지헌영 (1954, 1991)과 송재주(1957)는 양주동이 'ㅅ'으로 읽은 '東尸'의 '尸'도 'ㄹ'로 읽었다. 그 후에 나온 많은 해독들은, 홍기문(1956)이 '狂尸'의 '尸'를 '리'로 읽고, 이를 따른 해독(황패강 2001; 류렬 2003)을 제외하면, 향찰 '尸'를 'ㄹ'로 통일하여 읽었다. 최근에 양희철(2022)은 '爲尸如'의 '尸'를 '시'로 읽고, '尸/ㄹ'을 '尸/시'로 오해하고 삭제한 두 경우도 논의하였다.

이번에는 향찰 '尸'를 'ㄽ, ㅭ, 읋/옳' 등으로 읽은 경우를 보자. 유창식(1956)은 향찰 '尸'를 'ㄽ'으로 읽었고, 정열모(1965)는 두 곳에서 'ㅭ'으로 읽었다. 이 해독은 구결의 '尸'를 '읋/옳'(이승재 1993)이나 'ㅭ'(이장희 1995; 심재기·이승재 1998; 정재영 1998; 황선엽 2000; 장윤희 2011)으로 읽은 해독들을 거친 다음에, 향찰 '尸'를 'ㅭ'으로 읽은 해독들(황선엽 2000, 2008; 이병기 2008; 서정목 2014; 남풍현 2017a, b, c, 2018a, b, 2020)로 이어졌다.

그리고 이 해독들이 보인 'ㄹ, 리, ㄽ, ㅭ' 등은 한자 '尸'의 중근세음 '시'로 설명할 수 없는 것들이다. 이 문제를 해결하기 위하여, 네 가지 주장이 나왔다. 첫째는 'ㄹ'로 읽히는 '尸/尸'는 다른 한자의 생문(省文, 略體, 略字)이라는 주장들이다. 이 주장들이 보인 원자(原字) 또는 본자(本字)로는 '羅'(양주동 1942), '戾'(심재기 1975), '馹, 戾'(남풍현·심재기 1976), '履'(오정란 1993; 강길운 1995) 등등이 있다. 둘째는 발음기관 상징설(지헌영 1954, 1991; 송재주 1957)이다. 셋째는 '尸'의 음이 아니라 훈 '얼'을 이용하였다는 주장(서재극 1982)이다. 넷째는 한자 '尸'의 음이 '리'에서 '시'로, 또는 'ㄹ-'에서 'ㅅ-'로 변했다는 주장(유창균 1973, 1994; 김유범 1996)이다.

이렇게 연구되어 온 향찰 '尸'는 아직도 다음의 두 문제를 정리하지 못하고 있다.

첫째로, 향찰 '尸'가 이용한 한자는 어느 것인가 하는 문제이다. 즉 향찰 '尸'는 한자 '尸'와 다른 한자의 약체/약자인가? 아니면 그 음이 '리(ㄹ-)'에서 '시(ㅅ-)'로 변한 한자 '尸'인가? 하는 문제이다.

둘째로, 향찰 '尸'의 표기음은 무엇인가 하는 문제이다. 즉 'ㄹ, 리, ㅅ, 시' 등인가? 아니면 'ㄽ, ㅭ, 읋/옳' 등의 어느 하나인가? 하는 문제이다.

이 두 문제는 쉽게 해결될 것 같이 보이지 않는다. 그러나 문제를 자세히 보면 문제를 해결할 수 있는 실마리가 전혀 없는 것도 아니다.

첫째로, 연구 대상의 자료를 철저하게 검토하였는가 하는 측면이다. 대다수의 연구들은 향찰 '尸'와 구결 '尸'를 'ㄹ' 또는 'ㄹ, ㅅ' 등으로만 읽고, '리, 시' 등의 존재를 무시하였다. 만약 이 '리'와 '시'가 차제자(고지명, 향찰, 구결) '尸/尸'에서 명확하게 확인된다면, 이 두 존재는 향찰 '尸'를 'ㄹ, 리, ㅅ, 시' 등으로 읽을 것인가? 아니면 'ㄽ, ㅭ, 읋/옳' 등의 어느 하나로 읽을 것인가? 하는 문제를 해결하는 데 결정적인 도움을 줄 것으로 판단한다.

둘째로, 향찰의 제자 원리에 입각한 향찰식 사고를 하고 있는가 하는 측면이다. 향찰의 해독은 향찰의 제자 원리에 입각한 향찰식 사고로 읽어야 한다. 즉 향찰은 한자로 그 한자의 음이나 훈의 전체 또는 부분에 해당하는 우리말(향찰)을 표기 표현하기 때문에, 향찰의 해독은 향찰식으로 해야 한다는 것이다. 이 측면 역시 향찰 '尸'를 'ㄹ, 리, ㅅ, 시' 등으로 읽을 것인가? 아니면 'ㄽ, ㅀ, 읋/앓' 등의 어느 하나로 읽을 것인가? 하는 문제를 해결하는 데 많은 도움을 줄 것으로 판단한다.

그리고 '体'의 경우에는 '톄'와 '텨'가 함께 보이는데, 蟹섭 한자들의 음은 그 정리가 필요해 보인다.

이상과 같이 향찰 '喩, 肹, 希, 支, 尸, 体' 등은 해독에서 문제를 보이는데, 이 문제는 신음(新音)과 구음(舊音)이 교체되거나 혼용되었기 때문으로 보인다. 즉 '喩, 肹, 希' 등의 경우에는 그 신음과 구음이 교체되었고, '支, 尸, 体' 등의 경우에는 한자음이 변하면서 향찰에서 신음과 구음이 혼용되면서 문제를 보인 것으로 보아, 이 측면에서 문제를 해결하고자 한다.

2. 喩/두/디와 肹/글/흘

이 장에서는 신구음이 교체된 것으로 보이는 향찰 '喩/두/디'와 '肹/글/흘'를 정리하고자 한다.

2.1. '喩/두/디'

향찰과 이두에 '不喩'가 있다. 이 '不喩'는 '안디' 또는 '안인디'로 읽히면서 상당한 것이 밝혀졌다. 그러나 세 측면에서 문제를 보인다. 이 문제를 제기하고, 이 문제를 해결할 수 있는 방법을 모색하여, '不喩'의 해독을 정리한 바(양희철 2008a:68-105)가 있다. 세 측면의 문제와 그 해결 방법을 먼저 요약하고, '不喩'의 해독을 요약하려 한다.

첫째 문제는 '-喩'를 '-디(/지/둘/니)'로 읽고 있는데, 한자 '喩'의 음이나 훈이 '디(/지/둘/니)'와 연결되지 않는다는 것이다. '喩'를 '디(/지/니)'로 읽으면서, 그 근거를 훈과 관련시킨 것은 초기의 해독들이다. '喩'에 비유의 의미가 있어 돌려서 표기했다는 해독(오구라 1929:98; 신태현 1940:102), 의훈독(義訓讀)으로 본 해독(양주동 1942:102),

'喩'의 뜻 중의 하나인 '솜'의 훈 '니르'와 '니롤'에서 앞의 '니'를 취했다는 해독(김선기 1967g:320; 서재극 1975:9) 등이다.

이 해독들은 모두가 힌자를 빌러 만든 근자[차제자(借製字)]의 원리로 설명하기가 어렵다. 왜냐하면 첫 번째와 세 번째의 해독과 같은 해석은 이 경우를 제외하고는 존재하지 않으며, 두 번째의 해석에서는 '喩'의 뜻에 '디(/지)'가 없기 때문이다.

'디(/지)'를 '喩'의 음에서 끌어내려는 노력은 성부 '兪'를 가진 한자들의 과거음이 '두(/투)'라는 점을 들고, 이 한자음이 '디'로 된 것이라고 설명하기도 한다(이탁 1956:15; 홍기문 1957:118; 김태균 1975:139-140; 박희숙 1985:150; 정철주 1989:95-96; 강길운 1995:159). 그러나 그 명확한 논증이 없어 여전히 '喩'가 '디'로 된 이유를 알 수 없다(남풍현 1986:67). '喩'를 '둘'로 읽은 경우(유창균 1994:285-288)에는 성부에 '兪'를 가진 한자들의 음이 '두(/수/투/주/추/유)'는 되어도, '둘'이 되지 않는다는 한계를 보인다.

이 첫째 문제는 차제자 '喩(두)'를 설정하고, 이 '두'의 음운변화로 설명할 때에 다음과 같이 풀린다.

1) 가장 이른 시기의 향찰과 이두의 '喩'는 세 가지 이유에서 '두'로 읽어야 한다. 하나는 모든 차제자 중에서 음을 이용한 것들은 그 당시의 음을 반영하기 때문이고, 다른 하나는 이 '喩'(두)를 상정할 때에, 후대의 '喩'(디)와의 연결과 설명이 가능하기 때문이며, 마지막 하나는 비교 언어학적으로 '不喩'의 '-喩'는 몽고문어의 부정사 'andū'의 '-dū'와 대응하고, 퉁구스어의 부정사 'anči'와 'āčin(<*anči-n)'의 '-či(-)'는 '-ču(-)'의 전설모음화이기 때문이다.

2) 한자 '喩'의 상대음 '두(/투)'가 후대의 '디(/지)'로 변했다고 보기도 하지만, 한자음 자체가 변한 것은 아니다. 왜냐하면 '광두정(廣頭釘), 고수(莞荽, 완수), 투수(套袖), 명주(明紬), 정주(鼎廚), 고추(장)[←苦草(醬)], 지추(←芝草)' 등에 나타난 '두(/수/주/추)'만이 '지(/싀/시/지/치)'로 변했는데, 이 한자들조차도 다른 어휘에서는 변하지 않았을 뿐만 아니라, 이 한자들이 속한 운부(韻府)의 한자들은 전설모음화가 되지 않았기 때문이다.

3) 우리말에서 '-두(-)'가 '-디(/지)(-)'로 변하는 것은 전설모음화로 명사, 부사, 용언 등에서 풍부하게 나타나는데, 이는 명사, 부사, 용언 등에서 나타난 '不喩(-)'가 '안두(-)'에서 '안디(/안지)(-)'로 변했음을 말해준다.

4) '-두'를 표기한 '-喩'는 전음독자(전음차제자)이며, '-디(/지)'를 표기한 '-喩'는 전음독자(전음차제자)가 아니라, 전음독자(전음차제자) '-喩(두)'의 음이 전설모음화

된 것이다.

둘째 문제는 '不'을 실의독자(실의차제자)로 보아, 향찰과 이두에서 '안, 안이(/아니), 모돌'로 해독하는데, '不'의 훈이 근세에는 이두집에서 보듯이 '안이(/아니)'임에 틀림이 없지만, 그 이전에는 '안두'와 '안디'일 가능성은 없는가 하는 것이다.

'不'을 '안이(/아니)'로 읽은 해독(오구라 1929:97)은 근세의 이두집에 나타난 '不喩'(안인디/아닌지)에 근거해, '不'을 '안이(/아니)'로 읽었다. 이를 부정한 해독(양주동 1942:229)은 〈헌화가〉의 '不喩'는 문맥상 '안인디'(아닌지, 아닌 지)가 들어갈 곳이 아니라는 점을 들어, '不喩'를 '안디'로 읽고, '不'의 훈을 '안'으로 보았다. 물론 '不'의 훈이 근세에는 '안인디(/아닌지)'의 '안이(/아니)'임에 틀림이 없지만, 이 '안인디(/아닌지)'는 〈헌화가〉의 '不喩'에는 부적합하다. 그렇다고 그 대안으로 제시된 '안디'의 '안-'이 '不-'의 훈이라고 단정하는 데도 문제가 있다. 왜냐하면, '안'은 중세어에서 볼 수 없는 형태이고, 중세어의 '안이(/아니)'에 해당하는 차제자(향찰, 구결, 이두)는 '안'이 아니라, '안디(不喩, 不矢, 非知)'이기 때문이다. 말을 바꾸면, 중세어의 '안이(/아니)'는 '안디(/안지)'에서 '-ㄷ(/ㅈ)-'이 탈락된 형태일 수도 있다는 문제이다.

이 둘째 문제는 다음과 같은 점에서, 15세기 이전의 '不'의 훈은 '안두>안디'로 정리된다.

1) '不'의 15세기 이후의 훈은 '안이(/아니), 안' 등이지만, '不'의 15세기 이전의 훈은 두 측면에서 이것들이 아니다. 하나는 중세 국어의 어휘에 '안'이 존재하지 않기 때문이고, 다른 하나는 15세기 이후의 형태인 '안이(/아니), 안' 등과 향찰·이두 표기인 '不喩'가 일치하지 않기 때문이다. 특히 후자에서 이두 '不喩'의 '-喩'는 근세 극소수의 '-∅'를 제외하고는 모두가 '-지(/디)'라는 점에서 그렇다.

2) '不'의 15세기 이전의 훈은 '안두>안디(/안지)'라고 생각되는데 그 이유는 두 가지이다. 하나는 명사, 부사, 용언의 어간 등에서 '-ㄷ(/ㅈ)-'이 탈락하는 경우가 우리말에서 많이 나타나는데, '안디(/안지)(-)' 역시 명사, 부사, 용언의 어간 등으로 쓰이며, 이것들의 '-ㄷ(/ㅈ)-'이 탈락된 형태는 15세기 이후의 '안이(/아니)'로 연결되기 때문이다. 다른 하나는 '-喩-'를 포함한 용언들이 활용한다는 점에서, '안디(/안지)의 '-디(/지)'는 명사형어미(또는 의존명사 'ᄃ'와 주격어미 '-이'의 결합)나 부사형어미가 아니다.

3) 2)의 사실과, 중세어에서 용언의 어간이 명사와 부사로 되는 예들로 보아, '안두, 안디(/안지), 안이(/아니)' 등은 '안두다, 안디다(/안지다), 안이다(/아니다)' 등의 어간이 명사와 부사로 된 것들이라 할 수 있다.

4) 이상의 내용으로 보아, 부정사 '아니'는 '안두>안디(/안지)>안이(/아니)'로 변해

온 결과이고, '不'의 훈 역시 '안두>안디(/안지)>안이(/아니)'로 변해 왔다고 정리할 수 있다.

셋째 문제는 '-喩'(디/지)를 부정사 '안디(/안지)'의 음절 표기로 보고 있는데, '-喩'(디/지)를 부정사 '안디(/안지)'의 음절 첨기로 볼 수 있는 가능성은 없는가 하는 것이다.

'-喩'를 '-디(/지)'로 읽은 해독들은 한결같이 '-喩'(디/지)를 '안디(/안지)'의 음절 표기로 보고 있다. 그러나 이 음절 표기로 본 해독들이 취한 '안'이 중세어에서 보이지 않는다는 점과, 중세어의 '안이(/아니)'는 그 이전의 '不喩'로 표기된 형태가 변한 것이라는 점에서, '-喩'(디/지)를 '안디(/안지)'의 음절 표기가 아닌 음절 첨기로 볼 여지를 가진다고 할 수 있다.

이 셋째 문제는 다음과 같은 점에서, '不喩'(안두/안디)에서의 '-喩'(두/디)는 음절 첨기로, '不喩(-)'[안인디/안인지(-)]에서의 '-喩(-)'[디/지(-)]는 음절 표기로 각각 정리된다.

1) 향가 향찰인 '不喩'와 '不喩仁'은 '안두'와 '안둔'으로, 고려의 이두와 『대명률직해』의 이두인 '不喩(-)'는 '안디(-)'로 읽으며, 이것들의 '-喩(-)'는 '不'의 훈 '안두'와 '안디'에 나타난 '-두'와 '-디'의 음절을 첨기한 것들이다.

2) 근세 이두집에서 나타난 '不喩'의 '-喩는 '안인지(/아닌지)'(아닌지, 아닌 지)의 '-지'를 첨기한 것이 아니라 표기한 것이다. 이 경우에 '아닌 지'[아닌 것(이)]의 의미를 가진 '안인지(/아닌지)'의 '지'는 명사(또는 의존명사 '드'와 주격어미 '-이'의 결합)이다.

3) 1)과 2)로 보아, '不喩'는 '아니'의 의미로 쓰인 '안두, 안디(/안지)' 등과, '아닌지'나 '아닌 것'의 의미로 쓰인 '안인디(/안인지)'를 표기한 동철자이표기(同綴字異表記)이다.

4) 일제 강점기에 정리된 '不喩'들에서 극히 일부의 '喩'는 읽히지 않고 있는데, 이는 '不'의 훈이 '안디(/안지)'에서 '-ㄷ(/ㅈ)-'이 탈락하여 '안이'로 변함에 따라, '喩'의 음절(디/지) 첨기의 기능이 상실된 후에도, 관습적으로 '喩'를 써서 '喩'(디/지)가 '喩'(∅)로 변한 것이다.

이상과 같이 선행 해독들이 보인 문제를 해결하고 보면, '吾肹 不喩 慚肹伊賜等'(〈헌화가〉)의 '不喩'와 '吾衣身 不喩仁 人音 有叱下呂'(〈수희공덕가〉)의 '不喩仁'은 다음과 같이 해독할 수 있다.

'不喩'(〈헌화가〉)는 '아닌디'(오구라 1929; 유창선 1936c 등등), '안디'(양주동 1942;

지헌영 1947 등등), '아니'(정열모 1947; 김선기 1967g), '아디'(김선기 1993), '아닐' (서재극 1975), '不喩'(정창일 1987), '모돌'(유창균 1994) 등으로 읽고 있으며, '不喩 仁'(〈수희공덕가〉)은 '아닌디인'(오구라 1929; 신태현 1940), '안딘'(양주동 1942; 지헌영 1947 등등), '아닌'(정열모 1965; 김선기 1975a, 1993), '모둘은'(모르는, 유창균 1994) 등으로 읽고 있는데, 전자는 '안두'로 후자는 '안딘'으로 각각 읽힌다. '不喩'를 '안두'로 읽은 것은 한자 '喩'가 향찰 '두'에 쓰여, 그것이 '디'로 변할 만큼 오랜 세월이 지나지 않았기 때문이다. 이에 비해 '不喩仁'을 '안딘'으로 읽은 것은 한자 '喩'가 향찰 '두'에 쓰여, 그것이 '디'로 변할 만큼 오랜 세월이 지났기 때문이다. 이 경우에 '不'의 훈은 '안두, 안디' 등이고, '喩'의 음성기표는 '두, 디' 등이며, 그 기능은 '不'의 훈인 '안두, 안디' 등의 '-두, -디' 음절을 첨기한 것이다. 특히 '-두'를 첨기한 '喩'는 전음독자(전음차제자)이며, 후대에 '-디'를 첨기한 '喩'는 전음독자(전음차제자)가 아니라, 전음독자(전음차제자) '喩'(두)가 전설모음화된 '喩'(디)의 첨기라고 정리할 수 있다.

이상과 같이 볼 때에, 향찰 '喩'는 구음(舊音) '두'와 신음(新音) '디'가 시간이 흐르면서 교체되었다고 정리할 수 있다.

2.2. 肹/글/흘

한자 '肹'은 '?'(미상), ㄹ, 를, 롤, 을, 올, 흘, 홀, 할, ㅎ, 훙, 흐, 히, 힐, 깔, 까, 그흘, 글' 등으로 다양하게 읽어 왔다. 그러나 '肹'의 음 '힐'에 의존하여 '흘'을 표기한 것으로 보고, 모음조화를 참고하여 '홀'로 읽으면서, 이 '흘'과 '홀'의 해독은 해독의 큰 근간을 이루었다.

그런데 이렇게 '肹'이 '흘'과 '홀'로 읽히는 가운데, 두 가지가 문제로 제기되어 왔다. 하나는 이렇게 읽은 해독자들 스스로도 '慚肹伊賜等'(〈헌화가〉)과 '次肹伊遣'(〈제망매가〉)의 '肹'을 '흘'로 읽으면서도 만족하지 못한 점이다. '붓흐리-'의 경우에 '붓흐리-'를 '붓그리'의 원음으로 추정만 하였지, 확정을 하지 못하였다. 이 불만은 향찰 '肹'을 '글'로 읽게 되는 시발점이 되었다.

다른 하나는 강길운이 신라 향가의 향찰 '肹'을 '흘'로 읽을 수 없다는 문제의 제기이다. 이는 '慚肹伊賜等'(〈헌화가〉)과 '次肹伊遣'(〈제망매가〉)의 '肹'은 물론 신라 향가의 '肹'들은 '글'로 읽어야 한다는 문제의 제기이다.

이 두 문제를 해결하는 글들을 좀더 자세하게 보자.

홍기문(1956)은 慚肹伊賜等(〈헌화가〉)을 '붓그리샤든'으로 읽으면서, '肹'을 처음으로 '글'로 읽었다. 그 설명을 보면 다음과 같다.

(1) 《붓그리》의 《글》이 《肹》로 기사된 것은 물론 주목을 요하나 《ㄱㅎ》의 두음은 흔히 뒤바뀌어 나타나고 있다. 그것은 한자의 관습음과 옥편음의 차이중 이 두 음의 관계가 가장 많다는 사실로 보더라도 의심할 것 없다. 물론 고대와 현대간에는 어음체계의 적지 않은 변천이 가로 놓여 있다. 《ㄱㅎ》의 두 음이 그렇게 뒤바뀌는 것도 바로 거기 기인되는 바가 크다. 《조선 고가 연구》와 같이 《肹》의 자음을 기준 삼아서 어음이 《ㅎ》에서 《ㄱ》로 바뀌였다고 단정할 수는 없는 일이다. 《慚肹伊》의 석 자는 《붓그리》의 기사라고 보는 것이 타당하다.(홍기문 1956:115)

이 인용에서 보듯이, 홍기문은 慚肹伊賜等의 '肹'을 처음으로 '글'로 읽었다. 그리고 그 이유를 '글'과 '흘'의 차이를 관습음과 옥편음의 차이로 보고 있다. 구체적인 예증이 없으나, '肹'을 '글'로 읽은 것은 주목된다.

그리고 次肹伊遣(〈제망매가〉)의 '肹'이 '글'로 읽힐 수 있는 가능성은 김준영(1964: 84-85)에서 보인다. 김준영은 일단 '次肹伊遣'를 'ᄌᆞ흘이고'로 읽은 다음에, "「버글이고」로 읽는다면 그 뜻은 「다음이고」 즉 「동생이 되고」라는 말인지"라고 그 가능성을 언급하였다. 그러나 그 다음의 책(1989)에서는 이 내용을 완전히 삭제해 버렸다. 그 다음에 '머뭇그리고'(김완진 1980:124-125)에서는 '肹伊'을 '힐이'로 읽은 다음에 '그리'로 정리하였다. '肹'이 '글'일 가능성을 보여주었다. '버글이고'(다음이고, 양희철 1989)에서는 '肹'을 '글'로 읽었다.

이렇게 향찰 '肹'은 '慚肹伊賜等'(〈헌화가〉)와 '次肹伊遣'(〈제망매가〉)에서만 드물게 '글'의 가능성이 언급되었다. 그러다가 향찰 '肹'의 전체를 한자 '肹'이 '글〉힐'로 변했다는 차원에서 정리한 것은 강길운(1995)이다. 그 주장을 보면 다음과 같다.

(2) 가. 그리고 상고시대의 한자음도 지금과는 상당히 달랐다. 예를 들어 말하면 '肹[*kïr] ()hïr), 希[kɪ]()hɪ), 兮[kje]()hye)'였다(참조: 전게서 p.82). 즉 曉母·匣母의 성모는 주로 k였던 것이 고려 초에 내려와서 h로 바뀌었다. 따라서 慚肹伊賜等, 次肹伊遣는 '붓그리스던, 버글이고'(cf. 副버글부. 훈몽자회 중1: 貳 버글쇠. 동하 33 : 벅다 '다음가다')와 같이 무리없이 풀이된다. …… 그뿐만 아니라 신라시대에는 모음조화현상이 없었다는 사실을 모르고(참조: 전게서 pp.111-112), 모음조화를 예상하고 해독하다가 보니 일자다음적인 표기가 더욱 늘어났던 것이다. 즉 신라향가에서 대격조사는 오직 '肹'(*kïr)만이 쓰이었으며 고려향가에서는 그 발달형-'肹'(hïr)과 '乙'이 함께 쓰이었고(참조: 강 1993:154-157), 대격조사는

흔히 첨가되지 않는데 '朌·乙'의 모음조화형을 조작해 내느라고 '朌'은 '-흘/-홀'로, '乙'은 '-을/-올'로 읽은 따위이다.(강길운 1995:26)

나. 「朌」은 대격(목적격)조사 '글'의 표기이다(참조: 강 1993:154-155). 따라서 신라시대에는 대격조사의 '을'(乙)은 없었다.

'朌'은 "竹軍縣本豆朌"〈삼국사기지리지1〉에서 朌을 軍에 대당시키고 있는데 이 '軍'은 "軍那縣本屈那"〈삼국사기 지리지1〉에서 軍을 屈[kur]로 대당시키고 있어서 여기서 '朌≒軍≒屈'의 등식을 얻을 수 있는데 이것을 만족시키자면 모두 '굴'로 읽을 수밖에 없으니 따라서 '朌'의 고음이 '굴'과 유음임이 확실하다면 동운이 '홇'이고 현대음이 또한 '홀'이고 중국중고음이 [xjət]〈칼그렌〉·[hɪət]〈FD〉인 점으로 미루어서 '朌'의 간모음은 [ï]로 추정되니 따라서 '朌'의 신라음은 이미 앞서도 말한 바와 같이 [*kïr]이었을 것이다.

우리말은 본시 대격조사를 보통 쓰지 않지마는 그것을 표시할 필요를 느꼈을 때에 한해서 구격조사 kïr을 가지고 대충 하였던 것인데, 그것이 도리어 대격조사로 굳어져서 *kïr〉hïr〉ïr과 같이 변해 내려온 것이다. 이런 사실은 동계어인 길약어의 kïr()gir·kĭš)hĭš·xĭš)과 비교하여 보면 곧 알 수 있다. 다음에 길약어와 향가의 사용예를 보인다. ……. (강길운 1995:57)

(2가)에서는 '朌'이 신라 향가에서는 '글'이고, 고려 향가에서는 '홀'이라고 정리를 하였다. 그리고 이렇게 읽을 때에 '慚朌伊賜等, 次朌伊遣' 등을 '붓그리스던, 버글이고' 등으로 무리 없게 읽을 수 있다고 하였다. 이는 기왕의 주장들을 좀더 발전시킨 것이다. 그리고 (2나)에서는 『삼국사기』 '지리지'의 이두에서 '朌≒軍≒屈'의 등식이 성립하고, '朌'의 고음으로 보아, '朌'의 신라음은 [*kïr]이란 점을 주장하면서, 대격조사가 *kïr〉hïr〉ïr로 변했고, 이는 동계어인 길약어의 kïr()gir·kĭš)hĭš·xĭš)과 비교된다는 사실을 보여준다. 이 (2가, 나) 등으로 보아 향가의 '朌'은 '글〉홀'로 변해왔다는 사실을 거의 확정할 수 있게 하였다.

필자 역시 이 주장에 동의하면서 하나만을 수정하였다. 바로 '二朌隱'(〈처용가〉)을 '버글은'으로 읽었는데, 이것을 "두홀은(아유가이 1923; 유창선 1936c 등등)"에서와 같이 읽고자 한다. 왜냐하면 '二朌隱'을 '버글은'으로 읽는 것이 어렵기 때문이다. 강길운은 '貳'의 훈이 '버글'이라는 논거로 『훈몽자회』(하) 33을 들었다. 이 '버글'은 '次'와 같은 '貳, 二'(=第二也)의 훈이지, '二'(two)의 훈이 아니다. 그 이유는 둘이다.

하나는 '二朌隱'을 '버글은'으로 읽는 것이 어렵다는 것이다. 강길운은 '貳'의 훈이 '버글'이라는 논거로 『훈몽자회』(하) 33을 들었다. 이 '버글'은 '次'와 같은 '貳, 二'(=第

二也)의 훈이지, '二'(two)의 훈이 아니다.

다른 하나는 현존 〈처용가〉의 시어 '東京'은 헌덕왕 5년(813년)에 세운 〈신행선사비〉에서부터 나오며, 〈저용가〉의 향찰 '奪叱良乙'에서는 '乙'도 나오기 때문이다. 즉 '肹'과 '乙'이 함께 출현하는데, 이는 고려 향가에서와 같은 현상이다.

이런 점들에서 향찰 '肹'은 '글'로 읽되, '肹'과 '乙'이 공존한 작품에서의 '二肹隱'(〈처용가〉)과 '德海肹'(〈칭찬여래가〉)의 두 '肹'은 '두흘은'(아유가이 1923; 유창선 1936c; 정열모 1947, 1965; 김준영 1979; 금기창 1993; 양희철 1997)과 '득바달흘'(김상억 1974), '德바득흘'(김준영 1979), '德바덜흘'(강길운 1995) 등에서와 같이 '흘'로 읽고자 한다.

이렇게 15회 나온 향찰 '肹'들에서 '二肹隱'과 '德海肹'의 두 '肹'을 제외한 나머지 13개의 '肹'들 중에서 '慚肹伊賜等, 次肹伊遣' 등의 두 '肹'을 '글'로 확정하고, 나머지 11개 '肹'을 '글'로 수정한 것은 강길운의 기여가 아닌가 한다.

결국 〈처용가〉보다 앞선 시기에는 '肹'이 '글'로 쓰이다가 〈처용가〉부터 '흘'로 교체되었다고 할 수 있다.

3. 希/긔/희와 支/기/디

3.1. 希/긔/희

향찰 '希'는 총 4회(『삼국유사』 3회, 『균여전』 1회) 나오며, '이, 애, 에, 예, 의, ㅣ, 히, 해, 혜, 희, 히, 게, 긔, 기, 브라, 바라' 등의 15종으로 해독되었다.

이렇게 읽혀온 향찰 '希'의 해독은 세 시기로 정리할 수 있다. 첫 번째 시기는 향찰 '希'의 초성을 살리지 않았던 시기이다. 두 번째 시기는 양주동이 향찰 '希'의 초성(ㅎ)을 살려 읽기 시작한 시기이다. 세 번째 시기는 김선기, 유창균 강길운 등이 일부의 향찰 '希'의 초성을 'ㄱ'으로 보기 시작한 이후의 시기이다.

이렇게 변한 향찰 '希'의 해독 중에서, 두 번째 시기의 해독들이 주종을 이루지만, 세 번째 시기의 해독들이 제기한 문제를 가지고 있다. 특히 향찰 '希'의 경우는 신라음에서 문제를 보인다. 이런 점들 때문에 이 글에서는 향찰 '希'에 대한 선행 해독들을 변증하고자 한다.

변증의 기준은 향찰 '希'의 한자음이다. 이 한자음은 양주동, 유창균, 강길운 등에 의해 많이 천착되었는데, 이를 이용하고자 한다.

먼저 '希'를 '애, 익, 에, 예, 의, ㅣ' 등으로 읽은 해독들은 한자 '希'의 음을 벗어났다. 'ㅂ라, 바라'로 읽은 해독들도 있다. 'ㅂ라'(정열모 1965; 김완진 1980)는 '希(仰支)'(〈원왕생가〉)를 읽은 것이고, '바라'는 '希仰支'(〈원왕생가〉)를 '바라기'(김선기 1968b)로 읽은 것에서 보인다. 이 해독들은 '尊衣希'를 읽는 것이 어려워, '尊衣希 仰支'를 '尊衣 希仰支'로 분리하고, '希仰支'의 '希'로 읽은 해독들이다. 정열모가 읽은 'ㅂ라(ㅂ라)되'의 경우는 'ㅂ라'가 첨기라는 설명과 '支'를 '되'로 읽은 문제를 보인다. 김완진이 읽은 'ㅂ라울월던'의 경우는 'ㅂ라'의 위치에서 문제를 보이며, 김선기가 읽은 '바라기'의 경우는 '希仰'을 '바라'로 읽은 문제를 보인다.

'希'를 '희, 해, 혜, 히' 등으로 읽은 해독들도 있는데, 이 해독들은 '希'의 음을 '희'로 보고, 이 '희'를 근거로 '희, 해, 혜, 히' 등을 설명하고 있으나, 정확한 설명은 아니다. '希'를 '희'로 읽은 해독들을 보자.

(3) 가. 邊希(〈헌화가〉): 가희(정열모 1947), ㄱ희(김준영 1964; 전규태 1976 등등), 글희(정연찬 1972), 겨틔(서재극 1975), ㄱ희(김준영 1979; 황패강 2001), 갓희(김대식 1991)
　　나. 磧惡希(〈찬기파랑가〉): 벼락희(정열모 1947), 작별악희(김준영 1964), 쟉별하희(서재극 1975), 작별아희(김준영 1979), 지벽아희(최남희 1996)
　　다. 尊衣希(〈원왕생가〉): 尊의희(김준영 1964, 1979; 최남희 1996) 尊으희(서재극 1975), 尊의희/尊이희(황선엽 2006)
　　라. 佛會阿希(〈청전법륜가〉): 佛會아희(김준영 1979; 유창균 1994)

이 해독들에서는 '希'를 '희'로 읽었다. '希'의 중세 음이 '희'(『유합』하:30)라 그런지 별다른 설명 없이 '희'로 읽었다. 이 음은 그 근거를 가진 음이다. 그러나 신라음이 과연 '희'인가 하는 문제를 보인다.

이번에는 '希'를 '기, 긔, 게' 등으로 읽은 해독들을 보자.

'希'를 '기'로 읽은 해독은 주로 김선기(1967c, g, 1975a, 1993)에서 보인다. 그 이유는 "六世紀 발음은 [xjei][KAD #127]이지만 일본말에서처럼 [기]라고 읽었다고 보인다."(김선기 1967c:303)에 있다. 중세음(희)의 모음이 'ㅢ'인데 이것에서 'ㅡ'가 탈락한 'ㅣ'의 '기'로 읽을 수 있을까 하는 문제를 보인다.

'希'를 '긔'와 '게'로 읽은 해독들을 보자.

(4) 가. 尊衣希(〈원왕생가〉): 尊의긔(유창균 1994)
　　나. 邊希(〈헌화가〉): 가스게(강길운 1995)
　　다. 磧惡希(〈찬기파랑가〉): 재밝별아게(강길운 1995)
　　라. 尊衣希(〈원왕생가〉): 尊의게(강길운 1995)

(4가)에서는 '希'를 '긔'로, (4나-라) 등에서는 '希'를 '게'로, 각각 읽었다. 이 해독들을 차례로 변증해 보자.
(4가)에서 '希'를 '긔'로 읽은 이유는 다음과 같다.

(5) '希'는 '긔'가 '희'로 변했음을 뜻한다. 그러나 초기의 字音을 기준으로 하면 '긔'도 가능하다. '希'가 '희'를 나타내는 것이라고 한다면 '의긔'는 '의(애·에)+긔〉의희〉예(애·에·이·의)'와 같은 변화를 생각할 수 있다.(유창균 1994:670)

(5)에서는 '希'의 고음을 중세음 '희'로부터 '긔'로 설정하고, '希'를 '긔'로 읽으면서, '의긔'를 '-께'의 의미로 보았다. '희'나 '히'에 '-께'나 '-게'의 의미가 없다는 점에서, '希'를 '긔'로 읽은 것은 정확한 것 같다. 그러나 '磧惡希'(〈찬기파랑가〉), '邊希'(〈헌화가〉), '佛會阿希'(〈청전법륜가〉) 등을 'ᄌᆞ갈아히', '서리히', '佛會아희' 등으로 읽으면서, '希'를 '히, 희' 등으로도 읽은 이유를 설명하지 않은 문제를 보인다.
(4나-라)에서는 '希'를 '게'로 읽었다. 그 이유는 '게'에 해당하는 상용한자가 없어서 대충 표기를 하였다는 것이다. 즉 "[kɨ]는 [ke]의 대충표기"(강길운 1995:155), "'希'는 '긔'이지마는 '게'의 대충표기"(강길운 1995:265), "신라음은 '긔'인데 '게'를 나타내는 상용한자가 없어서 대충한 것이다."(강길운 1995:111) 등에서 이런 사실을 알 수 있다. 그러나 불교 문학의 중심에 있는 '偈' 자와 '揭, 憩' 등이 있어, 이 설명은 의심스럽다. 그리고 "'希'의 옛음[kɨ]. 그러나 고려 초에는 [hï]로 바뀜"(강길운 1995:145)으로, 신라 향찰의 '希'는 '게'로 고려 향찰의 '希'는 '혜'로 구분하여 해독한 특성을 보인다.
이 중에서 대충 표기는 인정하기 어렵지만, 향찰 '希'의 신라 한자음이 '긔[kɨ]'이고, 고려 한자음이 '희[hï]'라는 지적은 정확한 것으로 판단한다. 이에 따라, '邊希'(〈헌화가〉)는 '굳긔'로, '磧惡希'(〈찬기파랑가〉)는 '지벽아긔'로 각각 수정하여 읽고, '尊衣希'(〈원왕생가〉)는 '尊의긔'(유창균 1994)로, '佛會阿希'(〈청전법륜가〉)는 '佛會아희'(김준영 1979)로, 각각 읽은 해독들을 따라, 신라 향가의 '希'는 '긔'로, 고려 향가의 '希'는 '희'로 읽는 것이 바람직하다고 판단한다. '希'의 모음을 'ㅢ'로 제한한 것은 지금까지 검토된 '希'의 모음은 'ㅢ'뿐이기 때문이다.

이렇게 볼 때에 향찰 '希'는 '긔'에서 '희'로 교체되었다고 정리할 수 있다.

3.2. 支/기/디

이 절에서는 신구음이 혼용된 향찰 '支/기/디'를 정리하고자 한다.

향찰 '支'는 2000년대에 들어오면서도 '기'의 표기로 의견이 거의 모아지고 있었다. 그러나 2010년을 전후로 나온 구결과 향찰의 논문 4편에서는 향찰 '支'의 음과 기능을 다시 한번 검토하게 하였다. 그 내용(양희철 2013a)을 요약 정리하면서 향찰 '支'의 해독을 다시 정리하고자 한다.

3.2.1. 支의 한자음

한자 '支'의 한자음은 양주동(1942:159)에 의해 '기'로 정리되었다. 『삼국사기』'지리'지에서 보이는 '闕城=闕支, 儒城=奴斯只, 悅城=悅己' 등을 보면, '城=支=只=己'이다. 이 '城=支=只=己'에서 '己'의 음은 그 현대음까지도 '기'이고, '城'의 일본음이 '기'라는 점에서, '支'의 음은 '기'이다. 그리고 '多岐=多只, 支潯=只彡' 등에서 보면 '岐=只=支'이다. 이 '岐=只=支'에서 '岐'의 음은 그 현대음까지도 '기'라는 점에서, '支'의 음은 '기'이다.

남풍현(2012a)은 향찰 '支'의 신라 한자음은 '기, 디'에서 '기'로 굳어져 오는 가운데, 금석문을 통하여 다시 '디'라는 주장을 하였다. 『삼국사기』의 지명, 인명, 관등명 등을 6, 7세기의 금석문에 나온 지명, 인명, 관등명 등과 비교하여, '支'는 '直, 智, 知' 등과의 대응으로 보아 '디'라는 것이다. 이 주장을 부정할 수는 없다.

이렇게 되면, 우리는 하나의 문제에 직면한다. 바로 양주동이 제시한 자료로 보면, '支'의 음은 확실히 '기'이다. 그리고 남풍현이 제시한 자료와 주장으로 보면, '支'의 음은 확실히 '디'이다. 이렇게 갈리는 문제를 어떻게 극복할 수 있을까? 이 문제는 '支'의 당시음이 '기'와 '디'라고 보아야 해결된다. '기'음이 기층이고, 이에 '디'음이 적층되는데, 이 '기'와 '디'가 동시에 사용되었다는 것이다.

3.2.2. 구결 支

남풍현(2008)은 구결 '支'를 '디'로 읽으면서 여실법(如實法)으로 보았다. 이 주장에 대한 구체적인 비판은 앞의 글(양희철 2013a:411-412, 416-417, 426)로 돌리고, 그 핵심만을 정리하면 다음과 같다.

먼저 '等ㅣ ソ-'와 '如支ソ-'를 '다ᄒᆞ-'와 '디ᄒᆞ-'로 읽고, 'ㅣソ(다ᄒᆞ)-'와 '支ソ(디ᄒᆞ)-'를 '等'과 '如'의 의미로 보면서, '支'가 '如'의 훈으로 쓰이는 한편, '똑 같은 것', '동일한 것', '바로 그것' 등의 뜻을 나타내는 서법인 여실법으로 발전하였다고 주장하였다. 이 주장은 이어서 '年(/離/免)支'의 '支'를 '희/히'로 보면서, '故支, 則支, 卽支, 今支, 能支, 善支' 등의 '支'와 '元矢支 リ 㢱'의 '支'도 '[如]支'의 '支'와 같은 여실법으로 주장하였다. 이 주장은 결정적인 두 문제를 보인다.

하나는 '如/ᄃᆞᆮ'의 말음첨기자 '支/ㄷ'을 '如'의 훈으로 잘못 읽은 문제이다.

다른 하나는 '支'를 'ㄷ'와 '디'로 읽으면, 중세어에서 보이는 어형과 자연스럽게 연결되는 해독을 검토하지 않고, '支'를 '如'의 훈 '디'나 여실법의 '디'로 읽어서 중세어의 어형과는 완전히 단절되는 해독을 하였다는 문제이다.

남풍현(2012a)은 구결의 여실법을 향찰에도 적용하였는데, 구결의 여실법이 보인 한계로 인해, 그렇게 의미 있는 해석으로는 보이지 않는다. 그러나 이 논의를 위하여 지명과 이두에서 검토한 '支'의 한자음 '디'는, 앞에서 보았듯이, 향찰 '支'의 음을 다시 한번 생각하게 하는 전기가 되었다.

양희철(2013a:397-437)은 구결 '支'를 검토한 글에서, 먼저 선행 연구인 '다'설, 지정문자설, '히'설, '디'설 등을 비판하고, 'ㄷ, 디'설을 주장하였다. '如支'와 '如支ソ-'를 'ᄀᆞᆮ'과 'ᄀᆞᆮᄒᆞ-'로 읽고, '故支, 能支, 免支-, 善支(ソ㢱), 則支, 離支-' 등을 '(닷/탓〉) 닫/탇, 싣, (벗〉)벋-, 읻(ᄒᆞ며), 곧, 헤어디-' 등으로 읽으면서, '支'를 말음첨기의 'ㄷ'과 말음절첨기의 '디'로 읽었다. 이 글에서 구결 '支'의 해독은 한 단락을 지었다고 할 수 있다.

양희철(2013a:439-470)은 앞의 글에서 언급하지 않고 미루어 놓았던, 'ᄃᆞᆺ/ᄃᆞ시'의 이표기인 'ᄃᆞᆮ/ᄃᆞ디'로 읽히는 '如支/ᄃᆞᆮ/ᄃᆞ디'와 '如支ソ-/ᄃᆞᆮᄒᆞ-/ᄃᆞ디ᄒᆞ-'를 제시하였다. 즉 '如支'와 '如支ソ-'를 'ᄀᆞᆮ'과 'ᄀᆞᆮᄒᆞ-'로 읽을 수 없고, 'ᄃᆞᆮ/ᄃᆞ디'와 'ᄃᆞᆮᄒᆞ-/ᄃᆞ디ᄒᆞ-'로만 읽어야 하는 구결을 찾아서 정리하였다. 이 구결 '如支/ᄃᆞᆮ/ᄃᆞ디'와 '如支ソ-/ᄃᆞᆮᄒᆞ-/ᄃᆞ디ᄒᆞ-'는 이어서 볼 향찰 '(-)如支'의 해독에 결정적인 영향을 주었다.

3.2.3. 향찰 支/기/디

앞에서 정리한 '支'의 한자음(기, 디)과 구결 '支'를 참고하면서 향찰 '支'를 다시 정리하면 다음과 같다.

3.2.3.1. 향찰 支/디

먼저 '出隱伊音叱如支'(〈참회업장가〉)와 '沙矣以攴如支(〈攴〉)'(〈원가〉)의 '支'를 보자. 양희철(2013a)은 앞에서 정리한 구결 '如攴'를 '出隱伊音叱如支'(〈참회업장가〉)에 적용하여 1차로 '如支'를 '드디'로 읽었다. 그 후에 '叱'의 해독을 수정하여, 'ㄴ(出)+ㄴ(隱)+이(伊)+ㅁ(音) 실(叱) 돌(如)+디(支)'로 읽고, 전체를 '(남아) 나온 것임(이) 있을 듯이'의 의미인 '느임 실 드디'(양희철 2014, 2015a)로 읽었다. 이 해독의 '드디'는 '돌(如)+디(支)'를 구결 '如攴'(돌+디)드디)[23]에 근거해 현대어 '듯/드시'에 해당하는 중세어 '드시'의 이표기로 읽은 것이다. 이 해독에서는 '出隱伊音叱如支'의 '如支'는 예증을 하였지만, '叱'를 앞뒤로부터 띄우고, '있을'의 의미인 '실'로 읽은 이유를 구체적으로 설명하지 않았다.

이는 다음과 같이 보완(양희철 2015b:178-179)되었다. 구결 '-如攴(돌/드디)', '-ㄱ(ㄴ) 如攴(돌/드디)', '-ㄹ(ㄹ) 如攴(돌/드디)' 등은 구결의 동명사형 '音/음'과 더불어, 향찰 '出隱伊音叱如支'를 '出隱伊音 叱 如支'로 띄우고, '叱'을 '있을'의 의미인 '실'(시+ㄹ)로 읽는 것을 도와준다. 왜냐하면 동명사형 어미 '-音/임'으로 보면 '叱'은 용언이어야 하고, 의존명사 '如支/돌/드디'로 보면 '叱'은 관형사형이어야 한다. 그런데 이 용언의 관형사형은 '叱'의 고음인 '실'에서 발견된다. 즉 어간 '시-'와 관형사형어미 '-ㄹ'의 결합인 '실'이다. 이로 보면 '出隱伊音 叱 如支'의 '叱'은 '있을'의 의미인 '실'로 읽을 수 있다. 이렇게 '出隱伊音 叱 如支'를 '(남아) 나온 것임(이) 있을 듯이'의 의미인 '느임 실 드디'로 읽을 때에, 이 해독은 형태소의 연결에서 문법적이며, 문맥에 부합한다.

구결 '-如攴(돌/드디)'는 '沙矣以攴如支'(〈원가〉)를 수정하여 '沙矣以攴如支'로 읽는 것에도 도움을 주어, 선행 해독을 비판하고 다시 읽은 바(양희철 2013a:454-460)가

---

[23] 『화엄경』에서 인용한 '-ㄴ(ㄱ)/ㄹ(ㄹ) 돌/드디(如攴)' 또는 '-돌/드디(如攴)'의 예는 다음과 같다. 즉 "譬ㄱ 大海 3ㅌ 金剛聚ㄱ 如攴"[비유한다면 大海엣 金剛이 모인 듯(/드시) 14:13], "一ㄱ 塵ㄷ 中 3ㅓ 示現ノㄱ 所乙 ノㄹ 如攴"[한 티끌(속세) 중에 示現혼 바를 할 듯(/드시) 15:14], "譬ㄱ 蓮華ㅣ 水 3ㅓ 著 不ノㄹ 如攴"[비유한다면 연꽃이 물에 묻지 아니홀 듯(/드시) 19:5], "若見華開ノㄱ乙 當願 衆生 神通等ㅣㄴㄱ 法ㅣ 華 開如攴ㄴㅎ 敷ㄴㅌㅛ"[만약 꽃이 개늘(개하는 것을) 보면, 마땅히 원하기를 모든 중생이 神通 곧다(等ㅣ)흔 법이 꽃 피돌/피드디 흐아(하여) 피여(敷)지이다 5:11], "月光 影如攴ㄴ 3 ㅊ 靡不周"[달빛이 비추돌/비추드디 흐아곰 두루 하지 않음이 없고 14:18](양희철 2013a:442, 445) 등이다. 『合部金光明經』(卷三, 02:02-15)에서 인용한 '-ㄹ(ㄹ) 드디/돌(如攴)'의 예는 다음과 같다. 즉 "第二 發心ㄱ 譬入ㄱ 大地ㅣ 一切 (法)事ㅗㄴㄹ乙 持ㄹ 如攴ㄴㅅㄱ 入ᄭ 故ノ 是乙 名下 尸波羅蜜因ㅗㄴㄴㅅ ᅕ"(02:01-02), "譬 七寶 樓觀 3ㅓ 四階道 有ㅌㅣㄱ乙 清涼之風ㅣ 來ㄴ 3 ㅊ 四門乙 吹ㄹ 如攴" (02:06-07), "(譬) 大富商主ㅣ 能 一切 心願乙 滿足 令ㅣㄹ 如攴"(02:10-11), "譬 轉輪聖王 3 主兵寶臣ㅣ 意乙 如ㅅ 處分ㄴㄹ 如攴"(02:14-15)(양희철 2015:321) 등이다.

있다. 그 요지는 '如支'를 개연성이 적은 '둑/드기'로 읽지 말고, '出隱伊音叱如支'의 '如支' 및 고려 구결 '如ㅊ'에서와 같이 '둗/드디'로 읽는 것이 바람직해 보인다는 점에서, '沙矣以支如支'를 '沙矣 以支如支'로 띄우고, '모리 입둗/입드디'(모래 혼미하듯/혼미하듯이)로 해독하여야 한다는 것이다. 이 해독을 계속 유지한다. 의주음조 또는 훈주음종을 벗어난 것은 겸독을 위한 것이다. 자세한 설명은 제4부 「잉여코드도 겸독한 문제 향찰」로 돌린다.

3.2.3.2. 향찰 支/기

'沙矣以支如支'(〈원가〉)을 '沙矣以支如支'로 수정하고, '支'를 '디'로 읽을 때에, 이 해독은 같은 작품에 나온 '好支'의 해독에도 영향을 준다. 즉 '沙矣以支如支'의 '支'를 '디'로 읽은 이상, '好支'의 '支'로 '기'가 아닌 '디'로 읽어야 한다는 것이다. 그런데 '好支'의 '支'를 '디'로 읽은 해독을 보면, '갇고디'(꺼꾸로, 김선기 1967e)와 '둏디'(좋고도 좋은, 남풍현 2017b)가 있는데, 모두가 문제를 보인다. 전자는 해독과 현대역이 일치하지 않고, 후자는 성립하기 힘든 여실법을 주장한 문제를 보인다. 이 문제를 해결하기 위하여 '好支'를 '好ㅊ'으로 수정하여, '좋아, 좋으므로, 좋기 때문에'의 의미인 '됴ㅎ'으로 읽는다(자세한 것은 제2부 오자 30제의, '好支'의 오자 '支'(>ㅊ) 참조). '-ㅂ'은 연결어미이다.

'國惡支'(〈안민가〉)의 '支'는 '只'의 오자이다(제2부 「오자 30제」의 4.1. 참조).

'持以支'는 '國惡只'의 해독과 연결되어 있다. 먼저 주격으로 본 세 경우를 보자. '나라-기 디니이기'(나라가 디니이기, 양희철 1997)에서는 '디니이기'의 의미가 명확하지 않다. '나라기 디니기'(나라가 [자기들을] 扶持함을, 신재홍 2000)에서는 '디니기'의 목적어를 첨가해야 하는 문제를 보인다. '나라히 디니기'(나라가 유지하기, 류렬 2003)에서는 문맥이 원만하지 않다. 이에 비해 '國惡支'를 목적격으로 본 '나라기 디니기'(나라를 보전함을, 유창균 1994)와 '나락 디니기'(나라 保全할 것을, 김완진 1980)에서는 현대역이 상당히 정치하다. 이 해독과 같이 '持以支'를 '디니기'(보전함을)로 읽든, '딕히기'로 수정하여 읽든, 이 '支/기'는 명사형 전성어미로 보고, 목적격 어미가 뒤에 생략되었다고 보게 된다.

'好支賜烏隱'(〈모죽지랑가〉)의 '支'는 명사형 전성어미 '기'의 표기로 볼 수도 있고, 부사형 어미로 볼 수도 있다. '好支'를 '둏기'로 읽을 때에 그 의미는 '좋기'와 '좋게'가 모두 가능하다. 특히 '(阿冬音) 乃叱 好支 賜烏隱'을 '(두둘임/두들임) 곳 둏기 주시온'으로 읽을 때에, '好支'는 '둏기'로 읽히며, '둏기'는 '좋기'와 '좋게'의 두 의미를 보여준다.

　명사형 전성어미 '支/기' 다음에 부사격 어미가 생략된 경우로 '墮支 行齊'(〈모죽지랑가〉)와 '生以支 所音'이 있다.

　'墮支 行齊'(〈모죽지랑가〉)의 '支'를 먼저 보자. '墮'에 대한 기왕의 해독이 잡은 의미는 대단히 많다. '지니다(持), 더디다(遲), 떨다(拂), 지치다(乏/疲), 이루어지다, 나타난다, 등지다, 뒤로하다, 毁, 죽음, 落, 떨어지다(/꺾이다)' 등이다. 이 중에서 맨 마지막의 '떨어지다(/꺾이다)'의 의미는 기왕의 해독들이 취한 의미들이 가진 한계를 지적하고 내놓은 것이다. 이에 대한 설명은 앞의 글(양희철 2000:54-58)로 돌린다.

　〈모죽지랑가〉에서는 '디'를 '知'로 쓰고 있어, '支'를 '기'로 읽은 해독만을 보자. '디기 녀져'(뜨게 가자, 정열모 1965)의 '-기'는 부사형어미 '-게'로 파악한 것이고, '디기 녈져'(떨어져 가겠구나, 축나 가겠구나, 신재홍 2000)의 '-기'는 연결어미 '-어'로 파악한 것이다. 이 해독들 외에도 상당수의 해독들은 '-支'를 부사 또는 연결어미로 보고 있다. 이는 초기의 해독에서 오구라와 유창선이 보인 것으로, 해독이기보다 문맥에 맞춘 연용형과 일맥상통하는 해독으로, '支'를 연용형 '기'로 읽고 연결어미의 기능을 부여한 것이라 할 수 있다. 그런데 문제는 이 해독들은 한국어에서 '-기'가 부사형어미나 연결어미로 사용되는 예가 없다는 문제를 보인다. 혹시 지금은 존재하지 않으나 과거에는 이렇게 쓰였다고 주장한다면, 같은 알타이어족에서라도 '-기'가 부사형어미나 연결어미로 쓰였다는 것을 증명하여야 하는데, 그렇게 할 수 없는 문제를 포함한다. '디기니져'(돌아가셨구려, 유창균 1994)에서의 '-기-'는 타동사화의 접미사로 파악한 것이다. 이 경우에는 이 접미사로 인해 '디기-'가 타동사가 되었다면, 우선 그 목적어가 무엇이냐 하는 문제를 가지고 있으며, 다음으로 이 타동사설을 따르면 '디기-'는 타동사 '죽이-'의 의미가 되지, 해독자가 주장하듯이 자동사 '돌아가-'의 의미가 되지 않는다는 문제를 가진다. 그리고 이 해독은 문맥을 합리화하기 위하여 그 앞의 '年數就音'을 '年數 就音'으로 띄우고 '나히 마줌'(天命이 다하여)으로 해독하고 있다. 이 경우에 '나히 마줌'을 '天命이 다하여'로 해석한 것에는 문제가 있다. 즉 '마줌'을 '다하여'로 해석한 것은 사실 '마줌' 다음에 행동의 원인을 나타내는 격어미 '-에'의 생략을 전제로 한 것인데, 앞에서 보았듯이 이 격어미의 생략은 '-기' 아래에서만 그 생략이 가능하다는 점에서 문제를 가진다고 할 수 있다.

　'디기(에) 니져'(떨어지기에/꺾이기에 가려, 양희철 2000)에서는 다음과 같이 풀었다. '支'는 그 고음이 '기'라는 점에서, '墮支'를 '디기'로 해독하였다. 그리고 이 '디기' 다음에 원인을 나타내는 원인격 어미 '-에'의 생략을 전제로 하면서 부사로 보았다.

이 원인격 어미의 생략을 다음의 '-기'들로 예증하였다.

　　　東京 明期 月良 夜入伊 遊行如可(동경 붉기 돌아 밤들이 노니다가, 양희철 1997:132-134)
　　　大肹 生以攴 所音(한홀 살이기 숌, 양희철 1997:664-666)
　　　닙고 시브냐 ᄒ시기 니 더ᄒ더 슬ᄉ오이다.(『한중록』 26)
　　　鄕歌文學에 있어 形式의 考察이란 필자의 생각으로는 … 같이 판단하는 바이기 이대로 그치려는 것이다.(이능우 1956:205)
　　　… 라는 見解는 … 라는 條件이 붙어 있기 그것이 充足될 때까지 기다리기로 한다.(정연찬 1972:13)
　　　鄕歌 解讀은 너무나 많은 問題가 남았기 언제 끝날지 모르겠다.(정연찬 1972:105)

　이 인용에서 볼 수 있는 '붉기, 살이기, ᄒ시기, 바이기, 있기, 남았기' 등은 모두가 '-기' 다음에 원인을 나타내는 원인격 어미 '-에'가 생략된 것들이다. 이런 점에서 '墮攴'는 그 다음에 원인을 나타내는 원인격 어미 '-에'가 생략된 '디기(에)'로 해독하였다. '生以攴 所音'(〈안민가〉)의 '攴/기' 역시 명사형 전성어미이며, 그 뒤에 원인격 어미 '-에'가 생략되었다. '사로기스리'(정열모 1965)는 '살리게스리'와 같이 부사형어미로 '기'를 본 것이다. 그러나 부사형어미에 '기'가 없는 문제를 보인다. '살이기 바라몰씬'(김완진 1980)는 '살리기에 익숙해져'의 의미인데, 부사격 어미는 시간이나 장소를 나타내는 단어 아래에서만 생략된다는 문제를 가지고 있다. '내기솜'(유창균 1994)은 '기'를 사동형 어미로 보고 그 의미를 '이룩하게 된, 만들게 된'으로 본 것이다. '내기솜'의 의미를 '이룩하게 된, 만들게 된'으로 이끄는 것이 상당히 어려워 보인다. 그리고 '살이기 바-'(신재홍 2000)는 '살린 바-'의 의미로 '-기'에 관형형 어미 '-ㄴ'의 기능을 부여한 것이다. 이 해독은 '明期'(〈처용가〉)의 초기 해독과 통하는 면을 가지고 있다. 즉 초기 해독들에서 '期'를 고려 〈처용가〉의 '불근'과 비교하여 '근'으로 읽은 한계를 극복하기 위하여 '期'를 '기'로 읽고, 이 '기'에 관형형 어미의 기능을 부여한 것이다. 그러나 한국어에서 '-기'가 관형형 어미의 기능을 하는 예가 없다는 문제를 가지고 있다. 혹시 지금은 존재하지 않으나 과거에는 이렇게 쓰였다고 주장한다면, 같은 알타이어족에서라도 '-기'가 관형형 어미로 쓰였다는 것을 증명하여야 하는데, 그렇게 할 수 없는 문제를 포함한다.
　이 문제들을 해결하기 위한 해독이 '-기(에)'이다. '살이기 숌'(양희철 1997)은 '살이기(에) 있음'의 의미로 본 것이다. 앞에서 살핀 바와 같이 '-기' 다음에 원인격 어미가 생략된다는 점에서 논거를 가진 해독이라 할 수 있다.

이렇게 볼 때에, '살이기(에) 있옴'의 의미로 본 '살이기 숌'이 비교적 논리적이라 할 수 있다. 이 경우에 관형격 어미 '-의'의 생략을 생각해 볼 수 있으나, 그 다음에 나오는 관형격 어미 '-의'의 생략과 함께 볼 때에 상당히 어색한 면을 가진다. 이런 점에서 원인격 어미 '-에'의 생략으로 처리한다.

'明期'(〈처용가〉)의 '期/기'는 명사형 전성어미이며, 그 다음에도 원인격의 조사 '-에'가 생략되어 있다. 초기의 해독 상당수는 고려 〈처용가〉의 '불근'를 의식하여, '明期'의 '期'를 '근, 근, 간, 오, 안' 등등으로 해석하여 왔다. 이 해독은 해독이 아니라 비교에 의한 유추에 불과하다.

이 문제를 극복하려 위해 나온 것이 '긔'(아유가이 1923; 양주동 1965; 남광우 1962 등등)와 '기'(양주동 1942; 홍기문 1956; 이기문 1972; 김완진 1980 등등)의 해독이다. '明期'를 '불긔/불기'로 읽으면서 '붉(어간)+의/이(명사형 접미사)'로 읽고 관형사와 부사로 보고 있다. 먼저 관형사로 처리한 경우들을 보자. 대부분의 해독들은 그 설명에서 '-긔/기' 다음에 관형격 어미 '-의'를 생략한 것으로 본 양주동의 것을 따르고 있다. 이는 관형격 어미의 생략이 한국어에서 자유롭다는 점에서 쉽게 인정될 수 있다. 그러나 '동경(이) 밝기의 달에'의 문맥에 어울리지 않는 문제를 보인다. 신재홍은 '-기' 자체를 관형형 어미로 처리하였다. 이 설명은 '生以支 所音'(〈안민가〉), '安支(←攴) 下沙是'(〈찬기파랑가〉), '誰攴 下焉古'(〈처용가〉), '好攴 栢史'(〈원가〉), '安支(←攴) 尙宅'(〈우적가〉) 등의 '支'에서와 같은 것으로 보았다. 이 설명이 설정한 관형형 어미는 한국어나 인접 언어에서 발견되지 않는다는 점에서 부정적이다.

이런 문제를 해결하고자 나온 것이 원인격 어미 '-에'의 생략으로 설명한 것(양희철 1997)이다. 그 이유는 앞에서 본 것과 같다. 앞의 글에서는 '明期'를 '불기'로 읽은 양주동의 것을 따라 '붉+이'로 보았었다. 그러나 '明期'를 '붉+기'로 읽어야 할 것 같다. 왜냐하면 이렇게 읽어야 '-기' 다음에 원인격 어미 '-에'의 생략을 좀더 명확하게 설명할 수 있기 때문이다.

이렇게 '明期'를 '붉기(에)'로 읽으면서도 하나 설명이 더 필요한 것이 있다. 바로 '-기'의 표기에 '攴'를 쓰지 않은 이유이다. '明攴'로 표기를 하였다면, 해독에 어려움이 없었을 것인데, 굳이 '明期'로 표현한 이유이다. 이는 '明期'의 '期'로 '붉기(에)'의 '기'를 전달하면서 동시에 '期'의 '알맞다'의 부사형 '알맞게'의 의미도 잉여코드로 겸독하게 한 것으로 보인다. 물론 제1구는 '동경이 밝기에 (알맞게) 달에'와 '동경이 달에 밝기에 (알맞게)'의 중의를 보인다.

'逢烏支惡知'(〈모죽지랑가〉)의 '支/기'는 명사형 전성어미의 표기이다. '逢烏支'의 해독 형태는 다양하지만, 그 근본 의미에서 명사형 전성어미가 붙은 명사로 본 것은 모두가 같다. '支'를 '디'로 읽은 경우가 드물게 보이나, '惡知'의 '知'가 '디'라는 점에서, '支'는 '기'로 읽은 것이 옳다고 생각한다. 그리고 '-支/기' 다음에 생략된 것을, 많은 해독들(정열모 1947, 1965; 김완진 1980 등등)이 목적격 어미로 보고 있으나, '作乎下是'의 해독에서 문제를 보인다. 특히 '作乎下是'를 서술어로 볼 경우에, 죽지랑을 시적 청자로 하면서 경어법을 사용하지 않은 문제를 보인다. 이 문제를 해결하기 위하여 나온 것이, '맛보오기(인가?) 엇디 짓온 하이'(맛보오기인가? 어찌 짓온 것이, 양희철 1997)와, '맛보오기(이겠습니까?) 엇디 짓오알이'(맛보오기이겠습니까? 어찌 하올 것이, 양희철 2000)이다. 전자에서는 시적 청자인 죽지랑에게 경어법을 사용하지 않은 문제를 보이는데, 이 문제를 후자에서 해결한다. 그러나 아직도 뒤에 오는 제7, 8구와의 문맥에서 문제를 보인다. 특히 제7, 8구도 시적 청자인 죽지랑에게 경어법을 사용하지 않은 것으로 해독한 문제와 더불어 '有叱下是'의 해독에서도 문제를 보인다. 이 문제는 '廻於尸七'의 '尸'가 연자(衍字)이고, '作乎下是'의 '作乎-'와 '-下是' 사이에 '尸'가 누락되었다는 원전비평의 문제와 연결되어 있다. 이 원전비평(양희철 2023b:180-190)의 결과로 보면, '逢烏支/맛보기(입니까?)'와 '道/길(입니까?/입니다)'의 생략으로 보이며, 이 생략은 제2구 끝의 '憂音/시름(합니다)'에서 보이는 부류와 같은 생략법이다.

'誰支下焉古'(〈처용가〉)의 '支/기'는 명사의 어말 음절이다. '誰支下'는 '누기/뉘기'와 '하/해'의 결합으로 파악되면서 거의 문제가 없으며, '支/기' 다음에 관형격 어미가 생략된 것으로 보고 있다. 선행 해독들을 보면, '支'를 '디'로 읽은 해독으로, '누디 해언고'(박창원 1987)와 '누디 아런고'(정창일 1987)가 있다. 그러나 '누기 아리언고'(아유가이 1923), '뉘기 해언고'(정열모 1947; 방종현 1948), '누기 하언고'(홍기문 1956; 최남희 1996; 양희철 1997), '누기 힌고'(정열모 1965), '누기 까안고'(김선기 1969h), '누기 핸고'(김완진 1980; 고정의 1989), '누기 해언고'(유창균 1994) 등에서와 같이 '支'를 '기'로 읽은 해독이 대다수이다. 이 '支'는 '기'로 명사의 어말 음절을 표기한 것이며, 두 명사 사이에는 '-의'라는 관형격 어미가 생략된 것으로 파악하는 데에 거의 이의가 없다.

이상과 같이 볼 때에, 향찰 '支' 역시 구음(舊音) '기'와 신음(新音) '디'가 혼용되었다고 정리할 수 있다.

4. 尸/리/ㄹ/시/ㅅ과 体/톄/텨

이 장에서는 향찰 '尸/리/ㄹ/시/ㅅ'과 '体/톄/텨'를 정리하고자 한다.

4.1. 尸/리/ㄹ/시/ㅅ

4.1.1. 尸/리와 尸/시의 존재 확인

'尸/리'와 '尸/尸/시'의 존재는 일목요연하게 정리된 것이 아니고, 여기저기 흩어져 있어, 한 곳에서 일목요연하게 정리할 필요가 있다.

4.1.1.1. 尸/리

'尸/리'는 고지명과 향찰에서 확인할 수 있다. 이를 나누어서 보자.

고지명에서 '尸'가 '리'로 읽히는 예를 직접 정리한 글은 없다. 단지 세 분의 글을 보면, 한자 '管'과 '環'에 대응되는 '古尸'의 '尸'가 '리'임을 알 수 있다.

송재주(1957)는 '尸'를 발음기관 상징설(지헌영)에 기대어 'ㄹ'말음의 표기로 보았다. 특히 '古尸山'의 경우에, 양주동이 이용한 '管山, 古尸山, 古利山'(『삼국사기』) 등에, '環山'(『세종실록』 지리지 옥천군, 『대동여지도』 16:11)과 '고리山'(鄕稱)을 더하여 해석하였고, '馬尸山'을 '마리山'으로 읽었다. '馬尸山'을 '마리山'으로 읽은 것을 보면, '尸'를 '리'로 읽은 것이다. 그리고 '管山, 古尸山, 古利山, 環山, 고리山' 등을 보면, '尸'가 '利'와 '고리'의 '리'에 대응하면서 '리'로 읽힐 수 있는 가능성을 보여준다. 그러나 '尸'를 발음기관을 상징한 'ㄹ'로만 보고, 뒤에 나온 '尸'의 음이 '시' 이전에는 '리'였을 수 있다(유창균, 김유범)는 사실을 모르는 상태에서, '리'까지는 나아가지 못하고, 'ㄹ'의 표기로만 보았다. 그러나 송재주가 논의한 자료와 논리를 보면, '尸'가 '리'임을 쉽게 이해할 수 있다.

유창균(1973, 1994)은 '尸'의 상고음(上古音)을 'sl'로 재구하고, 고구려, 백제, 신라 등의 지명에 나타난 '尸'의 음을 검토한 다음에, "따라서 新羅에 있어서의 前期音을 l-로 가정하는 것이다. 그 뒤 中期에 魏晉音이 들어옴으로써 s-로 대체된 것이다. 따라서 신라에 있어서의 '尸'는 다음과 같다고 할 수 있다."고 정리하면서, 전기음으로 '리(ㄹ)'를 중기음과 후기음으로 '시(ㅅ)'를 정리하였다. '尸'를 직접 '리'로 읽은 예를 제시하지 않았으나, 간접적으로는 "《訓蒙字會》에 '管'을 '골'이라 했다. '管'은 '菅'의 오자이거나, '菅'과 같이 그 훈이 '고리'였을 것이다."(유창균 1994:158)에서, '古尸'(古利)의 'ㄹ'이 '리'일 수 있음을 보여주었다.

김유범(1996)은 한자 '尸'의 음이 'ㄹ-'에서 'ㅅ-'로 변한 것으로 보았다. 그리고 "'菅'을 '골'로 볼 수 있게 해주는 또 하나의 유력한 증거는 『三國史記』卷四 新羅本紀 第四에서 찾아 볼 수 있다. 여기에는 百濟 明襛王이 戰死한 곳이 '菅山'으로 기록되어 있는데 同書 卷四十三 列傳第三 金庾信 下에는 이것이 '古利山'으로 기록되어 있어 '古尸'의 '尸'와 '古利'의 '利'가 서로 對應됨을 알 수 있다."고 설명하였다. 이 설명에서 보이는 "'古尸'의 '尸'와 '古利'의 '利'가 서로 對應됨을 알 수 있다."는 '골'의 'ㄹ'을 예증하기 위한 것이다. 그러나 이 대응은 한자 '尸'의 음이 '리'에서 '시'로 변하였다는 것을 전제로 한 것이라는 사실을 염두에 두고 보면, '古尸'의 '尸'를 '古利'의 '利'와 같이 '리'로 본 것과 같다. 이 경우에 '管(=菅)'의 중세훈이 '골'이 아니냐고 의문을 제기할 수 있으나, '고마>곰', '벼리>별(星)', '부리>불/벌', '버리(경북, 황해 방언)>벌(蜂)' 등의 축약과 같이 '골' 역시 '고리>골'의 축약으로 보면 문제가 없다.

이렇게 세 분이 보여준 글들을 보면, '古尸'의 '尸'는 '古利'의 '利/리'와 대응하고, '環/고리'의 '리'와 대응한다는 점에서, '리'로 보게 된다.

향찰 '尸'는 거의 모든 해독들이 'ㄹ'로 읽고, 그 기능을 관형사형 어미, 동명사형 어미, 말음첨기, 기타 등으로 나누었다. '尸'의 음이 '리>시'로 변했다고 본 경우에도, "'尸'는 借字表記에서 使用된 빈도가 매우 높다. 따라서 이것은 초기의 'ㄹ'이 그대로 관용됨으로 借字表記에서는 관습적으로 그대로 'ㄹ'의 表記에 이용된 것으로 볼 것이다."(유창균 1994:164)라고 정리를 하였다.

그러나 향찰 중에서 '리'로 읽히는 '尸'를 하나 정리할 수 있다. 즉 '狂尸'(〈안민가〉)의 '尸'이다. 이에 주목한 해독을 보자.

> 본래 우리 말에서 나이가 몇 살 되지 못한 것, 총명치 못한 섯, 어린 섯 등을 모두 〈어리다〉라고 하였다. 지금은 첫째 뜻 이외 총명치 못한 것은 〈어리석다〉로 분화시키는 동시에 미친 것은 〈미치다〉의 딴 말로 바꾼 것이다. 물론 〈미치다〉보다 〈어리다〉가 더 오래된 말이다. 또 〈狂尸〉의 〈尸〉로 보아서 〈어리다〉란 말에 해당하는 것이 사실이다. 그러니 〈尸〉가 꼭 끝소리만 되는 것이 아니요 때로 〈리〉의 음으로도 된다. 굳이 〈얼〉이란 말을 만들어 낼 것 없이 우리 말에서 쓰이고 있는 〈어리〉에 해당시킬 것이다.(홍기문 1956:128-129)

이 인용에서 '狂'을 '어리'로, '尸'를 '리'로 보고, '狂尸'를 '어리'로 읽었다. 극히 일부(황패강 2001; 류렬 2003)를 제외하고는 주목을 받지 못하고 있으나, 다시 한번 주목해야 할 해독이다. 특히 홍기문이 염두에 둔 '어리다'보다, 명사와 부사 '어리'와 현존하는 '어리하다'의 어휘를 염두에 두고 보면, 반드시 주목해야 할 해독이다. 이 인용에서는 양주동의 해독 '얼'에 대하여 "굳이 〈얼〉이란 말을 만들어 낼 것 없이"라고 비판하면서, 구체적인 비판을 하지 않았다. 이 비판을 좀더 구체적으로 검토한 다음에 '어리훈'을 보완하면, '어리'의 해독이 설득력을 얻을 것 같다.

양주동(1942)은 "어러운 놀앳"(狂歌, 『두시언해』 권14:12, 권3:22)와 "어러이 ᄃᆞ라"(狂走, 『두시언해』 권3:15)를 근거로, '어럽-'을 이끌어낸 다음에 다음과 같이 설명하였다.

> 「어럽」의 語根은 「얼」뿐이오 그 通用形은 前例中의 「즐기·붓그리」와 類似한 「얼」의 被動形 「어리」이다. 그럼으로 「狂」의 原訓 「얼·어리」는 結局 「癡·愚」의 訓이다.(양주동 1942: 238)

이 인용에서는 '狂尸'를 '얼'로 읽었다. 그런데 양주동이 '어러운'과 '어러이'로부터 추출한 '어럽-'은 '어지럽다'의 방언(함경도)인 동시에 '어렵다'의 방언(함경도, 경상도, 전라도 등)이다. 그리고 '狂歌'는 "음조·가사(歌辭)에 맞지 않게 마구 소리를 질러가며 부르는 노래"이다. 이런 의미로 보아, 어간을 '얼'로 잡는 것은 어려워 보인다. '얼-'은 중세어로 보면, '얼다(凍)'와 '얼다(交合)'에 해당하지, '어리다(癡, 痴, 稚)'에 해당하지 않는다. '얼-'과 '어리-' 중에서 후자의 가능성이 더 많은데, 전자를 택한 이유를 알 수 없다. 이 문제를 홍기문이 "굳이 〈얼〉이란 말을 만들어 낼 것 없이"라고 비판한 것으로 판단한다.

'狂'을 '어리-'로 읽은 홍기문의 해독은 일단 김완진에 의해 수용된다. 그러나 홍기문은 '尸'를 '어리-'의 '리'를 첨기한 것으로 읽었고, 김완진은 '어릴-'의 'ㄹ'(동명사형어미)로 읽었다. 후자의 설명을 인용하면 다음과 같다.

> 著者의 해독은 '어릴훈'이다. '어릴'로서 일단 動名詞形을 형성하고 거기에 'ᄒᆞ-'를 붙여 形容詞가 된 것으로 이해하는 것이다. 'ᄒᆞ-'가 붙어 형용사를 이룰 때에는 그 앞의 要素가 名詞라야 하는 것은 中世로부터 現代에 이르기까지 변함 없는 基本 秩序이다.(김완진 1980: 72)

상당히 논리적인 설명이다. 그러나 '어릴훈'으로 읽고 그 의미가 '어리석은'이라고 주장하지만, '어릴훈'이 '어리석은'의 의미라는 사실은 중세어는 물론 방언에서도 증명하기가 어렵다. 그리고 'ᄒ-' 앞에 명사가 와야 형용사가 되는 것은 틀림이 없다. 그러나 '狂尸'를 꼭 '어릴'의 동명사형으로 볼 필요는 없다. '狂尸'를 '어리'로 보아도 된다. '어리다'의 어간 '어리'가 명사가 된 것이다. 용언의 어간이 부사나 명사가 되는 것은 고대어의 한 특성이다. 그리고 형용사 '어리하다'는 '어리숙하다'의 방언(충청도, 중국 길림성, 『우리말샘』)이고, 동시에 '어리하다'는 '어리석다'의 방언(전남, 『우리말샘』)이며, 이 '어리하다'의 '어리'는 명사라고 할 수 있다. 이런 점들로 보아도, 홍기문이 '狂'을 '어리'로, '尸'를 '리'로, 각각 읽은 것이 옳다고 본다.

유창균(1994)은 '狂'의 훈을 '미치-'와 '어리-'로 나누어 정리한 다음에, "그러므로 홍기문과 金完鎭의 '어리-'는 中世語와 부합한다 하겠다. 그러나 그 아래의 '尸恨'과의 관계에서 볼 때, 홍기문은 '狂尸'로써 '어리'로 읽었다. 이것은 '尸'를 '리'로 읽어야 하는데 '尸'를 '리'로 읽은 예를 찾을 수 없다."고 주장하면서, '狂尸'를 '어리'의 축약형으로 추정되는 '얼'로 읽었다. 이 경우에 '얼'로 축약된 예는 제시하지 못했다. 결국 유창균은 '尸'의 한자음이 '리'(전기 신라음)에서 '시'(중후기 신라음)로 변했다는 주장을 하면서도, '리'로 읽힌 예가 없다는 점에서, 중세어에서도 발견되는 '어리'를 취하지 못하고, 그 예를 찾을 수 없는 '(어리〉)얼'의 축약형을 취한 것이다. 그러나 '尸'가 '리'로 읽히는 예는, 앞에서 정리했듯이, '菅山(城)'의 다른 표기인 '古尸山, 古利山, 環山' 등에 나타난 '尸'(=利)에서 찾을 수 있다. 이 '尸'(=利)를 유창균 역시 '고리'의 '리'로도 읽었다. 그리고 '尸'가 향찰에서 '리'로 읽힌 예가 없다고, 중세어나 현대어에서 예가 전혀 발견되지 않는 '얼'의 축약형을 따르는 것보다, 현대어에서도 사용되고 있으며, 중세어에서도 그 결합('어리+ᄒ')이 가능한 '어리'를 취하는 것이 좀더 바람직해 보인다. 물론 향찰에서 '尸'를 '리'로 읽은 '狂尸/어리'의 리는 현존 향찰에서 '尸'가 '리'로 읽히는 유일하고 매우 중요한 자료이다.

남풍현(2019)은 '狂尸恨'을 '어맀 혼'으로 읽고, 그 의미를 "어리석음을 한" 또는 "어리석고 어리석은"으로 보면서, "상태성(狀態性)을 더 효과적으로 표현하여 쓰인 것으로 생각된다."고 하였다. 이는 '어릴훈'(김완진 1980)에서 보이는 동명사형 어미 'ㄹ'을 동명사형 어미의 15세기 표기인 'ᇙ'으로 바꾸고, '어맀훈'을 '어맀 훈'으로 띄어 읽으면서, '훈'도 동명사로 본 것이다. 이 해독은 홍기문, 김완진, 유창균 등과 함께 '어리하다'의 어휘를 참고하지 못한 문제를 보이며, 동시에 '훈'을 동명사로 설명을 하고 있지만, "어리석음을 한"으로 보면, 결국 '어리훈'의 '훈'이 보이는 관형사형을 피하지 못하고 있다.

이런 점들로 보아, '狂尸恨'은 현재도 쓰이고 있는 '어리하다'의 관형사형 '어리혼'으로 읽고, '尸'는 '리'의 표기라고 정리할 수 있다.

4.1.1.2. 尸/시

'尸/시'는 고지명, 구결, 향찰 등에서 확인할 수 있다. 이를 나누어서 보자.

양주동은 고지명에 나온 '尸'의 일부를 '시'로 읽었다. 즉 '尸羅'(『제왕운기』 하)의 '尸'를 '시'로 읽었다.

이에 대해 송재주(1957)는 '尸羅'와 '古尸'에서 '尸'가 '시'와 'ㅅ'으로 읽혀지는 것은 향찰의 체계가 망실되고 그 의식이 희미하여 사용되지 않던 시기에 한자의 원음대로 사용된 것이 아닌가 사료된다고 보았다. 이해가 거의 되지 않는 해석이다. '尸羅'는 『제왕운기』뿐만 아니라 『균여전』("至尸羅因兎郡", 〈第八譯歌現德分〉)과 여러 불경들에서 나온다는 점에서, 그 시대를 오해한 것 같다.

구결 '尸'는 『화엄경』의 구결이 나오기 전까지는 'ㄹ'로만 읽어 왔다. 그러나 『화엄경』의 구결 '尸'가 나오면서 속격의 위치나 명사 다음 등에서는 'ㅅ'으로 읽은 해독들(백두현 1993[24]; 이장희 1995)이 나왔고, 김유범(1996), 심재기·이승재(1998), 이승재(2000) 등은 여러 불경의 속격과 주어적 속격에 나온 '尸'를 'ㅅ'으로 정리하였으며, 정재영(1998)은 『합부금강명경』의 '尸'를 'ㅭ'으로 읽으면서 'ㅅ'의 가능성을 열어 놓았고, 양희철(2016a)은 '三毒ㄴ{之}刺'(『화엄경』 05:09), '如來尸{之}身'(『합부금광명경』 06:20) 등등과 같이 주격, 주어적 속격, 속격 등의 위치에 온 'ㄴ'과 '尸'의 일부를 '시'로 읽었다. 이 중에서 '시'는 일반화된 것이 아니라, 극히 일부를 지엽적으로 정리한 것들로 좀더 구체적이고 체계적인 설명이 요청된다. 이를 네 유형으로 정리하면 다음과 같다.(주어적 속격으로는 'ㅅ'만 보인다.)

첫째로 받침이 있는 음절 다음에 온 속격의 '시'를 표기한 구결 '尸'이다. 이에 속한 예들은 상당히 많은데, 일부만 인용한다.

(6) 가. 三毒ㄴ{之}刺(『화엄경』 05:09), 佛法ㄴ{之}門(『화엄경』 07:04), 大會ㄴ{之}衆(『합부금광명경』 15:03-04)

나. 如來尸{之}身(『합부금광명경』 06:20), 百萬尸{之} 衆ㄱ(『자비도량참법』 19:20-20:02), 如來尸 地(『화엄경』 10:01), 菩薩尸 功德聚(『화엄경』 14:14)

---

[24] 남풍현(1996a:30-39)은 '尸'를 속격의 'ㄹ'로 읽으면서, 백두현의 해석 'ㅅ'을 부정하였다. 그 이유는 "尸의 속격적 기능을 정확하게 파악한 견해이지만 尸에 'ㄹ'과 'ㅅ'의 두 대표음을 부여하는 데는 어려움이 있다."는 것이다.

(6가)의 '三毒ㅌ{之}刺, 佛法ㅌ{之}門, 大會ㅌ{之}衆' 등은 원문인 '三毒之刺, 佛法之門, 大會之衆' 등의 한자 '之'를 '{ }' 안에 넣고, 이 한자 '之'를 구결 'ㅌ'로 바꾼 것들이다. 이 구결 'ㅌ'은 관습적으로 속격의 'ㅅ'으로 읽어왔다. 받침이 없는 음절 다음에 온 'ㅌ'을 'ㅅ'으로 읽는 것에는 문제가 없지만, 받침이 있는 음절 다음에 온 'ㅌ'은 'ㅅ'이 아니라 '시'로 읽어야 한다. 왜냐하면 구결의 개념으로 보아, 구결에서 발음되지 않는 표기를 상상할 수 없으며[25], 구결 'ㅌ'과 향찰 '叱'은 'ㅅ'뿐만 아니라 '시'와 '싈'로도 읽히기 때문이다. 이 'ㅌ'들은 같은 속격의 위치에 온 (1나)의 'ㄗ'들의 해독에 많은 도움을 준다.

(6나)의 '如來ㄗ{之}身'과 '百萬ㄗ{之}衆'은 원문인 '如來之身'과 '百萬之衆'의 한자 '之'를 '{ }' 안에 넣고, 이 한자 '之'를 구결 'ㄗ'로 바꾼 것이다. 그리고 '如來ㄗ地, 菩薩ㄗ功德聚' 등은 원문인 '如來地, 菩薩功德聚' 등에 구결 'ㄗ'를 첨가시킨 것들이다. 이 구결 'ㄗ'들은 'ㅭ'(심재기·이승재 1998:80, 86)으로 읽었으며, 정재영(1998:162)은 '如來ㄗ{之}身'(『합부금광명경』 06:20)의 'ㄗ'를 속격의 'ㅭ'으로 읽으면서, 'ㅅ'의 가능성도 배제하지 않았다. 이 속격의 위치에 나온 'ㄗ'를 'ㅅ'이나 '시'로 읽은 경우(백두현 1993; 이장희 1995; 김유범 1996; 심재기·이승재 1998; 이승재 2000; 양희철 2016a)도 적지 않다. 필자가 보기에도 속격의 'ㅅ'이나 '시'로 읽어야 한다고 판단한다. 특히 (1가)에서와 같이 속격의 한자 '之'에 해당하는 우리말의 속격에 'ㄹ'(또는 'ㅭ')이 없고, 'ㅅ'과 '시'만이 있다는 점에서, 받침이 없는 음절 다음에는 'ㅅ'로, 받침이 있는 음절 다음에는 '시'로 읽는다.

둘째로 부정사 앞에서 'ㅌ, ㅊ' 등과 함께, [-시/ㅌ/ㄗ>-디/ㅊ>-지]의 변화를 보여주는 'ㄗ'이다.

(7) 가. 違ㅌ 不ンナ수ㅎ (어긋나지 않는다,『화엄경소』24:18-19), 兵ㅌ 力リ 如[及]ㅌ 不毛ンㅊンㄱ (병사의 힘이 미치지 못하게 된 것을,『자비도량참법』19:16-18),

---

25 "석독구결은 본래 청자(해독자)의 입장에서 경서들을 이해하기 위하여 經典에 토를 기입하여 이루어진 것이지만 향찰은 이 석독구결의 표기법을 화자의 입장에서 우리말의 표기에 응용한 것이다. 석독구결은 경전을 우리말로 釋讀하기 위하여 경전의 원문인 漢文에 토를 기입한 것이므로 경전의 원문인 한문은 讀字(표의자)가 되고 우리말의 조사와 어미를 표기하기 위하여 기입한 토는 假字(표음자)가 되므로 이를 풀어 놓으면 '讀字 + 假字'의 구조가 되는 것이다."(남풍현 2017b:4). 이 글로 보면, 석독구결은 경전의 한문에 단 '토'이며, 우리말의 '조사와 어미'의 표기로, 발음이 되는 것이지, 발음이 되지 않는 것은 아니다. 이렇게 당연한 사실은 받침이 있는 어휘 다음에 온 'ㅌ'을 아무런 비판도 없이 '-ㅅ'으로 보아온 해독의 문제를 잘 보여준다.

復[甲] 更₃ 還ㅊ 不ﾚロヒノㄱ入灬⊥(거듭 다시 도로오지 않기(를 바라기) 때문이지만,『자비도량참법』21:15-17)

나. 受尸 不ﾚ₃ハ(받지 않고서,『화엄경소』09:10-11), 久₃尸 不ﾚㅗロ乙ㅁㅣ (오래지 않습니다,『화엄경소』10:18-19), 起尸 不ﾚ小(일으키지 않으며,『화엄경소』13:05-06)

다. {有}ㅕ尸 未刂ﾚㄱ刂₃ヒㅣ(두지 않았다,『화엄경소』10:09-10), 得尸 未刂 ﾚㅗロ乙ㅁㅣ(얻지 못했습니다,『화엄경소』11:18-19), {有}ㅕ尸 未刂ノㄱ入 乙(두지 않은 것을,『화엄경』19:12)

라. {有}ㅕ尸 莫ヒㅎ下ハ(두지 마시어서,『화엄경소』10:20-11:01)

마. 無義ﾚㄱ入乙ﾚ尸 非冬ﾚﾆ小(無義한 것을 하지 아니하시며,『구역인왕경』11:10)

바. 作ㅅ刂尸 勿ノ丟ㄱ刂₃ヒㅣ(짓게 하지 말 일이다,『유가사지론』09:01-02), 造尸 勿ヒナ灬ﾚロト㇀ㄱ₃('짓지 말라.' 하여도,『자비도량참법』21:11-12)

(7)의 인용문은 모두가 현대어의 '-지 부정사(不, 未, 非, 莫, 勿)'에 해당하는 구문을 보여주는 예들이다. 그런데 문제는 현대어의 '-지'가 '-시(〉디)'로 나타나고 있다는 점이다. 이 문제를 푸는 데 도움을 주는 것은 (7가)이다. 이 (7가)의 '違ヒ 不ﾚ-'와 '如[及]ヒ 不毛ﾚ-'에서 보여주는 'ヒ'은 그 발음이 '시'이다. 특히 대다수의 연구들은 향찰 '叱'과 구결 'ヒ'을 'ㅅ'으로만 읽고 있지만, 그 음이 'ㅅ, 시, 실' 등이라는 점에서, (7가)의 '違ヒ 不ﾚ-'와 '如[及]ヒ 不毛ﾚ-'에 나온 'ヒ'은 그 발음이 '시'이며, 이에 상응하는 (7나, 다, 라, 마, 바)의 구결 '尸' 역시 그 한자음은 '시'이다. 그리고 (7가)의 '還ㅊ 不ﾚㅁヒノㄱ入灬⊥'의 'ㅊ'는 그 음이 '디'이다. 이런 사실은 현대어의 '-지 부정사(不, 未, 非, 莫, 勿)'의 '-지'가 '-시(尸, ヒ)〉-디(ㅊ)〉-지'로 변해왔으며, 이에 포함된 '시'는 구결 '尸'로 표기되었음을 말해준다.

이런 구결 '尸'를 선행 해독들은 동명사형 어미 'ㄹ' 또는 'ㅭ' 다음에 목적격 어미가 생략된 것으로 보아 왔다.[26] 이런 해독은 같은 위치에 나타난 'ヒ/시' 및 'ㅊ/디'를 고려

---

26 남풍현(1996a:31-34)은 부정법을 검토한 다음에 다음과 같이 결론을 내렸다. "否定辭 '不冬/안돌', '不 ハ/안독', '不矣/안디'의 '돌, 독, 디'는 기원적으로는 同의 의미를 갖는 의존명사 'ᄃ'에서 온 것이다. 석독구결에서는 否定辭의 뒤에 오지만 15세기에는 동명사어미 '尸/ㄹ'이 쇠퇴하면서 그 자리로 올라와서 15세기 국어의 부정법 '-디(돌) 아니ㅎ-'의 구조로 발달한다. 勿, 莫, 無는 국어에서 반드시 否定辭로 볼 수 없다. 다만 이들이 부정사 '不/아니'와 같이 '尸/ㄹ' 동명사를 지배한다는 점에 초점을 둔 것이다." 이 인용에서는 [-尸(동명사형어미)+부정사('디')]에서 동명사어미 '尸/ㄹ'이 15세기에 쇠퇴하면서,

하지 않고 'ㄹ'에 한정하여 보면 가능하지만, 'ㄹ'와 같은 위치에 나타난 'ㄴ/시' 및 'ㅎ/디'와 함께, '-지 부정사(不, 未, 非, 莫, 勿)'의 국어사적 측면에서 보면, 구결 'ㄹ'를 'ㄴ/시' 및 'ㅎ/디'와 함께 '-시(ㄹ, ㄴ)〉-디(ㅎ)〉-지'의 설명이 가능한 '시'로만 읽어야 함을 알 수 있다.

셋째로 단어의 말자음과 주격 어미가 결합된 '-시'를 표기한 구결 'ㄹ'이다.

(8) 가. 邊ㄹ 無ʒ(『화엄경소』 23:18-19), 邊ㄹ 無ㄱ(『화엄경소』 24:17), 邊ㄹ 無 劫 ʒ+(『화엄경』 09:06), 邊ㄹ 無ㄱ(『화엄경』 09:08), 邊ㄹ 無ㄱ(『화엄경』 11:17), 邊ㄹ 無 法乙(『화엄경』 11:18), 邊ㄹ 無ㅣㄴ今{有}(『화엄경』 15:04)
나. 失ㄹ 無ㅌㅋ今(『화엄경』 13:10), 失ㄹ 無ㅌㄹㅅㄱ(『화엄경』 13:11)
다. 間ㄹ 無今(『화엄경소』 26:04-06)
라. 限ㄹ 無ㅣ(『화엄경소』 26:14-15)

(8)의 'ㄹ'들은 모두가 'ㄹ'(또는 'ㅭ')로 읽을 수 없고, 단어의 말자음 '-ㅅ'의 말음 첨기 또는 단어의 말자음과 주격 어미가 결합된 '-시'로 읽어야 하는 것들이다. 이 (8)의 'ㄹ'들은 동명사형 어미 'ㄹ'(또는 'ㅭ')로 읽는 것이 어렵다. 왜냐하면, '邊, 失, 間, 限' 등을 문맥에 맞는 동사로 읽을 수 없기 때문이다. 이에 비해 (8)의 'ㄹ'들을 단어의 말자음 '-ㅅ'의 말음 첨기 또는 단어의 말자음과 주격 어미가 결합된 '-시'로 읽으면, 그 다음에 온 '無-'와의 연결이 문법적이다. 이를 좀더 구체적으로 보자.

(8가)의 '邊ㄹ'는 'ᄀᆞㅅ' 또는 'ᄀᆞ시'의 표기이다. 'ᄀᆞㅅ'의 경우에 'ㄹ'는 '邊/ᄀᆞㅅ'의 말음 'ㅅ'의 말음 첨기이고, 'ᄀᆞ시'의 경우에 'ㄹ'는 '邊/ᄀᆞㅅ'의 말음 'ㅅ'과 주격 어미의 결합인 '시'의 표기이다.

(8나)의 '失ㄹ'는 '그릇' 또는 '그르시'의 표기이다. '그릇'의 경우에 'ㄹ'는 '失/그릇'의 말자음 'ㅅ'의 말음 첨기이고, '그르시'의 경우에 'ㄹ'는 '失/그릇'의 말자음 'ㅅ'과 주격 어미 '이'가 결합된 '시'의 표기이다.

(8다)의 '間ㄹ'는 'ᄉᆞㅅ' 또는 '사시'의 표기이다. 'ᄉᆞㅅ'의 경우에 'ㄹ'는 '間/ᄉᆞㅅ'의 말자음 'ㅅ'의 말음 첨기이고, '사시'의 경우에 'ㄹ'는 '間/ᄉᆞㅅ'의 말자음 'ㅅ'과 주격 어미 '이'가 결합된 '시'의 표기이다.

그 자리에 부정사의 '디'가 올라 와서 15세기 부정법 [-디 아니ᄒᆞ-]의 구조로 발달하였다고 보았다. 이 보다는 [-ㄹ+부정사]의 'ㄹ'가 '-ㄹ'로 읽히다가 부정법의 '-시(디)지'로 바꾸어 읽으면서 15세기 부정법 [-디 아니ᄒᆞ-]의 구조로 발달하였다고 본다.

(8라)의 '限尸'는 '긋/꼿/꼿' 또는 '그시/끄시/쁘시'의 표기이다. '긋/꼿/꼿'의 경우에, '尸'는 '限/긋/꼿/꼿'의 말자음 'ㅅ'의 말음 첨기이고, '그시/끄시/쁘시'의 경우에 '尸'는 '限/긋/꼿/꼿'의 말자음 'ㅅ'과 주격 어미 '이'가 결합된 '시'의 표기이다.

이런 점들로 보아 (8)의 '尸'들은 모두가 단어의 말자음 '-ㅅ'의 말음 첨기로 읽거나, 단어의 말자음과 주격 어미가 결합된 '-시'로 읽어야 하는 것들이라고 정리할 수 있다.

넷째로 한자 다음에 주격 어미의 기능을 하는 '尸/시'이다.

(9) 가. 貪著尸 無ヒふ{有}(『화엄경소』 15:09-10), 窮盡尸 無ㅣㆍナㅅ;{有}(『화엄경소』 24:17), 斷絶尸 無ㅣㆍ尸入ㅡ{故}ㅣふ(『화엄경소』 26:14), 障礙尸 無ヒ효(『화엄경』 03:06), 懈歇尸 無ヒ효(『화엄경』 08:10), 動亂尸 無ㆆㆍヒ효(『화엄경』 08:14), 厭足尸 無ヒㅈふ(『화엄경』 10:16)

나. {此}ㅣ 藏ㄱ 窮盡尸 無ふ 分段 無ふ 間尸 無ふ 斷尸 無ふ 變異尸 無ふ 隔礙尸 無ふ(『화엄경소』 26:04-06)

(9)의 구결 '尸'들을 포함한 어절들은 모두가 주어의 위치에 있다. 이 어절들에 포함된 구결 '尸'들은 'ㄹ'(또는 'ㅭ')로 읽어 오는 가운데 주격 '시'로 읽은 해독이 나오기도 했다. 이 문제를 좀더 구체적으로 보자.

구결 '尸'의 상당수는 'ㄹ'(또는 'ㅭ')로 읽히고 있다. 그러나 (9)의 구결 '尸'들을 'ㄹ'(또는 'ㅭ')로 읽는 것은 상당히 어렵다. 우선 구결 '尸'를 'ㄹ'(또는 'ㅭ')로 본다면, 음운 결합에서 이 '尸/ㄹ/ㅭ'과 결합이 가능한 것은 '障礙尸, 變異尸, 隔礙尸' 등이고, 나머지는 'ㄹ'이나 'ㅭ' 앞에 '으'를 첨가하기 전에는 불가능하다. 그리고 이 'ㄹ'(또는 'ㅭ')은 주격 어미가 아니라는 점에서, (9)의 구결 '尸'들을 포함한 어절들은 주격 어미가 생략되고, 어절말에 'ㄹ'(또는 'ㅭ')을 포함한 (동)명사가 되어야 하는데, (9)의 구결 '尸'들을 포함한 어절들은 그렇지 못하다. (9)의 구결 '尸'들을 포함한 어절들이 'ㄹ'(또는 'ㅭ')을 포함한 명사가 아님은 두 말할 필요도 없다. 말을 바꾸면, 이 구결 '尸'들은 말음 첨기로 쓰인 것이 아니라는 것이다. 그렇다고, (9)의 구결 '尸'들을 포함한 어절들을 동명사형 어미 'ㄹ'(또는 'ㅭ')로 끝난 어절들로 생각할 수도 없다. 왜냐하면, (9가)의 '貪著, 窮盡, 斷絶, 障礙, 懈歇, 動亂, 厭足' 등과 (9나)의 '窮盡, 間, 斷, 變異, 隔礙' 등은 동명사형 어미 'ㄹ'(또는 'ㅭ') 앞에서 문맥에 맞는 동사로 읽을 수도 없기 때문이다.

이렇게 (9)의 구결 '尸'들은 'ㄹ'(또는 'ㅭ')의 말음 첨기나 동명사형 어미로 읽을 수도 없기에, (9)의 구결 '尸'들을 주격 '시'로 본 해독(양희철 2016a)이 나오기도 했다.

이 주장은 속격과 주어적 속격에 나온 '시'와 주격에 나온 '시'가 모두 한자 '之'의 기능과 같은 것이고, 구결 '尸'의 음 '시'는 한자 '之'의 고음일 수 있다는 점, 특히 한자 '之/业'의 해성자들이 음 '시'와 같다는 점에서, (9)의 구결 '尸'들을 주격의 '시'로 읽었다. 구결이 이중언어라는 점에서 가능성이 있는 주장이라고 판단한다.

그러나 한문의 영향도 있지만, 그 기본은 구결 자체에서 발생한 것으로 수정하는 것이 바람직해 보인다. (8)에서 본 어절들의 '尸'는 단어의 말자음 '-ㅅ'의 말음 첨기 또는 단어의 말자음과 주격 어미가 결합된 '-시'로 읽었음에 틀림이 없다. 그런데 이 어절들을 읽다보면, 특히 한문에 익숙해지면, 이 어절들의 한자들을 훈으로 읽지 않고 음으로 읽을 수도 있다. 특히 단어의 말자음과 주격 어미가 결합된 '-시'로 읽다보면, 이 어절들의 한자들을 훈으로 읽지 않고 음으로 읽을 수도 있다. 즉 '邊尸'를 'ㄱ시'로, '失尸'를 '그르시'로, '間尸'를 '사시'로, '限尸'를 '그시/끄시/쁘시'로, 각각 읽다가, 한문에 좀 더 익숙해지면, '邊尸'를 '邊시'로, '失尸'를 '失시'로, '間尸'를 '間시'로, '限尸'를 '限시'로도 읽게 된다. 이 경우에 '邊, 失, 間, 限' 등은 모두가 명사가 되고, '尸/시'는 모두가 주격 어미의 기능을 한다. 이 주격 어미 '-시'의 기능은 분명히 오독에 의한 것이며, 동시에 한문의 영향, 특히 한자 '之/시'와 '是/시'의 영향이라고 할 수 있다. 즉 구결의 '명사+尸/시(주격어미)'는 한문의 '명사+之/是/시(주격)'와 일치한다. 이렇게 '시'가 주격 어미로 쓰인 예에는 "겁시 많다"의 '시'가 있다.

이런 점들로 보아 (9)의 '尸/시'들은 주격 어미이며, 이 주격 어미는 구결에서의 오독과 한문 '之/是/시'에 의해 생성된 것이라고 정리할 수 있다.

'東尸'의 '尸'를 'ㅅ'으로 읽는 것이 부정되면서, 향찰 '尸'에는 'ㅅ'이나 '시'로 읽히는 것이 없다고 정리가 되어왔다. 그러나 최근에 '시'로 읽어야 하는 것과, '尸'를 '시'로 읽고 삭제한 것으로 추정되는 것들이 정리되었다. 이런 사실을 차례로 보자.

'爲尸如'(〈항순중생가〉)에 대한 선행 해독들을 철저하게 검토한 다음에, 그 주체가 부처님이라는 점에서, '尸'를 '賜'의 오자로 보고 '시'로 읽은 해독(양희철 2015a)이 있다. 그 후에 구결에서 '尸'가 'ㅅ'나 '시'로도 읽힌다는 점에서, '爲尸如'(ᄒ시둣)의 '尸'를 '시'(양희철 2020, 2022b)로 읽었다.

이 '爲尸如/ᄒ시둣'의 '尸/시', 향찰 '尸/ㄹ', 구결 '尸/ㅅ' 등의 '시, ㄹ, ㅅ' 등은 '得賜(尸)伊馬落'(〈수희공덕가〉)과 '喜賜(尸)伊留也'(〈항순중생가〉)의 누락자 '尸'를 합리적으로 설명하는 데도 도움을 주었다. '得賜(尸)伊馬落'과 '喜賜(尸)伊留也'의 해독에서 기왕의 해독들은 이구동성으로 괄호 안의 '尸' 또는 'ㄹ'이 누락되었다고 주장하거나, 'ㄹ'을 보충하여 읽고 있다.

'得賜(尸)伊馬落'의 경우에 'ㄹ'을 보충하여 읽는 이유를 보면, '伊'를 '리'로 읽은 경우, '賜' 다음에 'ㄹ'이 생략된 것으로 본 경우, '賜'를 이두식으로 읽은 경우, '賜' 다음에 'ㄹ'의 생략으로 읽다가 '賜' 다음에 '尸'의 누락으로 읽은 경우, 기타의 경우 등으로 5분 된다. 어느 경우를 보아도 그 설명이 명확하지 않다. 그런데 앞에서 정리한 향찰 '尸/시'를 참고하면, 합리적으로 설명할 수 있다. 즉 향찰 '尸/ㄹ'을 향찰 '尸/시'로 잘못 이해하고, '得賜尸伊馬落'을 '실실 이마라'로 읽지 않고, '실시시이마라'로 읽으면서 발음이 중첩된 '賜尸/시시'에서 '尸/시'를 삭제함으로 인해 누락자가 생겼다고 보는 것이다. 이렇게 보면, '尸/ㄹ'이 누락될 수 있는 이유를 논리적으로 설명하게 된다(양희철 2022b).

'喜賜(尸)以留也'의 경우에 'ㄹ'을 보충하여 읽는 이유를 보면, '以'를 '리'로 읽은 경우, '賜'를 이두식으로 읽은 경우, '賜' 다음에 'ㄹ'의 생략으로 읽은 경우, '賜' 다음에 'ㄹ'의 생략으로 읽다가 '賜' 다음에 '尸'의 누락으로 읽은 경우, 기타의 경우 등으로 5분 된다. 어느 경우를 보아도 그 설명이 명확하지 않다. 그런데 앞에서 정리한 향찰 '尸/시'를 참고하면, 합리적으로 설명할 수 있다. 즉 향찰 '尸/ㄹ'을 향찰 '尸/시'로 잘못 이해하고, '喜賜尸以留也'를 '기그실이루야'로 읽지 않고, '기그시시이루야'로 읽으면서 발음이 중첩된 '賜尸/시시'에서 '尸/시'를 삭제함으로 인해 누락자가 생겼다고 보는 것이다. 이렇게 보면, '尸/ㄹ'이 누락될 수 있는 이유를 논리적으로 설명하게 된다(양희철 2022b).

4.1.2. 尸/ㅭ/ㅀ/읊/옳설의 한계

이 항에서는 차제자(고지명, 향찰, 구결 등) '尸/尸'를 'ㅭ, ㅀ, 읊/옳' 등으로 읽은 해독들의 한계를, 차제자 원리를 벗어난 한계, 15세기 한글식 사고를 벗어나지 못한 한계, 이중적 음가를 인정한 한계, 'ㅭ/ㅀ'으로 읽을 수 없는 것들이 많은 한계 등의 네 항으로 나누어 정리하려 한다.

4.1.2.1. 차제자 원리를 벗어난 한계

유창식(1956)은 관형사형 어미의 변화를 다음과 같이 보았다.

```
(新羅時代)------(李朝初期)------(現代)
    ‖              ‖              ‖
   ㅭ(ㅀ)  〉        ㅀ  〉          ㄹ
```

이 인용에서는 15세기의 관형사형 어미를 'ㅭ'으로 보고, 신라시대의 관형사형 어미를 'ㄹㅅ(ㅭ)'으로 보았다. 그 다음에 신라시대의 관형사형 어미 'ㄹㅅ(ㅭ)'을 고지명의 표기와 향찰로 확대하였다.

> 이로써 "尸"는 古地名에서는 그 音價가 "s~"이고 文法的으로는 冠形詞形 語尾 "尸"의 "ㆆ"과 對應한다는 事實을 말해 둔다. …중간 생략… 本稿는 그런 것이 아니고 이들(來尸, 哭屋尸, 慕理尸, 行乎尸; 괄호 안 예는 필자 보충)의 音價는 如前히 "옰, 옰, 그맀, 녀옰"로 보고 있는데, 여기 "ㄹ"을 語幹에 結合시킴은 漢字의 訓法에 依한 것이다.(유창식 1956:56)
>
> … 그래서 "尸"를 그 原音에 따라 "ㅅ"으로 읽고 "ㄹ"은 語幹部에 包含되어 있다고 보아 "尸"가 李朝初期의 "ㅭ"의 "ㆆ"과 같은 것이라고 본다. …중간 생략… 來尸波衣: 옰바애, 掃尸星利: 뿠벼리, 哭屋尸以憂音: 옰이시름, …중간 생략… 盡尸日置: 드옰날두.(유창식 1956:58)

이 두 인용에서 보면, 일차로 고지명과 향찰에 나온 '尸'를 15세기 관형사형 어미인 'ㅭ'의 'ㆆ'에 대응하는 'ㅅ'으로 보았다. 이런 사실은 두 인용의 밑줄 친 부분인 ["尸"는 古地名에서는 그 音價가 "s~"이고 文法的으로는 冠形詞形 語尾 "尸"의 "ㆆ"과 對應한다는 事實을 말해 둔다.]와 ["尸"를 그 原音에 따라 "ㅅ"으로 읽고 "ㄹ"은 語幹部에 包含되어 있다고 보아 "尸"가 李朝初期의 "ㅭ"의 "ㆆ"과 같은 것이라고 본다.]에서 알 수 있다. 이렇게 '尸'를 15세기 관형사형 어미인 'ㅭ'의 'ㆆ'에 대응하는 'ㅅ'으로 읽은 것은 쉽게 이해가 간다. 왜냐하면 '尸'의 한자음이 '시'이고, 이 '시'의 'ㅅ'은 'ㆆ'과 통한다고 볼 수 있기 때문이다.

문제는 고지명과 향찰의 '尸'를 'ㄹㅅ'으로 보았다는 점이다. 고지명의 '尸'를 'ㄹㅅ'으로 읽은 글을 보면 그 내용이 산만하다. 이에 비해 향찰의 '尸'를 'ㄹㅅ'으로 읽은 글을 보면, 'ㄹㅅ'의 'ㅅ'은 한자 '尸'의 'ㅅ'이고, 'ㄹ'은 "어간부에 포함되어 있다."고 설명하기도 하고, 훈법(訓法)[27]에 의한 것이라고 설명하기도 하였는데, 향찰의 차제자 원리라는 측면에서 보면 이해가 되지 않는 설명이다. 이 문제는 구결 '尸'와 향찰의 '尸'를 'ㄹㅅ/ㅭ'으로 읽은

---

27 어간부에 포함되어 있다고 말하거나, 훈법(訓法)에 의한 것이라고 설명한 'ㄹ'은 한자의 훈을 실훈(實訓)과 독훈(讀訓)으로 나눌 때에 독훈의 끝에 붙는 'ㄹ'이다. 예로 한자 '畵, 視'의 의미인 '그리다, 보다'에서 '그리-, 보-'는 실훈이고, '그릴, 볼'은 독훈이며, 독훈 '그릴, 볼'에 포함된 'ㄹ'을 어간부에 포함되어 있는 'ㄹ' 또는 훈법에 의한 'ㄹ'로 본 것이다.

해독을 본 다음에 함께 설명하려 한다.

이번에는 관형사형 어미(혹은 동명사형 어미) 'ᄅ/ᄅ'와 목적격 어미 'ㄹ/ㄹ'은 그 음이 15세기까지 달랐다고 보면서, 구결 'ᄅ'와 향찰의 'ᄅ'를 'ㄼ/ㅭ'으로 읽은 해독[28]을 보자. 이 글의 설명을 보면, 향찰과 구결의 차제자 원리로는 설명할 수 없는 문제를 보이고 있다. 즉 'ㄹ'은 '薩'의 것이고, 'ㅅ'만이 'ᄅ'의 것이며, 'ㄼ/ㅭ'은 'ᄅ'의 것이 아니다. 이는 설명 방식은 조금 다르지만, 유창식이 향찰 'ᄅ'를 'ㄼ'으로 설명하면서, 독훈의 'ㄹ'에 'ᄅ/ㅅ'이 결합된 'ㄼ'을 'ᄅ'로 본 것과 비슷하다. 독훈의 'ㄹ'을 명사의 'ㄹ'말음으로 바꾼 것이다. 이는 향찰과 구결의 차제자 원리라는 측면에서 보면 이해가 되지 않는 설명이다.

지명, 향찰, 구결 등의 차제자 원리에서 보면, 이 문자들은 한자의 음이나 훈을 빌려서 만든 문자이다. 이로 인해 'ㄼ/ㅭ'을 표기하기 위해서는 'ㄼ/ㅭ'을 음이나 훈으로 포함한 한자를 이용하지, 'ㄹ'은 독훈의 'ㄹ' 또는 명사의 말음 'ㄹ'를 이용하고, 'ㅅ/ㆆ'은 'ᄅ'의 'ㅅ/ㆆ'을 이용하여, 'ㄼ/ㅭ'를 표기하는 차제자(고지명, 향찰, 구결)를 만들지는 않는다.

이런 점에서 고지명과 향찰의 'ᄅ'와 구결 'ᄅ'를 'ㄼ/ㅭ'으로 읽은 해독은 차제자(고지명 표기, 향찰, 구결)의 차제자 원리라는 측면에서 한계를 보인다고 정리할 수 있다.

4.1.2.2. 15세기 한글식 사고를 벗어나지 못한 한계

앞에서 정리했듯이, 고지명과 향찰의 'ᄅ'와 구결의 'ᄅ'를 15세기 한글의 'ㄼ/ㅭ'과 같이 읽은 해독들은 양자의 대응에 기초하지만, 고지명, 향찰, 구결 등의 차제자 원리로 설명하지 못하는 문제를 보인다. 이 문제는 사고 유형에서 15세기의 한글식 사고와, 문자를 단순한 표기수단으로 보는 사고를 벗어나지 못한 문제로까지 확대된다.

차제자(고지명, 향찰, 구결) 'ᄅ/ᄅ'가 15세기의 한글 표기인 'ㄼ/ㅭ'에 대응한다고

---

28 "(14)의 예는 'ᄅ'이 속격에 쓰인 예이다. 그러나 여기서 'ᄅ'는 단순히 속격의 '-ㅅ'만을 나타내는 것이 아니다. 'ᄅ'이 '薩' 뒤에 쓰여 속격을 나타내고 있음에 주목하여 보자. 즉 '살' 뒤에 속격의 '-ㅅ'이 통합하여 '삯' 정도가 되었을 것인바 'ᄅ'은 바로 이 'ㄼ'에 대응하는 것이다. 물론 이때의 'ㅅ'이 /s/의 음가를 지니는 것인지 15세기의 속격과 같이 경음을 실현시키는 요소인지 또는 그 중간에 해당하는 어떤 특정 음운이었는지는 아직 미지수로 남는다. 15세기 예인 (10)~(13)에서 보았듯 'ㄹ' 뒤의 속격 'ㅅ'과 관형사형어미는 서로 표기가 넘나들 만큼 유사한 음성 실현을 보이고 있었는데 필자는 전기 중세국어에서도 역시 마찬가지 인식이 있었던 것으로 보고자 한다. 즉 'ㄹ'말음 체언 뒤에 속격조사 '-ㅅ'이 올 때 그 음성실현은 동명사형어미 '-ㅭ'과 유사하였기 때문에 'ᄅ'으로 같이 표기하였던 것이다. 따라서 'ᄅ'의 음가는 'ㅭ/ㄼ'이며 기능은 첫째 동명사형(관형사형)어미, 둘째 'ㄹ'말음 명사의 속격(즉 구결로는 'ㄹ+ㄴ')이라 할 수 있다. …"(황선엽 2000:265)

본 것에는 문제가 없다. 그러나 차제자 'ᄇ/ᄆ'가 15세기의 한글 표기인 'ㄽ/ㅭ'에 대응한다고, 차제자 'ᄇ/ᄆ'를 'ㄽ/ㅭ'으로 읽은 것이 합리화되지는 않는다. 적어도 차제자 'ᄇ/ᄆ'를 'ㄽ/ㅭ'으로 읽기 전에, 한자 'ᄇ'의 어느 음이나 훈에 'ㄽ/ㅭ'이 있는가를 검토했어야 했다. 말을 바꾸면 차제자의 차제자 원리로 설명이 가능한가를 검토해야 했다. 만약 차제자의 차제자 원리로도 'ㄽ/ㅭ'이 설명될 수 있다면, 차제자 'ᄇ/ᄆ'는 'ㄽ/ㅭ'으로 읽어야 한다. 그리고 차제자의 차제자 원리로도 'ㄽ/ㅭ'이 설명될 수 있어, 차제자 'ᄇ/ᄆ'를 'ㄽ/ㅭ'으로 읽게 되면, 이때는 15세기의 한글식 사고는 물론, 이를 넘어서 차제자로 사고하는 차제자식 사고를 하는 것이 된다. 그러나 차제자의 차제자 원리로 차제자 'ᄇ/ᄆ'를 'ㄽ/ㅭ'으로 읽는 것을 설명하지 못한 상태에서, 차제자 'ᄇ/ᄆ'를 'ㄽ/ㅭ'으로 읽는 것은, 15세기 한글식 사고에서 벗어나지 못했다는 사실을 말해준다.

15세기 한글식 사고에서는 15세기 한글로 사고하고, 차제자식 사고[29]에서는 차제자로 사고한다. 15세기의 한글에는 'ㆆ'과 'ㄽ/ㅭ'이 존재한다. 이로 인해 'ㆆ'과 'ㄽ/ㅭ'으로 하는 사고는 15세기 한글식 사고가 된다. 그러나 차제자에는 'ㆆ'과 'ㄽ/ㅭ'을 표기한 문자가 없다. 이로 인해 차제자식 사고에서는 'ㆆ'과 'ㄽ/ㅭ'을 생각할 수가 없다. 사정이 이런데도, 차제자 'ᄇ/ᄆ'가 15세기의 'ㄽ/ㅭ'에 대응된다고, 차제자 'ᄇ/ᄆ'를 15세기의 'ㄽ/ㅭ'과 같이 읽는 것은, 15세기의 한글식 사고를 벗어나지 못했음을 의미한다.

그리고 소쉬르나 블룸필드와 같이 문자를 단순한 표기로 보고, 차제자 'ᄇ/ᄆ'를 15세기의 'ㄽ/ㅭ'과 같이 읽어버리면, 풍부한 언어학적 지식을 가지고 만들어 사용한 15세기 한글의 독창적인 특성은 없어지고, 15세기 한글은 차제자(고지명, 향찰, 구결 등)와 별반 차이가 없는 것이 된다.

4.1.2.3. 이중적 음가를 인정한 한계

구결 'ᄇ'를 'ㄽ/ㅭ'으로 읽은 해독들은 거의가, 속격과 주어적 속격의 'ᄆ'를 'ㅅ'으로 읽었고, 그렇지 않은 경우에는 남은 문제로 돌리거나, 한국어에서 이해할 수 없는 속격 '-ㄹ'을 주장하고 있다. 이를 간단하게 보자.

이장희(1995)는 구결 'ᄇ'를 'ㅭ'으로 읽으면서 체언 아래 온 구결 'ᄆ'는 'ㅅ'으로 읽었다. 이승재(1993)는 구결 'ᄆ'를 '읋/옳'으로 읽었고, 그 후의 글(1998, 2000)에서

---

[29] 혹시 소쉬르나 블룸필드가 문자를 보듯이, 문자(향찰, 구결, 한글)는 단순한 표기수단인데, '차제자적 사고'라는 말을 쓸 수 있을까 하는 의문을 제기할 수도 있다. 그러나 자소론(字素論, graphemics)의 측면에서 보면, 문자는 일종의 언어로 표기 수단인 동시에 사고를 제약하는 틀이기도 하다.

는 속격과 주어적 속격에 나온 구결 'ㄗ'를 'ㅅ'으로 읽었다. 정재영(1998)은 구결 'ㄗ'를 '〮〮ᄚ'로 읽으면서 'ㅅ'의 가능성도 열어 놓았다. 이렇게 구결 'ㄗ'를 '〮〮ᄚ'으로 읽은 해독들의 상당수는 '〮〮ᄚ'과 'ㅅ'의 이중적 음가를 인정하고 있다.

구결 'ㄗ'를 '〮ᄡ/〮〮ᄚ'으로 읽으면서, 속격, 주어적 속격, 기타 등에 온 'ㄗ'를 '직접 'ㅅ'으로 읽지 않고, '〮ᄡ/〮〮ᄚ'으로 읽을 수 없는 미해결의 문제로 남겨 놓은 경우도 있다. 이는 구결 'ㄗ'를 '〮ᄡ/〮〮ᄚ'으로 통일하여 읽으려는 자신의 논지[30]를 관철시키기 위하여 미해결의 문제로 돌렸다고 할 수 있다. 현재의 문법 지식으로 보면, 속격과 주어적 속격에 온 'ㄗ'는 'ㅅ'이나 '시'로 읽을 수밖에 없다.

이렇게 보면, 구결 'ㄗ'를 '〮ᄡ/〮〮ᄚ'으로 읽으면서도 동시에 'ㅅ'으로 읽은 해독들은, 그 이전에 구결 'ㄗ'를 'ㄹ'과 'ㅅ'으로 읽은 해독들이 이중적 음가를 보이듯이, 이중적 음가를 보인 것이 된다. 'ㄹ'을 '〮ᄡ/〮〮ᄚ'으로 바꾼 이중적 음가의 인정이다. 이는 이중적 음가를 부정하려던 연구 목적에 문제가 있음을 인정하는 것이 된다.

4.1.2.4. 〮ᄡ/〮〮ᄚ으로 읽을 수 없는 것들이 많은 한계

차제자 'ㄗ/ㄗ'를 '〮ᄡ/〮〮ᄚ'으로 읽은 해독들은, '〮ᄡ/〮〮ᄚ'으로 읽을 수 없는 것들이 많은 한계도 보인다. '리'와 '시'로 읽히는 예들은 '2'절에서 검토하였다. 이것들을 왜 '〮ᄡ/〮〮ᄚ'으로 읽을 수 없는가를 간단하게 보자.

먼저 '시'로 읽히는 경우를 보자. 고지명에 나온 'ㄗ羅/시라'의 'ㄗ/시'를 '〮ᄡ/〮〮ᄚ'로 읽을 수 없음은 두 말할 필요도 없다. 향찰 '爲ㄗ如/ᄒᆞ시둧'의 'ㄗ/시'를 '〮ᄡ/〮〮ᄚ'으로 읽을 수 없다. 만약 'ㄗ/'를 관형사형 어미나 동명사형 어미 '〮ᄡ/〮〮ᄚ'으로 읽으면, '爲ㄗ如'의 주체인 부처님에게 존칭의 '-시-'를 쓰지 않은 문제를 피할 수가 없게 된다. 그리고 '2'절에서 정리한 구결의 'ㄗ/시'들(받침이 있는 음절 다음에 온 속격의 '시'. '-시 부정사'에 온 '시', 말음 'ㅅ'와 주격어미 '이'가 결합된 '시', 주격어미 '시')은 '〮ᄡ/〮〮ᄚ'으로 읽을 수 없는 것들이다.

이번에는 '리'로 읽히는 경우를 보자. '環山'과 '古利山'에 해당하는 '古ㄗ山'의 '古ㄗ/고리'에서 'ㄗ'는 '리'이다. 만약 이 'ㄗ'를 '〮ᄡ/〮〮ᄚ'으로 읽으면, '곬/곯'이 되어, '環/고리'나 '古利/고리'와는 전혀 다른 표기가 된다. 그리고 향찰 '狂ㄗ恨'('어리혼')의 'ㄗ'

---

30 "필자는 같은 시대 같은 문헌에 쓰이는 'ㄗ'에 대해 두 가지의 음가를 배당하는 것은 바람직하지 않다고 생각한다. 이 글의 목적은 석독구결 자료에 나타나는 'ㄗ'이 하나의 음가를 지니는 것이었음을 밝히는 것이다."(황선엽 2000:256)

는 '리'를 첨기한 것이다. 이 'ㄕ' 역시 'ㄥ/ㅀ'으로 읽을 수 없는 자료이다.(자세한 것은 '2'절 참조)

이상과 같이 '리'와 '시'로 읽히는 차제자 'ㄕ/ㄗ'들은 'ㄥ/ㅀ'으로 읽을 수 없다. 이는 차제자 'ㄕ/ㄗ'를 'ㄥ/ㅀ'으로 읽으려는 해독의 한계이다.

4.1.3. ㄕ/리/ㄹ/시/ㅅ설의 보완

이 항에서는 앞에서 정리한 차제자 'ㄕ/ㄗ'의 해독 '리'와 '시'를 중심으로, 차제자 'ㄕ/ㄗ'는 'ㄹ, 리, ㅅ, 시' 등의 표기에 쓰였으며, 그 차제자 원리는 전음독자와 약음독자이고, 차제자 'ㄕ/ㄗ'의 본자(本字) 또는 원자(原字)는 한자 'ㄕ'이며, 이 한자 'ㄕ'의 음은 '리'에서 '시'로 변했다는 사실들을 보완하고자 한다.

4.1.3.1. 차제자 ㄕ/ㄗ의 표기음과 차제자 원리

차제자 'ㄕ/ㄗ'는 'ㄹ, 리, ㅅ, 시' 등의 표기에 쓰였다는 사실을 먼저 정리해 보자.

고지명의 'ㄕ'를 'ㄹ, ㅅ, 시' 등으로 읽은 해독은 양주동(1942)에서부터 보이는데, '시'의 존재는 그렇게 주목을 받지 못했다. 그리고 고지명의 'ㄕ'를 직접 명확하게 '리'로 읽어야 한다고 주장한 경우는 없지만, 그 가능성을 보인 경우(송재주 1957; 유창균 1994; 김유범 1996)도 있다.

향찰 'ㄕ'를 'ㄹ'로 읽은 해독은 해독 초기(오구라 1929; 양주동 1942)부터 보이며 향찰 'ㄕ'를 거의 모든 해독들이 'ㄹ'로 읽는 가운데, '狂ㄕ'의 'ㄕ'를 '리'로 읽은 해독(홍기문 1956; 황패강 2001; 류렬 2003)이 나왔으나, 그렇게 주목을 받지는 못했다.

『구역인왕경』의 구결 'ㄗ'는 거의가 'ㄹ'(심재기 1975; 남풍현·심재기 1976)로 읽었다. 그리고 『화엄경』와 『금강명경』에 나온 속격의 구결 'ㄗ'도 'ㅅ, 시' 등으로 읽지 않고 'ㄹ'로 읽기(남풍현 1996a, 1996b)도 했다. 이와 다르게, 『화엄경』의 구결 'ㄗ' 중에서 속격의 위치에 있는 경우에는 'ㅅ'으로 읽어야 한다는 주장(백두현 1993), 명사 다음에 온 구결 'ㄗ'는 'ㅅ'으로 읽어야 한다는 주장(이장희 1995), 주어적 속격과 속격의 'ㄗ'는 'ㅅ'으로 읽어야 한다는 주장(심재기·이승재 1998; 이승재 2000), 주격, (받침이 있는 음절 다음에 온) 속격, 주어적 속격 등의 위치에 온 구결 'ㄗ'들은 '시'로 읽어야 한다는 주장(양희철 2016a) 등이 나왔다.

이렇게 정리되는 차제자 'ㄕ/ㄗ'의 해독사에서, 거의 주목을 받지 못했거나, 최근에 이루어진 연구를 제외하면, 차제자 'ㄕ/ㄗ'는 'ㅅ, ㄹ' 등으로 읽혀 왔다고 할 수 있다. 그러나 '2'항에서 정리했듯이, 차제자 'ㄕ/ㄗ'에는 '리'로 읽히는 것과 '시'로 읽히는 것이 명확하게 존재한다.

　이런 사실로 보아 차제자 '尸/𠃍'는 'ㄹ, 리, ㅅ, 시' 등의 표기에 쓰였다는 사실을 정리할 수 있다.

　그리고 이런 사실은 'ㄹ, 리, ㅅ, 시' 등을 표기한 차제자 '尸/𠃍'의 차제자 원리도 명확하게 보여준다. '시'는 한자 '尸/시'의 음을 이용한 전음독자이고, 'ㅅ'은 한자 '尸/시'의 초성을 이용한 약음독자이다. 또한 '리'는 한자 '尸/리'의 음을 이용한 전음독자이고, 'ㄹ'은 한자 '尸/리'의 초성을 이용한 약음독자이다.

4.1.3.2. 차제자 尸/𠃍 의 본자와 음의 변화

　차제자(고지명, 향찰, 구결 등) '尸/𠃍'를 'ㄹ'로 읽은 해독들은 한자 '尸'의 중근세음 '시'를 벗어나 있다. 이 문제를 해결하기 위하여, 네 가지 주장이 제시되었다. 첫째는 발음기관 상징설(지헌영 1954, 1991; 송재주 1957)이다. 둘째는 '尸'의 음이 아니라 훈 '얼'을 이용하였다는 주장(서재극 1982)이다. 셋째는 'ㄹ'로 읽히는 '尸/𠃍'는 다른 한자의 생문(省文, 略體, 略字)이라는 주장들이다. 이 주장들이 보인 원자 또는 본자로는 '羅'(양주동 1942), '戾'(심재기 1975), '駏, 戾'(남풍현·심재기 1976), '履'(오정란 1993; 강길운 1995) 등이 있다. 넷째는 한자 '尸'의 음이 '리(ㄹ-)'에서 '시(ㅅ-)'로 변했다는 주장(유창균 1973, 1994; 김유범 1996)이다. 이 중에서 발음기관 상징설과 '尸'의 훈 '얼'설은 거의 주목을 받지 못한다. 이에 비해 다른 글자의 생문설과 한자 '尸'의 음이 '리'에서 '시'로 변했다는 변음설은, 차제자 '尸/𠃍'를 'ㅅ'과 'ㄹ'로 읽을 때는, 그런대로 각각 지지를 받아 왔다. 이를 나누어서 좀더 자세히 보자.

　생문설이 주장한 '尸/𠃍'의 원자 또는 본자인 '羅, 戾, 駏, 履' 등은, 계속적으로 비판[31]을 받아 왔지만, 초성으로 'ㄹ'을 가지고 있어 그런대로 설득력을 가지고 있었다. 그러나 차제자 '尸/𠃍'가 'ㅅ'이나 'ㄹ'은 물론, '시'이나 '리'로도 읽힌다고 할 때에, '尸/𠃍'의 원자로 제시된 '羅, 戾, 駏' 등은 그 정당성을 잃게 된다. 왜냐하면, 이 '羅, 戾, 駏' 등의 음은 차제자 '尸/𠃍'가 보여주는 '리'와 '시'를 설명할 수 없기 때문이다. 이에 비해 '履'의 경우에는 '리'를 설명할 수 있지만, '시'는 설명하지 못한다. 그리고 '履'의 생문 '尸'로 설명하는 것보다 한자 '尸/리'로 설명하는 것이 보다 합리적이다. 왜냐하면 '履'의 음이 '리'인 것은 '履'의 '尸'가 '리'이기 때문이다. 이렇게 볼 때에, 차제자 '尸/

---

[31] 대표적인 비판을 유창식(1956:61)과 김유범(1996:210)에서 볼 수 있다.

尸'는 '羅, 戾, 馿, 履' 등의 생문이나 약자라고 보기는 어렵다.

이번에는 차제자 '尸/ア'의 원자는 한자 '尸'이고 그 음이 '리(ㄹ)'에서 '시(ㅅ)'로 변했다는 유창균과 김유범의 주장을 보자.

유창균(1973, 1994)은 '尸'의 상고음(上古音)을 'sl'로 재구하고, 고구려, 백제, 신라 등의 고지명에 나타난 '尸'의 음을 검토한 다음에, "따라서 新羅에 있어서의 前期音을 l-로 가정하는 것이다. 그 뒤 中期에 魏晉音이 들어옴으로써 s-로 대체된 것이다. 따라서 신라에 있어서의 '尸'는 다음과 같다고 할 수 있다."고 정리하면서, 전기음으로 '리(ㄹ)'를 중기음과 후기음으로 '시(ㅅ)'를 정리하였다. 그러나 바로 이어서 향찰 "'尸'는 借字表記에서 使用된 빈도가 매우 높다. 따라서 이것은 초기의 'ㄹ'이 그대로 관용됨으로 借字表記에서는 관습적으로 그대로 'ㄹ'의 表記에 이용된 것으로 볼 것이다."(유창균 1994:164)라고 정리를 하면서, '리, 시' 등으로 읽을 수 있는 자료를 도외시하였다. 특히 "《訓蒙字會》에 '管'을 '골'이라 했다. '管'은 '䈽'의 오자이거나, '䈽'과 같이 그 훈이 '고리'였을 것이다."(유창균 1994:158)에서 '尸'를 '리'로 읽을 수 있는 가능성을 보이지만, 정확하게 이 '尸'는 '리'로 읽힌다고 정리하지는 않았다. 결국 고지명과 향찰의 해독에서는 '리'와 '시'를 정리하지 않아, 한자 '尸'의 음이 '리'에서 '시'로 변했다는 주장의 빛을 스스로 퇴색시켰다.

김유범(1996)은 'ㄹ'과 'ㅅ'에 쓰인 차제자(고지명, 향찰, 구결 등) '尸/ア'들을 열거한 다음에, 세 가지 사실[32]에 근거하여, 한자 '尸'의 음은 'ㄹ'에서 'ㅅ'으로 변했다고 주장하였다. 이 주장은 '尸'의 음 전체를 논의한 것이 아니라, 그 초성의 변화만을 논의하면서, 차제자 '尸/ア'의 원자를 밝히는 데는 한계를 보여준다.

이렇게 유창균과 김유범은 한자 '尸'의 음이 '리(ㄹ)'에서 '시(ㅅ)'로 변했다는 주장을 하면서도, 차제자 '尸/ア'에서 '리'와 '시'로 읽히는 예들을 명확하게 제시하지 않아, 차제자 '尸/ア'의 원자가 한자 '尸'이고, 이 한자 '尸'의 음은 '리'에서 '시'로 변했다는 주장을 설득력 있게 펴지 못하였다.

그러나 '2'항에서 정리한 바와 같이, 차제자 '尸/ア'는 'ㄹ'과 'ㅅ'을 보여줄 뿐만 아니라 '리'와 '시'도 명확하게 보여준다. 이 자료들은 차제자 '尸/ア'의 원자가 한자 '尸'이며, 이 한자 '尸'의 음이 '리'에서 '시'로 변했다는 사실을 확실하게 한다. 왜냐하면 유창

---

32 첫째는 음운론적으로 流音에서 摩擦音으로의 변화가 알타이어에서 실제 가능하다는 것에 대한 근거이다. 둘째는 聲韻學에서 漢字의 上古音에 대한 再構方法이 지닌 한계성을 들 수 있다는 것이다. 셋째로 現 중국어 方言에는 中古音 [*l]에 대응하는 [*s]를 가지는 많은 단어들이 발견된다는 사실이다.

균과 김유범이 정리한 바와 같이 한자 '尸'의 음은 '리'에서 '시'로 변했을 뿐만 아니라, 이런 사실을 '尸/리'는 고지명과 향찰에 나오고, '尸/𠃌/시'는 고지명, 향찰, 구결, 중근세 이후의 한자음 등에 나온다는 사실이 보여주기 때문이다.

이상과 같은 점에서 차제자 '尸/𠃌'의 원자는 한자 '尸'이며, 그 음은 '리'에서 '시'로 변했다고 정리할 수 있다. 그리고 이에 따라 향찰 '尸' 역시 구음(舊音) '리'와 신음(新音) '시'가 혼용되었다고 정리할 수 있다.

4.2. 体/톄/텨

이 절에서는 향찰 '體'가 보여주는 한자음은 신구음인 '톄'와 '텨'가 혼용된 것임을 정리하고자 한다.

향찰 '体'는 '佛体'(『균여전』 향가)의 형태로 13회, '直体良焉多衣'(〈광수공양가〉)의 형태와 '迷悟同体叱'(〈수희공덕가〉)의 형태로 각각 1회씩, 총 15회 나온다. 이 '体'에 대한 중요 해독자별 해독 양상을 정리하면 다음과 같다.

'佛体'는 '부텨, 부톄, 븓디, 부쳐, 뿥텨, 뿓다, 뿓다이, 부다, 뿌다, 부다이, 뿔ㅎ텨' 등으로 해독되는 가운데, '佛体'의 '体'는 '텨'의 해독이 유력하다. 그러나 이 '体'가 어떻게 '텨'를 표기하게 되었는지에 대한 해석은 명확하지 않다. 오구라와 양주동은 고문헌에서 '佛体'를 '부텨'로 독음한 것에 근거하여 '텨'로 읽기만 하였고, 그 이유를 설명하지 않았다. 유창균은 '톄'에서 'ㅣ'를 삭제한 것으로 설명하였다. 이 설명은 산술적인 것이어서 어학적인 음변화의 측면에서는 이해가 가지 않는다. 그리고 '直体'의 '体'는 '티, 디, 툐, 텨' 등으로 다양하게 해독되는 가운데 '텨'의 해독이 유력해 보인다. '同体'의 '体'를 읽은 '体, 체, 쳬' 등은 그 정확한 음을 알 수 없거나 중세음이 아닌 문제를 보인다.

이렇게 향찰 '体'의 해독에서는 많은 것들이 밝혀졌지만, 아직도 해결되지 않은 문제도 발견된다. 이 문제들을 해결하기 위하여, 세 가지 차원에서 접근하고자 한다. 첫째로 '体'의 위진음은 물론, 이 음들의 변화도 검토하여 변증하고자 한다. 둘째로 '薺'운의 한자 '體'와 함께 '蟹'섭 四等에 속한 '齊'운 한자들(齊, 妻, 西)의 한자음들과 '霽'운의 한자들(麗, 制, 勢, 細, 誓, 底, 第)이 가진 한자음들도 검토하여 변증하고자 한다. 셋째로 '直体'의 경우는 문맥적 연결도 고려하고자 한다.

4.2.1. 佛体의 体

佛体는 균여의 향가에서만 13회 나온다. 이 佛体의 '体'들에 대한 기왕의 해독들은 그 양상에 따라 크게 둘로 나눌 수 있다. 하나는 '佛体前衣, 佛体叱刹亦, 滿賜隱佛体, 滿賜仁佛体, 十方叱佛体, 皆佛体置, 佛体叱海等, 佛体刀, 又都佛体叱' 등에 나온 '佛体'의 해독들이다. 다른 하나는 '皆佛体, 我佛体, 佛体爲尸如, 佛体頓叱' 등에 나온 '佛体'의 해독들이다. 전자의 佛体들은 다음과 같이 주격이나 지격의 위치가 아닌 곳들에서 나온다.

(10) 慕呂白乎隱 佛体 前衣(〈예경제불가〉)
　　 塵塵馬洛 佛体叱 刹亦(〈예경제불가〉)
　　 法界 滿賜隱 佛体(〈예경제불가〉)
　　 法界 滿賜仁 佛体(〈광수공양가〉)
　　 十方叱 佛体 閼遣只賜立(〈참회업장가〉)
　　 皆 佛体置 然叱 爲賜隱 伊留兮(〈상수불학가〉)
　　 佛体叱 海等 成留焉 日尸恨(〈보개회향가〉)
　　 病吟 禮爲白孫隱 佛体刀(〈보개회향가〉)
　　 又都 佛体叱 事伊置耶(〈총결무진가〉)

(10)에 나온 '佛体'들을 기왕의 해독들은 '부텨, 부톄, 븓디, 부처, 뿌텨, 뿥다, 부다, 뿛ㅎ텨' 등으로 다양하게 읽었다. 그러나 이 '佛体'는 오구라와 양주동이 '부텨'로 읽은 이래로, 이 '부텨'로 수렴되고 있다.

이 해독을 처음으로 보인 오구라(1929:38)는 '佛體'가 고문헌의 언해에서 '부텨'로 되어 있다는 점에서, '體'를 '텨'로 정리하고, '體'의 음이 '톄'라고 하면서 '佛體'의 '體'를 '텨'의 '宛字'(한자 본래의 뜻과는 관계없이, 그 음이나 훈을 빌려서 어떤 말을 표기하는 한자. 또는 그 용법)로 보았다. 그러나 '體'의 음이 '텨'가 되는 이유를 설명하지 않았다. 이에 대한 대답은 유창균에 의해 시도되었다. 이는 뒤에 설명하고자 한다.

양주동의 경우는 작품별 해독 서두의 정리와 句別 정리에서는 '佛體'를 '부텨'로 정리를 하였는데, 구체적인 해독에서는 "佛 訓讀「부텨」體 音借「톄」,「부톄」(俗音)의 末音添記"(양주동 1942:677)로 설명을 하였다. '부톄'를 '부텨'로 바꾼 것이 해독에서는 문제가 된다. 이 역시 '體'를 '텨'로 읽은 이유를 설명하지 않은 것으로 정리된다.

이번에는 '皆佛体', '我佛体', '佛体爲尸如', '佛体頓叱' 등에 나온 '佛体'의 해독들을 보자. 이 '佛体'들은 다음과 같이 주격 또는 지격의 위치에 온 것들이다.

(11) 皆 佛体 必于 化緣 盡 動賜隱乃(〈청불주세가〉)
　　 我 佛体 皆 往焉 世呂 修將來賜留隱(〈상수불학가〉)
　　 佛体 爲尸如 敬叱好叱等耶(〈항순중생가〉)
　　 佛体 頓叱 喜賜以留也(〈항순중생가〉)

　(11)의 '佛体'들을 (10)의 '佛体'들과 같이 '부텨'로 읽은 것이 주종을 이룬다. 문제는 (11)의 '佛体'를 '부톄'로 읽은 해독들이다. 이 '부톄'의 해독은 양주동의 해독과 이를 따른 해독에서 보이는데, 다음과 같은 점들로 보아 '부텨'로 읽어야 할 것 같다.
　'佛体'가 주격 또는 지격일 경우에는 '부톄'로 읽었다. 그런데 이렇게 읽으면 문제가 하나 발생한다. 바로 앞에서 본 (10)의 '佛体'들을 '부텨'로 읽고, (11)의 '佛体'들을 '부톄'로 읽는 문제이다. (11)의 '佛体'들도 모두 '부텨'로 읽는 것이 바람직해 보인다. 주격의 경우에는 생략을 하여도 무방하다. 이로 인해 주격으로 본 것들을 제외하고 보자. 주격 또는 지격으로 본, '我 佛体 皆 往焉 世呂'(〈상수불학가〉)와 '佛体 爲尸如'(〈항순중생가〉)의 경우에도, 모두 주격으로 해석되어 격어미를 생략하여도 무방하다. 게다가 같은 표기인 '佛体'를 어느 경우는 '부텨'로 어느 경우는 '부톄'로 읽었다고 보기 어렵다. 이런 점에서 이 '佛体'들도 '부텨'로 읽는다.
　이제부터는 남은 문제인 '体'가 왜 '텨'로 읽게 되었나를 해명하는 것이다. 이를 설명하려고 시도한 유창균(1994:868-869, 917)은, '體'는 魏晉音을 기준으로 운미 '-i'가 삭제된 '텨'로 정리를 하였다. 이는 '體'의 당시 음이 '톄'인데, 이 음에서 운미 '-i'(ㅣ)를 삭제한 '텨'로 '부텨'의 '텨'를 설명한 것이다. 이는 오구라의 宛字와 양주동의 轉音借를 한자음에 적용한 설명으로 볼 수 있다.
　그런데 이 설명에는 문제가 있는 것 같다. 즉 그 당시의 '體'의 음을 '톄'로만 보고, 이 '톄'에서 어미(또는 운미) 'ㅣ'를 삭제하는 것과 같이 산술적으로 처리하여, 음의 변화 차원에서 설명하지 않은 문제이다. 이 문제를 검토하기 위하여, '體'를 『중문대사전』에서 보면 다음과 같다.

　　(12) 體 [廣韻] [正韻] 他禮切 [集韻] [韻會] 土禮切 音涕 薺上聲 tih

　(12)는 '體'의 음이 '톄〉텨/쳐〉티/치'로 변했음을 가능하게 한다. 이로 볼 때에, 향찰 '體'가 '텨'를 표기한 것은 그 당시의 '體'의 음의 하나가, 특히 균여의 향가(10세기)에서만 나오는 '體'의 음의 하나가 '텨'였음을 가능하게 한다.

이런 사실은 다른 세 차원에서도 그 설명이 가능하다. 그 하나는 한자 '體'가 속한 '薺'운은 '齊'운 및 '霽'운과 함께 '蟹'攝 四等에 속하는데, 이 '齊'운 및 '霽'운에 속한 한자들의 음이 'ㅖ>ㅕ'로 변했다는 것이다. 다른 하나는 '體'가 속한 '薺'운의 한자음에 'ㅖ'와 'ㅕ'가 공존한다는 것이다. 마지막 하나는 차제자 원리의 차원이다. 이를 차례로 보자.

먼저 한자 '體'가 속한 '薺'운과 함께 '蟹'攝 四等에 속한 '齊'운 및 '霽'운 한자들의 음이 'ㅖ>ㅕ'로 변했다는 사실을 보자.

(13) 齊 [廣韻] 徂奚切 [集韻] [韻會] [正韻] 前西切 音臍 齊平聲 chyi
　　　[集韻] 子計切 音霽 齊去聲
　　妻 [廣韻] 七稽切 [集韻] [韻會] [正韻] 千西切 音凄　齊平聲　chi
　　西 [廣韻] 先稽切 [集韻] [韻會] [正韻] 先齊切 音栖　齊平聲　shi

(13)의 세 한자들은 '齊'운에 속한 한자들이다. 이 인용에서 보면 '齊'의 음이 '졔/재>져>지'로 변했음을 보여준다. 즉 '子計切'은 '졔'를, '徂奚切'은 '재'를, '前西切'은 '졔>져'를, '齊'의 중국어 현대음은 '지'를 각각 보여준다. 그리고 '妻'는 '七稽切'로 보면 '톄'이고, '千西切'로 보면 '톄>텨'이며, 현대음으로 보면 '치'이다. 그리고 '西'는 '先稽切'로 보면 '셰'이고, '先齊切'로 보면 '셰>셔'이며, 현대음으로 보면 '시'이다. 이런 사실들로 보면, 중국 한자의 음에서, '齊'는 '졔/재>져>지'로, '妻'는 '톄>텨>처>치'로, '西'는 '셰>셔>서>시'로 각각 변해 왔음을 정리할 수 있다.

그리고 한국 한자의 음에서, '齊'는 향찰의 음 '뎌'까지 계산할 때에 '뎨>뎌'로, '妻'는 '톄>텨>처'로, '西'는 '셰>셔>서'로 각각 변해 왔음을 정리할 수 있다.

이런 사실은 이 한자들이 속한 '齊'운과 함께 '蟹'攝 四等에 속한 '薺'운의 '體' 역시 '톄>체'와 동시에 '톄>텨'의 음변화를 거쳤음을 말해준다. 이런 사실은 다음의 '體'의 음에서 알 수 있다.

(14) 톄(體): 톄(體, 『동국정운』), 톄면(體面, 『同文類解』 상:22), 톄모 없다(無體統, 『한청문감』 239a)
　　 텨(體): 부텨 나사몰 나토아(『월인천강지곡』 25)

이번에는 '霽'운에 속한 한자들을 보자.

(15) 麗 [廣韻] [集韻] [韻會] 郎計切 [正韻] 力霽切 音隸 霽去聲 lih
制 [廣韻] [集韻] [韻會] [正韻] 征例切 音志 霽去聲 jyh
勢 [集韻] [韻會] [正韻] 始制切 音世 霽去聲 shyh
細 [廣韻] 蘇計切 [集韻] [正韻] 思計切 音○ 霽去聲 shih
誓 [廣韻] [集韻] [韻會] 時制切 音逝 霽去聲 shyih
底 [廣韻] 都禮切 [集韻] [韻會] [正韻] 典禮切 音邸 霽去聲 dii
第 [廣韻] 特計切 [集韻] [韻會] [正韻] 大計切 音弟 霽去聲 dih

(15)의 한자들은 '蟹'攝 四等의 '霽'운에 속한 한자들이다. 이 한자들은 위의 정리로 보아, 그 모음이 'ㅖ〉ㅕ〉ㅣ'로 변화하였음을 가늠하게 한다. 이 역시 이 한자들이 속한 '霽'운과 함께 '蟹'攝 四等에 속한 '薺'운의 '體'가 '톄〉체'는 물론 '톄〉텨'로 변한 사실을 말해준다.

그리고 이 (15)에 속한 한자들은 그 한자음이 한국에서 'ㅖ'가 'ㅕ'로 변한 사실과 'ㅖ'와 'ㅕ'가 공존했던 사실을 다음과 같이 보여준다.

(16) 권셰(權勢): 온통과 권세 싱ᄒ며(『소학언해』 6:117)
　　권셔(權勢): 권셔를 의거ᄒ야(權勢)(『번역소학』 8:12)
　　　　　　父兄의 권셔를 의거ᄒ야(勢)(『소학언해』 5:92)
　　유셰(有勢): 유셰훈 벼스른(『소학언해』 5:25)
　　유셔(有勢): 시절을 조차 유셔 훈디(『번역소학』 8:21)
　　ᄌ셰(仔細): ᄌ셰 샹(詳)(『유합』 하:60, 『석봉천자문』 38)
　　　　　　녜 ᄌ셰 드ᄅ라(『은중경언해』 3)
　　ᄌ셔(仔細): ᄌ셔히 信ᄒ고(『육조법보단경언해』 상:82)
　　　　　　ᄌ셔훈 사ᄅᆷ(『역어유해』 상:28)
　　ᄌ시(仔細): 그 말을 ᄌ시 긔록 ᄒ엿더니(『태평광기언해』 1:32)
　　　　　　사연은 ᄌ시 아와ᄉ오니(「숙종 언간」)
　　밍셰(盟誓): 큰 밍셰닐어(『두시언해초간』 상:24)
　　　　　　주고모로 밍셰ᄒ고(『동국신속삼강행실도』 烈:1)
　　밍셔(盟誓): 밍셧 밍(盟)(『훈몽자회』 하:32)
　　　　　　밍셔 밍(盟), 밍셔 셔(誓)(『유합』 하:14)

(16)에서 보듯이 '霽'운에 속한 한자들의 한국음 일부에서는 그 모음으로 'ㅖ'와 'ㅕ'가 동시에 존재하였었다. 즉 권셰(權勢):권셔(權勢), 유셰(有勢):유셔(有勢), ᄌ셰(仔

細):ᄌᆞ셔(仔細), 밍셰(盟誓):밍셔(盟誓) 등을 보여준다. 이 예들은 '霽'운에 속한 한자의 한국음 일부에서는 그 운으로 'ㅖ'와 'ㅕ'가 동시에 존재하였다는 사실을 말해준다. 이런 사실은 이 한자들과 함께 '蟹'攝 四等에 속한 '體'의 당시 모음도 'ㅖ'와 'ㅕ'이었음을 암시한다.

마지막으로 차제자 원리의 차원에서 보자. 차제자는 한자의 그 당시의 음이나 훈을 이용한다. 그리고 차제자 원리에서 어떤 한자를 그 한자음에서 운미 '-i'를 삭제한 나머지 음의 표기에 대응하는 경우는 없다.

이상과 같은 점들에서 '佛体'의 '体'(텨)는 '体'의 당시음을 이용한 전음독자라고 정리할 수 있다.

4.2.2. '直体良焉多衣'의 '体'

이 절에서는 '直体良焉多衣'(〈광수공양가〉)의 '体'를 정리하려 한다. '直体良焉多衣'에 대한 기왕의 해독들은 상당히 복잡하다. 그런데 이 복잡한 해독들을 다른 글(양희철 2008a:215-221)에서 자세히 변증한 바가 있다. 그 글을 간단하게 인용하면서 다시 확인하려 한다. '直体良焉多衣'의 '体'는 '티, 디, 툐, 텨' 등으로 읽고 있다. 그런데 '티, 디, 툐' 등은 '体'의 음인 '볘〉텨/쳐〉티/치'를 벗어났다는 점에서, '텨'로 읽은 해독들만을 보자.

(17) 가. 고텨란 까이(김선기 1975b)
　　　나. 고텨(/티)ㄹ안 까이(김선기 1993)
　　　다. 고텨언대(김준영 1964, 1979)
　　　라. 고텨란대(유창균 1994)
　　　마. 곧텨 알언 ᄃᆞ의(양희철 2008a)

(17가)에서는 '焉'을 '난'으로 읽은 문제를 보인다. 그리고 '이'의 고대형이 '아'라는 추측 역시 이해할 수 없으며, '多衣'를 '까이'(크도다)로 읽었는데, 이것들도 문제를 보인다. 이런 점들에서 '고텨란 까이'의 해독을 인정할 수 없다.

(17나)에서는 (17가)와 거의 비슷하게 보고 있다. 즉 '고틸 이(사람)은 크도다'의 의미로 보았는데, '아'가 '이(사람)'라고 보는 데는 한계가 있다.

(17다)에서는 '焉'의 음을 살렸지만, 현대역을 '고쳐 켜는데'로 하여, 해독 '언대'와 현대역 '켜는데'가 연결되지 않는 문제를 보인다.

(17라)에서 '고티어+디/듸'로 읽고 이를 '고티어란디>고텨란대'로 보면서 그 현대역을 '바루는데'로 달았다. '고티어+디/듸'가 '고티어란디>고텨란대'라고 본 데에 문제가 있어 보인다.

(17마)에서는 '直体良焉多衣'를 '直体 良焉 多衣'으로 끊고, '고쳐 좋은 곳에'의 의미인 '곧텨 알온 드의'로 읽었다. '良'은 '좋다'의 의미인 '알-'로 읽었다. 이런 '良'의 훈은 『금강경삼가언해』(四:25)의 "알온 거스란 그 아로몰 므더니 너기고"(長者란 任其長ᄒ고)와 서재극이 보여준 『천자문』(광주판)에 나타난 '良'의 훈 '알'에서 확인할 수 있다. 그리고 이 '알-'은 '알짜, 알속, 알맞다, 아름답다' 등의 '알-'과 같은 것이다.

이렇게 볼 때에, '直体'의 '体'는 그 당시의 음이 '텨'라고 할 수 있다. 그리고 이 '体'(텨)는 '体'의 당시음인 '텨'를 이용한 전음독자라고 할 수 있다.

4.2.3. '迷悟同体叱'의 '体'

'迷悟同体叱'(〈수희공덕가〉)의 '体'는 '同体'라는 한자의 일부이다. 이를 읽은 해독들은 다음의 네 종류이다.

(18) 가. 迷悟同体ㅅ(오구라 1929; 신태현 1940; 양주동 1942 등등)
　　　나. 미오동체ㅅ(정열모 1947)
　　　다. 미오동쳬ㅅ(김상억 1974)
　　　라. 메오 똥톌(김선기 1975a)

(18가)에서는 '迷悟同体'의 한자를 그대로 쓰고 있다. 틀린 것은 아니지만, 읽을 때에 그 구체적인 발음이 어느 것인가를 알 수 없는 문제를 보인다. (18나, 다) 등은 '체, 쳬' 등으로 읽어 근현대음을 보인다. 그리고 (18라)는 중고음 '톌'를 보인다. 모든 해독들이 '텨'가 아닌 '체, 쳬, 톌' 등을 보인다는 점에서, '톌'로 읽고자 한다. 한자 '体'의 당시 음은 '텨'인 동시에 '톌'이다. '톌'는 『동국정운』에서 확인된다. 그런데 향찰 '부텨'와 '곧텨'의 '텨'를 제외한 한자에서는 '톌'로 읽고 있다는 점에서, 이 '迷悟同体'의 '体' 역시 '톌'라고 정리한다.

이상과 같이 볼 때에, 향찰 '体'는 신구음(톌, 텨)이 혼용된 향찰이라고 정리할 수 있다.

5. 결론

　지금까지 신구음(新舊音)이 교체되거나 혼용된 문제 향찰 '喩, 肹, 希, 支, 尸, 体' 등을 검토 정리하였다. 그 결과를 요약하여 결론을 대신하면 다음과 같다.
　1) 모든 차제자 중에서 음을 이용한 것들은 그 당시의 음을 반영한다는 점, '喩'(두)를 상정할 때에, 후대의 '喩'(디)와의 연결과 설명이 가능하다는 점, '不喩'의 '-喩'는 몽고문어의 부정사 'andū'의 '-dū'와 대응하고, 퉁구스어의 부정사 'anči'와 'ačin(〈*anči-n)'의 '-či(-)'는 '-ču(-)'의 전설모음화라는 점, 부정사 '아니'는 '안두〉안디(/안지)〉안이(/아니)'로 변해온 결과이고, '不'의 훈 역시 '아두〉안디(/안지)〉안이(/아니)'로 변해왔다는 점 등으로 보아, '喩'의 표기음은 '두〉디'로 교체되었다고 보았고, '不喩'를 '안두'로, '不喩仁'을 '안딘'으로 각각 읽었다.
　2) 향찰 '肹'에 대한 기왕의 해독은 '?(미상), 그흘, 글, 까, 깔, ㄹ, 롤, 를, 올, 을, ㅎ, 흐, 홀, 할, 호, 흘, 히, 힐' 등의 18종으로 읽어 왔다. 그리고 한자 '肹'의 음을 '흘'로 보던 때에도, '慚肹伊賜等'과 '次肹伊遣'의 두 '肹'은 그 음이 '글'이 아닌가가 조심스럽게 언급되면서, '肹'을 '글'로 읽을 수 있는 가능성을 보여주었다.
　3) 강길운은 한자 '肹'의 음이 '글〉흘'로 변했고, 대격어미가 '글〉흘〉을'로 변했다는 점에서, 신라 향가의 '肹'은 '글'로, 고려 향가의 '肹'(德海肹, 〈칭찬여래가〉)은 '흘'로 읽었다.
　4) '二肹隱'을 '버글은'으로 읽은 경우도 있으나, '二'의 훈으로 본 '버글'은 '次'와 같은 '貳, 二'(=第二也)의 훈이지, '二'(two)의 훈이 아니며, 〈처용가〉에는 '奪叱良乙'의 '乙'도 나온다는 점에서, '二肹隱'은 '두흘은'으로 읽고, '肹'은 '흘'로 읽어야 한다.
　5) 향찰 '肹'은 구음(舊音) '글'에서 신음(新音) '흘'로 교체된 향찰이라고 할 수 있다.
　6) 향찰 '希'의 신라 한자음은 '긔[ki]'로, 고려 한자음은 '희[hï]'로 정리된다는 점에서, '邊希'(〈헌화가〉)는 '굳긔'로, '磧惡希'(〈찬기파랑가〉)는 '지벽아긔'로, '尊衣希'(〈원왕생가〉)는 '尊의긔'로, '佛會阿希'(〈청전법륜가〉)는 '佛會아희'로 정리된다.
　7) 향찰 '希'는 '긔'에서 '희'로 교체되었다고 정리할 수 있다.
　8) 한자 '支'의 음은 양주동이 정리한 '기'와 남풍현이 정리한 '디'가 모두 인정된다. 그리고 구결에서 보이는 '如支(돌/ᄃ디)'와 '-如支(돌/ᄃ디)'는 '出隱伊音 叱 如支'와 '沙矣 以支如支'의 '如支'와 '-如支'를 '돌/ᄃ디'와 '-돌/ᄃ디'로 읽을 수 있게 하였다. 이에 비해 '持以支', '好支 賜烏隱', '墮支 行齊', '生以支 所音', '逢烏支 惡知', '誰支下焉古' 등의 '支'들은 '기'로 읽었다. '明期'의 '期' 역시 '기'로 읽었다. 결국 향찰 '支'는

'기'와 '디'가 혼용된 향찰이라 할 수 있다.

9) 'ア'가 '리'와 '시'로 사용된 예들은 고지명, 향찰, 구결 등에서 확인된다.

10) 'ア'를 'ㄼ/ㄿ'으로 읽은 해독들은 차제자 원리의 측면에서의 한계, 15세기 한글식 사고를 벗어나지 못한 한계, 이중적 음가를 인정한 한계, '리'나 '시'로 읽히는 'ア'와 'ア'는 'ㄼ/ㄿ'으로 읽을 수 없다는 한계 등을 보인다.

11) 차제자 'ア/ア'는 'ㄹ, 리, ㅅ, 시' 등의 표기이며, '리'와 '시'는 한자 'ア/리/시'의 음을 이용한 전음독자이고, 'ㄹ'과 'ㅅ'은 한자 'ア/리/시'의 초성을 이용한 약음독자이다. 그리고 차제자 'ア/ア'의 본자는 한자 'ア'이며, 한자 'ア'의 음은 '리'에서 '시'로 변했다.

12) '佛体'와 '直体'의 '体'는 '텨'로 읽히며, '同体'의 '体'는 '톄'로 읽힌다. 그리고 '体'는 그 당시에 신구음이 혼용된 것으로 판단된다.

이상과 같이 볼 때에, '喩, 肹, 希' 등은 신구음이 교체된 문제 향찰이고, '支, ア, 体' 등은 신구음이 겸용/혼용된 문제 향찰로 정리할 수 있다. 이렇게 신구음이 교체되거나 겸용/혼용된 향찰들이 있다는 점에서, 어느 향찰이나 어느 하나로 통일하여 읽으려는 태도는 지양해야 할 것으로 생각한다.

의독자의 문제 향찰

1. 서론

 이 글은 중요한 문제 향찰 중에서 한자의 의/훈으로 읽은 의독자의 향찰 '夘, 巴, 閪, 冬, 將, 頓, 向, 中, 白' 등을 검토 정리하기 위하여 썼다.
 한자의 의/훈으로 읽은 향찰 중에서, 상당수는 쉽게 한자의 의/훈으로 읽을 수 있었다. 그러나 이 글에서 정리하려는 향찰들은 쉽게 한자의 의/훈으로 읽을 수 없었다. 그 이유는 다음의 네 가지로 정리된다.
 첫째는 향찰로 쓰인 한자가 이체자(속자 또는 약자)라는 사실을 몰랐던 경우이다. 이에 속한 향찰로 '夘'와 '巴'가 있다.
 '夘'의 경우에 선행 해독들은 세 유형으로 나뉜다. 첫째는 '夘乙'을 '卵乙'로 보고, '란, 알을, 알' 등으로 읽은 유형이다. 둘째는 '夘乙'을 '夗乙'로 보고, '뒹굴, 누버뒹굴, 딩굴' 등으로 읽은 유형이다. 셋째는 '夘乙'을 '卯乙'로 보고, '몰, 돍을, 도깨를, 물/더블' 등으로 읽은 유형이다. 첫째와 둘째의 유형에 속한 해독들은 '夘'가 '卯'의 속자라는 사실을 모르고 읽은 해독이다. 그리고 셋째 유형에 속한 해독들은 〈서동요〉의 기능이 배경 설화에 부합하지 않은 문제를 보인다.
 '巴'의 경우에는 한자 '巴'의 음과 의/훈 어느 것으로 읽은 해독도 〈도솔가〉의 문맥에 부합하지 않는 문제를 보인다.
 둘째는 향찰로 쓰인 한자가 국내에서 만든 국자(國字)로, 그 훈을 이두에서 유추해야 하는 경우이다. 이에 속한 향찰로 '閪'가 있다. 이 '閪'를 그 음 '셔, 세'와 그 훈 '잃-'로 읽고 있으나 의견의 일치를 보이지 못하고 있다.
 셋째는 향찰로 쓰인 한자의 의/훈이 소멸된 경우이다. 이에 속한 향찰로 '冬'과 '將'이 있다.
 '冬'의 경우에는 그 해독이 '들'과 '둘'로 좁혀지고 있다. '들'의 경우에는 이두, 지명, 인접 언어와의 비교 등을 통하여 그 논거를 확대하면서 '冬'의 고훈이 '(둘〉)들'일 것으로 추정하고 있으나, '돌'의 경우에는 그 논거를 정리하지 못하고 있다.

'將'의 경우에는 매우 다양하게 읽어 왔으며, '將來'를 '-려-'로 읽은 해독이 주류를 이루지만, 문맥에 부합하지 않는 문제를 보인다. 문맥에 부합하는 '將/아/어/여'는 오히려 관심 밖으로 밀려난 문제를 보였다.

넷째는 향찰로 쓰인 한자의 의/훈을 복수로 사용한 경우이다. 이에 속한 향찰로는 '頓, 向, 中, 白' 등이 있다. '頓, 向, 中' 등의 경우에는 하나의 의/훈이 소멸되고, 다른 의/훈이 현재는 매우 드물게 쓰이고 있다. 이로 인해 '頓, 向, 中' 등의 경우에는 각각의 음과 의/훈으로 매우 다양하게 읽고 있지만, 의견의 일치를 보이지 못하고 있었다. 이에 비해 '白'의 경우에는 우리가 익숙하게 알고 있는 '힌, 솖, 숩' 등은 물론 '붉'으로 쓰인 경우를 보여주기도 한다.

이렇게 향찰 '夘, 巴, 閪, 冬, 將, 頓, 向, 中, 白' 등은 해독에서 문제를 보이므로, 이 향찰들을 개별 논문을 쓰고, 이 논문들을 3권의 책(양희철 2008a, 2013a, 2015a)에 수록한 바가 있다. 그리고 이 중에서 '夘'와 '巴'는 요약을 하면서 수정 보완을 하여 다른 책(양희철 2020)에 수록한 바가 있다. 이 두 향찰은 이 요약본을 옮긴다. 그리고 '閪, 冬, 將, 頓, 向, 中' 등은 앞의 책들에 수록한 내용을 요약하면서 수정 보완을 하고, '白'의 경우는 이 글에서 처음으로 간단하게 정리를 하려 한다.

2. 이체자(夘/톳기, 巴/잡)와 국자(閪/서둘)

이 장에서 이체자(夘/톳기, 巴/잡)와 국자(閪/서둘)를 정리하고자 한다.

2.1. 夘/톳기

향찰 '夘'의 자형 판독과 해독에서 매우 많은 논쟁이 있어 왔다. 그러나 정우영(2007: 265-266)이 동양 삼국의 대자전들에서 '夘'가 '묘, 원'의 두 음을 가지며, '묘'로 읽히는 '夘'는 '卯'의 속자이고, '원'으로 읽히는 '夘'은 '夗' 자와 같은 동자로 정리되어 있음을 소개하고, 이를 바탕으로 양희철(2009, 2015a)이 향찰 '夘'를 해독하고, 그 해독을 문학적인 차원에서 검증하면서, 그 해독이 거의 정리된 것 같다. 그 내용을 간단하게 인용하면 다음과 같다.

선행 연구들은 세 유형을 보이므로 유형별로 정리한다.

'夘乙'을 '卵乙'로 보고, '란, 알을, 알' 등으로 해독한 경우들이 많다. 홍기문(1956)은 '바므란'의 '란'으로, 정열모(1965)는 '아룰'의 '알'로 읽었고, 그 후에 서재극(1975), 홍재휴(1983), 정우영(2007) 등에 의해 '알'로 읽는 해독의 논리가 강화되었다. 박재민(2009a, 2013a)은 '夘'를 '卵'으로 판독하는 선을 넘어서 '夘'를 '卵'의 이체자(異體字)로 보았다. 이 해독들은 『삼국유사』에서 '卵'의 오자(誤字)로 드물게 쓰인 '夘'의 예들과, '卵'은 대부분 '夘'로 나타난다는 주장에 근거해, '夘'를 '卵'으로 보고 '알'로 읽은 것이다. 그러나 '夘'가 '卵'의 오자로 사용된 예들은 서재극과 홍재휴가 제시한 서너 개가 전부이고, '卵'은 대부분이 '夘'가 아니라 '夗'으로 나타난다. 그리고 '알'은 안고 갈 대상이 아니고, '서동방을 알 안고가다'에서 '서동방'은 장소이며, '알 안고'는 부화 행위이고, '알'에는 '알몸'이나 '금'의 의미가 없다. 이런 점들에서, 이 해독들은 부정적이다.

'夘乙'을 '夗乙'로 보고, '딩굴, 누버딩굴, 딩굴' 등으로 해독한 경우들도 있다. '夘'를 '卵'으로 판독한 주장들이 주류를 이루는 가운데, 김웅배(1982), 심재기(1989), 금기창(1993), 윤철중(1997) 등에 의해 '夘'는 '夗'과 같은 글자라는 사실, 즉 일본 사전에 등재되어 있다는 사실이 소개되고, 이 '夗'의 훈으로 읽은 해독들이 나왔다. 특히 윤철중(1997)은 『삼국유사』에 나온 '卯, 卵, 夗' 등의 속자와 오자들을 통계적으로 보아, '夘'는 '卯'일 수 있다고 언급을 하였고, 정우영(2007)은 한중일 동양 삼국의 사전들에, '夘'는 '卯'의 속자이며, '夗'과 같은 글자라는 사실이 등재되어 있다는 사실을 제시하면서도, '夘乙'을 '夗乙'로 보았다. 이렇게 중요한 통계와 자료를 제시하면서도, 이 두 분은 그 당시의 시류에 밀려, 〈서동요〉의 '夘'를 '卯'의 속자로 정리하지 못하고, '夘'를 '夗'과 '卵'으로 보았다. 이 해독들은 '夘'이 '夗'의 동자(同字)라는 점에서는 그 가능성을 갖는다. 그러나 『삼국유사』에서 '夗'이 '夘'으로 쓰인 예가 하나도 없다는 문제와, '딩굴/딩굴(고) 안고'는 '안고 딩굴/딩굴'의 어순으로 쓴다는 문제를 보인다.

'夘'는 아유가이(1923) 오구라(1929) 유창선(1936c) 등에 의해 '卯'로 판독되는 가운데, 양주동(1942)에 의해 '卯'의 속체(俗體), 곧 속자라는 주장이 나왔고, 남풍현(1983)에 의해 그 논거가 보강되었다. 그리고 『삼국유사』에서 "이들(卯, 夘, 邜)의 用處는 모두가 干支에 局限되어 있다."는 干支가 아닌 곳에서 '夘'가 '卵'의 오자(誤字)로도 나온다는 점에서 잘못된 주장이다. 이 잘못된 주장에 근거해서 '夘乙'의 '夘'가 '卯'가 아니라고 본 주장은, 일차적으로 잘못된 주장에 근거했다는 점에서 틀린 주장이고, 이차적으로 干支가 아닌 곳에서 '卯, 夘, 邜' 등이 아닌 글자로 나타난 적이 없다는 점에서, 이 주장은 〈서동요〉의 '夘'가 '卯'의 속자일 가능성을 부정하지 못한다.

'夘乙'을 '卯乙'로 보고, '卯'의 음과 훈으로 해독한 경우들도 많다. '卯'를 음으로 해독한 경우에, '묘'를 제외한 나머지 해독들은 '묘'의 음을 벗어났고, 통사-의미의 차원과 해독과 현대역의 연결이란 측면에서도 문제를 보인다. '卯'의 훈으로 해독한 '돍을, 도깨를, 물/더블' 등은 '卯'의 훈으로 읽었다고 하지만 훈과는 거리가 멀다. 그리고 해독과 현대역의 연결이란 측면에서도 문제를 보인다.

이에 비해 '夘乙'을 '톳길'로 읽은 해독은 다음의 네 측면에서 정합성을 보인다.

첫째로 '톳길'은 '夘(=卯)'를 그 훈 '톳기'로 '乙'을 '-ㄹ'로 읽었다는 점에서, 향찰의 원리와 운용법의 측면에 부합한다.

둘째로 이 해독은 '톳기(명사)+ㄹ(목적격어미)'의 결합으로 형태소의 연결이 문법적이다.

셋째로 이 해독은 "서동방을(=에/으로) 밤에 토끼(/딸, 아이: 토끼의 은유)를 안고 간다"의 문맥에서와 같이 단어들의 연결이 통사-의미의 측면에서 문제를 보이지 않는다.

넷째로 이 해독 '톳길'과 현대역 '토낄/토끼를'의 연결에 문제가 없다.

이런 점들로 보아 '夘乙'은 '톳길'로 읽어야 한다고 판단을 하였다.

이어서 이 해독은 배경설화의 두 해석 차원에서 보아도 옳다는 사실을 정리하였다.

첫 번째의 해석 차원은 '夘'를 '卯'(톳기)로 해독하여야 배경설화의 논리적 서사진행이 가능하다는 것이다. 즉 '톳기'의 문자적 의미는 아이들이 〈서동요〉를 겁 없이 부를 수 있는 서사진행을, '톳기'의 비유적 의미인 '아이, 딸' 등은 왕과 신하들이 노래를 진실로 믿고 공주를 유배시키는 서사진행을, 공주가 노래의 효험을 믿고 서동을 따르는 서사진행을 모두 논리적으로 가능하게 한다는 점이다. 이에는 '얼아/어라, 두고, 서동방을, 톳길' 등의 표현들(동음이의어, 다의어, 구문상의 중의, 은유)과 민요의 여러 기능(사실성, 참요성, 주술성) 등이 작용한다. 특히 '톳기'로 읽고 그 문자적 의미인 '토끼'(아이들의 텍스트)와 그 비유적 의미인 '아이, 딸'(왕과 백관의 텍스트, 공주의 텍스트)을 이해하여야 논리적인 서사 진행을 이해할 수 있다.

두 번째의 해석 차원은 '夘'를 '卯'(톳기)로 해독하여야 배경설화의 시작 부분에 나온 '기량난측(器量難測)'의 설명이 가능하다는 것이다. 이 '기량난측'의 설명에는 아이들, 왕, 신하, 공주 등이 노래의 기능을 어떻게 생각할 것인가를 계산하고, '얼아/어라, 두고, 서동방을, 톳길' 등의 표현들(동음이의어, 다의어, 구문상의 중의, 은유)을 포함한 〈서동요〉를 지어서 유포시킨 결과 자신이 계획한 목적을 달성했다는 사실이 소용된다.

이런 두 해석의 차원으로 보아도, '夘'를 '톳기'로 해독한 것이 옳다고 정리할 수 있다. 이때 '夘'는 '卯'의 이체자 또는 변체자, 그중에서도 속자이다.

2.2. 巴/잡

巴寶白乎隱의 '巴' 역시 많은 논쟁이 있어온 향찰이다. 이 향찰은 '把'의 이체자/변체자, 그중에서도 약자로 판단된다. 그 이유는 '巴, 寶, 白' 등의 해독은 물론, 해당구와 해시(解詩)의 관계에 있다.

먼저 '巴'의 해독은 '巴' 자 자체의 해독은 물론, 해당구인 '巴寶白乎隱 花良'와 해시의 挑送靑雲一片花의 관계가 문제된다. '寶'의 경우는 그 음 '보'를 살려서 읽었는가 하는 문제이다. '白'의 경우는 '숣, 숩, 습' 등으로 읽고, 상대존대법의 선어말어미로 해석하고 있는데, '花/곶'이 상대존대법을 써야 하는 존재인가는 진지하게 검토해야 할 문제로 보인다. 이 문제들을 간단하게 정리하면 다음과 같다.

'寶'의 음 '보'를 살리거나, '巴寶白乎隱'을 붙여서 읽은 해독들을 먼저 정리하면 다음의 다섯 유형으로 정리된다.

(1) 가. 보-: 보내온(보내온, 신태현 1940)
    나. 곱-: 고보술본(짓궂은, 정열모 1965)
    다. 뽑-: 보보숣온(솟구쳐 올리는, 김준영 1964), 바보술본(뽑사와 뿌린, 류렬 2003), 보보습온(뽑은, 박재민 2009b)
    라. 봅-: ㅂ보술본(솟구온, 서재극 1975), 보보숣온(돋아 보내신, 김준영 1979), 보보술본(솟아나게 한, 김완진 1980), 봅오술본(날려 올리온, 지형률 1996), ㅂ보술본(날려 보내는, 신재홍 2000)
    마. 돌-: 돌보술본(은총을 입고 있는, 유창균 1994), 돌보소본(미륵보살을 돌보온, 강길운 1995), 돌보숣온(돌이어 보내온, 지형률 2007)

이 해독들은 巴寶白乎隱을 붙여서 읽었다. 그리고 (1가)를 제외한 나머지 해독들은 '-白-'을 '-숣, 숩, 숩-' 등으로 읽고, 상대존대법의 선어말어미로 보았다. 그런데 문제는 각 해독들을 보면, 모두가 그 현대역에서 이 상대존대법의 선어말어미를 살리지 못하고 있다는 점이다. 이는 巴寶白乎隱 다음에 온 花良의 꽃이 상대존대법을 써야 하는 대상이 아니라는 점과 통한다. 이렇게 결정적인 문제가 있는데도, 이렇게 읽은 이유를 이해하기 어렵다. 이 문제를 해결하려고, (1가)의 해독에서는 '白'을 '內'로 수정하였다. 수정을 인정하는 것이 쉽지 않다.

이렇게 결정적인 결점을 가지고 있는 이 해독들은 이외에 각각 다른 문제도 가지고 있다. 이를 간단하게 정리해 보자.

(1가)의 '보내온'에서는 '보내-'에 해당하는 한자 '送, 遣' 등을 몰라서 '巴內-'로 표기했다고 보기 어렵다.

(1나)의 '고보술본'에서는 "閶苑白水東南流 曲折三廻如巴字 故名三巴"(『三巴記』)에 근거해, '巴'를 '곱(曲)다'로 읽을 수도 있고, '돌(廻)다'로 읽을 수도 있다고 보면서 전자를 취하였다(정열모 1965:158). 이 '곱-'은 '곱(麗)-'의 의미이다. 그러나 해독인 '고보술본'과 그 현대역인 '짓궂은'이 연결되지 않는 문제를 보인다.

(1다)의 '보보솗온'에서는 그 해독에서 '뽑다'의 '봅다'를 보여준 다음에, 이 '봅-'이 '솟구치-'의 '봅-'과도 통한다고 하면서, 그 현대역을 '솟구쳐 올리는'을 취하였다. 이는 巴寶白乎隱의 해독을 해시의 '挑送'(돋아 보내다. 뽑아 보내다.)과 연결시킨 해독이다. '뽑다'에 해당하는 '拔, 選出'과 '돋아 보내다'에 해당하는 '挑送'의 한자를 몰라서 '巴寶-'로 표기했다고 보기가 어렵다. '바보술본'의 해독은 '뽑사와 뿌린'의 현대역과 연결되지 않는다. '보보숩온(뽑은)'의 해독에서는 '보보-'를 '위로 올려 보내다'의 의미로 보았는데, 의미가 유사한 것 같이 보이지만, 쉽게 연결되지 않는다.

(1라)의 해독에서는 '巴寶-'를 '뛰-, 솟구치-' 등의 의미를 가진 '봅-'으로 읽었다. 이 해독은 (1다)의 김준영에서도 보이는데, 김준영은 뜻만 제시하고, 중세어의 예를 제시하지 않다가 이 (1라)에 속한 해독에서 예를 제시하였다. 이 예들은 서재극이 먼저 제시하였다. 그런데 이 해독들은 '-白-'의 의미를 살리지 못한 문제도 있지만, '봅-'의 의미인 '뛰-, 솟구치-' 등을 벗어난 해독을 하고 있다. 즉 'ᄇ보술본'(솟구온)의 현대역을 제외한, '보보숩온'(돋아 보내신), '보보술본'(솟아나게 한), '봅오술본'(날려 올리온), 'ᄇ보술본'(날려 보내는) 등의 현대역에서는 해시의 '挑送'과 적당히 연결하려는 태도를 보이면서, '봅-'의 의미인 '뛰-, 솟구치-' 등을 벗어난 문제를 보인다. 그리고 '挑戰, 挑發, 挑出' 등등에서 '挑'와 '送'을 몰라서 '巴寶-'로 표기했다고 보기가 어렵다.

(1마)의 해독에서는 '巴寶-'의 '巴-'를 '돌-'로 읽었다. 이렇게 '巴-'를 '돌-'로 읽을 수 있는 가능성은 (1가)의 정열모에서 시작되었다. 그 후에 이 '돌-'을 수용하면서, '돌보-'로 읽은 것이 (1마)의 해독들이다. '돌보술본'(은총을 입고 있는)과 '돌보소본'(미륵보살을 돌보온)에서는 '돌보-'를 '돌보-'(顧, 眷, 睠)의 의미로 보았고, '돌보숩온'(돌이어 보내-)에서는 '돌보-'를 '돌이어 보내-'의 의미로 보았다. 전자의 경우는 '顧, 眷, 睠' 등의 한자를 몰라서 '돌보-'를 '巴寶-'로 표기했다고 보기 어렵고, 후자의 경우는 해독의 '돌보-'와 현대역의 '돌이어 보내-'이 잘 연결되지 않는 문제를 보인다.

이렇게 巴寶白乎隱을 한 단위로 읽은 해독들이 '白'의 의미를 살리지 못할 뿐만 아니라, 여타의 문제도 보이자, '巴寶 白乎隱'으로 분리한 해독들이 나왔다.

(2) 가. 고-: 고봄 삶온(현대역 미제시, 김선기 1993)
　　　나. 巴-: 巴寶 술호논(최고의 보배 사뢰는, 정창일 1987)
　　　다. 보-: (불러) 보오 숣온(불러 보오 말씀한, 장영우 1998a, b)
　　　라. 잡-: 자보 숣온(잡고 사뢰온, 양희철 1989, 1997)

(2가)에서는 '巴'를 '己'의 오자로 보고 '己寶'를 '고봄'로 읽었다. 그 뜻을 제시하지 않아(김선기 1993:373), 해독과 의미를 자세히 알 수 없다.

(2나)에서는 '巴寶'를 '최고의 보배'로 보았는데, 쉽게 이해되지 않는다.

(2다)에서는 '唱良 巴寶 白乎隱'를 '불러 보오 숣온'으로 해독하고, '불러 보오 말씀한'의 의미로 보았다(장영우 1998a:224, 1998b:157-158). 소봉사 '보-'를 '巴-'로 표기했다고 볼 수는 있으나, '巴寶'를 '보오'로 해독하는 것이 어렵다. 즉 '寶'를 '보'에서 'ㅂ'을 뺀 '오'로 읽는 것이 쉽지 않다.

(2라)에서는 '巴'를 '把'의 이체자 또는 변체자, 그중에서도 약자로 보고, '巴寶 白乎隱'을 '잡고 사뢰온'의 의미인 '자보 숣온'으로 읽었다. '巴'를 '把'의 이체자 또는 변체자, 그중에서도 약자로 본 근거는, 한자의 자전적 의미보다는 불전어(佛典語)의 실제 사용에 근거한다. 즉 巴鼻를 巴臂라고도 쓰는데, 이때의 巴는 把라는 것이다.

(3) 巴鼻(잡어) 또는 巴臂로 쓴다. 巴는 把이다. 벽암집의 보조서에 이르기를 「송출납승향상파비(頌出衲僧向上巴鼻)」라 했고 … (巴鼻(雜語) 又作巴臂 巴者把也 碧巖集普照序曰 「頌出衲僧向上巴鼻」 …(『불학대사전』 '巴鼻'條).

이렇게 巴가 把일 때에 巴의 훈은 '쥼'(据也) '잡다'(持也·執也) '헤칠'(播也) 등이 된다. 이 세 훈들은 일단 모두가 산화공덕에서 꽃을 잡고 헤치는 행위와 연결된다. 그런데 '巴寶'의 '寶'로 보아 '잡다'만이 가능하다고 생각된다. 왜냐하면 이것들과 '寶'를 연철할 때에, '잡오→자보'만이 가능하기 때문이다. 이렇게 '巴寶'의 '巴'는 '把'의 약자이므로, '巴寶'는 '자보'로 해독해야 될 것이 아닌가 생각한다.

이 해독에 대하여, '巴寶-'와 '挑迗-'의 관계에 대한 설명을 요구할 수 있다. 이는 단순하게 '巴寶-'와 '挑迗-'만을 직접 대응시키려 하지 말고, '巴寶 白乎隱 花良'과 '挑迗靑雲一片花'를 산화공덕의 상황에서 비교해 보는 것이 바람직해 보인다.

우선 '巴寶 白乎隱 花良'과 '挑迗靑雲一片花'은 현격한 차이를 보인다. 두 전반부인 '巴寶 白乎隱'과 '挑迗靑雲'을 보면, '巴寶'와 '挑迗'이 시적 화자의 행동이란 차원에서만 같은 점을 보이며, 두 후반부인 '花良'과 '一片花'도 '花'만 같고 나머지 부분은 다르다. 이런 점들로 보면, '巴寶'와 '挑送'이 같은 의미라고 말할 수 없다. 앞에서 정리한, '巴寶'에 대한 선행 해독의 의미들인 '뽑-, 봄(돋-, 솟구치-), 돌보-' 등을 가져오려 하면, '巴寶白乎隱'의 '-白-'을 살릴 수 없는 문제와 여타의 문제를 보인다. 이런 점에서 '巴寶'와 '挑送'은 산화공덕에서 산화사(散花師)가 화거(華筥) 즉 꽃광주리에서 생화(生花) 또는 오색지(五色紙)로 된 연판(蓮瓣)의 화파(花葩)를 불보살 앞에 산포하기 위하여, 손으로 꽃광주리에서 꽃을 잡고 위로 들어 올리면서 뿌리는 행위에서, '잡고' 부분을 표현한 것이 '巴寶'(자보)이고, '위로 들어 올리면서 뿌리는' 부분을 표현한 것이 '挑送'이라고 판단한다. 이런 사실로 보아, '巴寶'를 '자보'로 읽고, '巴'를 '把'의 이체자/변체자 그중에서도 약자로 보는 데 문제가 없다고 판단한다.

2.3. 闊/서둘

이 절에서는 '闊'의 해독을 검토 정리하고자 한다. '闊'는 朋知良闊尸也(〈청불주세가〉)에 포함되어 있다. 이 朋知良闊尸也는 '朋 知良闊尸也', '朋 知良 闊尸也', '朋知良 闊尸也' 등으로 띄어 읽은 경우와, '知'와 '良'의 위치를 바꾸고 '朋良 知 闊尸也'로 띄어 읽은 경우가 있다. 이 4종류의 띄어 읽기에 따라, 선행 해독들이 보인 문제를 검토 정리한 바(양희철 2008a:53-66)가 있다. 이 중에서 '朋 知良 闊尸也'로 띄어 읽은 경우들만을 인용하면서 설명하고, 나머지 띄어 읽기에서 보이는 문제는 앞의 글로 대신한다.

'朋 知良 闊尸也'로 띄어 읽은 해독에는 다음의 둘이 있다.

(4) 가. 아오샤 벋(을) 알아 일허(생각하여온 벗 알아 잃어, 오구라 1929)
　　나. 아ᄋᆞ실 벋 아라 고티리여(菩提 향하시는 벗 알아 고침이여, 김완진 1980)

(4가)에서는 '闊-'를 '잃-'로 보고, '-尸-'를 연용형의 표기로 보아, '闊尸-'를 '일허'로 읽고, '-也'를 연용형의 아래에 첨기된 특별한 의미가 없는 것으로 보았다. 이 해독에서는 '-尸'를 그 음과 뜻에도 없는 '-어'로 읽은 문제와, '-也'를 특별한 의미가 없는 첨기자로 본 문제 등이 있다.

(4나)에서는 '闊'를 '醫'로 고친 해독이다. 글자 자체가 유사하지 않고, 고치지 않아도 해독이 가능하다는 점에서 문제가 있어 보인다.

이렇게 朋知良闊尸也를 '朋 知良 闊尸也'로 띄어 읽은 해독들은 문제를 보이지만, 보완하면 해독이 완결될 것 같다.

먼저 양주동의 글을 보자. "闋 音借「셰」.「闋」는 東國의 造俗字「闋失」에 專用된다. 近世音「셔」이나 古音은「西」와 같이「셰」"(1942:808)라고 정리를 하였다. 그 다음에 『大明律直解』에서 '闋失'이 '遺失'에 대응하는 예를 들고, "我國多字書所無之字, …恔儱失物 稱闋"(『晝永編』)를 인용한 후에, "「闋失」은「失物」의 義.「셔」의 義 未詳, 或「시」(漏)의 音譯, 或은 現代語「셔두르」의「셔」와 同義가 아닌가."라고 다양한 가능성을 열어 놓았다. 이를 참고하면서 자료들을 좀더 보자.

우선 '闋'의 용례를 정리하면서 그 음과 뜻을 정리해 보자. '闋音셔'(『주영편』)와 '闋音西'(『오주연문장전산고』)로 보아, '闋'의 音은 '西(셔/셰)'이다. 다음으로 이 '闋'의 뜻이 무엇이냐 하는 문제가 있다. 이를 말해주는 것으로 먼저 "속훈유실왈서실(俗訓遺失日闋失)"(『오주연문장전산고』)이 있다. 이는 '闋失'이 '遺失'과 그 의미에서 대응함을 말해주는데, 이런 예를 좀더 보면 다음과 같다.

(5) 가. 誤毀遺失官物之類 (官物乙誤錯亦損毀闋失爲乎事,『大明律直解』1:17)
　　　遺失制書印信巡牌者杖九十 (王旨及印信巡牌等乙闋失爲在乙良杖九十,『大明律直解』3:3)
　　나. 若有損失者依毀失官物律坐罪追倍 (闋失爲旀 破毀爲在乙良 官物壞失例以與罪生徵納官,『大明律直解』7:6)
　　　及失火延燒或盜賊劫奪事出不測而有損失者申告所在官司 (失火盜賊等乙仍于闋失爲如中 所在官司良中 申報爲良在等,『大明律直解』7:11)
　　다. 詐言死失者准竊盜論減一等並追物還主其被水火盜賊費失及畜産病死有顯跡者勿論 (故死闋失爲乎所乙妄稱爲在乙良竊盜例以准論爲減一等爲遺本物乙良還徵給主爲乎矣水火盜賊良中闋失爲旀牛馬等亦病死顯跡明白爲在乙良勿論罪爲乎事,『大明律直解』9:2)
　　　以致屍失者杖一百 (屍體乙闋失爲在乙良杖一百齊,『大明律直解』18:14-16)

(5가)의 두 예는 양주동이 인용한 것들이다. 괄호 안에 쓴 『대명률(大明律)』의 '유실(遺失)'은 『대명률직해』에서 '闋失'과 대응하고 있다. 이런 용례는 다른 부분들인 『대명률직해』(1:15, 9:2-3, 11:2, 12:2)에서도 보인다.

(5나)의 두 예에서 보면, 『대명률』의 '損失'은 『대명률직해』의 '闋失'과 대응하고 있다.

(5다)의 두 예에서 보면, 『대명률』의 '失'은 『대명률직해』의 '闋失'과 대응하고 있다.

이렇게 볼 때에, 한자 '遺失, 損失, 失' 등은 이두 '闋失'과 대응하는데, 이 대응에서 '闋'의 두 의미를 우선 정리할 수 있다.

하나의 의미는 양주동이 "「셔」의 義 未詳, 或「식」(漏)의 音譯, 或은 現代語「셔두르」의「셔」와 同義가 아닐가."에서 보이는 '서두르다/서둘다'이다. 한자 '遺'의 의미로 '망야/실야(亡也/失也), 결루야(缺漏也), 질야(疾也)' 등이 있다. 이 중에서 '질야(疾也)'는 '신속야/급야/첩속야(迅速也/急也/倢速也)'로 '서두르다/서둘다'의 의미이다. 이 의미는 뒤에 볼 "공총실물칭서(倥偬失物稱闍)"의 '공총(倥偬)'에서 명확하게 된다. 이 의미로 본다면, '闍失'과 '遺失'의 대응에서 '闍'와 '遺'는 모두 '疾也'(서둘다)의 의미라 할 수 있다.

다른 하나의 의미는 '잃다'의 의미이다. '遺'와 '損' 모두에 '失'의 의미가 있다는 점에서, '遺失'(遺=失)과 '損失'에 대응한 '闍失'의 '闍'는 '失'(잃다)의 의미라 할 수 있다. 이 의미 때문에 '失'을 '闍失'로 옮기는 것도 가능했다고 할 수 있다.

'闍'의 또 다른 의미는 다음의 인용에서 찾아진다.

(6) 我國多字書所無之字, … 倥偬失物 稱闍 (『주영편』)

이 인용에서 보면, '闍'는 '공총실물(倥偬失物)'의 의미이다. '공총(倥偬)'은 '사다야(事多也)'와 '사박촉야(事迫促也)'의 의미인데, 후자는 두 가지 의미를 갖는다. 하나는 '일이 급하다'이고, 다른 하나는 '일을 서두르다/서둘다'이다. 한자 '박(迫)'에는 '급야(急也)'와 '최촉(催促)'의 의미가 있다. 그리고 한자 '촉(促)'에는 '급속야(急速也)'와 '취(趣)'(=催)의 의미가 있다. 이로 보면, '박촉(迫促)'은 '다그쳐(/급히) 재촉하다'의 의미를 갖는데, 이 의미는 '서두르다/서둘다'(바삐 나대거나 급하게 하다)와 통한다. 이 '공총(倥偬)'의 의미를 계산하면서 '공총실물(倥偬失物)'을 해석하면, '서두르다/서둘다 물건을 잃다'의 의미가 된다.

이런 점들로 본다면, '闍'의 음은 '셔/셰'이고, 그 의미는 '서두르다/서둘다, 잃다, 서두르다/서둘다 잃다' 등의 셋이라고 정리할 수 있다.

이제 '闍尸也'를 어떻게 읽을 것인가를 보자. 이 '闍-'는 '-尸也(ㄹ라/ㄹ야)'와의 연결상, 음의독자로 보아 '闍'(셔/셰)로 읽을 수는 없고, 실의독자(/훈독자)로 보아 '서두르/서둘-'로 읽을 수도 있다. 그 의미는 '서두르다/서둘다, 잃다, 서두르다/서둘다 잃다' 등이 모두 가능하다. '서두르다/서둘다'는 문맥상 '(열반 왕생을) 서두르다/서둘다'이고, '잃다'는 문맥상 '(화연을 다하였으나 이 세상에 머물기를 청원하는 벗을) 잃다'이며, '서두르다/서둘다 잃다'는 문맥상 '(열반 왕생을) 서두르다/서둘다 (화연을 다하였으나 이 세상에 머물기를 청원하는 벗을) 잃다'이다. 이렇게 세 의미가 문맥에서도 가능하지만, 바로 이어서 볼 번역시의 '담진성회유감연(談眞盛會猶堪戀)'에서 '유감연(猶堪戀)' 만을 보여준다는 점에서 '閼'를 실의독자(/훈독자)로 보아 '셔두르다/서둘다'를 취하려 한다. 그리고 '-尸也'는 '-ㄹ라'와 '-ㄹ야'의 해독이 가능하지만, 문맥상 전자를 택한다.

이 해독의 가능성은 한역시인 〈청불주세송〉과 향가인 〈청불주세가〉의 비교에서도 확인된다.

(7) 談眞盛會猶堪戀(제5행)   向屋賜尸 朋知良 閼尸也(제6구)
                                    伊 知皆矣 爲米(제7구)
    滯俗群迷實可憐(제6행)   道尸迷反群良哀呂舌(제8구)
    (〈청불주세송〉)   (〈청불주세가〉)

한역시의 제5·6행을 번역하면, "眞을 이야기하는 성회(盛會)를 오히려 연모하니, 속세에 빠진 미혹한 무리 실로 불쌍하리."가 된다. 이 번역에서 '감(堪)'은 '흠(欽)'의 의미로 볼 수도 있지만, '유감연(猶堪戀)'이 '실가련(實可憐)'과 대가 된다는 점에서, 조자(助字) '可'로 보았다. 게다가 '담진성회(談眞盛會)'도 '체속군미(滯俗群迷)'와 대가 되는데, 이 사실은 '담진성회'가 열반 세계의 성회라는 점과 일치한다. 그리고 한역시의 전반부(제5행)는 후반부(제6행)의 이유가 된다. 이 이유를 보여주는 것이 향가의 제7구인 "伊知 皆矣 爲米"이다. 그런데 한역시의 제5행과 향가의 제6구가 표면상 연결되지 않고 있는데, 이는 이면 내용을 볼 때에, 이해가 가능해진다. 열반 세계의 보살님이나 부처님은 세속의 화연을 마치고 그곳으로 들 성인이나 현자를 위하여 베풀어줄 '담진성회'에서 성인(/현자)을 대면하게 된다. 이 대면에서, 세속의 화연을 마치고 그곳으로 들 성인(/현자)을 '대면하오실' 주체는 바로 열반에 계시는 보살님이나 부처님이다. 이 측면을 표현한 것이 '向屋賜尸'(안오실)이다. 그리고 '오히려 연모하니'는 속세에 머물도록 청함을 받음에도 불구하고, 세속의 화연을 마친 성인이나 현자가 열반 세계로 들 일을 오히려 연모함이다. 이 이면에는 화연을 마친 성인이나 현자가 열반 세계로 들 일을 서두를 수도 있음을 함축한다. 이 이면인 '(열반 세계로 들 일을) 서두를라/서둘라'를 '閼尸也'로 표기하였다고 할 수 있다.

이렇게 보면, 한역시의 제6행은 향가의 제6·7구를 직역하지 않고 그 이면을 옮겼다는 점에서 서로 연결되는 측면을 가지고 있다.

이상과 같은 점에서, '向屋賜尸 朋 知良 閼尸也'를 '안오실 벋(이) 알아 서두를라/서둘라'로 해독하고, 그 의미를 '(부처님이나 보살님이 열반 세계의 담진성회에서) 대면하오실 벗(이) (열반 세계로 들 일을) 알아 서두를라/서둘라'로 정리할 수 있다. 혹시 '向屋賜尸 朋知良 闔尸也'로 띠어서 '안오실 버디라 셔두를라/셔둘라'로 해독하고, 그 의미를 '(부처님이나 보살님이 열반 세계의 담진성회에서) 대면하오실 벗이므로 (열반 세계로 들 일을) 서두를라/서둘라'로 정리할 수도 있으나, 이 경우에는 '朋知良'의 '良' 과 '闔尸也'의 '也'를 모두 '라'로 읽어야 하는 문제를 보여서, 앞의 해독을 취하였다.

3. 소멸된 한자의(冬/들/둘, 將/아/어/여)

이 장에서는 향찰 '冬/들/둘'과 '將/아/어/여'를 정리하고자 한다.

3.1. 冬/들/둘

향찰 '冬'은 그 해독이 완결되지 않은 향찰 중의 하나이다. 선행 해독들이 해결한 문제는 두 가지이고, 해결하지 못한 문제는 하나이다. 전자의 하나는 향찰 '冬'이 '들'과 '둘'로 읽힌다는 것이고, 전자의 다른 하나는 향찰 '冬'의 일부가 '들'로 읽히는 것은 '冬'의 고훈이 '들'이라는 것이다. 후자는 향찰 '冬'의 일부가 '둘'로 읽히는 이유를 알 수 없다는 것이다. 이 중에서 향찰 '冬'의 일부가 고훈 '들'로 읽히고, 일부가 '둘'로 읽힌다는 사실은 이미 앞의 글에서 정리한 바(양희철 2008a:105-141)가 있다. 이를 인용하면서 정리하면 다음과 같다.

3.1.1. 冬也, 不冬의 冬/들

이 항에서는 '冬'의 고훈이 '들'이란 사실을 먼저 정리하고, 이 '들'로 읽을 수 있는 '冬(矣)也, 不冬'의 '冬'을 정리하고자 한다.

'冬'을 '들'로 읽은 해독들은 이두, 지명, 인접 언어와의 비교, 방언 등으로 그 논거를 확대하면서 '冬'의 고훈이 '(둘))들'이란 사실을 정리하고 있다.

오구라(1929:105-106)는 조선조 이두집(『유서필지』, 『전률통보』)에서 '不冬'에 '안들'이 병기되어 있다는 점과, 지명에서 '白冬晉里/흰들음이'(경기도 개성군)와 '冬於里/들어골'(경상북도 경산군)이 보인다는 점에서, '冬'을 '들'로 읽고, '들'을 '冬/동'의 변음(變音)으로 보았다. 이두집과 지명에 근거해 '冬'을 '들'로 본 것에는 문제가 없다.

그러나 '冬/동'의 변음이 '들'이라는 설명에는 이해가 가지 않는다.

이어서 '冬'의 훈을 인접 언어와의 비교를 통하여 '돌, 둘, 들' 등으로 추정한 글이 나왔다.

> (8) 가. 冬을 앞에서도 말하였거니와 청어(만주어)에서는 [투워리]라 하는데 [tuweri]〉[twəi]〉ter도 가능하다.(김선기 1967b:287).
> 나. '冬'은 향가와 땅이름에서 {*둘/*들/*둘}로 읽혔다. 이두문에서도 동일했다. 필자는 여기서 '冬'을 만주말 tiuri(文語 tuweri, 冬)와의 직접 관련을 시키지 않고 Gilyak말 tul, tulf, tuluf, tulv(冬) 등과 관련시켜서 보려는 것이다. …… 필자는 위와 같은 이유로 이 오래 선에 얽어시고 tur/tɨr(冬)이란 말이 고대 국어에는 있었던 것으로 추정하고자 한다.(서재극 1982:447, 450)
> 다. '冬'은 이두에서 '冬音'을 '두름'으로, '不冬'을 '안들'로 읽고 있어서 여기서 '冬'을 '둘~들'로 새기고 있는데 이것은 동계어인 길약어의 tul/tulf(冬)와 대응되는 말일 것이다.(강길운 1995:126)

(8가)에서 김선기는 '冬'의 만주어와 비교하여 '冬'을 '돌'로 읽으려 하였다. 이 주장을 (8나)에서는 부정하고, 오구라가 언급한 이두와 지명을 들지는 않았지만, 이두, 지명, 길약어 등을 논거로 고대 국어에는 '둘, 들'(冬)이 있었을 것으로 추정하였다. (8다)는 (8나)의 논지와 거의 같다.

이렇게 이두, 지명, 길약어 등을 논거로 추정한 '冬'의 고훈 '둘, 들'은 다음의 글에서 그 논거가 좀더 보완된다.

> (9) 가. '冬'이 '들'로 읽히는 이유는 그 당시 '겨울'의 표현이 '들'이었다는 사실을 말해준다. 이런 사실은 '冬'이 향찰 구결 이두에서 '들'이라는 점에서도 확인되지만, 방언에서도 확인된다. 다른 방언에서는 몰라도 충북 방언에서 '겨울'을 표현하는 다른 어휘로 '즐'이 있다. 이 '즐'은 '들'이 구개음화된 발음으로 보인다.(양희철 1995:61)
> 나. 이 인용에서 보면, 길약어에서 '둘'은 한자 '冬'의 뜻에 해당한다. 그리고 한국어 방언에서 '즐, 즑, 즉' 등은 한자 '冬'의 뜻에 해당한다. 이로 보면, 이두집에서 '(不)冬'에 병기된 '(안)들'과 '冬(音)'에 병기된 '둘(음)(〈두름)은 길약어나 고대 한국어 '둘'과 '들'이며, 이 '둘'과 '들'은 방언의 '즐, 즑, 즉' 등으로 구개음화되었다는 것이다. 이런 점에서 '冬'은 일차로 '둘~들'의 표기라고 정리할 수 있다.(양희철 2008a:108)

(9가)와 (9나)에서는 선행 연구들이 '冬'의 고훈이 '둘, 들'이라는 논거로 든 이두, 지명, 길약어 등에 방언의 논거를 더하여, 논지를 강화하였다.

이상과 같은 점들로 보아, '冬'의 고훈은 '듥, 득'은 물론 '(둘))들'이라고 정리할 수 있다.

이 '冬'의 고훈('들, 듥')으로 읽히는 향찰의 대표가 '冬(矣)也'(〈원가〉)의 '冬'이다. 이 '冬'을 선행 해독들은 'ᄃ/다/드, 들, 둘, 디, 겨울/겨를/겨술/겨슬/겨실, 들/듥' 등으로 읽어왔다. 이 중에서 '들/듥'이 가장 설득력을 보이는데, 이런 사실을 보자.

'ᄃ/다/드'는 '冬'을 '들'과 '둘/달'로 읽은 다음에 다시 약음자로 읽은 것들이다. 이 해독들은 뒤에 온 '-矣也'와 합쳐서 '-디, -대'(양주동, 감상억)로 읽거나, '-矣-'와 합쳐서 '-듸-, -디-'(이탁, 유창균 등등)으로 읽었다. 이런 반절식 해독은 초기 해독에서나 인정되는 해독이다.

'들'(오구라)과 '둘'(서재극, 김준영, 금기창)의 해독에서는 '들'과 '둘'을 의존명사로 보았는데, '드'와 'ᄃ'가 의존명사이지, '들'과 '둘'이 의존명사는 아니다.

'디'(홍기문)는 '冬'의 음도 훈도 아니고, 그 설명이 이해가 되지 않는다. 『유서필지』의 이두 '爲乎矣/ᄒ오되'와 '是乎矣/이오되'의 '矣/되'를 근거로, '冬矣'를 '되'의 고형 '디븨'로 읽으면서, '冬'은 '矣'의 "웃음절을 기사하기 위하여 첨가한 것"으로 보았다. 이는 말음첨기의 반대로 본 것인데, 이런 설명은 최근에는 인정되지 않는다.

'겨울/겨를/겨술/겨슬/겨실'(지헌영, 정열모 등등)은 '冬'의 훈 '겨울'을 염두에 둔 해독인데, 향가에 나온 '冬'의 고훈은 '겨울'이 아니다. 이런 사실은 향찰, 구결, 이두 등에서 '冬'이 '겨울'로 읽힌 예가 없다는 점에서도 쉽게 알 수 있다.

'들/듥'(양희철)은 '冬'의 의미에 해당하는 어휘로 '겨울' 외에 '즑, 즐, 즉' 등이 있다는 점에서 추정한 것이다. 이는 앞에서 정리하였듯이, 이두와 지명의 '冬/들', 길약어의 '들, 둘', 방언의 '즐, 즑, 즉' 등을 종합하여 얻은 결론이다. 이런 점에서 양희철(2008a: 110-111)은 '冬矣也'의 '冬'을 '둘, 들'로 읽었다. 그리고 최근에는 '冬矣也'의 '矣'가 연자(衍字)라는 사실을 밝히고, '冬也'를 '들여/듥여'로 읽었다(양희철 2022a:111-112).

이렇게 '(改衣賜乎) 冬矣也'(〈원가〉)의 '冬'을 '들'로 읽고 나면, 같은 작품인 〈원가〉는 물론, 〈수희공덕가〉, 〈청불주세가〉, 〈상수불학가〉, 〈항순중생가〉 등에 나온, '不冬'을 쉽게 정리할 수 있다. 이 작품들에 나온 '不冬'의 선행 해독들을 정리하면 다음과 같다.

오구라에서 시작된 '안들', 양주동에서 시작된 '안둘', 김선기의 '안돌', 김상억의 '안달', 유창균의 '모둘' 등이 있으며, 홍기문은 '안둘'과 '안들'을 혼용하였고, 정열모는 〈원가〉에서만 '不'과 '冬爾'로 분리하고 '冬爾'를 '겨르리'로 읽고, 나머지에서는 '안둘'로 읽었다.

이렇게 '不冬'의 '冬'을 다양하게 읽었지만, 다음의 세 측면으로 보아, '不冬'은 '안들'로 정리되고 '冬'은 '들'로 정리된다.

첫째 측면은 앞에서 정리했듯이, '冬'의 고훈은 '둘, 듥, 들'이라는 것이다.
둘째 측면은 조선조의 이두 '不冬'에 '안들'이 병기되어 있다는 것이다.
셋째 측면은 고지명의 표기에도 '冬/들'이 보인다는 것이다.
이런 점들로 보아, 향찰 '不冬'은 '안들'로 읽어도 무방하다고 판단한다.

3.1.2. 毛冬(-)의 冬/둘

향찰 '冬'의 일부에는 '둘'로만 읽어야 하는 것들이 있다. 그런데, 이 '둘'로 읽은 해독들은 이 '둘'이 음으로 읽은 것인지, 훈으로 읽은 것인지를 명확하게 하지를 못하고 있다. '冬'을 '둘'로 읽은 해독들은 상당히 많지만, 그 논거의 설명은 두 분의 글에서 보인다. 먼저 양주동의 글을 보자.

(10) 가. …「冬」이 「等」과 完全히 相通됨은 …「部伊冬·間王冬」이 곧 「部等·間王等」의 「들」(둘)임으로써 알수잇고 …「毛等」으로 記寫한것을 보아 確知할수잇는데 … (양주동 1942:83)
나. 「安徐」는 「安除」의 俗書 … 「安」 音借 「안」, 「除」 訓借 「덜」, 이로써 「不冬」의 原音이 「안둘」임을 的知할수 잇다.(양주동 1942:615)

(10가)와 (10나)에서는 '冬'과 '等'이 상통한다는 점과, '(安徐〉)安除'가 '안덜'로 읽힌다는 점에서, '不冬'의 원음(原音)이 '안둘'임을 적지(的知, 정확하게 앎)할 수 있다고 결론을 내렸다. 결국 '冬'을 '둘'로 읽은 것이다. 일부의 '冬'이 '둘'의 표기라는 주장에는 동의하지만, 앞의 두 논거로는 일부의 '冬'이 '둘'의 표기라는 주장에는 동의할 수 없다.

양주동에 이어서 유창균(1994:135)은 '等'의 한자음을 '둘'로 보고, '冬'의 음 역시 이와 같은 성질로 보았다. 즉 "따라서 '等'은 təng 외에 təg과 같은 음이 있었다고 할 것이며, 이 təg는 魏晉時代에 이르면 təï가 되고, 이것이 국어에서는 '둘'로 나타난다. '冬'도 그 音의 성질로 보아 이와 똑같은 사실을 말할 수 있을 것이다."라고 하였다.

결국 중국 한자 '冬'의 음이 한국에서 '둘'로 변했다는 것인데, 이해하기가 쉽지 않다.

이렇게 선행 해독들에서는 '冬'을 '둘'로 읽으면서도, '冬'이 '둘'이 되는 이유는 물론, 반드시 '둘'로 읽어야 하는 이유를 설득력 있게 보여주지 못하고 있다. 이런 사실을 간단하게 보고, 다른 논거에 의해 일부의 '冬'이 '둘'로 읽힌다는 사실을 보자.

먼저 '冬'과 '等'이 상통한 것이 아니라, 각각 오자라는 사실을 보자. '間王冬'의 '王'은 최근에 '毛'의 오자 또는 오각으로 정리되었다. 이로 인해 복수 접미사 '等'의 위치에 '冬'이 온 것은 '部伊冬衣'(〈칭찬여래가〉의 제1구)의 '冬'이 유일한 예가 되었다. 그리고 부정사('毛冬')에 포함된 '冬'의 위치에 '等'이 온 것은 '毛等'(〈칭찬여래가〉의 제10구)의 '等'이 유일한 예이다. 이 두 유일한 예를 가지고 서로 상통한다고 보기는 어렵다. 특히 이 두 유일한 예는 한 작품에서 나온다는 점에서, '部伊等衣'의 '等'을 동음자인 '冬'으로 잘못 쓴 다음에, 이와 구분하기 위하여, '毛冬'의 '冬'을 동음자인 '等'으로 잘못 썼다고 할 수 있다. 그리고 이 '等'과 '冬'은 '들'이나 '둘'의 동음자라는 점에서, '等'과 '冬'이 '둘'만을 표기하였다고 주장하기는 어렵다.

이어서 '安徐'의 '徐'를 '除'의 俗書(오자의 의미로 쓴 것 같다)로 보아 '덜'로 정리한 다음에, '不冬'의 원음(原音)이 '안둘'임을 적지(的知, 정확하게 앎)할 수 있다는 결론의 한계를 보자. '安徐'의 '徐'를 '除'의 俗書로 보고 '덜'로 읽는 것을 인정해도, 이 논거만으로는 '不冬'의 원음(原音)이 '안둘'이라고 주장하면서, '不冬'의 '冬'의 원음이 '둘'이라고 주장하는 데는 한계가 있다.

이렇게 양주동의 주장만으로는 일부의 '冬'이 '둘'로 읽힌다는 사실을 주장하는 데는 한계가 있다.

이 문제는 '毛冬乎丁'(〈제망매가〉), '(王〉)毛冬留'(〈칭찬여래가〉), '毛冬(留)'(〈총결무진가〉) 등의 '(毛)冬-'과 '毛達只將'(〈우적가〉)의 '(毛)達-'을 통하여 해결할 수 있다.

먼저 '毛冬乎丁, (王〉)毛冬留[33], 毛冬(留)[34]' 등의 세 '毛冬(-)'은 해독의 형태에 관계

---

33 이 '間 (王〉)毛冬留'의 해독은 '스싀 모다로'(시간 모두로, 모든 시간을 통해, 신재홍 2000), '閒 모둘로'(쉬지 않고, 박재민 2013b), '스싀 모둘루'(사이 모르게, 쉴 새 없이, 김지오 2012) 등에서 보인다. '閒'은 '삿'이나 '사싀'으로 읽을 수도 있지만, '시간'의 의미인 '틈'으로 읽는다. 그리고 '毛冬留'는 '모르게'의 의미인 '모둘루'(김지오)를 취한다. 이는 '몯(부정사)+알(어간)+오/우(부사형파생접미사)'로 분석한 것이다. 이는 크게 보아 강길운과 지형률이 〈총결무진가〉의 '毛冬留' 해독에서 보인, '모들+ㄹ(말음첨기)+우(부사형어미)' 및 '모둘(어간)+오(부동사형 어미)'와 같은 유형이다.

34 '毛冬(留)'(〈총결무진가〉)의 괄호 안에 있는 '留'는 불필요한 연자(衍字)로 정리된다. '毛冬留'에 대한

없이, '모르-/不知'의 의미를 갖는다. 그런데 이 '모르-/不知'의 의미를 '毛冬(-)'의 분석으로 보면, '몯+알(-)'의 결합인 '모둘(-)'을 피할 수 없다. 이런 사실은 앞의 세 '毛冬(-)'에 포함된 '冬'이 '둘'로 읽힘을 말해준다.

다음으로 '毛達只將'의 '達'을 보자. 이 '毛達只將'의 '只'는 '尸'의 오자라는 점에서, '毛達尸將'으로 수정되어, '몰라'의 의미인 '모둘아'로 해독된다. 이와 다르게 읽은 해독들도 있지만, 문맥상 이 해독이 가장 우세하다. 이 해독으로 볼 때에, 이 '毛達-' 역시 '毛冬-'과 같이 '모르-/不知'의 의미를 가지며, 이에 포함된 '達/둘'은 '毛冬-'의 '冬'이 '둘'의 표기임을 말해준다.

이렇게 '毛冬乎丁'(〈제망매가〉), '(王)毛冬留'(〈칭찬여래가〉), '毛冬(留)'(〈총결무진가〉) 등의 '(毛)冬(-)'과 '毛達只將'(〈우적가〉)의 '(毛)達-'이 '둘'의 표기라는 사실은, '毛(〈王〉冬留'(〈칭찬여래가〉)의 '冬'은 물론, '毛等'(〈칭찬여래가〉)의 '等'과 '部伊冬衣'(〈칭찬여래가〉) '冬'이, 모두가 '둘'로 읽힘을 알 수 있게 한다.

3.1.3. 기타의 冬

앞에서 정리한 '冬'들 외에, 나머지로 '毛冬'(〈모죽지랑가〉, 〈찬기파랑가〉, 〈청전법륜가〉), '阿冬音'(〈모죽지랑가〉), '於冬是'(〈안민가〉), '(放)於冬矣'(〈맹아득안가〉) 등의 '冬'들이 있다. 이 '冬'들을 차례로 보자.

'毛冬'(〈모죽지랑가〉, 〈찬기파랑가〉, 〈청전법륜가〉)은 앞에서 정리한 '毛冬乎丁' (〈제망매가〉), '(王)毛冬留'(〈칭찬여래가〉), '毛冬(留)'(〈총결무진가〉) 등과는 의미

선행 해독의 주류는 '모르/不知-'의 의미로 본 것이다. 그런데 관형사형인 '모를'의 의미로 본 경우에는 '留'의 해독에서 문제를 보인다. 다음으로 '모르-'의 의미로 본 경우에는 다음과 같은 문제를 보인다. '모드논'(모르는, 김완진 1980)에서는 '毛冬'을 '모드'로 읽기 어려울 뿐만 아니라, '留'를 '眷'으로 수정한 것도 이해가 가지 않는다. '모둘로'(모를 때까지, 유창균 1994)에서는 '모둘'을 명사로 보고, '-로'를 조사로 보았다. 명사 '모둘'이 '모를 때'의 의미가 되는 근거를 알 수 없고, '-로부터'의 의미인 '-로'를 '-까지'의 의미로 본 것은 오해로 판단한다. '모드루'(모르게, 강길운 1995), '모둘오'(모르게, 지형률 1996, 2007), '모둘루'(모르게, 김지오 2012) 등에서는 모두 '모르게'의 의미로 보았다. 이 의미는 〈칭찬여래가〉의 '毛冬留'의 문맥으로 보면, 정확한 해독일 수도 있다. 그러나 〈총결무진가〉의 문맥으로 보면, 특히 이 해독을 제시한 해독자들의 문맥을 보면, 문맥에 맞지 않거나, 이를 피하기 위하여, '願海伊過'를 이상하게 해독을 하였다. 즉 "가를 모르게(=그지없이) 願海로다."와 "끝 모르게 願海이뇨(가이없이 願海련가. 끝 모르게 願海이로구나)"에서는 '모르게'가 문맥에 부합하지 않는다. 이 문제를 피하기 위하여, "끝 모르게 (보현보살의) 원(을) 헤아리리라."에서는 '願海伊過'를 이상하게 읽었다. 이런 문제들은 '留'를 불필요하게 들어간 연자로 처리하고, '毛冬'을 '-ㄹ' 다음에 관형사형어미 '-ㄹ'이 생략된 '모둘'(모를)로 읽을 때에 해결된다.

면에서 구별된다. 전자는 '못/不能'의 의미이고, 후자들은 '못알/不知'의 의미이다. 그리고 전자는 고려조의 이두에 그 후대형인 '不得'(모딜/모실)이 보인다. 이 '不得'(모딜/모실)의 '딜/실'(得)은 '들'(冬)이 변한 것이다. 이런 사실로 보아, '못/不能'의 의미인 '毛冬'은 '모들'로 읽힌다고 할 수 있다. 이는 '못알/不知'의 의미를 보여주는 '毛冬/모둘-'과는 다른 점이다.

'阿冬音'(〈모죽지랑가〉)은 해독 초기에는 '阿'를 음으로 읽었다. 그러나 많은 문제가 노출되면서, '阿'를 훈으로 읽은 해독(김완진, 양희철)이 나왔다. 두 해독을 보자.

김완진은 훈주음종을 살려서 『석봉 천자문』(23)의 '두던'에 따라 해독하였다. '阿'는 '두던' 외에도 '씀'(틈)(『훈몽자회』下 18)과 '쁨'(틈)(『두시언해(초간본)』七 28)으로 새겨진다. '阿'가 '틈'의 의미로 쓰인 예가 없음은 양주동(1942:103)에 의해 지적되었다. 그 후에 '두던(두덩)'이 김완진에 의해 제시되면서, 그 가능성이 모색되었다. 그러나 현재로서는 '두던ᄯᅩ롬곳'의 해독에는 석연치 않은 점들이 있어 보인다. 우선 '두덩'을 '볼두덩, 눈두덩, 손두덩, 불두덩' 등과 같이 우리의 얼굴이나 몸의 불룩한 곳을 가리키는 데 더 흔히 쓰이는 것이 '두덩'임을 확인하기는 어려운 일이 아니라고 주장한다. 그런데 문제는 이 '두덩'은 그 다음의 '즈시'로 보면 '눈두덩'과 '볼두덩'을 뜻하게 된다. 이럴 경우에 '볼두덩'은 죽지랑의 좋은 얼굴을 의미하지만 '눈두덩'의 경우는 좋은 얼굴을 의미하지 않는다. 좋은 얼굴을 말할 때에 '볼이 통통하다' 또는 '볼이 두둑(도독)하다'라고 한다. 이런 사실에서 '볼두덩'이 좋은 얼굴을 표현하는 데에 쓰임을 알 수 있다. 그러나 '눈두덩'은 '눈두덩이 부었다' 또는 '눈두덩이 멍이 들다'에서처럼 좋은 얼굴의 표현에 쓰이지 않는다. 이렇게 본다면, '阿'를 뜻으로 새기는 것은 좋지만, '두던(두덩)'으로 보는 데는 문제가 있다고 할 수 있다. 이는 '阿'에 대한 『석봉 천자문』(23)의 '두던'을 '두덩'에만 한정한 결과라 생각한다. 이보다는 '阿'의 '두던'과 같은 '두들, 두듥, 둔덕' 등으로 확장하여 검토할 필요를 느낀다.

'두들'은 '두드리다'의 이형태인 '두들다'[35]의 어간이다. 이 '두들'과 '音'의 음 '임'을 이용하여 '阿冬音'을 '두드림(두들임), 두두림(두둘임)'(양희철 2008a) 등으로 읽은 바가 있다. 이 해독에서는 분철을 살려 '두들임, 두둘임' 등으로 정리한 것이다. 이로 보면, '阿冬音'의 '冬'은 '(둘)들'로 읽어야 함을 알 수 있다. 이에 '둘'로 읽을 수 있는 가능성을 제기할 수도 있으나, 중세어에 '두드리다'와 '두듥이다'는 있어도, '두드리다'와 '두듥

---

35 '두들다'와 '두둘다'는 '두드리다'의 전남 방언이다.

이다'는 없다는 점에서, '둘'은 버리고 '(둘))들'을 취하여, '두들임, 두듥임'으로 읽는다.

'擊, 搏, 打' 등을 이용하여 실의독자로 쓰지 않고, '阿'를 이용하여 훈차(/가의독자)로 쓴 것은 '두들'의 음형을 전달하기 위한 것으로 보인다.

이런 점들에서, '阿冬音'은 '두들임/두듥임'으로 해독하고, '격려'를 환유법 또는 제유법으로 표현한 것으로 정리한다. 물론 '두드리다'와 '두들기다'에는 "감동을 주거나 격동시키다"의 의미가 있다.

'於冬是'(〈안민가〉)의 '冬'은 중세어에 '어듸'와 '어디'가 모두 나온다는 점에서 '어들이/어둘이'의 '들'과 '둘'을 모두 허락할 수 있다. 단지 충담사가 지은 〈찬기파랑가〉에 나온 '毛冬/모들'을 고려하면, '어들이'의 '들'로 읽게 된다

'(放))於冬矣'(〈맹아득안가〉)의 '冬'은 중세어에 '어듸'와 '어디'가 모두 나온다는 점에서 '어들의/어둘의'의 '들'과 '둘'을 모두 허락할 수 있다. 더 이상의 자료가 없어 어느 하나로 정리할 수 없다.

3.2. 將/아/어/여

이 절은 향찰과 이두 '將來'에 대한 선행 해독들을 변증하고 미흡점을 보완하는 데에 연구의 목적이 있다.

향찰과 이두 '將來'는 6회 나온다. 즉 『삼국유사』에 2회[數於將來尸(〈혜성가〉), 毛達只將來吞隱(〈우적가〉)] 나오고, 『균여전』에 3회[造將來臥乎隱(〈참회업장가〉), 煎將來出米(〈청전법륜가〉), 修將來賜留隱(〈상수불학가〉)] 나오며, 고려 이두에 1회[爲將來臥乎(〈상서도관첩〉)] 나온다. 이 향찰과 이두에 대한 선행 해독들은 '가오-, 가져오-, 뎌, 도록, 디녀오-, ㄹ, 라, 러, 려, -ᄋ 오-, -받오-, -아 오-, 알, -어 내-, -어 오-, 죤오, 브리, 브래, 오려, 올' 등의 20종으로 읽혀 왔다. 이로 보면, 검토할 수 있는 것들은 거의 모두가 시도되었다고 볼 수 있다. 이 선행 연구들은 '將來'의 의미나, '將'과 '來'의 음훈을 충실하게 살렸나 하는 기본 관점에서 보면, 다음의 세 유형으로 정리된다.

첫 번째 유형은 한자 '將來'의 의미를 벗어난 해독들이다. 이에 속한 해독들로는 '-ㄹ-, -도록, -려(/러/뎌)(-), (-)오려(-), 올(-)' 등이 있다. 이 해독들은 좀더 구체적으로 보면, '-ㄹ-, -도록'(小倉進平 등등), '-려(-)'(양주동 등등), '-러'(황패강), '-뎌-'(신석환), '(-)오려(-)'(강길운), '(-)올(-)'(지헌영 등등) 등으로 정리된다. '-러'는 '-려'의 이형태로, '-뎌-'는 '-려-'의 과거음으로, 각각 본 것들이기에 하나로 묶었다. 이 해독들의 일부는 거의 현재까지 가장 많은 해독자들이 해독하거나 따른 것들이다. 그러

나 이 해독들은 한자 '將來'의 의미를 벗어나 있다. '將來'는 "앞으로 닥쳐올 날이나, 장차 닥쳐올 앞날"[『새우리말큰사전』의 '장래(將來)'조]의 의미로, '-ㄹ-, -도록, -려(/러/뎌)(-), (-)오려(-), 올(-)' 등의 의미들이 아니다. 단지 이 양자는 미래의 의미소를 공통으로 하지만, 별개의 의미들이다. 이 별개의 의미들을 같은 것들로 오해하고 해독한 것은, 외국인인 오구라(小倉進平)에서 시작되었는데, 재고를 요한다.

두 번째 유형은 '來'의 음훈을 살렸지만, '將'의 훈을 벗어난 해독들이다. 이에 속한 해독들로는 '-올/알(-)'(김선기 등등), 'ㅂ래/ㅂ리-'(정열모), '굴오-'(정창일) 등이 있다. 이 중에서 '-올/알(-)'은 '將'을 '-ㄹ(-)'의 지정, 지시, 힘줌 등의 표기로 보았는데, 이런 설명은 향찰이나 이두 해독의 일반을 벗어난다. 그리고 'ㅂ래/ㅂ리-'는 '將'의 의미인 '送'의 훈으로 읽은 것인데, 정작 'ㅂ래/ㅂ리'는 '곁따라(傍)'와 'ㅂ라'(仰, 希)의 의미로, '送'의 의미인 '보내/보니'가 아니라는 문제를 보인다. '굴오-'는 '將'의 훈이나 훈의 기표가 아니라, '將'에 '굴오-'의 의미를 부여한 한계를 보인다.

세 번째 유형은 '將'과 '來'의 음훈을 살린 해독들이다. 이에 속한 해독들로는 '-아/어/여/ᄋ 오-, -어 내-, 가오-, -받오-, 디녀오-, -오려-, 가져오-' 등이 있다. '-오려-'는 첫 번째 유형에 속한 '(-)오려(-)'와 외관상 같으나, 그 실제에서는 '-려오(將來)-'를 '-오려-'의 역순으로 본 것으로 '(-)오려(-)'와 다르다. 이 해독들은 '將'을 '而(아/어/여/ᄋ), 行(가), 奉(받), 持(디니), 欲(려), 가져' 등의 훈들로, '來'를 '오-'의 훈이나 '내-'의 음으로, 각각 보면서 '將'과 '來'의 음훈을 살렸다.

이렇게 기왕의 연구들을 향찰과 이두에 쓰인 '將來'의 의미나, '將'과 '來'의 음훈을 충실하게 살렸는가 하는 기본 관점에서만 보아도, 첫 번째와 두 번째 유형들의 해독들에는 재고할 점이 있음을 알 수 있다. 그런데도 대다수의 해독들에서는 이해하기 힘든 첫 번째 유형으로 해독하거나 이를 따르고, 정작 주목하여야 할 세 번째 유형의 해독들은 관심에서 거의 멀어져 있다.

이에 첫 번째 유형과 두 번째 유형들이 보여주는 구체적인 문제는 앞의 글(양희철 2013a)로 돌리고, '-어(/아/ᄋ/야/디녀/가져) 오(/와)-'로 읽은 세 번째 유형에 속한 글들을 변증하고 보완한 앞의 글(양희철 2008b, 2013a)을 인용하면서 수정 보완하려 한다. 특히 2008년 이후에 나온 글과, 최근에 필자가 원전비평을 한 글을 참고하고, 연구사를 잘 볼 수 있도록 수정 보완을 하려 한다.

3.2.1. 造將來臥乎隱

造將來臥乎隱(〈참회업장가〉)의 해독에서, '將'과 '來'의 훈을 살린 해독으로는 '-어

(/가져/가) 오-'가 있다. 이에 속한 해독들을 인용하면 다음과 같다.

  (11) 지ᅀᅥ 오ᄂᆞ온(신태현 1940)
    짓어 오ᄂᆞ온(이탁 1956)
    짓어 오ᄂᆞ온(김준영 1979)
    지어 오(왔)던(박재민 2003)
    짓어 오ᄂᆞ온(양희철 2008b, 2013a)
    짓가져 오ᄂᆞ온(지어가지고 온, 김지오 2010, 2012)
    밍가 오ᄂᆞ온(지어 왔던, 박재민 2013b)

 이 해독들의 상당수에서는 '-將來-'를 '-어 오-'로 읽었고, '-가져 오-'와 '-가 오-'로도 읽었다. 이 해독들이 제시한 논거를 차례로 인용해 보자.

  (12) 가. 「造將來臥乎隱惡寸隱」을 博士는 「지ᄉᆞᆯ누온모ᄃᆞᆫ(이)는」과 讀まれた. 博士는 「將來」를 「ᄒᆞ겟다」, 「ᄒᆞ도록」, 「ᄒᆞᆯ」의 如く未來를 表はすに用ゐられる借字なりといはれたが, これは誤解で, この 一 句は, 譯歌に「三毒成來罪幾重」とあるので知る如く, 過去に於て作つて來た罪をいふのであるから, 「將來」の來は「來」の義そのまゝに解すべく, 將は連用助詞に借用されたきのと解される. 卽 あ此一句は 지ᅀᅥ오누온모ᄃᆞᆫ은と讀まねばならぬ.(신태현 1940:101)
    나. 將=意讀아=修飾制語尾=於의 讀法表示, 또는 音畧借字=數於(잦아)의 末音節 表示.(將=아, 做將去=工夫ᄒᆞ여가다. 貼將來=흥정갑슬 거스로오다-朱子語錄解)(이탁 1956:9)
    다. 將=意讀아[做將去 공부하여가다(朱子語錄解), 爬將起來 긔여 니러나다, 鑽將出來 부븨어 나오다(水許誌 語錄諺解)](이탁 1956:36)
    라. 보롬ᄞᅴ 더브러 와[半頭取將來, 『朴通事諺解』(초간본, 상 46)]

 (12가)의 인용에서는 오구라의 해독이 오해의 결과라는 점을 지적하였지만, 거의 주목을 받지 못하여 왔다. 그리고 '-將 來-'를 '-어 오-'로 해독한 것은 주목된다. 이를 논증하기 위한, 造將來臥乎隱惡寸隱(〈참회업장가〉)과 그 번역인 三毒成來罪幾重(〈참회업장송〉)의 비교도 상당히 주목된다.
 그러나 이 해독은 세 미흡점을 보인다. 즉 '-將-'을 字解類에서 연결어미로 새긴 예나 번역한 예를 제시하지 않은 점, '將來'가 '-아/어 오-'로 읽힌 예문을 제시하지 않은 점, 부분의 비교에 머문 점 등이다.

이 미흡점들은 차례로 보완된다. 일차로 '-將'이 연결어미로 번역된 예를 제시한 것은 이탁이다. (12나, 다)의 두 인용에서, '將'을 '아'로 해독하고, 세 인용에서 '將'이 연결어미 '-어/아/여'로 번역된 예문들을 보여준다. 특히 (12나)의 '貼將來(홍졍갑슬 거스러 오다)'와 필자가 찾아낸 (12라)의 '取將來(더브러 와)'에서는 '-將來'를 '-어 오'로 읽은 예들을 정확하게 보여준다. 이 예증으로 보아, '-將-'을 字解類에서 연결어미로 새긴 예를 보여주지 않으나, 이 '-將來-'는 '-어 오-'로 해독됨을 잘 보여준다. 신태현과 이탁에 이어서 '-將來-'를 '-어 오-'로 읽은 것은 김준영이다.

(13) 將 來 - 어 오. '將'은 義借다.
　　…중간 생략…
　　위는 모두 過去進行의 경우에 쓰였으니 즉 '몰라 오던, 지어 온, 다리어 오매, 닦아 오신' 등의 말이다. 특히 '將來'의 '來'는 普賢十願歌에 있어 華嚴經 原文이나 譯歌로 보아도 '來=오'의 뜻이니 '將'은 過去進行의 副詞形 語尾 '아, 어'의 表記로 보아야겠다.(김준영 1979:158)

(13)을 보면, 〈보현십원가〉와 행원품의 원문이나 역가와의 비교로 보아, '將來'를 '-어 오-'로 읽었다. 신태현과 이탁의 해독을 따른 것으로 추정된다.

박재민(2003)은 신태현이나 이탁이 제시한 해독과 논거를 언급하지 않고, 김준영의 입장에서, 작품의 문맥상 '과거로부터 지어온 일(惡業)'에 접속되므로 '지어 오(왔)던'으로 읽었다.

양희철은 그 당시까지 있어온 '將來'의 해독을 종합적으로 변증하면서 논거를 보강하였다.

첫째로, (12)에서 인용한 신태현과 이탁의 글을 인용하면서 그 당시까지 묻혀 있던 선행 해독과 '將來'의 번역 '-어 오-'를 환기시키고, '將來'의 번역 '-어 오-'를 보충하였다.

둘째로, 한자 '將'이 연결어미에 해당한다는 사실을 사전에서 보완하였다. 조선조에 해당 한자의 대표적인 훈을 하나나 둘만 제시한 字解類에서 '將'을 연결어미로 정리한 것은 없지만, 중국의 사전에서는 다음과 같이 발견된다.

(14) 猶而也. [古書虛字集解] 將, 猶而也. [左氏, 成, 二] 韓獻子將斬人, 却獻子馳將救之. [經詞衍釋] 言馳而救之. … (『중문대사전』 '將'조의 '乙')

(14)에서 보면, '將'은 고서에서 연결사 '而'로 쓰인다. 이 '而'는 한국어의 연결어미 '-어/아/여'에 해당한다. 이 역시 '-將來-'가 '-어 오-'로 해독됨을 보여준다.

셋째로, 〈참회업장가〉의 문맥과, 〈참회업장가〉와 〈참회업장송〉의 비교를 통하여, '-將來-'가 '-어 오'로 해독된다는 사실을 보완하였다.

(15) 〈참회업장가〉　　　　　　　〈참회업장송〉
　　　顚倒逸耶　　　　　　　　自從无始劫初中
　　　菩提 向焉 道乙 迷波　　　三毒成來罪幾重
　　　造將來臥乎隱 惡寸隱　　　若此惡緣元有相
　　　法界 餘音玉只 出隱伊音叱如支　盡諸空界不能容
　　　惡寸 習 落臥乎隱 三業　　思量業障堪惆悵
　　　淨戒叱 主留 卜以支 乃遣只　馨竭丹誠豈墮慵
　　　今日 部 頓部叱 懺悔　　　今願懺除持淨戒
　　　十方叱 佛體 閼遣只賜立　　永離盡染似靑松
　　　… (제9, 10구 생략) …

(15)의 〈참회업장가〉의 문맥에서 우선 보자. '造將來臥乎隱 惡寸隱'에서 '악'이 지금까지 지어온 것이란 점은 이미 신태현과 김준영이 언급한 것이다. 이를 구체적으로 두 측면에서 보려 한다. 먼저 제4구(法界 餘音玉只 出隱伊音叱如支)는 악이 '법계에 차고도 남게 난 것인 듯'의 의미로 해독된다. 이때 '남게 난 것'은, 이 악이 지금까지 지어온 것이지, 앞으로 지으려는 것이 아님을 말한다. 그리고 전체 문맥에서도 이를 알 수 있다. 만약 이 악이 앞으로 지을 또는 지으려는 것이라면, 이 악은 현재 참회할 대상이 아니다. 이 역시 제3구의 악이 앞으로 지을 또는 지으려는 것이 아니라, 지금까지 지어온 것임을 말해준다. 이런 문맥들로 보아도, 향찰 '造將來-'는 현재까지의 행위인 '짓어 오-'로 해독된다.

이번에는 두 작품을 비교해 보자. 비교될 수 있는 것들은 둘이다. 하나는 '造將來臥乎隱 惡寸隱'(〈참회업장가〉)과 '成來罪'(〈참회업장송〉)를 비교하는 것이고, 다른 하나는 참회할 악과 죄가 언제의 것인가를 비교하는 것이다.

먼저 '造將來臥乎隱 惡寸隱'과 '成來罪'를 비교해 보자. 이는 선학들이 비교했던 것인데, 좀더 자세하게 비교해 보자. '造將'은 '成'에, '來臥乎隱'는 '來'에, '惡寸隱'은 '罪'에, 각각 대응한다. 특히 '將'의 한 의미가 '而'이고, '成來'의 두 동사 '成'과 '來'의 사이에는 연결사 '而'가 생략되었다는 점에서, 향찰 '造+將(=而)+來'와 한문 '成+(而)+來'

는 거의 정확하게 일치하는 대응을 보인다. 이 대응으로 보아도, 향찰 '將(=而)'은 '-어 (而)'로만 읽히며, 향찰 '造將來-'는 한자 '成(而)來'의 구성과 같이 '짓어 오-'로 해독되고, '짓가져 오-'로 해독되지 않는다.

이번에는 참회할 악과 죄가 언제의 것인가를 비교해 보자. 이는 세 부분에서 비교가 가능하다.

먼저 〈참회업장가〉의 제1-3구와 〈참회업장송〉의 제1, 2구를 비교해 보자. 〈참회업장가〉의 제1-3구만을 보면, 제3구에 나온 '造將來臥乎隱 惡寸隱'의 '惡'이 앞으로 지을 또는 지으려는 것인지, 아니면 지금까지 지어온 것인지를 판단하기가 어렵다. 왜냐하면 〈참회업장가〉 제1, 2구의 내용만으로는 이를 판단하는 것이 어렵기 때문이다. 그러나 〈참회업장송〉의 제1, 2구(自從无始劫初中/三毒成來罪幾重: 무시겁의 初中부터 삼독을 지어오니 그 죄 얼마나 무거운가)를 고려하면, 〈참회업장가〉의 제3구에 나온 악이 지금까지 지어온 것임을 알 수 있다.

이번에는 〈참회업장가〉의 제4구(法界 餘音玉 出隱伊音叱如支)와 〈참회업장송〉의 제4구(若此惡緣元有相 盡諸空界不能容)를 비교해 보자. '法界 餘音玉 出隱伊音叱如支'에 대응하는 '若此惡緣元有相 盡諸空界不能容'의 내용에서, 만약 악연(죄)이 본디 相이 있다면 모든 허공계를 다하여도 용납하지 못하는 것은, 현재까지의 것이다. 이는 〈참회업장가〉의 제4구와 제3구의 악이 현재까지 지어온 것임을 말해준다.

나머지 하나는 전체 문맥이다. 〈참회업장송〉에서 만약 이 악연(죄)이 앞으로 지을 또는 지으려는 것이라면, 이 악연(죄)은 현재 참회할 대상이 아니다. 이 역시 〈참회업장가〉 제3구의 악이 지금까지 지어온 것임을 말해준다. 이 비교들로 보아도, 향찰 '造將來-'는 현재 또는 현재까지의 행위인 '짓어 오-'로 해독된다.

이상과 같이 '將來'를 '-어 오-'로 읽은 해독의 논거를 세 측면에서 보강한 양희철의 정리에 이르러, '將來'는 '-어 오-'로 읽어야 하는 것으로 정리된 것 같다.

그런데 '將來'를 '-어 오-'로 읽은 해독의 논거를 세 측면에서 보강한 양희철의 글이 나온 이후에 (11)에서 정리한 '짓가져 오누온'(지어가지고 온, 김지오 2010, 2012)과 '밍가 오누온'(지어 왔던, 박재민 2013b)의 해독이 나왔다. 이 두 해독은 선행 해독들이 보인 '-어 오-'의 해독들과의 차별화를 시도하였다. 그러나 6회 보이는 '將來'를 전체적으로 볼 때에 문제를 보인다.

먼저 김지오의 경우를 보자. '짓가져 오누온'(지어가지고 온), '다리가져 오나미'(다려 가지고 오므로), '닭가져 오시론'(닭아가지고 오신) 등으로 보면, 어느 시점까지 짓고, 다리고, 닭은 것을 가져오는 의미로, 지어 오고, 다려 오고, 닭어 오는 의미와는 상당히 다른 의미이다. 이런 의미를 '지어 오다'와 '다려 오다'의 강조라고 설명을 하였는데, 이는 이해가 되지 않는 설명이다. 그리고 이 '將/가져'의 해독을 '爲將來臥乎'(〈상서도관첩〉), '數於將來尸'(〈혜성가〉), '毛達只將來呑隱'(〈우적가〉) 등의 '將'에 적용할 수 있을지는 상당히 부정적이다.

이번에는 박재민의 경우를 보자. '닷가 오시온'(닦아 오신)과 '봇가와 나매'(봇가 와서 나매, 볶여 옴에)에서 '將/가'의 해독은 '修/닦'과 '煎/볶'에 말음 'ㄱ'이 있다는 점에서 가능성을 보인다. 그러나 '밍가 오누온'에서 '將/가'의 해독은 부정적이다. 왜냐하면, '밍가'라는 어휘는 존재하지 않으며, '만들다'의 의미를 보이는 어휘는 '밍글다'의 '밍글(造)-'이지 '밍가'가 아니기 때문이다. 그리고 이 '밍글-'은 '만들다'의 의미이지 '지어'의 의미가 아니다. 특히 사부대중이 참회하려는 악업은 그동안 '지어 온' 것이지, '만들어 온' 것이 아니다. 이런 문제를 인식한 결과, 해독은 '만들어 온'의 의미인 '밍가 오누온'으로 하고, 그 현대역에서는 '지어 왔던'으로 바꾸었다고 할 수 있다. 게다가 이 '將/가'의 해독을 '爲將來臥乎, 數於將來尸, 毛達只將來呑隱' 등의 '將'들에 적용할 수 있을지는 상당히 부정적이다.

이상과 같이, 한자 '將'이 가진 '而'의 의미, 한자 '將'을 '-아/어/여'로 번역한 예문들, 특히 '將來'를 '-어 오-'로 번역한 예문들, 작품의 문맥, 번역시와의 비교 등으로 볼 때에, 이 '-將來-'는 '-어 오-'로, '造將來臥乎隱'은 '짓어 오누온'으로, 각각 해독한 것들을 일단 따라야 한다고 판단한다.

그런데 여기서 '造將來臥乎隱'의 띄어쓰기를 다시 한번 검토할 필요가 있다. '臥乎隱'은 '-누온'으로 읽고, '눈, 논'의 원형(오구라 1929:80-84; 양주동 1942:747)으로 보는 것이 주종이다. 이후에 나온 해독들 중에서 주목되는 해독은 세 유형이다. 하나는 '臥乎隱'을 '논'으로 읽은 유형이고, 다른 하나는 '臥乎隱'을 '저질어 놓을'이나 '짓게 되는'의 의미를 부여한 유형이며, 마지막 하나는 '臥乎隱'을 '눕온'으로 읽은 유형이다.

'臥乎隱'을 '논'으로 읽은 해독은, '臥/ㄴ, 乎/오, 隱/ㄴ' 등으로 읽고 반절법에 의해 '논'으로 설명(김선기 1993)하기도 하고, 이 설명을 수용하는 동시에, '느온〉논'으로 설명(강길운 1995:397)하기도 하였다. 이런 반절법은 글자의 발음 표기에는 사용해도 향찰에서는 사용하지 않는다.

'臥乎隱'을 '누본'이나 '누온'으로 읽고 그 의미를 '놓을'(홍기문 1956)이나 '되는'(김완진 1980)으로 정리하기도 하였다. 전자는 '누본'으로 읽고 '놓은'의 의미로 보는 해독(신재홍 2000)으로 이어진다. 이 해독에서는 '눕다'를 '놓/놓다'의 이형태로 추정하였다. 후자는 '노온'(되는, 지형률 1996), '누온'(되는, 황패강 2001), '눕온'(된, 유창균 1994) 등으로 이어진다. '노/누/눕'의 형태소에서 '되-'의 의미를 찾아낼 수 없는 문제를 보인다.

'눕온'에서는 '臥'를 'ㄴ'의 이형태 '누'로 읽을 수 없다는 점을 세 가지 측면에서 제시하고 '눕온'(눕게 되는)으로 읽었다. 첫째는 '望良白內臥乎事 바라옵ᄂ누온일'(『유서필지』)이 '바ᄅᆞ옵ᄂᆞᆫ+누온일'로 분석되어, 이에 나온 '누'는 'ㄴ'의 이형태가 아니라는 점이다. 둘째는 '內乎 →ᄂᆞ오→노'가 '臥'와 대응하는 것이라면, '臥'에 '乎'가 연결된 '臥乎'는 무엇인가 하는 문제점이다. 셋째로, 중세어에서 'ㅂ〉ᄫ〉오/우'로 변한다는 점에서, 향가 당시에 'ㅂ'이 '오/우'로 변한 증거가 없다는 점이다. 그렇다고 '눕'에서 '누'만을 취한 것으로 보기도 어렵다는 것이다. 이런 문제를 해결하기 위하여, '臥乎隱'을 '눕온'(된, 눕게된, 유창균 1994)으로 읽었다. 이 해독 역시 '눕온'에서 '된' 또는 '눕게된'의 의미를 끌어낼 수 없는 한계를 보인다. '臥'를 '눕-'으로 읽고, 그 뜻은 다의어인 한자 '臥'의 여러 의미 중의 하나인 '化也/되다'로 정리한 다음에, 모두의 정리에서는 '눕온'(눕게된)으로 정리하였다. '되다'는 '눕다'의 의미가 아니라, 다의어인 한자 '臥'의 여러 의미 중의 하나에 불과하다.

이렇게 진행되어 온 '臥乎隱'의 해독에서 하나의 문제를 제기할 수 있다. 문맥상 참회하려는 악업은 지금도 짓고 있거나 앞으로 지을 악업이 아니라, 참회하고 있는 현재의 이전까지 지어온 악업이라는 사실이다. 이 문맥으로 보면, '臥'는 'ㄴ'의 이형태인 '누'로 읽을 수 없다. 이 문제를 해결하기 위하여, '臥乎隱'을 '눕온'으로 읽고, 그 뜻은 '눕다'의 한 의미인 "나무나 풀 따위의 기다란 물체가 가로 놓이다."의 의미로 보아, '눕온'은 '가로 놓이온'으로 본다.

이에 따라 앞에서 정리한 '짓어 오누온'을 '지어와 놓인'의 의미인 '짓어오 눕온'으로 수정한다.

3.2.2. 爲將來臥乎

이 항에서는 爲將來臥乎(〈상서도관첩〉)의 이두 '將來'를 검토하려 한다. 爲將來臥乎의 해독에서, '將'과 '來'의 훈을 살려 읽은 글을 보자.

    (16) 爲將來臥乎; 'ᄒᆞ오려누온'의 표기로 추정된다. 將은 '-려-' 來는 '-오-'를 나타내는 것으로 보고 逆順으로 읽어 將來를 '-오려-'의 표기로 볼 수 있다. 그러나 이는 鄕歌에 한 번 쓰였고 吏讀에도 처음 나타나는 것이어서 그 독법과 기능에 대하여서는 더 고구해 보아야 할 문제를 안고 있다.(남풍현 2000:554)

(16)에서 보면, '將'을 '-려-'로 읽고, '來'를 '-오'로 읽었다. 전자에 대한 설명이 없으나, 이는 '將'의 의미 '欲'의 훈을 계산한 해독으로 이해된다. 그러나 이 글에서도 지적하고 있듯이, '-려오-'를 다시 역순으로 보아 '-오려-'로 읽은 것과, 'ᄒᆞ오려누온'의 '-려-'와 '-누-'가 보이는 기능과 의미에서 재고될 점들을 보인다.

이 '-려-'와 '-누-'의 기능과 의미의 문제를, '-將來(-)를 '-려(-)'로 읽은 해독들의 문제와 더불어, 좀더 보자. 만약 爲將來臥乎의 '-將來-'를 '-려(/오려)-'로 읽으면, 爲將來臥乎는 'ᄒᆞ려누온(/ᄒᆞ오려누온)'이나 'ᄒᆞ려 누온(/ᄒᆞ오려 누온)'의 표기가 된다. 'ᄒᆞ려누온(/ᄒᆞ오려누온)'에서는 '-려-'와 '-누-'를 모두 선어말어미로 본 것인데, '-려-'가 선어말어미인가 하는 문제를 보인다. 'ᄒᆞ려 누온(/ᄒᆞ오려 누온)'에서는 '-려'를 연결어미로 보고, '누-'를 어간으로 본 것이다. 이 경우에 '누-'의 뜻을 알 수 없고, 만약 '눕다'의 관형사형인 '누온'이라면, 이는 이 문장에 들어갈 이유가 전혀 없다. 이렇게 '-려-'의 기능과 '누-'의 의미를 알 수 없거나, '누-'가 들어갈 문맥이 아님은, 造將來臥乎隱(《참회업장가》)의 '-將來-'를 '-려(/오려)-'로 읽었을 때에도 발견된다. 우선 '-려(/오려)누-'로 읽으면, '-려-'의 기능을 알 수 없다. 그리고 '-려 누-'로 읽으면, '누-'의 의미를 알 수 없다. 해독의 구체적인 인용은 생략하지만, 造將來臥乎隱의 '臥乎隱'을 '누-'로 본 해독들이 해독으로부터 끌어낼 수 없는 '놓을, 놓은, 되는, 눕게된' 등의 현대역을 단 것이 이를 말해준다. 이런 점들에서 '-將來-'를 '-려(/오려)-'로 읽을 수 없다.

이제 爲將來臥乎를 다시 해독해 보자. 이 爲將來臥乎는 'ᄒᆞ야 오누온'으로 읽어야 할 것 같다. 앞에서 살폈듯이, '將'에는 '而'의 훈인 '-야'가 있으며, 이렇게 번역된 한문의 '將'들도 있다. 그리고 이렇게 읽으면, 'ᄒᆞ야 오누온'에서 형태소들의 연결 역시 문법적이다. 이런 점에서, 爲將來臥乎를 'ᄒᆞ야 오누온'으로 해독한다.

이 해독을 문맥에서 확인하면 다음과 같다.

(17) … 右事叱段 君臣名分亦 如天地設恒 教事是良亦 臣 無有 作福作威 爲將來臥乎 等用良 本朝 教是 祖聖統合三韓已後 三百年 將近亦 君臣禮正政出由辟 教是如乎 事是去有在乙 去丙辰年分 崔忠獻亦 聚類結黨爲 殺活專權爲㫆 竊弄國柄爲 無君之始爲如乎 事是去有乙 …(… 오른쪽의 일은 君臣의 名分이 天地가 불변함을 세움과 같게 하신 일이어서, 신하가 作福과 作威를 가짐이 없게 하여 오는 것이므로, 本朝께서 祖聖의 統合三韓 이후 삼백년 거의 가까이 君臣의 禮가 바르고 정사가 임금으로부터 나오게 하시던 일이었거늘, 지난 丙辰年分 최충헌이 聚類結黨하여 殺活專權하며 竊弄國柄하여 無君之始하던 일이 있거늘 …)

(17)에서는 爲將來臥乎를 '호야 오누온'으로 읽고, 그 의미를 '하여 오는'으로 보았다. 그런데 '호야 오누온'(하여 오는)이 포함된 "신하가 作福과 作威를 가짐이 없게 하여 오는 것이므로"의 앞뒤의 두 문장은, 이 爲將來臥乎의 의미로, '하여 오는'과 '하려 하는'[이 '하려 하는'과 같은 형태의 '세우려는'은 이승재(1987:229)에서 발견된다.]을 문맥상 모두 허락한다.

먼저 앞의 문장인 "오른쪽의 일은 君臣의 名分이 天地가 불변함을 세움과 같게 하신 일이어서"와의 관계를 보자. 이 인용의 오른쪽 일은, 인용의 앞에 적혀 있는, 김인준 김홍취 등이 최충헌의 무단정권을 소탕하여 왕실을 바로 세운 일과, 그들의 공적을 포상한 일이다. 이 내용은 분명히 君臣의 名分이 天地가 불변함을 세움과 같게 하신 일이다. 그리고 이 내용은 뒤에 오는 "신하가 作福과 作威를 가짐이 없게 하여 오는 것"의 이유가 된다. 이 경우에, 爲將來臥乎은, 이 글에서와 같이 '하여 오는'의 의미로 읽을 수도 있고, '하려 하는'의 의미로 읽을 수도 있다.

뒤의 문장은 "本朝께서 祖聖의 統合三韓 이후 삼백년 거의 가까이 君臣의 禮가 바르고 정사가 임금으로부터 나오게 하시던 일이었거늘"이다. 이 문장은 "신하가 作福과 作威를 가짐이 없게 하여 오는 것이므로"의 원인에 따른 결과이다. 이 경우에도 爲將來臥乎는 문맥상으로는 '하여 오는'과 '하려 하는'의 두 의미를 모두 허락한다. 이렇게 爲將來臥乎는 앞뒤의 문맥만을 보면, '하여 오는'과 '하려 하는'의 두 의미로 해석할 수 있다. 그러나 爲將來臥乎에 쓰인 '將來'의 의미나 '將'과 '來'의 음훈으로 보아, '하여 오는'만이 가능하다.

이상과 같은 점들에서, 이 '-將來-'는 '-야 오-'로, 爲將來臥乎는 '호야 오누온'(하여 오는)으로, 각각 해독할 수 있다.

3.2.3. 修將來賜留隱

修將來賜留隱(〈상수불학가〉)의 해독에서 '將'과 '來'의 훈을 살린 해독으로는 '-어/아/으 오-'가 있다. 이 해독들을 인용하면 다음과 같다.

(18) 가. 닷거 오샬은(신태현 1940)
　　　　닷가 오살온(정열모 1947)
　　　　닷아 오솔온(이탁 1956)
　　　　닷ㄱ 오샤론(김준영 1979)
　　　　닷ㄱ 오드록은(정창일 1987)

닦아 오신(박재민 2003)
닦아 오시룬(양희철 2008b)
닦아 오신(양희철 2024a)
나. 닦가져 오시론(닦아가지고 오신, 김지오 2012)
닷가 오시온(닦아 오신, 박재민 2013b)

(18가)의 해독들은 '-將來-'를 '-어/아/ㅇ 오-'로 읽었다. 이는 앞의 造將來臥乎隱(〈참회업장가〉)에서 살핀 '-將來-'와 같이, '將'의 의미 '而'의 훈인 '-어/아/ㅇ'와 '來'의 훈인 'ㅇ-'를 살린 해독들이다. 그리고 (18나)의 해독들은 '將'을 '가져'나 '가'로 읽었다. 이 해독들은 〈참회업장가〉의 '將來'와 같은 문제를 보인다.

이 해독은 〈상수불학가〉의 문맥 차원과, 〈상수불학가〉와 〈상수불학송〉의 비교에서도 확인할 수 있다.

먼저 〈상수불학가〉의 문맥 차원에서 보자. 이 작품의 내용은 부처님이 닦아오신 願行을 따라 닦겠다는 것이다. 이로 인해 시적 화자가 따라 닦으려는 부처님의 원행은 부처님이 이미 닦아오신 것들이지, 앞으로 닦으려는 것들이 아니다. 이 문맥으로 보아도, 修將來賜留隱의 '-將來-'는 '-아 오-'로 해독되며, '-려'나 '-려 오-'로 해독되지 않는다.

이번에는 〈상수불학가〉와 〈상수불학송〉의 두 작품을 비교해 보자. 〈상수불학가〉 제2구의 修將來賜留隱은 〈상수불학송〉 제2구의 '修來'와 비교된다. 이로 보면, 전자의 '修將'과 '來'는 후자의 '修'와 '來'에 각각 대응한다. 특히 '將'의 한 의미가 '而'이고, '修來'의 두 동사 '修'와 '來'의 사이에는 연결사 '而'가 생략되었다는 점에서, 향찰 '修+將(=而)+來'와 한문 '修+(而)+來'는 정확하게 일치하는 대응을 보인다. 이 대응으로 보면, 향찰 '將(=而)'은 한문의 생략된 '而'의 훈인 '-아'로만 읽을 수 있으며, 향찰 '修將(=而)來-'는 한문 '修(而)來'의 번역인 '닦아 오-'에 해당한다. 이런 점에서도, 이 향찰 '-將來-'는 '-가져 오-'와 '-가 오-'를 포함한 다른 표기들이 될 수 없으며, 오직 '-아 오-'로 해독되는 표기라고 정리할 수 있다.

이 해독을 적용하여, 修將來賜留隱의 해독을 정리해 보자. 修將來賜留隱의 전체 해독에서 문제가 되는 것으로 '-將來-' 말고도, '修-'의 훈과 '-留-'의 음이 있다.

'修-'의 훈과 '-留-'의 음은 다양하게 논의되지만, '닦(修)-'의 훈을 따르고, '-留-'는 최근에 연자로 본 주장을 따른다.

'修-'는 '닦/닦-'(오구라, 양주동), '다술/다스리-'(유창균, 신재홍, 류렬), '길'(정열모) 등으로 해독되고 있다. '길'은 '修長也'에 근거해 '長'을 다시 '길(道)'로 본 것인데,

왜 '道(乙)'로 표기하지 않았느냐 하는 물음에서 상당히 회의적이다. '다술/다스리-'는 '마음을 다스리다'에서와 같이 '修'의 훈으로는 가능하다. 그러나 '공덕을 다스리다'에서는 매우 어색하다. 이런 점에서 '修-'의 훈은 '닭-'을 따른다.

'-留-'는 읽지 않은 경우(오구라), '-ㄹ-'(양주동 등등), '-로-'(김준영, 김완진, 유창균, 신재홍), '-루-'(강길운, 류렬), '-오-'(김지오, 박재민) 등으로 해독되어 왔다. 그런데 아주 최근에 이 '-留-'는 연자(衍字)로 정리되었다(양희철 2024a:94-96).

이상을 종합하면, '-將來-'는 '-아 오-'로, 修將來賜隱은 '닭아 오신'으로, 각각 해독된다.

3.2.4. 煎將來出米

煎將來出米(〈청전법륜가〉)의 해독에서 '將'과 '來'의 음훈을 살린 해독들은 '-어(/가져) 오-'와 '-어 내-'이다. 이 해독들은 다음과 같다.

(19) 가. 지저 오나매(신태현 1940)
나. 짓어 내미(이탁 1956)
다. 달ㄱ 오나매(정창일 1987)
라. 볶여와서 남에(박재민 2003)
마. 지지어 오내미(양희철 2008b)
바. 다리가져 오나미(다려 가지고 오므로, 김지오 2012)
사. 봇가와 나매(봇가 와서 나매, 볶여 옴에, 박재민 2013b)
아. 달히將來(ㅎ) 나미(이건식 2012)

'-어 오-'로 읽은 (19가, 마)만이 정확한 해독으로 보인다. 이에 대한 설명은 〈참회업장가〉와 〈상수불학가〉의 '將來'로 돌린다.

나머지 해독들이 보이는 문제는 다음과 같다. (19나)의 '-어 내(〈리+내)-'에서는 '來(리)+出(내)'를 '내'로 정리하면서 문제를 보인다. (19다)의 '-ㄱ 오-'에서는 '將(굴오)+來(오)'를 '-ㄱ오-'로 정리하면서 문제를 보인다. (19라)의 '볶여와서 남에'에서는 '來'를 '와서'로 본 문제를 보인다. (19바)의 '다리어 가져 오-'와 (19사)의 '봇가와 나매'는 〈참회업장가〉에서 설명한 문제를 보인다. (19아)의 '달히+將來(ㅎ) 나미'에서는 '將來'를 한어로 보고, 그 현대역을 '달여 냄에'로 달았다. 상당히 어렵게 설명하고 있으나, 결국은 '將來'를 '려' 또는 '어'로 읽은 것이 된다. 그리고 '將來'를 한어로 볼 때에 문맥에서 어떤 의미인지를 잘 알 수 없으며, 해독과 현대역이 잘 연결되지 않는 문제를 보인다. 그리고 이 설명은 (12)에서 본 '將來'를 '-어 오-'로 번역한 예들을 참고할 필요가 있다.

이번에는 〈청전법륜가〉의 문맥에서 煎將來出米를 보자.

이 작품에서 善芽가 자라지 못한 이유는 제5, 6구인 "無明土 深以 埋多 煩惱熱留 煎將 來出米"에 있다. 이로 인해 '무명토 깊이 묻어 번뇌열로 煎將來出米'의 '煎將來出米'는 미래 행위가 아니라, 과거, 과거완료, 현재완료 등의 '煎將'과 현재나 현재완료의 '來出米'의 행위가 되어야 한다. 왜냐하면 미래의 행위일 경우에, 이는 현재 또는 현재까지 선아가 자라지 못하는 이유가 될 수 없기 때문이다. 이 점이 바로 이 '-將來-'를 '-아/어 오-'로 읽게 하는 문맥이다.

이 작품은 그 번역시에서 煎將來出米에 대응하는 부분을 보여주지 않으므로, 바로 煎將來出米의 전체 해독을 정리해 보자. '煎-'은 '지지-, 다리-, 달히-, 볶-' 등으로 해독되고 있다. 이 중에서 '다리-'는 煎의 의미가 아니라 '熨'의 의미에 해당하고, '달히-'가 '煎'의 의미에 해당한다.(유창균 1994:990-991) 그리고 '煎-'에는 '볶-'의 의미가 없다. '煎'에는 '달이다(〈달히다)'와 '지지다'의 의미가 있다. 이 중에서 전자를 따르는 것이 일반적인데, 이는 '다려-'로 읽으면서 '-將來-'를 '-려-'로 보려는 의도에 기인한다. 그리고 '달히-'는 약이나 국물을 달이는 데에 주로 쓴다. 이런 점들에서 '지지다'를 택한다. '來出米'의 '來'는 '-오'로, '出-'은 '내-'로, '-米'는 '-미'로 각각 읽는다. 이 경우에 '-오'는 '-와'의 의미이다.

이상을 종합하면, '-將來'는 '-어오'로, 煎將來 出米는 '지지어오 내미'(지지어와 내매)로 해독된다.

3.2.5. 數將來尸

'數於將來尸'(〈혜성가〉)의 해독들에서, '將'과 '來'의 훈을 살린 해독들은 다음과 같다.

(20) 가. 가오-: 혜여 가올(정열모 1947)
　　 나. -아/어 오-: 잦아 옷(이탁 1956), 혀어 올(김준영 1964, 1979)
　　 다. -받오-: 혀바돌(서재극 1975)
　　 라. 디녀오-: 혀어 디녀올 (최남희 1996)
　　 마. -어 오-: 헤오어 올(양희철 2008b)
　　 바. -어 오-: 헤어 올(양희철 2022a)

(20)의 해독들은 일단 '將'과 '來'의 훈을 살렸다. 그러나 '-將來-'의 앞뒤 향찰의 해독에서 문제를 보이기도 하고, 작품의 문맥에 맞지 않기도 한다. 이 점들을 보면서, 보완해 보자.

(20가)의 '가오-'에서는 '將'의 의미인 '行也'에 의지하여 '將-'을 '가-'로 읽고, '-來-'를 그 훈인 '-오-'로 읽어, 數於將來尸를 '혜여 가올'로 읽었다. 일단 향찰로 쓴 한자들의 음과 훈을 살렸다. 그러나 선어말어미 '-오-'의 표기에는 '-烏/乎/於-'가 쓰이는데, 이를 쓰지 않고 '-來-'를 썼다고 본 문제를 보인다. 그리고 이 해독은 뒤의 문맥에서 보겠지만, 달이 이곳으로 와야 하는데, '가-'로 해독한 문제도 보인다.

(20나)의 '잦아 옷'에서는 '-於-'와 '-將'을 각각 '-아(-)'로 읽었다. '數-'의 해독인 '잦-'이 문맥에 맞지 않는 점, '-於-'의 해독인 '-아-'가 '-於-'의 음을 벗어난 점, '-尸'의 해독인 '-ㅅ'이 이유 없이 '-尸'를 '-叱'로 수정한 이후의 해독이라는 점 등에서 문제를 보인다.

(20나)의 '혀어 올'에서는 '於'와 '將'을 각각 '-어(-)'로 읽고, '-將'을 첨기로 보아, '-於將'을 '-어'로 정리하였다. '-將'을 첨기로 본 것이 미심쩍다.

(20다)의 '혀바돌'에서는 '將'의 의미인 '奉'(받다)에 의지하여 '將'을 강세의 선어말어미 '-받-'으로 해독하였다. '於'를 읽지 않았는데, 그 처리가 불분명하다. 그리고 '혀바돌'을 '(불) 켜는'의 의미로 보았는데, 해독과 현대역이 형태소 차원에서 상응/일치하지 않는다.

(20라)의 '혀어 디녀올'에서는 '-於'을 '-어'로 읽고, '將'을 그 의미인 '持'에 의지하여 '디녀'로 읽고, '來'를 '오'로 읽었다. '혀어 디녀올'의 주어는 '달'이다. 이 문장에서 달이 '혀어 올'은 문맥에 맞다. 그러나 '디니-'는 타동사로, 이를 자동사의 연결인 '혀어 올'의 가운데 놓은 것은 이해하기 어렵다.

(20마)의 '혜오어 올'에서는 '-오-'의 기능이 불분명하다.

이렇게 선행 해독들은 문제를 보인다. 특히 다른 '將來'들의 해독에서 합리적인 '-어오-'의 해독까지도 '於'를 '어'로 읽고 '將'을 첨기의 '어'로 읽으면서 문제를 보이거나, '於'를 '오'로 읽으면서 문제를 보인다.

이 문제는 최근에 (20바)에서 해결되었다. 즉 '於'는 잘못 들어간 연자(衍字)라는 것이다(양희철 2022a:108-111). '於'를 연자로 처리할 때에, 數將來尸는 '혜어 올'로 자연스럽게 해독되며, '將來'는 '-어 오-'로 정리된다.

이 해독은 작품의 문맥에서도 확인된다.

〈혜성가〉에서 제5구, 제6구, 제7, 8구 등은 서로 연결되어 있다. 제5구의 세 화랑의 산행(三花矣 岳音)을 돕는 것은 제6구와 제7, 8구이다. 제6구인 '달도 八切爾(발긋이) 數將來尸'에서, 만약 '數(於)將'이 미래라면 현재 산행을 돕는 것이 못 된다. 왜냐하면 만약 '혀/혜(數)-'가 미래의 상황이라면, 세 화랑의 산행을 현재 돕는 것이 아니라, 미래에 도울 것이 되기 때문이다. 또한 만약 '혀/혜(數)-'가 미래의 상황이라면, 제7, 8구의 야유와 상황적 아이러니는 성립하지 않는다. 왜냐하면, 이 야유와 상황적 아이러니는 달도 발긋이 빛나거나 빛나오고 있어야 나쁜 징조의 혜성의 꼬리가 없어져 나쁜 징조의 혜성이 좋은 징조의 길쓸 별이 되면서 성립하기 때문이고, 동시에 이 야유와 상황적 아이러니는 달의 상징인 왕이 밝게 헤아린 다음에야 나쁜 징조의 혜성은 좋은 징조의 길쓸 별로 인식이 바뀌면서 성립하기 때문이다.

그러나 '於'를 연자로 보아 빼고, 數將來尸를 '혜어 올'로 해독하면, '혜(數)-'의 상황은 연결어미 '-어'에 따라 현재 산행을 돕는 것이 된다. 그리고 이 현재의 상황에 따라, 제7, 8구(道尸 掃尸 星利 望良古 彗星也 白反 他 人是 有叱多)는 좋은 징조의 길쓸 별을 바라보면서 나쁜 징조의 혜성이라고 사뢰는 사람이 있겠느냐의 야유로 상황적 아이러니를 보여주면서, 세 화랑의 산행을 돕는다. 이 점들에서도, '數將來尸'를 '혜어 올'로 읽을 수 있다.

이상과 같이 볼 때에, 이 '-將來-'는 '-어 오-'로, '數將來尸'는 '혜어 올'로, 각각 해독된다고 정리할 수 있다.

3.2.6. 毛達只將來呑隱

毛達只將來呑隱(〈우적가〉)은 해독이 가장 어려운 향찰들 중의 하나이다. 선행 해독들 중에서 '將'과 '來'의 훈을 살린 해독들은 다음과 같다.

(21) 가. 몰아 오돈(모르고서, 이탁 1956)
나. 모둘ㄱ아 오돈(모르고 지내던, 김준영 1964, 1979)
다. 모즈락 디녀오돈(형체를 부족하게 지녀 오던, 서재극 1975)
라. 모둘기 디녀오돈(최남희 1996)
마. 모즈라 그저 오돈(모자라 그저 오던, 양희철 2008b)
바. 모둘아 오돈(못 알아 오던, 양희철 2025)

(21)의 해독들은 '將'의 훈인 '-아'와 '디니-', '來'의 훈인 '오-' 등을 각각 살려 읽었다. 그러나 '-將來-'의 앞에 온 향찰들('毛達只')의 해독과 문맥에서 문제를 보인다.

이 점들을 차례로 검토한 다음에, 毛達只將來呑隱을 다시 해독해 보려 한다.

(21가)의 '몰아 오돈'에서는 '毛(모)+達(ㄷ)+只(ㅇ)+將(아) 來(오)+呑(돈)+隱(ㄴ)'으로 개별 향찰을 읽고, '몰라 오던'의 의미로 보았다. 이 해독에서 '達(ㄷ)+只(ㅇ)'의 분석은 이해가 가지 않는다.

(21나)의 '모둘ㄱ아 오돈'에서는 '毛(모)+達(둘)+只(ㄱ)+將(아) 來(오)+呑(돈)+隱(ㄴ)'으로 개별 향찰을 읽고, '모르고 지내던'의 의미로 보았다. 이 해독에서 '毛(모)+達(둘)+只(ㄱ)'이 '모둙'으로 되어 '몯알'의 의미가 된다고 하는데, 이에 문제가 있어 보인다.

(21다)의 '모즈락 디녀오돈'에서는 '毛(모)+達(즈라)+只(ㄱ) 將(디녀)+來(오)+呑(돈)+隱(ㄴ)'으로 개별 향찰을 읽고, '부족하게 지녀 오던'의 의미로 보았다. '즈라'는 '達'의 훈인 '즈라다'(成長)를 이용한 것이다. "즛 모즈락 디녀오돈"의 현대역인 "形體(를) 부족하게 지녀 오던"에서, "形體를 부족하게 지닌다는 것이 무엇을 뜻하는지 알 수 없다."(유창균 1994:921)

(21라)의 '모둘기 디녀오돈'에서는 '毛(모)+達(둘)+只(기) 將(디녀)+來(오)+呑(돈)+隱(ㄴ)'으로 개별 향찰을 읽었다. 현대역이 없어서 이해가 잘되지 않는다.

(21마)의 '모즈라 그저/그저어 오돈'에서는 '只'를 '그저'로 읽고, '-어(將)'는 '그저'의 'ㅓ'를 첨기한 표기이거나, '그저'의 장음표기로 보았다. '只'의 해독에서 문제를 보인다.

이렇게 선행 해독들은 문제를 보인다. 특히 '達'과 '只'의 해독에서 문제를 보인다. 이 문제는 (21바)에서 풀린다. 이 해독에서는 '只'를 '尸'의 오자로 보고, 毛達尸將 來呑隱을 '모둘아 오돈'으로 읽었다.

이 해독을 문맥에서 확인해 보자. 제3구에 결자가 있어 판단하기 어렵지만, 제1, 2구로만 보면, '제 마음의 즛(행위), 즉 自心相(자기 마음씨)을 (훤하게) 알지 못해 오던'의 문맥에 문제가 없다.

이런 점들에서, 이 '-將來-' 역시 '-어 오-'로, '毛達尸(〈只)將 來呑隱'은 '[훤하게(達)] 모둘아 오돈'으로, 각각 해독할 수 있다. '[훤하게(達)]'은 잉여코드를 살린 것으로 뒤에 다시 설명한다.

4. 복수의 한자의 1(頓/좃/뭇, 向/앗/안)

이 장에서는 향찰 '頓/좃/뭇'과 '向/앗/안'을 정리하고자 한다.

4.1. 頓/좃/뭇

향찰 '頓'은 '仰頓隱, 頓叱, 頓部叱' 등의 세 어휘에 포함되어 나타난다. 그런데 이 '頓'에 대한 선행 해독들을 보면 너무나 많은 문제를 보여주었다. 이에 선행 해독들의 문제를 지적하고, 다시 읽은 바(양희철 2011, 2015a:101-135)가 있다. 그 후에 이 해독을 비판하거나 새로 나온 해독이 없으므로, 이 해독이 보여준 선행 해독의 문제와 새로 읽은 해독을 요약하면 다음과 같다.

仰頓隱의 '頓'은 그 해독에서 훈으로 읽은 경우와 음으로 읽은 경우로 나눌 수 있다. 전자의 해독에는 '조을'(승낙한)이 있다. 이 '조을'은 '조아리다'를 의식한 것 같지만, '頓'의 훈이 아니라는 문제를 보인다. 후자의 해독에는 '던, 든, 돈, 둔' 등이 있다. 이 중에서 '던, 든, 둔' 등은 '頓'의 정확한 음이 아니라는 문제를 보인다. '돈'은 '頓'의 음이지만, 仰頓隱(울월돈)에서 '돈'의 문법적 기능이 모호한 문제를 보인다.

頓叱의 '頓'과 頓部叱의 '頓'은 그 해독에서 음으로 읽은 경우와 훈으로 읽은 경우로 나눌 수 있다.

'頓'을 음으로 읽은 해독에는 '頓'(精進, 誠, 熱心, 信仰, 功德, 一念精進), '頓'(道), '頓'(頓敎), '도'(又), '-도(ㅅ)'(불완전명사 '둣'의 변종, '-도'), 'ㄷ'('-들'의 'ㄷ'), '돈(부)'[全(部)], '돈(북/뿍)'[듬(뿍)] 등이 있다. 이 중에서 '頓'(精進, 誠, 熱心, 信仰, 功德, 一念精進), '頓'(道) 등은 '頓'의 의미에 괄호 안에 쓴 의미가 없다는 문제를 보인다. '頓'(頓敎)의 경우는 '頓'이 '頓敎'의 의미로 쓰이는 '頓敎'나 '頓漸'을 포함한 문맥이 아니라는 문제를 보인다. '도'(又), '-도(ㅅ)', 'ㄷ'('-들'의 'ㄷ') 등은 균여의 향찰 운용에서는 이것들의 표기에 '又, -置, -刀, -冬, -等' 등을 쓰지 '頓'을 쓰지 않는다는 문제를 보인다. '돈(부)'[全(部)]과 '돈(북/뿍)'[듬(뿍)]은 '돈부'나 '돈북/돈뿍'이 '全部'나 '듬뿍'의 의미가 아니라는 문제를 보인다.

'頓'을 훈으로 읽은 해독에는 '믄듯, 문득, 믄득, 문드시, 모롯, 모로깃, (ㄷ봇〉)ㄷ못, ㅂ롯/ㅂㄹ붓, 좋/좃(조아리-), 무젆(무턱대고, 무척), 무저봇(무턱댄, 무턱대고)' 등이 있다. 이 중에서 '믄듯, 문듯, 믄득, 문드시, 모롯, 모로깃, 좋/좃' 등은 법륜 굴리기를 청하는 문맥과 중생의 기쁨에 부처님이 기뻐하는 문맥은 물론 〈참회업장가〉, 〈수희공덕가〉, 〈상수불학가〉, 〈보개회향가〉 등등의 문맥에 왜 '갑자기'와 '조아리-'의 의미가 들어가야 하는지를 합리적으로 설명할 수 없다. '(드봇〉)드뭇'과 'ㅂ롯/ㅂㄹ봇'은 '頓'의 훈이 아니라는 문제를, '무젚'(무턱대고, 무척)과 '무저봇'(무턱댄, 무턱대고)은 해독이 괄호 안의 현대역과 연결되지 않는 문제를 각각 보인다.

이렇게 仰頓隱, 頓叱, 頓部叱 등의 '頓'에 대한 선행 해독들은 모두가 문제를 보인다. 이에 다시 읽은 내용은 다음과 같다.

仰頓隱(〈원가〉)의 '仰'은 '울월/울얼-'로, '頓'은 '조아리다'의 중세어인 '좃-'으로, '隱'은 '-은'으로 각각 읽어, 仰頓隱은 '우러러 조아린'의 의미인 '울월좃은/울월조순'으로 해독하였다. '울월'과 '좃'은 복합용언의 선행어간과 후행어간이고, '-은'은 관형사형어미이다.

頓叱(〈청전법륜가〉, 〈항순중생가〉)의 '頓'은 그 의미 중의 하나인 '貯(묻다)'의 동음이의어 '뭇(=묻)-'으로, '叱'은 '-ㅅ'으로 각각 읽어, '頓叱'은 '같이 덧붙어, 둘러붙어'의 의미인 '뭇(=묻)-'으로 해독을 하였다. '뭇(=묻)-'은 복합용언의 선행어간이다. 이 '頓叱(뭇/묻)-'은 번역시와 보현행원품의 '皆'(함께), '陪隨'(모시고 따라), '悉'(다하여/끝내 함께 하여), '則'(곧) 등에 대응한다.

'頓 部叱'(〈참회업장가〉, 〈수희공덕가〉, 〈상수불학가〉, 〈보개회향가〉)의 '頓'들은 그 의미 중의 하나인 '貯(묻다)'의 동음이의어 '뭇(=묻)'으로, '部'는 '주비'로, '叱'은 '실'로 각각 읽어, '頓 部叱'은 '뭇 주비실'[무수히 많은 주비(무리, 부류)의 일]로 해독하였다. '뭇'은 관형사이고, '주비'는 '무리'와 '부류'의 의미를 가진 명사이고, 접미사 '-실'은 '일'의 의미를 가진 현대어 '-질'의 선행형이다. '頓 部叱'(뭇 주비실)은 번역시와 보현행원품의 '盡皆, 皆, 摠, 皆悉' 등에 대응하는데, 이 의미를 직접 옮긴 것이 아니라, 구상적인 '뭇 주비(무리/부류)의 일'의 의미로 바꾼 표현이다.

이렇게 '頓'을 '좃'과 '뭇'으로 읽은 '仰頓隱/울월좃은', '頓叱/뭇(=묻)', '頓/뭇 部叱/주비실' 등은, 차제자의 원리와 운용의 측면, 형태소 연결의 문법적인 측면, 해독된 형태소와 현대역의 의미 일치의 측면, 문맥적인 측면, 번역시 및 보현행원품의 측면 등에서 모두 부합한다는 측면에서, 객관성을 보여주므로, 이 해독들로 '頓'의 해독은 마무리가 되는 것 같다.

4.2. 向/앗/안

이 절에서는 '菩提 向焉'(〈참회업장가〉), '向屋賜尸 朋知良'(〈청불주세가〉), '佛道

向隱'(〈상수불학가〉), '向乎仁 所留'(〈총결무진가〉) 등에서 4회 나오는 향찰 '向'의 해독을 검토 정리하고자 한다.

향찰 '向'은 그 성격상 '향하다'의 의미로 정리되는 '菩提 向焉'(〈참회업장가〉), '佛道 向隱'(〈상수불학가〉), '向乎仁 所留'(〈총결무진가〉) 등과 '마주하다'의 의미로 정리되는 '向屋賜尸 朋知良'(〈청불주세가〉)으로 나뉜다는 점에서 항을 나누어 정리하려 한다.

그런데 이 해독들은 기본적으로 이두의 '向'에 의존한 바가 크므로, 이두의 '向'을 먼저 간단하게 보고, 이어서 향찰 '向'을 정리하려 한다.

4.2.1. 이두 向

이두 '向'은 별도로 정리한 글(양희철 2004, 2008a)이 있어 그 결론만을 요약하면 다음과 같다.

실의독자(실의차제자)의 '向-'은 '안-'과 '앗/앙-'으로 읽히는 '向入'의 '向-'에서 보인다. '向(안)-'은 한자 '向'의 의미인 '對'에 대응하는 우리말 '안-'을 표기한 실의독자(실의차제자)이며, '向(앗/앙)-'은 한자 '向'의 의미인 '趣向也/指向也'에 대응하는 우리말 '앗/앙-'을 표기한 실의독자(실의차제자)이다.

'-ㄹ-'이 탈락된 실의독자(실의차제자)는 '向尒(울워곰)'과 '向前(아젼)'의 두 '向-'에서 발견된다. 전자는 한자 '向'의 의미인 '울월다(傾仰也)'의 '울월-'에서, 후자는 한자 '向'의 의미인 '알(前)-'에서, 각각 '-ㄹ-'이 탈락된 것을 표기한 것들이다. 특히 후자의 '-ㄹ-' 탈락은 '쌀+전(米廛)'이 '싸전'으로, '밀(다)+닫(다)+이'가 '미닫이'로 각각 변한 사실에서 알 수 있다.

가의독자(가의차제자)는 '[-是(/爲)可(/去)] 向入, (-)向 事, 向敎(是) 事' 등의 '(-)向(-)'에서 발견된다. '[-是(/爲)可(/去)] 向入'의 '向(안)-'은 한자 '向'의 훈인 '안(對)-'의 동음이의어인 '안(抱)-'을 표기한 가의독자(가의차제자)이다. 이 '안-'은 "희망을 안고 대망에 불타는 젊은이"의 '안-'에서 발견되는 것으로, '(생각·감정 따위를) 마음속에 품다.'의 의미이다. '向(敎是) 事'의 '向-' 역시 한자 '向'의 의미인 '안(對)-'의 동음이의어인 '안(抱)-'을 표기한 가의독자(가의차제자)이다. 이 '안-'은 "힘겨운 일을 안고 있지만 용감히 싸워 보겠네"의 '안-'에서 나타나는 것으로, '(일정한 일을) 책임지고 맡다.'의 의미이다. '使內向事'을 『이두집성』에서는 '바리안 일'로 정리하고 있는데, 이 '-向(안)'도 '안(對)-'의 동음이의어인 '-안'(강세선어말어미 '-아-'+관형형어미 '-ㄴ')의 표기라는 점에서 역시 가의독자(가의차제자)이다. '向敎(是) 事'는 '向 事[아안(/안) 일]'의 사동·주체존대형인 '아안이신(/산) 일'이나 '안이신(/산)

일'로 읽히며, 그 뜻은 '책임지고 맡게 하신(/산) 일'의 의미인데, 이 '向-'도 가의독자(가의차제자)이다.

가의독자(가의차제자) '向'에 병기된 '안, 아안, 아난' 등은 모두가 맞는 형태이다. 왜냐하면 '아난'은 '안(어간)+안(관형형 어미)'의 형태이고, '안/아안'은 관형형 어미 '-ㄴ'이 생략된 형태이기 때문이다. 이 관형형 어미 '-ㄴ'의 생략을 인식하지 않을 때에, 향찰 '向-'의 해독에서 볼 수 있는 '아-, 아ㅇ(/아아)-, 아ㄹ-' 등의 이해할 수 없는 형태를 재구할 수도 있다.

이렇게 이두 '向'은 다양하게 쓰인 동철자이음어(同綴字異音語)이며, 한자 '向'의 훈은 '앗/앟-'과 '알-'이 중세에 소실되고, '안-'과 '울월-'은 현대어에서도 살아 있다.

이두 '向'이 가진 이 동철자이음어의 성격으로 인해, 오독(誤讀)이나 오기(誤記)가 발생하기도 하였다. 오독의 예로 넷이 있다.

하나는 『어록해』에서 '向入'의 '向-'에 병기된 '알-'로, 이는 '앗-'이나 '안-'으로 읽을 것을 '알-'로 오독한 것이다.

다른 하나는 '-是(/爲)(隱)可 向入'의 '向-'에 병기된 '앗-'으로, 이는 '안-'으로 읽을 곳에서, 동철자이음어로 인해, '앗-'으로 오독한 것이다.

또 다른 하나는 '向前'의 '向-'에 병기된 '안-'으로, 이는 '-ㄹ-'이 탈락된 실의만자(/훈독자)의 '아-'로 읽을 곳에서, 동철자이음어로 인해, '안-'으로 오독한 것이다.

마지막 하나는 '向敎(是) 事'의 '向-'에 병기된 '아-'로, 이는 '안-'으로 읽을 곳에서, 동철자이음어로 인해, '아-'로 오독한 것이다. 오기는 '向叱敎是 事'의 '向叱-'에서 발견되는데, 이는 '向(안/아안)-'[(일정한 일을) 책임지고 맡-]으로 쓸 것을 '向叱(앗, 指向)-'으로 잘못 쓴 것이다.

4.2.2. 향찰 向焉, 向隱, 向乎仁

'菩提 向焉'(〈참회업장가〉), '佛道 向隱'(〈상수불학가〉), '向乎仁 所留'(〈총결무진가〉) 등에 나타난 '向焉, 向隱, 向乎仁' 등에 대한 선행 해독들을 정리하면 다음과 같다.

    (22) 向焉
        아ᄂᆞᆫ(思ふ·爲す等の義, 오구라 1929)
        아언(向한, 志向한, 김준영 1979)
        아온[志向 意向(양주동 1942), 향하는(지헌영 1947), 향한(정열모 1965; 전규태 1976; 김완진 1980; 지형률 1996; 신재홍 2000; 황패강 2001)]

아안[향한(김상억 1974; 김선기 1993)]
ᄇ란(향하는, 홍기문 1956; 류렬 2003)
바라(바라, 김선기 1975a)
안오(향한, 이탁 1956)
아론(向하는, 유창균 1994)
아슨(향한, 강길운 1995)
앗언(양희철 2008a)
앗오(向한, 지형률 2007)

(23) 向隱
아는(思ふ·爲す→ 修す, 오구라 1929)
아은(志向한, 김준영 1979)
아오[(直面호(양주동 1942), 좇는(지헌영 1947), 믿는(정열모 1965), 향한(전규태 1976; 김완진 1980; 지형률 1996; 신재홍 2000; 황패강 2001)]
아안[닦는(김선기 1975a, 1993), 향한(김상억 1974)]
ᄇ란(향하는, 홍기문 1956; 류렬 2003)
안오(向한, 이탁 1956)
아론(向한, 유창균 1994)
아슨(향한, 강길운 1995)
앗은(양희철 2008a)
앗오(向한, 지형률 2007),

(24) 向乎仁
아온[爲す·思ふ(오구라 1929), 향한(양주동 1942; 전규태 1976; 김준영 1979; 김완진 1980; 황패강 2001), 향하는(김상억 1974), 指向하는(지헌영 1947), 바라는(김선기 1975a, 1993), 나아가는(지형률 1996)」
아윈(향하는, 신재홍 2000)
ᄇ라혼(향하는, 홍기문 1956; 류렬 2003)
안온(向하는. 이탁 1956)
안혼(가는, 정열모 1965)
아론(向한, 유창균 1994)
아손(향한, 강길운 1995)
앗온(향한 양희철 2008a)
앗온(向한, 지형률 2007),

(22, 23, 24)에서 보는 바와 같이, '向-'의 해독은 '아-, 아ᇢ/아아/아오-, ㅂ라/바라-, 안-, 아ᄅ-, 앞-, 앗-' 등의 유형으로 대별된다. 유형별로 해독의 근거와 문제를 정리하면 다음과 같다.

먼저 '向-'을 '아-'로 읽은 것은 오구라(1929:79-80)이다. 이 해독에서는 '向-'의 훈을 '아-'로 잡았다. 그런데 이 주장은 이두 '向前'에 병기된 '아젼'에 근거해 '向-'을 '아-'로 잡았는데, 두 가지 문제를 보인다. 하나는 다른 병기에 나온 '안-'과 '앗-'을 포괄할 수 있는 방법이나, '아-'가 '안-'이나 '앗-'과 구별되는 이유의 설명이 없다는 것이다. 다른 하나는 '向-'이 '아-'로 읽힐 수 있는 차제자 원리를 설명할 수 없다는 점이다.

이 문제를 해결하기 위하여 등장한 것이 양주동(1942:741-743)의 '아ᇢ-'이고, 이 '아ᇢ-'를 변형한 것이 '아아/아오-'이다. 먼저 '아ᇢ-'를 끌어낸 과정을 보면, '向-'을 '아안'에 근거해 '아ᇢ-'를 끌어냈다. 이 해독은, 두 가지 문제를 보인다. 첫째로 다른 병기에 나온 '안-'과 '앗-'을 포괄할 수 있는 방법이나, '아ᇢ-'가 '안-'이나 '앗-'과 구별되는 이유의 설명이 없다는 것이다. 둘째로 '向-'이 '아ᇢ-'로 읽힐 수 있는 차제자 원리를 설명할 수 없다는 것이다. 이런 문제는 '아아/아오-'에서도 마찬가지이다.

'向-'을 'ㅂ라/바라-'로 읽은 것은 홍기문과 김선기이다. 홍기문은 '向焉'에 대한 오구라의 '아논'과 양주동의 '아온'의 해독이 "리두어 내지 리두토에 쓰인《向》자를 가지고 추정한 말"(1956:354)이라고 설명하고, 이두에 한글로 병기된 여러 해독들 중에서 어느 것도 취하지 않고, 'ㅂ라-'를 설정하였다. 그런데 이 'ㅂ라-'는 한자 '向'의 의미가 아니라는 문제를 보인다.『중문대사전(中文大辭典)』에서 보면, 한자 '向'은 ①趨向也, 指向也, ②對也, ③往也, 去也, ④傾仰也, 意所專注也, ⑤救也, ⑥昔也, 前也, ⑦猶愛也, ⑧猶臨也 등의 의미를 가진다. 이 중에서 'ㅂ라-'로 읽힐 수 있는 한자는 하나도 없다.

이번에는 '안-'으로 읽은 이탁과 정열모의 경우를 보자. 이탁(1956:36)은 '向'을 훈독하여 '안'이라고 짧게 언급했고, 정열모(1965:385)는 '안산'(면전에 있는 산)에 근거해 '向'을 '안'으로 읽었다. 이 해독들은 한자 '向'의 어느 뜻이 '안'에 해당하는지를 보여 주지 않은 문제를 보인다. 그리고 이 해독들은 '안-'이 '향하다'나 '가다'의 의미를 갖지 않는다는 문제도 보인다.

'向'을 '아ᄅ-'로 읽은 것은 유창균이다. 유창균(1994:936)은 양주동의 주장을 일부 수정하면서 이렇게 읽었다. 즉 양주동의 '아ᇢ-'를 모음충돌의 회피라는 측면에서 '아ᄅ-'로 수정하고, 그 의미를 '향하-'로 잡았다. 이 해독에는 두 문제가 있다. 첫째, '아ᄅ-'는 이두 '向'에 병기된 '안'과 '앗'을 포괄할 수 없다는 것이다. 둘째, '아ᄅ-'와

'향하-'의 연결이 되지 않는다는 문제이다.

향찰 '向-'을 '앞-'으로 읽은 것은 강길운이다. 그 논거를 인용하면 다음과 같다.

> (25) '向'은 '앞-'(=향하다)으로 새겨야 할 것이다. 이두에서 '向入앗드러〈語錄辯證說〉, 向中아스희〈語錄辯證說〉, 向事아안일〈이두방언〉, 向前아젼〈=지난번, 羅麗吏讀〉, 向敎是事아이신일〈이두〉' 등으로 읽고 있어서 거기서 어간 '앗~아'를 빼어낼 수 있고, 이조어에 '아삭'(=향하여. 예 : 무틔 올라 將次ㅅ 길흘 아삭 가느니 '登陸將首途', 두시초 8-53. cf.首향홀슈, 신옥편)가 있어서 여기서 어간 '앞-'을 얻을 수 있으니 '向'은 '앞-'으로 새길 수 있고, '焉'은 원음이 '언'이나 향가에서 '隱'[은]과 같이 썼으니 '은'으로 대충한 것으로 추정된다(참조: §10.5.(6)). 따라서 '向焉'을 '앞은'(=향한)으로 읽을 수 있다.(강길운 1995:395)

(25)에서는 '向-'을 이두들에 병기된 '앗, 아아, 아' 등에 기반하여 '앗~아'를 빼어내고는 '앞-'으로 읽었다. '안/아안/아난'을 포함시켜 설명할 수 없는 문제와 여타의 문제를 보인다. 그러나 앞의 향찰들인 '菩提向焉(〈참회업장가〉), 佛道向隱(〈상수불학가〉), 向乎仁 所留(〈총결무진가〉)' 등의 '向-'을 '앗/앞-'으로 읽은 것만은 정확했던 것 같다. 왜냐하면, '向'에는 '趣向也/指向也'의 의미가 있는데, 이 의미는 중세어에서 '앗/앞-'으로 나타나기 때문이다. 아쉬운 것은 '아삭'에 의존하여 '앞-'만을 취하고, "向入앗드러〈語錄辯證說〉, 向中아스희〈語錄辯證說〉"의 인용에서 보이는 '앗-'을 버린 것이다.

양희철은 강길운의 주장을 따르면서 '앗-'을 취하여, '向焉'은 '앗언'으로, '向隱'은 '앗은'으로, '向乎仁'은 '앗온'으로 각각 읽었다. '向焉'은 '앗온'으로 수정한다.

지형률 역시 '앗-'으로 읽으면서, '앗외다'("導師는 法 앗외는 스스이니", 釋譜詳節 13:16)와 '앗돌다'(앗ᄃ라 사화, 練兵指南7)의 예를 더하고, '向焉'은 '앗온'으로, '向隱'은 '앗온'으로, '向乎仁'은 '앗온'으로 각각 읽었다.

이상과 같이 볼 때에, '向焉, 向隱, 向乎仁' 등의 '向'은 강길운, 양희철, 지형률 등에 이르러, '앗-'으로 확정되는 것 같다.

4.2.3. 향찰 向屋賜尸

이 항에서는 행위 주체와 문맥을 중심으로 향찰 '向屋賜尸'(〈청불주세가〉)에 대한 선행 해독을 비판하면서 다시 해독을 하고자 한다.

먼저 선행 해독들을 보면, '向', '賜', 문맥, 행위 주체 등에서 미흡하거나, '向', 문맥, 행위 주체 등이 미흡하다. 이 미흡한 점들의 구체적인 지적은 앞의 글(양희철 2008a:

47-51)로 돌리고 바로 해독으로 들어간다.

우선 '向屋賜尸'의 행위 주체는 열반 세계의 부처님이나 보살님으로 보고자 한다. 그 이유는 번역시에 나오는 성인과 현자가 화연(化緣)을 끝내고 열반 세계로 들 때에, 그들을 열반 세계의 '담진성회(談眞盛會)'에서 향할(/대할) 존재이며, 주체존대법 '-시-'를 써야 할 존재는 열반 세계의 부처님이나 보살님이기 때문이다.

이 해석에 대해 우선 '담진성회(談眞盛會)'가 열반 세계의 성회(盛會)인가 하는 문제를 제기할 수 있다. 이 문제는 두 가지 측면에서 성립하지 않는다. 하나는 '성회'가 "상대자가 베풀어준 盛大한 모임을 높이어 이르는 말"이라는 점에서, 이 '성회'는 화연(化緣)을 끝내고 열반 세계로 들 성인이나 현자를 위해 베풀어줄 성대한 모임이지, 법회는 아니기 때문이다. 다른 하나는 〈청불주세송〉의 제5·6행의 의미에서 '담진성회'가 법회가 될 수 없기 때문이다. "담진성회유감연 체속군미실가련(談眞盛會猶堪戀 滯俗群迷實可憐)"에서 '담진성회'를 법회로 보면, 화연을 마친 성인이나 현자가 열반의 세계로 들지 않고 세속의 법회를 사모하는데, 말을 바꾸면 열반의 세계로 들지 않고 세속에 머물기를 사모하여 세속의 무리를 이롭게 하는데, 왜 세속의 무리가 가련한지 알 수 없는 문맥이 된다. 이보다는 화연을 마친 성인이나 현자가 열반의 세계로 들 때에, 그곳의 부처님이나 보살님이 베풀어줄 성대한 모임으로 '담진성회'를 해석하면, 이는 세속의 무리를 이롭게 할 성인이나 현자가 이 세상을 떠난 것이 되어, 세속의 무리가 가련할 수밖에 없는 문맥이 되면서, 제5·6행의 문맥이 잘 통하게 된다. 이런 점에서 '담진성회'는 화연을 마치고 열반 세계로 들 성인이나 현자를 위해 그곳의 부처님이나 보살님이 베풀어 줄 모임이라 정리할 수 있다.

이렇게 '向屋賜尸'의 행위 주체를 열반 세계의 부처님이나 보살님으로 보고 나면, 향찰 '向屋賜尸'의 해독 문제가 대두된다. 한자 '向'에는 '對也/面也'의 의미가 있고, 이 '對也/面也'는 "창을 안고 돌아 앉는다"의 '안고'와 같이 '안다'로 해석된다는 점에서, '向屋賜尸'를 '안오실'로 읽고, 그 의미는 '對(面)하오실'의 의미로 잡는다. 이렇게 보는 이유로는 세 가지가 있다.

첫째로, 이렇게 읽으면, 이는 번역시에 나오는 '담진성회'와 연결되기 때문이다. '담진성회'에서 보처님이나 보살님과, 화연을 끝내고 돌아간 벗이 대면하게 되는데, 이 '對面'을 향찰 '向-'이 의미한다.

둘째로, 한자 '向'의 의미들인 ①趨向也, 指向也, ②對也, ③往也, 去也, ④傾仰也, 意所專注也, ⑤救也, ⑥昔也, 前也, ⑦猶愛也, ⑧猶臨也 등에서 ②를 제외한 나머지의 것들에는 '(부처님이나 보살님이) 向屋賜尸 朋'의 '向-'에 들어갈 만한 것이 없을 뿐만

아니라, 이 한자의 의미들을 가의독자(가의차제자)로 볼 만한 것도 없기 때문이다.

셋째로, '向-'의 행위 주체를 '벗'으로 보면, '向屋賜尸'에서와 같이 '(知良)閨尸也'에도 '-賜-'가 들어가야 하는데, 그렇지 않기 때문이다.

이런 점에서 '向屋賜尸'의 행위 주체는 열반 세계의 부처님이나 보살님으로 보고, '向屋賜尸'는 '안오실'로 읽으며, 그 의미는 '對(面)하오실'로 잡는다. 이 경우의 '向-'은 실의독자(실의차제자)로 '안(對面)-'을 표기한 것이다. 이 해독은 선행 해독들 중에서 '안-'을 보이는 '안오술'(向하올, 이탁 1965) 및 '안지샬'(앉는 벗이, 정열모 1965)과 외형상 비슷해 보일 수 있으나, 그 형태와 의미가 전혀 다른 것이다.

5. 복수의 한자의 2(中/긔/히, 白/힌/븕/솖/숩)

이 장에서는 향찰 '中/긔/히'와 '白/힌/븕/솖/숩'을 정리하고자 한다.

5.1. 中/긔/히

향찰 '中'은 8회(『삼국유사』 3회, 『균여전』 5회) 나오며, '긔, 기, 희, 해, 히, 익, 애, 에, 여, 예, 의, 등, 안, 가온, 안히, '의게, -게, 아혜, 여혜'' 등등으로 해독되었다. 이렇게 읽혀온 향찰 '中'의 해독은 세 시기로 정리할 수 있다. 첫 번째 시기는 향찰 '中'의 초성을 살리지 않았던 시기이다. 두 번째 시기는 양주동이 향찰 '中'의 초성(ㅎ)을 살려 읽기 시작한 시기이다. 세 번째 시기는 김선기, 유창균 강길운 등이 일부의 향찰 '中'의 초성을 'ㄱ'으로 보기 시작한 이후의 시기이다.

이렇게 변한 향찰 '中'의 해독 중에서, 두 번째 시기의 해독들이 주종을 이루지만, 세 번째 시기의 해독들이 제기한 문제를 가지고 있다. 이런 점들 때문에 이 글에서는 향찰 '中'에 대한 기왕의 해독들을 변증하고자 한다.

변증의 기준은 향찰 '中'의 훈이다. 이 훈은 양주동, 유창균, 강길운 등에 의해 많이 천착되었는데, 이를 이용하고자 한다.

다양하게 읽어온 해독 중에서 '中'의 고훈과 관계가 먼 '애, 에, 예, 익, 안, 가온, 여, 안히, 의, 등, 히' 등은 1차로 논의에서 제외한다. 나머지는 '희, 해, 긔, 기, 의게, 게, 아혜, 여혜' 등인데, 이것들을 차례로 변증해 보자.

향찰 '中'을 '히'로 읽기 시작한 것은 양주동이다.

(26) 中 義訓讀「히」,「中」은 흔히 吏文에 古方位格助詞「良中·亦中」으로 쓰여지는데 그 原語가 「아히·여히」임으로 「中」은 곧 「히」에 해당함을 알수있다.
…중간 생략…
이「良中·亦中」이 곧 「아히·여히」임은 「良中」을 或 「阿希·衣希」로 記寫한것으로 確知할수있다.
…중간 생략…
이로써 「中」字는 「히」임을 알수있으니, 곧 「아히·어히·여히」(良中·阿希·衣希·亦中·也中) 等의 縮畧語가 「히」로서, 方位格助詞는 무릇 다음과 같은 變遷을 한 것이다.(양주동 1942:189-190)

(26)에서는 '中'이 이두에서 '히'로 쓰인 예를 제시하고, 의훈독으로 해독을 하였다. 이와 같은 의훈독(양주동 1942:340, 806, 823)과 의훈차(양주동 1942:709, 836)는 여러 곳에서 언급되었다. 그리고 오구라가 이끈 모음조화에 대해서는 필수적인 것으로는 보지 않고 있다(양주동 1942:340-341, 463).

양주동이 '中'을 '히'로 읽은 이후에 적지 않은 해독들이 이를 따랐다. 이렇게 '中'을 '히'로 읽은 해독들은 그 근거를 확보하면서, 고려 향찰의 '中'을 '히'로 읽은 것은 정확했다고 할 수 있다. 그러나 문제는 신라 향찰의 '中'까지 '히'로 읽은 것이라 할 수 있다.

그후에 유창균은 '巷中/골긔'(〈모죽지랑가〉), '前良中/아라긔'(〈맹아득안가〉), '汀理也中/믈서리여긔'(〈찬기파랑가〉) 등에서 '中'을 '긔'와 '긔'로 읽으면서 모음조화를 살렸다. 그 설명을 보면 다음과 같다.

(27) 여기에서 이의 初期 形態 '이어긔/그어긔/뎌어긔'는

이 ┐
그 ┤ + ㆁ + 어긔
뎌 ┘

로 분석될 수 있다. 'ㆁ'은 特殊한 機能을 가진 어떤 形態素를 뜻하기보다는 母音衝突을 피하기 위해 삽입된 조음소로 볼 것이며 '어긔'는 모음조화에서는 '아긔'도 생각할 수 있고, '아긔/어긔'가 '良中'와 대응하는 것이다. 鄕歌에서는 '良中/中'이 공존하는 것을 보면 어미 '긔/긔'와 같은 단독형도 가능했던 것이다. 그러므로 '中'은 바로 '긔/긔'가 되는 데, 이것이 '中'의 字義와 연결되는 것으로 보는 것이다. '中'은 그 쓰임에 따라 여러 가지 뜻을 나타낸다. '긔'는 그 의미가 '~곳에'와 같다. '中'이 '內·中間·半' 등의 뜻으로 쓰이는 것으로 미루어 '곳'은 어느 中心点을 나타낸다는 점에서 통한다고 하겠다. 여기에서 '中'을 '긔/긔'로 새기는데, 이

것은 그 音韻變化에 따라 表記에 利用되는 字類도 다음과 같이 交替한 경향을 보여 주고 있다.

　　긔/긔 ─→ 히/희 ─→ 의
　　(中)　　(希)　　(衣)(矣)

그러나 '히/희'의 단계에서도 慣習的으로는 '中'을 쓰기도 했을 것이다.(유창균 1994:252-253)

(27)의 설명은 '巷中'을 '골긔'(서두에서는 '골희'로 표기)로 읽고, '(이/그/뎌+)ㅇ+어긔'의 '어긔'를 '良中(아긔)'와 같은 것으로 보면서, '中'을 '긔/긔'로 읽었다. 이 해독은 상당히 그럴 듯하다. 그러나 '良中'은 '아희'에서 다시 '아긔'를 소급한 것이다.

이 '긔'의 설명은 '위에'를 뜻하는 경기도 전라도 방언 '우개'와 전라도 방언 '우게'로도 그 설명이 가능하다. 이 '우개/우게'의 '개/게'는 '긔'로 소급할 수 있다. 그런데 문제는 (27)의 인용에서 보이는 후반부의 표기 字類의 교체이다. 왜냐하면 〈찬기파랑가〉에서 '汀理也中'과 '磧惡希'가 동시에 나오고, 신라 향가는 물론 고려 향가에서 각각 '中, 希, 衣' 등이 함께 나온다는 점에서 이런 정리는 어려워 보인다.

이 어려움에 대해서 다음과 같은 설명을 하기도 하였다.

(28) '中'는 본시 '긔'이었을 것이다. 그러나 아래의 句에 이와 同一한 形態에 '希'로 표기된 예가 있다. 이것은 '긔>희'와 같은 변화가 이미 있었음을 뜻한다.
'也中'는 '여희(←여긔)'로 處所格의 '에'이다. 이것은 '여긔>여희>여의>예'와 같이 발달한 것이다. 여기 '여'가 '也'로 표기된 것을 보면 이 '여'는 '라'에서 발달한 것인지도 모른다.(유창균 1994:458)

(28)는 '汀理也中'(〈찬기파랑가〉)을 '믈서리여긔'(서두)로 읽으면서 보여준 설명이다. 물론 서두가 아닌 본문에서는 '믈서리여희'(유창균 1994:458)로 읽었다. 이 설명은 '中'과 '希'가 함께 나온 것을 '긔>희'의 변화로 설명하려 한 것이다.

그러나 필자가 보기에는 '히'와 '희'의 차이가 아닌가 하는 생각을 한다. 이렇게 보는 이유는 신라 향가에서는 '中(긔/긔)>希(히/희)'의 변화과정에 있어 양자가 함께 나올 수 있지만, 고려 향가에서도 그렇게 설명하기가 어렵기 때문이다.

(29) … '惡中'는 초기에는 '아긔·아긔'이었을 것이다. 이것이 '아긔>아희>아의>애(에·예·이·의)'와 같이 발달한 것임은 이미 설명한 바 있다. 이러한 音의 變化에 따라

'惡中(아긔)〉惡希(아희)〉良衣(아의)'와 같이 變하기도 했다. 따라서 이 단계에서는 당연히 '惡希'나 '良衣'라야 하나, 그대로 '惡中'를 취한 것은 慣習에 따른 것으로 볼 수 있다.(유창균 1994:897)

(29)는 '一念惡中'(〈칭찬여래가〉)의 해독에서 '中'을 '(긔→)희'로 읽은 것이다. 이 설명으로 보면 '惡中(아긔)〉惡希(아희)〉良衣(아의)'의 변화를 설정하는 것이 어렵다. 왜냐하면 '一念惡中'과 '舌良衣'가 〈칭찬여래가〉에서 동시에 나오고, 이런 현상은 고려 향가에서 공통 현상이기 때문이다. 이로 인해 유창균이 '中'을 '긔'로 읽은 것은 좋으나, '惡中(아긔)〉惡希(아희)〉良衣(아의)'로 변화를 설명하는 데는 실패했다고 볼 수 있다.

강길운은 '中'을 '巷中/굴헝의게'(〈모죽지랑가〉)에서는 '-의게'로, '汀理也中/벼리예게'(〈찬기파랑가〉)와 '前良中/앒아게'(〈맹아득안가〉)에서는 '-게'로 읽었다. 그리고 고려 향가의 경우에는 '中'을 '一念惡中/一念악아혜'(〈칭찬여래가〉)와 '海惡中/바덜악아혜'(〈보개회향가〉)에서는 '-아혜'로 읽고, '根中/불희여혜'(〈항순중생가〉)에서는 '中'을 '-여혜'로 읽었다.

이렇게 '中'을 '-의게, -게, -아혜, -여혜' 등으로 다양하게 읽을 수 있을까는 의문이다. 그러나, '게'가 '혜'로 변했다고 보면서 보인 'ㄱ〉ㅎ'의 변화는 주목할 만한 것으로 보인다.

(30) … 10세기말의 보현십원가에서 벌써 대격조사 '을'(乙)이 나타나는데 한군데서만 '肹' 자가 쓰이었으니 이것은 'kïr(신라어)〉hïr(고려어)〉ïr(고려어)'의 음운변화로 볼 수밖에 없다. 따라서 '肹' 자는 10세기에 들어서 'kïr〉hïr'의 변화를 입은 것으로 추정된다. 즉 'k〉h'의 변화가 10세기말에는 일어난 것으로 믿어진다. 그러므로 '惡中'을 묶어서 '아게'(처격조사)로 읽을 수 없다. 신라어 '아게'는 고려어에서 '아혜'로 변한 것으로 보아야 하기 때문이다.

그렇다면 '惡中'의 '中'만이 처격조사 '아혜'의 표기이고, 그 앞의 '惡'(은)은 '안·속'을 뜻하는 말로 해독하여야 할 것이다.(강길운 1995:368-369)

(30)에서는 〈보현십원가〉를 기준으로 잡고 있으나 〈처용가〉를 기준으로 잡는다. 그 이유는 〈처용가〉의 '二肹/두홀'에서 보이는 '肹'도 '홀'이기 때문이다.

이렇게 기왕의 연구들은 문제를 보이는데, 향찰 '中'의 해독을 다음과 같이 제안할 수 있다. 신라 향찰인 '巷中'(〈모죽지랑가〉), '汀理也中'(〈찬기파랑가〉), '前良中'(〈맹아득안가〉) 등의 '中'은 '긔'로 읽고, 고려 향찰인 '一念惡中'(〈칭찬여래가〉), '海惡中

(〈보개회향가〉), '世呂中'(〈청불주세가〉), '歲史中置'(〈상수불학가〉) 등의 '中'은 '희'로 읽는 것들이 맞다고 정리할 수 있다. 이 정리에서 신라 향찰 '中'과 고려 향찰 '中'의 음을 '긔'와 '희'로 구분한 것은 강길운이 '게'와 '헤'를 구분한 것과 같은 근거에 있다. 그리고 고려 향찰 '中'의 훈을 '희'로 본 것은 양주동의 주장을 따른 것이고, 신라 향찰 '中'의 훈을 '긔'로 본 것은 유창균이 제시한 '긔/긔'의 일부를 따른 것이다.

이렇게 향찰에 쓰인 한자음과 한자훈에 충실하면 '에'와 '게'를 표기한 향찰이 발견되지 않는다. 이는 이 '에'와 '게'가 '익/애'와 '긔/개'에 포함되어 있는 것이 아닌가를 생각하게 한다. '에, 익/애, 게, 긔/개' 등의 음을 보여주는 한자들이 모두 존재한다는 점에서, 전용이나 대충표기보다는 미분화 또는 혼동으로 보고 싶다.

이렇게 볼 때에 향찰 '中'은 '긔'에서 '희'로 교체된 향찰이라고 정리할 수 있다.

5.2. '白/힌/붉/솖/솝'

이 절에서는 '白'이 보이는 복수의 한자의를 정리하고자 한다.

첫째는 '힌'으로 쓰인 '白'이다. 이는 '白雲音'(〈찬기파랑가〉)에서 보인다. 이 '白'을 '힌'과 '흰'으로 읽고 있는데, 전자가 우세하다.

둘째는 '붉'으로 쓰인 '白'이다. 이는 "비롭 붉올두 드리온다"[빌어 밝을 것도 비는 일을 하고 있다(/빌고 있다)]로 해독되는, 〈맹아득안가〉의 제4구인 "祈以支 白屋尸置內乎多"에서 보인다.

이 〈맹아득안가〉의 제4구는 해독이 가장 난해한 구절 중의 하나이다. 선행 해독들을 보면, 祈以支白屋尸置內乎多의 띄어 읽기에서 '祈以支 白屋尸 置內乎多', '祈以支白屋尸 置內乎多', '祈以支 白屋尸置 內乎多' 등의 세 양상을 보인다. 그리고 이 해독들이 보이는 의미를 보면, 문맥이 이상함을 파악할 수 있다.

'祈以支 白屋尸 置內乎多'로 끊어 읽은 경우에, '빌어 사뢸 것을 둔다'를 기본 의미로 하는데, 그 의미가 무엇인지를 가늠하기 어렵다. 이런 사실은 "비로기 솖올 두ᄂ오다"(빌어 사뢰올 말씀을 지니나이다. 유창균 1994)와 "비로 솔볼 두노다"(빌어 말씀 사뢰었습니다. 강길운 1995)에서 알 수 있다. 해독과 괄호 안의 현대역이 형태소 차원에서 거의 일치하지 않는다.

'祈以支白屋尸 置內乎多'로 끊어 읽은 경우에는, '빌 것을 둔다'를 기본 의미로 하는데, 그 의미가 무엇인지를 가늠하기 어렵다. 이런 사실은 "비슬볼 두ᄂ오다"(祈求의 말씀 두노라. 김완진 1980)와 "비슬볼 두누호다"(빌어 사룀을 두나이다. 황패강 2001)에서 알 수 있다.

'祈以攴 白屋尸置 內乎多'로 끊어 읽은 경우에는, '빌어 사뢰올 것도 드리온다'를 기본 의미로 하는데, 역시 그 의미가 무엇인지를 가늠하기가 쉽지 않다. 이런 사실은 "비기 술볼두 드료다"(빌어 사룀(기도의 말씀)도 드리노라. 신재홍 2000)와 "비롭 솗올도 드리온다"(빌어 사뢰올 것도 드리온다. 양희철 2015a)에서 알 수 있다. 이 두 해독에서는 '內(=納)/드리'의 문제와 '攴/ㅂ'의 문제를 해결하지만, 문맥의 차원에서는 아직도 문제를 보인다.

이 문제는 '白'을 너무 타성에 박혀서 어간 '솗-'이나 선어말어미 '-솝-'으로만 생각한 것이 아닌가 한다. '白'의 의/훈에는 '붉다'도 있다. 이 '붉다'는 배경설화의 일부인 "令兒作歌禱之 遂得明"에서 보이는 '明'과 같은 의미이다. 이 '白'의 의/훈 '붉'을 넣어서 해당 구문을 해독하면, "비롭 붉올두 드리온다"(빌어서 밝을 것도 드리온다)가 된다.

이 경우에 '비롭(빌어)'에서와 같이 연결어미 또는 선어말어미와 연결어미가 '-옵'으로 나타난 중세어로는 다음의 '소솝'들이 있다.

　　　　青天 구름속에 소솝 쩌 올은 말이(『청구영언(오씨본)』 18)
　　　　허위허위 소솝 쮜어올라(『청구영언(오씨본)』 117)

이 '소솝'들은 어간 '솟-'이 연결어미 또는 선어말 어미와 연결어미 '-옵'과 연결된 형태이다.

그리고 '드리다'는 "신에게 비는 일을 하다."의 의미이다. 제4구 전체는 "비롭 붉올두 드리온다."로 해독되며, 전체 의미는 "빌어 밝을 것도 비는 일을 하온다." 즉 "빌어 밝을 것도 비온다."이다. 이는 "得眼(또는 눈뜰 것)을 비옵니다(/비나이다.)." 또는 "得眼하도록(또는 눈을 뜨도록) 하여주시길 비옵니다(/비나이다.)."와 같은 의미이다.

이상과 같은 점들로 보아, '祈以攴 白屋尸置 內乎多'의 '白'은 '붉'으로 쓰인 것으로 정리할 수 있다.

셋째는 어간 '솗-'으로 사용된 '白'이다. 이에 속한 예들로는 '巴寶/자보 白乎隱/솗온'(〈도솔가〉), '白遣/솗곤 賜立/시셔'(〈원왕생가〉, 2회), '白反/솔분'(〈혜성가〉), '慕呂/그려 白乎隱/솗온'(〈예경제불가〉), '白孫/솗손'(〈칭찬여래가〉), '白乎隱/솗온'(〈칭찬여래가〉), '白乎隱等耶/솗온다야'(〈청불주세가〉) 등이 있다. 이 '白/솗-'들은 '巴寶/자보 白乎隱/솗온'(〈도솔가〉)을 제외하고는 그 구체적인 설명이 필요하지 않은 것 같다.

巴寶白乎隱(〈도솔가〉)의 경우에는 띄어 읽기에서 '巴寶白乎隱'와 '巴寶 白乎隱'으로 갈린다. 많은 해독들이 전자를 따르나, 후자로 보인다. 특히 '巴'가 '把'의 이체자/변체자 그중에서도 약자(제3부 「의독자의 문제 향찰」 2.2. '巴' 참조)라는 점에서, '巴寶'를 '잡고'의 의미인 '자보'로 읽은 해독이 원만하다는 점에서 후자로 보인다. 후자와 같이 띄어 읽은 해독에는 '巴寶 술호논'(정창일 1987), '자보 숣온'(양희철 1997), '보보 숣온'(남풍현 2018b) 등이 있다. 이런 점에서, '巴寶 白乎隱'의 '白'도 '숣-'으로 읽는다.

넷째는 선어말어미 '습'으로 사용된 '白'이다. 이 '白'은 어간으로 쓰인 '숣'과 같이 'ㄹ'을 살려서 해독하는 것이 주종이었다. 그런데 최근에는 'ㄹ'을 삭제한 해독들로 정리되는 것 같다. 이런 해독은 '乞白乎叱等耶'(〈청전법륜가〉)를 읽은 '비리삽곧돌아'(비삽겠더라, 김선기 1975a)에서 처음으로 보이기 시작한다. 그런데 이것을 뺀 나머지에서는 이렇게 읽지 않고 있어, 의도적인지 비의도적인지를 알 수가 없다. 그 다음에 이 'ㄹ'을 삭제한 해독은 정창일(1987), 강길운(1995), 박재민(2002), 김지오(2012) 등등에서 확인되고 있다. 그 양상을 정리하면 다음과 같다.

'邀里白乎隱'(〈예경제불가〉)의 '里'는 'ㄹ/시'로 쓴 글자를 'ㄹ/리'로 오독한 다음에 동음자로 잘못 쓴 오자이다. 邀尸白乎隱은 '뫼시습온'으로 읽는다. 이는 '白'을 '숣'이나 '숣'과 같이 'ㄹ'을 살리지 않고 'ㄹ'을 삭제한 것이다. 이렇게 'ㄹ'을 삭제한 해독은 '물리소본'(강길운 1995), '모리습온'(박재민 2002), '모리슿온'(김지오 2012) 등에서도 보이는데, 이 해독들을 참고한 것이다.

'禮爲白齊'(〈칭찬여래가〉)의 '白'은 '술, 숣, 숣, 숣, 습, 숩, 숩' 등으로 읽어 왔다. '술'은 '白'의 훈도 아니고, 문맥에도 맞지 않는다. '숣, 숣, 숣' 등은 '白'을 전통적으로 읽어 오던 해독이다. 그런데 이 해독은 근현대어의 상대존대 '습/숩'과 비교하면, 불필요한 'ㄹ'이 더 들어간 것이다. 이를 인식하고 'ㄹ'을 삭제한 해독이 '습, 숩, 숩' 등이다. 이 해독들은 'ㅎ습제'(정창일 1987), '허숩겨'(강길운 1995), 'ㅎ습겨'(박재민 2002; 김지오 2012) 등에서 보인다. 이 해독들과 같이 'ㄹ'을 뺀 'ㅎ습겨'로 읽는다.

'邀呂白乎隱'(〈칭찬여래가〉)의 '呂'는 '尸'의 오자이다. '邀尸白乎隱'을 '뫼시습온'으로 읽는다.

'對爲白惡只'의 '白'은 '숣, 술, 숣, 습, 숩, 숩' 등으로 읽혀 왔다. 선어말어미라는 점에서, '습'(정창일 1987), '숩'(강길운 1995), '습'(박재민 2002; 김지오 2012) 등이 문맥에 맞다.

'讚伊白制'(〈칭찬여래가〉)의 '白'은 '술, 숣, 습, 숩, 숩, 살, 숣, 숣, 섭' 등으로 읽어 왔다. '습'으로 본다. 이는 '讚이습제'(정창일 1987), '기리숩겨'(강길운 1995), '기리습져'(박재민 2002), '기리숩져'(류렬 2003), '기리숩져'(김지오 2012) 등을 참고한 것이다.

'乞白乎叱等耶'(〈청전법륜가〉)의 '白'에서도 '숣'으로 읽는 가운데, '삽, 습, 숩, 습' 등이 나왔다. 이런 형태들은 '비리삽곤돌아'(비삽겠더라, 김선기 1975a), '비습호 신두냐'(정창일 1987), '비소봇드라'(강길운 1995), '비슙봇다야'(박재민 2002), '비습옷드라'(이건식 2012), '비습옷 두야'(김지오 2012) 등에서 보인다. 이 형태들은 중세어에 나오는 상대 존대로 보면, '숣'보다 훨씬 사실에 접근해 있다.

'禮爲白孫隱'(〈보개회향가〉)은 '禮하옵는'(영탄법의 '소'는 현대어에서 사용하지 않아 현대역에 반영하지 못함)을 의미하는 '禮(예)ᄒ숩손'(양희철 2015a:429-434)으로 읽었다. 이 '습'은 '삽'(정창일), '숩'(강길운), '습'(박재민, 김지오) 등을 참고한 것이다.

다섯째는 '숣'과 '습'이 명확하게 구분되지 않는 '白'이다. 이런 예로 '集刀花乎白良'(〈원왕생가〉)의 '白'이 있다. 이 경우에 시적 청자가 대세지보살이라는 점에서 '白'을 선어말어미 '-습-'으로 읽을 수 있다. 동시에 '숣(사뢰)-'이 경어라는 점에서 이 '숣-'으로 읽을 수도 있다. 즉 '集刀花乎白良'을 '모도곶오 숣아'와 '모도곶오습아'로 읽을 수 있다는 것이다.

이런 현상은 선행 해독에서도 확인된다. 즉 '集刀花乎白良'의 '白'을 동사의 어간으로 본 경우(오구라 1929; 양주동 1935; 유창균 1994; 남풍현 2018a 등등)와 선어말어미로 본 경우(정열모 1965; 이탁 1956; 김준영 1979; 김완진 1980 등등)에서 확인된다.

이 결정은 유보한다. 특히 선어말어미 '-습-'이 어간 '숣-'이 변한 것일 수도 있다는 점에서 어느 것 하나로 결정하는 것을 유보한다.

이상과 같은 점들로 보아, '白'은 '힌, 붉, 숣, 습' 등의 표기에 쓰인 향찰이라고 정리할 수 있다.

6. 결론

지금까지 중요한 문제 향찰들 중에서 의독자로 읽은 향찰 '夘, 巴, 閼, 冬, 將, 頓, 尙, 中, 白' 등을 검토 정리하여 보았다. 그 결과를 요약하여 결론을 대신하면 다음과 같다.

1) '夘乙'의 '夘'는 '卯'의 속자로 '톳기'로 읽었다. 이렇게 읽고 '아이'나 '딸'을 비유한 은유로 읽을 때에, 그 문자적 의미와 비유적 의미는 〈서동요〉의 기능이 배경설화에

부합하게 한다.

2) '巴寶'의 '巴'는 '把'의 속자로 '잡-'으로 읽었다. 이는 불교 경전에서 '把鼻'를 '巴鼻'로 '把臂'를 '巴臂'로 쓸 때 보이는 속자이다.

3) '閪'는 '서둘-/서두르-'로 읽었다. '閪/서둘-'은 '서둘라'의 의미인 '閪尸也/서둘라'에서 보인다. 이는 이두 '閪'에 대응하는 한자 '遺'의 의미 중의 하나인 '疾也'의 의미와, '佺偬失物稱閪'(『주영편』)에서 보이는 '佺偬'의 의미가 '서둘다/서두르다'라는 점에 근거한다.

4) '冬'은 '(둘>)들'과 둘'로 읽었다. '(둘>)들'은 이두(들), 지명(들), 길약어(둘, 들) 등에서 보이는 '들'과 방언의 '즐, 슮, 즉(冬)' 등에 근거하여 추정한 '冬'의 고훈이다. '둘'은 문맥으로 그 존재가 확실하게 보이나, '冬'의 어느 훈에 근거한 것인지는 파악할 수 없었다.

5) '將'은 '아/어/여'로 읽었다. 이는 한자 '將'이 연결어미 '而'의 의미이고, '-將'을 '-아/어/여'로 번역한 예문들과 '-將來-'를 '-아/어/여 오-'로 번역한 예문들이 있고, 향찰 '造+將(=而)+來-'(〈참회업장가〉)와 그 번역인 '成+(而)+來-'(〈참회업장송〉)의 대응과, 향찰 '修+將(=而)+來-'(〈상수불학가〉)와 그 번역인 '修+(而)+來'(〈상수불학송〉)의 대응이 보이며, 이렇게 읽을 때에 문맥에 부합한다는 논거에 근거한 해독이다.

6) '頓'은 '좃-', '뭇(=묻)-', '뭇' 등으로 읽었다. '頓/좃-'은 '우러러 조아린'의 의미인 '仰頓隱/울월좃은'에서 보인다. 이는 '頓'을 '조아리다'의 중세어인 '좃-'으로 읽은 것이다. '頓/뭇(=묻)-'은 '같이 덧붙어, 둘러붙어'의 의미인 '頓叱-'에서 보인다. 이는 한자 '頓'의 의미 중의 하나인 '貯(묻다)'의 동음이의어 '뭇(=묻)-'으로 읽은 것이다. '頓/뭇'은 '무수히 많은'의 의미인 '頓/뭇 部叱/주비실'에서 보인다. 이 역시 한자 '頓'의 의미 중의 하나인 '貯(묻다)'의 동음이의어 '뭇(=묻)-'으로 읽은 것이다.

7) '向'은 '앗-'과 '안-'으로 읽었다. '向焉, 向隱, 向乎仁' 등의 '向'은 중세어에서 보이나 현재는 소멸된 '향하-'의 의미인 '앗-'으로 읽었다. '向屋賜尸'는 '안오실'로 읽었는데, 이는 한자 '向'에서 보이는 '對也/面也'가 "창을 안고 돌아 앉는다"의 '안고'와 같이 '안다'로 해석된다는 점에 근거한다.

8) 향찰 '中'의 해독들 중에서, '희'는 이두에 그 근거를 두고, '긔'는 방언에서 처소부사격어미가 '개/게'이고, '희'는 '긔'가 변한 것이라는 점에서, 그 가능성들을 갖는다.

9) 8)에 따라, 고려 향찰인 '一念惡中, 世呂中, 歲史中置, 海惡中' 등의 '中'은 양주동(1942)이 해독한 '희'로 읽고, '根中'의 '中'은 연자라는 점에서 제외하고, 신라 향찰인 '巷中'와 '前良中'의 '中'은 유창균이 해독한 '골긔'와 '아라긔'의 '긔'로 읽은 것이 맞고,

'汀理也中'의 '中'은 '나리여기'의 '기'로 수정하여 읽어야 할 것으로 판단한다.

   10) 향찰 '白'은 '힌, 붉-, 솗-, -솝-' 등을 표기한다. 선어말어미에 온 '白'은 최근에 정창일, 강길운, 박재민, 김지오 등등의 글에서 'ㄹ'을 삭제한 형태로 정리되고 있다. 그리고 '白乎尸置 內乎多'(〈맹아득안가〉)의 '白'은 거의가 '솗-'으로 읽어 왔으나, 문맥에 잘 통하지 않아 '붉올두 드리온다'(밝을 것도 드리온다)의 '붉-'으로 읽어야 할 것으로 판단된다.

   이 결론에서 보듯이, 중요한 문제 향찰들 중에서 향찰 '夘, 巴, 冬, 閼, 將, 頓, 向, 中, 白' 등을 의독자로 읽은 데 어려움이 있었던 것은, 이 향찰들이 속자 또는 이체자이거나 국자이거나, 그 의/뜻이 이미 소멸된 것이거나, 현재는 매우 드물게 쓰는 한자의이거나, 복수의 한자의로 쓰였다는 점이다. 이런 사실은 추후에 난해한 향찰을 접하게 되면, 그 해독에서 반드시 유념해야 할 점들로 판단한다.

의독자와 음독자로 겸용된 문제 향찰

1. 서론

이 글에서는 중요 문제 향찰 중에서 의독자와 음독자로 겸용된 문제 향찰 '根, 等, 賜, 內, 次' 등을 정리하고자 한다. 선행 해독의 문제를 간단하게 보면 다음과 같다.

향찰 '根'은 한자의 의/훈과 음으로 읽은 향찰이다. 이 향찰의 한자음은 우리가 알고 있는 근현대음 '근'이 아니란 점에서 그동안 해독을 어렵게 하였다. 해당 문맥으로 보면, '곤'으로 읽어야 하지만, 그 논거를 정확하게 제시하지 않은 문제를 보인다.

향찰 '等' 역시 한자의 음과 의/훈으로 읽은 향찰이다. 이 향찰을 복수 접미사 '둘'로 읽는 데는 별다른 문제가 없다. 그러나 선행 해독들에서 '둔'이 한자의 음이라는 주장이 있지만, 정확한 논거를 제시한 주장이 아니다. '等'이 '둔'이 되는 명확한 논거를 제시하지 않은 문제를 보인다.

향찰 '賜' 역시 한자의 음과 훈으로 읽은 향찰이다. 이 향찰 '賜'의 한자음은 우리가 알고 있는 근현대음 '샤/사'가 아니라 '시'라는 점에서 그동안 해독을 어렵게 하였다. 게다가 향찰 '賜/시'의 일부는 소멸된 형태소 '시-'의 표기에도 쓰이면서 해독을 어렵게도 하여 왔다. 향찰 '賜'의 선행 해독에서는, '賜'의 고음이 '시'라는 논거와 '시-'의 논거를 명확하게 제시하지 않은 문제를 보인다.

향찰 '內' 역시 한자의 음과 의/훈으로 읽은 향찰이다. 이 향찰 '內'는 한자 '內/니'이면서 동시에 '納'의 속자(약자, 이체자, 변체자)이다. 이로 인해 이 글자가 '納'의 속자라는 사실을 확인할 때까지 해독에서 어려움을 겪어 왔다. 그리고 이런 사실을 확인한 후에도 거의 모든 해독자들이 이를 인정하지 않고 있다. 게다가 선행 해독에서는 '內'를 'ㄴ'로 읽고 있는데, 이 'ㄴ'는 '內/니'와 '內/닙' 중에서 어느 한자의 음을 이용한 것인가를 명확하게 하지 않은 문제를 보인다.

향찰 '次' 역시 한자의 음과 의/훈으로 읽은 향찰이다. 이 향찰 '次'의 한자음은 우리가 알고 있는 근현대음 '차'가 아니라 '지'라는 점에서, 향찰 '次'의 한자훈 '버그-'는 현대에 잘 쓰지 않는다는 점에서, 그동안 해독을 어렵게 하였다. 향찰 '次'의 선행 해독에서는, '次'의 고음이 '지'라는 논거와 훈이 '버그-'라는 논거를 명확하게 제시하지 않은 문제를 보인다.

이렇게 중요한 문제 향찰 중에서 의독자와 음독자로 겸용된 향찰 '根, 等, 賜, 內, 次' 등은 문제를 보인다. 이 문제들을 해결하기 위하여 향찰 '根, 賜, 次, 內' 등은 개별 논문으로 쓰고, 두 책(양희철 2008a, 2015a)에 수록한 바가 있으며, 그 내용을 요약한 바(양희철 2020)가 있다. 이 네 향찰은 앞에서 요약한 내용을 가볍게 수정 보완하려 한다. 그리고 향찰 '等'은 검토한 바가 없는데, 이 글에서 처음으로 검토 정리를 하려 한다. 특히 '等'의 고음 '둔'은 중국 남방의 한자음을 통하여 검토 정리를 하려 한다.

2. 根/불휘/곤과 等/둘/둔/드

2.1. 根/불휘/곤

향찰 '根'은 '見根'(〈수희공덕가〉), '行根'(〈총결무진가〉), '根古'(〈맹아득안가〉) 등에서 3회 나온다.

이 중에서 '根古'의 '根'은 음 '근'으로 읽고 '큰고'의 '큰'으로 본 경우도 있으나, '根'의 당시 음이 '곤'이란 점에서 거의 불가능한 해독이다. '불휘'로 읽는 것이 주종이다.

'見根'과 '行根'의 '根'은 '곤, 고, 건, 견, 군' 등으로 읽어 왔다. 이를 좀더 구체적으로 보면 다음과 같다.

오구라(1929:96, 103-104)는 한자 '根'의 고음을 '군'으로, 음을 '근'으로 본 다음에, 향찰 '根'을 '昆'의 동일어로 보면서 '곤'으로 읽었다. 이 해독은 한자 '根'의 음으로 설정한 '근, 군' 등과 문맥에서 본 '곤'이 일치하지 않는 문제를 보인다. 양주동(1942: 484, 766)도 오구라와 같은 논거에 기초하여 '곤'으로 읽으면서 통음차(通音借) 내지 전음차(轉音借)로 보았다. 통음차와 전음차 어느 것으로 보든 논리적으로 정확한 설명은 아니다.

이렇게 오구라와 양주동이 향찰 '根'을 문맥에 맞추어 '곤'으로 읽으면서, 이 '곤'이 한자 '根'의 고음이라는 사실을 논리적으로 논증하지 못하자, '고, 건, 견, 군' 등의 해독들이 나왔다. 그런데 '고'와 '건'으로 읽은 해독은 '根'의 음이 '고, 건'이란 사실을 논증하지 못하였다. '견'의 경우는 "《根》은 음차. 본음《군》 외에《經天切 音堅》이 있다."(정열모 1965:398)고 그 논거를 제시하였지만, 이 음이 한국음에서 쓰인 예를 볼 수 없는 문제를 보인다. 향찰 '根'을 'ㄱ'으로 읽은 해독들은『동국정운』의 음을 이용하였지만, 이 음은 문맥에 맞지 않는 문제와, 이 음이 신라음과 고려음이란 것을 논증하지 못한 문제를 보였다.

'고, 건, 견, ㄱ' 등의 해독들이 '見根'(〈수희공덕가〉), '行根'(〈총결무진가〉)의 '-根'들이 보이는 문맥적 의미인 '-곤'과 일치하지 않으므로, 이 문제를 풀려고 시도한 것은 유창균과 강길운이다. 유창균(1994:964)은 문맥에 맞는 '곤'이 한자 '根'의 기층음도 현실음도 아니라는 문제를 인식하고, 혹시 그 당시에 'ㅗ'를 'ㆍ'로 대용하거나, 'ㆍ'와 'ㅗ'의 혼동이 있었지 않았나 하는 추측을 해 보았다. 강길운(1995:412)은 향찰 '根'의 고대음이 '곤'일 수 있는 가능성을 두 가지 사실에서 보여준다. 하나는 한자 '根'의 일본음이 '곤'이라는 것이다. 다른 하나는 여말선초의 이숭인의 시에서 이 한자가 '곤'으로 쓰이었다는 점이다.

이 설명이 나온 이후에도, 향찰 '根'을 '곤'으로 읽는 것에 대한 회의가 나타나기도 했다. 이렇게 회의적인 평가를 받기도 하면서, 앞의 해독 '곤'이 설득력을 얻지 못한 것은, 중국음-신라음/고려음-일본음의 선상에서의 설명이 아니라, 일본음만을 설명한 점과, 한자 '根'이 '곤'으로 쓰인 예를 하나만 제시한 데 그 이유가 있는 것 같다.

한자 '根'의 신라음과 고려음이 '곤'이란 사실을 두 측면에서 보충 보완한 것은 양희철(2015a:284-288)이다. 하나는 최행귀의 〈수희공덕송〉[36]과 『동문선』에 수록된 10여 수[37]의 한시에서, '根' 자가 '온'의 운으로 압운되거나, '根' 자가 '昆' 자와 함께 '온'의 운으로 압운된 예들을 제시한 측면이다. 다른 하나는 한자 '根'이 속한 '臻'섭 1등의 '痕'운과 '山'섭 3등의 '元'운이 보이는 '-ən'은 오음(吳音)과 일본음에서 '-on'으로 수용되었다는 칼그렌(1954; 이돈주 역 1985:69)의 연구를 인용하여 '根'의 신라음과 고려음을 '곤'으로 본 측면이다. 이 두 측면의 보충 보완은 한자 '根'의 신라음과 고려음을 중국음-신라음/고려음-일본음의 선상에서 '곤'으로 확정하게 하였다.

---

36 "聖凡眞妄莫相分 同體元來普法門 // 生外本無餘佛義 我邊寧有別人論 // 三明積集多功德 六趣修成少善根 // 他造盡皆爲自造 憁堪隨喜憁堪尊"(崔行歸의 〈隨喜功德頌〉).

37 〈贈梓谷蘭若獨居僧〉(崔致遠): 根(제2구), 痕(제4구). 〈謝圓上人惠躑躅桂杖〉(釋天因): 源(제2구), 昏(제4구), 根(제6구), 存(제8구), 痕(제10구), 勤(제12구), 恩(제14구), 村(제16구), 坤(제18구), 奔(제20구). 〈題邊山蘇來寺〉(鄭知常): 根(제1구), 捫(제2구), 門(제4구), 猿(제6구), 喧(제8구). 〈曉遇僧舍〉(柳方善): 門(제2구), 根(제4구), 村(제6구), 昏(제8구). 〈次李由之賀生女〉(陳澕): 門(제2구), 盆(제4구), 根(제6구), 垠(제8구), 門(제10구), 盆(제12구), 根(제14구), 垠(제16구). 등등

2.2. 等/둘/돈/ᄃ

이 절에서는 향찰 '等'을 '둘'로 읽은 '等', '돈'으로 읽은 '等', 'ᄃ'로 읽은 '等' 등으로 3분하여 설명한다.

2.2.1. '둘'로 읽은 等

훈 '둘'로 읽은 경우는 '善陵等沙, 海等, 毛等' 등에서 보인다.

2.2.1.1. 善陵等沙의 等

'善陵等沙'(〈수희공덕가〉)의 '等'은 '(내)'애, 든, ᄃ, 돈' 등으로 읽은 경우도 있으나, 대다수의 해독에서는 복수 접미사로 보았다. 복수 접미사로 보는 데는 문제가 없으나, 그 표기 형태에서 서로 다른 '둘, 들, 달, 덜' 등을 보이면서, 의견이 어느 하나로 통일되지 않고 있다.

'둘'(오구라 1929; 양주동 1942 등등)에서는 '等'의 훈 '둘'로 읽었다. 유창균(1994: 83, 293-296)은 '等'의 반절표기인 多改切에서 'təi'를 읽고, 그 상고음을 'təd'로 추정한 다음에, 이 'təd'이 한국음에서는 'tər/둘'로 변하였다고 보고, 한국어의 복수 접미사 '-둘'의 기원을 이에 두었다.

'들'(신태현 1940; 정열모 1947 등등)에서는 '等'의 훈을 '들'로 보았다.

'달'(김선기 1975a, 1993)에서는, '等'의 15세기 훈은 '듫, 돓'이나 옛적에는 '닭〉닳'이라고 하면서 '달'로 읽었다.

'덜'(강길운 1995)에서는 비교 어휘로 본 새김 '*덜'(〉둘〉들)로 보고, '들'의 대충 표기라고 하였다.

복수 접미사 '-둘'과 '-들'은 이미 잘 알려진 것이고, '-덜'은 방언(충청, 강원, 함경)이라는 점에서, 어느 것도 가능하지만, 이하에서 볼 '海等'과 '毛等'의 '等'이 '둘'이라는 점에서 '둘'로 정리한다.

2.2.1.2. 海等의 等

'海等'(〈칭찬여래가〉, 〈보개회향가〉)의 '等'은 'ㄹ'(바롤, 신태현 1940; 홍기문 1956)이나 'ᄃ'(바ᄃ, 이탁 1956; 정창일 1987)로 읽은 경우도 있지만, 말음첨기의 '들, 둘, 달, 돌, 덜' 등으로 읽는 것이 주류이다.

오구라(1929)는 '바롤들'(〈칭찬여래가〉)에서는 '들'로 읽고, '바롤둘'(〈보개회향가〉)

에서는 '둘'로 읽었다. 정열모(1947)는 '바랄들'(〈칭찬여래가〉)과 '바라들'(〈보개회향가〉)에서 모두 '들'로 읽었다. 이 두 분은 두 '海等'을 다르게 읽었다.

나머지 분들은 두 '海等'을 통일하여 읽었다. '바둘'(양주동 1942; 지헌영 1947 등등)에서는 '둘'로, '바달'(김상억 1974)에서는 '달'로, '바돌'(김선기 1975, 1993)에서는 '돌'로, '바덜'(강길운 1995)에서는 '덜'로, 각각 다르게 읽었다.

이렇게 읽어온 해독들에서, '等'을 읽은 논거를 제시한 두 분의 글을 보면 다음과 같다.

'바둘'로 읽은 양주동(1942:707-709)은 이 해독을 위해 많은 자료를 수집하고 나열하였다. 중세어의 자료에서는 '바롤, 바룰, 미ᄃ, 비ᄃ, 바리' 등을 정리하고, '바롤'과 '바ᄃ'의 원본형(原本形)을 '바둘'로 추단(推斷)하고, '海'의 고훈(古訓)을 '바둘'로 보았다. 그 다음에 '海'의 신라 훈이 '바둘'이라는 사실을 증명하기 위하여, 신라의 관직명 '海干'을 '波珍干, 波珍湌'(바둘한, 바둘찬)으로 기사한 예를 들고서, '珍'의 훈 '돌'은 '波珍/바둘'의 속음 '바돌'의 '돌'에 불과하다고 일축해 버렸다. 이 관직명 외에, '珍'이 '돌'의 표기에 쓰인 예로, '無等山=無珍岳=瑞石山', '馬突=馬珍'(『삼국사기』 지리지), '波珍=ハトリ(바도리)'(『일본서기』, 『석일본기』) 등을 들고, '둘'의 예로 '難珍阿縣=月良縣'을 들었다. 이렇게 '等'에 대응하는 '珍'이 '돌'과 '둘'로 쓰인 삼국시대의 예를 들고서도, 그 빈도가 많은 '돌'을 취하여 '海等'을 '바돌'로 읽지 않고, 그 빈도가 적은 '둘'을 취하여 '海等'을 '바둘'로 읽었다.

김선기(1975a, 1993)는 무애가 '海'의 신라훈이 '바돌'임을 보고도 어찌 '바둘'로 낙착하였는지를 알 수 없다고 비판하고, '海等'을 '바돌'로 읽었다. 이 경우에는 드물지만 '等=珍=月'에서 보이는 '둘'에 따라, '海等'을 '바둘'로 읽을 수 있는 가능성을 전혀 언급하지 않았다. 그리고 통시 언어학적 입장에서, '바롤'은 가라말로, '바다'는 고구려말이 고려말을 거쳐 온 말로 정리하였다.

'等=珍=突=石'에서 보이는 '돌'과 '等=珍=月'에서 보이는 '둘'로 보아, '海等'은 '바돌'과 '바둘'이 병존했으며, '等'은 그 훈으로 '돌'과 '둘'을 병용했다고 판단할 수 있다. 그러나 〈칭찬여래가〉 안에서 보면, '冬'과 '等'은 '둘'의 표기로 보인다. 이 문제는 항을 바꾸어서 설명하려 한다.

2.2.1.3. 毛等의 等

'毛等'(〈칭찬여래가〉)의 '等'을 해독하면서, 우리는 '部伊冬衣, 海等, 間(王)毛冬留, 毛等' 등의 두 '冬'과 두 '等'을 함께 검토할 필요가 있다. 왜냐하면, '冬=等'이 아니라, '部伊冬衣'의 '冬'과 '毛等'의 '等'은 각각 동음자인 '等'과 '冬'의 오자일 수도 있기 때문이다.

'間(王)毛冬留'의 '王'은 최근에 '毛'의 오자 또는 오각자로 정리되면서, '部伊冬衣'의 '冬'은 '等'의 자리에 온 유일한 예가 되고, '毛等'의 '等'은 '冬'의 자리에 온 유일한 예가 되었다. 이로 인해, 서로 통용된 것이 아니라, 전자에서 '等/둘'을 동음자 '冬/둘'로 잘못 쓰고 보니, 이와 맞추기 위하여, 후자에서는 '冬/둘'을 동음자 '等/둘'로 잘못 쓰게 된 것으로 보인다. '海等'의 '等'은 지명에서 보이는 빈도로 보면, 김선기가 주장하듯이, '둘'보다도 '돌'일 수 있다. 그러나 이 작품(〈칭찬여래가〉) 안에서 보면, '둘'로 보인다. 왜냐하면, '部伊冬衣'과 '毛冬'의 '冬'과, '部伊等衣'와 '毛等'의 '等'은, '둘'과 '돌'로 읽을 수 있지만, '毛冬留'는 '모르게'의 의미로, '모돌루'가 아닌 '모둘루'로만 읽을 수 있다. 말을 바꾸면, '모르게'의 의미인 '모둘루'로는 이해가 가능하지만, '모돌루'로는 이해가 불가능하다. 이로 인해, '毛冬留'의 '冬'과 '冬'의 동음자로 잘못 쓴 '毛等'의 '等'은 '둘'로만 읽을 수 있다.

이런 점들로 보아, '毛等'의 '等'은 '둘'로만 읽을 수 있다. 그리고 이에 따라, '善陵等沙, 海等, 毛等' 등의 '等'들은 훈 '둘'로 읽힌다고 정리할 수 있다.

2.2.2. '돈'으로 읽은 等

'等'을 음으로 읽은 경우는 '一等'의 '等', '直等隱'의 '等', '-等(隱/焉)'의 '等' 등으로 나누어서 정리한다.

2.2.2.1. 一等의 等

'一等'은 '一等下尸(叱)'(〈맹아득아가〉), '一等肹'(〈맹아득안가〉), '一等沙'(〈맹아득안가〉), '一等隱'(〈제망매가〉) 등에서 4회 나온다. 이 '一等'의 '等'은 '(길〉)기리, (둘〉)ᄃ〉ᄐ, 둘, 무리, 낱, 나, 돈, 단, 딴/단/dan, 돈, 든, 튼' 등으로 읽어 오고 있다. 이 중에서 논지를 벗어난 것으로 보이는 '(길〉)기리, (둘〉)ᄃ〉ᄐ, 둘, 무리, 낱, 나' 등은 논외로 하고, '돈, 단, 딴/단/dan, 돈, 든, 튼' 등의 논리만을 좀더 구체적으로 보자.

'ᄒᆞᆫ돈'(양주동 1942)에서는 『계림유사』의 '河屯'과 『이중력』의 'カタナ'를 검토한 다음에, '等'을 通音借 '든'이라고 하고, 다시 諧音 '돈'으로 읽었다. 'ᄒᆞᆫ돈'(유창균 1994)에서는 상고음을 'tən, təd' 등으로 추정하고, 전자는 '돈'으로 후자는 '둘'로 변하였다고 보았다.

'까단'(gadan, 같은, 하나, 김선기 1968c), '하단'(김상억 1974), '까돈'(gadon, 같

은, 하나, 김선기 1993) 등에서는 '단'과 '돈'으로 읽었다. 이는 그 당시에 'ㆍ'가 존재하지 않았다는 가설하에서, 양주동의 '둔'을 '단'과 '돈'으로 바꾼 것이다.

'흐든'(김준영 1964, 1979)에서는 이두에서 '等'온 '든'이라는 점에서, '든'으로 읽었다.

'가든'(한, 같은, 강길운 1995)에서는 '等'의 중국음을 '덩' 정도로 보고, 동운은 '등'이지만, 신라표기에서는 '던, 든, 든' 정도로 보면서, '튼'의 대충표기로 보았다.

이렇게 '等'을 '둔, 단, 딴/단/dan, 돈, 든, 튼' 등으로 읽은 해독들은 그 근거를 제시하고 있지만, 그렇게까지 정확한 근거를 제시한 것은 아니다. 이를 좀더 검토하기 위하여, '等'의 중국음을 검토한 유창균의 글을 좀더 구체적으로 보자.

유창균(1994:83, 293-296)은 '等'을 '多貢切'에서 'təng'으로 읽고, 'təng'은 상고음이 'tən'이었을 것으로 추정하였다. 이 추정에서 '-n'이 '-ng'으로 변한 것과 같은 예로, '-m'이 '-ng'으로 변한 '風'을 들었다. 이 해석에는 두 가지 문제가 있어 보인다.

하나는 반절표기 '多貢切'가 잘못 인용된 것으로 보인다는 점이다. 인용한 반절 하자의 '貢'조를 『중문대사전』에서 보면, "[廣韻] [集韻] [韻會] [正韻] 古送切 送去聲"으로 설명하고 있다. 이 설명에서 보이는 반절 하자 '送'은 '東, 冬'과 함께 通攝에 속하면서, 曾攝에 속한 '等'의 설명과는 무관한 것이다. 이 '多貢切'은 135페이지를 보면, '多肯切'로 되어 있다. 이는 반절표기 '多貢切'이 잘못 인용된 것임을 알 수 있게 한다.

다른 하나는 '-n'이 '-ng'으로 변한 것을 설명하면서 '-m'이 '-ng'으로 변한 '風'을 예로 들은 것은 정확한 예가 아니다.

이제 '等'의 음부터 다시 검토해 보자.『중문대사전』의 '等'조를 보면, "[廣韻] [正韻] 多肯切 [集韻] [韻會] 得肯切 迥上聲, [廣韻] 多改切 [集韻] 打亥切 賄上聲"으로 되어 있다. 그리고 '多肯切'에서 보이는 '肯'조를 보면, [廣韻] [集韻] [正韻] "苦等切 音懇 迥上聲"으로 되어 있다. 이 인용에서 보이는 '等'과 '肯'은 물론 이어서 볼 '登'은 曾攝 1등 開音에 속한 글자이고, '迥'은 梗攝 4등 開音에 속한 글자이다. 그런데 梗攝과 曾攝의 상고음과 중고음의 종성은 '-ㅇ'인데, 이 '-ㅇ'이 '-ㄴ'으로 나타나는 중국의 방음(方音: 방언)이 있다. 西南官話, 下江官話, 吳語의 유행 구역 등에서 그렇다. 특히 오어의 유행 구역에서 '根森登耕倫'의 운모는 'ən'이다. 이 '根森登耕倫'에 포함되어 있는 '登'은 '等' 및 '肯'과 함께 曾攝 1등 開音에 속한 글자이다(董同龢 민국 70:35-36, 39, 131-132, 156, 177).

이런 사실들로 보아, 향찰에서 '等'이 '든' 또는 '돈'으로 읽히는 것은, 특히 종성이 '-ㅇ'이 아니라 '-ㄴ'인 것은, 吳音이 백제와 신라에 들어온 음에 기초한 것으로 보인다. 이 '든' 또는 '돈'은 후대음인 '등'에 밀려 소멸된 것으로 판단한다.

이 시점에 '等'의 향가시대의 음이 '둔'인가 '돈'인가를 좀더 보자. 董同龢가 정리한 '根森登耕倫'의 운모 'ən'의 'ə'는 향가의 'ㆍ'에 대응한다고 보고 있다. 그런데 이 'ə'는 칼그렌에서는 'o'로 정리된 경우도 있다. 또한 향찰에서 이미 '根'과 '斤'은 그 음이 '곤'이란 사실이 정리(양희철 2020)되어 있다. 그리고 '等'과 '登'의 일본음은 'と'(도)와 'とう'(도우)이고, '肯'과 '向'의 일본음은 'こう'(고우)이다. 게다가 외국인의 기록에 '河屯'(hadun, 『계림유사』)과 'カタナ'(katana, 『二中曆』)가 있다. 이런 사실들을 종합할 때에, '一等'의 '等'은 '둔'과 '돈'이 공존한 것으로 추정된다. 그러나 이어서 보겠지만, '-等(隱/焉)'의 '等'은 '돈'으로 읽는 것만이 허용된다는 점에서 'ᄒᆞ돈'으로 정리한다.

2.2.2.2. 直等隱의 等

'直等隱'(〈도솔가〉)의 '等' 역시 '一等'의 '等'과 같이 다양하게 읽었는데, '一等'의 '等'과 같은 점에서, '고돈'으로 읽는다.

2.2.2.3. -等(隱/焉)의 等

'-等(隱/焉)'의 '等'은, '慚肹伊賜等'(〈헌화가〉), '爲內尸等焉'(〈안민가〉), '賜尸等焉'(〈맹아득안가〉), '行等'(〈수희공덕가〉), '淸等'(〈청불주세가〉), '安爲飛等'(〈항순중생가〉), '盡尸等隱'(〈총결무진가〉) 등에서 7회 나온다. 이 '-等(焉/隱)'의 '等'은 다양하게 읽어 왔다. '-든, -돈, -단, 돈, (-)둔, -돈', '(-)둘, -돌', '-덴' 등으로 3분하여 정리한다.

먼저 '-든, -돈, -단, 돈, (-)둔, -돈' 등으로 읽은 경우를 보자.

'-든'은 여러 해독(오구라 1929; 유창선 1936a; 신태현 1940; 김준영 1979 등등)에서 보인다. 이 해독을 선도한 오구라(1929:108-109)는 한자 '等/등'으로 '든'에 轉用하였다고 보면서, 지명과 이두를 인용하였다. 즉 'ㅇ〉ㄴ'의 예로 『삼국사기』 지리지의 '偏儉縣本高句麗平珍峴縣'에서 보이는 '平/평/偏/편'을 들고, 'ㅇ〉ㅁ'의 예로 괴산군의 文等里:무듬실과 영양군의 無等谷:무덤실에서 보이는 '-ng〉m(ㅇ〉ㅁ)'을 들고, 『유서필지』 등의 이두에서 보이는 '爲去等/ᄒᆞ거든', '爲去等/ᄒᆞ거든', '爲白去等/ᄒᆞᄉᆞᆲ거든', '爲白內等/ᄒᆞᄉᆞᆲ옵든' 등의 '等/든'을 들었다.

'-돈'도 여러 해독(양주동 1942; 지헌영 1947; 이탁 1956; 정열모 1965; 김완진 1980 등등)에서 보인다. 이 해독을 선도한 양주동(1942:234)은 '等'을 통음차 '든'으로 보고, 다시 諧音 '돈'으로 보면서, '붓ᄒᆞ리샤돈(부끄려 하시면), ᄒᆞ놀돈(할지면), 기티샬돈(끼쳐주시면), '녀돈'(행한다면), 몰가돈(맑을지면), 便安ᄒᆞᄂᆞ돈(편안할지면), 다올 둔(다할지면)' 등으로 읽었다.

'둔'(바는, 지형률 2007)은 양주동과 같이 '둔'으로 읽되, 그 의미를 다르게 본 것이다.

일부의 해독들에서는 경우에 따라 '-는'과 '-둔'을 분리하여 읽었는데, 두 부류로 나뉜다. 하나는 분리하여 다르게 읽은 이유가 명확하지 않은 경우(김준영 1964; 전규태 1976)이다. 다른 하나는 분리하여 다르게 읽은 이유가 모음조화로 명확하게 보이는 경우(홍기문 1956; 금기창 1993; 지형률 1996)이다. 홍기문의 해독을 보면, '붓그리샤둔(부끄러워 하시면), ᄒᆞ놀둔(한다면), 기티디샬둔(끼치어 준다면), 물ᄀᆞ둔(맑으면), 안ᄒᆞᄂᆞ둔(편안하면), 다ᄋᆞ둔(다한다면)' 등과 '녀든'(행한다면)으로 읽으면서 모음조화를 보여준다. 금기창과 지형률 역시 홍기문과 같이, '行等'만을 '너둔, 녈든' 등으로 읽으면서 '든'으로 읽고, 나머지의 '等'은 모두 '둔'으로 읽었다.

정열모(1947)는 '말가단'에서는 '-단'으로 읽었고, 나머지에서는 '-든'으로 읽었다. '-단'과 '든'을 구분한 이유가 명확하지 않다. 김상억(1974)은 '-等(焉/隱)'의 '等'을 모두 '-단'으로 읽었는데, 이는 그 당시에는 'ㆍ'가 존재하지 않았다는 가설하에 '둔'을 '단'으로 바꾼 것이다.

김선기(1993)는 일부의 '-等'을 '-돈'으로 읽었는데, 이는 양주동의 '-둔'을 바꾼 것이다.

이렇게 '-等(隱/焉)'의 '等'을 '-든, -둔, -단, 돈, (-)둘, -돌' 등으로 읽은 해독들은 나름대로의 논거를 들었다. 그러나 '2.2.2.1.'에서 설명하였듯이, '等'의 당시음은 '둔, 돈'이며, 다른 조건들도 고려하면, '둔'이 된다.

이번에는 '(-)둘, -돌' 등으로 읽은 경우들을 보자.

'(-)둘'은 두 분의 글에서 보인다. 정창일(1987)은 '(-)둘'로 읽었는데, 그 설명이 난해하다. '둘'을 의존명사 'ᄃᆞ'의 이형태로 보면서도 이 의존명사를 현대역에서 살린 경우가 없고, '-ㄴ둘'을 '-ㄴ다면'의 의미로 본 문제를 보인다. 유창균(1994)은 대다수의 '-等'을 '-둔'으로 읽으면서도, '허믈ᄒᆞ리실둘'(-실둘, -신다면)의 경우에는, 'ㄹ'를 보충하여 '-ㄹ둘'로 읽으면서 '-ㄴ다면'의 의미로 보았는데, 해독과 현대역이 상응/일치하지 않는다.

김선기(1993)는 세 경우에 '-돌'로 읽었다. 이는 양주동의 '-둘'에 해당하는 것으로 'ㆍ'를 'ㅗ'로 읽은 것이다. 이를 인정해도, '까날돌안'(하여낼 것은), '줄 돌안'(줄 것은), '다알돌은' 등에서와 같이, '도'(>ᄃᆞ)가 아닌 '돌'(둘)을 의존명사로 보는 데는 한계가 있다.

이렇게 '(-)둘, -돌' 등으로 읽은 해독들은 의존명사의 정리에서 문제를 보이고, 해독과 현대역이 형태소 차원에서 상응/일치하지 않는 문제를 보인다. 이로 인해 '-等(隱/焉)'의 '等'을 해독하면서 '(-)둘, -돌' 등은 인정하기가 어렵다.

이번에는 '-덴'으로 읽은 경우를 보자. 강길운(1995)은 '-든'과 '-덴'으로 읽었다. 그중에서 '-덴'은 '허늘덴'(=하였을 것에는→하였을진대), '주슬덴'(주시는 데는, 주실 것 같으면), '알허늘덴'(편안할진대, 편안한 것일진대), '다볼덴'(편안할진대, 편안한 것일진대) 등에서 보인다. 이 해독은 '等'을 '덴'의 대충 표기로 보면서 '等'의 음과 훈을 벗어난 문제를 보인다.

그러나 중세어에서 보이는 '-ㄹ연(-ㄹ 것이면), -ㄹ덴(-ㄹ 지면), -ㄹ뗀(-ㄹ 지면)' 등과 연결시키면서, 문제를 해결하려는 노력을 하였다. 즉 '爲內尸等焉/허늘덴'에서는 '爲/허+ㄴ(기정선행어미)+을(추측형어미)+드(형식명사)+에(원인격조사)+ㄴ(제시보조사)'로 분석하고, '安爲飛等/알허늘덴'에서는 'ㄴ(기정선행어미)+을덴(조건형어미)'으로 분석을 하였다. 이를 조금만 다르게 보면, '-ㄹ덴'을 '-ㄹ+디(의존명사)+에(처격조사)+ㄴ'로 분석할 수 있다. 그리고 이에 포함된 '디'(의존명사)는 '드'(의존명사)로 바꾸고, '에'(처격조사)는 향가시대의 '아/ᄋᆞ'(처격조사)로 바꾸면, '-ㄹ돈'은 '-ㄹ'(관형사형어미)과 '드(의존명사)+ᄋᆞ/아(처격 조사)+ㄴ(주제격 어미)'의 결합인 '-ㄹ 것에는'의 의미가 '-ㄹ 것이면'의 의미로 변한 것이라고 할 수 있다. 이 가설이 인정된다면, '-等(隱/焉)'의 '等'은 물론, '-尸等(隱/焉)'의 '等'이 '-돈'으로 읽히게 된 이유를 설명한 것이 된다. 그리고 의존명사에 '디'와 '드'는 있어도 '도'는 없다는 점에서 '等'을 '돈'으로 읽는 것은 어렵다고 판단한다.

이렇게 본다면, '慚肹伊賜等'(〈헌화가〉), '爲內尸等焉'(〈안민가〉), '賜尸等焉'(〈맹아득안가〉), '行等'(〈수희공덕가〉), '請等'(〈청불주세가〉), '安爲飛等'(〈항순중생가〉), '盡尸等隱'(〈총결무진가〉) 등의 '等'은 모두가 '돈'으로 읽힌다고 볼 수 있다.

2.2.3. 'ᄃᆞ'로 읽은 等

'-叱等邪/叱等耶'는 '內乎叱等邪'(〈맹아득안가〉), '作沙毛叱等耶'(〈예경제불가〉), '乞白乎叱等耶'(〈청전법륜가〉), '敬叱好叱等耶'(〈항순중생가〉), '內乎(尸)留叱等耶'(〈항순중생가〉) 등에 나온다. '浮去伊叱等邪'(〈혜성가〉)에서도 보이나, '浮去 伊叱等邪'로 띄어 읽힌다는 점에서, 논의에서 제외한다. 그리고 '止以友 白乎(叱)等耶'(〈청불주세가〉)에서와 같이 '叱'을 첨가하여 '-叱等邪/叱等耶'와 같은 표기로 본 경우도 있으나, '止以(賜)友 白乎(隱)等耶'로 원전비평이 된다는 점에서 이 역시 논의에서 제외한다.

이 부분에서 다루려는 다섯 어구들은 '等'은 물론 '叱'의 해독에서 많은 문제를 보여

왔다. 이 문제를 해결하기 위하여, 선행 해독들은 '等'의 설명에서 의존명사와 관련짓기도 하고, 의존명사로 보기도 하고, '叱'을 '시-'로 읽기도 하였다. 이런 해독사를 감안하여, 선행 해독들을 네 부류로 나누어서 정리한다. 한 단어로 읽은 경우(1), 한 단어로 읽은 경우(2), '等'을 의존명사로 읽은 경우, '叱'을 '시-'로 읽은 경우 등이다. 한 단어로 읽은 경우를 (1)과 (2)로 나눈 것은 그 설명에서 의존명사를 포함한 경우와 그렇지 않은 경우를 구분한 것이다.

2.2.3.1. 한 단어로 읽은 경우 (1)

이 목에서는 한 단어로 읽으면서, 그 설명에서 의존명사를 포함하지 않은 경우를 보려 한다. 구체적으로 보면, 너무나 다양하다. 그중에서 주류를 이루는, 원망형, 서술형, 다짐형, 선언/감탄형 등의 의미로 읽은 해독만을 간단하게 보자.

첫째로, 원망형의 '-더라'('-지라')로 읽은 경우를 보자.

오구라(1929)는 '고티올더라, 믿으드라, 비솖올더라, 삼가여더라, 이우올더라' 등으로 읽으면서 '等'을 '더'와 '드'로 읽었다. 그리고 '고티올더라'와 '비솖올더라'에서는 '叱'을 'ㄹ'로 읽고, '믿으드라'에서는 '叱'을 'ㄷ'으로 읽고, '삼가여더라'에서는 '叱'을 무의식적으로 들어간, 필요치 않은 문자로 보고, '이우올더라'에서는 '留'와 '叱'을 각각 'ㄹ'로 보면서 문제를 보인다. 특히 '-ㄹ더라'는 중세어에서도 존재하지 않는 형태이다. 이는 나머지 해독에서 보이는 '-더라'와 함께, '等'을 '더'와 '드'로 읽은 것인데, 음과 훈 중에서 어느 것을 이용한 것인지가 명확하지 않다. 그리고 이 해독에서는 '-더라'와 '-드라'를 '-(아)지라'에 해당하는 '원망(願望)'을 나타내는 형태로 보았는데, 이 의미는 '-더라'와 '-드라'의 형태소에서 발견되는 의미가 아니다.

이 '-더라'와 '-드라'의 형태는 현대역을 과거 시제로 바꾼 해독(정열모, 금기창, 강길운 등)으로 이어지는데, 큰 의미는 없어 보인다. 그리고 이탁은 오구라의 '-더라/-드라'를 '-ᄃ라'로 바꾸고, 현대역은 오구라의 '-지라'를 따랐다. 역시 큰 의미는 없어 보인다.

둘째로, 서술형의 '-다라'['-(겠)더라']로 읽은 경우를 보자.

양주동(1942)은 '고티누옷다라(고치올러라, 고치겠더라), ᄉᄆᆺ다라(사무칠러라, 사무치겠더라), 비슬봇다라(비옵더라), 敬ᄉ 홋다라(敬하더라), 이우누올ᄉ다라(이울지 아니 안하겠더라)' 등으로 읽으면서 '叱'을 'ㅅ'으로 '等'을 '(ᄃ)다'로 통일하여 읽었다. '-다-'를 중세어에서 확인되는 과거시제로 읽으면서, 축자적 해독에는 성공한다. 그러나 '叱'의 해독과 문맥적 의미에서 문제를 보인다. 즉 'ᄉᄆᆺ다라'에서만 '叱/ㅅ'을 말음 표기로 보고, 나머지에서는 모두 촉음으로 보았는데, 촉음이 나타날 곳들이 아니다. 그리고 이 다섯 어휘는 문맥상 과거가 아니라 현재 또는 미래의 시제를 요구하는 위치에 있어, 과거 시제로 읽은 문제를 보인다. 게다가 '內乎(尸)留叱等耶'를 제외한 나머지 네 어휘는 그 행위 주체가 시적 화자인데, 이 시적 화자 '나'와 '-더라'는 문맥상 어울리지도 않는다.

'-叱等邪/叱等耶'를 '-ㅅ다라'[-(겠)더라]로 읽은 양주동의 해독은 거의 그대로 또는 약간의 변화를 주면서 계승(지헌영, 홍기문, 전규태, 황패강 등)되었고, 김선기에 의해서는 '-叱等邪/叱等耶'을 'ㄷ돌아/ㄷ돌아/ㄷ따라/ㄷ다라'로, 류렬에 의해서는 '叱'를 '시'로 바꾸는 선에서 계승되었다. 이 해독들은 양주동의 문제를 해결하지 못했다.

셋째로, 다짐형의 '-다라, -ᄃ라, -ᄃ야'('-리라, -리')로 읽은 경우를 보자.

'-等耶/-等邪'를 '-다라, -ᄃ라, -ᄃ야' 등으로 읽고, 그 의미를 '-리라'나 '-리(라)'로 읽은 해독들(지헌영, 홍기문, 김준영, 전규태, 황패강, 박재민)이 나왔다. 이 해독들은 해독과 현대역이 형태소 차원에서 상응/일치하지 않는 문제를 보인다. 그리고 '叱/ㅅ'의 기능 역시 명확하지 않다.

넷째로, 선언/감탄형의 '-다라, -ᄃ라, -ᄃ야, -다야, -드라'(-도다, -로라/로다, -노라)로 읽은 경우를 보자.

'-等耶/-等邪'를 '-ᄃ라, -다라, -ᄃ야, -다야, -드라' 등으로 읽고, 그 의미를 '-도다'(지헌영, 김상억, 김근수, 김완진, 지형률, 남풍현, 이용), '-로다'(김준영, 김근수), '-노라'(김완진, 지형률), '-누나'(김완진), '-(ㄴ/로)구나'(정재영, 이용) 등으로 본 해독들이 나왔다. 이 해독들 역시 해독과 현대역이 형태소 차원에서 상응/일치하지 않는 문제를 보인다. 그리고 '叱/ㅅ'의 기능 역시 명확하지 않다.

2.2.3.2. 한 단어로 읽은 경우 (2)

이 목에서는 한 단어로 읽으면서 그 설명에서 의존명사를 포함한 경우를 정리하려 한다. 의문형과, 선언과 감탄형으로 양분된다.

정창일(1987)은 '-等耶/-等邪'를 '-ᄃ냐'로 읽고 '-느냐/-드냐'의 의문형으로 보았다. '호쉰ᄃ사(하시느냐), 모쉰ᄃ냐(모실 수 있느냐), 비슙호쉰ᄃ냐(법우를 빌어서 말하드냐), 敬싀 됴쉰ᄃ냐(부처님에게 하시는 禮敬이 좋드냐), 이브나 호루쉰ᄃ냐(아니 이우러진다고 하시드냐)' 등으로 읽었다. 그런데 해독을 구체적으로 보면, '叱'을 '싫'에 기초해서 '쉰'으로 읽고 '等'을 의존명사 'ᄃ'로 읽었다. '-쉰'을 관형사로 보고 '等'을 의존명사 'ᄃ'로 읽은 것이다. '叱'을 '쉰'으로 읽을 수 없는 문제를 보인다. 그리고 해독에서는 의존명사를 제시한 다음에, 그 현대역에서는 의존명사를 살리지 않으면서, 논점이 흐려져 있다. 이 문제는 유창균에서 어느 정도 해소된다.

유창균(1994)은 '-等耶/-等邪'를 '-드라'로 읽고, 감탄형의 의미로 보았다. '고기ᄂ 옷드라(괴여 주실 것인지여, -을 되기를 바라노라), 사못드라(삼고자 하나이다), 비솝 옷드라(기원하옵겠노라), 敬ㅅ 훗드라(공경함을 다하도다, 공경을 다하는구나), 이브로 ㄴ오롯드라(못하게 하도다)' 등으로 읽었다. 이 해독들에서는, '-叱等耶/-叱等邪'의 '等/드'를 불완전명사(의존명사)에 유래한다고 한 다음에, 이미 'ㅅ드(강세의 선어말어미)+라(감탄형어미)'의 감탄어 어미(청유, 기구)로 관용되는 형태소로 보았다. 이 때문에 '사못드라'(삼고자 하나이다)의 해독에서는, "따라서 'ㅅ'은 名詞에 앞선 冠形詞形 'ㄹ'의 구실을 하므로 'ㅅ드라'는 '~을 것이로다'로 '~을 하고자 하는 것이다'의 뜻이 된다. '사못드라'는 '삼고자 하나이다'가 된다."(유창균 1994:888)고 하였다. 의존명사 '드'가 강세의 선어말어미가 되었다고 보는 것이 쉽지 않다. 이런 해독은 신재홍(2000)에서도 보이는데, 크게 보아 유창균과 같은 문제를 보인다.

2.2.3.3. 等을 의존명사로 읽은 경우

이 목에서는 '等'을 의존명사로 읽은 경우를 보려 한다. 두 분의 글에서 보인다.

지형률은 '주시로고 기ᄂ옷드야(주시고 하는 바이라), 삼옷드야[삼을 바여(이렇게 法 삼겠도다)], 빌솝옷드야(비올 바이라), 고맛 홋드야(공경의 할 바이라), 이블오ᄂ롯 드야(이울어 하느니렷도다, 아니 이우는 것이렷도다)' 등으로 읽었다. '드'를 의존명사로, 'ㅅ'을 동명사형 어미 'ㄹ'의 음운론적 교체형(/이형태)으로 보면서도, '옷드야'를 감탄형 어미구조로 보았다. 현대역을 보면 '等'을 의존명사로 본 것이 명확하다. 그러나 '옷드야'를 감탄형 어미구조체(지형률 2007:109, 192, 235, 262)로 보는 것을 보면, 정창일, 유창균, 신재홍 등의 그늘을 완전히 벗어난 것은 아니다. 현대역에서 의존명사를 명확하게 하였다는 점에서, 앞의 목이 아니라, 이 목에 포함시켰다.

김지오는 '사못 드야(삼을 것이다), 비솝옷 드야(빌 것이다), 고맛홋 드야(공경할 것이다), 이울오누오롯 드야(아니 시들게 할 것이다.)' 등으로 읽었다. "또 '叱等耶'는 동명사형 어미 '-ㅭ'의 부분적 표기인 '-ㅅ'에 의존명사 '드'와 계사 '이-' 그리고 종결어미 '-야'가 연결된 형태로 현대국어 '-ㄹ 것이다'와 동일한 구성을 지닌 형태소이다 (4.1.1.2와 4.3.2 참조)."(김지오 2012:63)라고 설명을 하였다. 이 해독은 정창일, 유창균, 신재홍 등이 '드'를 의존명사에 기원한 어미로 본 것을, 의존명사 '드'로 보았다. 의존명사 '等/드' 앞에 온 '-乎(/好/留)叱'이 관형사형이라고 보는 것이 쉽지 않다.

2.2.3.4. 叱을 '시-'로 읽은 경우

앞의 세 목에서 본 바와 같이 선행 해독들은 '叱'과 '等'의 해독에서 문제를 해결하기 위하여 많은 노력을 하였지만, 그 해결책을 보여주지 못하였다. 이 문제를 해결하기 위하여, '叱'을 '시-'로 읽은 해독이 나왔다.

양희철(2015a:308-316)은 '드리오 시드야'(드리고 있다야), '삼사모 시드야'(삼삼고 있다야), '빌숣오[38] 시드야'(빌어사뢰고 있다야), '(ᄒ오)호 시드야'(하고 있다야), '드리올루 시드야'(늘어질 것으로 있다야) 등으로 읽었다. 이 해독에서는, '內乎 叱等邪', '作沙毛 叱等耶', '乞白乎 叱等耶', '敬叱好 叱等耶', '內乎(尸)留 叱等耶' 등에서와 같이 두 단어로 띄우고, '叱'을 '시-'로 보고, '等'을 종결어미 '다'의 이표기 'ᄃ'로 읽었다. 이 해독에 와서야 '叱'과 '等'의 해독에서 문제가 해결되었다.

3. 賜/주시/시와 內/드리/ᄂ/니

3.1. 賜/주시/시

향찰 '賜'는 25회 나오는데, 어간 '賜/주시-', 선어말어미 '-賜/시-', 어간 '賜/시-' 등의 형태로 정리된다(양희철 2015a).

3.1.1. 어간 賜/주시-

'-支(/隱/攴) 賜-'에서 어간 '주시-'로 쓰인 '賜'이다. 이 '賜/주시-'는 '(乃叱)好支賜烏隱'(〈모죽지랑가〉), '一等沙隱 賜以(古)只'(〈맹아득안가〉), '遣知攴 賜尸等焉'(〈맹아득안가〉) 등에 나오며, 해독에 큰 어려움이 없다.

3.1.2. 선어말어미 -賜/시-

'어간+(屋+)賜-'에서 선어말어미 '-시-'로 쓰인 '賜'이다. 이 '賜/시'는 '慚肹伊賜等'(〈헌화가〉), '愛賜尸, 爲賜尸知'(〈안민가〉), '(持以攴)如賜烏隱'(〈찬기파랑가〉), '去賜里遣'(〈원왕생가〉), '見賜烏尸'(〈혜성가〉), '改衣賜乎隱'(〈원가〉), '滿賜隱'(〈예경제불가〉), '滿賜仁'(〈광수공양가〉), '修叱賜乙隱'(〈수희공덕가〉), '動賜隱乃, 向屋賜

---

38 '빌사뢰오'로 읽었던 것을 '빌숣오'로 수정하였다.

尸, 應爲賜下呂'(〈청불주세가〉), '(修將)來賜留隱, 爲賜隱'(〈상수불학가〉), '沙音賜焉' (〈항순중생가〉) 등에서 16회 나온다.

이 '賜'들을 '시'로 확정하는 데까지는 적지 않은 해독들의 노력이 누적되었다. 이를 차례로 보자.

오구라(1929)와 양주동(1942)은 한자 '賜'의 음을 '스'로 보고, 이 향찰 '賜'를 '샤'로 읽으면서, 한자의 음을 벗어났지만, 문법 형태인 주체 존대의 선어말어미를 만족시켰다. 이에 비해 정열모(1947)와 이탁(1956)은 한자 '賜'의 중근대음인 '사'와 '스'를 살려 이 향찰 '賜'를 읽었지만, 문법 형태인 주체 존대의 선어말어미를 만족시키지 못했다. 이 문제를 정연찬(1972)이 일단 해결하였다. 즉 향찰 '賜'를 운서의 과거음인 '시'로 읽으면서, 한자 '賜'의 음 '시'와 문법 형태인 주체 존대의 선어말어미 '시'가 일치하는 해독을 보여주었다.

이 '시'의 해독은 그 후에 서재극(1975)에 의해 『삼국유사』 소재 향가의 '-賜-'에 확대 적용되었고, 김완진(1980)과 유창균(1994)에 의해 향가의 '-賜-' 전체에 확대 적용되었다. 그리고 이 '賜'의 음 '시'는 이돈주(1990)와 유창균(1994)에 의해 다시 확인되면서, 그 확고한 위치를 얻게 되었다.

이렇게 이 '賜'들의 해독은 '시'로 거의 굳어지는 가운데, 강길운(1995)에 의해 '스, 시'의 해독이 다시 제시되었다. 이 '시'와 '스, 시' 중에서 어느 해독이 타당한가는 변증을 요하고 있다. 그리고 이 해독들 중에서 '賜'를 '시' 또는 '스, 시' 등으로 읽은 해독들은 그 근거를, 외국학자들이 재구한 중국 고음에 의존하면서, 한국 한자음으로는 논증하지 못한 문제도 보인다.

이 문제들은 양희철(2015a)에 의해 세 측면에서 보완되었다.

첫째로, 주체 존대의 선어말어미 '시'의 선행형이 '스'라는 사실을 논증할 수 없으며, '디나다손'(持以攴如賜烏隱)이나 '가싀손'(改衣賜乎隱)에서와 같이 '손'의 표기에, 경제적인 '孫'을 쓰지 않고, 비경제적인 '賜烏隱'(스+오+ㄴ)손과 '賜乎隱'(스+오+ㄴ)손)을 썼다고 볼 수 없다는 측면이다.

둘째로, 한국 한시에서 '賜'를 '시'로 압운한 예가 발견된다는 측면이다. '賜'의 음 '시'는 외국학자들에 의해 재구된 중국 고음에서는 확인되었지만, 한국음에서는 지금까지 예증되지 않았다. 그러나 李奎報와 徐居正의 시를 보면, '賜'를 '시'로 압운하고 있다. 즉 〈東明王篇〉(이규보, 『동국이상국집』 권제3)을 보면, '賜'를 '시'의 음으로 압운하고 있다. 장편 고율시인 이 작품의 중간인 제36구 전후(제33-40구)의 구말 글자들을 보면, '…… 洋, 旎, 君, 賜, 冥, 視, 中, 裡, ……' 등이다. 이 중에서 제36구 말을 보면,

'賜'로 압운하고 있는데, 이 '賜'는 '旎, 視, 裡' 등과 더불어 '시'의 음으로 '이'운을 압운한 것이다. 그리고 〈七月十九日夜…〉(서거정, 『속동문선』 권지삼)를 보면, '賜'를 '시'의 음으로 압운하고 있다. 10구로 된 이 오언고시인 이 작품의 구말 글자들을 보면, '言, 利, 言, 賜, 言, 悴, 內, 至, 嘆, 誌' 등이다. 이 중에서 제4구 말을 보면 '賜'로 압운하고 있는데, 이 '賜'는 '利, 悴, 支, 誌' 등과 더불어 '시'의 음으로 '이'운을 압운한 것이다. 이런 점에서 이 '賜'들은 한자 '賜'가 '시'로 쓰인 예로, 향찰 '賜'가 '시'로 읽힌 것을 보완하는 논거가 된다.

셋째로, '賜'와 함께 '止'섭 3등에 속한 한자들로 만들어진 향찰들['知, 伊, 支'(이상 '支'운, 평성), '史, 是, 理, 里, 以, 爾, 只'(이상 '紙'운, 상성), '利, 事, 賜, 次'(이상 '寘'운, 거성)]이 음으로 읽을 경우에 '이'운을 보인다는 측면이다.

이상의 변증과 보완으로 보아, '어간+(屋+)賜-'의 선어말어미의 위치에 온 향찰 '賜'는 '시'로 읽는 것이 타당하다.

3.1.3. 어간 賜/시-

'어간+遣(+只) 賜+어미'의 '賜'는 '白遣 賜立'(〈원왕생가〉), '成遣 賜立(〈去〉)'(〈원왕생가〉), '閼遣只 賜立'(〈참회업장가〉) 등에서 나타난다.

'-遣(只) 賜-'를 해독 초중기에는 한 단어로 붙이고 '賜'를 모두 선어말어미로 읽었다. 이 해독의 문제는, 주체 존대의 선어말어미 앞에서 '遣(只)'을 선어말어미 '고/겨(ㄱ)'로 읽고, 원망이나 희망 또는 미상의 선어말어미로 본 것에서 발견된다. 주체 존대의 선어말어미 앞에 '고/겨(ㄱ)'가 왔다고 보는 것이 어렵다. 특히 그 형태소들의 순서가 현대어와 구결에서 '-시고-'이기 때문이다.

이 문제를 해결하기 위하여, '-遣 賜-'와 '-遣只 賜-'로 띄우고, 연결어미와 어간의 결합으로 읽은 해독들(이종철 1987; 정창일 1987; 이승재 1991; 장윤희 2005; 양희철 2013b)이 나왔다. '-遣 賜-'의 경우에는 '-겨 주시/줄-', '-겨 시-', '-곤 시-' 등으로, '-遣只 賜-'의 경우에는 '-겨 주시/줄-', '-겨 시-', '-곤 시-' 등으로 읽으면서 의견의 통일을 보이지 못하는 문제를 보였다. '-겨 주시/줄-'과 '-겨 시-'에서는, '-遣'을 '-겨'로 읽고 그 의미를 '-아/여'의 연결어미로 보았는데, 이를 논증할 수 없는 문제를 보인다. 이에 비해 '-곤 시-'를 보여주는 '숢곤 시셔'와 '이루곤 시셔'의 해독은, '어간(숢, 이루)+어미(곤) 어간(시)+어미(셔)'로 읽은 것으로, 차제자의 원리와 문법적 연결에서 합리성을 보이고, 그 현대역인 '사뢰고는 있으셔?'와 '이루고는 있으셔?'는 해독의 형태소와 일치하고, "惱叱古音 多可支 白遣 賜立"과 "四十八大願 成遣 賜立(〈去〉)"의 문맥에도 문제가 없다. 게다가 한자 '遣'의 신라음이 '곤'이고, 신라시대에 '시-'가 존재했다(양희철 2015b)는 사실이 확인되었다. 이런 점들로 보아, '白遣 賜立'와 '成遣 賜立'의 '賜-'는 '시-'로 해독한 것이 가장 타당하다.

그리고 '閼遣只 賜立'의 '-遣只 賜-'는 '-격 주시-', '겻긔 줄-', '-격 시-', '-곡 시-' 등으로 읽으면서 의견의 통일을 보이지 못하는 문제를 보였다. 그러나 '-遣只'는 그 신라음으로 보아 '-격, -겻긔' 등이 되지 않고, '-곡'이 된다는 점에서, '-곡 시-'의 해독만이 타당성을 보인다. 특히 한자 '遣'의 신라음이 '곤'이고, 신라시대에 '시-'가 존재했다는 사실로 보아, 이 해독이 가장 타당해 보인다.

향찰 '賜-'를 '시-'로 읽는 데는 한국어에서 '시-'가 확실하게 존재했다는 사실을 입증하여야 하는데, 이 문제는 앞에서 정리한 '叱'의 해독으로 돌린다.

3.2. 內/드리/ㄴ/니

향찰 '內'는 14회 나오는데, 그 해독이 난해했었다. 먼저 그간의 연구사를 간단하게 보자. 크게 보면, 세 부류로 나눌 수 있다.

오구라(1929)는 향찰 '於內'의 '內'를 '-니'로 읽고, '內於都'의 '內'는 해독을 보류하고, 나머지는 특별한 의미가 없는 것으로 읽었다. 양주동(1942)은 '去內如, 去內尼叱古, 內於都, 爲內尸等焉' 등의 '內'를 'ㄴ'로, '於內'의 '-內'를 'ㄴ'로, '悟內去齊'의 '-內-'를 '-리-'로, 나머지 '內'를 '누'로 각각 읽었다.

이 해독은 거의 그대로 답습되다가, 최근에 부분적으로 부정되기도 했다. 이강로(1989a, 1989b, 1990, 1991)는 '內'의 상고음을 '예'로, 뜻을 '않'으로 보고, 이두와 향찰의 '內'를 '않, 이, 여, 야'로 읽었다.

서종학(1994, 1995)은 양주동의 해독을 비판하면서 이두의 '內'와 7개의 향찰 '內'를 바로 앞의 문자를 뜻으로 읽으라는 지정문자로 해석하였다. 그리고 성호경(2000, 2006)은 나머지 7개의 향찰 '內' 중에서 3개에 서종학의 지정문자설을 확대 적용하였다.

신재홍(2000)은 7개의 향찰 '內'를 '드리(納)-'로 해독하였다. 그리고 양희철(2008a)은 신재홍의 '內/드리(納)' 7개를 가볍게 수정하면서 수용하고, 선어말어미 '-內/ㄴ-'로 쓰인 3개, '於內/어ㄴ'의 말음으로 쓰인 2개의 '-內/ㄴ', 복합용언의 후행 어간으로 쓰인 3개의 '內/니-'를 정리하였다.

신재홍과 양희철의 해독에 이르러 향찰 '內'의 해독은 큰 윤곽을 잡았다고 할 수 있다. 그런데 그 후에 나온 해독들은 앞의 글에서 보인 내용의 일부를 부분적으로 수정하고 있다. 이를 보완하면서 수정하면 다음과 같다.

먼저 '內'를 '納'의 이체자, 그중에서도 약자로 보고, '드리-'로 읽히는 7개의 향찰을 보자. 이 주장은 신재홍에서 시작되었는데, 약간의 부분적인 수정을 필요로 하지만, 상당히 주목되어야 할 해독이다. 인용하면서 부분적인 수정을 하면 다음과 같다.

'毛乎攴 內良'(〈맹아득안가〉)을 '모아 들여'의 의미인 '모호기 드려(←들이어)'(신재홍 2000:158)로 읽었다. 이 해독에서는 '-攴'을 '-支'로 수정하여, '-기'(부동사형어미:연결어미)로 본 것과 '良'을 '어'로 읽은 문제를 보인다. '-攴'을 한국의 중세어는 물론 돌궐어에서 발견되는 연결어미 '-ㅂ'(양희철 1995a:212-213, 2008a)으로, '-良'을 '-아'로 수정하여 읽으면, '毛乎攴 內良'은 '모홉 드리아'(모아 들이어)가 된다.

'白屋尸置 內乎多'(〈맹아득안가〉)를 '빌어 사룀(기도의 말씀)도 드리노라'의 의미인 '술볼두 드료다(←숣올두 들이오다)'(신재홍 2000:159)로 읽었다. '술볼두'에서 '빌어 사룀(기도의 말씀)'의 의미를 끌어내는 것이 쉽지 않다. 이 해독은 물론 거의 모든 해독들이 '白屋尸置'의 '白-'을 '숣-'으로 읽고 있는데, 이렇게 읽으면 문맥이 통하지 않는다. '白'에는 '붉다'의 의미가 있다. 이 훈을 이용하여, '白屋尸置'를 '붉올도'(밝을 것도)로 읽는다. 그리고 이에 기초하여 '白屋尸置 內乎多'를 '붉올두 드리오다'로 읽고, '(눈이) 밝을 것도 비는 일을 하고 있다야'의 의미라 할 수 있다. 이 경우에 '드리다'는 '신에게 비는 일을 하다.'의 의미이다.

'賜以古只 內乎叱等邪'(〈맹아득안가〉)를 '줄까 라고 드리는도다'의 의미인 "'주이고' ㄱ 드롯 드라(←들이옷 드라)"(신재홍 2000:166)로 읽었다. '드리는도다'로 보면 목적어가 있어야 하는데, 그렇지 않은 문제를 보인다. '賜以古只'의 '古'를 연자로 처리하고, '賜以只 內乎 叱等邪'를 '주시기(를) 드리오 시ᄃ야'로 수정하여 읽고, 그 뜻은 '주시기(ㄹ) 비는 일을 하고 있다야'로 본다(양희철 2023a).

'次弗 □(:无/亡 보충)史 內於都'(〈우적가〉)를 '채비 없이 들여도: 아무런 준비 없이 죽음을 받아들여도'의 의미인 'ᄌ비 업시 드려도(←들이어도)'(신재홍 2000:300-301)로 읽었다. 만약 '次弗'가 '差備'라면, '差備'로 쓰지 않은 이유를 해명하기가 쉽지 않고, '次'의 당시 음이 '枝次/가지'에서와 같이 '지'라는 문제를 보인다. 훼손된 글자를 '覆/再'로 보고, '버거울 것 다시 드리어도'의 의미인 '버그블 다시 드리어도'로 정리한다.

'好尸曰沙也內乎呑尼'(〈우적가〉)를 '[내게] 좋을 것이라야 (받아)들이다니 [말이 되느냐?]'의 의미인 '됴흘 이사야 드료ᄃ니(←둏을 이사야 들이오도니)'(신재홍 2000:303-304)로 읽었다. 이렇게 '曰'을 '是'로 수정하고 해독한 결과는 그렇게 시원하지 않다. 수정 없이 '好尸 曰沙也 內乎呑尼'로 끊고, '好'의 '됴ᄒ다'의 훈을 살려, '좋을 말씀사야 드리오다니'의 의미인 '됴홀 말솜사야 드리오도니'로 읽는다. 이때 '좋을 말씀'은 '이 잠갈사 지나오'라는 나쁜 말씀을 앞으로 자신에게 좋을 의미를 가지게 될 반어로 표현힌 것이다.

'拜內乎身萬隱'(〈예경제불가〉)을 '절 드론 모몬(←들이온 몸몬)'으로 읽고, '절 드리는 몸은'(신재홍 2000:319)의 뜻으로 보고 있다. '절드리온 몸만'으로 읽고, '-乎'의 뜻은 현재의 '-는'이 아니라 과거나 현재 완료의 '-온'으로 보아야 할 것 같다.

'不冬 萎玉 內乎尸留叱等耶'(〈항순중생가〉)를 '아니 이울어 들었도다'의 의미인 '안돌 이보록 드료롯ㄷ라(←이블옥 들이오로ㅅㄷ라)'(신재홍 2000:404)로 읽었다. '드료롯ㄷ라(←들이오로ㅅㄷ라)'의 해독이 현대역 '들었도다'와 잘 연결되지 않는다. 이 문제를 보완하기 위하여, '不冬 萎玉 內乎尸留 叱等耶'로 끊고, '이울어/시들어 늘어트리지 않을 것으로 있다야'의 의미인 '안둘 이울()불)옥 드리올루 시ㄷ야'로 읽는다. '內/드리'를 '垂/드리(늘어트리-)'의 의미로 보고, '乎' 다음에는 '尸'가 누락되었다고 본 것이다(양희철 2015a:316, 2022).

이렇게 7개의 '內'들은 '納'의 약자로 보고, 그 훈으로 읽을 때에 설득력을 얻는다.

이번에는 선행 연구에서와 같이 선어말어미 '-ㄴ-'로 읽을 수밖에 없는 것들을 보자. '去內如'(〈제망매가〉)는 '가ㄴ다'(양주동 1942:547)로, '去內尼叱古'(〈제망매가〉)는 '가ㄴ닛고'(양주동 1942:550)로, '於內'(〈제망매가〉)는 '어ㄴ'(지헌영 1947:23)로, 각각 읽는 것이 지배적이다. '어ㄴ'는 관형사가 아니라 '어찌'의 의미를 가진 부사로 수정한다.

이 향찰들에 포함된 '內'를 지정문자나 '이/ㅣ'로 보려는 해독들이 나오기도 했다. 지정문자설은 상당히 많은 문제(양희철 2008a:341-344)를 보인다. 게다가 '去內如'(〈제망매가〉)의 경우에, '內'를 지정문자로 보고, '去內如/가다'로 읽은 다음에 "'가ㄴ다'의 불완전한 표기인 듯"하다고 정리하기도 했다. 결과는 '-內-'를 '-ㄴ-'로 보는 것에 지나지 않는다. 그리고 '內'를 '이/ㅣ'로 읽은 해독은, 초기 해독에서 나타났던 형태로, 차제자 원리상 용인되지 않는 형태이며, 현재는 용인되지 않는다. 이 '內(이, ㅣ)'는 '內'의 한자음을 '예'로 보고, 복모음의 운미 '이, ㅣ'를 취한 것으로 본 해독이다. 이렇게 복모음의 운미 '이, ㅣ'를 취하는 해독을 취하면, 수많은 복모음자들의 해독에서 혼동이 온다. 게다가 불경자역자와 향찰에서 반절하자를 이용한 글자는 만들지 않는다. 그리고 '이, ㅣ'의 표기에 '是, 伊, 以' 등이 쓰이는데, 이 글자들을 버리고 '內/예'로 '이, ㅣ'를 표기했다고 보기는 어렵다. 이는 혹시 '內/ㄴ'가 '內'의 한자음 '닉'에서 'ㄴ'만을 취한 것으로 보고, 'ㄴ'가 가능하므로 '이, ㅣ'도 가능하다고 주장할 수 있다. 그러나 '內/ㄴ'는 '닉'의 'ㄴ'가 아니라, '內(=納)/납'의 'ㄴ'라는 사실을 생각해야 한다.

마지막으로 '爲內尸等焉, 逐內良齊, 悟內去齊' 등의 '內'를 보자. 이 '內'들은 '니'로 읽힌다.

'爲內尸等焉'(〈안민가〉)의 '爲'는 모두가 'ㅎ/하'로 읽고 있다. 그러나 '홀든'과 'ㅎ옵든'은 '內'를 특별한 의미가 없는 첨가자로 본 문제를 보이며, 'ㅎ옵든'은 '-內尸-'이 '-옵-'과 대응하는 이유도 알 수 없다. 'ㅎㄴㅅ든'은 '-尸-'와 '-ㅅ-'의 대응관계가 어렵다. '허늘덴'은 'ㆍ'의 그 당시 부재라는 주장을 인정하여도, '-等焉'이 '-덴'이 되는 이유가 명확하지 않다. 그리고 'ㅎ눓든'(한다면)과 'ㅎ앓 든'(확실히 하는 바로 그것이면)은 '尸'를 'ㆆ'으로 읽은 이유가 명확하지 않다. 향찰과 구결의 '尸/ㄹ'가 15세기의 표기 'ㆆ'에 대응하지만, 차제자의 원리로 설명할 수 없는 15세기 한글식 사고이다.

'ㅎ눌돈, ㅎ날돈, 까날딸안, 하날단' 등은 향찰들을 거의 충실하게 읽은 것들로 판단된다. 그러나 현대역을 보면, 거의가 '內/ㄴ/나'를 살리지 못하고 있다. 'ㅎ눌돈'[할지면(양주동 1942; 금기창 1993), 한다면(지헌영 1947; 홍기문 1956 등등), 하고 있을진댄(서재극 1975), 한다면, 할 것 같으면(유창균 1994)], 'ㅎ날돈'(하거든, 한다면, 지형률 1996), 'ㅎ눌든'(할 것이면, 김준영 1964, 1979), '까날딸안'(할 것 같으면, 하량이면, 김선기 1967g), '하날단'(하면, 김상억 1974), 'ㅎ눌 돈'(할 바는, 따르면, 지형률 2007) 등에서 보는 바와 같이 해독의 '內/ㄴ/나'를 현대역에서 거의 살리지 못하고 있다. 이 문제는 "'-ㅭ든'은 가정이나 조건의 連結語尾인데 그 앞에 쓰인 先語末語尾 '-內(ㄴ)-'의 의미에 대해서는 아직 잘 알 수 없다."(황선엽2008:227)고 정리되기도 했다.

이 문제를 해결하기 위하여, 'ㅎ낼ᄃ언'(해낼 것이면, 양희철 2008a:348)과 '(民은)(如/디)ㅎ앓 든'[(백성이) 백성답게 확실하게 하면, 남풍현 2019]의 두 해독이 나왔다. 전자에서는 '內'를 복합용언의 후행 어간으로 보았고, 후자에서는 확인법 보조어간 '아'로 보았다. 전자의 해독을 따르되, '해낼 것이면'의 의미인 'ㅎ닐돈/히닐돈'으로 수정하여 읽는다.

'用ㆍㅌ尸ㅅㄱ'(〈화엄02:12-13〉), '修ㅎㆍㅌ尸ㅅㄱ'(〈화엄10:11〉), '滿ㆍㅌ尸ㅅㄱ'〈화엄14:07〉 등의 구결과, '今冬石練己畢爲內㫆'(〈정도사오층탑조성형지기〉)의 이두로 보면, '爲內尸等焉'을 'ㅎ눌돈/히눌돈'으로 읽을 수도 있다. 그러나 이렇게 읽으면 '內/ㄴ'가 선어말어미로 오해할 수 있어 버린다. 추측이지만, 앞의 구결들에 나온 'ㅌ'는 '니'로 쓴 '內'를 'ㄴ'로 쓴 '內'로 오해하고, 이 오해한 '內/ㄴ'를 구결 'ㅌ'로 바꾼 것이 아닌가 한다. 이에 대한 정확한 해석을 기다린다.

이상과 같은 점들로 보아, '爲內尸等焉'을 'ㅎ닐돈/히닐돈'으로 읽고 '하여 낼 것이면'의 의미로 정리한다.

'逐內良齊'(〈찬기파랑가〉)의 '逐-'은 실의만자 '좇(隨)-'으로 읽히고 있다. 이를 따른다.

'逐內良齊'의 '內'를 '조차제'(오구라 1929)와 '조츠제'(유창선 1936b)에서는 읽지 않았다. 그리고 대다수의 해독들이 취한 '-內(ᄂ/나/누)+良(아)-'의 연결은 문제를 보인다. 이 '-內/ᄂ-'에 대해 "'內=ᄂ'의 출현은 中世語의 형태론이나 통사론의 지식으로는 설명하기 어려운 존재이지만, 그만큼 古代語의 질서가 中世語와는 달랐다는 證左로 중요한 자료가 된다"(김완진 1980:89)는 지적을 하기도 한다. 이 지적이 보인 '설명하기 어려운' 점은 구체적으로 언급하지 않고 있지만, '-ᄂ-'와 '-라져(良齊)'의 연결에서 오는 형태론적 문제라 파악한다. '-(아)져'는 '-고자', '-러(/려)', '-으러(/려)' 등으로, 모두가 희망의 미래 행동과 관련된 의미를 가진다. 그런데 이 미래의 행동과 관련된 용언에서, 또다시 현재시제와 관련된 '-ᄂ-'가 선어말어미로 등장할 수 있을까 하는 형태론적 문제이다. 이런 점에서 이 '-內-'는 일단 '-ᄂ-'로 읽는 것은 어려워 보인다.

이 두 문제를 해결하고자, '좇차져'(성호경 2008)에서는 '內'를 지정문자로 보기도 했다. 바로 앞에 온 향찰을 뜻으로 읽으라는 지정문자로 보면, 그 앞에 온 향찰을 뜻으로 읽을 수 없는 경우를 해결할 수 없으며, 한자의 뜻을 이용한 많은 향찰들 다음에 이 지정문자를 쓰지 않은 이유를 설명할 수 없는 문제를 보인다.

이 두 문제들은 '內'를 복합용언의 후행 어간 '-니-'로 보고, '逐內良齊'를 '따라내고져'의 의미인 '좇니아져'로 읽으면 모두 풀린다(양희철 2008a:348-349). 이는 그냥 좇고자 하는 것이 아니라, 그 좇음을 끝내 이루어내고자 하는 강한 행동과 희망의 표현이다. 이에 따라 '逐內良齊'를 '좇니아져'(따라내아져)로 읽는다.

'悟內去齊'(〈보개회향가〉)의 해독 역시 간단하지 않다. 선행 해독은 '깨닫-'으로 읽은 해독들, '알-'로 읽은 해독들, '깨/끼-'로 읽은 해독들 등으로 삼분이 된다.

'깨닫-'으로 읽은 해독들에는 '깨닷게 ᄒ야 가졔'(깨닫게 하여 가졔, 오구라 1929), '끼ᄃᆞᆯ거져'(깨닫게 하려노라, 김완진 1980), '깨달=나가쟈'(깨달아 나가고 싶다, 강길운 1995), '끼돌ᄂ가져'(깨닫기 바라노라, 지형률 1996) 등이 있다. 이 해독들은 '內'의 처리에서 실패를 하였다. 'ᄒ야'와 '끼ᄃᆞᆯ거져'에서는 '內'의 음이나 훈을 살리지 못했고, '나가쟈'에서는 '出' 자를 몰라서 '內'를 썼다고 보기가 어려우며, '끼돌ᄂ가져'에서는 형태소 차원에서 그 의미가 명확하지 않다.

'알-'로 읽은 해독들은 '內'를 '리'로 읽은 해독과, '누'나 'ᄂ'로 읽은 해독으로 양분된다. 전자에는 '알리가져'(양주동 1942; 지헌영 1947 등등)와 '알리거져'(금기창 1995a; 박재민 2013b)가 있다. 이 해독들은 '內'를 통음차 '리'로 읽은 문제를 보인다. 후자에는

'알이ᄂ가져'(깨닫게 하고자, 김성주 2011)와 '아누거져'[알고(깨닫고) 싶어라, 김지오 2012]가 있다. 형태소 차원에서 해독과 현대역의 연결이 잘되지 않는다.

'깨/찌-'로 읽은 해독들은 그 현대역으로 보아 네 부류로 정리된다.

첫째는 현대역에서 '깨닫-'의 의미를 보여주는 'ᄀᆞ이ᄂ아ᄃᆞ'(깨달아지사이다, 이탁 1956), '찌ᄂ가져'(깨닫게 하고 싶도다, 유창균 1994), '찌이과져'(깨닫게 하련다, 김근수 1979) 등의 부류이다. 이 해독들은 형태소로 보아, 해독에서 현대역을 끌어내기가 어려운 문제를 보인다.

둘째는 현대역에서 '깨우치-'나 '깨치-'를 보여주는 '찌ᄂ가져'(깨우치고자, 김준영 1964), '깨오가져'(깨우치고자, 전규태 1976), '찌ᄂ가져'(깨우치고자 하노라, 김준영 1979), '찌나 가제'(깨치게 하여 가야지, 정창일 1987), '쌔ᄂ거져'(깨우치고저, 신재홍 2000) 등의 부류이다. 이 해독들 역시 형태소로 보아, 해독에서 현대역을 끌어내기가 어려운 문제를 보인다.

셋째는 현대역에서 '깨-'나 '깨나-'를 보여주는 '찌내거져'(깨나게 하자, 정열모 1965), '깨나가재'(깨나가라, 김선기 1975), '쌔나가째'(깨나가져, 김선기 1993), '찌ᄂ거져'(깨고져, 지형률 2007) 등의 부류이다. 이 해독들은 중생들을 깨거나 깨나게 하는 의미를 보이면서, 중생들을 깨닫게 하거나 깨워내려는 문맥을 벗어났다.

넷째는 현대역에서 '깨워내-'를 보여주는 '찌내가져'(깨워내어 가져, 양희철 2008a)의 부류이다. 이 해독은 현대역에서 중생들을 깨워내려는 의미를 보이면서, 문맥에는 부합한다. 그러나 현대역 '-우-' 또는 '-워-'를 해독이 보여주지 않는 문제를 보인다.

이상과 같이 '悟內去齊'에 대한 기왕의 해독들은 적지 않은 문제를 보인다. 이 문제를 해결하기 위하여, 누락자 '乎'를 '悟內去齊'에 첨가하여 '悟乎內去齊'로 복원하고 '깨워내고져/깨와내고져'의 의미인 '찌오ᄂ거져'로 읽는다. '찌오-' 다음에 연결어미가 없는 것은 복합용언의 선행어간 다음에 연결어미가 오지 않은 형태이기 때문이다. 이 해독에서는 '乎/오'가 누락된 것으로 정리를 하였는데, 이는 '懺爲如乎仁'의 '乎'와도 연결되어 있다. 이에 대한 것은 누락자로 돌린다(양희철 2023b).

'悟內去齊'의 누락자 '乎'를 복원하면 '悟乎內去齊'가 된다. 이는 '깨워내고져/깨와내고져'의 의미인 '찌오ᄂ거져'의 표기이다. '찌오' 다음에는 연결어미 '-아/어'가 생략되어 있다.

이상과 같이 본다면, 향찰 '內'는 '納' 자의 약자, 즉 이체자로 그 훈을 이용한 '드리-', 그 음을 이용한 'ᄂ'로 읽히는 동시에, '內'의 음 '니'로 읽히는 향찰이라고 정리할 수 있다.

4. 次/버그/지

이 장에서는 향찰 '次'에 대한 선행 해독들을 변증하고 보완하려 한다.

향찰에는 조금만 관심을 가지고 철저하게 변증하면서 약간만 보완하면, 그 해독이 거의 완결될 수 있는 것들이 있다. 그중의 하나가 바로 향찰 '次'이다. 이 향찰은 '止'攝 3등 한자의 향찰들['知, 伊, 支(이상 '支'운, 평성), 史, 是, 理, 里, 以, 爾, 只(이상 '紙'운, 상성), 利, 賜, 事, 次(이상 '寘'운, 거성)'] 중의 하나이다. 이 14개 향찰들 중에서, 10개의 한자들['知, 伊, 支, 是, 理, 里, 以, 利, 爾, 只' 등]은 그 운이 과거나 지금이나 '이'라는 점에서, 이 한자들을 이용하여 전음독자(전음차제자)로 만든 향찰들의 해독은 어렵지 않다. 왜냐하면 이 향찰들은 '디(知), 이(伊), 기/디(支), 시(是), 리(理), 리(里), 이(以), 이(爾), 기(只), 리(利)' 등의 한자음으로 읽으면 되기 때문이다. 그러나 그 일부['史, 賜, 事, 次' 등]는 과거음과 현대음이 달라 해독에서 의견의 일치를 보지 못하여 왔다. 그런데 이 중에서 '史'와 '賜'는, 그 음으로 읽는 경우에, 1970년대부터 '시'로 읽는 해독이 확대되면서 1990년대에 이르러는 '시'로 읽는 것이 거의 확정되었다. 그리고 '事'도 음으로 읽을 경우에 '시'로 읽어야 한다는 주장이 힘을 얻고 있다. 이에 이 장에서는 아직도 통일을 보이지 못하는 나머지 향찰 '次'의 해독을 변증하고 보완하고자 한다.

향찰 '次'는 '枝次, 蓬次叱, 次肹伊遣, 次弗' 등에서 나온다. '枝次'의 '次'는 'ㅈ, 지, 자, ㅈ, 디' 등으로 읽혀 오는 가운데, '지'로 의견이 수렴되고 있다. '蓬次叱'의 '次'는 해독의 근거가 모호한 '밭', 훈으로 읽은 '새, 짓, 집', 음 또는 유사음으로 읽은 'ㅊ, 치, 지, ㅈ, ㅊ, ㅅ, 재, ㅈ' 등으로 다양하게 읽혀 오는 가운데, '지'로 의견이 수렴되고 있다. 이 '枝次'와 '蓬次叱'의 '次'를 '지'로 읽을 수 있는 논거는 어휘 '가지' 및 '다보지'(>다봊)와, 이두의 '次/지'에 두고 있다. 그리고 한자 '次'의 당시음이 '지'일 것이라는 추정은 외국학자들이 추정한 중국 고음에 의존하고 있다. 그러나 한자 '次'의 신라 당시의 한자음이 '지'라는 사실의 예증에는 이르지 못하고 있다.

'次肹伊遣'의 '次'는 '저, ㅈ, 차, ㅈ, 자' 등의 음으로 읽는 것들에서, '앛, 멈, 머뭇, 버그' 등의 훈으로 읽는 것들로 거의 이동된 상태에 있다. '次弗'의 '次' 역시 '저, ㅅ, ㅈ, 자, 치, 지' 등의 음으로 읽는 것들에서, '멈, 집, 버거, 버그' 등의 훈으로 읽는 것들로 거의 이동된 상태에 있다. 이 훈으로 읽은 해독들은 간혹 주목을 받기도 하지만, 철저한 변증이 없어 그 확고한 위치가 확인되지 않은 상태에 있다.

이렇게 향찰 '次'에 대한 선행 해독들을 보면, 거의 상당수가 철저한 변증을 거치면서 조금만 보완하면, 그 해독이 거의 완결될 것 같은 것들이 대부분이다. 이에 선행 해독들을 철저하게 변증하면서 보완한 논문을 쓰고 이 글을 책(양희철 2015a)에 수록한 바가 있다. 이 글의 내용과 그 후에 쓴 글(양희철 2019:7-13)의 내용을 요약하면 다음과 같다.

4.1. 어두의 次/버그

이 절에서는 '次肹伊遣'과 '次弗'의 어두에 나온 향찰 '次'의 해독을 검토 정리하려 한다.

4.1.1. 次肹伊遣의 次

次肹伊遣에 대한 기왕의 해독들을 변증하고 보완한 바(양희철 2015a)가 있다. 그런데 앞의 글을 쓴 이후에도 이설들이 나오고 있어, 이 글들과 앞의 글에서 빼거나 빠진 것들을 더하여 앞의 글을 보완한 바가 있다. 이 글의 해당 부분(양희철 2019:7-13)을 옮기면 다음과 같다.

먼저 향찰 '次'를 음으로 읽은 해독들을 보자.

> (1) 가. 저히고(오구라 1929; 양주동 1942; 홍기문 1956; 김상억 1974; 황패강 2001; 성호경 2008), 저흘이고(정열모 1947; 류렬 2003), 뎌흘이고(고창수 2015)
> 나. 즈흘이고(지헌영 1947)
> 다. 처리고(유창선 1936e), 차리고(신태현 1940)
> 라. 즈흘이고(김준영 1964, 1979; 전규태 1976), 즈글이고(신재홍 2000)
> 마. (마이)자깔이고(김선기 1969a)
> 바. 지흘이고(지헌영 1954, 1991), (메)지훌 지견(정열모 1965), (미)지깔이겨(김선기 1993)
> 사. 즈흘이고(유창균 1994)
> 아. 딜이고(남풍현 2018b)

(1)의 해독들은 세 유형으로 나누어 정리할 수 있다.

첫째는 '次'를 '저, 뎌, 즈' 등으로 읽은 (1가, 나)의 유형이다.

(1가)의 '저히고'(두려워지고)에서는 '次(츠)+肹(힐)+伊(이)+遣(고)'와 같이 개별 향찰을 읽고는, 전체 향찰을 '저히고'로 종합을 하였다(오구라 1929:210). 이 종합에서는 논리적인 근거도 없이 '츠'를 '저'로, '힐+이'를 '히'로 바꾼 문제가 발견된다. 일종의

'완서(宛書)'로 본 것이다. 이 해독은 외국인인 오구라가 '두렵다'는 의미의 '저히다'를 염두에 두고, 이에 맞추어 '次肹伊遣'을 읽은 것으로 짐작된다. 이 '저히고'의 문제를 일부 해결한 것은 '저흘이고'(무서운지고)와 '뎌흘이고'의 해독이다. 이 '저흘이고'와 '뎌흘이고'는 '힐+이'를 '히'로 바꾼 문제를 일부 해결하였다. 그러나 오구라와 같이 '次'의 한자음을 '츠'라고 하면서 '저'나 '뎌'를 표기한 것으로 해석하고, 이를 통음차(양주동 1942:543)로 설명한 것은 여전히 문제이다. 특히 '저'의 음을 정확하게 보여주는 '著, 貯, 低, 這' 등등의 한자들이 있는데도, 이 한자들을 이용하지 않고, 비슷한 음을 가진 한자를 이용한 통음차를 했다는 설명에는 이해가 가지 않는다.

(1나)의 'ᄌ흙리고'[("生"의 理가 있어 이 娑婆에) 낳고]의 'ᄌ' 역시 '츠, 차' 등을 통음차로 읽은 것인데 이 역시 문제를 피할 수는 없다. 그리고 이 해독들은 의주음조 또는 훈주음종에서와 같이, 어두에서 한자의 훈이나 뜻을 이용하여 표기하지 않은 문제도 보인다.

둘째는 '次'를 '쳐, 차, ᄌ, 자' 등으로 읽은 유형이다. 이에 속한 해독으로는 (1다)의 '쳐리고'와 '차리고', (1라)의 'ᄌ흘이고'[친근하고(1964), 죽고(1979)]와 'ᄌ글이고', (1마)의 '마이자깔이고'(멈칫거리고, 머므적걸이고, 미적거리고) 등이 있다. 이 유형의 해독들은 앞의 첫째 유형의 해독들이 '次肹伊遣'의 '次'를 논리적 증거도 없이 '저'로 읽은 문제를 해결하기 위하여, '次'의 근현대음('차')과 그 유사음('쳐, ᄌ, 자')으로 읽었다. 이 해독들이 '次'의 음을 살려서 읽으려 한 노력은 인정되지만, 신라음이 아닌 근현대음으로 읽었다는 문제를 보인다. 이 때문에 '枝次'(가지)의 '次'까지도 '지'로 읽지 않고 '차, ᄌ, 자' 등으로 읽는 문제를 발생시켰다. 또한 이 해독들은 그 의미가 문맥에 잘 맞는 것도 아니다.[39]

셋째는 '次'를 '지, 즈' 등으로 읽은 유형이다. 이에 속한 해독으로는 (1바)의 '지흘이고'(탄생하고), '메지홀지견'(-할 적에는), '미지깔이겨' 등, (1사)의 'ᄌ흘이고', (1아)의 '딜이고'(가로 질리고, 가로 막히고) 등이 있다. 이 해독들은 '次'의 신라음으로 추정되는 '지, 즈' 등으로 읽었다.[40] 그러나 이 해독들은 두 차원에서 문제를 보인다.

---

39 "이곧애 이사매 차리고"는 문맥이 통하지 않는다. "이의 잇사매 ᄌ흘리고"는 그 현대역 "人間이 公道이매 서로 男妹間으로 태어나"(김준영 1964:83-84)나 "이에 있으매 죽고"(김준영 1979:149)와 연결되지 않으며, "예 이사매 ᄌ흘이고"는 그 현대역 "이에 있으매(인간의 公道이므로) 서로 살붙이가 되고(남매간으로 태어나)"(전규태 1976:76, 83)와 통하지 않는다. 'ᄌ글이고'는 그 의미를 '애끓이거늘'로 보았는데(신재홍 2000:222), 해독과 현대역의 연결에 문제가 있는 것 같다. "어긔 잇아 마이자깔이고"는 그 현대역 "여기 있어 멈칫거리고"(김선기 1969a:353, 361)와 잘 통하지도 않는다.

하나는 이 해독들은 어두에서 '米'나 '次'를 훈으로 읽는 훈주음종이나 의주음조를 벗어난 문제를 보인다.

다른 하나는 해독별 문제이다. 이를 차례로 보자.

(1바)의 '지흘이고(탄생하고)'는 '지흘이다〉지리다'의 변화를 전제로 하는데, 이를 인정하는 것이 쉽지 않고, '지리다'를 '탄생하다'로 보는 것도 어렵다.

(1바)의 '메지홀지견'은 '米(메)+次(지)+盻(홀)+伊(지)+遣(견)'으로 읽고, '메지'를 '종말, 결말'의 의미로, '홀(盻)'을 '할'의 의미로, '지견'을 '적에는'의 의미로 보아, 전체 의미를 '종말할 적에는'으로 보았다. 해독과 현대역의 연결에서 많은 문제를 보인다.

(1바)의 '미지깔이겨'(머므적거리고, 미적거리고)는 해독과 현대역이 잘 연결되지 않을 뿐만 아니라, "생사 길은 여기 있어 멈칫거리고"의 문맥이 어색하다.

(1사)의 '즈홀이고/지홀이고'('부처님께 의지하고')의 해독은, 중세어 '지혀다/지히다'에 앞서는 시기의 형태로 생각한 것으로, '즈홀이-〉즈희-〉즈히-〉지히-'의 형태 변화를 추정하였다. 그런데 이 해독이 보인 변화를 모두 인정하여도, '즈홀이고/지홀이고'를 '부처님께 의지하고'의 의미로 보기는 어렵다. 왜냐하면, '지혀다/지히다'를 인정해도 '의지하다'의 의미만 있고, '부처님께'의 의미는 향찰은 물론, 작품 전체의 문맥에서도 발견할 수 없기 때문이다.

(1아)의 '딜이고'(가로 질리고, 가로 막히고)에서는 '이의'의 '이'를 이승으로 보면서 천도재의 상황을 벗어난 해독이다. 그리고 의주음조나 훈주음종도 벗어났고, '盻'을 'ㄹ'로 읽는 것도 쉽지 않다.

이번에는 '次盻伊遣'의 '次'를 훈으로 읽는 해독들을 보자.

(2) 가. 어줄잇고(이탁 1956)
나. 멈흐리견(서재극 1975), 멈홀이고(금기창 1993), 멈흐리고(최남희 1996), 머물르고(조용호 2016)

---

40 지헌영(1954, 1991:28-30)은 '古次, 忽次, 枝次' 등의 '次'가 '지'일 수 있다는 점에서 '지'로 읽었다. 정열모(1965:267)는 '次'의 신라음이 '지'라는 사실을 『향약구급방』의 '道羅次/도라지'와 '阿次叱加伊/아지ㅅ가리'의 '次/지'에서 찾았다. 김선기(1993:318)는 칼그렌이 재구한 '次'의 음[tshjər/tshi/tshï], 강화의 지명표기인 '穴口=甲比古次'에서 볼 수 있는 '口=古次=華'(고지, '口'의 일본말 '구지')의 측면에서 '次'를 '지'로 읽었다. 유창균(1994:712-713) 역시 '次'의 신라음이 '지, 즈' 등이라는 사실을 칼그렌을 포함한 외국인들이 재구한 '次'의 중국 고음에서 찾았다. 그리고 남풍현(2000:165)은 「남성신성비명」의 인명에 나오는 접미사 '次'들을 周法高가 재구한 중국 고음을 참고하여 '지'로 읽었다. 이렇게 이 해독들은 '次'의 음을 '지, 즈' 등으로 정확하게 정리하였다.

다. 머뭇그리고(김완진 1980; 고정의 1996)
라. 次홀 伊견(정창일 1987), 次롤 이고(박창원 1995)
마. 버글이고(김준영 1964; 양희철 1989; 강길운 1995), 버그홀이고(양희철 1997, 2002)
바. 버그리고(지형률 1996), 버그리견(지형률 2007), 버글이고(김창원 2004; 신영명 2004), 버그홀이고(황병익 2014)
사. 버글이곤(양희철 2013b, 2015a)

(2가)에서는 개별 향찰들을 '次(앚)+肹(올)+伊(이)+叱(ㅅ)+遣(고)'의 괄호 안에서와 같이 읽은 다음에, 이를 '앚올잇고'로 묶고, '앚올잇고>아즈릿고>어줄잇고'의 변화를 통하여 '어줄잇고'(어찌릿고)로 읽었다. '엊'을 끌어내는 과정과 '肹'을 '올'로 읽은 점에 문제가 있고, '어찌'의 표기에 '何'를 이용하지 않은 이유를 쉽게 설명할 수 없다.

(2나)의 '멈흐리견(머물리거니와), 멈흘이고(머물게 하고), 멈흐리고' 등에서는 '次(멈)+肹(흘)+伊(이)-'로 읽고, '머물게 하-'의 의미로 보았다. 이 해독들은 세 가지 문제를 보인다. 첫째로 '次'의 벽훈 '멈'을 이용한 점, 둘째로 '머물다'의 고어 형태가 이 해독들에서 보이는 '멈흘다'가 아니라는 점, 셋째로 현대역의 '머물게 하-'가 문맥에 잘 맞지 않는다는 점 등의 문제이다.

이 문제들을 해결하기 위하여 (2나)의 '머물르고'가 나왔다. 이 해독은 '次(머물)+肹(ㄹ)+伊(리)+遣(고)'로 읽고, 이 '머물리고'를 '머물르고'의 표기로 보았다. '肹(ㄹ)'을 말음첨기로 보기 어려운 점, '伊'를 '리' 나아가 '르'로 보기 어려운 점, '르'의 표기에는 '馬齒莧'(『鄕藥救急方』)의 향찰인 '金非陵音/쇠비름'에서와 같이 '陵/르'를 이용한다는 점 등에서 동의하기가 쉽지 않다. 이 해독들은 두려움과 관련된 머물게 하거나 머뭇거리는 의미를 가진 해독들인데, 이 해독들은 두려움이 없이 죽음에 임하여 미타찰에 가게 하려는 작품의 문맥에 맞지 않는 문제도 보인다.

(2다)에서는 '次肹伊遣'을 '머뭇그리고'(머뭇거리고)로 읽었다. 이는 '次'의 훈인 '머뭇거리다'를 '머뭇글다'로 보고, 개별 향찰을 '次(머뭇글)+肹(글)+伊(이)+遣(고)'로 읽은 것이다. 이 해독은 벽훈의 문제, '머뭇그리-'의 존재가 확인되지 않는다는 점(안병희 1987) 등에서 문제를 보인다. 그리고 이 해독들 역시 두려움과 관련된 머물게 하거나 머뭇거리는 의미를 가진 해독들인데, 두려움이 없이 죽음에 임하여 미타찰에 가게 하려는 작품의 문맥에 맞지 않는 문제도 보인다.

(2라)에서는 '次肹伊遣'을 '次肹 伊遣'으로 끊은 다음에, '次홀 伊견'은 "次項인 死는

伊란 근본이니"의 의미로 읽고, '次롤 이고'는 "순서를 받아들이고"의 의미로 읽었다. 전자는 구결을 읽는 것 같아, 쉽게 이해되지 않고, 후자는 '이고'의 '이-'를 '戴'나 '頂'으로 표기하지 않고, '伊'로 표기했다고 보기가 어렵고, '이고'의 의미를 '받아들이고'로 연결하는 것도 쉽지 않다.

(2마)에서는 '次肹伊遣'을 '버글이고'와 '버그흘이고'로 읽었다. 이 해독은 '次肹伊遣'을 'ᄌᆞ흘이고'로 읽으면서 그 가능성을 언급한 글(김준영 1964:85)에서 처음으로 보이며, 그 의미를 수정한 것이 나머지의 글들이다. 양희철(1989:25)은 '次肹伊遣'를 '버글이고'(다음이고)로 읽었다. 이 해독은 김준영이 그 가능성을 타진하다가 보류한 것을 수정한 것이다. '버글이고'로 읽은 것은 같으나, 그 의미는 '동생이고/동생이 되고'와 '어떤/이번 차례의 바로 뒤이고'로 큰 차이를 보인다. 이는 '生死路'를 임종의 것과 중유의 것으로 본 것에 기인한 차이이다. 양희철의 이 해독은 큰 차이 없이 강길운(1995)의 해독으로 이어졌다. 그러나 生死路를 전자는 중유와 관련시켰고, 후자는 임종과 관련시켰기 때문에, 문맥은 큰 차이를 보인다. 즉 "((중유의) 생사로는 이(:누이 자신의 중유라는 현재의 시간이며, 동시에 월명사가 재를 올리는 현재의 시간)에 있으매 다음이고"와 "죽고 살고 하는 길은 현실에 잇(>있)으므로 그것에 대한 슬픔은 차치하고"의 문맥적 차이를 보여준다. 그리고 양희철의 이 해독은 그 후에 조금씩 수정되었다. 그 수정 내용은 (2바)를 먼저 설명한 다음에, (2사)의 '버글이곤'과 함께 설명하고자 한다.

(2바)의 해독들은 외형상 (2마)의 형태와 같으나, 그 의미는 전혀 다르다. 이를 차례로 보자.

(2바)의 '버그리고'에서는 '次肹伊遣'을 '갈라지고'의 의미로 읽었다. 이 해독의 '버그리고'는 외형상 '버글이고'의 연철같이 보이지만, 실제는 전혀 다르다. 즉 '벅다(次), 버히다(斬), 버믈다(離), 벌다(開), 벗기다(寫)' 등의 어휘에서 어간 '버-'를 설정하고, '버그리다'를 '버(二)+ㄱ(변별조음소)+으리(동사화접사)+다(종결어미)'로 분석하면서, '둘이 되다, 갈라지다' 등의 의미로 보았다. 이 해독이 논거로 든 '二, 貳' 등에 '둘'과 '버금/버글'의 두 훈이 모두 있다는 사실은, '二'의 훈을 '버-'로 잡는 데 어떤 도움도 주지 못한다. 이로 인해 '二'를 '버-'로 읽을 수 없고, '버그리다'를 '둘이 되다, 갈라지다' 등의 의미로 보는 것도 어렵다. 그리고 이 해독이 취한 문맥, 즉 "生死 길은 이에 있으매 둘이 되고(生死 길은 예서 갈라지고)" 역시 '이에(예서)'가 어디인지 명확하게 설명하지 않은 점과, '있으매'가 괄호 안의 설명에서와 같이 빼버려도 좋을 만큼 의미가 없는 것인가 하는 점에서, 문제를 보인다.

(2바)의 '버그리견'에서는 '次肹伊遣'을 '둘로 되거늘, 갈라지거늘'의 의미로 수정하

여 읽었다. 이 해독에서는 '次'를 '벅'으로 바꾸어 읽었지만, 그 뜻은 여전히 '둘'(貳)로 보았다(지형률 2007:138). 이 경우에 '次/벅'은 '貳/벅'과 통하지만, '貳/둘'과는 통하지 않는다. 이로 인해 '버그리-'를 '둘이 되-, 갈라지-' 등의 의미로 보기도 어렵다. 게다가 "죽사리 깊은 이의 이시아미 버그리견(죽살이 길은 예서 갈라지거늘)" 역시 앞에서와 같은 점에서, 문제를 보인다.

(2바)의 '버글이고'(김창원 2004:110)에서는 기왕의 '버글이고'를 따르고, 그 뜻은 '버그러지고'[41]를 따르면서, 『붓다차리타』에 나온 '세간본자괴(世間本自乖)'의 '괴(乖)'에 정확히 일치한다고 보았다. 이 해독은 두 가지 문제를 보인다.

첫째로, '버글이고'의 '버글-'과 '버그러지고'의 '버글-'은 외형상 같게 보이지만, 서로 다른 형태소들의 결합이라는 문제이다. '버글이고'의 '버글'은 어간 '벅/버그-'에 동명사형 어미 '-ㄹ'이 붙은 동명사로, 그 의미는 '다음일 것, 버금갈 것, 둘째일 것' 등[42]이다. 이에 비해 '버그러지고'의 '버글'은 'ㄷ불규칙용언'의 어간인 '버귿(>버긋)-'이 연결어미 '어' 앞에서 '버글-'로 변한 어간[43]으로, 그 의미는 "맞붙은 곳에 틈이 조금 벌어져

---

41 양희철과 강길운의 것을 취했다고 했지만, 이 두 연구자들은 이 '버그러지고'의 의미를 택한 적이 없어, 신영명의 미발표 논문에 따른 의미로 추정된다.

42 '버글이고'는 [벅(어간)+으(조음소)+ㄹ(동명사형어미)+이(계사 또는 서술격어미)+고(연결어미)] 또는 [버그(어간)+ㄹ(동명사형어미)+이(계사 또는 서술격어미)+고(연결어미)]로 분석된다. 이로 인해 '버글이고'의 '버글'은 '벅/버그-'의 동명사형이다. '벅/버그-'가 어간이라는 사실은 남광우(1960)와 유창돈(1964)에 의해 사전에서 정리되었고, 이를 김준영(1964)이 향가 해독에서 인용 정리한 바가 있다. 『(보정) 고어사전』(남광우)과 『이조어사전』(유창돈)에서 정리한 자료들로 보아, '次肹伊遣/버글이고'의 '次肹/버글'은 남광우의 '버글(다음)'을 따라 명사 '다음'의 의미(김준영 1964; 양희철 1989; 강길운 1995)로 읽을 수도 있고, '다음일 것(양희철 2015a), 둘째일 것' 등의 의미를 가진 동명사 '버글'로 읽을 수도 있다. '버굼/버금'과 '버글'이 구분된다는 점에서, 후자로 본다.

43 이 '버글-'은 '버귿(>버긋-)'이 연결어미 '-어' 앞에서 변한 형태이다. '버그러지다'의 사전적 의미는 "짜임새가 물러나서 틈이 어긋나게 벌어지다.", "서로의 사이가 벌어지거나 나빠지다.", "일이 잘못되어 틀어지다." 등이다. 이 사전적 의미로 보아, 이 '버그러지다'는 [버귿(>버긋, 어간)+어(연결어미)+지(피동의 보조동사의 어간)+다(종결어미)]로 추정된다. 즉 '버긋-'은 'ㄷ불규칙용언'의 어간인 '버귿-'이 변한 것이고, '버그러'는 'ㄷ불규칙용언'의 어간 '버귿-'이 연결어미 '-어' 앞에서 '버글-'로 변하면서 '-어'와 결합된 '버그러'라는 것이다. 이렇게 추정하려 할 때에 '버귿)버긋'의 변화를 설명할 수 있어야 하는데, 이런 변화는 두 가지 사실에서 알 수 있다. 하나는 '버긋하다'의 의미인 "맞붙은 곳에 틈이 조금 벌어져 있다."가 '버귿-'이 변한 것으로 추정되는 '버그러지다'의 의미인 "짜임새가 물러나서 틈이 어긋나게 벌어지다."에서 발견된다는 사실이다. 다른 하나는 '어긋버긋'의 사전적 의미인 "여럿이 고르지 못하고 서로 어그러지고 버그러진 모양."을 보면, '버긋'이 '버그러진 모양'으로 설명되고 있다는 사실이다. 이 두 가지 사실로 보아, '버긋-'은 'ㄷ변칙용언'의 어간인 '버귿-'이 변한 것이라고 정리할 수 있다.

이 '(버귿)>버긋-' 및 '버그러-'와 같은 관계와 변화는 '(어귿)>어긋-' 및 '어그러지-'의 두 사실에서도 발견된다. 하나는 '어긋하다'의 의미인 "물건의 각 조각이 이가 맞지 아니하여 끝이 약간씩 어긋나

있다."이다. 이렇게 '버글이고'의 '버글-'과 '버그러지고'의 '버글-'은 외형상 같게 보이지만, 형태소로 보면 전혀 다른 어휘이다.

둘째로, 이 '버그러지고'를 넣은 문맥이 모호하다는 문제이다. 이 '버그러지고'를 넣은 문맥은 "생사의 길이 이 세간에 있기에 우리는 항상 버그러지는 운명 속에 산다."(김창원 2004:116)이다. 이 문맥은 노래된 배경을 계산하지 않으면, 옳은 해석이다. 그러나 이 노래가 천도재에서 불렸다는 점에서 문제가 발생한다. 즉 천도재에서 '此矣'('이의' 또는 이디)는 '천도재에' 또는 '천도재의 시간에'를 의미하지, '이 세간'을 의미하지 않는다.

(2바)의 '버글이고'(신영명 2004:96-97, 104)에서는 기왕의 '버글이고'를 따르지만, 형태소를 기왕의 분석과 다르게, ['버글'(동명사)+'이'(명사 뒤에 붙어 동사를 형성하는 접미사인 이른바 명사파생 동사형성 접미사)-]('고'는 형태 분석을 하지 않음)의 타동사로 분석하고, 그 의미를 '틈새를 벌여 서로 갈라지게 한다.' 또는 '갈라서게 만들고'로 추정하면서, 이 의미는 『붓다차리타』에 나온 '세간본자괴(世間本自乖)'의 '괴(乖)'에 정확히 대응한다는 김창원의 주장을 따랐다. 이 해독은 세 가지 문제를 보인다.

첫째는, 동사 '벅다/버그다'를 쓰지 않고, ['버글'(동명사)+'이'(명사파생 동사형성 접미사)]에서와 같이, 동사를 동명사화하고, 다시 이 동명사를 동사화한 형태를 썼을까 하는 문제이다.

둘째는, '次/벅/버그-'(버금가다)를 동명사로 만들고, 다시 동사화를 하여 만든, [버그(버금가-)+ㄹ(동명사형 어미)+이(명사파생 동사형성 접미사)]에는 '틈새를 벌여 서로 갈라지게 한다.' 또는 '갈라서게 만들고'의 의미를 보여주는 형태소들이 전혀 없다는 점이다. 이는 앞에서 검토했듯이, 의미가 전혀 다른 '버글이고/버그리고'와 '버그러지고'가 외형상 공통으로 보여주는 '버그르-/버글-'에 이끌리어 오해한 결과로 보인다.

셋째는, 이 해독을 따라 정리한 문맥인 "생과 사로 갈리는 길이 이 세상에 있기에 너와 나를 이렇게 헤어지게 만드는구나."(신영명 2004:101, 2012:26)는 〈제망매가〉가 불려진 천도재의 상황을 벗어나 있다는 문제이다. 이런 사실은 '此矣'('이의' 또는 이디)를 옮긴 '이 세상에'에서 알 수 있다. 즉 천도재에서 '此矣'('이의' 또는 이디)는 '천도재

있다. 무게나 부피, 길이 따위가 어떤 기준에 어그러져 있다."가 '어글-'이 변한 것으로 추정되는 '어그러지다'(乖)의 의미인 "잘 맞물려 있는 물체가 틀어져서 맞지 아니하다. 지내는 사이가 나쁘게 되다. 계획이나 예상 따위가 빗나가거나 달라져 이루어지지 아니하다."에서 발견된다는 사실이다. 다른 하나는 '어긋버긋'의 사전적 의미인 "여럿이 고르지 못하고 서로 어그러지고 버그러진 모양."을 보면, '어긋'이 '어그러진 모양'으로, 설명되고 있다는 사실이다. 이 두 가지 사실로 보아, '어긋-'도 'ㄷ변칙용언'의 어간인 '어글-'이 변한 것이라고 정리할 수 있다.

에' 또는 '천도재의 시간에'를 의미하지, '이 세상에'를 의미하지 않는다.

(2바)의 '버그흘이고'(황병익 2014:198-201)에서는 외형상 (2마)의 '버그흘이고'를 따르지만, 그 뜻은 다르게 보았다. 즉 '버근, 버거, 버그-(버그시니라, 버그니), 버금' 등이 나온 예문들을 인용하여 검토하면서, '次'를 '버금가다'의 의미를 가진 용언 '버그다'로 정리하고, '次肹伊遣'을 기왕의 '버그흘이고'로 읽은 다음에, 종합적으로 '버그다(버글다)'는 서술어·관형어로서 "처음에 이어지는 다음 차례, 뒤를 잇다."를 뜻한다고 주장하였다. 이 주장은 다음의 세 가지 문제를 보인다.

첫째로, 기본형의 설정에서 문제를 보인다. 기왕의 주장들은 '次'의 훈을 '벅다' 또는 '버그다'로 보고 있다. 이 중에서 '버그다'를 기본형으로 따른 것은 이해가 간다. 그러나 '버그다(버글다)'의 괄호 안에 있는 '버글다'는 문증되지 않는 형태이다. 이로 인해 이 해독자의 글을 보면, '버그흘이고'의 형태소를 명확하게 분석하지 않고, 동시에 '버그흘이고'의 현대역을 명확하게 제시하지 않고 있다.

둘째로, '버그다'의 의미를 이중으로 정리하면서, 이해되지 않는 의미를 보인다. '버그다'의 의미를 기왕의 정리들과 같이 '버금가다'의 의미로 본 것에는 문제가 없다. 그러나 '버그다(버글다)'의 의미를 서술어와 관형어로서 "처음에 이어지는 다음 차례, 뒤를 잇다."로 본 것에는 문제가 있다. 이에 포함된 '처음'은 '몬져(先), 처음(初), 맏(長), 으뜸(首, 元), 첫째(一, 弌)' 등을 축소한 것이다. 그리고 '뒤를 잇다'는 '버그다'에서 발견할 수 없는 의미이다. '버그다'의 의미인 '버금가다/버금하다'("으뜸의 바로 아래가 되다.")에서는 '뒤를 잇다'의 의미를 발견할 수 없다. 게다가 "'次肹伊遣'는 앞뒤 순서를 번갈며 지속되는 차서이므로"(황병익 2014:203)와 "'차힐이견'은 '버그다(버글다)'의 활용으로, 생과 사가 번갈아 계속됨을 뜻한다."(황병익 2014:206)의 부분에 이르면, '벅다/버그다'에서 발견할 수 없는 의미로 비약시킨 문제를 피하기 어렵다.

셋째로, '此矣'의 해석이 문맥에 맞다고 할 수 없다. '此矣'의 '此'를 '이승/차안'(황병익 2014:203)으로 보았는데, <제망매가>가 불린 천도재의 상황에 맞지 않는 해석이다. '此'에는 '이승/차안'의 의미가 없으며, '此矣'의 해독인 '이에/이더'는 천도재를 올리는 장소에서 '천도재에' 또는 '천도재의 시간에'를 의미하지 '이승/차안'을 의미하지 않는다.

이상과 같은 세 문제로 보아, (2바)의 '버그흘이고'의 해독에는 문제가 있음을 알 수 있다.

(2사)에서는 '次肹伊遣'을 '버글이곤'으로 읽었다. 이 해독은 (2마)의 연장선상에서 수정한 것들이다. 즉 '버글이고'(다음이고, 1989), '버그흘이고'[다음이고(두번째이

고), 1997, 1998], '버그홀이고'(다음이므로, 2000, 2002) 등을 '버글이곤'(다음이니, 2013b)과 '버글이곤(다음일 것이니, 다음일 것이므로, 2014, 2015a:238)으로 수정한 것이다. 이 수정은 두 가지의 특성을 보인다. 하나는 '버글이곤'을 '벅/버그(어간)+을/ㄹ(미래시제의 동명사형어미)+이(서술격어미 또는 계사)+곤(원인이나 이유의 연결어미)'으로 분석하고, 그 의미를 '다음일 것이니'와 '다음일 것이므로'로 본 것이다. 물론 이 의미에는 '둘째일 것이니'와 '둘째일 것이므로'가 보완될 수 있다. 다른 하나는 '次肹伊遣'의 '遣'을 신라음에 따라 '곤'으로 읽은 것이다. 이 중에서 전자는 '버글'을 '버글(다음)'이나 '버금(다음)'과 구분되는 '버글(다음일 것, 둘째일 것)'로 수정한 것이다. 이 의미를 문맥에 넣어 보면, "생사로[:중유(中有)에서 죽어서, 연처(緣處)인 중유에서 다시 태어나거나 연처인 삼계육도(三界六道)에서 태어나는 길]는 이에(:천도재에서, 천도재의 시간에) 있으매[:이루어질(/벌어질) 계획(/예정)이매] 버글이곤[:다음일 것이니(/것이므로), 둘째일 것이니(/것이므로)]"가 되어, 천도재의 상황을 벗어나지 않으면서 문맥에 문제가 없다. 이에 '次肹伊遣'을 '다음일 것이니(/것이므로), 둘째일 것이니(/것이므로)' 등의 의미인 '버글이곤'으로 읽은 해독을 유지한다.

4.1.2. 次弗의 次

次弗에 대한 선행 해독들을 변증하고 보완한 바(양희철 2015a)가 있다. 그런데 앞의 글을 쓴 이후에도 이설들이 나오고 있어, 이 글들과 앞의 글에서 빼거나 빠진 것들을 더하여 앞의 글을 보완하면 다음과 같다.

'次弗'은 "次弗 □史 內於都 還於尸 朗也"(〈우적가〉)의 문맥에서 나온다. '次弗' 다음에 빠진 글자[44]가 있어, 오구라(1929)는 해독하지 않았고, 나머지 해독자들은 상당히

---

44 이 빠진 글자는 '□, 兒, 至/到, 伊, 有, 乎, 无, 再/覆, 生' 등의 8종류로 재구 또는 정리되어 있다. 이 빠진 글자를 그대로 둔 해독에는 '□史'(오구라 1929), '□시'(정열모 1965; 최남희 1996), '□亽'(전규태 1976) 등이 있다. '兒'로 재구한 해독에는 '즈새'(양주동 1942), '즛'(정열모 1947; 김선기 1969c), '즛아'(이탁 1956), '즈세'(홍기문 1956), '즈새'(김상억 1974), '즈세'(금기창 1993; 황패강 2001), '즈시'(유창균 1994), '즈스'(강길운 1995), '지시'(류렬 2003) 등이 있다. '至, 到'로 재구한 해독에는 '니스누어'(이르러서, 지헌영 1947)가 있다. '伊'로 재구한 해독에는 '자블이사'(김준영 1979)와 '지불이 시나오도'(김선기 1993)가 있다. 김준영(1964)에서는 '자블이사'로 읽으면서, '伊'를 명확하게 제시하지 않았다. '有'로 재구한 해독에는 '잇ᄂ오도'(서재극 1975)와 '이시ᄂ어도'(신석환 1991; 양희철 1997)가 있다. '乎'로 재구한 해독에는 '머믈오시ᄂ눌'(머믈게 하신들, 김완진 1980)이 있다. 이 해독은 '弗'도 '物'의 오자로 보았다. '无'로 재구한 해독에는 '업시'(신재홍 2000)가 있다. '再/覆'로 재구한 해독에는 '다시'(양희철 2008)가 있다. '生'으로 재구한 해독에는 '사리샤'(황병익 2019)가 있다.

다양하고 모호하게 해독을 하였다. 이 중에서 '次'를 음으로 읽은 해독들을 먼저 보자.

(3) 가. 저플(양주동 1942; 김상억 1974; 황패강 2001), 저불(정열모 1947; 류렬 2003), 저흘(홍기문 1956), 저블(정열모 1965; 권재선 1988; 유창균 1994), -ㅅ불(지헌영 1947), ᄌᆞ블(이탁 1956; 최남희 1996; 남풍현 2017c), ᄌᆞ비(신재홍 2000), 자블-(김준영 1964), 자블(전규태 1976), 자블(즛)(김선기 1969c), 자볼(신석환 1991)
　　나. 치블(서재극 1975)
　　　지블(이)(김선기 1993)
　　　지불(이)시나(지형률 1996, 2007)

(3가)의 해독들은 초기의 해독들과 이를 수용한 해독들이다. 이 해독들은 '次'의 중근대음 '차'를 참고하였다. 그리고 이 초기의 해독들과 이를 수용한 후대의 해독들은 '次'를 '저, ᄌᆞ, 자' 등으로 읽으면서, '次弗(-)'을 'ᄌᆞ블, ᄌᆞ비, 자블, 자블□ᄉ, 자블이사, 자블즛, 저블, 저블, 저플, 저흘' 등으로 읽었다. 이는 '次'가 '止'섭의 한자로 신라음에서는 운이 'ㅏ'가 아니라 'ㅣ'라는 사실을 몰랐을 때에 나온 오독들이다.

(3나)에서는 '次'의 운을 'ㅣ'로 보면서 '次'를 '치'와 '지'로 읽었다. '치블'(처량함, 서재극 1975)은 '치울(凄)'(類合)에 근거한 해독인데, '처량함이 있어도 돌릴까 보냐'의 문맥이 어색하다. '지블이'(모진 바람 불음이, 김선기 1993)와 '지불(이)시나'[바람에 불(리)시나, 지형률 1996, 2007]에서 '지블/지불-'은 이해가 되지 않는 어형이며, 해독과 현대역이 형태소 차원에서 상응/일치하지도 않는다.

이번에는 '次'를 훈으로 읽은 해독들을 보자.

(4) 가. 머믈오시ᄂᆞ눌(김완진 1980)
　　나. 집ᄇᆞ릴(금기창 1993)
　　다. 버거블(강길운 1995)
　　라. 버그볼(양희철 1997, 2008a; 황병익 2019b)

(4)의 해독들은 '次'를 훈으로 읽었다. 그런데 이 해독의 변증에서 꼭 필요한 것은 해당 문맥이다. 특히 해당 문맥을 어떻게 끊고, 향찰 '內'를 어떻게 읽느냐 하는 문제와 깊게 연결되어 있다. 이를 보기 위해, 앞의 해독들을 "次弗□史內於都"의 떠어 읽기와 함께 보자.

(4가)의 해독은 해당 문맥을 "머믈오시ᄂᆞᄂᆞᆯ 도도랄(都還於尸) 랑여"로 읽고, 그 의미를 "머물게 하신들 놀라겠습니까"로 보았다. 이 해독은 '弗'을 '物'로 수정하고, 누락자를 '乎'로 보충하였다. '弗'을 '物'로 수정한 것은 이 수정을 하지 않으면, '次'를 '멈'으로 읽고, '弗'과 연결할 수 없는 문제를 해결하기 위한 것이다. 그러나 이 수정에 쉽게 동의하기가 어렵다. 그리고 이로 인해 '次'를 '멈'으로 읽는 것에도 쉽게 동의하기가 어렵고, '멈'은 '次'의 벽훈이란 점도 문제이다.

(4나)의 해독은 해당 문맥을 "(님)집 ᄇᆞ릴 즈세 ᄂᆞ외 도 도롤 불곰여"로 읽고, 그 의미를 "부처님 집(涅槃) 버릴 짓에 다시 또 돌아올 快活함이여"로 보았다. '次'를 '집'으로 읽은 것과, '弗'을 'ᄇᆞ리'로 읽은 것이 모두 벽훈을 이용했다는 문제를 보인다. 그리고 문맥에서 '史'를 '세'로, '內於'를 'ᄂᆞ외'로, 각각 읽은 것 역시 그 이해가 쉽지 않다.

(4다)의 해독은 해당 문맥을 "버거블 즈ᄉᆞ 내어두 도르혈 랑여"로 읽고, 그 의미를 "버겁을 모습을 내어도(=다루기 힘드는 위협적인 태도를 보여도) 그 위협에 굴복하여 그들을 선도하여 불자를 만들려는 내마음을 돌이킬 것이랴 천만예요!"의 의미로 보았다. 이 해독은 '次'의 훈 '버그'를 벗어난 '버거'로 본 문제와, '버거블'과 그 현대역 '다루기 힘드는'의 연결이 어려운 문제를 보인다. 즉 '버거'는 '次'의 훈이 아니라 '버그+어'가 축약된 형태이다. 그러나 '次弗'을 '버겁다'와 연결한 착안은 주목할 만한 것으로 판단한다. 후자는 해독의 '-을'을 현대역의 '-는'으로 해석할 수 없는 문제이다. 또한 '內於 都 還於尸'를 '내어두 도르혈'(=내어도 돌이킬)로 읽은 것이 어려워, 그 앞의 '즈ᄉᆞ' 역시 쉽게 동의하기 어렵다. 즉 '내어두'의 '내-'는 '出-'의 의미인데, 이런 어휘를 한자 '出-'로 표기하지 않고, '內'로 음차하였다고 보기 어렵고, '還(도르혀)+於(어)'에서와 같이 '還'을 '돌'이 아닌, '도르혀'로 읽는 것이 어렵다.

(4라)에서 양희철은 해당 문맥을 "버그불 이시ᄂᆞ어도 돌얼 朗(불금, 낭:郎)야"로 읽고, 다시 "버그불 다시 드리어도 돌얼 朗(불금, 낭:郎)야"로 수정하여 읽었다. 그리고 황병익은 "버그불 사리ᅀᅡ 너어도 돌올 량이야"(次生에 윤회는 거듭 할 것이다.)로 읽었다. 이 해독들은 '弗'의 음 '블, 불' 등을 '불'로 읽은 문제를 보인다.

이상과 같이 선행 해독들은 문제를 보이는데, 강길운의 글을 참고하여, (4라)에서 '버그불'로 읽은 것을, '버그블'로 수정하려 한다. 향찰 '次'의 훈은 '버그'이고, 향찰 '弗'의 음은 '블'이다. 이에 따라 '次弗'을 '버그블'로 다시 읽을 수 있다. '버겁다'의 '겁'이 '버급다'의 '급'으로 전설모음화되듯이, 이 '버그블'은 '버거블'(버겁을)의 '거'가 '그'로 전설모음화된 형태로, '버거울 것'의 의미를 가진 동명사이다. 이렇게 다시 읽으면 다음의 다섯 가지 측면에서 그 타당성을 보인다.

첫째, '버그'는 '次'의 훈이고, '블'은 '弗'의 음이다.

둘째, '次'를 '버그'로 읽으면 훈주음종 또는 의주음조에 부합한다.

셋째, '버그블'은 '버급을'의 연철로, '버급'(<버겁, 어간)+'을'(동명사형어미)의 연결이 문법적이다.

넷째, 해독 '버그블'을 그 현대역 '버그울 것'(<버거울 것)으로 연결하는 데 문제가 없다.

다섯째, 작품의 해당 부분은 '버그블 다시 드리어도 돌얼 [밝을(朗)] 낭(/郎)야'로 읽히고, 그 의미는 '버거울 것 다시 드리어도 돌을 (밝은) 낭여'가 되어 문맥이 잘 통한다. 이 경우에 '□史'에서 누락된 글자는 '再' 또는 '更'으로 본 것이다.

이상과 같은 점들로 보아, '次'는 '버그'로, '次弗'은 '버그울 것'(<버거울 것)의 의미인 '버그블'(<버거블)로 각각 읽는 것이 바람직하다고 판단한다.

4.2. 어말의 次/지

이 절에서는 어말의 '次/지'를 '枝次'와 '蓬次(叱)'에서 검토 정리하고자 한다.

4.2.1. 枝次의 次

枝次(<찬기파랑가>)의 '次'에 대한 선행 해독들은 음으로만 읽고 있다. 그리고 '자, 즈, ㅈ, ㅈ' 등으로 읽은 경우들도 있지만, '지'(오구라, 양주동 등등)가 주류를 이루며, 이 해독들은 '지'가 '次'의 신라음이라는 것을 찾아가는 과정이라고 할 수 있다. 이 과정은, 그 해독의 근거로 보면, 한자음에서 쉽게 이해된 것이 아니라, 세 단계를 거치면서, '次'가 '지'의 표기라는 사실이 확정되는 것 같다. 이를 단계별로 보자.

첫 번째 단계는 해당 어휘 '枝次/가지' 또는 문맥에 맞춘 '次/지'의 해독이다. 이는 오구라, 유창선, 양주동 등등의 해독에서 보인다. "次(음 ㅊ)의 字를 下에 加へ디지나는 音을 繰返したものである"에서와 같이 오구라(1929:179)는 '次'의 음을 'ㅊ'로 보고, '枝/가지'의 '지'를 반복[繰返]한 표기로 읽었다. 이는 어휘 '가지'와 문맥에 맞춘 해독이다. 이렇게 어휘와 문맥에 맞추어 '次'를 '지'로 읽은 것은 유창선(1936b:153)의 "次는「가지」의「지」에 當유하는 것이다."와, 양주동(1942:365)의 통음차에서도 보인다.

두 번째 단계는 이두 '次/지'의 예증에 의한 향찰 '次'의 해독이다. 정열모(1965:267)는 '次'의 신라음이 '지'라는 사실을『향약구급방』의 '道羅次/도라지'와 '阿次叱加伊/아지ㅅ가리'의 '次/지'에서 찾았다. 예증을 하였다는 점에서 논리적이다. 이 자료의 '도라지'를 '도랒'으로 보면서, '枝次'를 '갖'으로 읽은 해독도 나왔다.

세 번째 단계는 칼그렌과 여타 외국학자들이 재구한 중국 고음에 의지해 향찰 '次'가 '지'의 표기라고 본 해독이다. 이 해독은 세 분의 해독에서 보인다. 김선기(1967c:307)는 "次의 六세기 발음은 '지'이다."에서와 같이 '次'의 6세기 음을 '지'로 정리하였다. 정확한 서지사항은 보이지 않으나, 김선기가 그 당시의 논문에서 인용한 책들로 보아, B. Kalgren의 *Philology and Anciente china*(Oslo, 1926)와 *Analytic Dictionary of Chinese and Sino-Japanese*(1923, Paris; 1970, Taipei)에 나온 중국 고음에 의지한 것으로 추정된다. 그리고 이돈주(1990:80-81)는 '賜' 자와 동류인 치음자들['賜, 史, 此, 次, 事, 死, 四, 辭, 使, 慈, 紫, 自']이 보이는, 중국 고음, 동음, 오음, 한음, 일본음 등을 열거하고, 이어서 향찰 '史'와 '次'가 들어간 향찰 단어를 인용한 다음에, "'史'는 '시'로 '次'는 '지'로 읽힐 가능성이 높을 것으로 생각된다."고 보았다. '史'와 '次'가 들어간 향찰 어휘를 구체적으로 해독한 것은 아니다. 유창균(1994:243)은 외국학자들이 정리한 한자 '次' 자의 중국 고음들[ts'ied(T.), ts'iər/ts'i(K.), ts'jier/ts'iɪi(C.)]을 인용하고, 상고음과 중고음 사이에 현저한 차이가 있음을 설명한 다음에, '次'를 중고음 [ts'i] '지'로 읽었다.

이렇게 '枝次'(가지)의 '次'는 '지'로 읽는 것이 거의 확정되고 있지만, '次'의 당시 한자음이 '지'라는 점을 예증하지는 못하고 있다.

이 문제는 양희철(2014, 2015a)에 의해 두 측면에서 보완되었다.

첫째는 '止'섭 3등에 속한 한자들의 향찰들이 모두 그 운을 '이'로 한다는 측면이다. '지'섭 3등에 속한 한자들의 향찰로는 13개['知, 伊, 支(이상 '支'운, 평성), 史, 是, 理, 里, 以, 爾, 只(이상 '紙'운, 상성), 利, 賜, 事(이상 '寘'운, 거성)']가 있다. 이 향찰들은 모두가 그 운을 '이'로 한다. 이런 사실은 같은 '지'섭 3등에 속한 향찰 '次'의 한자음 역시 그 운을 '이'로 하는 '지'임을 말해준다.

둘째는 압운자 '次'와 그 해성자(諧聲字)로 보아 '次'의 그 당시음이 '지'라는 측면이다. 이규보는 〈곡이학사(백전)시박학사[哭李學士(百全)示朴學士]〉(『동국이상국후집』 권제6)에서 '지'로 쓴 '次'를 보여준다. 즉 32구로 된 고율시에서 각구의 끝글자들['士, 死, 年, 位, 此, 意, 存, 祀, 時, 里, 旬, 未, 岨, 事, 婦, 次, 月, 始, 公, 備, 別, 醉, 悲, 淚, 中, 理, 難, 志, 作, 子, 亡, 鼻']을 보면, 제16구 말에서 '次'를 '지'로 압운하였다. 그리고 '次'의 해성자들['姿, 恣, 咨']을 '지'로 압운한 한시들이 발견된다. 김극기(金克己, 고려 명종조)는 〈용만잡흥(龍灣雜興, 5수)〉(『동문선』 권지4)의 제2수에서 '次'의 해성자인 '恣'를 '지'로 압운하였다. 즉 18구로 된 오언고시에서 각구의 끝글자들['城,

奇, 地, 迤, 境, 恣, 塞, 追, 瀾, 陂, 窟, 離, 感, 飛, 菊, 蕤, 馥, 期']을 보면, 제6구 말에서 '次'의 해성자인 '恣'를 '지'로 압운을 하였다. 최해(崔瀣)는 ⟨이십일제야(二十一除夜)⟩(『동문선』권지4)에서 '次'의 해성자인 '咨'를 '지'로 압운을 하였다. 즉 48구로 된 오언고시에서 각구의 끝글자들['夜, 帷, 夕, 詩, 苦, 思, 孩, 知, 一, 師, 五, 涯, 子, 隨, 官, 眉, 恃, 爲, 束, 卮, 華, 遲, 乖, 私, 冠, 慈, 腸, 追, 子, 咨, 彎, 彌, 遊, 辭, 顧, 誰, 神, 泗, 臭, 垂, 大, 時, 聞, 兒, 過, 糜, 夜, 悲']을 보면, 제30구 말에서 '次'의 해성자인 '咨'를 '지'로 압운을 하였다. 그리고 김흔(金訢)은 ⟨정희왕후만장(貞熹王后挽章)⟩(『속동문선』권지6)에서 '次'의 해성자인 '姿'를 '지'로 압운을 하였다. 즉 32구로 된 오언배율에서 각구의 끝글자들['慶, 姿, 正, 施, 姒, 熹, 恤, 基, 穀, 維, 育, 慈, 石, 飴, 徧, 宜, 輦, 池, 駐, 追, 隱, 欷, 閉, 垂, 暗, 悲, 日, 時, 嗣, 虧, 事, 辭']을 보면, 제2구 말에서 '次'의 해성자인 '姿'를 '지'의 압운자로 사용하였다.

이상과 같이, '枝次'의 '次'는 어휘 '가지', 이두 '次/지', 외국학자들에 의해 재구된 중국 고음 '지' 등에 의거해 '지'로 읽은 해독들이 설득력을 얻고 있다. 그러나, '次'의 당시음이 '지'라는 점을 예증하지는 못하고 있었다. 이 미흡점은 '지'섭 3등에 속한 한자들의 향찰들이 '이'운의 음을 가진다는 점과, '次'와 그 해성자들['恣, 姿, 咨']이 한시에서 '지'음으로 압운된 예들이 발견된다는 점 등으로 보완되었다.

4.2.2. 蓬次叱의 次

蓬次叱의 해독들은 '蓬'의 어휘를 '다봊, 다보지' 등으로 읽은 해독과 그렇지 않은 해독으로 나눌 수 있다. 후자에는 '뿍질'(오구라 1929), '띠ㅅ'(지헌영 1947), '쑥밭'(정열모 1947), '거칫'(정열모 1965), '부짇'(김선기 1967b), '북샛'(김선기 1993), '달짓'(유창균 1994) 등이 있으나, 많은 문제를 보이므로, 이 해독들에 대한 구체적인 문제의 지적은 앞의 글(2015a)로 돌리고 전자만을 보자.

'蓬'을 '다봊, 다봋, 다붓' 등과 관련된 훈으로 읽고, '次'를 'ㅈ, ㅊ, ㅅ, 집, 재, ᄌ, 지' 등으로 읽은 해독들은 세 유형으로 나눌 수 있다.

첫째는 '蓬'의 중세어 '다봊, 다봋, 다붓' 등을 살리려는 해독들의 유형이다. 이 유형에 속한 해독에는 '다봊ㅅ'(양주동 1942; 이탁 1956 등등), '다봋(ㅅ)'(정연찬 1972), '다봊ㆆ'(최남희 1996), '다봊ㅊ'(김준영 1964), '다붓ㅅ'(유창선 1936a), '다봊짚'(금기창 1993) 등이 있다. 이 해독들은 '蓬'을 '다봊, 다봋, 다붓, 다보지' 등의 어휘로 읽을 수 있는 방향을 열었다. 그러나 '다봊, 다봋, 다붓' 등의 말음인 'ㅈ, ㅊ, ㅅ' 등은 중화되어 '叱'로 표기하는 것이 일반적인데, 이를 벗어난 '次'로 표기했다는 주장에 문제가 있어 보인다. 그리고 '다봊ᄎ'과 '다봇ㅅ'은 '次'와 '叱'을 모두 'ㅊ'으로 읽거나 'ㅅ'으로 읽은 문제를 보인다. '다봇집'[蓬戶, 蓬室]에서는 '次'의 벽훈인 '집'을 이용한 문제와, '집'의 표기에 흔히 쓰는 '室, 家' 등을 쓰지 않은 문제를 보인다.

둘째는 '枝次, 蓬次叱, 次肹伊遣, 次弗' 등의 '次'들을 하나의 음이나 유사음들로 통일한 해독들의 유형이다. 이 유형에 속하는 '다보잿'과 '다보좃'의 해독들에서는 중국 운서들의 반절 표기들('七四切, 貧四切, 津私切')을 '자, ᄌ' 등으로 읽거나, 이 '자, ᄌ' 등이 문맥에 적합하지 않자, 유사음 '재'로 읽으면서, '枝次, 蓬次叱, 次肹伊遣, 次弗' 등의 '次'를 'ᄌ, 자' 등으로 통일하려는 양상을 보인다. 즉 김준영(1964, 1979)은 '枝次/가자, 蓬次叱/다보잿, 次肹伊遣/ᄌ흘이고, 次弗/자블' 등에서와 같이 '자, ᄌ' 또는 유사음 '재'로 읽었다. 신석환(1987, 1991)은 '蓬次叱/다보좃, 次弗/자블'에서와 같이 'ᄌ, 자' 등으로 읽었다. 신재홍(2000)은 '枝次/가ᄌ, 蓬次叱/다보좃, 次肹伊遣/ᄌ글이고, 次弗/ᄌ비' 등에서와 같이 'ᄌ'로 읽었다. 이렇게 이 해독들은 '次'를 'ᄌ, 자' 등으로 통일하여 읽으려는 양상을 보인다.

그런데 이 해독들은 세 가지 문제를 보인다. 하나는 당시음이 아닌 근현대음으로 읽은 문제이다. 지금까지 검토해 온 바와 같이 '지'섭 3등에 속한 한자들의 향찰들은 그 운이 '이'이다. 사정이 이런데도 '次'를 '자, ᄌ' 등으로 읽는 것은 중국 운서의 반절표기를 표기 당시의 음으로 읽지 않고, 한국의 근현대음에 가깝게 읽은 문제를 보인다. 다른 하나는 말음절의 첨기가 명확한 '枝次'의 '次'까지도 '자, ᄌ' 등으로 읽은 문제이다. 또 다른 하나는 해독과 그 현대역이 연결되지 않는 문제이다. '가자'(가지가)와 '가ᄌ'(가지)에서 알 수 있듯이, 해독과 괄호 안의 현대역이 연결되지 않는다.

셋째는 '枝次'(가지)의 '次(지)'를 '蓬次叱'의 해독에서 살리려는 해독의 유형이다. 이 유형에는 '다봊짓'(홍기문 1956)과 '다보짓'(유창선 1936a; 김완진 1980; 양희철 1997; 류렬 2003)이 있다. 홍기문은 '蓬(다봊)+次(지)+叱(ㅅ)'으로 해독을 하면서, '蓬'의 중세어 '다봊'과 '枝次/가지'의 '次/지'를 모두 취하였다. 그런데 문제는 '다봊지'의 형태가 가능할까 하는 문제이다. 이 문제는 김완진(1980)에 의해 보완되었다. 즉 중세어의 '다봊'은 신라어 '다보지'의 축약이라는 설명이다. 이런 설명은 '栢史'의 해독과 같은 형태이다. 중세어의 '잣'이 향찰에서 '栢史/자시'로 나타나듯이, 중세어의 '다봊'이 향찰에서는 '蓬次/다보지'로 나타난다는 것이다. 이는 똑같은 음절의 축약이다. '다보지'는 유창선(1936a)의 해독에서도 보이는데, 설명이 없어 김완진과 같이 설명한 것인지는 알 수 없다.

이렇게 '蓬次'(다보지)의 '次'는 '지'로 읽는 것이 거의 확정되고 있지만, '次'의 당시

음이 '지'라는 점을 예증하지는 못하였다.

　이 문제는 양희철(2015a)에 의해 보완되었다. 앞에서 살핀 바와 같이 '蓬次'의 '次'는 이휘 '디보지(>)다봊'는 물론, 바로 앞의 '枝次'의 '次'에서 살핀 바와 똑같이, 이두 '次/지', 외국학자들에 의해 재구된 한자 '次'의 중국 고음 '지' 등에 의거해 '지'로 읽은 해독들이 설득력을 얻고 있다. 그러나 '次'의 당시음이 '지'라는 점을 예증하지는 못하고 있다. 이 미흡점은 '枝次'의 '次'에서와 같이, '지'섭 3등에 속한 한자들의 향찰들이 보이는 운이 '이'라는 점과, '次'와 그 해성자인 '恣, 姿, 咨' 등이 '지'음으로 압운된 한시들이 발견된다는 점 등으로 보완되었다.

5. 결론

　지금까지 중요 문제 향찰 중에서 의독자와 음독자로 겸용된 향찰 '根, 等, 賜, 內, 次' 등을 검토 정리해 보았다. 그 결과를 요약하여 결론을 대신하면 다음과 같다.

　1) 향찰 '根'은 한자의 훈 '불휘'와 한자의 음 '곤'으로 읽었다. 이 음 '곤'은 외국 학자들이 정리한 중국의 중고음, 그중에서도 오음(吳音)이며, 이 '곤'으로 압운한 한자들이 신라와 고려의 한시에서 발견된다는 점에서 설득력을 보인다.

　2) 향찰 '等'은 한자의 훈 '둘'과 한자의 음 '든'으로 읽었다. 이는 중국의 남방, 특히 西南官話, 下江官話, 吳語의 유행 구역 등에서, 梗攝과 曾攝의 종성 '-ㅇ'이 '-ㄴ'으로 나타난다는 점에서, 曾攝 1등 開音에 속한 '等'의 음도 '든'으로 정리한 것이다.

　3) 향찰 '賜'는 한자의 훈 '주시-'와 한자의 음 '시'(선어말어미와 어간)로 읽었다. 이 음 '시'는 외국 학자들이 정리한 중국의 상고음과 중고음은 물론, 이 '시'로 압운한 한자들이 고려의 한시에서 발견된다는 점에서 설득력을 보인다.

　4) 향찰 '內'는 한자 '納'의 훈 '드리-'와 음 'ㄴ'로 읽은 동시에, 한자 '內'의 음 '니'로 읽었다. 전자는 '內'가 '納'의 약자, 즉 이체자/변체자라는 점에서 '드리-'와 'ㄴ'로 읽은 것이다.

　5) 향찰 '次'는 한자의 훈 '버그-'와 한자의 음 '지'로 읽었다. 이 음 '지'는 외국 학자들이 정리한 중국의 상고음과 중고음은 물론, 이 '지'로 압운한 한자들이 고려의 한시에서 발견되고, 이 '次/지'와 3)에서 정리한 '賜/시'는 모두 止攝에 속한 한자로 그 운이 '이'라는 점에서, 설득력을 보인다.

　이렇게 중요한 문제 향찰 중에서 향찰 '根, 等, 賜, 內, 次' 등은 의독자와 음독자로 겸용되었다. 그런데 '根, 等, 賜, 次'의 음 '곤, 둔, 시, 지' 등은 우리가 알고 있는 근현대음과 그 음이 달라서 그동안 해독에서 어려움을 겪어 왔다. 그리고 향찰 '內'의 경우에는 약자/속자, 즉 이체자/변체자라는 사실을 이해하지 못해 오면서 해독에서 어려움을 겪어 왔다. 이런 점들로 보아, 혹시 앞으로 해독에서 어려움을 겪을 때에, 이 향찰의 고음이 근대음과 다른 것이 아닌가와, 이 향찰이 이체자/변체자가 아닌가를 검토하게 한다고 할 수 있다.

제4부

중요한 문제 향찰의 문학적 해독
- 향찰 운용법의 규범을 일탈한 문제 향찰 -

수사법과 연계된 문제 향찰

1. 서론

이 글에서는 중요한 문제 향찰의 문학적 해독, 그중에서도 수사법과 연계된 문제 향찰을 문학적으로 해독하려 한다.

향찰의 해독은 주로 어학 쪽에서 행해 왔다. 이로 인해 중요한 문제 향찰을 문학적으로 해독을 하려 한다고 할 때에, 의아해 하는 학자들이 적지 않을 것으로 생각한다. 용어를 바꾸어, 수사법과 연계된 문제 향찰을 문학적으로 해독을 하려 한다고 하면, 그 의아함은 많이 수그러질 수 있다.

이런 의아함을 불식시키기 위하여, 김완진이 『향가해독법연구』에서, 왜 제1장의 제목을 '향가 해독의 어학적 기준'이라고 하고, 네 절의 제목을 '1자1음의 원리, 훈주음종의 기준, 맥락일치의 기준, 율조적 기준' 등으로 하였나를 생각해 보자.

이 책에서 견지하려는 해독의 기준은 분명히 '어학적'이다. 이는 향찰이 보여주는 어문학적인 측면 중에서 어학적인 측면에 한정하려는 의도를 명확하게 보여준다. 이런 사실은 네 절의 제목인 '1자1음의 원리, 훈주음종의 기준, 맥락일치의 기준, 율조적 기준' 등에서도 알 수 있다. 이 제목들에서 볼 수 있는 '원리'와 '기준'은 모두가 문체론에서 말하는 '규범'(norm)으로 바꿀 수 있는 것들이다. 이렇게 보면 기왕의 향가 해독은 대다수가 향찰 운용법의 규범을 준수한 향찰에 대한 어학적 해독이라고 할 수 있다.

이렇게 연구되어 온 향찰의 해독에서, 하나의 문제를 제기할 수 있다. 모든 언어는 물론, 향찰은 모두가 규범적이냐 하는 것이다. 만약 그렇다면 일탈 문체론에서 말하는 일탈은 존재할 수 없고, 전경화는 실현되지 않아야 한다. 그러나 실제에서는 엄연하게 일탈과 전경화가 존재한다. 이런 사실은 향찰의 해독에서 규범적인 것은 어학 쪽에서 담당하고, 일탈적인 것은 문학 쪽에서 담당해야 한다는 것을 말해준다. 이쯤 되면, 향찰 해독을 문학적인 특히 시학적인 측면에서 접근하는 것이 필요하며, 전혀 의아해 할 필요가 없다고 생각한다.

향찰이 보여주는 규범과 일탈은 제1부의 「향찰의 기본적 이해」에서 정리한 바가 있다. 그리고 그 일탈이 수사로 전경화됨을 정리하였다. 이에 따르면, 시가에서 구가하고 있는 수사법은 거의가 규범의 일탈이다.

이런 점에서 이 글에서는, 중요한 문제 향찰의 문학적 해독 중에서, 수사법과 연계된 문제 향찰을 먼저 다루고, 이어지는 다음의 글에서는 잉여코드도 겸독한 문제 향찰을 정리하고자 한다.

수사법과 연계된 문제 향찰은 단일 수사, 비중의적인 복합 수사, 중의적인 복합 수사 등으로 나누었다.

2. 단일 수사

향찰 해독과 연계된 단일 수사로는, 은유, 환유, 제유, 상징, 도치, 반어, 완서 등이 있다.

2.1. 은유

시론에서 가장 중시하는 수사법의 하나가 은유법이다. 이 은유의 중요성을 모르는 사람은 없다. 그런데 우리는 향가를 해독하면서 이 은유의 중요성을 얼마나 인식하였는지는 매우 의심스럽다. 은유의 시어를 은유로 보지 않고 향찰을 읽었을 때에, 그 해독이 과연 문맥에 맞는 해독이라고 할 수 있을까? 시적 능력에 의해 해당 문맥을 바르게 이해할 수는 있다. 그러나 이는 해당 문맥을 바르게 설명한 것은 아니다. 은유의 인식이 해독에 얼마나 깊게 작용하는가를 보자.

2.1.1. 德海肟

德海肟(〈칭찬여래가〉)은 '德海(덕히)홀'로 읽어 오고 있다. 이 해독을 문맥에 넣어 보면, '德海를 틈 모르게 찬양하옵져'가 된다. 그런데 이 문장이 문법적이라고 할 사람은 없다. 적어도 '덕을 찬양하겠다.'는 문장의 의미이면 몰라도, '덕해를 찬양하겠다.'는 문장의 의미는 비문법적이다. 이런 문제를 안고 있는 것이 지금까지의 해독이다.

이 문제는 德海를 은유로 볼 때에 풀린다. 이 은유에서 '德'은 원관념이고 '海'는 보조관념이다. 이런 이 은유를 제대로 이해하고 그 현대역을 달려면, 그 의미의 이해가 필요하다. 이 은유를 은유적 직유로 바꾸면, '바다와 같은 (공)덕'이 되고, 직유로 바꾸면, '바다같이 넓은 (공)덕'이 된다. 이 은유의 의미를 德海에 적용하여 괄호 안에 넣으면, '德海를(바다같이 넓은 넉을) 듬 모르게 친앙히 웁저'가 되면서, 해독한 문장은 문법적으로 이해된다.

2.1.2. 法雨

法雨(〈청전법륜가〉)는 '法雨/법우'로 읽어 오고 있다. 이 해독을 문맥이 넣어 보면, '法雨를 빌겠다'는 의미를 보인다. 法雨의 의미를 모르는 한, 마치 비를 비는 祈雨와 같은 의미로 보게 된다. 이렇게 되면 이 해독은 작품 전체의 주제인 법륜을 굴리도록 청하는 내용과 멀어진 해독이 된다. 이런 문제를 안고 있는 것이 지금까지의 해독이다.

이 문제는 法雨를 은유로 볼 때에 풀린다. 이 은유에서 '法'은 원관념이고 '雨'는 보조관념이다. 이런 이 은유를 제대로 이해하고 그 현대역을 달려면, 그 의미의 이해가 필요하다. 이 은유를 은유적 직유로 바꾸면, '비와 같은 법'이 되고, 직유로 바꾸면, '비와 같이 적시는 법'이 된다. 이 은유의 의미를 法雨에 적용하여 괄호 안에 넣으면, '法雨를(비와 같이 적시는 법을) 빌겠다'가 되면서, 해독한 문장은 작품 전체의 주제인 법륜을 굴리도록 청하는 내용에 부합하게 된다.

2.1.3. 無明土

無明土(〈청전법륜가〉)는 '無明土/무명토'로 읽어 오고 있다. 이 해독을 문맥이 넣어 보면, '무명토 깊이 묻어'의 의미를 보인다. 그런데 이 無明土의 의미를 모르는 한, 문맥의 의미를 정확하게 이해할 수 없는 해독이 된다. 이렇게 되면 이 해독은 작품 전체의 주제인 법륜을 굴리도록 청하는 내용과 멀어진 해독이 된다. 이런 문제를 안고 있는 것이 지금까지의 해독이다.

이 문제는 無明土를 은유로 볼 때에 풀린다. 이 은유에서 無明(인간의 괴로움 또는 근본 번뇌)은 원관념이고 土는 보조관념이다. 이런 이 은유를 제대로 이해하고 그 현대역을 달려면, 그 의미의 이해가 필요하다. 이 은유를 은유적 직유로 바꾸면, '흙과 같은 無明(인간의 괴로움 또는 근본 번뇌)'이 되고, 직유로 바꾸면, '흙과 같이 어두운 無明(인간의 괴로움 또는 근본 번뇌)'이 된다. 이 은유의 의미를 無明土에 적용하여 괄호 안에 넣으면, '無明土(흙과 같이 어두운 근본 번뇌)에 깊이 묻어'가 되면서, 해독한 문장은 작품 전체의 주제인 법륜을 굴리도록 청하는 내용에 부합하게 된다.

2.1.4. 煩惱熱

煩惱熱(〈청전법륜가〉)은 煩惱熱(번뇌열)로 읽어 오고 있다. 이 해독을 해당 문맥에 넣어 보면, '煩惱熱(번뇌열)로 다려내매/지지어내매' 정도가 된다. 이 문맥에서 煩惱熱(번뇌열)의 의미를 정확하게 모르는 한, 이 문맥을 제대로 이해할 수 없으며, 정확하게 현대역을 달 수도 없다. 이런 문제를 가진 것이 현재까지의 해독들이다.

이 문제는 煩惱熱(번뇌열)을 은유로 볼 때에 풀린다. 이 은유에서 煩惱(번뇌)는 원관념이고 熱(열)은 보조관념이다. 이런 이 은유를 제대로 이해하고 현대역을 달려면, 그 의미의 이해가 필요하다. 이 은유를 은유적 직유로 바꾸면, '熱과 같은 煩惱(번뇌)'가 되고, 직유로 바꾸면, '熱과 같이 뜨거운 煩惱(번뇌)'가 된다. 이 이 은유의 의미를 煩惱熱(번뇌열)에 적용하여 괄호 안에 넣으면, '煩惱熱(번뇌열, 熱과 같이 뜨거운 번뇌)로 다려내매/지지어내매'가 되면서, 해독한 문장은 이해가 가능한 문장이 된다.

2.1.5. 善芽

善芽(〈청전법륜가〉)는 善芽(선아)로 읽어 오고 있다. 이 해독을 해당 문맥에 넣어 보면, '善芽(선아) 길지 못하는' 정도가 된다. 이 문맥에서 善芽(선아)의 의미를 정확하게 모르는 한, 이 문맥을 제대로 이해할 수 없으며, 정확하게 현대역을 달 수도 없다. 이런 문제를 가진 것이 현재까지의 해독들이다.

이 문제는 善芽(선아)를 은유로 볼 때에 풀린다. 이 은유에서 善(선)은 원관념이고 芽(아)는 보조관념이다. 이런 이 은유를 제대로 이해하고 현대역을 달려면, 그 의미의 이해가 필요하다. 이 은유를 은유적 직유로 바꾸면, '芽/싹 같은 善(선)'이 되고, 직유로 바꾸면, '芽/싹과 같이 자라는 善(선)'이 된다. 이 은유의 의미를 善芽(선아)에 적용하여 괄호 안에 넣으면, '善芽(선아, '芽/싹과 같이 자라는 善) 길지 못하는'이 되면서, 해독한 문장은 이해가 가능한 문장이 된다.

2.1.6. 衆生叱 田

'衆生叱 田'(〈청전법륜가〉)은 '衆生叱(중싱시) 田(밭)'으로 읽어 오고 있다. 이 해독을 해당 문맥에 넣어 보면, '중생의 밭을 적시샴여' 정도가 된다. 이 문맥에서 '중생의 밭'의 의미를 정확하게 모르는 한, 이 문맥을 제대로 이해할 수 없으며, 정확하게 현대역을 달 수도 없다. 이런 문제를 가진 것이 현재까지의 해독들이다.

이 문제는 '중생의 밭'을 은유로 볼 때에 해결된다. 이 은유에서 衆生(중싱)은 원관념이고 田(밭)은 보조관념이다. 이 은유를 은유적 직유로 바꾸면, '田(밭)과 같은 衆生(중싱)'이 되고, 직유로 바꾸면, '田(밭)과 같이 메마른 衆生(중싱)'이 된다. 이 해독을 문맥에 넣어 보면, '밭과 같이 메마른 중생을 적시샴여'가 되면서, 해당 해독은 이해가 가능한 해독이 된다.

2.1.7. 菩提叱 菓音

'菩提叱 菓音'(〈청전법륜가〉)은 '菩提叱(보릿) 菓音(열음)'으로 읽어 오고 있다. 이 해독을 문맥에 넣어 보면, '보리의 열음이 검을 밑은' 정도가 된다. 그런데 이 문맥에서 '보리의 열음'의 의미를 정확하게 모르는 한, 이 문맥을 제대로 이해할 수 없으며, 정확하게 현대역을 달 수도 없다. 이런 문제를 가진 것이 현재까지의 해독들이다.

이 문제는 '菩提叱(보릿) 菓音(열음)'을 은유로 볼 때에 해결된다. 이 은유에서 菩提(보리)는 원관념이고 菓音(열음)은 보조관념이다. 이런 이 은유를 제대로 이해하고 현대역을 달려면, 그 의미의 이해가 필요하다. 이 은유를 은유적 직유로 바꾸면, '菓音(열음, 열매)과 같은 菩提(보리, 정각의 지혜)'가 되고, 직유로 바꾸면, '菓音(열음, 열매)과 같이 잘 익는 菩提(보리, 정각의 지혜)'가 된다. 이 은유적 의미를 문맥에 넣어 보면, '菓音(열음, 열매)과 같이 잘 익는 菩提(보리, 정각의 지혜)가 검을 밑은(검게 잘 익을 밑은)'이 되면서, 이해가 가능한 해독이 된다.

2.1.8. 覺月

覺月(〈청전법륜가〉)은 覺月/각월로 읽어 오고 있다. 이 해독을 해당 문맥에 넣어 보면, '覺月/각월 밝은 가을' 정도가 된다. 이 覺月/각월의 정확한 의미를 모르면, 이 문맥의 의미를 정확하게 이해할 수 없을 뿐만 아니라 정확한 현대역을 달 수도 없다. 이 문제를 안고 있는 것이 현재까지 나온 해독의 한계이다.

이 문제는 覺月/각월에서, '覺(각)'을 원관념으로 하고 '月(월)'을 보조관념으로 하는 은유로 볼 때에 풀린다. 이 覺月/각월의 의미는 이 은유를 은유적 직유와 직유로 바꾸어 보면 쉽게 알 수 있다. 이 은유를 은유적 직유로 바꾸면, '달(月/월)과 같은 깨달음(覺/각)'이 되고, 직유로 바꾸면, '달(月/월)과 같이 밝는 깨달음(覺/각)'이 된다. 이 의미를 문맥에 넣어 보면, '달(月/월)과 같이 밝는 깨달음(覺/각)'이 되면서, 이해가 가능한 해독이 된다.

2.1.9. 心音水

心音水(〈청불주세가〉)는 心音水/ᄆᆞᄉᆞᆷ믈로 읽어 오고 있다. 이 해독을 문맥에 넣어 보면, '마음의 물 맑단' 정도가 된다. 이 문맥에서 '마음의 물'이 의미하는 바를 정확하게 모르면, 이 문맥을 이해할 수도 없고, 정확한 현대역을 달 수도 없다. 이런 문제를 수반한 것이 선행의 해독들이다.

　이 문제는 心音水/ᄆᆞᅀᆞᆷ믈을 은유로 볼 때에 풀린다. 이 은유에서 心音/ᄆᆞᅀᆞᆷ은 원관념이고 水/믈은 보조관념이다. 이 은유의 의미는, 이 은유를 은유적 직유나 직유로 바꾸면 쉽게 이해할 수 있다. 이 은유를 은유적 직유로 바꾸면, '물(水/믈)과 같은 마음(心音/ᄆᆞᅀᆞᆷ)'이 되고, 직유로 바꾸면, '물(水/믈)과 같이 비치는 마음(心音/ᄆᆞᅀᆞᆷ)'이 된다. 이 의미를 문맥에 넣어 보면, '心音水/ᄆᆞᅀᆞᆷ믈[물(水/믈)과 같이 비치는 마음(心音/ᄆᆞᅀᆞᆷ)]이 맑으면'이 되어, 이해가 가능한 문장이 된다.

2.1.10. 善陵

　善陵은 善陵等沙(〈수희공덕가〉), 善陵(〈보개회향가〉), 善陵道也(〈총결무진가〉) 등에서 세 번 나온다. 이 善陵들 역시 은유로 보면 문제가 풀리는데, 선행 해독들이 보인 문제를 먼저 차례로 보자.

　善陵等沙에 대한 선행 해독들은 복잡하다. 우선 오자의 인정 여부로 갈린다. 향찰 善陵을 菩薩의 오자로 보거나, 善陵(=瀞陵)의 瀞陵은 淸陵의 오자라는 주장이 있다. 전자는 두 글자 모두 오자로 보기 어려운 문제를 보인다. 특히 세 번 나오는 善陵이 모두 菩薩의 오자라고 보기는 어렵다. 후자에서는 설령 세 번 나온 善陵의 '善'이 모두 '瀞'이고, 이 '瀞'이 '淸'의 오자라는 것을 인정해도, '淸/묽+陵/능'이 'ᄆᆞᄅ'가 된다고 보기 어렵고, 이 'ᄆᆞᄅ'가 '善業에서 멀지 않은 것'이라고 주장하기에는 적지 않은 문제가 있어 보인다.

　수정하지 않고, 善陵을 읽은 해독들은 크게 세 부류로 나뉜다.

　첫째는 'ᄉᆞᄅ'(善業, 지헌영 1947), 'ᄉᆞ론'(사랑, 이탁 1956), 'ᄉᆞ론(깨달음, 금기창 1996b), '사른'(착함, 善業, 강길운 1995), '서른'(자비, 정열모 1965) 등이다. 이 해독들은 '善'과 '陵'을 어떻게 읽은 것인지가 명확하지 않고, 해독이 어떤 점에서 괄호 안의 현대역이 되는지도 명확하지 않다. 특히 '陵'을 'ᄅ, 론, 른' 등으로 읽는 것은 쉽지 않다. 이 문제를 해결하기 위하여 '서른'에서는 '善陵(隱)'에서와 같이 '隱'의 누락을 상정하기도 했다.

　둘째는 '이든'(善根, 김준영 1964, 1979), '이든'(善業, 김근수 1979), '이드른'(착한 일, 유창균 1994), 이론(어짊, 김선기 1975a, 1993), '이른'(善業, 신재홍 2000) 등이다. '이든'에서는 '善'을 '읻'으로 '陵'을 '은'으로 읽었다. '陵'을 '은'로 읽을 수 없는 문제를 보인다. '이드른'에서는 '읻' 다음에 '으'를 첨가하고, '陵'을 '른'으로 읽은 것 같다. '陵'을 '른'으로 읽는 것이 어렵고, "'이드른'은 '善한 것', 즉 '善業, 善根'으로 譯歌의 '六趣修成少善根'의 '善根'이다."(유창균 1994:974)라고 정리하였는데, '이드른'의 형태소를 어떻게 분석하여 이런 현대역이 나오는지를 이해하기 어렵다. '이론'와 '이른'에서는 '善'을 '일-'로 읽고, '陵'을 '은'이나 '르'로 읽었다. 중세어에서 '읻-'이 '이든, 이드며, 이돈' 등으로 나타난다는 점에서 '이론-, 이른' 등은 어렵다. 그리고 '이론'에서는 '陵'을 '론'으로 보고 있는데, 이 역시 쉽지 않으며, '이른'에서는 '善陵(隱)'에서와 같이 '隱'을 첨가한 다음에, '陵隱'을 '른'으로 읽었는데, 이 역시 쉽지 않다. 이 해독이 보인 '선업, 선근' 등은 오구라가 '善陵'을 해독하면서 대응시킨 불경의 용어들이다.

셋째는 善 또는 善陵을 한문으로 읽은 해독들이다. 이에 속한 해독들은 다시 세 유형으로 갈린다.

하나는 善陵을 '善陵, 선릉, 선 두들/두듥' 등으로 읽고, 이를 '선업(善業), 선행, 선, 공덕, 선근, 적선, 의미 미제시¹' 등의 의미로 본 경우이다. '선업'은 '善陵'(선업, 오구라 1929)과 '善 두들'(善業, 지형률 1996)에서 보인다. '선행'은 '善陵'(善行, 신태현 1940)에서 보인다. '선'은 선릉(선, 정열모 1947)에서 보인다. '공덕'은 '善陵'(공덕, 박재민 2002, 2013b)과 '善 두듥'(공덕, 지형률 2007)에서 보인다. '선근'과 '공덕'은 '善陵(善根)'[선릉(공덕), 이준환 2014]에서 보인다. '적선'은 '善陵'(積善, 정창일 1987)에서 보인다.

이 해독들이 보인 '선업, 공덕, 선근' 등도 역시 작품의 善陵과 대응된 용어들인데, 대응만을 보여주었지, 어떤 점에서 善陵이 '선업, 공덕, 선근' 등이 되는지를 설명한 것은 아니다.

다른 하나는 '陵'을 '善(선)'의 말음 'ㄴ'을 첨기한 것으로 읽은 해독들이다. '善'(양주동 1942), '善'(김상억 1974), '션'(전규태 1976), '善'(황패강 2001) 등이 있다. 한자에 말음첨기를 한 경우는 없다.

마지막 하나는 대응의 논리에 머물지 않고, 어떤 점에서 善陵이 '공덕, 선근' 등이 되는가를 설명한 글이다. 앞에서 보았듯이, 善陵을 불경의 '선근, 선취, 선업' 등과 대응시키기 시작한 것은 오구라(1929)이다. '선릉'을 번역시의 '선근'과 대응시킨 것은 유창균(1994)이다. 그리고 〈보개회향가〉의 '일체 선릉'을 계경 및 〈보개회향송〉의 '일체

---

1 '션릉들사'(善 두듥이니, 홍기문 1956)에서는 구체적인 의미를 제시하지 않았다.

공덕'과 대응시킨 것은 양희철(1995:28-31, 1997:739-742)이며, 이것을 다른 작품의 善陵에까지 좀더 확대한 것이 박재민(2002, 2013b)이다. 그런데 양희철은 이 대응에 머물지 않고, '선릉'이 어떤 점에서 '공덕'이 되고, 이 '선릉'은 '공덕'과 어떤 차이점이 있는가를 보여주었다. 이를 구체적으로 정리하기 위하여 그 글을 인용 정리하면 다음과 같다.

먼저 善陵이 나오는 균여의 세 향가 중에서 善陵의 해독에 결정적으로 도움을 주는 것은 〈보개회향가〉와 그에 수반된 계경과 송으로 보고, 계경(契經)의 " … 從初禮拜 乃至隨順 所有功德 皆悉廻向 …", 〈보개회향송〉의 "從初至末所成功/廻與含靈一切中…", 〈보개회향가〉의 "皆 吾衣 脩孫/一切 善陵 頓部叱 廻良只 …" 등을 인용한 다음에, 이 자료들을 종합적으로 검토한 결과, 〈보개회향가〉의 "'일체 선릉'은 곧 그 계경과 송의 일체 공덕에 대응한다"고 일단 정리하였다. 그 다음에 이런 말이 어떤 측면에서 가능한가를 푸는 데에 결정적인 것으로 두 가지를 들었다. 하나는 공덕의 의미이고, 다른 하나는 善陵을 쓴 균여와 그 주변 인물들의 표현의 관습이다.

먼저 공덕의 의미를 보기 위하여, "악이 다함을 공이라 말하고, 선이 충만함을 덕이라 한다. 또 덕이란 것은 얻음이다. 공을 닦아 얻은 바가 되기 때문에 공덕이라 한다(惡盡言功 善滿曰德 又德者得也 修功所得 故名功德也.『勝鬘經』寶窟上本)."를 인용하였다. 그 다음에 이 인용을 통하여, 공덕의 두 의미를 정리하였다. 하나는 "악이 다하고 선이 가득함"을 뜻하는 '공덕'이다. 다른 하나는 "공덕이 선을 뜻한다"는 것이다. 이는 '공덕'을 '선'으로 환칭한 것이다.[2]

이렇게 '선'이 '공덕'의 환칭라는 사실을 정리한 다음에, '善陵'의 '陵'은 '善陵'을 쓴 균여와 그 주변 인물들의 표현의 관습을 통하여, 추상명사의 구상화와 장엄화로 정리하였다. 즉 功德海(〈칭찬여래가〉), 煩惱熱(〈칭전법륜가〉), 大悲水(항순중생품, 〈항순중생가〉), 法性宅(「보개회향가」) 등등에서와 같이 추상명사에 구상명사를 붙여서 추상명사의 구상화를 꾀하고, '海, 熱, 水, 宅' 등을 붙여 정엄화를 꾀한다. 이를 善陵에서 보면, '선'이라는 추상명사에 '陵'(릉)이라는 구상명사를 붙여 추상명사의 구상화를 꾀하고, '陵(릉)'을 '善'에 붙여 장엄화를 도모한 것이다.

---

[2] "이때 덕은 선만(善滿)의 뜻이 아니라 얻음(得)의 뜻이다. 이를 감안하여 '수공소득 고명공덕야(修功所得 故名功德也)'를 해석하면, 공(=惡盡)을 닦아 얻은 바이기 때문에 공덕이라 한다가 된다. 이럴 경우에 공덕인 '공을 닦아 얻는 바'가 무엇이냐고 묻게 된다. 물론 '공을 닦아 얻은 바' 곧 공덕은 선이다. 왜냐하면 공을 닦아서 악을 다하고 나서 얻은 것은 선밖에 없기 때문이다. 그리고 이 공덕과 선의 관계는 환치에 불과하다."(양희철 1997:741).

이렇게 볼 때에, '공덕'과 '선릉'의 기본 의미는 같지만, '선릉'은 '공덕'이 보여주지 않는 환칭, 구상화, 장엄화 등을 더 보여준다고 정리할 수 있다. 이 환칭은 문맥의 파악에서 다소 어려움을 수지만, 동시에 표현을 풍부하고 우아히게 하는 일종의 우언법이다. '선릉'의 해독은 '선릉'이 '공덕'에 대응한다는 점의 정리에 머물지 말고, '공덕'이 보여주지 않는 환칭(또는 우언법), 구상화, 장엄화 등을 더 보여준다는 것까지 정리할 때에 문학적 이해에 좀더 가까워진다고 판단한다.

양희철의 해독과 해석에 이르지는 못하지만, '선릉'이 '공덕'이나 '선근'과 다른 점의 모색은 다음의 글에서도 보인다. '마두(선릉)던돌사'의 해독에서는, 선릉은 "불교에서 종교적 관념으로 좋은 일을 하니 공딕을 빟아 올리는 것을 형상저으로 이르는 말이었던 것으로 보인다."(류렬 2003:415)고 설명을 하였고, '善陵'(선업)에서는 "'善陵'은 '善根'의 비유적인 표현으로 이해한다."(김지오 2012:83)고 설명하였다.

앞에서 정리한 '선'의 구상화와 장엄화를 보이는 '선릉'은 수사적으로 보면 은유이다 (양희철 2020). 즉 원관념 '선'을 보조관념 '릉'에 비유한 은유이다. 이 은유가 '선'을 구상화하고 장엄화한 것이다.

이 은유는 그 의미가 무엇인가를 좀더 설명을 하여야 한다. 이 은유를 은유적 직유로 바꾸면, [능(陵)같은 善(=功德)]이 된다. 그리고 이 은유를 직유로 바꾸면, [능(陵)같이 크고 높게 쌓은 善(=공덕)]이 된다. 이에 따라 善陵이 '善(=공덕)'을 구상하고 장업화를 하였다는 이야기는 능같이 크고 높게 쌓았다는 점을 의미한다. 또한 이 은유의 공통 기반도 '크고 높게 쌓은'이 된다.

이런 의미로 세 善陵의 문맥적 의미를 정리하면 다음과 같다. 먼저 '於內 人衣 善陵等沙'(〈수희공덕가〉)는 '어느 남의 선릉들사[陵같이 크고 높게 쌓은 善(=공덕)들이야]'의 의미가 된다. '一切善陵 頓 部叱 廻良只'(〈보개회향가〉)는 '일체의 陵같이 크고 높게 쌓은 善(=공덕)들, 뭇 부류의 일, 돌려서'의 의미가 된다. 그리고 '向乎仁 所留 善陵道也'(〈총결무진가〉)는 '향한 대로 陵같이 크고 높게 쌓은 善(=공덕)의 길이라'의 의미가 된다.

이렇게 본다면, 善陵은 '陵같이 크고 높게 쌓은 善(=공덕)'을 의미하는 은유로 이해하고 현대역을 달아야만 해독이 완결된 것이라고 할 수 있다.

2.2. 환유

향찰의 해독과 연계된 환유는 '藪', '功德叱 身乙', '迷火隱乙' 등에서 보인다.

2.2.1. 藪

藪邪(〈찬기파랑가〉)의 해독은 매우 복잡할 뿐만 아니라 그 의미 역시 매우 복잡하다. 藪邪는 바로 앞의 향찰과의 이접 관계에서, '是史藪邪', '兒史是 史藪邪', '兒史是史 藪邪', '兒史 是史 藪邪' 등으로 나뉜다. 이를 차례로 보자.

'(是史)藪邪'로 읽은 해독들은 세 부류로 나뉜다.

하나는 '(잇)드라'(지헌영 1947), '(잇)고야'(홍기문 1956), '(이시)고라'(류렬 2003) 등에서와 같이 藪의 음이나 뜻을 살리지 못한 부류이다.

다른 하나는 藪를 '슈, 소, 수' 등으로 읽은 부류이다. 이에는 '(이)슈라'(양주동 1942; 김상억 1974; 전규태 1976; 황패강 2001), '(이사)슈라'(김준영 1964), '(이시)슈라'(김선기 1967c; 권재선 1988; 김선기 1993; 최남희 1996), '(이시)소라'(있도다, 유창균 1994), '(잇)우라(〈수라)'(있어라, 이탁 1956), '(잇)수라'(있으시도다, 강길운 1995), '(이시)수야'(있구나, 성호경 2008) 등이 속한다. 이 해독들은 藪 자체의 해독에는 문제가 없다. 그러나 '있-'의 중세 표기 '잇-'이나 그 이형태 '이시-'의 표기에, 왜 '有叱-' 또는 '有史-'로 표기하지 않았느냐 하는 질문에 답하기가 어렵다.

마지막 하나는 '(이사)숨아'(-인가 싶다, 정열모 1947)에서와 같이 藪를 '숨'으로 읽은 부류이다. 해독과 현대역이 연결되지 않는다.

'(兒史是 史)藪邪'로 읽은 해독에는 '(즈시 시)슈라'(얼굴이 있으시도다, 서재극 1975)와 '(즈시이 시)슈라'(짓이 있으시도다, 양희철 1997)가 있다. 史藪邪를 '시슈라'로 읽었는데, 중세어에서 '이슈라'의 표현은 발견되어도 '시슈라'는 발견되지 않는다는 문제를 보인다.

'兒史是史 藪邪'와 '兒史 是史 藪邪'로 띄운 해독들에서는 藪邪를 모두 띄어서 읽었다. 이를 함께 보자.

이에 속한 해독들은 '슈야'(있으시네, 있다, 지형률 1996, 2007)를 빼고는 모두가, '숲, 덤불, 곳' 등과 관련시켜서 읽었다. '수븨'(싶네, 정열모 1965)에서는 藪를 '숨'으로 읽었다. 해독과 현대역이 잘 연결되지 않는다.

'숲 邪'(숲이 싫어, 정창일 1987), '수프리야'(수풀 모양이구나, 김완진 1980), '수피여'(숲이여, 서정목 2014), '수프리라(수플야)'(수풀이라, 황병익 2019a), 수ㅎ야(무리들이, 신재홍, 2000) 등에서는 藪를 '숲/수ㅎ'으로 읽었다. 해당 문맥이 잘 통하지 않는다. 이 문제를 해결하기 위하여 '숲/수ㅎ'을 '무리들'(신재홍)로 본 해독이 눈에 띄는데, '숲/수ㅎ'이 '무리들'이 되는 이유의 설명이 잘 된 것 같지 않으며, 문맥도 잘 통하는 것은 아니다.

'덤블여'[새(禽)의 마을(모양)인가, 금기창 1993]에서는 藪를 '덤블'로 읽었다. 해독과 현대역이 잘 연결되지 않으며, 문맥에도 문제가 있는 것 같다.

'고자'(꽂는다, 머물러, 오구라 1929; 유창선 1936b)와 '고지야'(은둔처인가, 양희철 2020)에서는 藪을 '곳/고지'로 읽었다. 전자는 홍기문의 지적처럼 문맥이 통하지 않는다. 후자는 藪를 '곳/고지'로 읽고, 그 의미를 '은둔처'로 보았다. 굳이 藪를 '곳/고지'로 고집하지는 않는다. '숲'이나 '수풀'로 보아도 좋다. 이 '곳/고지, 숲/쇼비, 수풀' 등은 모두가 '은둔처'의 환유적 표현이 될 수 있기 때문이다.

지금까지 읽은 해독을 정리하면, '耆郎矣 皃史 是史 藪邪'를 '기랑의 자취(/흔적)가 겨우 은둔처인가?'의 의미인 '기량이 즈시 브르시 고지야'로 읽었다. 상당히 많은 해독들은 기량의 모습(/양자/얼굴)이 물에 비추었다는 의미로 보았다. 이는 물에 비친 달을 기량의 모습(/양자/얼굴)으로 본 것이다. 그러나 물에 비친 달을, 그것도 흰구름을 좇아간 달을, 또는 흰구름을 좇아가 숨은 달을, 물에 비친 기량의 모습(/양자/얼굴)으로 보는 데는 한계가 있다. 이 한계를 극복하고자, 기랑의 모습을 '藪'(곳, 숲)로 본 해독들이 나왔다. 이 해독들 역시 기량의 모습을, '藪'(곳, 숲)로 보는 데도 한계가 있다.

이런 문제들을 해결하고자, '耆郎矣 皃史 是史 藪邪'를 '기랑의 자취(/흔적)가 겨우 은둔처인가?'의 의미인 '기량의 즈시 브르시 고지야'로 읽었다. '즈시'의 의미로 취한 '자취(/흔적)'는, '즛'의 의미인 '모습'이 포함한 다의(사람의 생긴 모양. 자연이나 사물 따위의 겉으로 나타난 모양. 자취나 흔적) 중의 하나이다. '是史'는 '겨우, 바듯이' 등의 의미인 '(바르시>)브르시'로 읽었다. '是'를 '브르'로, '史'를 '시'로 읽은 것이다. 藪邪는 '은둔처인가?'의 의미인 '고지야'로 읽었다. '고지'는 '곳'(오구라 1929; 유창선 1936b)의 해독을 따르되, '잣'이 과거에 '자시'이듯이 일음절어가 아닌 이음절어로 보고, 그 의미는 은둔처로 본 것이다. 이 '藪(고지, 숲)'는 '은둔처'를 그 인접한 주변의 '藪(고지, 숲)'로 표현한 환유법이다. 이런 표현은 '藪(고지, 숲)'로 '수도처' 또는 '은둔처'를 환유한 〈우적가〉에서도 발견된다.

2.2.2. 藪耶의 藪

藪耶(〈혜성가〉)의 '藪'는 음과 훈 중에서 어느 것으로 읽은 것인지가 모호한 'ㄹ예드르'(메뿌리에, 지헌영 1947)를 제외하면, 훈으로 읽은 경우와 음으로 읽은 경우로 양분할 수 있다.

'藪'를 훈으로 읽은 해독은 세 유형으로 나눌 수 있다.

하나는 '藪'를 '고자'나 '고지'로 읽은 유형이다. 이 유형에는 '고자'(이르다, 오구라

1929), '고자'(이르러, 유창선 1936e), '고지라'(불꽃이라, 김선기 1967a), 'ᄀᅀᅢ고야' (국경이고나, 홍기문 1956), '가사라고라'(변경이라 하는구나, 류렬 2003) 등이 있다. '藪'를 '숲'의 비슷한 말인 '곳'이나 '고지'으로 읽을 수는 있지만, '藪耶'를 '고자'(이르다, 이르러)나 '고지'(불꽃)로 읽는 것이 쉽지 않고, '곳'에서 '고'만 이용하였다고 보는 것도 쉽지 않다. '-고(-)'의 표기에는 '古, 故, 遣' 등을 쓰는 것이 일반적이다.

다른 하나는 '藪'를 '두메'로 읽은 유형이다. 이 유형에는 '두메예'(山峽에, 금기창 1993)가 있다. '藪'를 훈독 '덤불'로 읽고 이어서 '두메'로 바꾸었는데, 바꾼 이유를 알 수 없다. 그리고 '邊'을 '두메'로 읽을 수는 있지만, '藪'를 '두메'로 읽기는 어렵다.

마지막 하나는 '藪'를 '藪, 숩, 숩' 등으로 읽은 유형이다. 이에 속한 해독들은 상당수가 '藪, 숩, 숩' 등을 문자적 의미로 보았다. '수븨'(숲에, 정열모 1965), '숩이라'(숲이라, 김선기 1993), '수프리야'(수풀이여, 김완진 1980), '藪냐'(숲이냐, 정창일 1987), '수뱌'(숲이라, 황패강 2001) 등에서와 같이 '藪, 숩, 숩' 등을 문자적 의미로 보았다. 이 문자적 의미는 문맥에 잘 어울리지 않는다. '藪/숲'을 문자적 의미가 아닌 비유적 의미로 읽은 해독에는 '수햐!'(무리여, 신재홍 2000)가 있다. 이 해독에서는 '숲'의 의미를 '숲처럼 모인 사람의 무리'로 잡고 있다. 구체적으로 은유라는 언급은 하지 않았지만, 은유로 본 것 같다. 은유적 표현으로 본 것은 좋으나, '무리'로 본 데는 문맥상 한계가 있어 보인다.

'藪'를 음으로 읽은 경우에는 '슈, 수, 소' 등이 보인다.

'소'는 'ᄀᆞ시라소라'(갓이로구려, 유창균 1994)에서 보이는데, '藪'의 음을 '소'로 보는 것이 어렵다. '수'는 'ᄀᆞᆺ 이수라'(변방 있어라, 이탁 1956)와 '가ᄉᆞ여수라'(가였도다, 강길운 1995)에서 보인다. 전자의 경우에는 '이슈라'와 더불어 '也'를 '이'로 읽는 것이 어렵다. 후자의 경우에는 'ᄀᆞ여슈라/가여슈라'와 더불어 '-엿(이었)-'이 왜군도 오고 있는 상황의 시제와 부합하지 않는 문제를 보인다.

'슈'는 현대역을 제시하지 않아 그 구체적인 기능을 알 수 없는 '두던야슈라'(현대역 미제시, 최남희 1996)를 제외하면, '-슈-'로 본 경우와 '슈-'로 본 경우로 양분된다. '-슈-'로 본 경우로는 '이슈라'[있어라!(양주동 1942), 있도다(김상억 1974; 전규태 1976)]와 'ᄀᆞ여슈라/가여슈라'(변방이었어라, 변방이었도다, 김준영 1964, 1979)가 있다. 전자에서는 '也'를 '(이ᅌᅠ)이'로 읽었는데, '있-'을 표기한 '有-'나 '이'를 표기한 '伊, 以'를 버린 이유를 이해하기 어렵다. 후자에서는 '가ᄉᆞ여수라'와 함께 '-엿(이었)-'이 왜군도 오고 있는 상황의 시제와 부합하지 않는 문제를 보인다.

'슈-'로 본 경우로는 '슈라'(있도다, 서재극 1975), '슈야'[있었노라(지형률 1996),

있다(지형률 2007)], '슈야'(있우야, 양희철 1997) 등이 있다. 이 해독들은 양주동이 현대역에서 보인 '있-'과, 김준영(1964)이 'ᄀ여슈라'(지방이 있도다)로 읽으면서 그 가능성을 보인 '슈-'(있-)로 읽으려 하였다. 문맥상 쉽게 연결되지 않는다.

藪耶의 '耶'는 이 경우에 '(이)라, 야, 아, 예, 냐, 의' 등으로 읽어 왔다. '耶'의 음훈을 벗어난 '아'와 '예'를 제외하고, '(이)라, 야, 냐' 등으로 읽은 경우만을 보자. '耶'를 '라'로 읽은 해독들은 상당히 많은데, 양주동 이래로 거의가 감탄형 종결어미로 보았다. '고지라'(불꽃이라, 김선기 1967d)와 '숩이라'(숲이라, 김선기 1993)에서는 서술형 종경어미로 본 것 같다. 문맥상 감탄형이나 서술형이 부합한다고 보기가 어렵다. '耶'를 '냐'로 읽은 해독은 '藪냐'(숲이냐, 정창일 1987)에서 보인다. '耶'의 훈에 '-냐'가 있는 것은 사실이지만, 향찰에서 '耶'가 '냐'로 쓰인 예가 없다. '耶'를 '야'로 읽은 해독은 다시 삼분된다. 'ᄀ새고야'(국경이고나, 홍기문 1956), '슈야'(있었노라, 지형률 1996), '수프리야'(수풀이여, 김완진 1980), '수햐!'(무리여, 신재홍 2000) 등에서와 같이 감탄형 또는 감탄 호격으로 본 경우가 있다. 그리고 '수뱌'(숲이라, 황패강 2001)와 '슈야'(있다, 지형률 2007)에서와 같이 서술형 종결어미로 본 경우가 있다. 이 두 경우는 문맥상 부합하지 않는 것 같다. '슈야'(있우야, 양희철 1997)에서는 의문형으로 읽었다. 이 의문형은 문맥상 가장 적합해 보인다. 그러나 '藪'의 해석에서 문제를 보인다.

이상과 같이 '藪耶'는 해독에서 문제를 보인다. 이 '藪'는 〈찬기파랑가〉와 〈우적가〉에 나온 '藪'와 같이 '숩, 고지'로 읽고, 환유적 표현으로 본다. 단지 다른 점은 그 원관념이 '은둔처'가 아니라 '봉수대'라는 것이다. 환유적 표현을 계산하지 않고 해독을 하면서 어려움을 겪었다고 할 수 있다.

2.2.3. 功德叱 身乙

'功德叱 身乙'(〈칭찬여래가〉 제6구)은 환유법을 보여준다.

功德叱은 '功德(공덕)ㅅ, 공덕, 공독ㄷ, 공득ㅅ, 공덕시, 功德싀' 등으로 읽어 왔다. 주종은 '功德(공덕)ㅅ'인데, 발음이 되지 않는 'ㅅ'이 문제가 되었다. 이 문제를 해결하고자 다음의 세 해독이 나왔다.

'功德싀'(정창일 1987)에서는 '叱'을 '싫다'의 '싀'로 보고 '의'의 의미로 보았다. '叱'을 '싀'로 읽는 데 한계가 있다.

'공덕시'(류렬 2003)에서는 '叱'을 '시'로 읽은 근거의 설명이 없다.

'功德(공덕)시'(양희철 2016:124-134, 2020)에서는 위국봉이 찾아낸 불경자역자 '叱'(ㅅ, 시)를 다르게 해석하여 '叱'의 신라음을 '실'로 재구하고, 功德叱을 '功德(공덕)

시'로 읽고, '시'를 속격으로 정리하였다. 이 '叱/시'는 한자 '之'의 고음 '시'와 같은 것이며, 향찰 '叱'과 같은 구결자인 'ㄴ'(시)와 'ᄼ'(시)는 원문의 한자 '之'와 대응하면서, 주격, 주어적 속격, 속격 등의 기능을 한다. 이런 점에서, 功德叱은 '功德(공덕)시'로 읽고, '叱/시'는 속격으로 정리한다.

身乙은 '모믈, 모믈, 몸올, 몸알, 몸을, 신을, 身을' 등으로 읽혀 왔다. '몸을'과 '身(신)을'이 가능하나, '身(신)을'로 읽는다.

부처님을 '공덕신'으로 표현한 경우와 부처님으로 표현한 때의 차이점은, 아미타불을 무량수불이나 무량광불이라고 부른 것과 같다. '공덕신'은 부처님의 공덕을 구체적으로 보여주는 환유법이다.

2.2.4. 迷火隱乙

迷火隱乙(〈항순중생가〉)에 대한 기왕의 해독은 우선 '隱'을 '은'으로 읽은 해독과 다르게 읽은 해독으로 나뉜다. 隱을 '은'이 아닌 다른 것으로 읽은 해독에는 '이블 다믈'(미혹 담을, 미혹 있을)과 '이브수믈'(迷妄함을)이 있으나, 의미 있는 해독들은 아니다.

迷火隱乙의 隱을 '은'으로 읽은 해독들은 크게 네 부류로 나뉜다.

첫째는 '迷火에 숨을', '미블', '미화 숨올', '미과 숨알', '迷火 숨늘' 등에서와 같이 '迷'를 '迷(미)'로 읽은 부류이다. 의미 있는 해독들은 아니다.

둘째는 '火'를 '블'로 읽으면서 '迷火隱乙'의 순서를 '迷隱火乙'로 수정한 '이본 브를'(미혹의 불을 가져)과 '이본 브를'(부처길을 깨닫지 못하여 헤매는 불)의 부류이다. 이 역시 의미 있는 해독들은 아니다.

셋째는 '火'를 '블'로 읽으면서 '迷火隱乙'의 순서를 바꾸지 않은 '이브른을'(迷惑됨을, 유창균 1994)과 '이볼언을'(〉이울거늘, 미혹한 것을, 미혹한 중생을, 강길운 1995)의 부류이다. 이 해독들은 둘째 부류가 취한 '火/브'를 부정하고 '블'로 읽은 것이다. '迷'의 고훈이 '입-'으로 추정된다는 점에서, '블'에 포함된 'ㄹ'의 기능을 설명할 수 없는 문제를 보이며, '이볼언을'의 경우에는 '隱'을 '焉'으로 보아야 하는 문제도 보인다.

넷째는 '迷/입', '火/브', '隱/ㄴ', '乙/을' 등으로 읽고, '이븐을, 이브늘, 이본을, 이보늘' 등의 의미를 '이븐 것을' 즉 '중생을'의 범위 안에서 정리한 부류이다. 이 부류는 '이브늘'(입은者, 迷人, 화엄경의 一切 衆生, 양주동 1942)의 해독을 따르거나 약간씩 변화를 준 것으로 볼 수 있다. 이 부류의 해독은 셋째 부류의 해독에 의해 부정되기도 했다. 그러나 한자의 종성을 제거하여 만든 향찰과 이두가 산재(良/랑)라, 省/숑〉쇼, 丁/뎡〉뎌 등등)한다는 점에서 문제가 되지 않는다.

이런 점에서 '迷火隱乙'을 '이븐을'로 읽고, 그 뜻은 '이븐 것을'(미혹한 것을)로 본다. 이 경우에 '이븐 것'은 중생을 의미하는데, 이는 '중생'을 중생이 가지고 있는 속성으로 표현한 환유법이다. 이 환유는 의미의 농밀화를 보여준다. 즉 '중생'에서 잘 드러나지 않는 미혹한 속성의 의미를 농밀하게 표현한 것이다.

이 환유법을 모르고 문자적 의미를 취할 때에 문맥이 통하지 않는 것은 두 말할 것도 없다.

2.3. 제유

향가에서 단일 수사로 나오는 중요한 제유법은 셋이다. 이를 차례로 보자.

2.3.1. 皃史

皃史(〈모죽지랑가〉, 제3구)는 '모습이'나 '얼굴이'를 의미하는 '즈시'나 '즈싀' 정도로 해독되고 있다. 문제는 이 '모습'이나 '얼굴'의 문자적 의미로는 문맥이 통하지 않는다는 것이다. 적지 않은 해독들이 이 '모습'이나 '얼굴'을 죽지랑의 '영정(影幀)'으로 보려고 한다. 그러나 배경설화로 보아, 〈모죽지랑가〉는 죽지랑이 죽기 이전인 효소왕대(孝昭王代)에 지어졌다는 점에서, '모습'이나 '얼굴'을 죽지랑의 '영정'으로 보는 것이 쉽지 않다. 그리고 '모습'이나 '얼굴'이 '영정'을 뜻한다는 사실을 수사적으로 설명할 수도 없다. 게다가 皃史(얼굴 또는 모습)를 영정으로 보기 위하여, 皃史(얼굴 또는 모습)를 '墮/헐(=낡)-'의 주어로 보려면, 數就音이나 就音의 '-音/ㅁ'을 부동사형 어미나 현재 진행상의 연결어미로 보아야 하는데, 이런 '-ㅁ'은 한국어는 물론 인접 언어에서도 발견되지 않는다는 점에서도, 皃史(얼굴 또는 모습)를 영정으로 볼 수 없다.³ 그리고 서로 연계된 연자와 누락자에서 보았듯이 數就音 다음에는 주격의 '伊'가 누락되어 있다.

이에 비해 죽지랑의 '모습'이나 '얼굴'은 제유법의 측면에서 '죽지랑'으로 설명할 수 있다. 즉 전체('죽지랑')를 부분(죽지랑의 '모습, 얼굴')으로 표현한 개별화의 제유법이다. 이는 '죽지랑'의 표현보다, 죽지랑이 보여준 '모습'이나 '얼굴'을 드러낸 표현이다.

3　만에 하나, 〈모죽지랑가〉가 죽지랑의 사후에 지어졌다고 해도, 죽지랑을 따른 득오가 지었다는 점에서, 죽지랑이 죽은 지가 얼마 되지 않은 사후에 지어졌다고 할 수 있다. 이런 사실과, 고서화나 영정을 보면, 쉽게 낡지 않도록 제작을 하였다는 사실을 함께 검토하면, '皃史'(모습 또는 얼굴)을 영정으로 보고, 뒤에 나온 '墮-'를 '낡-'의 의미인 '毀/헐-'로 읽어서 연결하기는 쉽지 않다.

이런 점들로 보아 兒史의 해독에서는 제유법의 이해가 꼭 필요하다고 할 수 있다.

2.3.2. 虛物叱

虛物叱(〈칭찬여래가〉 제5구)의 해독은 현대역이 보이는 기능에 따라 네 부류로 대별된다.

첫째는 '叱'를 'ㅅ'으로 읽었으나, 그 격이 명확하지 않고, 虛物의 의미도 명확하지 않은 부류이다. 이에는 '虛物ㅅ'(虛物, 김완진 1980)이 속한다.

둘째는 부사 또는 부사구로 본 부류이다. 이 부류에서는 '虛物ㄹ, 虛物ㅅ, 허믈시, 虛거싀, 헛갓, 몯들' 등으로 읽고 그 현대역에서는 부사 또는 부사구로 보았다. 이 해독들 중에서 虛物의 의미를 명확하게 하지 않은 것들을 빼고, 그 의미를 명확하게 한 것들은 다음과 같다. '虛物'(虛空界 一切物, 온 우주, 전규태 1976), '虛物'(一切物, 김준영 1979), '虛것'(헛것, 정창일 1987), '虛物'[허물(虛物), 홍기문 1956], '헛갓'(헛것, 신재홍 2000), '허믈'(헛것 부처, 류렬 2003), '헛갓'(허공계 즉 부처님의 나라, 강길운 1995), '헛갓'[刹刹(佛刹), 김지오 2012] 등이다.

이 중에서 '虛物'(虛空界 一切物, 온 우주)과 '虛物'(一切物)의 의미는 양주동의 설명을 인용한 것으로 뒤에 다시 설명한다. '虛것'(헛것), '虛物'[허물(虛物)], 헛갓(헛것) 등은 한문을 음으로 읽거나 한글로 직역한 것에 지나지 않아, 그 의미를 명확하게 알 수 없다. 그리고, '허믈'(헛것, 부처), '헛갓'[헛것, 實體가 없는 것, 佛國(부처님의 나라)], '헛갓'[刹刹(佛刹)] 등에서는 각각 '허믈, 헛갓'의 의미를 '부처, 불국, 불찰' 등으로 설명하고 있으나, 그 논거와 논리에서 한계를 보인다. 그리고 이 해독들은 虛物叱을 부사 또는 부사구로 보았는데, 叱을 'ㄹ, ㅅ, 시, 싀, ㄷ' 등의 어느 것으로 읽었든, '虛거싀'(헛것이므로), '虛物ㄹ'[허물(虛物)로], '허믈시'(헛것 부처로), '虛物ㅅ'(온 우주에, 가운데에, 虛空界 一切物에, 一切物에), '헛갓'[헛것에, 불국에, 刹刹(佛刹)에], '몯들'(끝맞는 데까지) 등에서와 같이, 그 의미가 '-이므로, -로, -에, -까지' 등이 될 수 없는 문제를 보인다.

셋째는 虛物叱을 목적어로 본 부류이다. 이에 속한 해독으로 '虛物을'(空을, 오구라 1929), '수믈'(중들, 정열모 1965), '허믈도'[헛된 것을(세속적인 것을), 김선기 1975], '교뭀ㄷ'[헛된 것을(세속적인 것을), 김선기 1993], '虛物ㅅ'[허물(虛空界 一切物'의 준말)을, 황패강 2001] 등이 있다.

'虛物을'에서는 塵塵을 '一一塵塵諸佛國'의 塵塵 즉 '세상의 모든 사물'로 보고, 虛物을 '空'으로 본 다음에, 塵塵虛物을 '현세(세상, 현실계)'로 보았다. 논리가 명확하지 않으며, 叱을 '을'로 읽은 것도 문제이다. '수믈'(줌들, 정열모 1965)에서는 虛를 '숨'으로 읽었는데, 논리가 명확하지 않다. '허믈도'[헛된 것을(세속적인 것을)]와 '교뚫ㄷ'[헛된 것을(세속적인 것을)]에서는 헛된 것 즉 세속적인 것의 의미로 보았는데, 그 지시하는 바가 명확하지 않다. '虛物ㅅ'[허물(虛空界 一切物의 준말)을]에서는 虛物을 '虛空界 一切物'의 준말로 보았는데, 이는 양주동의 주장으로 이 문제는 뒤로 돌린다. 특히 이 해독들은 虛物叱을 목적어로 보면서 邀呂白乎隱의 주어를 功德身 즉 부처님으로 하는데, 이런 문맥에서 객체 존대의 겸양법을 보여주는 '白'이 들어갔다는 것은 큰 문제이다.

넷째는 虛物叱을 주어로 본 부류이다. 이에 속한 해독으로 '虛物ㅅ'(虛空界 一切物이, 양주동 1942; 유창균 1994; 지형률 1996), '둘들ㅅ'(一切衆生이, 지헌영 1947), '虛갓'(중생들이, 박재민 2013b), '虛物ㅅ'(萬物이, 지형률 2007), '허물ㅅ'(온갖 것이, 김상억 1974) 등이 있다. 虛物을 '虛空界 一切物'을 지칭한 당시 불교의 속용어로 추정한 해석은 후대의 해석에 적지 않은 영향을 주었다. 그런데, 이 '虛空界 一切物'이 지시하는 바가 명확하지 않다. 게다가 이어서 '塵塵虛物ㅅ'을 '虛空界 一切物이'의 의미로 본 것은 더욱 이해가 되지 않는다. 虛空界는 虛空과 眞如를 의미한다. 이를 따르면 '虛空界 一切物'는 '허공의 일체물'이나 '진여의 일체물'이 되는데, 무엇을 의미하는지를 알 수 없다. '둘들ㅅ'은 虛物叱을 어떻게 읽은 것인지 알 수 없으며, '둘들ㅅ'이 어떻게 '一切衆生이'의 의미가 되는지도 알 수 없다. '虛갓'(중생들이), '虛物ㅅ'(萬物이), '허물ㅅ'(온갖 것이) 등의 경우에는 해독이 어떻게 괄호 안의 의미를 갖게 되는지를 알 수 없다. 특히 이 해독들은 "塵塵虛物叱 邀呂白乎隱 功德叱 身乙 對爲白惡只"의 문맥에서와 같이, 공덕신 즉 부처님을 뫼시온(또는 뫼시려 사뢴) 주체가 되지 못한 문제를 보인다.

이상과 같이 虛物叱에 대한 해독들은 문제를 보인다. 이 문제는 "塵塵虛物叱 邀(呂)尸白乎隱 功德叱 身乙 對爲白惡只"의 문맥에서, 공덕신 즉 부처님을 뫼시온(또는 뫼시려 사뢴) 주체가 될 수 있는 존재를 검토할 때에 풀릴 수 있을 것으로 판단한다.

먼저 虛物은 계경(契經)의 "盡法界虛空界 十方三世一切刹土 所有極微 一一塵中 皆有一切世界極微塵數佛 一一佛所 皆有菩薩海會圍遶"(법계와 허공계가 다하도록 시방 삼세의 모든 불국에 있는 아주 적은 하나 하나의 티끌 가운데에 모두 모든 세계의 헤아릴 수 없이 많은 부처가 있다. 하나하나의 부처는 모두 보살들이 바다와 같이 모여 둘러싸고 있다.)에 나온 '菩薩'(보살)과 연계되어 있다. 이 계경을 그대로 노래하였다면, 〈칭찬여래가〉의 '虛物'은 계경의 '菩薩'에 해당한다고 볼 수 있다. 그러나 〈칭찬여래가〉는 계경을 하향 조정한 작품이다. 즉, 보현보살의 입장에서 노래한 것이 아니라, 보현보살의 입장을 사부(四部, 四衆, 四部大衆, 비구, 비구니, 우바새, 우바니)의 입장으로 바꾸어 노래한 작품이다. 이를 말해주는 것으로 제1구에 나온 '部伊(冬)等衣'와 시적 화자를 들 수 있다. 이런 점들로 보아, '虛物'은 '菩薩'일 수 없으며, '四部'라고 할 수 있다. 특히 이들은 "塵塵虛物叱 邀(呂))尸白乎隱 功德叱 身乙 對爲白惡只"에서 보듯이, 공덕신 즉 부처님을 뫼시온(또는 뫼시려 사뢴) 존재들이라는 점에서, 불교 신자인 '四部'로 정리할 수 있다.

그러면 四部로 쓰면 될 것을 왜 '虛物'로 썼을까 하는 문제가 있는데, 이는 부처님을 왜 공덕신으로 썼을까 하는 문제와 연결되어 있다. 부처님을 공덕신으로 표현한 것은 공덕의 측면을 잘 보여주기 위하여, 부처님의 속성으로 표현한 것이다. 이와 같이 '사부'를 공덕의 측면에서 '사부'의 속성으로 표현하면, '공덕이 없는(/빈) 신자'들이다. 그런데 이 '공덕이 없는(/빈) 신자'를 그대로 쓰는 것은 불교적 신앙의 바람으로 보아, 바람직한 표현이 아니다. 이런 바람직하지 않은 표현을 피하기 위하여 우리는 일반화의 제유법을 사용하기도 한다. 이 '공덕이 없는(/빈) 신자'를 일반화의 제유법으로 바꾸어 표현하면 '(공덕이) 없는(/빈) 만물(/사람)'의 의미인 '虛物'로 표현하게 된다.

이런 사실들로 보아, 虛物은 '사부대중'의 속성을 의미하는 '공덕이 빈 신자'를 일반화의 제유법으로 표현한 것으로 판단한다. 그리고 虛物叱의 '叱'은 주격의 '시'이다. 이런 '시'는 '겁이 없다'의 의미인 '겁시 없다'에서 보인다. 이 '시'는 한문에서 주격에 해당하는 '之'의 고음 '시'와 같은 것이며, 구결에서는 '尸/시'로 표기(양희철 2016:130-131)[4] 하였다.

이런 점에서, 虛物叱은 '사부 대중이'의 의미인 '虛物시'로 읽어야 하고, 이렇게 해독하는 데는 일반화의 제유법으로 설명하는 것이 반드시 필요하다.

2.3.3. 造物

造物(〈참회업장가〉, 제10구)의 해독은 '造物(조물)'의 부류와 기타로 나눌 수 있다. 먼저 기타에 속한 '지슴을'(악을, 신태현 1940), 지걸(지걸이, 정열모 1947), '죄물'(죄+물)塵染, 정열모 1965), '저즐갓'(저지를 것, 악업·죄업, 신재홍 2000), '짓갓'[(惡業) 짓기, 김지오 2012] 등을 보자. 이 해독들은 '造'의 음을 벗어나거나, 해독과 현대역

---

4 예는 다음의 밑줄 친 부분에서 보인다. {此}ㅣㅣ 藏ㄱ 窮盡尸 無ㅅ 分段 無ㅅ 間尸 無ㅅ 斷尸 無ㅅ 變異尸 無ㅅ 隔礙尸 無ㅅ(『화엄경소』 26:04-06). 一切 劫ㅕㅅ 斷絶尸 無ㅣㅅ尸入ㅁ{故}ㅣㅅ(『화엄경소』 26:14). 時乙 以ㅕ 寢息ㅅ去ㄱㅣㅗㄱ 當 願 衆生 身ㅕㅅ 安隱ㅅㄱ 入乙 得ㅎ 心ㅕㅅ 動亂尸 無ㅎㄱㅅㅌ효(『화엄경』 08:14). 此 所依ㅣㄱ 所建立處乙 依止 {爲}ㅕㄱ 入乙 由ㅓㄱㅅ 入ㅁ 故ノ 如來尸 諸 弟子衆ㅎ {有}ㅅ白ㄴㄱ 所ㅌ 聖法乙 證得ㅅㄱㅎㅌㅣ(『유가사지론』 03:20-22).

의 형태소가 일치/상응하지 않는 문제를 보인다.

造物을 '造物(조물)'의 부류로 읽은 해독에는 '造物, 조물, 즁뭀, 造 것, 조갓' 등이 있다. 이 중에서 造物(조물)로 보면 큰 문제는 없다. 그런데 문제는 이 造物(조물)의 문자적 의미는 문맥에 잘 맞지 않는다는 것이다. 이 문제를 해결하기 위하여 造物(조물)의 의미 또는 현대적 의미를 다양하게 달았는데 크게 보면 셋으로 나뉜다.

하나는 '악업'이나 '업보'와 연관된 것으로, '作諸惡業 즉 造業'(양주동 1942; 유창균 1994), '악업'(지형률 1996, 2007; 황패강 2001), '지은 惡業'(지헌영 1947; 김준영 1964; 전규태 1976), '지어온 惡業'(김근수 1979), '身語意의 三業으로 지어진 惡業'(강길운 1995), '모진 業報'(홍기문 1956), '惡業짓기'(김준영 1979) 등이 있다.

다른 하나는 '죄'나 '허물'과 연관된 것으로, '(罪되는) 일을 짓기'(이탁 1956), '지은 죄'(김상억 1974), '지을 허물'(김선기 1975a), '作罪'(김선기 1993), '괴로운 업보를 받게 되는 죄'(류렬 2003) 등이 있다.

마지막 하나는 기타로, '不淨'(오구라 1929), '色界에 事相은'(정창일 1987), '죄를 짓는 세계(造物界), 즉 俗世'(박재민 2013b) 등이 있다.

이렇게 선행 해독들은 해독된 어휘의 문자적 의미와 그 현대적 의미를 다르게 보고 있다. 이는 '造物(조물)'이라는 표현이 일반화의 제유법(양희철 2020:445)이라는 사실을 정확하게 적시하지 못하고, 문맥적 의미를 부여한 것에 지나지 않는다. 즉 작품의 '惡寸/머존'(악한 것)과 '惡寸 習 落臥乎隱三業'의 '惡業/業障' 또는 '惡業짓기'라는 부분을 '物' 또는 '物짓기/造物'이라는 전체로 표현한 일반화의 제유법이다. 이 제유법은 입에 담기 싫은 '惡業/業障' 또는 '惡業짓기'를 피한, 완곡어법적(euphemistic) 제유법이다.

이렇게 볼 때에 '造物'의 해독에서도 일반화의 제유법이 반드시 필요하다고 할 수 있다

2.4. 상징: 蓬次

단일 수사로 향가에 나온 중요한 상징은 '蓬次叱'(〈모죽지랑가〉, 제8구)의 '蓬次' 하나이다. 이 '蓬次叱'의 해독은 사소한 차이는 있으나, '다보짓'으로 읽으면 큰 문제는 없어 보인다. 그런데 이 '다보짓'의 의미가 무엇이냐에서 너무나 큰 문제를 보인다. 지금까지 나온 의미를 정리하면 다음과 같다.

1) 쑥의 마을: 오구라
   쑥대밭의 마을(자기가 살고 있는 마을의 겸손한 표현): 남풍현
   다보짓의 마을: 양주동, 김상억, 이임수, 엄국현
   荒村: 정연찬
   民庶의 마을: 황패강
   草家의 마을: 유창균
2) 거친 거리: 정렬모, 신재홍
   쑥의 구불구불한 마을길: 김선기
3) 다보짓의 골목안: 홍기문
4) 다보짓(蓬)의 구렁: 이탁, 서재극, 김완진, 전규태, 지형률, 황병익, 이병기
   다보짓 집의 구렁: 금기창
5) 분묘변/공동묘지/북망산: 지헌영, 김운학
   蒿里(무덤): 조지훈
   무덤: 김준영, 김종우, 강길운
6) 蓬萊의 洞壑: 김동욱
7) 曲士의 마을: 양희철

이렇게 다양한 의미를 운위할 수 있었던 이유 중에서, 가장 핵심적인 것은 '蓬次叱'과 '巷'의 해독이라고 할 수 있다. 그런데 '巷'을 가의독자(훈차)로 읽을 하등의 이유가 없다는 점에서, 4)의 해석들은 그 존재의 기반이 상실된다. 그리고 4)를 기반으로 하여 비유로 해석한 5)의 해석들도 그 존재 기반을 상실하게 된다. 6)의 경우는 '蓬' 자만으로는 '蓬萊'의 의미를 갖지 않는다는 점에서 문제를 보인다. 그리고 2)와 3)의 해석들은 '巷'을 실의독자로 본 것은 좋지만, 그 다음에 이어지는 '잘 밤'으로 보아, 문맥이 통하지 않는 문제를 보인다. 그리고 이 2)와 3)이 왜 이런 해석을 하게 되었나를 생각해 보면, 1)의 의미를 보인 '다보짓 골이'에서 '다보지'의 상징적 의미를 모르면, '다보짓 골이'의 의미가 명확하지 않기 때문으로 이해된다.

1), 2), 3) 등의 해독들은 모두가 '巷'을 '마을'이나 '거리'로 보았다. 그런데 이 해독들 역시 '蓬/다보지'의 문자적 의미로 보면, 문맥이 통하지 않는다. 그리고 다른 문제도 포함하고 있다. '쑥(/쑥대밭)의 마을'과 '草家의 마을'의 경우에는 '蓬'을 그 의미를 벗어난 '쑥(/쑥대밭)'과 '달'로 본 문제를 가지고 있고, '民庶의 마을'은 '蓬'을 너무 신분 계층적으로 해석한 문제를 보인다. 그리고 '蓬次叱'을 '다보짓'을 포함하여 어떻게 읽었을지라도, 그 문자적 의미로는 문맥이 통하지 않는다. 이는 해독이 틀린 것이 아니라,

'다보짓'의 비유적 의미를 이해하지 못했기 때문이다. 7)은 '蓬/다보지'가 曲士를 상징한다는 『중문대사전』'蓬'조에 근거한 해독이다.

[莊子 逍遙遊] 夫子猶有蓬之心也夫, [注] 蓬, 非直達者也
[成玄英, 疏] 旣有蓬心 未能直達元理. [釋文] 蓬者短不暢 曲士之謂

이는 『中文大辭典』「蓬」조에서 인용한 것이다. 이 인용에서 보면, '다보지'[蓬]는 짧고 펴지 못하기 때문에 曲士를 의미한다고 한다. 이 曲士는 두 의미를 갖는다. 하나는 '산간 벽촌의 보잘 것 없는 사람'의 의미이고, 다른 하나는 '마음이 바르지 못한 사람'의 의미이다. 이 중에서 후자가 이 작품에서의 의미라 할 수 있다. 왜냐하면 관련설화에서 익선은 공적으로 동원된 사람을 사적인 일에 동원하고 있기 때문이다. 이런 점에서 '다보짓 골'은 '마음이 바르지 못한 사람의 마을' 즉 '익선의 마을'이라 할 수 있다(양희철 2000:110).

이렇게 '다보짓의 마을'은 상징적 의미로 '曲士('마음이 바르지 못한 사람')의 마을' 즉 '益善의 마을'을 의미한다고 볼 때에, 해당 문맥이 잘 통하고, 작품의 배경 설화와 작품을 연계시켜서 자연스럽게 이해할 수 있다.

이런 상징적 의미를 이해하지 못하는 한, '蓬/다보지'의 해독은 축자적으로는 끝났다고 할 수 있지만, 비유적으로는 끝난 것이 아니고, 이런 상태에서는 현대역을 완결할 수 없게 된다.

이런 점에서 이 '蓬/다보지'의 해독에서는 상징의 수사를 모르면 해독을 완벽하게 할 수 없다고 정리할 수 있다.

2.5. 도치

단일 수사에서 나오는 도치는 셋이다. 이를 차례로 보자.

2.5.1. '身語意業無疲厭 / 此良'

身語意業無疲厭(〈예경제불가〉제9구)의 해독은 '身語意業疲厭 업시/없이'와 '身語意業無疲厭'(신어의업무피염)으로 대별된다. 그리고 身語意業無疲厭(신어의업무피염)은 그 현대역으로 보아, 부사절('… 없이'), 연결형('… 없어', '잊고서', '고되다 말고', '싫증내지 않고'), 문법적 기능이 명확하지 않은 身語意業無疲厭, 목적어 등으로 나뉜다.

이 중에서 목적어로 본 해석은 두 글에서 보인다. "몸과 말과 意業이 지침이 없음을 이에서 항상 이루고자 하나이다."(유창균 1994)와 "몸과 말과 뜻의 業에 싫증 없기를, 이렇게 지어야 본받음직 하도다."(신재홍 2000)에서 보인다. 그러나 이 글들은 身語意業無疲厭을 목적어로 보았지만, 此良를 '이라'(이 까닭에, 그러므로)로 읽거나, 此良夫를 '이라붓'(이렇게)로 읽고, 身語意業無疲厭와 '此良/이아'(이에)의 도치를 계산하지 못하여 해독에 실패하였다.

身語意業無疲厭은 목적격 어미가 생략된 '身語意業無疲厭(을)'이 이어지는 '此良/이아'(이에)와 그 순서를 바꾼 도치 표현이다.

'此良'의 해독은 매우 난해하다. '良'을 매우 다양한 형태들('러, 르, 라, 렁, 랑, 리, 에, 애, 이, 아')로 읽어 오면서도, 번역시가 보여주는 '此爲常'과 동떨어진 해독을 하여 왔다. 이는 도치법을 이해하지 못한 결과로 판단한다.

제9구의 身語意業無疲厭과 그 순서를 바꾼 도치법을 계산하면서, '이에'의 의미인 '이아'로 읽으면, 매우 쉽게 해독된다. 이런 사실은 此良을 '이(법계 차신 부처님들을 구세 다하여 예하옵져)에'의 의미인 '이(此)+아(良)'로 읽고, 이 '이아'는 제9구인 身語意業無疲厭의 앞에 놓으면, '이(법계 차신 부처님들을 구세 다하여 예하옵져)에, 身語意業無疲厭을 마루 삼삼고 있다야'는 문맥이 잘 통하게 된다.

이런 점에서 '身語意業無疲厭 / 此良'의 해독에는 도치법의 이해가 반드시 필요하다고 할 수 있다.

2.5.2. 皆 佛體

皆(〈청불주세가〉)〈는 '개, 다(모든), 모둔, 모돈(한), 모도, 모든, 몯, 므릇, 여러, 한, 함목' 등으로 다양하게 읽어 왔다. 이는 皆가 佛體 앞에 왔다는 점에서, 皆를 佛體 앞에 온 관형사로 보기 위한 노력의 결과들이다. 그러나 이 구문을 도치 구문이라는 측면에서 보면, 이렇게 어렵게 해독할 이유가 없다. 도치 구문으로 보고, '모도'(양희철 2015a: 75-82)로 읽으면, 향찰에 없는 관형사형 어미를 첨가할 필요가 없다.

이런 점에서 '皆 佛體'의 해독에서도 도치법의 개념이 꼭 필요하다고 할 수 있다.

2.5.3. 皆 佛體置

'皆 佛體置'(〈상수불학가〉)의 皆 역시 명사 앞에 왔다는 점에서 관형사로 읽으려는 경우가 많다. 이 경우에 향찰에 없는 관형사형 어미를 첨가하여야 하는 문제가 발생하는데, 도치법을 계산하여 '부처두 모두'로 읽을 때에 문제가 발생하지 않는다.

이런 점에서 '皆 佛體置'의 해독에서도 도치법의 개념이 꼭 필요하다고 할 수 있다.

2.6. 반어: 好尸

'好尸/됴홀'은 "此 兵物叱沙 過乎 好尸 曰沙"(〈우적가〉 제7, 8구)의 문맥에 나온다. 이 문맥은 "이 兵物사 디나오 됴홀 曰沙" 정도로 읽으면 '好尸/됴홀'을 설명하는 데 큰 문제는 없어 보인다.

'此 兵物叱沙 過乎'는 도적들의 말을 영재가 인용해다가 쓴 위협의 나쁜 말이며, 동시에 도적에게는 '나쁠 말'이다. 왜냐하면, '이 兵物사 지나오'를 영재가 따랐을 때에, 도적들은 살인의 대가로 무간지옥에 떨어지게 된다는 점에서, '이 兵物사 지나오'는 도적들에게는 '나쁠 말'이 된다. 그런데 이 '나쁠 말'을 '좋을 말'이라 할 때에, "'이 兵物사 지나오' 좋을 말씀사"는 문맥이 통하지 않는 것과 같이 보인다. 이로 인해, '好尸'를 '됴홀'(양주동)로 해독한 이래로, 많은 논란이 있었다. 그러나 이 논란은 그 의미를 반어로 파악하지 못한 것에 기인한다. '좋을 말씀사'가 '나쁠 말씀사'를 반어(irony)로 표현한 것이라고 이해할 때에 그 문맥이 잘 통하게 된다. 이런 점에서 '好尸/됴홀'은 반어라는 수사를 이해하고 읽을 때에 문맥이 이해되는 시어이다(양희철 1997).

2.7. 완서

단일 수사에서 나오는 완서법은 다섯이다. 이 중에서 〈우적가〉 제2구의 경우에는 잉여코드의 겸독과도 연결되어 있다. 이를 설명한 다음에 제5부의 작품별 해독에서 다루고, 나머지 넷만을 차례로 보자.

2.7.1. 人米 無叱昆

人米(〈수희공덕가〉 제6구)는 '사룸이, ᄂ미, 남이, 사르미, ᄂ미, 남이' 등으로 읽는 것이 주종을 이루는 가운데, '눔'의 해독도 있었다. 그런데 향찰에서 人米의 '米'를 제외한 나머지 '米'들은 모두 '민, 매'로 읽고, 이 人米의 '米'만 '미'나 'ㅁ'으로 읽을 수 없다는 점에서, 주목을 받는 가운데, 속격형인 '사르미'(사람이, 김완진 1980)가 나왔다. 그 후에 이 해독을 따른 '사르미'(사람이, 김지오 2012), 이 해독의 연철을 분철로 바꾼 '사룸이'(남이라 할 사람이, 지형률 1996, 남이, 지형률 2007), '사룸'을 '눔'으로 바꾼 'ᄂ미'(남의 것이, 박재민 2013b) 등도 나왔다.

이 해독들은 해독의 속격형 '-이'가 어떻게 현대역에서 주격 '-이'가 되는지를 설명하지 않은 문제를 보인다. 이 문제를 다소 벗어난 것이 '사ᄅ미'(사람에게, 이준환 2014)이다. 이 해독은 '-이'를 처격으로 보면서 현대역에서 '-에게'로 옮겼다. 이 해독이 보여준 "(중생이) 얻으시는 것마다 사람에게 없으니"의 문맥이 잘 통하지 않는 문제를 보인다.

이 문제를 해결한 해독은 'ᄂ매'(남에, 양희철 2012a, 2013a:212-214)이다. 이 해독은 "얻으실 것마다 남에 없으니"가 "얻으실 것마다 나에 있으니"를 겸손하게 완서법(litotes)으로 표현한 문장으로 보면서 읽은 해독이다. 즉 표현하고자 하는 내용('나에 있으니')을 반대의 부정('남에 없으니')으로 표현한 완서법의 'ᄂ매'(남에)로 읽은 것이다. 'ᄂ매'를 'ᄂ미'로 수정한다.

이런 완서법을 모르고 'ᄂ매'나 'ᄂ미'로 읽은 것은 다른 '米'들이 '매'나 '미'로 읽힌다는 점에서 기계적으로 읽은 것이지, 완서법을 이해하면서 읽은 해독은 아니다.

2.7.2. 嫉妬叱 心音 至乃 來尸去

"嫉妬叱 心音 至乃 來尸去"(〈수희공덕가〉 제10구)는 "嫉妬(질투)ㅅ ᄆᄉᆞᆷ 니ᄅ나 올가?"(질투의 마음이 일어나 올까?)로 해독된다. 이 내용만을 보면, 제목이 보이는 '수희공덕'과 어울리지 않는다. 즉 "질투의 마음이 일어나 오지 않을 것이다"의 의미는 '수희공덕'과 어울리지 않는다. 이 문제는 이 문장을 완서법으로 볼 때에 풀린다. 즉 "수희의 마음이 아니 일어나 올까?"를 반대의 부정으로 표현한 것이다. 이 완서법에 따라, "수희의 마음이 아니 일어나 올까?"를 취하면, 이 문장의 의미는 "수희의 마음이 일어나 올 것이다."가 되어, 제목의 '수희공덕'과 어울리게 된다.

이 〈수희공덕가〉의 제10구 역시 완서법을 이해하지 못하면 해독을 정확하게 할 수 없는 부분이다.

2.7.3. 他道 不冬 斜良只 行齊

"他道 不冬 斜良只 行齊"(〈상수불학가〉 제10구)는 "他道(타도) 안들 빗기악 녀져"로 읽히며, 그 현대역은 "타도(로) 아니 빗겨 가져"이다. 이 해독과 현대역은 틀린 것이 아니라 부족한 점을 보여준다. 즉 부정문이 되어 문맥의 의미가 모호하다는 것이다. 이 문제는 이 문장을 완서법으로 보고, 현대역을 보충할 때에 해결된다.

"此道로 똑바로 가고져"의 반대는 "他道로 빗겨 가고져"이다. 이 "他道로 빗겨 가고져"의 부정은 "他道로 아니 빗겨 가고져"가 된다. 이런 점에서 제10구인 "他道로 아니 빗겨 가고져"는 "此道로 똑바로 가고져"를, 신중하게 표현하기 위하여, 또는 강조하기 위하여, 반대의 부정으로 표현한 완서법이라 할 수 있다. 이런 점으로 보아, 현대역을 "他道로 아니 빗겨 가져(此道로 똑바로 가고져)"에서와 같이, 괄호 안에 완서법으로 바꾸기 이전의 의미인 "此道로 똑바로 가고져"를 보충하여야 한다고 생각한다. 물론 이 경우에도 완서법을 모르면 해독을 완전하게 하기는 어렵다.

2.7.4. 不冬 萎玉 內乎尸留 叱等耶

"不冬 萎玉 內乎尸留 叱等耶"(〈항순중생가〉 제4구)는 "안들 이옥 드리올루 시드야"루 읽히며, 그 현대역은 "시들어 늘어트리지 않을 것으로 있으시다야" 또는 "아니 시들어 늘어트릴 것으로 있으시다야"로 되면서, 부정문이 되어 그 의미가 명확하지 않다. 이 문제는 이 문장을 완서법으로 볼 때에 풀린다. 즉 "되살아나 싱그러울 것으로 있으시다야"를 반대의 부정으로 표현한 것이다. 이 완서법은 신중한 태도나 강조를 보여주는 표현이다.

3. 비중의적 복합 수사

복합 수사를 비중의적(非重義的) 복합 수사와 중의적(重義的) 복합 수사로 나누고, 전자를 이 장에서 정리하고, 후자를 다음 장에서 정리하려 한다.

비중의적 복합 수사는 여섯 절로 나누어서 정리하고자 한다.

3.1. 〈모죽지랑가〉 제1구의 복합 수사

〈모죽지랑가〉 제1구(去隱 春 皆 理米)의 향찰들을 각각 가장 보편적이고 가장 쉽게 읽은, "간 봄 모도 다스리미"는 비문법적인 것 같이 보인다. 이 비문법성은 상징, 생략, 도치, 제유 등을 계산할 때에, "절정기가 지난 우리를 보고 살펴(=감시하고) 관리하고 통제하므로"와 같이 문법적이다. 이런 사실은 제1구의 향찰 해독에 상징, 생략, 도치, 제유 등의 수사가 직접 작용하고 있음을 잘 보여준다. 이 수사들을 간단하게 보자.

'봄'은 '한창때'나 '절정기'를 상징한다. '봄' 다음에는 주격 '-이'가 생략되어 있다. '간'과 봄(이)은 도치되어 있다. '모두'는 '우리'를 일반화한 일반화의 제유이다. 이 네 수사를 함께 적용하면, "간 봄 모도 다스리미"는 "절정기가 간(=지난) 우리를 다스리매

[=보고 살펴(=감시하고) 관리하고 통제하므로]"와 같이 문법적이고 문맥이 잘 통한다.

이 제1구는 화랑 집단이 몰락해 가면서 다스려짐(=감시하고 관리하며 통제하는 상황)을 노래하되, 상징, 격조사의 생략, 도치, 제유 등의 수사들을 통하여, 직설적인 표현을 피한 것으로 판단된다. 특히 이 수사들이 제1구의 해독을 어렵게 하였다고 판단한다.

3.2. 〈모죽지랑가〉 제5, 6구의 복합 수사

〈모죽지랑가〉의 제5, 6구는 난해구에 속한다. 그 이유는 일차로 廻於尸七의 '尸'는 연자이고, 作乎(尸)의 '尸'는 누락자라는 점에 있다. 이 연자를 제거하고, 누락자를 보충하여도, 수정된 제5, 6구(目煙 廻於七 史衣 / 逢烏支 惡知 作乎尸 下是)는 그 해독이 쉽지 않다. 이는 도치법과 생략법 때문이다. 이 도치법과 생략법을 살려서 제5, 6구를 해독하면, [눈안기 돌어질 시의 / 맛보기(입니까?) 엇디 일올 하이]가 되고, 그 현대역은 [눈안개 돌어질 것의 / 만나기(입니까?) 어찌 이룰 것이]의 의미이다.(자세한 설명은 제2부 [서로 연계된 '廻於尸七'의 연자 '尸'와 '作乎(尸)'의 누락자 '尸'] 참조)

이 해독과 현대역으로 보면 문맥이 잘 통한다. 특히 선행 해독들이 보이는 문제, 즉 시적 청자인 죽지랑에게 경어법을 쓰지 않고 있는 문제를 생략법의 '(입니까?)'를 통하여 자연스럽게 해결하게 된다.

이런 점들로 보아 선행 해독들이 〈모죽지랑가〉 제5, 6구를 시원하게 해독하지 못한 것은 도치법과 생략법을 고려하지 않았기 때문이라고 할 수 있다.

3.3. 〈모죽지랑가〉 제7, 8구의 복합 수사

〈모죽지랑가〉의 제7, 8구 역시 난해한 부분이다. 난해한 이유 중의 하나는 앞에서 살폈듯이 '蓬次/다보지'가 문자적 의미로 쓰인 것이 아니라, '曲士(마음이 바르지 못한 사람)'를 의미하는 상징적 의미로 쓰이었다는 것이다. 이 문제를 해결하여도, 제7, 8구의 문맥은 잘 통하지 않는데, 바로 도치법과 생략법 때문이다. 이 상징법, 도치법, 생략법 등을 고려하면서 제7, 8구를 해독하면, '郎也 慕理尸 心未 行乎尸 道尸 / 蓬次叱 巷中 宿尸 夜音 有叱 下是'는 '마루여 그릴 ᄆᄉ민 니올 길 / 다보짓 골희 잘 밤 이실 하이'로 해독되고, 그 현대역은 '낭여 그릴 마음 때문에 가올 길(입니다/입니까?) / 曲士(마음이 바르지 못한 사람)의 마을에 잘 밤 있을 것이'가 된다. 이 해독과 현대역에는 문제가 없어 보인다. 생략법을 쓴 '길(입니다/입니까?)'의 경우에는 양가감정(兩價感

情, ambivalence)의 중의로 보인다.

 이런 점에서 보면, 선행 해독들이 〈모죽지랑가〉 제7, 8구를 원만하게 해독하지 못한 것은 제7, 8구에 있는 상징, 생략, 도치 등의 수사를 이해하지 못했기 때문이라고 할 수 있다.

3.4. 〈제망매가〉 제4구의 복합 수사

 '毛如 云遣 去內尼叱古'는 '털같이 이르고 가라'의 의미인 '털곧 니르곤 가ᄂ닛고'로 해독된다. '털곧(털같이)'는 은유적 직유이고, '가ᄂ닛고(가라)'는 명령적 의문법이다.

 毛如는 '몯다/못다'로 읽는 것이 주종이었으나, 毛如의 '毛'를 음으로 읽을 경우에, '모다'는 되어도 '몯다/못다'는 되지 않는다. 이로 인해 '冬'을 보충한 '毛冬如'로 수정하여 '모른다'로 읽기도 했고, 수정 없이 毛如를 '모다, 털곧, 모다/털둡' 등으로 읽기도 했다. '모다'의 경우에, 이 '모다'(일정한 수효나 양을 빠짐없이 다.)가 "'난 가ᄂ다.' 말 실도(말하는 일도)"와 연결될 수 있는가는 의문이다. 즉 "난 가ᄂ다."와 같이 간단한 말을 하는 데 '모다'라는 표현이 필요할까 하는 의문이다.

 '털곧'(고정의 1996)의 해독은 그 뜻을 털같이 '아주 가늘고 힘없이 겨우'로 보았다. 이 해독의 형태를 따르지만, 그 의미는 털같이 '가볍게'로 수정한다. 이 해독은 '털곧'을 은유적 직유로 본 것(양희철 2020)이다. 은유적 직유에서는 보조관념만 문면에 나오고, 그 원관념은 문면에 나오지 않는다. 이로 인해 그 원관념을 해석해야 되는데, 전자의 해독에서는 '털곧'(털같이)의 원관념을 '아주 가늘고 힘없이 겨우'로 해석하였고, 후자의 해독에서는 '털곧'(털같이)의 원관념을 '가볍게'로 해석하였다. 이 두 해석은 '털곧'(털같이)만을 놓고 보면 모두가 가능하다. 그러나 전자는 두려움을 주는 정경적 의미이고, 후자는 가볍게 중유를 떠나 해탈할 수 있는 정경적 의미라는 점에서, 후자를 택한다. 게다가 한자 '毛'에는 '가볍다'는 의미가 있으며, 향찰 '毛如/털곧'(털같이)에 해당하는 한문의 표현은 '如毛'인데, 이 표현은 『시경』과 『중용』에서도 보인다.[5]

 이런 점들로 보아 〈제망매가〉 제4구를 원만하게 해독하지 못한 것은 이 구에 포함된 은유적 직유와 명령적 의문법을 이해하지 못했기 때문이라고 볼 수 있다.

---

[5] 『시경』의 〈증민〉편과 『중용』(33장)의 "德輶如毛 毛猶有倫"(덕은 털같이 가볍지만 털은 그래도 결이 있다.)에서도 보인다. 이 직유는 논리 변형적 비교(/직유)이고, 〈제망매가〉의 직유는 은유적 직유이다. 두 직유의 차이는 원관념이 문면에 나오고 나오지 않은 점에 있다.

3.5. 〈우적가〉 제5구의 복합 수사

'破□主'는 破邪主로 재구되며, '但 非乎 隱焉 破□主'는 "'다문 그르오' 숨언 破邪主"로 해독된다.

이 경우에 '다문 그르오!'는 도적들의 말을 시적 화자의 입장에서 희인(戱引, parody)한 것이다. 이에 따라 그 축자적 의미를 다시 쓰면 다음과 같다. 즉 '다만 그르다고 숨은'의 의미이다. 이 희인의 문학적 의미는 앞의 글(양희철 1997:751-753)로 돌린다.

'破□主'는 지금까지 '破戒主(양주동), 破家主(强豪님, 김완진), 破闇님(금기창), 破邪主(양희철), 破隱主(허른/후린 님, 신재홍)' 등으로 그 결자가 보충되기도 하였다. 破戒主는 도적의 골계적 표현이 아니다. 그렇다고 破家主를 따르기도 힘들다. 破家는 滅門의 뜻을 지니고 있기 때문이다(신석환 1990:30). 이렇게 '파괴주'와 '파가주'는 문제를 보이는데, "보다 쉽게 이해할 수 있는 '반어' 구축을 위해서라면 "파계주"나 "파가주(破家主)"라 하는 편이 더 나을 수도 있다."(서철원 2011:279)는 글도 나왔다. 앞에서 지적한 문제도 문제이지만, 이 두 단어가 반어가 되는가도 차분하게 검토해 보는 것이 필요한 글이다. 그리고 破闇은 '어두움을 파한'의 의미가 되어 문맥은 통하지만, 상당히 어려운 한자가 되어 어렵지 않을까 한다. '破隱主'(허른/후린 님)는 破를 '허른(傷, 害)' 또는 '후린(劫, 掠)'으로 읽은 것인데, 괄호 안의 한자를 이용한 실의독자로 표기하지 않은 이유를 설명할 수가 없다.

이런 상황에서 하나의 대안으로 나온 것이 '破邪主'이다. 이 대안의 근거는 문맥에 있다.

'破□主' 이전의 구문은 '但 非乎 隱焉'이다. 이 구문의 뜻은 '다만 그르다고 숨은'이다. 도적들이 이 세상이 그르다고 숨은 것은 세속적인 것이다. 그런데 이를 시적 화자가 불교적인 破邪 곧 顯正의 입장에서 희인(戱引)한 것이다. 이는 희인을 통하여 도적들을 추켜세우고 있는 것이다. 이 추켜세우기의 수사로 보아, '破□主'는 '破邪主'로 재구된다고 할 수 있다.

이 정리에 대해, 파사현정(破邪顯正)은 삼론종(三論宗)의 용어로, 부적합하다고 우회적으로 비판한 글[6]이 있었다. 파사현정(破邪顯正)은 길장(吉藏, 549~623)까지 발달한

---

6 "… 양희철은 이를 "파사주(破邪主)"로 보고 "파사현정(破邪顯正)"을 교리로 하는 삼론종(三論宗)의 영향으로 파악하고자 했다. 그러나 삼론종이 위세를 떨쳤던 4·5세기에는 신라에 불교가 공인되지 않았고, 고구려·백제와는 다르게 신라에는 삼론종의 자취가 보이지 않는다는 점이 역사학계의 통설이다."(서철원 2011:279)라고 양희철의 글을 우회적으로 비판하고 있다. 그런데 비판된 다음의 원문을 보면 다소

삼론종에서 나온 용어이며, 삼론종의 중요한 교리이다. 그러나 각주 6에 인용한 앞의 글에서 언급했듯이, 파사현정은 삼론종 외에 다른 종파도 수용한 용어이며, "삼론종을 포함한 한역 경전권의 불교를 넘어 '그릇됨을 버리고 올바름을 행하는 것'이라는 일반적인 관용어로 자리 잡게 되었다."[『한국민족문화대백과사전』의 '파사현정(破邪顯正)' 조]는 사실도 기억하고, 불필요한 비판은 자제하는 것이 필요해 보인다.

이런 점들로 보아, 선행 해독들이 〈우적가〉 제5구를 원만하게 해독하지 못한 것은 이 구에 포함된 희인/패러디와 추켜세우기의 수사를 이해하지 못했기 때문이라고 볼 수 있다.

3.6. 〈우적가〉 제9구 潸陵의 복합 수사

만약 潸陵이 善陵과 같은 것이라면, 潸陵의 해독은 이미 善陵의 해독으로 끝난 것이 된다. 그런데 얼마 전까지만 해도, 善陵과 潸陵이 같은 것인지, 아니면 다른 것인지를 판단할 수 있는 근거가 없었다. 이로 인해 '潸'은 '善'의 희서/속서나 이체자/변체자라는 주장[7]과, '潸'은 '淸, 渲, 洋' 등의 오자 또는 속서라는 주장[8]이 주류를 이루었다. 그러

동떨어진 비판을 한 것 같다. "앞에서 살핀 「우적가」의 구조와 의미, 그리고 관련설화로 볼 때에, 이 작품은 삼론종(三論宗)의 종지인 파사현정(破邪顯正)과 깊은 관계에 있다. 그러나 저 파사현정이 삼론종 외의 다른 종파들도 수용하는 종지이므로(다카쿠수 J. Takakusu 1973:100), 이에 의거해서 「우적가」의 종파적 성격을 단정하기는 상당히 어려운 것으로 생각한다."(양희철 1997:763) 이렇게 간접 인용법을 전략적으로 구사하여 남의 글을 비판한 글은, 대다수의 독자들이 비판된 글의 원문을 거의 확인하지 않는다는 점을 교묘하게 이용하여 대다수의 많은 독자들을 당장은 속일 수 있지만, 영원히 속일 수는 없다. 특히 비판된 글의 원문까지를 확인하는 치밀한 독자까지는 속일 수가 없게 되고, 이런 속임이 발견되기 시작하면, 그때부터 그 글은 본인은 물론 소속 집단의 명예에 도움이 되지 않고, 그 반대가 된다. 성실한 글쓰기가 요청된다.

7 '潸'을 '善'과 같은 자로 보면서, '善陵'을 한자로 읽은 해독에는, '善陵은'(善業은, 오구라 1929, 功德은, 박재민 2009a), '潸陵은'(善根功德은, 정창일 1987), '潸陵온'(善業만이, 황병익 2019), '선릉은'(착한 것이란 하고 보면, 정열모 1947), '善은'[善은, 양주동 1942, 착함(善業)은, 전규태 1976, 善業은, 황패강 2001], '션(善)은'(선은, 김상억 1974), '선릉(潸陵)은'(선 두듥은, 홍기문 1956; 류렬 2003), '선릉(善陵)은'[선의 언덕(성호경 2008), 善 공덕의 언덕(남풍현 2017c)] 등이 있다. '潸'을 '善'과 같은 자로 보면서, '善陵'을 고유어로 읽은 해독에는, '스론'[말하는(風說하는), 理解하는, 지헌영 1947, 正覺한, 지헌영 1971:1991; 금기창 1993], '스론온'[사랑(仁, 慈悲)은, 이탁 1956], '서른'(착한, 정열모 1965; 선은, 서재극 1975), '사른'(선량한, 강길운 1995), '이든은'(착한은, 김준영 1964, 1979), '이른'(어짊은, 김선기 1969c), '이론안, 이론온/이론'(현대역 미제시, 김선기 1993), '이드른은, 善陵은'(善根은, 유창균 1994), '선 두듥은'[선(立) 둔덕, 높은 언덕, 지형률 2007] 등이 있다.

8 오자설에는 '善'을 '淸'의 오자로 본 '물론'(善業은, 김완진 1980), '潸'을 '渲'의 판각적 속자로 본 '渲陵

나 최근 발견된 자료들은 이 주장들을 무색하게 하고 있다. 이 주장들은 각주로 돌리고, 瀇은 善과는 다른 별개의 한자라는 측면만을 논하고자 한다.

瀇이 善과는 다른 글자라고 본 주장은 두 경우로 나뉜다. 하나는 瀇을 善과 같은 글자, 즉 이체자나 변체자로 보면서도, 부지불식간에 瀇은 善과는 다른 글자라고 주장한 경우이고, 다른 하나는 한국에서 만든 조자로 본 경우이다. 전자에 속한 글들을 먼저 보자.

《善》을 향하여 가는 길을 그 어떠한 높은 장소에 오르는 것으로써 비유한 것이다. 요컨대 그 당시 불교도 간에는 《션 두듥》이란 말이 통용되었고 그래서 그 말을 《善陵》이라고 기사하게 되었다. 다시 그 《두듥》에 오르기 어려운 것을 <u>물 건너편에 있는 것으로 비유해서 《善》자 옆에 물수 변을 더한 것이다.</u>(홍기문 1956:317)

여기에서 老子가 '上善'을 '水'에 비유한 것은 매우 시사적이다. <u>即 '瀇'은 '上善'을 뜻하는 것으로 볼 수 있다.</u> 또 '水'는 五行의 하나로 時는 冬, 方位는 北, 五音은 羽가 되고 五感으로는 '德'에 비유된다. 이런 점에서 보면 <u>'瀇'은 '善德'의 뜻이 된다.</u>

따라서 이 '瀇'은 '善'에 '上, 德'과 같은 보다 높은 次元을 고려에 넣은 것으로 作者의 특별한 의도가 내포되었음을 이해할 수 있다. 그러나 그 근본 뜻은 '善'에서 벗어난 것이 아니라는 것이다.(유창균 1994:855)

'善陵隱'으로 써도 될 것을 '瀇陵隱'으로 굳이 표기한 것은 <u>새김(훈)으로 읽으라는 보람</u>으로 보인다.(강길운 1995:316)

이 인용의 밑줄 친 부분들에서는 瀇이 善과는 다른 의미를 가지고 있음을 보여준다. 즉 "물 건너편에 있는 것으로 비유해서 《善》자 옆에 물수 변을 더한 것이다", "'瀇'은 '上善'을 뜻하는 것으로 볼 수 있다.", "'瀇'은 '善德'의 뜻이 된다.", "새김(훈)으로 읽으라는 보람" 등과 같이, 瀇은 善과는 다른 의미를 가지고 있음을 보여준다. 이렇게 다른 뜻을 가지고 있는 瀇을 어떻게 善의 이체자나 희서라고 할 수 있을까? 이는 瀇을 善의 이체자나 희서라고 정리하면서도, 동시에 한자의 조자(造字) 차원에서도 자신의 의견을 개진한 것으로 보인다. 이 글들이 보여준 조자 차원의 의미는 瀇이 〈우적가〉에서만 유일하게 한번 나온다고 보고서 정리한 것으로, 다른 예들도 있다는 차원에서 좀더 검토

은'(믈드르, 낯선 큰 언덕에, 양희철 1997), '瀇'을 '洋'과 이 글자에 협주를 단 '古'가 결합되어 잘못 판각된 글자로 본 '아ᄉ란/아ᄉ론'(아스라한, 신재홍 2000) 등이 있다.

해 보아야 할 것 같다.
이번에는 한국에서 만든 조자로 본 글들을 보자.

「善陵」은 羅代 佛家間에서 이루어진 造字·造語로 보인다. 「善」은 形聲法으로 만든 것으로 阜邊으로 된 「陵」에 對立된 字로 물 흐르는 溪谷의 듯으로 造字된 것 같다. 그렇다면, 벌판에 대립된 골짝을 뜻하며 都市에 대립된 시골을 뜻할 수 있을 것 같다.(권재선 1988)

善陵의 善은 자전에 없는 글자이다. 이것은 옆에 흐르는 내를 善水로 비유하고 그것을 표현하기 위해 만들어 낸 글자로 본다. 陵은 그 냇물가의 둔덕을 뜻할 것이다.(지형률 1996:175-177)

게다가 최근에 보고된 '善' 자들은 인명(人名)에 쓴 글자들로 그 항렬이 오행상 '水'에 해당하는 사람들의 이름에 쓰면서 '善' 자와 구별된다.
이렇게 '善' 자와 구별되는 '善' 자는 그 문맥상, 자신의 '善(=功德)'을 겸손하게 낮춘 유희성 내지 골계성을 보인다. 이렇게 보면, 이 '善'은 '善'에 '삼수(氵)'를 개칠한 패러디로 판단된다는 점에서, 이 '善'은 '善'과는 별개의 문자로 보인다.(양희철 2020:42)

이 세 글에서 보듯이, 善을 善과 다르게 한국에서 만든 글자로 보았다. 맨 앞의 인용에서는 '善陵은'으로 읽고, '이 골짜기는'의 현대역을 달았고, 가운데의 인용에서는 '善 두들은'으로 읽고, '善水 둔덕은', 즉 '착한 물가의 둔덕은'의 현대역을 달았다. 이 두 글은 善이 〈우적가〉에서만 발견되고, 다른 예들이 발견되지 않았을 때에 나온 글로, 다른 예들도 함께 검토해 보아야 할 것 같다. 맨 뒤의 인용에서는 최근에 발견된 '善' 자를 종합한 해석인데, 본격적인 해석이 아니라, 善과 善의 동이만을 검토한 글로, 최근에 발견된 예들을 포함하여 좀더 구체적인 설명이 필요하다.

善은 〈우적가〉에서만 나오는 한자가 아니다. 최근에 정리된 善들을 보자. 『소고선생문집(嘯皐先生文集)』에 수록된 〈증통훈대부통례봉직랑홍주판관박공묘갈(贈通訓大夫通禮奉直郎洪州判官朴公墓碣)〉의 '祖 郞將善'과 『번암선생문집(樊巖先生文集)』에 수록된 〈열녀숙인조씨묘지명(烈女淑人趙氏墓誌銘)〉의 '李鏞鄭善'에서 나오고(박재민 2009a, 2013a), 『만가보』(10책 65면)의 유탁(柳濯)의 아들 유선(柳善)과 『승정원일기』(1792년(정조 16년) 음4월 27일 상소)의 "… 幼學柳浹·柳渢·柳濚·柳善·柳㵢…"의 유선(柳善)에서 나온다. 이 최근에 보고된 善자들은 인명(人名)에 쓴 글자들로 그 항렬이 오행상 '水'에 해당하는 사람들의 이름에 쓰면서 '善' 자와 구별된다.

이 한자는 한국에서 만든 국자(國字)로 판단된다. 그러나 아무리 국자라고 하여도, 'ㆍ(水)+善'의 형성(形聲)문자 내지 회의(會意)문자로 그 뜻은 한자 '潚'이 보여주는 큰 범위를 벗어나지 않을 것으로 판단한다. '水'와 '善'이 합친 '潚'의 '水善'은 上善(가장 뛰어난 선)의 의미와 下善(물 같은 선, 즉 하찮은 선)의 의미로 정리할 수 있다.

水善이 보이는 上善(가장 뛰어난 선)의 의미는 도교의 수선(水善)과 연결되어 있다. 수선(水善)은 『도덕경』 제8장의 제목이다. 그리고 그 내용("上善若水 水善利萬物而不爭 處衆人之所惡 故幾於道 居善地 心善淵 與善仁 言善信 政善治 事善能 動善時 夫惟不爭 故無尤")으로 보면, "'潚'은 '上善'을 뜻하는 것으로 볼 수 있다."(유창균 1994: 855). 특히 거의 道에 가까운 '上善'(가장 뛰어난 善)이다. 이 의미의 '潚'은 앞에서 인용한 인명들('朴潚, 鄭潚, 柳潚)의 '潚'이라고 할 수 있다.

水善이 보이는 下善(물 같은 선, 즉 하찮은 선)의 의미는 다른 의미의 '수선(水善)'과 연결되어 있다. 우선 '물'은 "사람을 물로 보다."와 "누구는 물 퍼서 장사하냐?"에서와 같이 '하찮은 것', '하찮다' 등의 의미를 갖는다. 이런 水/물의 의미로 보면, 水善은 '물 같은 선' 즉 '하찮은 선'을 의미하게 된다. 여기에 陵을 더하면, 善陵에서와 같이 潚陵도 원관념과 보조관념을 모두 보여주는 은유가 된다. 그리고 潚은 善陵에서 善이 '공덕'의 환칭이듯이, '하찮은 공덕'의 환칭이다. 이렇게 보면, '潚陵'은 '陵같이 크고 높게 쌓은 潚(=하찮은 善, 즉 하찮은 공덕)'의 의미가 된다. 이는 善陵을 말하되, 한 측면에서 차이를 보이면서, 자신의 공덕을 겸손하게 표현한 패러디(차이를 수반한 반복 repetition with difference, parody)로 판단된다. 이 '善'과 '潚'의 차이는 '크고 높게 쌓은 선'과 '크고 높게 쌓은 하찮은 선'의 차이이다.

이렇게 정리된 潚陵을 굳이 우리말로 해독한다면 '믈이든 무덤'이 되는데, 이렇게 정리하면, '믈이든 무덤'이 '煩惱熱'이나 '覺月'과 같이 원관념과 보조관념을 모두 보여준 은유라는 사실을 정리하는 데 한계가 있다. 이에 '陵같이 크고 높게 쌓은 潚(=하찮은 善, 즉 하찮은 공덕)'의 의미인 '潚陵'으로 해독한다.

이런 점들로 보아 선행 해독들이 '潚陵'을 원만하게 해독하지 못한 것은 이 潚陵에 포함된 은유와 희인/패러디를 이해하지 못했기 때문이라고 할 수 있다.

4. 중의적 복합 수사

이 장에서는 중의적 복합 수사를 12절로 나누어 정리하고자 한다.

4.1. 〈모죽지랑가〉 제4구의 구문상의 다의

〈모죽지랑가〉의 제4구는 "즈시 히(를) 혜나삼이 디기(에) (제가) 니져 …"로 해독되면서 구문상의 중의를 보여준다. 이 구문상의 중의법에 작용히는 동음이의어의 중의법, 다의어의 중의법, 생략법 등은 다음과 같다.

'年/히'는 동음이의어의 중의법을 보여준다. '年'의 의미이면서 동시에 '日'의 의미로 왕의 상징이기도 하다. '히' 다음에는 목적격 어미가 생략되어 있다.

'數就音伊/혜나삼이'는 다의어의 중의법을 보여준다. 이 중의법은 다의어 '혜다'(계산하다, 생각하다)를 이용한 것으로 '혜나삼'(세어 나가심이, 헤아려 나가심이)의 두 의미를 보여준다.

'墮支/디기'는 동음이의어의 중의법을 보여준다. 이 중의법은 동음이의어 '디다'(떨어지다=약해지다)와 '디다'(꺾이다)를 이용한 것으로 '떨어지기/약해지기'의 의미와 '꺾이기'의 두 의미를 보여준다.

'墮支/디기'(떨어지기/약해지기, 꺾이기) 다음에는 원인격의 '-에'와 '제가'가 생략되어 있다.

이상의 동음이의어의 중의법, 다의어의 중의법, 생략법 등을 결합하면 다음과 같은 두 의미를 보여준다.

1) (낭여) …즈시 히(年)(롤) 혜(數)나삼이 디기(에) 니져 (…)
   [(낭여) …낭이 해를 세어나가심이 떨어지기(=약해지기) 때문에 (제가) 가려 합니까?]
2) (낭여) …즈시 히(日=王)(롤) 혜(數)나삼이 디기(에) 니져 (…)
   [(낭여) …낭이 왕을 헤아려 나가심이 꺾이기 때문에 (제가) 가려 합니까?]

1)은 죽지랑이 노쇠하여 힘이 없어지므로 득오 자신이 가려 하느냐는 반문이고, 2)는 죽지랑이 왕의 총애를 잃거나 정치력이 꺾이기에 득오 자신이 가려 하느냐는 반문이다.

4.2. 〈찬기파랑가〉 제2, 3구의 구문상의 다의

〈찬기파랑가〉 제2, 3구에는 연자(羅), 누락자(羅), 오자(支)支) 등이 있다. 이 오류를 바로 잡으면, "露曉邪隱 月理 白雲音 逐于 浮去 隱安 支 下羅"가 된다. 이렇게 수정된 제2, 3구는 "난환ᄒ얀 ᄃ리 힌구룸 좇우 ᄯ가 숨안 디 아라"로 해독되고 그 현대역은 "나타나 환하게 한 달이 힌구름 좇아 떠가 숨은 데 아래에"가 된다. 이 해독과 현대역에서, '드리(달이)'는 상징법의 원관념 '기랑이'와 보조관념 '달이'를 동시에 보여주는 중의어이다. 그리고 '흰구룸(흰구름)' 역시 상징법의 원관념 '刑官'과 보조관념 '흰구름'을 동시에 보여주는 중의어이다. 이 두 상징법을 계산하여 현대역을 다시 쓰면 다음과 같은 두 의미를 보여준다.

1) 나타나 환하게 한 달이 흰구름을 좇아 떠가 숨은 데 아래에
2) 나타나 환하게 한 기랑이 刑官을 좇아 떠가 숨은 데 아래에

1)은 자연의 세계를 노래한 것이고, 2)는 인간의 세계를 노래한 것이다. 중국 쯥나라와 宋나라에서 유행한 意格의 理趣로 보면, 2)는 '理'에 해당하고, 1)은 2)의 '理'가 그 '趣'를 얻은 자연의 세계이다.

4.3. 〈찬기파랑가〉 제9, 10구의 구문상의 다의

"阿耶 栢史叱 枝次 高支好 / 雪是 毛冬 乃乎尸 花判也"(〈찬기파랑가〉 제9, 10구)는 "아라 자싯 가지 놉호 눈이 모들 니올 곳갈(花判)여"로 해독되고, 그 표면적 의미는 "아-, 잣나무의 가지가 높아 눈이 못 이올 고깔여!"로, 이면적 의미는 "아-, 志節이 높아 부도덕한 상급자가 못 덮을 곳갈(花判, 판결)과 갈곳(判花, 공문서 처리)여!"로 정리된다. 이 표면적 의미와 이면적 의미는 상징법, 은유법, 도치법 등에 의해 형성된다. 이 수사법들은 다음과 같다.

'栢史/자시'는 문자적으로는 '잣나무'를 의미하고, 상징적으로는 '賢人' 즉 '기파랑'을 의미한다. 그리고 '枝次/가지'는 문자적으로는 '가지(枝)'를 의미하고, 상징적으로는 '志節'을 의미한다.

'雪/눈'의 문자적 의미는 자연의 '눈(雪)'이고, 은유적 의미는 '부도덕한 상급자'(양희철 2020)이다.

'花判/곳갈(花判)'은 동음이의어의 차원에서 '곳갈(弁)'과 '곳갈(花判, 판결)'을 동시에 의미하고, 도치법의 측면에서 '갈곳(判花, 공문서 처리)'를 의미한다. 이 경우에는 명확하지 않은 것이 있다. 그 당시에 '花判'에 해당하는 우리말로 '곳갈'이 있고, '判花'에 해당하는 우리말로 '갈곳'이 있었느냐에 따라 '花判'은 '곳갈'로 읽을 수도 있고, '花判'으로 읽을 수도 있다는 것이다. 만약 있었다면 '곳갈'로 읽게 된다. 그렇지 않고 없었다면 '花判'으로 읽게 된다. 이 차이는 향찰식 사고의 문제이다. 만약 있었다면, 굳이 향찰식

사고를 논의할 필요가 없다. 그렇지 않고 없었다면 향찰식 사고로 정리를 해야 한다.

이상의 상징법, 은유법, 동음이의어의 중의, 도치법 등을 고려하면 앞에서 정리한 표면적 의미와 이면적 의미를 정리할 수 있게 된다. 이 표면적 의미와 이면적 의미는 理趣의 측면서 보면, 이면적 의미는 '理'에 해당하고, 표면적 의미는 '趣'에 해당한다.

4.4. 〈혜성가〉 제6구의 구문상의 다의

數於將의 '於'는 연자이다. 이 연자를 뺀 "月置 八切爾 數將 來尸 波衣"는 "둘두 붉긋이 헤어(破/思) 올 결의"로 해독되며, 그 표면적 의미는 "달(月)도 발긋이 헤어(헤치다/破) 올 결에"의 의미이고, 그 이면적 의미는 "달(王)도 발긋이 헤어(헤아리다/思) 올 결에"의 의미이다. 이 표면적 의미와 이면적 의미를 형성한 수사는 다음과 같다.

'月/둘'의 문자적 의미는 자연의 '달'이고, 그 상징적 의미는 '왕'이다. 이는 상징의 원관념과 보조관념을 모두 이용한 중의이다.

'數將/헤어'의 '헤-'는 동음이의어로 '헤-(헤치-/破)'와 '헤-(헤아리-/思)'를 보여준다. 이 두 동음이의어를 통하여 중의를 형성한다.

이 두 수사법을 이용하여 앞에서 정리한 표면적 의미와 이면적 의미를 형성한 것이 〈혜성가〉의 제6구이다.

4.5. 〈우적가〉 제10구의 구문상의 다의

〈우적가〉 제10구에는 오자(攴)와 누락자(作)가 있다. 이 오자를 수정하고, 누락자를 보충한 "安攴 尙宅都 作乎隱以多"는 "안디 尙宅도 일온이다"(尙宅도 이루지 못한 것이다)로 해독된다. 그런데 이 해독만으로는 그 의미의 파악이 자연스럽지 않다. 제10구는 구문상의 중의를 보이는데, 이에 관련된 수사들을 보자.

'尙宅'은 '높은 宅(댁, 집)'의 의미이다. 이 의미는 도적들이 영재를 위협하는 상황에서 보면, '높은 댁'은 '그대들(도적들)'을 의미한다. 그리고 불도를 닦는 영재의 입장에서 보면 '높은 집'은 부처님의 집/댁, 즉 '涅槃, 寂靜'을 의미한다. 이는 '도적'이나 '열반, 적정'을 직접 언급하지 않고 '尙宅'으로 환칭을 하여 중의를 형성한 것이다. 이 환칭적 중의법은 '彌勒座主'(미륵보살, 경덕왕, 〈도솔가〉)의 환칭적 중의법과 같은 수사이다.

이 환칭적 중의를 계산하면 제10구는 '아니 尙宅(높은 집: 그대 도적들)도 이루온 것이다.'와 '아니 尙宅[높은 집: 부처님의 댁(涅槃, 寂靜)]도 이루온 것이다.'의 중의를 보인다. 이 두 의미는 전달하고자 하는 의미가 부정문이 되어 명확하지 않은데, 이는 완서법에 기인한 것이다. 즉 표현하고자 하는 내용을 반대의 부정으로 표현한 완서법이다. 이 완서법을 계산하면 다음과 같다. '아니 尙宅(높은 집: 그대 도적들)도 이루온 것이다.'는 '尙宅(높은 집: 그대 도적들)도 이루지 못한 것이다.'의 의미가 되고, '아니 尙宅[높은 집: 부처님의 댁(涅槃, 寂靜)]도 이루온 것이다.'는 '尙宅[높은 집: 부처님의 댁(涅槃, 寂靜)]도 이루지 못한 것이다.'의 의미가 된다.

이런 구문적 중의를 이해하지 못하는 문자적 해독으로 해독이 완결되었다고 보기는 매우 어렵다.

4.6. 〈처용가〉 제1, 2구의 구문상의 동음이의

"東京 明期 月良 / 夜入伊 遊行如可"는 "동경(이) 불기(에) 돌아 / 밤드리 노닐다가"로 해독되면서, 일차로 격어미 '-이'의 생략과 원인격 '-에'의 생략을 보여준다. 다음으로, '돌아'는 구문상으로 중의를 보여준다. 하나는 '동경(이) 돌아 불기(에)'에서와 같이 '불기(에)'와 '돌아'를 도치로 볼 때의 의미이다. 다른 하나는 '돌아 / 밤드리 노닐다가다'를 행간걸침, 즉 계속행으로 볼 때의 의미이다. 이 생략법, 행간걸침, 도치법 등을 고려하면 〈처용가〉의 제1, 2행은 다음과 같은 두 의미를 보여준다.

1) 동경(이) 밝기(에), 달에 / 밤들이 노니다가
2) 동경(이) 달에 밝기(에) / 밤들이 노니다가

1)에서는 동경이 인위적으로 밝기에, 밤들이 노닌 것을 노래하고, 2)에서는 동경이 달에 의해 자연적으로 밝기에 노닌 것을 노래한다. 이는 시적 화자가 동경의 밝음에 이끌린 것인지, 달 밝음에 이끌린 것인지를 명확하게 하지 않으면서 중의를 보여준다.

'明期'의 '期'는 상용 향찰 '支'를 이탈하였는데, 그 의미는 겸독으로 뒤에 설명하려 한다.

4.7. 〈제망매가〉 제9, 10구의 구문상의 동음이의

〈제망매가〉 제9, 10구의 해독에서, 선행 해독들이 지금까지 고려하지 않은 다섯 가지 사실을 검토해 볼 필요가 있다. 한 가지는 월명사가 〈제망매가〉를 지으면서 당면한 문제이고, 네 가지는 월명사가 〈제망매가〉의 제9, 10구에서 보여준 표현의 특성이다.

먼저 월명사가 〈제망매가〉를 지으면서 당면한 하나의 문제를 보자. 이는 바로 월명사가 〈제망매가〉를 지어 부를 상황에서, 월명사와 누이 중에서 어느 누가 먼저 미타찰에 가서 태어날지를 모른다는 사실이다. 이 사실 때문에, 월명사는 〈제망매가〉를 지으면서 상당한 고심을 하였을 것으로 추정된다. 왜냐하면 이 문제를 해결하지 못한 상태에서 〈제망매가〉를 지으면, 이 노래는 누이로 하여금 미타찰로 가게 할 수도 있고, 그렇게 하지 못할 수도 있기 때문이다.

이 문제를 해결할 수 있는 방법은 두 가지이다. 하나는 누가 먼저 미타찰로 가는가를 확실하게 규명한 다음에 〈제망매가〉를 짓는 것이고, 다른 하나는 어느 누가 먼저 미타찰로 갈 경우에도 누이로 하여금 미타찰로 가게 하는 노래를 짓는 것이다. 이 중에서 전자의 방법은 어느 누구도 규명하기 어려운 문제이다. 이에 비해 후자의 방법은 구문적 중의 또는 문법적 중의를 통하여 해결할 수 있는 것이다. 이 구문적 중의를 염두에 두고 〈제망매가〉의 표현들을 보면, 우리가 지금까지 그렇게까지 중요하게 보지 않았던 네 가지의 수사들을 확인할 수 있다.

첫째는 제9구말에 온 '吾/나'의 표기 및 표현에서 그 격을 생략하였다는 사실이다. 이 때문에 기왕의 해석들은 이 '나'를 주격, 주제격, 목적격 등으로 다양하게 보고 있다.

둘째는 제9구말에 온 '吾/나'는 구문상 제9구에서 도치된 단어로도, 구문상 제10구에 속한 행간걸침의 단어로도 읽을 수 있다는 사실이다. 기왕의 해석에서는 '나'를 목적어로 보고 제9구 말의 단어로 본 경우는 있어도, 도치된 단어로 본 적은 없다. 그리고 구문상 제10구에 속한 단어로 본 경우에는 아예 제10구의 앞으로 분절을 바꾸거나, 제9구 말에 놓고, 주격 또는 주제격으로 해석만 하였지, 이 표현이 시가에서 구사하는 행간걸침(enjambment) 또는 계속행(a run-on line)이란 사실을 검토한 적은 없다.

셋째는 "彌陀利良 逢乎 (吾)"와 "(吾) 道 修良 待是古如"의 표현에서 '만남'과 '기다림'의 수체와 객체가 이숭적이라는 사실이다. '吾/나'는 만남의 수체도 객체도 될 수 있다. 그리고 '吾/나'는 기다림의 주체도 객체도 될 수 있다.

넷째는 '기다리고다'는 원망/희망이나 청원의 어느 하나가 아니라, 이 두 의미를 모두 가지고 있는 다의어라는 사실이다. '기다리고다'의 행위 주체를 '나'로 할 때는 '기다리고 싶다'의 원망적/희망적 의미가 된다. 이에 비해 그 행위 주체를 '누이'로 할 때는 '기다리기를 바란다'의 청원적 의미가 된다. 이 다의어[9]는 중의법으로 쓰이고 있는데, 이를 검토한 적이 없다.

이렇게 〈제망매가〉의 제9, 10구의 표현에서 보이는 네 가지 특성은 하나의 공통점을 보인다. 모두가 구문적 중의를 생성할 때에 사용하는 수사들로, 이 수사들은 구문적 중의로 수렴(convergence)되는 문체 장치들이다. 이 수사 중에서 중의법, 생략법, 행간걸침 등은 〈제망매가〉를 지은 월명사가 〈도솔가〉에서 구문적 중의를 통하여 두 텍스트를 생성하면서 보여준 수사와 같은 것들이다. 이런 점에서 제9, 10구의 구문적 중의를 정리하면 다음과 같다.

먼저 월명사가 미타찰에 먼저 가서 누이를 맞이하게 될 것이라는 가정하에, 누이를 미타찰로 선도(先導)하는 경우를 보자. '나'를 주제격/주격으로 하고, 이 '나'(주제격/주격)를 제9구의 도치로 보는 경우에, 제9, 10구는 [1) 미타찰에서 내/나는 (너를) 만나니, (내/나는) 도 닦아 (너를) 기다리고 싶다.]가 된다. 그리고 '나'를 주제격/주격으로 하고, 이 '나'(주제격/주격)를 행간걸침으로 보는 경우에, 제9, 10구는 [2) 미타찰에서 (내/나는) (너를) 만나니, 내(/나는) 도 닦아 (너를) 기다리고 싶다.]로 정리된다. 이 1)과 2)에서 괄호를 모두 풀면, [미타찰에서 내/나는 너를 만나니, 내/나는 도 닦아 너를 기다리고 싶다.]의 한 문장으로 통합된다. 이 문장 자체는 월명사의 원망/희망을 나타내는 언표적(locutionary) 내용을 보여준다. 그리고 이 문장은 천도재를 올려주는 상황에서 [(미타찰에서 내/나는 너를 만나니, 내/나는 도 닦아 너를 기다리고 싶다.) 그러니 너도 나를 만나기 위하여, 도를 닦아 미타찰로 가라(/가길 바란다).]는 언표내적 의미(illocutionary force)를 보여준다. 이 언표내적 의미는 월명사가 도 닦아 미타찰에서 누이를 기다리고 싶다는 자신의 원망/희망을 통하여, 누이로 하여금 도 닦아 미타찰로 가도록 누이의 미타행을 선도(先導)하는 것이다.

이번에는 누이가 미타찰에 먼저 가서 월명사를 맞이하게 될 것이라는 가정하에, 누이를 미타찰로 유도(誘導)하는 경우를 보자. '나'를 목적격으로 하고, 이 '나'(목적격)를 제9구의 도치로 보는 경우에, 제9, 10구는 [3) 미타찰에서 (네/너는) 나를 만나니, (네/너는) 도 닦아 (나를) 기다리기를 바란다.]로 정리된다. 그리고 '나'를 목적격으로 하고,

---

9   이 '-고라' 또는 '-고-'가 다의어라는 사실은 『(보정)고어사전』(남광우)을 보아도 알 수 있다. 이 사전에서는 선어말어미 '-고-'를 설정하지 않고, '-고라'(-고자 하노라. -고 싶어라. -기를 바라노라), '-고라쟈'(-게 하고 싶은 것이여. -게 하고 싶구나), '-고려'(-고 싶은 것이여) 등의 3항을 설정하여 괄호 안의 현대역을 달고, 예문들을 열거하였다. '-고라'의 현대역에서 '-고자 하노라. -고 싶어라'는 원망 또는 희망을 보여주고, '-기를 바라노라'는 청원을 보여준다. '-고라'의 예문들은 다음과 같다. "내사 주거도 무던커니와 이 아들 사르고라:我不惜死 乞活此兒(三綱. 潘綜). 내 願을 일티 아니케 ᄒ고라(月釋1:13). 네 大悲로 니르고라(月釋9:p.17). 講論ᄒ시논 殿에 글월로 밍ᄀ론 帳올 펴고라:講殿開書帳(杜解3:4). 金과 玉과란 ᄇ리고라:棄金玉(杜解4:27). 願혼돈 미해 므를 브러 金잔애 더으고라:願吹野水吹金杯(杜解15:39). ᄇ란돈 別駕ㅣ 爲ᄒ야 스고라:望別駕爲書(六祖上44)."

이 '나'(목적격)를 행간걸침으로 보는 경우에, 제9, 10구는 [4) 미타찰에서 (네/너는) (나를) 만나니, (네/너는) 도 닦아 나를 기다리기를 바란다.]로 정리된다. 이 3)과 4)에서 괄호를 모두 풀면, [미타찰에서 네/너는 나를 만나니, 네/너는 도 닦아 나를 기다리기를 바란다.]의 한 문장으로 통합된다. 이 문장 자체는 월명사가 누이에게 바라는 청원을 나타내는 언표적 내용을 보여준다. 그리고 이 문장은 천도재를 올려주는 상황에서 [(미타찰에서 네/너는 나를 만나니, 네/너는 도 닦아 나를 기다리기를 바란다.) 그러니 너는 미타찰에서 나를 기다리기 위하여, 도를 닦아 미타찰로 먼저 가라(/가길 바란다).]는 언표내적 의미를 보여준다. 이 언표내적 의미는 누이로 하여금 도 닦아 미타찰에서 월명사 자신을 기다리길 바란다는 자신의 청원을 통하여, 누이로 하여금 도 닦아 미타찰로 가도록 누이의 미타행을 유도(誘導)하는 것이다.

이상과 같이 정리해 보면, 제9, 10구에서 월명사는 자신과 누이 중에서 누가 먼저 미타찰에 갈지를 모르는 상황에서, 이 문제를 해결할 수 있도록, 도치법과 행간걸침, 격어미의 생략, 다의어 등을 사용한 구문적 4중의를 구사하고, 이 구문적 4중의가 보여주는 언표내적 의미들을 통하여, 누이의 미타행을 선도하는 동시에 유도하였다고 정리할 수 있다.[10]

4.8. 〈참회업장가〉 제1구의 구문상의 동음이의

'顚倒 逸耶'(〈참회업장가〉 제1구)는 '전도(이) 일어(=되어)'와 '전도(를) 이루어(=만들어)'의 두 의미를 보여주는 구문상의 중의이다. 이를 차례로 보자.

顚倒는 '격구러지, 몯(最初, 最上), 갓고리, 갓고로, 갓ᄀ디, 뎐도, 업갓골, 전도, 顚倒' 등으로 읽어 왔다. '顚倒(뎐도)'로 읽는다.

逸耶의 '逸'은 '여희, 逸(放逸), 일(起)-, 일(成)-, 일(爲, 되)-, -이-, 미상' 등으로 읽혀 왔다. 이 중에서 '일(成)-'(양주동 등등)과 '일(爲, 되)-'(이덕 등등)이 주종을 이루며, 가장 많은 가능성을 보인다. '일다'가 '만들다. 되다. 일다(쌀을 일다, 쌀이다. 淘). 이르다(早)' 등의 의미를 가지는 동음이의어라는 점에서 둘 모두가 가능하다. 문제는 왜 '成'이나 '爲'를 이용하지 않고, '逸' 자를 이용하였느냐 하는 것이다. 이는 顚倒 다음

---

10 혹시 '逢乎'가 '만나오/맛보오'로 읽히지 않고, '만나올/맛보올'로 읽힐 경우에도, '나/吾' 다음에 생략된 격어미와 '기ᄃ리고다'의 중의는 구문적 2중의를 형성한다. 즉 "미타찰에서 만나올/만나보올 나는 도 닦아 (너를) 기다리고 싶다."의 원망/희망에 의한 미타찰로의 선도와 "미타찰에서 만나올/만나보올 나를 (너는) 도 닦아 기다리길 바란다."의 청원에 의한 미타찰로의 유도이다.

에 격어미를 생략하여 '-이'와 '-를'을 동시에 보여주는 것과 함께, '전도이 일어(=되어)'와 '전도를 이루어(=만들어)'의 두 의미를 보여주려는, 중의법을 위한 것으로 이해된다. 중세어에서 '일다'는 '만들다'의 의미인 '일다, 이르다'로도 쓰이고, '되다'의 의미인 '일다'로도 쓰인다. 이는 시적 화자의 의도에 의한 전도와 시적 화자의 비의도에 의한 전도를 모두 표현하기 위한 중의법으로 판단된다.

逸耶의 '耶'는 '야(1), 아, 야(2), 어, 미상, 라' 등으로 읽어 왔다. '야(1)'는 '일+야'에서 나타나는데, '일' 다음에 '아'나 '어'가 아닌 '야'가 온 문제를 보인다. 가장 우세한 '-아'는 연결어미로 본 것인데, '耶'의 음도 훈도 아니라는 문제를 보인다. 이 때문에 '야(2)'를 살리기 위하여 '逸'을 '일'이 아닌 '여희'로 읽은 해독이 나오기도 했는데, 이 해독은 문맥에 잘 어울리지 않는다. '어'와 미상은 검토할 필요도 없다. 나머지 하나는 '라'로 읽은 것이다. 이 '라'는 '耶'의 동자인 '邪/사'가 '라'로 변한 변음으로 추정된다. '耶/邪'를 '라'로 읽을 수 있는 근거는 '伽耶=駕洛'에 있다.

'전도가 일어(=되어)'와 '전도를 이루어(=만들어)'의 두 의미를 함께 보여주는 '顚倒이라'로 읽는다. '成/作'(일-: 이루다/만들다)과 '爲'(일-: 되다)의 어느 하나를 쓰면 중의를 표현할 수 없다. '전도' 다음의 격어미 '-이/ㄹ'의 생략과 '일-'의 동음이의의 중의를 이용한 구문상의 중의이다.

이상과 같이 구문상의 중의를 이해하지 못하면 해독을 제대로 했다고 볼 수가 없다. 이런 점으로 보아도, 중의법과 연계된 향찰의 해독에서는 중의법의 수사를 반드시 고려해야 한다고 판단한다.

4.9. 〈헌화가〉의 구문상의 중의와 복수의 텍스트

〈헌화가〉는, '딛뵈 바오'(자줏빛 바위)의 문자적 의미인 '자주빛 바위'와 상징적 의미인 '자줏빛 옷을 입은 남편', 다의어인 '손'(손)의 두 의미인 '손(手)'과 '손(手腕/꾀)', '어시쇼'의 문자적 의미인 '새끼가 따린 암소'와 상징적 의미인 '자식이 딸린 처', 환칭어인 '꽃'의 '철쭉꽃'의 의미와 '미인'(수로부인)의 의미 등에 의해, 구문상의 중의를 보인다. 그런데 이 구문상의 중의는 이 작품이 하나의 문장으로 이루어졌다는 점에서, 다음과 같이 [현대역1: 헌화의 텍스트]와 [현대역2: 수작의 텍스트]를 형성한다.

[현대역1: 헌화의 텍스트]
  자줏빛 바위 끝에
  지속적으로 쥐온 손 새끼가 딸린 암소 놓게 하시곤
  나를 아니 부끄러워 하신다면
  철쭉꽃을 꺾어 드리오리이다

[현대역2: 수작의 텍스트]
  자줏빛 옷을 입은 남편 끝에
  지속적으로 쥐몬 수완/꾀, 자식이 딸린 처를 놓게 하시곤
  나를 아니 부끄러워 하신다면
  당신을 꺾어 드리오리이다

4.10. 〈서동요〉의 구문상의 중의와 복수의 텍스트

〈서동요〉에서는 다음과 같이 중의를 보인다.

동음이의어인 '嫁良/얼아'(정을 통하여, 어린 아이)와 '置古/두고'(조동사, 본동사)는 '정을 통하여 두고', '(또래의) 어린 아이를 두고', '(자식의) 어린 아이를 두고' 등의 구문적 중의를 형성한다.

'薯童 房乙'은 '薯童(셔동) 房(방)을'로 해독된다. '薯童(셔동)' 다음에는 속격의 '-의'가 생략되어 있다. 그리고 '房(방)을'의 '-을'은 다의어로 두 의미('-에, -으로')를 보여준다. '薯童(셔동) 房(방)을'은 '薯童(셔동)의 房(방)에'와 '薯童(셔동)의 房(방)으로'의 의미를 보여준다.

'卯乙/톳길'의 '卯/톳기'는 은유법으로 두 의미를 보여준다. 하나는 보조관념에 해당하는 문자적 의미의 '토끼'이고, 다른 하나는 원관념에 해당하는 은유적 의미의 '딸/아이'이다.

이상의 동음이의어, 다의어, 은유법 등의 중의들을 연결하면, 12종의 구문상의 중의, 즉 12종의 텍스트를 보여주는데, 이 중에서 의미가 있는 텍스트는 다음의 여섯이다.

1) 선화공주님은 남몰래 (또래의) 어린 아이를 두고 서동의 방으로 토끼를 안곤 간다.
2) 선화공주님은 남몰래 (또래의) 어린 아이를 두고 서동의 방에 토끼를 안곤 간다.
3) 선화공주님은 남몰래 정을 통하여 두고 서동의 방으로 아이를 안곤 간다.
4) 선화공주님은 남몰래 정을 통하여 두고 서동의 방에 아이를 안곤 간다.

5) 선화공주님은 남몰래 (자식의) 어린 아이를 두고 서동의 방으로 아이를 안곤 간다.
　6) 선화공주님은 남몰래 (자식의) 어린 아이를 두고 서동의 방에 아이를 안곤 간다.

　이 여섯 텍스트 중에서 1)과 2)는 〈숨겨놓은 또래의 아이를 노래하는 텍스트들〉이고, 3)과 4)는 〈밀통(密通)을 노래하는 텍스트들〉이며, 5)와 6)은 〈숨겨놓은 자식을 노래하는 텍스트들〉이다.
　이 여섯 텍스트는 왕과 신하들이 수용한 텍스트, 아이들이 수용한 텍스트, 선화공주가 수용한 텍스트 등(양희철 2009, 2015a, 2020)으로 다시 정리된다.

4.11. 〈도솔가〉의 구문상의 중의와 복수의 텍스트

　〈도솔가〉에서도 다음과 같은 중의를 보인다.
　'散花(산화)'는 '산화가'의 의미와 '흩어진 화랑'의 의미를 보여주는 환칭법의 중의이다.
　'브르아'는 '부르아(唱)'와 '부르아(呼)'를 의미하는 동음이의의 중의이다.
　'곶'은 '연꽃'과 '화랑'을 의미하는 환칭법의 중의이다.
　'고둔 ᄆᆞ슴이'의 앞에는 '(주원사와 공덕주의)'와 '(신라 모든 사람들의)'가 생략되어 있는데, 이 생략법은 중의를 위한 것이다.
　'彌勒座主(미륵좌쥬)'는 '미륵보살'과 '경덕왕'을 의미하도록 바꾼 환칭법이다.
　이상의 환칭법, 동음이의의 중의법, 생략법 등은 구문상의 중의, 즉 복수의 텍스트를 다음과 같이 보여준다.

　　　　[현대역1: 종교적 텍스트]
　　　　　오늘 이에 산화(산화가) 부르아(唱)
　　　　　잡고 사뢰온 꽃아(연꽃아) 너는
　　　　　(주원사와 공덕주의) 곧은 마음의 시키는 일을 행하여
　　　　　미륵좌주(미륵보살) 뫼셔 나립(羅立)하라

　　　　[현대역2: 정치적 텍스트]
　　　　　오늘 이에 산화(흩어진 화랑) 부르아(呼)
　　　　　잡고 사뢰온 꽃아(화랑아) 너는
　　　　　(신라 모든 사람들의) 곧은 마음의 시키는 일을 행하여
　　　　　미륵좌주(경덕왕) 뫼셔 나립(羅立)하라

4.12. 〈안민가〉의 구문상의 중의와 복수의 텍스트

〈안민가〉는 세 부분에서 구문상의 중의를 보여준다.

하나는 제3, 4구의 구문상의 동음이의(동음이의, 행간걸침, 도치법, 명령적 의문법)이다. '阿孩羅古/아히라고'는 동음이의로 ['… 아히라'고]와 ['… 아히라고']의 중의를 보여준다. 전자는 어미 '-라'로 끝난 '… 아히라'에 인용을 나타내는 '-고'를 붙인 표현이고, 후자는 '… 아히'에 자신의 생각이나 주장을 청자에게 강조하여 일러 주는 뜻을 나타내는 종결어미 '-라고'를 붙인 표현이다. '爲賜尸知/호실디'는 제3구와 연결된 행간걸침인 동시에, 제4구의 맨 끝에 있는 시어를 제4구의 맨 앞으로 옮겨 놓은 도치법이기도 하다. 행간걸침과 도치법에 의한 구문상의 중의를 형성한다. 또한 '爲賜尸知/호실디'는 의문법으로 명령의 의미를 보이는 명령적 의문법이다.

다른 하나는 제5, 6구의 구문상의 다의(도치, 생략, 환칭, 제유)이다. 이 구문상의 중의는 6중의를 보여준다. 먼저 기아(飢餓)를 해결하는 정치와 관련된 3중의를 보자.

1) 배통(腹)의 큰 것을 살리기(에) 있음(의)[존재하는 것(=사물)의, 즉 있는] 物生(가살=물건을) 이를 먹게 다스리어
2) 배통(腹)의 큰 것을 살리기(에) 있음(이)[존재하는 것(=군신)이] 物生(가살=물건) 이를 먹게 다스리어
3) 배통(腹)의 큰 것을 살리기(에) 있음[존재하는 것(=백성)] 物生(가살=물건) 이를 먹게 다스리어

이 3중의는 강조점이 각각 다르다. 1)에서는 '대상(사물)'을, 2)에서는 '먹게 하는 자(군신)'를, 3)에서는 '먹는 자(백성)'를 강조한다. 이 1) 2) 3)을 통합하면, [배통(腹)의 큰 것을 살리기(에) 있는 군신이, 배통(腹)의 큰 것을 살리기(에) 있는 物生(가살=물건을) 이를, 배통(腹)의 큰 것을 살리기(에) 있는 백성이 먹게 다스리어]의 의미가 된다. 결국, 군신도, 백성도, 물건도, 모두 배통(腹)의 큰 것을 살리기(에) 있는 것이 된다. 이 경우에 '배통(腹)의 큰 것을 살리기'는 '기아를 해결하는 정치'에 초점이 맞추어져 있다. 이 3중의는 권고의 텍스트에 소용된다.

이번에는 '정명론적(正名論的)인 정치'에 초점이 맞추어진 3중의를 보자.

4) 도리의 큰 것을 살리기(에) 있음(을)[존재하는 것(=도리)를] 生物(백성이) 이(도리의 큰 것)를 먹게 다스리어

5) 도리의 큰 것을 살리기(에) 있옴(이)[존재하는 것(=군신)이] 生物(백성이) 이(도리의 큰 것)를 먹게 다스리어
6) 도리의 큰 것을 살리기(에) 있옴[존재하는 것(=백성)] 生物(백성이) 이(도리의 큰 것)를 먹게 다스리어

이 3중의 역시 강조점이 각각 다르다. 4)에서는 '도리'를, 5)에서는 '먹게 하는 자(군신)'를, 6)에서는 '먹는 자(백성)'를 강조한다. 이 4) 5) 6)을 통합하면, [도리의 큰 것을 살리기(에) 있는 군신이, 도리의 큰 것을 살리기(에) 있는 도리 이를, 도리의 큰 것을 살리기(에) 있는 生物(백성이) 먹게 다스리어]의 의미가 된다. 결국, 군신도, 백성도, 이치도, 모두 도리의 큰 것을 살리기(에) 있는 것이 된다. 이 경우에 '도리의 큰 것을 살리기'는 '정명론적인 정치'에 초점이 맞추어져 있다. 이 3중의는 책난의 텍스트에 소용된다.

마지막 하나는 제7, 8구의 구문상의 중의(행간걸침, 도치, 명령적 의문법)이다. '爲尸知/홀디'는 구문상 제7구에 붙는 행간걸침인 동시에, 제8구의 맨 끝에 있는 시어를 제8구의 맨 앞으로 옮긴 도치로, 구문상의 중의를 형성한다. 또한 '爲尸知/홀디'의 의문은 의문으로 명령의 의미를 보여주는 명령적 의문법이다.

이상에 정리한 세 구문상의 중의는 다음과 같이 [현대역1: 권고의 텍스트]와 [현대역2: 책난의 텍스트]를 형성한다.

[현대역1: 권고의 텍스트]
임금은 아비여
신하는 사랑하실 어미여
백성은 어리한 아이라고 / 하실지?
백성이 사랑할 것을 알 것이다.
구리(배통/腹)의 큰 것을 살이기 때문에 있음 物生(가살)
이를 먹게 다스리어
 [1) 배통(腹)의 큰 것을 살리기(에) 있옴(의)[존재하는 것(=사물)의] 物生(가살=물건을) 이를 먹게 다스리어]
 [2) 배통(腹)의 큰 것을 살리기(에) 있옴(이)[존재하는 것(=군신)이] 物生(가살=물건) 이를 먹게 다스리어]
 [3) 배통(腹)의 큰 것을 살리기(에) 있옴[존재하는 것(=백성)] 物生(가살=물건) 이를 먹게 다스리어]
이 땅을 버리고서 어디에 가져 / 할지?

나라를 지키기를 알고다
　　(後句) 임금답게 신하답게 백성답게
　　해낼 것이면 나라 태평함이 있을 것이다.

[현대역2: 책난의 텍스트]
　　임금은 아비여
　　신하는 사랑하실 어미여
　　백성은 어리한 아이구나
　　백성이 사랑할 것을 알 것이다. 하실지?
　　理窟(도리)의 큰 것을 살이기 때문에 있음 物生(생물)
　　이(도리의 큰 것)를 먹게 다스리어
　　　[4) 도리의 큰 것을 살리기(에) 있음(을)[존재하는 것(=도리)를] 生物(백성이) 이
　　　　(도리의 큰 것)를 먹게 다스리어]
　　　[5) 도리의 큰 것을 살리기(에) 있음(이)[존재하는 것(=군신)이] 生物(백성이) 이
　　　　(도리의 큰 것)를 먹게 다스리어]
　　　[6) 도리의 큰 것을 살리기(에) 있음[존재하는 것(=백성)] 生物(백성이) 이(도리
　　　　의 큰 것)를 먹게 다스리어]
　　이 땅을 버리고서 어디에 가져
　　나라를 보존함을 알고다. 할지?
　　(後句) 임금답게 신하답게 백성답게
　　해낼 것이면 나라 태평함이 있을 것이다.

5. 결론

지금까지 향찰의 운용법에서 규범을 일탈한 표현들과 관련된 문제 향찰들을, 그중에서도 수사법과 연계된 문제 향찰들을 해독하였다. 그 내용을 요약한 다음에, 왜 향가에서 중의법들이 많이 나오는가를 당대의 시론적(詩論的) 측면에서 간단하게 정리하는 것으로 결론을 대신하고자 한다.

1) 향찰의 해독에 연계된 단일 수사의 은유에는 德海, 法雨, 無明土, 煩惱熱, 善芽, 衆生叱田, 菩提叱菓音, 覺月, 心音水, 善陵 등이 있다. 향찰의 해독에 연계된 단일 수사의 환유에는 藪, 功德叱身乙, 迷火隱乙 등이 있다. 향찰의 해독에 연계된 단일 수사의 제유에는 皃史, 虛物叱, 造物 등이 있다. 향찰의 해독에 연계된 단일 수사의 상징에는

蓬次가, 도치에는 '身語意業無疲厭 / 此良', '皆 佛體', '皆 佛體置' 등이, 반어에는 好尸가, 완서에는 '人米 無叱昆', '嫉妬叱 心音 至乃 來尸去', '他道 不冬 斜良只 行齊', '不冬 萎玉 內乎尸留 叱等耶' 등이 각각 있다. 이 수사들을 모를 때에 특히 이 중에서 비유들을 모를 때에 해독은 문자적 의미에 머물면서 문맥이 자연스럽지 못한 해독을 피하지 못한다.

2) 비중의적 복합 수사에는 다음의 것들이 있다.

(1) 〈모죽지랑가〉 제1구의 복합 수사(상징법, 생략법, 도치법, 제유법)
(2) 〈모죽지랑가〉 제5, 6구의 복합 수사(도치법, 생략법)
(3) 〈모죽지랑가〉 제7, 8구의 복합 수사(도치법, 생략법, 상징법)
(4) 〈제망매가〉 제4구의 복합 수사(은유적 직유, 명령적 의문법)
(5) 〈우적가〉 제5구의 복합 수사(희인/패러디, 추켜세우기)
(6) 〈우적가〉 제9구 '潽陵'의 복합 수사(은유, 패러디)

여러 수사법들이 함께 나온, 이 비중의적 복합 수사를 보여주는 부분들은 선행 해독들이 그 해독에서 어려움을 겪어온 부분들이다. 이 부분들의 해독이 난해했던 것은 이 비중의적인 복합 수사 때문이라고 판단한다.

3) 중의적 복합 수사에는 다음의 것들이 있다.

(1) 〈모죽지랑가〉 제4구의 구문상의 다의(동음이의어의 중의법, 다의어의 중의법, 생략법)
(2) 〈찬기파랑가〉 제2, 3구의 구문상의 다의(상징법, 상징법)
(3) 〈찬기파랑가〉 제9, 10구의 구문상의 다의(상징법, 은유법, 동음이의어의 중의, 도치법)
(4) 〈혜성가〉 제6구의 구문상의 다의(상징법, 동음이의어의 중의)
(5) 〈우적가〉 제10구의 구문상의 다의(환칭적 중의법, 완서법)
(6) 〈처용가〉 제1, 2구의 구문상의 동음이의(생략법, 행간걸침, 도치법)
(7) 〈제망매가〉 제9, 10구의 구문상의 동음이의(격어미의 생략법, 행간걸침, 도치법, 다의어의 중의법)
(8) 〈참회업장가〉 제1구의 구문상의 동음이의(격어미의 생략법, 동음이의의 중의법)
(9) 〈헌화가〉의 구문상의 중의와 복수의 텍스트(비유어의 중의법, 동음이의의 중의법, 환칭적 중의법)
(10) 〈서동요〉의 구문상의 중의와 복수의 텍스트(은유어의 중의법, 다의어의 중의법, 생략법의 중의법)
(11) 〈도솔가〉의 구문상의 중의와 복수의 텍스트(환칭적 중의법, 동음이의의 중의법, 생

략법의 중의법)
(12) 〈안민가〉의 구문상의 중의와 복수의 텍스트(행간걸침, 도치, 동음이의의 중의법, 생략법의 중의법 등등)

여러 수사법들이 함께 나온, 이 구문상의 중의(다의, 동음이의)를 보여주는 부분들 역시 선행 해독들이 그 해독에서 어려움을 겪어온 부분들이다. 이 부분들의 해독이 난해했던 것은 이 중의적인 복합 수사 때문이라고 판단한다.

이상과 같이 향찰의 운용법에서 보이는 규범을 일탈한 부분들은 거의가 문학, 특히 시가에서 구가하는 수사법과 연결되어 있다. 이 수사법을 모르고 향찰을 원만하게 해독을 한다는 것은 어불성설이다. 수사법 특히 비유법을 모르고 해독을 할 때에, 그 문자적 의미는 문맥을 비문법적인 것 같이 보이게 하기 때문이다. 그리고 중의법을 모르고 해독을 할 때에, 작가가 의도한 의미의 반이나 그 이하만을 이해하면서 작품의 올바른 해독에는 나아가지 못한다.

끝으로 왜 향가에서 중의법들이 많이 나오는가를 당대의 시론적(詩論的) 측면에서 간단하게 정리해 보자. 향가에 깊은 영향을 준 시론으로 둘을 든다면, 하나는 '其意甚高'에서 보이는 의격의 意, 즉 理趣이고, 다른 하나는 感天地動鬼神의 至誠論이다. 전자는 晉나라와 宋나라에서 유행한 시론으로, 작품의 주제 내지 내용인 理(도리, 사리, 이치)가 자연이나 인간사회에서 趣(격에 맞는 멋)를 얻어야 한다. 이때 이면적 주제나 내용인 理를 표면적인 자연이나 인간사회인 趣로 표현하려면, 중의법을 써야 한다. 그리고 감천지동귀신의 작품을 쓰면서, 여러 부류의 수용층을 모두 움직이려면, 여러 부류의 수용층에 각각 적합한 내용을 중의로 쓸 수밖에 없다. 이렇게 그 당시에 유행한 이취와 감천지동귀신의 시론을 이행하거나, 이에 맞는 작품을 선별하여 『삼국유사』에 수록하였다고 할 때에, 『삼국유사』에 수록된 향가에서는 중의법이 많이 나올 수밖에 없다.

잉여코드도 겸독한 문제 향찰

1. 서론

이 글에서는 잉여코드도 이차적으로 부차적으로 이용한 향찰들을 정리하고자 한다. 수사법 특히 비유법을 사용한 향찰들도 잉여코드를 사용한다고 할 수 있다. 그러나 비유법에서 사용된 잉여코드는 거의가 대등한 두 코드를 병립적으로 사용한 것이지, 일차적으로 사용한 기본적인 코드에, 이차적으로 잉여코드를 더하여, 부차적으로 계기적으로 사용한 것은 아니다. 이런 점에서, 이 글에서 쓰고 있는 잉여코드쓰기는 좀더 명확하게 말하면, '잉여코드의 부차적 계기적 쓰기'라고 말할 수 있다. 이 경우에 '잉여코드의 부차적 계기적 쓰기'는 독법(讀法)으로 보면 '잉여코드의 부차적 계기적 읽기'이며, 이 '잉여코드의 부차적 계기적 읽기'는 '잉여코드의 문맥적 읽기'라고 할 수 있다.

이 '잉여코드의 문맥적 읽기'를 구체적으로 논의하기에 앞서, 두 가지를 좀더 명확하게 하는 것이 필요하다. 하나는 이 '잉여코드의 문맥적 읽기'를 잘 보여주는 예를 향가가 아닌 다른 장르에서 명확하게 제시하는 것이다. 다른 하나는 이 '잉여코드의 문맥적 읽기'의 유형이다.

먼저 이 '잉여코드의 문맥적 읽기'를 잘 보여주는 예를 향가가 아닌 다른 장르에서 명확하게 제시하기 위하여, 한유(韓愈, 字는 退之, 號는 昌黎, 768-824)의 유명한 〈증동유(贈同遊)〉를 보자.

```
喚起窓全曙        부르짖어 일어나니 창이 온통 밝았고
催歸日未西        재촉하여 돌아가니 해가 지지 않았네
無心花裏鳥        아무 생각 없이 꽃밭의 새들은
更與盡情啼        다시금 더불어서 애 닳도록 우는구나.
```

이 작품은 위경지(魏慶之)가 『시인옥설(詩人玉屑)』에서 '용의정심(用意精深)'의 예

로 들은 유명한 작품이다.[11] 그런데 '잉여코드의 문맥적 읽기'를 고려하지 않고 옮긴 앞의 번역을 보면, 세 가지 의문을 품게 된다. 첫째는 '동유자(同遊者)'가 누구인지를 알 수가 없다는 것이다. 둘째는 제1구의 '부르짖어'(喚)의 주체가 누구이고, 제2구의 '재촉하여'(催)의 주체가 누구인지를 알 수가 없다는 것이다. 셋째는 '(잠을) 깨워'(覺, 醒)에 해당하는 위치에 왜 '부르짖어'(喚)를 썼느냐 하는 것이다. 이런 문제들 때문에 황정견(黃庭堅, 호는 山谷, 1045-1105)이 이 작품의 의미를 58세에 비로소 알게 되었는 지도 모른다.

이 문제들은 잉여코드의 문맥적 읽기를 고려할 때에 모두 해결된다. 바로 '喚起'와 '催歸'를 앞의 번역에서와 같이 일차적으로 '부르짖어 일어나니'와 '재촉하여 돌아가니'로 읽은 다음에, 이차적으로 이 '喚起'와 '催歸'의 잉여코드가 두 새의 이름이라는 사실을 황산곡과 같이 이해할 때에, 앞의 문제들은 모두가 해결된다. 즉 제1구에서 '喚起'를 잉여코드의 문맥적 읽기인 '새 喚起가'로 읽어 제1구를 "(새 喚起가) 부르짖어 일어나니 창이 온통 밝았고"로 읽고, 제2구에서 '催歸'를 잉여코드의 문맥적 읽기인 '새 催歸가'로 읽어 제2구를 "(새 催歸가) 재촉하여 돌아가니 해가 지지 않았네."로 읽으면, 앞에서 품었던 의문은 모두 해결된다. 즉 동유자는 새 '喚起'(=春喚)와 '催歸'(=子規鳥)이고, 제1구 '喚'(부르짖어)의 주체는 새 '喚起'이고, 제2구의 '催'(재촉하여)의 주체는 새 '催歸'이며, 제1구에서 '(잠을) 깨워'(醒, 覺)를 쓰지 않고 '喚'(부르짖어)을 쓴 것은 새 '喚起'를 잉여코드의 문맥적 읽기 위한 것이다. 이렇게 이 작품을 이해할 때에, '잉여코드의 문맥적 읽기'를 쉽게 이해할 수 있다. 이런 '잉여코드의 문맥적 읽기'는 한퇴지의 〈증동유〉와 같은 유형에 속한 최승로(崔承老, 927~989)의 시에서도 확인된다.[12]

---

11 〈증동유(贈同遊)〉(한퇴지)라는 시에, "부르짖어 일어나니 창이 온통 밝았고, 재촉하여 돌아가니 해가 지지 않았네. 아무 생각 없이 꽃밭의 새들은, 다시금 더불어서 애 닳도록 우는구나."라고 하였다. 황산곡이 말하기를, "내가 어릴 때 매번 이 시를 읊었으나 끝내 그 뜻을 이해하지 못했다. 스스로 협천으로 귀양 갈 적에 내 나이 58세였다. 이때가 늦은 봄이었는데 문득 이 시가 떠올라서 그제야 '환기'와 '최귀'가 두 새의 이름이라는 것을 알았다. 마치 아무 생각 없이 설정한 것 같기에 사람들이 깨닫지 못한 것이다. 옛사람이 작은 시에 뜻을 쓰는 것이 정묘하고 심오함이 이와 같으니, 하물며 큰 시에 있어서는 어떠하랴! 최귀는 두견새이며, 환기는 그 소리가 여치처럼 쟁반 위에 옥구슬이 구르듯이 매우 맑으며, 특히 봄날 아침에 울어 '춘환'이라고도 이른다."(贈同遊詩 喚起窓全曙 催歸日未西 無心花裏鳥 更與盡情啼 山谷曰 吾兒時 每哦此詩而了不解其意 自謫峽川 吾年五十八矣 時春晩憶此詩 方悟之喚起催歸二鳥名 若虛設故 人不覺耳 古人於小詩 用意精深如此 況其大者乎 催歸子規鳥也 喚起 聲如絡緯 圓轉清亮 偏於春曉鳴 亦謂之春喚。『詩人玉屑』卷6, 命意,〈用意精深〉).

12 무릇 시를 지으매, 뜻이 말의 바깥에 있어, 함축에 여유가 있어야 훌륭하다. 만약 어의(語意)를 드러냄에, 직접 말하여 품은 것이 없으면, 비록 그 사조(詞藻)가 굉려치미(宏麗侈靡)하더라도 시를 아는 사람은

이렇게 중국과 한국의 고전 한시에서 확인되는 '잉여코드의 문맥적 읽기'를 보여주는 향찰의 유형은 겸독의 양상에 따라 정리하면 다음의 여섯 양상을 보인다.

첫째는 전음독과 문맥적 의독의 겸독이다. 이런 양상은 의주음조의 규범을 일탈한 향찰들과 상용 향찰을 일탈한 향찰에서 보인다.

먼저 의주음조의 규범을 일탈한 향찰로는 念丁의 '念'(越), 以攴如攴의 '以'(迷), 逸留去耶의 '逸'(成), 閼遣只의 '閼'(知), 必于의 '必'(雖) 등이 있다. 이 향찰들은, 어두에서 의주음조를 지킨 괄호 안의 향찰을 일탈한 향찰들이다. 이 중에서 以攴如攴의 '以'(迷)를 예로 보면, 일차로 '以'의 음('이')을 이용하여 괄호 안에 있는 한자의 훈/의('입')의 '이'를 표기하였다. 그 다음에 이 향찰은 훈/의('말다')를 잉여코드로 이용하여, '(말려) 입돋/입ᄃ디'(말려 혼미하듯)에서와 같이, 향찰의 의미를 부차적으로 문맥에 보완하여, 정보용량의 극대화를 도모하였다. 이와 같은 앞의 향찰들은 전음독과 문맥적 의독을 겸독하고 있다.

다음으로 상용 향찰을 일탈한 향찰로 전음독과 문맥적 의독을 겸독한 예에는, 逸烏隱弟也의 '弟'(齊, 制), 毛達尸將의 '達'(冬), 身靡只의 '靡'(弋, 是/ㅣ), 逸良의 '逸'(伊), 爲事置耶의 '事'(賜), 普賢叱都의 '都'(刀), 明期의 '期'(支) 등이 있다. 이 향찰들은 규범적으로 상용하는 괄호 안의 향찰 또는 이두와 구결을 일탈한 것들이다. 이에 속한 향찰들은 일차로 그 음을 이용하여 괄호 안에 있는 한자들의 음을 전음독자(전음차제

진실로 취하지 않는다. 청하(淸河) 최승로(崔承老)의 시에 이르기를 "有田誰布穀 無酒可提壺 山鳥何心緖 逢春謾自呼"라 하였다. 사어(辭語)가 청절(淸絶)하고 의미(意味)가 심장(深長)하다. 자못 고인(古人)의 부비(賦比)의 체(體)를 얻었다. 옛날 한창려(韓昌黎)가 성남(城南)을 노닐면서 시를 지었는데, 이르기를 "喚起窓全曙 催歸日未西 無心花裏鳥 更與盡情啼"라 하였다. 산곡(山谷)이 이르기를 "환기(喚起)와 최귀(催歸)는 두 새의 이름인데, 허설(虛設)한 듯하여, 후인(後人) 다수가 깨닫지 못했을 뿐이다. 그러나 실은 미의(微意; 숨긴 뜻)가 있으니, 대개 창이 이미 완전히 밝았는데 새가 바야흐로 지저귀어 (나를) 깨워 일으키니, 어찌 그렇게 늦은가? 해가 아직 서쪽으로 기울지 않았는데 새가 이미 돌아옴을 재촉하니, 어찌 그렇게 이른가? 두 새가 무심하여 同遊者의 뜻을 알지 못하는가? 다시 나를 위하여 진정으로 울어서, 일찍 지저귀어 깨워 일으키고, 더디 재촉함이 옳겠다"라고 하였다. 이에 이른 후에야 비로소 창려(昌黎)의 시에 무궁(無窮)한 미(味)가 있음을 알았는데, 용의(用意)가 정심(精深)하다. 포곡(布穀)과 제호(提壺) 역시 모두 새의 이름이다. 청하(淸河)의 이 시는 한법(韓法)을 얻었다.(凡爲詩 意在言表 含蓄有餘爲佳 若語意呈露 直說無蘊 則雖其詞藻宏麗侈靡 知詩者固不取矣 淸河崔承老詩曰 有田誰布穀 無酒可提壺 山鳥何心緖 逢春謾自呼 辭語淸絶 意味深長 頗得古人賦比之體 昔韓昌黎遊城南作詩曰 喚起窓全曙 催歸日未西 無心花裏鳥 更與盡情啼 山谷云 喚起催歸 二鳥名 而若虛設 故後人多不覺耳 然實有微意 蓋窓已全曙 鳥方喚起 何其遲也 日猶未西 鳥已催歸 何其早也 二鳥無心 不同遊者之意乎 更爲我盡情而啼 早喚起而遲催歸 可也 至是然後 知昌黎之詩有無窮之味 而用意則精深也 布穀提壺亦皆鳥名 淸河此詩得韓法. 洪萬鍾, 『小華詩評』」)

자)로 표기하였다. 그 다음에 이 향찰들은 문맥적 의독자를 잉여코드로 이용하여 해당 향찰들의 의미를 부차적으로 문맥에 보완하여, 정보용량의 극대화를 도모하였다. 예로 爲事置耶의 '事'(賜)를 보자. 일차로 '事'의 음으로 '賜'의 음 '시'를 표기하였다. 이차로 '事'의 실의인 '배우다'를 이용하여 '(배워) ᄒ시두야'의 문맥적 의미를 보완하여 정보용량의 극대화를 도모하였다. 결국 전음독과 문맥적 의독을 겸독한 것이다.

둘째는 가의독과 문맥적 의독의 겸독이다. 이런 양상은 상용 향찰을 일탈한 다음의 향찰들에서 보인다. 이에 속한 향찰들은 慕呂의 '慕'(畵), 直體의 '直'(改), 秋察羅의 '羅'(伐), 嗚良尒의 '嗚'(叫), 曉留의 '曉'(新), 花乎白良의 '花'(古) 등에서와 같이, 규범적으로 상용하는 괄호 안의 향찰들을 일탈한 것들이다. 일차로 그 뜻을 이용하여 괄호 안에 있는 한자들의 뜻을 가의독자(가의차제자)로 표기하였다. 그 다음에 이 향찰들은 문맥적 의독자를 잉여코드로 이용하여 해당 향찰들의 의미를 부차적으로 문맥에 보완하여, 정보용량의 극대화를 도모한다. 예로 慕呂의 '慕'(畵)를 보자. 일차로 '慕'를 가의독자로 사용하여 '그려'의 '그리'를 표기하였다. 이차로 '慕'를 문맥적 의독자로 사용하여 '붓으로 [그리며(慕)] 그려'에서와 같이, 정보용량의 극대화를 도모하였다. 결국 가의독과 문맥적 의독을 겸독한 것이다.

셋째는 실의독과 문맥적 의독의 겸독이다. 실의독과 문맥적 의독의 겸독은 상용 향찰을 일탈한 乃兮의 '乃'(我, 吾)에서 보인다. 일차로 '乃'의 뜻을 이용하여 괄호 안에 있는 한자의 뜻을 실의독자(실의차제자)로 표기하였다. 그 다음에 이 향찰은 다른 뜻인 '너'을 문맥적 의독자로 표기하여, '(너와) 나여'에서와 같이, 부차적으로 문맥에 보완하여, 정보용량의 극대화를 도모하였다. 결국 실의독과 문맥적 의독을 겸독한 것이다.

넷째는 문맥적 의독과 동음이의적 음의독의 겸독이다. 이 겸독은 말음첨기를 일탈한 '慕人'에서 보인다. 일차로 '慕人'을 문맥적 의독으로 읽어 '그리는 사람'의 의미를 전달한다. 이때 왜 '慕'와 '人' 다음에 오는 말음첨기를 일탈하였느냐 하는 문제가 발생한다. 이는 '慕人'의 동음이의어인 '某人'(저, 나)의 잉여코드를 이용하여 '그리는 사람 (某人: 저, 나)'와 같이, 잉여코드의 의미를 부차적으로 문맥에 보완하여, 정보용량의 극대화를 도모한다. 결국 문맥적 의독과 동음이의적 음의독을 겸독한 것이다.

다섯째는 동음이의적 음의독(음의차용자, 한자)과 문맥적 의독의 겸독이다. 이런 양상은 상용 향찰을 일탈한 朗也의 '朗'(郎)에서와 같이, 규범적으로 상용하는 괄호 안의 향찰을 일탈한 것들이다. 일차로 그 음을 이용하여 괄호 안에 있는 한자를 동음이의적 음의독자(음의차용자, 한자)로 사용하여 '낭(郎)여'를 표기하였다. 그 다음에 이 향찰은 문맥적 의독자를 잉여코드로 이용하여, '(밝은) 낭여'에서와 같이, 해당 향찰의 의미를 부차적으로 문맥에 보완하여, 정보용량의 극대화를 도모한다. 결국 동음이의적 음의독(음의차용자, 한자)과 문맥적 의독을 겸독한 것이다.

여섯째는 환유법적 가의독과 문맥적 의독의 겸독이다. 이런 양상은 상용 향찰을 일탈한 '歎曰, 打心, 城上人, 病吟' 등에서와 같이, 감탄사의 표기에서 '阿也, 阿耶, 阿邪' 등으로 상용하는 규범자들을 일탈한 표기들이다. 일차로 그 환유법적 가의독자(가의차제자)인 '아라'로 감탄사 '아라'를 표기하였다. 그 다음에 이 향찰들은 뜻을 잉여코드로 이용하여 해당 감탄사 '아라'의 속성을 부차적으로 문맥에 보완하여, 정보용량의 극대화를 도모하였다. 예로 '歎曰'을 보자. 일차로 그 환유법적 가의독자(가의차제자)인 '아라'로 감탄사 '아라'를 표기하였다. 그 다음에 '歎曰'의 문맥적 의독인 '탄식하며 말하는'을 잉여코드로 이용하여, '(탄식하며 말하는) 아라'에서와 같이 해당 감탄사 '아라'의 속성을 부차적으로 문맥에 보완하여, 정보용량의 극대화를 도모하였다. 결국 환유법적 가의독과 문맥적 의독을 겸독한 것이다.

이렇게 이 글에서 해독하려는 향찰들은 모두가 말음첨기의 규범을 일탈하거나, 의주음조의 규범을 일탈하거나, 상용 향찰을 일탈하여 전경화를 꾀하고 있다. 이런 향찰들을 해독하면서, 우리는 전경화의 의도를 얼마나 이해하면서 해독을 하였을까? 거의 모든 해독들이 이 전경화의 의도를 인식하지 못한 상태에서 해독을 시도하였다. 단지 필자만이 이 전경화에 관심을 가지고 검토를 하여 왔다. 그런데 필자가 과거에 검토한 글들에는 적지 않은 오자, 연자, 누락자 등이 포함된 어구들도 적지 않아, 오해를 가져오기도 했다.

이에 이 글에서는 앞의 향찰들을, 특히 적지 않은 오자, 연자, 누락자 등을 수정한, 앞의 향찰들을, 문체론적인 입장에서, 왜 이 향찰들에서 규범을 일탈시켜서 전경화를 도모했나를, 잉여코드읽기라는 차원에서 다시 한번 정리하고자 한다.

2. 전음독과 문맥적 의독의 겸독

이 장에서는 기본적으로 전음독자(전음차제자)로 쓰인 향찰이 가지고 있는 문맥적 의독자의 잉여코드도, 겸독(兼讀)한 향찰들을 두 절로 나누어서 정리하고자 한다.

2.1. 의주음조를 일탈한 경우

의주음조를 일탈한 전음독자에서 문맥적 의독자를 잉여코드로 겸독한 예로는 念丁

의 '念'(越), 以攴如攴의 '以'(迷), 逸留去耶의 '逸'(成), 閼遣只의 '閼'(知), 必于의
'必'(雖) 등이 있다.

2.1.1. 念丁의 念

念丁(〈원왕생가〉)은 해독에서 상당히 엇갈리고 있다. '念丁'은 '으로, ᄉᆞ장, 넘뎌(넘어), 거쳐(지나)' 등으로 해독하고 있는데, 이는 거의가 〈정도사오층탑조성형지기(淨兜寺五層塔造成形止記)〉의 '念丁'을 해독한 'ᄉᆞ장'과 '넘져'를 따른 것이다.

그런데 우선 '으로'와 'ᄉᆞ장'은 그 해독의 원리에서 근거를 제시할 수 없다. 그리고 〈정도사오층탑조성형지기〉의 이두문 '同年春秋冬念丁 今冬石練已畢爲內旀'에 나머지 기왕의 '念丁' 해독들을 대입하고 나머지를 해독하면 문맥이 통하지 않는다. 즉 '같은 해 봄 여름 겨울 넘어(/지나) 지금 겨울에 돌 다듬기(를) 필해내며'로 해독되는데, 겨울을 지나 또는 넘어 어떻게 다시 지금 겨울에라고 말할 수 있는지 이해가 되지 않는다.

이런 점에서 '念丁'을 다시 해독하면 '념뎌'이고, 그 뜻은 '넘으며'(양희철 1997)라 할 수 있다. 이 뜻은 '넘뎌'(넘어, 김준영 1964)나 '넘뎌'(넘어, 남풍현 2018a)로 읽고 그 뜻을 '넘어'로 본 경우와 미세하지만 차이를 보인다. '念'은 전음독자로 보아 '념'이고, '丁'은 약음독자로 '뎌'이다. 이때 '뎌'는 동사 '디다(落)'의 어간과 행동 전제법 '-어'의 결합이 아니라, 조동사 또는 보조 동사 '디다'의 '디-'와 행동 전제법 '-어'의 결합이다. 이 '디-'는 '동작이나 상태가 이루어져 감'을 뜻하는 것이다. 이 해독의 결과를 앞의 이두문에 넣고 해독하면 그 뜻이 잘 통한다. 즉 '같은 해 봄 여름 겨울 거의 넘게 되어 지금 겨울에 돌 다듬기 필해내며'가 되어, 의미가 잘 통한다. 이렇게 볼 때에 '念丁'은 '넘뎌'(거의 넘게 되어)로 해독할 수 있다.

이외에도 '외오뎌'와 '스뎌'의 해독이 있다. '외오뎌'의 해독은 "'西方'은 念佛의 '南無阿彌陀佛'의 뜻이라 할 것이다"라는 모호한 조건을 전제로 한 해독이라는 점에서 따르기 힘들다.

'念丁'을 '넘뎌'(거의 넘게 되어)로 읽으면 해독의 근간은 해결된다. 그러나 아직도 의주음조라는 향찰의 운용법을 일탈한 문제가 남아 있다. 즉 '넘다'의 의미인 '越'을 쓰지 않고 전음독자를 쓴 것이 문제이다. 이는 '念'의 실의독 나아가 문맥적 의독 '잠깐'을 겸독하기 위한 것으로 판단한다.

이상과 같은 점에서, '念丁'을 '넘뎌 [잠깐(念)]'으로 읽고, 그 의미는 '거의 넘게 되어 (잠깐)'으로 정리한다. 이 해독은 "달하 본향여 서방 거의 넘게 되어 (잠깐) 가실 것이니"에서와 같이 정보용량의 극대화를 잘 보여주게 된다.

이 경우에, 잉여코드를 읽으면서 '[잠깐(念)]'에서와 같이 '[ ]' 안에 넣은 것은 이것이 잉여코드라는 것을 명확하게 하기 위한 것이고, '(念)'에서와 같이 '( )' 안에 향찰을 넣은 것은 잉여코드 '잠깐'이 이 '念'의 잉여코드라는 것을 밝히기 위한 것이다.

2.1.2. 以攴如攴의 以

'以攴如攴'(〈원가〉)의 해독은 '以'와 '攴'에서 상당히 혼효되고 있다.

'以'의 해독은 세 가지 양태를 보인다. 하나는 '以'를 전음독자 '이'로 보는 것이고, 다른 하나는 '以'를 동음이의적 가의독자 '-로'로 보는 것이며, 다른 하나는 '以'를 '止' 또는 '止'의 오자로 보아 '머믈-'로 해독한 것이다.

그리고 '攴'은 '支'의 속자설을 따라 '기'나 '히'로 해독하거나 지정문자로 처리하고 있다. 그런데 '攴'이 '支'의 속자라는 주장과 오자설, 그리고 지정문자설은 부정되므로, 이에 따른 해독들을 모두 버린다.

이렇게 처리하고 나면, 남는 것은 '以'를 '이'로 본 것만이 남아, 이것을 취한다.

'如'는 '둗/드디'으로 읽으며, '攴'은 '支'의 오자로 보아 'ㄷ/디'로 읽어, '以攴如攴'를 '입둗/입드디'(혼미하듯, 양희철 2013a:460)으로 해독한다. 이 해독에서 보여준 '如支'가 '둗/드디'로 쓰인 예는 구결에서도 확인된 것이며, 이 해독에서는 여실법의 문제를 구체적으로 비판하였다.

최근에 '몰의로디 다디'(모래의 신세와 똑같고도 똑같이, 남풍현 2017b)의 해독이 나왔다. 이 해독에서는 '몰의로디'의 '-디'를 여실법으로 보고, '如攴/다디'를 '多攴/다디'와 같은 것으로 본 다음에, "'多攴/다디'는 '똑같다'의 뜻을 나타내는 '多/다'와 '攴/디'가 중복된 것으로 '똑같음'을 더욱 강조하는 형용사"라고 역시 여실법으로 보았다. '攴'은 'ㅂ'의 표기이고, '支'는 '디/ㄷ'의 표기라는 연구와 여실법에 대한 비판을 참고한 다음에, 여실법을 재고하는 것이 필요해 보인다.

이렇게 '以攴如攴'를 '입둗/입드디'로 읽고 나면, 왜 상용 향찰 '迷'를 쓰지 않고, 의주음조의 규범을 일탈시켰는가가 문제 된다. 이는 '以'가 가지고 있는 '말다'(휘감다)의 의미도 잉여코드로 쓰기 위한 것으로 판단한다. 이를 계산하면, '以攴如攴'를 '[말려(以)] 입둗/입드디'로 해독하고, 그 의미는 '모래 (말려) 혼미하듯'으로 정리하게 된다. 이 해독은 "갈 물결에 모래 (말려) 혼미하듯"에서와 같이 정보용량의 극대화를 잘 보여준다.

2.1.3. 逸留去耶의 逸

逸留去耶(〈광수공양가〉 제4구)는 大海에 붙인 경우와 띄운 경우로 양분된다.

붙여서 읽은 해독들은 최근에 나왔다. '大海이루거라'(대해이로구나! 박재민 2002, 2013b)와 '大海이루거야'(대해이로구나, 김지오 2012)가 있다. 전자에서는 계경(契經)의 대구로 보아, '化'나 '成'의 의미를 부정하고, '-이루거라'는 '-이로구나!'의 선대형 정도로 보았다. 계경의 대구로만 보면, 이 주장이 설득력을 얻을 수 있다. 그러나 시적 화자를 보현보살이 아닌, 사부대중으로 볼 때에, 감내하기 어려운 내용이란 점에서 문제를 보인다.

逸留去耶를 大海에서 띄운 해독은 명령형, 감탄형, 의문형 등으로 3분 된다.

명령형에 속한 해독들은 '留'를 'ㄹ'로 읽은 해독과 '루'로 읽은 해독으로 다시 나뉜다. 전자에는 '일과라'(되거라, 오구라 1929)와 '일아라'(되어라, 이탁 1956)가 있다. '留'를 'ㄹ'로 읽는 것이 어렵다. 후자에는 대다수의 해독들이 해당한다. '일우거라'(일우어라, 신태현 1940; 황패강 2001), '일우가라'(이루거라, 김준영 1979; 강길운 1995), '이루가라'(이루거라, 양주동 1942; 지헌영 1947 등등), '이로가라'(이루거라, 신재홍 2000), '일우고야'(이루어라, 홍기문 1956) 등이 있다. 누구에게 하는 명령인지를 알 수 없는 문제를 보인다.

감탄형에 속한 해독들은 '耶'를 '라'로 읽은 경우와 '야'로 읽은 경우로 다시 나뉜다. 전자에는 '이루거라'(이루도다, 정열모 1947), '이루가라'(일겠도다, 김선기 1975b), 이루과라(이루도다, 김근수 1979), '이로가라'(이룰 것이로다, 유창균 1994), '일우거라'(일우도다, 금기창 1996a) 등이 있다. '-거라/가라'가 감탄형이라는 논거가 없다. 후자에는 '이루거야'(바다런가! 정열모 1965), '이루거야'(이루었네! 김완진 1980), '일우거야'(이루었네, 지형률 1996, 이루도다, 지형률 2007), '일오거야'(이루었네! 김유범 2010) 등이 있다. '-야'를 감탄형으로 보는 데는 문제가 없다. 그러나 이런 감탄을 시적 화자인 사부대중이 자기 체험으로 노래했다고 보기는 어렵다.

의문형으로 읽은 해독에는 '大海 逸로 가냐'(큰 바다에 멋대로 흘러 가느냐, 정창일 1987)가 있다. '耶'를 '냐'로 읽었다. 의문형을 빼고는 이해가 되지 않는 해독이다.

이렇게 선행 해독들은 문제를 보인다. '이루거야'(이루는가?)의 의문형으로 읽는다. 의문형으로 읽으면, 시적 화자는 물론 시적 청자에게 이렇게 공양하고 있는가를 확인하게 하여, 그렇지 못한 자신들을 반성하고 마음을 다잡게 한다. 이런 점에서 일차로 '이루거야?'로 읽는다.

문제는 '이루다'의 표기에는 作乎(〈모죽지랑가〉), 成遣(〈원왕생가〉), '海等 成留焉'

(〈보개회향가〉) 등에서와 같이 '作/成-'을 이용하였다는 것이다. 왜 의주음조를 살려 향찰 '作/成'으로 표기하지 않고, '逸'로 표현했느냐 하는 문제가 있다. 이는 '逸'을 기본적으로 '일-'의 표기에 쓴 다음에, 이 '逸'이 갖고 있는 잉여코드 '빠르다, 뛰어나다' 등도 이차적으로 이용한 것으로 판단한다. 이런 점에서 '大海 [빠르게/뛰어나게(逸)] 이루거야?'로 읽고 '대해를 (빠르게/뛰어나게) 이루는가'의 의미로 정리한다. 이 역시 정보용량의 극대화를 보여준다.

이는 향찰문학이 구비문학과 다른 점이다. 물론 구송될 때는 이 문자성이 상실된다.

2.1.4. 閼遣只의 閼

閼遣只賜立(〈참회업장가〉 제8구)의 해독은 띄어쓰기에서 '閼遣只賜立, 閼遣 只賜立, 閼遣只 賜立' 등의 세 유형을 보이며, 앞의 佛體에 붙이고 '佛體閼遣只 賜立'로 띄운 경우도 있다.

대다수가 '閼遣只賜立'의 띄어쓰기를 따랐다. 閼을 뜻으로 읽은 해독에는 '마기쇼셔'[13]와 '막곡시셔'가 있다. 閼을 음으로 읽은 해독에는 '알고샤셔, 알곡샤셔, 알곡시셔, 알고기시셔, 알고기시셔, 알격시셔, 알견샤셔, 알고디샤셔, 알오돈〈이' 등이 있다. '閼遣 只賜立'로 띄어 읽은 해독에는, '알고 기샤셔', '알겨 지샤셔', '알고 기시셔' 등이 있다. '閼遣只 賜立'와 '佛體閼遣只 賜立'로 띄어 읽은 해독에는 '알격 주시셔', '알곡 시셔', '알곡 쇼셔', '부톄엇것긔 줄셔' 등이 있다.

이렇게 다양하게 읽어온 기왕의 해독들에 대한 변증[14]을 하면서, '알곡 시셔'(알고 있으셔?)로 읽은 바(양희철 2015a:209-213, 380-381, 2015b:163-168)가 있다. 이 '알고 있으셔?'는 의문의 언표적 내용을 통하여, '알고 있으세요'의 명령의 언표내적 의미를 전달하는 명령적 의문문(양희철 2020:366)으로 읽은 바가 있다. '알고서 있으시게 하자'의 의미를 전달하는 명령적 의문문으로 수정한다.

여기에는 왜 知의 뜻을 쓰지 않고, 閼의 음을 이용하였을까 하는 문제가 있다. 이는 '알고서 있으셔'를 통하여 업장의 참회를 알고 계시게 하자는 의미를 1차로 전달하고, 나아가 알아주는 것에 머물지 말고, '(대조하며/대조하여) 알고서 있으셔'를 통하여 중

---

13 이 해독에서는 '閼'을 '막(防)-'으로 읽지 않고, '마기(證)-'로 읽고, '只'를 '以' 자의 오자로 정정하였다.
14 이 변증에서 참고하지 못한 해독의 형태에는 '알곡 쇼셔'(알아 주소서, 지형률 1996), '알고 기시셔'(알고 하시서, 알아 주소서, 지형률 2007), '막곡시셔'(막고 싶다, 최범영 2012) 등이 있다. 이 해독들을 포함해도 앞에서 정리한 변증의 결과는 마찬가지이다.

생의 참회를 대조하고 계시게 하자는 의미도 전달하기 위한 것으로 판단한다. 閼에는 '막다'의 의미가 있는데, 이 '막다'의 동음이의어인 고어 '막다'는 '따지다'와 '대조하다'의 의미[15]이다. 이는 잉여코드도 이용한 향찰문학의 특성이다. '(대조하며/대조하여) 알고서 있으셔'를 의미하는 '[대조하며/대조하여(閼)] 알곡 시셔'로 읽는다.

2.1.5. 必于의 必

必于(〈청불주세가〉 제2구)는 '곡두, 비록, 비루, 비룩, 빌우, 피루, 필우' 등으로 읽어 왔다. 당시음 '빌'과 분철을 살린 '빌우'(이탁 1956)가 일단 주목된다.

다음으로 왜 상용 향찰/한자 雖를 쓰지 않았는가의 검토가 필요하다. '雖于'로 표기를 하였다면, '비록' 즉 '아마도'의 의미만을 전달하게 된다. 그러나 '必于'로 표현하게 되면, '비록' 즉 '아마도'에, '필히, 반드시' 등의 의미를 더하게 된다. 우리가 가끔 표현하는 '아마도 반드시'와 같은 표현으로 판단한다. 정보용량의 극대화를 보여준다.

이런 점에서 '빌우 [반드시(必)]'로 읽고, 그 의미는 '비록 (반드시)'로 정리한다. 향찰 문학을 구송하거나 염송하면, '빌우(:아마도)'의 의미만을 전달하게 되고, '반드시'의 의미는 전달하지 못하게 된다.

2.1.6. 八切爾의 八

'ㅂ/브/바지-'계통의 해독들은 '부지런히'(勤)의 뜻으로 해독하고 있다. 그런데 '브-'의 경우는 '八'의 음에 '브'가 없으며, '바질-'의 경우는 중세어에도 없는 유형이고, 'ㅂ질-'의 경우는 '勤'의 의미가 아니라 '인색하다'(吝)의 의미라는 데에 각각 문제가 있다.

'붉-'계통의 해독들은 그 의미에서 '붉-'(明)으로 거의 통일되어 있다. 이 중에서 '切'(긋)의 뜻과 나머지 차제자의 음을 살린 '볼긋이'로 해독한다. 이때 문제가 되는 것은 왜 의주의 향찰 운용법을 취하지 않고, 그 차선책인 음조를 취했느냐 하는 문제이다. 말을 바꾸면 '붉-'만을 표기하려 했다면, '明'으로 표기하면 충분한데, 이를 버리고 '八'로 표기한 이유가 무엇이냐 하는 것이다.

---

15 "지븨 믈읫 잇ᄂᆞᆫ 빋쓴 거시라도 시가다이 마초아 마가 혜여도 잡말 말며 ᄒᆞ다가 빋 낸 사ᄅᆞ미 아모것도 마가 줄 것 업거든 보인ᄒᆞᆫ 사ᄅᆞ미 호은자 ᄀᆞᄅᆞ차 가프리라."[『번박』상:61, 在家應有直錢物件 照依時價 准折無詞 如借錢人無物准與 代保人一面替還. 무릇 값나가는 것이라도 시가대로 맞추어 {따져} 계산해도 잡말을 말며, 만일 빚 낸 사람이 아무것도 따져 줄 것이 없거든 신원을 보증한 사람이 혼자 대신해서 갚으리라.]의 '막다'는 '따지다'와 '대조하다'의 의미이다.

이는 일차로 '八'의 음으로 '불'을 표기하고, 이차로 '八'의 잉여코드 '갈라'도 쓰기 위한 것으로 판단한다. 이에 따라 '八切爾'를 '불긋이 [갈라(八)]'로 읽고, '발긋이 (갈라)'의 의미로 정리한다.

2.2. 상용 향찰을 일탈한 경우

상용 향찰(상용 이두와 구결도 포함)을 일탈한 전음독자에서 문맥적 의독자를 잉여코드읽기로 겸독한 예로는 逸烏隱苐也의 苐, 毛達尸將의 達, 身靡只의 靡, 逸良의 逸, 爲事置耶의 事, 普賢叱都의 都, 明期의 期 등이 있다.

2.2.1. 逸烏隱苐也의 苐

逸烏隱苐也(〈원가〉 제8구)의 逸은 한자 뜻인 '잃-'(失)로 읽는다. 苐也는 '졔요, 뎨여, 뎨야, 뎨라, 집이야, 데야, 디여, 뎌라, 데여' 등으로 다양하게 읽히고 있다. '-苐-'는 '-뎌-'로 읽는다. '也'는 실의차제자(실의독자)로 '여'로 읽는다.

여기에서 하나 유의할 것이 있다. 바로 '第'의 속자인 '苐'의 사용이다. '-(ㄴ)뎌'의 표기에 다른 곳에서는 '齊, 制, 底, 丁' 등을 사용하였으며, '苐'를 사용한 적이 없다. 『삼국유사』의 '齊'는 墮支行齊(〈모죽지랑가〉), 逐內良齊(〈찬기파랑가〉), 行齊敎因隱(〈원가〉) 등에서 나온다. 『균여전』의 '齊'는 禮爲白齊(〈예경제불가〉), 造物捨齊(〈참회업장가〉), 斜良只行齊(〈상수불학가〉), 悟內去齊(〈보개회향가〉), 他事捨齊(〈총결무진가〉) 등에서 나온다. 그리고 향찰 '制'는 讚伊白制(〈칭찬여래가〉)와 供爲白制(〈광수공양가〉)에서 2회 나오고, 향찰 '苐'는 逸烏隱苐也(〈원가〉)에서 1회 나온다.

이런 점에서 보면, 逸烏隱苐也의 '苐'는 규범을 벗어난 일탈로 전경화를 보여준다. 이 때문인지는 알 수 없지만, 해당구를 "누리 모두옛 잃온 第여"(세상 모두에 잊혀진 等第여, 박재민 2010)로 읽은 경우도 있다. '잃온'은 '잊혀진'의 의미가 아니다. 그리고 등제/등용의 약속은 왕과의 약속이지 세상 모두와의 약속이 아니다.

이런 점에서, 이 '苐'는 이 글을 읽을 왕에게만 암시하는 표현, 즉 잉여코드쓰기를 이용하여 정보용량을 극대화한 표현으로 처리해야 할 것 같다.

이에 따라 '[품평도(第)] 잃온뎌'로 읽고, 그 현대역을 '(품평도) 잃었구나'로 정리한다. '苐'의 음으로 '잃온뎌'의 '뎌'를 일차로 표기하고, '第'의 훈/의 '품평' 또는 '차례'(=순서의 구분에 따라 돌아오는 기회)을 이차적으로 잉여코드로 썼다고 본 것이다. 이는 배경설화에 나온 "王卽位 賞功臣 亡忠而不第之"의 '第'(품평 또는 차례)를 바라는 마음의 암시적 표현으로 보인다.

2.2.2. 毛達尸將의 達

毛達只將(〈우적가〉 제1구)의 '只'는 유사자 '尸'의 오자이다. 그리고 毛達尸將의 毛達은 毛冬에 비견되는 향찰이다. 흔히 쓰는 규범의 毛冬을 毛達로 일탈시켜 전경화를 꾀한 표현이다. 이 전경화의 의도는, 達의 음으로 '모둘'의 '둘'을 일차로 표기하고, 이차적으로 達의 뜻인 '훤하게 알다'를 잉여코드로 사용한 것으로 보인다. 이를 계산하면, 毛達尸將은 '[훤하게(達)] 모둘아'로 읽고, 그 뜻은 '(훤하게) 알지 못하여'로 정리한다. 잉여코드는 부차적이라는 점에서 괄호 안에 넣었다. 이 해독은 "(원각묘심의) 자기 마음의 즛(모양)을 (훤하게) 알지 못하여 오던 날"의 문맥에서 보듯이, 정보용량의 극대화를 잘 보여준다.

2.2.3. 身靡只의 靡

身靡只(〈상수불학가〉 제5구)는 '身靡只, 身 靡只, 身靡 只' 등으로 떼어 읽어왔다.

身靡只의 경우에는, 靡의 벽훈인 '없다'(無)를 이용하여 '몸업시'(오구라 1929), '몸읍기'(김선기 1975a), '몸없기'(김선기 1993) 등으로 읽은 경우와, 只를 句讀을 위한 虛字로 보고, '모미'(양주동 1942; 김준영 1964 등등)로 읽은 경우가 있다. 이 허자설의 한계를 극복하려는 노력은 여섯 방향에서 모색되었다.

첫째는 '身 靡只'로 띄우고 靡의 훈인 '쓰러지다'를 이용하여 '몸 쓰르뎌'(신태현 1940), '몸 싀여져'(정열모 1965), '몸 쁘러디악'(박재민 2013b) 등으로 읽은 방향이다. 靡를 '쓰러지-'로 읽을 수는 있다. 그러나 '只'를 '어'나 '악'으로 읽을 수 없는 문제를 보인다.

둘째는 '몸아/身摩(〈靡)只'(이탁 1956)나 '몸/身 굵/靡只-'(신재홍 2002)으로 읽은 방향이다. 靡를 摩로 보는 것이 쉽지 않고, 靡를 '굴'이 아닌 '굵'으로 읽는 것이 쉽지 않다.

셋째는 只를 '기'로 보고, '모미기/身靡只'(몸이야, 홍기문 1956, 몸이, 류렬 2003)로 읽은 방향이다. 이 해독에서는 강세의 의미를 보여주지만, 只를 'ㄱ'이 아닌 '기'로 읽은 문제를 보여준다.

넷째는 身靡只를 '모믹'(김준영 1979; 김완진 1980 등등)으로 읽은 방향이다. 이 해독에서는 셋째 방향의 해독이 보여준 문제를 해결하였다. 그러나 'ㄱ'이 강세 첨사라는 논거를 제시하지 않았다.

다섯째는 '身靡 只'로 띄우고, '모미 다못'(정열모 1947)이나 '모미 오직'(유창균 1994)으로 읽은 방향이다. '모미 오직'의 해독에서는 'ㄱ'이 강세 첨사라는 논거를 제시하지 않았기 때문에, "주격조사 다음에 강세접미사 'ㄱ'이 첨가된다는 것은 생각하기 어렵다."고 비판하였다. 그러나 이 문제는 여섯째 해독에서 해결된다.

여섯째는 '몸익'(몸이야 말로, 강길운 1995, 몸이라, 지형률 2007)으로 읽은 방향이다. 강길운은 홍기문이 '모미기'로 읽으면서 인용한 이두 '身㐌只'의 '㐌只'와 같은 '祖父母㐌只'의 '㐌只'를 예로, '익기'가 '익'이 되었다고 설명하였다. 주격 '이'와 강세접미사 'ㄱ'이 결합된 '익'이 붙은 '모믹'(몸이야)으로 읽는다. 지형률의 경우는 '익'을 인용격형으로 보기도 하였다.

이두의 '㐌只'나 구결의 'ㆎㅅ'와 다르게, 靡只를 사용한 것은 문체적 일탈을 통한 전경화로 보인다. 이는 먼저 靡의 음으로 '몸+이〉모믹'의 '미'를 표기하고, 부차적으로 靡의 의미 '쓰러지다'를 잉여코드로 이용하여 정보용량의 극대화를 꾀한 것이다. 이에 '몸익 [스러지어(靡)]'로 읽고 '몸이 (쓰러지어)'의 의미로 정리한다.

2.2.4. 逸良의 逸

'沙音賜焉 逸良'(〈항순중생가〉 제2구)의 해독은 우선 '沙音'-을 '삼다'(爲)와 관련시킨 경우와 다르게 읽은 경우로 나눌 수 있다.

후자에는 '-사 옮샤는일야', '-사 음샤니라', '샘 주안이라', '사름산 일라' 등이 있는데, 의미 있는 해독들은 아니다.

전자인 '沙音'-을 '삼다'(爲)와 관련시킨 경우에는 다시 '-焉逸良'을 어떻게 읽었느냐에 따라 '-니라', '-ㄴ 이라', '-ㄴ 이어', 기타 등으로 나눌 수 있다.

기타에는 '삼샤ㄴ니라'(신태현 1940)와 '사ᄋᆞ드언 逸얼'(정창일 1987)이 있다. 의미 있는 해독은 아니다.

'-니라'로 읽은 해독은 '삼샤니라'(삼으시는도다, 지헌영 1947)와 '사ᄆᆞ샤니라'(삼으니라, 홍기문 1956) 이래로 적지 않다. '니'를 표기할 수 있는 한자가 없어서 焉과 逸로 '니'를 표기했다고 보기는 어렵다.

'-ㄴ 이어'로 읽은 해독은 '삼(으)신 이어'(삼으신 것이어서, 김지오 2012)에서 보인다. 良을 '어'로 읽는 것이 쉽지 않다.

'-ㄴ 이라'로 읽은 해독은 '사ᄆᆞ샤니라'(양주동 1942)의 해독 이후에 주류를 이룬다 이 해독에서는 '이'를 인칭추상대명사(의존명사)로 보았다. 표기에 없는 'ㆍ'를 첨가한 문제와 '賜'를 '샤'로 읽은 문제를 보인다.

표기에 없는 'ㆍ'를 첨가하지 않고, 賜를 '시'로 읽고, 焉을 '온'으로 읽어서, '沙音賜焉 逸良'을 '샴시온 일아' 또는 '샴시온 이라'로 읽는다. 그 의미는 '삼으시온 분이므로, 삼으시온 분이기 때문에'이다. '삼-'을 '爲音-'으로 표기하지 않은 이유는 '삼-'과 '함-'을 구분하기 위한 것으로 본다.

逸의 문체적 특성은 좀더 논의를 필요로 한다. 의존명사 '이'의 표기에는 '得賜(尸)伊馬落'(〈수희공덕가〉)과 '爲賜隱 伊留兮'(〈상수불학가〉)에서와 같이 '伊'를 쓴다. 그런데 이곳에서는 이를 일탈하여 '逸'로 쓰면서 전경화를 도모하고 있다. 이는 일차로 '逸'의 음을 이용하여 '이라'의 '이' 또는 '일'을 표기하고, 이차로 '逸'의 의미인 '빼어나다'를 잉여코드로 사용하여 정보용량의 극대화를 꾀한 것으로 판단한다.

이에 따라 逸良을 '[빼어난(逸)] 이라'로 읽고, 그 의미는 '(빼어난) 분이라'로 정리한다.

2.2.5. 爲事置耶의 事

爲事置耶(〈보개회향가〉 제8구)의 '事'는 김완진(1980)의 '시'가 김선기(1993)와 유창균(1994)으로 이어지면서, 거의 확정적이다. 이 주장들은 이 事의 한국음이 '시'였다는 점을 논증하지 못하였는데, 한국 한시(이규보의 작품 등)에서 '시'로 압운되어 있고, '止'섭 3등의 '寘'운에 속한 한자들의 운이 '이'라는 점을 정리한 글(양희철 2015a: 156-162)에서 보완되었다.

이 해독에 대하여 事가 '-시-'로 읽힌 예가 없다는 문제를 제기할 수 있다. 이 문제는 세 가지 측면에서 해결이 가능하다.

첫째는 '然叱 爲-'나 '然叱爲-'의 주체가 누구냐 하는 측면이다. 이 주체는 분명 부처와 보살이다. 이런 부처와 보살을 주체로 하는 문장에서 '-시-'를 쓰지 않았다고 보기는 어렵다.

둘째는 爲尸如(〈항순중생가〉)의 측면이다. 이 爲尸如의 행위 주체 역시 부처이다. 이로 인해 '尸'를 '-시-'가 아닌 다른 것으로 읽을 수 없다. 이 '尸/시' 역시 '-시-'에는 처음으로 쓰인 예이다. 이 예로 보아, 事가 '-시-'로 쓰인 예가 없다는 측면에서 부정하기는 어렵다.

셋째는 事를 '일'로 읽은 해독들의 문제이다. 事를 '일'로 읽은 해독들은 오구라와 신태현 이래로, 모두가 '爲' 다음에 'ㄴ' 또는 '온'을 첨가하고, '事/일' 다음에 '이'를 첨가하였다. 한 글자도 아닌 두 글자를 첨가하여 해독하는 것이 쉽지 않아 보인다.

이렇게 爲事置耶를 'ㅎ시두야'로 읽는 것은 거의 확정적이다. 그런데 이 해독에 하나의 문제를 제기할 수 있다. 왜 상용 향찰인 '-賜-' 대신에 '-事-'를 썼느냐 하는 것이다. 이는 일차로 문맥에 기본적인 '-시-'를 事의 음으로 표기하고, 이차로 '배우다'의 의미를 잉여코드로 사용하여 정보용량의 극대화를 도모한 것으로 보인다.

이런 점에서 爲事置耶를 '[배워(事)] ᄒᆞ시두야'로 읽고, '(배워) 하시도다'의 의미로 정리한다.

2.2.6. 普賢叱都의 都

普賢叱(〈총결무진가〉 제9구) 다음에는 '都'가 누락되어 있다. 이 누락자를 첨가한 普賢叱都의 '都'는 일차적으로 '普賢叱都/보현실도'의 '-도'의 표기로 쓰고, 이차적으로 이 '都'는 잉여코드 '모두'도 이용한 것으로 보인다. '-도'는 균여의 향가에서 刀를 이용한 至刀(〈수희공덕가〉)와 佛體刀(〈보개회향가〉)에서 2회 나오고, 都는 普賢叱都에서 1회 나온다. 佛體刀의 '刀'와 普賢叱都의 '都'를 언어의 경제 원칙이라는 측면에서 보면, 후자는 일탈로 볼 수 있다. 물론 빈도로 보아도 都가 일탈이다. 이는 잉여코드쓰기를 통하여 정보용량의 극대화를 추구한 것으로 보인다.

이에 따라 普賢叱都를 '보현실도 [모두(都)]'로 읽고 '보현의 일도 (모두)'의 의미로 정리한다. 이 해독은 "보현의 일도 (모두) 마음에 가바(차: 가득하게 되어)"의 문맥에서와 같이 정보용량의 극대화를 보여준다.

2.2.7. 明期의 期

明期(〈처용가〉 제1구)의 '期'는 '붉기'의 명사형 어미 '-기'이다. 이 명사형 어미 '-기'의 표기에는 '攴'를 상용한다. 그런데 明期의 '期'를 일탈하였다. 이는 '期'의 음을 이용한 전음독의 '-기'로 '붉기'의 '-기'를 일차로 표기하고, 이차로 '期'의 뜻인 '알맞다'를 잉여코드로 이용하여, '동경(이) 밝기(에) (알맞게) 달에 노니다가'와 '동경(이) 달에 밝기(에) (알맞게) 노니다가'에서와 같이 정보용량의 극대화를 도모한 겸독으로 보인다. '明期'를 '붉기 [알맞게(期)]'로 읽는다.

3. 가의독과 문맥적 의독의 겸독

이 장에서는 기본적으로 가의독자(가의차제자)로 쓰인 향찰이 가지고 있는 문맥적 의독자의 잉여코드도 이용한 향찰을, 慕呂의 慕, 直體의 直, 秋察羅의 羅, 鳴良尒의 鳴,

曉留의 曉, 花乎白良의 花 등으로 나누어 정리하고자 한다.

3.1. 慕呂의 慕

'慕呂 白乎隱'(〈예경제불가〉)은 많은 해독들이 慕呂白乎隱로 붙여서 읽었다. 이 경우에 문제가 되는 것은 '呂'의 음이 '이'(오구라 1929)나 '리'(양주동 1942)가 아니라는 점에 있다.

이 문제를 극복하고자 제시된 '呂'의 해독은 '고로삷온'(김선기 1993)의 '로'와, '그려 슐호는'(정창일 1987)과 '그려 슬본'(강길운 1995)의 '려'이다. 전자는 '기로/고로'가 중세어로도 유추가 어려운 형태이다. 후자에 속한 '그려 슐호는'(그려서 사뢰는)과 '그려 슬본'(그리워하여 사뢴)의 해독에서는 '呂'의 음의 문제를 일단 해결하였다. 이 해독을 취하되, '慕呂 白乎隱'의 띄어 읽기와 분철을 살려, 일단 '그려 숣온'(양희철 2013a)으로 읽는다.

筆에 '畵(그려)'를 연결하지 않고, '慕(그려)'를 연결한 것을 양주동(1942:676)은 '亦一訓借法'이라고 했다. 왜 筆에 慕를 썼는가에 관심을 가진 것은 분명하지만, 그 의미를 읽어내지는 못한 것 같다. 이 표현은, '畵(그려)'의 기본 의미를 '慕'의 뜻(그리다)과 동음이의어의 관계에 있는 '畵(그려)'를 가의독자(가의차제자)로 전달하고, 이 기본 의미에 부차적인 '慕(그리며)'의 의미를 잉여코드인 문맥적 의독자로 표현한 것으로 보인다.

이 표현은 이 작품이 문자문학의 성격을 가지고 있음을 잘 보여준다. 암송 또는 염송될 경우에는 문자성을 살릴 수가 없다. 즉 암송에서 '그려'는 '畵/그려'를 의미하지만, 문자문학에서는 '[그리며(慕)] 그려(畵)'의 의미를 보여준다. 잉여코드를 괄호 안에 넣어 '[그리며(慕)] 그려(畵)'로 해독한다.

3.2. 直體의 直

'直體 良焉 多衣'(〈광수공양가〉 제2구)에 대한 기왕의 해독들을 변증하면서, '곧텨 알언 드의'(고쳐 좋은 곳에, 양희철 2008a:215-221)로 읽은 바가 있다. 『천자문』(광주판)에서 보이는 '良'의 훈 '알', "알온 거스란 그 아오물 므더니 너기고(長者란 任其長ᄒ고)(『금강경삼가언해』(4:25))"의 '알', '알짜, 알속, 알맞다, 아름답다' 등의 '알' 등에 근거해, 한자 '良'의 훈을 '좋-'의 의미인 '알-'로 잡았다. 이 해독에서 참고하지 못한 해독들[16]은, '直'의 훈 '곧', '体'의 음 '텨', '良'의 훈 '알-', '焉'의 음 '언, 온', '多'의 음 'ᄃ', '衣'의 음 '의' 등을 만족시키지 못하며, 해독과 그 현대역이 형태소 차원에서 거의 상응/일치하지 않는다. 이에 앞에서 제시한 '곧텨 알언 ᄃ의'(고쳐 좋은 곳에)에서 '알언'을 '알온'으로 수정한다.

'고쳐'의 의미만을 전달하려 한다면, 실의독자에서 쓰는 '改'를 썼을 것이다. 그러나 '直體/곧텨'에서는 가의독자(가의차제자)로 '直'을 이용하였다. 이는 잉여코드도 이용하여 정보용량의 극대화를 꾀한 것으로 판단한다. 改體로 '고텨'를 표기하면, '고치다'의 의미만을 보여준다. 그러나 '直體/곧텨'는 기본적인 의미 '고치다'에 부차적인 의미 '곧게/바르게'라는 정보까지를 더하고 있다.

'[곧게/바르게(直)] 곧텨'로 읽고, '(곧게/바르게) 고쳐'의 의미로 정리한다.

이 표현 역시 향찰문학의 특성이다. 만약 구송하거나 염송하면 '곧게/바르게'의 의미는 나타나지 않는다.

3.3. 秋察羅의 羅

'秋察羅 波處也'(〈청전법륜가〉 제10구)의 초기 해독에서는 그 상당수가 '秋察羅 波處也'로 띄우고, 羅를 'ᄀ줄/ᄀ술'의 '-ㄹ'로 읽었다. 이 해독의 문제를 인식한 그 후의 해독들은 秋察羅波處也의 띄어읽기에서 다섯 유형을 보인다.

첫째는 '秋察 羅 波處也'로 띄어 읽은 유형으로, 'ᄀ슬철 깁 바치라'(가을철 비단 밭이라, 정열모 1965)와 'ᄀ술 고ᄅ 바둘이라'(가을 빛은 비단같이 넘실거리는 바다로구나, 유창균 1994)의 두 해독이 있다. 羅를 '깁'과 '고ᄅ'로 읽으면서, 波處를 '바치'와 '바둘'로 읽었다. 의주음조나 훈주음종으로 보아, '田'이나 '海'를 쓰지 않은 이유를 설명하기 어렵다.

둘째는 '秋察 羅波處也'로 띄어 읽은 유형으로, 'ᄀ술 라봊디여'(가을 즐겁도다, 김완진 1980)와 'ᄀ술 羅波處여'(가을 羅波處라, 청전법륜이 이루어진 '波羅奈', 김지오 2012)의 두 해독이 있다. 전자에서는 "그 어간을 '라봊-', '나봊-'로 잡아 '羅波處也'로

---

16 '고티란대'(돋우건대, 김근수 1979), '고톄려연다옷'(바로 잡으려 할라치면, 정창일 1987), '고티란디'(고치노라니, 지형률 1996), '고티언 다이'(고친 바에, 지형률 2007), '디티언대'(피우오니, 박재민 2013), '고티란다히'(고치라 한다면, 류렬 2003), '고텬 다이'(고칠 때에, 김유범 2010), '고티안 다이'(고칠 때에, 김지오 2012) 등이다.

써 '즐겁도다'를 의미하는 것이라"(김완진 1980:187)고 보았다. 의주음조나 훈주음종을 벗어났고, 處也를 '도다'와 연결하는 것도 쉽지 않다. 후자에서는 羅波處를, 부처님의 초전법륜이 일어났던 羅波奈(『화엄경행원품소초』 4권)일 수 있다고 보았다. 그러나 이 작품에서 전법륜이 있기를 바라는 장소(羅波處)와 부처님의 초전법륜이 일어났던 장소(羅波奈)는 별개로 보인다.

셋째는 '秋察 羅波 處也'로 띄어 읽은 유형으로, 'ᄀ숣 랍아 지여'(가을 즐기어 지라, 지형률 2007), 'ᄀ술 납 곧여'(가을 즐거운 곳이여, 이건식 2012), 'ᄀ술 羅波 處여'(달 밝은 가을 청량한 곳이여, 박재민 2013b) 등의 세 해독이 있다. 羅波를 '랍아'(羅/라+波/바)와 '납'(羅/나+波/ㅂ)으로 읽은 해독들은 크게 보면, 김완진의 해독과 같이 본 것으로, '樂'을 이용하지 않아, 의주음조나 훈주음종을 벗어난 문제를 보인다. 마지막 해독에서는 羅波를 '청량한'으로 보았다. 두 어휘가 어떤 점에서 연결되는지를 좀더 보완하기 전에는 설득력이 부족해 보인다.

넷째는 '秋察羅波 處也'로 띄어 읽은 유형으로, 'ᄀ술라ᄫ 곧야'(가을 같은 곳이여, 가을다운 곳이여, 신재홍 2000)의 해독이 있다. 이 '-랍-'은 '-롭-'의 이형태로, 현대역에서 보이는 '같은'이나 '-다운'의 의미와는 다른 의미이다.

다섯째는 '秋察羅 波處也' 또는 '秋察羅 波 處也'로 띄어 읽은 유형으로, 다섯 해독이 있다. '가사래 바쵸라'(가을에 밭이라, 김선기 1993), 'ᄀ술라(羅) 바티여'(가을이라 밭이여, 양희철 1988), 'ᄀᄉ라 바티라'(가을 밭이라, 류렬 2003), 'ᄀᄉ라 波 處야'(가을이라 최고의 곳이야, 정창일 1987), '가줄벌 믈결치여'(수확물을 거두어들임의 벌판이 물결치여? 양희철 2020) 등이다. '바쵸라, 바티여, 바티라' 등을 포함한 해독들은 밭을 '田'으로 표기하지 않은 문제를 보인다. '波 處야'(최고의 곳이야)의 해독은 波를 '波羅末陀'(완전히 해탈된)를 種子呪로 표현한 것이라고 주장하였는데, 이런 용례를 제시하기 전에는 이해가 되지 않는다.

'가줄벌 믈결치여'[수확물을 거두어들이는(/거두어들임의) 벌판이 물결치여? 양희철 2020]의 의미를 약간 수정한다. 즉 '가을(의) (비단) 벌판 물결치여?'의 의미로 수정한다. '벌'을 '伐, 原伐, 野伐. 原乙, 野乙' 등으로 표기하지 않고 가의독자(가의차제자)의 '羅/벌'로 표기한 것은 의도적인데, 이는 '비단'의 의미를 잉여코드로 활용하기 위한 것으로 판단한다. 이에 'ᄀ줄 [비단(羅)] 벌'로 읽고, 그 의미는 '가을의 (비단) 벌판'으로 정리한다. 이 잉여코드쓰기 역시 향찰문학의 특성이며, 구송이나 가창에서는 상실된다.

그리고 이 의문문은 '가을(의) (비단) 벌판이 물결치여?'의 의문문을 통해 '가을(의) (비단) 벌판이 물결치게 하자'의 명령적 의미를 전달하는, 명령적 의문문으로 판단한다

(양희철 2020:366-367).

3.4. 鳴良尒의 鳴

鳴良尒(〈청불주세가〉 제3구)의 해독 역시 난해하다. 鳴을 '울'로 읽은 경우와 鳴의 오자로 읽은 경우로 나뉜다.

鳴의 오자로 본 경우에는 '올이, 오라며, 올여, 오랑이, 올아금' 등이 있다. 이 오자설은 양주동(1964)이 오자설을 취소하고 '울여곰'으로 수정하여 읽으면서, 한 단락을 마무리하였다.

나머지 해독들은 鳴을 '울다(泣哭), 울리다, 우럴다' 등으로 읽고, 尒를 '니, 이, 금/곰, 며' 등으로 읽었다. 이 중에서 鳴의 뜻은 '울다'와 '울리다'라는 점에서, '우럴다'는 뜻을 벗어나 있다. 尒를 기준으로 3분을 할 수 있다.

첫째는 '니, 이' 등으로 읽은 경우이다. '울니니'(소리를내니, 오구라 1929), '울안이'(우럴으니, 이탁 1956), '우러니'(받드니, 정열모 1965), '우라니'(울으니, 김선기 1975a) 등이 이에 속한다. 이 해독들은 바로 이어지는 "世呂中 止以(賜)友 白乎等耶"와의 연결에서 문제를 보인다. 이 문제를 인식하여 '우러니'(울리며, 류렬 2003)에서는 '尒'를 '니'로 읽은 다음에 현대역에서는 해독에서 볼 수 없는 '-며'를 제시하였다. 해독과 현대역이 형태소 차원에서 상응/일치하지 않는 문제를 보인다.

둘째는 '금, 곰' 등으로 읽은 경우이다. '울이아금'(울리아, 신태현 1940), '울어곰'(울려서, 김완진 1980), '우라곰'(소리나게 쳐서, 유창균 1994), '울어금'(울리어서/울려서, 지형률 2007), '울어곰'(울려서, 황패강 2001) 등이 이에 속한다. 이 해독들 역시 바로 이어지는 "世呂中 止以(賜)友 白乎等耶"와의 연결에서 문제를 보인다. 이 문제를 인식하여, '울야곰'(울려울려 즉 손벽치며, 강길운 1995), '울어곰'(울면서, 지형률 1996), '우러곰'(울면서, 박재민 2013b), '울어곰'(울면서, 김지오 2012) 등에서는 '尒'를 '곰'으로 읽은 다음에 현대역에서는 해독에서 볼 수 없는 '-며, -면서' 등을 제시하였다. 해독과 현대역이 형태소 차원에서 상응/일치하지 않는 문제를 보인다.

셋째는 '며'로 읽은 경우이다. '울아며'(소리내며, 홍기문 1956), '울아며'(울며, 김선기 1993), '우러며'(울며, 정창일 1987), '우라며'(울리며, 신재홍 2000) 등이 이에 속한다. 이는 '尒'이 '旀'의 반자, 즉 약자(홍기문, 정창일 등등)로 보거나, 오자 또는 약자(김준영)로 본 것이다. 문맥에는 부합하지만, '尒/尒'를 '旀'로 볼 수 없는 문제를 보인다.

이렇게 선행 해독들은 문제를 보인다. 이 문제를 해결하기 위하여, 일차적으로 鳴을

'울'로 읽되, 실의독자(실의차제자)가 아니라 가의독자(가의차제자)로 본다. '울'에는 두 가지 의미가 있다. 하나는 泣哭의 '울'이고, 다른 하나는 '叫, 呼, 喚' 등의 뜻인 '울'(=부르짖-)이다. 이 '울'(=부르짖-)은 "큰 기쁨이나 슬픔, 고통 따위의 격한 감정을 억누르지 못하여 소리 높여 크게 떠들다."나 "어떤 주장이나 의견 따위를 열렬히 말하다."의 의미를 가진 '우르다'의 '우르-'가 모음 앞에서 축약된 형태이다. 예문은 『이조어사전』의 '울다'(부르짖다)조와 '우르다'(부르다, 부르짖다)조에 정리되어 있다. 이 '우르-'의 '울-'을 적용하여 '울아금'(부르짖어곰)으로 읽으면, 이 해독은 바로 이어지는 "世呂中 止以(賜)友 白乎等耶"와의 연결에도 문제가 없다.

그리고 이 경우에 '叫, 呼, 喚' 등의 훈인 '울-'(=부르짖-)을 직접 이용한 실의독자(실의차제자)를 쓰지 않고, '鳴'을 이용한 것은, 鳴의 또 다른 뜻인 '울리다'를 잉여코드로 이용하려고 한 것으로 판단한다. 이 시어가 전달하려고 한 의미는 "어떤 주장이나 의견 따위를 열렬히 말하다."의 의미인 '울-'(=부르짖-)에 수용자(시적 독자/청자)를 '울리는'의 의미가 더해진 것으로 판단한다. 즉 "(수용자를 울리도록) 부르짖어(어떤 주장이나 의견 따위를 열렬히 말하여)"의 의미로 정리할 수 있다.

尒가 '금'으로 읽히는 이유는 尒가 '殄'(殀)의 약자이기 때문이다(양희철 2015a: 265-274). 조선조 중후기의 이두집들에서 '旀/旅'들을 '금'으로 읽은 것들이 있다. '是去有良旀/이거이시아금'(『語錄解』), '是去有良旀/이거이신아금'(『羅麗吏讀』), '是去有良旀/이거잇아금'(『語錄辯證說』), '是去是良旀/이거이신아금'(『儒胥必知』) 등의 '旀/금'이다. 이 자료들을 살려서 尒(=爾)를 '금'으로 읽을 수 있는 근거를 彌의 뜻으로 본 것이 남풍현의 해독으로 추정된다. 그런데 彌에는 '그치다'(終)의 의미는 있어도, '금다'(斷, 絶)의 의미는 없다. 이에 앞의 자료를 다르게 해석한 것이 양희철의 글이다. '彌'와 '旀, 旅' 등은 다른 글자처럼 보이지만, 이 글자들은 '彌>弥/弥>旀/旅'의 변화 과정을 거친 동일한 글자들이다(양희철 2013a:325-337). 이런 변화에 끼어들 수 있는 글자가 하나 있다. 특히 '금다'의 의미를 가진 殄의 속자 '殀' 또는 '殀'이다. 이 한자 '殄' 자는 '殄行, 殄滅' 등에서 많이 쓰이며, 그 의미를 보면, '盡也, 絶也, 死也, 病也, 善也' 등이 있다. 이 중에서 絶也는 '끊다'의 의미로 고어 '금다'에 해당한다. 게다가 이 '殄' 자의 '㐱'이 '尒/尒/尒'로 쓰인다는 사실은 너무 흔하여 설명할 필요도 없다('珍, 畛, 趁, 診, 砂, 聆' 등등의 속자들에서 보인다.). 그리고 彌의 '弓'변과 '方'변, '歹'변 등은 (반)초서로 쓸 때에 그 모양이 비슷하다. 이로 인해 '殀, 殀, 殀' 등을 '旀, 旅' 등으로 잘못 옮겨 쓴 것이 앞의 '旀/금'이라고 판단한다. 이렇게 본다면, '鳴良尒'의 '尒'은 '殄' 자의 훈 '금-'(斷, 絶)을 그 속자 '殀, 殀, 殀' 등의 '尒'(=尒, 尒)으로 표기한 글자로 정리한다.

이상과 같은 점들로 보아, '鳴良尒'을 '[(수용자를) 울리도록(鳴)] 울아곰'으로 읽고, 그 의미는 '((수용자를) 울리도록) 울부짖어곰'으로 정리한다.

3.5. 曉留의 曉

曉留(〈청불주세가〉 제5구)는 '새벽으로, 새배루, 새박으루, 새배로, 새벼루, 曉루(새벽으로)' 등으로 읽은 것이 가장 많지만, 문맥의 모호함을 초래한다. 즉 "새벽으로 아침…"의 문맥을 모호하게 만든다.

曉留의 '曉'를 '붉'으로 읽은 해독으로는 넷이 있다. '붉올'(밝을, 신태현 1940)에서는 '留'를 'ㄹ'로 읽고, 'ᆞ'을 첨가한 문제를 보인다. '불온'(밝은, 이탁 1956)에서는 '留'를 'ㄹ'로 읽고, '隱/온'을 첨가한 문제를 보인다. '붉논'(밝는, 김완진 1980)에서는 '留'를 '畓'의 오자로 본 문제를 보인다. '불고ᄆ로'(박재민 2013b)에서는 불경의 번역을 이용하여 '曉로'를 '붉고ᄆ로'(깨달음의 세계로)로 보았다. 曉와 留의 음과 뜻을 이용한 향찰의 해독이 아니라, 번역을 이용한 어휘의 연구가 되었다. 曉가 '붉'의 표기가 아니라, '불고ᄆ'의 표기라고 주장하는 것과 같은 논리이다.

曉留의 '曉'를 '새'나 '시'으로 읽은 해독으로는 여섯이 있다. '샐'(새벽부터, 정열모 1947)과 '실'(새는, 정열모 1965)에서는 留를 'ㄹ'로 읽은 문제와 해독이 괄호 안의 현대역으로 연결되지 않는 문제를 보인다. '샐'(샐, 김선기 1975a)에서도 留를 'ㄹ'로 읽은 문제를 보인다. '새루'(김선기 1993)에서는 현대역을 제시하지 않았다. '새로'(새, 지형률 1996)에서는 '새'를 '새로'로 표기했다고 보기 어렵다. 留가 불필요한 향찰이 되어 버린다. '새론'(새는, 신재홍 2000)에서는 隱을 보충한 문제와 '새론'이 '새는'이라고 본 문제가 있다.

이상과 같이 선행 해독들은 문제를 보인다. 일단 김선기와 같이 '새루'로 읽고, "지금까지 있은 적이 없이 처음으로.", "전과 달리 새롭게. 또는 새것으로.", "시각이 시작됨을 이르는 말." 등을 나타내는 부사 '새로'의 의미로 본다. 이와 비슷한 예로 "새로 한 시, 새로 두 시" 등이 있다. 유의어로는 '다시, 새로이' 등이 있다.

그런데 문제는 '新'을 이용하여 실의독자(실의차제자)로 쓸 수 있는 '새루'의 '새'를 가의독자(가의차제자) '曉/새'로 썼느냐 하는 것이다. 이는 일차적으로 가의독자(가의차제자) '曉'로 '새루'의 '새'를 표기하고, 이차적으로 '曉'의 '깨달다'의 의미도 잉여코드로 사용하여, 정보용량의 극대화를 도모한 것으로 보인다.

이런 점에서 '曉留'를 '새루 [깨닫는(曉)]'으로 읽고, '새로 (깨닫는)'의 의미로 정리한다.

3.6. 花乎白良의 花

'花乎'(〈원왕생가〉 제6구)를 '와'(오구라 1929)와 '호'(양주동 1935 등등)로 읽은 해독이 있었다. 그 후의 해독들은 '花'를 훈으로 읽었다. '고조'(꽂아, 정열모 1947)와 '고초'(곶으며, 홍기문 1956)에서는 '곶다(揷, 拱)'의 의미로, '곧고'(가지고, 김선기 1968b)에서는 '가지다'의 의미로, '굴호'(꿇어, 강길운 1995)에서는 '꿇다(跪)'의 의미로 각각 보았다. 이 해독들보다는 '고조-'(곧추다, 김준영 1979; 김완진 1980 등등), '곶오-'(곧추 세우다, 이탁 1956), '고초-'(고추 세우다, 정열모 1965), '고조'(고추 세우다, 금기창 1993; 유창균 1994 등등) 등이 주목된다. 이 해독들에서는 '花'를 '곶'이나 '곷'으로 읽고, '花乎'를 '곧추다'나 '고추 세우다'의 의미로 보았다. 이 해독이 정확한 것 같다. '곷오'(고추 세우다)로 읽는다.

그리고 '花'를 훈차/가의독자로 이용한 것은 '곧추다, 고추 세우다'에 해당하는 한자가 없어서 할 수 없이 '花'를 이용한 것으로 판단하기도 했다. 이런 사실은 "여기에서 '花乎'로 표기한 것은 字義와 文意의 一致라는 원칙에서 볼 때에 正常的인 表記라고는 할 수 없으나, 하나의 便法으로 인정할 수밖에 도리가 없다."(유창균 1994:673)에서도 확인할 수 있다. 그런데 이렇게 설명을 하여도 하나의 의문이 남는다. 왜 〈맹아득안가〉에서와 같이 '古'를 이용하여 '古召'로 표기하지 않았느냐 하는 문제이다.

이 문제는 '花'의 가의 '곷'을 이용하여 '고초'의 '곷'을 표기하고, '花'의 잉여코드 '꽃같다'나 '아름답다'도 이용하여, '(꽃같이/아름답게) 고초숩아'를 표기하여 정보용량의 극대화를 추구한 것으로 판단한다. '아름답게'는 '즐거움과 기쁨을 줄 만큼 예쁘고 곱게'의 의미이다.

'(-)白良'은 '白'을 동사의 어간으로 본 경우(오구라 1929; 양주동 1935; 유창균 1994; 남풍현 2018 등등)와 선어말어미로 본 경우(정열모 1965; 이탁 1956; 김준영 1979; 김완진 1980 등등)로 갈린다. 후자로 보아 '숩'으로 읽는다.

이런 점에서 花乎白良는 '[꽃같이/아름답게(花)] 곷오숩아'로 읽고, '(꽃같이/아름답게) 곧추사와'의 의미로 정리한다.

4. 실의독과 문맥적 의독의 겸독

이 장에서는 실의독과 문맥적 의독을 겸독한 白乎隱乃兮(〈칭찬여래가〉)의 '乃'를 정리하려 한다.

白乎隱乃兮는 白乎隱乃兮의 한 단어로 본 경우와 '白乎隱 乃兮'의 두 단어로 본 경우로 크게 나뉜다.

한 단어로 본 경우에는, 거의가 해독에서 반절법을 취하여 乃兮를 한 음절인 '네, 뇌, 내' 등으로 읽거나, 兮를 읽지 않고 乃兮를 '나'로 읽었다. 그렇지 않은 경우에는 乃兮를 '내혜, 내혀, 나히' 등으로 읽었다. '네, 뇌, 내' 등의 해독들은 그 현대역에 맞는 어형을 보여주지만, 향찰에서 이런 반절법은 해독 초기에나 허용되던 독법으로 현재는 용인되지 않는다.

이 문제를 해결하고자 나온 '내혜, 내혀, 나히, 나혀, 나혜' 등은, '솗온내혜'(말하였네, 정열모 1947), '슬호으내혀'(모두들 다함을 말씀드리는구나, 정창일 1987), '솗본나히'(사뢰였네, 류렬 2003), '슓온나혀'(사뢰었음이나 말이여, 지형률 2007), '슓오나혜'(사뢰더라도 말이다, 김지오 2012) 등에서 보듯이, 형태소가 명확하지 않아, 해독의 형태소와 현대역의 형태소가 일치/상응하지 않는다.

이렇게 白乎隱乃兮를 한 단어로 본 해독들이 문제를 보이자, '白乎隱 乃兮'의 두 단어로 본 해독들이 나왔다. 이 해독들이 보인 '乃'를 보면, 乃를 '나'나 '내'로 읽은 경우, 乃를 '너'로 읽은 경우, 乃를 '니'(내내)로 읽은 경우 등으로 나뉜다.

'나'(이탁 1956; 김준영 1964 등등)나 '내'(전규태 1976; 강길운 1995)의 경우에는 행원품의 我此讚歎의 我와 일치함을 근거로 들기도 했다. 그러나 吾나 我로 쓰지 않은 이유의 설명에서 미흡점을 보인다.

'니'(내내, 신재홍 2000)의 경우에는 문맥이 그렇게 매끄럽지는 못하다.

'너'(김완진 1980; 양희철 1988 등등)의 경우에는 '너'에 흔히 쓰이는 '汝, 爾, 你' 등을 사용하지 않은 이유와, 제8구까지 자신을 2인칭으로 쓰지 않다가 갑자기 제10구에서 자신을 2인칭으로 대상화하였다고 설명하는 한계를 보인다.

이 문제는 문체론적인 측면에서 그 설명이 가능하다. 즉 나를 我나 吾의 뜻으로 쓰지 않고, 乃의 뜻으로 쓴 것은, 작품에서 기본적인 '나'를 '乃'의 의/훈으로 쓰고, 이렇게 쓴 '나'의 코드로 보아 잉여코드가 되는 '너(희)'도 부차적으로 보여준 것으로 판단한다. 즉 이 한자가 가지고 있는 '너' 특히 경상도 방언에서 '너희'를 뜻하는 '너'까지도 부차적으로 표현하기 위한 것으로 보인다. 乃는 일본어에서는 乃公에서와 같이 '나'의 의미로도 쓰이고 있다.

이런 점들로 보아, 乃兮를 '[너(희)와(乃)] 나혀'로 읽고, 그 의미는 '[너(희)와] 나여'의 의미로 정리한다.

이 표기는 일모의 덕도 제대로 사뢰지 못한 자신의 뉘우침 또는 자성(自省)을 일차적으로 촉구하고, 일모의 덕도 제대로 사뢰지 못한 불교 신자들, 특히 이 노래를 듣거나 함께 노래하는 신자들의 반성을 이차적으로 촉구하기 위한 것으로 정리된다. 이 언표적으로 보여주는 자타의 뉘우침, 반성의 한탄은 언표내적으로는 일모의 덕도 제대로 사뢰는 내가 되겠다는 다짐을, 일모의 덕도 제대로 사뢰는 나와 너희가 되자는 청유의 의미를 보여준다.

5. 문맥적 의독과 동음이의적 음의독의 겸독

이 장에서는 문맥적 의독과 동음이의적 음의독을 겸독한 慕人(〈원왕생가〉 제8구)을 정리하려 한다.

오구라의 해독 이래 '그릴 사람'이 주종을 이루고 있다. 이외에 '慕人, 그리 사룸, 그리리, 그리논 사람' 등의 해독들도 있어 왔다. 이들 거의 모든 해독들은 표기 慕人과 그 해독의 결과에서 볼 수 있는 괴리, 즉 표기에 '-乎隱-' 또는 '-(理)尸-'가 없음을, 속한문(俗漢文), 또는 생략, 심지어는 조잡한 표기 등으로 처리하고 있다. 이 설명들은 상당히 설득적이지만, 좀더 생각해 볼 것이 있다. 속한문 또는 말음첨기와 어미를 생략한 표기는 신라 금석문의 이두에서 흔히 나타나며, 각 금석문마다 일정한 통일을 보여준다. 그런데 이런 특성은 〈원왕생가〉 전체에서 나타나지 않고, '慕人'에서만 나타난다. 이 '慕'에서는 말음첨기의 일탈을 보여준다. 이런 점에서 '慕人'은 '그릴(/그리는) 사룸'(慕人)과 '某人'을 동시에 전달하기 위한 장치로 판단한 경우(양희철 1997)도 있다.

만약 '慕人'을 합쳐서 한 단어를 실의독으로 읽으면 표기에 '-乎隱-' 또는 '-(理)尸-'가 없다는 문제는 살아진다. 이보다는 말음첨기 '흡/ㅁ'을 첨기하지 않아 말음첨기의 일탈이 문제가 된다. 이는 '白雲'을 실의독 '힌구룸'으로 읽은 것과 비교할 때에 잘 드러난다. 후자인 '白雲音'에서는 말음첨기 '흡/ㅁ'을 보여준다. 이에 비해 전자에서는 말음첨기를 보여주지 않으면서, 말음첨기의 일탈의 보여준다. 이 일탈은 '慕人'을 동음이의적 음의독인 '某人'(저, 나)으로도 읽기 위한 것으로 보인다. 만약 말음첨기 '흡/ㅁ'을 첨가하였다면, '慕人'은 동음이의적 음의독인 '某人'(저, 나)으로 읽을 수 없다.

이렇게 볼 때에, '慕人'은 문맥적 의독인 '그리논/그리논 사롬'과 동음이의적 음의독인 '某人'(저, 나)를 겸독하여, '그리논/그리논 사롬 [某人(慕人):저, 나]'로 읽으면서, '그리논 사람 (某人: 저, 나)'에서와 같이 정보용량의 극대화를 추구한 표기로 판단된다.

6. 동음이의적 음의독과 문맥적 의독의 겸독

이 장에서는 기본적으로 동음이의적 음의독자(음의차용자, 한자)로 쓰인 향찰이 가지고 있는 문맥적 의독자의 잉여코드도 겸독한 朗也의 朗을 정리하고자 한다.

朗也(〈우적가〉 제6구)는 '려'로 읽기도 했다. 이 해독은 'ㄹ+여'로 이미 읽기 어려운 해독이다. 게다가 그 앞의 還於尸의 於를 '어'가 아닌 '오'로 처리한 데에 문제가 있어, 이 문제와 '朗也(려)'가 연계되면서 문제를 포함한다. 이 문제를 해결하고자 朗也를 郎也의 오자로 보기도 했다. 그러나 쉽게 오자로 볼 수 없다.

오자설 외에도 이 문제를 해결하려는 시도는 '還於尸朗也'(돌올랑야=돌릴까 보냐?), '都還於尸朗也'(도도랄랑여=놀라겠습니까), '還於尸朗也'(도럴라라, 朗=良), '還於尸朗也'(도르혈랑여=돌이킬 것입니까) 등의 해독에서도 발견된다. 還於尸朗也(돌올랑야)의 해독은 於가 '오'가 아닌 '어'라는 문제를 보인다. 都還於尸朗也(도도랄랑여)의 해독은 驚을 이용하여 의주음조로 쓰지 않은 이유를 알 수 없다. '還於尸朗也'(도럴라라)와 還於尸朗也(도르혈랑여)의 경우에는 朗과 良이 다른 글자이고, 朗이 良으로 쓰인 예가 없다는 문제를 보인다.

이런 점에서 朗也를 '朗'의 동음이의자 '낭(郎)'을 표기한 '낭(郎)야'로 일단 읽는다. 이에 대해 왜 '郎'을 직접 사용하여 郎也로 표기하지 않았는가를 물을 수 있다. 이는 朗의 뜻 '밝다'를 잉여코드로 쓰기 위한 것으로 판단한다.

이에 따라 '朗也'를 '[밝은(朗)] 낭야'로 읽고, '(밝은) 낭(郎)여'의 의미로 정리한다.

7. 환유법적 가의독과 문맥적 의독의 겸독

'歎曰'류의 이해는 두 경우로 정리할 수 있다. 하나는 감탄사로 보지 않고 補註 또는 지정어로 본 경우(小倉進平 1929; 土田杏村 1929; 황패강 2001)인데, 그 근거의 해명이 명확하지 않다. 이 글들에 대한 구체적인 비판은 앞의 글(양희철 2004b)로 돌린다.

다른 하나는 감탄사로 본 경우이다. 이 경우를 선도한 것은 양주동이다. 다음의 글을 보자.

> 詞腦歌中에 使用된 「阿耶」(阿邪)는 이를 「阿也·阿邪也」로도 記寫하엿음애, 「阿」는 「아」, 「耶·也」는 「으」로 읽어 「阿耶·阿邪·阿也」를 「아으」, 「阿邪也」를 「아으으」로 解함이 穩當할 것이다. 「病吟」이라 戲書함을 보아서는 「阿耶·阿也」를 바로 「아야」로도 읽을수잇으나, 「아야」는 一般 感嘆詞, 特히 歌唱에 適合하지 몯한 缺點이 있다. 「打心·嘆曰」은 「아으·아야」 何者로도 解讀되나 「常隨佛學歌」에 使用된 「城上人」(卄二·九·1)이란 戲借는 「阿耶·阿邪」를 「아으」로 읽게하는 決定的材料이다. 「城上人」은 그眼界가 遙遠하고 그 胸懷가 蒼茫한 법인데 「蒼茫·遙遠」의 訓이 共히 「아으라히」임으로 「城上人」은 곧 「아으」의 戲書이다.
>   아으라히 지블 무로다(蒼茫問家室)   (杜諺卷一·一)(양주동 1942:364)

이 인용에서 보면, '打心, 病吟, 歎曰' 등의 각각이 '아으, 아야'로 읽힐 수 있는 가능성을 언급한 다음에 '城上人'을 근거로 '아으'를 택하였다. '城上人' 때문에 '아으'로 읽어야 한다는 주장에는 우선 문제가 있다. 이 해독은 '아으라히'에서 '아으'만을 취하고, 다시 이것을 '아으'로 연결시킨 것이다. 훈에서 초성이나, 초·중성, 또는 중·종성을 차제자에서 이용했다는 설명에는 이해가 간다. 그러나 훈의 앞 또는 뒤의 하나 또는 두 음절을 차제자에서 이용했다는 설명은, 해독 초기에는 가능했을지 몰라도, 현재에는 이해할 수 없는 해독이다. 이는 마치 '喩'의 해독에서, '니르-'의 '니-'만을 이용했다는 주장과 같은 설명이다. 말을 바꾸면, 훈의 일부 음절만을 차제자에 사용한 예가 없다는 문제를 보인다. 또한 이 해독은 차제자의 원리를 합리적으로 설명하지 못한 문제를 가지고 있다.

이 문제는 양주동의 해독을 계승하여 발전시키려고 노력한 상당수의 해독들에서도 마찬가지이다. 즉 '城上人'을 '아으'로 읽고, 그 현대역을 '어허'(지헌영 1947), '어화'(정열모 1947), '아아'(김상억 1974), '아'(전규태 1976) 등으로 본 해독들도, '城上人'을 '아으'로 읽을 수 있는 원리를 합리적으로 제시하지 못했고, 해독된 형태 '아으'가 현대역의 '어허', '아아', '아' 등으로 어떻게 연결되는지를 설명할 수 없다.

그리고 양주동은 打心과 歎曰을 義讀으로, 病吟을 義借로, 城上人을 戲訓借로 각각 보아 '아으'(양주동 1942:696, 828, 840, 853)로 읽었는데, 義讀, 義借, 戲訓借 등으로 무엇인가를 설명하려 하였지만, 더 이상의 설명이 없어 자세한 내용을 알 수 없다.

이런 문제를 보인 '歎曰'류의 해독은 그 후에도 계속되는데, 이를 향찰별로 보자.

7.1. 歎曰

양주동의 해독과 이를 발전시키려 한 해독들 이후에 나온 歎曰(〈예경제불가〉)의 해독들은 다섯 유형으로 정리할 수 있다.

첫째는 '아야'로 읽고 그 현대역을 '아야'(홍기문 1956)나 '아아'(김완진 1980; 신재홍 2000)로 본 유형이다. 이 해독들은 '아야'의 의미가 "갑자기 얻어맞거나 꼬집히거나 찔리거나 한 때에 아픔을 느끼어 내는 소리"라는 점에서, 이 의미와 歎曰의 연결이 어떤 점에서 가능한지 이해하기 힘든 측면을 가지고 있다.

둘째는 歎曰을 '아아'로 읽은 유형(정열모 1965)이다. 이 해독은 '아아'의 의미가 "뜻밖의 일을 당할 때에 내는 소리"나 "떼를 지어 싸울 때에 기운을 내거나 돋우려고 내는 소리"라는 점에서, 이 의미와 '歎曰'의 연결이 어떤 점에서 가능한지를 이해하기 어렵다.

셋째는 '아라'로 읽고, 그 현대역을 '아'(이탁 1956; 유창균 1994)나 '부처님이여'(강길운 1995)로 본 유형이다. 이 해독은 歎曰이 어떤 점에서 '아라'로 해독되는지 그 이유를 이해하기 어려운 문제를 가지고 있다.

이 '아야, 아아, 아라' 등은 歎曰의 해독이 아니라, 歎曰의 위치에 '阿也, 阿耶, 阿邪' 등이 있다는 점에서, 이것들의 해독을 이곳에 적용한 것에 지나지 않는다.

넷째는 '슬브갈'로 읽고 "「嘆曰」은 「슬브갈」「슬브알」「슬브아」「슬으아」「서러워」 등으로 變移하여 時調體등에서는「슬프다」라는 隻句로 쓰여진 것이 아닐까 생각한다."(홍재휴 1983:177)로 설명한 유형이다. 이 해독은 '歎'에 '슬브'의 의미가 없다는 문제를 가지고 있다.

다섯째는 환유법적 가의독자(가의차제자)로 본 해독이다. 이 해독에서는 '歎曰'류의 감탄사를 다음과 같이 설명하고 있다.

> 먼저 換喩的 假義滿字를 보자. 이 借製法은 實義를 假義로 轉義시키는 방법에서 換喩法에 의존한다. 이에 속한 예들로 城上人 病吟 打心 歎曰 등이 있다. 이것들 중에서 城上人이 換喩的 사고로 되어 있음(崔範勳 1974:79)과 나머지가 換喩的 사고로 되어 있음은 이미 밝힌 바가 있다(楊熙喆 1983:210~217). 앞의 글에서는 이 借製字들이 환유법적이지만, 借製字의 원리를 넘어서는 것으로 보았다. 그러나 이는 향찰의 일부인 假義滿字의 원리를 미처 인식하지 못했을 때의 생각이고, 지금은 假義滿字에 속하는 換喩的 假義滿字라 생각한다. 왜냐하면 이 예들의 해독에 관련된 환유법은 實義를 假義로 轉義시키는 방법 중의 하나이기 때문이다.(양희철 1995:43)

이렇게 설명한 다음에 歎曰을 인접의 환유에 의해 假義 '아야'와 연결된다고 보았다. 즉 '歎曰'은 歎息하며 말한다는 뜻인데, 歎息하며 말을 할 때에 '아야'도 나타나는 인접 관계로 설명을 하였다. 이때 감탄사로 본 '아야'는 그 후에 '아그'로 바꾸기도 했는데, 최근에 '阿也, 阿耶'가 '아라'(아-)로 읽힌다는 점에서, '아라'(아-)로 정리해야 할 것 같다.

이 경우에 감탄사의 표기에서 규범인 '阿也, 阿耶'를 일탈하여 '歎曰'로 표기하면서 전경화를 꾀한 것은, 일차적으로 '歎曰'의 환유법적 가의독자(가의차제자)로 감탄사 '아라'를 표기하고, 이차적으로 '歎曰'의 의미인 '탄식하며 하는 말'은 감탄사의 속성을 잉여코드로 보여준 것으로 판단한다. 이는 환유가 보여주는 의미의 농밀화(thickening of meaning: épaississement de sens)를 보여준다(양희철 2004b).

이런 점에서 歎曰은 '[탄식하며 하는 말의(歎曰)] 아라'로 읽고, '(탄식하며 하는 말의) 아-'의 의미로 정리한다.

이런 잉여코드쓰기는 정보용량의 극대화로 향찰문학의 한 특성이다. 향찰본을 보거나 독송(讀誦)할 경우에는 이 잉여코드쓰기가 살아나지만, 향찰본을 보지 않고 암송만을 할 경우에는 이 잉여코드쓰기가 소멸된다.

7.2. 城上人

양주동의 해독과 이를 발전시키려 한 해독들 이후에 나온 城上人(〈상수불학가〉)의 해독들은 일곱 유형으로 정리된다.

첫째는 城上人을 '아야'로 읽고 그 현대역을 '아야'(홍기문 1956)나 '아아'(김완진 1980; 신재홍 2000)로 본 유형이다. 둘째는 '아라'로 읽고 그 현대역을 '아'(이탁 1956; 유창균 1994)나 '존자여'(강길운 1995)로 본 유형이다. 셋째는 '아으으'로 읽고 그 현대역을 '아아'(정열모 1965)로 본 유형이다. 넷째는 '아차'로 읽고 그 현대역을 '아차'(지헌영 1947)로 본 유형이다. 다섯째는 '아-'로 읽고 그 현대역을 '아-'(김준영 1964, 1979)로 본 유형이다.

이 다섯 유형들은 城上人이 어떤 근거에서 '아야, 아라, 아으으, 아차, 아' 등으로 읽히는지 알 수 없는 문제를 가지고 있다. 특히 '아야'와 '아라'의 두 해독은 城上人의 위치에 阿耶, 阿邪, 阿也 등이 있다는 점에서 이것들의 해독을 이곳에도 적용한 것인데, 해독의 근거가 없다.

여섯째는 城上人을 '얼(울)울살'로 읽은 유형(홍재휴 1983:176)이다. 이 해독은

"「城」의 訓을 「얼, 울」이라 推定하고자 하는 것은 慶尙道의 方言에 「얼안」「울안」이란 말이 「墻內」 「廓內」를 뜻하는 말로 남아 있기 때문이다."라고 주장하지만, 정작 '城'의 훈은 '잣'이고, '人'이 '살'로 읽히기 어려운 문제를 보인다.

일곱째는 城上人을 환유법적 가의차제자(가의독자)로 본 유형(양희철 1995)이다. 이 유형에서의 설명은 다음과 같다. '城上人'의 의미는 '성 위의 사람'이다. 이 의미는 환유법적으로 '아야'의 의미로 전의(轉義)된다. 즉 생산자로 생산물을 표현하는 환유에서, 성상인의 의미는 '아야'의 의미로 전의된다. 이렇게 전의된 假義를 표기할 때에 '城上人'은 '아야'의 借製字에 쓰이고, 城上人은 '아야'로 해독된다고 하였다.

이렇게 설명한 이 해독은 그 후에 '아그'로 바꾸기도 했는데, 최근에 '阿也, 阿耶'가 '아라'(아-)로 읽힌다는 점에서, '아라'(아-)로 정리해야 할 것 같다.

이 경우에 감탄사의 표기에서 규범인 '阿也, 阿耶'를 일탈하여 城上人으로 표기하면서 전경화를 꾀한 것은, 일차적으로 城上人의 환유법적 가의독자(가의차제자)로 감탄사 '아라'를 표기하고, 이차적으로 城上人의 의미인 '성위에 오른 사람'은 감탄사의 속성을 잉여코드로 보여준 것으로 판단한다. 이는 환유가 보여주는 의미의 농밀화를 보여준다.

이런 점에서 城上人은 '[성위에 오른 사람의(城上人)] 아라'로 읽고, '(성위에 오른 사람의) 아-'의 의미로 정리한다.

이 잉여코드쓰기 역시 향찰문학의 한 특성이다. 문자문학에서는 이 정보용량의 극대화가 살아나지만, 구송되거나 구두로 전할 경우에는 이 정보용량의 극대화가 사라진다.

7.3. 打心

양주동의 해독과 이를 발전시키려 한 해독들 이후에 나온 打心(〈항순중생가〉)의 해독은 네 유형이다.

첫째는 '아야'로 읽은 유형이다. 이에 속한 해독들은 그 현대역을 보면 '아야'(홍기문 1956)와 '아아'(김완진 1980; 신재홍 2000)로 나뉜다. 이 해독들은 우선 打心이 어떤 근거에서 '아야'로 읽히는지 알 수 없는 문제를 가지고 있다. 다음으로 현대역 '아야'는 그 의미가 "갑자기 얻어맞거나 꼬집히거나 찔리거나 한 때에 아픔을 느끼어 내는 소리"라는 점에서, 그리고 현대역 '아아'는 그 의미가 "뜻밖의 일을 당할 때에 내는 소리"나 "떼를 지어 싸울 때에 기운을 내거나 돋우려고 내는 소리"라는 점에서, 이 의미들이 打心과 어떤 점에서 그 연결이 가능한지 이해하기 힘들다.

둘째는 打心을 '아라'로 읽고 그 현대역을 '아'로 본 유형(이탁 1956; 유창균 1994)이다. 이 역시 앞의 '아야'로 읽은 유형과 똑같은 문제를 보인다.

셋째는 打心을 '두들말'로 읽은 유형(홍재휴 1983:177)이다. 이 경우는 "「말(心)음」은 말(言語)과 同根語라 보기 때문이다."로 보아 '心'을 '말'로 읽었다고 하지만, 이 해독은 이미 균여의 향가에서 '心'을 'ᄆᆞᅀᆞᆷ, ᄆᆞᄋᆞᆷ'으로 읽고 있다는 문제를 피할 수 없다.

넷째는 打心을 환유법적 가의차제자(가의독자)로 본 유형(양희철 1995)이다. 그 설명은 다음과 같다. 打心의 의미는 '가슴을 치다'이다. 이 打心의 의미는 환유적으로 '아야'의 의미로 전의(轉義)된다. 즉 가슴을 칠 때에 '아야'도 수반하는 인접의 환유에서, 打心의 의미는 '아야'의 의미로 전의된다. 이 전의된 가의(假義)를 표기할 때에, '打心'은 '아야'의 借製字에 사용되고, 打心은 '아야'로 해독하였다.

이렇게 설명한 이 해독은 그 후에 '아그'로 바꾸기도 했는데, 최근에 '阿也, 阿耶'가 '아라'(아-)로 읽힌다는 점에서, '아라'(아-)로 정리해야 할 것 같다.

이 경우에 감탄사의 표기에서 규범인 '阿也, 阿耶'를 일탈하여 打心으로 표기하면서 전경화를 꾀한 것은, 일차적으로 打心의 환유법적 가의독자(가의차제자)로 감탄사 '아라'를 표기하고, 이차적으로 打心의 의미인 '가슴을 치다'는 감탄사의 속성을 잉여코드로 보여준 것으로 판단한다. 이는 환유가 보여주는 의미의 농밀화를 보여준다.

이런 점에서 打心은 '[가슴을 치다의(打心)] 아라'로 읽고, '(가슴을 치며 내는) 아-'의 의미로 정리한다.

이 잉여코드쓰기 역시 향찰문학의 한 특성이다.

7.4. 病吟

病吟(〈보개회향가〉)의 해독에서, 양주동의 해독과 이를 발전시키려 한 해독들 이후에 나온 해독들은 네 유형이다.

첫째는 病吟을 '아야'로 읽고, 그 현대역을 '아아'(홍기문 1956)나 '아아'(김완진 1980; 신재홍 2000)로 본 유형이다. 이 해독들은 우선 病吟이 어떤 근거에서 '아야'로 읽히는지 알 수 없는 문제를 가지고 있다. 게다가 "갑자기 얻어맞거나 꼬집히거나 찔리거나 한 때에 아픔을 느끼어 내는 소리"인 '아야'나, "뜻밖의 일을 당할 때에 내는 소리"나 "떼를 지어 싸울 때에 기운을 내거나 돋우려고 내는 소리"인 '아아'는 문맥에 전혀 맞지 않는다.

둘째는 '아라'로 읽고, 그 현대역을 '아'(이탁 1956; 유창균 1994)로 본 유형이다.

이 해독들은 앞에서 본 유형의 해독들과 같이 阿耶, 阿邪, 阿也 등의 해독을 病吟의 해독에 적용한 것으로, 病吟의 의미와 연결되지 않는 문제를 보인다.

셋째는 病吟을 '알을/알흘'로 읽은 유형(홍재휴 1983:177)이다. '病'을 '알'로 읽은 것에는 이해가 갈 수 있다. 왜냐하면 '病'의 훈이 '앓다'로 '앓-'의 발음은 '알-'이 되기 때문이다. 그러나 '吟'을 '을'로 읽은 것에는 이해가 가지 않는다. 왜냐하면 '吟'의 훈은 '읊다'로 '읊-'의 발음은 '을-'이 아니라 '읖-'이기 때문이다. 게다가 '-을' 표기하려 했다면, 왜 '-乙, -尸'를 사용하지 않았느냐 하는 문제에 답하기 어려운 문제를 가지고 있다.

넷째는 病吟을 환유법적 가의차제자(가의독자)로 본 유형(양희철 1995)이다. 이 설명은 다음과 같다. '病吟'은 인접의 환유에 의해 假義 '아야'와 연결된다. '病吟'은 '병 앓는 소리'의 의미인데, 병 앓는 소리를 낼 때에 '아야'도 나타나는 인접 관계이다. 이렇게 전의된 假義에 借製될 때에, '病吟'은 '아야'를 표기하게 된다고 하였다.

이렇게 설명한 이 해독은 그 후에 '아그'로 바꾸기도 했는데, 최근에 '阿也, 阿耶'가 '아라'(아-)로 읽힌다는 점에서, '아라'(아-)로 정리해야 할 것 같다.

이 경우에 감탄사의 표기에서 규범인 '阿也, 阿耶'를 일탈하여 病吟으로 표기하면서 전경화를 꾀한 것은, 일차적으로 病吟의 환유법적 가의차제자(가의독자)로 감탄사 '아라'를 표기하고, 이차적으로 病吟의 의미인 '병 앓는 소리'는 감탄사의 속성을 잉여코드로 보여준 것으로 판단한다. 이는 환유가 보여주는 의미의 농밀화를 보여준다.

이런 점에서 病吟은 '[병 앓는 소리의(病吟)] 아라'로 읽고, '(병 앓는 소리의) 아-'의 의미로 정리한다. 이는 기본적으로 '아라'를 표기하고, 이에 부차적으로 잉여코드인 '병 앓는 소리'의 의미를 더하면서, 정보용량의 극대화를 꾀한 것으로, 향찰문학인 향가에서 발견되는 특성 중의 하나이다. 구송이나 구비전승의 경우에는 이 정보용량의 극대화가 상실된다.

8. 결론

지금까지 말음첨기의 규범, 의주음조(義主音助, 또는 訓主音從 幹訓尾音)의 규범, 상용 향찰을 쓰는 규범 등을 일탈하여 전경화를 꾀한 향찰들의 문학적 해독을 검토해 보았다. 그 결과를 요약하여 결론을 대신한다.

1) 제2장 제1절에서는 의주음조의 규범을 일탈한 향찰로 전음독과 문맥적 의독을

겸독한 念丁의 '念'(越), 以攴如攴의 '以'(迷), 逸留去耶의 '逸'(成), 閼遣只의 '閼'(知), 必于의 '必'(雖) 등을 정리하였다. 이 향찰들은, 일차로 해당 향찰의 음들을 이용하여 괄호 안에 있는 한자들의 훈/의를 표기하였다. 그 다음에 이 향찰들은 훈/의를 잉여코드로 이용하여, 향찰의 의미를 부차적으로 문맥에 보완하면서 정보용량의 극대화를 도모하였다. 이와 같은 앞의 향찰들은 전음독과 문맥적 의독을 겸독하고 있다.

2) 제2장 제2절에서는 상용 향찰을 일탈한 향찰로 전음독과 문맥적 의독을 겸독한 逸烏隱弟也의 '弟'(齊, 制), 毛達尸將의 '達'(冬), 身靡只의 '靡'(弋, 是/Ⅱ), 逸良의 '逸'(伊), 爲事置耶의 '事'(賜), 普賢叱都의 '都'(刀), 明期의 '期'(支) 등을 정리하였다. 이 향찰들은 규범적으로 상용하는 괄호 안의 향찰 또는 이두와 구결을 일탈한 것들이다. 이에 속한 향찰들은 일차로 그 음을 이용하여 괄호 안에 있는 한자들의 음을 전음독자(전음차제자)로 표기하였다. 그 다음에 이 향찰들은 문맥적 의독자를 잉여코드로 이용하여 해당 향찰들의 의미를 부차적으로 문맥에 보완하여, 정보용량의 극대화를 도모하였다. 결국 전음독과 문맥적 의독을 겸독한 것이다.

3) 제3장에서는 상용 향찰을 일탈한 慕呂의 '慕'(畵), 直體의 '直'(改), 秋察羅의 '羅'(伐), 嗚良尒의 '嗚'(叫), 曉留의 '曉'(新), 花乎白良의 '花'(古) 등을 정리하였다. 이 향찰들은 일차로 그 뜻을 이용하여 괄호 안에 있는 한자들의 뜻을 가의독자(가의차제자)로 표기하였다. 그 다음에 이 향찰들은 문맥적 의독자를 잉여코드로 이용하여 해당 향찰들의 의미를 부차적으로 문맥에 보완하여, 정보용량의 극대화를 도모하였다. 결국 가의독과 문맥적 의독을 겸독한 것이다.

4) 제4장에서는 상용 향찰을 일탈한 乃兮의 '乃'를 정리하였다. 乃兮의 '乃'(我, 吾)는, 일차로 '乃'의 뜻을 이용하여 괄호 안에 있는 한자의 뜻을 실의독자(실의차제자)로 표기하였다. 그 다음에 이 향찰은 다른 뜻인 '너'을 문맥적 의독자로 표기하여, '(너와) 나여'에서와 같이, 부차적으로 문맥을 보완하여, 정보용량의 극대화를 도모하였다. 결국 실의독과 문맥적 의독을 겸독한 것이다.

5) 제5장에서는 말음첨기를 일탈한 '慕人'을 정리하였다. '慕人'은, 일차로 '그리논/그리논 사룸'으로 읽었다. 이때 말음첨기의 일탈을 보이는데, 이는 '慕人'의 동음이의적 음의독인 '某人(=저, 나)'도 겸독하기 위한 것이다. 결국 '慕人'은 '그리는 사룸 (某人/저, 나)'과 같이 정보용량의 극대화를 꾀하기 위하여 문맥적 의독과 동의이의적 음의독을 겸독한 것으로 보았다.

6) 제6장에서는 상용 향찰을 일탈한 朗也의 '朗'(郎)을 정리하였다. 일차로 그 음을 이용하여 괄호 안에 있는 한자를 동음이의적 음의독자(음의차용자, 한자)로 표기하여

'낭(郎)여'를 표기하였다. 그 다음에 이 향찰은 문맥적 의독자를 잉여코드로 이용하여, '(밝은) 낭여'에서와 같이, 해당 향찰들의 의미를 부차적으로 문맥에 보완하여, 정보용량의 극대화를 도모한다. 결국 동음이의적 음의독(음의차용자, 한자)과 문맥적 의독을 겸독한 것이다.

7) 제7장에서는 상용 향찰을 일탈한 '歎曰, 打心, 城上人, 病吟' 등을 정리하였다. 감탄사의 표기에서 '阿也, 阿耶, 阿邪' 등으로 상용하는 규범자들을 일탈한 표기들이다. 일차로 그 환유법적 가의독자(가의차제자)인 '아라'로 감탄사 '아라'를 표기하였다. 그 다음에 이 향찰들은 뜻을 잉여코드로 이용하여 해당 감탄사 '아라'의 속성을 부차적으로 문맥에 보완하여, 정보용량의 극대화를 도모하였다. 결국 환유법적 가의독과 문맥적 의독을 겸독한 것이다.

이상과 같이 향찰에는 잉여코드도 겸독하는 향찰들도 있다. 이런 점에서 향찰의 해독에서는 잉여코드도 이용하여 겸독한 향찰들도 있다는 점을 반드시 유념해야 할 것으로 판단한다.

그리고 이 잉여코드까지 이용한 향찰들이 가지고 있는 코드들은 한글이나, 한자에서는 그 일부만을 보인다는 점에서, 이 잉여코드까지 겸독한 향찰들은 향찰만이 가지고 있는 문자성으로 정리할 수 있다.

잉여코드쓰기에서 너무 정보용량의 극대화라는 측면만을 강조해 왔다. 이에 못지않게, 잉여코드쓰기는 문학적 측면에서는 용의정심(用意精深)과 함축(含蓄)에도 깊게 연결되어 있다. 이 점도 향가를 문학적으로 연구하는 경우에는 잊지 말고, 꼭 기억해야 할 것으로 판단한다.

제5부

『삼국유사』 향가의 작품별 해독

〈모죽지랑가〉

[원문]

去隱 春 皆 理米
毛冬 居叱沙 哭屋尸以 憂音
阿冬音乃叱 好支 賜烏隱
皃史 年 數就音伊 墮支 行齊
目煙 廻於七 史衣
逢烏支 惡知 作乎尸 下是
郎也 慕理尸 心未 行乎尸 道尸
蓬次叱 巷中 宿尸 夜音 有叱 下是
(數就音伊의 '伊'는 누락자로 보충, 廻於尸七의 '尸'는 연자로 삭제, 史伊衣의 '伊'는 연자로 삭제, 作乎尸의 '尸'는 누락자로 보충)

[해독]

간 봄 모도 다스리미
모들 안시사 울올로 시름
두들임곳 둏기 주시온
즈시 히 혜나삼이 디기 니져
눈안기 돌어질 시의
맛보기 엇디 일올 하이
마루여 그릴 ᄆᆞᄉᆞ미 니올 길
다보짓 골기 잘 밤 이실 하이

[현대역]
절정기가 지난 우리를 다스리매[=보고 살펴(=감시하여) 관리하고 통제하므로]
안주하지 못하여야 울 것으로 인해 시름(합니다)
격려를 좋게 주시온
낭이 해(年, 日=王)를 혜나삼이(세어나감이, 헤아려나감이) 디기에(떨어지기에=약해지기에, 꺾이기에) (제가) 가려 (합니까)
　　　　[1) 낭이 해를 세어나감이 떨어지기에(약해지기에) 제가 가려 합니까]
　　　　[2) 낭이 왕을 헤아려나감이 꺾이기에 제가 가려 합니까]
눈안개 돌어질 것의
만나기(입니까?) 어찌(어떤 방법으로, 어떤 이유로) 이룰 것이
낭여! 그릴 마음 때문에 가올 길(입니다/입니까?)
曲士의 마을에 잘 밤 있을 것이

1. 去隱 春 皆 理米

간 봄 모도 다스리미
절정기가 지난 우리를 다스리매[=보고 살펴(=감시하여) 관리하고 통제하므로]

(오구라 1929)	가는 봄이 다 다스리메
(유창선 1936a)	니건 봄 그리매
(양주동 1942)	간 봄 그리매
(지헌영 1947)	간 봄 그리매
(정열모 1947)	가는 봄 다리매(1965 가는 봄 여리민)
(홍기문 1956)	간 봄 다리미
(이 탁 1956)	니언 봄 둘임이
(조윤제 1956)	간 봄 다시리매
(김준영 1964)	간 봄 그리메(1979 그리매)
(김선기 1967b)	깐 밤 가리매(1993 가온 봄 기리매)
(정연찬 1972)	간 봄 기리매
(김상억 1974)	간 봄 그리매
(서재극 1975)	간 봄 ㄱ리매

(전규태 1976)	간 봄 그리매
(김완진 1980)	간 봄 몯 오리매
(이임수 1982)	가는 봄 다이매
(정창일 1987)	가는 봄 다 理메
(신석환 1987)	가는 봄 모두 다스리매
(엄국현 1989)	간 봄 기리매
(김형춘 1989)	간 봄 그리매
(금기창 1993)	간 봄 기리매
(유창균 1994)	간 봄 그리며
(강길운 1995)	간 발 물리메
(지형률 1996)	간 봄 다리매(2007 모두리미)
(최남희 1996)	간 봄 그리미
(양희철 1997)	간 봄 다오리민
(이도흠 1998)	간 봄 다오리매
(신재홍 2000)	간 봄 그리미
(황패강 2001)	간 봄 그리미
(류 렬 2003)	간 봄 그리미
(황병익 2007b)	간 봄 거리미
(이병기 2008)	간 봄 皆理며
(박재민 2009a)	다 그미(理米)
(남풍현 2020)	간 봄 모두리매

1.1. 去隱 간 ← 去(실의독:가)+隱(약음독:ㄴ)

'去隱'은 '가는'으로 읽히다가, 이제는 '간'으로 거의 확정되어 있다. 혹 전자를 따르는 경우도 있으나, '-奴-'나 '-內-'로 '-노/ᄂ-'를 표기하지 않고 있어 수긍하기 어렵다.

1.2. 春 봄 ← 春(실의독:봄)

'春'은 '한창때' 즉 '절정기'를 상징으로 표현한 '봄'으로 읽는다.

생략된 격어미는 주격 '-이', 처격 '-에', 속격 '-의' 등을 상정할 수 있는데, 주격 '-이'로 보인다. 만약 처격 '-에'의 생략으로 보면, '간 봄에 모두를 다스리미'가 아니라 '간 봄에 모두를 다스리었으매'가 되어야 하는 문제를 보인다. 즉 처격이 생략된 '간 봄에'로 보면, 다스리는 것이 현재가 아니라 과거가 되어야 하는 문제를 보인다. 그리고 속격 '-의'로 보면, '간 봄의 모두를 다스리므로'가 되어, '간 봄'의 과거와 '다스리므로'의 현재가 일치하지 않으면서, 문맥이 통하지 않는다.

그리고 주격 '-이'가 생략되었다고 보면, 해당 문장은 '간 봄이 모두를 다스리므로'가 되어 문맥이 통하지 않는 것같이 보인다. 그러나 '간'과 '봄이'가 도치된 문장으로 보면, '봄이 간(지난) 모두를 다스리므로'가 되어 문맥이 통하게 된다. 특히 '봄'이 '한창때(절정기)'를 상징한다는 점에서, '한창때(절정기)가 지난 모두를 다스리므로'는 문맥이 잘 통한다.

이 생략된 주격의 '-이', '봄'의 상징적 의미, '간'과 '봄'의 도치 등은 제1구의 전반부인 '去隱 春'의 해독을 어렵게 한 원인의 일부로 판단한다.

1.3. 皆 모도 ← 皆(실의독:모도)

1.4. 참조.

1.4. 理米 다ᄉ리민 ← 理(실의독:다ᄉ리)+米(전음독:민)

皆理米는 '皆理米'로 붙여 읽은 경우와 '皆 理米'로 띄어 읽은 경우로 나뉜다. 그리고 전자의 경우에는 '皆'를 음으로 읽은 경우와 훈으로 읽은 경우로 나뉜다.

'皆理米'로 붙이고, '皆'를 음으로 읽은 해독에는 '그리매', '그리민', '그리미', '가리매'(그리오니), '그리며'(忌, 嫉, 拘, 滯, 怨), '거리민'[拯, 濂, 濟, 보살펴주실(도와·이끌어주실) 때는], '기리매'(積), 'ᄀ리매'(가리워지매), '기리민'(가리워지매), 'ᄀ리민'[딸려(붙어, 속해, 매여) 있었으매] 등이 있다. 이 해독들은 일차로 '皆'를 '기'로 읽은 해독만 가능하다. 나머지는 '皆'를 '그, ᄀ, 가, 거' 등으로 읽었는데, 이 '그, ᄀ, 가, 거' 등에 해당하는 한자가 없어서 '皆'의 모음을 쪼개서 이 음들을 표기했다고 보기는 어렵다. 그리고 이 해독들은 다른 문제들도 보이는데, 이 문제들의 구체적인 지적은 생략한다.

'皆理米'로 끊고, '皆'를 훈으로 읽은 해독을 보자. 이에 속한 해독들은 세 부류로 나누어서 정리할 수 있다.

첫째는 '皆'를 '다/ᄃ'로 읽은 부류이다. 이 부류에는 'ᄃ리민'(달림에), '다리미'(다하매/달힘하매/속이 다리매), '다이매'(다하므로), '다ᄋ리민'(다일 것이매/다이겠으매) 등이 있다.

'드리미'의 경우는 그 형태가 '달림에'와 연결될 수 없다는 점에서 문제를 보인다.

'다리미'(다하매/달힘하매/속이 다리매)의 경우에는 '皆/다ᄋ'를 '다'로 해독한 문제를 포함한다. 이밖에도 '다하다, 달힘하다, 속이달다' 등의 어느 뜻으로 해석해도 무방하다고 주장하고 있는데(홍기문 1956:82), 다음과 같은 문제들이 포함되어 있다. 이 세 의미는 미래 추측의 선어말어미 '-리-'의 의미를 살리지 못하고, '다-'의 고형은 '다ᄋ-'이며, 게다가 '달힘하다'와 '속이달다'는 '皆'의 의미를 벗어났다.

'다이매'의 경우는 '理'가 '이'가 아니라 '리'라는 점에서, 그리고 '드리미'의 경우는 그 형태가 '달림에'와 연결될 수 없다는 점에서 각각 문제들을 보인다.

'다ᄋ리미'(다일 것이매/다이겠으매)의 경우에는 '다올'이 '다ᄋ일'이 아닌 이상, '다일'의 의미가 될 수 없다.

둘째는 '皆'를 '모두, 모도'로 읽은 부류이다. 이 부류에는 '모드리매'(종합하여 보매)와 '모도리매'(몯 오리매)가 있다.

'모드리매'(종합하여 보매)의 경우에는 해독과 현대역이 형태소 차원에서 상응/일치하지 않는 문제를 보인다.

'모도리매'(몯 오리매)의 경우에는 '몯(못)'을 표기하려 했다면, 작품에서 사용한 '毛冬'을 사용하지 왜 '皆'를 사용했는지 이해하기 어렵다(고정의 1991:9).

셋째는 '皆'를 '여러, 물'로 읽은 부류이다. 이 부류에는 '여리미'와 '물리매'(陪:모시매, 짝하매)가 있다.

'여리미'의 경우에는 '皆'가 '다(ᄋ)'로 읽힌다는 점에서, '물리매'(陪:모시매, 짝하매)의 경우에는, 한자 '陪'를 몰라서 '皆'를 이용하였다는 볼 수 없는 점에서, 각각 문제를 보인다.

이번에는 '皆 理米'로 띄어 읽은 경우를 보자. 이에는 '다 다스리메', '모드 다스리매'[다스릴(붙잡아 둘) 수 없으므로], '다 그미'(모두 끝남에) 등이 있다.

'다 다스리메'의 경우는 '가는 봄이 다 다스리메'가 되면서, '봄'과 '다스리다'의 연결이 괴리되어 있다.

'모드 다스리매'의 경우에는 '몯(못)'을 표기하려 했다면, 작품에서 사용한 '毛冬'을 사용하지 왜 '皆'를 사용했는지 이해하기 어렵다(고정의 1991:9).

'다 그미'(모두 끝남에)의 경우에는 해독과 그 현대역이 형태소 차원에서 상응/일치하지 않는다.

이상과 같이 '皆'의 음('기')과 훈('모도, 모드, 다, 다ᄋ'), '理'의 음('리')과 훈('다스리다') 등을 기준으로 보면, 상당수의 해독에서 문제를 발견할 수 있다. 그리고 나머지 해독들도 해독과 현대역이 형태소 차원에서 일치/상응하는가 하는 관점에서 보면, 거의가 문제를 보인다.

이렇게 제1구에 대한 선행 해독들은 모두가 문제를 보인다. 특히 의주음조(義主音助)나 훈주음종에 따라 제1구를 보편적으로 읽으면, "간 봄 모도 다스리미"가 되는데, 이 문장은 비문법적인 것같이 보인다. 이렇게 가장 보편적으로 해독한 문장이 비문법적인 것같이 보일 때, 특히 그 자료가 시가일 때에, 우리는 해독에서 반드시 검토해야 할 것이 있다. 바로 생략법과 비유법을 포함한 수사의 검토이다. 왜냐하면, 시가에서 언뜻 보면 문맥이 비문법적인 것같이 보이는 경우에, 수사적으로 이해하면 문법적인 경우가 종종 있기 때문이다. 이에 제1구를 수사의 입장에서 검토해 보고자 한다.

'다스리다'는 타동사로, "국가나 사회, 단체, 집안의 일을 보살펴 관리하고 통제하다."의 의미이다. 그리고 이 타동사의 목적어는 '모도'인데, 이 '모도'는 '관리되고 통제받는 '우리'를 일반화시킨 일반화의 제유법이다. 왜냐하면, '우리'가 관리되고 통제받기 때문에 시적 화자는 제2구에서 울 것 때문에 시름하기 때문이다.

'모도'가 '우리'를 일반화시킨 일반화의 제유법이라는 사실에, 앞에서 정리한 '봄'의 상징적 의미인 절정기, '봄' 다음에 생략된 주격의 '-이', '간'과 '봄'의 도치 등을 더하여, 제1구를 정리하면 다음과 같다.

간 봄 모도 다스리미[절정기가 지난 우리를 보고 살펴(=감시하여) 관리하고 통제하므로]

이렇게 제1구를 "간 봄 모도 다스리미"로 읽으면 비문법적인 것같이 보이지만, '가다'의 '지나다'의 의미, '봄'의 상징적 의미, '봄' 다음에 생략된 주격의 어미, '간'과 '봄'의 도치법, '모도'의 제유법적 의미 등을 계산할 때에, 앞의 문장은 괄호 안의 현대역과 같이, 문맥이 명확하고, 문법적이다.

이런 사실들은 제1구의 향찰 해독에 상징법, 도치법, 주격 어미의 생략법, 제유법 등의 수사가 얼마나 필요한가를 잘 보여준다.

이 제1구는 화랑 집단이 몰락해 가면서 감시받고 관리되고 통제되는 상황을 노래하되, 상징법, 도치법, 생략법, 제유법 등의 수사들을 통하여, 직설적인 표현을 피한 것으로 판단된다. 그리고 이 수사들이 제1구의 해독을 어렵게 하였다고 판단한다.

2. 毛冬 居叱沙 哭屋尸以 憂音

모들 안시사 울올로 시름
안주하지 못하여야 울 것으로 인해 시름(합니다)

(오구라 1929)	모든 것이사 울오어 셜음
(유창선 1936a)	몯 사르셔 울어 시름
(양주동 1942)	모둔 것ㅅㅏ 우리 시름
(지헌영 1947)	몯 잇사 울올 이 시름
(정열모 1947)	모든 것애 울음으로 시름(1965 모둥 곳 새우르믈뼈 시름)
(홍기문 1956)	모둘 사ᄅᆞㅅㅏ 우리 시름
(이 탁 1956)	몯 술ㅅ 울어 시름
(조윤제 1956)	모든 것사 울올써 시름
(김준영 1964)	모둘 잇사 울올 이 시름
(김선기 1967b)	모돈 곧사 울올 이 시름(1993 울올이 시름)
(정연찬 1972)	몯둘 거스사 우올이(로) 시름
(김상억 1974)	모든 것사 우리 시름
(서재극 1975)	모둘 앗사 우롤이 시름
(전규태 1976)	몯둘 것가 울이 시름
(김완진 1980)	모둘 기스샤 우롤(1985b 울ᄆᆞ롤) 이 시름
(이임수 1982)	모둔 것ㅅㅏ 우롤 이 시름
(정창일 1987)	맛겨 사싈사 웃브힐뼈 시름-
(신석환 1987)	모둘 앗사 울올로 시름
(엄국현 1989)	모둘 잇사 울올이 시름
(김형춘 1989)	모둘 것사 우롤이 시름
(신동흔 1990)	아즈사
(금기창 1993)	모둘 겨시샤 울올 이 시름
(유창균 1994)	모둘 거슬사 울올로 시름
(강길운 1995)	몯들 거즈사 울올 이 시름
(지형률 1996)	모둘 이스샤 울올 이(2007 궂사 울올로) 시름
(최남희 1996)	모둘 거시사 우롤 이 시름
(이도흠 1998)	모둘 살사 울올로 시름
(양희철 2000)	모둘 안ㅅ사(2014 안실사) 울올로 시름(…)
(신재홍 2000)	모다 잇사/머뭇사 우롤 이 시름

(황패강 2001)	모둘 사ᄅᆞ사 울이 시름
(류 렬 2003)	모ᄃ 사ᄅᆞ사 우를이 시름
(황병익 2007b)	모둘 기ㅅ사 울오로 시름
(이병기 2008)	몯 잇ᅀᅡ 울屋읋로 시름
(남풍현 2020)	모둘 잇사 울옳로 시름

2.1. 毛冬 모들 ← 毛(전음독:모)+冬(가의독:들)

'毛冬'은 '모든, 모돈, 모돈, 몯, 모둘, 모다' 등으로 해독되고 있다.

이 중에서 '모든, 모돈, 모돈' 등은 '毛冬'을 관형사로 보고 있으나, 그 한계점은 이제 너무도 명확하게 드러나 있다. 다른 '毛冬'이나 '不冬'들과 다르게 읽을 근거는 조금도 없으며(홍기문 1956:82), 이곳에서만 그 다음의 '居叱沙'를 명사로 해독하기 위해서 관형사로 해독하는 점이 문제이다(정연찬 1972:70-71).

그 이후의 해독들은 '-冬'을 만주어(김선기 1967b:287), 만주어와 길약어(서재극 1982:447), 길약어(강길운 1995:126) 등의 '둘'과, 충청도 방언 '즐, 즑, 즉' 등에 따라 '들, 둘'로 보면서, '毛冬'을 '못'의 의미인 '모들'이나 '모둘'로 해독하였다(양희철 2013a: 105-109, 120-122).

2.2. 居叱沙 안시사 ← 居(실의독:안시)+叱(약음독:시)+沙(전음독:사)

'居叱沙'의 해독에는, '居'를 전음독 '거'나 '고'로 읽은 경우와 실의독으로 읽은 경우가 있다. 전자는 각주[1]로 돌리고 후자만을 보자.

'居'를 실의독으로 읽은 해독들은 여섯 유형으로 정리할 수 있다.

첫 번째 유형은 '기스샤'(김완진)와 '깃사'(양희철)이다. 이 해독들은 '깃-(棲)'을 염두에 두고 있지만, '居'에 '棲'의 의미가 없다.

---

[1] '居'를 전음독 '거'나 '고'로 읽은 경우로는 세 유형이 있다.

첫 번째 유형은 '居叱'을 '것, 곳, 곳(所)' 등의 명사로 해독한 경우이다. 이 해독들은 바로 앞의 향찰 '毛冬'이 관형사가 아니라 부사인 이상, '毛冬'을 관형사로 보고 '居叱'을 명사로 해독할 수 없는 문제를 보인다.

두 번째 유형은 '거슬다(逆)'의 의미로 해독한 경우이고, 세 번째 유형은 '거즈/거스(在)-'의 의미로 해독한 경우이다. 이 두 경우에는 이 해독들이 염두에 두고 있는 의미를 표현하려 하였다면, 향찰의 운용법이 보여주는 의주음조(義主音助)에 따라, '逆'이나 '在'를 실의독으로 이용하지, 왜 '居叱'과 같이 한자음을 이용한 음자들로 표기했느냐 하는 문제에 답하는 것이 어렵다.

두 번째 유형은 '잇사'(지헌영, 김준영, 엄국현, 남풍현)와 '잇/머뭇사'(신재홍)이다. 이 해독들은 만약 '잇-(有)'을 표현하려 했다면, 이 작품에서 보이는 '有叱下是'와 같이, '有叱-'을 택했을 것으로 보인다.

세 번째 유형은 '겨시샤'(금기창), '잇스샤'(계사, 지형률) 등이다. '겨시샤'와 '계실사'의 두 해독은 두 가지 문제를 가지고 있다. 하나는 '있다'의 높임말에 해당하는 '겨시-/계시-'를 '居'가 표현하지 못한다는 점이다. 왜냐하면 '居'에는 높임의 의미소가 없기 때문이다. 다른 하나는 '叱'(ㅅ, 시)을 살려 읽지 않거나 '-ㄹ-'로 읽었다는 것이다. '잇스샤'는 '계사'의 의미가 아니다.

네 번째 유형은 '사르셔'(유창선), '사ᄅᆞᆺ'(홍기문), '술ᄉ'(이탁), '사실사'(정창일), '사ᄅᆞ샤'(황패강) 등이다. 이 해독들에서도 '叱'(ㅅ, 시)을 살려 읽지 못했다.

다섯 번째 유형은 '긏사'(그치어, 지형률)이다. '어간+사'의 '사'는 '-어야'의 의미이다.

여섯 번째 유형은 '앗사'와 '아ᅎ사'의 해독이다. 이 유형의 해독들은 다시 검토할 필요가 있다. 왜냐하면 선행 해독의 설명이 문제점들을 갖고 있다고, 그 해독의 가능성까지 부정되지는 않기 때문이다. 이에 해당하는 유형이 바로 '앗사'(서재극, 신석환)와 '아ᅎ사'(신동흔)의 해독이다. 이 해독들에 제기된 문제는 다음의 셋이다.

1) 어간에 강세첨사 '사'의 연결이 가능한가?(김완진 1980:56-57).
2) 어간에 붙는 '-사'는 '-어야(필요형)'로 주어진 문맥이 맞지 않는다(강길운 1995: 126).
3) '앉다'의 경우에 '-ㄴ' 앞에서 'ㅈ'은 'ㅅ'이 되나, '-ㅅ' 앞에서도 'ㅈ'이 'ㅅ'이 되는가?(유창균 1994:138-139).

1)의 문제는 "涅槃애 어서 드사 ᄒᆞ리로다"(『석보상절』 十三 58), "내 죽사 ᄒᆞ리로다"(『삼강행실도』 烈 5), "게을리 마라사"(『경민편언해』 18), "山林에 구전솔이야 곳이 잇사 져 보랴"(『청구영언(오씨본)』 p.89) 등의 '드사, 죽사, 마라사, 잇사' 등에서 보이는 '어간+사'들에 의해 해소되었다.

이 1)의 문제를 해결한 강길운은 이어서 2)의 문제를 제기하였다. 그런데 이 2)의 문제는 문제 제기자가 해당 문맥을 '몯들(〉몯) 거즈사(〉겨시어) 울올 이 시름'으로 잡았을 때에 나타날 수 있다. 즉 '몯'과 '겨시어'의 문맥 연결에서, '몯'에 '안'의 의미가 없는 한, 문맥이 자연스럽지 못하다. 그러나 '居叱沙'를 '거즈사' 외의 다른 것으로 해독할 때는, 문맥이 잘 통한다는 사실을, 이어서 볼 '居叱沙'의 해독 과정에서 자연스럽게 알 수 있다.

3)의 문제 제기는 상당히 타당한 것으로 보일 수 있다. '앗-'을 주장한 서재극이나 비판자인 유창균 모두가 '-ㄴ' 앞의 '앗-'만을 예로 들고 있기 때문이다. 사실 '앗-'의 예는 '-ㄴ' 앞을 제외하면, '겨우 앗다'(剛坐, 『박통사언해』(중간) 單 1)만이 존재한다. 이 정도의 자료로만 보면, '-사' 앞에서 '앉-'이 '앗-'이라는 사실을 주장하고 논증하는 데는 한계가 있다.

그러나 이 한계 때문에 '앉-'까지를 부정할 필요는 없다. '居叱沙'를 '앗사'로 읽으려는 시도는 '居'의 '坐'라는 의미와 '-叱沙'의 '-ㅅ사'라는 음을 살려서, 그것도 '-叱(ㅅ)-'을 '앗-'의 음절말 자음첨기로 읽으려는 것이다. 그런데 이 의미와 음을 살려서 읽는 방법으로, '-叱(ㅅ)-'을 '앗-'의 음절말 자음첨기로 읽은 '앗사' 외에, '안ㅅ사'와 '안싸'가 있음에 주목할 필요가 있다. 이렇게 '앉-'의 'ㅈ'이 'ㅅ'이 되어 '안' 다음에 표기되거나, 그 다음의 초성에 결합되어 표기된 중세어는 다음과 같다.

    안ㅅ다(實坐, 『한청문감』 198a, 『동문유해』 25)
    안짜(澄下去, 『한청문감』 28d, 『역어유해』 上 40, 『삼역총해』 五 23)
    안쩌나(『석보상절』 十九 5)
    안쪼(『석보상절』 十一 1, 『벽온신방』 3), 안씨롤(『소학언해』 二 10)
    안쩐(『속삼강행실도』 孝 6)
    안찌(『석보상절』 六 10)
    안쭈볼시니(『월인천강지곡』 46)

이 표기들로 볼 때에, '앉-'이 '앗-'(안ㅅ)으로 나타남을 정리할 수 있다. 이 '앗(안ㅅ)-'과 '-사'를 연결하면, '안ㅅ사'나 '안싸'가 된다. 그런데 이 '안ㅅ사'나 '안싸'를 '居叱沙'로 표기했다고 보기에는 한계가 있다. 즉 '叱/ㅅ'을 '안ㅅ'에서 말음첨기로 표기했다고 보기가 어렵다. 이 문제를 해결하기 위하여 '앉/앚-'의 이형태를 하나 설정하고자 한다. 즉 '안시/안지-'[2]이다. 이 '안시-'로 보면, '居叱沙'는 '안시사'로 해독된다. '居'를 '안시-'로 읽고, '叱'은 말음절첨기의 '시'로 읽은 것이다. 물론 이때의 '-사'는 앞의 '드사, 죽사, 잇사' 등의 '-사'에서 발견되는 필요형 또는 필수 조건형의 연결어미로, 현대어의 '-어야'에 해당한다. 이로 인해 '안시사(>앉사)'는 현대어 '앉어야'로 옮길 수 있다.

---

2 '안지다'는 '앉다'의 전남과 제주도의 방언이다(『우리말샘』).

그런데 이 '안시사'에서 '앉-'의 의미는 그 설명이 요청된다. 왜냐하면 이 '앉-'을 우리가 현재 쓰고 있는 의미들로 이해하면 작품의 해당 문맥이 통하지 않기 때문이다. 이에 '앉-'의 다른 의미를 보자.

"魔王 波旬이 큰 德을 새오ᅀᆞ바 앉디 몯ᄒᆞ야 시름ᄒᆞ더니"(『월인천강지곡』22)를 통해 서재극(1975:56)이 예증하듯이, '앉-'에는 '편안, 安定' 등의 의미가 있다. 게다가 한자 '居'에는 '安住長養'의 의미가 "度地以居民"(『예기』王制)에서와 같이 존재한다. 그리고 『삼국사기』에 나온 다음의 '居'들은 '앉다'의 의미로 흔히 해석되고 있지만, 좀 더 자세히 보면 '安住'의 의미를 갖고 있다.

予以眇躬居上 不能養民 使老幼至於此極(『삼국사기』〈유리니사금〉조)
何以重居宰輔 濫濁憲章(『삼국사기』〈신문왕〉조)
有神人來請 宜住此地 乃置錫杖於前 指其地曰 此下有八面七級石塔 掘之果然 因立精舍 曰靈塔寺 以居之(『삼국유사』〈고(구)려영탑사〉조)

앞의 두 인용의 '居'는 흔히 '앉아'로 해석되고 있다. 이 해석이 틀린 것은 아니다. 그러나 '백성을 양육할 수 없고' '헌장을 함부로 흐리게 하는' 이유는 왕위와 재상의 자리에 앉음으로만 발생하는 것이 아니다. 그 이유는 왕위와 재상의 자리에 앉아 일을 열심히 하지 않고 편안하게 안주하기 때문이다. 이런 점에서 위의 '居'들은 흔히 '앉아'로 해석되고 있지만, 그 의미는 '安住'로 판단된다. 그리고 마지막에 인용한 『삼국유사』에 나오는 '居'는 기왕의 해석(권상로)에서도 '안주'로 나타나 있다.

이런 점에서 '居叱沙'를 '안시사(안지사)'로 읽고 그 뜻은 '안주하여야'로 잡는다.

2.3. 哭屋尸以 울올로 ← 哭(실의독:울)+屋(약음독:오)+尸(약음독:ㄹ) +以(실의독:로)

'哭-'은 '울-'로 통일되어 있다.

'-屋-'의 해독은 두 경우[3]를 제외하고는 모두가 '오/우'로 읽은 것은 같다. 그러나 그 해석에서는 장음표기(양주동, 이탁, 김상억, 전규태), 의도법 선어말어미(서재극, 신

---

[3] '움'으로 읽고, '울다'를 체언형으로 만드는 접미사로 본 경우(정열모)는, '屋'의 음이 '옥'으로 '움'의 출처에서 문제를 보인다. 'ᄆᆞᆯ'로 읽은 경우(김완진)는 만약 '(울어) 말아 버리(ㄹ)'를 표기하려 했다면, 자신의 주장인 훈주음종에 따라 '乾'이나 '燥'로 쓰지 않은 문제에 답할 수가 없다.

재홍), 매개모음(이임수), 대상법어미(금기창), 인칭법의 선어말어미(유창균), 한정법 선행어미(강길운) 등등으로 서로 다르다. 그러나 어느 주장을 따라도 문맥의 커다란 의미가 결정적으로 변하지 않는다는 점에서, 그 판단은 해당 전공으로 미룬다.

'-尸(-)'는 '-ㄹ(-)'로 읽힌다. 이 '-ㄹ(-)'을 벗어난 해독들도 있으나, 그 해독의 근거가 명확하지 않다.[4] 그리고 '-ㄹ(-)'로 읽은 기왕의 해독들을 보면, 적지 않은 문제를 가지고 있다.

먼저 '-ㄹ'을 장음표기, 대격, 주제격 등으로 본 경우의 문제를 보자.

장음으로 본 경우(양주동, 이탁, 전규태)에는 모음이 아닌 자음 '-尸(ㄹ)'로 '울-'의 장음을 표기한 것이라고 보기는 어렵다.

대격으로 본 경우(정열모)에는 '우르믈뻐'로 읽고 그 뜻을 '울음으로'로 잡는 것을 보면, 대격이 아님을 알 수 있다.

주제격으로 본 경우(지형률)에는 '哭屋尸'를 '울올'로 읽고, 그 의미를 '울리는'으로 보았다. '-ㄹ'이 '-는'의 의미가 되는 이유를 알 수 없다.

'-ㄹ'을 현재시제의 동명사형 어미(ㅁ)로 본 경우(홍기문, 서재극, 신석환, 유창균)가 있다. '-ㄹ'은 미래시제의 동명사형 어미로 '-ㅁ'과 구분된다. 그런데도 현재시제의 동명사형 어미 '-ㅁ'으로 해석한 것은 그 다음의 '-以'를 '-이'로 해석하기 위한 것이다. 즉 '-以(이)'를 공동격으로 파악하여 해당 문맥을 '울음과 시름'으로 해석하기 위한 것이다. 그러나 바로 이어서 보겠지만, '-以(이)'를 공동격으로 처리할 수 없을 뿐만 아니라, '-ㄹ'이 현재시제의 동명사형 어미로 쓰인 예를 제시하지 못하는 한 어려운 주장으로 보인다.

최근에 '-ㅭ'으로 본 경우들도 있다. 이 해독은 향찰 '尸'와 구결 '尸'가 15세기의 표기 'ㅭ'에 대응한다는 대응 논리로, 차제자 원리로 설명할 수 없고, 15세기 훈민정음적 사고를 벗어나지 못한 주장이다.

이렇게 '-尸'에 대한 기왕의 해독들은 문제점들을 가지고 있어, 앞서의 해독(양희철 1997)에서와 같이 미래시제의 동명사형 어미로 본다.

이번에는 '-以'의 해독을 보자. 우선 '以'의 음이나 훈을 모두 벗어난 경우로 '-어'(연결어미, 오구라, 유창선, 이탁 등등)가 있다. 이는 해독이 아니라 문맥에 맞춘 것이므로 논외로 한다. 이외의 해독들은 음으로 읽은 해독과 훈/의로 읽은 해독으로 나뉜다.

---

[4] '尸'를 관형사형어미 '-는'으로 본 경우(김준영, 금기창)에는 '-는'이 '尸'의 음과 뜻을 벗어났다.

전자는 각주[5]로 돌리고 후자만을 보자.

'以'를 훈/의로 읽은 해독에는 세 유형이 있는데, 모두가 다음과 같이 문제를 보인다.

첫 번째는 '뼈'로 본 유형이다. 이 유형은 조어와 의미상 문제를 보인다. 정열모가 보인 '-뼈'는 '새우르믈뼈'(새의 울음으로, '새+울음+을(대격)+뼈')에 나타난 것인데, '으로+뼈'는 가능해도, '을(대격)+뼈'는 불가능하다는 문제를 보인다. 그리고 정창일의 '-뼈'는 '웃브힐뼈 시름아'(울어야 할 시름이여)에 나타난 것인데, 고어로의 해독에도 문제가 있지만, 그 고어가 어떤 근거에서 괄호 안의 현대어로 옮겨지는지를 이해할 수 없다.

두 번째는 조격(造格) '-로'로 본 유형이다. 이 유형은 정연찬이 제2안으로 제시한 것을 신석환과 유창균이 취한 것이다. 이에 대해 직접 언급한 것은 아니지만, 유관한 언급으로, 그 다음의 시어 '憂音'과의 연결에서, '시름하여 운다'와 '시름으로 운다'는 가능해도, '울어 시름한다'나 '울음과 시름'이 부자연스럽다는 지적(김완진 1980:58)이 있다. 이로 보면 '울음으로 시름하-'가 불가능함을 알 수 있다. 특히 '울음으로 시름을 달랩니다'(신석환)와 '울음으로 지내는 시름이여'(유창균)는, '哭屋尸'가 미래시제의 동명사라는 점에서, 불가능하다고 생각한다. 즉 '울 것으로 시름을 달랩니다'나 '울 것으

---

[5] '以'를 음으로 읽은 해독에는 네 유형이 있다.

첫 번째는 부사형 '-ㅣ'로 본 유형이다. 이 경우는 '哭'을 '哀'의 의미로 처리하거나 '-ㅣ'에서 발견할 수 없는 '-(어)서'나 '-는'의 의미를 부여해야 하는 문제를 가진다. 이 경우에는 '哭屋尸+ㅣ'를 '우리'(설이: 서럽게, 양주동, 김상억), '우올이'(울어서, 정연찬), '울이'(우는, 전규태) 등으로 읽고, 그 뜻을 괄호 안의 것으로 파악하고 있다. 그런데 '우리'(설이: 서럽게)의 경우에는 '哭-'을 '울-'로 해독하였다. 그러나 정작 그 의미의 파악에서는 '哭'의 사전적 의미에도 없는 '哀, 苦, 慟' 등의 훈인 '셟-'의 의미로 잡고 있다. 이는 '-以'를 '-ㅣ'(부사형)로 해석하면서 문맥에 맞지 않자 수정한 것으로, '-ㅣ'(부사형)의 해석에 문제가 있음을 말해준다. '우올이'(울어서)나 '울이'(우는)의 경우는 '-以'를 '-이'로 해독한 것까지는 좋지만, 이 '-이'가 '-(어)서'나 '-는'의 의미를 갖지 않는다는 문제를 보인다.

두 번째는 공동격 '-이'로 본 유형이다. 홍기문과 서재극이 이 유형을 보인다. '-이'는 공동격으로 쓰이기도 하지만, 그 다음에 한결같이 '-이(:과/와) 곧/같-'의 형태를 취한다. 그런데 앞의 '哭屋尸以 憂音'은 그렇지 않다는 점에서, 이 공동격의 해석은 문제를 보인다.

세 번째는 연결어미 '-어'의 의미를 가진 '-이'로 본 유형(엄국현, 김형춘, 황패강 등)이다. '-이'가 연결어미 '-어'의 의미를 갖고 있지 않은 문제를 보인다.

네 번째는 지시관형사 '이'로 본 유형(지헌영, 김준영, 김선기, 김완진, 이임수, 금기창, 강길운, 지형률, 신재홍, 최남희 등)이다. '以'를 지시관형사 '이'로 해독하기는 어렵다. 우선 "비록 한자적 의미로 '以'에 지시대명사적인 '이'가 겸유(兼有)되어 있는 것이 사실이기는 하지만, 향가에서의 용법으로 보면 그 자리에 쓰이는 것이 압도적으로 '此' '是'요 '以'가 아니라는 점"(김완진 1980:58)이다. 게다가 지시사 '이'로 흔히 쓰이는 '是'가 '下是'에서 등장한다는 점에서, '以'가 지시사 '이'라고 보기는 매우 어렵다. 그렇다고 '以'를 '此'의 전와(轉訛)로 추측하여 해독하기도 어렵다.

로 지내는 시름이여'는 의미상 매우 어려워 보인다.

세 번째는 방향격 '-로'로 본 유형이다(양희철). 이 경우는 '울올로(의) 시름'의 '-의'가 생략된 것으로 보아, 그 의미를 '끝내는 울 것으로 가는 시름' 또는 '끝내는 울 것이 되는 시름'으로 잡은 것이다. 그러나 '-로' 다음에 오는 '-의'의 생략이 자유롭지 않다는 점에 문제가 있다.

이렇게 선행 연구들은 어느 것을 보아도 문제가 없는 것이 없다. 이런 점에서 이 '-로'를 원인격으로 바꾸어 해석한다. 원인격의 '-로'는 '병으로 결근했다', '자동차 사고로 늦었소' 등에서 흔히 발견된다. 이에 기초하여 '哭屋尸 憂音'을 '울올로 시름'으로 해독하고, '울 것으로 인해 시름', '울 것 때문에 시름' 등의 의미로 해석한다.

'울 것'은 완곡어법(euphemism)으로 득오가 죽지랑을 '생전에 만나지 못할 수도 있는 이별'이나 '영원한 이별'을 돌려서 표현한 것으로 보인다.

2.4. 憂音 시름 ← 憂(실의독:시름)+音(약음독:ㅁ)

'憂音'은 '설음, 시름, 시룸' 등으로 해독되고 있는데, '시름'을 따른다. 그런데 문제는 이 '시름' 다음에 생략된 것이 있느냐 없느냐 하는 것이다.

먼저 '憂音(시름)'에 생략된 것이 있는가 없는가 하는 문제를 보자. 이 생략 유무를 선행 연구들은 체계적으로 정리한 바가 없다. 선행 연구들이 단편적으로 제공하고 있는 의견들을 통사론적인 측면에서 변증하면서, 생략 유무를 판단하고자 한다.

감탄형 명사 또는 감탄형 '-이여'의 생략으로 처리한 경우들을 보자. 감탄형 명사로 본 것은 홍기문(1956)에서 시작되어 김선기, 전규태, 김완진 등등으로 이어지고 있다. 감탄형 '-이여'의 생략으로 보는 것은 지헌영(1947)에서 시작되어 김준영, 정창일, 유창균 등으로 이어지고 있다. 그런데 이 주장들은 '以憂音' 앞의 향찰 '-尸'를 '-ㄹ'로 해독하고, 그 의미를 '-ㄴ, -ㄹ' 등의 관형사형어미로 파악하고 있다. 그러나 앞에서 지금까지 해독한 것을 정리하면, '시름'에 걸리는 관형사는 없으며, 주어진 문맥은 [봄(이) 지난 우리를 다스리매 안주하지 못하여야 울 것 때문에(/것으로 인해) 시름]이 된다. 이 문맥에 감탄형 명사 또는 감탄형 '-이여'의 생략을 적용하면, 문장론적인 문제를 보인다. 이 문제는 우선 '-이여'는 생략이 불가능하다는 것이다. 특히 '-이여'가 표현된 것과 그렇지 않은 것은 그 의미상 변별성을 가진다는 점에서, '-이여'는 그 생략이 불가능하다. 다음으로 이 문제는 '…시름' 다음에 접미사의 어간과 어미가 없다는 점에 기인한다. 이에 비해 한 예로 접미사 '-한다'를 첨가하여 보면, 이 문장은 문법적이다. 이 문법성은 통사론적으로 보아, [봄(이) 지난 우리를 다스리매 모들 안시사 울올로 시름(안주하지 못하여야 울 것 때문에 시름)]의 '안시사'에서 보이는 '-사(어야)'와 부사 '울올로'에 근거한다. '-사(어야)'는 용언과 용언의 연결에서 앞 용언의 어간에 붙는다. 이에 따라 '-사'라는 필요형 또는 필수 조건형의 연결어미는 그 기능상 다음의 문장에 용언이 온다는 것을 말해준다. 이로 인해 우리는 앞에서 한 예로 살폈듯이, [안주하지 못하여야 울 것 때문에 시름한다]와 같이 '-여야'의 연결어미 이후에 '시름한다'의 용언을 가진 문장은 매우 문법적임을 알 수 있고, 이에 따라 '시름'은 접미사 이하가 생략된 용언임을 알 수 있다. 또한 '울올로'(울 것 때문에)라는 부사는 용언을 수식한다. 그런데 이 부사의 수식을 받아야 할 위치에 '시름'이 와 있다. 이 점에서도 이 '시름'은 접미사 이하가 생략된 용언이라 할 수 있다.

'시름'에서 생략된 접미사 이하를 정리해 보면 다음과 같다.

선행 연구들은 '시름' 다음에 생략된 접미사의 어간으로 '-하-'를 비롯한 몇 가지를 제시하고 있다.

'-하-' 외의 것들로 '시름 끼치었나이다', '시름을 나타낸다', '시름을 달랩니다' 등이 있다. 그런데 이 세 경우는 부적합하다고 생각한다. 왜냐하면 주어진 문맥 [봄(이) 지난 우리를 다스리매 안주하지 못하여야 울 것 때문에 시름]의 '시름' 부분에 앞의 세 경우들을 넣어 보면, 문맥이 상당히 어색하기 때문이다.

이에 비해 '시름'에 생략된 접미사를 '-하-'로 잡은 경우들은 상당한 설득력을 지닌다. 이는 '시름한다'(오구라 1929)와 '시름ᄒ…'(양주동 1942:99) 이래로 상당한 호응을 받고 있으며, [… 못하여야 울 것 때문에 시름한다.]와 같이, 문장에서 문법성을 가진다. 이런 점에서 '시름'에 생략된 접미사를 우선 '-하-'라 할 수 있다.

그러면 이 접미사 다음에 이어지는 선어말어미가 무엇인가를 보자. 특히 이 작품에서 전체의 시적 청자를 죽지랑으로 하고 있다는 점에서, 이에 한정하여 선어말어미를 보자.

'시름하-'의 어간 다음에 생략된 선어말어미로 겸양을 들 수 있다. 이것을 선학들이 항목으로 정리하지는 않았지만, 그 가능성들을 이미 제시하고 있다. 오구라(1929), 양주동(1965:878), 김상억(1974) 등에 의해 제시되거나 추종된 '시름하-'에는 겸양의 선어말어미가 없다. 이에 비해 정연찬(1972), 서재극(1974), 엄국현(1989), 김형춘(1989) 등에 의해 제시되거나 추종된 '시름합-'에는 겸양의 선어말 어미 '-ㅂ-'이 있다.

선행 연구들은 '시름-'의 생략된 용언에 오는 어미로 '-다'와 여타를 보여주고 있다. 여타의 것들로는 '시름하는데'와 '울며 시름하다니'의 '-ㄴ데'와 '-다니'가 있다. 이 해석에 대한 판단은 제3·4구에 따라 결정되는데, 제3·4구는 부정적이고 불안한 현실의 구체적인 내용을 보여주고 있다. 이로 보아 '-ㄴ데'나 '-다니'의 연결어미의 생략으로 생각하는 것은 어려워 보인다. 나머지 해석들은 서술형 종결어미 '-다'로 정리하고 있는데, 이것에는 아무런 문제도 없다. 그리고 이외에 의문형 종결어미 '-까?'의 생략을 생각해 볼 수도 있으나, 반문이 되어 문맥이 통하지 않는다.

이상과 같은 점들로 보아 '시름' 다음에는 '-합니다' 정도가 생략되어 있다고 정리할 수 있다.

3. 阿冬音乃叱 好支 賜烏隱

두들임곳 둏기 주시온
격려를 좋게 주시온

  (오구라 1929)   어듸매 나롤 됴회ᄒ샨
  (유창선 1936a)   어듸 날호샨
  (양주동 1942)   아롬 나토샤온
  (지헌영 1947)   아롬 ᄂ토(ㅅ)샤온
  (정열모 1947)   아 겨으냇 즐기샤온(1965 아쉼냇 즐기리 가몬)
  (홍기문 1956)   어두름 나토디샤온
  (이 탁 1956)   어들음 날 도ᄋᆞᄉ온
  (조윤제 1956)   아름 나토샤온
  (김준영 1964)   아롬 낫호ㅈ샤온(1979 아둘음 낫호△ 샤온)
  (김선기 1967b)   아돔 낟고디 주온
  (정연찬 1972)   아돔 낟호시온
  (김상억 1974)   아름 나토샤온
  (서재극 1975)   아ᄃ롬 나토히시온
  (전규태 1976)   아롬 나토샤온
  (김완진 1980)   ᄆ듬곳 불기시온(1985b 두던 ᄃ롬곳 됴ᄒ시온, 1986 두던ᄯᄅ롬곳)
  (이임수 1982)   아롬 ᄂᆽ(낯) 됴ᄒ시온
  (정창일 1987)   -아 겨슴내 싀됴럿드오는
  (신석환 1987)   아ᄃ롬 나토히시온
  (엄국현 1989)   아ᄃ롬 나토히시온
  (김형춘 1989)   아돔 낫호(이)시온

(금기창 1993)	아드룸 나토치샤온
(유창균 1994)	아둘음낫 고비기시온
(강길운 1995)	아드름 나토손
(지형률 1996)	아드룸냇 곪시온(2007 곱기시온)
(최남희 1996)	아드롬삿 됴히시온
(양희철 1997)	두둘음곳(2008 두드림곳) 둏기 주시온
(이도흠 1998)	두둘음(두덩)곳 둏기 주시온
(신재홍 2000)	아둠니 됴히시온
(황패강 2001)	아둘음 낫호샤온
(류 렬 2003)	아롬 나시흐기시흔
(황병익 2007b)	아롬(아담) 됴흐시온
(이병기 2008)	아둠곳 됴호샨
(남풍현 2020)	아둘음 낫호디시온

3.1. 阿冬音 두들임 ← 阿(실의독:두들/드듥)+冬(가의독:들/듥)+音(약음독:임)

阿冬音의 '阿'는 음으로 읽은 경우와 뜻으로 읽은 경우로 나뉜다. 전자는 각주[6]로 돌리고 후자만을 보자.

'阿'를 뜻으로 읽은 해독은 김완진과 양희철에서 보인다.

김완진은 훈주음종을 살려서 『석봉 천자문』(23)의 '두던'에 따라 해독하였다. '阿'는

---

[6] 초기 해독들은 '阿冬音'을 해독하면서 그 의미를 '아름(美)'에 맞추었다. 이를 입증하기 위한 노력은 대단하지만, 하나의 문제를 제기할 수 있다. 사모의 대상에 대한 서술이라는 점에서 '아름(美)'을 생각할 수 있다. 그러나 이 '아름(美)'이 무장(武將)의 공적이나 행동에 대한 것이 아니고, 무장의 얼굴이나 모습에 대한 것이라 할 때에 문제를 보인다. 무장의 얼굴이나 모습에 대한 서술인 한, 근엄이나 품위의 서술이면 몰라도 아름다움을 운위하는 것은 어울리지 않는다. 그리고 '아름답다'의 '아름/아룸'은 '아담/아둠'에서 온 것이 아니라, '알+음'에서 온 것이다. 이는 '사람답다'가 '살+옴+답다'에서 온 것같이, '아름답다'는 '알+옴+답다'에서 온 것이다.

이 문제를 극복하기 위하여 나온 것으로 추측되는 '아드롬'(昏憊하고 老衰함), '아둘음'(애달음), '아드롬'(어질음) 등의 해독들도 문제를 보인다. '아드롬'(昏憊하고 老衰함)과 '아둘음'(애달음)은 그 다음의 '隨支行齊'로 보면, 얼굴이나 모습 앞의 관형어구는 바람직한 상태라 할 수 있는데, 그렇지 못한 점들('昏憊하고 老衰함'과 '애달음')이 문제이다. 이 문제를 해결하고자 나온 것이 '아드롬'(어질음)으로 추정되는데, '아둘'을 '어딜'의 기원형이라는 추측이 설득력이 없으며, '아드룸냇'을 '어진분의'의 의미로 보는 것도 쉽지 않다.

게다가 지금까지 비판한 해독들은 모두가 '阿-'를 전음독자로 보고 있는데, 전음독자로 써야 하는 당위성 즉 경제적인 측면에서 의미나 음형의 전달 용이나 표기 노력의 절약 등의 이유도 포함하지 않고 있다.

'두던' 외에도 '씀'(틈)(『훈몽자회』下 18)과 '뜸'(틈)(『두시언해(초간본)』 七 28)으로 새겨진다. '阿'가 '틈'의 의미로 쓰인 예가 없음은 양주동(1942:103)에 의해 지적되었다. 그 후에 '두던(두덩)'이 김완진에 의해 제시되면서, 그 가능성이 모색되었다. 그러나 현재로서는 '두던ᄯᆞᄅᆞᆷ곳'의 해독에는 석연치 않은 점들이 있어 보인다. 우선 '두덩'을 '볼두덩, 눈두덩, 손두덩, 불두덩' 등과 같이 우리의 얼굴이나 몸의 불룩한 곳을 가리키는 데 더 흔히 쓰이는 것이 '두덩'임을 확인하기는 어려운 일이 아니다라고 주장한다. 그런데 문제는 이 '두덩'은 그 다음의 '즈시'로 보면 '눈두덩'과 '볼두덩'을 뜻하게 된다. 이럴 경우에 '볼두덩'은 죽지랑의 좋은 얼굴을 의미하지만 '눈두덩'의 경우는 좋은 얼굴을 의미하지 않는다. 좋은 얼굴을 말할 때에 '볼이 통통하다' 또는 '볼이 두둑(도독)하다'라고 한다. 이런 사실에서 '볼두덩'이 좋은 얼굴을 표현하는 데에 쓰임을 알 수 있다. 그러나 '눈두덩'은 '눈두덩이 부었다' 또는 '눈두덩이 멍이 들다'에서처럼 좋은 얼굴의 표현에 쓰이지 않는다. 이렇게 본다면, '阿'를 뜻으로 새기는 것은 좋지만, '두던(두덩)'으로 보는 데는 문제가 있다고 할 수 있다. 이는 '阿'에 대한 『석봉 천자문』(23)의 '두던'을 '두덩'에만 한정한 결과라 생각한다. 이보다는 '阿'의 '두던'과 같은 '두들, 두듥, 둔덕' 등으로 확장하여 검토할 필요를 느낀다.

그리고 '두던 ᄃᆞᄅᆞᆷ곳 됴ᄒᆞ시온'(김완진 1985b)에서는 'ᄯᆞ룸'을 'ᄃᆞ룸(둘+옴)'으로 읽고, 중세어 'ᄃᆞ룸/ᄯᆞᄅᆞᆷ'에 해당하는 것으로 보면서, "중세 국어에서는 명사에 직접 연결되면서 주어나 목적어의 위치에 올 수 있었다는 것을 알려 준다."고 가설을 합리화하고 있다. 이 가설은 좀더 구체적인 논증을 필요로 하며, 두어 가지 문제를 보인다. 하나는 '晋'의 당시 음이 '임'이라는 문제이다. 다른 하나는 '두던 ᄃᆞᄅᆞᆷ곳 됴ᄒᆞ시온'의 해독과 '눈두덩 볼두덩 좋으신'의 현대역이 형태소 차원에서 상응/일치하지 않는다는 문제이다.

'阿'의 '두던'과 같은 '두들, 두듥, 둔덕' 등으로 확장하면서 '두들'로 읽은 해독을 보자. '두들'은 '두드리다'의 이형태인 '두들다'[7]의 어간이다. 이 '두들'과 '晋'의 음 '임'을 이용하여 '阿ᄉᆞ晋'을 '두드림(두들임), 두두림(두둘임)'(양희철 2008a) 등으로 읽었다. 이 해독에서는 분철을 살려 '두들임, 두둘임' 등으로 정리한다. 이로 보면, '阿ᄉᆞ晋'의 'ᄉᆞ'은 '(둘))들'로 읽어야 함을 알 수 있다. 이에 '둘'로 읽을 수 있는 가능성을 제기할 수도 있으나, 중세어에 '두드리다'와 '두듥이다'는 있어도, '두드리다'와 '두듥이다'는

---

7 '두들다'와 '두둘다'는 '두드리다'의 전남과 제주의 방언이다.

없다는 점에서, '둘'은 버리고 '(둘〉)들'을 취하여, '두들임, 두듥임'으로 읽는다.

'擊, 搏, 打' 등을 이용하여 실의독자로 쓰지 않고, '阿'를 이용하여 훈차, 즉 가의독자로 쓴 것은 '두들'의 음형을 전달하기 위한 것으로 보인다.

이런 점들에서, '阿冬音'은 '두들임/두듥임'으로 해독하고, 그 의미는 '두드리다'와 '두들기다'에서 보이는 "감동을 주거나 격동시키다"의 명사형인 '감동을 주심'으로 본다.

3.2. 乃叱 곳 ← 乃(가의독:곳)+叱(약음독:ㅅ)

'乃叱'은 '곳, 낫-, -닛' 등으로 읽히고 있다. 우선 '乃'가 향찰에서 '나'로 읽힌다는 점에서 '닛'의 해독을 버린다. '곳'과 '낫-'의 결정은 표기의 경제성에서 '곳'이라 할 수 있다. '낫(露, 現)-'을 괄호의 한자로 표기하지 않고, '乃叱'로 표기하였을 때에, 의미나 음형 전달이 용이한 것도 아니고, 그렇다고 표기 노력을 절약하는 것도 아니다. 이런 점에서 '乃叱'을 강조의 '곳'으로 읽은 해독을 따른다.

3.3. 好支 둏기 ← 好(실의독:둏)+支(전음독:기)

'好支賜烏隱'의 해독에 속한 '됴화ᄒ샨, 즐기리 가몬' 등은 우선 차제자의 원리를 벗어난 해독들이어서 논외로 한다. '고비기시온'과 '곱기시온'의 '고비'와 '곱'은 '好'의 해독이 아니라 '愛'(/美)의 해독이어서 버린다. '됴히시온'은 '支'를 '히'로 읽고 있는데, 같은 작품에서 '支'를 '히, 기' 등으로 읽는 문제를 가지고 있고, 또한 그 뜻을 '좋으신'으로 잡고 있는데 '-히-'의 '-이-'가 '-으-'가 된다는 설명에도 문제가 있어 보인다.

'好支'는 '좋게'의 의미인 '둏기'로 읽는다.

3.4. 賜烏隱 주시온 ← 賜(실의독:주시)+烏(전음독:오)+隱(약음독:ㄴ)

4. 兒史 年 數就音伊 墮支 行齊

즈시 히 혜나삼이 디기 니져
낭이 해(年, 日=王)를 혜나삼이(세어나감이, 헤아려나감이) 디기에(떨어지기에=약해지기에, 꺾이기에) (제가) 가려 (합니까)

[1) 낭이 해를 세어나감이 떨어지기에(약해지기에) 제가 가려 합니까]
[2) 낭이 왕을 혜아려나감이 꺾이기에 제가 가려 합니까]

(오구라 1929)	짓 年數 닐움에 뻐러뎌 녀져
(유창선 1936a)	짓이 / 年數 닐워 뎌녀제
(양주동 1942)	즈싀 살쯈 디니져
(지헌영 1947)	즁 살음 디스니겨
(정열모 1947)	즈시 / 해포 남지기 녀재(1965 즈시 / 희수 나름 디기녀져)
(홍기문 1956)	즁히 히여줌 뻐디 녀져
(이 탁 1956)	짓히 잦옴 디어녀둔
(조윤제 1956)	즛이 / 年數이룸 디니져
(김준영 1964)	즈시 / 히 두서쯈(살쯈) 디즈니져(1979 年數 주음 디△ 니져)
(김선기 1967b)	즛이 / 나수 마촘 빠디 녀재(1993 짓이 / 나해 먹음 뻐디 녀자이)
(정연찬 1972)	즈시 / 나히 마춤 디니져
(김상억 1974)	즈지 살쯈 디니져
(서재극 1975)	즛 / 年數(또는 히數) 나삼 헐히니져
(전규태 1976)	즈시 살쯈 디닛져
(김완진 1980)	즈싀 히 혜나삼 헐니져
(이임수 1982)	즛싀 히수(數) 나삼 헐니져
(정창일 1987)	즈시 히 헤아룜 뻐러 녀제
(신석환 1987)	즈시 年數 나솜 헐히니져
(엄국현 1989)	즈싀 히數 나삼 헐니져
(김형춘 1989)	즈시 / 年數 마촘 디니져
(금기창 1993)	즈시 / 年數 나사감 디치 니져
(유창균 1994)	즈시 / 나히 마좀 디기니져
(강길운 1995)	즈싀 / 나스 들음 뻐디니져
(지형률 1996)	즈시 나수 낫암(2007 들음) 헐억 니져
(최남희 1996)	즈시 / 年數 나솜 디히니져
(양희철 1997)	즈시 히 혜나삼 딥니져(디기(에) 니져(…))
(이도흠 1998)	즈시 히 혜나삼 헐히 니져
(신재홍 2000)	즈싀 / 年數 나솜 디기녈져
(황패강 2001)	즈싀 年數 주음 디니져
(류 렬 2003)	지시 흐리니름 디디 니지
(황병익 2007b)	즈싀 히 나삼(들음) 뻐디(지)니지

(이병기 2008)	즈싀 年數 나삼 헐니져
(박재민 2009a)	힛 數 맛감
(남풍현 2020)	즛이 햇수 좇음 디디 녀져

4.1. 皃史 즈시 ← 皃(실의독:즛)+史(전음독:시)

'皃史'는 '즈시'로 읽는다. 이 '즈시'는 제유법으로 죽지랑을 의미한다(제4부 「수사법과 연계된 문제 향찰」 2.3.1. 皃史 참조).

4.2. 年 히 ← 年(실의독:히)

'年'은 '히'로 읽는다. 이 '히'는 '年'의 의미이면서 동시에 '日'의 의미로 왕의 상징이기도 한 중의법(해, 왕)을 보인다. '히' 다음에는 목적격 어미가 생략되었다.

4.3. 數就音伊 헤나삼이 ← 數(실의독:헤)+就(실의독:나사)+音(약음독:ㅁ)+伊(전음독:이)

年數就音(伊)의 '伊'는 누락자이다. 수정된 年數就音伊를 '히 헤나삼이'(해 헤어나감이)으로 읽는다(제2부 「서로 연계된 누락자와 연자」의 2.1.1. 참조).

4.4. 墮支 디기 ← 墮(실의독:디)+支(전음독:기)

'墮'는 훈차/가의독의 '디-'로 읽은 경우[8]도 있으나, '墮'를 훈독/실의독으로 읽은 세 유형이 중심이다.

첫째는 '毀'의 의미인 '헐-'로 읽은 유형이다. '헐-'을 타동사로 본 '헐히니져'는 "年數 나삼(年月의 흐름)을 헐히니져(허물어 버리자)"와 "모습은 세월 따라 헐히니져(헐어 버릴진저)"의 문맥에서 보이는데, 문맥이 통하지 않는다. '헐-'을 자동사로 본 해독에는 '헐니져'(헐어 가도다, 김완진 1980), '헐니져'(사라지는구나, 헐어 가겠군요), '헐히니져'(헐어 가는구나), '헐억 녀져'(헐어 가네) 등이 있다.

---

[8] 이에 속한 해독에는 '디니져'(持, 지니려 하옵내다), '디기 녀져'(遲, 뜨게 가자), '디치 니져'(乏/疲, 지쳐서 가는구나), '디닛져'(成, 졌구나), '딥니져'(負, 등지어 가져) 등이 있다. 이 해독들은 괄호 안에 쓴 한자들을 몰라서 '墮'를 훈차/가의독자로 사용하였다고 보기 어렵다.

자동사 '헐-'에는 두 가지 의미가 있다. 하나는 '(부스럼이나 상처 따위가) 덧나서 짓무르다.'의 의미이고, 다른 하나는 '(물건이) 낡다.'의 의미이다. 이 두 의미는 모두 문맥에 부합하지 않는다. 특히 '헐-'을 '낡다'의 의미로 보기 위하여, '皃史'(얼굴 또는 모습)를 전각의 영정으로 보는 데는, 앞의 '皃史'(얼굴 또는 모습)에서 설명했듯이, 명확한 한계가 있다.

둘째는 '死'의 의미인 '디-'로 읽은 유형이다. '디ㅅ니져'(殞命하시었구나, 지헌영 1947), '디ㅿ니져'(죽었구나, 돌아가셨도다), '디니져'(돌아 가셨도다), '디기니져'(돌아가셨구려) 등이 있다. 이 해독들은 해독과 현대역이 상응/일치하지 않는다. 특히 '墮(支)行(齊)'는 복합동사로 보면, '죽어가고 있는 상태'를 의미할 수는 있어도, '죽은 상태'를 의미할 수는 없다.

셋째는 '落'의 의미인 '디-'나 '뻐디-'로 읽은 유형이다. 이 유형에 속한 해독들[9]은 해독과 현대역이 거의 일치하지 않는다. 그리고 주어를 '얼굴'로 보았는데, 이 얼굴이 죽지랑을 표현한다는 점까지를 계산하여도, '얼굴(또는 낭)이 (떨어)지다(落).'는 문맥이 통하지 않는다.

이렇게 선행 해독들이 문제를 보이자, 이 문제를 해결하기 위하여, '디기 니져'(떨어지기에/꺾이기에 가려, 양희철 2000)로 읽고, 주어를 '헤어나감'으로 본 해독이 나왔다. 이 해독은 '힘이 떨어지다(=약해지다)'와 '싸움에서 지다(=꺾이다)'를 예로, '지다'의 의미를 '떨어지다(=약해지다)'와 '꺾이다'로 이해하였다. 이 해독은 '즈시(낭이) 해(를) 세어나감(이) 떨어지기(=약해지기)(에)'의 문맥과 '즈시(낭이) 해(=왕)(를) 헤아려나감(이) 떨어지기/꺾이기(에)'의 문맥에 부합한다. '支'를 '기(에)'로 읽은 이유는 이어서 설명한다.

'墮支'의 '支'는 허자(虛字), -ㅅ/ㅿ, -어, -히(=어), -치, 지정문자, -디, -ㄱ, -기(부사형어미, 연결어미, 타동사화의 접미사), -ㅂ(부동사형어미), -기(명사형어미) 등의 열 형태로 해독되고 있다. 이 중에서 허자(虛字), -ㅅ/ㅿ, -어, -히(=어), -치, 지정문자 등은 '支'나 '攴'의 음이나 훈을 벗어난 해독으로 의미가 없다. 나머지 '-디, -ㄱ, -기(부사형어미, 연결어미, 타동사화의 접미사), -ㅂ(부동사형어미), -기(명사형어미)' 등의

---

9 '뻐러뎌 녀졔'(흩어져 가십니까, 오구라 1929), '뻐디 녀져'(조심해 나가자), '뻐디 녀자이'(더디게 가자이), '뻐러 녀졔'(떨고 가야지), '뻐디니져'[떠러져(=못해져, 점점 잊혀져) 간다], '디기녈겨'[떨어져(=축나) 가겠구나], '디어 녀돈'(나려오시는 것?), '디니져'(떨어지려 하는구나) 등이다. '뎌녀졔'의 경우에는 현대역을 제시하지 않아, 구체적인 의미를 알 수 없다.

해독만을 간단하게 보자.

'支'를 '-디'로 읽은 해독에는 '뼈디 녀져'(조심해 나가자), '뼈디 녀자이'(더디게 가자이), '디디 녀져'(무너져 가네) 등이 있다. 해독과 현대역이 연결되지 않는다. 그리고 '디'를 '惡知'에서는 '知'를 쓰고, 다시 이곳에서는 '支'를 썼다고 보기 어렵다.

'支'를 '-ㄱ'으로 읽은 해독에는 '헐억 녀져'(헐어 가네)가 있다. 이 해독은 '支' 앞에 '어'(부동사형 어미)가 생략되었다고 본 다음에 '支'를 강조접사 '-ㄱ'으로 읽었다. 어간과 어간 사이에서는 부동사형 어미가 생략될 수는 있지만, 강조접사 앞에서 부동사형 어미가 생략되었다고 보기는 어렵다.

'支'를 '-기'(부사형어미, 연결어미, 타동사화의 접미사)로 읽은 세 해독이 있다. '디기 녀져'(뜨게 가자)에서는 '-기'를 부사형어미 '-게'에 해당하는 것으로 보았다. 이는 인정할 수 있으나, '디기'를 '뜨게'의 의미로 보는 것이 어렵다. '디기녈져'[떨어져(=죽나) 가겠구나]에서는 '-기'를 연결어미 '-어'에 해당하는 것으로 보았다. 논증된 주장이 아니다. '디기니져'(돌아가셨구려, 유창균 1994)에서는 '-기-'를 타동사화의 접미사로 보았다. 이 타동사설을 따르면 '디기-'는 타동사 '죽이-'의 의미가 되지, 해독자가 주장한 자동사 '돌아가-'의 의미가 되지 않는다.

'支'를 '攴'으로 수정하고 'ㅂ'으로 읽은 해독에는 '딥니져'(등지어 가져)가 있다. 수정을 하지 않아도 해독이 가능하다는 점에서 수정을 인정하기가 어렵다.

'支'를 '기'(명사형어미)로 읽은 해독에는 '디기(에) 니져'(떨어지기에/꺾이기에 가져, 양희철 2000)가 있다. 이 해독에서는 '支'를 '-기'로 읽고, '-기' 다음에 원인격 어미 '-에'가 생략된 일곱 예[10]를 들면서 '-기' 다음에 원인격 '-에'가 생략된 것으로 보았다. 그리고 '行齊/니져'의 바로 앞에는 '제가'와 '낭이'가 생략된 것으로 보았다. '니져'의 바로 앞에 생략된 주어 중에서 '낭이'를 제외한 '제가'만을 취하면 문제가 없을 것 같다.

---

10 "東京 明期 月良 夜入伊 遊行如可(동경 붉기 들아 밤들이 노니다가, 양희철 1997:132-134) / 物叱 好支 栢史(갓 동기 자시, 양희철 1997:514-515) / 大肹 生以支 所音(한홀 살이기 숌, 양희철 1997:664-666) / 닙고 시브냐 ᄒ시기 니 디ᄒ되 슬ᄉ오이다.(『한중록』, p.26) / 鄕歌文學에 있어 形式의 考察이란 필자의 생각으로는 … 같이 판단하는 바이기 이대로 그치려는 것이다.(이능우 1956:205) / … 라는 見解는 … 라는 條件이 붙어 있기 그것이 充足될 때까지 기다리기로 한다.(정연찬 1972:103) / 鄕歌 解讀은 너무나 많은 問題가 남았기 언제 끝날지 모르겠다.(정연찬 1972:105)"(양희철 2000:64-65)

4.5. 行齊 니져 ← 行(실의독:니)+齊(전음독:져)

'行齊'의 '-齊'는 음과 뜻의 영역을 벗어난 '-돈'(이탁) '-자이'(김선기)를 제외하고는, '-제'와 '-져'로 읽히면서, 그 기능에서 상당히 엇갈리고 있다. '-齊'는 다른 향가에서 '-제'가 아니라 '-져'로만 해독이 가능한 것들이 있다. 이로 인해 '-齊'를 '-제'로 해독한 경우들(오구라, 유창선, 정창일)은 버리게 된다.

이 '行齊'를 '니져'로 읽는 데는 거의 이의가 없다. 그러나 '-져'는 서술법[11] 감탄법[12] 청유법[13] 등의 종결어미로 본 경우와 연결어미로 본 경우로 나뉜다. 전자는 각주로 돌리고 후자만을 보자.

'行齊'의 '齊'를 연결어미로 본 해독들에는 '디니져'(지니려 하는구나, 양주동 1942: 140, 김상억 1974:117)와 '디니져'(떨어지려 하는구나, 정연찬 1972:103; 김형춘 1989:17) 등이 있다. 이 중에서 '-齊'를 구체적으로 설명한 글을 인용하면 다음과 같다.

곧 「져」는 大體로 「欲」字의 義에 該當한다. 그도 그럴 것이, 「져」는 元來 助動詞 「지」와

---

[11] '-齊'를 서술형으로 처음에 읽은 것은 오구라이다. 그러나 오구라는 '-제'로 읽은 문제를 가지고 있다. 이 '-齊'를 '-져'로 읽으면서 서술형으로 정리한 것은 '뼈디니져'(떨어져 간다, 강길운 1995)과 '디디녀져'(무너져 가네, 남풍현 2020)이다. 전자의 해독에서는 '-져'를 고려 이두 '齊'[져](예: 王室乙 廢始 令是白乎 所 無齊, 尙書都官貼81:派明分開坐 記錄爲齊, 고려말 호적문서 둘째폭3)와 제주도방언('-져'의 발달형이라고 믿어지는 '쩌', 예: 놀암쩌 '놀고 있다'; 먹엇쩌 '먹었다')에 의존하면서 서술형 어미로 처리하였다. 이 설명은 '-齊'의 기능 중의 하나가 서술형 어미임을 증명하는 데에 충분하다. 그러나 이 '뼈디니져'(떨어져 간다)의 해독은 후자의 해독인 '디디 녀져'(무너져 가네)와 더불어, 바로 앞의 '墮支'가 '디기(에)'라는 점에서 문맥에 맞는 해독이라 할 수 없다.
[12] '-齊'를 감탄의 종결어미로 해석한 해독들은 상당히 많다. 그러나 '-져'는 단순한 종결어미로 이해될 수 있지만, 감탄적인 종결어미로는 이해되지 않는다. 현존 어느 이두 사전을 보아도 '-齊(져)'를 감탄적 종결어미로 해석한 경우가 없다. 그리고 '毛冬乎丁'(제망매가) '닛고신져'(動動) '스라온져'(動動) 등의 '-丁(뎌)'와 '-져' 등은 그 자체가 감탄적 종결어미가 아니라 '-ㄴ뎌'와 '-ㄴ져'가 감탄적 종결어미 또는 의문적 종결어미이고, '逐內良齊'(찬기파랑가)의 '-齊(져)'는 '-고자'에 해당한다. 이런 점들로 보아, '行齊'의 '-齊(져)'는 아무리 많은 기왕의 연구들이 주장하고 따른다고 하여도, 그 논거가 없는 이상, 감탄형 종결어미로 이해될 수 없다고 생각한다.
[13] '-齊'를 청유형으로 읽은 경우를 보자. 이에 속한 해독들로는 '뼈디 녀져'(조심해 나가자, 홍기문), '디기 녀져'(뜨게 가자, 정열모), '헐히니져'(허물어 버리자, 서재극) 등이 있다. 이 해독들이 취한 청유형은 '-져'의 '-어'가 '(우리) 먹어(:먹자)!' '(우리) 놀어(:놀자)!' 등의 '-어'에서 발견할 수 있는 것이어서 일단은 긍정적이다. 그러나 '-지-'의 설명이 부재한 문제를 가지고 있다. 만약 '-지-'가 소망형 선어말어미라면, 이를 '-고 싶-'으로 계산하여 '니져'를 다시 쓰면, '니(去)+고 싶+어(:자)'가 되어, 소망형 선어말어미와 청유형 종결어미의 결합이 자연스럽지 못하다. 게다가 문맥에 이 청유형 종결어미를 대입시키면 문맥의 의미가 통하지 않는다.

感歎助詞「ㅕ」와의 合成인데 「지」는 「請·願·求」의 原義를 가진 것이다.
　…(중간의 예문 생략)…
　그럼으로 「齊」(져)는 그 語義의 濃淡의 差는 잇을망정 根本的으로 「欲」의 義를 가진 것은 事實이다. 따라서 本句「墮支行齊」(디니져)의 「齊」의用法도 「欲」의義로 解할 것이니, 三·四兩行의 語義는 「美를 나타내신 얼굴이 주름을 지니려 하는구나」로서, 비록 願望의 義는 아니나 「將欲」의 義를 가젓다.(양주동 1942:139-140)

이 인용을 보면, '-齊'를 '-져'의 연결어미로 읽고 있다. '-齊'(져)를 '「欲」의 義'로 보면서 '墮支行齊'를 '지니려 하는구나'로 해독하고 있다. '-齊'(져)를 '「欲」의 義'로 본다면, 이 '-齊'(져)는 연결어미 '-려' '-고지'리 할 수 있다. 그런데 '-齊'(져)를 '「欲」의 義'라 하면서 '墮支行齊'를 '지니려 하는구나'로 해독하여, '하는구나'가 어느 향찰을 해독한 것인지를 알 수 없는 문제를 보인다. '-齊'를 '-려'로 해독한 이상, '하는구나'로 해독할 향찰이 존재하지 않는다. 그런데도 이렇게 해독한 것은, 필자가 판단하기에, '-져'를 '조동사 '지'와 감탄조사 'ㅕ'의 합성으로 보았을 때의 '감탄조사'를 의식하고 적용한 것으로 생각한다. 그러나 감탄조사에는 '-여'는 물론 '-어'도 없다는 문제를 가지고 있다.
　그러면 이 해독은 왜 '行齊'의 '-齊'를 '-려 하는구나'로 해독하였는가를 다시 생각해 볼 필요가 있다. 이는 '-齊'를 '-려'의 의미로 읽고, 이 '-齊' 다음에 생략된 조동사를 밝힌 것으로 보인다. 이 생략된 조동사를 밝히면서도, 그 생략된 것을 밝힌 것이라는 설명을 말하지 않아 모호한 설명이 된 것이다.
　이제 앞의 해독을 '-려 (하는구나)'로 정리하고 나면 일단 큰 문제는 해결되었다고 할 수 있다. 그러나 아직도 문제가 완전히 풀린 것은 아니다. 아직 풀지 않은 것은 '-려' 다음에 생략된 것으로 '하는구나'가 가능한가, 아니면 다른 것들도 가능한가 하는 문제이다. 필자가 생각하기에, '行齊'(니져)의 주어로 '제가'만이 가능하고, 시적 청자를 죽지랑으로 한다는 점에서, '(-려) 합니까?'만이 가능하다고 생각한다.
　이상과 같이 보아, '-齊'는 '-져'로 읽고, 그 뜻은 '-려 …'인데, 이때 생략된 부분에 올 수 있는 것은 '합니까'이다.
　제4구가 보여준 중의는 다음과 같다.

1) (낭여) …즈시 히(年)(롤) 혜(數)나삼이 디기(에) 니져 (…)
   [(낭여) …낭이 해를 세어나가심이 떨어지기(=약해지기) 때문에 (제가) 가려 합니까?]
2) (낭여) …즈시 히(日=王)(롤) 혜(數)나삼이 디기(에) 니져 (…)
   [(낭여) …낭이 왕을 혜아려 나가심이 꺾이기 때문에 (제가) 가려 합니까?]

1)은 죽지랑이 노쇠하여 힘이 없어지므로 득오 자신이 가려 하느냐는 반문이고, 2)는 죽지랑이 왕의 총애를 잃거나 정치력이 꺾이기에 득오 자신이 가려 하느냐는 반문이다.

5. 目煙 廻於七 史衣

눈안기 돌어질 시의
눈안개 돌어질 것의

(오구라 1929)	目烟 멀 스싀예
(유창선 1936a)	눈을 돌려 짓애
(양주동 1942)	눈 돌칠 스이예
(지헌영 1947)	눈(연) 돌얼ㅅ(칠) 사이예
(정열모 1947)	눈애 돌얼 칠새(1965 누늬 도럴 칠시) 이에
(홍기문 1956)	눈 도르칠 스싀의
(이 탁 1956)	눈에 돌알 즛이
(조윤제 1956)	눈 돌칠 사이에
(김준영 1964)	눈 니돌얼칠 스이의
(김선기 1967b)	눈깔 돌올칠 사이애(1993 시이이)
(정연찬 1972)	눈 도올칠 스이의
(김상억 1974)	눈돌칠 사이에
(서재극 1975)	눈 돌올 츠시의
(전규태 1976)	눈 돌칠 스이예
(김완진 1980)	누늬 도랄 업시 뎌옷
(이임수 1982)	눈 도랄치ㅅ(돌칠ㅅ) 뎨
(정창일 1987)	눈늬 도럴히츨시 伊옷
(신석환 1987)	눈 돌얼 스시예
(엄국현 1989)	눈 니돌얼 스시예
(김형춘 1989)	눈 도올칠 스이의
(신동흔 1990)	눈늬
(금기창 1993)	눈 내돌칠 스시애
(유창균 1994)	누늬 돌올 스시 이인
(강길운 1995)	눈의 돌을 업싀 이에

(지형률 1996)	눈의 도롤 업시(2007 스시) 뎌의
(최남희 1996)	눈 도롤 스시이
(양희철 1997)	눈니 돌얼 딜 시-의
(이도흠 1998)	눈니 돌얼질 시의이
(신재홍 2000)	누늬 도롤 업시 이이
(황패강 2001)	눈 돌칠 스이의
(류 렬 2003)	눈 도라딜 스리히
(황병익 2007b)	눈 돌칠 스이예
(이병기 2008)	누늬 도랄 업시 뎌웃
(남풍현 2020)	目煙 돌리욿 七史伊의

5.1. 目煙 눈안기 ← 目(실의독:눈)+煙(실의독:안기)

'目煙'은 세 해독[14]을 제외한 나머지 해독에서는 한 단위로 읽었다. '目煙, 눈, 눈(연), 눈니(눈에), 눈깔, 누늬(눈의), 눈니(눈물, 눈물과 비슷한 의미, 눈안개), 눈의' 등이다. 이 해독들은 모두가 문제[15]를 보인다.

이에 '目/눈+煙/안기'의 '눈안기'로 읽는다. '눈안기'는 일부 해독자들이 제시한 '눈물'(정창일 1987), '눈물과 비슷한 의미'(신동흔 1990), '눈안개'(양희철 1997, 2000) 등의 의미와 같은 맥락에 있다. 즉 '눈안기'는 감정이 복받쳐서 눈물이 눈에 고이기 직전에 눈시울이 뜨거워지는(/붉어지는) 순간이나 그 직전에 눈에 희뿌옇게 일어나는 안개를 뜻한다. 그리고 이 '눈안기'는 이어서 나오는 제6구의 시어 '맛보기'가 어떤 성격의 것인가를 시적 화자의 절제된 감정의 측면에서 잘 보여주는 시어로 판단한다.

---

14 '目煙'의 '煙'을 '廻於尸(七)'와 연결하여, '눈 너돌얼칠'(눈을 내두를/내둘을), '눈 너돌얼'(눈 내두를), '눈 내돌칠'[눈(을) 내돌려칠] 등으로 읽은 해독들이 있으나, 의미 있는 해독으로는 보이지 않는다.

15 '目煙'의 경우에는 이 작품의 어디에도 한자 용어가 나오지 않는다는 점에서, '눈'의 경우에는 '-ㄴ'의 표기에 흔히 쓰이는 '-隱'을, 특히 '賜烏隱'에서도 보여준 '隱'을 버리고 '-煙'을 썼다고 본 점에서, '눈니'와 '누늬'의 경우에는 '-이/-의'의 표기에 흔히 쓰이는 '-矣'나 '-衣'를 버리고 '-煙'을 썼다고 본 점에서, 그리고 '눈(연)'과 '눈깔'의 경우에는 '연'이 강조사라고 하였을 뿐 설명이 없고, '-깔'과 '-煙'의 연결이 어렵다는 점에서, 각각 믿기 어렵다. 그리고 '눈니'로 읽을 수도 있으나, '니'는 '연기'나 '냄새'만을 의미하면서, '눈니'는 '눈 연기'나 '눈 냄새'로 문맥에 부합하지 않는다.

5.2. 廻於七 돌어질 ← 廻(실의독:돌)+於(전음독:어)+七(전음독:질)

廻於尸七의 '尸'는 연자이다. 수정된 廻於七을 '돌어질'로 읽는다(제2부 「서로 연계된 누락자와 연자」의 2.2.1. 참조).

5.3. 史衣 시의 ← 史(전음독:시)+衣(전음독:의)

史伊衣의 '伊'는 연자이다. 수정된 史衣를 '시의'(것의)로 읽는다(제2부 「서로 연계된 누락자와 연자」의 2.1.2. 참조).

6. 逢烏支 惡知 作乎尸 下是

맛보기 엇디 일올 하이
만나기(입니까?) 어찌 이룰 것이

(오구라 1929)	맛나오어 지스오이리
(유창선 1936a)	맛나아 지오리
(양주동 1942)	맛보읍디 지쇼리
(지헌영 1947)	맛보옷 엇지 지스호리
(정열모 1947)	만나오기 엇지 지오알이(1965 마조 감기 어듸 드외아리)
(홍기문 1956)	맛보디 아디 지쇼아리
(이 탁 1956)	맞오아 디술올이
(조윤제 1956)	맛보압지 짓오하이
(김준영 1979)	맛보옹 앗디 지오ᄒ리
(김선기 1967b)	맞오디 굳디(1993 굳이) 짓고까이
(정연찬 1972)	맛보악디 짓오하이
(김상억 1974)	맛보압디 지조리
(서재극 1975)	맛보히 엇디 짓와리
(전규태 1976)	맛보읍지 짓오리
(김완진 1980)	맛보기 엇디 일오아리
(이임수 1982)	맛보기 엇디 일오아리
(정창일 1987)	마초아 惡知 지호알이

(신석환 1987)	맞보히 앗디 일오아리
(엄국현 1989)	맞보히 엇디 일오아리
(김형춘 1989)	맛보악디 짓오하이
(금기창 1993)	맞보기 엇디 짓오아리
(유창균 1994)	마조기 엇뎨 일오아리
(강길운 1995)	맞보악 지솨리
(지형률 1996)	맞보기 엇디 짓오아리(2007 맞오기 어디 일오아리)
(양희철 1997)	맞보기 엇디 짓온 하이
(이도흠 1998)	맞보기 엇디 짓온아리
(신재홍 2000)	맞보기 엇디 지소아리?
(황패강 2001)	맞보디 엇디 지소아리
(류 렬 2003)	맞보기라디 지소하리
(황병익 2007b)	맞보기 엇디 지소(아)리
(이병기 2008)	맞보기 엇디 일오아리
(남풍현 2020)	맞보오디 아디 짓오하이

6.1. 逢烏支 맞보기 ← 逢(실의독:맞보)+烏(전음독:오)+支(전음독:기)

'逢'의 해독은 근대의 어형은 '만나-'이지만 옛날 어형이 '맞보-'라는 사실(양주동 1942)에서 '맞보-'로 거의 확정적이다.

'烏'는 '맞보'의 '보'의 운모 '오'를 표기했다는 점에서 말음첨기로 본다.

'支'의 경우는 '虛字, -ㅅ, -디, -기, -히, -ㅿ' 등으로 읽히고 있다. 허자설은 홍기문(1956:95) 이래로 부정되었고, '-히'와 '-ㅿ'은 '-支'의 음에서 너무 떨어져 있다. '-支'의 당시음은 '-기'와 '-디'인데, '-디'는 금지 부정법에 주로 쓰이며, 명사형 '-기'처럼 쓰이는 경우가 간혹 있지만, '어렵-, 슬흐-, 됴흐-, 붓그러-' 등의 용언 앞에서만 한정적으로 쓰인다. 이에 비해 '-기'의 경우는 명사형 어미로 쓰이는 것이 일반적이며 목적격에 많이 쓰인다는 점에서, 이 '-支'를 '-기'로 읽었다. 이에 따라 '逢烏支'를 '맞보기'로 해독한다.

이때 '맞보기'에는 목적격 '-를'이 생략된 것으로 보고 있으나, 의문형 종결의 '-입니까?'의 생략으로 본다. 이는 앞의 글(양희철 2000)에서 '-이겠습니까?'로 보았던 것을 이 글에서 수정한 것이다. 이에 대한 구체적인 설명은 '作乎(尸) 下是' 및 '有叱 下是'의 해독과 관련되어 있어 '作乎(尸) 下是' 및 '有叱下是'의 해독으로 돌린다.

6.2. 惡知 엇디 ← 惡(실의독:엇디)+知(전음독:디)

'惡知'의 경우에 '-오어, -읍디, 어듸, 앗디' 등의 해독들은 '惡(악)'이나 '知(디)'의 음으로부터 떨어져 있다.

'아디'는 두 글에서 보인다. 홍기문은 그 설명을 명확하게 하지 않았고, 남풍현은 문맥상 '약속'이나 '기약' 정도로만 추정하였다.

'굳디'의 경우는 '惡'의 뜻이 '굳-'이 아니라 '궂-'이라는 점에서 부정적이다.

'엇지(어찌)'의 경우는 '-知'를 '-지'로 본 데에, 그리고 해독의 원리를 밝히지 않고 있다는 점에 문제가 있으나, 그 의미 파악에서는 정확했다고 할 수 있다. '惡'는 '오'로 읽히면서 '어찌(何)'의 뜻을 취하기도 한다. 이에 근거해 '惡-'을 실의독자로 읽으면 '엇디'(어찌)가 된다. 그리고 '-知'는 '엇디'의 '-디'를 전음독자로 첨기한 것이다. 이런 점에서 '엇디'를 취한다. 이 '엇디'(어찌)에는 세 의미가 있다. '어떠한 방법으로', '어떠한 이유로', '어떠한 정도로' 등이다. 이 중에서 앞의 둘은 주어진 문맥에서 중의를 이룬다.

6.3. 作乎尸 下是 일올 하이 ← 作(실의독:일오)+乎(약의독:오)+尸(약음독:ㄹ) 下(전음독:하)+是(실의독:이)

'作乎(尸)'의 '尸'는 누락자이다. '作乎尸 下是'를 '일올 하이'(이룰 것이)로 읽는다 (제2부 「서로 연계된 누락자와 연자」의 2.2.2. 참조).

지금까지 정리한 제4, 5, 6구를 다시 정리하면, 원전은 [皃史 年 數就音伊 墮支 行齊 / 目煙 廻於七 史衣 / 逢烏支 惡知 作乎尸 下是]로 복원되고, [즈시 히(를) 혜나삼이 디기(에) (제가) 니겨 … / 눈안기 돌어질 시의 / 맞보기(입니까?) 엇디 일올 하이]로 해독된다. [낭이 해(年, 日=王)를 세어나감이/헤아려나감이 떨어지기에(=약해지기에)/꺾이기에 (제가) 가려 … / 눈안개 돌어질 것의 / 만나기(입니까?) 어찌(어떤 방법으로, 어떤 이유로) 이룰 것이]의 의미이다.

7. 郎也 慕理尸 心未 行乎尸 道尸

마루여 그릴 ᄆᆞᆺ미 니올 길
낭여 그릴 마음 때문에 가올 길(입니다/입니까?)

(오구라 1929)　　　郎이야 그릴 모슘의 녀올 길이
(유창선 1936a)　　　郎 그릴 모음 녀놀 길
(양주동 1942)　　　郎여(1965 郎이여) 그릴 모스미 녀올 길
(지헌영 1947)　　　郎여 그릴 모스미 녀올 길
(정열모 1947)　　　랑여 그릴 마미(1965 랑이라 그릴 모으미)
(홍기문 1956)　　　랑야 그릴 모스미 녀훌 길
(이　탁 1956)　　　손여 그릴 모슴 녀올 길
(조윤제 1956)　　　郎여 그릴 마으매 녀올 길
(김준영 1964)　　　郎여 그릴 모스매 녀올 길
(김선기 1967b)　　　님이야 가릴 마삼애 니올 길(1993 랑이라 개리고 마삼애 니올 깔)
(정연찬 1972)　　　郎야 그릴 모슴미 니올 길
(김상억 1974)　　　낭여 그릴 마자매 녀올 길
(서재극 1975)　　　郎이야 그릴 모스미 녀롤 길
(전규태 1976)　　　郎야 그릴 모스미 녀올 길
(김완진 1980)　　　郎이여 그릴 모스미 즛 녀올 길
(이임수 1982)　　　郎여 그릴 모스미 녀올 길
(정창일 1987)　　　郎야 그리힐 心굿 行홀히 길히
(신석환 1987)　　　마리여 그릴 모스미 녀올 길
(엄국현 1989)　　　郎이야 그릴 모스미 녀올 길
(김형춘 1989)　　　郎야 그릴 모스미 녀올 길
(금기창 1993)　　　郎여 그릴 모스미 니올 길
(유창균 1994)　　　郎이야 그릴 모스미 니올 길
(강길운 1995)　　　마루여 그릴 마숨에 녀롤 길
(지형률 1996)　　　郎여 그릴 모슴애(2007 모슴익) 니올 긿
(최남희 1996)　　　郎야 그릴 모스미 녀올 길
(양희철 1997)　　　마투야 그릴 모스매 니올 긴
(이도흠 1998)　　　郎! 그릴 모스미 니올 길
(신재홍 2000)　　　郎야 그릴 모스미 니올 길
(황패강 2001)　　　郎여 그릴 모스미 녀올 길
(류　렬 2003)　　　나하 그릴 마스미 니홀 길
(황병익 2007b)　　　郎 그릴 모스미 녀올 길
(이병기 2008)　　　郎여 그릴 모스미 녀올 길
(남풍현 2020)　　　낭야, 그맆 모스믜 녀옮 긿

7.1. 郎也 마루여 ← 郎(실의독:마루)+也(실의독:여)

'郎也'는 '郎이야, 郎이여, 郎여, 손여, 님이야, 랑(郎)야, 마루여' 등등으로 읽히고 있다. '손'과 '님'은 '郎'의 뜻으로부터 멀어 버린다. '郎'과 '마루'는 모두 가능하지만, 이 작품 전체에 한자어가 없다는 점에서 후자를 취한다. '-也'는 훈을 살린 '-여'를 따른다. 이때 '郎也'를 주격으로 보는 경우도 있다. 그러나 이 경우는 이 구는 물론 작품의 주제가 죽지랑이 득오를 기리는 것이 되는 문제와, 다음에 이어지는 '그릴'에 경어법의 선어말어미 '-시-'가 없다는 문제를 보인다. 이런 점에서, 호격으로 본다.

7.2. 慕理尸 그릴 ← 慕(실의독:그리)+理(전음독:리)+尸(약음독:ㄹ)

7.3. 心未 ᄆᆞᄉᆞ미 ← 心(실의독:ᄆᆞᄉᆞᆷ)+未(전음독:미)

'心未'는 'ᄆᆞᄉᆞᆷ의, ᄆᆞᄉᆞ미(소유격), ᄆᆞᄉᆞᆷ, 마삼애(처소격), ᄆᆞᄉᆞ미(주격), ᄆᆞᄉᆞ미(처소격), ᄆᆞᄉᆞ매(처소격), 마음에' 등으로 읽히고 있는 가운데, '心未' 다음에 '兒'를 보충하여 'ᄆᆞᄉᆞ미즛'으로 읽기도 한다. 결자설에는 경청할 만한 것이 있으나, 아직 확정할 만한 증거를 가질 수 없어 일단 유보한다. 그리고 〈우적가〉의 '心米 兒史'를 연상할 수 있으나, 이는 심상(心相)이란 불교 용어가 되어, 이 주장자의 해석인 저승으로 달리는 마음과도 동떨어진 것으로 판단된다.

이 해독을 제외하면 '-未'(미)를 원인격과 처격에서 어느 것으로 보아야 하는가 하는 문제만이 남는다. 이 중에서 처격은 상당한 문제를 보여준다. 만약 이 '-未'가 처격이라면, 가는 곳이 '마음'이 되면서 문맥이 통하지 않는다. '-未'를 원인과 이유를 나타내는 원인격으로 보면 의미가 통한다는 점에서 'ᄆᆞᄉᆞ미'로 읽는다.

7.4. 行乎尸 니올 ← 行(실의독:니)+乎(약의독:오)+尸(약음독:ㄹ)

'行乎尸'의 해독은 '녀올, 니올/녀올, 녀롤' 등으로 해독되고 있으나, '니올'을 따른다.

7.5. 道尸 길 ← 道(실의독:길)+尸(약음독:ㄹ)

'道尸'는 '길이'와 '길'로 읽히고 있으나, '尸'가 '이'가 될 수 없다는 점에서 후자를 따른다.

문제는 '길' 다음에 생략된 것이 무엇이냐 하는 점이다. 이를 정리해 보자.

우선 선행 해석들 중에서 아예 '길' 다음에 생략된 것이 무엇인가는 고사하고 '길'까지도 삭제한 경우도 있고, 아무런 설명이나 보충도 없이 '길'로 그냥 처리한 경우들이 대부분이다. 이에 비해 구체적으로 '길' 다음에 생략된 것들을 제시한 글들은 '-은, -이, -에서, -이매, -에, -에는/!, -입니다/이니까?' 등의 7유형으로 정리될 수 있다.

먼저 '길' 다음에 격어미 '-은'을 첨가한 경우들을 보자.

> 郎 그릴 ᄆᆞᆷ 녀올 길은 다붓 ᄉᆞᆫ애 잘 밤 이시리(유창선)
> 당이여 그릴 미ᄋᆞᇝᆡ ᄂᆞ가는 ᄀ 길운 아야 다복쑥 욱어진 골목안 어느 밤잠 올 줄 있으랴 (홍기문)
> 대말선이어! (당신을) 그리는 (간절한) 마음에 (어렵고 험한 것을 가리지 않고 찾아서) 가는 (나의) 길은 (가다가 날이 저물면 거친) 다북쑥 (우거진) 골창에서 자는 밤도 있을 것이외다(이탁)
> 郎이여, 그리워하는 마음이 가는 길(은) (헤매다가) 荒村에 잘 밤(도) 있읍니다(정연찬)
> 郎이여 그리워하는 이 마음에 살아가는 길, 飄飄轉蓬한 이 골짝에 어찌 잠 오는 밤이 있겠읍니까?(「道尸」 다음에는 굳이 格을 云謂할 필요는 없으나, 格이 省略된 것이라 본다면 主題格 정도로 봄도 무방할 것 같다. 서재극)
> 낭이여 그리워하는 마음이 가는 길(은) 쑥대밭 골짝에 잘 밤이 있겠습니까(김형춘)

위에 인용된 주장들은 '길' 다음에 생략된 것으로 주제격 '-은'을 들고 있다. 주제격 '-은'은 한국어에서 그 생략이 가능하다. 그러나 문제는 위 인용들의 문맥이 통하는 것들이냐 하는 것이다. 언뜻 보면 문맥이 통하는 것 같지만, 자세히 보면 문제가 있음을 알 수 있다. 즉 위 인용에서 문맥이 통하는 듯이 보이게 하는 '-은'은 사실은 '-에는'으로 읽고 있다는 것이다. 그런데 '-은'은 '-에는'으로 쓰이는 경우가 없다는 점에서, 앞의 해석들에는 문제가 있다고 할 수 있다.

이번에는 '-이'의 생략으로 처리한 경우를 보자.

> 郎이여, 그릴 마음의 녀올 길이 다북쑥 우거진 마을에 잘 밤이 있으리이까(양주동)
> (행여 못만나면) 님이시어! 그리워하는 (저의) 마음 가는 길이 쑥대밭 골짝인들 잠오는 밤이 있으리이까(신석환)

이 인용들은 '길' 다음에 생략된 것을 '-이'로 정리하고 있는데, 문맥이 통한다고 말할 수도 있다. 이는 '-이'에 '-에'의 기능이 있어 '길이'가 '길에'라고 인식하면 문맥이 통한다고 보는 것이다. 그러나 이런 해석에는 두 가지 문제가 있어 보인다. '-에'와 같은 기능의 부사격 '-이'는 그 사용처가 한정적이고, 또한 생략되지 않는다는 것이다. '-에'와 같은 기능의 부사격 '-이'는, "그러면 楞嚴 ᄀᆞᆯ쵸ᇝ 드리우샤미 群生ᄋᆞᆯ 待接ᄒᆞ샤미 甚히 두터우시며 行人ᄋᆞᆯ ᄇᆞ라샤미 가비얍디 아니 ᄒᆞ시니"(『능엄경언해』 + 42)의 '드리우샤미, 待接ᄒᆞ샤미, ᄇᆞ라샤미' 등에서와 같이, 모두가 명사형어미로 형성된 명사 아래에서만 한정적으로 쓰이고 있다. 그리고 이 부사격 '-이'가 생략된 예가 없다. 이런 점에서 '길' 다음에 부사격 '-이'가 생략된 것이라고 설명한 앞의 인용에는 문제가 있다고 할 수 있다.

이번에는 '길' 다음에 생략된 것이 '-에서, -이매, -에, -에는/!' 등이라는 주장들을 함께 보자.

> 님을 그리는 마음 때문에 님의 뒤를 쫓아가자 하며, 어려운 길에서 이른바 풍찬노숙하는 것도 각오하고 있겠읍니다(김선기)
> 낭(郎)이여, 그리운 마음이 가는 길이매, 다북쑥 마을에, 잘 밤인들 있으리오(김상억)
> 님이여 그리워지는 마음에서 지나가는 길에 다복쑥의 골짜기에서(즉 님의 무덤가에서) 자고 갈 밤이 있을 것입니다(강길운)
> 郎이여, 그리워 하는 마음에, 가는 길(살아가는 길 - 인생행로)에 쑥대밭 마을에 자는(주무시는) 밤이 있기를 바랍니다(남풍현)
> 낭여 그릴 마음 때문에 가올 길(에는/!) 다봇의 골에 잘 밤 있을 것이(ㅂ니다/!)(양희철)

이 인용들은 '길' 다음에 생략된 것들을 '-에서, -이매, -에, -에는/!' 등의 격어미로 주장하고 있다. 그러나 이 격어미들은 한국어에서 생략되지 않는다는 문제를 가지고 있다. 단지 '-에'는 부분적으로 생략되기도 하는데, 이는 '서울(에) 가다'에서처럼 지명 아래에서만 한정적으로 생략된다. 이런 점에서 이들 격어미의 생략으로 설명한 앞의 해석들에는 문제가 있다고 할 수 있다.

이렇게 '길' 다음에 생략된 것을 격어미로 본 해독들이 모두 문제를 보이자, 이를 보완하고자 나온 것이 '-입니다/입니까?'이다.

> 낭여 그릴 마음 때문에 가올 길(입니다/입니까?) 다봇의 골에 잘 밤 있을 것이(양희철)

이렇게 접미사와 종결어미가 결합된 '입니다/입니까?'의 생략으로 본 해독은 충분한 가능성을 가지고 있다. 그것도 앞에서 본 '憂音/시름' 다음에 생략된 접미사 '-ㅎ-'와 같은 것이어서 그 가능성을 보여준다. 이 해독은 통사론적인 측면에서 이어서 볼 '有叱 下是'와도 연결되어 있다. 이에 대한 설명은 뒤로 미룬다.

8. 蓬次叱 巷中 宿尸 夜音 有叱 下是

다보짓 골히 잘 밤 이실 하이
曲士의 마을에 잘 밤 있을 것이

(오구라 1929)	뽁질 굴헝에 잘 밤이 잇이리(오)
(유창선 1936a)	다붓 巷애 잘 밤이시리
(양주동 1942)	다봇 굴허헤(1965 ᄆᆞ술히) 잘 밤 이시리
(지헌영 1947)	띠ㅅ 굴허히 잘 밤 잇호리
(정열모 1947)	쑥밭거리해 잘 밤 잇알이(1965 거칫 거리에 … 이시아리)
(홍기문 1956)	다봇짓 골안히 잘 밤 이시아리
(이 탁 1956)	다봇ㅅ 골애 잘 밤 잇올이
(조윤제 1956)	다봇 巷中에 잘 밤 잇하이
(김준영 1964)	다봇 굴허히 잘 밤 잇올이(ᄒᆞ리)(1979 다보잿 … 잇흐리)
(김선기 1967b)	부진 골항애(1993 북샛 굴헝에) 잘 밤 앋까이
(정연찬 1972)	다붓(ㅅ) 굴헝에 잘 밤 이시하이
(김상억 1974)	다봇 굴허헤 잘 밤 이시리
(서재극 1975)	다봇 굴헝희 잘 밤 이사리
(전규태 1976)	다봇 굴헝희 잘 밤 잇시리
(김완진 1980)	다보짓 굴헝희 잘 밤 이샤리
(이임수 1982)	다봇ㅅ 굴헝희 잘 밤 이샤리
(정창일 1987)	庵줄싀 巷등 묵힐 어둠 이싀알이
(신석환 1987)	다보좃 굴헝이 잘밤 이사리
(엄국현 1989)	다봇 ᄆᆞ술히 잘밤 이사리
(김형춘 1989)	다봇(ㅅ) 굴헝에 잘 밤 이시하이
(금기창 1993)	다봇짚 굴헝희 잘 밤 이시아리
(유창균 1994)	달짓 골히 잘 밤 이사리
(강길운 1995)	다봇 굴헝의게 잘 밤 이ᇫ리

(지형률 1996)	다보짓 굴헝희(2007 굴헝긔) 잘 밤 이샤리(2007 이시아리)	
(최남희 1996)	다봊ㆆ 굴헝희 잘 밤 이시아리	
(양희철 1997)	다보짓 골희(2013 골긔) 잘 밤 이싯 하이(2015a 이시-)	
(이도흠 1998)	다보짓 골희 잘 밤 이싯아리	
(신재홍 2000)	다보줏 굴헝희 잘 밤 이사리	
(황패강 2001)	다봊 ᄆᆞ술희 잘 밤 이사리	
(류 렬 2003)	다보지시 굴히 잘 밤 이시하리	
(황병익 2007b)	다봇 굴헝희 宿夜 이샤리	
(이병기 2008)	다봇짓 굴헝희 잘 밤 이샤리	
(남풍현 2020)	다봊ㅅ 굴헝긔 잚 밤 잇하이	

8.1. 蓬次叱 다보짓 ← 蓬(실의독:다보지)+次(전음독:지)+叱(약음독:ㅅ)

蓬次는 '다보지'로 읽으면 된다. 그러나 그 상징적 의미 '曲士'를 모르면 해독이 매우 어렵다(제4부「수사법과 연계된 문제 향찰」 2.4. 상징: 蓬次 참조).

8.2. 巷中 골긔 ← 巷(실의독:골)+中(실의독:긔)

'巷中'은 '굴헝에, 굴허희/ᄆᆞ술희, 굴허희, 골안희, 골항애, 굴헝희, 굴허희, 굴헝의, 골긔, 굴헝의게, 巷中, 굴헝긔' 등으로 읽히고 있다.

'巷'을 '巷' 또는 '坑/壑'의 의미인 '굴헝, 굴허, 골항' 등으로 읽기도 하고, '巷'의 의미인 '골, ᄆᆞ술' 등으로 읽기도 한다. 이 '巷'의 해독은 작품의 성격을 결정하는 데에 매우 중요한 기능을 한다는 점에서 특별한 주의를 요한다.

'巷'을 '巷'의 의미가 아닌 '坑/壑'의 의미로 본 해독은 문제를 지니고 있다. 만약 '巷'으로 '坑/壑'의 의미인 '골항/굴헝/굴허'를 표기했다면, 이는 가의독자로 처리한 것이다. 그런데 가의독자는 실의독자에 비해 의미 전달의 측면에서 비경제적이다. 이런 비경제성을 불구하고도 가의독자를 쓰는 경우가 있다. 이때는 실의독자로 표기할 수 없거나, 또다른 의미를 전달하려는 의도를 가지고 있다. 그런데 '巷'을 가의독자로 볼 경우에는 실의독자로 표기할 수 없는 경우도 아니고, 그렇다고 또 다른 의미의 전달을 의도한 것도 아니다. 이런 점에서, '巷'을 '坑/壑'의 의미로 본 가의독자의 해독을 버리고, 실의독자로 본 해독을 취한다.

巷은 『노골대언해』의 "북녁 골"(北巷)에서 '골'로 읽히고 있다(홍기문 1956:101). 그리고 '月明巷'의 '巷'은 '月明里'의 '里'(골)의 뜻이다(유창균 1994:246). 이런 점에서 '巷中'을 '골긔'로 읽은 해독을 따른다.

이렇게 읽기만 하는 것이 해독은 아니다. 적어도 앞의 '다보짓'과 이 '골긔'가 결합하여 작품에서 무엇을 뜻하는지를 해결해야 한다. 이를 해결하지 않을 때에, 이 작품이 지어진 시기가 언제이고, 이 작품의 의미가 무엇인지를 해명할 수 없기 때문이다.

이에 대한 지금까지의 논의는 7가지로 정리할 수 있다. 그리고 그 논의들을 검토한 결과 '다보짓 골긔'는 '曲士의 마을에'로 '익선의 마을에'를 의미한다(제4부 「수사법과 연계된 문제 향찰」 2.4. 상징: 蓬次 참조).

8.3. 宿尸 잘 ← 宿(신의독:잘)+尸(약음독:ㄹ)

'宿尸'는 '잘'로 그 해독이 완결되어 있다. '잛'로 읽고 '주무시는'의 의미로 본 경우에는 해독과 현대역이 상응/일치하지 않는다.

8.4. 夜音 밤 ← 夜(실의독:밤)+音(약음독:ㅁ)

'夜音'은 '밤'으로 그 해독이 완결되어 있다.[16] 그러나 생략된 격어미의 문제에서는 해결할 문제가 포함되어 있다. 선행 연구들을 보면, '-도, -인들, -이' 등의 생략이 논의되어 왔다. '-도'와 '-인들'은 그 생략이 불가능하다. 이로 인해 '밤' 다음에 이 '-도'나 '-인들'이 생략된 것이라고 보는 데는 문제가 있다. 이에 비해 주격 어미 '-이'는 그 생략이 자유로워 한국어에서 흔히 생략된다. 이런 점에서 '밤' 다음에는 주격 어미 '-이' (양주동, 서재극 등등)가 생략된 것으로 본 해석들이 타당하다고 생각한다.

8.5. 有叱 下是 이실 하이 ← 有(실의독:이시)+叱(전음독:실) 下(전음독:하) +是(실의독:이)

'有-'는 '잇-, 이시-, 읻-' 등으로 읽히고 있다. '읻-'은 표기상 '잇-'과 다르지만,

---

[16] '宿尸夜音'를 '宿夜'로 해독하고, 이 '宿夜'를 '大夜, 太夜, 迨夜, 逮夜, 伴夜, 贈別夜' 등과 같은 불교 용어로 보아, "茶毘(火葬) 바로 전날 밤"을 지칭하는 듯하다는 추측의 주장도 있었다. '宿尸夜音'의 표기와 한문 '宿夜'는 서로 다른 표기라는 점에서, '宿尸夜音'을 한문 '宿夜'로 해독해도 좋을지는 의문이다. 그리고 '宿夜'는 "路無拾遺 犁種宿夜"(〈장천비(張遷碑)〉)와 "四年辛卯十二月 以右輔乙豆智爲行軍大注簿 親征東扶餘 至利勿林宿夜 聞金聲 使人尋之"(『삼국사기』 고구려 대무신왕 4년조)에서 보듯이, "밤을 지내다. 지새다"의 의미이다. '宿夜'가 불교 용어라는 확실한 자료를 보충하지 않는 한 의미 있는 해석은 아니다.

실제상에서는 '잇-'과 같은 것이다. 문제는 같은 의미인 '잇-'과 '이시-'의 이형태 중에서 어느 것을 선택할 것인가 하는 것이다. 이는 '-叱'의 해독과 밀접한 관계에 있는데, '-叱'이 '-실'이라는 점에서 '이시-'의 해독을 따른다.

'-叱'은 '-ㅅ'(음절말 자음첨기), '-ㄷ'(음절말 자음첨기), '-시'(어절말 음절첨기), '-ㅅ', '-ㅅ'(관형사형어미), '-실' 등으로 읽히고 있다. 이 해독들의 대다수는 '叱'을 'ㅅ'으로 통일하여 읽거나, 'ㅅ'과 '시'로만 읽던 시기의 해독에 불과하다. '叱'은 'ㅅ, 시, 실' 등으로 읽힌다는 점에서, 이곳의 '叱'은 '실'로 읽힌다고 할 수 있다. 즉 '有/이시+叱/실'로 현대어 '있을'에 해당하는 '이실'(이시+ㄹ)의 표기라는 것이다. 이 해독은 뒤에 온 '下是/하이'(것이)와 연결된다.

'下是'를 보자. 이 '下是'의 해독은 앞에서 본 '作乎尸 下是'의 '下是'와 대동소이하다. 이 '下是' 역시 '아리, 알이/올이, 하이' 등으로 해독되어 왔다. 이 해독들이 가지고 있는 문제는 '作乎尸 下是'의 해독으로 돌리고, 문맥의 측면에서 보이는 문제만을 다시 한번 정리하려 한다.

'有叱下是'의 해독과 그 현대역이 대체로 일치/상응하는 해독들이 있다. 그 해독들의 처음과 끝만을 보자.

   랑야 …… 이시아리(郞이여 …… 있으랴. 홍기문 1956)
   郞이여 …… 이샤리(郞 …… 있으리. 김완진 1980)
   郞이여 …… 이사리(郞이여, …… 있으리까? 유창균 1994)

이 해독들은 '有叱下是'의 해독과 그 현대역이 대체로 일치/상응하는 해독들이다. 그러나 시적 청자를 죽지랑으로 하는 문장에서 겸양법을 살리지 않은 문제를 보인다. 이 문제를 해결하기 위하여 나타난 해독은 다음과 같다.

   손여 …… 잇올이(대말선이어! …… 있을 것이외다, 이탁 1956)
   郞야 …… 이사리(이)(郞이여, …… 있겠습니까? 서재극 1975)
   마루여 …… 이샤리(님이여 …… 있을 것입니다. 강길운 1995)
   마루야 …… 이싯 하이[낭여 …… 있을 것이(ㅂ니다!). 양희철 1997]

이 해독들의 현대역을 보면 시적 청자인 죽지랑에게 겸양법을 쓰고 있어, 문맥이 매끄럽다.[17] 그런데 문제는 이 겸양법이 향찰에서 볼 수 없는 것을 현대역에서 첨가하였다는 것이다. 이 문제를 해결하기 위하여 다시 다음의 해독이 나왔다.

마루야 그릴 무스메 니올 길(입니다/입니까?) / 다보짓 골회 잘 밤(이) 잇알이(낭여 그릴 마음 때문에 가올 길입니다/길입니까? 다봇의 골에 잘 밤이 있을 것이. 양희철 2000)
낭야, 그릻 무스믜 녀옳 깊 다봇ㅅ 굴헝긔 잟 밤 잇하이[郎이여, 그리워하는 마음에, 가는 길(살아가는 길 - 인생행로)에 쑥대밭 마을에 자는(주무시는) 밤이 있기를 바랍니다(/있으옵소서/있으면 좋겠습니다. 남풍현 2020)].

전자의 인용에서는 '길' 다음에 '-입니다/입니까?'가 생략된 것으로 보면서 문제를 해결하였다. 그러나 이 해독은 '有叱 下是'의 '下是'를 '-알이'로 읽으면서 '-아-'를 강조의 선어말어미로 본 문제를 보인다. 그리고 후자의 인용에서는 '作乎下是/짓오하이'에서의 '-是/이'와 힘께 '잇하이'의 '-이'를 '겸양과 바램'의 종결어미로 보았는데, 논증되지 않는 설명이다.

이렇게 선행 연구들은 문제를 보이는데, 전자의 인용에서 보인 문제는 '有叱 下是'를 '있을 것이'의 의미인 '이실 하이'의 읽을 때에 해결된다. 특히 '叱'은 'ㅅ'과 '시'는 물론 '실'로도 읽힌다는 점과, '作乎尸 下是'가 '일올 하이'(이룰 것이)로 읽힌다는 점에서, '有叱 下是'는 '이실 하이'(있을 것이)로 읽힌다고 정리할 수 있다.

---

17 인용한 글들 외에도 현대역에서 겸양법을 보여주는 해독으로는 신석환('있으리이까'), 엄국현('있을 것입니다'), 황패강('있겠습니까') 등의 글도 있다.

⟨헌화가⟩

[원문]

紫布 岩乎 邊希

執音乎 手 母牛 放教遣

吾肹 不喩 慚肹伊賜等

花肹 折叱可 獻乎理音如

[해독]

딛뵈 바오 곳기

쥠온 손 어시쇼 놓이시곤

나글 안디 붓글이시돈

곶글 것가 드리오림다

[현대역1: 헌화의 텍스트]

자줏빛 바위 끝에

지속적으로 쥐온 손 새끼가 딸린 암소 놓게 하시곤

나를 아니 부끄러워 하신다면

철쭉꽃을 꺾어 드리오리이다

[현대역2: 수작의 텍스트]

자줏빛 옷을 입은 남편 끝에

지속적으로 쥐몬 수완/꾀, 자식이 딸린 처를 놓게 하시곤

나를 아니 부끄러워 하신다면

당신을 꺾어 드리오리이다

1. 紫布 岩乎 邊(←过)希

딛뵈 바오 ᄀᆞᆺ긔
자줏빛 바위 끝에

    (오구라 1929)   붉은 바회 ᄀᆞ애
    (유창선 1936c)   자비 바회 ᄀᆞ애(1940 사비)
    (신태현 1940)   ᄌᆞ지 바회 ᄀᆞᆺ희
    (양주동 1942)   딛배 바회 ᄀᆞ희
    (지헌영 1947)   딛배 바회 ᄼ희
    (정열모 1947)   부픈 바호 가희(1965 붑바호 ᄀᆞ희)
    (김형규 1948)   붉은(1962 진혼) 바회 ᄀᆞ싀
    (이 탁 1956)   지본 바회 ᄀᆞ의
    (홍기문 1956)   블근 바호 갋희
    (김준영 1964)   딛뵈 바호 ᄀᆞ희(1979 진뵈 바호 ᄀᆞ희)
    (김선기 1967g)   딛불간 바꼬 갇기(1993 붉인)
    (정연찬 1972)   딛배 바오 ᄀᆞᆺ희
    (서재극 1972)   지보(1975 질뵈) 바오 겨틔
    (김상억 1974)   딛배 바회 갓혜
    (전규태 1976)   딛배 바고 ᄀᆞ희
    (김완진 1980)   지뵈 바회 ᄀᆞᇫ애
    (홍재휴 1981)   질비 바온 가희
    (최남희 1996)   질배 바오 ᄀᆞ희
    (정창일 1987)   紫布 바호 맏희
    (김대식 1991)   둘비 바호 갓희
    (이도흠 1993)   붉은 바위가에
    (금기창 1993)   지뵈 바회 ᄀᆞ희
    (유창균 1994)   지뵈 방고 서리희
    (강길운 1995)   제부 바오 가스게
    (지형률 1996)   질뵈(2007 사보) 바회 ᄀᆞ애(2007 ᄀᆞ희)
    (양희철 1997)   딛배 바호 ᄀᆞ희(2013a ᄀᆞ긔)
    (신재홍 2000)   딛비 바호 ᄀᆞ희
    (황패강 2001)   둘비 바회 ᄀᆞ희

(류　렬 2003)　　　사보 바호 가사히
(박재민 2009b)　　질뵈 바오 ᄌᆞ히
(남풍현 2010)　　　돌뵈 바회 ᄌᆞ인

1.1. 紫布 딛뵈 ← 紫(실의독:딛뵈)+布(가의독:뵈)

'紫布'의 해독은 우선 그 의미를 무엇으로 보느냐에 따라 몇 가지로 나눌 수 있다. 진달래의 의미로 보는 경우[18], 지붕의 의미로 보는 경우[19], 한자 '紫衣'나 '紫(花)布'의 의미로 보는 경우, 색깔의 하나인 자색(紫色)의 의미로 보는 경우 등으로 나눌 수 있다. 네 경우 중에서 그 가능성이 희박한 첫째와 둘째는 각주로 돌리고 나머지만 보자.

한자 '紫衣'나 '紫(花)布'의 의미로 보는 경우들을 보자. '질비'는 '紫布'를 '紫花布'로 보고, '紫'를 '질그릇'의 '질'로 잡고, '布'를 '베'의 경상도 방언 '비'로 해독한 것이다. 이 해독은 '紫'를 '질-'로 잡을 때의 설명에서 약간의 문제를 보인다. '紫布'는 두 향찰을 모두 음의자 즉 한자로 보아 치의(緇衣)의 의미로 본 것이다. 이 해독은 노옹을 승려로 보려는 의도성을 가지고 있으나, 노옹은 노옹이지 승려가 아니라는 문제를 보인다.

'지뵈'의 해독은 '質'을 '질'로 읽으면서도 '-ㄹ'을 명확한 설명이 없이 생략한 문제를 보이거나(김완진), 이 해독을 비판 없이 수용한 것이거나(금기창), '紫'를 음으로 읽는다고 '지'로 읽고 '布'를 '뵈'로 읽어 놓고는 그 뜻은 '紫布' 즉 '紫衣'의 의미의 하나인 '검푸른 이끼'로 보기도 한다(유창균). 후자의 경우는 '지뵈'로 읽은 것이 아니라 실상은 '紫布'를 '紫衣'로 읽은 것이 된다.

이번에는 색깔의 하나인 자색(紫色)의 의미로 잡는 경우들을 보자. 이에 속한 해독들은 '붉은/블근[20], ᄌᆞ지[21], 뉩[22], 딛불깐[23], 제부[24], 사비[25], 딛배, 질뵈, 짇뵈, 질배' 등으로

---

18 먼저 진달래의 의미로 보는 경우에 '돌비'가 있다. '돌비'는 『향약구급방』의 '熊月背'와 '盡月背'를 '곰돌비'와 '진돌비'로 설명하고, 이어서 "鷄林類事의 '質背'는 '돌비'의 불완전한 표기로 생각하는 것이다. 〈헌화가〉의 '紫布' 역시 '돌비'에 대응하는 先代語形의 표기로 추정하는 것이 오히려 안심이 된다."(남풍현 1981)는 주장에 근거한 해독이다. 이 해독은 '質背'를 '돌비'의 불완전한 표기로 생각하는 문제와, 진달래의 색깔이 검붉은 색이 아니라는 문제를 가지고 있다.
19 '지븐'은 '紫布'를 'ᄌᆞ본〉지븐〉지붕'으로 읽은 것으로 논리적인 비약을 보인다.
20 '붉은'과 '블근'은 '紫'를 '붉/븕-'으로 읽은 것인데, '-布'를 '건'(巾)의 오자로 보는 문제를 보인다.
21 'ᄌᆞ지'의 경우는 『역어유해보(譯語類解補)』 40』『동문유해하(同文類解下) 25』『한청문감(漢淸文鑑) 323d』 등에서 '자'(紫)의 의미로 쓰이고 있다. 그러나 '布'(뵈)의 'ㅣ'를 'ᄌᆞ지'의 '-ㅣ'의 첨기로 보는 문제를 가지고 있다.
22 '뉩'은 '紫'를 '뉩-'으로 보고, '布'를 '-ㅂ'으로 본 것인데, 두 해독 모두에서 너무 논거 없는 설명에

다양하다. 그 가능성이 희박한 '붉은/블근, 즈지, 붑, 딛불간, 제부, 사비' 등은 각주로 돌리고, '딛배, 질뵈, 진뵈, 질배' 등만을 보자.

'딛배, 질뵈, 진뵈, 질배' 등의 해독들은 『계림유사』의 '紫曰質背'와 연관시켜서 해독한 것들이다. 논거를 가지고 있는 해독들로, 상당한 설득력을 가진다. 사어가 되어 있는 현재로는 그 단정을 유보할 수밖에 없어, '딛배'를 '딛뵈'로 수정한 해독을 따른다.

이때 자주색은 신라 복식에서 1-5등급의 관리가 입는 관복의 색이라는 점에서, '딛뵈 바오'는 이면적으로는 순정공을 상징하게도 된다.

1.2. 岩乎 바오 ← 岩(실의독:바오)+乎(약의독:오)

'岩乎'는 '바희, 바회, 바호, 바꼬, 바오, 바온, 바고, 방고' 등으로 읽히고 있다. '岩'을 모두가 실의독자로 읽는 것은 같다. 그러나 '乎'를 읽는 방법에서 '희'와 '회'는 음이나 뜻을 벗어나고 있으며, 나머지들은 '乎'의 음을 이용한 전음독자 '호'로 읽거나, 뜻을 이용한 가의독자 '온' 또는 약의독자 '오'로 읽은 것이다.

'바온'의 경우는 '-ㄴ'을 지격으로 보고 있으나 의심스럽고, '바꼬'의 경우는 유성음을 표기한 것(ㄲ)으로 보는 것이 의심스럽다.

'방고'는 '바위'를 지칭하는 경상도 방언이라고 하고 있으나, 황해도 평안도 충청도 경상도 등지에서 쓰이는 '방구'로부터 재구한 것이다. 즉 '乎'에 맞추기 위하여 '우'를

그치고 있다.
23 '딛불간'은 '布'를 '건'(巾)의 오자로 보고, 다시 이에 '隱'을 첨가하여 읽은 것이다. '紫'를 이미 '딛'으로 읽었는데, 어느 글자에서 다시 '붉-'을 읽은 것인지를 알 수 없다. 이 경우에 물론 오자와 '隱'의 첨가 역시 온당한 것으로 판단되지도 않는다.
24 '제부'는 '紫布'를 드리비다어 cevvu(붉은 빛, 타밀어)와, '적성현은 본래 고구려의 사복홀로 지금의 양성현이다'(赤城縣本高句麗沙伏忽今陽城縣) '적목현은 달리사비근을이라 한다'(赤木縣一云沙非斤乙) '적성현은 본래 백제의 역평현이다'(赤城縣本百濟礫坪縣) 등에 의지해 추정 해독한 것이다. 이 해독은 상당한 설득력을 가질 수 있다. 그러나 이곳에서 밝히고자 하는 〈헌화가〉의 '紫布'는 신라 성덕왕대의 언어이지, 그 이전의 어원을 밝히려는 것이 아니라는 점을 잊고 있다. 이미 삼국시대에 '沙伏, 沙非, 所比' 등으로 표기된 '적'(赤)을 그 이전의 어형으로 추측되는 '제부'로 '紫布'를 읽는 문제를 보인다. 또한 '紫'가 아닌 '적'(赤)을 밝힌 문제를 보인다.
25 '사비'는 『삼국사기』 지리지와 『동국여지승람』의 '적성현은 본래 고구려의 사복홀이다'(赤城縣本高句麗沙伏忽) '양성현은 본래 고구려의 사보홀이다'(陽城縣本高句麗沙伏忽) '적오현은 본래 고구려의 소비포이다'(赤烏縣本高句麗所比浦) '적목진은 달리 사비근을이라 한다'(赤木鎭一云沙非斤乙) 등에 의해 '紫布'를 읽은 것이다. 이 경우의 문제는 '布'(뵈)를 '비'로 볼 수 없는 문제와, '紫'가 아닌 '적'(赤)을 밝힌 문제를 가지고 있다.

'오'로 바꾼 것이다. 이 경우에 이는 고구려 것과 같은 것이라 설명하고 있으나 그 논거에서는 다른 것을 보여주고 있다. 즉 바로 이어서 보겠지만, 고구려의 지명들은 바위를 '바의'(巴衣, 波衣) '바혜'(波兮) 등으로 보여주면서 '방-'이 아닌 '바-'로 되어 있다. 이런 점에서 '방고' 역시 문제를 보인다.

나머지 해독들은 '바고, 바호, 바오' 등이다. 이 해독들은 'ㄱ〉ㅎ〉∅' 등의 변화에 따라 일단 그 가능성을 모두 가지고 있다. 그러나 이미 고구려의 '공암현(孔巖縣), 서암군(栖品郡), 송현현(松峴縣), 삼령현'(三嶺縣) 등의 지명에 나타나는 '바의'(巴衣, 波衣) '바혜'(波兮) 등으로 보아 '바고'의 가능성은 희박하고, '바호' 또는 '바오' 등이라 할 수 있는데, '바의'와 같이 'ㅎ'이 탈락된 경우는 그 아래 모음을 'ㅢ'로 하고 있다는 점에서 '바오'로 해독한다.

1.3. 邊(←边)希 귿긔 ← 邊(실의독:귿)+希(전음독:긔)

이 '边希'의 해독은 몇가지 문제에서 혼효되고 있다. 하나는 '边'이 어느 글자의 속자인가 하는 점이고, 다른 하나는 그 뜻을 무엇으로 잡느냐 하는 문제이고, 나머지 하나의 문제는 '希'의 음가이다.

'边'은 '邊'의 생문(省文, 아유가이) 내지 속자(俗字, 오구라, 양주동)로 해석되어 왔다. 양주동은 속자설에 머물지 않고 '邊〉迚〉边'이라는 '边'의 발달 과정까지를 설명하고 있다. 그 후에 '边'의 해독은 중국과 일본 사전에 기초한 '過'의 속자설이 도입되었다 (서재극, 홍재휴, 유창균). 그리고 홍재휴와 유창균은 이를 이용하여 해독하기도 하였다.

이런 상황에서 우리는 '边'의 본래 글자를 다시 한번 생각할 필요가 있다. 적어도 적합한 설명의 부재는 지속적인 문제의 제기를 발생시키기 때문이다. 이 문제에 대한 설명은 앞의 글(양희철 1997, 2020)에서 원전비평의 차원에서 '邊'의 속자라는 사실을 충분하게 하였기 때문에, 그 설명은 다시 하지 않고 앞의 글로 돌린다.

이런 점에서 '边'은 '過'의 속자가 아니라 '邊'의 속자라 할 수 있다. 이로 인해 '边'을 '邊'의 속자로 보고, '귿'의 해독을 따른다. '希'는 '긔'로 읽는다. 특히 '希'는 '中/기'와 구분되는 '긔'라는 점에서, '邊' 역시 양성모음의 'ᄀᆞᆮ'이나 '갓'으로 읽지 않고 '귿'으로 읽은 해독을 따른다.

2. 執音乎 手 母牛 放敎遣

쥠온 손 어시쇼 놓이시곤
지속적으로 쥐온 손(손, 수완/쬐) 새끼가 딸린 암소 놓게 하시곤

(오구라 1929)	잡온 손(애) 암쇼 노흐이시고
(유창선 1936c)	잡온 손애 암쇼롤 노흐시고(1940 잡온)
(신태현 1940)	잡오손 암쇼 노흐이시고
(양주동 1939)	암쇼 노히시고
(양주동 1942)	자ᄇ온손 암쇼 노히시고
(지헌영 1947)	자ᄇ온(손) 암쇼 노히시고
(정열모 1947)	잡으온 손 암소 노흐시고(1965 지몬 손 마쇼 노호시겨)
(김형규 1948)	자ᄇ온손 암쇼 노히시고
(이 탁 1956)	잡올손 암소 노흐이고
(홍기문 1956)	자ᄇ모 손 어미쇼 노흐겨시고
(김준영 1964)	잡으온손 암쇼 노히시고(1979 잡온손 암쇼 노흐이시고)
(김선기 1967g)	잡온 손 암소(1993 주임온 암쇼) 놓이시겨
(정연찬 1972)	자부온 손 암쇼 노히시고
(서재극 1972)	믹요ᄅ 자본(1975 거몬 손) 암쇼 노히시견
(김상억 1974)	자브온손 암쇼 노해시고
(전규태 1976)	자ᄇ온 손 암쇼 노히시고
(김완진 1980)	자ᄇ몬손 암쇼 노히시고
(홍재휴 1981)	자브몬 손 암쇼 노히시고
(최남희 1996)	쥐몬손 암쇼 노히시고
(정창일 1987)	쥐음혼 手母 쇼 놔 닐견
(김대식 1991)	딥으몬 손 엄쇼 노히시고
(이도흠 1993)	잡고있는 어미소 놓으시고
(금기창 1993)	잡온손 암쇼 노히시고
(유창균 1994)	줌온 손 암쇼 노히시고
(강길운 1995)	자브몬 슈 암쇼 노히스고
(지형률 1996)	잡암올 손 암쇼 노히시고(2007 잡온 손 앓쇼 노히시견)
(양희철 1997)	자보몬 슈(手:손, 手:수단) 어미쇼 놓이시고(2015a 놓이시곤)
(신재홍 2000)	움온 손 암쇼 노히시고
(황패강 2001)	자ᄇ온손 어미쇼 노히시고

(류　렬 2003)　　　자븍혼 손 암시호 노흐히시고
(박재민 2009b)　　심온 손 암쇼 노히시고
(남풍현 2010)　　　잡음 혼(乎) 손 암쇼 놓이시고

2.1. 執音乎 쥠온 ← 執(실의독:쥐)+音(전음독:ㅁ)+乎(가의독:온)

이 '執音乎'의 해독사는 '音'을 살리려는 노력의 역사라고 할 수 있다.

처음에는 '音'을 'ㅁ'으로 읽고, 이것을 '잡'의 'ㅂ'이 발음상에서 오는 변화로 보았다('잡온' '잡오-'). 이어서 '音'을 '오/으'로 보는 해독이 출현한다('자부온' '자브온'). '자부온'의 경우는 '音'을 '音'의 오자로 처리하기도 하였다. 이어서 '音'의 음 '음/ㅁ'을 살리려는 해독들이 나온다. '자보모'의 'ㅁ'은 'ㆁ'과 같은 비음화의 역할로 보고, '자보몬'의 'ㅁ'은 지속태(持續態)로 보고 있다. '자브몬'의 경우에는 '으'를 첨가해야 하는 문제를 보인다.

이런 문제를 해결하기 위하여 최근에는 '잡음'을 부사로 보고, '乎'를 '호온)혼'으로 읽은 해독이 나오기도 했다. '잡음'을 부사로 보는 것도, '乎'를 '혼'으로 읽는 것도 모두 이해하기 어렵다.

'지몬'(없은, 짚은)의 해독은 벼랑의 바위를 짚은 주체를 수로부인으로 보고 있다는 점에서 문제를 보인다. '딥으몬'(짚고 있는 : 가리키고 있는)의 해독은 '지몬'(없은, 짚은)의 해독이 가지고 있는 문제의 일부를 해결하지만, '딥-'의 목적어를 보여주지 않는 문제를 보이고 있다.

'거몬'의 경우는 '執'을 '검-'으로 잡고 있으나, '검-'이 흩어져 있는 물건을 손이나 갈퀴 따위로 긁어모으는 의미가 되어, 대상 소를 긁어모은다는 것이 문맥상 어울리지 않는다.

'쥐음혼'은 '乎'를 '혼'으로 읽을 수 없는 문제를 가지고 있다.

'쥐몬'과 '줌온'의 해독은 '執'을' 쥐-'와 '주-'로 해독한 것들이다. 후자는 '執'의 의미를 약간 벗어난 감을 준다.

최근에는 '심온'으로 읽은 해독도 나왔다. '잡다'의 의미인 '심기다'로 예증을 하고 있는데, '심-'과 '심기-'가 연결되지 않는다.

'쥠온'으로 읽는다. '쥐+ㅁ(지속태)+온'으로 분석하고 '지속적으로 쥐온'의 의미로 본 것이다.

2.2. 手 손(손, 수완/꾀) ← 손(실의독:손)

'手'의 해독은 초기에는 '-손, -(ㄴ)손, -(ㄹ)손' 등으로 해독되었으나, 이제는 실의독자 '손'(手)으로 거의 확정되고 있다. 그러나 하나의 문제를 생각해 보아야 한다. 이 '손'은 다의어로 중의를 보인다. 한 의미는 손발의 '손'이고, 다른 의미는 '사람의 수완이나 꾀'이다. 후자의 의미는 "장사꾼의 손에 놀아나다."에서 볼 수 있다.

2.3. 母牛 어시쇼 ← 母(실의독:어시)+牛(실의독:쇼)

'암쇼, 암소, 어미쇼, 마쇼, (手)母 쇼, 엄쇼' 등으로 다양하게 해독되고 있다. '어미쇼'는 '암쇼'의 해독을, 『계림유사』의 '암'(暗)과 '아미'(丫彌)에 근거해, 분리한 것이다. '암소'의 경우는 '母'를 암으로 읽은 것인데, 그 가능성이 전혀 없는 것은 아니지만, 관련설화의 '자'(牸)와 다르게 '母'를 쓴 이유를 살리지 못하고 있다. '마쇼'의 경우는 '모'(母)를 '무'(毋)의 오자로 본 문제를, '手母 쇼'의 해독은 '手母'가 인계(印契)라는 설명의 부족 등이 문제점으로 노출되고 있다. '엄쇼'의 경우는 '어미'가 명사와 결합하여 '엄'으로 처리되는 것이 고어의 어법상 자연스럽다고 설명하고 있으나, 그 의미를 잘 파악할 수 없다.

'母牛'는 새끼가 딸린 암소를 말하고, '牸'는 새끼를 가질 수 있는 암소를 뜻한다는 점에서, '母牛'를 '어시쇼'로 해독한다. 표면적 의미는 새끼가 딸린 암소이고, 이면적 의미는 자식이 딸린 처이다.

2.4. 放敎遣 놓이시곤 ← 放(실의독:놓)+敎(실의독:이시)+遣(전음독:곤)

'放敎遣'은 다양하게 읽히고 있다. 그 양상은 세 향찰을 어떻게 처리하느냐에 달려 있다. 그 하나는 우선 '放'의 뜻을 '놓-'으로 설정하는 것은 모두 같으나, 그 어형을 '놓-'('놓이시겨, 노히시고, 노히시견'), '노ᄒᆞ-'('노히시고, 노ᄒᆞ이고, 노ᄒᆞ겨시고, 노ᄒᆞ이시고'), '노호-'('노호이시고, 노호시고'), '노호-'('노호시겨'), '노하-'('노해시고'), '놔-'('놔 닐견') 등에서 어느 것으로 잡느냐 하는 것이다. 이 경우에 '놓-' 이외의 것들은 존재하는 형태들이 아니라는 점에서, '놓-'을 취한다.

'敎'의 경우는 '이시-'로 읽히는 것이 일반적이다. 이를 벗어난 것으로 '-이-'(이탁)와 '겨시-'(홍기문) 그리고 '-시-'(정렬모) '닐-'(정창일) 등이 있다.

'-이-'의 경우는 '교'(敎)의 뜻 'ᄒᆞ이'의 약차 '이'를 설정하고 있으나, 이런 차제자는 존재하지 않는다.

'-시-'는 '교'(敎)의 뜻을 '-이시-'로 보고, 이어서 이 '노호이시-'에서 '-이-'가 생략된 것으로 본 것인데, 이 '-이-'가 생략된 이유를 알 수 없다.

'닐-'은 '敎-'의 뜻을 취한 것이라고 하나, '敎'의 의미로부터 떨어진 해독이다.

'겨시-'는 '敎'의 이두 '이시-'가 그 당시에는 존재하지 않았다는 사실을 〈무진사(无盡寺, 745)〉의 '무진사종성교수내성'(无盡寺鍾成敎受內成, 무진사 종을 성하라는 교(敎)를 수(受)한 내(內)에서 성(成)하다)과 '교수성재절'(敎受成在節, 교(敎)를 수(受)하고 성(成)한 절(節))의 해석에 근거해 부정하고, '敎'를 '이시-'가 아닌 '겨시-'로 해독하고 있다. 그런데 문제는 〈원가〉에서도 이미 '敎因隱'이 등장하는 문제를 보인다.

이런 점에서, '放敎-'는 '놓이시-'의 해독을 따른다.

'遣'은 '-고, -겨, -견' 등으로 읽으면서, 상당히 문제가 되어왔던 향찰이다. 그러나 한자 '遣'의 당시음이 오음(吳音)인 '곤'이 유입된 것이라는 사실이 정리(양희철 2013b, 2015a)되면서, 향찰 '遣'의 해독은 일단락되었다. '-곤'으로 읽는다(제3부「소멸된 한자음의 문제 향찰」의 3.1. 遣 참조).

3. 吾肹 不喩 慚肹伊賜等

나글 안디 붓글이시둔
나를 아니 부끄러워 하신다면

(오구라 1929)	날 아닌지 붓글어워 이샤든
(유창선 1936c)	날 아닌지 붓그리샤든(1940 나를 아닌디)
(신태현 1940)	날 아닌디 붓그샤든
(양주동 1942)	나홀 안디 붓흐리샤돈
(지헌영 1947)	나홀 안디 붓흐리샤돈
(정열모 1947)	나홀 아니 붓글힐이샤든(1965 나홀 아니ᄅ 눕홀 이샤돈)
(김형규 1948)	나홀 안디 붓그리 샤돈
(이 탁 1956)	날 안디 븓글이스돈
(홍기문 1956)	나홀 안디 붓그리샤돈
(김준영 1964)	나홀 안디 붓글히샤든
(김선기 1967g)	우리깔 아니 붇깔이샤든(1993 나깔 아디 붇깔이 시돈)

(정연찬 1972)	나홀 안디 븟홀이시든
(김상억 1974)	나홀 안디 븟흐리샤단
(서재극 1972)	날 아닐 븟그리샬돈(1975 나홀 아닐 븟흐리시든)
(전규태 1976)	나홀 안디 븟그리샤돈
(김완진 1980)	나롤 안디 븟그리샤돈
(홍재휴 1981)	울홀 안디 븟흐리 주리든
(정창일 1987)	나홀 不喩 慚홀 伊 준둘
(김대식 1991)	나홀 안디 븟글이샤돈
(이도흠 1993)	나를 아니 부끄러워하시면
(금기창 1993)	나홀 안디 븟효리샤돈
(유창균 1994)	나홀 모둘 허믈ㅎ리실돌
(강길운 1995)	나글 안디 븟그리시든
(최남희 1996)	나홀 안디 븟흐리시든
(지형률 1996)	나롤(2007 나홀) 안디 븟그리샬돈(2007 븟그리실 돈)
(양희철 1997)	나홀(2013 나글) 안디 븟그홀이시돈
(신재홍 2000)	나홀 안디 븟그리시돈
(황패강 2001)	나홀 안디 븟그리샤돈
(류 렬 2003)	나홀 안디 불홀이시돈
(박재민 2009b)	나홀 안디 븟그리시든
(남풍현 2010)	나롤 안디 븟그리손 돈

3.1. 吾肸 나글 ← 吾(실의독:나)+肸(전음독:글)

'吾'는 '나'와 '우리/울'로 혼효되고, '肸'은 '-ㄹ, 를/롤, 홀/홀, 깔, 글' 등으로 혼효되고 있다.

'吾'의 경우는 작품의 시적 화자로 보아 복수가 아닌 '나'로 생각된다.

'肸'의 경우에 '-ㄹ, 를/롤, 홀, 깔' 등은 '肸'의 음과 이 글자가 약음독자로 쓰인 경우가 없다는 점에서 부정적이다. 그리고 '글'의 경우는 '慚肸伊賜等'에서와 같이 '吾肸'에서도 '글'로 읽어야 한다는 점에서 정확한 해독으로 판단한다. 이 '글'은 뒤에 '글)홀)를'로 변화를 보이는데, 'ㅎ'과 'ㄹ'은 매우 가까운 자음이다. 불어의 Chartre(샤흐트르)와 Sartre(사르트르)의 'r'에서 볼 수 있다.

3.2. 不喩 안두 ← 不(실의독:안두)+喩(전음독:두)

不喩는 '아닌지, 아니ㄹ, 아니, 아닐, 모둘' 등으로 읽어왔다. '不'의 훈 '안두〉안디〉안이〉안'의 변화와 '喩'의 고음 '두'로 보아 '안두'로 읽는다(제3부「신구음이 교체/혼용된 문제 향찰」의 '2.2. 喩/두/디' 참조).

3.3. 慚肹伊賜等 븟글이시둔 ← 慚(실의독:븟글)+肹(전음독:글)+伊(전음독:이)+賜(전음독:시)+等(전음독:둔)

慚肹伊賜等의 해독에는 적지 않은 문제가 포함되어 있다. '慚'은 '븟글-, 븟글-, 븟홀-, 븓글-, 붇깔-, 븟홀-, 놉홀, 慚홀, 허믈홀-' 등으로 읽히고, '肹'은 '홀, 흘, 글' 등으로 읽히며, '賜'는 '샤, 시, 스, 준-' 등으로 읽히고, '伊'는 '이, 伊' 등으로 읽히고, '等'은 '든, 돈, 단, -ㄹ둘' 등으로 읽히고 있다. '慚'의 어형은 '肹'의 문제와 연결되어 있다. '慚'의 어형 '븟글-'을 인정하는 한에서는 '肹'은 '글'이 된다. 그런데 이 '글'의 인정에 선뜻 동의하지 못하는 이유가 있다. 바로 '慚肹伊賜等'과 '次肹伊遣'(〈제망매가〉)의 '肹'에서만 '글'이 가능하기 때문이다. 이 문제를 해결하기 위하여 '글'을 장음 '그흘'로 보려는 해독이 나왔으나, '글'의 장음은 '그을'이라는 문제를 가지고 있다. 이 문제는 신라 말에, 〈처용가〉부터 '肹'의 고음 '글'이 신음 '흘'로 교체되었다고 본다(제3부「신구음이 교체되거나 혼용된 문제 향찰」 2.2. '肹/글/흘' 참조).

4. 花肹 折叱可 獻乎理音如

곶글 것가 드리오림다
꽃을 꺾어 드리오리이다

(오구라 1929)	곶올 썩거 들이오리이다
(유창선 1936c)	곶흘 것거 받즈오리다
(신태현 1940)	곶올 것거 받즈오리이다
(양주동 1942)	곶흘 것가 받즈보리이다
(지헌영 1947)	곶흘 것가 받즈오리이다
(정열모 1947)	곶흘 것가 드리오리음다(1965 곶흘 것거 받조리 음쇼)
(김형규 1948)	곶흘 것거 받즈보리이다

(이 탁 1956)	곶올 것아 받오리오다
(홍기문 1956)	곶홀 것거 받ᄌ호리미다
(김준영 1964)	곶홀 것가 받ᄌ오림다
(김선기 1967g)	곶 갇가 받티오리다(1993 고지깔 갓가 받자오리이다)
(정연찬 1972)	곶홀 것가 받ᄌ보링다
(서재극 1972)	고줄 것가 받보리이다(1975 고출 것가 받ᄌ보림다)
(김상억 1974)	곶홀 것가 받자보리이다
(전규태 1976)	곶홀 것가 받ᄌ오리이다
(김완진 1980)	고줄 것가 바도림다
(홍재휴 1981)	곶홀 것가 바ᄎ효리이다
(정창일 1987)	곶홀 거쉴거 獻홀 ᄯ롬여
(김대식 1991)	곶 갓가 바도림다
(이도흠 1993)	꽃을 꺾어 바치오리다
(금기창 1993)	곶홀 것가 받ᄌ보리이다
(유창균 1994)	골홀 것가 바도림다
(강길운 1995)	굴글 것가 받조보림져
(최남희 1996)	곶홀 것거 바도리이다
(지형률 1996)	곶ᄋ(2007 곶홀) 것거 받오림다
(양희철 1997)	곶홀 것가 받(/드리)오림다
(신재홍 2000)	골홀 것가 바도리--다
(황패강 2001)	곶홀 것가 드리오리이다
(류 렬 2003)	가시홀 가시가 바ᄃ호리이다
(박재민 2009b)	곶홀 것거 獻호림다
(남풍현 2010)	곶올 것거 받오림ㅅ다

4.1. 花肹 곶글 ← 花(실의독:곶)+肹(전음독:글)

다양한 해독을 보이나 핵심은 '花'를 '곶'과 '골/굴' 어느 것으로 읽을 것인가 하는 문제와, '肹'을 '홀'과 '글' 어느 것으로 읽을 것인가 하는 문제이다. '花'는 곶과 '골/굴'이 모두 인정된다. '곶'은 그 근거를 댈 필요가 없이 너무나 자명하며, '골/굴'은 기왕의 설명과 같이 〈대왕반(大王飯)〉의 '당시(當時)에 흑목단(黑牧丹) 고리'와 『계림유사』의 '화왈골'(花曰骨) 및 터키-위글방언의 'kul'(花)로 보아 명확해 보인다. 유창균은 '곶'이 '골'보다 뒤에 발달한 것이 아닌가를 조심스럽게 추정하고 있으나, 동시대 이형태로 보인다. '肹'은 '慚肹伊賜等'의 '肹'과 같이 '글'로 읽는다(제3부 「신구음이 교체/혼용된 문제 향찰」 2.2. '肹/글/흘' 참조).

여기서도 '곶'과 '골' 중에서 어느 것으로 읽든, 그 의미에서 주의할 것이 있다. 왜 철쭉꽃을 '꽃'이라고 환칭을 했느냐 하는 것이다. 이는 철쭉꽃은 물론 수로부인을 이중으로 의미하기 위한 것으로 보인다.

4.2. 折叱可 것가 ← 折(실의독:것)+叱(약음독:ㅅ)+可(전음독:가)

비슷한 해독들을 보이고 있으나 '可'의 음을 살린 '것가'를 따른다.

4.3. 獻乎理音如 드리오림다 ← 獻(실의독:드리)+乎(약의독:오)+理(전음독:리)+音(약음독:ㅁ)+如(약의독:다)

이 해독에서 '獻'의 의미는 별로 다른 것이 없다. '들이-, 받ㅈ-, 받줍-, 받티-, 받-' 등으로 비슷하다. 그러나 '받ㅈ-'와 '받줍-'은 그 '-ㅈ-'와 '-줍-'이 선어말어미 '-습-'에 근원한 것으로 이 표기가 없다는 점에서 제외한다. 나머지 '들이(드리)-, 받티-, 받-' 등은 모두 가능성이 있으나, '받티-'는 중세어에서도 그 사용이 드물어 버리고, '들이(드리)-'(獻, 入)와 '받-'(받들어 바치다, 받다)은 그 가능성이 모두 높으나, 전자를 따른다. '音'의 해독은 그 음에서 문제가 되고 있다. 초기 해독들은 '音'을 '이'라는 전음차(轉音借)로 보아 왔다. 그러나 전음차라고 하는 것은 해독이 어려울 때에 보이는 현상으로 배제한다. 이후에 홍기문은 이 '音'을 'ㅇ' 발달 이전의 'ㅁ'으로 보고, '이'에 해당하는 '미'로 보기도 하였으나, 여전히 '音'의 음역을 벗어나고 있다. 그 후에 '音'을 'ㅁ'으로 읽는 것은 서재극과 김준영에서 나타나지만 그 기능의 설명이 명확하지 않다가, 정연찬이 그 가능성을 제시한 바 있는 상대존대로 유창균에 이르러 정리되었다. 이를 따라 중세어 '들이오링다(/드리오링다)'에 해당하는 '들이오림다(/드리오림다)'로 해독한다.

이렇게 해독되는 〈헌화가〉는, '딛뵈 바오'(자줏빛 바위)의 문자적 의미인 '자줏빛 바위'와 상징적 의미인 '자줏빛 옷을 입은 남편', 다의어인 '손'(손)의 두 의미인 '손(手)'과 '손(手腕/꾀)', '어시쇼'의 문자적 의미인 '새끼가 따린 암소'와 상징적 의미인 '자식이 딸린 처', 환칭어인 '꽃'의 '철쭉꽃'의 의미와 '미인'(수로부인)의 의미 등에 의해, 두 텍스트를 형성한다. 즉 모두에서 정리한 [현대역1: 헌화의 텍스트]와 [현대역2: 수작의 텍스트]를 형성한다. 구체적인 텍스트는 모두로 돌린다.

〈안민가〉

[원문]

君隱 父也
臣隱 愛賜尸 母史也
民焉 狂尸恨 阿孩羅古
爲賜尸知 民是 愛尸 知古如
窟理叱 大肹 生以支 所音 物生
此肹 喰惡支 治良
此 地肹 捨遣只 於冬是 去於丁
爲尸知 國惡只 持以支 知古如
後句 君如 臣多支 民隱如
爲內尸等焉 國惡 太平恨音 叱如
(阿孩羅古의 '羅'는 누락자로 보충, 喰惡攴의 '攴'은 '支'의 오자로 수정, 治良羅의 '羅'는 연자로 삭제, 國惡攴의 '攴'은 유사자 '支'의 동음자 '只'의 오자로 수정, 臣多支의 '支'는 '攴'의 오자로 수정)

[해독]

님검은 아비여
알바돈 둣오실 어시여
일건 어리혼 아히라고
ᄒᆞ실디 일건이 둣올 알고다
窟理(구리, 理窟)ㅅ 한홀 살이기 숌 物生(가살, 生物)
이글 먹아기 다ᄉᆞ아
이 다ᄀᆞᆯ ᄇᆞ리곡 어들이 니거뎌

훌디 나락 딕히기 알고다
(後句) 님검답 알바돈답 일건답
ᄒᆞᄂᆞᆯ돈 나락 太平(태평)홈 실다

[현대역1: 권고의 텍스트]

임금은 아비여
신하는 사랑하실 어미여
백성은 어리한 아이라고 / 하실지?
백성이 사랑할 것을 알 것이다.
구리(배통/腹)의 큰 것을 살리기 때문에 있음 物生(가살)
이를 먹게 다스리어
      [1] 배통(腹)의 큰 것을 살리기(에) 있옴(의)[존재하는 것(=사물)의] 物生(가살=물건을) 이를 먹게 다스리어]
      [2] 배통(腹)의 큰 것을 살리기(에) 있옴(이)[존재하는 것(=군신)이] 物生(가살=물건) 이를 먹게 다스리어]
      [3] 배통(腹)의 큰 것을 살리기(에) 있옴[존재하는 것(=백성)] 物生(가살=물건) 이를 먹게 다스리어]
이 땅을 버리고서 어디에 가져 / 할지?
나라를 지키기를 알고다
(後句) 임금답게 신하답게 백성답게
해낼 것이면 나라 태평함이 있을 것이다.

[현대역2: 책난의 텍스트]

임금은 아비여
신하는 사랑하실 어미여
백성은 어리한 아이구나
백성이 사랑할 것을 알 것이다. 하실지?
理窟(도리)의 큰 것을 살이기 때문에 있음 物生(生物)
이(도리의 큰 것)를 먹게 다스리어

[4] 도리의 큰 것을 살리기(에) 있옴(을)[존재하는 것(=도리)를] 生物(백성이) 이(도리의 큰 것)를 먹게 다스리어]

[5] 도리의 큰 것을 살리기(에) 있옴(이)[존재하는 것(=군신)이] 生物(백성이) 이(도리의 큰 것)를 먹게 다스리어]

[6] 도리의 큰 것을 살리기(에) 있옴[존재하는 것(=백성)] 生物(백성이) 이(도리의 큰 것)를 먹게 다스리어]

이 땅을 버리고서 어디에 가져
나라를 지키기를 알고다. 할지?
(後句) 임금답게 신하답게 백성답게
해낼 것이면 나라 태평함이 있을 것이다.

1. 君隱 父也

님검은 아비여
임금은 아비여

  (오구라 1929) 님금은 아비요
  (유창선 1936a) 君은 아비요
  (양주동 1942) 君은 어비여
  (지헌영 1947) 君은 어비여
  (정열모 1947) 군은 아비요(1965 업은 압이라)
  (홍기문 1956) 군은 아비야
  (이 탁 1956) 君은 아비여
  (김준영 1964) 君은 아비여(1979 어비여)
  (김선기 1967d) 님감안 아비라(1993 님곰은 아바라)
  (김상억 1974) 군은 어비여
  (서재극 1975) 君은 아비야
  (전규태 1976) 君은 아비야
  (김완진 1980) 君은(1990 님그믄) 아비여
  (서영석 1985) 君은 아비야
  (정창일 1987) 君은 父야

(금기창 1993)	君은 아비여
(이도흠 1993)	임금은 아비여
(유창균 1994)	君은 아비라
(강길운 1995)	님검은 아비여
(지형률 1996)	君은 아비여
(최남희 1996)	君은 아비야
(양희철 1997)	님검은 아비야
(신재홍 2000)	"君은 아비야"
(황패강 2001)	君은 아비여
(류 렬 2003)	군은 아비라
(황선엽 2008)	君은 압(이)여
(남풍현 2019)	임금은 아비여

1.1. 君隱 님검은 ← 君(실의독:님검)＋隱(전음독:은)

'君'은 음의독 '君'으로 보는 것이 일반적인 가운데, 실의독으로 읽으려는 노력이 계속되고 있다. 음의독과 실의독 중에서 어느 쪽을 취할 것인가가 우선 문제가 된다. 이 당시가 이미 관직을 한자화한 시기이므로 음의독의 사용을 부정할 수는 없다. 그러나 '臣'과 '民'이 이 작품에서 실의독으로 읽힐 가능성이 '民焉'과 '臣多支 民隱如'에서 보인다는 점에서 '君'을 실의독으로 읽는다.

실의독으로 본 것들로 '업, 님금, 님감, 님검' 등이 있다. '업'은 가장 무서운 것을 상징하는 '어비'와 백제의 왕호 '어라하(於羅瑕)'에서 유추된 것인데, 그 유추 과정이 명확하지 않을 뿐만 아니라, 연결도 잘되지 않는다. '님금, 님감, 님검' 등의 해독들은 '님감〉님검〉님금'의 변화 과정에서 어느 하나를 선택한 것들이다. 단군왕검(壇君王儉)의 '검(儉)'이 '님검'의 말음을 첨기한 것으로 보든, 아니면 '王' 자를 '王'의 오기로 보든(강길운 1995), 이 표기는 '님검'에 접근한다는 점에서, 이 해독을 따른다.

'隱'은 '안'으로 읽은 경우가 있기는 하지만, '隱'의 음역을 벗어난 것이고, 나머지들은 '은'으로 통일되어 있다.

1.2. 父也 아비여 ← 父(실의독:아비)＋也(실의독:여)

'父'는 실의독 '아비, 어비, 압' 등으로 읽어 왔다. '압'은 실제에서는 '아비'와 일치하는 모습을 보인다. '어비'는 '아비'보다 고형이라고 할 만한 근거가 미약하다(홍기문

1956). 일반적인 '아비'의 해독을 따른다.

'-也'는 '-요, -여, -야, -(이)라' 등으로 읽어 왔다. '(이)'를 첨가해야 하는 '-(이)리'를 제외하면, 일단 모두가 가능하다. '-여'로 읽는다.

2. 臣隱 愛賜尸 母史也

알바돈 돗오실 어시여
신하는 사랑하실 어미여

(오구라 1929)	臣은 ᄃᆞᅀᆞ샬 어미라
(유창선 1936a)	臣은 ᄃᆞᅀᆞ샬 어미라
(양주동 1942)	臣은 ᄃᆞᅀᆞ샬 어싀여
(지헌영 1947)	臣은 ᄃᆞᅀᆞ샬 어싀여
(정열모 1947)	신은 다아샬 어미요(1965 원은 ᄃᆞᄋᆞ샬 어마시라)
(홍기문 1956)	신은 ᄃᆞᅀᆞ샬 어싀야
(이 탁 1956)	臣은 둣올 어시여
(김준영 1964)	臣은 ᄃᆞᄉᆞ샬 어시여
(김선기 1967d)	아마난 다사샬 아시라(1993 아만 다사실 어시라)
(김상억 1974)	신은 다자샬 어지여
(서재극 1975)	臣은 ᄃᆞᄉᆞ실 어싀야
(전규태 1976)	臣은 ᄃᆞᅀᆞ샬 어싀야
(김완진 1980)	臣은(1990 한거슨) ᄃᆞᅀᆞ실 어싀여
(서영석 1985)	臣은 ᄃᆞᅀᆞ샬 어싀여
(정창일 1987)	臣은 괴들히 엄시야
(금기창 1993)	臣은 ᄃᆞᄉᆞ샬 어싀여
(이도흠 1993)	신하는 사랑하시는 어미여
(강길운 1995)	알바단 도쇼실 어싀여
(지형률 1996)	臣은 ᄃᆞᄉᆞ실 어싀여
(최남희 1996)	民은 ᄃᆞᄉᆞ실 어싀야
(양희철 1997)	알바돈 돗오실 어시야
(신재홍 2000)	臣은 ᄃᆞᅀᆞ실 어싀야
(황패강 2001)	臣은 ᄃᆞᅀᆞ샬 어싀여

(류 렬 2003)	신은 다ᄉ실 어시라
(황선엽 2008)	臣은 ᄃᆞᅀᆞ싫/괴싫 엇(이)여
(남풍현 2019)	臣은 ᄃᆞᄉ실 어시여

2.1. 臣隱 알바돈 ← 臣(실의독:알바돈)+隱(약음독:ㄴ)

 '臣'은 음의독과 실의독으로 읽어 왔다. 실의독의 경우는 '臣'의 고훈을 알 수 없어 재구하는 과정에서 '원, 아마, 한것, 알바다' 등의 양상을 보인다. '원'은 한자 '員'의 음으로 판단되며, 단군신화의 범으로부터 '원'을 끌어내고 있으나, 지나친 추측으로 보인다.
 '한것'의 해독은 중세어에서 '주인'이나 '상전'을 뜻하는 '항것'에 근거한 것이나, '주인'과 '신하'가 의미상 너무 거리가 먼 문제를 보인다. '아마'는 만주어 '암반'과 몽고어 '알바탄'(albatan)을 언급하고 유추하지만 그 유추 과정이 명확하지 않다.
 이 한계점을 극복하려고 노력한 것이 '알바다'의 해독이다. 이 해독 역시 만주어와 몽고어를 통한 재구이다. 이 경우에 몽고어 '알바단'(albatan)을 '알바다'로 이끈 것은 이 작품의 '臣多支'를 의식한 것이다. 즉 '臣多支'의 '多'가 '알바다'의 '다'를 표기한 것으로 본 것이다. 그러나 이 해독은 '支'를 지정 문자로 보아야 가능하다는 문제를 보인다. 이런 점에서 이 해독을 끌어내는 과정에서 보인 '上大等或云上臣'의 大等=臣에 근거해 '알바돈'으로 해독한다.
 '隱'은 'ᄋᆞ, 은, 난, ㄴ' 등으로 읽어 왔는데, 'ㄴ'으로 읽고, '알바돈'의 음절말 자음첨기로 본다.

2.2. 愛賜尸 ᄃᆞᆺ오실 ← 愛(실의독:ᄃᆞᆺ오)+賜(전음독:시)+尸(약음독:ㄹ)

 '愛'는 실의독으로 읽는 것은 모두가 같다. 여러 해독 중에서 특이한 것은 '고비'인데, 이 해독은 '괴-'를 '고비-'에 기인한 것으로 본 것이나, 그 진위를 아직 판단하기 어렵다. 나머지 'ᄃᆞᅀᆞ-, ᄃᆞᆺ-, ᄃᆞᅌᆞ-, 다사-, 다자-, ᄃᆞᄉᆞ-' 등은 중세어 'ᄃᆞᆺ/ᄃᆞᇫ-'에 기초한 해독이고, '도소-'는 'ᄃᆞᆺ/ᄃᆞᇫ-'의 이형태 'ᄃᆞᆺ(/ᄃᆞᇫ)오-'에 기초한 해독이다. 전자의 해독들은 두 번째 음절의 'ᄋᆞ'를 설명할 수 없다. 이를 고려한 후자의 경우는 아직 'ᄋᆞ'의 존재를 완전히 무시할 수 없다는 점에서 'ᄃᆞᆺ오-'로 수정하여 해독한다.
 '賜'는 '샤'와 '시'로 읽어 왔다. '시'로 읽는다.
 '尸'는 'ㄹ'로 읽는다.

2.3. 母史也 어시여 ← 母(실의독:어시)+史(전음독:시)+여(전음독:여)

'母'는 초기에 '어미'나 '어마시'로도 읽었으나 현재는 '어시'로 통일을 보인다. '史'는 '어시'의 어절말 음절첨기로 '시'이다.

'也'는 1.2의 '也'와 같다.

3. 民焉 狂尸恨 阿孩羅古

일건 어리혼 아희라고
백성은 어리한 아이라고/아이구나

(오구라 1929)	民은 밋칠은 ᄋ히고
(유창선 1936a)	民은 어린 ᄋ히고
(양주동 1942)	民은 얼혼 아히고
(지헌영 1947)	民은 얼혼 아히고
(정열모 1947)	민은 미칠한 아해고(1965 아ᄅ몬 얼혼 아히고)
(홍기문 1956)	민은 어리한 아히고
(이 탁 1956)	民은 얼혼 아히고
(김준영 1964)	민언 얼혼 아히고
(김선기 1967d)	알깔안 알간 아끼고(1993 알간 얼간 아개고)
(김상억 1974)	민안 얼한 아해고
(서재극 1975)	民은 얼혼 아히고
(전규태 1976)	民은 얼혼 아히고
(김완진 1980)	民은(1990 아ᄅ몬) 어릴혼 아히고
(서영석 1985)	民은 얼혼 아히고
(정창일 1987)	民언 얼히 恨 아히고
(금기창 1993)	民은 얼혼 아히고
(이도흠 1993)	백성은 어린 아이라
(유창균 1994)	民은 얼혼 아히고
(강길운 1995)	일건은 얼혼 아개고
(지형률 1996)	民은 어릴혼 아히고
(최남희 1996)	民은 얼혼 아히고

(양희철 1997)	일거-ㄴ 얼흔 아히고
(신재홍 2000)	民온 얼흔 아히고
(황패강 2001)	民온 어리흔 아히고
(류 렬 2003)	민온 어리흔 아기고
(황선엽 2008)	民은 狂흔/어즐흔 아히고
(남풍현 2019)	民은 어맳 흔 아히고

3.1. 民焉 일건 ← 民(실의독:일건)+焉(약음독:ㄴ)

'民'은 음의독자 '民'으로 읽는 가운데 실의독자로 읽는 것이 모색되고 있다. 모색된 유형은 셋이다. '아롬, 알깔, 일건' 등이다. '아롬'은 중세어에서 개인을 뜻한다는 점에서 '民'의 뜻을 벗어난 것으로 보인다. '알깔'은 몽고어와 만주어 '일건'에서 재구한 것인데, 그 재구 과정이 명확하지 않다. '일건'의 해독은 앞에서 제시된 몽고어와 만주어 '일건'에, 『태조실록』(1권 3장)의 '女眞謂民爲逸彦'의 기록을 보충하여 읽은 것이다. '焉'은 '오, 은, 안, 언' 등으로 읽고 있으나, 'ㄴ'으로 읽는다.

3.2. 狂尸恨 어리혼 ← 狂(실의독:어리)+尸(전음독:리)+恨(전음독:혼)

狂尸恨은 '밋칠은, 어린(愚), 알깐, 얼히 恨, 얼혼, 얼혼(幼癡稱), 어리한, 어릴흔, 狂흔/어즐한, 어맳흔' 등으로 읽어 왔다. '尸'와 '恨'으로 보아, 일단 '얼혼'으로 의견이 모아지는 듯했다. 그러나 '尸'를 'ㄹ'로 읽을 것인가? 아니면 '리'나 'ㅭ'로 읽을 것인가? 에서 적지 않은 문제를 보였다.

狂尸恨은 현재도 쓰이고 있는 '어리하다'의 관형사형 '어리혼'으로 읽는다. '尸'는 '리'의 첨기이고, '恨'은 '혼'이다(제3부 「소멸된 한자음의 문제 향찰」 2.2. '恨' 참조. 제3부 「신구음이 교체되거나 혼용된 문제 향찰」 4.1.1.2. 향찰의 '尸/리' 참조).

3.3. 阿孩羅古 아히라고 ← 阿(전음독:아)+孩(전음독:히)+羅(전음독:라) +古(전음독:고)

阿孩羅古의 '羅'는 누락자이다. 阿孩羅古를 '아히라고'로 읽는다(제2부 「서로 연계된 누락자와 연자」의 2.3.1. 참조). '-라고'는 인용형('-라고')과 감탄형('-라구')의 중의를 보인다.

4. 爲賜尸知 民是 愛尸 知古如

ᄒᆞ실디 일건이 ᄃᆞᆺ올 알고다
하실지? 백성이 사랑할 것을 알 것이다.

(오구라 1929)	ᄒᆞ샬디 / 民이 ᄃᆞᅀᆞ몰 알고다
(유창선 1936a)	ᄒᆞ샬 / 民을 ᄃᆞ술고다
(양주동 1939)	/ 民이 ᄃᆞᆼ올 알고다
(양주동 1942)	ᄒᆞ샬디 / 民이 ᄃᆞ술 알고다
(지헌영 1947)	ᄒᆞ샬디 民이 ᄂᆞᆯ 알고나
(정열모 1947)	하샬지 / 민이 다알 알고다(1965 ᄒᆞ샬디 아ᄅᆞ미 ᄃᆞ올 디고ᄃᆞ)
(홍기문 1956)	ᄒᆞ샬디 / 민이 ᄃᆞᅀᆞ리 알고다
(이 탁 1956)	ᄒᆞ술디 / 民사 ᄃᆞᆺ아 디고다
(김준영 1964)	ᄒᆞ샬디 / 민이 ᄃᆞ술 알고다(1979 디고다)
(김선기 1967d)	까샬디 / 알간이 다샬[1993 까실디(지) / 알간이 다사실] 알고다
(김상억 1974)	하샬디 / 민이 다잘 알고다
(서재극 1975)	ᄒᆞ실디 民이 다술디고다
(전규태 1976)	ᄒᆞ샬디 / 民이 ᄃᆞ술 알고다
(김완진 1980)	ᄒᆞ실디 民이 ᄃᆞ술 알고다
(서영석 1985)	ᄒᆞ샬디 / 民이 ᄃᆞ술디고다
(정창일 1987)	ᄒᆞ들히 / 民이 괼히 알고여
(금기창 1993)	ᄒᆞ샬디 / 民이 ᄃᆞ술 알고다
(이도흠 1993)	할 때 / 백성이 사랑을 알리라
(유창균 1994)	ᄒᆞ실디 / 民이 고빌 알고다
(강길운 1995)	허슬디 / 일건이 도솔 알고셔
(지형률 1996)	ᄒᆞ실디(2007 ᄒᆞ실 디) 民이 ᄃᆞ술 알고다(2007 디고다)
(최남희 1996)	ᄒᆞ실디 / 民이 ᄃᆞ술 디고다
(양희철 1997)	ᄒᆞ실디 일건이 ᄃᆞᆺ올 알고다
(신재홍 2000)	ᄒᆞ실디, 民이 ᄃᆞ술 알고다
(황패강 2001)	ᄒᆞ샬디 / 民이 ᄃᆞ술 알고다
(류 렬 2003)	ᄒᆞ실디 / 민이 다술 알고다
(황선엽 2008)	ᄒᆞ싫 알(아) / 民이 ᄃᆞ숣/괼 알고다
(남풍현 2019)	ᄒᆞ싫 디 / 民이 ᄃᆞ숣 알고다

4.1. 爲賜尸知 ᄒᆞ실디 ← 爲(실의독:ᄒᆞ)+賜(전음독:시)+尸(약음독:ㄹ)+知 (전음독:디)

'爲賜尸知'의 해독은 두 단어로 본 경우²⁶와 한 단어로 본 경우로 나뉜다.

한 단어로 본 해독에는 'ᄒᆞ샬디, ᄒᆞ슬디, ᄭᆞ샬디, ᄒᆞ실디, ᄒᆞ실뎌, 허슬디' 등이 있다. '뎌'의 경우는 흔히 '丁'을 쓴다는 점에서 회의적이다. 'ᄒᆞ실디'의 해독을 취한다. 문제는 그 문법적 형태이다.

조건형(-면): 오구라 양주동 지헌영 김상억 서재극 김준영 서영석 금기창
조건형(-ㄴ진댄, -ㄹ진대): 김완진
조건형(-ㄹ진대): 신재홍
의문형(-ㄹ지): 홍기문 이탁 정렬모 김선기 강길운 류렬
의문형(-ㄹ른지): 전규태, 지형률
감탄형(-ㄴ져): 유창균

이렇게 다양하게 문법적 형태를 주장하지만, 거의가 표기로부터 동떨어진 의미들을 설정한 것들이므로, 표기에 충실한 '-ㄹ디(尸知)'의 해독을 살린 의문형의 해독을 따른다.

'爲賜尸知'는 이렇게 읽는 것으로 해독이 끝난 것이 아니다. 분절과 그 기능에서도 문제를 보여왔다. 원전을 보면, 제3, 4구와 제5, 6구가 각각 분절되지 않고 붙어 있다. 이로 인해 제3, 4구의 중간에 있는 '爲賜尸知'는 제3구의 끝에 붙은 것인지, 아니면 제4구의 맨 앞에 온 것인지를 알 수 없다. 그리고 원전을 보면, 제8구의 맨 앞에 '爲尸知'이 있고, 제10구의 맨 앞에 '爲內尸等焉'이 있다.

이런 원전의 분절을 수정하기 시작한 것은 오구라이다. 제3, 4구를 분리하면서, '爲賜尸知'를 제3구의 끝에 붙였다. 그 후에 양주동은 '爲賜尸知'를 제3구의 끝에, '爲尸知'를 제7구의 끝에, '爲內尸等焉'을 제9구의 끝에, 각각 붙였다. 이는 다분히 구문론적인데, 그 후에 많은 해독들은 이 수정을 따랐다.

이 수정에 대하여 "韻律의 構造를 度外視한 견해"로 비판하면서 다음과 같은 견해가

---

26 두 단어로 본 해독에는 'ᄒᆞ실 디'(하실 것이, 지형률 2007), 'ᄒᆞ싫 알(아)'[하심을(여기심을) (백성이) 알아, 황선엽 2008], 'ᄒᆞ싫 디'(하시는 그것, 남풍현 2019) 등이 있다. 문맥과 시제에 문제가 있는 것 같다.

개진되었다.

> 筆者는 第八句와 第十句가 原文대로 '爲尸知'와 '爲內尸等焉'으로 시작되어야 할 것으로 믿으며, 그 韻律에 맞춘다면 第四句는 '爲賜尸知'로 시작되어야 한다. 奇數句와 偶數句의 對比에 있어 前者가 後者보다 더 많은 음절을 가진다는 것은 鄕歌의 세계에서 正常的인 일이라 할 수 없는 것이다.
> 文法的 段落과 韻律的 段落의 不一致는 '目煙廻於尸七史伊衣 逢烏支惡知作乎下是'(누늬 도랄 업시 뎌옷/맛보기 엇디 일오아리)에서도 보는 바로서 그 자체가 의도적이며 詩的 技巧로서 鄕歌의 한 특징이 될지언정, 文法 構造를 앞세워 수정될 것은 아니라고 본다.(김완진 1980:50)

이 의견이 나온 이후의 해독들은, 제3, 7, 9구의 끝에 각각 붙인 경우와, 제4, 8, 10구의 맨 앞에 각각 붙인 경우로 양분되는 가운데, 양희철의 보완이 나왔다.

김완진이 "그 자체가 의도적이며 詩的 技巧로서 鄕歌의 한 특징이 될지언정"이라고 하면서 남겨놓은 '시적 기교'와 '의도'는 다음과 같이 정리되었다.

시적 기교는 '행간걸침'과 '도치법'이 동시에 가능하게 하는 중의법으로 정리되었고, 이 중의법을 구사한 의도는 '권고의 텍스트'와 '책난의 텍스트'를 전달하기 위한 것으로 정리되었다(양희철 1986, 1997). 즉 권고의 텍스트에서 '爲賜尸知'는 제3구의 끝과 연결되는 행간걸침(또는 계속행)으로 쓰이고, 책난의 텍스트에서 '爲賜尸知'는 제4구의 끝에 있던 시구를 맨 앞으로 도치시킨 시어로 쓰이면서 구문상의 중의를 보여준다. 그리고 현전본 원전에서 제3, 4구와 제5, 6구가 각각 분절되지 않고 붙어 있는 이유는, 1행 25자로 된 텍스트에서 행말에 온 공백을 무시하고 판각용 정서본을 옮겨 쓴 결과로 정리되었다(양희철 2001b;2020).

줄글로 쓰지 않고, 구(또는 행)를 분절하는 시가를 다루면서, 줄글의 산문에서는 성립하지 않고, 구(또는 행)를 분절하는 시가에서만 성립되는 행간걸침(또는 계속행)과 도치가 결합하여 보여주는 구문상의(또는 문법상의) 중의법, 나아가 중의법의 결합이 보여주는 복수의 텍스트는, 향가와 같은 시가를 다루는 어학자나 문학자나 할 것 없이 모두가 유념해야 할 시적 기교이며 표현이다.

4.2. 民是 일건이 ← 民(실의독:일건)+是(실의독:이)

3.1.과 같이 '일건'으로 읽는다. 이때 '일건이'의 격은 주격과 목적격으로 그 해석이

분리되어 있으나, 전자로 생각된다.

4.3. 愛尸 돗올 ← 愛(실의독:돗올)+尸(약음독:ㄹ)

'愛尸知古如'는 '愛尸 知古如'로 끊기도 하고, '愛尸知古如'로 붙여 읽기도 한다. 그러나 이접에 관계없이, '愛'는 2.2.와 같이 '돗올'로 읽고, '尸'는 'ㄹ'로 읽는다. 이 '돗올'은 동명사로 '사랑할 것'이란 의미이다.

4.4. 知古如 알고다 ← 知(실의독:알)+古(전음독:고)+如(약의독:다)

愛尸知古如로 붙여서 읽은 해독들이 보여주는 문제는 각주27로 돌리고, '愛尸 知古如'로 끊어 읽은 해독들을 보자. 이에 속한 '知古如'의 해독은 '디고다'와 '알고다, 알고여'로 나뉜다.

知古如를 '디고다'로 읽은 해독에는 셋이 있다. '디고다'(되오라, 이탁 1956)로 본 것과, '디고다'(최남희 1996)로 읽고, '-고-'를 추정법으로 보기도 하고, '드술 디고다'(사랑할 것이다, 지형률 2007)로 읽고, '-고-'를 '정녕 -것이다'의 의미인 확증법 어미로 보기도 하였다. 해독과 현대역이 형태소 차원에서 상응/일치하지 않는 문제를 보인다.

知古如를 '알고여'(알 것이다, 정창일 1987)로 읽은 해독에서는 '-고-'를 구체적으로 설명하지 않았다.

知古如를 '알고다'로 읽는 해독들에서는 '-고-'라는 선어말어미의 성격을 각각 달리하고 있다. 이에 대한 설명은 '-고-'를 분리한 경우도 있고, 그렇지 않고 '-고다'로 설명

---

27 '愛尸知古如'로 붙여서 읽은 경우들에는 다음의 다섯이 있다.
  "(民을) 드술고다"(유창선)의 경우에는 '尸知'를 'ㄹ'로 읽은 한계를 보인다. "(아르미) 드올디고드"(정열모)의 경우에는 '드올디고드'를 '사랑스럽다'로 보고 있으나, 그 연결이 매우 어려운 것으로 보인다. 나머지 "(民이) 다술디고다"(백성이 사랑할 것이다, 서재극), "(민이) 드술디고다"(백성이 사랑할지라, 김준영), "民이 드술디고다"(백성을 사랑할지라)(서영석) 등의 해독들은 이 자체로만 보면 문제가 없는 듯하다. 그러나 이 '愛尸知古如'의 '知古如'는 제8행의 '持以支知古如'의 '知古如'와 깊게 연결되어 해독되고 있다. 해당 부분을 인용하면, "디니히디고다"(지녀질 것이도다, 서재극), "디닝 디고다"(保全할지라, 김준영), "디니디 디고다"(보전할지라, 서영석) 등이다. 이 해독들의 현대역을 보면, 세 해독 모두가 '-ㄹ디-'(-ㄹ지-/-ㄹ 것-)를 의식하고 있다. 즉 괄호 안의 현대역을 보면, '-ㄹ 것' '-ㄹ지'의 형태를 보여준다. 그러나 향찰에는 이런 표기가 없다. 이런 사실은 은연중에 '愛尸知古如'의 '-ㄹ디'를 이 해독에도 지속시키려는 것이지만, '-ㄹ디-'에 해당하는 향찰이 없는 문제를 보이며, 이 문제는 '愛尸知古如'를 '愛尸 知古如'로 끊지 않은 문제를 보여준다고 할 수 있다.

한 경우도 있다. '-고다'로 설명한 경우들을 정리하면 다음과 같다.

'-고라'(영탄)의 비슷한 형태로 將然·當然의 의미(양주동)
'-고라' '-고야'와 같은 감탄(홍기문)
감탄종결어미 '-고라'와 같은 형태(서영석)
함경도 방언 '알우다' '하우다' 등과 같은 명령사(지헌영)
함경도 방언 '가오다' '하오다' 등과 같은 '-오다'의 토(정열모)
제주 방언 'ㅎ쿠다' '가쿠다' 'ㄱㄹ쿠다' 등과 같은 영탄 강조(김선기)

앞의 세 해독들은 '-고라, -고야'와 같은 형태로 보고 있다. 그러나 이 '-고라'와 '-고야'의 의미인 '-고 싶도다' '-구나'를 작품의 문맥에 넣어보면, '백성이 사랑할 것을 알고 싶도다'나, '백성이 사랑할 것을 알구나'의 의미가 되면서, 왕을 시적 독자로 하는 문맥이 아니라는 점에서 부정적이다. 지헌영의 명령형은 백성에게 명령하는 이상한 문맥의 문제를 보인다. 정열모의 것은 자세한 설명이 없어 무슨 말인지 알 수 없다. 김선기의 것은 뒤에 김완진의 것과 함께 정리한다.
'알고다'의 '-고-'를 분리하여 설명한 해독들은 다음과 같다.

推量의 '-고-'(김완진 1980; 지형률 1996)
강조 영탄의 '-고-'(금기창 1993; 신재홍 2000; 류렬 2003)
인칭법의 '-고-'(유창균 1994)
사동접미사의 '-고-'(강길운 1995)
상대경어나 당위 내지 가능성의 '-고-'(황선엽 2008)
확신법의 '-고-'(남풍현 2019)

김완진은 김선기와 더불어 제주도 방언의 '-쿠다(-크다)'와 연결하면서, "'爲賜尸知'의 '知'가 條件 또는 假定이라면, '-古-'는 推量이다."라고 한 다음에, '알고다'의 현대역을 '알리라'로 달았다. 이 '-리라'는 서술형인데, 추량(推量)을 계산할 때에 서재극의 '알겠다'가 더 접근하지 않을까 한다.
금기창은 '-고-'를 강조 영탄의 선어말어미로 보고, 해당 어구의 현대역을 '사랑해 줄 것을 알겠도다'로 달았다. 그리고 이런 영탄은 '알리로다'(신재홍 2000)와 '아는도다, 아는구나'(류렬 2003)에서도 보인다. 이 강조 영탄의 '-고-'는 앞에서 본 양주동의 것과 같은 문제를 보인다.

유창균은 '-고-'를 화자의 의도를 나타내는 인칭법 선어말어미로 보고, '-다/라'와 합쳐 '感歎·意圖·推量·願望' 등을 나타낸다고 보면서 '알도다'의 현대역을 달았다. 이는 '-고-'가 가질 수 있는 기능이지, 이 '알고다'에서의 '-고-'의 기능은 아니라고 생각한다.

강길운은 '-고-'는 사동접미사로, '-쇼'는 '-져'의 대충표기로 보면서, '알게 하고져'의 현대역을 달았다. 그런데 '如'는 '여'라는 점에서 대충표기를 인정하지 않는 한, 이 해독을 따를 수 없다.

황선엽은 "석독구결과 관련지어 볼 때에, 상대경어의 선어말어미로 파악할 수도 있고 당위 내지 가능성의 의미를 지닌 서법의 선어말어미로 파악할 수도 있다."고 결론을 내리면서 '압니다 / 알 수 있다.'의 현대역을 달았다.

남풍현은 '-고-'를 확신법 보조어간으로 보면서, '알고 있음이 확실하다'와 '분명하게 알고 있다.'로 본 다음에 '확실히 알아야 하리로다'로 정리를 하였다.

이렇게 다양하게 보고 있어, 확정을 할 수 없지만, 남풍현의 '확신법'을 따르면서, 단지 그 시제가 무시제가 아니라 미래인 것으로 수정하여, '확실히 알 것으로 믿는다.' 또는 '알 것으로 확신한다.' 정도의 의미로 본다.

5. 窟理叱 大肹 生以支 所音 物生

窟理(구리, 理窟)ㅅ 한흘 살이기 숌 物生(가살, 生物)
窟理(구리, 理窟)의 큰 것을 살이기에 있음 物生(가살, 生物)
  1) 구리(배통/腹)의 큰 것을, 살이기 때문에 있음(의/이)[존재하는 것(:사물)의, 존재하는 것(:군신)의, 존재하는 것(:군신)이] 物生(가살)
  2) 理窟(도리)의 큰 것을, 살이기 때문에 있음(의/이)[존재하는 것(:사물)의, 존재하는 것(:군신)의, 존재하는 것(:군신)이] 物生(生物)

    (오구라 1929)   굵댈 生으로 괼 바인 物生
    (유창선 1936a)   구믈대는 살은 物生
    (양주동 1942)   구믈ㅅ다히 살손 物生
    (지헌영 1947)   구슐ᄂ 잇실돌ᄂ
    (정열모 1947)   굴 크홀 생이로기솜 물생(1965 구리ㅅ대홀 사로기스리 믇사ᄅ
                          (ㅣ홀))

(홍기문 1956)	구릿대홀 나히 고이솜 갓나히
(이 탁 1956)	갈릴 다홀 내아 견ᄃ올 돗 올 내아
(김준영 1964)	구무릿 더홀 살이ㅅ손(1979 더홀 사닛손) 物生
(김선기 1967d)	구릳 깐 깔 나리디숌 믈생(1993 코린 깐깔 나리디 숌 뇷생)
(김상억 1974)	구믈ㅅ다히 살손 물생
(서재극 1975)	구릿대홀 내히삼 믈生
(전규태 1976)	구믏대홀 살손 物生
(김완진 1980)	구릿 하ᄂᆞᆯ 살이기 바라몰ㅆ
(서영석 1985)	구릿 클 살손 物生
(정창일 1987)	窟 理싈 한홀 生이러 바롬 物生
(금기창 1993)	굶 쿰홀 살릿솜 무리 목숨
(이도흠 1993)	구물거리는 뭇 백성
(유창균 1994)	고릿 다홀 내기솜 物生
(강길운 1995)	마가릿 한글 살이솜 갓살이
(지형률 1996)	구릿대롤 살잏숌올시(2007 구릿대홀 살히ᄃ몰 시)
(최남희 1996)	굴리ᇰ대홀 살이솜 物生
(양희철 1997)	窟理(구리, 理窟)ㅅ 한홀(2013 한글) 살이기 숌 物生(갓살, 生物이)
(신재홍 2000)	구릿 블(火)홀 살이기 바-- 物生
(황패강 2001)	구믈ㅅ다히 살손 物生
(류 렬 2003)	구리시다홀 나히고히 손 가시나히
(황선엽 2008)	미상
(박재민 2009a)	굼긔(窟理)의 여섯길을 사니는 바 衆生
(남풍현 2019)	窟理ㅅ 한올 나이디 所音物生

5.1. 窟理叱 窟理(구리, 理窟)ㅅ ← 窟(전음독:굴, 음의독:窟)+理(전음독:리, 음의독:理)+叱(약음독:ㅅ)

먼저 '叱'과 '理'의 해독에서 문제를 보이거나 현대역을 제시하지 않은 해독들은 각주[28]로 돌린다.

---

28 '구믈대는(유창선 1936a), 갈릴(갈릴, 이탁 1956), 구슐ᄂ(神國, 高尙하고 壯麗한 나라, 지헌영 1947), 굴(굵고 큰, 정열모 1947)' 등은 '叱'의 해독에서, '굼긔의'(박재민 2009a)는 '理'의 해독에서 문제를

이번에는 '理'를 'ㄹ'로 읽으면서 문제를 보이는 해독들[29]을 보자. 이 해독들은 '理'를 'ㄹ'로 읽으면서 문제를 보인다. 향찰에서 'ㄹ'의 표기에는 'ㄽ'나 '乙'이 쓰인다. 그리고 이 해독들이 파악한 의미는 '긂(轉)'과 '구믈(ㅅ)(蠢)'인데, 괄호 안의 한자로 표기하지 않은 문제도 보인다.

앞의 해독들과 거의 비슷한 의미를 유지하면서, '理'를 'ㄹ'로 읽은 해독의 문제를 일차로 보완하려는 두 해독[30]도 나왔다. 이 두 해독에서는 '理'를 '리'로 읽고, 그 의미를 오구라나 양주동이 제시한 의미와 거의 같거나 비슷한 의미인 '구리(轉)ㅅ'과 '구무리(ㅅ)(蠢)'로 보았다. 괄호 안의 한자로 표기하지 않은 문제까지 극복한 것은 아니다.

이번에는 '구릿, 구릳, 코릳' 등으로 읽으면서, '轉'이나 '蠢'의 의미가 아닌 다른 의미로 읽은 해독들 중에서, 해독과 그 현대역이 잘 연결되지 않는 해독들을 보자.

    구리ㅅ대홀(전통을, 정열모 1965)
    구릿대홀(탄식소리를, 저주의 소리를, 詛呪, 서재극 1975)
    구릳(똥자루, 屎, 김선기 1967d)
    구릿(痴/愚, 김완진 1980)
    窟 理싈(王舍城 七葉窟의 敎理로, 정창일 1987)
    코릳(똥자루, 屎, 김선기 1993)
    고릿(보금자리로 삼을, 유창균 1994)
    마가릿 한글[오막살이(굴집)의, 강길운 1995]
    구릿(아궁이의, 신재홍 2000)

이 해독들은 '구릿'이 괄호 안의 의미가 되는 이유를 각각 설명하고 있으나 거의 설득력을 보이지 못하였다. 이로 인해 다음의 해독들이 나왔다.

    구릿대롤[구리때(芷)를, 지형률 1996], 구릿대홀[귀리(燕麥)대를, 지형률 2007]
    窟理ㅅ(尊者의, 남풍현 2019)

보이고, '굴리ㆆ'(최남희 1996)는 현대역을 제시하지 않아 의미를 알 수 없다.

29 긂뎰(樞機를, 오구라 1929), 구리시다홀[구릿대(굴대)를, 류렬 2003], 긂 쿰홀[굴(居處)의 큼(大端히 넓음)을, 금기창 1993], 구믈ㅅ다히(꾸물거리며, 양주동 1942; 김상억 1974, 구물대며, 황패강 2001), 구묾대홀(꾸물대며, 전규태 1976).

30 구릿 대홀(輪回의 車軸을)(홍기문 1956), 구무릿디홀(꾸물거리며, 김준영 1964, 구물거리며, 김준영 1979).

구릿[(굶주린) 배가, 서영석 1985]
窟理(구리, 理窟)ㅅ 한흘[주린 배(/理窟)의 큰 것을, 양희철 1997]

지형률은 '窟理'를 '구릿대롤'[구리때(芷)를, 1996]과 '구릿대홀'[귀리(燕麥)대를, 2007]의 '구리'로 보았다. '芷'나 '燕麥'를 이용하여 표기하지 않은 문제와, '구리'가 '귀리'가 된다고 볼 수 없는 문제를 보이며, 이 해독의 의미가 문맥에서 부합하는가도 의문이다.

남풍현은 "'窟理'의 뜻은 알 수 없다. 다만 속격의 '叱/ㅅ'으로 보아 '尊者'이거나 '無生物'로 보이는 명사임을 알 수 있는데, 뒤의 '大肹/한을'로 보아 전자로 보아야 할 것으로 생각한다."고 보았다. 이 해독이 보인 큰 인물은 『진서(晉書)』에서 보이는 장빙(張憑)의 고사를 참고한 것 같은 느낌이 든다. 구체적인 논증이 아쉬운 추측의 해독이다.

서영석은 경주 방언에서 '窟理/구리'가 다른 지방의 '배'나 '뱃구리'에 해당한다는 것을 설문지를 통하여 확인하고, "텅 빈 배, 허기진 배, 굶주린 배" 등의 의미를 제시한 다음에 마지막 결론에서는 '(굶주린) 배'로 정리를 하였다. '구리/뱃구레/뱃구리'가 '배'를 속되게 부르는 말인 '배통'의 의미라는 기사[〈토박이말 453〉,「서라벌 신문」(2015. 01. 20)]도 있다. 이런 사실로 보면, '窟理/구리'를 '배'의 의미인 '구리'로 읽은 서영석의 해독은 주목해야 할 연구인데, 양희철의 글에서만 주목을 받고, 다른 연구들에서는 주목을 받지 못하였다. 그러나, 이 '窟理/구리'는 의주음조 또는 훈주음종을 벗어난 표기로, '腹'을 이용하여 '구리'를 '腹理'로 표기하지 않은 이유를 제시하지 않은 문제를 보인다.

양희철은 서영석의 글을 보완하면서 '窟理'를 '窟理(구리, 理窟)'로 읽었다. 이는 향찰식 사고에 의한 중의로 본 해독이다. '窟理'를 각각 전음독자로 읽으면 '굴+리'가 되어 '구리'로 읽을 수 있다. 이 '구리'의 의미를, 서영석이 방언에 입각하여 정리한 '(굶주린) 배'로 본 것이다. 이는 경주 토속말에서 '배'를 속되게 부르는 '배통'의 의미로 바꾸는 것이 좋을 것 같다. 이렇게 '배통'의 의미인 '구리'를 의주음조로 표기하면 '腹(구리)+理(리)'가 되는데, 이렇게 표기하지 않은 일탈은 '理窟'의 의미도 중의로 표현하기 위한 것으로 판단한다.

'理窟'은 양주동이 지적하였듯이, '窟理'를 도치로 읽은 것이다. 이 '理窟'의 의미는 '도리, 이치, 이치와 도리의 굴' 등이다. 이 중에서 '도리'의 의미로 그 의미를 보완한다. 왜냐하면 이 '도리'의 의미로 볼 때에, 이 '도리'는 제9, 10구에서 보이는 정명론의 '도리'와 연결되기 때문이다. 그리고 이렇게 도리의 의미를 보이는 '窟理'의 도치는 이 작품의 '物生', 그리고 이 작품을 지은 충담사의 작품인 〈찬기파랑가〉의 '咽嗚'와 '花判'에서도 볼 수 있다. 이 경우의 '窟理'는 '理窟'의 앞뒤를 뒤집어 도치시킨 일탈이다. 이는 앞의 '구리'를 동시에 표현하려는 의도이다.

이런 점들로 보아 '窟理'는 '窟理'(구리, 理窟)로 읽는다. '구리'는 '뱃구레, 뱃구리' 등과 더불어 '배'를 속되게 부르는 '배통'의 의미이고, '理窟'은 '도리'의 의미이다.

5.2. 大肹 한글 ← 大(실의독:한)+肹(전음독:글)

'大肹'의 선행 해독은 크게 보아 여덟 유형으로 정리할 수 있다. 이 유형에 속하지 않은 해독들[31]은 문제가 있어 제외하였다.

첫째는 '大'를 '대'로 읽고, 그 의미를 '축(軸)'의 의미나 '줄기(幹)'의 의미로 본 유형이다. 이 유형에 속한 해독들은 별로 의미가 없어 각주[32]로 돌린다.

둘째는 접미사 '-거리다'의 의미인 '-대-'로 읽은 유형이다. 이 유형에 속한 해독들 역시 별로 의미가 없어 각주[33]로 돌린다.

셋째는 '大肹'을 '다히(如)'로 읽은 유형이다. 이 유형에 속한 해독들 역시 별로 의미가 없어 각주[34]로 돌린다.

넷째는 '大'를 '다'로 읽고, 그 의미를 '地'로 본 유형이다. 이 유형에 속한 해독들 역시 별로 의미가 없어 각주[35]로 돌린다.

---

[31] '大肹'을 어떻게 읽은 것인지를 알 수 없는 '구슬ᄂ'(神國, 高尚하고 壯麗한 나라, 지헌영 1947), 해독과 현대역이 연결되지 않는 '구리ㅅ대홀'(전통을, 정열모 1965)와 '구릿대홀'(탄식소리를, 저주의 소리를, 서재극 1975), 현대역을 유보한 '대홀'(최남희 1996) 등은 변증에서 제외하였다.

[32] 전자에 속한 해독으로는 '댈'(오구라)과 '대홀'(홍기문)이 있고, 후자에 속한 해독으로는 '구릿대롤'[구리때(芷)를, 지형률]과 '구릿대홀'[귀리(燕麥)대를, 지형률]이 있다. 전자의 해독들은 왜 의주음조의 일탈을 보이는가 하는 문제에 답하기 어렵다. 그리고 이 의미를 인정하려면, 성립하기 어려운 비유법을 운위하지 않으면 아니 되는 문제를 보인다. 그리고 후자의 해독들은 '芷'나 '燕麥'을 이용하지 않은 문제와, 문맥이 잘 통하지 않는 문제도 보인다.

[33] 이에 속한 해독으로는 '대는(댈, 유창선), 디홀(대는, 김준영), 대홀(대는, 전규태)' 등이 있다. '대는'은 앞의 향찰 '窟理叱'에서 '理'를 'ㄹ'로 읽는 문제와 더불어, '肹'을 또 다시 'ㄹ'로 읽지 않으면 안 되는 문제를 보인다. '대홀'과 '대홀'의 해독들은 해독에서는 '-홀/홀'로 하고는 의미가 문맥에서 통하지 않아 '-는'으로 수정해야 하는 문제를 보인다.

[34] '다히'(양주동, 김상억 등등)는 '大'의 다른 음이 '다'라는 점까지는 좋으나, 다른 곳에서는 '글/홀'로 읽은 '肹'을 이곳에서는 '힐'로 읽고, 그 약음자 '히'를 취한 문제를 보인다.

[35] '다홀'(이탁, 유창균)이 이에 속한다. 이 해독은 바로 이어지는 부분에서 '다(地)'를 '地'로 표기하고 있는데, 이 의주음조의 향찰 운용법을 벗어난 이유를 설명하기 힘들다. 혹 음형 전달을 용이하게 하기 위한 것으로 판단할 수도 있다. 그러나 음형으로는 '大'가 '다'보다는 '대'로 흔히 쓰인다는 점에서 문제를

다섯째는 '大'를 '火'나 '六'으로 수정한 유형이다. 이 유형에 속한 해독들 역시 별로 의미가 없어 각주36로 돌린다.

여섯째는 '大'를 '크-'나 '한 '으로 읽은 유형이다. '크흘(큰, 정열모), 클(크게, 서영석), 한흘(커다란, 정창일), 쿰흘[큼(大端히 넓음)을, 금기창]' 등이 있다. '크흘, 클, 한흘' 등은 그 현대역을 '큰, 크게, 커다란' 등으로 본 문제를 보인다. 그리고 이 해독들은 목적격 어미 '肹' 앞에는 체언이 와야 하는데, 이 문제를 해결하지 못한 문제를 보인다. 이 문제를 해결하고자 '쿰흘'에서는 '大'를 '쿰'의 동명사로 읽었다. 체언으로 읽으려는 노력은 좋지만, '大'가 '쿰'으로 읽히려면 '品'이 있어야 한다는 문제를 보인다.

일곱째는 '大'를 '한'으로 읽고, '大肹'을 '衆'이나 '大衆'의 의미로 파악한 유형이다. '하놀'(衆, 김완진)과 '한글'(大衆, 강길운)이 이에 속한다. 이 해독들은 중세어 '한게'(衆, 大衆)에 의지하고 있는데, '衆'이나 '大衆'을 뜻하는 '한게'와 '하놀/한글'이 앞의 음절은 같아도 나머지 음절이 너무나 달라, 같은 의미라는 것을 이해할 수 없는 문제를 보인다.

여덟째는 '大'를 동명사 '한'으로 읽은 것이다. 이에 속하는 것들로 '깐깔(큰 것을, 김선기), 한흘(큰 것을, 양희철), 한올[큰 인물(영웅?)을, 남풍현]' 등이 있다. 표기는 다르지만, 실제 음으로 보면, '깐'은 '한'과 같은 것으로, '한'을 동명사로 볼 때에, '큰 것'의 의미이다. 그리고 '큰 인물'은 '큰 것'의 '것'을 인물로 본 것이라는 점에서 동명사로 본 것임에는 틀림이 없다. 그러나 '큰 것'의 '것'이 '인물'이라는 것을 설득력 있게 보여주지 못한 문제를 보인다.

이상과 같은 선행 연구들로 보아, '大肹'은 '큰 것을'의 의미인 '한글'로 읽는다.

이상의 해독을 다시 종합하면 '窟理叱 大肹'는 '窟理(구리, 理窟)ㅅ 한글'로 읽으며, 그 의미는 '구리(배통/腹)의 큰 것을'과 '理窟(도리)의 큰 것을'의 2중의이다.

5.3. 生以支 살이기 ← 生(실의독:살)+以(전음독:이)+支(전음독:기)

'生以支'는 '生以 支'로 띄운 해독과 붙인 해독이 있다. 전자는 각주37로 돌리고 후자

안고 있다.
36 이에는 '블(火)흘'(신재홍 2000)과 '여섯길(六趣, 六道)을'(박재민 2009a)이 있다. 쉽게 수정할 일이 아닌 것 같다.
37 '生以 支'로 띄운 해독에는 '生으로 괼', '내아 견ᄃ'(以:아, 支:견ᄃ=견디), '나이 고이-' 등이 있다. '生

만을 보자. '生以支'로 붙인 해독에서는, 'ㄴ 잇실둘ㄴ'(生 以支所音物生)와 같이 이해하기 힘든 해독과, '生(살/낳/내)'을 벗어난 '날'로 본 '나리디'을 제외하면, 일단 '生'의 해독에서는 '살'과 '내'를 취하면서 큰 문제를 보이지 않는다.

그러나 '以'와 '支'의 해독에서는 상당히 엇갈린 양상을 보인다. 우선 '以'는 '이'나 '로'로만 해독된다. 그런데 몇몇 해독들은 '以'를 'ㄹ'이나 'ㅣ'로 해독하고 있다. 이에 속한 것들로 '살은, 살-, 내히'(내뿜고), '내기-' 등을 들 수 있다. 다음으로 '支'는 '기'이다. 그런데 이 '支'를 '동사 기본형 아래의 허자, ∆/ㅅ, ㆆ, '지정문자' 등으로 처리하고 있다. '살-, 사닝, 살릿, 살잋슘올시, 살이-' 등이 이에 속한다.

향찰 자체만으로 보면, 비교적 온당한 해독은 '사로기'(살리게, 정열모)와 '살이기'(살리기에, 김완진)이다. 그러나 해당 문맥으로 보아, '살이기'로 읽고, 생략된 격어미는 처격의 '-에'가 아니라, 원인격의 '-에'로 본다. 이와 같이 '-기' 다음에 원인격의 '-에'가 생략된 예는 〈처용가〉의 '明期'와 〈모죽지랑가〉의 '墮支' 등등에서도 보이는데, 좀더 풍부한 예는 〈모죽지랑가〉의 '墮支'로 돌린다.

5.4. 所音 솜 ← 所(전음독:쇼)+音(약음독:ㅁ)

'所'는 뜻으로 읽은 것과 음으로 읽은 것이 주종을 이룬다.[38]

'所音'의 '所'를 뜻으로 읽은 해독에는 '바라ㅁ'(길들다, 버릇되다, ㅁ:지속태, 김완진)이 속한다. 이 해독은 자신의 해독 문맥에 맞추기 위하여 '所'를 가의독자로 본 것이다. 그러나 '慣'과 같은 한자를 이용하여 실의독자로 쓰지 않은 이유를 설명할 수가 없다.

'所音'의 '所'를 음으로 읽은 해독에는 '삼/솜/숌' 등이 있다. 그런데 '-삼'(있는, 서재극), '솜'(있는, 홍기문), '-숌'(-시고 있는, 강길운) 등은 해독의 표기와 괄호 안의 의미가 연결되지 않는 문제를 보인다. '-솜'(內·裏·裡, 금기창)은 괄호 안의 의미를 표기하려 했다면 이 한자들을 이용하지 않은 문제를 보인다. '-솜(유창균)'은 '-ㅁ'을 명사형

으로 굄'의 해독은 그 어색함을 '生'에서 보인다. 해독자의 문맥으로 보면 '樞機를 냄으로'가 되는데, 이 경우의 '냄'으로 '生'을 해독할 수 없어 한자 '生'으로 두는 어색함을 보인다. '내아 견드'는 '以'를 '아'로 해독할 수 없는 문제를 보인다. '나히 고이-'는 '나히'를 복합동사의 선행동사로 보고 있다. 그러나 그 목적어를 앞의 윤회의 차축으로 하면서, 윤회의 차축을 낮게 하여라는 이상한 문맥의 문제를 보인다. 이런 점에서 '生以支'는 원전 그대로 '生以支'로 붙여야 한다고 생각한다.

38 초기의 해독들은 '所'(소/쇼, 곳/바)와 '音'(음, 소리)의 음과 뜻의 영역을 벗어나고 있다. 이에 해당하는 것들로 '바인(音:인), 바(音:ㅏ), -손, 드올, -스리' 등이 있다.

이라 하고는 현대역에서 '이룩하게 된'과 '만들게 된'으로 처리하는데, 이것이 어떻게 도출된 것인지를 알 수 없다.

김선기와 같이 '숌'으로 읽는다. 이는 '있다'의 이형태 '시다'의 '시-'와 선어말어미 '-오-'에 동명사형 어미 '-ㅁ'이 붙은 것으로 본 것이다. 그 뜻은 '있는 것'이다. 중세어 '쇼다'의 동명사형이다. 그리고 '所'는 所聞(쇼문)에서와 같이 '쇼'이다. 이때 생략된 격어미는 '-의'와 '-이'로 문맥에서 3중의를 형성한다.

1) 있옴(의)[존재하는 것(=사물)의, 즉 있는]
2) 있옴(이)[존재하는 것(=군신)의]
3) 있옴(이)[존재하는 것(=군신)이]

5.5. 物生 物生(가살, 生物) ← 物(실의독:갓, 음의독:物)+生(가의독:살, 음의독:生)

'物生'의 해독은 상당히 엇갈리고 있다. 이 엇갈린 양상은 크게 보면 세 유형으로 나눌 수 있다.

첫 번째 유형은 차용 한자의 음과 뜻을 벗어난 것들이다.[39]

두 번째 유형은 '物生'을 '사람'이나 '衆生'과 관련시킨 해독이다. 이에 해당하는 해독은 여섯 형태이다. '物生'(人 또는 者, 오구라)에서는 해독과 현대역이 잘 연결되지 않는다. '物生'[불교적 속어, 서민·인류(양주동), 하찮은 人生, 가냘픈 衆生(김준영), 衆生(서영석, 정창일), 생명이 있는 동물, 衆生(전규태), 衆生(유창균), 衆生, 특히 庶民-백성(황패강)], '물생'(백성, 김상억), '뭇살'(衆生, 정열모), 뭀생(뭇 창생들, 서재극), '무리 목숨'(동족의 생명들, 혈연의 생명들, 금기창) 등에서는 크게 보아 '物生'을 '衆生'의 의미로 보았다. 이 해독들은 그 당시의 불교적 속어라는 양주동의 설명을 제외하고는, '物生'이 해독들의 괄호 안의 의미를 가지는 이유를 명확하게 설명하지 않았다. 어찌

---

39 '돌ᄂ, 둣올 내아, 갓나히(어린 아이), 몰씨, 갓살이(産物, 生物)' 등이다. '物'은 '갓'의 뜻과 '믈'의 음을 가지며, '生'은 '낳-, 살-, 내-' 등의 뜻과 '생'의 음을 가지고 있다. 앞의 세 해독들은 이 한자의 음이나 뜻을 벗어난 것들이다. '돌ᄂ'의 경우, '돌'은 '物'의 음과 뜻 모두를 벗어나 있고, '둣올 내아'의 경우는 '올'과 '아'에 해당한다고 본 향찰 '勝'과 '以'를 첨가한 해독으로, 일단 첨가의 이유가 단순한 탈자로 본 것 같은데, 이 자체에 문제가 있어 보인다. 이를 인정하여도, '物(둣)'은 앞에서 제시한 음과 뜻의 범위를 벗어나 있다. '갓나히'와 '갓살이'는 'ㅣ'에 해당하는 향찰이 없다는 문제를 보인다. '몰씨'는 '物'의 앞서 제시한 음 '믈/뭇'과 '生'의 음 '생'을 벗어난 해독이다.

보면 주어진 문맥에 맞추려는, 해독자 자신의 바람을 투영한 해독으로 볼 수도 있다. 이런 문제를 극복하고자 세 번째 유형의 해독이 나왔다.

　　세 번째 유형은 '物生'을 '生物'의 도치로 본 유형이다. 이에는 '믈생/믌생'(순탄몬, 生物, 김선기)과 '物生'(갓살, 生物, 양희철)의 해독이 있다. 전자의 해독에서는 어떤 설명도 없어서 그 의미를 알 수 없으나, '物生'을 '生物'의 도치로 본 것만은 분명하다. 이 도치를 수용하면서 다른 의미까지 부여한 해독이 후자이다. 이 '物生'은 한글로는 옮길 수 없는 이중의 의미를 가진 향찰식 시어로 보았다. 즉 일면 이 '物生'은 '가살'로 읽힌다. 이 '가살'은 '갓(物)'에 목적격 어미 '알'이 붙은 '가살'이다. 이 '가살'의 '갓'은, '물건'이다. 이 '갓'은 뒤에 온 '먹게'의 의미와 연결하면 '먹을 수 있는 물건'의 의미이다. 일면 '物生'은 앞의 '窟理'의 도치와 같이 도치로 단어를 구성한 '生物'이다. 물론 이 '生物'은 '백성'의 제유이다. 즉 부분(백성)을 전체(生物)로 표현한 일반화의 제유법이다. 이 두 의미를 한글의 한 시어로 옮기는 것은 불가능하다. 이런 점에서 '物生(生物, 가살)'으로 해독한다. 이때 '가살'의 경우는 'ㄗ/ㄹ'이란 첨기를 벗어난 첨기의 일탈을 보인 것이고, '生物'은 도치의 일탈을 보인 것이다. 이 두 일탈은 서로서로 상대의 내용을 읽도록 하는 기능을 한다.

6. 此肹 喰惡支 治良

이글 먹아기 다솔아
이(도리의 큰 것, 갓)를 먹게 다스리어

(오구라 1929)	이룰 먹어 다스리라
(유창선 1936a)	이룰 머겨 다사러라
(양주동 1942)	이홀 머기 다스라
(지헌영 1947)	이홀 괴옷 다스라
(정열모 1947)	이홀 먹기 다사리라(1965 ㅣ홀 소노기 다스리라)
(홍기문 1956)	이홀 머거디 다스라라
(이　탁 1956)	이룰 먹ᄋ 다슬아라
(김준영 1964)	이홀 먹아ᄌ(1979 먹앞) 다슬아라
(김선기 1967d)	이깔 막압끼(1993 이깔 먹압기) 다사라라
(김상억 1974)	이홀 머기 다사라

(서재극 1975)	이홀 좌히 다술아라
(전규태 1976)	이홀 머기 다스려라
(김완진 1980)	이를 치악 다스릴러라
(서영석 1985)	이홀 먹악 다술라라
(정창일 1987)	이홀 잡사러 다서라
(금기창 1993)	이홀 익혀머기 다술아라
(이도흠 1993)	이를 먹여 다스릴러라
(유창균 1994)	이홀 먹아기 다스라라
(강길운 1995)	이글 머각 다사라라
(지형률 1996)	이름(2007 이홀) 먹억 다술러라
(최남희 1996)	이홀 자히 다스라라
(양희철 1997)	이홀(2013 이글) 자-ㅂ 다술아라
(신재홍 2000)	이홀 먹악 다스라
(황패강 2001)	이홀 머기 다스릴러라
(류 렬 2003)	이홀 머거기 다스라라
(황선엽 2008)	이롤 먹억 다술아라
(박재민 2009a)	이를 먹여 다스려라
(남풍현 2019)	이을 먹어디 다스리아라

6.1. 此肹 이글 ← 此(실의독:이)+肹(전음독:글)

'此肹'은 '-ㅣ홀'로 읽은 경우와 '이-'로 읽은 경우로 나뉜다.

전자에는 '物生'과 결합하여 '묻사리홀'(창생을)로 읽은 해독이 있다. '此'로 '-ㅣ'를 표기한 예가 없다.

후자에는 세 종류가 있다. 첫째는 '이를'의 의미로 본 '이를, 이롤, 이을, 이홀, 이흘' 등이다. 둘째는 '이것을'의 의미로 본 '이롤, 이깔, 이흘' 등이다. 이 두 해독들은 '이'와 '이것'이 무엇을 의미하는지를 명확하게 제시하지 않았다. 셋째는 '이들을'의 의미로 본 '이홀, 이흘' 등이다. '이'에 '이들'의 의미가 없다는 문제를 보인다. 이렇게 문제를 보이자, '이글'(이것을, 강길운 1995)로 읽고, 바로 앞의 '物生'(토산물)을 지시하는 의미로 보기도 하였다. 문맥에서 문제를 보인다.

이렇게 선행 해독들은 문제를 보이는데, 이는 '이글'로 읽고, '이'를 '窟理叱 大肹'을 '도리의 큰 것'의 의미인 '窟理(도리)ㅅ 한'과 '物生/가살'의 '갓'을 동시에 보여주는

'이(도리의 큰 것, 갓)을'의 중의로 볼 때에 해결된다.

6.2. 喰惡支 먹아기 ← 喰(실의독:자(喰))+惡(약음독:아)+支(전음독:기)

선행 연구들은 현대역을 기준으로 보면 '-여'형, '-게'형, '-도록'형 기타 등으로 4분된다. 이 중에서 '-여'형, '-게'형, '-도록'형 등은 문맥상 모두 가능하다. 그러나 '惡支'의 음이나 훈을 살려서 읽은 해독은 '-기'로 읽고 그 현대역을 '-게'로 본 형태만이 가능하다. 나머지 해독들은 '惡支'의 음이나 훈을 살리면서 그 현대역을 '-여'형, '-도록', 기타 등으로 연결할 수가 없다. 이에 '支'를 '기'로 읽고, 그 현대역을 '-게'로 단 해독들만을 보자.

'喰惡支'의 '-支'를 현대어의 '-게'에 해당하는 '-기'로 읽은 해독은 다음과 같다.

막압끼(먹게, 김선기 1967d)
먹압기(먹게, 김선기 1993)
익혀머기(익혀먹게, 금기창 1993)
먹아기(먹게, 유창균 1994)
머거기(잘 먹고 살게, 류렬 2003)

김선기는 '-끼'(일반적인 표기로는 '-기')와 '-기'가 '-게'의 의미를 머금었다고만 설명하였다. 그리고 금기창은 '먹+이〉머기'로 보면서 '-이'를 부사형 접미사로 보았다. '惡'을 해독에서 빼어버린 문제를 보인다. 유창균은 '-기〉-히〉-이'의 변화를 전제로, '-기'를 부사형 접미사로 보았다. 류렬은 구체적인 설명이 없다.

이 중에서 김선기와 유창균이 해독이 가장 원만하다. 이에 두 가지를 좀더 보완할 수 있다. 현대어에서도 매우 드물지만, '-기'는 '-게'에 상응한다는 것이다. 의존명사 '마련'은 '-기/-게 마련이다'의 구성으로 쓰인다. "겨울이 아무리 추워도 봄은 오기 마련이다"의 '오기'는 '오게'와 상응하면서 '-기'가 '-게'임을 보여준다. 그리고 '-기'가 '-게'의 의미로 쓰인 향찰로는 '好支/둏기 賜烏隱/주시온'(〈모죽지랑가〉)의 '-支/기'가 있다.

이런 점들로 보아, '喰惡支'를 '먹게'의 의미인 '먹아기'로 읽는다.

6.3. 治良 다슬아 ← 治(실의독:다슬)+良(약의독:아)

'治良羅'의 '羅'는 연자이다. '治良'을 '다슬아'로 읽는다(제2부「서로 연계된 누락자와 연자」의 2.3.1. 참조).

지금까지 검토한 '治良'까지의 중의를 정리하면 6중의가 된다. 먼저 기아(飢餓)를 해결하는 정치와 관련된 3중의를 보자.

1) 배통(腹)의 큰 것을 살리기(에) 있음(의)[존재하는 것(=사물)의, 즉 있는] 物生(가살=물건을) 이를 먹게 다스리어
2) 배통(腹)의 큰 것을 살리기(에) 있음(이)[존재하는 것(=군신)이] 物生(가살=물건) 이를 먹게 다스리어
3) 배통(腹)의 큰 것을 살리기(에) 있음[존재하는 것(=백성)] 物生(가살=물건) 이를 먹게 다스리어

이 3중의는 강조점이 각각 다르다. 1)에서는 '대상(사물)'을, 2)에서는 '먹게 하는 자(군신)'를, 3)에서는 '먹는 자(백성)'을 강조한다. 이 1) 2) 3)을 통합하면, [배통(腹)의 큰 것을 살리기(에) 있는 군신이, 배통(腹)의 큰 것을 살리기(에) 있는 物生(가살=물건을) 이를, 배통(腹)의 큰 것을 살리기(에) 있는 백성이 먹게 다스리어]의 의미가 된다. 결국, 군신도, 백성도, 물건도, 모두 배통(腹)의 큰 것을 살리기(에) 있는 것이 된다. 이 경우에 '배통(腹)의 큰 것을 살리기'는 '기아를 해결하는 정치'에 초점이 맞추어져 있다. 이 3중의는 권고의 텍스트에 소용된다.

이번에는 '정명론적(正名論的)인 정치'에 초점이 맞추어진 3중의를 보자.

4) 도리의 큰 것을 살리기(에) 있음(을)[존재하는 것(=도리)를] 生物(백성이) 이(도리의 큰 것)를 먹게 다스리어
5) 도리의 큰 것을 살리기(에) 있음(이)[존재하는 것(=군신)이] 生物(백성이) 이(도리의 큰 것)를 먹게 다스리어
6) 도리의 큰 것을 살리기(에) 있음[존재하는 것(=백성)] 生物(백성이) 이(도리의 큰 것)를 먹게 다스리어

이 3중의 역시 강조점이 각각 다르다. 4)에서는 '도리'를, 5)에서는 '먹게 하는 자(군신)'를, 6)에서는 '먹는 자(백성)'을 강조한다. 이 4) 5) 6)을 통합하면, [도리의 큰 것을

살리기(에) 있는 군신이, 도리의 큰 것을 살리기(에) 있는 도리 이를, 도리의 큰 것을 살리기(에) 있는 生物(백성이) 먹게 다스리어]의 의미가 된다. 결국, 군신도, 백성도, 이치도, 모두 도리의 큰 것을 살리기(에) 있는 것이 된다. 이 경우에 '도리의 큰 것을 살리기'는 '정명론적인 정치'에 초점이 맞추어져 있다. 이 3중의는 책난의 텍스트에 소용된다.

7. 此 地肹 捨遣只 於冬是 去於丁

이 다글 ㅂ리곡 어들이 니거뎌
이 땅을 버리고서 어디에 가져

(오구라 1929)	이 짜홀 버리고 어듸 가논뎡
(유창선 1936a)	이 짜홀 버리고 어듸 갈션뎡
(양주동 1942)	이 짜홀 ㅂ리곡 어듸 갈뎌
(지헌영 1947)	이 짜홀 ㅂ리고아 어듸 가뎌
(정열모 1947)	이 따홀 바리고지 어듸 가어리(1965 이 짜홀 ㅂ리고 기 어듸 가오자)
(홍기문 1956)	이 짜홀 ㅂ리고디 어드리 가뎌
(이 탁 1956)	이 다홀 ㅂ리고다 어디 니언돈
(김준영 1964)	이 짜홀 ㅂ리곡 어돌이 녀뎌
(김선기 1967d)	이 짜깔 바리곡 오돌이 가오댕(1993 이 짝알 바리격)
(김상억 1974)	이 다홀 바리곡 어듸 갈뎌
(서재극 1975)	이 짜홀 ㅂ리격 어드리 가논뎡
(전규태 1976)	이 짜홀 ㅂ리곡 어듸 갈뎌
(김완진 1980)	이 짜홀 ㅂ리곡 어드리 가놀뎌
(서영석 1985)	이 짜홀 ㅂ리곡 어듸 갈려
(정창일 1987)	이 ᄯᅩ홀 주겻긔 어겨이 가 어뎡
(금기창 1993)	이 짜홀 ㅂ리곡 어드리 갈뎌
(이도흠 1993)	이 땅을 버리고 어디로 가겠는가
(강길운 1995)	이 짜글 바리곡 어드리 니거셔
(지형률 1996)	이 짜홀(2007 쌍홀) ㅂ리곡 어드리(2007 어드리) 가놀뎌
(최남희 1996)	이 짜홀 ㅂ리곡 어드리 가놀뎡

(양희철 1997)	이 다홀(2013 다글) 브리곡 어돌이 니거-뎌
(신재홍 2000)	"이 짜홀 브리곡 어디 가놀뎌!"
(황패강 2001)	이 짜홀 브리곡 어듸 갈뎌
(류 렬 2003)	이 수다홀 바리고기 어느리 갈녀
(황선엽 2008)	이 짜홀 브리격 어드리 갈뎌 훓 알(아)
(남풍현 2019)	이 짜홀 브리곡 어ᄃ이 가엻뎌

7.1. 此 이 ← 此(실의독:이)

모든 해독이 '이'로 통일되어 있다.

7.2. 地肹 다글 ← 地(실의독:다)+肹(전음독:글)

'짜홀, 다홀(땅을), 짜깔, 다홀, 짜흘, 짜글' 등으로 비슷하게 읽히고 있으나, '다글'의 해독을 따른다.

7.3. 捨遣只 브리곡 ← 捨(실의독:브리)+遣(약음독:고)+只(약음독:ㄱ)

'버리고, 브리고아, 브리고디(只:디), 브리고다(只:다), 브리고 기(기:그)' 등의 해독들은 '只'를 읽지 않았거나, 중근대음(디)을 따르거나, 음의 범위를 벗어난 '다'를 취한 문제를 보인다. '기(그)'의 경우는 '기'에 해당하는 '其'를 취하지 않은 문제를 보인다. '브리격'의 경우는 '遣'을 '겨'로 읽은 것인데, '遣'의 음이 '곤'이라는 점에서 문제를 보인다. '바리곡'의 경우를 따르면, 그 당시에는 'ㆍ'가 존재하지 않았다는 것을 인정해야 한다. 아직 명확하지 않아, 대다수의 해독들이 보이는 '브리곡'(버리고서)의 해독을 따른다.

7.4. 於冬是 어들이 ← 於(전음독:어)+冬(가의독:들)+是(가의독:이)

'어듸'와 '어디'의 해독들은 '是/이'를 'ㅣ'로 처리한 문제를 보인다. 만약 한 음절을 표기하려 했다면 '矣'면 족할 것으로 보인다. '오돌이'는 '於'가 '오'일 수 없을 뿐만 아니라, '冬'의 현대 방언 '즐, 즉, 즑' 등을 보아도 '돌'은 아니라는 문제를 가지고 있다.

많은 해독들이 '어드리/어들이'와 '어ᄃ리/어ᄃ이'로 해독을 하였다. 중세어에서 '어듸'와 '어디'가 모두 존재하고, '어드리>어듸'의 변화로 보면, '어드리/어들이'와 '어드리/어둘이'의 해독이 모두 가능한 것 같다. 분철을 지키면, '어들이'와 '어둘이'이 가능하여, '冬'을 '들'과 '둘' 어느 것으로 읽어도 좋다고 할 수 있다.

7.5. 去於丁 니거뎌 ← 去(실의독:니거)+於(전음독:어)+丁(약음독:뎌)

'가는뎡, 갈션뎡, 가뎌, 니언돈, 가오자, 가오댕, 가는뎡, 가오뎌' 등의 해독들은 '於'를 읽지 않았거나, 음에도 없는 '션, 언, 는' 등으로 읽거나, '丁'의 음에도 없는 '자'나 '댕'으로 읽은 문제들을 포함하고 있다.

'갈뎌'는 '於'를 '를'로 읽고, 다시 이것에서 '-ㄹ'을 취한 것이다. 이 해독은 '-ㄹ' 표기에 상당히 많은 글자를 이용한 것으로 판단하고 있으나, '尸'이나 '乙'로 '-ㄹ' 표기가 거의 확정적이라는 문제를 가지고 있다. '가눌뎌'는 '於'(늘)에서 '눌'을 유추한 해독이나, '가ㄴ-'의 '-ㄴ-'는 〈제망매가〉에서 보듯이 '內'를 쓰고 있는 문제를 보인다.

'녀뎌'는 '去'와 '於'를 각각 '니'와 '어'로 읽어 결합하여 '녀-'를 이끈 해독이다. 이런 두 음절의 결합이 표기상 없다는 문제를 보인다.

'가옰뎌'(가야 할 것인가?)에서는 향찰에 없는 동명사어미 'ㄶ'을 첨가하였다. 원전비평도 하지 않고 임의로 'ㄶ'을 첨가할 수 있는지는 의문이다.

'니거셔'는 '去'를 '니거-'로 읽고, '於'는 말음첨기로 보고, '丁'은 '셔'의 대충 표기로 본 것이다. '니거-'의 해독에는 동의한다. 그러나 '丁'은 대충 표기가 아니라 '뎌'의 표기로 본다. 이런 점에서 '니거뎌'로 해독한다.

8. 爲尸知 國惡只 持以支 知古如

홀디 나락 딕히기 알고다
할지 나라를 지키기를(보전하기를) 알고다

(오구라 1929)	홀나라해 디녀 괼고다
(유창선 1936a)	홀 나라 디닐우다
(양주동 1939)	/ 나라악 디니디 알고다
(양주동 1942)	홀디 / 나라악 디니디 알고다

(지헌영 1947)	호디 나라웃 디닛 알고다
(정열모 1947)	할지 / 나라아기 지니기 알고다(1965 호디 / 나라악 가지로 마디고ᄃ)
(홍기문 1956)	호디 / 나라아니 니니니 알고다
(이 탁 1956)	ᄃ슬 불이 견디어 디고다
(김준영 1964)	호디 / 나라앗 디니ㅈ 알고다(1979 나라앞 디닏 디고다)
(김선기 1967d)	깔디 / 나라 굳이 디니디 알고다(1993 깔뎌기 나라 구디)
(김상억 1974)	할디 / 나라악 디니디 알고다
(서재극 1975)	호디 나라히 디니히디고다(원전비평 없이 8분절)
(전규태 1976)	호디 / 나라악 디니디 알고다
(김완진 1979b)	호디 나락 디니기 알고다
(서영석 1985)	호디 / 나라악 디니디 디고다
(정창일 1987)	호히 알 나라러 디니러 알고여
(금기창 1993)	호디 / 나라 엇디 디니기 알고다
(이도흠 1993)	하실진대 / 나라 보존할 길 아노라
(유창균 1994)	호뎌 / 나라기 디니기 알고다
(강길운 1995)	헐디 / 나라악 디니 알고셔
(지형률 1996)	호디 나락 디니기 알고다(2007 홀 디 나라히 딘힐 디고다)
(최남희 1996)	호디 / 나라히 디니기 알고다
(양희철 1997)	호디 나라-기 디니이기 알고다
(신재홍 2000)	호디, 나라기 디니기 알고다
(황패강 2001)	호디 나라악 디니디 알고다
(류 렬 2003)	호디 / 나라히 디니기 알고다
(황선엽 2008)	홇 알(아) / 나락 디니기(ㄹㆆ) 알고다
(남풍현 2019)	홇디 나라디 디니디 알고다

8.1. 爲尸知 호디 ← 爲(실의독:ㅎ)+尸(약음독:ㄹ)+知(전음독:디)

4.1.과 같은 측면에서 '호디'의 해독을 따른다. 이 '호디' 역시 구문상의 중의를 형성한다. 행간걸침(또는 계속행)으로 보는 경우와, 제8행의 끝에 있던 '호디'를 도치시킨 경우로도 볼 수 있는 중의법이다. 전자는 '권고의 텍스트'에 기여하고, 후자는 '책난의 텍스트'에 기여한다.

8.2. 國惡只 나락 ← 國(실의독:나라)+惡(전음독:악)+只(약음독:ㄱ)

國惡支의 '支'는 '只'의 오자이다.(제2부 「오자 30제」의 4.1. 참조)

8.3. 持以支 딕히기 ← 持(실의독:딕히)+以(전음독:이)+支(전음독:기)

'持以支'는 원전에는 '持以 支'로 띄어져 있다. 이로 인해 띄어서 읽은 경우와 붙여서 읽은 경우가 있다. 전자에 속한 것으로 '디녀 괴-'와 '가지로 마-'(支持以 支:마디) 등이 있다. '디녀 괴-'는 '以'를 '녀'로 읽은 문제와 '支'를 '괴'로 읽은 문제를 보인다. '가지로 마-'(支持以 支마디:유지, 지탱)는 '支'이 뒤에 붙을 만한 이유가 없을 뿐만 아니라, '支'을 '가지'로 읽은 이유를 알 수 없다. 이런 점에서 붙여 읽어야 한다고 생각한다.

붙여서 읽은 해독들도 여러 형태가 있다. '견디어'는 앞의 '支'를 이것에 붙이고, 정작 '持'와 '支'의 해독은 생략하고, '以'를 '어'로 읽은 문제를 보인다. '디녀(디니)'는 '以支'를 '녀/니'로 읽은 문제를 가지고 있다. 나머지 해독들은 '持'를 '디니-'로 읽은 것과 '以'를 '디니-'의 말음첨기로 본 것은 모두 같다. 문제는 '支'를 '-ㅅ, -히, -ㅿ, 지정문자' 등으로 본 것인데, 이는 '支'의 당시음 '-기/디'를 벗어난 것이거나, 성립하지도 않는 지정문자설을 따른 것이다. '支'를 '기'로 읽은 것을 따른다.

'持以支'는 '國惡只'의 해독과 연결되어 있다. 먼저 주격으로 본 세 경우를 보자. '나라-기 디니이기'(나라가 디니이기, 양희철 1997)에서는 '디니이기'의 의미가 명확하지 않다. '나라기 디니기'(나라가 [자기들을] 扶持함을, 신재홍 2000)에서는 '디니기'의 목적어를 첨가하여야 하는 문제를 보인다. '나라히 디니기'(나라가 유지하기, 류렬 2003)에서는 문맥이 원만하지 않다. 그리고 '國惡支'를 목적격으로 본 '나라기 디니기'(나라를 보전함을, 유창균 1994)와 '나락 디니기'(나라 保全할 것을, 김완진 1980)의 현대역을 보면 문맥이 매우 매끄럽다. 그러나 이 경우의 문제는 '지니다'에 '보전하다'의 의미가 없다는 문제를 보인다.

이에 '持以支'의 개별 향찰을 '딕히+이+기'로 읽고 전체를 '딕히기'(지키기, 보전하기)로 읽는다.

8.4. 知古如 알고다 ← 知(실의독:알)+古(전음독:고)+如(약의독:다)

앞의 4.4. 참조.

9. 後句 君如 臣多支 民隱如

(後句) 님검답 알바둔답 일건답
(後句) 임금답게 신하답게 백성답게

(오구라 1929)	後句 님금이다 臣이다 民이다
(유창선 1936a)	後句 君다이 臣다이 民다이
(양주동 1942)	아으 君다이 臣다이 民다이
(지헌영 1947)	아으 君다이 臣닷 民ᄋ다이
(홍기문 1956)	아아 군다뵈 신다히 민ᄋ디비
(이 탁 1956)	아라 君돗 臣돗 民돗
(김준영 1964)	後句 君다이 臣닷 民다이(1979 君다뵈 臣닷 民다뵈)
(정열모 1965)	아야 업처로 원답기 아롬슬롯
(김선기 1967d)	後句 님감답이 아마까디 알간답이(1993 님곰다히 아마같이 알간다이)
(김상억 1974)	아으 군다이 신다이 민다이
(서재극 1975)	아으 君곧 臣다히 民곧
(전규태 1976)	아으 君다이 臣다이 民다이
(김완진 1980)	아야 君다 臣다히 民다
(서영석 1985)	(後句) 君다이 臣다이 民다이
(정창일 1987)	後句 君여 臣더러 民은여
(금기창 1993)	아으 君다뵈 臣다뵈 民다뵈
(이도흠 1993)	아, 아 임금답게 신하답게 백성답게
(유창균 1994)	아라 君다비 臣다기 民은다비
(강길운 1995)	後句 님검다뵈 알바다 일건다뵈
(지형률 1996)	아야 君닿 臣닿 民닿(2007 아야 君 다 ᄡ 다히 民은 나)
(최남희 1996)	아야 君다히 臣다히 民다히
(양희철 1997)	後句(아야, 後句) 님검답 알바둔답 일건답
(신재홍 2000)	아야, 君닷 臣다히 民닷
(황패강 2001)	(後句) 君다이 臣다이 民다이
(류 렬 2003)	아으 군다뵈 신다기 민은다뵈
(황선엽 2008)	君 다支 臣 다支 民 다支 ᄒᆞ놇돈
(남풍현 2019)	君디 臣다디 民은디 ᄒᆞᆶ 돈

9.1. 後句 後句(체격용어) ← 後句(체격용어)

'後句'는 체격 용어이다.

9.2. 君如 님검답 ← 君(실의독:님검)+如(실의독:답)

'君'은 1.1.과 같은 점에서 '님검'이다.
'如'는 실의독자로 읽을 때에, '답, 다비, 다뵈, 다히, 다이' 등이 가능하다. 이 '如'는 '多攴'이나 '如攴'으로도 나타나는데, 이 경우의 '攴'이 'ㅂ'이라는 점에서, '답'으로 읽는다.

9.3. 臣多攴 알바돈답 ← 臣(실의독:알바돈)+多(전음독:다)+攴(약음독:ㅂ)

'臣'은 2.1.과 같은 점에서 '알바돈'이다.
'多攴'은 앞의 '如'와 같이 '답'을 표기한다. '支'를 '攴'으로 수정한 이유는 두 가지 측면에 있다. 하나는 '攴'과 '支'가 그 자형에서 유사하여 오기될 수 있다는 점이고, 다른 하나는 앞뒤의 '如(답)'과 같은 의미를 갖기 위해서는 '支'로는 될 수 없으며, '攴'만이 가능하다는 점이다. 그리고 '多攴'으로 표기한 것은 앞의 '如'를 '다'로 읽을 가능성이 있어, '답'임을 명확하게 하기 위한 것으로 보인다.

9.4. 民隱如 일건답 ← 民(실의독:일건)+隱(약음독:ㄴ)+如(실의독:답)

'民'은 3.1.과 같은 점에서 '일건'이며, '如'는 9.1.과 같은 점에서 '답'이다.

10. 爲內尸等焉 國惡 太平恨音 叱如

ᄒᆞ닐돈 나락 太平(태평)홈 실다
하여낼 것이면 나라 태평함이 있을 것이다.

    (오구라 1929)   홀든 나라해 太平하와이다
    (유창선 1936a)   ᄒᆞ옵든 나라 太平ᄒᆞ리다

(양주동 1942)　　　ᄒᆞᄂᆞᆯ돈 / 나라악 太平ᄒᆞ니잇다
(지헌영 1947)　　　ᄒᆞᄂᆞᆯ돈 나라 太平하리ㅅ다
(홍기문 1956)　　　ᄒᆞᄂᆞᆯ돈 / 나라아디 태평ᄒᆞ니밋다
(이　탁 1956)　　　ᄒᆞᄂᆞ수ᄂᆞ / 볼아 太平ᄒᆞᆼ올나
(김준영 1964)　　　ᄒᆞᄂᆞᆯ든 / 나락 太平ᄒᆞᆷ다(1979 太平ᄒᆞᆱᄯᅡ)
(정열모 1965)　　　ᄒᆞᄂᆞᆯ돈 / 나라악 태평 한음셔
(김선기 1967d)　　 까날딸안 / 나라 굳디 태뼁깜ᄃ다(1993 까날돌안 나라구디 때뼁 깐이이다)
(김상억 1974)　　　하날단 / 나라악 태평ᄒᆞ니잇다
(서재극 1975)　　　ᄒᆞᄂᆞᆯ돈 나라 太平ᄒᆞᆷᄯᅡ
(전규태 1976)　　　ᄒᆞᄂᆞᆯ돈 / 나라악 太平ᄒᆞ니잇다
(김완진 1980)　　　ᄒᆞᄂᆞᆯ돈 나락 太平ᄒᆞᆱᄯᅡ
(서영석 1985)　　　ᄒᆞᄂᆞᆯ돈 / 나라악 太平ᄒᆞ리잇다
(정창일 1987)　　　ᄒᆞᄂᆞ히 / 둘언 나라 太平 ᄯᅩ롬싀여
(금기창 1993)　　　ᄒᆞ닐돈 / 나라호 太平ᄒᆞᆫ 소리시다
(이도흠 1993)　　　한다면 / 나라 태평하리이다.
(유창균 1994)　　　ᄒᆞᄂᆞᆯ돈 / 나락 太平ᄒᆞᆱᄯᅡ
(강길운 1995)　　　허늘덴 나라악 태평헌임ㅅ겨
(지형률 1996)　　　ᄒᆞ날돈 나락 太平 ᄒᆞᆻ다(2007 ᄒᆞ눌 돈 나랗 太平ᄒᆞᄂᆞᄯᅡ다)
(최남희 1996)　　　ᄒᆞᄂᆞᆯ돈 / 나라 太平ᄒᆞ이ㅅ다
(양희철 1997)　　　ᄒᆞᄂᆞᆯᄃᆞ언 나라-ㄱ 太平ᄒᆞᆷᄯᅵ다(2015a 太平ᄒᆞ임 실다)
(신재홍 2000)　　　ᄒᆞᄂᆞᆯ돈 나락 太平ᄒᆞ니--ㅅ다
(황패강 2001)　　　ᄒᆞᄂᆞᆯ돈 나라악 太平ᄒᆞ니잇다
(류　렬 2003)　　　ᄒᆞᄂᆞᆯ돈 / 나라 태평ᄒᆞ이시다
(황선엽 2008)　　　(ᄒᆞ높돈) / 나락 太平ᄒᆞᄂᆞᄯᅡ다
(남풍현 2019)　　　(ᄒᆞ앓 돈) / 나락 太平ᄒᆞᄯᅡ다

10.1. 爲內尸等焉 ᄒᆞ닐돈 ← 爲(실의독:ᄒᆞ)+內(전음독:닉)+尸(약음독:ㄹ) +等(전음독:돈)+焉(약음독:ㄴ)

'爲'는 모두가 'ᄒᆞ/하'로 읽고 있다. '內, 尸, 等, 焉' 등에서 문제를 보이는 해독들은 각주[40]로 돌리고, 이 향찰들을 비교적 충실하게 읽은 해독들만을 보자.

---

40 'ᄒᆞᆯ든'과 'ᄒᆞ옵든'은 '內'를 특별한 의미가 없는 첨가자로 본 문제를 보이며, 'ᄒᆞ옵든'은 '-內尸-'이 '-옵-'

'ᄒᆞᄂᆞᆯ둔, ᄒᆞ날둔, ᄭᅡ날ᄯᅡᆯ안, 하날단' 등은 향찰들을 거의 충실하게 읽은 것들로 판단된다. 그러나 현대역을 보면, 거의가 '內/ㄴ/나'를 살리지 못하고 있다. 'ᄒᆞᄂᆞᆯ둔'[할지면(양주동 1942; 금기창 1993), 한다면(지헌영 1947; 홍기문 1956 등등), 하고 있을진댄(서재극 1975), 한다면, 할 것 같으면(유창균 1994)], 'ᄒᆞ날둔'(하거든, 한다면, 지형률 1996), 'ᄒᆞᄂᆞᆯ든'(할 것이면, 김준영 1964, 1979), 'ᄭᅡ날ᄯᅡᆯ안'(할 것 같으면, 하량이면, 김선기 1967d), '하날단'(하면, 김상억 1974), 'ᄒᆞ눌 돈'(할 바는, 따르면, 지형률 2007) 등에서 보는 바와 같이 해독의 '內/ㄴ/나'를 현대역에서 거의 살리지 못하고 있다. 이 문제는 "'-옳둔'은 가정이나 조건의 連結語尾인데 그 앞에 쓰인 先語末語尾 '-內(ㄴ)-'의 의미에 대해서는 아직 잘 알 수 없다."(황선엽 2008:227)고 정리되기도 했다.

이 문제를 해결하기 위하여, 'ᄒᆞ낼ᄃᆞ언'(해낼 것이면, 양희철 2008a)과 '(民은) (如/디)ᄒᆞ앓 돈'[(백성이) 백성답게 확실하게 하면, 남풍현 2019]의 두 해독이 나왔다. 전자에서는 '內'를 복합용언의 후행 어간으로 보았고, 후자에서는 확인법 보조어간 '아'로 보았다. '用ソヒアㅅㄱ'(〈화엄02:12-13〉), '修ᄒᆞソヒアㅅㄱ'(〈화엄10:11〉), '滿ソヒアㅅㄱ'〈화엄14:07〉 등의 구결로 보면, 'ᄒᆞᄂᆞᆯ둔'으로 읽고, 'ㄴ'는 '나(다)'의 이형태로 볼 수도 있다. 그러나 이 구결의 'ヒ/ㄴ'가 향찰의 '內/ㄴ'와 같은 것으로 보는 것이 쉽지 않아, 복합용언의 후행 어간 '니'로 읽는다. 이 '니다'는 보조동사로 "앞말이 뜻하는 행동이 스스로의 힘으로 끝내 이루어짐을 나타내는 말"로, "주로 그 행동이 힘든 과정임을 보일 때 쓴다.".

이 'ᄒᆞᄂᆡᆯ둔'(해낼 것이면)은 행간걸침으로만 작용하고, 제10구에서의 도치로는 작용하지 않는다. 이 도치가 성립하지 않는다고, 책난의 텍스트가 성립하지 않는 것은 아니다. 많은 시가의 뒷부분에 나온 후렴에서는 같은 내용이 반복하는 것과 같은 형태이다. 말을 바꾸면, '권고의 텍스트'와 '책난의 텍스트'가 제9, 10구에서는 같다는 것이다.

10.2. 國惡 나락 ← 國(실의독:나락) + 惡(전음독:악)

앞의 8.1.과 거의 같다. 다른 점은 '惡' 다음에 첨기자 '叱/ㄱ'이 없다는 것이다. '惡'

과 대응하는 이유도 알 수 없다. 'ᄒᆞㄴ스돈'은 '-ア-'와 '-ㅅ-'의 대응관계가 어렵다. '허늘덴'은 'ᆞ'의 그 당시 부재라는 주장을 인정하여도, '-等焉'이 '-덴'이 되는 이유가 명확하지 않다. 그리고 'ᄒᆞ놃돈'(한다면)과 'ᄒᆞ앓 돈'(확실히 하는 바로 그것이면)은 'ア'를 'ᆶ'으로 읽은 이유가 명확하지 않다. 향찰과 구결의 'ア/ア'가 15세기의 표기 'ᆶ'에 대응하지만, 차제자의 원리로 설명할 수 없는 15세기 한글식 사고이다.

을 '호'로 본 '나라호'의 해독이 있으나, '惡'의 음과 뜻의 범위를 벗어나 있다.

10.3. 太平恨音 太平(태평)홈 ← 太(음의독:太/태)+平(음의독:ᄑ/평)+恨(약음독:호)+音(약음독:ㅁ)

'太平'은 각각 음의독자 '太平/태평'으로 읽히고 있다.

문제가 되는 향찰은 '-恨音叱-'이다. 이 세 향찰들의 음(혼, 음, 실)과 뜻(音:소리)을 벗어나거나 해독하지 않은 경우들은 다음과 같다. '太平하와이다, 太平한ᄒ리다, 太平ᄒ니잇다, 太平하리ㅅ다, 태평ᄒ니밋다, 太平ᄒ올다(音叱:올), 태평하니잇다, 太平ᄒ리잇다' 등이다. '태뼁깜ㄷ다, 太平홈쨔, 太平ᄒᄯᅡ다' 등의 세 경우에는 '恨'을 '까'와 'ᄒ'로 본 것인데, 'ᄒ'에 쓰이는 '爲'를 쓰지 않고 '恨'을 약음독자로 쓴 이유를 설명할 수 없다. '태평 한음셔'는 '셔'를 반절식 표기로 본 문제를 가지며, '태평헌임ㅅ져'의 해독에서는 '如'를 대충표기로 보는 문제를 가지고 있다. '太平ᄒ 소리시다'(금기창)는 '叱'이 존칭의 '시'로 읽히기 힘들다. '太平ᄒ늚쨔'와 太平ᄒᄂᄯᅡ다'의 경우에는 '恨'을 'ᄒ'으로 읽고 '音'을 '옴'으로 읽은 문제를 보인다.

선행 해독들에 대한 더 이상의 구체적인 변증은 앞의 글(양희철 2015a)로 돌리고, 앞의 글에서 정리한 내용을 보면 다음과 같다. '太平ᄒ임 실다'로 읽고 '태평한 것임(이) 있을 것이다'의 의미로 보았다. 그런데 '恨'의 음이 'ᄒ'이 아니고 '혼'이라는 점에서, '태평함(이) 있을 것이다'의 의미인 '太平(태평)홈 실다'로 수정하여 읽는다.

바로 앞의 '爲/ᄒ'와 구분하기 위하여, 대다수의 해독들은 '太平恨音'의 '恨'을 'ᄒ'로 읽지 않고, 'ᄒ'으로 읽었다. 그러나 '爲/ᄒ'와 구분하는 '恨'의 읽기로 '호'가 있다는 사실에 유념해야 할 것 같다. 우리는 지금까지 '恨'의 당시음이 '혼'이란 사실을 알지 못했다. '恨'의 당시음은 '혼'이다(제3부 「소멸된 한자음의 문제 향찰」의 2.2. '恨' 참조).

10.4. 叱如 실다 ← 叱(전음독:실)+如(약의독:다)

'실다'는 '있을 것이다'의 의미이다. 10.3. 참조.

이 작품은 앞에서 정리하였듯이 세 부분에서 구문상의 중의를 보여준다.

하나는 제3, 4구의 구문상의 동음이의(동음이의, 행간걸침, 도치법, 명령적 의문법)이다. '阿孩羅古/아히라고'는 동음이의로 ['… 아히라'고]와 ['… 아히라고]의 중의를 보여준다. 전자는 어미 '-라'로 끝난 '… 아히라'에 인용을 나타내는 '-고'를 붙인 표현이고, 후자는 '… 아히'에 자신의 생각이나 주장을 청자에게 강조하여 일러 주는 뜻을 나타내는 종결어미 '-라고'를 붙인 표현이다. '爲賜尸知/ㅎ실디'는 제3구와 연결된 행간걸침인 동시에, 제4구의 맨 끝에 있는 시어를 제4구의 맨 앞으로 옮겨 놓은 도치법이기도 하다. 행간걸침과 도치법에 의한 구문상의 중의를 형성한다. 또한 '爲賜尸知/ㅎ실디'는 의문법으로 명령의 의미를 보이는 명령적 의문법이다.

다른 하나는 제5, 6구의 구문상의 다의(도치, 생략, 환칭, 제유)이다. 이 구문상의 중의는 6중의를 보여준다. 먼저 기아(飢餓)를 해결하는 정치와 관련된 3중의를 보자.

1) 배통(腹)의 큰 것을 살리기(에) 있옴(의)[존재하는 것(=사물)의, 즉 있는] 物生(가살=물건을) 이를 먹게 다스리어
2) 배통(腹)의 큰 것을 살리기(에) 있옴(이)[존재하는 것(=군신)이] 物生(가살=물건) 이를 먹게 다스리어
3) 배통(腹)의 큰 것을 살리기(에) 있옴[존재하는 것(=백성)] 物生(가살=물건) 이를 먹게 다스리어

이 3중의는 강조점이 각각 다르다. 1)에서는 '대상(사물)'을, 2)에서는 '먹게 하는 자(군신)'를, 3)에서는 '먹는 자(백성)'을 강조한다. 이 1) 2) 3)을 통합하면, [배통(腹)의 큰 것을 살리기(에) 있는 군신이, 배통(腹)의 큰 것을 살리기(에) 있는 物生(가살=물건을) 이를, 배통(腹)의 큰 것을 살리기(에) 있는 백성이 먹게 다스리어]의 의미가 된다. 결국, 군신도, 백성도, 물건도, 모두 배통(腹)의 큰 것을 살리기(에) 있는 것이 된다. 이 경우에 '배통(腹)의 큰 것을 살리기'는 '기아를 해결하는 정치'에 초점이 맞추어져 있다. 이 3중의는 권고의 텍스트에 소용된다.

이번에는 '정명론적(正名論的)인 정치'에 초점이 맞추어진 3중의를 보자.

4) 도리의 큰 것을 살리기(에) 있옴(을)[존재하는 것(=도리)를] 生物(백성이) 이(도리의 큰 것)를 먹게 다스리어
5) 도리의 큰 것을 살리기(에) 있옴(이)[존재하는 것(=군신)이] 生物(백성이) 이(도리의 큰 것)를 먹게 다스리어
6) 도리의 큰 것을 살리기(에) 있옴[존재하는 것(=백성)] 生物(백성이) 이(도리의 큰 것)를 먹게 다스리어

이 3중의 역시 강조점이 각각 다르다. 4)에서는 '도리'를, 5)에서는 '먹게 하는 자(군신)'를, 6)에서는 '먹는 자(백성)'을 강조한다. 이 4) 5) 6)을 통합하면, [도리의 큰 것을 살리기(에) 있는 군신이, 도리의 큰 것을 살리기(에) 있는 도리 이를, 도리의 큰 것을 살리기(에) 있는 生物(백성이) 먹게 다스리어]의 의미가 된다. 결국, 군신도, 백성도, 이치도, 모두 도리의 큰 것을 살리기(에) 있는 것이 된다. 이 경우에 '도리의 큰 것을 살리기'는 '정명론적인 정치'에 초점이 맞추어져 있다. 이 3중의는 책난의 텍스트에 소용된다.

마지막 하나는 제7, 8구의 구문상의 중의(행간걸침, 도치, 명령적 의문법)이다. '爲尸知/홀디'는 구문상 제7구에 붙는 행간걸침인 동시에, 제8구의 맨 끝에 있는 시어를 제8구의 맨 앞으로 옮긴 도치로, 구문상의 중의를 형성한다. 또한 '爲尸知/홀디'의 의문은 의문으로 명령의 의미를 보여주는 명령적 의문법이다.

이상에 정리한 세 구문상의 중의는 모두에서 정리한 [현대역1: 권고의 텍스트]와 [현대역2: 책난의 텍스트]를 형성한다. 구체적인 정리는 모두로 돌린다.

〈찬기파랑가〉

[원문]

咽嗚 彌處米

露曉邪隱 月理

白雲音 逐于 浮去 隱安 支 下羅

耆郎矣 皃史 是史 藪邪

沙是 八陵隱 汀理也中

逸烏川理叱 磧惡希

郎也 持以支 如賜烏隱

心未 際叱肹 逐內良齊

阿耶 栢史叱 枝次 高支好

雪是 毛冬 乃乎尸 花判也

(爾處米의 '爾'는 '彌'의 오자로 수정, 月羅理의 '羅'는 연자로 삭제, '隱安 支'의 '支'은 '支'의 오자로 수정, 下羅의 '羅'는 누락자로 보충)

[해독]

咽嗚(열오) 그치미

낟환ᄒᆞ얀 ᄃᆞ리

힌구룸 좇우 ᄯᅳ가 숨안 디 아라

기랑이 즈시 ᄇᆞ르시 고지야

몰기 가른 믈시ᄇᆞ리여기

숨오나릿 쟉벼리아긔

마루여 딕힙 가시온

ᄆᆞᄉᆞ미 갓흘 좇니아져

아라 자싯가지 놉호
눈이 모들 니올 곶갈(花判)여

[현대역]
오열(이/을) 그치매
나타나 환한 달이
    [1] 나타나 환하게 한 달이]
    [2] 나타나 환하게 한 기랑이]
흰구름 좇아 떠가 숨은 데 아래에
    [1] 흰구름 좇아 떠가 숨은 데 아래에]
    [2] 추관을 좇아 떠가 숨은 데 아래에]
기랑의 자취(/흔적)가 겨우 은둔처인가?
모래 가른 물가에
숨오내의 서딜에서
낭이여 지키어 가시온
마음의 가를(志節의 마음을) 따라내고져
아-, 잣나무의 가지가 높아
    [1] 아-, 잣나무의 가지가 높아]
    [2] 아-, 기랑의 志節이 높아]
눈이 못 이올 곶갈(花判)여!
    [1] 눈이 못 이올 곶갈(花判)여!]
    [2] 부도덕한 상급자가 덮지 못할 花判(판결)/判花(공문서 처리)여!]

1. 咽嗚 彌處米

咽嗚 그치미
嗚咽(이/을) 그치매

    (오구라 1929)   열치매
    (유창선 1936b)   열치매

(양주동 1942)   열치매
(지헌영 1947)   열치매
(이 탁 1956)   울올 즘
(홍기문 1956)   울워리치미
(김준영 1964)   열오이쳐메(1979 이치매)
(정열모 1947)   열어 너치매(1965 뎌치미)
(김선기 1967c)   율쵸매(1993 울오 니쵸매)
(김상억 1974)   열치매
(서재극 1975)   목몌(?)치매
(전규태 1976)   열오이치매
(김완진 1980)   늣겨곰 ᄇ라매
(정창일 1987)   咽鳴 爾處몌
(권재선 1988)   咽鳴이 티미-
(이임수 1992)   울오 이치매
(금기창 1993)   인오 이치매
(이도흠 1993)   열치매
(유창균 1994)   목며울 이즈며
(강길운 1995)   울오 지치매
(최남희 1996)   목메 외지미
(지형률 1996)   울오 이쳐매(2007 열오 이치미)
(양희철 1997)   咽鳴(鳴咽) 爾處米(니지미, 그치미)
(신재홍 2000)   목메 바라미
(황패강 2001)   울워리 치미
(류 렬 2003)   우루리 티미
(성호경 2008)   목몌(?) 이치매
(박재민 2009a)   우러곰
(서정목 2014)   늣기며 ᄇ라매
(황병익 2019a)   (시냇믈) 우로 이치미
(양희철 2020)   咽鳴 그치미

1.1. 咽鳴 咽鳴 ← 咽(음의독:咽/열)＋鳴(음의독:鳴/오)

제1구는 띄어 읽기에서부터 '咽鳴爾處米', '咽鳴爾 處米', '咽鳴 爾處米' 등의 세 유형으로 엇갈리고 있다. '咽鳴爾處米'[41]와 '咽鳴爾 處米'[42]에서의 문제는 각주로 돌리고,

'咽嗚 爾處米'에서의 문제만을 보자.

'咽嗚 爾處米'로 끊은 해독에서, '咽嗚'의 해독은 다섯 유형으로 나뉜다.

첫째는 '열어'(열어, 정열모 1947, 1965)와 '열오'(약하여, 김준영 1979, 열어, 지형률 2007)의 해독이다. '열-'을 '開/열'의 의미로 본 경우에는 한자 '開'로 표기하지 않은 이유를 알 수 없고, '열-'를 '약하다'의 이미로 본 경우에는 '열-'과 '여리-'가 전혀 다른 어휘이며, 이를 인정해도 '柔/여리, 愞/여리' 등의 한자를 이용하지 않은 이유를 알 수 없다.

둘째는 '인오'(북소리와 노래소리가, 금기창 1993)의 해독이다. 한 단어로 굳어진 것도 아닌 한자 단어를 조어하는 문제를 보인다.

셋째는 '목몌'(성호경 2008)와 '목며울'(슬픔을, 유창균 1994)의 해독이다. '목몌'는 앞에서 언급했듯이, '咽'이나 '嗚'의 어느 한 글자로도 표기가 가능한 표기에 두 글자를 이용했다고 보기 어렵다. 이 문제를 해결하기 위하여 나온 해독이 '목며울'이다. '咽'을 '목며'로 읽고, '嗚'을 '울'로 읽고, '목며울'을 '목며+우(사역의 선어말어미)+ㄹ(어미, 동명사형어미)'로 분석한 다음에, '슬픔, 흐느낌'의 의미로 정리하였다. 형태소 분석과 '슬픔, 흐느낌'의 의미가 잘 맞지 않는다. 이는 이어지는 '爾處米'를 '이즈며/잊으며'로 읽고 이에 맞추는 과정에서 나온 오류로 보인다.

넷째는 '울오'(울어, 김선기 1993; 강길운 1995; 지형률 1996)와 '우로'(울어, 황병익 2019a)의 해독이다. '咽'을 '울'로 '嗚'를 '오'로 읽은 해독들이다. '울-'에는 흔히 '哭'을 쓰고, '-오(-)'에는 흔히 '乎'나 '烏'를 쓴다는 점에서, 수긍이 어렵다.

---

41 '咽嗚爾處米'를 한 단어로 본 유형에서의 '咽嗚'를 보자. '열치매'(오구라 1929; 양주동 1942; 유창선 1936b; 지헌영 1947; 김상억 1974), '욜쵸매'(김선기 1967c), '울워리치미'(우러러 보니, 홍기문 1956), '열오이쳐메'[(구름이) 열리매, 김준영 1964], '열오이치매'(열치매, 전규태 1976) 등이 있다. '열치매'와 '욜쵸매'는 '咽嗚爾'를 '열'이나 '욜'로 읽을 수 없는 문제를 보인다. 나머지 세 해독은 해독과 현대역이 일치하지 않는 문제를 보인다.

42 '咽嗚爾 處米'로 끊은 해독에서, '咽嗚爾'의 해독은 세 유형으로 정리된다.

첫째는 '울올'(우럴을, 이탁 1956), '울워리'(우러러, 황패강 2001), '우루리'(우러러, 류렬 2003), '우러곰'(우러곰, 박재민 2009a) 등이다. '咽嗚'를 '仰/우럴'의 의미로 해독하였다. 한자 '仰'을 몰라서 이 한자를 이용하지 않았다고 보기 어렵다

둘째는 '목몌(?)'(목메어, 서재극 1975), '목몌'(목메이며, 신재홍 2000), '늣겨곰'(흐느끼며, 김완진 1980), '늣기며'(흐느끼며, 서정목 2014) 등에서는 '咽嗚'를 '목몌, 늣겨, 늣기' 등으로 보았다. '목몌, 늣겨, 늣기' 등은 '咽嗚'의 어느 한 글자로도 표기가 충분한데, 두 글자로 표기했다고 보기 어렵다.

셋째는 '咽嗚이 티미(로)'(오열이 치밀(어), 권재선 1988)의 해독이다. 이 해독에서는 '咽嗚'를 도치로 보았다. 이 도치는 양희철(1985)에 이어 나온 해독으로 동의한다. 그러나 '爾'를 주격 '-이'로 본 것과, 뒤에 온 '米'를 고음 '미'가 아닌 중근세음 '미'로 본 것이 문제이다.

다섯째는 '咽嗚'를 '嗚咽'의 도치로 본 해독이다. 이는 '嗚咽'을 도치시킨 희서(戲書, 양주동 1942)로 본 주장을, 문체론적인 입장에서 도치 표현으로 보완(양희철 1985, 1997, 2013a, 2020; 권재선 1988; 박재민 2009a)한 것이다. '咽嗚'(정창일 1987)에서는 도치라는 설명이 없이 '嗚咽'의 의미로 보았다.

이렇게 볼 경우에 咽嗚는 嗚咽을 도치한 것으로 보는 것이 타당하다고 생각한다. 그 이유는 두 가지이다. 하나는 이 작품 안에서 咽嗚와 같이 단어를 도치한 花判(←判花)이 있을 뿐만 아니라, 이 작품을 쓴 충담사는 〈안민가〉에서도 단어를 도치한 窟理(←理窟) 物生(←生物) 등을 쓰고 있기 때문이다. 다른 하나는 이 작품을 쓴 경덕왕대에는 고유지명을 한자화할 정도로 한자(音義讀字)의 사용이 확대되었기 때문이다.

이 도치는 작품의 처음부터 낯선 표현을 구사하여 '신선하고 생동감 있게' 보이면서, 수동적인 수용자(독자/청자)로 하여금 스스로 시어를 이해하게 하면서, 작품의 이해에 능동적으로 참여하게 한다. 이는 '오열이 그치매'와 '열오 그치매'를 비교하면 잘 알 수 있는 문체적 효과이다.

1.2. 彌處米 그치미 ← 彌(실의독:그치)+處(전음독:치)+米(전음독:미)

爾處米의 해독은 매우 다양하다. 이는 원전비평이 되지 않아서 발생한 문제로 보인다. '爾'는 '彌'의 오자이다. 彌處米를 '그치미'로 읽는다(제2부 「오자 30제」의 2.8. 참조).

2. 露曉邪隱 月理

낟환ᄒᆞ얀 드리
나타나 환하게 한 달이

    (오구라 1929)   들어나 붉온 둘이
    (양주동 1942)   나토얀 드리
    (유창선 1936b)   나타나 붉온 둘이
    (지헌영 1947)   나토얀 드리
    (정열모 1947)   들나발간 달이(1965 드볼근 드라리)
    (이 탁 1956)   난볼온 둘
    (홍기문 1956)   나토샨 드리

(김준영 1964)	낟호얀 둘리(1979 드리)
(김선기 1967c)	낟고샨 따리(1993 이실 사이란 따라리)
(김상억 1974)	낟호얀 다리
(서재극 1975)	나 볼간 ᄂ리
(전규태 1976)	나토얀 드리
(김완진 1980)	이슬 볼간 드라리
(정창일 1987)	이시 머즌 드라리
(권재선 1988)	-ㄹ오(露) 븕온 드롤이
(금기창 1993)	낟호얀 드리
(이도흠 1993)	나타난 달이
(유창균 1994)	나담 사란 드라리
(강길운 1995)	설 가란 돌알이
(최남희 1996)	나다나 볼갼 드라리
(지형률 1996)	낟새얀 드랄이(2007 돌알이)
(양희철 1997)	낟가란 돌라리
(신재홍 2000)	'이슬 새배야'ㄴ 드라리
(황패강 2001)	낟호얀 드리
(류 렬 2003)	나토신 다라리
(성호경 2008)	낟볼갼 드라리
(박재민 2009a)	나타나(露) 휜ᄒ얀(曉邪隱)
(서정목 2014)	이슬 볼긴 드라리
(황병익 2019a)	나토 샨(드료샨) 드리
(양희철 2020)	낟환ᄒ얀 다ᄅ리

2.1. 露曉邪隱 낟환ᄒ얀 ← 露(실의독:낟)＋曉(실의독:환ᄒ)＋邪(전음독:야)＋隱(약음독:ㄴ)

 '露'는 '露'의 뜻을 살린 '낟-, 나(나타나), 나담(나타나), 이슬, 설(이슬)' 등으로 읽고 있다. '낟-, 나(나타나), 나담(나타나)' 등이 모두 가능한 것으로 보이는데, '낟-'의 해독을 따른다.

 '曉'는 '새배, 븕-, 사이(새)-/살-, -호-, 가라-, 휜ᄒ-, 환ᄒ-' 등으로 읽히고 있다. '새배'와 '븕-/사이(새)-' 등의 해독들은 '曉'의 뜻을 살려서 읽었다는 점에서 일면 긍정적이다. 그러나 '새배'와 '븕-'의 해독들은 그 다음의 '邪隱'과 연결에서 문제를 보이고,

'사이(새)-/살-'의 해독들은 그 뜻이 '밝게 비친'이 아니라 '날이 샌'의 의미(강길운 1995)라는 문제를 보인다. '-호-'는 '曉'의 음이 '효'라는 점에서 부정적이다. '가라-'는 알타이어 재구와 '邪'와의 연결로 보아 일면 설득력을 가진 것 같으나, '설 가란'(이슬 밝아진)의 문맥이 통하지 않아 '이슬(이) 밝아진'을 '이슬을 밝힌'으로 바꾼 문제를 보인다. '훤ㅎ-'와 '환ㅎ-'는 모두 가능하나, 뒤에 언급한 중의로 보아 '환ㅎ-'를 취한다.

'邪'는 '-ㅇ(/아)-, -야-, -샤-, -라-' 등으로 해독되고 있다. '-ㅇ(/아)-'의 해독은 이미 '邪'의 음과 뜻의 범위를 벗어난 것이다. 나머지 '-야-, -샤-, -라-' 등은 일단 음과 뜻의 범위 안에 있다는 점에서 일면 긍정적이다. 그러나 그 앞뒤의 향찰들과의 관계에서 '-야-'를 제외하고는 부정적이다. 먼저 '나토샨'에 나타난 '-샤-'는 '曉'가 '호'가 아니라 '효'라는 점에서 부정적이다. 다음으로 '라'는 '사란'과 '가란'에서 나타나는데, 이 작품에서 '라'의 표기에 '邪'가 아니라 '羅'와 '耶'를 사용했다는 문제를 보인다. '-야-'는 '나토얀, 날호얀, 새벼얀. 불갼(밝힌)' 등에서 나타난다. '나토얀'과 '날호얀'의 해독들에 나타난 '-야-'는 '曉'가 '호'가 아니라 '효'라는 점에서 부정적이다. '새벼얀'에 나타난 '-야-'는 '-이야-'가 아니라 '-야-'라는 점에서 부정적이다. '-야-'는 '불갼'(밝힌)에서도 나타나는데, '밝히-'의 고형인 '붉히-/붉키-'의 'ㅎ'이 없다는 점에서 부정적이다. '-야-'는 '훤ㅎ얀'과 '환ㅎ얀'에서도 보인다. 이 두 해독에는 문제가 없다.

'露曉邪隱'은 '낟환ㅎ얀'으로 읽는다. 이는 해당구를 '나타나 환하게 한 달이'의 의미인 '낟환ㅎ얀 드리'로 읽었다. '환ㅎ얀'은 두 측면에서 '훤ㅎ얀'(박재민 2009a)의 해독을 바꾸고 보완한 것이다. 한 측면은 "조금 흐릿하게 밝다."는 의미인 '훤하다'보다는 '환하다'가 문맥에 좀더 잘 부합한다는 것이다. 다른 한 측면은 다의어 '환하게 하다'의 두 의미들을 살리기 위한 것이다. 하나는 달이 세상을 환하게 하는 것이고, 다른 하나는 기파랑이 훌륭한 판결로, 또는 훌륭한 판결과 공문서 처리로, 세상을 밝게 하였다는 의미이다. '달'은 자연의 '달'이며, 동시에 기파랑을 의미한다.

이런 점에서 '露曉邪隱'을 '낟환ㅎ얀'(나타나 환하게 한)으로 해독한다.

2.2. 月理 드리 ← 月(실의독:둘)+理(전음독:리)

月羅理의 '羅'는 연자이다. 月理는 '드리'로 읽는다(제2부 「서로 연계된 누락자와 연자」의 2.4.1. 참조).

3. 白雲音 逐于 浮去 隱安 支 下羅

힌구룸 좇우 쁘가 숨안 디 아라
흰구름 좇아 떠가 숨은 데 아래에

(오구라 1929)	흰구름을 조차 뼈가는 어듸이(오)
(양주동 1942)	힌구름 조초 뼈가는 안디하
(유창선 1936b)	힌구름 조초 뼈가는 安히
(지헌영 1947)	힌구룸 조초 뼈간 안ㅅ히
(정렬모 1947)	흰구름 조처 떠가는 안기해
(정렬모 1965)	흰구룸 조추 뼈간 안기히
(이 탁 1956)	힌구름 돗오(좇아) 더간 안득하
(홍기문 1956)	힌 구름 조초 뼈간 안디하
(김준영 1964)	힌 구름(1979 구룸) 조추 쩌간 안ㅈ히(1979 안ㅿ히)
(김선기 1967c)	갠(1993 깬) 구름 조추 뼈간 아디까
(김상억 1974)	핸 구룸 좇우 떠가는 안디하
(서재극 1975)	힌 구룸 뽀차 뼈가 수만괴하
(전규태 1976)	힌구름 조초 뼈가는 안디하
(김완진 1980)	힌 구룸 조초 뼈간 언저레
(정창일 1987)	술구룸 조추 뼈가는 어더
(권재선 1988)	힌 구름 좇우 뼈가는 안ㆆ하
(금기창 1993)	힌 구름 뽀초 뼈간 괴외히
(이도흠 1993)	흰구름 따라 떠간 것이 아닌가
(유창균 1994)	힌 구름 조추 뼈간 므스기하
(강길운 1995)	샤란()힌) 구름 조추 뼈간 안게
(최남희 1996)	힌구룸 뽀추 띠긴 올지하
(지형률 1996)	힌 구름 조초 쁘건 안하(2007 소카)
(양희철 1997)	白雲(힌구룸) 좇우 드가 숨압 디샤
(신재홍 2000)	힌 구룸 조추 뼈간 알히 하사-
(황패강 2001)	힌 구룸 조초 뼈가는 안히
(류 렬 2003)	힌구룸 조초 부더간 안디가
(성호경 2008)	힌 구름 조초 뼈 가 수먼 아래
(서정목 2014)	힌 구룸 조초 쁘간 언저레
(황병익 2019a)	힌 구룸 조초 뼈가는하(히)

(양희철 2020)　　　힌구룸 좇우 드가 숨안 디 알

3.1. 白雲音 힌구룸(白雲) ← 白雲(실의독:힌구룸)+音(약음독:ㅁ)

'白雲'은 '힌 구룸, 힌 구름, 흰 구름' 등등으로 비슷하게 읽힌다. '흰'보다 '힌'이, 그리고 '구름'보다 '구룸'이 고형이라는 점에서, '힌구룸'(지헌영 1947)의 해독을 따른다. 이때 문제는 '白'이 '희다'라는 점에서 '-ㄴ'의 표기가 없다는 점인데, 이는 '白'과 '雲'을 따로따로 실의독자로 쓴 것이 아니라, 복자의 실의독자로 쓴 것으로 처리할 때에 풀리는 문제이다. 이렇게 해석할 경우에 또 하나의 의문이 제기될 수 있다. 왜 白雲을 각각 실의독자로 쓰지 않고, 복자를 한 단위의 실의독자로 처리하였는가 하는 문제이다. 이 문제는 숙제로 남겨둔다. '白雲'은 문자적 의미인 '白雲'인 동시에 상징적 의미로 刑官, 현인, 수행승 등을 상징한다.

'白雲'이 형관의 상징이란 사실은 다음의 인용에서 알 수 있다.

> 응소가 이르기를 황제가 천명을 받음에 구름에 서기가 서렸다. 때문에 구름으로 관을 기록하였다. 춘관은 청운으로 하고, 하관은 진운으로 하고, 추관은 백운으로 하고, 동관은 흑운으로 하고, 중관은 황운으로 하였다(應劭云 黃帝受命有雲瑞 故以雲紀官 春官爲靑雲 夏官爲縉雲 秋官爲白雲 冬官爲黑雲 中官爲黃雲[史記 歷書 正義]).

이 인용에서 보면, 황제 때에 추관(秋官) 곧 형관(刑官)을 백운(白雲)이라고 함을 알 수 있다.

3.2. 逐于 좇우 ← 逐(실의독:좇)+于(전음독:우)

'逐于'는 '좇+우/오'와 '쫓+우/오'의 범위 안에서 읽히고 있다. '쫓-'의 고형이 '좇-'이고, 현대에 '좇'(隨)과 '쫓(斥)-'으로 구분되는 것이 과거에는 모두 '좇-'이고, '于'의 음이 '우'라는 점에서, '좇우'의 해독 형태를 따른다.

3.3. 浮去 뜨가 ← 浮(실의독:뜨)+去(실의독:가)

'浮去隱安(攴)攴下'의 해독은 일차로 '浮去隱 安攴下'와 '浮去 隱安攴下'로 양분된다. 전자와 후자에서, '浮去隱'과 '浮去'만을 보면 양자가 모두 가능하지만, '隱安攴下'와 '安攴下'의 해독 결과를 참고하여, '浮去'를 '뜨가'로 읽는다.

3.4. 隱安 숨안 ← 隱(실의독:숨)+安(전음독:안)

'隱安'은 '숨안'으로 읽는다.

3.5. 攴 디 ← 攴(전음독:디)

'攴'은 '支'의 오자이다. 이 '디'는 '데'(곳)의 축약형 내지 방언형이다(양희철 2020: 568).

3.6. 下羅 아라 ← 下(실이독:알)+羅(전음독:라)

'下羅'의 '羅'는 누락자이다. 下羅를 '아라'(아래)로 읽는다(제2부 「서로 연계된 누락자와 연자」의 2.4.2. 참조).

4. 耆郞矣 皃史 是史 藪邪

기랑이 즈시 보르시 고지야
기랑의 자취(/흔적)가 겨우 은둔처인가?

(오구라 1929)	耆郞의 짓이사 고자
(양주동 1942)	耆郞이 즈싀 이슈라
(유창선 1936b)	기랑의 짓이 고자
(지헌영 1947)	기랑이 몽(즈싀) 잇드라
(정열모 1947)	기랑의 즛 이사숩아(1965 기랑이 즈시 이시 수븨)
(이 탁 1956)	耆손이 즛아 잇우라
(홍기문 1956)	기랑의 지시 잇고야
(김준영 1964)	耆郞의 즈시 이사슈라
(김선기 1967c)	끼랑애 즈시(1993 끼랑이 짓이) 이시슈라
(김상억 1974)	기랑의 즈지 이슈라
(서재극 1975)	耆郞이 즈시 시슈라
(전규태 1976)	耆郞의 즛시 이슈라
(김완진 1980)	耆郞이 즈싀올시 수프리야 모습이올시

(정창일 1987)   耆郎의 즈시이신 숲 邪
(권재선 1988)   耆郎의 즛이 이시슈라
(금기창 1993)   耆郎이 즈싀 올ᄒᆞᆯ 덤블여
(이도흠 1993)   기파랑 모습이 있어라
(유창균 1994)   글ᄆᆞᄅ의 즈시 이시소라
(강길운 1995)   굴마루의 즈스 잇수라
(최남희 1996)   耆郎이 즈시 이시슈라
(지형률 1996)   耆郎의 즈싀이시 슈야
(양희철 1997)   耆郎의(2013 익) 즈시이 시슈라
(신재홍 2000)   耆郎이 즈싀이시 수ᄒᆞ야
(황패강 2001)   耆郎이 즈싀 이슈라
(류 렬 2003)   기나히 지시 이시고라
(성호경 2008)   耆郎이 즈싀 이시수야
(서정목 2014)   耆郎이 즈싀옳 시 수피여
(황병익 2019a)   耆郎의 즈싀 이시 수프리라
(양희철 2020)   기랑이 즈시 ᄇᆞᄅ시 고지야

4.1. 耆郎矣 耆郎(기랑)의 ← 耆(음의독:耆/기)+郎(음의독:郎/랑)+矣(전음독:의)

'耆郎矣'는 '耆郎의, 耆郎이, 기랑의, 기랑이, 耆손의, 끼랑이, 글ᄆᆞᄅ의, 굴마루의()길님의)' 등등으로 읽히고 있다. 이 해독들은 두 가지의 선택을 요구한다. 하나는 '耆郎'을 음의독자(한자)와 실의독자 어느 것으로 읽을 것인가 하는 문제이고, 다른 하나는 '矣'의 음을 '의'와 '이'에서 어느 것을 취할 것이냐 하는 문제이다.

전자의 문제에서 우선 '耆-'를 실의독자 '굴(길)-'과 전음독자 '글-'로 읽을 수 없는 이유를 보자. 이 '耆-'는 작품의 제목으로 보아 '耆婆'를 이차언어화한 언어이다. 즉 '耆婆'라는 전체를 그 일부인 '耆'로 초언어화한 언어이다. 이로 인해 '耆'의 음과 뜻은 '耆婆'를 벗어나지 못한다. 그런데 '耆婆'는 'Jiva'를 불경에서 번역한 것으로, 그 뜻은 '耆婆' 두 자가 '命, 長命, 生' 등이지, '耆-' 한 자가 '命, 長命, 生' 등의 의미가 되는 것은 아니다. 이런 점에서 '耆婆'의 '耆-'가 아닌 한자 '耆'의 음과 의미에 의지하여 '耆'를 '굴'(길) '글'로 해독하는 것은 잘못이라 할 수 있다.

이렇게 보고 나면, '耆郎'은 '耆郎' 또는 '기랑'으로 읽을 수 있다. 그러나 '기랑'으로 읽어도 이는 사실은 차용된 '耆郎'을 읽는 것이 된다. 그리고 이 작품에는 음의독자 곧

한자가 상당수 있다. 이런 점에서 '耆郞(기랑)'을 취한다.

후자의 문제에서 '矣'는 '-의, -이, -ㅣ' 등으로 해독되고 있으나 '矣'의 고음을 살려 '-이'로 읽은 것을 취한다.

4.2. 皃史 즈시 ← 皃(실의독:즛)+史(전음독:시)

'皃史'의 해독에서는 큰 차이가 없다. '皃史'는 '짓, 즈싀, 즛아, 지시, 즈지, 즈시, 즁, 즈스' 등으로 읽고 있으나, '皃'의 옛뜻으로 보이는 '즛'의 해독을 취한다. 그리고 '史'는 '시'이다.

이렇게 '皃史'를 '즈시'로 읽는다고 이 해독이 기왕의 해독과 크게 다른 점은 없다. 문제는 이 '즈시'만으로는 기왕의 연구들이 당면한 문제, 즉 제1-4구의 문맥을 자연스럽게 이해할 수 없다는 것이다. 여기에서 이 '즈시'는 단순하게 '모습'의 의미가 아니라, '자취(/흔적)'의 의미이다. 이 의미는 '즛'의 의미인 '모습'이 포함한 다의(사람의 생긴 모양. 자연이나 사물 따위의 겉으로 나타난 모양. 자취나 흔적) 중의 하나이다. 문맥적 의미는 뒤에 구체적으로 언급할 것이다.

4.3. 是史 ᄇ라시 ← 是(가의독:ᄇᄅ)+史(전음독:시)

'是史藪邪'는 '是史藪邪', '皃史是 史藪邪', '皃史是史 藪邪', '是史 藪邪' 등으로 끊어 읽고 있다. '皃史是史 藪邪'[43]와 '皃史是 史藪邪'[44]에서 보이는 '皃史'의 문제는 각주

---

43 '皃史是史 藪邪'로 띄운 해독에서 '(皃史)是史'의 해독들을 보자. '(짓)이사'(오구라 1929)에서는 '史'의 음 '시'를 살리지 못했다. '(짓)이'(유창선 1936b)에서는 '是史'를 '이'로 읽은 문제를 보인다. '(즈시)이신'(모습이므로, 정창일 1987)에서는 '-是史'을 '-이신'(-이므로)으로 읽을 수 없는 문제를 보인다. '(즈시)이시'(모습께서, 지형률 1996, 2007)에서는 '-이시'를 경칭의 주격조사로 보았는데, 논거 없는 단정으로 보인다. '(즈싀)이시'(모습인, 신재홍 2000)에서는 '-이시'를 '-인'의 의미로 보았는데, 연결이 잘 되지 않는다. '(즈싀)올시'(모습이올시: 모습이구나 하고 생각한 것이 실은 착각이고 그것은 으슴푸레한 저녁 강변의, 김완진 1980)에서는 '是'의 훈 '옳-'을 이용한 '올-'로 읽었는데, '올시'의 기능을 설명하지 않아 이해하기 어렵다. 이 문제를 좀더 명확하게 한 것이 '(즈싀)옳 시'(모습일 시, 서정목 2014)의 해독이다. 이 해독에서는 김완진의 '올'을 15세기 표기의 한 유형인 '옳'로 읽고, '-ㄹ 시'를 "추측한 내용을 나타내는 말 뒤에 붙어, '분명하다' 따위의 말의 주어가 되게 하는 연결 어미"인 '-ㄹ 것이'의 의미로 본 것 같다. '-옳 시'가 '-일 시(-일 것이)'라는 논거를 제시하기 전에는 이해가 어렵다.
44 '皃史是 史藪邪'로 띄운 해독에서 '(皃史)是 史(藪邪)'의 해독들을 보자. '(즈시+이)즈시) 시(슈라)'(얼굴이 있으시도다, 서재극 1975)와 '(즈시)이 시(슈라)'(짓이 있으시도다, 양희철 1997)가 있다. 전자에

로 돌리고, '是史藪邪'와 '是史 藪邪'의 '兒史'만을 보자.

'是史藪邪'로 띄운 해독에서, '是史(藪邪)'의 해독들을 보자. 이에 속한 해독들은 네 유형으로 정리할 수 있다.

첫째는 '是史'를 '이사'로 읽은 유형으로, '이사(숨아)'(정열모 1947)와 '이사(슈라)'(김준영 1964)가 있다. '史'를 '사'로 읽은 문제를 보인다.

둘째는 '是史'를 '이'로 읽은 유형으로, '이(슈라)'(양주동 1942; 김상억 1974; 전규태 1976; 황패강 2001)가 있다. '是/이+史/ㅅ+藪/슈+邪/라'로 분석하고 정리는 중세어에서 보이는 '有'의 번역 '이슈라'를 택하였다.

셋째는 '是史'를 '잇'으로 읽은 유형으로, '잇(우라)'(이탁 1956), '잇(드라)'(지헌영 1947), '잇(고야)'(홍기문 1956), '잇(수라)'(있으시도다, 강길운 1995) 등이 있다. '是/이+史/ㅅ'으로 분석하고, '잇-'으로 정리를 하였다.

넷째는 '是史'를 '이시'로 읽은 유형으로, '이시(슈라)'(김선기1967c; 권재선 1988; 김선기 1993; 최남희 1996), '이시(소라)'(유창균 1994), '이시(고라)'(류렬 2003), '이시(수야)'(성호경 2008) 등이 있다. '是/이+史/시'로 분석하고 '이시-'로 읽었다.

둘째 유형에서 양주동이 모호하게 처리한 '史'를, 셋째 유형과 넷째 유형에서는 '잇-'과 '이시-'로 읽으면서, 나름대로 객관적으로 처리하였다. 이 세 유형의 해독들 모두 '있-'의 중세 표기 '잇-'이나 그 이형태 '이시-'를 취하였는데, 왜 '有叱-' 또는 '有史-'로 표기하지 않았느냐 하는 질문에 답하기가 어렵다.

'兒史 是史 藪邪'로 띄운 해독에서 '是史'의 해독을 보자.

'이시(有)'(이시, 정열모 1965)에서는 '이시'를 연용형으로 보면서 '이시 수븨'를 '이시 싶네'로 설명하고 '얼굴 보는듯 하다'의 의미로 보았다. 문맥과 현대역이 잘 연결되지 않는다. '올홋'(規範에 꼭 맞는, 금기창 1993)에서는 '是/올홀+史/ㅅ'로 읽으면서 '史/ㅅ'을 관형격조사로 보았다. '是'를 독훈 '올홀'로 읽은 문제와 '史'를 'ㅅ'으로 읽은 문제를 보인다. '이시'(선한, 황병익 2019a)는 해독과 현대역이 잘 연결되지 않는다.

이상과 같이 '兒史是史 藪邪', '兒史是 史藪邪', '是史藪邪', '兒史 是史 藪邪' 등으로 띄어 읽은 해독들에서 '是史'가 문제를 보이자, 대안으로 나온 해독이 'ㅂㄹ시'(겨우)이다. 이는 '是'를 '(바ㄹ〉)ㅂㄹ'로, '史'를 '시'로 읽은 것이다. 이 해독은 '기랑의 즈싀(자

서는 '是/이'를 말음첨기로 보았고, 후자에서는 주격 '-이'의 표기로 보았다. 그리고 두 해독 모두 '史-'를 '있-'의 이형태 '시-'로 보았다. 이 '是'와 '史'의 해독 자체에는 문제가 없다. 그러나 중세어에서 '이슈라'의 표현은 발견되어도 '시슈라'는 발견되지 않는다는 문제를 보인다.

취가/흔적이) 겨우 은둔처야'의 문맥에 잘 부합한다는 점에서 합리적인 해독이라 할 수 있다.

4.4. 藪邪 고지야 ← 藪(실의독:고지)+邪(전음독:야)

'藪'는 '고지, 숲'으로 읽는다. 이는 '은둔처'를 그 인접한 주변의 '藪(고지, 숲)'로 표현한 환유법이다(제4부 「수사법과 연계된 문제 향찰」 2.2.1. 藪/고지 참조).

5. 沙是 八陵隱 汀理也中

몰기 가른 믈시브리여기
모래 가른 물가에

  (오구라 1929) 모래 팔온 믈ㅈ애
  (유창선 1936b) 몰애 푸른 믌ㅈ애
  (양주동 1942) 새파론 나리여히
  (지헌영 1947) 새ㅂ론 ㄴ리이여
  (정열모 1947) 몰이 파른 나리예안(1965 파란 나리라힌)
  (이 탁 1956) 시ㅂ론 나리예
  (홍기문 1956) 므리 파란 나리여히
  (김준영 1964) 새파란 나리여히(1979 믌기여히)
  (김선기 1967c) 새바론 나리애(1993 -이 빠론)
  (김상억 1974) 새파란 나리여해
  (서재극 1975) 새바톤 믈시브리야히
  (전규태 1976) 새파론 나리 여히
  (김완진 1980) 몰이 가론 믈서리여히
  (정창일 1987) (아)몰이 여릉은 므리야듬
  (권재선 1988) 새푸론 나리여히
  (금기창 1993) 새바란 믈시블여히
  (이도흠 1993) 새파란 물가에
  (유창균 1994) 몰개 ㅂ론 믈서리여긔
  (강길운 1995) 새파른 벼리예게

(최남희 1996)	몰개이 바론 믌ㄱ수리야히
(지형률 1996)	새프론 벼리여히(2007 사이 프론 벼리여기)
(양희철 1997)	(디)샤 是八陵隱(시브르-ㄴ, 곧브르-ㄴ) 벼리야히
(신재홍 2000)	(하)사이 바론 믌ㄱ자리려히
(황패강 2001)	새파론 나리여히
(류 렬 2003)	믈이 바론 나리하히
(성호경 2008)	몰이 ㅂ론 믈서리여히
(박재민 2009a)	몰애 프른 벼리
(서정목 2014)	몰개(롤) 가론 믈기슭어히
(황병익 2019a)	모리 ㄱ론 믈ㄱ기
(양희철 2020)	몰기 바ㄹ 가른 믈셔리여기

5.1. 沙是 몰기 ← 沙(실의독:몰기)+是(가의독:이)

'沙是'의 선행 해독은 여섯 유형으로 나뉘는데, 모두가 문제를 보여서 각주[45]로 돌리고, 다시 검토하려 한다.

이 시점에 우리는 '沙'의 훈 '모래/몰애, 몰개/몰기'의 경남 방언이 '몰기'라는 사실

---

[45] 첫째는 '沙是'를 '모래'(오구라 1929), '모리'(황병익 2019a), '몰애'(유창선 1936b; 박재민 2009a) 등과 '몰개'(유창균 1994)로 읽은 유형이다. 이 해독들은 '是'를 '이'로 읽고, '래, 리, 애, 개' 등의 'ㅣ'를 첨기한 것으로 보았다. 이런 첨기는 인정되지 않는다.

둘째는 '沙是'를 '새파론'(양주동 1942; 전규태 1976; 황패강 2001), '새ㅂ론'(지헌영 1947), '싀브론'(이탁 1956), '새파란'(김준영 1964; 김상억 1974), '새바론'(김선기 1967c), '새바론'(서재극 1975), '새프론'(권재선 1988; 지형률 1996), '새바란'(금기창 1993), '새파른'(강길운 1995) 등에서와 같이 '새'나 '싀'로 읽은 유형이다. 이렇게 '沙'를 '사'나 '스'로 읽고, '是'를 '이'로 읽어, '沙是'를 '새'나 '싀'로 읽는 해독법은 없다.

이렇게 첫째 유형과 둘째 유형의 해독들이 문제를 보이자, 이를 극복하려는 시도가 다양하게 나타났다. 셋째는 '沙是'를 '몰이'(정열모 1947; 김완진 1980; 성호경 2008), '므리'(홍기문 1956), '물이'(류렬 2003) 등에서와 같이 '沙'를 '몰, 믈, 물' 등으로 읽은 유형이다. '是/이'를 살렸지만, '沙'를 그 훈이 아닌 '몰, 믈, 물' 등으로 읽은 문제를 보인다.

넷째는 '沙是'를 '몰개이'(최남희 1996)와 '몰기 바ㄹ(곧게)'(양희철 2020) 등에서와 같이 '沙'(몰개, 몰기)와 '是'(이, 바ㄹ)를 모두 살려서 읽은 유형이다. 이 해독들은 문맥에 부합하지 않는 문제를 보인다.

다섯째는 '사이'(새로이, 지형률 2007)로 읽은 유형이다. 지명 표기에서의 상응을 근거로 '沙'를 '新'으로 보고 있는데, '새-'를 '新'으로 표기하지 않은 이유를 알 수 없다.

여섯째는 '(디)샤'(양희철 1997), '(아)몰이'(정창일 1987), '(하)사이'(신재홍 2000) 등에서와 같이 '沙' 또는 '沙是'를 바로 앞 구의 '下'에 붙여서 읽은 유형이다. 앞에서 보았듯이 '下' 다음에는 '羅'가 누락되어 있다는 점에서, 이 해독들은 무의미해 보인다.

(고려대 한국어대사전, 우리말샘)에 주목할 필요가 있다. 이 '몰기'는 '몰개/몰기'의 '-개/기'가 축약된 형태로 보인다. 이 '몰기'로 보면, '沙'는 '몰기'이고, '是/이'는 '몰기'의 말음첨기이다. '몰기' 다음에는 목적격 어미가 생략되었다. 이렇게 읽을 때에, 선행 연구들이 가지고 있던 문제들을 쉽게 해결할 수 있을 것 같다.

5.2. 八陵隱 가른 ← 八(실의독:가르)+陵(약음독:르)+隱(약음독:ㄴ)

'八陵隱'은 '沙是八陵隱, 是八陵隱, 八陵隱' 등으로 나뉘어서 해독되어 왔다. '沙是八陵隱'로 읽은 해독의 문제[46]와 '是八陵隱'로 읽은 해독의 문제[47]는 각주로 돌리고, '八陵隱'만을 보자.

'八陵隱'은 크게 보아 세 유형으로 정리할 수 있다.

하나는 '八'을 음으로 읽으면서 '파란' 또는 '프른'의 의미인 '팔은, 파란, 빠론, 프론, 바론, 푸른' 등으로 읽은 유형이다. 한자 '碧, 綠, 靑' 등으로 표기하지 않은 이유를 이해하기 어렵다.

다른 하나는 '八'을 음으로 읽으면서, '바론'이나 'ㅂ론'으로 읽은 유형이다. '바론'[바랜(최남희 1996), 곁한(서재극 1975), 바론(바탕한, 신재홍 2000)]과 'ㅂ론'[〈버른, 벌리어 있는(유창균 1994), 벗겨나간(성호경 2008)]이 있다. 이 해독들은 해독과 현대역의 연결이 쉽지 않아 보인다. 그리고 '陵隱'을 '론'으로 읽을 수 없다.

마지막 하나는 '가른'(가른, 김완진 1980; 서정목 2014), 'ㄱ론'(가른 황병익 2019a), '가른'(가른, 양희철 2020) 등으로 읽은 유형이다. '陵隱'을 '론'으로 읽을 수 없다. '가른'으로 읽는다.

5.3. 汀理也中 믈시브리여긔 ← 汀(실의독:믈시브리)+也(가의독:여)+中(실의독:긔)

'汀理'의 해독들은 '汀'을 '물가'의 의미로 보는 데는 의견이 거의 일치한다. 문제는

---

[46] '沙是八陵隱'을 '새파론'(양주동 1942 등등)과 그 후에 나온 '새파란, 새파른, 새ㅂ론, 새바론, 새바란, 새바론, 새프론, 시ㅂ론' 등으로 읽은 해독들은, '沙'의 훈을 '몰애/모래, 몰기/몰개'로만 알고, '是/이'를 말음첨기로 처리할 수 없어 나온 해독인데, 앞에서 보았듯이, '沙是'를 '새'나 '식'로 읽는 것은 무리이다.

[47] '是八陵隱'은 '是八陵隱(시ㅂ르은, 곧ㅂ르은)'에서 보이는데, '沙是'를 '몰기'로 읽을 때에는 다시 검토해야 할 해독이다.

말음첨기로 보이는 '理'의 음을 살려서 '汀'을 읽지 못한 데에 있다.

　오구라에서 시작된 '믈쥿, 믔쥿, 믈쥿, 믔긔' 등과 '믈기슭'(물기슭)이 있다. 이 해독들은 말음첨기 '理/리'를 만족시키지 못한다. 이에 여러 종류의 해독들이 나왔다. 이 중에서 '나리, ᄂ리, 벼리, 믈서리' 등은 말음첨기 '理/리'를 만족시키지만, 정작 이 어휘들의 의미가 '汀/물가'라는 사실을 확실하게 하지 못하고 있다. 그리고 '믔ᄀ스리'(최남희 1996)와 '믔ᄀ자리'(신재홍 2000)는 '물가의 자리'라는 의미로 '물가'와는 다른 의미이다.

　서재극(1975)은 경상도 방언 '물시불'에 근거하여 중세어 '믈시울'을 재구하고, 향찰 '汀理'를 '믈시브리'로 읽었다. 설명 없이 방언과 재구형만을 제시하여 설득력을 보이지 못하였다. 이 해독과 거의 같은 '믈시블'(금기창 1993)에서는 '믈시블〉믈시볼〉물시울'의 변화를 첨가하고, '理'를 'ㄹ'로 읽으면서 더 이상의 전진을 보이지 못하였다. 이 해독들이 보이지 않은 예증을 더하고자 한다. '언저리'의 의미를 보이는 '시울'은 '입시울(〉입술)'과 '눈시울'에서 보인다. 이 '시울'로 보아, '믈시브리'의 해독을 따른다.

　'也中'는 양주동이 '亦中'와 같은 것으로 본 점과 '中'이 '긔〉희'로 변했다는 점에서 '여긔(〈여희)'로 읽다.

　이렇게 읽으면 해독이 끝난 것같이 보이지만, 그 현대역에서 문제를 명확하게 해야 할 것이 하나이다. 바로 '-에'인가 '-에서(도)'인가 하는 점이다. 일부 해독들에서 '-에서(도)'의 의미를 취하기[48]도 하였는데, 이는 용인되지 않는 주장이다. "몰기 가른 믈시브리여긔"를 제4구로 보든 제5구로 보든, '-여긔'는 현대어의 '-(예)〉에'에 해당하지 '-에서(도)'에 해당하지 않는다. 이는 자신들이 해독한 문맥에 맞추기 위한 것인데, 자신들의 해독을 다시 돌아보아야 한다고 생각한다. 특히 제5구로 본 경우에는 제7구의 해독을 다시 돌아보아야 한다고 생각한다.

　그리고 이 제5구는 제4구에 걸리기도 하고, 제6, 7, 8구에 걸리기도 하는 시구이다. 앞구에 걸리기도 하고 뒷구에 걸리기도 하는 용법이다.

---

[48] '나리라희'(강속에서도, 정열모 1965), '믔긔여희'(물가에서, 김준영 1979), '믈기슬어희'(물기슭에서, 서정목 2014), '믈셔리여긔'(물가에서, 양희철 2020).

6. 逸烏 川理叱 磧惡希

숨오나릿 쟈벼리아기
숨오내의 서덜에서

(오구라 1929)	일온냇 쟈벼리에
(양주동 1942)	일로 나릿 지벽희
(유창선 1936b)	이로내ㅅ 쟈벼리에
(지헌영 1947)	이ᄅ나리ㅅ 별아히
(정열모 1947)	일오ㅏ리 벼라히(1965 읿갑나리ㅅ 벼로희)
(이 탁 1956)	을온 나릿 작별애
(홍기문 1956)	일오 나리ㅅ 벼ㄹ아히
(김준영 1964)	이로나릿 작별악희(1979 작별아희)
(김선기 1967c)	일오 나릳 도라기(1993 일온 나릳 돌악기)
(김상억 1974)	일로 나릿 재벽헤
(서재극 1975)	逸烏나릿 쟈별하희
(전규태 1976)	이로나릿 지벽히
(김완진 1980)	逸烏나릿 지벼긔
(정창일 1987)	逸온 나릴싀 지라히
(권재선 1988)	멀오 나릿벌아히
(이임수 1992)	수모나리
(금기창 1993)	이로 나릿 쟈벼리아히
(이도흠 1993)	일오내 자갈벼랑에서
(유창균 1994)	일오 나릿 즈갈아히
(강길운 1995)	일오 나릿 재박별아게
(최남희 1996)	逸烏 나리ᇰ 지벅아히
(지형률 1996)	이로나릿 지벽아기(2007 일오나릿 지벽아히)
(양희철 1997)	逸(숨, 닐)오 나리ㅅ 즈야-ㄱ희(2013 즈약긔)
(신재홍 2000)	逸烏 나릿 쟈별아히
(황패강 2001)	일오나릿 지벽히
(류 렬 2003)	이로 나라시 비라라히
(성호경 2008)	일온 나릿집역희
(박재민 2009a)	쟈벼리ᄋ히
(서정목 2014)	일오나릿 지벽아히

(황병익 2019a)　　　수모나릿 지벽아긔
(양희철 2020)　　　숨오나릿 쟉벼리아긔

6.1. 逸烏 숨오 ← 逸(실의독:숨)+烏(전음독:오)

'逸'을 음으로 읽은 해독들이 주종을 이루지만, 훈/의 '숨'으로 읽은 해독을 따른다. 이 '숨오/수모'는 경주군 양북면 卄川里(수모내) 현장 연구를 통한 '숨+오'의 '수모'라는 해독을 따른 것이다. 특히 '주민들의 공통된 이야기는 물이 땅 밑으로 숨어 흐르는 내이기에 수모내라 한다'(이임수 1992)는 점에서, '逸-'은 '숨-'으로 읽은 해독을 따른 것이다.

6.2. 川理叱 나릿 ← 川(실의독:나리)+理(전음독:리)+叱(약음독:ㅅ)

6.3. 磧惡希 쟉벼리아긔 ← 磧(실의독:쟉벼리)+惡(약음독:아)+希(전음독:긔)

'磧'은 '쟉벼리, 지벽, 별, 쟉별, 벼ㄹ, 돌악, 재벽, 쟉별, 지벽, -벌, ᄌ갈, 재박별()쟉벼리)' 등으로 읽고 있다. '磧'의 해독은 『훈몽자회』의 '쟉벼리'에 근거한 오구라(1929)의 해독을 따른다. 이 '쟉벼리(磧)'는 '자갈, 조약돌' 등을 뜻하는 '지벽(력/礫, 락/珞)'과는 별개의 어휘이다. 그리고 '쟉벼리'는, 그 의미인 '물가의 모래벌판에 돌이 섞여 있는 곳'으로 보아, '조약'의 의미인 'ᄌ악/쟈약'의 축약인 '쟉'과 '별'의 이형태인 '벼리/별'의 합성어로 보인다.

'惡'은 '악/아'로, '希'는 '긔'로 보아. '惡希'는 '-아긔'로 읽는다.

'磧惡希'를 '쟉벼리아긔'로 읽든 다르게 읽든, 명확하게 할 것이 또 하나 있다. '-惡希'나 '-希'의 의미가 '-에'인가 '-에서'인가 하는 문제이다. 일군의 해독(김완진 1980; 권재선 1988; 강길운 1995; 양희철 1997; 신재홍 2000; 박재민 2009a; 서정목 2014; 황병익 2019a; 양희철 2020)에서는 '-에서'의 의미를 취하였다. 이렇게 '자갈밭에서/서덜에서'의 의미로 읽으면, '자갈밭/서덜' 서 있는 존재를 시적 화자로 본 것이다. 이에 비해 '자갈밭에/서덜에'의 의미로 읽으면, '자갈밭에/서덜에'는 기파랑이 마음을 지니고 간 장소가 된다. 물론 후자로 읽을 때에, 문맥이 통하지 않는다고 할 수 있다. 이 때문에 향찰에 없는 '-서'를 첨가한 '-에서'의 해석이 나왔다고 할 수 있다.

7. 郎也 持以支 如賜烏隱

마루여 딕힙 가시온
낭이여 지키어 가시온

(오구라 1929)	郎이 디녀 괴여샨
(양주동 1942)	郎이 디니다샤온
(유창선 1936b)	郎이 디니샤온
(지헌영 1947)	郎예 디니다샤온
(정열모 1947)	랑예 지니기샤온(1965 랑이라 가지기 녀리 가몬)
(이 탁 1956)	손여 디니ᄃᆞ슨온
(홍기문 1956)	郎야 디니디 답샤온
(김준영 1964)	郎여 디니ㅈ(1979 디니ㅿ) 다샤온
(김선기 1967c)	님이야 디니디 같샤온(1993 랑이라 디니디 같샤온)
(김상억 1974)	랑애 디니다샤온
(서재극 1975)	郎이야 디니히다시온
(전규태 1976)	郎이 디니다샤온
(김완진 1980)	郎이여 디니더시온
(정창일 1987)	郎야 디니러엿드오눈
(권재선 1988)	郎여 디니ㅎ녀샤온
(금기창 1993)	郎여 디닛다샤온
(이도흠 1993)	낭이여 지니시던
(유창균 1994)	ᄆᆞᆯ야 디니기 ᄀᆞᄐ시온
(강길운 1995)	마루의 디니다손
(최남희 1996)	郎야 디니히더시온
(지형률 1996)	郎여 디닣더시온(2007 딘히더시온)
(양희철 1997)	郎야 디니-ㅂ다시온
(신재홍 2000)	郎야 디니다시온
(황패강 2001)	郎이 디니디샤온
(류 렬 2003)	나라 디니기 다비시혼
(성호경 2008)	郎여 디니더시온
(서정목 2014)	郎이여 디니더샨
(황병익 2019a)	낭야 디니더시온
(양희철 2020)	마루여 지니입 가시온

7.1. 郎也 마루여 ← 郎(실의독:마루)+也(실의독:여)

7.2. 持以攴 딕힙 ← 持(실의독:딕히)+以(전음독:이)+攴(약음독:ㅂ)

7.3. 참조.

7.3. 如賜烏隱 가시온 ← 如(실의독:가)+賜(전음독:시)+烏(전음독:오)+隱
(약음독:ㄴ)

'持以攴 如賜烏隱'을 '지키어 가시온'의 의미인 '딕힙 가시온'으로 읽는다. '攴'은 연결어미 'ㅂ'으로, '如'는 '가-'로 읽은 것이다(양희철 2001, 2008a:281-282).

기왕의 해독들은 상당수가 '디니다시온'으로 읽고 '지니시더온'의 의미로 보고 있는데, '如(다)'를 '더'로 보기 어렵고, '-다시-'가 '-시더-'라고 주장하는 것도 어렵다. 이 문제를 피하거나 해결하고자, '持以攴如賜烏隱'을 '持以 攴如賜烏隱'으로 띄우고, '디녀 괴여샨'(가지고 있는, 오구라 1929)으로 읽거나, '持以攴 如賜烏隱'으로 띄우고, '가지기 녀리 가몬'(가깝게 다니는 이여 고상한, 정열모 1965), '디니디 답샨온'(디녀야 할, 홍기문 1956), '디니디 깓샤온/같샤온'(지니심 같사온, 김선기 1967c, 1993), '디니ㅎ 녀샤온'(지니고 가시는, 권재선 1988), '디니기 ᄀᄐ시온'(지님과 같으신, 유창균 1994), '디니기 다비시혼'(지니게 되시온, 류렬 2003), '디니입 가시온'(지니어 가시온, 양희철 2001, 2008a) 등으로 읽었다. 이 해독들은 '攴' 자를 '支' 자의 속자나 오자로 보고 '괴-, -기, -디, -ㅎ' 등으로 읽거나, '攴' 자를 'ㅂ'으로 읽었다. 그리고 '如' 자를 '-여-, 답-, 같/곹-, 녀-, 가-' 등으로 읽었다. 거의 모든 해독들이 형태소의 차원에서 해당 현대역들과 잘 연결되지 않는다.

단지 '디니입 가시온'(지니어 가시온)의 해독만이 형태소의 측면에서 해독과 그 현대역의 일치를 보여준다. '디니입'으로 읽어도 좋지만, 이보다는 '지키어'의 의미인 '딕힙'으로 읽는 것이 더 좋을 것 같다. 이 해독에 포함된 '攴/ㅂ'은 돌궐어와 중세어, 특히 "무릅 쓰다(무르어 뜨다), 므릅 쓰며(무르어 뜨며), 냅 쓰며(내어 뜨며), 팁 쓰고(치어 뜨고), 팁 쓰니(치어 뜨니)" 등에서 발견되는 연결어미 'ㅂ'이다(양희철 1995, 2001, 2008a:275-276). 그리고 우리는 말음표기자와 말음첨기자로 '只/ㄱ, 隱/ㄴ, 乙/尸/ㄹ, 音/ㅁ, 叱/ㅅ' 등을 이야기하면서 말음표기자와 말음첨기자 'ㅂ'을 정리하지 않고 있는데, 이 '攴'을 바로 'ㅂ'의 말음표기자와 말음첨기자로 판단하였다.

8. 心未 際叱肹 逐內良齊

ᄆᆞᄉᆞ미 갓글 좃ᄂᆞ아져
마음의 가를(志節의 마음을) 따라내고져

    (오구라 1929)   ᄆᆞᄉᆞᆷ의 ᄀᆞᆾ올 조차제
    (양주동 1942)   ᄆᆞᄉᆞ미 ᄀᆞᆾ홀 좃누어져
    (유창선 1936b)   ᄆᆞᆷ애 ᄀᆞᆾ올 조츠제
    (지헌영 1947)   ᄆᆞᄉᆞ미 ᄀᆞᆾ홀 좃누아져
    (정열모 1947)   맘의 갓홀 좃내려저(1964 ᄆᆞ미 ᄀᆞᆾ홀 조차 녀져)
    (이 탁 1956)   ᄆᆞᄉᆞᆷ ᄀᆞᆾ올 둣ᄂᆞ아돈
    (홍기문 1956)   ᄆᆞᄉᆞ미 ᄀᆞᄉᆞ홀 좃누아져
    (김준영 1964)   ᄆᆞᄉᆞ메 ᄀᆞᆾ홀 좃나아져(1979 ᄆᆞᄉᆞ미 … 좃ᄂᆞ아져)
    (김선기 1967c)   마사매 갇깔 좃나라재(1993 좃나라지)
    (김상억 1974)   마자매 갓홀 좃누아져
    (서재극 1975)   ᄆᆞᄉᆞ미 ᄀᆞᆾ홀 뽓ᄂᆞ아져
    (전규태 1976)   ᄆᆞᄉᆞ매 ᄀᆞᆾ홀 좃누아져
    (김완진 1980)   ᄆᆞᄉᆞ미 ᄀᆞ술 좃ᄂᆞ라져
    (정창일 1987)   心굿 際설홀 조츠엇제
    (권재선 1988)   ᄆᆞᄉᆞᆷ이 ᄀᆞᆾ홀 좃ᄂᆞ아져
    (금기창 1993)   ᄆᆞᄉᆞ미 ᄀᆞᆾ홀 좃ᄂᆞ아져
    (이도흠 1993)   마음의 언저리를 따르고져
    (유창균 1994)   ᄆᆞᄉᆞ미 ᄀᆞ술홀 좃ᄂᆞ라져
    (강길운 1995)   마음의 가스글 좃나셔
    (최남희 1996)   ᄆᆞᄉᆞ미 ᄀᆞᆾ홀 좃ᄂᆞ아져
    (지형률 1996)   ᄆᆞᄉᆞᆷ이 ᄀᆞᆾ올(2007 ᄀᆞᆾ홀) 좃ᄂᆞ아져
    (양희철 1997)   ᄆᆞᄉᆞ메 ᄀᆞᆾ홀(2013 ᄆᆞᄉᆞ미 ᄀᆞᆾ글) 좃ᄂᆞ아져(2008 좃내아져)
    (신재홍 2000)   ᄆᆞᄉᆞ미 ᄀᆞᆾ홀 좃ᄂᆞ아져
    (황패강 2001)   ᄆᆞᄉᆞ미 ᄀᆞᆾ홀 좃누아져
    (류 렬 2003)   마ᄉᆞ미 가시홀 조초노하져
    (성호경 2008)   ᄆᆞᄉᆞᆷ미 ᄀᆞ술 좃차지
    (박재민 2009a)   마음의 끝을 좃ᄂᆞ아져
    (서정목 2014)   ᄆᆞᄉᆞ미 ᄀᆞ술 좃ᄂᆞ오라

(황병익 2019a)　　　 ᄆᆞᅀᆞ미 ᄀᆞ술 좇ᄂᆞ라져
(양희철 2020)　　　 ᄆᆞᅀᆞ미 갓글 좇내아져

8.1. 心未 ᄆᆞᅀᆞ미 ← 心(실의독:ᄆᆞᅀᆞᆷ)+未(전음독:미)

8.2. 際叱肹 ᄀᆞ글 ← 際(실의독:ᄀᆞ)+叱(약음독:ㅅ)+肹(전음독:글)

8.3. 逐內良齊 좇ᄂᆞ아져 ← 逐(실의독:좇/隨)+內(전음독:ᄂᆞ)+良(약의독: 아)+齊(전음독:져)

'逐-'은 실의독 '좇(隨)-'으로 읽히고 있다. 이를 따른다.

'逐內良齊'의 '內'를 '조차제'(오구라 1929)와 '조츠제'(유창선1936b)에서는 읽지 않았다. 그리고 대다수의 해독들이 취한 '-內(ᄂ/나/누)+良(아)-'의 연결은 문제를 보인다. 이 '-內/ᄂ-'에 대해 "'內=ᄂ'의 출현은 中世語의 형태론이나 통사론의 지식으로는 설명하기 어려운 존재이지만, 그만큼 古代語의 질서가 中世語와는 달랐다는 證左로 중요한 자료가 된다"(김완진 1980:89)는 지적을 하기도 한다. 이 지적이 보인 '설명하기 어려운' 점은 구체적으로 언급하지 않고 있지만, '-ᄂ-'와 '-라져(良齊)'의 연결에서 오는 형태론적 문제라 파악한다. '-(아)져'는 '-고자', '-러(/려)', '-으러(/려)' 등으로, 모두가 희망의 미래 행동과 관련된 의미를 가진다. 그런데 이 미래의 행동과 관련된 용언에서, 또다시 현재시제와 관련된 '-ᄂ-'가 선어말어미로 등장할 수 있을까 하는 형태론적 문제이다. 이런 점에서 이 '-內-'는 일단 '-ᄂ-'로 읽는 것은 어려워 보인다.

이 두 문제를 해결하고자, '좇차져'(성호경 2008)에서는 '內'를 지정문자로 보기도 했다. 바로 앞에 온 향찰을 뜻으로 읽으라는 지정문자로 보면, 그 앞에 온 향찰을 뜻으로 읽을 수 없는 경우를 해결할 수 없으며, 한자의 뜻을 이용한 많은 향찰들 다음에 이 지정문자를 쓰지 않은 이유를 설명할 수 없는 문제를 보인다.

이 두 문제들은 '內'를 복합용언의 후행 어간 '-내-'로 보고, '逐內良齊'를 '따라내고져'의 의미인 '좇내아져'로 읽은 적(양희철 2001, 2008a:348-349)이 있다. '좇ᄂᆞ아져'로 수정한다. 이는 그냥 좇고자 하는 것이 아니라 그 좇음을 끝내 이루어내고자 하는 강한 행동과 희망의 표현이다. 이에 따라 '逐內良齊'를 '좇ᄂᆞ아져'(따라내아져)로 읽는다. 이 '內/ᄂᆞ'는 〈안민가〉의 '爲內尸等焉'의 '內/ᄂᆞ'와 같은 것이다.

'心未 際叱肹 逐內良齊'는 '지절(志節)의 마음을 따라내고져'의 의미인 'ᄆᆞᅀᆞ미 갓글 좇ᄂᆞ아져'로 읽었다. 'ᄆᆞᅀᆞ미 갓글 좇ᄂᆞ아져'는 문자적 의미로 보면, '마음의 가장자리

를 따라내고져'의 의미이다. 그런데도 '마음'을 '지절의 마음'의 의미로, '마음의 가장자리'를 '마음'의 의미로 해석한 것은 두 제유법과 관련되어 있다. 전자는 일반화의 제유법이고, 후자는 개별화의 제유법이다. '心未'를 'ᄆᆞᄉᆞ미'로 읽고, 그 의미를 '지절의 마음의' 의미로 보았는데, 이는 '지절의 마음'이라는 부분을 '마음'이라는 전체로 바꾸어 표현한 일반화의 제유법이다. 그리고 '心未 際叱'을 'ᄆᆞᄉᆞ미 갓'으로 읽고, 그 의미를 '마음'으로 보았는데, 이는 '마음'이라는 전체를 '마음의 가장자리'라는 부분으로 바꾸어 표현한 개별화의 제유법이다.

9. 阿耶 栢史叱 枝次 高支好

아라 자싯 가지 놉호
아-, 잣나무의 가지 높아
    [1] 아-, 잣나무의 가지 높아]
    [2] 아-, 기랑의 志節이 높아]

(오구라 1929)	阿耶 잣ㅅ가지 놉하
(양주동 1942)	아으 잣ㅅ가지 노파
(유창선 1936b)	아으 잣가지 놉하
(지헌영 1947)	아으 잣ㅅ가지 놉허
(정열모 1947)	아야 잣가지 높기 조하(1965 아아 자시ㅅ 가지 높기 됴하)
(이 탁 1956)	아라 잣ㅅ갖아 높ᄋᆞ오
(홍기문 1956)	아야 자싀 가지 놉호
(김준영 1964)	아야 자시ㅅ 가자 노ㅈ호(1979 놏호)
(김선기 1967c)	아으(1993 아라) 자싣 가지 높온디고
(김상억 1974)	아으 잣ㅅ가지 놉호
(서재극 1975)	아으 잣ㅅ갖 놉괴호
(전규태 1976)	아으 잣ㅅ가지 노포
(김완진 1980)	아야 자싯가지 노포
(정창일 1987)	아냐 비ㅅ싀 가즈 놉디 돈
(권재선 1988)	아아 자싯가지 높ㅎ호
(금기창 1993)	아야 잣ㅅ가지 노피해

(이도흠 1993)　　아 아 잣나무 가지 높아
(유창균 1994)　　아라 자싯가지 그기 고비
(강길운 1995)　　아라 자숫가즈 높됴하
(최남희 1996)　　아야 자시ㅎ 갓 높호
(지형률 1996)　　아야 자싯 가지 높호(2007 노코)
(양희철 1997)　　아야 자싯 가디(2015a 가지) 높호
(신재홍 2000)　　아야 자싯 가즛 높기 됴-
(황패강 2001)　　아야 잣ㅅ가지 노파
(류　렬 2003)　　아으 자시시 가지 높디고
(성호경 2008)　　아야! 자싯가지 높고 됴하
(서정목 2014)　　아아, 자싯가지 노포
(황병익 2019a)　　아! 자싯가지 노포
(양희철 2020)　　아라 자싯 가지 높호

9.1. 阿耶 아라 ← 阿(전음독:아)+耶(전음독:라)

'阿耶'는 초기에 '아으'나 '아야'로 읽었으나, 차차 '아라'(이탁 1956; 유창균 1994; 강길운 1995)로 기울었다.

9.2. 栢史叱 자싯 ← 栢(실의독:자시)+史(전음독:시)+叱(약음독:ㅅ)

'栢史叱'은 '자싯'(정열모 1965; 김준영 1964 등등)으로 굳어졌다.

9.3. 枝次 가지 ← 枝(실의독:가지)+次(전음독:지)

'枝次'는 '가지, 갗아, 갖, 가즈 가즈, 가디' 등으로 읽히고 있으나, '次'가 '止'섭의 한자라는 점(제3부「의독자와 음독자로 겸용된 문제 향찰」 4.2.1. 향찰 '枝次'의 '次' 참조)에서, '가지'(오구라 1929; 양주동 1942 등등)로 판단한다. 이로 인해 '栢史叱 枝次'를 '잣나무의 가지'의 의미인 '자싯 가지'로 읽는 데는 문제가 없다.

그런데 이 표현이 의미하는 바가 무엇인가는 당연한 듯하면서도 문제를 보인다. 바로 '잣나무'만으로도 현인의 지의(志義)를 비유[49]하는데, '가지'를 붙인 이유를 설명해 오

---

[49] "松竹檜柏賢人志義也 …"(賈閻仙,〈論總例物象〉,『二南密旨』, 顧龍振 중화민국 59:80. 양희철 2005b:

지 않고 있다는 문제이다. 이 '지의'는 '지절(志節)로 보아도 좋다. 이 문제는 수사와 관련된 것으로, '마음의 가[際, 가장자리]'와 같은 범주의 것으로 이해된다. 즉 기파랑이 지기고 간 미음과, 기파랑이 보여준 현인의 지절을, 모두 표현하지 않고, 그 가장자리와 그 일부분만을 표현하여, 시적 화자 자신은 그 가장자리만을 따르고, 그 일부분만을 찬양할 수 있다고, 기파랑의 마음과 지절을 매우 숭고하게 표현하고, 시적 화자의 위치와 능력을 겸손하게 표현한 것이다. 물론, 이 두 표현은 전체를 그 부분으로 표현한 개별화의 제유법이다. 그리고 '잣나무 가지'의 표현에는 '눈이 덮지 못할'의 대상을 구체적으로 표현한 의미도 있다.

9.4. 高攴好 놉호 ← 高(실의독:놉)＋攴(약음독:ㅂ)＋好(전음독:호)

'高攴好'의 해독은 매우 다양하다. 그중에서 '高'의 훈('높-')을 살리고, '好'의 음('호')이나 훈('둏-, 됴ᄒ-')을 살리면서, 향찰에도 없는 '-고'나 '-하'를 첨가하지 않은 해독들은 다섯 종류이다. 이 다섯 종류의 해독들은 다음과 같이 '攴'의 처리에서 큰 차이를 보인다.

'놉호'(홍기문 1956)에서는 '攴'을 '支'(기)로 보고, '높-'의 본래음은 '녹-'이라고 보았다. 근거 없는 합리화로 보인다.

'攴'을 용언의 어간하에 온 부호자로 보고 '놉호'(김상억 1974; 최남희 1996)로 읽은 경우가 있는데, 이는 양주동의 주장을 따른 것이다. 향찰은 차제자인데, 차제자에서 이런 부호자를 인정하는 것이 어렵고, 이런 부호자의 개념은 지정문자로 이어지는 것 같다.

'노포'(김완진 1980; 서정목 2013, 2014)에서는 '攴' 자를 바로 앞의 향찰을 뜻으로 읽으라는 지정문자로 보았다. '攴' 자 앞에 뜻으로 읽을 수 없는 향찰이 온 경우가 많고, 그 많은 뜻으로 읽는 향찰 다음에 이 '攴' 자를 쓰지 않은 이유를 설명하기가 어렵다.

'攴'을 'ㅎ'의 표기로 보고 '호'의 'ㅎ'이 중철된 것으로 본 '놉호'(지형률 1996)도 있다. '攴(복)' 자를 'ㅎ'의 표기로 보는 것이 어렵고, '安攴下'에서 설명한 중철과 '八陵隱, 心未' 등에 나온 중철은 성격이 다르다.

'놉호'(양희철 1997, 2008a)에서는 '攴(복)' 자를 '놉-'의 'ㅂ'을 말음첨기한 글자로 보았다. 이 주장이 가장 타당한 것으로 판단한다(자세한 것은 '持以攴 如賜烏隱'의 '攴' 자 참조).

60-61).

10. 雪是 毛冬 乃乎尸 花判也

눈이 모들 니올 곳갈(花判)여
    [1] 눈이 덮지 못할 고깔(弁, 끝이 뾰족한 갈래)여]
    [2] 부도덕한 상급자가 덮지 못할 花判(판결)/判花(공문서 처리)여!]

(오구라 1929)	눈이 몰나올(不知) 花判이요
(양주동 1942)	서리 몯누올 花判여(1965 花判이여)
(유창선 1936b)	눈이 몯나올 곳이오
(지헌영 1947)	서리 모ᄃ누올 불한(神明)여
(정열모 1947)	눈이 몯 이올 화판예(1965 눈서리 모도 나올 곳가리라)
(이 탁 1956)	서리 몯ᄂ올 곳ㅂ한(國仙)여
(홍기문 1956)	서리 모ᄅ누올 꽃한(화주)이여
(김준영 1964)	서리 모둘나올 花判(화랑)여
(김선기 1967c)	눈이 몰라올 화랑이야(1993 모롤나올 고지사내라)
(김상억 1974)	서리 몯누올 화반여
(서재극 1975)	서리 모둘ᄂ올 花判이여
(전규태 1976)	서리 몯누올 화한야
(김완진 1980)	누니 모둘 두폴 곳가리여
(정창일 1987)	눈이 맛곗내 혼히 곳 퓌야
(권재선 1988)	눈이 모도 ᄃ빋올 곳ᄀᄅ여
(금기창 1993)	서리 모둘아올 화반여
(이도흠 1993)	서리 못 머물 꽃한(花判)이여
(유창균 1994)	눈이 모둘 ᄂ올 花判이라
(강길운 1995)	눈이 몯들 나올 가반여
(최남희 1996)	누니 모둘 ᄂ올 花判야
(지형률 1996)	눈이 모둘내 홀 곳판여(2007 모둘나올 곳한여)
(양희철 1997)	雪(눈, 雪怨)이 모둘 乃(녀리, 나)올 花判(곳갈, 花判, 判花)야
(신재홍 2000)	-ᄒ리 모다 니올 花判야
(황패강 2001)	눈서리 모도 나올 花判이여
(류 렬 2003)	서리 모ᄅᄂ홀 가시한이라
(성호경 2008)	누니 모둘 고졸 곳갈여
(서정목 2014)	누니 모둘 지즮 곳갈이여
(황병익 2019a)	누니 몯 이올 花判이여

(양희철 2020)　　　눈이 모둘 니올 곳갈[고깔(弁, 끝이 뾰족한 갈래), 花判(판결), 判花(공문서 처리)]여!

10.1. 雪是 눈이 ← 雪(실의독:눈)+是(실의독:이)

'雪是'를 '눈이'로 해독하는 데는 아무런 문제도 없다. 그리고 표면적 의미 또는 문자적 의미는 자연의 눈[雪]이다.

그런데 문제는 이 표면적 의미에 머물지 않고, 그 이면적 의미, 즉 비유적 의미가 무엇인가에 있다. 이 비유적 의미로 '雪'의 다른 의미인 '雪怨'과, '隨風宛轉'에 의거한 시류편승자로 설정하기도 했다(양희철 1997). 그러나 이 해석은 어의만을 검토하고 문맥을 검토하지 않은 문제를 보인다. 즉 어휘론적 의미만을 검토하였지, 비유론적인 해석은 아니다.

해당 문맥에서 '눈'의 의미를 보면, 덮은 눈의 무게로 나무의 가지를 꺾거나, (푹) 늘어지게 하기도 하는 존재이며, 덮은 눈으로 상청(常靑)의 푸름을 덮는 존재이다. 이런 성격을 가진 존재를 관직 세계, 더 나아가 판관들의 세계에서 찾으면, 판결을 억압할 수 있고 덮어버릴 수 있는 존재로, 판결을 억압하고 덮어버릴 수 있는, 부도덕한 상급자, 또는 의롭지 않은 상급자로 이해된다. 이 문맥의 비유적 의미로 보면, '눈'은 '부도덕한 상급자'를 표현한 은유로 이해된다. 보조관념 '눈'과 원관념 '부도덕한 상급자'가 가지고 있는 은유의 기반, 즉 공통의 자질은 '꺾음, 누름, 덮음' 등이다.

10.2. 毛冬 모들 ← 毛(전음독:모)+冬(가의독:들)

'毛冬'은 그 다음의 '乃乎尸'과 합쳐서 해독되기도 한다. 합쳐서 해독하는 경우는 모두가 '毛冬'을 '모르-'(不知)로 잡는 특징이 있다. 그러나 다른 모든 '毛冬'이 '모들'(못)로 읽힌다는 점에서 회의적이다. 이런 점에서 '모들'로 해독한다(제3부 「의독자의 문제 향찰」 3.1.3. 기타의 '冬' 참조).

10.3. 乃乎尸 니올 ← 乃(가의독:니)+乎(약의독:오)+尸(약음독:ㄹ)

'乃乎尸'의 해독 역시 다양하다. 선행 연구에 대한 변증은 각주[50]로 돌린다. '乃乎尸'

50　'乃乎尸'에 대한 기존 연구에 대한 비판은 다음과 같다. "'乃乎尸'의 해독은 다양하다. 그중의 일부[각주

를 '이올(蓋)'과 '가올'의 의미인 '니올'로 읽은 것은 '乃'에 '니다/往也'의 의미가 있기 때문이다. 이 의미는 한국 사전에는 등재되어 있지 않지만, 중국 사전에는 등재([廣雅, 釋詁一] 乃往也)되어 있으며, 『삼국유사』의 "又始築富山城三年乃畢"(〈문호왕법민〉조), "慈藏法師西學 乃於五臺 感文殊授法"(〈황룡사구층탑〉조), "匠乃心疑停乎"(〈황룡사구층탑〉조), "如是乃至一百七十二 … 如是乃至餓鬼修羅 …"(〈심지계조〉조) 등에서 발견된다. 이 '니다/往也'는 '가다'의 의미이고, 동시에 '이다(蓋, 덮다)'의 동음이의어이다(양희철 2005b:63-64).

10.4. 花判也 곶갈[고깔, 곶갈(花判), 갈곶(判花)] ← 花(가의독:곶(串), 음의독:花)+判(가의독:갈, 음의독:判)+也(전음독:야)

'花判也'의 해독사를 간단하게 정리한 글이 있어 인용하면 다음과 같다.

'雪'이 일차로 자연의 눈이라는 점에서, 제9, 10행은 景中情이나 景中意의 景이거나, 알레고리적 상징으로 보인다. 이로 인해, 일차적으로는 '乃乎尸 花判也'도 자연을 노래한 것으로 해독해야 할 것 같다. '花判'은 초기의 해독과 그 후의 많은 해독들에서, 인간 또는 신의 존재나 그들의 행위와 관련된 것으로 보았다.[각주 37) 이에 속한 해독으로 '花判'(화랑의 장) '불한'(神明) '곶ㅂ한'(國仙) '꽃한'(화주 또는 유사 벼슬) '곶ᄀᄅ'[꽃가루(敎化)] '花判'(殉烈) '가반'(官員) '花判'(화랑의 誓願) 등이 있다.] 중간에 '花判'을 인공물로 해독하기도 했는데, '곳갈'[각주 38) 정열모 1965:310] '곳갈'[각주 39) 김완진 1980b:90] 등이 이에 속한다. 이 '곳갈/곳갈'은 인간이 쓰는 '곳갈'(弁/帽/冠)로 본 것이다. 그 후에 '花判'을 자연물, 즉 잣나무 끝부분의 원추형 모양[각주 40) 양희철 1997:628] 또는 원뿔꼴[각주 41) 성호경 2004:250]을 나타낸 '곳갈'로 보았다. '花判'은 앞에서 언급했듯이, 제9

---

42) '(몰)나올'(不知) '나올'(겪은) '나올'(생길) '니올'(해 내야 할).]는 자연 현상과 거리가 멀고 다른 문제도 포함한다. '느올'(下, 降)은 '느리-'를 '눌-'로 재구하고 '-오-'가 첨가된 것으로 보았다. 그러나 이같이 처리하려면 '눌+오+ㄹ'로 '느롤'이 되어야 한다. 나머지 해독들은 일단 자연 현상으로 본다는 점에서 긍정적이지만, 다음과 같은 문제들을 보여준다. '이올'(덮을)은 한자 '乃'에 '이-'의 뜻이나 음이 없는 문제를 보인다. '두폴'(덮을)은 '乃'를 '久'로 수정한 해독인데, 수정의 근거에서 설득력이 없는 듯하다. '녀리올'(덮을)은 한자 '乃'의 한 의미인 '古'에 근거해 '蓋'의 의미 '녜-'[이-(蓋)]의 재구음 '녀리-'로 본 것인데, 재구음을 증명하는 데 한계가 있다. '고졸'(꽃을)은 한자 '乃'의 한 의미인 '곧/곳'(卽/則)에 근거한 해독이다. 그러나 자연 현상에서 잣나무 가지가 아무리 높아도 눈이 그 잎이나 가지 사이를 꽂는다는 점에서, 해당 향찰을 '모돌 고졸'(못 꽂을)로 해독할 수는 없다. 그리고 '고졸'(꽃을)은 어감상 예리한 시어처럼 보이지만, 기파랑의 인품을 드러내는 후경의 시어로서는 크기와 무게에서 적합하지 않은 것 같다."[각주 42)를 협주로 필자가 옮김. 양희철 2005b:63].

행과 제10행의 '雪'이 자연이라는 점에서, 일차적으로는 자연으로 본 해독을 취해야 할 것 같다.(모든 각주를 할주로 필자가 바꿈. 양희철 2005b:62-63)

이 인용에서 보듯이, '花判也'는 잣나무 끝부분의 원추형 모양 또는 원뿔형 모양을 일차로 의미한다. 그러면 '곳갈'을 '串曷'과 같은 식으로 표기하지 않고, 판결이나 판결의 화압(花押)을 의미하는 '花判'이나 '判花'로 표기하였을까? 이는 잣나무 끝의 '花判(곳갈〉고깔)'은 물론 '花判(판결)'과 '判花(공문서의 판결문 뒤에 친 화압, 공문서의 처리)'(양희철 1985:6)도 표기하기 위한 것(양희철 1997:634-636)으로 판단하였다.[51] 이 花判(고깔, 花判, 判花)의 해독은 세 의미를 전달할 수 있지만, 시로 읽을 때에 어떻게 읽을 수 있는가에 답하기 어려운 문제를 보인다.

이 문제를 해결하기 위하여 곳갈[고깔, 곳갈(花判, 판결), 갈곳(判花, 공문서의 판결문 뒤에 친 화압, 공문서의 처리)]로 해독한다. '곳갈'을 동음이의어와 그 도치 표현으로 본 것이다. 먼저 '곳갈'은 '고깔'의 고어이다. 다음으로 '곳갈'은 각각 향찰 '花'와 '判'의 훈독이며, '花判'의 우리말로, 판결의 의미이다. 그리고 '곳갈'은 '갈곳'의 도치로 판결문의 화압(花押)을 의미한다. 이는 판결문을 쓰고 판결자의 사인을 붓으로 그림과 같이 그린 것이다. 이런 점에서 향찰 '花判'을 '곳갈'로 읽고, 그 의미는 자연의 '고깔', 판결의 '곳갈', 판결문의 화압(花押)인 공문서 처리를 의미하는 '갈곳(갈음의 꽃, 判花)'의 도치인 '곳갈' 등의 삼중의를 보여주는 동음이의어의 중의어로 정리한다. '갈'을 '갈음'

---

51 이 해독을 엉뚱한 해독으로 바꾸어 놓은, 성실하지 않은, 글이 최근에 발표되었다. 양희철의 글(1996, 1997:597)에서는 제9, 10구를 "아야 잣시 가지 놉호 / 雪(눈, 雪怨)이 모둘 乃(녀리, 나)올 花判(곳갈, 花判, 判花)야"로 읽고, 그 의미를 "아야 잣나무 가지 높허 / 눈(/雪怨)이 못 덮(/나)올 곳갈(/花判/判花)여"로 달았다. 그런데 이 부분의 제10구를 양희철이 "눈이 모둘 녀리올 곳갈야"로 읽었다고 바꾸어 놓고, 각주 84)에서 "양희철(1997), 『삼국유사향가연구』, 태학사, pp.596-597."라고 그 논거 아닌 논거를 제시했다(ⓑⓑⓘ 2019a:220). 이는 인용한 책의 내용과는 전혀 다른 내용으로 바꾸어 놓은 사실을 보여준다. 만약 양희철의 글을 그대로 인용하였다면, '花判' 및 '判花'와 관련된 설명이 이미 양희철의 글에서 이루어졌다는 사실이 드러나기 때문에, 이를 감추기 위한 글쓰기로 볼 수도 있다. 문제의 글에서는 '花判'에 대하여 매우 긴 설명(ⓑⓑⓘ 2019a:220-225)을 하고 있는데, 그 긴 설명을 보면, 양희철이 네 글(1985, 1996, 1997, 2005b)에서 보여준 '花判' 및 '判花'에 대한 설명이나 인용도 없이, 처음으로 소개하고 설명하는 듯이, 관련 글들을 장황할 정도로 열거하면서, '花判也'를 '花判이야'로 읽고, 그 의미를 "花判이여", "(청렴한) 評判(判決)이여", "강직하고, 명쾌한 판단"(ⓑⓑⓘ 2019a:225, 235)으로 설명하고 있다. 이는 양희철이 '花判也'를 '花判(곳갈, 花判, 判花)야'로 읽고, 그 의미를 '곳갈(/花判/判花)여'의 중의로 보고, 자연의 '고깔'은 물론, "곧고 바른 판결과 공문서 처리"(양희철 1997:643-645)로 정리한 것 중에서 "곧고 바른 판결과 공문서 처리"의 의미를 벗어나지 않는다. 남의 글을 인용할 때는 정확해야 한다. 성실한 글쓰기가 요청된다.

의 명사로 본 것은, 고어에서 어간이 명사나 부사로 쓰이듯이, 고어 '갈다(分)'의 어간 '갈'이 명사로 쓰였다고 본 것이다. 예로 "갈타다"의 '갈'을 들 수 있다. 그리고 이 도치는 작품의 시작 부분에서 왜 '嗚咽'을 '咽嗚'로 도치시켰는가를 이해할 수 있게 한다. 즉 '花判'이 '判花'의 도치라는 사실을 문체적으로 암시한 것이다.

〈처용가〉

[원문]

東京 明期 月良
夜入伊 遊行如可
入良沙 寢矣 見昆
脚烏伊 四是良羅
二肹隱 吾下於叱古
二肹隱 誰支下焉古
本矣 吾下是如馬於隱
奪叱良乙 何知 爲理叱古
(何如의 '如'는 '知'의 오자로 수정, 爲理叱古의 '叱'은 누락자로 보충)

[해독]

東京(동경) 붉기 [알맞게(期)] 도라
밤들이 노니다가
드러사 자리 보곤
허도이 넷이이라
두흘은 내 해엇고
두흘은 누기 핸고
본디 내 해이다마언
앗알 엇디 흐릿고

[현대역]

동경 밝기(에) (알맞게) 달에

　　　　　[1] 동경(이) 밝기(에) (알맞게), 달에]
　　　　　[2] 동경(이) 달에 밝기(에) (알맞게)]
밤들이 노니다가
들어서 잘 데 보니
다리가 넷이구나
둘은 내 해엇고
둘은 누구의 핸고
본디 내 해이다마는
앗을 것을 어찌 하릿고

1. 東京 明期 月良

東京(동경) 붉기 [알맞게(期)] 둘아
동경 밝기(에) (알맞게) 달에
　　　　　[1] 동경(이) 밝기(에) (알맞게), 달에]
　　　　　[2] 동경(이) 달에 밝기(에) (알맞게)]

(가나자와 1918)	Tong-kyŏng parkeun tar ira
(권덕규 1923)	東京 밝은 달에
(아유가이 1923)	동경 볼긔 달(/다라)
(신채호 1924)	東京 밝은 다래
(마에마 1929)	동경 붉온 (둘)애
(오구라 1929)	東京 붉온 둘애
(유창선 1936c)	東京 붉온 둘애
(신태현 1940)	東京 붉온 둘애
(양주동 1942)	시볼 볼기(1965 볼긔) 드래
(지헌영 1947)	셔볼 볼기 드래
(정렬모 1947)	동경 발근 달에(1965 볼근 둘 (양))
(방종현 1948)	東京 볼근 둘애
(김형규 1948)	셔볼(1962 시벌) 볼기 드래
(홍기문 1956)	東京 볼기 드래

(이 탁 1956)	東京 볼근 둘애
(남광우 1962)	셔블 볼긔 둘애
(김준영 1964)	東京 볼기 둘애
(김선기 1967h)	사라뿔 빨간 딸애(1993 시사불 밝인 따라(라))
(이기문 1972)	東京 볼기
(김상억 1974)	새벌 발기 다래
(서재극 1975)	東京 볼긔 드라
(전규태 1976)	시블 볼기 둘랑
(김근수 1976)	동경 볼근 드래
(김완진 1980)	東京 볼기 드라라
(정창일 1987)	東京 볼권 드럴
(박창원 1987)	(서라벌) 볼기 둘랑
(고정의 1989)	東京 볼긔 드라
(금기창 1993)	東京 볼기 드래
(이도흠 1993)	서라벌 밝히는 달 아래
(유창균 1994)	東京 볼기 돌이라
(강길운 1995)	살벌 가라긔 돌아
(지형률 1996)	東京 볼기 드랄아(2007 돌아)
(최남희 1996)	東京 볼기 드라
(양희철 1997)	동경 붉기 돌아
(신재홍 2000)	東京 볼기 드라
(황패강 2001)	시볼 볼기 드래
(류 렬 2003)	서불 볼기 드라

1.1. 東京 東京(동경) ← 東(음의독:東/동)+京(음의독:京/경)

'東京'은 음의독자 '東京/동경'으로 보는 경우와, 실의독자 '시볼, 셔볼, 사라뿔, 새벌, 서라벌, 살벌' 등으로 읽는 경우가 있다.

실의독자로 읽은 경우들의 문제는 김선기와 김근수에 의해 지적된 바가 있다. 즉 '東京'의 두 글자를 각각 실의독자로 읽으면 東의 '시'와 京의 '시볼/셔볼'이 합치면서 '시시불'이나 '시셔블'이 되어야 하는데, 해독의 실제는 그렇지 못하다는 지적이다. 이 주장은 상당한 설득력을 지닌다. 이런 점에서 실의독자의 해독을 버린다.

음의독자 '東京'으로 읽는 경우는 그 지명의 사용 시기에서 논란이 있었다. 즉 東京이란 지명이 고려시대의 지명이 아니냐 하는 문제였다. 그러나 헌덕왕 5년(813년)에 세워진 〈신행선사비(神行禪師碑)〉에서 이미 東京이란 말이 나타나고 있어 문제가 되지 않는다. 이 해독은 차제자 원리상 가능한 음의독자들의 결합으로, 그 가능성이 가장 크다. 이런 점에서 '東京'을 각각 음의독자들로 보아 '東京'(동경)으로 읽은 것을 따른다.

이 '東京'은 일반적으로 '-의'가 생략된 속격으로 보거나, 목적격 '-을'이 생략된 것으로 보고 있다. 그러나 속격의 경우는 다음에 볼 '明期'를 관형사형으로 볼 수 없는 문제를 가지고 있고, 목적격의 경우는 '明期'를 타동사로 볼 수 없는 문제들을 가지고 있어 부정적이다. 다음의 '明期'에 따라 이 '東京'을 주격 '-이'가 생략된 것으로 본다.

1.2. 明期 붉기 [알맞게(期)] ← 明(실의독:붉)+期[전음독:기, 잉여코드의 문맥적 의독:알맞게(期)]

'明期'의 '明'은 그 표기 형태를 달리하지만, 모두가 실의독자로 보고 있다.

그리고 '明期'의 '期'는 전음독자 '기/긔'로 보기도 하고, 가의독자 '근/온'으로 보기도 하며, '期' 다음에 '隱' 자를 첨가하여 '은/온/안'으로 보기도 한다.

'隱'을 첨가하는 경우는 〈고려처용가〉의 '볼근'을 염두에 둔 신채호 이래 계속되는 주장이지만, 궁여지책으로 보인다. 가의독자 '근/온'은 期를 幾로 다시 이 幾를 『이아(爾雅)』 '석고'(釋詁)의 '기는 근이다(幾近也)'에 의존하거나 期의 限也(이내, 안)에 의존한다. 그러나 두 경우 모두가 벽훈과 유도 과정이 너무도 복잡한 한계를 보인다.

이에 비해 '期'를 전음독자 '기/긔'로 읽은 경우는, 읽는 방법에서는 가장 타성성을 가지고 있다. 그러나 그 다음의 '月良'과의 연결에서 최대의 문제를 보인다. 이 해독들은 그 연결의 방법으로 복합 명사 또는 동사를 운위한다. 예로 제시된 복합 명사는 '누비중, 느루마기고개, 귀밝이술, 단감나무, 쓴나물' 등등이다. 이 중에서 '단감나무'와 '쓴나물'은 이미 복합 명사가 아니다. 그리고 나머지 복합 명사 셋은 사실은 '-의'를 첨가할 수 있는 것들이다. 즉 '누비의 중, 느루마기의 고개, 귀밝이의 술' 등으로 된다. 이에 비해 이 해독자들이 주장하는 '붉기둘'의 경우는 '붉기의 달'로 쓸 수 없는 한계를 보인다. 그리고 동사로 본 경우는 '붉+이(사동접사)'로 보고 그 의미를 '밝히는' 정도로 보고 있으나(고정의 1989), '붉+이'가 관형사형 '밝히는'의 의미가 될 수 없는 한계를 보인다. 이런 한계를 극복하고자 '明期'를 '가라긔'(새벽, 샐녘)로 해독하기도 한다. 그러나 이 주장도 한계를 가진다. 즉 이 해독자의 주장에 따르면, 주어진 문맥은 '새벽 달에 밤새도록 노니다가'가 되어, '밤새도록'의 지속의 시간과 새벽이란 비지속의 시간이 괴리된다.

이렇게 우리는 '明期'를 다시 해독하거나 문맥적 생략을 검토해야 하는 처지에 처해 있다. 필자가 보기에 '붉기'로 읽되, 그 생략 성분을 찾아야 한다고 본다. 바로 '붉기' 다음에 '-에'가 생략되었다는 것이다. 이런 구문은 다음의 예에서 볼 수 있다.

닙고 시브냐 하시기 니 더흐더 슬스오이다(『한중록』 p.26)

위의 예에서 보면, '하시기' 다음에 원인이나 조건을 나타내는 '-에'가 생략되어 있음을 알 수 있다. 이를 작품의 '붉기'에 적용하면, '東京(이) 붉기에'가 되면서 문맥이 자연스럽게 통한다. 좀더 풍부한 자료는 〈모죽지랑가〉의 '墮支' 참조.
이런 점에서 일단 '明期'는 '붉기'로 읽고 '붉기(에)'로 본다.
이렇게 '明期'는 '붉기(에)'로 읽어도 하나의 문제가 더 남아 있다. 왜 '-기'의 표기에 상용하는 '-支'를 쓰지 않았느냐 하는 문제이다. 이 일탈은 '期'의 음으로 '붉기'의 '-기'를 표기하고, 그 뜻 '알맞게'를 잉여코드로 이용하여 정보용량의 극대화를 추구한 것으로 보인다.

1.3. 月良 둘아 ← 月(실의독:둘)+良(약의독:아)

'月'은 모든 해독들이 실의독자로 보고 있다. 그러나 그 표기 형태는 '달, 둘, 딸, 다라/드라, 돌' 등으로 다양하다. '둘'의 해독을 취한다.
'良'은 경상도 방언에서 처격 '-에'에 해당하는 '아'로 본 해독을 따른다.
이 '月良/둘아'(달에)는 구문상에서 이중의 기능을 한다. 하나는 '동경(이) 달에 밝기(에) (알맞게) / 밤들이 노니다가'에서와 같이, '밝기(에)'와 '달에'를 도치로 보았을 때의 기능이다. 다른 하나는 '동경(이) 밝기(에) (알맞게), 달에 / 밤들이 노니다가'에서와 같이, 행간걸침 또는 계속행으로 보았을 때의 기능이다. 이 이중적 기능은 제1, 2구가 구문상의 중의, 그중에서도 구문상의 동음이의에 의한 중의(양희철 2020)를 보여준다.

2. 夜入伊 遊行如可

밤들이 노니다가
밤들이 노니다가

(가나자와 1918)	pam teur-i norra ka-taka
(권덕규 1923)	새도록 노니다가
(아유가이 1923)	밤드러 놀앗다가
(신채호 1924)	밤들이 노니다가
(마에마 1929)	밤들이 노니다가
(오구라 1929)	밤들어 노녀다가
(유창선 1936c)	밤들리 노녀다가
(신태현 1940)	밤드러 노니다가
(양주동 1942)	밤드리 노니다가
(지헌영 1947)	밤드리 노니다가
(정열모 1947)	밤들이[1965 (양)야 드뎌] 노니다가
(방종현 1948)	밤드리 노니다가
(김형규 1948)	밤드리 노니다가
(홍기문 1956)	밤드리 노니다가
(이 탁 1956)	밤들이 노니다가
(남광우 1962)	밤드리 노니다가
(김준영 1964)	밤들이 노니다가
(김선기 1967h)	밤돌이 노니다가
(이기문 1972)	놀니다가
(김상억 1974)	밤드리 노니다가
(서재극 1975)	밤 드리 노니다가
(전규태 1976)	밤드리 노니다가
(김근수 1976)	밤드리 노니다가
(김완진 1980)	밤 드리 노니다가
(정창일 1987)	밤 들이 노니여겨
(박창원 1987)	밤드듸 놀니다가
(고정의 1989)	밤드리 노니다가
(금기창 1993)	밤 드리 노니다가
(이도흠 1993)	밤들이 노닐다가
(유창균 1994)	밤 들이 놀니다가
(강길운 1995)	밤드리 노니다가
(지형률 1996)	밤들이 노니다가(2007 밤 들이 놀녀더가)
(최남희 1996)	밤드리 노니다가
(양희철 1997)	밤들이 노니다가

(신재홍 2000)	밤드리 노니다가
(황패강 2001)	밤드리 노니다가
(류 렬 2003)	밤드리 노니다가

2.1. 夜入伊 밤들이 ← 夜(실의독:밤)+入(실의독:들)+伊(전음독:이)

2.2. 遊行如可 노니다가 ← 遊(실의독:노니)+行(실의독:니)+如(약의독:다)
     +可(전음독:가)

'遊'는 거의가 '놀다'의 '놀-'로 잡고 있다. 그러면서도 해독의 실제에서는 '-ㄹ'을 생략한 '노-'로 보거나 '-ㄹ'이 그 당시에는 생략되지 않은 것이 아닌가를 의심한다. 그러나 필자가 보기에 '遊'의 훈은 '놀-'도 있지만, 이외에 '노니-'도 있는 것으로 보인다.

    어루 노녀 노룻하리니(可以遊戲)(『법화경언해』 二 67)
    머리 노뇨매 아희둘히 ᄌᆞ라ᄂᆞ니(遠遊長兒子)(『두시언해』(초간본) 十五 16)
    오래 노니고(久遊)(『두시언해』(초간본) 七 17)
    노닐 유(遊)(『類合』(下) 7)
    노닐 쇼(逍)(『석봉 천자문』 32)
    노닐 요(遙)(『석봉 천자문』 32)

이 예들로 보아 '遊'를 '노니-'로 해독한다.

'行'은 '앗, 녀, 니' 등으로 해독되고 있다. '앗'은 해독의 근거를 알 수 없다. '녀'는 '니다'의 이형태 '녀'로 해독한 것이다. 그러나 '行'이 '노니(遊)-'의 어절말 음절을 표기한 것으로 보아, '니'의 해독을 따른다.

'如'는 약의독지 '다'로, '可'는 전음독자 '가'로 각각 의견이 통일되어 있다.

3. 入良沙 寢矣 見昆

들아사 자리 보곤
들어서 잠자리 보니

(가나자와 1918)	teur-a-sa cham-eui po-kon
(권덕규 1923)	들어 내자리를 보니
(아유가이 1923)	드러자논디 보곤
(신채호 1924)	드러서 자리에 보니
(마에마 1929)	들어샤 자리 보곤
(오구라 1929)	들어사 자리에 보곤
(유창선 1936c)	들어셔 자리를 보곤
(신태현 1940)	드러사 몸채 보곤
(양주동 1942)	드러샤 자리 보곤
(지헌영 1947)	드러샤 자리이 보곤
(정열모 1947)	들어사 자리의 보곤(1965 들어 시침애 보건)
(방종현 1948)	드러사 자리 보곤
(김형규 1948)	드러사(1962 도러사) 자리에 보곤
(홍기문 1956)	드러샤 자리 보곤
(이 탁 1956)	들어ㅅ 잘이 보근
(남광우 1962)	드러사 자리 보곤
(김준영 1964)	들어사 자릐 보곤
(김선기 1967h)	돌아사 자리 보곤
(이기문 1972)	사
(김상억 1974)	드러사 자리 보곤
(서재극 1975)	드라사 자리 보곤
(전규태 1976)	들어사 자리 보곤
(김근수 1976)	드러셔 자리 보곤
(김완진 1980)	드러샤 자리 보곤
(박갑수 1981)	드러사
(정창일 1987)	드러사 자릐 보곤
(박창원 1987)	들어 (네)자리 보곤
(고정의 1989)	드러샤 자리보곤
(금기창 1993)	드러사 자리 보곤
(이도흠 1993)	들어사 자리 보니
(유창균 1994)	들어사 잘디 보곤
(강길운 1995)	드라사 자례 보곤
(지형률 1996)	들어셔 자릐(2007 들어서 자리의) 보곤
(최남희 1996)	드러사 자리 보곤

(양희철 1997)	들아사 잘디 보곤
(신재홍 2000)	드러사 자리 보곤
(황패강 2001)	드러사 자리 보곤
(류 렬 2003)	드러사 자리 보곤

3.1. 入良沙 들아사 ← 入(실의독:들)+良(약의독:아)+沙(전음독:사)

3.2. 寢矣 자리 ← 寢(실의독:자리)+矣(전음독:이)

'寢'은 '자리'의 해독을 따른다.

'矣'는 '에, ㅣ, 애, 의, 이, 디' 등으로 읽히고 있다. 'ㅣ'는 앞에서 설명한 바와 같은 문제를 보이고, '애'와 '에'는 '矣'의 음을 이미 벗어났다. '이'와 '디'는 '矣'의 중고음과 상고음의 범위 안에 있고, 이두에서도 모두 쓰이고 있었다는 점에서, 가능성을 가지고 있다. 그러나 만약 '本矣'를 '본디/본듸'로, '矣'를 상고음인 '디'로 읽으면서, '寢'을 '자'가 아니라 '잘'로 읽어야 하는 문제를 보인다. 이 문제는 '本矣'의 '本'을 '본디'로 읽고, '矣'를 '이'로 읽으면 해결된다. 이에 따라 '寢矣'의 '矣'도 '이'로 읽는다.

3.3. 見昆 보곤 ← 見(실의독:보)+昆(전음독:곤)

'昆'을 '니, 근, 건, 곤' 등으로 보고 있다. '니'는 〈고려 처용가〉의 '보니'를 의식한 것으로 해독은 아니다. '근'이나 '건'은 그럴 수도 있지만, '昆'의 음을 취한 '곤'을 따른다.

4. 脚烏伊 四是良羅

허토이 넷이아라
다리가 넷이구나

(가나자와 1918)	tari-i nÖis-si ra ra
(권덕규 1923)	가랄이 네이로새라
(아유가이 1923)	달이 넷이러라
(신채호 1924)	가라이 너이러라

(마에마 1929)	가로ㅣ 네히어라
(오구라 1929)	가롤이 네히러라
(유창선 1936c)	가롤이 네히러라
(신태현 1940)	허튀 네히러라
(양주동 1942)	가르리 네히어라
(지헌영 1947)	가르리 네히러라
(정열모 1947)	갈오이 넷일러라(1965 드리 어이 네히어라)
(방종현 1948)	가르리 네히러라
(김형규 1948)	가르리 네시러라(1962 네시어라)
(홍기문 1956)	가로리 너히어라
(이 탁 1956)	허되(허튀) 맛이어라
(남광우 1962)	허토이 너이어라
(김준영 1964)	가로이 네이아라(1979 너시아라)
(김선기 1967h)	가롤이 낙이라라(1993 넉이라라)
(이기문 1972)	가드리
(김상억 1974)	가로리 네히어라
(서재극 1975)	갈외 너히아라
(전규태 1976)	가르리 네히어라
(김근수 1976)	가로리 네히여라
(김완진 1980)	가로리 네히러라
(정창일 1987)	가롯이 넷이어라
(박창원 1987)	허튀 네히어라
(고정의 1989)	허튀 네이아라
(금기창 1993)	가뢰 네히어라
(이도흠 1993)	가라리 넷이로구나
(유창균 1994)	갈오이 넉이라라
(강길운 1995)	허토이 닭이아라
(지형률 1996)	거로이 넿이어라
(최남희 1996)	가드리 너이어라
(양희철 1997)	허토-이 넷이아라
(황선엽 1997)	각오이
(신재홍 2000)	가로이 네히어라
(황패강 2001)	가르리 네히어라
(류 렬 2003)	가롤이 너히어라

(박재민 2009a)　　　　허퇴

4.1. 脚烏伊 허토이 ← 脚(실의독:허토이)+烏(전음독:오)+伊(전음독:이)

'脚'은 '다리, 가롤, 가롤, 가로, 갈, 허되, 허퇴, 허토이' 등으로 읽히고 있다. '다리, 가롤, 허되, 허퇴' 등의 경우에서는 '烏'를 읽을 수 있는 방법이 없다. 이 문제를 극복하고자 '가롤'이 등장하는데, 이 경우는 '伊'를 '리'로 읽을 수 없는 한계를 보인다. 이 경우에 '烏' 다음에 'ㄹ'가 빠진 것으로 보기도 하나, 이대로도 해독될 수 있는 것에 탈자를 운위하는 것은 미봉책으로 보인다. 이 문제를 벗어나고자 '갈'이 등장하는데, 이 해독은 이미 '脚'이 아닌 '支·分·派·岐' 등을 해독하는 약점을 보인다.

'허토이'는 '烏'를 '토'의 '오'로 '伊'를 '이'로 읽은 것이다. 경상도 방언에서 '외'가 발음되지 않는 점에서, 중세의 '허퇴'는 '허토이'로 발음되었다고 보고, '허토이'로 읽는다.

4.2. 四是良羅 넷이아라 ← 四(실의독:넷)+是(실의독:이)+良(약의독:아)+羅(전음독:라)

'四'는 '네, 넷, 맛, 너, 낙, 닭' 등으로 다양한 형태를 보이나, 그 뜻은 모두 같다. 이어지는 '是'와의 연결을 생각하여 '넷'의 해독을 따른다.

'是'는 실의독자 '이-'와 전음독자 '시'가 모두 가능하다. 의주음조에 따라 전자를 택한다. '히'로 읽은 것들이 있는데, 이것들은 ㅎ곡용어 '네ㅎ'을 의식한 것으로 짐작되나, 이를 표기한 문자가 없어서 버린 것이다.

'良'은 '라, 아, 어, 러' 등으로 읽히고 있으나, '月良'의 '良'과 같이 '아'로 해독한 것을 따른다. '羅'는 '라'로 그 해독이 통일되어 있다. 그리고 '-良羅'를 '-아라'나 '-어라' 어느 것으로 보거나, 그 의미는 감탄형으로 보고 있다.

문제는 이 '-아라'나 '-어라'가 감탄형이 되는 논거이다. 이 논거를 제시한 글들을 보면 다음과 같다. 양주동은 '-어라'를 감탄법 '-거다'의 音便形으로 보았고, 서재극은 '-아라'를 선어말어미 '-가/거-'가 'ㅣ'모음 아래서 '-아/어-'로 된 것이라고 보았으며, 지형률은 '-어라'의 '-어/良-'를 'ㄱ'이 탈락된 확인법어미 '-거-'로 보았다. '-어라'를 '-거다'와 같은 어휘로 보는 것이 쉽지 않다. 유창균은 중세의 인칭법 '-오/우-'에 대응하는 '-아-'를 설정한 다음에 '良'을 '-라-'로 읽고 인칭법으로 정리하고, '羅/라'를 "서술형어미이나, 이 경우에는 인칭법의 '아'와 결합함으로써 감탄형이 된다."고 주장하였다. 쉽게 이해되지 않는다.

『표준국어대사전』에서 '-아라/-어라'를 보면, "(끝음절의 모음이 'ㅏ, ㅗ'인 형용사 어간 뒤에 붙어) 감탄의 뜻을 나타내는 종결 어미."와 "(끝음절의 모음이 'ㅏ, ㅗ'가 아닌 형용사 어간 뒤에 붙어) 감탄의 뜻을 나타내는 종결 어미."로 정리하고, 예로 "참, 달도 밝아라."와 "아이, 딱하고 가엾어라."를 들었다. 그리고 『고려대 한국어대사전』에서 '-아라'와 '-어라'를 보면, "끝음절의 모음이 'ㅏ', 'ㅑ', 'ㅗ', 'ㅘ'인 형용사의 어간 뒤에 붙어, 어떤 사실을 감탄하여 나타내는 말."과 "끝음절의 모음이 'ㅓ', 'ㅕ', 'ㅜ', 'ㅡ', 'ㅣ', 'ㅐ', 'ㅔ', 'ㅙ', 'ㅚ', 'ㅟ', 'ㅢ'인 형용사나 '이다'의 어간 또는 선어말어미 '-으시-'의 뒤에 붙어, 어떤 사실을 감탄하여 나타내는 말."로 정리하고, "참 달도 밝아라."와 "세상에, 아이 가엾어라."를 들었다. 이로 보면, 동사의 어간 다음에 온 '-아라/-어라'는 명령형이고, 형용사 어간이나 계사의 어간 다음에 온 '-아라/-어라'는 감탄형임을 알 수 있다. 이런 점에서 '녯이아라'는 감탄형으로, '녯이구나'의 의미라고 정리할 수 있다.

5. 二肹隱 吾 下於叱古

두홀은 내 해엇고
둘은 내 해엇고

    (가나자와 1918)   tur-eun nai arai Ö it-ko
    (권덕규 1923)   아으 둘혼 내해어니와
    (아유가이 1923)   두홀은 나아러엇고
    (신채호 1924)   둘혼 내해엇고
    (마에마 1929)   둘혼 내이엇고
    (오구라 1929)   둘은 나이엇고
    (유창선 1936c)   두홀은 내희엇고
    (신태현 1940)   둘은 내해엇고
    (양주동 1942)   둘혼 내해엇고
    (지헌영 1947)   둘혼 내해엇고
    (정열모 1947)   두홀은 내해엇고(1965 두홀은 내희엿고)
    (방종현 1948)   둘혼 내해엇고

(김형규 1948)	둘흔 내해엇고
(홍기문 1956)	두후른 내하엇고
(이 탁 1956)	두블은 내해엇고
(남광우 1962)	두흘은 나하엇고
(김준영 1964)	두블흔 내알(하)엇고(1979 내하엇고)
(김선기 1967h)	두불깐 우리까온고(1993 도볼깐 내까 온고)
(이기문 1972)	두블은
(김상억 1974)	둘흔 내해엇고
(서재극 1975)	두블흔 나하엇고
(선규내 1976)	두블흔 내하(해)엇고
(김근수 1976)	두블흔 내해엇고
(김완진 1980)	두보른 내해엇고
(정창일 1987)	두흘은 내 아러싀고
(박창원 1987)	두볼은 내해어시나
(고정의 1989)	두보른 내해엇고
(금기창 1993)	두흘은 내해엇고
(이도흠 1993)	둘은 내 해였고
(유창균 1994)	두블흔 내해엇고
(강길운 1995)	버글은 내게엇고
(지형률 1996)	두블흔 내래엇고(2007 두븕은 내 하이엇고)
(최남희 1996)	두블흔 나하엇고
(양희철 1997)	두흘은 내하엇고
(신재홍 2000)	두볼흔 내 해엇고
(황패강 2001)	둘흔 내해엇고
(류 렬 2003)	두흘은 내하어시고
(박재민 2009a)	눌흔

5.1. 二肹隱 두흘은 ← 二(실의독:두흘)+肹(전음독:흘)+隱(전음독:은)

'二'는 해독의 표기 형태에서는 다양하나 의미에서는 일치된 양상을 보인다. '둘ㅎ, 둘, 두흘' 등은 다음에 오는 '肹'의 음을 살리지 못하는 한계를 보인다. 혹 '肹'을 '-ㄹ'로 파악하는 경우도 있으나, 이 '肹'은 '-ㄹ'로 쓰인 예가 없다는 문제를 보인다. '두블, 두블ㅎ, 두볼, 두볼' 등의 해독들은 『계림유사』의 '二日途孛'에 해독의 근거를 두고 있으나, 정작 표기의 '肹'이 'ㅂ'이나 'ㅸ'의 음을 포함하지 않는 문제를 보인다. '버글'은 '二'가 아닌 '次'를 해독한 것이어서 버린다.

'두흘'의 해독을 따른다. 이 경우에 『계림유사』(1103년)가 〈처용가〉보다 후대인데, 어떻게 '볼'보다 후대로 보이는 '흘'을 택할 수 있느냐 하는 문제를 제기할 수 있다. 그러나 '肹'의 음은 상고 중고를 통하여 'ㅂ-'을 가지지 않는다는 점에서, '肹'을 'ㅂ'이나 'ㅸ'을 포함한 음절로 읽을 수 없다. 오히려 〈처용가〉의 표기가 『계림유사』(1103년)에 가까운 시기의 것으로 보인다.

'肹'은 '흘'로 앞의 '두흘'의 '-흘'을 첨기한 것이다.

'隱'은 모든 해독들이 '은'으로 통일되어 있다.

5.2. 吾 내 ← 吾(실의독:내)

'吾'는 '내, 나, 우리' 등으로 읽히고 있다. '우리'는 '두 다리는 우리 것…'이란 문맥을 보이면서 이상한 문맥을 이루어 버린다. '나'의 경우는 그 다음의 '것'이란 의미와 연결되지 않는 문제를 보인다. 이런 점에서 문맥에 무난한 '내'의 해독을 따른다.

5.3. 下於叱古 해엇고 ← 下(전음독:해)+於(전음독:어)+叱(약음독:ㅅ)+古 (전음독:고)

'下'는 '하, 까, 해, 히, 게, 이, 아래/아리' 등으로 읽히고 있다. '하, 까, 해, 히, 게, 이' 등의 해독들은 '下'를 전음독자로 본 것들인데, '하'가 '해, 히, 게, 이'가 될 수 없는 문제를 가진다. 이 문제를 벗어나려고 나온 '해'의 경우는 통음차를 운위하고, '게'의 경우는 '가'와 '게' 사이의 동요를 운위하나, 이 두 해독들은 전음독자인 이 경우에 허용이 어려운 것으로 보인다. '아래/아리'(아유가이)의 경우는 '내아래'가 '내아내'가 될 수 없다는 점에서 용인하기 힘들다. 그렇다고 '내 하체(下體)'를 의미하는 '내 아래'로 읽을 수도 없다. 이렇게 '下'는 '아리'로 읽으면 문맥을 벗어나고, '하'로 읽으면 이어지는 '-엇고'와의 연결에서 문제를 보인다. 이 문제를 해결하기 위하여 '下'를 '해'로 읽은 것을 따른다. 이렇게 읽으면 '下'의 음이 '해'가 아니라는 문제가 있는데, 이 문제는 과제로 돌린다.

'於'는 전음독자 '어'로 통일되는 가운데 '여'와 '오'의 해독이 있으나, '어'로 판단된다.

'叱'은 'ㅅ'으로 해독되는 가운데 '시'의 해독이 있으나, 'ㅅ'으로 보인다.

'古'는 '고'로 통일된 해독의 양상을 보인다.

6. 二肹隱 誰支 下焉古

두흘은 누기 헨고
둘은 누구의 핸고

(가나자와 1918)	tur-eun nui-si arai Ön-ko
(권덕규 1923)	둘흔 뉘해어니오
(아유가이 1923)	두흘은 누기아러언고
(신채호 1924)	둘흔 누치해언고
(마에마 1929)	둘흔 늧이언고
(오구라 1929)	둘은 누이언고
(유창선 1936c)	두흘은 뉘히언고
(신태현 1940)	둘은 뉘해언고
(양주동 1942)	둘흔 뉘해언고
(지헌영 1947)	둘흔 뉘ㅅ해언고
(정열모 1947)	두흘은 뉘기해언고(1965 누기흰고)
(방종현 1948)	둘흔 뉘기해언고
(김형규 1948)	둘흔 뉘해언고
(홍기문 1956)	두후른 누기하언고
(이 탁 1956)	두블은 누의해언고
(남광우 1962)	두흘은 뉘하언고
(김준영 1964)	두블흔 뉘ㅈ알(하)언고(1979 넗하언고)
(김선기 1967h)	두불깐 누기까안고(1993 도볼깐 누이까 안고)
(이기문 1972)	두블은 뉘해언고
(김상억 1974)	둘흔 뉘해언고
(서재극 1975)	두블흔 누히하언고
(전규태 1976)	두블흔 뉘하(해)언고
(김근수 1976)	두블흔 뉘해언고
(김완진 1980)	두볼른 누기핸고
(정창일 1987)	두흘은 누디 아런고
(박창원 1987)	두볼은 누디해언고
(고정의 1989)	두볼른 누기핸고
(금기창 1993)	두흘은 뉘해언고
(이도흠 1993)	둘은 뉘 해언고

(유창균 1994)　　　두블흔 누히해언고
(강길운 1995)　　　버글은 누게언고
(지형률 1996)　　　두블흔 누기핸고(2007 두븮은 누기 하이언고)
(최남희 1996)　　　두블흔 누기하언고
(양희철 1997)　　　두홀은 누기핸고
(신재홍 2000)　　　두볼흔 누기 해언고
(황패강 2001)　　　둘흔 뉘해언고
(류 렬 2003)　　　두홀은 누기 하언고

6.1. 二肹隱 두홀은 ← 二(실의독:두홀)+肹(전음독:홀)+隱(전음독:은)

이 해독은 5.1.과 같다.

6.2. 誰支 누기 ← 誰(실의독:누기)+支(전음독:기)

'誰'는 '뉘, 누기, 누의, 누' 등으로 그 표기는 다양하지만, 실의독자로 보는 바는 모두가 같다. 그러나 '누의'와 '누'의 해독들은 '誰'의 의미를 벗어난 문제를 보인다. '뉘'와 '누기'는 모두가 가능한 형태이나, 이어지는 '支'로 보아 '누기/누디'의 해독을 따른다.

'支'는 무의미한 글자, 또는 지정문자(攴의 오자로 처리)로 보기도 하고, 'ㅣ, ㅅ, 히, ㅿ, 디' 등으로 보기도 하나, '기/디'로 읽는다. 이 '기/디'는 '누기/누디'의 '기/디'를 첨기한 글자이다.

6.3. 下焉古 핸고 ← 下(전음독:해)+焉(약음독:ㄴ)+古(전음독:고)

'下'는 '해'이다(앞의 5.2.의 '下' 참조)
'焉'은 'ㄴ'의 해독을 따른다. 특히 '언'으로 읽은 경우가 많지만, '언'은 제7구의 '下是如馬於隱'에서 보듯이, '於隱'으로 표기하는 것으로 보아, 이 '焉'의 당시 음은 '온'으로 추정된다(제3부 「소멸된 한자음의 문제 향찰」 4.1. '焉/온' 참조).
'古'는 '고'이다.

7. 本矣 吾 下是如馬於隱

본디 내 해이다말언
본디 내 해이다마는

(가나자와 1918)	pon-eui nai arai ita-ma-Ö-neun
(권덕규 1923)	본대 내해이다마르는
(아유가이 1923)	본디 나아리이다마어는
(신채호 1924)	本딕 내해언만
(마에마 1929)	본딕 내이이다마론
(오구라 1929)	믿이 내이다마론
(유창선 1936c)	본디 내히다마는
(신태현 1940)	본디 내해이다마론
(양주동 1942)	본디 내해다마론
(지헌영 1947)	본디 내해이다마론
(정열모 1947)	본의 내해이다마언(1965 본디 내희이여ᄆ론)
(방종현 1948)	본디 내해이다마론
(김형규 1948)	본디 내해다마론
(홍기문 1956)	아세 내하이다마론
(이 탁 1956)	본의 내해다말은
(남광우 1962)	미틔 나하이다마론
(김준영 1964)	본디 내알(하)이다마언(1979 내하이다마언)
(김선기 1967h)	모토이 우리까이다말온(1993 몯이 내까 이다말온)
(이기문 1972)	미틔
(김상억 1974)	본대 내해다마런
(서재극 1975)	아리 나하이다마는
(전규태 1976)	본디 내하이(해)다마언(만)
(김근수 1976)	본디 내해이다마론
(김완진 1980)	본디 내해다마ᄅ는
(정창일 1987)	本의 내 알이엿마러는
(박창원 1987)	미디 내해다마ᄅ는
(고정의 1989)	미터 내해이다마ᄅ는
(금기창 1993)	본디 내해다마론
(이도흠 1993)	본래 내 해이지마는

(유창균 1994)	본디 내하이다마ㄹ론
(강길운 1995)	본듸 내게이다모런
(지형률 1996)	본디 내해다 ᄆᆞᄅᆞᆫ
(지형률 2007)	본디 내 하이다 ᄆᆞ론은
(최남희 1996)	미디 나하이다마론
(양희철 1997)	본디 내하이다말언
(신재홍 2000)	아이 내 해다마는
(황패강 2001)	본디 내해다마론
(류 렬 2003)	미디 내하히다마론

7.1. 本矣 본디 ← 본디(실의독:본디)+矣(전음독:이)

'本矣'는 '本디/本듸'로 해독되는 가운데, '믿이, 미디, 모토이, 아세, 아리' 등의 해독들도 보인다. '믿이'와 '미디'는 '本'을 실의독자 '믿'으로, '모토이'는 '本'을 실의독자 '몯'으로 본 것이다. 이 해독과 '本'을 음의자 '本'으로 본 해독 중에서 어느 것이 정확한 것인지는 아직 확정할 수 없다. 그러나 '믿이'는 '矣'의 음을 벗어나고 있는 문제를 보이고, '모토이'는 '矣'와 '오이'의 연결에 문제가 있으며, '미디'는 '本디'의 가능성으로 보아 '믿디'가 아닌가 한다. '아세'는 '아예, 아시'를 의식하고 있으나, 이를 인정하여도 '矣'의 음이나 뜻을 벗어난 문제를 보이고, '아리'는 '本'이 아니라 '前'을 해독한 문제를 보인다.

이런 점들로 볼 때에, '本矣'는 '본(本)디' 또는 '믿디' 정도로 보이나 전자의 해독을 따른다. '矣'는 '디'와 '이'가 모두 가능하나 후자로 본다.

7.2. 吾 내 ← 吾(실의독:내)

'吾'는 '내'이다(앞의 6.1. 참조).

7.3. 下是如馬於隱 해이다말언 ← 下(전음독:해)+是(실의독:이)+如(약의독:다)+馬(가의독:말)+於(전음독:어)+隱(약음독:ㄴ)

'下'는 '해'이다(앞의 6.2. 참조).

'是如'는 '是'를 실의독자 'ㅣ, 이'로, '如'를 약의독자 '다'로 읽는 것이 거의 모두이다. '如'를 음의자 '如'로 읽은 것은 단어 내에서 부적합성을 보여 버린다. 'ㅣ다'는 앞의

'하'와 연결하여 '해다'로 보지만, 이런 해독은 거의 어렵다. 이런 점에서 '이다'의 해독을 따른다.

'馬於隱'은 '마르는, 마어는, 마는, 마ᄅ는, 마론, 말은, ᄆ론, 말온, 마런, 마언, 마ᄅ론, 모런' 등으로 다양하게 읽히고 있다. 이 해독들은 그 표기 형태에서는 서로 다르지만, 현대어 '-마는'과 중세어 '-마론, -마는'으로 보는 것은 공통이다. '마르는, 마어는, 마는, 마ᄅ는' 등은 '隱'이 '는'이나 '눈'이 아니라는 문제를 보인다. '마론'과 '말은'은 '於'를 해독하지 않은 문제를 보인다. 'ᄆ론'과 '말온'은 '於'를 '오'로 읽은 것이다. 이 해독은 '-마론, -마는'의 고형일 수 있으나, '말언'의 해독을 따른다.

8. 奪叱良乙 何知 爲理叱古

앗알 엇디 ᄒ릿고
앗을 것을 어찌 하릿고

(가나자와 1918)	spait-ta eur Ötchi hă-ri ko
(권덕규 1923)	아인들 어떠하리오
(아유가이 1923)	쎗을랑을 엇치ᄒ리고
(신채호 1924)	빼앗긴 것을 엇지할고
(마에마 1929)	앗아눌 엇디홀고
(오구라 1929)	쎄앗어눌 엇디 ᄒ리잇고
(유창선 1936c)	아ᄋ어늘 엇더ᄒ리고
(신태현 1940)	아ᅀᅥ늘 엇디 하리쬬
(양주동 1942)	아ᅀᅡ눌 엇디 ᄒ릿고
(지헌영 1947)	아ᅀᅡ눌 엇디ᄒ리고
(정열모 1947)	앗어를 어떠할고(1965 아ᄉ몰 어이 ᄒ리고)
(방종현 1948)	앗어눌 엇디ᄒ릿고
(김형규 1948)	아사눌 엇디ᄒ릿고
(홍기문 1956)	바ᅀᅡ눌 엇뎨ᄒ리고
(이 탁 1956)	앗안을 얻ᄃᄒ리고
(남광우 1962)	아사눌 엇더ᄒ리고
(김준영 1964)	앗아을(1979 앗ᄋ을) 엇다ᄒ리고

(김선기 1967h)   앗을랑을 아다까리고(1993 앗알랑알 아따까릳고)
(이기문 1972)   아살(/아살) 엇다
(김상억 1974)   아사늘 엇디하릿고
(서재극 1975)   아사롤 엇다ᄒ리고
(전규태 1976)   앗아들 엇디ᄒ릿고
(김근수 1976)   아사놀 엇디ᄒ릿고
(김완진 1980)   아ᅀᆞ놀 엇디ᄒ릿고
(정창일 1987)   아쉰랑을 어여홀 理고
(박갑수 1981)   아사눌 엇다
(고영근 1985)   아ᅀᆞ눌(빼앗으니 이를)
(박창원 1987)   앒일올 엇뎌ᄒ리고
(고정의 1989)   아ᅀᆞ놀 엇더 ᄒ리고
(금기창 1993)   아사눌 엇디ᄒ리고
(이도흠 1993)   빼앗음을 어찌하리오
(유창균 1994)   아슬랑을 엇뎨 ᄒ리고
(강길운 1995)   아살 엇다 허리고
(지형률 1996)   앗아눌 어다 ᄒ리고
(최남희 1996)   아살 엇다ᄒ리고
(양희철 1997)   앗알 엇다 ᄒ리고
(신재홍 2000)   아살 엇뎌다 ᄒ리고
(황패강 2001)   아ᅀᆞ놀 엇디ᄒ릿고
(류 렬 2003)   아ㅅ눌 엇더ᄒ리고

8.1. 奪叱良乙 앗알 ← 奪(실의독:앗)+叱(약음독:ㅅ)+良(약의독:아)+乙 (약음독:ㄹ)

'奪'은 '빼앗-, 셋-, 앗-, 밧-' 등으로 읽히고 있다. '빼앗-'과 '셋-'은 중세어 형태라는 점에 문제가 있다. '밧-'은 奪이 아닌 盜를 해독한 문제를 보인다. 이런 점에서 '앗-'의 해독을 따른다.

'叱'은 'ㅅ' 외에도 다음과 같이 '슬, 실' 등으로도 해독되고 있다.

슬: 셋을랑을(아유가이) 앗을랑을(김선기), 아슬랑을(유창균)
실: 앒일올(박창원)

'셋을랑을'은 그 설명을 명확하게 보여주지 않으나 '랑'을 명사로 본 듯하다.

'앗을랑을'(앗음을)은 '랑'을 명사형과 연관시키고 있는데, 정작 '을'의 기능을 설명하지 않고 있다.

'아슬랑을'(빼앗음을)은 앞의 김선기의 것을 손질한 것이다. '앗을'을 명사로 보고, '랑'을 강조의 뜻으로 보고 있다. 그런데 먼저 문제가 되는 것은 '앗을'이 명사라면, 이는 '-을'을 현재 시제를 수반한 동명사형 어미 '-ㅁ'과 같은 것으로 본 것인데, 미래 시제를 수반한 동명사형 어미 '-ㄹ'과 '-ㅁ'이 다른 것이라는 문제를 가지고 있다. '랑'은 '드래랑'의 '랑'과 같이 '-하고'의 의미를 가지거나, '져므니랑'의 '랑'과 같이 '-란'의 의미를 보일 뿐 '강조의 뜻'이 없다는 문제를 보이고 있다. 또한 만약 강조형이라 할 때에, 이 강조형 다음에 목적격 '-을'이 오는 예가 없다는 문제를 보인다.

'앗일올'은 '실'의 '이'를 피동의 선어말어미로 보고 있다. 향찰 자체의 해독에는 문제가 없어 보인다. 그러나 이미 '빼앗긴 것'을 '빼아길 것을'로 쓸 만한 이유가 없는 문제를 보인다.

이런 점에서 '叱'을 'ㅅ'으로 해독한 것을 따른다.

'良'은 '랑, 어, 아, ㅇ, 몰, 알' 등으로 읽히고 있다. 1.2.의 '良'과 같이 '아'로 읽는다.

'랑'의 경우는 '사랑, 벼랑, 자랑' 등의 '랑'으로 보는 경우와 강조의 의미로 보는 경우가 있다. 전자는 그 이유를 설명하지 않고 있어 무엇이라 말할 수 없다. 그러나 후자는 '머루랑 다래랑'의 랑과 같이 본 것이나 그 다음에는 목적격 '을'이 오지 않는다는 문제를 보인다.

'몰'은 '아ᄉ몰'(빼앗음을)의 해독에서 보이는데, 『이아(爾雅)』 '석고'(釋詁)에서 '良'을 '首也'라 한 것에 의존해, 首 곧 'ᄆᆞᄅ' '머리'가 '몰'이 될 수 있다는 것에 의존하고 있다. 너무도 벽훈을 끌어오고 향찰 운용의 일반성을 벗어나고 있다.

'알'은 '아사롤'(아슨 것을)에서 보인다. 이 해독은 '-ㄹ'이 동명사일 경우에 미래 시제의 동명사라는 문제를 가지고 있다.

이런 점들로 보아 '아'의 해독을 취한다.

'乙'은 상당수의 해독들이 보여 주듯이 이두에서 보이는 '눌'이나 '늘'을 취하는 경우들도 있고, '을'이나 'ㄹ'을 취하는 경우들도 있다.

먼저 '乙'을 '을'이나 'ㄹ'로 읽은 경우들을 보자. 이 경우는 다시 목적격 어미로 본 것과 동명사형 어미로 본 것으로 나뉜다.

먼저 목적격 어미로 본 경우들을 보자. 목적격 어미로 보는 경우는 일단 차제자로 보면 가능성을 가진다. 그러나 주어진 문맥에서 어려움을 보인다. 이 경우에 속한 것으로 '쎗을랑을'(아유가이), '앗을랑을'(김선기), '앗ᄋ을'(김준영), '앙일올'(박창원), '아슬랑을'(유창균) 등이 있다. 앞의 두 경우는 '랑'을 명사로 볼 수 없는 문제를 가지고 있다. 그리고 '앗ᄋ을'(빼앗음을, 김준영)은 동명사형 어미를 찾을 수 없어, '앗옴올'이 '앗ᄋ을'과 같이 발음된다는 점을 들어서 동명사형 어미를 설명하고자 한다. 그러나 '앗옴올'은 '앗ᄋ을'이 아니라 '아ᄉ물'로 발음된다는 점에서 부정적이다. 뒤의 둘은 '乙' 자체의 해독에는 문제가 없지만, 앞에서 살폈듯이, 그 앞의 '奪叱良'의 해독에 문제가 있어 보인다.

 '乙'을 동명사형 어미 'ㄹ'로 해독한 경우들을 보자. 이 경우들에는 '아살(/아살)'과 '아살' 등이 있다. 전자는 '빼앗음을'의 의미로, 후자는 '뺏으려 하는 것을'의 의미로 보고 있다. 전자는 'ㄹ'이 현재 시제 또는 현재 진행의 동명사형 어미인 '-ㅁ'과 같은 것이 아니라, 미래 시제의 동명사형 어미라는 문제를 가지고 있다. 후자는 '앗+알(:희망형 어미)(동명사형 어미 'ㄹ' 생략)이라는 설명을 보이고 있다. 동명사형 어미가 생략된 동명사를 생각하는 것은 어려운 일로 보인다.

 이런 문제들을 극복한 해독의 형태는 '아살'(/아살, 이기문)과 '아살'(강길운)에서 보인다. 그러나 이 두 해독들은 그 뜻을 '앗음을'과 '뺏으려 하는 것을'로 보면서, 미래 시제의 동명사형 어미 '-ㄹ'을 현재 시제의 동명사형 어미 '-ㅁ'으로 본 문제를 가지고 있다.

 이런 점들로 보아, '앗알'로 읽고 '앗을 것을'(장차 앗음을)의 뜻으로 본다.

 이번에는 '乙'을 '눌'이나 '늘'로 해독한 경우들을 보자. 이 해독은 그 구체적인 설명에 앞서 이렇게 읽어도 되는가 하는 문제들과 봉착되어 있다. 즉 조선조 이두에서는 '乙'이 '눌' '늘'로 읽히고 있지만, 이 '乙'(눌/늘)의 차제자 원리는 무엇인가 하는 문제와, 신라말 내지 고려조에도 이렇게 읽을 수 있을까 하는 시대적인 문제와, 다른 향가에서는 읽힌 예가 없는 '눌'이나 '늘'로 읽어도 되는가 하는 문제이다.

 '乙'이 '늘'로 되는 차제자 원리의 문제는 두 가지 가능성을 개진할 수 있다. 하나는 구결적 표기로 보는 것이다. 즉 '飛'가 'ㅌ'로 되고 'ㅌ'가 '乙'로 되는 것이다. 다른 하나는 '-在乙'에 기인한 것으로 보는 것이다(양주동 1942:428).

　　　遷世爲去在乙(〈淨兜寺造成形止記〉 1031)
　　　事是去有在乙(〈尙書都官貼〉 1262)
　　　爲去在乙(〈感恩寺飯子〉 1351)

이상의 '-在乙'은 '-견을' '-겨늘'로 읽힌다. 이것들로 볼 경우에 '-乙'이 처음에는 '-을'로 쓰이다가 그 연결 상황에서 앞의 'ㄴ'이 뒤에 결합하여 '-늘'로도 쓰였다고 할 수 있다. 특히 '在'는 '견'과 '겨'로 동시에 쓰인다는 점에서 그 가능성이 높다.

시대적 문제는 앞의 '-在乙'들과, 다음의 '-去乙'들에서 풀린다.

圍攻爲去乙(〈尙書都官貼〉 1262)
…古基山齊是去乙(〈白巖寺貼文〉 1357)
不得是如爲去乙(〈洪武戊午長城監務官貼文〉 1378)
蔚州浦下陸爲去乙(〈慶州司首戶長行案(其二)〉 1379)
有去乙(〈張戬所志〉 1385)

이상의 '爲去乙, 是去乙, 有去乙' 등은 'ᄒᆞ거늘, 이거늘, 있거늘' 등으로 읽히면서 '乙'이 '늘'로 읽힘을 확인시켜 준다. 이 '乙'들은 '늘'로 읽힌 확실한 예들인데, 이 '늘'들이 '-在乙'의 '乙'에 기인하는 것들이라는 점에서, '乙'(늘)의 사용 시기는 고려 초까지 소급된다고 할 수 있다. 이런 사실과 『삼국유사』가 1285년에 편찬되었다는 점에서 '乙'을 '늘'로 읽는 것은 가능하다고 할 수 있다.

다음으로 다른 향가에서는 '乙'이 '을'이나 'ㄹ'로 읽히는데 이곳에서만 '늘'로 읽을 수 있을까 하는 문제이다. 이 문제는 향가 자료들이 신라시대의 어느 한 시기나 한 작가에 의한 것이 아니고, 상당히 긴 세월을 두고 향찰로 창작되거나 표기되었다는 점에서, 이 문제는 해독의 불가능성보다는 표기 시대를 알려주는 중요한 증거라고 생각한다.

이렇게 '乙'을 '늘'로 읽는 것이 가능하다고 할 때에, 이제 이렇게 해독한 해독들을 보자.

먼저 현재 시제로 본 해석들을 보자. '앗아늘'(앗거늘)과 '빼앗어늘'(빼앗거늘)은 '아'와 '어'를 '가'와 '거'의 이형태로 보고, '-거늘'의 어미로 해독한 것들이다. 이 해독들의 '아늘/어늘'은 가능한 것으로 판단된다. 그러나 '앗아늘'(앗거늘)은 이미 빼앗긴 것을 '앗거늘'로 쓸 이유가 없고, '앗안을'(빼앗음을)은 과거 또는 현재 완료의 시제를 수반한 동명사형 어미 '-ㄴ'을 현재 시제의 동명사형 어미 '-ㅁ'으로 해석한 문제를 보인다. '아ᅀᆞ늘'(빼앗으니 이를)은 '앗거늘'의 의미와 괴리를 보인다.

이번에는 완료로 본 것들을 보자. 아ᅀᆞ놀(앗안 것을) 아ᅀᆞ늘(빼앗어 간 것을) 바ᅀᆞ놀(빼앗은 걸) 아사늘(뺏은 것을) 아ᅀᆞ늘(빼앗은 것을, '隱' 보충, 김완진) 아사놀(빼앗은 것을) 등이 있다. 이 해독들은 거의가 양주동의 것을 따르거나, 지엽적인 것을 수정한 것들이다. 이에 대한 양주동(1942:429)의 설명을 보면 다음과 같다.

> '호야눌'의 '눌'을 固定된 助詞로 觀念키 쉬우나 그 原義는 上述한 바와 같이 '호얀'의 目的格이니, 例컨댄 本條 '아ᅀᅡ눌'(奪叱良乙)의 語義는 通常 '앗아가거늘'의 義에서 一步 進호야 '앗안을' 곧 '앗안 것을'의 義로 생각하면 '아산'은 下語 '엇디호'(何如爲)의 目的語가 되야 그 原義가 釋然하다.(밑줄 필자)

이 해석은 상당한 설득력을 보인다. 그렇지만 밑줄 친 부분인 「앗안을」 곧 「앗안 것을」의 義로 생각하면'에서, 어떤 근거에서 '앗안을'이 '앗안 것을'이 될 수 있는지를 설명하지 않고 있다. 이 이유는 '-ㄴ'이 과거 또는 현재완료의 동명사형 어미라는 점에 있다.

이상과 같은 점들에서, '奪叱良乙'은 '아ᅀᅡ눌'(앗은 것을)이나 '앗알'(앗을 것을)의 두 해독을 가능하게 하는 향찰이다. 그러나 바로 이어서 볼, '何如 爲理古'의 해독과의 문맥적 의미와 관련설화에서 보이는 '노함을 보이지 않았다'(不見怒)를 참고할 때에, '앗알'(앗을 것을)의 해독만이 가능하다는 점에서, '앗알'(앗을 것을: 장차 빼앗음을)로 해독한다.

8.2. 何知 엇디 ← 何(실의독:엇디)+知(〈如, 전음독:디)

何如의 '如'는 '知'의 오자이다. 何知를 '엇디'로 읽는다(제2부 「오자 30제」의 2.1. 참조).

8.3. 爲理叱古 ᄒᆞ릿고 ← 爲(실의독:ᄒᆞ)+理(전음독:리)+叱(약음독:ㅅ)+古 (전음독:고)

'爲理(叱)古'의 '叱'은 누락자이다. 爲理叱古를 'ᄒᆞ릿고'로 읽는다(제2부 「누락자 9제」의 3.1. 참조).

지금까지 정리한 〈처용가〉의 제7, 8구의 해독과 해석을 간단하게 정리한 다음에, 제7, 8구가 명령적 의문문이라는 사실을 보자.

'奪叱良乙'은 '앗알/앗알을'(앗을 것을: 앗을 일을)로 읽힌다. '何如'는 '何知'의 오자로 '엇디'(어찌)로 읽힌다. '爲理古'는 '叱'이 누락된 '爲理叱古'로 'ᄒᆞ릿고'로 읽힌다.

이 해독들을 종합하면, '앗알/앗알을 엇디 ᄒ리꼬'가 되고 그 의미는 '앗을 것을(:일을) 어찌 하리꼬'가 된다. 이 해독이 합당하다는 사실을 보기 위해, '아ᅀᅡ눌(앗은 것을)'의 해독까지를 염두에 두고, 다음의 두 경우를 검토해 보자.

    1) 아ᅀᅡ눌(앗은 것을) 어찌 하리꼬
    2) 앗알/앗알을(앗을 일을) 어찌 하리꼬

  1)과 2)는 크게 보면, 앗는 행위의 주체와 시제(時制)가 다르다. 즉 1)에서 앗는 행위의 주체는 시적 청자인 역신이고, 시제는 과거 또는 완료이다. 이에 비해 2)에서 앗을 행위의 주체는 시적 화자인 처용이고, 시제는 미래이다. 이는 '아ᅀᅡ눌'과 '앗알/앗알을'의 해독에서 오는 차이이다. 이 해독의 차이만으로는 어느 것이 맞다고 주장할 수 없다. 어느 해독이 옳은가는 두 측면에서 정리할 수 있다. 하나는 시점(視點)의 문제이고, 다른 하나는 '감이미지(感而美之)'의 문제이다. 두 문제를 차례로 보자.
  1)에서는 시점이 혼효되어 있다. 즉 시적 화자의 시점('본디 내 아래이다마는'), 시적 청자의 시점('앗은 것을'), 시적 화자의 시점('어찌 하릿고') 등에서와 같이, '본디 내 것이다마는, 앗은 것을 어찌 하릿고'의 한 문장에서 시점이 혼효되어 있다. 시점이 혼효되었다는 문제를 피할 수 없다. 하나의 시점으로 통일하여 이 문장을 다시 쓰면, '본디 내 것이다마는, (빼)앗긴 것을 어찌 하릿고(/할 것인고)'가 된다. 즉 '앗은 것'을 '앗긴 것'으로 바꾸어야 한다. 이 시점의 문제를 해결하고자, '앗긴 것'의 의미로 해독한 해독들이 나왔는데, 이 해독들은 향찰에도 없는 피동형을 첨가한 문제를 보인다. 이렇게 문제가 있는데도, 1)에 문제가 없는 것같이 생각한 것은, 배경설화의 잔상에 기인한 것이며, 제7, 8구의 향찰 해독에만 의존한 것은 아닌 것 같다.
  이렇게 시점에서 혼효의 문제를 보인 1)의 해독들은 '감이미지'도 만족시키지 못하는 문제도 보인다. 1)의 해독들은 제7, 8구의 의미를 체념, 포기, 방치, 관용, 미덕, 관대 등으로 보면서 문제를 보인다. 제7, 8구의 의미를 체념적으로 본 것은 "이 諦念的이면서도 含蓄이잇는 悠遠한 情緖를 가진「엇디ᄒ릿고」調는 …"(양주동 1942:431)에서 시작되었다. 이 체념을 다소 다르게 해석(김종우 1974; 박일용 2016)하기도 하였고, 이 체념을 포기 또는 방치와 연결하기(김승찬 1981; 김학성 1995; 김영수 1999; 서명희 2005; 신재홍 2012)도 하였으며, 체념과 포기(박노준 2018)로 보기도 하였다. 이 해석들은 '어찌'를 '어떤 방법으로'의 의미로 보고, '어찌 하릿고'를 '어찌 할 방법이 없다.'는 의미로 보았다는 점에서, 해독에서 체념 나아가 포기, 방치 등을 정리하는 데는 문제가 없다. 그러나 이 체념, 포기, 방치 등에 역신이 감동하여 아름답게 여겼다고 해석하는 데는 너무도 큰 문제가 따른다. 이 문제를 해결하고자, 양주동의 체념을 관용, 미덕, 관대 등으로 연결(윤영옥 1980; 이완형 1999; 서철원 2011)한 연구들이 있다. 이 연구들은 '감이미지'를 설명하는 데는 성공할 수 있지만, 그 근거가 되는 '何如 爲理古'의 해독으로부터, 특히 '어찌 할 방법이 없다'에서, 관용, 미덕, 관대 등의 의미를 끌어낼 수 없는 문제를 보인다.

이번에는 '어찌'의 두 의미('어떤 방법으로', '어떤 이유 때문에')를 2)에 넣어보면 다음과 같다.

2) 본디 내 해이다마는 앗을 일을 어찌(어떤 이유 때문에, 어떤 방법으로) 하리꼬

이 2)는 앞에서 검토한 시점의 문제를 해결한다. 모두가 시적 화자인 처용의 시점으로 통일되어 있다.

다음으로 '공불현노(公不見怒) 감이미지(感而美之)'의 측면에서 보면, 2)는 부합한다. 2)는 명령적 의문문이라는 사실에서 '공불현노(公不見怒) 감이미지(感而美之)'를 설명할 수 있게 되므로, 2)가 명령적 의문문이라는 사실을 먼저 보자.

먼저 '어찌'의 의미를 '어떤 이유 때문에'로 읽을 경우에 나타난 명령적 의문문을 보자. '본디 내 것이다마는, 앗을 일을 어떤 이유 때문에 하리꼬'는 의문의 형태를 취하고 있지만, 그 의미는 '역신 당신은, 본디 내 것인 내 처를, 부도덕하게 앗아갔으니, 스스로 나에게 되돌려 주라'는 명령이다. '본디 내 것이다마는, 앗을 일을 어떤 이유 때문에 하리꼬'라는 의문을 역신에게 던질 때에, 이에 대한 역신의 대답은 '본디 네 것인 네 처를 (부도덕하게) 앗고서도 되돌려 주지 않았기 때문이다.'일 것이다. 그런데 문제는 처를 범간한 현장에서 앞의 의문을 처용이 역신에게 던질 때에, 처용이 겨우 역신으로부터 '본디 네 것인 네 처를 (부도덕하게) 앗고서도 되돌려 주지 않았기 때문이다.'라는 대답을 듣기 위한 것이 아니라는 데 있다. 적어도 처용은 역신으로부터 앗긴 처를 되돌려 받기 위해서 앞의 의문을 역신에게 던진 것이다. 왜냐하면 만약 처용이 앗긴 처를 되돌려 받았다면, 역신 앞에 던진 앞의 의문은 이미 존재할 필요가 없기 때문이다. 이로 보면, '본디 내 것이다마는, 앗을 일을 어떤 이유 때문에 하리꼬'는 언표적 내용으로는 의문이지만, 언표내적 의미로는 '역신 당신은, 본디 내 것인 내 처를, 부도덕하게 앗아갔으니, 스스로 나에게 되돌려 주라.'는 명령의 의미를 가진 명령적 의문문으로 정리된다.

이번에는 '어찌'의 의미를 '어떤 방법으로'로 읽을 경우에 나타난 명령적 의문문을

보자. '본디 내 것이다마는, 앗을 일을 어떤 방법으로 하리꼬'는 의문의 형태를 취하고 있지만, 그 의미는 '역신 당신은, 본디 내 것인 내 처를, 내가 어떤 방법을 도모하여 되찾기 전에, 스스로 나에게 되돌려 주라.'는 명령이다. '본디 내 것이다마는, 앗을 일을 어떤 방법으로 하리꼬'라는 의문을 역신에게 던질 때에, 이 의문에 접한 역신은 처음에는 당황할 것이다. 왜냐하면 처용 스스로 결정하면 될 방법을 왜 나에게 물을까 하고 당황하게 되기 때문이다. 그러나 이 당황은 순간일 뿐, 자신이 처한 불리한 상황을 인식하고, 처용이 취할 수 있는 방법들은 곧 역신이 취해야 하는 방법, 즉 역신이 되돌려 주는 방법을 암시하고 있다는 사실을 인지하게 한다. 왜냐하면 '본디 내 것이다마는, 앗을 일을 어떤 방법으로 하리꼬'에서 보듯이, 앗을 일을 할 수 있는 방법의 추구는 '앗고 되돌려 주지 않기 때문에' 생긴 일이고, 되돌려 주면 문제가 해결되기 때문이다. 결국 문제의 해결 방법은 '앗은 처용의 처를 본래대로 되돌려 주는 것이다. 이런 사실들로 보면, '본디 내 것이다마는, 앗을 일을 어떤 방법으로 하리꼬'는 언표적 내용으로는 의문이지만, 언표내적 의미로는 '역신 당신은, 본디 내 것인 내 처를, 내가 어떤 방법을 도모하여 되찾기 전에, 스스로 나에게 되돌려 주라.'는 명령의 의미를 가진 명령적 의문문으로 정리된다.

이렇게 두 명령적 의문문은 '역신 당신은, 본디 내 것인 내 처를, 스스로 나에게 되돌려 주라.'는 기본 의미를 공통으로 한다. 그러나 이 기본 의미에 부가된 의미는 다르다. 즉 '어찌'를 '어떤 이유 때문에'의 의미로 보았을 때는, '부도덕하게 앗아갔으니'의 의미가 앞의 기본 의미에 부가되고, '어찌'를 '어떤 방법으로'의 의미로 보았을 때는, '내가 어떤 방법을 도모하여 되찾기 전에'의 의미가 앞의 기본 의미에 부가되어 있다.

이제 이 두 명령적 의문문이 '공불현노(公不見怒) 감이미지(感而美之)'에 부합한다는 사실을 보자. 우선 앞의 두 명령적 의문문에는 처용이 화를 내는 내용이 없다. 역신에게 도덕적으로 상황적으로 자신의 처를 되돌려 주지 않으면 안 되게 구속하는 의미만이 있을 뿐이다. 이는 '공불현노(公不見怒)'를 잘 보여준다. 다음으로 앞의 두 명령적 의문문에서 역신이 공감하여 감동할 수 있게 하는 이유를 보자. 상대를 감동시키려면, 상대가 처한 문제를 제대로 파악하고, 그 문제를 주어진 상황에서 해결할 수 있는 최선의 방법을 제시하는 통찰력 곧 명찰력이 있어야 한다. 앞의 두 명령적 의문문에서 보면, 처용은 역신이 당면한 문제와 그 해결책을 잘 알고 있다. 역신이 당면한 문제는 어떤 수모(受侮)나 창피(猖披)도 당하지 않고 무탈하게, 남의 처를 범간한 현장에서, 그것도 그 처의 남편인 처용이 직접 목격한 현장에서, 빠져나가는 것이다. 이 무탈하게 빠져나갈 수 있는 칼자루는 처용이 잡고 있다. 이런 처용은 역신에게 어떤 수모나 창피도 줄 수 있다.

그러나 처용은 역신이 어떤 수모나 창피도 당하지 않고 당면 문제를 해결할 수 있는 방법을, 앞의 두 명령적 의문문으로 제시하였다. 그리고 역신은 이 문제를 해결할 수 있는 이 방법에 공감하고, 이 방법을 따르면서, 남의 처를 범간한 현장에서, 그것도 그 처의 남편인 처용이 직접 목격한 현장에서, 무탈하게 빠져나가게 되었다. 이 일련의 과정에서, 역신이 처용의 처신에 감동할 수밖에 없는 이유를 명확하게 파악할 수 있다. 즉 처용이 제시한 해결 방법을 따르면서, 남의 처를 범간한 현장에서, 그것도 그 처의 남편인 처용이 직접 목격한 현장에서, 어떤 수모나 창피도 당하지 않고, 본디 처용의 것인 처용의 처를, 처용에게 되돌려 주는 것으로 문제를 무탈하게 해결하였다. 이 해결 과정에는, 처용의 관용(寬容), 관대(寬待), 미덕(美德) 등이 자리하고 있다. 즉 부도덕한 역신으로 하여금, 남의 처를 범간한 현장에서, 그것도 그 처의 남편인 처용이 직접 목격한 현장에서, 어떤 수모나 창피도 당하지 않고, 무탈하게 빠져나가도록 관용, 관대, 미덕 등을 처용이 베푼 것이다. 이 관용, 관대, 미덕 등이 역신을 감동시킨 요인이다.

이렇게 역신이 당면한 문제를 탈 없이 원만하게 처리할 수 있었던 것은, 역신이 당면한 문제와, 이 문제를 별다른 탈 없이 원만하게 해결할 수 있는 방법에 밝은, 처용의 명찰(明察) 즉 통찰(洞察)[52]에 기인한 것으로 판단한다. 이는 성론(誠論)에서 말하는 '誠하면 …… 밝으면 감동시키고, 감동시키면 움직일 수 있다.'는 감동론과 연결되어 있다. 그리고 이 문제의 해결 방법을 보여준 표현이 바로 제7, 8구의 명령적 의문문이다.

---

52 이와 거의 같은 '통찰'은 다음의 글에서도 보인다. "이로써 보건대 처용이 자신의 아내와 역신이 정을 통하고 있는 현장을 목격하고도 노래를 부르고 춤을 추며 물러나왔던 것은 결코 무능하거나 또는 자신의 아내를 사랑하지 않아서가 아니라 오히려 이미 높은 정신적 수준에 도달해 있었기 때문이며, 잘못을 탓하고 나무라는 것이 결코 근본적인 대책이 될 수 없음을 통찰하고 있었기 때문이며, 어느 지점에서 균열이 억지되고 화평이 유지되는지를 꿰뚫어 알고 있었기 때문이었음을 짐작하게 한다."(정운채 2006: 219).

〈서동요〉

[원문]

善化公主主隱

他 密只 嫁良 置古

薯童 房乙 夜矣

卯乙 抱遣 去如

[해독]

善化公主(션화공쥬)니림은

늄 그슥 얼아 두고

薯童(셔동) 房(방)을 밤이

톳길 안곤 가여

[현대역1: 숨겨놓은 또래의 아이를 노래하는 텍스트들]

1) 선화공주님은 / 남몰래 (또래의) 어린 아이를 두고 / 서동의 방으로 밤에 / 토끼를 안곤 간다.
2) 선화공주님은 / 남몰래 (또래의) 어린 아이를 두고 / 서동의 방에 밤에 / 토끼를 안곤 간다.

[현대역2: 밀통(密通)을 노래하는 텍스트들]

3) 선화공주님은 / 남몰래 정을 통하여 두고 / 서동의 방으로 밤에 / 아이를 안곤 간다.
4) 선화공주님은 / 남몰래 정을 통하여 두고 / 서동의 방에 밤에 / 아이를 안곤 간다.

[현대역3: 숨겨놓은 자식을 노래하는 텍스트들]
5) 선화공주님은 / 남몰래 (자식의) 어린 아이를 두고 / 서동의 방으로 밤에 / 아이를 안곤 간다.
6) 선화공주님은 / 남몰래 (자식의) 어린 아이를 두고 / 서동의 방에 밤에 / 아이를 안곤 간다.

1. 善化公主主隱

善化公主(선화공쥬)니림은
선화공주님은

(아유가이 1923)	선화공쥬님은
(오구라 1929)	善化公主 님은(善化公主の君は)
(정인보 1930)	善化公主님은
(사비성인 1935)	善化公主님은
(유창선 1936c)	善化公主님은
(신태현 1940)	善化公主 님은(善化公主の君は)
(양주동 1942)	善化公主니믄
(지헌영 1947)	善化公主니믄
(정열모 1947)	선화공주님은(1965 선화곰쥐니믄)
(방종현 1948)	善化公主니믄
(이 탁 1956)	善化公主님은
(홍기문 1956)	선화곰쥬니믄
(김준영 1964)	善化公主님은
(김선기 1967f)	싼과콩츄님은(1993 썬꽈 공쥬님안(온))
(김상억 1974)	선화공쥬니믄
(서재극 1975)	善化公主니믄
(전규태 1976)	善化公主님은
(김완진 1980)	善化公主니리믄
(박갑수 1981)	善化公主님은
(홍재휴 1983)	잘도리 앗날님은
(남풍현 1983)	善化公主님은

(장성진 1986)	善化 公主님은
(정창일 1987)	善化公主니믄
(심재기 1989)	善化公主니림은
(엄국현 1990)	선화공수님은
(금기창 1993)	善化公主 니믄
(유창균 1994)	善化公主님은
(강길운 1995)	사랑가(善化) 공主니림은
(고정의 1995)	善化公主(의) 님(서동)은
(지형률 1996)	善化公主니림은
(최남희 1996)	善化公主 니믄
(윤철중 1997)	善化公主 님은
(양희철 1997)	선하 공쥬니림은(2009 선화공주님은)
(신재홍 2000)	善化 公主니믄
(황패강 2001)	善花公主님은
(류 렬 2003)	마가시 공주님은
(황병익 2020)	선화공주님은

1.1. 善化 善化(선화) ← 善(음의독:善/션)＋化(음의독:化/화)

'善化'는 다르게 읽는 경우도 있지만, '善化(션화)'로 읽는다.

1.2. 公主 公主(공쥬) ← 公(음의독:公/공)＋主(음의독:主/쥬)

'公主' 역시 다르게 읽는 경우도 있지만, '公主(공쥬)'로 읽는다.

1.3. 主隱 니림은 ← 主(실의독:니림)＋隱(전음독:은)

'主隱'의 해독은 그 형태에서 두 종류를 보인다. 하나는 '主'를 '님'으로 읽은 것이고, 다른 하나는 '主'를 '니림'으로 읽은 것이다. 전자는 아유가이의 해독 이래 답습해온 것이고, 후자는 김완진의 해독 이래 답습해온 것이다. 후자의 설명을 보면 다음과 같다.

'善化公主' 다음의 '主'字를 '님'이라 읽어 오지만, 日本側 자료에 '主嶋'를 nirim sema라 注記한 것이 있어 '님'의 古代形은 두 음절로 된 '니림'일 것을 알려 준다. 中世語의 '님'이 성조상 上聲임을 우리는 알고 있으므로 '니림'은 平去로 되었을 것까지를 추측할 수 있다

(김완진 1980:95).

이 내용으로 보면, '主'의 고대형을 '니림'으로 잡는 데는 문제가 없는 듯하다.

이 '主'의 해독 '님'은 독립 명사인가 아니면 접미사 '-님'인가 하는 문제도 가지고 있다. 일반적으로 접미사 '-님'으로 보는 것이 주종이지만, 독립 명사설은 오구라, 신태현, 고정의 등등에 의해 제기되었다. 대다수가 그 근거를 설명하고 있지 않아 그 이유를 알 수 없으며, 고정의의 경우는 '抱遣 去如'에 존경법 선어말어미가 없음을 그 이유로 들고 있다. 이 문제의 제기는 상당히 그럴듯하지만, 문제를 포함하는 것으로 생각된다.

거의 상당수의 문헌이나 말에서 접미사 '-님'은 존경법 선어말어미 '-시-'와 함께 나타난다. 특히 접미사 '-님'이 붙은 체언의 대상에 대하여 화자나 필자가 존경의 마음을 가지고 있을 때에 그렇다. 그러나 그렇지 않은 경우도 있다. 접미사 '-님'이 붙은 체언의 대상에 대하여 화자나 필자가 존경의 마음을 가지지 않거나 그렇게 하려고 할 경우에는 존경법 선어말어미를 사용하지 않는다. 예를 들어보자.

"달님이 거울이라면 좋겠어요. …달님은 알지요?…" …동그랗고 환한 달님이 눈물에 어려 조금씩 일그러지고 있었다.(김향이 1994:86-87)

임금님은 새 옷을 지어 입기를 몹시 좋아했습니다. …임금님은 이렇게 화려한 옷을 입는 것을 남달리 좋아하기 때문에, …(정진채 1992:47)

원님은 잠시 생각하더니, …원님은 농부를 향해 말했읍니다.(김성도 1986:93-94)

이런 예들에서 볼 수 있듯이, 접미사 '-님'이 붙은 말들은 모두가 존경법 선어말어미 '-시-'를 수반하는 것은 아니다. 접미사 '-님'이 붙은 체언의 대상에 대하여 화자 또는 필자가 존경의 마음을 가지고 있느냐 아니냐에 따라, 존경법 선어말어미 '-시-'를 붙이기도 하고 빼기도 한다. 이로 보아, '抱遣去如'에 존경법 선어말어미 '-시-'가 없다고 '主'(님)을 접미사가 아닌 독립 명사로 보는 데에는 문제가 있다고 할 수 있다. 그리고 이 해독을 따를 경우에는 '알'(卵)을 사람을 의미하는 수사적 표현(선화공주)으로 보고 있는데, 어떤 점에서 '알'이 선화공주가 되는지를 이해할 수 없다.

이런 점에서 '主'는 접미사 '-니림'으로 파악한다. 그리고 이 '-니림'과 '隱'(은)의 결합에서 '-니리믄'과 '-니림은'이 있으나, 표기에 충실하게 '-니림은'으로 해독한 것을 따른다.

2. 他 密只 嫁良 置古

눔 그슥 얼아 두고
남 몰래 얼아 두고
    [1] 남 몰래 정을 통하여 두고]
    [2] 남 몰래 (또래의) 어린 아이를 두고]
    [3] 남 몰래 (자식의) 어린 아이를 두고]

(아유가이 1923)	나멀긔 멀여 두고
(오구라 1929)	남(애) 그스기 얼여두고
(정인보 1930)	남 몰기 어리라 두고
(사비성인 1935)	남 몰래 사래 두고
(유창선 1936c)	남 그으기 얼여 두고
(신태현 1940)	남 그스기 얼여두고
(양주동 1942)	눔 그스지 얼어두고
(지헌영 1947)	눔 모리 어러두고
(정열모 1947)	남 몰기 얼어두고(1965 눔 달기 어러 두고)
(방종현 1948)	눔 그스기 얼려두고
(이 탁 1956)	눔 몯ᄋ 얼아도고
(홍기문 1956)	눔 그스기 얼어두고
(김준영 1964)	눔 그슥 얼아 두고
(김선기 1967f)	남 그스기 오랴두고(1993 기시기 얼일아 도고)
(김상억 1974)	남 그즈지 어러두고
(서재극 1975)	눔 그슥 어라 두고
(전규태 1976)	눔 그스기 얼아 두고
(김완진 1980)	눔 그슥 어러 두고
(박갑수 1981)	남 모르게 (薯童을) 얼러두고
(홍재휴 1983)	넘넌즈기 얼아(ㄹ) 두고
(남풍현 1983)	눔 그스기 얼어 두고
(장성진 1986)	남 그스기 얼아 두고
(황패강 1987)	남 그으기 얼어 두고
(정창일 1987)	넌굿긔 어러두고
(심재기 1989)	눔 그슥 어러두고

(엄국현 1990)	남 몰래 얼어 두고
(금기창 1993)	늠 그슥 어러 두고
(유창균 1994)	늠 그스기 얼아두고
(강길운 1995)	남 그슥 어라 두고
(고정의 1995)	(남 몰래 사귀어 두고)
(지형률 1996)	늠 그슥 얼어 두고
(최남희 1996)	늠 그스기 얼어 두고
(윤철중 1997)	늠 그슥 얼어(2009 얼아) 두고
(양희철 1997)	늠 그슥 얼아 두고
(신재홍 2000)	늠 그스기 어러두고
(황패강 2001)	늠 그스기 얼어두고
(류 렬 2003)	남 거서기 얼어두고
(박재민 2009a)	남(을) 무수히 교합해 놓고
(황병익 2020)	늠 그슥 어러두고(어러노코)

2.1. 他 늠 ← 他(실의독:늠)

'他'는 '늠, 넘, 남' 등으로 읽히고 있다. '남'은 그 당시에 'ㆍ'가 존재하지 않았다는 가설에 의한 것이고, '넘'은 경주 방언을 따른 것이라 한다. 일반적인 '늠'의 해독을 따른다.

2.2. 密只 그슥 ← 密(실의독:그슥)+只(약음독:ㄱ)

'密只'의 해독은, '달기'의 계통[53], '몰러'의 계통('멀긔, 몰기, 모러, 몯ᄋ')[54], '그슥'의 계통('그르기, 그스기, 그슥, 그슥'), '넌즈기'의 계통('넌즈기, 년굿긔') 등으로 해독되고 있다.

'넌즈기' 계통과 '그슥' 계통은 그 의미상 모두가 가능할 수 있다. '넌즈기'는 '聊'(『법화경언해』四 131) '居'(『두시언해』(초간본) 二三 35) '薄'(『용비어천가』87) 등으로 쓰이고, '그슥'은 '密'(『능엄경』(권이) 6, 『원각경』(上之一) 46, 『두시언해』(초간

---

53 '달기'는 '他密只'를 한 단위로 하여 '눈독에'의 의미로 보고 있는데, 이해하기 힘들다.
54 '몰리' 계통의 해독은 그 의미에서는 가능성이 있으나, '-只'의 음을 살리지 못하거나, 살렸을 경우에 그 어형에서 주저된다.

본) 二四 19)로 쓰인다는 점에서, '그슥'의 계통을 택한다. 그리고 '그슥' 계통에서도, 그 당시에 'ㅿ'이 있었을까 하는 의문과, 'ㅅ'가 'ㄱ'으로 많이 쓰인다는 점에서 '그슥'의 해독을 따른다.

2.3. 嫁良 얼아 ← 嫁(실의독:얼)+良(약의독:아)

'嫁良'의 해독은 '嫁'가 '얼다'라는 점에서, '얼아'의 해독을 따른다. 이때 그 의미는 기왕의 해독들과 같이 '얼(嫁)+아(부동사형어미)'뿐만 아니라, '얼(幼)+아(兒)'도 뜻하는 동음이의어로 본다. '良'을 '아'로 읽는 것은 약의독자로 본 것이다. 한자 '良'에는 '長也'가 있다. 이때의 '長'은 '알다'이다. 이런 사실은 『금강경삼가해』(四 45)의 "알온 거스란 그 아로믈 므더니 너기고"(長者란 任其長ᄒ고)란 구절에서 알 수 있다. 그리고 광주판 『천자문』에서 '良'을 '알'로 새기고 있다. 이런 점에서 '良'이 '아'가 되는 것은 '알'의 그 초성과 중성을 이용한 약의독자라 할 수 있다.

2.4. 置古 두고 ← 置(실의독:두)+古(전음독:고)

'置古'는 '놓고, 두고, 도고' 등으로 해독되고 있는데, '置'가 '두다'라는 점에서 '두고'의 해독을 따른다. 이 경우에 '두고'는 조동사인 동시에 본동사로 쓰이는 동음이의어이다.
동음이의어인 '嫁古/얼아'(정을 통하여, 어린 아이)와 '置古/두고'(조동사, 본동사)는 '정을 통하여 두고', '(또래의) 어린 아이를 두고', '(자식의) 어린 아이를 두고' 등의 구문적 중의를 형성한다.

3. 薯童 房乙 夜矣

薯童(셔동) 房(방)을 밤이
서동 방에/방으로 밤에

  (아유가이 1923)   셔동방을 / 밤의
  (오구라 1929)   薯童房올 / 밤애
  (정인보 1930)   薯童房을 / 밤에
  (사비성인 1935)   薯童房을 / 밤에

(유창선 1936c)	薯童房을 / 밤에	
(신태현 1940)	薯童房올 / 밤됨	
(양주동 1942)	맛동바올 / 바민	
(지헌영 1947)	薯童房올 / 바민	
(정열모 1947)	서동방을 / 밤의(1965 머선 방을 / 바민)	
(방종현 1948)	薯童房을 / 바민	
(이　탁 1956)	맏동방을 / 밤이	
(홍기문 1956)	셔동지블 / 바므	
(김준영 1964)	마동방을 / 밤의	
(김선기 1967f)	쑈뚱 찝은 / 밤이(1993 쑈뚱 빵알 / 밤애)	
(김상억 1974)	맛둥방을 / 밤에	
(서재극 1975)	마퉁바올 / 바민	
(전규태 1976)	맛둥방을 / 밤애	
(김완진 1980)	薯童 방올 / 바매	
(홍재휴 1983)	마(ㅂ)아리 굼올(으로) / 밤이	
(남풍현 1983)	薯童 房을 / 밤이	
(장성진 1986)	맛동 방올 / 밤에	
(황패강 1987)	서동 방을 / 밤의	
(정창일 1987)	薯童 지블 / 바민	
(심재기 1989)	薯童房올 / 바매	
(엄국현 1990)	薯童房을 / 밤에	
(금기창 1993)	마둥방올 / 바매	
(유창균 1994)	막동 집을 / 밤이	
(강길운 1995)	맛둥 입(房)을 /밤에	
(지형률 1996)	薯童 방올 / 밤애(2007 맗동방올 / 밤이)	
(고정의 1995)	(맛동 방으로) / 밤에	
(최남희 1996)	薯童房올 / 바민	
(윤철중 1997)	薯童房올 / 바민	
(양희철 1997)	맙동 입을 / 밤의(2009 서동방을 밤이)	
(신재홍 2000)	맛둥 바올 /밤이	
(황패강 2001)	서동 방을 / 밤의	
(류　렬 2003)	마보기실 / 밤이	
(박재민 2009a)	(이제는) 서동의 방으로 / 밤에	
(황병익 2020)	맛둥 방(房)올 / 바민	

3.1. 薯童 셔동 ← 薯(음의독:薯/셔)+童(음의독:童/동)

'薯童'은 '셔동, 薯童, 맛동, 머선, 마동, 마퉁, 막동, 맛둥, 맣동, 마(ㅂ)아리, 맙동' 등으로 다양하고 읽고 있다. '薯童(셔동)'으로 읽는다.

이 '薯童'은 설화와 과거의 문헌들에서 '末通大王'의 '末通'과 그 음의 유추에 기반한 것이다. 나머지 '맛동, 머선, 마동, 마퉁, 막동, 맛둥, 맣동, 마(ㅂ)아리, 맙동' 등의 해독들은 『향약구급방』의 '亇攴'(薯)을 살리려 한 것들이다. 특히 '攴'을 '支'로 보고 'ㅅ'이나 'ㅎ'으로 읽거나, '攴'을 'ㅂ'으로 읽은 것이다. '支'는 'ㄷ, 디'의 표기에 쓰였다는 점에서 '亇攴'은 '亇支'의 오자로 보인다. 이에 따라 '薯童'을 굳이 훈으로 읽는다면, '믿동'이 된다.

3.2. 房乙 房(방)을 ← 房(음의독:房/방)+乙(전음독:을)

'房乙'은 '방(房)을(올), 房올, 바올, 지블, 집을, 찝은, 굼올, 입(房)을' 등으로 읽어 왔다. '房(방)을'로 읽는다.

'房'의 당시 훈을 재구하여 읽은 것으로 '집을, 굼올, 입올' 등이 있다. 모두가 유추이지 예증된 것은 아니다. 이보다는 '구들 방(房)'(『倭語類解』上 31)에 따라 '房'의 훈을 '구들'로 보는 것이 바람직할 수도 있다. 그러나 '구들'은 '구들ㅎ'이라는 점에서 '房乙'을 '구들흘'로 읽을 수는 없다.

해독은 외형상 '셔동방을'로 끝나지만, 그 의미를 명확하게 하여야 한다. '셔동방'의 의미는 인명과 장소로 양분되어 왔다. 그리고 이에 따라 '-을' 역시 목적격과 부사격으로 양분되어 왔다.

'薯童房乙'을 '서동방(인명)을'로 읽은 것은 초기의 해독들(아유가이, 오구라, 유창선, 양주동 등등)에서부터 보인다. 이 중에서 '서동방'이 인명이란 근거를 양주동은 조어법과 어원의 차원에서 자세하게 설명하였다. 그러나 지헌영에서부터 '薯童房'을 장소로 보는 해독들이 나왔다. 이로 인해 '薯童房'을 인명과 장소로 보는 주장들이 서로 갈리게 되었는데, 인명으로 본 양주동의 한계를 세 측면에서 구체적으로 지적한 것은 남풍현이다.

첫째는 조어법의 측면으로, '안즌방이. 주정방이, 가난방이' 등은 '동작/상태+방'의 형태인 데 비해, '서동방'은 이 '동작/상태+방'의 형태가 아니라는 것이다.

둘째는 어원의 측면으로, 'ㅏ·巴'는 '童'을 뜻하는 데 비해, '房'은 成人에 한하여 쓰이는 것이므로, '방'의 어원이 'ㅏ·巴'에 있지 않다는 것이다.

셋째는 歌意의 측면으로, '薯童房'을 사람으로 보면, 가의가 너무 속되다는 것이다.

이 지적에 동의하면서, 첫째 측면을 부연하려 한다. '안즌방이, 주정방이, 가난방이' 등은 '동작/상태+방이'의 형태인 데 비해, '서동방'은 '인명+방'의 형태이다. 이렇게 후자의 조어는 전자의 조어와 다르다. 게다가 '서동방'은 處所로 인명을 지칭하는 어휘가 될 수 없다. 왜냐하면, 인명을 지칭하는 처소의 어휘, 예로 '大殿, 中殿, 兵房, 戶房' 등과 같은 어휘들에는 인명이 포함되어 있지 않기 때문이다. 만약 인명이 포함되어 있다면, 이는 인명을 표현하는 데 불필요한 '-방'을 더 붙인 것이 될 뿐만 아니라, 그 사람이 소유하거나 거하는 방과 구분하는 것이 어렵다. '서동방'의 경우에, 이 '서동방'이 서동을 의미한다면, '-방'은 불필요한 것이 붙은 것이 된다. 그리고 서동을 지칭한다고 본 '서동방'은 서동이 기거하거나 소유한 방의 의미인 '서동방'과 구분하는 것이 어렵다. 이런 문제들로 보아, '서동방'은 서동이 기거하는 방, 즉 장소로 해석한다.

'薯童房乙'(셔동방을)의 '-을'은 '-을, -으로, -에, -에게' 등의 의미로 보아 오고 있다. 이 중에서 '-을, -에게'의 의미를 취하면 '서동방'을 인명으로 보게 되고, '-으로, -에'의 의미를 취하면 '서동방'을 장소로 보게 된다. 그러나 바로 앞에서 본 바와 같이 '서동방'은 장소이기에 '-을'을 '-을, -에게'의 의미로 볼 수는 없다. 이는 '-을'의 의미를 '-으로, -에'로 보게 한다. 최근에 '-을(처소격) 가-'의 연어가 15·16세기의 자료에서 발견되지 않는다고 주장하면서, '-을'의 의미를 '-으로, -에'로 보는 것을 부정(정우영 2007)하기도 했다. 그러나 '-을/를/롤(처소격) 가-'가 15·16세기에 쓰인 예들이 확인되면서, '薯童房乙'(셔동방을)의 '-을'은 '-으로, -에' 등으로 쓰인 것임이 다시 한번 확인(양희철 2009, 2020)되었다.

4. 夘乙 抱遣 去如

톳길 안곤 가여
토낄 안곤 간다

(아유가이 1923)　　몰 안견 간다
(오구라 1929)　　몰내 안고 가다
(정인보 1930)　　멀 안고 가뇨(다)
(사비성인 1935)　　면은 안겨 가리
(유창선 1936c)　　몰내 안고 가다

(신태현 1940)	됨을 보고 간다
(양주동 1942)	몰 안고가다
(지헌영 1947)	몰 안고 가다
(정열모 1947)	몰 안고간다(1965 아롤 품고 사요)
(방종현 1948)	늘 안고가다
(이 탁 1956)	몯을 안오가드
(홍기문 1956)	(바므)란 안고 가다
(김준영 1964)	몰 안고 가다
(김선기 1967f)	몯 안겨 깐다(1993 몰 안겨 가다)
(김상억 1974)	몰 안고 가다
(서재극 1975)	알 안겨가다
(전규태 1976)	몰 안고 가다
(김완진 1980)	알홀(2010 톳길) 안고 가다
(박갑수 1981)	돍을
(김웅배 1982)	딩굴안고 가다
(홍재휴 1983)	알올 안고 가여
(남풍현 1983)	모롤 안고 가다
(장성진 1986)	알을 안고 가여
(정창일 1987)	卵을 안겨 가여
(심재기 1989)	딩굴 안고가다
(엄국현 1990)	도깨(토기)를 안고 가다
(금기창 1993)	누버딩굴 안고 가다
(유창균 1994)	알을 안고가다
(강길운 1995)	알 안고 갓져
(지형률 1996)	알안고 가여(2007 앓올 안고 가다)
(고정의 1995)	알(선화공주)을 안고가다
(최남희 1996)	알홀 안고 가다
(윤철중 1997)	딩굴안고 가다
(양희철 1997)	알(2009 톳길) 안고(2013b, 2015a 안곤) 가다(2020 가여)
(신재홍 2000)	몰/더블 안고거다
(황패강 2001)	몰올 안고 가다
(류 렬 2003)	몰 안고 가다
(박재민 2009a)	알을 알고 간다.
(황병익 2020)	알안겨가다

4.1. 夘乙 톳길 ← 夘(실의독:톳기)+乙(약음독:ㄹ)

'夘'는 '卯'의 이체자 또는 변체자, 그중에서도 속자이다(제3부 「의독자의 문제 향찰」 2.1. '夘/톳기' 참조).

4.2. 抱遣 去如 안곤 가여 ← 抱(실의독:안)+遣(전음독:곤) 去(실의독:가) +如(전음독:여)

'抱'는 '안'으로 읽는다. '抱'를 '품'으로 읽은 경우는 '품다'가 '懷'로 쓰인다는 점에서 회의적이다. '遣'은 '겨, 고' 등으로 읽어왔으나, '곤'(양희철 2013b, 2015a)으로 읽는다(제3부 「소멸된 한자음의 문제 향찰」의 3.1. '遣' 참조). '去'를 '간' '갓'으로 읽은 것들은 '-ㄴ'과 '-ㅅ'을 표기한 향찰이 없어 버린다. '如'를 '여'(홍재휴 1983; 장성진 1986)로 읽은 해독들 따른다.

'抱遣 去如'를 '안곤 간다'의 의미인 '안곤 가여'로 종합한다.

지금까지 〈서동요〉 해독에서 정리한 중의들을 다시 정리하면 다음과 같다.

동음이의어인 '嫁良/얼아'(정을 통하여, 어린 아이)와 '置古/두고'(조동사, 본동사)는 '정을 통하여 두고', '(또래의) 어린 아이를 두고', '(자식의) 어린 아이를 두고' 등의 구문적 중의를 형성한다.

'薯童 房乙'은 '薯童(셔동) 房(방)을'로 해독된다. '薯童(셔동)' 다음에는 속격의 '-의'가 생략되어 있다. 그리고 '房(방)을'의 '-을'은 다의어로 두 의미('-에, -으로')를 보여 준다. '薯童(셔동) 房(방)을'는 '薯童(셔동)의 房(방)에'와 '薯童(셔동)의 房(방)으로'의 의미를 보여준다.

'夘乙/톳길'의 '夘/톳기'는 은유법으로 두 의미를 보여준다. 하나는 보조관념에 해당하는 문자적 의미의 '토끼'이고, 다른 하나는 원관념에 해당하는 은유적 의미의 '딸/아이'이다.

이상의 동음이의어, 다의어, 은유법 등의 중의들을 연결하면, 12종의 텍스트를 보여주는데, 이 중에서 의미가 있는 텍스트는 다음의 여섯이다.

1) 선화공주님은 남몰래 (또래의) 어린 아이를 두고 서동의 방으로 토끼를 안곤 간다.
2) 선화공주님은 남몰래 (또래의) 어린 아이를 두고 서동의 방에 토끼를 안곤 간다.
3) 선화공주님은 남몰래 정을 통하여 두고 서동의 방으로 아이를 안곤 간다.

4) 선화공주님은 남몰래 정을 통하여 두고 서동의 방에 아이를 안곤 간다.
   5) 선화공주님은 남몰래 (자식의) 어린 아이를 두고 서동의 방으로 아이를 안곤 간다.
   6) 선화공주님은 남몰래 (자식의) 어린 아이를 두고 서동의 방에 아이를 안곤 간다.

 이 여섯 텍스트 중에서 1)과 2)는 〈숨겨놓은 또래의 아이를 노래하는 텍스트들〉이고, 3)과 4)는 〈밀통(密通)을 노래하는 텍스트들〉이며, 5)와 6)은 〈숨겨놓은 자식을 노래하는 텍스트들〉이다.
 이 여섯 텍스트는 왕과 신하들이 수용한 텍스트, 아이들이 수용한 텍스트, 선화공주가 수용한 텍스트 등(양희철 2009, 2015a, 2020)으로 다시 정리된다.
 왕과 신하들이 해석한 텍스트를 보자.
 〈서동요〉는 배경설화에서 백관과 왕으로 하여금 선화공주를 원방(遠方)에 찬류(竄流)시키게 하는 원인으로 기능한다. 이 기능에 이의를 제기할 사람은 아무도 없다. 문제는 이 기능을 앞에서 살핀 여러 텍스트들 중에서 어느 것이 수행하느냐 하는 것이다. 이에 대한 대답은 앞에서 정리한 〈밀통을 노래하는 텍스트들[3)과 4)]〉과 〈숨겨놓은 자식을 노래하는 텍스트들[5)와 6)]〉이다. 만약 이 텍스트들의 내용들, 즉 선화공주가 밀통을 하였거나 숨겨놓은 자식을 가지고 있다는 내용들로 〈서동요〉가 해석되지 않는다면, 예로 〈숨겨놓은 또래의 아이를 노래하는 텍스트들[1)과 2)]〉로 해석된다면, 왕과 신하들은 〈서동요〉에서 선화공주를 원방에 찬류시킬 수 있는 내용을 확보하지 못한다. 그만큼 이 텍스트들[3)-6)]은 왕과 신하들로 하여금 선화공주를 원방에 찬류시킬 수밖에 없게 하는 원인으로 기능한다는 점에서, 이 텍스트들은 왕과 신하들이 해석한 것들이며, 배경설화의 서사진행에서 없어서는 안 되는 것들이라고 정리할 수 있다.
 아이들이 해석한 텍스트들을 보자.
 서동은 경주에 가서, 마을과 거리의 여러 아이들에게 마를 먹여, 여러 아이들이 자기를 가까이하고 따르므로, 〈서동요〉를 짓고 여러 아이들을 꾀어 노래하게 하였다. 그 결과 〈서동요〉는 서울에 가득 퍼져 궁궐에까지 다다르게 된다. 이 일련의 사건은 〈서동요〉의 유희와 유포의 기능을 보여준다. 이 유희와 유포의 기능을 부정할 사람은 없다. 이 경우에 생각해 볼 것이 하나 있다. 즉 아이들이 유희로 즐긴 노래의 내용과 서동이 유포시키고자 한 내용이 같은 것이냐 하는 문제이다. 앞에서 살폈듯이 서동이 유포시키고자 한 내용은 찬류의 원인이 되는 텍스트들[3)-6)]의 것들이다. 그러면 아이들도 이 텍스트들을 유희로 즐겼을까? 특히 선화공주가 저지르지도 않은 밀통을 했다는 내용이나, 낳지도 않은 자식을 안고 가는 내용의 이 텍스트들[3)-6)]을 아무런 부담도 없이 유희로 즐겼을까? 아이들은 이 텍스트들을 노래하면 신변의 위협을 느낄 수 있어, 이 텍스트들의 노래를 주저(躊躇)하고 끝내는 노래하지 않았을 것으로 판단한다.

그런데 서동은 이런 내용의 노래를 아이들을 통하여 유포시켜야만 자신의 목적을 달성할 수 있다. 이런 상황에서 서동이 취할 수 있는 방법은 무엇일까? 그 방법은 선화공주가 음예(淫穢)한 여자라는 내용을 왕과 신하들은 감지할 수 있지만, 아이들은 그 내용을 감지할 수 없게 작품에 함축시키고, 아이들은 선화공주가 음예한 여자가 아닌 내용만을 감지할 수 있게 하는 것이다. 이 두 측면을 만족시키는 방법은 중의를 이용하는 것이다. 이 중의가 바로 앞에서 본 '얼아 두고'와 '톳길'이다. 이 두 중의에서 아이들이 취한 의미는 '또래의 어린 아이'와 '토낄'이다. 이 두 의미가 들어간 텍스트들이 바로 〈숨겨놓은 또래의 아이를 노래하는 텍스트들[1)과 2)]〉이다. 이런 점에서 이 두 텍스트들[1)과 2)]은 아이들이 〈서동요〉를 읽고 해석한 것들이며, 배경설화의 서사진행에서 없어서는 안 되는 것들이라고 정리할 수 있다.

이번에는 선화공주가 해석한 텍스트들을 보자.

선화공주가 "동요의 효험·효능을 믿었다."[信童謠之驗, 驗=效驗, 效能]는 사실은 〈서동요〉의 내용과 일치하는 사건을 현실에서 확인하였다는 것을 의미한다. 그러면 이 배경설화의 사건은 무엇일까? 이는 "이로 인해 수행하고 잠통하였는데, 그런 후에 서동의 이름을 알고"[因此隨行 潛通焉 然後知薯童名]에서 보이는, 선화공주가 서동과 잠통(=밀통)한 사건이다. 그리고 이 사건과 일치하는 내용이 앞에서 정리한 〈밀통을 노래하는 텍스트들[3)과 4)]〉의 것들이다. 즉 두 텍스트에서 '남몰래 정을 통하여(他 密只 嫁良)'는 밀통을 의미하고, '서동의 방을'은 처소를 통해 밀통의 대상을 간접적으로 언급한 것이다. 그런데 이 두 텍스트를 먼저 인식하고, 그 다음에 배경설화의 사건이 발생하면, 선화공주는 〈서동요〉의 효험·효능을 믿게 된다. 이런 점에서, 선화공주가 해석한 텍스트들은 3)과 4)이며, 이 두 텍스트[3)과 4)]는 배경설화의 서사진행에서 없어서는 안 되는 것들이라고 정리할 수 있다.

이렇게 〈서동요〉에서 정리된 6종의 텍스트는 모두에서 정리한 바와 같다.

부기: 최근에 '卯'를 '卵/알'로 보고, 그 의미를 황금 또는 황금의 상징으로 본 글들이 나왔다. 적지 않은 문제 중에서 두 문제만 지적한다. 하나는 〈서동요〉의 제3구를 서동과 선화공주의 만남으로 볼 수 없다는 문제이다. 다른 하나는 '알'이 황금의 상징이라는 주장의 준거가 없거나,『삼국유사』에 나온 '卵' 중에는 '卝, 丱, 礦' 등의 의미로 쓰인 예가 없다는 문제이다.

⟨맹아득안가⟩

[원문]

膝肹 古召旀
二尸 掌音 毛乎攴 內良
千手觀音叱 前良中
祈以攴 白屋尸置 內乎多
千隱 手阿叱 千隱 目肹
一等 下尸 放古 一等肹 除惡攴
二 于萬隱 吾羅
一等沙 隱賜以只 內乎 叱等邪
阿邪也 吾良 遣知攴 賜尸等焉
於冬矣 用屋尸 慈悲也 根古

('手□叱'의 궐자는 '阿'로 보충, 一等下叱의 '叱'은 '尸'의 오자로 수정, 放古의 '古'는 누락자로 보충, 隱賜以古只의 '古'는 연자로 삭제, 放冬矣의 '放'은 '於'의 오자로 수정)

[해독]

무릎글 고초며
두블 손바담 모호 드리아
千手觀音(천슈관음)시 前(전)아기
비롭 븗올두 드리온다
즈믄 손앗 즈믄 눈흘
ᄒᆞᄃᆞᆫ 할 놓고 ᄒᆞᄃᆞᆫ훌 덜압
두블 가만 나라

ㅎ둔사 그시주시기 드리오 시두야
아라라 나아 깃딥 주실둔
어들익 스올 慈悲(자비)라(고) 불휘고?

[현대역]
무릎을 곧추며
두 손바닥 모아 들이어
천수관음의 앞에
빌어 밝을 것도 비는 일을 하고 있다(/빌고 있다)
천 손에의 천 눈을
같은 것을 놓고 하나를 덜어
둘 흐린(/희미한) 나라
하나만은 숨겨주시길 비는 일을 하고 있다야(/빌고 있다야)
아라라(阿喇喇, 驚駭) 나에 남겨 주신다면
어디에 쓰올 자비라고 뿌리고?

1. 膝肹 古召旀

무릎글 고초며
무릎을 곧추며

    (오구라 1929)   무릎을 굽으리며
    (유창선 1936d)   무릎흘 고조며
    (신태현 1940)   무릅을 고초며
    (양주동 1936)   무루플 고조며
    (지헌영 1947)   무릅흘 고조며
    (정열모 1947)   무릅흘 고부리며(1965 무릅흘)
    (이　탁 1956)   므릅올 고도며
    (홍기문 1956)   무루플 구브리며
    (김준영 1964)   무릅흘 고조며
    (김선기 1968c)   무룹깔 고됴며(1993 고뚀며)

(김상억 1974)	무룹흘 고조며
(서재극 1975)	무루플 고조며
(전규태 1976)	무룹흘 고조며
(김완진 1980)	무루플 ㄴ초며
(정창일 1987)	膝흘 고블며
(금기창 1993)	무룹흘 고조며
(이도흠 1993)	무릎을 꿇으며
(유창균 1994)	무룹흘 고조며
(강길운 1995)	무릎글 고조며
(지형률 1996)	무룹을 고조며(2007 무룹흘 고초며)
(최남희 1996)	무룹흘 고조며
(양희철 1997)	무릅흘(2013 무릎글) 고됴며
(신재홍 2000)	무루플 고됴며
(황패강 2001)	무루플 고브르며
(류 렬 2003)	무루부흘 고부르미
(남풍현 2017a)	무릎을 고조며

1.1. 膝肹 무릎글 ← 膝(실의독:무릎)+肹(전음독:글)

膝肹은 '무릅을, 무룹흘, 무루플/무룹흘, 무룹깔, 무릎글' 등등으로 비슷하게 읽히고 있다. 표기 원리와 분철을 검토할 수 있도록, '무릎글'의 해독을 따른다.

1.2. 古召旀 고초며 ← 古(전음독:고)+召(전음독:초)+旀(전음독:며)

古召旀는 '굽으리며' 계통, 'ㄴ초며' 계통, '고도며, 고됴며, 고똬며, 고조며, 고초며, 고쵸며' 계통 등으로 3분 되어 있다.

'굽으리며' 계통은 '굽(枉/曲)-'과 '꿇-'이 다르다는 점에서, 허리를 굽히는 것은 예가 될 수 있지만, 무릅을 굽히는 것은 예가 될 수 없다는 점에서, 한자 '枉'이나 '曲'을 이용하지 않는 점에서, 문제를 보인다.

'ㄴ초며'(낮추며) 계통에서는 '늦(다)'에서 'ㄴ'를 취하고, '召'를 '조'가 '초'와 통용된다고 주장하였다. '낮추다'를 의미하는 '損, 下, 卑' 등을 몰라서 이 한자들을 이용하지 않았다고 보기는 어렵다. 그리고 'ㄴ초며'의 무릎을 낮추는 것이 합장 배례의 모습이라고 주장하지만, 그 어색함을 면할 수 없다.

'고도며, 고됴며, 고뚀며, 고조며, 고초며, 고쵸며' 계통은 그 현대역을 참고하면서 정리하는 것이 변증에 편리하다. 여덟 유형으로 정리된다.

첫째로, 이 계통을 이끈 양주동(1942)은 '古召'를 '고조, 고초'로 읽고 '拱'의 훈으로 보면서, '고조(곶+오)'와 '고초(곶+호)'가 모두 가능하다고 보고, '곶, 곧'을 '直'의 의미로 보았다. 그리고 그 후의 해독에서는 '고조며'를 '곧추며'의 의미(1965)로 보았다. 이 해독은 김상억(1974), 서재극(1975), 금기창(1993) 등으로 이어진다. '고조-'의 해독에서 '곧추-'의 현대역을 끌어내기가 어렵다. 이 양주동의 해독은 그 후에 여러 유형의 해독들을 파생시켰다.

둘째로, '고조며'로 읽고 '꿇으며'의 의미로 본 경우이다. 이 경우를 이끈 유창선(1936d)은 양주동(1936)이 膝肹古召旀를 '拱膝'로 보고, '古召旀'를 '고초'(直立)로 읽은 것으로 비판하고, '拱膝'에 동의를 하면서, "膝肹古召旀는 合膝의 義로 解할것으로 곧 꿇어앉는 것을 意味한 것이라고 생각한다."고 하였다. 이런 해독은 김준영(1964, 1979)과 전규태(1976)의 '고조며'(꿇으며)로 이어진다. '拱'이나 '合'에 '꿇다'의 의미가 없다는 문제를 보인다.

셋째로, '拱'의 '두 손을 마주잡다'나 '깍지를 끼다'의 의미인 '곶다'(꽂다)를 살려 읽은 경우이다. 이 경우에는 '고조며'로 읽고, 그 의미를 '곶고'(지헌영 1947), '아귀를 맞추며'(의역: 가부좌 틀며, 강길운 1995), '(바닥에, 간절한 마음으로) 꽂으며'(남풍현 2017a) 등으로 보았다. '拱'의 의미를 살렸으나, '무릎을 꽂으며'의 의미가 명확하지 않다.

넷째로, 현대역을 '단정히 하며'로 단 경우이다. 이에는 '고뚀며'(김선기 1993)와 '고조며'(지형률 1996)가 속한다. 해독과 현대역이 형태소 차원에서 일치하지 않는다.

다섯째로, 현대역을 '고치(오)며'로 단 경우이다. '고도며'(고치며, 이탁 1956)와 '고됴며'(고치오며, 김선기 1968c)가 있다. 이 해독들은 '-도/됴-'가 '-치-'와 연결되지 않는다는 점에서 각각 회의적이다.

여섯째로, '고됴며'(卽하게 하며, 닿게 하며, 대며, 신재홍 2000)로 본 경우이다. '곧'을 '卽'으로 보았는데, 문맥이 잘 통하지 않는 것 같다.

일곱째로, '고조며'나 '고됴며'로 읽고, '바로 세우며'의 의미로 본 경우이다. '고조며'(고초며, 바로 세우며, 유창균 1994)와 '고됴며'(고추며, 양희철 1997)가 있다. '고추다'가 '바로다'의 의미라는 점에서 가능성이 있으나, '고조-'나 '고됴'가 '고추-'라는 것을 설명하기가 어렵다.

여덟째로, '召'를 '초, 쵸'로 읽은 경우이다. 앞에서 설명하였듯이, 양주동은 '고초며'

의 가능성을 열어 놓았다. 이를 따른 것으로 '고초며'(신태현 1940; 지형률 2007)와 고쵸며(양희철 1994)가 있다. 양주동은 '김'가 '買召忽 一云彌鄒忽'로 보아, '초'에 통용되었다고 보았고, 지형률은 '김'의 형성사(形聲字)가 '소/조/초'라는 점에서 '초'로 읽었다. 양주동의 경우에는 '고초-'를 '곶+호-'로 보았는데, '곶'과 '곧'이 달라서, '고초-'를 '곧추-'의 의미로 정리하는 데 한계를 느끼게 된다. 이 문제를 의식한 것 같은 지형률의 경우에는, '고초다'를 '곧초다'의 음운변화형으로 보면서도, '古召/花乎'를 「곶(사어화한 형용사어간 直)+오/호(사동형어미)」로 분석하고, "곧고 바르게/단정히 하다"의 의미로 보았다. 이는 양주동이 '곶'으로 읽고 이를 '곧'으로 수정한 문제를 피하지 못하였다.

이렇게 진행되어 온 해독은 '고초며'로 읽고, '고초-'는 '곧추-/고추-'(곧게 하-)의 이형태로 보면, 모든 문제가 해결될 것 같다. '곧다'에 사동접미사 '-추-'가 첨가된 '곧추다'(곧게 하다)는 '고추다'로 축약될 수도 있고, 경상도 방언 '고추다'는 '바루다'(비뚤어지거나 구부러지지 않도록 바르게 하다)의 의미라는 점에서, '古召旀'를 '고초며'로 읽을 수 있다. 그리고 '김'는 그 해성자인 '軺, 超, 招, 貂, 苕, 岧, 弨, 怊' 등에서는 그 음이 '초'이며, '招兒, 炒兒' 등으로도 쓰는 '召兒'의 발음은 '쵸아, 초아' 등이다. '곧초-'의 '곧-'은 '直召-'에서와 같이 한자 '直'의 훈을 이용할 수 있으나, '고초-'의 '(곧))고-'는 '直'의 훈을 이용할 수 없어 '古'의 음을 이용한 것이다.

이 해독은 문맥에도 잘 부합한다. 이를 간단하게 보자.

기왕의 해독들은 제1, 2구에서 보이는 상황을 부처님 앞에서 두 손을 모으고 꿇어앉는 것으로 생각하거나, 불가에서 승려나 신자들이 서로 마주쳤을 때에 두 손을 모으고 상체를 구부리는 합장 정도로만 보고 있다. 그러나 정작 염두에 두어야 할 합장 예불의 대표적이고 예경법의 최상자(最上者)인 오체투지(五體投地)를 검토하지 않고 있다. 번거롭지만 절에서 쓰는 오체투지를 보면 다음과 같다.

먼저 바로 서서 두 손을 모아 합장을 하고, 그 다음에 합장을 한 자세로 무릎을 꿇는다. 이어서 합장한 두 손을 풀어 왼손 오른손의 순서로 바닥에 대고, 이어서 이마를 바닥에 대고, 양손은 머리의 좌우에 먼저 손바닥을 바닥에 대었다가 손바닥을 하늘로 향해 뒤집는다. 다시 손바닥을 바닥 쪽으로 돌려대고, 이어서 바로 서면서 무릎을 세우며 두 손을 모아 합장한다.

이 오체투지는 '古召旀'의 해독인 '(무릎을) 고추며'의 상황을 잘 보여준다. 우선 이 오체투지에서 무릎의 동작과 합장의 동작은 두 종류로 연결된다. 하나는 합장의 상태에서 무릎을 꿇는 것으로, 오체투지의 전반부에서 볼 수 있는 것이다. 다른 하나는 무릎을 바로 세우면서 합장하는 것으로, 오체투지의 후반부에서 볼 수 있는 것이다. 이 무릎

동작과 합장 동작의 두 결합 중에서 '膝肹 古召旀 二尸 掌音 毛乎攴 內良'은 후자의 것을 묘사한 것으로 보인다. 왜냐하면 무릎의 동작과 합장의 동작이 거의 동시에 이루어지는 것을 '-며(旀)'로 보여주고, 합장을 푸는 것이 아니라 두 손을 모아 합장하고 있기 때문이다. 이 상황에다가 '古召旀'는 그 해독 원리상 '고초며'로 읽는 데에 어떠한 어색함도 없다. 이런 점에서 '古召旀'는 '고초며'로 읽고, 이 행동은 기왕의 '古召旀' 해독에서와 같이 인사 정도의 합장 행동에서 보이는 무릎을 고추세움이 아니라, 오체투지의 후반부에 나오는 무릎을 곧추세우는 행동으로 본다(양희철 1997).

2. 二尸 掌音 毛乎攴 內良

두블 손바담 모홉 드리아
두 손바닥 모아 들이아

(오구라 1929)	두ㅅ 손바당올 모오(아) 괴여
(유창선 1936d)	두 손바닥올 모도아
(신태현 1940)	둘 숪 바당 모호아
(양주동 1942)	둘 숪 바당 모호누아
(지헌영 1947)	둘 숪 바당 모옷누아
(정열모 1947)	두 솜모기 내려(1965 둘 솜모기 내롸)
(이 탁 1956)	두블 손바담 모호아 안아
(홍기문 1956)	둘 손 바담 모호 괴누아
(김준영 1964)	두블 손바당 모호ㅈ누아(1979 두홀 손바담 모홍ㄴ아)
(김선기 1968c)	두불 솜 묻고 디나라(1993 두볼 솜 목고 디날아)
(김상억 1974)	둘 숪바당 모호누아
(서재극 1975)	두블 손바담 모히ㄴ아
(전규태 1976)	둘 손ㅅ바당 모호누아
(김완진 1980)	두볼 손브룸 모도ㄴ라
(정창일 1987)	둘히 바롬 / 뫄호럿ㄴ어
(금기창 1993)	두블 손바담 모옷ㄴ아
(이도흠 1993)	두 손바닥 모아 괴면서
(유창균 1994)	두블 손바담 모호기ㄴ라
(강길운 1995)	버글 바담 모도아나

(지형률 1996)　　　　두볿 손바담 모둥ᄂᆞ아(2007 모호ᄂᆞ아)
(최남희 1996)　　　　두블 손바당 모히ᄂᆞ아
(양희철 1997)　　　　두블 손바담 모홉ᄂᆞ아(2008a 모홉 드리아)
(신재홍 2000)　　　　두볼 손바담 모호기 드려
(황패강 2001)　　　　둘 손 바담 모호누아
(류　렬 2003)　　　　두불 손바당 모호고히노아
(남풍현 2017a)　　　두볿 슋ᄇᆞ롬 몯오디 아ᄋᆞ

2.1. 二尸 두블 ← 二(실의독:두블)+尸(약음독:ㄹ)

'二尸'는 '두ㅅ, 둘, 두븓, 두불, 두블, 두볿, 두흘, 두볼, 버글' 등으로 읽히고 있다. '버글'은 '二'의 해독이 아니라 '次'의 해독이다.『계림유사』의 '二曰途孛'로 보아, '두블'을 취한다.

2.2. 掌音 손바담 ← 掌(실의독:손바담)+音(약음독:ㅁ)

'掌音'은 '손바당올, 슋바당, 손바담, 슋ᄇᆞ롬, 솜, 손ᄇᆞ롬, 손바담' 등으로 읽히고 있다. '손바당올'과 '슋바당'의 해독들은 '-ㅁ(口)'의 음을 살리지 못했다는 점에서 지양되고 있다. '솜'의 경우는 '手音'의 해독이면 이해될 수 있지만, '掌音'의 해독이라는 점에서 이해되지 않는다. '손바담'의 경우는 '-ㅁ'을 살리고 있다. '-ㄱ/ㅇ'이 '-ㅁ'으로 된다는 사실의 증명에 한계가 있어 보인다. 그러나 강길운(1995:280)이 지적하듯이, 드라비다-타밀어에서 손바닥이 'patam'이라는 점에서 '바담'이라 읽을 수 있다.

2.3. 毛乎攴 모홉 ← 毛(전음독:모)+乎(전음독:호)+攴(약음독:ㅂ)

'毛乎攴內良'의 해독은 띄어쓰기에서 '毛乎 攴內良, 毛乎攴內良, 毛乎攴 內良' 등의 세 종류로 갈린다. '攴'과 '內'의 해독에서 상당한 난맥상을 보여왔다. '攴'은 '支'의 속자, 오자, 오각, 이체자 등으로 본 경우, 지정문자로 본 경우, 'ㅂ'으로 읽은 경우로 나뉜다. '內'는 '內'로 본 경우와 '納'의 약자로 본 경우로 나뉜다. 이렇게 다양하게 읽어오던 '毛乎攴內良'의 해독은 세 해독을 거치면서 정리되었다고 본다.

첫 번째 해독은 '攴'을 'ㅂ'으로 읽은 '모홉ᄂᆞ아'(양희철 1997)이다. 이 해독에서는 '攴'을 'ㅂ'으로 읽어서 '毛乎攴內良'를 새롭게 읽을 수 있는 터전을 마련하였다.

두 번째 해독은 '모호기 드려'(신재홍 2000)이다. 이 해독에서는 '內'를 '納'의 약자로 보고 '드리-'로 읽었다.

세 번째 해독은 '모흡 드리아'(모아 들이아, 양희철 2008a:276, 345)이다. 이 해독에서는 앞의 두 해독을 변증하면서, '攴'을 부동사형 어미(연결 어미) 'ㅂ'으로 읽고, '內'를 '드리-'로 읽으면서, '毛乎攴 內良'의 해독을 일단락 짓는다.[55]

그리고 이 '모흡 드리아'의 표기에서 실의독자 '集'으로 쓰지 않은 이유는 음형 전달을 위한 것으로 보인다. 즉 '集'에 해당하는 중세어에는 '모호다, 모토다, 몰다, 모도다' 등이 있다. 만약 실의독자 '集'으로 표기했다면 앞의 음형들 중에서 어느 것인지를 알 수 없다. 그러나 '毛乎-'로 표기한 이 작품에서는 그 음형이 '모호-'임을 확실하게 알 수 있다.

2.4. 內良 드리아 ← 內(納, 실의독:드리) + 良(약의독:아)

2.3. 참조.

3. 千手觀音叱 前良中

千手觀音(쳔슈관음)시 前(젼)아긔
천수관음의 앞에

  (오구라 1929) 千手觀音ㅅ 앏해
  (유창선 1936d) 千手觀音ㅅ 앏애
  (신태현 1940) 千手觀音ㅅ 前에
  (양주동 1942) 千手觀音ㅅ 前아히

---

[55] '攴'에 대한 기왕의 해독들이 가지고 있는 문제점은 앞의 글(양희철 2008a)로 돌린다. 그 후에 '攴'을 '支'의 이체자로 보려는 주장(박재민 2009a, 2013a), '攴'을 '乎'의 초성을 유기음화하는 'ㅎ'의 후철로 보려는 주장(지형률 2007), '攴'를 여실법의 '디'로 '安'을 합당법의 '아'로 보고, 전체를 '몰오디 아아'(꼭 모으고 모아 공손히)로 읽은 주장(남풍현 2017a) 등이 나오기도 했다.
 이 해독들은 최소한 양희철의 '攴/ㅂ'과 신재홍의 '內/드리'를 포함한 연구사를 논거 자료의 측면에서 성실하게 검토한 다음에, 다시 생각해 보아야 할 해독들이다. 양희철의 '攴/ㅂ'과 신재홍의 '內/드리'를 적용하지 않고서 〈맹아득안가〉를 바르게 해독한다는 것은 완전히 어불성설이다.

(지헌영 1947)	千手觀音ㅅ 前아히
(정열모 1947)	천수 관음 전에안(1965 천수 관음ㅅ 전아희)
(이 탁 1956)	千手觀音ㅅ 압애
(홍기문 1956)	천수관음ㅅ 전아히
(김준영 1964)	千手觀音ㅅ 前아히
(김선기 1968c)	쳔슈 관음 알배(1993 쳔슈 관흠 앓애)
(김상억 1974)	천슈관음ㅅ 젼아해
(서재극 1975)	千手觀音ㅅ 前아히
(전규태 1976)	千手觀音ㅅ 前아히
(김완진 1980)	千手觀音ㅅ 알파히
(정창일 1987)	千手觀音싀 아럽듕
(금기창 1993)	千手觀音ㅅ 前아히
(이도흠 1993)	千手觀音ㅅ 前아히
(유창균 1994)	千手觀音 전에
(양희철 1994)	千手觀音ㅅ 前아히
(강길운 1995)	즈믄 손 관욊 앓아게
(지형률 1996)	千手觀音ㅅ 알파히(2007 알파기)
(최남희 1996)	千手觀音ㆆ 前아히
(양희철 1997)	천슈관음叱(2015b 시) 전아희(2013 전아기)
(신재홍 2000)	千手觀音ㅅ 알파히
(황패강 2001)	천수관음ㅅ 전아히
(류 렬 2003)	천수관음시 아라히
(남풍현 2017a)	千手 觀音ㅅ 前아긔

3.1. 千手觀音叱 千手觀音(쳔슈관음)시 ← 千(음의독:千/쳔)+手(음의독:手/슈)+觀(음의독:觀/관)+音(음의독:音/음)+叱(약음독:시)

'千手觀音'은 각각 음의독자로 해독되는 것이 주축을 이루고 있다. '千手觀音ㅅ'으로 거의 굳어져 왔으나, 발음되지 않는 'ㅅ'의 상정이 어렵다. 속격의 '시'로 정리(양희철 2015b, 2016a)한다.

3.2. 前良中 前(전)아긔 ← 前(음의독:前/전)+良(약의독:아)+中(실의독:긔)

'前'과 '앒'이 모두 가능하지만, 千手觀音과 慈悲로 보아 '前/전'을 택한다.

4. 祈以攴 白屋尸置 內乎多

비롭 븕올두 드리온다
빌어 밝을 것도 비는 일을 하고 있다(/빌고 있다)

(오구라 1929)	빌어 숣오어 두오다
(유창선 1936d)	빌어 숣어 두오다
(신태현 1940)	비숣을 도다
(양주동 1939)	비숣올 두누오다
(양주동 1942)	비술볼 두누오다
(지헌영 1947)	비ㅅ술볼 두누오다
(정열모 1947)	빌기삶움을 두내오다(1965 마지기 술부믈 두ㄴ오다)
(이 탁 1956)	빌어 술올 도ㄴ오다
(홍기문 1956)	빌이디 술볼 두누호다
(김준영 1964)	비이ㅅ숣을 두ㄴ오다(1979 비이숣올)
(김선기 1968c)	빌이디 삶올 두나꼬다(1993 비리디 삶올 도나고다)
(김상억 1974)	비살볼 두누오다
(서재극 1975)	비히술볼 두ㄴ오다
(전규태 1976)	비ㅅ볼 두누오다
(김완진 1980)	비술볼 두ㄴ오다
(정창일 1987)	비니러 술블히 두나 혼다
(금기창 1993)	빌ㅅ숣오올 두ㄴ오다
(이도흠 1993)	축원의 마ㄹ씀을 두노라
(유창균 1994)	비로기 숣올 두ㄴ오다
(강길운 1995)	비로 솔볼 두노다
(지형률 1996)	비링술볼(2007 빌히숣올) 두ㄴ오다
(최남희 1996)	비히술볼 두ㄴ오다
(양희철 1997)	비롭 숣올 두ㄴ오다(2015a 드리온다)
(신재홍 2000)	비기 술볼두 드료다
(황패강 2001)	비술볼 두누호다
(류 렬 2003)	비리기 살볼 두누호다
(박재민 2009a)	비숩을 두ㄴ오다
(남풍현 2017a)	비로디 숣옳 두아오다

4.1. 祈以攴 비롭 ← 祈(실의독:빌)+以(가의독:로)+攴(약음독:ㅂ)

'祈以攴'의 해독 역시 '攴'의 문제이다. 기왕의 해독들이 보이는 문제는 앞의 글(양희철 2008a)로 놀리고, '비롭'(빌어)으로 읽는다. 이 '비롭'에서와 같이 연결 어미 또는 선어말 어미와 연결 어미가 '-옵'으로 나타난 중세어로는 다음의 '소솝'들이 있다.

  青天 구름속에 소솝 쩌 올은 말이(『청구영언(오씨본)』 18)
  허위허위 소솝 뛰어올라(『청구영언(오씨본)』 117)

이 '소솝'들은 어간 '솟-'이 연결 어미 '-옵' 또는 선어말 어미와 연결 어미 '-옵'과 연결된 형태이다.

4.2. 白屋尸置 붉올두 ← 白(실의독:붉)+屋(약음독:오)+尸(약음독:ㄹ)+置(가의독:두)

'白屋尸置'는 거의 모든 해독들이 '置'를 뒤에 붙이고, '白屋尸'을 거의 비슷하게 '숣올'이나 '숣옳'으로 읽고, '尸'를 동명사형 어미로 보아 왔다. 이 해독을 따르면, "빌어 사뢰는 것을 둔다."는 문맥이 되는데, 이 문맥의 의미가 무엇인지를 거의 알 수 없다.

이에 전혀 다른 해독을 제안한다. 바로, '白'을 '붉-'으로 읽고, '白屋尸置'를 '밝을 것도'(눈이 밝을 것도)의 의미인 '붉올두'로 읽는다.

4.3. 內乎多 드리온다 ← 內(納, 실의독:드리)+乎(가의독:온)+多(전음독:다)

거의 모든 해독들이 '置內乎多'로 띄우고, '內'를 '納'의 약자가 아닌 '內'의 정자로 읽었다. 그러나 이렇게 읽으면 문맥이 거의 통하지 않는다. 이에 나온 것이 '白屋尸置內乎多'를 '白屋尸置 內乎多'로 띄우고, '內乎多'를 읽은 '드료다'(신재홍 2000), '드리오다'(양희철 2008a:346), '드리온다'(양희철 2015a:488) 등이다. 이 해독들은 '內'를 '納'의 약자로 본 것이다. '드리온다'를 취한다. 이 '드리다'는 "신에게 비는 일을 하다."의 의미이다.

제4구 전체는 "비롭 붉올두 드리온다."로 해독되며, 전체 의미는 "빌어 밝을 것도 비는 일을 하온다." 즉 "빌어 밝을 것도 비온다."이다. 이는 "得眼(또는 눈뜰 것)을 비옵니다(/비나이다.)." 또는 "得眼하도록(또는 눈을 뜨도록) 하여주시길 비옵니다(/비나이다.)."와 같은 의미이다.

그리고 "빌어 밝을 것도 비옵니다."에서는 빌어서 얻게 되는 밝음(/득안), 즉 빎에 천수관음이 호응하게 되는 밝음(/득안)의 효과를 강조하는 측면이 강하다. 이는 "得眼 (또는 눈뜰 것)을 비옵니다(/비나이다.)." 또는 "得眼하도록(또는 눈을 뜨도록) 하여주 시길 비옵니다(/비나이다.)."에서 발견할 수 없는 측면이다. 말을 바꾸면, 천수관음으로 하여금, 시적 화자의 빎에 호응하도록 환기하고 구속하는 측면을 가진 표현이다.

5. 千隱 手阿叱 千隱 目肹

즈믄 손앗 즈믄 눈글
천 손에의 천 눈을

  (오구라 1929)   즈믄 손으로 즈믄 눈을
  (유창선 1936d)   즈믄 숡 즈믄 눈홀
  (신태현 1940)   즈믄 손ㅅ 즈믄 눈을
  (양주동 1942)   즈믄 손ㅅ 즈믄 눈홀
  (지헌영 1947)   즈믄 손 즈믄 눈홀
  (정열모 1947)   즈믄 손(1965 손ㅅ) 즈믄 눈홀
  (이 탁 1956)   즈믄 손ㅅ 즈믄 눈을
  (홍기문 1956)   즈믄 소ᄂ로 즈믄 눈홀
  (김준영 1964)   즈믄 숡 즈믄 눈홀
  (김선기 1968c)   즈믄 손 즈믄(1993 지민 손ㄷ 지민) 눈깔
  (김상억 1974)   즈믄 손ㅅ 즈믄 눈홀
  (서재극 1975)   즈믄 손□ㅅ 즈믄 눈홀
  (전규태 1976)   즈믄 손ㅅ 즈믄 눈홀
  (김완진 1980)   즈믄 소낫 즈믄 누늘
  (정창일 1987)   즈믄 손싀 즈믄 눈홀
  (금기창 1993)   즈믄 손힛 즈믄 눈홀
  (이도흠 1993)   천 개의 손에ㅛ 천개의 눈에서
  (유창균 1994)   즈믄 손잇 즈믄 눈홀
  (강길운 1995)   즈믄 숡 즈믄 눈글
  (지형률 1996)   즈믄 숡 즈믄 눈을(2007 눈홀)
  (최남희 1996)   즈믄 손ㆆ 즈믄 눈홀

(양희철 1997)   즈믄 손앗 즈믄 눈홀(2013 눈글)
(신재홍 2000)   "즈믄 손잇 즈믄 눈흘!"
(황패강 2001)   즈믄 손ㅅ 즈믄 눈홀
(류 렬 2003)   즈믄 손호로 즈믄 눈홀
(남풍현 2017a)   즈믄 손(아)ㅅ 즈믄 눈을

5.1. 千隱 즈믄 ← 千(실의독:즈믄)+隱(전음독:은)

'千隱'은 '즈믄'으로 읽는다.

5.2. 手阿(← □)叱 손앗 ← 手(실의독:손)+阿(전음독:아)+叱(약음독:ㅅ)

빈칸의 문제를 제외하고는 문제가 없다. 빈칸은 김준영에 의해 결자로 보여지면서 '隱'이 보충되기도 했다. 김완진은 이 빈칸에 '良'을 보충하고, 금기창은 '中(히)'을 보충하고, 유창균은 '之'를 보충하고 있다.
〈원가〉의 '浪阿叱'과 같이 '阿'로 본다.

5.3. 千隱 즈믄 ← 千(실의독:즈믄)+隱(전음독:은)

5.4. 目肹 눈글 ← 目(실의독:눈)+肹(전음독:글)

'目肹'은 '눈을'이나 '눈흘'로 읽히고 있으나 '肹'의 음을 살린 '눈글'의 해독을 따른다.

6. 一等 下尸 放古 一等肹 除惡支

ᄒᆞ든 할 놓고 ᄒᆞ든홀 덜압
같은 것을 놓고 하나를 덜어

(오구라 1929)   한 무리홀 노하 한 무리홀 버리어
(유창선 1936d)   ᄒᆞᆫ 낱홀 노오 ᄒᆞᆫ 낱홀 덜어
(신태현 1940)   ᄒᆞ든핫 노하 ᄒᆞ든홀 더러

(양주동 1942)   ᄒᆞ둘 노ᄒᆞ ᄒᆞ둘 더읍디
(지헌영 1947)   ᄒᆞ든ᄒᆞᆺ 노ᄒᆞ ᄒᆞ둘 덜옷
(정열모 1947)   한무리해 노하 한무리흘 제아기(1965 ᄒᆞ기리힉ᄉ ᄒᆞᆫ 기리흘 열어)
(이 탁 1956)   ᄒᆞ나흘 노ᄒᆞ ᄒᆞ나흘 덜어
(홍기문 1956)   ᄒᆞ드눌 노하 ᄒᆞ둘 덜아디
(김준영 1964)   ᄒᆞ든ᄒᆞᆯ 노하(1979 노ᄃᆞ) ᄒᆞ둔흘 덜아ㅈ(1979 덜아ㅿ)
(김선기 1968c)   까단 깥애 까딴깔 달압디(1993 까돈 깥애 까돈깔 더압디)
(김상억 1974)   하단할 노하 하단할 더압디
(서재극 1975)   ᄒᆞ든ᄒᆞᆺ ᄇᆞ리 ᄒᆞ둘 쌔히
(전규태 1976)   ᄒᆞ둘 노ᄒᆞ ᄒᆞ둘 더읍디
(김완진 1980)   ᄒᆞ든ᄒᆞᆺ 노하 ᄒᆞ드눌 더럭
(정창일 1987)   ᄒᆞ둔 알싀 놔 / ᄒᆞ둘 除아려
(금기창 1993)   ᄒᆞ든ᄒᆞᆺ 노ᄒᆞ ᄒᆞ둘 덜옷
(이도흠 1993)   하나를 놓아 하나를 덜겠사옵기에
(유창균 1994)   ᄒᆞ든ᄒᆞᆺ 노하 ᄒᆞ둘 덜아기
(강길운 1995)   가튼갓 노하 가튼글 덜악
(지형률 1996)   ᄒᆞ든ᄒᆞᆺ 놓아 ᄒᆞ둔올(2007 ᄒᆞ둔 ᄒᆞᆺ 놓 ᄒᆞ둔홀) 덜억
(최남희 1996)   ᄒᆞ둔 알ᅙ 쁘고 ᄒᆞ둘 닷곡
(양희철 1997)   ᄒᆞ든ᄒᆞᆺ 놓… ᄒᆞ둘 덜압
(신재홍 2000)   ᄒᆞ든ᄒᆞᆺ 노하 ᄒᆞ둘 덜악
(황패강 2001)   ᄒᆞ둘 노하 ᄒᆞ둘 덜옵기
(류 렬 2003)   하둔홀 노하 하둔홀 덜어기
(남풍현 2017a)   ᄒᆞ든ᄒᆞᆺ 놓, ᄒᆞ둔을 덜아디

6.1. 一等 ᄒᆞ둔 ← 一(실의독:ᄒᆞ둔)+等(전음독:둔)

6.2. 참조.

6.2. 下尸 할 ← 下(전음독:하)+尸(약음독:ㄹ)

　一等下叱의 '叱'은 'ㄹ'로 쓴 '尸'를 'ㅅ'으로 오독하고 이 '尸/ㅅ'을 동음자 '叱/ㅅ'으로 잘못 쓴 오자이다. '一等 下尸'를 'ᄒᆞ둔 할'(같은 것을)로 읽는다(제2부 「오자 30제」의 4.8. 참조. 제3부 「의독자와 음독자로 겸용된 문제 향찰」 2.2.2. '둔'으로 읽은 '等' 참조).

'ᄒᆞᆫ 할'을 '같은 것을'의 의미로 본 것은, 관형사 '한'이, '하나의'의 의미와 '같은'의 의미를 보여주는 다의어라는 데 있다.

6.3. 放古 놓고 ← 放(실의독:놓)+古(전음독:고)

'放(古)'의 '古'는 누락자이다. 放古를 '놓고'로 읽는다(제2부 「서로 연계된 누락자와 연자」의 2.5.1. 참조).

6.4. 一等肹 ᄒᆞᄃᆞᆫ글 ← 一(실의독:ᄒᆞᄃᆞ)+等(전음독:ᄃᆞᆫ)+肹(전음독:글)

'一等肹'은 '한 무리흘, ᄒᆞᄃᆞᆫ홀, ᄒᆞᄃᆞᆫ흘, ᄒᆞᄃᆞᆫ글' 등으로 읽히나, 'ᄒᆞᄃᆞᆫ글'의 해독을 따른다. 그 의미는 '하나를'이다. 앞에서 정리한 'ᄒᆞᆫ 할'의 'ᄒᆞᆫ'은 관형사로 '같은'의 의미이고, 이곳에서 다룬 'ᄒᆞᄃᆞᆫ글'의 'ᄒᆞᄃᆞᆫ'은 '하나'의 의미이다. 이는 'ᄒᆞᄃᆞᆫ'이 다의어이기 때문이다. 이런 사실은 현대어에서 '한'이 다의어라는 사실에서 알 수 있다. 즉 '한 사람'의 '한'과 '한 경기장'의 '한'은 다른 의미이다. 전자는 '一'이고 후자는 '同/같은'의 의미이다.

6.5. 除惡攴 덜압 ← 除(실의독:덜)+惡(약음독:아)+攴(약음독:ㅂ)

'除惡攴'은 '버리어, 더읍디, 덜옷, 덜아디(덜도록), 빠히(어미 생략형 정동사), 덜아△(△:강세형), 더럭(덜어, 攴:지정문자), 덜압' 등등으로 비슷하게 읽힌다. 가장 문제가 되는 것은 '-攴'의 해독인데, 이는 앞에서 이미 설명했으므로 '덜압'을 취한다. 이때 이 '-압'은 부동사형 어미이다.

그리고 '덜다'는 "일정한 수량이나 정도에서 얼마를 떼어 줄이거나 적게 하다."의 의미로, "같은 것을 놓고 하나를 떼어 덜어 …… 하나만을 숨겨주시길 빌고 있다야."의 문맥에서 문제가 없다.

7. 二 于萬隱 吾羅

두블 가만 나라
둘 흐린(/희미한) 나라

(오구라 1929)   두 가만 내라
(유창선 1936d)   두흘만 내러라
(신태현 1940)   두만 내라
(양주동 1942)   둘 업는 내라
(지헌영 1947)   둘 업는 내라
(정열모 1947)   두루 만은 내라(1965 만흔 나라)
(이 탁 1956)   두븓 가몬 날
(홍기문 1956)   두후 먼 내라
(김준영 1964)   두블 움언 내라(1979 두흘)
(김선기 1968c)   두불우 만 우리라(1993 도볼우깐 만 나아라)
(김상억 1974)   둘 업는 내라
(서재극 1975)   두블후 먼 나라
(전규태 1976)   둘 업는 내라
(김완진 1980)   두볼 ᄀ만 내라
(정창일 1987)   둘두 만흔 나라
(금기창 1993)   두블 움는 내라
(이도흠 1993)   두 눈이 먼 나이니
(유창균 1994)   두불우 먼 내라
(강길운 1995)   버글 가믄 내라
(지형률 1996)   두븗 ᄀ몬 나라(2007 나이라)
(최남희 1996)   두블 움는 나라
(양희철 1997)   두블 ᄀᄆ-ㄴ(2008 가만) 나라
(신재홍 2000)   두볼 우몬 내라
(황패강 2001)   두우 먼 내라
(류 렬 2003)   두볼 먼 나라
(남풍현 2017a)   두블 우만 나이라

7.1. 二 두블 ← 二(실의독:두블)

'二于萬隱'은 그 끊어 읽기에서부터 매우 다양하다. '두만, 둘 업는, 둘웁(업)는, 두븓 가몬, 두후 먼, -두루 만흔, 두불우 만, 두불우 먼, 두불후 먼, 두흘 움언(둘이 없는), 두볼 ᄀ만, 둘두 만흔, 버글 가믄' 등등으로 읽히고 있다.

이렇게 다양한 해독들에서 첫 번째 문제는 우선 '二'의 훈이다. 이는 앞에서 살폈듯이

'두블'이므로 여타는 모두 버린다.

두 번째 문제는 '于'를 앞에 붙일 것인가 아니면 뒤에 붙일 것인가 하는 것이다. 이 문제는 '二'와 '于'를 띄어야 한다고 생각한다. 만약 '于'를 '二'에 붙인다면, '于'는 주격(김선기)이나 부사 형성 접미사(서재극)가 된다. 이런 상정은 김완진(1980:105)의 지적과 같이 상당한 가상적 체계를 배경으로 하고 있으며, 증거를 발견할 수 없어, 버릴 수밖에 없다.

7.2. 于萬隱 가만 ← 于(가의독:가)+萬(전음독:만)+隱(약음독:ㄴ)

'于萬隱'은 크게 보아 'ᄀ만'과 '움는'으로 그 해독이 갈린다. 그런데 '움는'으로 해독하려면, '隱'을 '는/는'으로 해독해야 하는데, '隱'이 '은/ᄋᆞᆫ'이 아닌 '는/는'으로 읽힌 것은 상당히 후대의 사용이다. 이런 점에서 일단 '隱'의 음을 살린 '은/ᄋᆞᆫ'을 따라, '于萬隱'을 '가만'(눈이 흐린/희미한, 양희철 2008a:169-178)으로 해독한다. 이때 가의독자 '가(于)'를 취한 것은 '가만'에 해당하는 한자를 쉽게 찾을 수 없기 때문으로 판단된다.

7.3. 吾羅 나라 ← 吾(실의독:나)+羅(전음독:라)

'吾羅'는 '내라, 날, 나라(國), 우리라, 나라' 등등으로 읽히고 있으나, '나라'를 취한다.

8. 一等沙 隱賜以只 內乎 叱等邪

ᄒᆞᄃᆞᆫ사 그시주시기 ᄃᆞ리오 시ᄃᆞ야
하나만은 숨겨주시길 비는 일을 하고 있다야(/빌고 있다야)

  (오구라 1929) 한 무리산 주셔 고티올더라
  (유창선 1936d) ᄒᆞᆫ 낱샨 주시과져 ᄒᆞ올드라
  (신태현 1940) ᄒᆞᄃᆞᆫ산 주셔 고티올드라
  (양주동 1942) ᄒᆞᄃᆞᆫ사 그스시 고티누옷다라
  (지헌영 1947) ᄒᆞᄃᆞᆫ사 느즘이 예누옷다라
  (정열모 1947) 한 무리 사는 사이에 지내옷드라(1965 ᄒᆞ기리 사느리 고지 나옷ᄃᆞ야)

(이 탁 1956) ᄒᆞ나손 주어 곧ᄋᆞᄂᆞ올 드라
(홍기문 1956) ᄒᆞᄃᆞᇫ 주리 고티누홋다라
(김준영 1964) 하ᄃᆞᆫ사 그스샤이 곡ᄂᆞᆺ드라(1979 고디ᄂᆞ옷드라)
(김선기 1968c) 까단산 주이고 디나곧따라(1993 까돈산 주이고 디나곧도라)
(김상억 1974) 하단사 그즈지 고티누옷다라
(서재극 1975) ᄒᆞᄃᆞᆫ사 그ᄉᆞ 고지ᄂᆞ오ᄡᆞ라
(전규태 1976) ᄒᆞᄃᆞᆫ사 그스시 고티누옷다라
(김완진 1980) ᄒᆞᄃᆞᇫ 숨기주시셔 ᄂᆞ리ᄂᆞ옷ᄃᆞ야
(정창일 1987) ᄒᆞᄃᆞᆫ사는 드리곳긔나 호쉰 ᄃᆞ사
(금기창 1993) ᄒᆞᄃᆞᆫ사 넌주시 고티 놋더라
(이도흠 1993) 하나야 주시서 메달리누나
(유창균 1994) ᄒᆞᄃᆞᆫ사 넌즈시 고기ᄂᆞ옷드라
(강길운 1995) 가튼사 그ᄉᆡᆨ곡 놓드라
(지형률 1996) ᄒᆞᄃᆞᆫ사는 주시곡 ᄂᆞ옷ᄃᆞ야(2007 ᄒᆞᄃᆞᆫ산 주시로고 기ᄂᆞ옷ᄃᆞ야)
(최남희 1996) ᄒᆞᄃᆞᆫ사 그시시곡 나오ᄉᆞ드라
(양희철 1997) ᄒᆞᄃᆞᆫ사 그ᅀᅳᆨ 주시이 고기ᄂᆞ옷ᄃᆞ야(양희철 2015a 주시이곡 드리오 시ᄃᆞ야)
(신재홍 2000) ᄒᆞᄃᆞᆫ산 주이고ᄀ 드롯 ᄃᆞ라
(황패강 2001) ᄒᆞᄃᆞᇫ 그스ᄉᆡ 고티누옷다라
(류 렬 2003) 하ᄃᆞᆫ사 주히 고디 ᄂᆞ호시다라
(황병익 2009) ᄒᆞᄃᆞᇫ 그ᅀᅳᆨ이(그스기) 고기 ᄂᆞ(니)옷ᄃᆞ라/ᄒᆞᄃᆞᇫ 그스기 놀기 드롯ᄃᆞ라
(남풍현 2017a) ᄒᆞᄃᆞᆫ산 주시고 기아옷ᄃᆞ야

8.1. 一等沙 ᄒᆞᄃᆞᆫ사 ← 一(실의독:ᄒᆞᄃᆞᆫ)＋等(전음독:ᄃᆞᆫ)＋沙(전음독:사)

'一等沙隱(賜以)'의 해독은 크게 보면 4분 된다.

첫째는 '한 무리 사는 사이'(일체 중생이 사는 사이, 정열모 1947)나 'ᄒᆞᆫ기리 사ᄂᆞ리'(한기리 영광, 정열모 1965)에서와 같이, '沙'를 강세첨사가 아닌, '살다(生)'의 '사-'로 읽은 경우이다. 문맥에서 멀어져 있다.

둘째는 '沙隱'을 강세첨사와 주제격어미로 읽은 경우이다.

산: 한 무리산(오구라 1929), ᄒᆞ돈산(신태현 1940; 신재홍 2000; 지형률 2007; 남풍현 2017a), ᄭᅡ단산(김선기 1968c), ᄭᅡ돈산(김선기 1993)
샨: 혼 낱샨(유창선 1936d)
손: ᄒᆞ나손(이탁 1956)
사는: ᄒᆞ돈사는(지헌영 1947)
사논: ᄒᆞ돈사논(정창일 1987; 지형률 1996)

앞의 해독들은 '沙隱'을 '산, 샨, 손, 사는, 사논' 등으로 읽었다. 표기는 다르지만, 강세첨사와 주제격 어미의 결합으로 본 것은 동일하다. 이 해독의 최대 난점은 강세첨사 '사/ᄉᆞ' 다음에 주제격 어미가 오지 않는다는 점이다.

셋째는 첫째와 둘째의 경우들이 보인 문제를 해결하기 위하여 '一等沙隱'의 위치를 '一等隱沙'로 바꾼 경우이다. 'ᄒᆞ돈사 주리'(하나나마 주어, 홍기문 1956)와 '하돈사 주히'(하나만 주시어, 류렬 2003)의 해독이 있다. 이 해독들은 첫째와 둘째의 경우들의 문제를 해결하였다. 그러나 전도로 보고 수정하는 것이 쉽지 않다.

넷째는 '沙隱-'을 '沙'와 '隱'의 사이를 띄운 경우이다. 이에 속한 해독들은 '一等沙'와 그 이하를 분리하였다. '一等沙'로 분리하고 'ᄒᆞ돈사'로 읽는 데는 어떤 문제도 없다 (제3부 「의독자와 음독자로 겸용된 문제 향찰」 2.2.2. '돈'으로 읽은 '等' 참조).

8.2. 隱賜以只 그시주시기 ← 隱(실의독:그시)+賜(실의독:주시)+以(전음독:이)+只(전음독:기)

隱賜以古只의 '古'는 연자이다. 隱賜以只를 '그시주시기'(숨겨 주시기)로 읽는다(제2부 「서로 연계된 누락자와 연자」의 2.5.2. 참조).

8.3. 內乎 드리오 ← 內(실의독:드리)+乎(약의독:오)

'內乎叱等邪'는 앞에 나온 향찰들과 함께 크게 보면, 3분 된다. '古只內乎叱等邪'에 포함된 경우, '只內乎叱等邪'에 포함된 경우, '內乎叱等邪'로 독립된 경우 등이다. 앞의 두 경우는 각주[56]로 돌리고 후자만을 보자.

---

56 '內乎叱等邪'가 '古只內乎叱等邪'에 포함된 경우를 보자. 이에 속한 해독들은 '內'를 선어말 어미 '누'나

'內乎叱等邪'로 독립시킨 해독에는 여섯이 있다.

'놓드라'(내어 놓더라, 강길운 1995)에서는 '內乎叱等邪'를 '內/ㄴ+乎/오+叱/ㅎ+等邪/드라'로 읽고 '놓드라'로 종합을 하였다. 거의가 이해하기 어려운 해독이다.

'(ㅎ)ㄴ옷ᄃ야'(하도다, 지형률 1996)에서는 'ㄴ-' 앞에 'ㅎ-'가 생략된 것으로 보았는데, 이를 인정하는 것이 어렵다.

'나오ㅅᄃ라'(최남희 1996)에서는 현대역을 제시하지 않아, 어떻게 읽은 것인지를 이해하기 어렵다.

"'주이고'ㄱ 드롯ᄃ라"(줄까 라고 드리는도다, 신재홍 2000)에서는 '內乎叱等邪'를 '드롯ᄃ라'(드리는도다)로, '주시이곡 드리옷ᄃ야'[(반드시) 주시오 여쭈옵다야, 양희철 2008a]에서는 '內乎叱等邪'를 '드리옷ᄃ야'(여쭈옵다야)로, 각각 읽었다. 이 두 해독에서는 '內'를 '納'의 약자로 보고 '드리-'로 읽었다. 그런데 이 두 해독은 두 가지 문제를 보인다. 하나는 '乎叱/옷'의 형태소를 명확하게 정리하지 않았다는 문제이다. 다른 하나는 '드리-'가 타동사인데, 그 목적어를 정확하게 정리하지 않았다는 문제이다.

'乎叱/옷'의 형태소를 명확하게 정리하지 않은 문제는 '드리오 시ᄃ야'(드리고 있다야, 양희철 2015a)에서 해결되었다. '(古只)內乎叱等邪'의 '-叱等邪'는 '乞白乎叱等耶, 沙毛叱等耶, 好叱等耶' 등에서도 나온다. 이에 나온 '叱'들은 'ㄹ, ㄷ, ㅅ, 시, 싈' 등으로 읽어왔다. 이 중에서, 그 가능성이 많은 'ㅅ'과 '시'로 읽으면서, 그 기능을 설명한 것들을 변증한 바(양희철 2015a)가 있다. 그 결과로 보면, '叱'을 'ㅅ'이나 '시'로 읽은 선행 해독들은 그 기능의 설명이나 해당 어휘의 해독에서 문제를 보인다. 이에 대안으로 제시한 것이 '內乎 叱等邪'의 개별 향찰을 '드리[內: 드릴 납(納)]+오(乎) 시(叱)+ᄃ(等)+야(邪, 화자의 말을 듣는 상대에 대하여 다정한 정서를 나타내는 어미)'로 읽고, 전체를 '드리고 있다야'의 의미인 '드리오 시ᄃ야'로 읽은 것이다. 이렇게 읽을 때에 기원하는 현장의 현장성을 살리고, 형태소들의 문법적인 연결을 살릴 수 있다.

'ㄴ'로 읽었다. 이 자체에는 문제가 없다. 문제는 앞에서 논의하였듯이, '古只內乎叱等邪'로 끊어서 읽을 수 없다는 것이다.

'內乎叱等邪'가 '只內乎叱等邪'에 포함된 경우를 보자. '사이예 지내옷드라'(사이에 끼어 사는 것이외다, 정열모 1947), '주이고 디나꼳따라'(주셔도 지나겠더라/지나오리, 김선기 1968c), '주이고 디나곧도라'(주셔도 지나겠더라/지나오리, 김선기 1993), '주시로고 기ㄴ옷ᄃ야'(주시고 하는 바이라, 지형률 2007), '주시고 기아옷ᄃ야'[꼭(틀림없이) 주시어야 하도다, 남풍현 2017a] 등이 이에 속한다. 이 해독들에서도 '內'의 경우에 '內'를 '나'로 읽은 경우를 제외하면, '內'를 읽은 '내, ㄴ, 아'의 기능을 현대역에서 알 수 없고, '乎叱'을 읽은 '옷, 꼳, 곧' 등의 기능을 현대역에서 알 수 없다. '꼳'과 '곧'의 경우에는 '겠'에 대응시키고 있으나, 쉽게 이해되지 않는다.

이렇게 '주시이곡 드리오 시ᄃ야'[(반드시) 주시오 드리고 있다야]의 해독에서는 '乎叱'을 '-乎叱-'(-오 시-)로 띄어 읽으면서 '乎叱'의 해독에는 성공한다. 그러나 타동사 '드리오'(드리고)가 요구하는 목적어를 정확하게 보여주지 못하였다. 이 문제는 앞에서 정리한 '隱賜以只'의 해독 '그시주시기'[숨겨주시기(ㄹ)]로 해결된다.

그리고 이 해독이 보여주는 "ᄒᆞᄃᆞᆫ사 그시주시기(ㄹ) 드리오 시ᄃ야"(하나만은 숨겨주시길 드리고 있다야)의 문맥에서 '드리다'의 의미는 거의 사어가 되어 설명이 요구된다. 동사 '드리다'는 세 가지 의미('주다'의 높임말. 윗사람에게 그 사람을 높여 말이나, 인사, 부탁, 약속, 축하 따위를 하다. 신에게 비는 일을 하다.)를 가지고 있다. 이 중에서 세 번째의 의미인 "신에게 비는 일을 하다."가 이 작품의 '드리오'의 의미로, "불공을 드리다, 치성을 드리다, 기도를(/기원을/청원을) 드리다." 등에서 보이며, 유의어로는 "올리다, 여쭈다, 여쭙다" 등이 있다. 이런 의미로 보아, "ᄒᆞᄃᆞᆫ사 그시주시기(ㄹ) 드리오 시ᄃ야"는 "하나만은 숨겨주시기를 비는 일을 하고 있다야" 즉 "하나만은 숨겨주시길 빌고 있다야"의 의미라고 할 수 있다.

이상과 같은 점들로 보아, '內乎叱等邪'는 '드리오 시ᄃ야'(비는 일을 하고 있다야, 빌고 있다야)로 읽어야 한다고 판단한다.

8.4. 叱等邪 시ᄃ야 ← 叱(약음독:시)+等(약음독:ᄃ)+邪(전음독:야)

8.3. 참조.

9. 阿邪也 吾良 遺知支 賜尸等焉

아라라 나아 깃딥 주실ᄃᆞᆫ
아라라(阿喇喇, 驚駭) 나에 남겨 주신다면

(오구라 1929)	阿邪也 나애 ᄭᅵ티샬ᄃᆞᆫ
(유창선 1936d)	아으 나애 기티샬ᄃᆞᆫ
(신태현 1940)	아으 / 나애 ᄭᅵ티샬ᄃᆞᆫ
(양주동 1942)	아으으 나애 기티샬ᄃᆞᆫ
(지헌영 1947)	아이야 / 나애 기티샬ᄃᆞᆫ
(정렬모 1947)	아아야 나에 기치기샬ᄃᆞᆫ(1965 아사라 나래 기티 고이샬ᄃᆞᆫ)

(이 탁 1956)	아라 날 긷이어 주스돈
(홍기문 1956)	아야야 나애 기티디샬든
(김준영 1964)	阿邪也 나애 기팃샬든(1979 아야여 나애 깃딩샬든)
(김선기 1968c)	아사라 우리래 긷디리 줄 딸안(1993 아싸라 나래 기디다 줄 돌안)
(김상억 1974)	아으으 나애 기티샬단
(서재극 1975)	아으 / 나아 기티히실돈
(전규태 1976)	아으으 나애 기티샬돈
(김완진 1980)	아야여 나라고 아르실돈
(정창일 1987)	아사야 나럴 기타러 들힌 드넌
(금기창 1993)	아야여 나애 기티 샬돈
(이도흠 1993)	아야야 나에게 끼치어 주신다면
(유창균 1994)	아라라 내라 기디기 주실돈
(강길운 1995)	아라여 나애 기티 주슬덴
(지형률 1996)	아야여 나라 기팃샬돈(2007 아야여 나아 기티실 돈)
(최남희 1996)	아야 나아 기디히실든
(양희철 1997)	아야- 나아 깃딥 주실드언
(신재홍 2000)	아야야, 나아 기디기 줄돈
(황패강 2001)	아야야 나애 기티샬돈
(류 렬 2003)	아야라 나하 기디고히실돈
(박재민 2009a)	날란 바리실돈(2012 날란 기티샬돈)
(남풍현 2017a)	아야야 나아 기디디 주싫 돈

9.1. 阿邪也 아라라 ← 阿(전음독:아)+邪(전음독:라)+也(실의독:라)

'阿邪也'는 '阿邪也, 아으, 아으으, 아이야, 아라, 아야야, 아사야, 아야여, 아으으, 아라라, 아라여' 등등으로 읽히고 있으나, '邪'는 '라'로 '也'도 '라'로 읽는다.

9.2. 吾良 나아 ← 吾(실의독:나)+良(약의독:아)

'吾良'은 '나라, 나래, 나럴, 나아, 나애, 나에, 나하, 날, 날란, 내라, 우리래' 등으로 읽어 왔다. 경상도 방언에 기초하여, '나에'의 의미인 '나아'로 읽은 해독(서재극 1975)으로 수렴되었다.

〈맹아득안가〉

9.3. 遺知攴 깃딥 ← 遺(실의독:깃디)+知(전음독:디)+攴(약음독:ㅂ)

거의 모든 해독들이 '遺知'를 '기티/깃디(贈)-'의 의미로 보고 있다. 김완진만이 '遺'를 '遣'의 오자로 보고, '吾良遣'을 '나라고'로 읽은 다음에 '知'를 '알-'로 읽었다. 가장 큰 문제는 '攴'을 어떻게 읽느냐이었다. 이는 연결어미 'ㅂ'(양희철 1995, 1997)으로 정리되었다. 이 해독은 '賜尸等焉'과 연결되어 있다.

9.4. 賜尸等焉 주실돈 ← 賜(실의독:주시)+尸(약음독:ㄹ)+等(전음독:돈)
  +焉(약음독:ㄴ)

'賜尸等焉'은 '주실돈'으로 읽는다.

'賜尸等焉'의 해독은 '賜'를 선어말 어미로 본 경우와 어간으로 본 경우로 대별된다. 전자에서는 '賜尸'를 '-샬/샬/실-'로 읽으면서 '遺知攴'의 해독에서 심한 문제를 보인다. 후자에서는 '賜尸'를 '주실, 주슬, 줄' 등으로 읽으면서 '遺知攴'의 해독에서 두 경우를 보인다. 하나는 '攴'을 '어, 리, 기, 디, 다, 지정문자' 등으로 읽고, 그 현대역에서는 연결어미 '-어'로 해석한 경우로 일곱 해독이 있다.

  깁이어 주시면(깊이어 주시면, 주실, 이탁 1956)
  깁디리 줄 딸안(끼쳐 줄 것을, 김선기 1968c)
  기디기 주실돈(기티어/끼쳐/남기어 주실 것이면, 유창균 1994)
  기디기 줄돈(끼치어 준다면, 신재홍 2000)
  기디디 주싶 돈(꼭 물리어 주실 바로 그것이언만…, 남풍현 2017a)
  기디다 줄 돌안(끼쳐 줄 것은, 김선기 1993)
  기티 주슬덴(기텨 주시는 데, 강길운 1995)

이 일곱 해독들은 '攴'을 '支'로 바꾸거나 '攴'을 '어, 리, 기, 디, 다, 지정문자' 등으로 읽고, 그 현대역에서는 연결어미 '-어'로 설명하였다. '攴'을 '支'로 바꾸어 '기'나 '디'로 읽을 수는 있으나, 이 '기'나 '디'가 연결어미 '-어'라는 사실의 설명에는 실패하였다. 확실한 논거 없이, '攴'을 '支'로 바꾸어 '기'나 '디'로 읽고 그 의미를 문맥에 따라 부여한 것이지, '기'나 '디'가 연결어미 '-어'라는 사실을 논증한 것은 아니다.

이보다는 앞에서 정리한 바와 같이, 확실한 논거에 근거하여, '攴'을 연결어미 '-ㅂ'으로 읽을 때에 문제가 해결되고, '賜尸等焉'도 '주실돈'으로 자연스럽게 읽힌다.

10. 於冬矣 用屋尸 慈悲也 根古

어들이 스올 慈悲(자비)라(고) 불휘고?
어디에 쓰올 자비라고 뿌리고?

(오구라 1929)	노흔들 쁘오아 慈悲이 큰고
(유창선 1936d)	노흔들 뻐아 慈悲론고
(신태현 1940)	노흔들 쁘오아 慈悲야 큰고
(양주동 1942)	노ᄒᆞ디(1965 노티) 뿔 慈悲야 큰고
(지헌영 1947)	노ᄒᆞ디 쁘올 慈悲여 큰고
(정열모 1947)	노홀디 쓰올 자비에 불휘예(1965 어듸 뿌믈 주비라 부리고)
(이 탁 1956)	노ᄒᆞ듸이 쓰옷 慈悲여 근고
(홍기문 1956)	노ᄒᆞ되 뿔 자비야 불휘고
(김준영 1964)	놋되 쓰올 慈悲여 근고(1979 노돌더)
(김선기 1968c)	오돌이 쓰올 짜비란 깐고(1993 찌비란)
(김상억 1974)	노하대 쑬 자비여 큰고
(서재극 1975)	브리ᄃᆞ리 쓰올 慈悲야 심고
(전규태 1976)	노ᄒᆞ디 쁠 慈悲야 큰고
(김완진 1980)	어드레 쁘올 慈悲여 큰고
(정창일 1987)	놋겨리 뼈블힐 慈悲여 根고
(금기창 1993)	놓돌애 쁘올 慈悲여 큰고
(이도흠 1993)	내놓아도 쓸 자비사 뿌리인고
(유창균 1994)	어ᄃᆞ리 쓰올 慈悲라 ᄒᆞ고
(강길운 1995)	노호디 쁘올 慈悲의 불휘고
(지형률 1996)	어드릐(2007 어드리) 쁘올 慈悲여 불휘고
(최남희 1996)	어드리 쁘올 慈悲여 근고
(양희철 1997)	어돌의(2013 어돌이) 스올 자비야 근고(2015a 불휘고)
(신재홍 2000)	어디 쁘올 慈悲야 불휘고?
(황패강 2001)	노ᄒᆞ디 쁘올 자비야 불휘고
(류 렬 2003)	노ᄒᆞ도히 부술 주비라 부루고
(박재민 2012)	날란 기티샬든 어듸 쁘올 慈悲의 불휘고
(남풍현 2017a)	어ᄃᆞ의 쁘옳 慈悲야 큰고

10.1. 於冬矣 어들의 ← 於(전음독:어)+冬(가의독:들)+矣(전음독:의)

放冬矣는 '노혼들'(놓은들) '노ᄒᆞ디'(놓되, 양주동) '노ᄒ되'(내놓아도, 홍기문) 'ᄇᆞ리드리'(바림에) '노둘디'(놓았으되) '놓둘애'(놓아줌에/나리어 줌에) 'ᄂᆞ호듸'(놓되) 등으로 읽히기도 하고, '放'을 '於'의 오자로 보아 '어듸, 오돌이, 어드레(어돌의), 어드리' 등으로 읽기도 한다.

'放'을 그대로 놓고 해독한 경우들을 보면, 그 해독과 의미가 매우 어색하다. '노혼들'의 경우는 '-은'을 표기한 향찰이 부재한 동시에, '-矣'를 그 음이나 뜻에도 없는 '-ㄹ'로 해독하는 문제를 보인다. '노ᄒᆞ디/노하대/노호듸'의 경우는 '-ᄒᆞ/하/호-'의 '-ᆞ/ㅏ/ㅗ-'를 표기한 향찰이 부재하고, '-冬矣'를 〈원가〉의 '改衣賜于隱冬矣也'의 '冬矣'와 같이 '-디' '-듸'로 읽는다고 하나, 정작 〈원가〉에 나온 '冬矣'의 '矣'는 연자(衍字)이다. 'ᄇᆞ리드리'(바림에) '노둘디'(놓았으되) '놓둘애'(놓아줌에/나리어 줌에) 등의 경우는 '-둘-'의 기능이 무엇인지를 알 수 없으며, 그 결과 이 해독들이 보여주는 괄호 안의 의미들을 끌어낼 수 있는 해석의 기반이 부재한다. 결국 '放'을 그대로 놓고는 해독이 불가능함을 파악할 수 있다.

해독에서 오자를 인정하는 데는 매우 신중해야 한다. 오자를 인정하는 것은 틀린 원전을 바로 잡는 것이기도 하지만, 해독을 할 수 없거나 마음에 들지 않을 경우에 자의적으로 고치는 것이기도 하기 때문이다. 그러나 이 상태로는 해독이 불가능하고, 전사 또는 판각 과정에서 글자의 유사에 의해 오자가 발생할 소지가 전혀 없는 것이 아니라는 점에서, 이 '放'을 '於'의 오자로 처리한 것을 따르고자 한다.

'放'을 '於'로 수정한 해독은 정열모의 '어듸'를 필두로 '오돌이, 어드레(〈어돌의), 어드리' 등이 있다. '어듸'의 해독은 앞에서 살폈듯이 '-듸'에 문제가 있고, '오돌이'는 그 음의 유추에 근거가 명확하지 않고, '어드레의 경우는 '어돌의'로부터 유추가 명확하지 않으며, 차라리 '어들의'가 더 적합해 보인다. '어드리'는 '어돌의'로부터 유추한 것인데, 앞의 해독들의 '何處'의 의미와 달리 '어찌'의 의미로 잡고 있다. 이 후자의 해독은 '何處'의 의미로 '어드리'의 축약으로 볼 수 있는 '어듸'가 많이 쓰이고 있음을 들고 있다. 그러나 '어드리'는 '어찌' '어떻게'를 나타내는 부사로 '어드리'와 구별되는 문제를 보인다.

'어찌'의 의미에 해당하는 중세어에는 '어드리'가 있다. 이것만을 보면, 그 원형을 재구하기 힘들다. 한편 '어찌'의 의미에 해당하는 중세어 '어듸쩐, 어듸쯘, 어뭇던' 등에서 '어듸'가 '何處'의 의미가 아닌 '何'의 의미를 가지고 있음을 확인할 수 있다. 그러나 이 '어듸'는 그 선행형을 정리할 수 없는 문제를 보이는데, 이 문제의 해결은 방언에서 찾을 수 있다.

  어떻게: 어드렇게(평남, 평북), 어드르케(평북, 강원, 황해)
  어째서: 어드래서(평남, 평북), 으드래서(평북)
  어쨋든: 어드랫떤(평남, 평북)

이것들을 형태소들로 분석하면 다음과 같다.

  어떻게(어띠+어+하게): 어드렇게(어들+어+하게), 어드르케(어들+으+하게)
  어째서(어찌+해서): 어드래서(어들+해서), 으드래서(으들+해서)
  어쨋든(어찌+햇든): 어드랫떤(어들+햇떤)

이 분석에서 보면, '어찌'에 해당하는 말은 '어들'이다. 이 '어들'의 선행형은 '어둘'로 추정된다. 그런데 작품의 '於冬矣'는 '어둘의'로 해독되면서, '어둘'이 '어찌'의 의미라 해도, '어둘'에 붙은 '의'를 설명할 수 없는 문제를 보인다. 이런 점에서 '어둘의'를 '어찌'의 의미로 잡는 것은 어려워 보인다.

중세어에서 '何處'에 해당하는 어휘는 두 종류이다. 하나는 '어듸'에서 보이고, 다른 하나는 '어드러(셔/로)'에서 보인다. '어듸'는 그 이전의 무엇인가의 축약으로 보인다. 이보다 먼저 '어드러(셔/로)'를 보자.

'어드러'는 '이 묘한 뫼흘 對ᄒᆞ야셔 어드러 가리라 ᄒᆞᄂᆞ뇨'(對比欲何適,『두시언해』1:28) '또 어드러 가고져 커뇨'(更欲投何處,『두시언해』2:15) 등에서 보는 바와 같이, '어디로' '어느 곳으로'의 의미를 가지고 있다. 이 경우에 '-러'를 향격 '-로'로 잡을 수 있다. 그리고 '어드러로'(어디로, 어느 곳으로)의 '-로'는 향격이 이중으로 첨가되었다고 할 수 있다. 이 경우의 '어드러'는 '어들러'의 음운변화라 할 수 있다. 즉 '어들'과 '-러(향격)'가 결합하면서 '어들'의 '-ㄹ'이 탈락한 것이다. 한편 '何處'의 의미를 나타내는 '어듸'는 '어들'이 '몯'(←모둘)과 같이 '얻'('어디'의 의미에 해당하는 '얻'은 '얻다가'에서 보인다)으로 변하고, 이것에 처소격 어미 '의'가 붙어 '어듸'(←얻+의)가 된 말이라 할 수 있다.

이상과 같이 볼 때에, '於冬矣'는 '어들의'로 읽히며, 그 뜻은 '어디에'라고 할 수 있다.

10.2. 用屋尸 스올 ← 用(실의독:스)+屋(약음독:오)+尸(약음독:ㄹ)

'用屋尸'는 '쓰오아, 뿔, 쓰올' 등등으로 읽히고 있으나 '스올'로 해독한다. 이 경우에 생략된 수어는 시석 화자인 '내가'이다.

10.3. 慈悲也 慈悲(자비)라 ← 慈(음의독:慈/자)+悲(음의독:悲/비)+也(실의독:라)

'慈悲也'는 '慈悲이, 자비(慈悲)야, 慈悲여, 慈悲라, 慈悲의' 등등으로 비슷하게 읽히고 있으나, '慈悲(자비)라'를 취한다. 이 '慈悲(자비)라'의 끝에는 '고'가 생략된 '慈悲(자비)라(고)'의 형태이다.

10.4. 根古 불휘고 ← 根(실의독:불휘)+古(전음독:고)

'根古'는 '큰고, 근고(큰고, -고:감탄적인 종결어미, 김준영), 쓰리고, 부리고(부르리까), 심고(심구소서), 불휘, 불회' 등으로 해독되고 있다. '큰고'와 '근고'는 '根'의 음이 '곤'이라는 점에서, '쓰리고'와 '부리고'는 '根'의 훈이 '불휘'라는 점에서, 각각 부정적이다.

나머지 해독은 '심고'와 '불휘/불회'이다.

'심고'의 해독은 '큰고'의 해독에 대해서 '根'이 어두에서 '큰'이 될 수 없다는 점과 '大' 자를 실의독자로 쓸 수 있는데 이를 쓰지 않았다는 점을 들면서 나온 해독이다. 앞의 지적은 온당한 것으로 생각된다. 그리고 이런 논법으로 설명한다면, '심고'의 해독도 문제가 된다. 즉 '심-'은 '種' '植' 등의 한자가 있는데 굳이 '根'을 쓴 이유를 설명할 수 없는 점은 마찬가지이다.

'根古'는 의문형의 '根고'와 '불휘고'가 모두 가능하다.

〈풍요〉

[원문]
來如來如來如
來如哀反多羅
哀反多良私徒良
功德 修叱加 來如
(多良의 '良'은 누락자로 보충, 私徒良의 '私'는 그 고자가 'ㅿ'인데, 이 'ㅿ'를 '矣'의 구결 'ㅿ'로 잘못 본 오자로 수정, 修叱如良의 '如'는 '加'의 오자로 수정, 修叱如良의 '良'은 연자로 삭제)

[해독]
오여 오여 오여
오여 셜분 하라
셜분 하아 우리물아
功德(공덕) 닷가 오여

[현대역]
온다 온다 온다
온다 서러운 것 많구나
서러운 것 많아 우리무리야
공덕 닦아 온다

1. 來如 來如 來如

오여 오여 오여
온다 온다 온다

  (아유가이 1923) 온다 온다 온다
  (오구라 1929) 온다 온다 온다
  (유창선 1936e) 오다 오다 오다
  (양주동 1942) 오다 오다 오다
  (지헌영 1947) 오다 오다 오다
  (정열모 1947) 온다 온다 온다(1965 오요 오요 오요)
  (이 탁 1956) 오다 오다 오다
  (홍기문 1956) 오라 오라 오라
  (김준영 1964) 오다 오다 오다
  (김선기 1968a) 온다 온다 온다(1993 오나다 오나다 오나다)
  (김상억 1974) 오다 오다 오다
  (서재극 1975) 오다 오다 오다
  (전규태 1976) 오다 오다 오다
  (김완진 1980) 오다 오다 오다
  (홍재휴 1983) 올려 올려 올려
  (정창일 1987) 와여 와여 와여
  (금기창 1993) 오다 오다 오다
  (이도흠 1993) 오다 오다 오다
  (유창균 1994) 오다 오다 오다
  (나경수 1995) 오다 오다 오다
  (강길운 1995) 옭겨 옭겨 옭겨
  (지형률 1996) 오다 오다 오다
  (최남희 1996) 오다 오다 오다
  (양희철 1997) 오가 오가 오가(2020 오여 오여 오여)
  (신재홍 2000) 오다 오다 오다
  (황패강 2001) 오다 오다 오다
  (류 렬 2003) 오다 오다 오다

1.1. 來如 오여 ← 來(실의독:오)+如(전음독:여)

來如에 대한 기왕의 해독들은 다양하다. '온다(1), 오요, 오라, 올려, 와여, 옰져, 온다(2), 오나다, 오다, 오가' 등이 있다. 이 해독들이 보이는 문제는 두 측면에서 정리할 수 있다. 하나는 이 해독들의 상당수는 '來如'의 '如'와 '修叱如良'의 '如'를 다르게 읽었다는 문제이고, 다른 하나는 개별 해독들이 보여주는 문제이다.

먼저 '來如'의 '如'와 '修叱如良'의 '如'를 다르게 읽었다는 문제를 보자. 선행 해독들을 보면, '來如'의 '如'는 '다, 요, 라, 여, 가, 져' 등으로 읽고, '修叱如良'의 '如'는 '여, ·, (답))다, 라, (곧))ㄱ, (가))ㄱ, 그라/그러' 등으로 읽거나, '奴, 可, 加' 등의 오자로 보았다. 이 중에서 '如'의 음훈을 벗어나지 않은 것은 '여, 가, (답))다, (곧))ㄱ, 그라/그러'뿐이다. 그런데 이 '여, 가, (답))다, (곧))ㄱ, 그라/그러' 등으로 읽은 해독들마저도 거의가 '修叱如良'의 '如'와 '來如'의 '如'를 다르게 읽었다.

'修叱如良'의 '如'와 '來如'의 '如'를 같게 읽은 것은 '숫다러 온다'(아유가이 1923), '닷다랑 온다'(정열모 1947), '와여 닥싀여러'(정창일 1987) 등이다. 이 세 경우에는 각각 '숫다러, 닷다랑, 닥싀여러' 등의 의미가 명확하지 않은 문제를 보인다.

이 문제의 해결은, 뒤에 보겠지만, '修叱如良'의 '良'을 연자로 보고, '修叱如'의 '如'를 '加'의 오자로 보면서, '修叱加'를 '닷가'로 읽고, '來如'를 '오여'(온다)로 읽을 때에 해결된다.

이번에는 선행 해독인 '온다(1), 오요, 오라, 올려, 와여, 옰져, 온다(2), 오나다, 오다, 오가' 등이 보여주는 문제를 차례로 변증해 보자.

'온다(1)'(온다, 아유가이 1923; 오구라 1929; 정열모 1947), '오요'(오나, 정열모 1965), '오라'(오라, 홍기문 1956), '올려'(올려, 홍재휴 1983), '와여'(와여, 정창일 1987), '옰져'(왔다, 강길운 1995) 등은 일단 논의에서 제외하고자 한다. 그 이유는 '來'가 '온-, 올-, 와-, 옰-' 등이 아니라 '오-'이고, '如'는 '요, 려, 져' 등이 아니라 '다, 가, 여' 등이라는 점에 있다. 그리고 이 해독들의 현대역에서, '온-'이나 '올-'을 표기하려고 했다면 '來隱-'이나 '來尸-'로 표기해야 하는데, '隱'이나 '尸'의 표기가 없다는 점에서, 논의에서 제외한다.

나머지의 해독들은 '온다(2)'와 '오나다'로 읽은 유형, '오다'로 읽은 유형, '오가'로 읽은 유형 등으로 3분 된다.

먼저 '온다(2)'와 '오나다'로 읽은 유형을 보자. '온다'(오나다, 김선기 1968a)와 '오나다'(오나다, 김선기 1993)에서는 '來如'를 '來焉如'나 '來內如'가 축약된 것으로 보았다. 축약과 누락(또는 탈락)을 엄격하게 구분해야 할 것 같다.

이번에는 '오다'로 읽은 유형을 보자. 이 유형에 속한 해독들을 다시 3분 된다. 해독과 현대역을 모두 '오다'로 보고 시제를 설명하지 않은 경우, 해독을 '오다'로 보고 현대역을 다르게 본 경우, 해독을 '오다'로 보고 절대시제로 본 경우 등으로 3분 된다.

해독과 현대역을 모두 '오다'로 보고 시제를 설명하지 않은 경우에는 초기의 해독들(양주동 1942; 김상억 1974 등등)이 있다. 이 해독들은 활용하지 않은 기본형으로 보았다는 문제를 보인다.

해독을 '오다'로 보고 현대역을 다르게 본 경우를 보자. 이 해독들이 취한 현대역을 보면, '오네'(지헌영 1947), '왔다'(이탁 1956; 금기창 1993), '오너라'(김준영 1964), '오라'(김준영 1979; 지형률 1996, 2007), '온다'(김완진 1980), '오도다'(유창균 1994) 등이다. 해독의 '오다'가 어떤 근거에서 이런 현대역이 가능한지는 의문이다.

해독을 '오다'로 보고 절대시제로 본 경우에는 '오다'(오도다, 서재극 1975)와 '오다'(오다, 전규태 1976; 신재홍 2000)의 해독이 있다. 이 주장들은 다음의 글에서부터 나왔다.

> 여기 「來如」는 그 時制를 判定하기가 어렵다. 一種의 絶對 時制(aorist)로 보려 한다. 過去·現在·未來에 걸친 一般的인 事實(習慣 또는 眞理)의 敍述法이 絶對 時制라고 한다면 여기 「來如」는 人世의 한 眞理나 慣習에 해당되는 敍述이라고 하겠다. 그러므로 時制에 拘碍되지 않는 形態로 보는 것이 이 노래의 理解를 위해서도 順坦할 것 같다.(서재극 1975: 29-30)

이 인용에서는 "과거·현재·미래에 걸친 일반적인 사실(습관 또는 진리)의 서술법이 절대 시제라고 한다면 여기 '來如'는 인생의 한 진리나 관습에 해당되는 서술이라고" 보고, 이렇게 보는 것이 "이 노래의 이해를 위해서도 순탄할 것 같다."고 주장하였다. 이 주장과 이 주장을 따른 해독들은 상당히 그럴듯하지만, 문제를 보인다. 바로 이 해독은 공덕을 닦는 목적에 부합하지 않는다는 문제이다. 과거와 현재에 공덕을 닦거나 닦는 목적은 미래에는 서러운 것들, 그중에서도 윤회를 벗어나기 위한 것이다. 그런데 이 해독을 따르면, 미래에도 서러운 것들, 그중에서도 윤회를 벗어나지 못하고, 공덕을 닦거나 닦으려고 오는 존재가 된다. 결국 미래에는 서러운 것들, 그중에서도 윤회를 벗어나기 위하여, 현재 공덕을 닦거나 닦으려고 오면서, 미래에도 서러운 것들, 그중에서도 윤회를 벗어나지 못하고 공덕을 닦거나 닦으려고 오는 상황을 노래하는 것으로, '來如'

를 절대시제의 '오다'로 읽은 것이 된다. 이런 점에서 이 해독은 공덕을 닦는 목적에 부합하지 않는다는 문제를 피하지 못한다.

마지막으로 '오가'로 읽은 유형을 보자. '오다'의 해독이 문제를 보이자, 이 문제를 해결하기 위하여, '來如'를 의문형 '오가'로 읽은 유형이 있다. 이 해독은 이론상으로는 '오(어간)+가(의문형 종결어미)'의 연결이 가능한 것 같이 보인다. 그러나 이런 어형은 쓰지 않는다는 문제를 보인다.

이상과 같이 '來如'의 선행 해독인 '온다(1), 오요, 오라, 올려, 와여, 옳져, 온다(2), 오나다, 오다, 오가' 등은 모두가 문제를 보인다. 이 문제는 '來'는 '오-'로 '如'는 '-여'로 읽어, '오여'로 읽을 때에 풀린다. 이 '來如/오여'는 '온다'를 의미하는 경상도 방언(네이버, 오픈 사전64)이라고 한다. 그리고 이렇게 '-여'가 '-ㄴ다'의 종결어미로 쓰인 경상도 방언은 이미 〈서동요〉의 '去如/가여'에서 확인(홍재휴 1983; 장성진 1986; 양희철 2020)되어 있다. 물론 '가여'가 '간다'를 의미하는 경상도 방언이란 사실은 네이버의 오픈 사전(117)에서도 확인된다.

1.2. 來如 오여 ← 來(실의독:오)+如(전음독:여)

　1.1. 참조.

1.3. 來如 오여 ← 來(실의독:오)+如(전음독:여)

　1.1. 참조.

2. 來如 哀反 多羅

오여 셜분 하라
온다 서러운 것 많구나

　　　(아유가이 1923)　　온다 읷반다라
　　　(오구라 1929)　　　온다 서러외더라
　　　(유창선 1936e)　　오다 서럽더라
　　　(양주동 1942)　　　오다 셔럽다라

(지헌영 1947)	오다 셔럽다라
(정열모 1947)	온다 시름 도로 하라(1965 오요 애들 하나)
(이　탁 1956)	오다 설이 하라
(홍기문 1956)	오라 셜보더라
(김준영 1964)	오다 셔럽다라(1979 셜브다라)
(김선기 1968a)	온다/슬반 까라(1993 오나다/셥안 까라)
(김상억 1974)	오다 셔럽다라
(서재극 1975)	오다 셜븐 하라
(전규태 1976)	오다 셜븐 하라
(김완진 1980)	오다 셜번 해라
(홍재휴 1983)	올려/슬번 하르
(정창일 1987)	와여/셜브더라
(금기창 1993)	오다 셜본 하라
(이도흠 1993)	오다 설음 많아라
(유창균 1994)	오다 셜븐 하라
(나경수 1995)	오다/셜브다나
(강길운 1995)	옰져 셜본 하라
(지형률 1996)	오다 셜븐 한게라(2007 하라)
(최남희 1996)	오다 셜븐 하라
(양희철 1997)	오가 셥반(2015a 셜븐) 하라
(신재홍 2000)	오다 셜본 다라
(황패강 2001)	오다 셜븐 해라
(류　렬 2003)	오다 서러버다라

2.1. 來如 오여 ← 來(실의독:오)＋如(전음독:여)

1.1. 참조.

2.2. 哀反 셜분 ← 哀(실의독:셥)＋反(전음독:분)

'哀反多羅'는 '哀反多羅', '哀 反 多羅', '哀反 多羅' 등의 세 경우로 띄어 읽어 왔다. '哀反多羅'로 붙여서 읽은 경우의 문제[57]와 '哀 反 多羅'로 띄어 읽은 경우의 문제[58]는

---

57 '哀反多羅'로 붙여서 읽은 해독은 초기의 해독에서 주로 나타났다. '이반다라'(아유가이 1923)와 '서러

각주로 돌리고, '哀反 多羅'로 띄어 읽은 경우만을 보자.

'哀反 多羅'로 띄어 읽은 해독들이 주종을 이룬다. '哀'와 '反'의 해독을 각각 간단하게 보고, '哀反'을 명사, 동명사, 관형사 등으로 읽은 내용을 정리하면 다음과 같다.

'哀'를 '애, 설, 슳' 등으로 본 경우들도 있으나, 대다수의 해독들은 홍기문과 서재극 이래로 '셟'으로 읽었다.

'反'은 중근세음 '반'이나 '번'을 따른 경우도 있지만, 대다수의 해독들은 '븐'이나 '본'으로 읽었다.

전자는 중근세음 '반'이나 '번'을 살렸지만 '셜반'이나 '셜번'이 '셔러운'이나 '서러운'으로 연결되지 못하는 문제를 보인다.

후자는 '셜븐〉셜본'이 '셔러운'이나 '서러운'으로 연결되는 장점이 있으나, '反'의 음이 '븐'이나 '본'이라는 사실을 증명하지 못한 문제를 보인다. 적지 않은 해독들이 '反'이 '븐'이나 '본'이 되는 이유를 설명하지 않았다. 겨우 몇 해독에서, 이 문제를 해결하기 위하여, '反'을 '븐'의 통음차(전규태 1976)나 '본'의 통음차(금기창 1993)로 보기도 하고, '反'을 토착화음 '븐'(유창균 1994)으로 보기도 하며, '反'을 '븐, 본'의 대충표기(강길운 1995)로 보기도 하였다. 그러나 이 해석들은 '反'의 음이 '븐'이나 '본'이라는 사실을 논증하지 못했다.

이 문제는 '反'을 '분'으로 읽은 해독(양희철 2015a, 2020)에서 해결되었다. 즉 '山'섭 3등운에 속한 '反'의 오음은 '본/분'이며, 이 음이 신라에 들어온 사실은 한시에 나타난 운자 '分'과 그 해성자들에서 확인된다(제3부 「소멸된 한자음의 문제 향찰」의 3.2. '分' 참조).

이번에는 '哀反'을 명사, 관형사, 동명사 등으로 읽은 내용을 정리하면 다음과 같다.

외더라'(오구라 1929)를 거친 후에, '哀'의 훈을 '서럽/셔럽-'으로 파악한 경우와 '셟/셥-'으로 파악한 경우로 정리되었다. 전자의 경우에는 '서럽더라'(서럽더라, 유창선 1936e), '셔럽다라'[서럽더라(양주동 1942; 김준영 1964; 김상억 1974), 착하옵더라(지헌영 1947)], '서러버다라'(서럽더라)(류렬 2003) 등이 있고, 후자의 경우에는 '셜본더라'(서럽더라, 홍기문 1956), '셜브더라'(현대역 미제시, 정창일 1987), '셜브다나'(서럽기도, 나경수 1995), '셜ㅂ다라'(서럽더라, 김준영 1979) 등이 있다. '哀'를 '셔럽-'이나 '셥-'으로 읽은 것은 진전이나, '反'을 'ㅂ, 볼, 브, ㅂ' 등으로 읽은 것과 '多'를 과거시제의 '다'로 읽은 것에서 문제를 보인다. '多'를 과거시제의 '다'로 읽은 것이 그럴듯하지만, 바로 이어지는 '哀反多'의 '多'와 함께 보면 문제를 보인다. 바로 이어지는 '哀反多'의 '多'를 종결어미의 '다'로 읽으면서 '哀反多羅'와 '哀反多'의 시제가 불일치하는 문제를 발생시킨다. 이런 문제들 때문에 '哀 反 多羅'와 '哀反 多羅'로 띄어 읽은 해독들이 나왔다.

58 '哀 反 多羅'로 띄어 읽은 해독은 '시름 도로 하라'(걱정이 도로 많다, 정열모 1947)에서 보인다. '哀反'의 해독에서 미숙함을 보인다.

'哀反'을 명사로 본 경우에는 두 해독이 있다. '셜이 하라 서리 한 의내아'[우리의] (떼서리 많아라! 떼서리 많은 우리야, 이탁 1956)에서는 '哀反'을 '셜이/서리'(떼서리)로 읽었다. '反'을 '드비'의 약차 '이'로 읽은 것이 문제이다. '애들 하나 아돌 하이 도래'(번뇌가 많은가 번뇌가 많으이 두레, 정열모 1965)에서는 '哀反'을 '애들/아돌'(번뇌가)로 읽었다. 향찰의 음훈을 벗어나 있다.

'哀反'을 관형사로 본 경우에는 세 해독이 있다. '셜븐 한게라 셜븐 한게의 물아'(서러운 중생이라 서러운 중생의 무리야, 지형률 1996), '셥반 하라 셥반 하 의닉아'(서러운 것이구나 서러운 것 우리내야, 양희철 1997), '셜본 다라 셜본 드익/더 물아'(서러운 곳이라 서러운 곳의 무리여, 신재홍 2000) 등에서와 같이, 이어지는 '多羅'의 '多'를 명사로 읽었다. '多'를 '한게(중생)'로 읽은 경우에는 그 근거를 알 수 없고, '多'를 '하'(것)로 읽은 경우에는 '하'(것)와 '우리내'를 동격으로 보는 것이 쉽지 않으며, '多'를 '다/드'로 읽은 경우에는 '서러운 곳'의 의미가 문맥에서 확연하지 않다. 결국 '셜븐, 셥반, 셜본' 등을 관형사로 볼 수는 있지만, 이렇게 보면 '多'의 해독에서 문제를 피할 수 없다.

'哀反'을 동명사로 본 경우에는 '-ㄴ'을 '-ㅁ'의 의미로 본 해독과, '-ㄴ'을 '-ㄴ 이'의 의미로 본 해독으로 다시 나뉜다.

'-ㄴ'을 '-ㅁ'의 의미로 본 해독에는 '슬반'(슬픔, 김선기 1968a), '셜븐'[셥음/고생(서재극 1975), 설움(전규태 1976), 서러움(이)(유창균 1994), 설움이(최남희 1996), 슬픔(황패강 2001)], '셥안'(셥음이, 김선기 1993), '셜본'(슬픔이, 강길운 1995) 등이 있다. 이 해독들은 동명사형 어미 '-ㄴ'을 현대역에서 '-ㅁ'으로 처리하였는데, '-ㄴ 것'이나, '-ㄴ 이'로 읽지 않은 이유를 알 수 없다.

동명사형 어미 '-ㄴ'을 현대역에서 '-ㄴ 이'로 읽은 해독에는 다음의 셋이 있다.

셜번 해라 셜번 하니 물아(서러운 이 많아라 서러운 중생의 무리여, 김완진 1980)
셜본 하라 셜본 하이 물아(서러운 이 많구나 서러운 것의 무리들아, 금기창 1993)
셜븐 하라 셜븐 한익 내아(서러운 이 많아라 서러움 많음의 무리야, 지형률 2007)

이 해독들은 '哀反 多羅'의 '哀反'과 '哀反 多 徒良'의 '哀反'를 각각 같은 음으로 읽은 다음에, 각각 다른 의미로 본 문제를 보인다. 김완진과 금기창의 경우에는 '셜번'과 '셜본'으로 각각 읽은 다음에, 그 의미를 '서러운 이'와 '서러운'으로 다르게 보았고, 지형률의 경우에는 '셜븐'으로 읽은 다음에, 그 의미를 '서러운 이'와 '서러움'으로 다르게 보았다. 다르게 본 이유를 쉽게 이해하기 어렵다.

이상과 같이 기왕의 해독들은 문제를 보인다. 이에 '哀反'을 '셜분'으로 읽고 '서러운 것'의 의미로 정리한다.

2.3. 多羅 하라 ← 多(실의독:하)+羅(전음독:라)

'多羅'는 '하라'(많구나!)의 해독을 따른다.

'多羅'의 '多'는 '한게'(중생, 지형률 1996), '하'(것, 양희철 1997), '다'(곳, 신재홍 2000) 등으로 읽은 경우도 있으나, 대다수는 '하-'(많-)로 읽었다. '한게'(중생)는 '多'를 어떻게 읽은 것인지가 명확하지 않다. '하'(것)는 '多 矣徒良'에서 '多'와 '矣徒'가 동격이라고 보기 어렵다. '다'(곳)는 '셜본 다라'(서러운 곳이라)에서 '서러운 곳'의 의미가 명확하지 않다. '하-'(많-, 이탁 1956; 정열모 1965; 서재극 1975 등등)는 대다수의 해독에서 보인다. 이 해독을 따른다. 그리고 '까-'(크-, 김선기 1968a, 1993)가 있는데, 이는 '하-'의 다른 표기로 보면 문제가 없다.

'多羅'의 '-羅'는 '-나'(정열모 1965)나 '-ㅣ라'(김완진 1980; 황패강 2001)로 읽은 경우도 있으나, 대다수의 해독에서는 '-라'를 취하였다. 그리고 이 '-라'는 서술형 '-다'로 본 경우도 있으나, 거의 모두가 감탄형의 의미로 보고 있다. 그 현대역을 보면, '-아라'(이탁 1956; 서재극 1975 등등), '-도다'(유창균 1994), '-구나'(금기창 1993; 강길운 1995; 양희철 1997) 등이다. 어느 것을 취해도 큰 문제는 없어 보인다.

3. 哀反 多良 矣徒良

셜분 하아 우리물아
서러운 것 많아 우리무리야

(아유가이 1923)	익반다 의니여
(오구라 1929)	서러외다 의내여
(유창선 1936e)	서럽다 의니여
(양주동 1942)	셔럽다 의내여
(지헌영 1947)	셔럽다 의내여

(정열모 1947)	시름 도로 하의 도래(1965 아둘 하이 도래)
(이 탁 1956)	서러 한 의내아
(홍기문 1956)	셜보다 의니야
(김준영 1964)	셔럽다 의내아(1979 셜ㅂ다)
(김선기 1968a)	슬반 까이/무라(1993 셥안 까이 무라)
(김상억 1974)	셔럽다 의내여
(서재극 1975)	셜븐 해 무라
(전규태 1976)	셜븐 해 무리랑
(김완진 1980)	셜번 하니 물아
(홍재휴 1983)	슬번 하이
(정창일 1987)	셜브더릭/무러
(금기창 1993)	셜본 하이 물아
(이도흠 1993)	설음 많은 우리내여
(유창균 1994)	셜븐 한 의내라
(나경수 1995)	셜브다 의내라
(강길운 1995)	셜본 하의 믈아
(지형률 1996)	셜븐 한게의 물아(2007 한이 내아 이들아)
(최남희 1996)	셜븐 해 무라
(양희철 1997)	셥반(2015a 셜분) 하 의니아
(신재홍 2000)	셜본 디 물아
(황패강 2001)	셜븐 한 의내여
(류 렬 2003)	서러버다 이 나라

3.1. 哀反 셜분 ← 哀(실의독:셥)+反(전음독:분)

2.2. 참조.

3.2. 多良 하아 ← 多(실의독:하)+良(약의독:아)

'哀反 多(良)'의 '良'은 누락자이다. '哀反 多良'을 '셜분 하아/많아'[서러운 것 많아(많으므로)]로 읽는다(제2부 「서로 연계된 누락자와 연자」의 3.1.1. 참조).

3.3. 私徒良 우리물아 ← 私(〈矣, 실의독:우리)+徒(실의독:물)+良(약의독:아)

'矣徒良'은 '矣'를 끊어서 앞에 붙이는 경우와 뒤에 붙이는 경우가 있다. 그러나 후자를 택한다. 왜냐하면 앞에서 약간 언급했듯이 '矣'를 끊어서 앞에 붙이고 나면, 나머지 '徒良'은 '물+아'가 되는데, 이 경우는 작품을 진흙 나르기에 참여한 사람들의 노래가 아니라, 진흙 나르기를 관찰하는 사람의 노래가 되기 때문이다.

'矣徒良'의 '矣徒'를 보자. '矣徒'는 이두에도 있어 쉽게 '의니(저희내/저희들)'로 해독할 수 있었다. 그러나 이 이두를 차제자의 원리로 설명하고자 할 때에 상당히 큰 문제가 발견된다. 왜냐하면, '矣'를 '의'의 전음독자로 본다면, 한국어 '의'에 '저희'의 뜻이 없고, 그렇다고 '矣'를 '저희'의 뜻인 실의독자로 읽을 수도 없기 때문이다. 특히 '矣'의 한국 속훈은 '주비(都, 統首)' 또는 뜻이 없는 어기사 또는 어조사이기 때문이다. 그러면 '矣徒'의 '矣'가 어떻게 '저희/우리'의 뜻을 얻었는가는 매우 큰 문제가 된다.

이 문제는 동자이의(同字異義)의 관계에서 밝혀진다. 고자(古字)에서 '저희/우리(我)'를 뜻하는 '私'는 'ㅿ'이고, 구결에서 '矣'도 'ㅿ'로 쓰인다. 이렇게 '私'와 '矣'가 모두 'ㅿ'로 쓰일 때에, 'ㅿ(=私)'는 'ㅿ(=矣)'로, 'ㅿ徒(=私徒)'는 'ㅿ徒(=矣徒)'로 오해할 수도 있게 된다. 즉 '우리물아'를 표기한 'ㅿ徒(=私徒)良'을 '의니아' 또는 '익니아'를 표기한 'ㅿ徒(=矣徒)良'로 잘못 볼 수도 있다는 것이다. 이렇게 이해할 때에, '矣'의 음에도 훈에도 없는 '저희'나 '우리'의 의미를 이해할 수 있다.

이런 점들로 보아, 矣徒의 '矣'는 '私'의 고자인 'ㅿ'를 구결의 'ㅿ'로 오독하고, 구결의 'ㅿ'를 이체자 '矣'로 옮긴 오자이다. 私徒를 '우리물'(우리무리)로 읽는다(제2부 「오자 30제」의 4.9. 참조).

'良'의 해독 역시 다양하다. '도래'(정열모 1947, 1965)와 '무러'(정창일 1987)에서는 '良'을 어떻게 읽은 것인지를 설명하지 않아, 어떻게 읽은 것인지를 알 수 없다. 나머지 해독들에서는 '良'을 '여, 야, 랑, 라, 아' 등으로 읽었다. 그 양상을 정리하면 다음과 같다.

'여'의 해독은 '의니여'(아유가이 1923; 유창선 1936e)와 '의내여'(오구라 1929; 양주동 1942 등등)에서 보인다. 호격 '-여'를 의식한 해독이다. '良'의 음과 훈을 벗어나 있다.

'야'의 해독은 '의니야'(홍기문 1956)에서 보인다. 역시 '良'의 음과 훈을 벗어나 있다.

'랑'은 '무리랑'(전규태 1976)에서 보인다.

'라'는 '무라'(물이, 김선기 1968a, 1993), '의내라'[이내라(유창균 1994, 우리들아

(나경수 1995)], '이 나라'(이들이라, 류렬 2003) 등에서 보인다. 이 해독들은 해독과 현대역이 상응/일치하지 않는다.

'아'는 '의내아, 의니아, 내아' 등에서 보이는 경우와, '무라, 물아, 믈아' 등에서 보이는 경우로 나뉜다. 전자는 '의내아'(이탁 1956; 김준영 1964, 1979), '의니아'(양희철 1997), '내아'(지형률 2007) 등에서 보이는데, '애'나 '익' 다음에 '야'나 '여'가 아닌 '아'가 왔다고 보기 어렵다. 후자는 '무라'(물+아, 서재극 1975; 최남희 1996), '물아'(김완진 1980; 금기창 1993; 지형률 1996; 신재홍 2000), '믈아'(강길운 1995) 등에서 보인다. '徒/물'과 '良/아'의 분철을 살린 '물아'를 따른다.

4. 功德 修叱加 來如

功德(공덕) 닷가 오여
공덕 닦아 온다

(아유가이 1923)	공덕 슛다러 온다
(오구라 1929)	功德 닥그러 온다
(유창선 1936e)	功德 닷그려 오다
(양주동 1942)	功德 닷ᄀ라 오다
(지헌영 1947)	功德 닷ᄀᄅ 오다
(정열모 1947)	공덕 닷다랑 온다
(정열모 1965)	공덕 닷ᄀ라 오요
(이 탁 1956)	功德 닷ᄋ라 오다
(홍기문 1956)	공덕 닷ᄀ라 오라
(김준영 1964)	功德 닷가라 오다
(김선기 1968a)	궁독 단가라 온다(1993 공독 닷가라 오나다)
(김상억 1974)	공득 닷가라 오다
(서재극 1975)	功德 닷그라 오다
(전규태 1976)	功德 닷ᄀ라 오다
(김완진 1980)	功德 닷ᄀ라 오다
(홍재휴 1983)	공덕 닷가라 올려
(정창일 1987)	功德 닥싁여러 와여

(금기창 1993)	功德 닷ᄀ라 오다
(이도흠 1993)	공덕 닦으러 오다
(유창균 1994)	功德 닷가라 오다
(나경수 1995)	功德 닥ᄀ라 /오다 (오다 오다 오다)
(강길운 1995)	공덕 닷그라 옳져
(지형률 1996)	功德 닷ᄀ라 오다
(최남희 1996)	功德 닷그러 오다
(양희철 1997)	功德 닷ᄀ아 오가
(신재홍 2000)	功德 닷ᄀ라 오다
(황패강 2001)	功德 닷ᄀ라 오다
(류 렬 2003)	功德 다ᄉ라라 오다
(박재민 2009a)	修叱加良

4.1. 功德 功德(공덕) ← 功(음의독:功/공)+德(음의독:德/덕)

4.2. 修叱加 닷가 ← 修(실의독:닦)+叱(약음독:ㅅ)+加(전음독:가)

修叱如良의 '如'는 '加'의 오자이고, '良'은 연자이다. 이 연자를 인정하여야 앞의 오자도 인정된다. 修叱加를 '닷가'로 읽는다(제2부「오자 30제」의 2.2.와 「서로 연계된 누락자와 연자」의 3.1.2. 참조).

4.3. 來如 오여 ← 來(실의독:오)+如(전음독:여)

1.1. 참조.

이 작품은 원전비평을 하기 이전의 상태로 보면, 한시(漢詩)로도 돌려 읽을 수 있는 회문으로 볼 수 있다. 즉 오른쪽으로 90도를 돌리면 아래의 왼쪽과 같이 압운을 한 형태를 보여준다.

功哀來來	功哀來來
德反如如	德反如如
修多哀來	修多哀來
叱矣反如	叱良反如
如徒多來	加矣多來

良良羅如	來徒羅如
來	如良
如	

    위의 정리 중에서 왼쪽의 것을 보면 구말에서 '來'와 '如'를 반복하면서 압운의 형태를 보여준다. 이런 점에서 보면, 이 작품은 향가는 물론 한시로도 볼 수 있는 회문으로 볼 수도 있다. 그러나 원전비평을 하고 보면, 위의 정리 중에서 오른쪽의 것과 같이 압운이 성립하지 않는다. 이런 점으로 보아, 〈풍요〉는 회문의 형태이나, 좌우로 돌리거나 뒤에서부터 읽는 형태는 보이지 않는 것으로 판단한다. 단지 '뜻을 그림으로 그리는(以意寫圖)' 회문에 머문 것으로 판단한다. 즉 윤회를 공덕으로 끊는 그림의 의미이다(양희철 1997:371-373).

〈원왕생가〉

[원문]

月下 底亦

西方 念丁 去賜里遣

無量壽佛 前乃

惱叱古音 多可支 白遣 賜立

誓音伊 深史隱 尊衣希 仰支

兩手 集刀 花乎白良

願往生 願往生

慕人 有如 白遣 賜立

阿邪 此身 遣也 置遣

四十八大願 成遣 賜立

(月下伊의 '伊'는 연자로 삭제, 誓音伊의 '伊'는 누락자로 보충, 賜去의 '去'는 '立'의 오자로 수정)

[해독]

돌하 이뎌

西方(셔방) 념뎌 [잠깐(念)] 가시리곤

無量壽佛(무량수불) 저나

ᄀᆞ곰(스스로 번뇌함) 다갑 숣곤 시셔

다딤이 깊으신 尊의긔 울웧

兩手(양수) 모도 [꽃같이/아름답게(花)] 곶오ᄉᆞ바

願往生(원왕싱) 願往生(원왕싱)

그리는 사룸 [某人(慕人):저, 나] 잇다 숣곤 시셔

아라 이몸 깃디야 두곤
四十八大願(사십팔대원) 이루곤 시셔

[현대역]

달하 본향여
서방 거의 넘게 되어 (잠깐) 가실 것이니
무량수불 전에
(내) 스스로 정토행을 수행함을 앞당겨 사뢰고는 있으셔
디딤이 깊으신 존에 우러러
두 손 모와 (꽃같이/아름답게) 고추세워
원왕생 원왕생
그리는 사람 (某人:저, 나) 있다. 사뢰고는 있으셔
아- 이몸 남겨 두고는
사십팔대원 이루곤 있으셔?

1. 月下 底亦

돌하 믿여
달하 본향여

  (오구라 1929)   돌햇 믿예
  (양주동 1935)   돌하 이뎨
  (양주동 1939)   돌하 이뎨
  (유창선 1936f)   돌이 믿예
  (신태현 1940)   돌하 이제
  (지헌영 1947)   돌하 이뎨
  (정열모 1947)   달하 이저여(1965 돌 아리 뎌역)
  (이   탁 1956)   돌하 읻익
  (홍기문 1956)   돌하 이뎨
  (김준영 1964)   돌하 이뎨
  (김선기 1968b)   딸까이 믿예(1993 딸 알이(까이) 미뎨)

(김상억 1974)   달하 이뎨
(서재극 1975)   둘하 이적
(전규태 1976)   둘하 이뎨
(김완진 1980)   드라리 엇뎨역
(정창일 1987)   月下 伊底 쇼
(이도흠 1993)   달아 이제
(금기창 1993)   둘하 이뎨
(유창균 1994)   둘하 이 어느제
(강길운 1995)   돌알아 이져
(지형률 1996)   드랄이 엇뎌(2007 둘알이 니를여)
(최남희 1996)   둘하 이뎨 쇼
(양희철 1997)   둘하 伊底亦(뎌 믿여, 이뎌여)
(신재홍 2000)   드라리 아여/애여
(황패강 2001)   둘하 이뎨
(류 렬 2003)   달하 이더히
(황선엽 2006)   둘하 伊底亦
(남풍현 2018a)   둘하 이 뎨여

1.1. 月下 둘하 ← 月(실의독:둘)+下(전음독:하)

月下伊의 '伊'는 연자이다. 月下를 '둘하'로 읽는다(제2부「서로 연계된 누락자와 연자」의 3.2.1. 참조).

1.2. 底亦 믿여 ← 底(실의독:믿)+亦(약음독:여)

연자 '伊'를 빼고, '月下 底亦'로 띠어서 '둘하 믿여'로 읽으면, '月下'는 한자 '月'의 훈(둘)과 '下'의 음(하)을 살리고, '둘+하'의 연결은 문법적이며, '둘하'(달아)의 해독과 현대역은 형태소 차원에서 상응하고, '둘하 믿여'(달아 본향여)의 문맥이 잘 통한다는 점에서, 연자 '伊'를 빼고, '月下 底亦'로 띠어서 '둘하 믿여'로 읽은 해독은 합리적이라고 할 수 있다. 또한 이렇게 수정하여 읽으면, 선행 해독들이 당면한 다양한 문제들[59]은,

---

59 '月 下伊'나 '月下伊'로 끊어 읽을 때에, 피청원자인 달이 청자가 되지 못하는 문제, '月下 伊 底亦'로 끊어 읽은 '둘하 이 어느제'(달님이여! 이 언제쯤)와 '둘하 이 뎨여'(달님이시여 이곳에서부터)의 해독에

이 문제들을 야기시킨 연자 '伊'를 제거함에 따라, 모두 源泉的으로 아예 발생하지도 않는다는 점에서도, 연자 '伊'를 빼고, '月下 底亦'로 띄어서 '둘하 믿여'로 읽은 해독은 합리적이라고 할 수 있다(1.1. 참조).

2. 西方 念丁 去賜里遣

西方(셔방) 념뎌 [잠깐(念)] 가시리곤
서방 거의 넘게 되어 (잠깐) 가실 것이니

  (오구라 1929)   西方ᄋ로 가샤리고
  (양주동 1935)   西方ㅅ장 가샤리고
  (유창선 1936f)   西方ᄭ정 가샤리고
  (신태현 1940)   西方ㅅ장 가샤리고
  (지헌영 1947)   西方ㅅ장 가샤리고
  (정열모 1947)   서방념정 가사리고(1965 서방너메 가샤리겨)
  (이 탁 1956)   西方더뎌 가스릿고
  (홍기문 1956)   서방 녀러 가샤리고
  (김준영 1964)   西方념뎌 가샤리고(1979 西方 넘뎌 가샤릿고)
  (김선기 1968b)   셔방 가댕 까샤리고(1993 셰방 가뎡 가시리겨)
  (김상억 1974)   셰방ᄭ정 가샤리고
  (서재극 1975)   西方 슷뎡 가시리겨
  (전규태 1976)   西方ᄭ뎡 가샤리고
  (김완진 1980)   西方ㅅ장 가샤리고
  (정창일 1987)   西方 念뎡 가드리견
  (이도흠 1993)   서방 거쳐 가시리잇고
  (금기창 1993)   西方 뎡가샤리고
  (유창균 1994)   西方 외오뎌 가시리고

서 '이'의 기능이 모호한 문제, '伊底亦'이나 '伊底 亦'으로 끊고, '이뎨, 이제, 이적, 이저여, 이져, 잇이, 이러히, 이뎨 쪼' 등으로 읽은 해독들이 보인, '이제'의 의미를 표기하면서, '此際'를 이용하지 않은 문제, 주기적으로 떴다가 지는 달에게 '이제 서방 가실 것이니'라는 문맥의 '이제'라는 말을 쓸 수 있는가 하는 문제.

(강길운 1995)	갈:다히 스져 가스리고
(지형률 1996)	西方 ᄭᆞ장 가시리고(2007 다뎌 가시리견)
(최남희 1996)	西方 ᄀᆞ장 가시리고
(양희철 1997)	西方 念丁(념뎌, 스뎌) 가시리고(2015a 가시리곤)
(신재홍 2000)	西方 외오뎌 가시리고
(황패강 2001)	西方 거쳐[?] 가샤리고
(류 렬 2003)	서쯔(갈모) 니히 가시리고
(황선엽 2006)	西方念丁 가시리견
(박재민 2009a)	西方을 지나
(남풍현 2018a)	西方 넘뎌(念丁) 가시리고

2.1. 西方 西方(셔방) ← 西(음의독:西/셔)+方(음의독:方/방)

'西方'은 음의독자 곧 음독으로 처리되는 가운데 실의독자로 본 '갈:다히'의 해독도 나왔다. 양자 모두 가능하나, 이 작품에 한자어가 나온다는 점에서 '西方(셔방)'으로 읽는다.

2.2. 念丁 념뎌 [잠깐(念)] ← 念[전음독:념, 잉여코드의 문맥적 의독:잠깐(念)]+丁(약음독:뎌)

'거의 넘게 되어'의 의미인 '념뎌(念)'로 일차로 읽으며, 겸독인 [잠깐(念)]까지 풀어 쓰면 '거의 넘게 되어 (잠깐)' 또는 '곧 넘게 되어 (잠깐)'의 의미이다(제4부 「잉여코드도 겸독한 문제 향찰」 2.3.1. 念丁의 念 참조). 외견상 같은 표기로 보이지만, 이두 '念丁'과 향찰 '念丁'의 차이는 잉여코드쓰기에 있다.

2.3. 去賜里遣 가시리곤 ← 去(실의독:가)+賜(전음독:시)+里(전음독:리)+遣(전음독:곤)

'去賜里遣'은 '가샤리고, 가시리고, '가시리겨' 등으로 엇갈리고 있으나, '賜'가 '시'이고, '遣'이 '곤'이라는 점(제3부 「소멸된 한자음의 문제 향찰」의 3.1. '遣' 참조)에서, '가시리곤'으로 읽는다. 이 '가시리곤'은 '가실 것이니, 가실 것이므로'의 의미이다.

3. 無量壽佛 前乃

無量壽佛(무량수불) 저나
무량수불 전에

　　(오구라 1929)　　　無量壽佛 앏애
　　(양주동 1935)　　　無量壽佛前에
　　(유창선 1936f)　　 無量壽 부텨 앏이
　　(신태현 1940)　　　無量壽佛前에
　　(지헌영 1947)　　　無量壽佛前이
　　(정열모 1947)　　　무량수불전에(1965 무량수불저네)
　　(이 탁 1956)　　　無量壽佛압애
　　(홍기문 1956)　　　무량수불 저네
　　(김준영 1964)　　　無量壽佛前니(1979 前이)
　　(김선기 1968b)　　무량쑤불 앏애(1993 뭉량쓩뿔ㅎ(아미타뿔) 전에)
　　(김상억 1974)　　　무량슈불 젼애
　　(서재극 1975)　　　無量壽佛前애
　　(전규태 1976)　　　無量壽佛 前에
　　(김완진 1980)　　　無量壽佛前의
　　(황패강 1986)　　　無量壽佛前에
　　(정창일 1987)　　　無量壽佛 前내
　　(이도흠 1993)　　　無量壽佛 앞에
　　(금기창 1993)　　　無量壽佛前나
　　(유창균 1994)　　　無量壽佛前애
　　(강길운 1995)　　　無量壽佛前애
　　(지형률 1996)　　　無量壽佛 前에(2007 前아)
　　(최남희 1996)　　　無量壽佛 前아
　　(양희철 1997)　　　無量壽佛 저내(前애)
　　(신재홍 2000)　　　無量壽佛 前니
　　(황패강 2001)　　　無量壽佛前애
　　(류 렬 2003)　　　무량수불전아
　　(황선엽 2006)　　　無量壽佛前나
　　(남풍현 2018a)　　　無量壽佛 前아

3.1. 無量壽佛 無量壽佛(무량수불) ← 無(음의독:無/무)+量(음의독:量/량)
+壽(음의독:壽/수)+佛(음의독:佛/불)

3.2. 前乃 저나 ← 前(음의독:前/전)+乃(전음독:나)

'前乃'는 '前애' '앒애' 등으로 엇갈리고 있으나, '乃'의 음으로 보아 '前아'의 연철음을 표기한 것으로 생각한다.

4. 惱叱古音 多可支 白遣 賜立

ㅈ곰 다갑 솗곤 시셔
스스로 정토행을 수행함을 앞당겨 사뢰고는 있으셔

(오구라 1929)	뉘웃기이다가 솗고샤셔
(양주동 1935)	닐(러)곰다가 솗고샤셔
(양주동 1939)	닐곰가가 솗고샤셔
(유창선 1936f)	닐곰다가 솗고샤셔
(신태현 1940)	닐곰다가 솗고샤셔
(지헌영 1947)	닐곰다가 솗고샤셔
(정열모 1947)	뇟고음다가 솗고사서(1965 뉫고움 다 가기 솔바 겨샤셔)
(이 탁 1956)	는곰닥아 솔고소이
(홍기문 1956)	열ᄌ옴 다가디 솗고샤셔
(김준영 1964)	닐곰다가ᄉ 솗고샤셔(1979 놋곰 다갊)
(김선기 1968b)	노오곰 까다디 살고샤쇼(1993 노ㄷ곰 까가디 솗겨샤셔)
(김상억 1974)	닏곰다가 솗고샤셔
(서재극 1975)	뉘으즐 오람 함ᄌ키 솗겨시셔
(전규태 1976)	닏곰다가 솗고샤셔
(김완진 1980)	ㅈ곰 함족 솗고쇼셔
(정창일 1987)	뇌싀고롬 하더러 솗겨 줄셔
(이도흠 1993)	여쭙는 말씀 함씬 사뢰소서
(금기창 1993)	닐ㅅ곰 다가ᄉ 솗고샤셔
(유창균 1994)	뉘옷곰 함지기 솗고시리

(강길운 1995)	놋곰 다가 숨고스셔
(지형률 1996)	ᄀᆞᆺ곰 함직 숨고쇼셔(2007 곧(日)곰 함 직 숨고시셔)
(최남희 1996)	놋곰 하올히 숨고시셔
(양희철 1997)	ᄀᆞᆺ곰 다갑 숨고시셔(2015a 숨곤 시셔)
(신재홍 2000)	놋곰 다ᄀᆞ기 숨고시셔
(황패강 2001)	닏곰[?]다가 숨고샤셔
(류 렬 2003)	나리곰 다가디 사ᄅᆞ고시서
(황선엽 2006)	惱叱곲다 可ᄒᆞ 숨겨시셔
(남풍현 2018a)	놋곰 함짓디 숨고시셔

4.1. 惱叱古音 ᄀᆞᆺ곰 ← 惱(실의독:ᄀᆞ)+叱(약음독:ㅅ)+古(전음독:고)+音(약음독:ㅁ)

'惱叱古音'의 해독은 상당히 난해하다. 기왕의 해독들을 보면, '뉘웃, 닐(러)곰, 닐곰, 닐러, 닏곰(云), 뇌스고음(뉘우침, 정열모 1947:15), 눋곰(느낌), 열ᄌᆞ옴(말씀), 뇌ㅅ고움(번뇌), 노오곰(거듭 거듭), 뉘으즐, ᄀᆞᆺ곰(報告의 말씀), 뇌싀고롬, 놋곰, 뉘옷곰, 놋곰(되풀이 말하곤 함)' 등이다.

'惱叱古音'에는 '향언운보언야'(鄕言云報言也)라는 할주가 있다. 우선 이 '향언운'으로 보면, '惱叱古音'은 '뇌스고움'과 같이 한자와 우리말의 결합이라 할 수 없다. 다음으로 '보언야'를 번역하고 해석하면, 세 가지 뜻을 파악할 수 있다.

하나는 '報言也'를 '報言이다'로 번역하고, '惱叱古音'을 한문으로 번역하면 報告의 말이 된다고 보는 것이다.

다른 두 뜻은 '報言也'를 '報의(/라는) 말이다'로 번역할 때에 나타난다. 즉 '報의(/라는) 말이다'는 '惱叱古音'을 번역하면 '報(보고)'라는 말이다로 해석되며, 동시에 '惱叱古音'의 뜻을 해석하면 '報(果報 또는 酬答)'라는 말이다로 해석된다. 이 가능성들 중에서 이 할주는 마지막의 것이라 생각한다. 만약 '惱叱古音'의 번역이 '報言(보고의 말)' 또는 '報(보고)'라면, '惱叱古音'의 해독에서 얻은 어형은 '報'의 우리말 어형과 일치해야 한다. 그런데 기왕의 해독 어느 것을 보아도 일치하는 것은 하나도 없다. '닏곰'을 들 수 있으나, '니르다(云)'와 '아뢰다(報=告)'는 엄연히 다르다. 이런 점에서 '惱叱古音'의 번역이 '報告(보고의 말)' 또는 '報(보고)'라 할 수 없다.

이제 남은 하나는 '報'가 '惱叱古音'을 해석한 것일 수 있다는 것이다. 이 가능성은 '惱叱古音'에 대한 'ᄀᆞᆺ곰'(김완진 1980:114-115)의 해독과, '報'가 '果報'라는 불교적 의미 또는 '酬答'이라는 의미의 연결에서 개진된다.

　　'惱叱古音'은 音讀한다면 '놋곰'이겠고, 첫머리를 訓讀한다면 動詞 'ㅈ-'(勞)의 轉成名詞 또는 動名詞形을 義訓借한 'ㅈ곰'이겠으나, 어느쪽도 후세에 그 對應形을 발견할 수 없다. 著者는 표기의 일반 원칙에 따라 'ㅈ곰' 쪽을 선택하며 이 語詞가 꽤 이른 시기에 廢語化된 것으로 가정해 둔다.

　이 해독은 '惱'의 뜻을 'ㅈ-'과 연결시키려는 장점을 가지지만, 그 연결의 가능성을 좀더 검토하지 않은 점과, 할주의 해석에서 문제점을 보인다. 만약 '惱叱古音'이 동사 'ㅈ-'(勞)의 전성명사 또는 동명사형을 가의독자로 쓴 'ㅈ곰'이고, 이것을 해명한 것이 즉 '惱叱古音'을 번역한 것이 '報言'이라면, 이 '報言'은 '勞' 또는 '勞言'이라야 한다. 왜냐하면 '惱叱'의 가의독자는 '勞'를 표기하기 위한 것이고, '惱叱'의 뜻을 번역할 때에 '勞'가 되기 때문이다. 게다가 이 해독을 따라도 勞와 報言(보고의 말)은 그 어형에서 일치하지 않는다.

　이제 '惱'와 'ㅈ-'(勞)이 연결될 수 있는 가능성을 보자. 惱의 뜻 중에서 'ㅈ-'(勞)과 연결될 수 있는 것은 '煩惱하다'이다. 번뇌는 勞 즉 塵勞의 동의어이다. 이 '勞'와 '煩'은 고어에서 'ㅈ-'(애쓰다/힘들이다)으로 쓰인다. 이런 점에서 '惱'의 고훈도 'ㅈ-' 정도라 할 수 있다. 이렇게 보면 '惱叱古音'은 'ㅈ-'의 명사형 'ㅈ금'에 주체표시 'ㄱ'가 가미된 'ㅈ곰'(스스로 번뇌함)의 표기라 할 수 있다.

　그러면 왜 'ㅈ곰'을 '향언운보언야'라고 번역적 할주가 아닌 해석적 할주를 달았는가와, 이 해석적 할주가 가능한 기반을 보자. 만약 '惱叱古音'에 번역적 할주를 단다면 그것은 번뇌 또는 塵勞 정도가 되는데, 번뇌의 경우는 동어 반복이 되고, 塵勞의 경우는 자의상 번뇌의 의미를 직접 강하게 드러내지 못하고 우회적으로 약하게 드러낼 뿐이다. 이럴 경우에 할주자는 할주의 목적인 명확한 의미를 전달하기 위하여, 번역적 할주를 피하고 해석적 할주를 달 수밖에 없다. 해석적 할주로 볼 때에, '報'는 '果報'나 '酬答'의 의미이다. '報'가 '果報'의 의미로 쓰인 예는 '보인(報因), 보득(報得), 보장(報障), 보연(報緣)' 등의 '報'에서 발견된다. 이렇게 '報'를 '果報'로 잡을 때에, 報는 비로소 '惱叱古音(스스로 번뇌함)'의 해석적 할주로 성립한다. 왜냐하면 모든 번뇌는 果報이기 때문이다. 이런 점에서 '향언운보언야'는 향언인 '惱叱古音(ㅈ곰:스스로 번뇌함)'에 대해 해석적으로 할주한 것이라 할 수 있다.

　여기까지는 선학들도 충분히 생각했으리라고 본다. 그러나 이것을 확정하지 못하고 다시 앞에서 열거한 해독들로 돌아갈 수밖에 없었던 것은 문학적 능력(J. Culler 1975: 131-160)의 하나인 반어(irony)를 고려하지 않았기 때문이라고 생각한다. '惱叱古音'을 'ㅈ곰'(스스로 번뇌함)으로 해독하고, 이것을 '白遣 賜立'과 연결하여, 그 표면적 의미를 보면 매우 이상하다. 서방 왕생을 위하여 아미타불에게 귀명(歸命)하려는 사람이 그의 수행을 사뢰 달라고 청원하지 않고, 그 반대인 스스로 번뇌함을 사뢰 달라는 이상함이다. 그러나 이것은 'ㅈ곰'을 문자적으로만 읽었을 경우이고, 반어로 읽었을 경우에는 그 이상함이 사라진다. 즉 'ㅈ곰'을 반어로 읽으면, '스스로 정토행을 수행함'을 사뢰 달라는 말이 되어 문맥이 일치한다. 이때 이 반어까지를 이 할주자가 인식했다면, 할주의 '報言'은 아미타불의 환상회향(還相廻向)에 대한 '酬答(=스스로 정토행을 수행함)의 말'이란 해석이 된다.

4.2. 多可支 다갑 ← 多(전음독:다)＋可(전음독:가)＋支(약음독:ㅂ)

'多可支'은 초기에 '-다가'로 해독되었다. 이 경우에 두 가지 문제가 제기된다. 하나는 왜 하필이면 '말하다가 말씀 드리소서'인가(김완진 1980:113) 하는 문제이고, 다른 하나는 '支'을 해독하지 않은 문제이다.

이 문제를 해결하기 위해 '함죡키, 함죡, 함지기, 함짓디' 등의 대안이 제시되기도 했다. 그러나 이 해독들과 '다가'(가까이 가서) 역시 '支'이 '이'나 지정문자가 아니라는 문제를 포함한다.

이로 인해 '多可支'은 다시 해독하게 되는데, '支'은 '-ㅂ'이며, '多可支'은 '다갑'으로 해독된다. 이 '다갑'은 '다그다'('시간이나 날짜를 예정보다 앞당기다')의 연결형이다. 이때 '-압/ㅂ'은 중세어와 돌궐어에서 보이는 연결어미(ap/p)이다.

4.3. 白遣 숣곤 ← 白(실의독:숣)＋遣(전음독:곤)

'白遣賜立'은 '숣고샤셔, 숣겨시셔, 숣고쇼셔' 등으로 해독되는 가운데 '숣겨 주시셔'(이종철 1987:18-20)의 해독도 등장하였다. 그러나 '숣겨 주시셔'는 '遣'이 '곤'라는 문제를 보인다. '숣곤 시셔'로 읽는다.

4.4. 賜立 시셔 ← 賜(전음독:시)＋立(가의독:셔)

4.3. 참조.

5. 誓音伊 深史隱 尊衣希 仰支

다딤이 깊으신 尊의긔 울웂
다짐이 깊으신 존에 우러러

(오구라 1929)		솀 깁산 尊에 울워
(양주동 1935)		다딤 기프샨 尊어히 울워리
(유창선 1936f)		誓홈 기프샨 尊에 울워
(신태현 1940)		誓홈 기프샨 尊애 울워
(지헌영 1947)		담 기프샨 尊어히 울윗
(정열모 1947)		다짐 깁산 존에 바라기(1965 다딤 기프신 조닉 ㅂ라디)
(이 탁 1956)		다짐 깁슨 尊이 울어
(홍기문 1956)		다딤 기프샨 존아히 울월다
(김준영 1964)		다딤 깁샨 尊의희 울윗(1979 울웛)
(김선기 1968b)		다딤 깊샨 존애 바라기(1993 깁피신 님이기 울월다)
(김상억 1974)		다딤 기프샨 존어헤 우뤄리
(서재극 1975)		다딤 기프신 尊으히 울월히
(전규태 1976)		다짐 기프샨 尊아히 우러리
(김완진 1980)		다딤 기프신 ᄆᆞᄅᆞ옷 ㅂ라 울워러
(정창일 1987)		다딤 깁스은 尊옷 비우러
(이도흠 1993)		다짐 깊으신 부처님을 우러러
(금기창 1993)		다딤 기프신 尊어히/울월ㅅ
(유창균 1994)		다딤 기프신 尊의긔 울월기
(강길운 1995)		다딤 기프슨 尊의게 울버러
(지형률 1996)		다딤 깊으신 ᄆᆞᄅᆞ애히(2007 尊익희) 울월억
(최남희 1996)		다딤 기프신 尊의희 울월히
(양희철 1997)		다딤 깁신 尊의희(2013 尊의긔) 울웂
(신재홍 2000)		"다딤 깁슨 尊의히 울월기"
(황패강 2001)		다딤 기프샨 尊어히 우뤄러
(류 렬 2003)		다딤 보신 존이히 우럴다
(황선엽 2006)		誓흠 기프신 尊익희 仰支
(남풍현 2018a)		벼김 깊으신 尊의긔 울월다

5.1. 誓音伊 다딤이 ← 誓(실의독:다딤)+音(약음독:ㅁ)+伊(전음독:이)

誓音伊의 '伊'는 누락자이다. 誓音伊를 '다딤이'로 읽는다(제2부 「서로 연계된 누락자와 연자」의 3.2.2. 참조).

5.2. 深史隱 기프신 ← 深(실의독:기프)+史(전음독:시)+隱(약음독:ㄴ)

深史隱은 '깁산, 기프샨, 깊샨, 기프신' 등으로 비슷하게 읽히나, '史'의 음이 '시'라는 점에서, '기프신'으로 해독한다. '깊다'와 '기프다'를 쌍형어간으로 본 것이다. '史'는 '賜立/시셔'의 '賜-'와의 혼동을 피하기 위하여, 선어말어미에서 흔히 쓰는 '賜'를 버리고 '史'로 쓴 것으로 판단된다.

5.3. 尊衣希 尊(존)의긔 ← 尊(음의독:尊/존)+衣(전음독:의)+希(전음독:긔)

尊衣希仰攴은 거의 모든 해독들이 '尊衣希 仰攴'으로 끊고, '尊에 울워', '尊어히 울워러', '尊어히 울윗', '존애 바라기', '尊으희 울월히', '尊의희 울월' 등으로 읽었다. 이 해독들에 대해 '衣希'를 어떻게 읽든지 처소격으로 읽으면서 그 뜻을 목적격으로 보는 문제가 제기되기도 했다(김완진 1980:116). 그러나 처소격으로 잡고 그 뜻도 처소격으로 보면 문제가 해결된다.

5.4. 仰攴 울엷 ← 仰(실의독:울얼)+攴(약음독:ㅂ)

仰攴은 비슷하게 읽히고 있으나, '攴'의 해독에서 상당히 엇갈리고 있다. '攴'에 대한 설명은 이미 했으므로 해독만을 제시한다. 즉 '우러러'의 의미인 '울엷' 또는 '울업'이다.

6. 兩手 集刀 花乎白良

兩手(양수) 모도 [꽃같이/아름답게(花)] 곶오숩아
두손(을) 모와 (꽃같이/아름답게) 고추세워

    (오구라 1929)   두 손(올) 모도와 숩아
    (양주동 1935)   두 손 모도호슬바

(유창선 1936f)　　두 손 모도호숩아
(신태현 1940)　　　두 손 모도호숩아
(지헌영 1947)　　　두 손 모도호술바
(정열모 1947)　　　두 손 모도 고조삷아(1965 두 손 모도 고초 스라)
(이　탁 1956)　　　두 손 몯오 곳오 술아
(홍기문 1956)　　　두 손 모도 고초 술바
(김준영 1964)　　　두 손 모도 고조 숩아
(김선기 1968b)　　두뿔 숨 묻오 곧고 살바라[1993 두불솜 몯오 곳고 살라(살바라)]
(김상억 1974)　　　두 손 모도호삷아
(서재극 1975)　　　두블 손 모도호술바
(전규태 1976)　　　두 손 모도 고조 숩아
(김완진 1980)　　　두 손 모도 고조술바
(황패강 1986)　　　두 손 모도 곳호숩아
(정창일 1987)　　　두 손 모도 곱호 술버
(이도흠 1993)　　　두 손 모아 합장하옵고
(금기창 1993)　　　두 손 모도 고조 숩아
(유창균 1994)　　　두블 손 모도 고조 술브라
(강길운 1995)　　　두 손 모도 굴호 솔바
(지형률 1996)　　　두볿 손 모도 고초술바(2007 고초숩아)
(최남희 1996)　　　두블 손 모도 고조숩아
(양희철 1997)　　　兩手("兩手", 두블 손) 모도 花乎("하오", 곳호) 숩아
(신재홍 2000)　　　두볼 손 모도 고조술바
(황패강 2001)　　　두 손 모도 곳호숩아
(류　렬 2003)　　　두 손 모도고소 사라
(황선엽 2006)　　　兩手(두블 손) 모도 花乎(고초) 숩아
(박재민 2009a)　　　　　　　　花乎(고즈로)
(남풍현 2018a)　　　두 손 모도 곳오 숩아

6.1. 兩手 兩手(양수) ← 兩(음의독:兩/양)+手(음의독:手/수)

'兩'은 '두'와 '두블'로 읽히고 있으나 '두'의 고형인 '두블'로 본다. 그리고 '手'는 '손'으로 확정된 것으로 보인다. 그러나 여기에서 하나의 물음에 답해야 한다. 말음 첨기가 보이지 않는다는 것이다. 이 점에 방점을 두면, '兩手'(양수)로 읽게 된다.

6.2. 集刀 모도 ← 集(실의독:모도)+刀(전음독:도)

6.3. 花乎白良 [꽃같이/아름답게(花)] 곶오습아 ← 花[가의독:곶, 잉여코드의 문맥석 의독:꽃같이/아름답게(花)]+乎(약의독:오) | 白(가의독:습)+良(약의독:아)

제4부 「잉여코드도 겸독한 문제 향찰」의 3.6. 花乎白良의 花 참조.

7. 願往生 願往生

願往生(원왕싱) 願往生(원왕싱)
원왕생 원왕생

  (오구라 1929)   願往生 願往生(이라고)
  (양주동 1935)   願往生 願往生
  (유창선 1936f)   願往生 願往生을
  (신태현 1940)   願往生 願往生
  (지헌영 1947)   願往生 願往生
  (정열모 1947)   원왕생 원왕생을(1965 원왕싱 원왕싱)
  (이 탁 1956)   願往生 願往生
  (홍기문 1956)   원왕생 원왕생
  (김준영 1964)   願往生 願往生
  (김선기 1968b)   완왕생 완왕생
  (김상억 1974)   원왕생 원왕생
  (서재극 1975)   願往生 願往生
  (전규태 1976)   願往生 願往生
  (김완진 1980)   願往生 願往生
  (정창일 1987)   願往生 願往生
  (이도흠 1993)   願往生 願往生
  (금기창 1993)   願往生 願往生
  (유창균 1994)   願往生 願往生
  (강길운 1995)   願往生 願往生
  (지형률 1996)   願往生 願往生

(최남희 1996)	願往生 願往生
(양희철 1997)	"願往生 願往生"
(신재홍 2000)	'願往生 願往生'
(황패강 2001)	願往生 願往生
(류 렬 2003)	가나가지러다 가나가지러다
(황선엽 2006)	願往生 願往生
(남풍현 2018a)	願往生 願往生

7.1. 願往生(원왕싱) 願往生(원왕싱) ← 願(음의독:願/원)＋往(음의독:往/왕)＋生(음의독:生/싱)

'願往生'는 각각 음의자인 '願往生'으로 해독되면서 어떤 이의도 없다. 이것은 불교의 게송(偈頌)에서 흔히 쓰이는 일종의 구호(口號. 김동욱 1961:102)라는 점에서 직접 인용의 발화로 처리해야 할 것 같다.

8. 慕人 有如 白遣 賜立

그리는 사롬 [某人(慕人):저, 나] 잇다 솗곤 시셔
그리는 사람 (某人:저, 나) 있다 사뢰고는 있으셔

(오구라 1929)	그릴 사람(이) 잇다 솗고샤셔
(양주동 1935)	그릴 사람 잇다 솗고샤셔
(유창선 1936f)	그린 사롬 잇다 솗고샤셔
(신태현 1940)	그릴 사람 잇다 솗고샤셔
(지헌영 1947)	慕人 잇다 솗고샤셔
(정열모 1947)	그릴 사람 잇다 삷고사서(1965 그리리 잇듯 솔바 겨샤셔)
(이 탁 1956)	그릴이 잇다 술고스이
(홍기문 1956)	그리 사람 잇다 솗고샤셔
(김준영 1964)	慕人 잇다 솗고샤셔(1979 그릴 사롬 잇다 솗고샤셔)
(김선기 1968b)	그리논 사람 읻다 삷고샤쇼(1993 기릴 사람 잇다 삷겨시셔)
(김상억 1974)	그릴 사람 잇다 삷고샤셔
(서재극 1975)	그릴 사롬 잇다 솗겨시셔

(전규태 1976)	그릴 사룸 잇다 숣고샤셔
(김완진 1980)	그리리 잇다 숣고쇼셔
(정창일 1987)	慕人 有여 숨겨 줄셔
(이도흠 1993)	그리는 이 있다 사뢰소서
(금기창 1993)	그릴 사룸 잇다 숣고샤셔
(유창균 1994)	그릴 이 잇다 숣고시리
(강길운 1995)	그릴 놈 잇져 숣고스셔
(지형률 1996)	그릴 사룸 잇다 숣고쇼셔(2007 숣고시셔)
(최남희 1996)	慕人 잇다 숣고시셔
(양희철 1997)	慕人(某人, 慕人) 잇다 숣고시셔(2015a 숣곤 시셔)
(신재홍 2000)	"그린 사룸 잇다" 숣고시셔
(황패강 2001)	그릴 사룸 잇다 숣고샤셔
(류 렬 2003)	그릴 사룸 이시다 사라고시서
(황선엽 2006)	慕人 잇다 숣겨시셔
(남풍현 2018a)	그맀 사룸 잇다 숣고시셔

8.1. 慕人 그리는 사룸 [某人(慕人):저, 나] ← 慕人[문맥적 의독:그리는 사룸, 잉여코드의 동음이의적 전음독:某人(慕人):저, 나]

慕人을 일차로 '그리는 사룸'으로 읽고, 부가적으로 '[某人(慕人):저, 나]'로 읽는다. '그리는 사람 (某人:저, 나)'의 의미로 정리한다(제4부 「잉여코드도 겸독한 문제 향찰」 2.1.1. 慕人의 慕 참조).

8.2. 有如 잇다 ← 有(실의독:잇)+如(약의독:다)

8.3. 白遣 숣곤 ← 白(실의독:숣)+遣(전음독:곤)

4.3.의 '白遣' 참조.

8.4. 賜立 시셔 ← 賜(전음독:시)+立(가의독:셔)

4.4.의 '賜立' 참조.

9. 阿邪 此身 遺也 置遣

아라 이몸 깃디야 두곤
아- 이몸 남겨 두고는

    (오구라 1929)   아야 이 몸(온) 그냥 두고
    (양주동 1935)   아으 이 몸 기텨 두고
    (유창선 1936f)   아으 이 몸 기텨두고
    (신태현 1940)   아으 이 몸 기텨 두고
    (지헌영 1947)   아으 이 몸 끼텨 두고
    (정열모 1947)   아야 이 몸 남겨두고(1965 나ᄆ라 두고)
    (이 탁 1956)   아라 이 몸 깆여 두고
    (홍기문 1956)   아야 이 몸 기텨 두고
    (김준영 1964)   아으 이 몸 기티여 두고(1979 아- … 깃뎌 두고)
    (김선기 1968b)   아으 이 몸 보내 도고(1993 아사라 … 기탸도겨)
    (김상억 1974)   아으 이 몸 기텨두고
    (서재극 1975)   아으 이 몸 기탸 두견
    (전규태 1976)   아으 이 몸 기탸 두고
    (김완진 1980)   아야 이 모마 기텨 두고
    (정창일 1987)   아샤 이몸 기댜 두견
    (이도흠 1993)   아, 아! 이 몸 남겨두고
    (금기창 1993)   아으 이몸 기텨 두고,
    (유창균 1994)   아라, 이몸 브려 두고
    (강길운 1995)   아라: 이몸 기텨 두고
    (지형률 1996)   아야 이 몸 기텨 두고
    (최남희 1996)   아야 이 몸 기탸 두고
    (양희철 1997)   아야 이 몸 깃디야 두고(2015a 두곤)
    (신재홍 2000)   아야, 이 몸 브려두고
    (황패강 2001)   아야 이 몸 기텨 두고
    (류 렬 2003)   아라 이 몸 깆어 두고
    (황선엽 2006)   阿邪 이 몸 기텨 두견
    (박재민 2009a)   이 몸 브려 두고
    (남풍현 2018a)   아야, 이 몸 기티야 두고

9.1. 阿邪 아라 ← 阿(전음독:아)+邪(전음독:라)

'阿邪'는 '아으, 아야, 아라' 등으로 읽히고 있다. 邪의 음이 '사'와 '야'라는 점에서 '아야'와 '아라'가 모두 가능하시만, '아라'로 본다. '아리'를 '존자어, 성자여, 신이여(Allah)'로 본 경우도 있으나, 지나친 추측이 아닌가 한다.

9.2. 此 이 ← 此(실의독:이)

9.3. 身 몸 ← 身(실의독:몸)

9.4. 遣也 깃디야 ← 遣(실의독:깃디)+也(전음독:야)

'遣也'는 '기텨'와 '기탸'로 비슷하게 읽으나, '也'를 독립된 음절의 표기로 보아 '깃디야'로 읽는다.

9.5. 置遣 두곤 ← 置(실의독:두)+遣(전음독:곤)

'置遣'은 '두고' 이래 거의 통일되어 있다. 그러나 '두곤'으로 읽어야 할 것 같다(제3부 「소멸된 한자음의 문제 향찰」의 3.1. '遣' 참조).

10. 四十八大願 成遣 賜立

四十八大願(사십팔대원) 이루곤 시셔
사십팔대원 이루고는 있으셔?

(오구라 1929)	四十八大願을 닐우고샤과라
(양주동 1935)	四十八大願 일고샬까
(유창선 1936f)	四十八大願 일고샬가
(신태현 1940)	四十八大願 일고샬가
(지헌영 1947)	四十八大願 일고샬가
(정열모 1947)	사십팔대원 이루고사서(1965 스십 팔 대원 이뤄 겨샤셔)
(이 탁 1956)	四十八大願 일고 슬가
(홍기문 1956)	四十八 대원 일우고샤가

(김준영 1964)	四十八大願 일고샤가
(김선기 1968b)	사씹발 때이완 닐고샤쇼(1993 시씹발ᅙ 때원 일겨샤셔)
(김상억 1974)	사십팔대원 일고샬까
(서재극 1975)	四十八大願 이ᄅ겨시가
(전규태 1976)	四十八大願 일고샬가
(김완진 1980)	四十八大願 일고실가
(정창일 1987)	四十八 大願 일겨 줄가
(이도흠 1993)	四十八大願 이루실고
(금기창 1993)	四十八大願 일고샬가
(유창균 1994)	四十八大願 일우고시리
(강길운 1995)	四十八大願 일고슬가
(지형률 1996)	四十八大願 일고실가
(최남희 1996)	四十八大願 일고시가
(양희철 1997)	四十八大願 일고시가(2015a 이루곤 시셔)
(신재홍 2000)	四十八大願 일고실가
(황패강 2001)	四十八大願 일고샬가
(류 렬 2003)	사십받대운 이ᄅ고실가
(황선엽 2006)	四十八大願 일우겨실가
(남풍현 2018a)	四十八 大願 일이고실가

10.1. **四十八大願** 四十八大願(사십팔대원) ← 四(음의독:四/사)+十(음의독:十/십)+八(음의독:八/팔)+大(음의독:大/대)+願(음의독:願/원)

'四十八大願'은 각각 음의독자인 '四十八大願(사십팔대원)'으로 통일되어 있다.

10.2. **成遣 賜立** 이루곤 시셔 ← 成(실의독:이루)+遣(전음독:곤) 賜(전음독:시)+立(가의독:셔)

賜去의 '去'는 '立'의 오자이다. '成遣 賜立'를 '이루곤 시셔'로 읽는다(제2부 「오자 30제」의 2.3. 참조).

〈도솔가〉

[원문]

今日 此矣 散花 唱良

巴寶 白乎隱 花良 汝隱

直等隱 心音矣 命叱 使以惡只

彌勒座主 陪立 羅良

[해독]

오늘 이이 散花(산화) 브르아

자보 숣온 곶아 넌

고둔 ᄆᆞᅀᆞᆷ이 시기실(또는 ᄒᆡ이실) 부리악

彌勒座主(미륵좌쥬) 모셔 벌아?

[현대역1: 종교적 텍스트]

오늘 이에 산화(산화가) 부르아(唱)

잡고 사뢰온 꽃아(연꽃아) 너는

(주원사와 공덕주의) 곧은 마음의 시키는 일을 행하여

미륵좌주(미륵보살) 뫼셔 나립(羅立)하라

[현대역2: 정치적 텍스트]

오늘 이에 산화(흩어진 화랑) 부르아(呼)

잡고 사뢰온 꽃아(화랑아) 너는

(신라 모든 사람들의) 곧은 마음의 시키는 일을 행하여

미륵좌주(경덕왕) 뫼셔 나립(羅立)하라

1. 今日 此矣 散花 唱良

오늘 이익 散花(산화) 브르아
오늘 이에 산화 부르아
    [1) 오늘 이에 산화(산화가) 부르아(唱)]
    [2) 오늘 이에 산화(흩어진 화랑) 부르아(呼)]

(오구라 1929)	오늘 이에 散花 불너
(유창선 1936e)	오늘 이에 散花 불러
(신태현 1940)	오늘 이곧애 散花 브러
(양주동 1942)	오늘 이에 散花 블어
(지헌영 1947)	오늘 이에 스ᄂ 블어
(정열모 1947)	오늘 이에 산화 불러(1965 오늘 이에 디화 디랑)
(홍기문 1956)	오늘 이리 散花 블러
(이 탁 1956)	오늘 이익 손곤 불러
(김준영 1964)	오늘 이의 散花 블라(1979 불라)
(김선기 1969b)	오날 여긔 산과 부라(1993 오날 잉어긔 산과 불아)
(김상억 1974)	오날 이에 산화 블어
(서재극 1975)	오늘 이익 散花 블라
(전규태 1976)	오늘 이에 散花 블어
(김완진 1980)	오늘 이에 散花 블러
(정창일 1987)	今日 此의 散花 블어
(금기창 1993)	오늘 이에 散花 블어
(이도흠 1993)	오늘 이에 산화 불러
(유창균 1994)	오늘 이더 散花 브르라
(강길운 1995)	오늘 이에 散花 블라
(지형률 1996)	오늘 이에(2007 이의) 散花 블러
(최남희 1996)	오늘 이익 散花 블러
(양희철 1997)	오늘 이의(2013 이익) 산하(散花) 브르아
(장영우 1998)	오늘 이 자리에서 꽃을 뿌리며
(신재홍 2000)	오늘 이익 散花 블러
(황패강 2001)	오늘 이의 散花 블러
(류 렬 2003)	오늘 이리 산화 불러

(정진원 2008) 　　　 오늘 이이 散花 블러
(박재민 2009a) 　　　 오늘 이에 산화가 불러
(남풍현 2018b) 　　　 오늘 이의 散花 브르아

1.1. 今日 오늘 ← 今(실의독:오늘)+日(실의독:눌)

1.2. 此矣 이이 ← 此(실의독:이)+矣(전음독:익)

'이에, 此의, 이리, 이의, 이디, 여긔, 이곧에, 이이' 등으로 읽어 왔다. '此'에 '이'와 '이곳'의 의미가 있다는 점에서, '이, 이곧, 여긔' 등의 해독은 가능하다. 그리고 '矣'의 음이 '디'→'익'→'의'로 변하였고, '矣'의 음이 그 당시에는 '衣/의'와 구분되는 '디'나 '익'이지만, '디'는 의존명사라는 점에서 '익'만이 가능하다. 이 두 해독을 구비한 것으로는 '이익, 여긔익, 이곳익' 등을 상정할 수 있다. 모두가 가능하지만, 음율을 계산하여, '여기에'의 의미인 '이익'로 읽는다.

1.3. 散花 散花(산화) ← 散(음의독:散/산)+花(음의독:花/화)

'散花'는 '스ᄂ, 손곧, 디화, 산과, 散花' 등으로 읽어 왔다.

'스ᄂ'의 경우는 '散花'의 '花'를 '스ᄂ'로 읽을 수 없는 문제를 보인다.

'손곧'(散花)은 '仙花'와 동음이라는 점에서 화랑의 의미로 잡고 있다. 이 해독은 왜 화랑을 지칭하는 데에 흔히 쓰는 '仙花'의 '仙'을 쓰지 않고, 동음이라고 하는 '散'을 썼는지 그 이유를 설명할 수 없다. 이 이탁의 견해에 유창균은 동의하면서 '散花'를 '散花'로 읽고, 그 뜻을 '흩어진 화랑'으로 보고 있다.

'디화'는 '散'를 '디'로 읽을 수 없는 문제를 보인다.

'산과'는 '散花'를 음으로 읽고, 그 뜻은 '散花'로 본 것이다. '花'가 그 당시에 '과'인가는 검토를 요한다. 대대수의 해독들을 '散花'로 읽고, '산화가'의 의미로 보았다.

'散花/산화'로 읽고 그 뜻은 '散花歌'와 '흩어진 화랑'을 동시에 표현한 중의적 표현으로 본다. '散花(산화)'는 두 가지의 일탈을 보인다. 하나는 '흩어진 화랑'의 의미로 볼 때에, 말음첨기를 일탈한 것이고, 다른 하나는 '산화가'로 볼 때에, '-가'를 생략한 것이다. 이는 두 의미를 전달하기 위하여 환칭법을 쓰기 위한 일탈로 보인다. 즉 환칭인 '散花(산화)'로 '흩어진 화랑'과 '산화가'를 모두 표현하기 위한 것이다.

1.4. 唱良 브르아(唱, 呼) ← 唱(실의독:브르)+良(약의독:아)

'불너, 불러, 블어, 디랑, 부라, 블라, 불라, 블러, 브르라, 브르아' 등으로 읽어 왔다. '디랑'(-지라)은 '唱'을 '소리를 지른다'로 잡고, '지'를 끌어내고 있으나, '지른다' 또는 '지르다'에서 '지르-'가 아닌 '지-'만을 끌어내는 것은 어려운 것으로 보인다. 나머지 해독들은 '唱'을 '브르'로 보고 그 축약형인 '블-'을 이용한 것으로 보는 가운데, 유창균만이 '브르'를 취하고 있다. 두 형태가 모두 가능하지만, 후자인 '브르'를 따른다. '良'은 뒤에 볼 '陪立羅良'의 '良'과 같이 '아'로 읽는다. 이 '브르아' 역시 '唱'과 '呼'의 두 의미를 동시에 보여주는 중의적 표현이다. 물론 '브르아'는 '唱'과 '呼'를 의미하는 동음이의어이다.

2. 巴寶 白乎隱 花良 汝隱

자보 숣온 곶아 넌
잡고 사뢰온 꽃아 너는
    [1]잡고 사뢰온 꽃아(연꽃아) 너는]
    [2]잡고 사뢰온 꽃아(화랑아) 너는]

(오구라 1929)	베푸숣온 곳이여 너는
(유창선 1936e)	베프숣온 곳아 너는
(신태현 1940)	보내온 곳이여 너는(白:內로 수정)
(양주동 1942)	쌓술본 고자 너는
(지헌영 1947)	쌘술본 부리여 너는
(정열모 1947)	퍼부사온 곳아 너는(1965 고보 술본 화야 너는)
(홍기문 1956)	빠홒숣본 고자 너는
(이 탁 1956)	바볼술온 곳아 너는
(김준영 1964)	보보숣온 곳아 너은
(김선기 1969b)	똘살본 곳이라 / 나난(1993 고봉 삶온 고지라 너난)
(김상억 1974)	뽀살본 고자 너는
(서재극 1975)	ㅂ보술본 곳자 넌
(전규태 1976)	뽕숣온 곳아 너는
(김완진 1980)	보보술본 고자 너는

(권재선 1980)	보보
(정창일 1987)	巴寶 술호는 고저 너는
(금기창 1993)	봅술본 곳아 너는
(이도흠 1993)	뽑히어 온 꽃이여 너는
(유창균 1994)	돌보술본 고라 너흰
(강길운 1995)	돌보쇼본 굴아 넌
(지형률 1996)	봅오술본(2007 돌보숣온) 곳아 너는
(최남희 1996)	바보술본 고자 너는
(양희철 1997)	자보 숣온 곳아 넌
(신재홍 2000)	ᄇ보술본 고자, 너은
(황패강 2001)	보술본 곳아 너는
(류　렬 2003)	바보술본 가시야 넌
(정진원 2008)	돌도숣온 곳아 너는
(박재민 2009a)	보보숩온(뽑은) 꽃아 너는
(남풍현 2018b)	보보 숣온 곳아 너은

2.1. 巴寶 자보 ← 巴(실의독:잡)+寶(전음독:보)

'巴寶'를 '자보'로 읽고, '巴'를 '把'의 이체자/변체자 그중에서도 약자로 본다(제3부 「의독자의 문제 향찰」 2.2. '巴' 참조).

2.2. 白乎隱 숣온 ← 白(실의독:숣)+乎(약의독:오)+隱(약음독:ㄴ)

'白乎隱'은 그 표기에서만 차이를 보이는데, '숣온'의 해독을 따른다.

2.3. 花良 곶아 ← 花(실의독:곶)+良(약의독:아)

'花'는 '부리, 화, 곳, 골, 굴' 등으로 읽어 왔다.

'부리'는 '신, 악신(惡神), 지신' 등의 의미로 잡고 있으나, 정작 '花'의 음과 뜻을 벗어난 문제를 보인다.

'화'는 '희'의 근사음이라 하나 그렇지 않은 문제를 보인다.

'곳, 골, 굴' 등은 '花'의 뜻으로 읽은 것들이다. 모두가 가능하지만 '골'과 '굴'이 '곳' 보다 선행한다는 확정이 미약하여 '곳'의 해독을 따른다. 또한 '골'은 화랑의 의미인 동시에 '骨'의 의미라 하는데, 전자의 지적은 매우 중요한 것으로 보인다. '곶'으로 읽고, 그 의미는 '(연)꽃'과 '화랑'을 동시에 표현한 중의적 표현이다. 이 역시 중의를 위한 환칭법이다.

'良'은 '이여, 아, 여, 야, 이라, 라' 등으로 읽어 왔는데, '아'의 해독을 따른다.

2.4. 汝隱 넌 ← 汝(실의독:너)+隱(약음독:ㄴ)

'汝'는 '너, 나, 너희' 등으로 읽어 왔다. '나'의 해독은 그 근거를 알 수 없다. '너'로 읽은 해독을 따른다. '隱'은 '는, 난, 은, ㄴ' 등으로 읽고 있으나, '너'와의 관계와 '隱'의 음으로 보아 약음독자 'ㄴ'의 해독을 따른다.

3. 直等隱 心音矣 命叱 使以惡只

고돈 ᄆᆞ솜의 시기실(또는 ᄒᆞ이실) 부리악
곧은 마음의 시키는 일을 행하여

(오구라 1929)	고돈 ᄆᆞ솜의 命을 바려
(유창선 1936e)	고든 ᄆᆞ옴애 命을 부려
(신태현 1940)	고돈 ᄆᆞ솜의 命을 브리어
(양주동 1942)	고돈 ᄆᆞᄉᆞ미 命ㅅ 브리옵디
(지헌영 1947)	고돈 ᄆᆞᄉᆞ미 命ㅅ 브리오아
(정열모 1947)	고든 마음의 명 부림이압지(1965 고돈 마ᄋᆞ미 시김ㅅ브리 오직)
(홍기문 1956)	고돈 마ᄉᆞ미 명으르 브리아디
(이 탁 1956)	곧온 ᄆᆞ솜이 命ㅅ 블이아
(김준영 1964)	고돈 ᄆᆞ솜의 命ㅅ 브리악(1979 고든)
(김선기 1969b)	곧안 마담이 명ㄷ 부리압기(1993 고돈 마삼이 명ㄷ 바리압디)
(김상억 1974)	고단 마자믜 명ㅅ 브리압디
(서재극 1975)	고돈 ᄆᆞᄉᆞ미 命ㅅ 브리악
(전규태 1976)	고돈 ᄆᆞᄉᆞ믜 命ㅅ 브리옵디
(김완진 1980)	고돈 ᄆᆞᄉᆞ미 命ㅅ 브리이악
(정창일 1987)	곧듯논 ᄆᆞᄉᆞ미 목쇠 使이 아쇠
(금기창 1993)	고돈 ᄆᆞᄉᆞ미 命ㅅ 브리억

(이도흠 1993)	곧은 마음의 命에 부리워져
(유창균 1994)	고든 ᄆᆞᄉᆞ믜 命ㅅ 브리악
(강길운 1995)	고든 마음에 목숨ㅅ 브리악
(지형률 1996)	고든 ᄆᆞ슴이 목슘 브리악(2007 命ㅅ 브리악)
(양희철 1997)	고든 ᄆᆞ슴의(2013 ᄆᆞ슴익) 시깃(2015a 시기실 또는 ᄒᆡ실) 브리-악
(신재홍 2000)	고든 ᄆᆞᄉᆞ미 命ㅅ 브리이악
(황패강 2001)	고든 ᄆᆞ슴익 命ㅅ ᄒᆡ옵기
(류 렬 2003)	고든 ᄆᆞᄉᆞ미 부리로 부리아디
(정진원 2008)	고든 마싀미 命ㅅ 브리악
(박재민 2009a)	곧은 마음의 명 부려서
(남풍현 2018b)	고든 ᄆᆞ슴의 命ㅅ 브리(이)악

3.1. 直等隱 고든 ← 直(실의독:곧)+等(전음독:든)+隱(약음독:ㄴ)

'直等隱'은 '고둔, 고든, 곧은, 곧오, 곧안, 고단' 등으로 비슷하게 읽어 왔다. '고든'의 해독을 취한다.

3.2. 心音矣 ᄆᆞ슴익 ← 心(실의독:ᄆᆞ슴)+音(약음독:ㅁ)+矣(전음독:익)

'心音'은 'ᄆᆞ슴, ᄆᆞ옴, ᄆᆞ슴, 마슘, 마담, 마잠, 마음' 등으로 읽어 왔는데, 'ᄆᆞ슴'의 해독을 따른다. '矣'는 '의, 애, 이, 익, 에' 등으로 읽어 왔는데, 앞의 '此矣'의 '矣'와 같이 '익'의 해독을 따른다.

'直等隱 心音矣'의 주체는 '꽃'과 '사람'으로 엇갈리고 있다. 이는 '익'(矣)를 처격 '에'의 의미로 보느냐, 소유격의 의미 '의'로 보느냐의 문제이다. 이 두 가능태에서 후자를 택하는 것이 지배적이다(박노준 1982:174). 필자 역시 이를 따르고자 한다. 왜냐하면, 산화공덕에 쓰인 꽃은 그 자체에 곧은 마음이 있는 것이 아니라, 사람의 바람을 대행하기 때문이다. 그리고 또한 결연관정(結緣灌頂)에 쓰인 꽃 역시 사람의 바람을 대행하기 때문이다. 결연관정에서 일반 속인을 불러와서 관정단(灌頂壇)에 들게 하고, 제존(諸尊)에게 꽃을 던져서 결연한다. 이때 꽃을 던지면서 그 수행자는 존상(尊象)과 자신으로 하여금 존체를 숙연하도록 염원한다. 이런 점에서 이 해독은 '고든 ᄆᆞ슴익'(곧은 마음의)이며, 그 주체는 사람이라 할 수 있다. 이 경우에 그 주체를 명시하지 않음에 의해 이 문장은 중의를 조성한다. 즉 종교적 텍스트에서는 주원사(월명사)와 공덕주(경덕왕)이고, 정치적 텍스트에서는 경덕왕, 월명사, 화랑, 백성 등의 신라 모든 사람이다.

3.3. 命叱 시기실 ← 命(실의독:시기) + 叱(전음독:실)

'命叱'은 '목숨, 목숨ㅅ, 목쇡, 명, 명령을, 命에, 명으르, 命을, 명ㄷ, 명ㅅ, 命ㅅ, 시긲ㅅ, 시깃, 시기실(또는 ᄒᆡ실)' 등으로 읽어 왔다. '목숨, 목숨ㅅ, 목쇡' 등은 '命'을 '목숨'의 의미로 읽었는데, 문맥을 벗어나 있다. '명, 명령을, 命에, 명으르, 命을' 등은 '叱'을 읽지 않거나, '叱'의 음을 벗어나 있다. '명ㄷ, 명ㅅ, 命ㅅ, 시긲ㅅ, 시깃' 등은 '叱'을 'ㄷ'이나 'ㅅ'으로 읽으면서, 'ㅅ'의 기능을 "助詞省略이 意識되는때 (本條에선 이를테면 目的格助詞「을」) 形式的으로 添加되는「ㅅ」"(양주동 1942:536)이나 촉음(양주동 1942:840)으로 보거나, "사이소리 'ㅅ'이며 이것은 대격조사처럼 구실한다"(강길운 1995:200)고 보기도 하고, '체언+叱/ㅅ'에서 '叱/ㅅ'은 문맥상 처격, 조격, 대격 등을 나타내는 것은 삼국유사의 향가에만 나타나는 문법이라고 하면서, '命叱'의 '叱/ㅅ'을 체언을 부사화시키는 강세 보조어간로 보기(남풍현 2018a)도 하였는데, 정확하게 읽은 것은 아닌 것 같다.

'시기실(또는 ᄒᆡ실)'에서는 '叱'을 '실'로 읽었다. 개별 향찰을 '시기(또는 ᄒᆡ)(命)+실(叱)'로 읽고, 전체를 '시킴의 일' 또는 '시키는 일'의 의미인 '시기실'(또는 'ᄒᆡ실')로 읽은 것이다. '시기실'(또는 'ᄒᆡ실')의 '-실'은, 중세어의 접미사 '-실'이 현대어의 '-질'에 해당한다는 점에서, 접미사 '-질'의 선행형으로 본 것이다. "靜이 아리 사오나온 그위실올 因ᄒᆞ야 接足을 親히 받ᄌᆞ오니"(『선종영가집언해』서:13), "그위실 ᄒᆡ와"(『능엄경언해』3) 등등에 나오는 '그위실'은 장소('관아')를 뜻하는 명사 '그위'와 '일'을 뜻하는 접미사 '실'의 결합이다. 이런 결합은 현대어 '마당질'과 '포청질'에서도 발견된다. '마당'과 '포청'은 장소를 나타내는 명사이다. 그리고 '질'은 '일'의 의미를 가진 접미사이다. 이런 '그위실, 마당질, 포청질' 등으로 볼 때에, '-실'과 '-질'은 '일'을 의미하는 접미사로, '-실〉-질'의 변화를 보여준다. 이에 따라 '-실'은 명사에 붙어서 '일'(事)의 의미를 보여주는 접미사로 파악한다. 특히 '시킴의 일'이나 '시키는 일'의 의미를 가진 '시기실'(또는 'ᄒᆡ실')과 같은 유형의 어휘로는 '부림질'과 '시킴질'이, '경의 일'이나 '경하는 일'의 의미인 '경실'(또는 '고마실')과 유사한 유형의 어휘로는 '흠모질, 훼방질, 사랑질, 으름질, 존대질' 등이 현재도 쓰이고 있다. 이런 점에서 '命叱'을 '시기실'(또는 'ᄒᆡ실')로 읽는다. 이렇게 읽으면, '叱'의 음 '실'을 살릴 수 있고,

형태소들의 연결도 문법적이다. 물론 목적격 어미 '-을'은 접미사 '-실'의 '-ㄹ' 아래서 생략되었다(양희철 2015a).

3.4. 使以惡只 브리악 ← 使(실의독:브리)+以(전음독:이)+惡(전음독:악)+只 (약음독:ㄱ)

우선 '바려'나 '부려'는 '使以惡只'와의 대응이 되지 않는 해독들이다. 나머지 해독들 중에서 '블'과 '부리'는 '使'가 '브리'라는 점에서 제외된다. '使'를 '브리'로 해독한 것을 따른다. 이때 '브리'의 의미가 문제가 된다. 이 문제는 나머지 글자들을 해독한 다음에 설명하려 한다.

'以'는 '이'로 해독하여 '브리'의 'ㅣ'를 말음첨기한 것으로 본다. 이 'ㅣ'로 보아, '使'는 '브리'임에 틀림이 없는 것 같다.

'惡只'는 '옵디, 압기, 압디, 오아, 아디, 아, 오직, 악, 억' 등으로 읽어 왔다. '옵디, 압기, 압디' 등은 '惡'을 그 음에도 없는 '압/옵'으로 읽은 문제를 보인다. '오아'는 '惡'을 '오'로 읽은 것은 가능하지만, '只'를 그 음에도 없는 '아'로 읽은 문제를 포함한다. '아'는 '惡'을 약음독자 '아'로 읽은 것은 가능하나, '只'를 읽지 않은 문제를 보인다. '아디'는 '只'가 그 당시에는 'ㄱ'라는 문제를 보인다. '오직'은 '只'가 그 음에서 '직'이 아니라는 문제를 보인다. '억'은 '惡'을 그 음에도 없는 '어'로 읽은 문제를 보인다. 이런 점에서 '惡'을 전음독자 '악'으로, '只'를 약음독자 'ㄱ'으로 읽은 해독을 따른다.

이상의 해독을 종합하면 '使以惡只'는 '브리악'이 되고, 그 뜻은 '行하여'라고 본다. '使以惡只'의 의미를 대표하는 것들로는 '심부름하여/행하여'(行也·爲也)(양주동 1942:536-537)와 '부리어져'(김완진 1980:121-123)가 있다. 후자는 '심부름하여'라고 읽은 것을 비판하고 나온 것이다. 이 비판은 두 가지 근거에 기초한다. 하나는 양주동이 '행하여'를 먼저 제시하고, 결론 부분에서 '심부름하여'로 정리함에 따른 것이다. 이 '심부름하여'는 김완진이 지적하듯이 '부리'(使)에는 없는 의미이다. 다른 하나의 근거는 해시와 대비를 들고 있으나, 이는 주장하기 어려운 것으로 보인다. 즉 해시의 '直心之所使'에는 전혀 피동의 의미가 없다. 이 구는 '곧은 마음이 부린(시킨) 바' 또는 '곧은 마음의 부린(시킨) 바'의 의미만을 지니기 때문이다. 이 '부린(시킨)'은 '부리다'의 의미인 "마소나 다른 사람을 시켜 일을 하게 하다."에 해당한다.

여기에서 우리는 양주동이 왜 '브리'를 '行也'의 의미로 잡고도, 그 뜻을 정리 단계에서 사용하지 못하고, 오구라와 같이 '심부름하여'로 정리하였나를 검토할 필요를 느낀다. 그 이유는 '브리-'가 한국어에서 '행하-'로 쓰인 예를 찾기 힘들었기 때문이라고 본다. 한국어에서 '브리-'의 의미 중에서 '행하-'와 관련된 의미에는 "행동이나 성질 따위를 계속 드러내거나 보이다."(『표준국어대사전』, 『우리말샘』)가 있다. 이에 해당하는 구문에는, "늑장을 부리다.", "멋을 부리다.", "어리광을 부리다.", "억지를 부리다.", "욕심을 부리다." 등등이 있다. 이들의 '부리다'는 모두가 '행동을 계속 드러내거나 보이다'의 의미이다. 이런 사실은 앞의 '부리다'를 '행동을 계속 드러내거나 보이다'로 바꾸었을 때에, 그 의미가 변하지 않는다는 점에서 그렇다. 이에 따라 '브리악'을 '계속 드러내거나 보여'의 의미로 파악한다.

4. 彌勒座主 陪立 羅良

彌勒座主(미륵좌쥬) 모셔 벌아
미륵좌주 뫼셔 나립하라
    [1] 미륵좌주(미륵보살) 뫼셔 나립(羅立)하라]
    [2] 미륵좌주(경덕왕) 뫼셔 나립(羅立)하라]

(오구라 1929)	彌勒座主 모셔러라
(유창선 1936e)	彌勒座主 모셔러라
(신태현 1940)	彌勒座主 모셔러라
(양주동 1942)	彌勒座主 뫼셔롸
(지헌영 1947)	彌勒座主 모셔롸
(정열모 1947)	미륵좌주 뫼서랑(1965 미륵좌쥬 모셔스랑)
(홍기문 1956)	미륵좌주 모셔라
(이 탁 1956)	머ᄅ 손님 맞ᄉ라
(김준영 1964)	彌勒座主 뫼셔ᄅ아(1979 뫼셔라)
(김선기 1969b)	미록좌님 뫼시라라(1993 미록 좌님 뫼셔라라)
(김상억 1974)	미륵좌쥬 뫼셔롸
(서재극 1975)	彌勒座主 뫼셔라
(전규태 1976)	彌勒座主 뫼셔라
(김완진 1980)	彌勒座主 모리셔 벌라
(정창일 1987)	彌勒座主 뫼셧어라

(금기창 1993)	彌勒座主 뫼셔라
(유창균 1994)	彌勒座主 모리라라
(이도흠 1993)	미륵좌주 모시어 羅立하여라
(강길운 1995)	미륵좌주 모셔라
(지형률 1996)	彌勒座主 모리셜러라(2007 모릴러라)
(최남희 1996)	彌勒座主 뫼셔라
(양희철 1997)	彌勒座主 모셔라-
(신재홍 2000)	彌勒 座主 뫼셔라
(황패강 2001)	彌勒座主 뫼셔라
(류 렬 2003)	미륵 자주 모시어라
(정진원 2008)	彌勒座主 모셔 벌라
(박재민 2009a)	미륵좌주 모셔라
(남풍현 2018b)	彌勒座主 모리셔라

4.1. 彌勒座主 彌勒座主(미륵좌쥬) ← 彌(음의독:彌/미)+勒(음의독:勒/륵)+座(음의독:座/좌)+主(음의독:主/쥬)

彌勒座主는 '머ㄹ 손님, 彌勒座主, 彌勒 座主, 미륵좌주, 미륵좌쥬, 미륵좌님, 미록좌님, 미록 자주' 등으로 읽어 왔다. '머ㄹ 손님'을 제외하고는 그 해독이 비슷하다. '머ㄹ 손님'는 '彌勒座主'와 대응이 어려운 측면을 보인다. '미륵좌쥬'(彌勒座主)의 해독을 따른다.

이때에 '彌勒座主'가 '彌勒菩薩'이나 '彌勒世尊'과 달라 문제가 제기된다. 이는 '미륵자리의 주인' 즉 미륵자리에 앉을 주인인 '미륵보살'을 의미하는 동시에, 미륵산화에서 미륵이 앉을 자리를 마련한 자리의 주인인 '경덕왕'을 의미하는 중의적 표현으로 정리된다(양희철 1997). 이 역시 환칭법에 의한 중의이다.

4.2. 陪立 모셔 ← 陪(실의독:모시)+立(가의독:셔)

'陪立'은 '맞ㅅ, 모셔, 모시어, 뫼셔, 뫼시어, 모리셔, 모리-' 등으로 읽어 왔다. '모리셔'(김완진 1980)는 〈예경제불가〉의 '邀里白乎隱'을 '뫼시리솗온'으로 읽을 수 없다는 점에서, 특히 '里/리'를 미래형 어미로 볼 수 없다는 점에서, '뫼시-, 모시-'의 선행형으로 '모리-'를 설정한 것이다. 그러나 '邀里白乎隱'의 '里'는 'ㄹ'를 그 고음 '리'로 읽고 동음자인 '里'로 잘못 쓴 오자이다. 그리고 '邀呂白乎隱'의 '呂'는 'ㄹ'가 마모되어 'ㅁ'

만 남았는데 이 'ㅁ'를 '몸'의 위에 있는 'ㅁ'로 보고 '몸'로 잘못 쓴 오자이거나, 유사자인 '尸'를 잘못 쓴 오자이다. 좀더 자세한 설명은 제2부의 오자를 참조하는 것이 좋다. 원전비평을 철저하게 하였다면, '모리-'는 설정하지 않았고, 이를 따르지 않았을 것으로 보인다. '모셔'나 '뫼셔' 정도로 본다.

4.3. 羅良 벌아 ← 羅(실의독:벌)+良(약의독:아)

상당수의 해독들은 '羅良'을 '陪立'에 붙여서 '-라, -롸, -랑, -러라, -스랑, -어라, -ㄹ아, -라아, -라라' 등으로 읽었다. 이렇게 읽을 때에, '良'의 해독이 문제가 되었다. 이 문제를 해결하고자 두 유형의 해독이 나왔다. '羅良'를 띄우거나, '陪立羅良'로 띄운 두 유형이다. 전자는 '벌라'(羅立하라, 김완진 1980)의 해독이 주도를 하였다. 매우 획기적인 해독이다. 이 해독을 따른 경우도 있고, 약간의 변화를 준 경우도 있다. 이도흠(1988)은 김완진의 현대역을 따랐고, '벌라'(〈용화세계〉 펼쳐라, 정진원 2008)에서는 현대역에 변화만 주었다. 이 해독들은 '良'과 '花良'에서 '아'로 읽은 '良'을 '羅良'에서는 '라'로 읽은 문제를 보인다. 이에 나온 것이 '모리셔라, 아'(모시어 오너라. 아아, 남풍현 2018b)와 '벌아'(羅立하냐, 양희철 2020)이다. 전자에서는 '良'을 감탄사 '아'로 보았다. 감탄사에 흔히 쓰는 '阿'를 쓰지 않은 것이 의아하다. 후자에서는 김완진의 해독에서 '良'을 의문형의 '아'로 수정하여 읽은 것이다. 이 '벌아'(羅立하냐?)는, 언표적 내용으로 보면 설명의문문이지만, 언표내적 의미로 보면 '나립하라'는 명령의 의미를 갖는다. 이렇게 화행론적으로 설명되는 이 의문문은, 수사론적인 측면에서 보면, 명령적 의문문이다. 즉 '벌아(羅立하냐)'는 '나립하라'는 명령적 의미를 갖는 명령적 의문문이다 (양희철 2020).

이 작품은 중의법들에 의해 모두에서 정리한 [현대역1: 종교적 텍스트] 및 [현대역2: 정치적 텍스트]를 보여준다.

〈제망매가〉

[원문]

生死路隱
此矣 有阿米 次肹伊遣
吾隱 去內如 辭叱都
毛如 云遣 去內尼叱古
於內 秋察 早隱 風未
此矣彼矣 浮良落尸 葉如
一等隱 枝良 出古
去奴隱 處 毛冬乎丁
阿也 彌陁刹良 逢乎 吾
道 修良 待是古如

[해독]

生死路(생사로)ㄴ
이이 잇아미 버글이곤
난 가ᄂ다 말ㅅ도
털곧 니르곤 가ᄂ닛고
어ᄂ 가줄 이른 ᄇᄅ미
이이뎌이 ᄯ아딜 닙곧
ᄒᄃᆞᆫ 가지아 나고
가논 디 모둘온뎌?
아라 彌陁刹(미타절)아 맛보오 나
도 닭아 기다리고다

[현대역]
생사로는
이에 있으매(이루어질 계획이매) 버글이곤(다음일 것이니)
나는 간다고 말하는 일도
털같이 가볍게 이르곤 가는가( )가라)
어찌 가을 이른 바람에
이에저에 떠질 잎같이
한 가지에 나고
가는 곳 모르는가?( )가는 곳을 알라)
아- 미타찰에서 만나니 나
    [1] 아- 미타절에서 만나니 나(는)]
    [2] 아- 미타절에서 나(를) 만나니]
도 닦아 기다리고다.
    [1] 도를 닦아 너를 (당연히) 기다고 싶다.]
    [2] 도를 닦아 너는 나를 기다릴 것이다.]

1. 生死路隱

生死路(생사로)ㄴ
생사로는

(오구라 1929)	生死 길은
(유창선 1936e)	生死 길은
(신태현 1940)	生死길은
(양주동 1942)	生死路는
(지헌영 1947)	生死길은
(김형규 1948)	生死路는(1962 죽사릿 길흔)
(이 탁 1956)	죽술길은
(홍기문 1956)	죽사릿길은
(김준영 1964)	生死 길은
(정열모 1947)	생사길은(1965 싱스로는)

(김선기 1969a)	생사 깔간(1993 죽사리 깘안)	
(김상억 1974)	생사로는	
(서재극 1975)	죽사리 길흔	
(전규태 1976)	生死路논	
(김완진 1980)	生死 길흔(1993 生死路흔)	
(정창일 1987)	生死 길흔	
(금기창 1993)	죽사리 길흔	
(이도흠 1993)	죽사릿 길은	
(유창균 1994)	生死 길은	
(강길운 1995)	죽살이 길은	
(고정의 1996)	생사 길흔	
(지형률 1996)	죽사리 길흔(2007 긿은)	
(최남희 1996)	죽사리기른	
(양희철 1997)	생사로(生死路)ㄴ	
(신재홍 2000)	生死 길은	
(황패강 2001)	生死路논	
(류 렬 2003)	죽살이 길흔	
(신영명 2004)	생사로는	
(성호경 2008)	生死路논	
(박재민 2009a)	生死의 길	
(고창수 2015)	生死路	
(조용호 2016)	生死路논	
(남풍현 2018b)	生死길은	
(양희철 2019)	생사로(生死路)ㄴ	

1.1. 生死路隱 生死路(생사로)ㄴ ← 生(음의독:生/생)＋死(음의독:死/사)＋路(음의독:路/로)＋隱(약음독:ㄴ)

'生死路'는 크게 보면, '생사로/生死路', '생사 길', '죽사리 길' 등으로 해독되었다. 그리고 '生死路'의 의미는 세 종류로 해석되었다. 첫째는 임종시(臨終時)에 보이는 생(生, 삶)과 사(死, 죽음)가 나뉘는 길이고, 둘째는 '중유(中有)에서 태어나고 죽는 길' 또는 '중유에서 다른 곳에 가서 나거나 그곳에서 죽는 길'이며, 셋째는 생사윤회(生死輪廻)의 길이다. 이 세 의미는 문자적 의미로만 보면, 모두가 가능하다. 그러나 이 작품이 지어지고 불린 천도재의 문맥적 상황적 의미로 보면, 둘째 의미가 가장 타당하다.

세 의미 중에서, 첫째 의미는 〈제망매가〉의 연구 초기에 쓰이다가, 둘째 의미에 의해 부정되었다. 둘째 의미는 천도재의 의식과 관련시켜서 '生死路'를 '중유(中有)에서 태어나고 죽는 길' 또는 '중유에서 다른 곳에 가서 나거나 그곳에서 죽는 길'(양희철 1989: 244)로 읽은 것이다. 이 의미에서 보이는 '다른 곳'은 '연처'(緣處)로도 썼다. 그리고 이를 보완한 글에서는 "중유에서 윤회하여 오는 여기와, 가는 미타찰 또는 머무는 중유의 저기"와 "누이가 중유에서 죽어가는 미타찰 중유 이승"(양희철 1997:583-584) 등을 통하여, 연처, 중유, 미타찰, 이승 등에서의 생사로(태어나고 죽는 길)를 보여주었다.

이 둘째 의미에 대하여, '생사로'라는 표현에서 '육도(六道)'라는 불교적 의미를 간과했다고 비판하면서, 셋째 의미로 바꾸려는 주장이 나오기도 했다. 즉 "육도에 나고 죽는 윤회의 길"(성호경 2006:284, 2008:344, 345)로 바꾸려는 시도가 있었고, 이 셋째 의미를 그 후에 나온 네 해독[60]이 따르기도 하나, 다음의 세 가지 문제를 보인다.

첫째로, 육도의 생사윤회만을 할 뿐, 미타찰 또는 서방정토에 가서 태어날 수 없다는 문제이다. 육도는 욕계(欲界)의 여섯 세계를 의미한다. 이로 인해 여섯 세계의 생사라는 윤회에 한정한다면, 이에 속하지 않는 미타찰 또는 서방정토에 가서 태어날 수 없는 문제를 보인다.[61]

둘째로, 중유에서의 생사와 천도재가 들어갈 틈이 없어, 누이가 현재 당면한 문제를 해결할 수 없다는 문제이다. 이 반론에서와 같이 육도만을 주장하면, 이 육도에는 중유에서의 생사가 포함되지 않는다. 이로 인해 누이는 중유에서 태어나지도 죽지도 않는다는 점에서, 누이가 현재 중유에서 당면한 문제를 해결하는 천도재가 들어갈 틈이 없고, 이로 인해 누이로 하여금 좋은 연처(緣處)에 태어나게 할 수도 없다.

셋째로, 육도의 생사윤회만을 주장하면, 바로 뒤에 온 '此矣'와 '次肹伊遣'을 합리적으로 객관적으로 해석할 수 없다. 이 문제는 뒤에 구체적으로 검토하려 한다.

이렇게 볼 때에, '생사로'는 둘째 의미의 표현을 부분적으로 보완해야 할 것 같다.

---

60 "죽고 사는 것을 반복하는 수고로운 윤회의 삶"(박재민 2009a:310, 2013a:361), "'생사로'는 "인간이 죽고 사는 길"의 계속됨을 뜻한다."(황병익 2014a:200), "'生死路'는 단순히 삶과 죽음의 경계선을 의미하는 것이 아니라 육도윤회(六道輪廻)하는 현세의 고(苦)를 의미한다."(고창수 2015:256), "六道에서 태어나고 죽는 일을 영원히 반복하는 윤회의 길이며 구체적으로는 바로 우리가 사는 세상인 人間道를 의미한다고 보는 것이다."(조용호 2016:51) 등이다.

61 이는 삼계육도(三界六道)로 보면, 삼계인 욕계(欲界), 색계(色界), 무색계(無色界) 중에서 욕계에 속한 육도(六道)만을 윤회할 뿐, 색계(色界, 물질적인 것은 있어도 감관의 욕망을 떠난 淸淨의 세계)와 무색계[無色界, 무념무상의 定(三昧)으로서 四無色定(空無邊處定·識無邊處定·無所有處定·非想非非想處定)을 닦은 자가 태어나는 곳]에서는 태어나지 못한다는 것과 같다.

즉 '중유(中有)에서 죽어서, 연처(緣處)인 중유에서 다시 태어나거나 연처인 삼계육도 (三界六道)에서 태어나는 길'로 보완하는 것이다.[62] 이렇게 보완할 때에, 둘째 의미가 '육도'를 문면의 표현에서 직접 보여주지 않아 야기된 문제를 보완할 수 있고, 셋째 의미가 포함하지 못한 중유와 미타찰(또는 색계와 무색계)을 명확하게 포함할 수 있다.

2. 此矣 有阿米 次肹伊遣

이이 잇이미 버글이곤
이에 있으매(이루어질 계획이매) 버글이곤(다음일 것이니)

(오구라 1929)	이에 잇아매 저히고
(유창선 1936e)	이에 잇으매 쳐리고
(신태현 1940)	이곧애 이사매 차리고
(양주동 1942)	예 이샤매 저히고
(지헌영 1947)	이잉 이샤매 즈흘이고
(정열모 1947)	이에 잇아매 저흘이고(1965 이대 이쇼민 메지홀 지견)
(김형규 1948)	예 이샤매 저히고
(이　탁 1956)	이잉 잇옴 어줄잇고
(홍기문 1956)	이리 이샤미 저히고
(김준영 1964)	이의 잇사매 즈흘이고
(김선기 1969a)	어긔 잇아 마이자깔이고(1993 잉어긔 이샤 미지 깔이겨)
(김상억 1974)	예 이샤매 저히고
(서재극 1975)	이잉 이사매 멈흐리견
(전규태 1976)	예 이샤매 즈흘이고
(김완진 1980)	이에 이샤매 머뭇그리고
(정창일 1987)	此의 이샤메 / 次훌 伊견

---

62 이 연처는 천도재가 언제 행해졌느냐에 따라 다르다. 즉 천도재가 누이가 죽은 지 49일째 되는 날에 행해진 것이면, 영가가 더 이상 중유에서 다시 태어나지 않기 때문에, 이때의 연처는 중유를 포함하지 않고 삼계육도(三界六道)만을 의미한다. 이에 비해, 천도재가 누이가 죽은 지 7일째, 14일째, 21일째, 28일째, 35일째, 42일째 등의 어느 한 날에 행해진 것이면, 영가는 중유에서 다시 태어날 수도 있기 때문에, 이때의 연처는 중유와 삼계육도를 의미한다.

(금기창 1993)	이에 이샤매 멈흘이고
(이도흠 1993)	예 있으매 머뭇거리고
(유창균 1994)	이더 잇아매 즈흘이고
(강길운 1995)	이에 이스매 버글이고
(고정의 1996)	이에 이샤매 머뭇그리고
(지형률 1996)	이에 이샤매 버그리고(2007 이의 이시아미 버그리견)
(최남희 1996)	이이 이스미 멈흐리고
(양희철 1997)	이의 잇아미 버그흘이고(1989 버글이고, 2015a 버글이곤)
(신재홍 2000)	이이 이샤미 즈글이고
(황패강 2001)	이의 잇아미 저희고
(류 렬 2003)	이리 이시하미 저흘이고
(신영명 2004)	예 이샤매 버글이고
(성호경 2008)	이에 이샤매 저히고
(고창수 2015)	여기 있음이
(조용호 2016)	이더 이샤매 머믈리고
(남풍현 2018b)	이의 잇아매 딜이고
(양희철 2019)	이이 잇아매 버글이곤

2.1. 此矣 이이 ← 此(실의독:이)＋矣(전음독:이)

'此矣'는 '이에, 이이, 이더/이대, 이의' 등으로 읽어 왔다. 그리고, '이'가 "말하는 이에게 가까운 곳을 가리키는 지시 대명사"나 "바로 앞에서 이야기한 대상을 가리키는 지시 대명사"이며, '더/대'가 '곳'을 뜻한다는 점에서, '이에, 이이, 이더/이대, 이의' 등의 문자적 의미를 '여기에, 이에, 이곳에' 등으로 정리하는 데는 문제가 없다.

그러나 이 '이에, 이이, 이더/이대, 이의' 등의 문맥적 의미의 해석에서는 적지 않은 문제가 발견된다. 초기의 해석에서는 '여기에, 이에, 이곳에' 등의 '여기, 이, 이곳' 등을 임종 또는 임종의 장소로 보아 왔다. 이 임종 또는 임종의 장소를, 월명사가 그의 죽은 누이를 위해 올리는 천도재 또는 천도재의 시간으로 수정한 것이 양희철(1989)이다. 그 후에 이 수정을 부정하고 다른 주장을 하려는 시도들이 나왔지만, 적지 않은 한계를 보인다. 이 주장들은 주로 문학적 접근에서 나타나는데, 그 문제를 차례로 보자.

'此矣'를 '이에'로 해독하고, 그 현대역을 '이에'로 단 다음에, 문맥적 의미를 '바로 앞에' 또는 "바로 앞에 펼쳐진 최근접적 상황"으로 해석한 경우[63]가 있다. 이 해석에서는 '여기에, 이곳에, 이에' 등에서 '이에'를 택한 다음에, '이'가 보여주는 "말하는 이에게 가까운 곳을 가리키는 지시 대명사"나 "바로 앞에서 이야기한 대상을 가리키는 지시 대명사"의 의미를 버리고, '이에'의 문맥적 의미를 '이'의 의미와 관계가 없는 '바로 앞에' 또는 "바로 앞에 펼쳐진 최근접적 상황"으로 해석하였다. 이 해석은 '이에'가 '바로 앞에'의 의미가 아니라는 문제와, "바로 앞에 펼쳐진 최근접적 상황"으로 해석을 우회적으로 돌린 문제를 피할 수 없다.

너무나 자명한 '이에'의 의미를 이렇게 주장한 이유는 무엇일까? 이는 '이에', 즉 '천도재에' 또는 '천도재의 시간에'의 의미를 부정하거나 피해 보기 위하여, 만들어낸 군색한 설명이다. 이런 사실은 이 주장이 '이'를 해석한 "바로 앞에 펼쳐진 최근접적 상황"이 구체적으로 어떤 상황인가를 "爲亡妹營齋 作鄕歌祭之"의 문맥에서 생각해 보면 너무나 쉽게 알 수 있다. 즉 '이에'는 '여기에(천도재에)'를 의미한다. 이렇게 '이에'가 '여기에(천도재에)'와 연결되어 있는데도, 이를 애써 외면하고, '이에'를 형태소 차원에서 그 연결이 거의 불가능한 "바로 앞에"로 해석하거나, '이에'의 의미를 군색하게 "바로 앞에 펼쳐진 최근접적 상황"으로 말을 돌린 것은, '生死路'를 자연스럽게 천도재에 관련시키지 않고, 애써 억지로 '六道의 윤회'에만 연결시켜 보려는 무리한 의도에 기인한 것으로 판단된다.

이 오해는 그래도 나은 편이다. 이 오해의 전후에 나온 해독과 해석들[64]에서는 더 심각한 문제가 발견된다. 이 해독과 해석들은 두 가지 공통점을 갖고 있다. 하나는 '生死路'의 생사를 육도윤회의 생사윤회로 본 것이다. 다른 하나는 '예/이에/이이/이의'의 '여기에'와 '이디/이대'의 '이곳에'의 '여기'와 '이곳'을 '이 세상/세간, 此岸/이승, 현세' 등으로 본 것이다. 이 해독과 해석들은 다음의 서너 가지 문제를 피할 수 없다.

첫째로, '生死路'의 생사를 육도윤회의 생사윤회로 해석할 수 없다는 문제이다. 이 문제는 앞에서 충분하게 검토하였다.

둘째로, 단어 '此'에는 '此岸/此生'의 의미가 없다는 문제이다. 앞의 해독과 해석들은 '此'를 '이 세상/세간, 此岸/이승, 현세' 등으로 해석하였다. 그런데 '此'에는 '此岸/此生'

---

63 '이에'를 '바로 앞에' 또는 "바로 앞에 펼쳐진 최근접적 상황"으로 본 해석은, "'이에 있으매'는 그 생사의 갈림길이 바로 앞에 펼쳐진 최근접적(最近接的) 상황임을 표현한 바일 것이다."와 "'생사로는 이에 있으매 두려워서'는 '육도에 나고 죽는 윤회의 길이 바로 앞에 놓여 있으매 두려워서'의 뜻으로 파악되어야 할 것이다."(성호경 2006:283)의 밑줄 친 부분에서 확인할 수 있다(밑줄 필자).

64 예(이 세간에, 김창원 2004:110, 116), 예(이 세상에, 신영명 2004:100-101, 2012:25-26), 이에(此岸에, 박재민 2009a:311, 2013a:361), 此矣(이승에, 황병익 2014a:203), 此矣(여기, 현세, 고창수 2015:256, 257), 이디(여기에, 현세-인간세계에, 조용호 2016:51-52).

의 의미가 없다는 점에서, 앞의 해독과 해석들은 문제를 보인다. 혹시 '此矣彼矣'의 해독인 '이에더의/이더더더'의 '이에/이더'가 '이승/차안'을 의미하기도 한다는 점에서, '此矣'의 해독인 '이에/이더'도 '이승/차안'이 될 수 있다고 주장할 수도 있다. 그러나 '이에더의/이더더더'의 '이에/이더'는 '가을 이른 바람'을 문맥적 배경으로 하고, 이곳의 '이에/이더'는 '천도재'를 문맥적 배경으로 한다는 점에서, 양자는 별개의 문제이다.

셋째로, 단어 '여기'와 '이곳'에도 '이 세상/세간, 此岸/이승(此生), 현세' 등의 의미가 없다는 문제이다. 앞의 해독과 해석들은 단어 '여기'와 '이곳'을 '이 세상/세간, 此岸/이승, 현세' 등으로 해석하였다. 그런데 단어 '여기'와 '이곳'에는 "말하는 이에게 가까운 곳을 가리키는 지시 대명사"나 "바로 앞에서 이야기한 대상을 가리키는 지시 대명사"의 의미만이 있을 뿐이지, '이 세상/세간, 此岸/이승(此生), 현세' 등의 의미가 없다는 점에서, 앞의 해독과 해석들은 문제를 보인다.

넷째로, 육도윤회는 모두가 '이 세상/세간, 此岸/이승(此生), 현세' 등에서 이루어지지 않는다는 문제이다. 앞의 해독과 해석들의 대부분은 육도윤회가 '이 세상/세간, 此岸/이승(此生), 현세' 등에서 이루어지는 것으로 설명하고 있다. 그러나 인간도(人間道)만이 '이 세상/세간, 此岸/이승(此生), 현세' 등에서 이루어지며, 나머지 지옥도(地獄道)·아귀도(餓鬼道)·축생도(畜生道)·아수라도(阿修羅道)·천상도(天上道) 등은 각각 소속 세계에서 이루어진다. 이런 점에서 앞의 해독과 해석의 대부분은 문제를 보인다. 이 문제의 일부를 피한 것은, '육도'를 좀더 구체적으로 설명하여, 누이가 살아온 이승의 '인간도'로 '생사로'를 설명하면서, '이더/此矣'를 현생으로 설명한 글이다. 이 주장은 앞의 문제를 일부 피해 가지만, 이승/현생에서 '태어나고 죽는 길', 즉 누이의 인간도는 이미 월명사가 죽은 누이를 위하여 올려주는 천도재의 현시점에 앞서, 얼마 전에 죽은 임종으로 끝났다는 점에서 문제를 해결하지는 못한다. 죽은 누이는 이미 현생(現生, 또는 此生)을 마감하고, 전생(前生)과 후생(後生)의 중간인 중유(中有)에 있기 때문에, '이에/이의'(여기에)나 '아더/이대'(이곳에)를 '이 세상/세간, 此岸/이승(此生), 현세' 등으로 해석할 수 없다.

이렇게 앞의 해독과 해석들은 서너 가지 문제를 보인다. 그리고 '此矣'를 해독한 '예/이에/이의'('여기에')와 '이더/이대'('이곳에')의 '여기'와 '이곳'은 천도재를 올리는 시간과 장소에서 '천도재에서'나 '천도재의 시간에'의 의미를 갖는데도, 애써 '이 세상/세간, 此岸/이승(此生), 현세' 등의 의미를 주장하는 이유는, '생사로'를 '중유에서 죽어서 연처(중유와 삼계육도)에서 태어나는 길', 즉 중유에서 당면한 생사로로 보지 않고, 육도윤회의 생사로로 본 것을 합리화하려는 의도에 지나지 않는다.

2.2. 有阿米 잇아미 ← 有(실의독:잇)+阿(전음독:아)+米(전음독:미)

'有阿米'는 '잇아매/잇아미' 정도로 읽히고 있다. 중간에 '米'를 '미'로 읽고, '有阿米'를 '있음이'의 의미로 본 해독이 나오기도 했다. 이 해독은 그 논거를 '心米'(〈우적가〉)와 '人米'(〈수희공덕가〉)의 '米/미'에서 찾았지만, 이 향찰들은 'ᄆᆞ스매/ᄆᆞ스미'와 '나매/나미'로 해독된다. 특히 '人米'를 '나미'로 읽은 해독은 이 부분의 완서법(양희철 2012a, 2013a)을 생각하지 못하고, 이전까지 유독 '人米/나미'에서만 '米/미'로 읽은 것을 따른 것에 불과하다.

이 '잇아매/앗아미'에서 '있-'의 의미는 '벌어지매/이루어지매'로 좀더 구체화되었다. 그 각주를 보면, "16) '벌어지다'와 '이루어지다'의 의미는 국어사전의 '있다'항에 등재되어 있으며, '다섯 시에 회의가 있다' '좋은 일이 있었군' 등등에서 흔히 발견된다."(양희철 2000, 2002:114)고 정리하였다. 이 글에서 인용한 '있다'는 좀더 명확하게 정리할 필요가 있다. 국립국어원이 제공한 네이버의 『국어사전』 '있다'조(형용사 '3')를 보면, "어떤 일이 이루어지거나 벌어질 계획이다."로 풀고, 예로 "모임이 있다. 좋은 일이 있다. 오늘 회식이 있으니 모두 참석하세요." 등을 열거하였다. 이 풀이를 작품의 "생사론 이익/이디 잇아미"에 적용하면, "생사로는 이에(천도재에서, 천도재의 시간에) 이루어질(/벌어질) 계획(/예정)이매"가 된다.

2.3. 次肹伊遣 버글이곤 ← 次(실의독:버그)+肹(전음독:글)+伊(전음독:이)+遣(전음독:곤)

'次肹伊遣'을 '다음일 것이니(/것이므로), 둘째일 것이니(/것이므로)' 등의 의미인 '버글이곤'으로 읽은 해독을 유지한다(제3부 「소멸된 한자음의 문제 향찰」의 3.1. '遣' 참조. 제3부 「의독자와 음독자로 겸용된 문제 향찰」 4.1.1. 향찰 '次肹伊遣'의 '次' 참조).

3. 吾隱 去內如 辭叱都

난 가ᄂ다 말실도
나는 간다고 말하는 일도

(오구라 1929)	나는 간다 맔도
(유창선 1936e)	나는 간다 말도
(신태현 1940)	나는 간다 말ㅅ도
(양주동 1942)	나는 가ᄂ다 맔도
(지헌영 1947)	나는 가ᄂ다 맔도
(정열모 1947)	나는 가내다(1965 나는 가ᄂᄃ) 말ㅅ도
(김형규 1948)	나는 가ᄂ다 말ㅅ도(1962 말도)
(이 탁 1956)	나는 가ᄂ다 말도
(홍기문 1956)	나는 가ᄂ다 말도
(김준영 1964)	나은 가ᄂ다 맔도
(김선기 1969a)	우리난 까나다 말도(1993 나난 가나다 말ㄷ도)
(김상억 1974)	나는 가ᄂ다 말ㅅ도
(서재극 1975)	난 가ᄂ다 말쏘
(전규태 1976)	나는 가뇌다 말ㅅ도
(김완진 1980)	나는 가ᄂ다 맔도
(정창일 1987)	나는 가ᄂ여 말쇠 / 다
(금기창 1993)	나는 가ᄂ다 말ㅅ도
(이도흠 1993)	나는 갑니다 말도
(유창균 1994)	나난 가ᄂ다 맔도
(강길운 1995)	난 가ᄂ져 말숣두
(고정의 1996)	나는 가ᄂ다 마롯도
(지형률 1996)	나는 가ᄂ다 맛도
(최남희 1996)	나는 가ᄂ다 말ㆆ도
(양희철 1997)	난 가ᄂ다 말啞도(2015a 말실도)
(신재홍 2000)	'나온 가ᄂ다' 맔
(황패강 2001)	나는 가ᄂ다 말ㅅ도
(류 렬 2003)	난 가ᄂ다 말도
(신영명 2004)	나는 가ᄂ다 말쏘
(성호경 2008)	나는 가다 말ㅅ도
(박재민 2009a)	'나는 가ᄂ다/가노다' 하직도
(고창수 2015)	나는 가ᄂ다 말ㅅ도
(조용호 2016)	우리는 가이닷 말
(남풍현 2018b)	나는 가아다 말ㅅ 모도
(양희철 2019)	난 가ᄂ다 말실도

3.1. 吾隱 난 ← 吾(실의독:나)+隱(약음독:ㄴ)

'吾隱'은 '나는'으로 해독하는 것이 우세하지만, '隱'의 음을 고려하면, '난'의 해독이 가장 타당하다. '吾'는 '나'와 '우리'의 훈을 모두 가지고 있어, '우리'(김선기 1969; 조용호 2016)로 읽을 수도 있다. 그러나 '우리'의 표기에는 '吾里'와 같이 말음절 첨기가 수반된다는 점과, "우리는 가게 됐다"가 우리 모두가 함께 동시에 죽게 되었다는 의미를 갖는다는 점에서 동의가 쉽지 않다.

3.2. 去內如 가느다 ← 去(실의독:가)+內(약의독:ᄂ)+如(약의독:다)

'去內如'는 뒤에 볼 '去內尼叱古'에서 함께 정리한다.

3.3. 辭叱都 말실도 ← 辭(실의독:말)+叱(전음독:실)+都(전음독:도)

'辭叱都'는 '叱/ㅅ'을 촉음이나 경상도 방언의 된소리로 보아, '맔도, 말ㅅ도, 말쪼' 등의 어느 하나로 읽어왔다. 그러나 이 위치가 촉음이나 된소리가 나타나는 곳이 아니라는 점에서 부정되고, 이 문제를 해결하기 위한 시도가 다각도로 검토되었다.

중세국어에서 인용문이 수식어로 될 경우에 'ㅅ'이 첨가된다는 점에서, '去內如' 다음에 'ㅅ'에 해당하는 '叱' 표기가 누락되었거나, '가느닷'의 'ㅅ'에 해당하는 '叱'의 위치가 '辭'와 바뀐 것으로 추정되기도 했다(안병희 1987). 이 중에서 후자를 택한 경우(조용호 2016)도 있다. '叱'을 말음첨기로 보아 '맔' 또는 '마룻'(이기문 1989:103; 고정의 1996)으로 읽거나, '叱'을 속격 표기로 보아 '都'를 명사의 구실을 하는 '모두(전부)'나 '무리'(박창원 1995)로 읽기도 했으며, '叱'을 목적격어미 'ㅅ'으로 보아, '辭叱 都毛如'를 '맔 아모다'[말을 어떻다[고](어떻게), 말을 어떻다/아무렇다, 신재홍 2000]로 읽기도 했고, '叱'을 'ㄱ'의 첨기로 보아 '辭叱都'를 '하직도'(박재민 2009a, 2013a)로 읽기도 했으며, '叱'을 접미사 '실'(양희철 2015a)로 읽기도 하고, '叱/ㅅ'을 부사어를 만드는 조사나 첨사로 보고서, '辭叱 都'를 '말ㅅ 모도'(말을 모두, 남풍현 2018b)로 읽으면서 현대역에서는 목적격으로 보기도 했다.

원전의 표기를 그대로 살리고, 앞뒤의 문맥과 '叱'의 한자음 '실'(양희철 2016a)을 고려할 때에, 현대어의 접미사 '-질'에 해당하는 중세어 '-실'('일'[事]의 의미)로 읽는 것이 무난해 보인다. 이 '-실/叱'은 이 〈제망매가〉를 지은 월명사의 〈도솔가〉에서도 '시키는 일' 또는 '시킴의 일'을 의미하는 '시기실(또는 하이실)/命叱'의 '-실/叱'에서도 나타난다.

'辭叱都'의 '都'는 '-도'를 표기한 것이다.

4. 毛如 云遣 去內尼叱古

털곧 니르곤 가ᄂ닛고
털같이 이르곤 가는가(>가라)

   (오구라 1929)   몰으다 일으고 가닛고
   (유창선 1936e) 몯 니르고 가닛고
   (신태현 1940)   몯닐고 가나닛고
   (양주동 1942)   몯다 닐고 가ᄂ닛고
   (지헌영 1947)   몯 닐고 가ᄂ닛고
   (정열모 1947)   몯다 이르고 가나닛고(1965 음ᄉ도 운겨 가ᄂ니시고)
   (김형규 1948)   몯다 닐고 가ᄂ닛고(1962 가ᄂ니잇고)
   (이 탁 1956)   몯 니르고 가ᄂ닛고
   (홍기문 1956)   모ᄃ 니르고 가ᄂ닛고
   (김준영 1964)   몯다 니르고 가ᄂ닛고(1979 모ᄃ)
   (김선기 1969a)   몯 다 닐고 까나닛고(1993 니르고 가ᄂ닐고)
   (김상억 1974)   몯다 닐고 가나닛고
   (서재극 1975)   모다 니르견 가ᄂ닛고
   (전규태 1976)   몯 니르고 가ᄂ닛고
   (김완진 1980)   몯다 니르고 가ᄂ닛고
   (정창일 1987)   똬여 널겨 가ᄂ녓쉴고
   (고정의 1991)   털(터럭)곧(다비)
   (금기창 1993)   몯 니르고 가ᄂ닛고
   (이도흠 1993)   못 이르고 가나닛고
   (유창균 1994)   모둘 니르고 가ᄂ닛고
   (강길운 1995)   몯다 니르고 가ᄂ닛고
   (고정의 1996)   털곧 니르고 가ᄂ닛고
   (지형률 1996)   몯다(2007 모다) 니르고 가ᄂ닛고
   (최남희 1996)   몯다 니르고 가ᄂ닛고

(양희철 1997)	毛如(뎔답, 모다) 니르고(2015a 니르곤) 가ᄂ닛고
(신재홍 2000)	아모다 니르고 가ᄂ닛고?
(황패강 2001)	몯 다 니르고 가ᄂ닛고
(큐　 렬 2003)	모드 니르고 가ᄂ니시고
(신영명 2004)	몯다 닏도 가ᄂ닛고
(성호경 2008)	몯다(또는 몯) 니르고 가닛고
(박재민 2009a)	못다 니르고 가ᄂ닛고/가ᄂ노닛고
(고창수 2015)	毛(冬)如 모른다 니르고 가ᄂ닛고
(조용호 2016)	다 모다 니르고 가이닛고
(남풍현 2018b)	모다 니르고 가아닛고
(양희철 2020)	뎔곧 니르곤 가ᄂ닛고

4.1. 毛如 털곧 ← 毛(실의독:털)＋如(실의독:곧)

제4부「수사법과 연계된 문제 향찰」'3.4.〈제망매가〉제4구의 복합 수사' 참조.

4.2. 云遣 니르곤 ← 云(실의독:니르)＋遣(전음독:곤)

'云遣'은 '遣'의 신라음인 '곤'을 살려 '니르곤'(이르곤)으로 읽는다(양희철 2013b, 2015a).

4.3. 去內尼叱古 가ᄂ닛고 ← 去(실의독:가)＋內(약의독:ᄂ)＋尼(전음독:니) ＋叱(약음독:ㅅ)＋古(전음독:고)

'去內如'와 '去內尼叱古'는 '가ᄂ다'와 '가ᄂ닛고'로 읽는 것이 보편적이며, 이 해독을 따른다. 그런데 이 향찰들을 '가다'와 '가닛고'로 읽거나, '가이다'와 '가이닛고'로 읽거나, '가아다'와 '가아닛고'로 읽은 해독이 나왔다. 이 해독들의 한계를 차례로 보자.

'가다'와 '가닛고'는 '內' 자를 바로 앞의 글자를 훈으로 읽으라는 지정문자설(서종학 1994, 1995)을 따른 해독(성호경 2006, 2008)이다. 이 지정문자설은 1990년대까지 해독이 모호했던, 일부 향찰과 이두의 '內' 자들을 설명하면서 나온 하나의 가설이다. 이 향찰과 이두의 '內' 자들에서 문제가 된 것들을 해결하기 위하여, 신재홍(2000:158, 159, 166, 300-301, 303-304, 319, 404)은 '納'(드리)의 의미로 쓰인 일곱 개의 '內/드리'를 찾아냈고, 양희철(2001, 2008a:326-351)은 지정문자설을 비판[65]하고, 복합용언의 후행어간으로 쓰인 세 개의 '內/내-'를 정리하였다. 이 두 해독은 문제가 되어온 향찰과 이두의 '內' 자들을 모두 해결하였다. 이런 점에서, 이 지정문자설에 의지한 앞의 해독은 이미 설득력을 얻지 못한다. 게다가 이렇게 이미 비판받은 지정문자설에 의지하여, '去內如'와 '去內尼叱古'를 '가다'와 '가닛고'로 읽으면서, '內'를 'ㄴ'로 읽은 해독과 그 해석을 비판한 주장[66]은, 이미 비판 당시부터 논거가 성립하지 않는 글이었다.

'去內如'와 '去內尼叱古'를 '가이다'와 '가이닛고'로 읽은 해독에서는 '內'를 '이'로 읽었다. 이 해독은 '內'의 음을 '예'(內=枘, 참고: 芮, 汭, 蚋)로 보고, 이 '예'의 '-이'를 분리하여 사용한 표기로 본 해독들(이강로 1989a, b, 1991; 김수경 2010)과 궤를 같이 한다. 이 해독은 두 가지 문제[67]를 보인다.

---

[65] "①의 '成內在之'는 '이루내 겨다'(이루워내 있다)로, ②의 '成內飛也'는 '이루내ㄴ다'로, ③의 '畢爲內弥'는 '畢ㅎ내며'(필해내며)로 각각 읽을 수 있다. 이 이두들에 나타난 '-內-'는 모두 '-내-'로 읽히며, '어떤 상태나 결말이 되게 하다'의 의미이다. 이 '-內-'를 복합용언의 후행어간 '-내-'로 읽을 수 있는 이유는 '-內-' 앞의 어간과 '-內-' 이후의 선어말어미에 있다. ①의 '-在(겨)-'는 동사의 어간이고, ②의 '-飛(ㄴ)-'는 현재시제의 선어말어미이고, ③의 '-弥(며)'는 연결어미이다. 이들 앞에 공통으로 올 수 있는 것에는 복합용언의 후행어간 '-내-'만이 있다. 이런 점들에서 이 '-內-'들은 복합용언의 후행어간 '-내-'라 할 수 있다. 이 중에서 ②③의 해독은 '-內-'를 바로 앞의 문자를 뜻으로 읽으라는 지정문자설이 제기한 문제를 해결할 수 있는 자료가 된다. 즉, '-內-'를 '-ㄴ-'로 읽으면, 그 다음의 '-며'와의 연결이 어색하거나, 그 다음의 '-ㄴ(飛)-'와 중첩된다. 그러나 위와 같이 읽으면, 어색한 연결과 중첩의 문제가 사라진다. 그리고 이에 의해 지정문자의 설정에 문제가 있음을 알 수 있다. 즉 기왕에 있었던 해독에서 중첩된다고, 차제자의 원리에서 기본항의 하나인 전음독자(/전음차) '-내-'의 가능성도 타진해 보지 않고, 지정문자를 설정한 문제이다."(양희철 2001, 2008a:329-330).

[66] "'去內尼叱古'를 '가ㄴ닛고'로 읽는다면, 이는 화자가 누이동생 사후의 천도재에서 현재시제로 말한 것이기에, 누이동생의 '감'이 '中有의 세계에서 저승길을 지남'을 가리킨다고 보는 편이 타당할 수 있다. 양희철은 이 작품이 천도재를 지낼 때 지어졌으므로, 그 앞의 '生死路는 이에 있으매'가 이러한 시간·장소와 괴리되지 않게 되려면, '生死路'는 '中有에서 태어나고 죽는 길 또는 중유에서 다른 곳에 가고 낳거나 그곳에서 죽는 길', '이에 있으매'의 '이'는 '천도재', '이에 저에 떨어질'의 '이에'는 '누이가 중유에서 윤회하여 오는 이곳', '저에'는 '가는 미타찰 또는 머무는 중유'를 나타낸 것으로 보았다(양희철 2008a: 243-247). 그러나 이러한 해석은 '去內尼叱古'를 현재형으로 해독하는 것을 기반으로 하였기 때문에, 과거형 '가닛고'로 읽을 때는 적절하지 않게 될 것이다."(성호경 2006:285, 2008:345-346).

[67] 첫째는 '이'를 '伊, 以, 爾, 是' 등으로 표기하는 향찰에서, '內/예'로 '이'를 표기하는 차제자를 만들었다는, 차제자 원리의 비경제성을 설명하기가 어렵다는 문제이다. 이렇게 삼중모음에서 단모음 하나만을 분리하여 설명하는 향찰 해독은 초기 해독에서는 용인되었으나, 현재는 인정되지 않는다. 이 해독은 '內'를 'ㄴ/나'로 읽은 것이 '內'의 한자음 '닉/내'에서 'ㄴ/나'만을 분리해 읽은 것으로 보고, '예'에서 '이'의 분리도 가능하다고 보는 것 같다. 그러나 '內'를 'ㄴ/나'로 읽은 것은 '닉/내'에서 'ㄴ/나'를 취한 것이 아니라, '內'(=納)의 음 '눕/납'에서 'ㄴ/나'를 취한 것으로 판단한다.
　둘째는 해독된 '가이다' 및 '가이닛고'는 그 현대역으로 제시한 '가게 됐다' 및 '가게 됩니까?'와는 형태소의 차원에서 연결되지 않는다는 문제이다. '가이다'를 현대역으로 바꾸면 '가게 되다'는 되어도, '가게 됐다'는 되지 않는다.

'去內如'와 '去內尼叱古'를 '가아다'와 '가아닛고'로 읽은 해독에서는 '內'를 '아'로 읽었다. 이는 이두에 나오는 '內/아'를 원용한 해독(남풍현 2018b)이다. '가아다'의 '-아-'는 겸양법으로, '가아닛고'의 '-아-'는 확인법으로 정리를 하였는데, 쉽게 이해가 가지 않는다. 그리고 〈제망매가〉에서는 '아'의 표기에 '有阿米'의 '阿'와, '彌陀利良'와 '枝良'의 '良'을 쓰고 있어, '內'까지 '아'의 표기에 썼다고 보아야 할지는 의문이다.

이상과 같은 점에서, '去內如'와 '去內尼叱古'는 '가ᄂ다'와 '가ᄂ닛고'로 읽은 것을 취한다.

이 '去內尼叱古/가ᄂ닛고'를 포함한 제1-4구의 의문문은 누이로 하여금 현재의 인식과 행위를 그 반대로 바꾸게 유도하는, 명령적 의문문이다. 이 명령적 의문문은 발화행위로 언표적 내용과 언표내적 의미를 갖는다. 언표적 내용은 [생사로는 천도재에서 벌어질(/이루어질) 예정(/계획)이매 다음이므로 나는 간다고 말하는 일도 가볍게 이르곤 가는가?]이다. 이 언표적 내용은 월명사가 이해한 누이의 현재의 인식과 행동을 그 반대로 바꾸고 다시 의문문으로 표현한 것이다. 그리고 언표내적 의미는 [생사로는 천도재에서 벌어질(/이루어질) 예정(/계획)이매 다음이므로 나는 간다고 말하는 일도 가볍게 이르곤 가라(/가길 바란다)]의 명령 또는 청원/요청이다. 이는 생사로가 결정되는 천도재를 믿고 나는 간다고 말하는 일을 가볍게 이르고 가라(/가길 바란다)는 명령 또는 청원/요청으로 이해된다. 이런 점들로 보아, 제1-4구의 의문문은 명령적 의문문으로, 시적 청자인 누이로 하여금, 현재의 인식과 행동을 그 반대로 바꾸게 유도(誘導)하는 기능을 보여준다고 정리할 수 있다.

5. 於內 秋察 早隱 風未

어느 가줄 이른 ᄇᆞᄅᄆᆡ
어찌 가을 이른 바람에

    (오구라 1929)   어늬 ᄀᆞ슬 일혼 ᄇᆞ롬애
    (유창선 1936e)   어늬 ᄀᆞ올 이른 ᄇᆞ롬애
    (신태현 1940)   어늬 ᄀᆞ슬 일은 ᄇᆞ롬의
    (양주동 1942)   어느 ᄀᆞ슬 이른 ᄇᆞᄅᄆᆡ
    (지헌영 1947)   어ᄂ ᄀᆞ슬 이른 ᄇᆞᄅᄆᆡ

(정열모 1947)	어내 가슬 이른 바람에(1965 어니 ㄱㅅㄹ철 이른 ㅂㄹ미)
(김형규 1948)	어느 ㄱ술 이른 ㅂㄹ매
(이 탁 1956)	어느 ㄱ줄 일은 ㅂㄹㅁ
(홍기문 1956)	어느 ㄱ술 이른 ㅂㄹ매
(김준영 1964)	어느 ㄱ줄 일은 ㅂㄹ매(1979 가슬 이른 ㅂㄹ미)
(김선기 1969a)	아나 가쌀 일온 바람애(1993 오나 가잘 일온 바라매)
(김상억 1974)	어나 가잘 이른 바라매
(서재극 1975)	어느 ㄱ술 이른 ㅂㄹ미
(전규태 1976)	어느 ㄱ술 이른 ㅂㄹ매
(김완진 1980)	어느 ㄱ술 이른 ㅂㄹ매
(정창일 1987)	어느 ㄱ술 이른 열굿
(금기창 1993)	어느 ㄱ술 이른 ㅂㄹ매
(이도흠 1993)	어느 가을 이른 바람에
(유창균 1994)	어느 ㄱ술 이른 ㅂㄹ미
(강길운 1995)	어나 고슬 이른 바름에
(고정의 1996)	어느 ㄱ술 이른 ㅂㄹ미
(지형률 1996)	어느 ㄱ술 이른 ㅂㄹㅁ애(2007 어느 ㄱ숧 이른 ㅂㄹㅁ이)
(최남희 1996)	어느 ㄱ술 이른 ㅂㄹ미
(양희철 1997)	어느 ㄱ술 이르-ㄴ ㅂㄹ매
(신재홍 2000)	어느 ㄱ술 이른 ㅂㄹ미
(황패강 2001)	어니 ㄱ술 이른 ㅂㄹㅁ미
(류 렬 2003)	어느 가살 이른 바ㄹ미
(신영명 2004)	어느 ㄱ술 이른 ㅂㄹ매
(성호경 2008)	놀ㄱ술 이른 ㅂㄹ매
(고창수 2015)	어느 가을 이른 바람의
(조용호 2016)	어이 ㄱ술 이른 ㅂㄹ미
(남풍현 2018b)	어느 ㄱ술 이른 ㅂㄹ믜
(양희철 2019)	어느 ㄱ줄 이른 ㅂㄹ미

5.1. 於內 어느 ← 於(전음독:어)+內(약의독:느)

제5구인 "於內 秋察 早隱 風未"에서는 '於內'의 해독만이 문제를 보인다. 이 '於內'는 관형사의 '어느'나 '어느'로 읽혀 왔는데, '어느/어느 가을 이른 바람'에서와 같이 부정칭의 '어느/어느'가 '가을 이른 바람'의 앞에 와야 하는 이유가 명확하지 않다. 이로 인해

'어느(어찌), 날-, 어이' 등의 해독들이 나왔다. 그런데 '날-'의 경우는 '內'를 지정문자로 볼 수 없다는 점에서, '어이'는 '內'를 '이'로 읽을 수 없다는 점에서, 각각 부정적이다. 부사 '어느'(어찌)만이 설득력을 가지고 있다. 이 부사 '어느'(어찌)를 양주동(1942:551)은 '於內'를 해독하는 자리에서 참고로 제시했었고, 이현희(1996:9-11)는 이 '어느'(어찌)가 중세국어에서는 매우 활발하였다는 사실을 밝혔다. 이런 점에서 부사의 '어느'(어찌)로 읽은 해독들(고정의 1996:97; 지형률 2007:140)이 설득력을 가지고 있다. 단지 '內'를 'ᄂ'로 읽는 데는 한계가 있고, '어ᄂ'(어찌)도 "聖人神力을 어ᄂ 다 ᄉᆞᆯᄫᆞ리(奚罄說之, 용비어천가 87)"에서 발견된다는 점에서, '어ᄂ(어찌)'로 정리한다.

5.2. 秋察 ᄀᆞ줄 ← 秋(실의독:ᄀᆞ줄)+察(전음독:줄)

'秋察'은 'ᄀᆞᄉᆞᆯ, ᄀᆞ줄, ᄀᆞ슬철, 가잘, ᄀᆞ술, 고슬' 등으로 해독되고 있으나, 그 의미하는 바는 현대어 '가을'(秋)로 일치한다. 'ᄀᆞ슬철'의 경우는 어절말 음절을 첨기한 '察'을 살리지 못한 문제를 보인다. '고슬'은 '察'의 음을 살리지 못하고 있으며, '고'가 언제 'ᄀᆞ'로 바뀌는지를 좀더 검토할 문제를 가지고 있다. '가잘'은 'ᄀᆞ줄'을 병기하고 있어 'ᄀᆞ줄'로 통합한다. 'ᄀᆞ슬, ᄀᆞᄉᆞᆯ, ᄀᆞ줄' 중에서 중세어로 보아 'ᄀᆞ줄'을 취한다.

5.3. 早隱 이른 ← 早(실의독:이르)+隱(약음독:ㄴ)

'早隱'은 '일흔, 이른, 일은, 일온' 등으로 읽히나 그 뜻은 현대어 '이른'으로 통일되어 있다. '일온'은 작품 전체의 해독 정리에서 나타나지만 각론에서는 '隱'을 '은'으로 읽고 있어 '일은'으로 통합한다. '早'는 '일/이르-'이고, '隱'은 '은/ㄴ'이다.

5.4. 風未 ᄇᆞᄅᆞ미 ← 風(실의독:ᄇᆞᄅᆞᆷ)+未(전음독:미)

모든 해독이 현대어 '바람'의 의미로 해독하고 있다. 즉 'ᄇᆞᄅᆞᆷ, 바람, 바름' 등으로 읽은 것이다. '바름'은 드리비다어와 그 당시에 '·'가 존재하지 않았다는 주장에 근거한 것인데, 좀더 검토를 요한다. 'ᄇᆞᄅᆞᆷ'과 '바람'은 중세어에도 모두 존재하나 고형으로 보이는 'ᄇᆞᄅᆞᆷ'을 취한다.

'未'는 '매' '미' '메' 등으로 읽히고 있다. '미'를 취한다.

6. 此矣彼矣 浮良落尸 葉如

이익뎌익 쁘아딜 닙곧
이에저에 떠질 잎같이

  (오구라 1929)   이에 뎌에 뻐딜 닙여
  (유창선 1936e)   이에 뎌에 뻐러딜 닙다이
  (신태현 1940)   이곧애 뎌곧애 뻐러딜 닙여
  (양주동 1942)   이에저에 뻐딜 닙다이
  (지헌영 1947)   이에저에 뻐딜 닙다이
  (정열모 1947)   이에 저에 떠러질 닙다이(1965 이디 뎌디 뻐딜 닙처로)
  (김형규 1948)   이에 뎌에 뻐러딜 닙다이(1962 닢다비)
  (이 탁 1956)   이익 뎌익 덜딜 닙둣
  (홍기문 1956)   이리뎌리 뻐러딜 닢다비
  (김준영 1964)   이의뎌의 썰아딜 닙다이(1979 닙다비)
  (김선기 1969a)   어긔뎌긔 빠랑딜 이뻬다(1993 잇이 뎡이 딸아딜 닙이다)
  (김상억 1974)   이에 뎌에 떠질 닙다이
  (서재극 1975)   이익뎌익 뻐라딜 닙곧
  (전규태 1976)   이에 뎌에 뻐러딜 닙다이
  (김완진 1980)   이에저에 쁘러딜 닙곧
  (정창일 1987)   此의彼의 뻐러 딜히 브려
  (금기창 1993)   이에 뎌에 뻐딜 닙다빙
  (이도흠 1993)   이에 저에 떨어질 잎처럼
  (유창균 1994)   이디뎌디 브라질 닙둣
  (강길운 1995)   이에뎌에 뻐딜 닢다빙
  (고정의 1996)   이에뎌에 쁘어딜 닙곧
  (지형률 1996)   이에 뎌에 뻐러딜 닢긑(2007 이의 뎌의 쁘어 딜 닢 다)
  (최남희 1996)   이익 뎌익 뻐딜 닙곧
  (양희철 1997)   이의뎌의(2013 이익뎌익) 드아딜 닙답(2013 닙곧)
  (신재홍 2000)   이익 뎌익 뻐딜 닙곧
  (황패강 2001)   이의 뎌의 뻐러딜 닙다이
  (류 렬 2003)   이리뎌리 부더러딜 닙다비
  (신영명 2004)   이에저에 뻐딜 닙다이
  (성호경 2008)   이에 뎌에 뻐 딜 닙곧

(박재민 2009a)	이에 저에 떨어질 잎다히(처럼)
(조용호 2016)	이디 뎌디 드아딜 닢곧
(남풍현 2018b)	이의뎌의 쁘아 딜 닢 디
(양희철 2019)	이이뎌이 드아딜 닙곧

6.1. 此矣彼矣 이이뎌이 ← 此(실의독:이)+矣(전음독:이)+彼(실의독:뎌)+矣(전음독:이)

'此矣彼矣'는 '이이뎌이, 이의뎌의, 이에뎌에, 이디뎌디' 등으로 읽어 왔다. 이 중에서 '이이뎌이'와 '이디뎌디'가 사실에 좀더 가깝다. 어느 형태로 해독을 하든, 그 문자적 의미는 '여기에 저기에'로 일치한다. 그리고 문학적 해석에서 그 문맥적 의미는 죽은 누이가 갈 곳, 즉 여기(중유 또는 이승) 저기(삼계육도)의 연처(緣處)를 의미한다.

6.2. 浮良落尸 쁘아딜 ← 浮(실의독:쁘)+良(약의독:아)+落(실의독:딜)+尸(약음독:ㄹ)

'浮良落尸'의 개별향찰을 '浮/쁘+良/아+落/디+尸/ㄹ'로 읽고, 전체를 '쁘아딜'로 읽는 데 큰 문제가 없다. 그리고 '-ㄹ'은 미래시제의 관형사형으로 보는 가운데, "일반적인 사실이나 추측 또는 가능성" 등으로 보려는 해석(성호경 2006:289, 2008:349)이 나오기도 했다. "於內 秋察 早隱 風未 此矣彼矣 浮良落尸 葉如"의 문맥에서, '浮良落尸'의 '-ㄹ'이, '일반적인 사실, 추측, 가능성' 중에서 어느 것으로 쓰인 것인지를 정확하게 보여주지 않은 문제의 제기여서, 동의가 어렵다.

6.3. 葉如 닙곧 ← 葉(실의독:닙)+如(실의독:곧)

'葉'은 '닙, 닢, 이뻬'(닙) 등으로 읽히고 있다. '이뻬'(닙)는 '뻬'의 'ㅣ'가 온 근거를 알려주지 않은 문제를 보인다. '닙'과 '닢'은 모두 가능하나, 구어를 살린 '닙'을 취한다.
'如'는 '여, 듯, 처로, 다비, 다빅, 다이, 답, 곧' 등으로 읽어 왔다. '여'는 '닙'과의 연결에서 '이'가 포함되어야 한다는 문제를 보인다. '듯'은 명사 다음에 올 수 없는 문제를 보인다. '처로'는 근세어에나 나오는 형태이다. '다비, 다빅, 다이, 답' 등은 '답게'의 의미로, '잎처럼'의 문맥에 맞다고 할 수 없다. 고려 구결과 향가에서 보이는 '곧'(김완진 1980; 고정의 1996; 성호경 2006; 양희철 2013a)이 맞다고 판단한다. 고려 구결에 '支/디'가 '如'의 훈으로 쓰였다고 본 경우가 있는데, 이는 '如/곧'에 말음첨기한 '支/

ㄷ'을 오해한 것으로 보인다(양희철 2013a).

7. 一等隱 枝良 出古

ᄒᆞᄃᆞᆫ 가지아 나고
한 가지에 나고

   (오구라 1929)   한 무리는 가지애 나고
   (유창선 1936e)   혼낱인 가지에 나고
   (신태현 1940)   ᄒᆞᄃᆞᆫ 가지예 나고
   (양주동 1942)   ᄒᆞᄃᆞᆫ 가재 나고
   (지헌영 1947)   ᄒᆞᄃᆞᆫ 가재 나고
   (정열모 1947)   한무리는 가지에 나고(1965 ᄀᆞᄐᆞᆫ 가재 나고)
   (김형규 1948)   혼 가재 나고
   (이 탁 1956)   ᄒᆞ나힌 갖애 나고
   (홍기문 1956)   ᄒᆞᄃᆞᆫ 가재 나고
   (김준영 1964)   ᄒᆞᄃᆞᆫ 갖애 나고
   (김선기 1969a)   까단 가달애 나고(1993 가돈 가지래 나고)
   (김상억 1974)   하단 가재 나고
   (서재극 1975)   ᄒᆞᄃᆞᆫ 가자 나고
   (전규태 1976)   ᄒᆞᄃᆞᆫ 가지애 나고
   (김완진 1980)   ᄒᆞᄃᆞᆫ 가지라 나고
   (정창일 1987)   ᄒᆞᄃᆞ론 가러 나고
   (금기창 1993)   ᄒᆞᄃᆞᆫ 가재 나고
   (이도흠 1993)   한 가지에 나고
   (유창균 1994)   ᄒᆞᄃᆞᆫ 가라 나고
   (강길운 1995)   가튼 가즈애 나고
   (고정의 1996)   ᄒᆞᄃᆞᆫ 가지아 나고
   (지형률 1996)   ᄒᆞᄃᆞᆫ 가지라(2007 가지아) 나고
   (최남희 1996)   ᄒᆞᄃᆞᆫ 가자 나고
   (양희철 1997)   ᄒᆞᄃᆞᆫ 가자 나고
   (신재홍 2000)   ᄒᆞᄃᆞᆫ 가자 나고

(황패강 2001)	ᄒᆞᄃᆞᆫ 가지이 나고
(류　렬 2003)	ᄒᆞᄃᆞᆫ 가지라 나고
(신영명 2004)	ᄒᆞᄃᆞᆫ 가재 나고
(성호경 2008)	ᄒᆞᄃᆞᆫ 갖아 나고
(고창수 2015)	하ᄃᆞᆫ 가지*아 나고
(조용호 2016)	ᄀᆞᄃᆞᆫ 가자 나고
(남풍현 2018b)	ᄒᆞᄃᆞᆫ 가지아 나고
(양희철 2019)	ᄒᆞᄃᆞᆫ 가지아 나고

7.1. 一等隱 ᄒᆞᄃᆞᆫ ← 一(실의독:ᄒᆞᆮ)+等(전음독:ᄃᆞᆫ)+隱(약음독:ㄴ)

'한 무리는'는 문맥에서 그 다음의 가지와 연결되지 않을 뿐만 아니라, '隱'이 '는'이 아니라는 문제를 보인다. 'ᄒᆞ나힌'은 '一'이 그 당시에 '河屯'이었음을 몰랐을 뿐만 아니라, '等'을 처리하지 않은 문제와 '隱'이 '힌'이 아니라는 문제를 보인다.

'하단'은 'ᄒᆞᄃᆞᆫ'을 병기하고 있어 'ᄒᆞᄃᆞᆫ'으로 통합한다. 'ᄒᆞᄃᆞᆫ'은 『계림유사』의 '일왈 하둔'(一日河屯)에 근거한 해독이다. 이 해독에 대하여 외국인의 기록을 믿을 수 없거나, 이런 어휘가 존재하지 않았다고 주장하면서 'ᄀᆞᄐᆞᆫ'과 '가튼'의 해독이 나왔다. '一'을 '同'으로 보고 해독한 것이다. 그러나 〈맹아득안가〉의 '一等'을 'ᄀᆞᄐᆞᆫ'이나 '가튼'으로 해독할 경우는 오히려 이상한 해독이 되고 만다. 신라인은 '一'과 '同'을 구분하지 않았다는 매우 이상한 결과를 초래한다. 좀더 검토를 요하지만 일단 'ᄒᆞᄃᆞᆫ'의 해독을 따른다.

7.2. 枝良 가지아 ← 枝(실의자:가지)+良(약의독:아)

대부분이 '枝'를 '가지/갖'으로 보고 있는 데에 비해, '가라'는 '分·派·岐·支'를 근거로 '가라'를 주장하고 있다. 그러나 이는 다른 글자를 해독하는 문제를 가지고 있다. '良'은 '아'이다.

7.3. 出古 나고 ← 出(실의독:나)+古(전음독:고)

'나고'로 통일되어 해독되고 있다.

제5-7구에 포함된 은유 '가지-잎'의 원관념은 '부모-누이' 또는 '부모-남매'로 보는 것이 일반적인데, 이 원관념을 '조상-혈족/인류'로까지 확장해 보려는 주장도 있었다.

이 주장은 '조상-혈족/인류'가 어떤 점에서 '가지-잎'의 원관념이 되는가를 원관념을 찾아내는 방법의 차원에서 다시 검토하고, 이 원관념이 문맥에 맞는지를 검증의 차원에서 다시 검토하는 것이 요망된다.

8. 去奴隱 處 毛冬乎丁

가논 디 모둘온뎌?
가는 곳 모르는가?(>가는 곳을 알라)

(오구라 1929)	가논 곧 몰으온뎡
(유창선 1936e)	가논 곧 몯ᄒ온뎌
(신태현 1940)	가논 처 모딜온뎡
(양주동 1942)	가논 곧 모ᄃ온뎌
(지헌영 1947)	가ᄂᆞ디 모ᄃ온져
(정열모 1947)	가는 곳 모도오리(1965 가논 곧 모도자)
(김형규 1948)	가논곧 몯아온뎡(1962 모ᄃ온뎡)
(이 탁 1956)	가논 곳 몯온ᄃᆞᆫ
(홍기문 1956)	가논 곧 모둘혼뎌
(김준영 1964)	가논 곳 모둘온뎌
(김선기 1969a)	ᄭᅡ논 곧 몰온땡(1993 가논 곧깐 몰오댕)
(김상억 1974)	가논 곧 모다온뎌
(서재극 1975)	가논 곧 모ᄃ론뎡
(전규태 1976)	가논 곧 모ᄅᆞ온뎌
(김완진 1980)	가논 곧 모ᄃ론뎌
(정창일 1987)	가누은 디 마겨 혼뎡
(금기창 1993)	가논 곧 모둘온뎌
(이도흠 1993)	가는 곳 모르온져
(유창균 1994)	가논 곧 모둘온뎌
(강길운 1995)	가논 곧 모둘온뎌
(고정의 1996)	가논 곧 모둘온뎌
(지형률 1996)	가논 곧 모둘온뎌(2007 모둘올뎌)
(최남희 1996)	가논 곧 모ᄃ론뎡

(양희철 1997)	가논 디(2015a 곧) 모돌온뎌
(신재홍 2000)	가논 곧 모다온뎌!
(황패강 2001)	가논 곧 모ᄅ온뎌
(류 렬 2003)	가논 곧 모ᄅ혼뎌
(신영명 2004)	가논 곧 모ᄃ온뎌
(성호경 2008)	가논 곧 모ᄃ론뎌
(고창수 2015)	가논 곳 모둘온뎌
(조용호 2016)	가논 곧 모ᄃ론뎌
(남풍현 2018b)	가논 곧 모돌 혼뎌
(양희철 2019)	가논 디 모둘온뎌

8.1. 去奴隱 가논 ← 去(실의독:가)+奴(전음독:노)+隱(약음독:ㄴ)

'가ᄂᆞᆫ'과 '가누은'은 '奴'(노)의 음을 살리지 못한 문제를 보인다. '가논'의 해독을 취한다.

8.2. 處 디 ← 處(실의독:디)

'處'의 해독은 한자 음으로 읽은 것으로 보이는데, 그 당시의 '處'가 '지/치' 정도라는 문제를 안고 있다. '디, 곧, 곳' 등은 모두가 '곳'(所)의 의미로 읽은 것이며, 그 어형들도 모두 가능한 것들이다. '디'을 따른다.

8.3. 毛冬乎丁 모둘온뎌 ← 毛(전음독:모)+冬(가의독:둘)+乎(가의독:온)+丁(약음독:뎌)

'毛冬乎丁'은 '모둘온뎌/모ᄃ론뎌'(모르온뎌!) 정도의 감탄형으로 읽어왔다. 그런 가운데 정재영(1995:246-250)은 고려시대 구결 자료에서 '-ㄴ뎌'(-ㄱ 丁, -ㄱ 底ㅗ, -ㄱ 丁)가 감탄형이나 의문형어미로 해석되고, "去奴隱 處 毛冬乎丁"가 속한 부분은 의문문으로 해석하는 것이 자연스럽다는 점에서, 이 부분을 "(한 가지에서 나고(서)) 가는 곳(을) 모르는가?" 정도로 해석하였다. 고정의(1996:105)는 이현희(1996)의 '어느(어찌)'와 이 의문형을 수용하여, 제5-8구를 "어찌 가을 이른 바람에 여기저기 떠다니다 떨어지는 잎같이 한 가지에 나고 가는 곳을 모르는가" 정도로 해독하였고, 이 해독은 그 후의 해독들(박재민 2009a, 2013a; 조용호 2016)에서 수용되었다. 이는 구결연구에서 얻은 성과로 판단된다. 최근에 '모둘 혼뎌'[(함께하지) 못 하는구나, 남풍현 2018b]의 해독이 나왔는데, 괄호 안에 넣은 '함께 하지'를 보충하지 않는 한, 문맥이 통하지 않는 한계를 보인다.

이 '毛冬乎丁/모둘온뎌'를 포함한 제5-8구의 의문문은 누이로 하여금 현재의 인식과 행위를 그 반대로 바꾸게 유도하는 명령적 의문문으로, 언표적 내용과 언표내적 의미를 보이는 발화행위이다. 언표적 내용은 [어찌 가을 이른 바람에 이에저에 떠서질 잎같이 한 가지에 태어나고 가는 곳을 모르는가?]이다. 이 언표적 내용은 월명사가 이해한 누이의 현재의 인식과 행위를 의문문으로 표현한 것이다. 그리고 언표내적 의미는 [가을 이른 바람에 이에저에 떠서질 잎같이 한 가지에 태어나고 가는 곳을 알라(/알길 바란다)]의 명령 또는 청원/요청이다. 이는 죽어가면서 가는 곳을 알라(/알길 바란다)는 명령 또는 청원/요청으로 이해된다. 이런 점들로 보아, 제5-8구의 의문문은 명령적 의문문으로, 시적 청자인 누이로 하여금, 현재의 인식과 행위를 그 반대로 바꾸게 유도(誘導)하는 기능을 보여준다고 정리할 수 있다.

제5-8구에 포함된 직유는 단순한 직유, 즉 논리 변형적 비교(/직유)로 정리되는 가운데, '확장된 직유(extended simile)'로 보려는 주장이 있었다. 이 주장은 확장된 직유의 개념과 의미를 다시 한번 확인해 보아야 할 것 같다. 그리고 이 직유는 『붓다차리타』를 비롯한 불교문학에 나온 낙엽의 직유를 "전고" 또는 "불경적 원천"으로 활용했거나 "차용"하였고, 〈제망매가〉의 비유 부분과 『붓다차리타』의 비유 부분은 "엇비슷하다"고 하거나, "거의 닮은 꼴"이라고 하거나, "상당히 흡사"하다고 주장하거나, 〈제망매가〉의 '… 잎같이'의 직유가 "불교 문화권에서 보편적이고, 그 표현도 어느 정도는 관습적으로 굳어졌던 것"이라는 주장들도 있었다. 이 주장들은 구체적으로 논리적으로 비교해 본 결과가 아니라는 점에서, 낙엽이 지는 시기, 원인, 장소, 표현의 구상성, 은유의 포함 여부, 언술의 관심 내용, 언술 목적 등을 비교 검토(양희철 2020)한 후에도, 이런 주장이 가능한가를 자문해 보아야 할 것 같다.

9. 阿也 彌陁刹良 逢乎 吾

아라 彌陁刹(미타절)아 맛보오 나
아- 미타절에서 만나오 나
   [1] 아- 미타절에서 만나오 나(는)]

[2) 아- 미타절에서 나(를) 만나니]

(오구라 1929)	阿也 彌陁刹애 맛나온 나
(유창선 1936e)	아으 彌陀刹애 맛ᄂ올나
(신태현 1940)	아으 彌陁刹애 맛나오나
(양주동 1942)	아으 彌陁刹애 맛보올 내
(지헌영 1947)	아으 彌陁刹애 맛보올 내
(정열모 1947)	아야 미타찰에 만나올(1965 아라 미다절에 마조)
(김형규 1948)	아으 彌陁刹애(1962 미타찰애)
(이 탁 1956)	아라 彌陁刹애 맞오… 내
(홍기문 1956)	아야 彌陁刹애 맛보호 내
(김준영 1964)	阿也 彌陁刹애 맛보온 나(1979 아야)
(김선기 1969a)	아아 미따 더래 맞은 우리(1993 아이 미따 뎔애 맞온 나)
(김상억 1974)	아으 미타찰애 맛보올 내
(서재극 1975)	아으 彌陁刹아 마조 나
(전규태 1976)	아으 미타찰애 맛보올 내
(김완진 1980)	아야 彌陁刹아 맛보올 나
(정창일 1987)	아야 彌陀刹얼 맞홀 나
(금기창 1993)	아야(아으) 彌陁刹애 마지하오 나
(이도흠 1993)	아 아 미타찰에서 만나리니
(유창균 1994)	아라 彌陁刹이라 맞본 나
(강길운 1995)	아라 彌陁刹애 맞볼 나
(고정의 1996)	아으 彌陀刹아 마존 내
(지형률 1996)	아여 彌陁刹아 맛보올(2007 맞올) 나
(최남희 1996)	아야 彌陁刹아 마존 나
(양희철 1997)	아야 미다찰아 맛보오 나
(신재홍 2000)	아야 彌陁刹아 맛보올 나
(황패강 2001)	아야 彌陀刹애 맛보올 나
(류 렬 2003)	아으 미다덜아 마소나홀 나
(신영명 2004)	아으 미타찰에 맛보호
(성호경 2008)	아야 彌陁刹아 맛보올 나
(고창수 2015)	미타찰아 맛보올 나
(조용호 2016)	아야, 彌陀刹아 만나오
(남풍현 2018b)	아야 彌陀刹아 맛보옳 우리

(양희철 2019)　　　　아라 마타찰아 맛보오 나

9.1. 阿也 아라 ← 阿(전음독:아)＋也(전음독:라)

'阿也'는 '阿也'로 해독을 유보한 것과 '아으, 아라, 아야, 아아' 등의 해독이 있다. '아아'의 경우는 각론에서 '아야'로 되어 있어 '아야'로 편입시킨다. '아으'는 '也'의 음과 뜻을 모두 벗어난 해독이다. '아라'의 '라'는 판단어기사 '也'에 해당하는 '라'로 읽은 것이다. 차제자 원리로는 가능성이 있다. '아라'라는 감탄사가 없는 한계를 보이지만, '아라'가 '아-'로 변했다는 점에서, '아라'의 해독을 취한다.

9.2. 彌陁刹良 彌陁刹(미타절)아 ← 彌(전음독:彌/미)＋陁(전음독:陁/타)＋刹(전음독:刹/절)＋良(약의독:아)

'彌陁刹'은 '彌陁刹'로 읽히는 것이 주종을 이루는 가운데, '마다절, 미따 절, 미타찰' 등도 있다. '彌陁刹'로 읽어도 이는 전음독자에 불과하므로, '彌陁刹(미타절)'로 읽는다.

'良'은 '애, 에, 아, 이라' 등으로 읽히고 있다. '良'에서 '애'와 '에'의 음을 찾을 수 없다는 문제를 보인다. '이라'의 경우는 '良'를 '라'로 보는 것까지는 이해가 가지만, '이'를 첨가해야 하는 문제를 가지고 있다. 경상도 방언에서 처격에 쓰이는 '아'로 읽은 것을 취한다.

9.3. 逢乎 맛보오 ← 逢(실의독:맛보)＋乎(약의독:오)

'逢乎'는 그 다음의 '吾'까지를 한 단위로 묶고, '吾'를 '-나'로 읽은 경우도 있다. 그러나 이 '-나'에는 '-乃'가 쓰이고, 이렇게 읽을 경우에는 '맛나올나'나 '맛나오나'가 작품의 간절한 만나보고 싶은 느낌을 감소시킨다는 점에서 '逢乎'로 끊는다.

'逢'은 '맛나-, 맛보/맛보-, 맞-, 마지하-' 등으로 읽히고 있다. '마지하-'는 '逢'이 아닌 '迎'의 의미로 읽은 문제를 가지고 있다. '맞-'에 속하는 '마조'의 경우는 '함께' '같이'라고 하나, '마조'는 '마주 보다'의 '마조'로 의미를 벗어나 있다. '맞'에 속하는 '맞오'는 그 뜻을 '만나올까'로 잡고 있는데, '맞'에 '만나-'의 의미가 없다는 문제를 안고 있다. 나머지 '맛나-'와 '맛보/맛보-'는 모두가 일단 '逢'의 의미 안에 있음을 알 수 있다. 그러나 그리던 남매의 만남이기에 어감상 '맛보-'가 더 적합하다고 본다.

'逢乎'에 대한 기왕의 해독은 '乎'의 해독에 따라, 관형사형 '-온', 관형사형 '-올/옳,

-홀', 종결어미 또는 부사의 '-호, -오' 등의 세 유형으로 나누어 정리할 수 있다.

이 중에서 관형사형 '-온'으로 읽은 해독들(오구라 1929; 김준영 1964, 1979; 유창균 1994 등등)은 '毛冬乎丁'의 '乎'에서와 같이 '온'으로 읽었다는 장점을 갖고 있다. 그러나 나와 누이가 만나지도 않은 상태에서 만난 것같이 '逢乎'를 '맛나온, 맛보온, 맛본, 마존, 맞온' 등으로 읽은 문제를 보인다.

'逢乎'의 '乎'를 관형사형 '-올/옳, -홀' 등으로 읽은 해독들(유창선 1936e; 양주동 1942; 김완진 1980; 강길운 1995; 성호경 2006, 2008 등등)은, '逢乎'를 '맛ᄂ올, 맛보올, 만나올, 맞보올, 맞홀, 맞볼, 마소나홀, 맞올' 등으로 읽고, 그 의미를 '만날, 만나볼, 맛이할, 맛올' 등으로 보았다. 그런데 이 해독들은 '乎'가 『삼국유사』의 향가에서 '올'로 읽힌 예가 없다는 점에서 문제를 보인다. 이 해독들은 그 논거를 〈정도사오층석탑조성형지기〉와 『대명률직해』에서 인용하였는데, 이 자료들은 『삼국유사』 자체의 향찰보다는 그 논증성이 떨어진다. 『삼국유사』의 향찰 '乎'는 양주동의 경우에 이 해독을 제외하고는 '올'로 읽은 것이 없고, '乎'의 속훈 '온'과 의반자 '오'로 읽었다(양희철 2000:164, 2002:111). 그리고 『삼국유사』의 향가인 〈찬기파랑가〉에서는 '-올/홀'을 '乃乎尸'에서와 같이 '-乎尸'로 표기하고, 고려 구결에서는 '-ノ尸/ㅁ尸'로 표기하였다.

이번에는 '逢乎'의 '-乎'를 '-호, -오' 등으로 읽은 해독들을 보자.

　　가. 마조(함께, 같이, 같이 만나, 정열모 1965, 마주보도록/만나도록, 서재극 1975)
　　나. 마조(만날 것을, 박창원 1995)
　　다. 맛보호(만날 것이니, 홍기문 1956, 다시 만날진저! 신영명 2004)
　　라. 맛나오(신태현 1940), 맛보오(맞보오, 양희철 1997), 만나오(만나요, 조용호 2016)
　　마. 마지하오(맞이하오, 금기창 1993)
　　바. 맞오…(만나올까? 이탁 1956)

(가)의 '마조'는 '맞+오(부사형어미)'의 부사로 본 것들이다. 이 부사 '마조'는 현대어에서 '서로 똑바로 향하여'를 뜻하는 부사 '마주'에 해당하는데, 이 부사에 '함께, 같이, 같이 만나'나 '마주보도록/만나도록'의 의미가 있다고 보기는 어렵다.

(나)의 '마조'에서는 그 의미를 '만날 것을'로 달았다. 자세한 설명이 없으나, 동명사형어미 '-ㄹ'이 생략된 것으로 본 것 같다. 이 해독을 넣은 "아! 미타찰에 만날 것을 吾道 닦아 기다리겠습니다."의 문맥이 자연스럽지 않다.

(다)의 '맛보호(만날 것이니, 다시 만날진저!)'에서는 '-호'를 술어 또는 직설의 토로

규정하고, 그 의미를 '만날 것이니, 다시 만날진저!'로 달았다. 서술형어미에 '-호'가 없고, 해독과 그 현대역이 형태소 차원에서 연결되지 않는다. 그러나 현대역 또는 문맥적 의미로 제시한 '만날 것이니'(홍기문 1956)와 '만나리니'(전규태 1976)가 함께 보여주는 원인이나 근거를 나타내는 '-니'는 주목해 볼 만하다.

(라)의 '맛나오, 맛보오, 만나오'와 (마)의 '마지하오'에서 '-오'들은 하오체의 명령형이다. (바)의 '맛오…(만나올까?)'에서 '-오'는 하오체의 의문형이다. 이 하오체의 명령형과 의문형 '-오'로 '逢乎'의 '乎'를 해독하는 것은 가능하다. 그러나 이 종결형 어미와 '待是古如'가 경어법의 차원에서 일치하지 않는 문제를 보인다.

이상과 같이 기왕의 해독들에는 미흡점이 있어, 새로운 해독을 시도하려 한다. 즉 '맛보오'나 '맛나오'로 읽고, 원인이나 근거를 나타내는 '-니'와 '-므로'의 의미를 가진 '-오'로 해석하려 한다. 이 해석에 대하여 이렇게 쓰인 예가 있느냐 하는 문제가 제기될 수 있는데, 이 문제는 '高攴好'(〈찬기파랑가〉)와 '逐好'(〈상수불학가〉)가 해결해 준다.

'高攴好'는 '놉하/노파/놉허'(오구라 1929; 양주동 1942 등등)로 읽다가 현재는 '놉호/노포'(홍기문 1956; 김상억 1974; 김완진 1980 등등)로 읽고 있다. '놉하/노파/놉허'의 해독에서는 '好/호'를 '하/허'의 통음차로 보아 현대어 '높아/높어'의 의미로 보았고, '놉호'의 해독에서는 '놉호'를 현대어 '높아/높어'의 의미로 보았다. 어느 해독으로 보든 '高攴好/놉호'의 '-오'를 원인이나 근거를 나타내는 '-니'와 '-므로'의 의미에 해당하는 연결어미 '-아/어'로 보았다.

'逐好友伊音叱多'는 한 단어로 붙여 읽다가, '逐好 友伊音叱多'(김완진 1980; 유창균 1994)나 '逐好 友伊音 叱多'(양희철 2014, 2015a)로 끊어 읽고 있다. '逐好'를 분리한 해독들에서는 '조초'로 읽었는데, 이 해독들은 '逐好'를 '좇호'로 읽은 것이다. 이 경우에, '조초/좇호'의 의미를 '쫓아(김완진), 따라(유창균), 좇기에(양희철)' 등으로 본다는 점에서, 모두가 연결어미 '-아'로 본 것은 같다. 이 중에서 '좇기에'로 본 해독은 원인이나 근거를 나타내는 '-니'과 '-므로'의 의미에 해당하는 연결어미 '-아/어'로 보았다.

이상의 두 어휘에서와 같이, 향찰의 '-오'에는 '-니'나 '-므로'의 원인이나 근거를 나타내면서 현대어의 연결어미 '-아/어'에 해당하는 것들이 있다는 점에서, '逢乎'는 '맛나오/맛보오'로 읽고, 그 의미는 '만나니/만나므로' 또는 '만나보니/만나보므로'의 의미로 정리한다.

이 해독에 대해서, '-乎'를 관형사형 '-온'이나 '-올, -홀'로 읽은 해독들은 "阿也 彌陁刹良 逢乎 吾"가 한 구라는 점에서, "彌陁刹良 逢乎 吾"는 주어나 목적어를 보여주는 구(句)로 읽는 것이 바람직하다고 주장할 수도 있다. 이 문제는 이어서 볼 '吾/나'의 해독과, 제9, 10구의 구문적 중의에서 함께 검토하려 한다.

9.4. 픔 나 ← 吾(신의독:나)

'픔'는 '나'로 읽는 가운데 '우리'로 읽은 해독이 나오기도 했다. '우리'의 해독은 문맥에 잘 맞지 않아, '나'로 읽는다.

문제는 '픔/나'에 격어미가 생략되어 있다는 점과, 이 '픔/나'는 문맥상 제9구와 제10구의 어느 구에도 속할 수 있다는 점에 있다. '나' 다음에는 주격 'ㅣ'와 목적격 'ㄹ'이 생략되어 있다. 이로 인해 '나'는 주어도 되고 목적어도 된다. 또한 '나(ㅣ/ㄹ)'는 제9구에서 도치어로 볼 수도 있고, 제10구로 이어지는 행간걸침으로 볼 수도 있다. 이 두 문제는 뒤에 볼 제9, 10구의 구문적 중의와 연결되어 있다.

10. 道 修良 待是古如

도 닦아 기다리고다
도 닦아 기다리고자(기다리고 싶다, 기다리기를 바란다)
    [1] 도를 닦아 나는 너를 (당연히) 기다리고 싶다.]
    [2] 도를 닦아 너는 나를 기다리기를 바란다.]

(오구라 1929)	道 닥가 기다리고다
(유창선 1936e)	道롤 닷ㄱ 기다리고다
(신태현 1940)	길 닷가 기다리고다
(양주동 1939)	道 닷가 기드리고다
(양주동 1942)	道 닷가 기드리고다
(지헌영 1947)	길 닷가 기드리고다
(정열모 1947)	길닷거 기대리고다(1965 나 길기리 고이고ᄃ)
(김형규 1948)	道 닷가 기드리고다
(이 탁 1956)	길 닷가 기드리고다
(홍기문 1956)	道 닷가 기드리고다
(김준영 1964)	道 닷가 기드리고다
(김선기 1969a)	깔 대달아 기두리고라(1993 깔 닷가 기돌이 고다)

(김상억 1974)	도 닷가 기드리고다
(서재극 1975)	道 닷가 기드리고다
(전규태 1976)	도 닷가 기드리고다
(김완진 1980)	道(1993 길) 닷가 기드리고다
(정창일 1987)	道 닷거 待이고여
(금기창 1993)	道 닷가 기드리고다
(이도흠 1993)	내 도 닦아 기다리고다
(유창균 1994)	道 다亽라 기드리고다
(강길운 1995)	도 닷가 기드리고셔
(고정의 1996)	道 닦아 가드리고다
(지형률 1996)	道 닷가 기드리고다(2007 기다리고다)
(최남희 1996)	나 道 닷가 기드리고다
(양희철 1997)	나 도(道) 닦아 기드리-고다
(신재홍 2000)	나 / 道 닷가 기드리고다
(황패강 2001)	나 道 닷가 기드리고다
(류 렬 2003)	나 길 다亽라 기드리고다
(신영명 2004)	내 도 닷가 기드리고다.
(성호경 2008)	길 닷가 기드리고다
(고창수 2015)	누이에게 미타찰에 곧 도착할 자신을 도를 닦으며 기다릴 것이다
(조용호 2016)	우리 길 닷가 기드리고다
(남풍현 2018b)	道닦아 기들이고다
(양희철 2019)	도 닦아 기드리고다

10.1. 道 道(도) ← 道(음의독:道/도)

이 작품이 불승의 영재가(營齋歌)라는 점에서, 도를 불도의 도로 보아 음의독자 '道'로 읽은 것을 취한다.

10.2. 修良 닦아 ← 修(실의독:닦)+良(약의독:아)

'修良'는 '닥가, 닷가, 기리, 대달아'(닥다라), '다亽라' 등으로 읽히고 있다. '닥가'는 근대음을 기초한 문제를 보인다. '기리'는 '修'와 '良'을 모두 '長也'로 본 것인데, 그 많은 '良' 중에 '長也'의 의미로 해독되는 향찰이 없다는 문제를 가지고 있다. '대달아'

는 해독 전문의 정리에서 나타난 것이고, 이에 해당하는 각론에서는 '修良' 가운데 '盡'을 첨가하여 해독한 것이다. '盡'을 첨가할 이유가 필연적이지 않다는 문제를 보인다. '다스라'는 '良'을 '라'로 굳혀 놓은 다음, '修'를 그 '라'에 맞추는 식의 해석이라는 문제를 가지고 있다. 그리고 '修'는 '다술'로 읽힐 수는 있으나, '道'와 연결되는 경우가 없다는 문제도 가지고 있다. 이런 점에서 문제가 없는 '닭아'의 해독을 취한다.

10.3. 待是古如 기드리고다 ← 待(실의독:기드리)+是(가의독:이)+古(전음독:고)+如(약의독:다)

'待'는 '기다리-, 기드리-, 고이-, 기두리-' 등으로 읽히고 있다. 우선 '고이-'는 그 뜻을 '받들-'로 잡고 있으나, 정작 '고이-'에는 '사랑하-' '사랑을 받-' 정도의 의미만 있고, '받들-'의 의미가 없어 부정적이다. 그리고 '기두리-'는 중세어에서도 발견되지 않는 어형이란 문제를 안고 있다. '기다리-'와 '기드리-'는 '기드리-'와 함께 중세어에도 존재하는 어형이다. 고형으로 보이는 '기드리-'로 읽는다.

'是'는 흔히 말음첨기 'ㅣ'이다.

'古'는 전음독자 '고'로 통일된 해독을 보인다.

'如'는 '다, 드, 라, 셔' 등으로 해독되고 있다. '라'는 '如'의 음과 뜻을 벗어난 문제를 안고 있다. 그리고 '셔'는 '져'의 대충표기라는 한계를 가지고 있다. '드'는 '다'로 통합될 수 있는 것이다. '如'를 약의독자 '다'로 읽은 해독을 취한다.

이 '기다리고다'는 원망/희망이나 청원의 어느 하나가 아니라, 이 두 의미를 모두 가지고 있는 다의어[68]이다. '기다리고다'의 행위 주체를 '나'로 할 때는 '기다리고 싶다'의 원망적/희망적 의미가 된다. 이에 비해 그 행위 주체를 '누이'로 할 때는 '기다리기를 바란다'의 청원적 의미가 된다.

---

68 이 '-고라' 또는 '-고-'가 다의어라는 사실은 『(보정)고어사전』(남광우)을 보아도 알 수 있다. 이 사전에서는 선어말어미 '-고-'를 설정하지 않고, '-고라'(-고자 하노라. -고 싶어라. -기를 바라노라), '-고라쟈'(-게 하고 싶은 것이여. -게 하고 싶구나), '-고려'(-고 싶은 것이여) 등의 3항을 설정하여 괄호 안의 현대역을 달고, 예문들을 열거하였다. '-고라'의 현대역에서 '-고자 하노라. -고 싶어라'는 원망 또는 희망을 보여주고, '-기를 바라노라'는 청원을 보여준다. '-고라'의 예문들은 다음과 같다. "내사 주거도 무던커니와 이 아드롤 사르고라:我不惜死 乞活此兒(三綱. 潘綜). 내 願을 일티 아니케 ᄒᆞ고라(月釋 1:13). 네 大悲로 니르고라(月釋9:17). 講論ᄒᆞ시논 殿에 글월로 밍ᄀᆞ론 帳올 펴고라:講殿闢書帷(杜解 3:4). 金과 玉과란 ᄇᆞ리고라:棄金玉(杜解4:27). 願ᄒᆞ돈 미해 므를 브러 金잔애 더으고라:願吹野水吹金杯(杜解15:39). ᄇᆞ란돈 別駕ㅣ 爲ᄒᆞ야 스고라:望別駕爲書(六祖上44)."

이 다의어 '기다리고다'의 중의와, 앞에서 정리한 '나(ㅣ/ㄹ)'가 제9구의 도치어도 되고, 제10구와 연결되는 행간걸침도 되는 중의는, 제9, 10구에서 4중의를 형성한다(제4부 「수사법과 연계된 문제 향찰」 '4.7. 〈제망매가〉 제9, 10구의 구문상의 동음이의' 참조). 그리고 이 4중의는 다시 2중의로 통합되는데, 모두의 현대역에서 정리한 바와 같다.

〈혜성가〉

[원문]

舊理 東尸 汀叱

乾達婆矣 遊烏隱 城叱肹良 望良古

倭理叱 軍置 來 叱多

烽 燒邪隱 邊也 藪耶

三花矣 岳音 於見賜烏尸 聞古

月置 八切爾 數將 來尸 波衣

道尸 掃尸 星利 望良古

彗星也 白反 他 人是 有叱多

後句 達 阿羅 浮去 伊叱等邪

此也 友徒北 所音叱 彗叱 只 有叱故

(於見賜烏尸의 '於'는 누락자로 보충, 數於將의 '於'는 연자로 삭제, '(白反) 也'의 '也'는 '他'의 오자로 수정, 友物北의 '物'은 '徒'의 오자로 수정)

[해독]

녀리 술 믈ㄱ

乾達婆(건달바)이 노니온 자싯ᄀᆞ랑 ᄇᆞ라고

여릿 굴(軍)도 오 시다

烽 다히얀 ᄀᆞ시라 고지야

세 곶이 오롬 가보시올 듣고

ᄃᆞᆯ두 ᄇᆞᆯ긋이 [갈라(八)] 혜어(破/思) 올 겨릐

길 ᄡᅳᆯ 벼리 ᄇᆞ라고

ᄉᆞᆯ벼리라 ᄉᆞᆯ분 녀느 사ᄅᆞᆷ이 이실다

(後句) 달 아라 쁘가 잇ᄃ야
아라 벌믈 디 슘시 슬시 기 이실고

[현대역]
옛날 동쪽 물가의
건달파가 노니온 성을 바라고
왜의 군도 오고 있다
烽 땐 변방이라고 봉수대야?
세 화랑의 금강산 가서 보시올 것을 듣고
달(달/왕)도 발긋이 (갈라) 헤어(헤치어破/헤아리어思) 올 결에
　　　　[1] 달도 발긋이 (갈라) 헤치어(破) 올 결에]
　　　　[2] 왕도 발긋이 (갈라) 헤아리어(思) 올 결에]
길 쓸 별 바라고
혜성이라(고) 사뢰온 다른 사람이 있겠느냐?
(後句) 산 아래 떠가 있다야
이런 상황이라 벗무리 뒤 있음의 혜성의 것 있을꼬?

1. 舊理 東尸 汀叱

녀리 술 믈ᄀᆞᆺ
옛날 동쪽 물가의

(오구라 1929)	녜로 東ㅅ 믈ᄀᆞᆺ
(유창선 1936e)	녜로 동녈 믌ㅅ
(양주동 1942)	녜 시ㅅ 믌ᄀᆞᆺ
(지헌영 1947)	구슐ᄂᆞㅅ
(정열모 1947)	나리샐 물갓(1965 ᄒᆞ리 실 ᄂᆞ릿)
(이 탁 1956)	멀이 싯 믓ᄀᆞᆺ
(홍기문 1956)	녜 동ㅅ ᄂᆞᄅ
(김준영 1964)	녀리 샐 물ᄀᆞᆺ(1979 녀 샐 믌ᄀᆞᆺ)

(김선기 1967a)　　　나리 샐 믇갇(1993 나리 사일 믿갇)
(김상억 1974)　　　녜 새ㅅ 믌 갓
(서재극 1975)　　　녜누리 샐 믈ㄹᆽ
(전규태 1976)　　　녜 싀ㅅ 믉ᆽ
(김완진 1980)　　　녀리 싈 믌ᆽ
(정창일 1987)　　　舊理 시히 모싀
(송재주 1990)　　　구슐ᄂㅅ
(금기창 1993)　　　녀리 싈 믌ᆽ
(이도흠 1993)　　　옛날 동쪽 물가
(유창균 1994)　　　녀리 설 믈서릿
(강길운 1995)　　　녀리 살 벼릿
(지형률 1996)　　　녀리 살 믌ᆽ(2007 벼릿)
(최남희 1996)　　　녀리 싈 믌ᆽ
(양희철 1997)　　　녀리 술 믈ᆽ
(신재홍 2000)　　　녀리 싈 믌ᆽ
(황패강 2001)　　　녜 싯 믓ᆽ
(류　렬 2003)　　　니리 살 나리
(황병익 2005)　　　녜 싀ㅅ 믌ᆺ

1.1. 舊理 녀리 ← 舊(실의독:녀리)+理(전음독:리)

'舊'의 중세훈 '녜'는 고훈 '녀리'가 축약되었을 가능성을 가지고 있고, '理'(리)가 그 말음절을 첨기하고 있다는 점에서, '녀리'로 거의 굳어지고 있다.

1.2. 東尸 술 ← 東(실의독:술)+尸(약음독:ㄹ)

'새/시-' 계통의 해독들은 '東'의 중세훈을 기반으로 한 해독들이다. 이에 비해 '설'과 '살'은 '東'의 고훈 재구에 의한 것들이다. '설'은 신라 국호 '徐羅伐'과 '徐伐'에 기초한 것이고, '살'은 터키어 šark(東)에 기초한 재구이다. 전자의 재구는 '斯羅'와 '斯盧'가 '徐羅伐'과 '徐伐'보다 앞선 시기의 표기로 잡고 있으나, 이를 증명할 만한 근거도 없고, 이를 인정해도 '설'과 '살' 중에서 어느 것이라고 단정할 수 없는 문제가 있다. 이런 점과 후대 표기에 '싀'가 있어, 이들을 모두 충족시킬 수 있는 '술'로 해독한다.

1.3. 汀叱 믈ᄀᆞᆺ ← 汀(실의독:믈ᄀᆞ)+叱(약음독:ㅅ)

'ᄂᆞᄅᆞ'와 'ᄂᆞ릿'은 '川'과 '汀'이 다르다는 점에서 제외된다. 나머지는 모두가 물가(水邊)의 의미라는 점에서 취할 수 있으나, '벼리'는 공간적으로 물과 매우 붙은 곳으로, '城'을 운위하기에 부적합하다는 점에서 버리고, '믈ᄀᆞᆺ'을 취한다.

2. 乾達婆矣 遊烏隱 城叱肹良 望良古

乾達婆(건달바)이 노니온 자싯글랑 브라고
건달파가 노니온 성을 바라고

       (오구라 1929)   乾達婆의 노은 잣올난 바라고
       (유창선 1936e)   乾達婆의 논 잣을 바라고
       (양주동 1942)   乾達婆이 / 노론 잣흘란 브라고
       (지헌영 1947)   乾達婆이 노론 잣흘란 브라고
       (정렬모 1947)   건달파의 놀온 잣흘랑 바라고(1965 건달바이 놀아 가믄 잣홀랑 브라고)
       (이 탁 1956)   乾達婆이 놀온 잣(ㅅ)올(ㄹ) 브라(라)고
       (홍기문 1956)   건달파의 놀온 잣흐란 브라고
       (김준영 1964)   乾達婆의 / 놀온 잣흘아 바라고(1979 잣흘안)
       (김선기 1967a)   깐딸빠이 / 놀온 잣깔란 바라고
       (김상억 1974)   건달바의 노론 잣흘란 바라고
       (서재극 1975)   乾達婆이 노론 잣하 브라고
       (전규태 1976)   乾達婆의 놀온 잣흘란 브라고
       (김완진 1980)   乾達婆이 노론 자슬랑 브라고
       (정창일 1987)   乾達婆이 노로는 자싀흐러 브럽고
       (금기창 1993)   乾達婆이 노론 잣흘랑 브라고
       (이도흠 1993)   건달파 놀던 성일랑 바라고
       (유창균 1994)   乾達婆의 놀온 자시흘랑 브라고
       (강길운 1995)   간달바의 놀온 자즈글랑 바라고
       (지형률 1996)   乾達婆이 놀온 잣올랑(2007 잣홀라) 브라고
       (최남희 1996)   乾達婆이 노론 잣하 브라고

(양희철 1997)	건달바의(2013 건달바이) 놀온 자싯흘랑 ㅂ라-고
(신재홍 2000)	'乾達婆이 노론 잣'흘라 ㅂ라고
(황패강 2001)	乾達婆의 노론 잣흘란 ㅂ라고
(류 렬 2003)	건달바히 놀혼(놀온) 자시ㅎ란 바라고[ㄴ라고]
(황병익 2005)	乾達婆이 노론 잣흘란 ㅂ라고
(박재민 2009a)	논 셩을랑 바라고

2.1. 乾達婆矣 乾達婆(건달바)이 ← 乾(전음독:乾/건)+達(전음독:達/달)+婆(전음독:婆/바)+矣(전음독:의)

'乾達婆'의 글자들은 중국에서도 이미 전음독자들이므로, 전음독자로 읽는다. '矣'도 전음독자인 '의'로 읽은 것을 따른다.

2.2. 遊烏隱 노니온 ← 遊(실의독:노니)+烏(전음독:오)+隱(약음독:ㄴ)

'遊'는 흔히 '놀-'로 읽히고 있으나, 〈처용가〉의 '遊行如可'의 '遊'와 같이 '노니-'로 읽는다.

2.3. 城叱肹良 자싯글랑 ← 城(실의독:자시)+叱(약음독:ㅅ)+肹(전음독:글)+良(전음독:랑)

초기의 해독들은 '城叱'을 일음절로 읽고, 최근의 해독들은 이음절로 재구하고 있다. 이는 '-ㅅ'으로 된 현대의 일음절어가 당시에는 이음절이었다는 것이다. 이런 점에서 '자싯글랑'으로 해독한다.

2.4. 望良古 ㅂ라고 ← 望(실의독:ㅂ라)+良(약의독:아)+古(전음독:고)

'望良古'는 '바라고'와 'ㅂ라고'로 거의 굳어지고 있으나, 'ㅂ라고'로 읽는다.

3. 倭理叱 軍置 來 叱多

여릿 굴(軍)도 오 시다

왜의 군도 오고 있다

(오구라 1929)　　　　예내ㅅ 軍도 왔다(고)
(유창선 1936e)　　　　예내ㅅ 軍도 왔다고
(양주동 1942)　　　　옛 軍두 옷다
(지헌영 1947)　　　　옛 둘두 왓다
(정열모 1947)　　　　재릿 군도 왔다(1965 서리ㅅ)
(이　탁 1956)　　　　재마릿 軍도 왔다
(홍기문 1956)　　　　옛 군도 옷다
(김준영 1964)　　　　옛 군두 옷다
(김선기 1967a)　　　야마릳 군도 괬다(1993 와릳 군도 오낟다)
(김상억 1974)　　　　예ㅅ 軍두 옷다
(서재극 1975)　　　　여릿 軍두 옷다
(전규태 1976)　　　　옛 군두 왓다
(김완진 1980)　　　　여릿 軍도 왯다
(정창일 1987)　　　　倭 다싀 軍 뒤 올싀 한
(금기창 1993)　　　　여릿 軍두 옷다
(이도흠 1993)　　　　'왜군도 온다'
(유창균 1994)　　　　와릿 군도 옷다
(강길운 1995)　　　　여릿 굴두 옰다
(지형률 1996)　　　　여릿 軍도 옷다
(최남희 1996)　　　　여리ㆆ 軍두 오ᄉ다
(양희철 1997)　　　　여릿 굴두 옷다
(신재홍 2000)　　　　"여릿 軍두 옷다"
(황패강 2001)　　　　옛 軍두 왓다
(류　렬 2003)　　　　아리시 군두 오시다
(황병익 2005)　　　　옛 軍두 옷다
(박재민 2009a)　　　　왜군도 와ㅅ다

3.1. 倭理叱 여릿 ← 倭(실의독:여리)+理(전음독:리)+叱(약음독:ㅅ)

"'倭理'를 '와리'로 읽은 것은 한자음에 충실한 해독이고 음운현상으로도 '와리>왜'는 가능하기 때문에 그럴 듯하지만, '왜'는 중세어에 보이지 않는 반면에, '예'는 보이므로 여기서는 보다 고형으로 추정되는 '여리'로 읽는 것이 낫다"(강길운 1995:59). 이에 따라 '여릿'으로 읽은 것을 따른다.

3.2. 軍置 굴두 ← 軍(실의독:굴)+置(가의독:두)

강길운이 제시한 '軍那縣本屈那'의 軍=屈과 kuren(軍伍 만주어)으로 보아 '굴두'로 읽는다.

3.3. 來 叱多 오 시다 ← 來(실의독:오) 叱(약음독:시)+多(전음독:다)

'오 시다'(오고 있다. 양희철 2015a:312-314)로 읽는다. 이는 〈동동〉의 '오 실셔'(오고 있을셔)에서 보이는 '오 시-'와 같은 것이다.

4. 烽 燒邪隱 邊也 藪耶

烽 다히얀 ᄀ시라 고지야
烽 땐 변방이라고 봉수대야?

(오구라 1929)	烽 살은 ᄀ애 고자
(유창선 1936e)	烽火 살은 ᄀ애고자
(양주동 1942)	燧 술얀(1965 술ан) ᄀ 이슈라
(지헌영 1947)	烽(볼) 술 ᄀ예드ᄅ
(정열모 1947)	뫼블 살안 가에 숨아(1965 달블 술안 ᄀ시라 수븨)
(이 탁 1956)	수 술온 ᄀ 이수라
(홍기문 1956)	봉 술얀 ᄀ쇄고야
(김준영 1964)	烽 술안 ᄀ여슈라(1979 가여슈라)
(김선기 1967a)	퐁 사란 갇애 고지라(1993 퐁 살안 갇애 숍이라)
(김상억 1974)	슈 살얀 갖 이슈라
(서재극 1975)	烽 스란 모히야 슈라
(전규태 1976)	烽 술 ᄀ 이슈라
(김완진 1980)	홰 티얀 어여 수프리야
(정창일 1987)	烽 燒샤른 邊야 藪냐

(금기창 1993)	烽 술얀 ᄀᆞ시 두메예
(이도흠 1993)	봉화를 올린 변방의 수플이여
(유창균 1994)	홰 ᄉᆞ란 ᄀᆞ시라소라
(강길운 1995)	설 소란 가스여수라
(지형률 1996)	홰 술얀 ᄀᆞ여 슈야
(최남희 1996)	烽ᄉᆞ란 두던야슈라
(양희철 1997)	烽 다히얀 ᄀᆞ시야 슈야
(신재홍 2000)	"홰 ᄉᆞ르라"ㄴ ᄀᆞ샤 수햐!
(류 렬 2003)	수리 사란 가사라고라
(황병익 2005)	燧 술얀 ᄌᆞ 이슈라
(박재민 2009a)	퓌윤(燒邪隱)

4.1. 烽 烽(봉) ← 烽(음의독:烽/봉)

우선 '烽'을 '燧'로 바꾼 해독을 따를 수는 없다. 다음으로 '달블'로 읽은 것은 그 이유를 알 수 없다. 다음으로 '홰'는 '烽'의 해독이 아니라 '炬'의 해독으로 그 뜻이 봉화와 다르다(강길운 1995:60). '설'은 인접 언어들을 비교하고 있으나, '슐'(述)을 제외하고는 괄호 안의 한자로 보아 이해할 수 있는 한국어의 범위를 벗어나고 있어 매우 회의적이다. 아직 '烽'의 정확한 당시의 훈을 알 수 없어 '烽(봉)'을 그대로 취한다.

4.2. 燒邪隱 다히얀 ← 燒(실의독:다히)+邪(전음독:야)+隱(약음독:ㄴ)

'燒邪隱'은 '邪'를 '야'와 '라' 중에서 어느 것을 택하느냐 하는 문제에 걸려 있다. 후자의 경우는 주로 서술형 종결어미의 위치에서 나타난다는 점에서 취하기 어렵다. '야'를 택하고, '燒'를 '다히'로 읽어 '다히얀'으로 해독한다. '燒'는 '블 다히게 ᄒᆞ며'(燒火, 『구급방언해』(上) 15) '불 아니 다힌 房에'(『청구영언(오씨본)』 p.43) 등에서 '다히-'로 읽힌다. 선행 해독의 경우에 '사란' 계통이 많지만, 봉화대의 아궁이에 불을 지피거나 피운다나 땐다는 말은 써도, 봉화대의 아궁이에 불을 사른다는 말은 쓰지 않는다는 점에서, '사란' 계통의 해독은 부정적이다.

4.3. 邊也 ᄀᆞ시라 ← 邊(실의독:ᄀᆞ시)+也(실의독:라)

'邊'은 'ᄌᆞ, 갓, 간, ᄌᆞ, ᄀᆞ, 가, ᄀᆞ시, 가ᄉᆞ, 가사, 두던, 어, 모히' 등으로 읽고, 그

의미는 '국경, 변방, 가, 邊塞, 邊境, 모퉁이' 등으로 보아 왔다. 'ㄱ/ㄱ시'로 읽고, 변방이나 변새의 의미로 보면, 큰 문제는 없어 보인다. 선행 해독들의 상당수는 '邊'의 중세훈 'ㄱ'만을 생각하였다. 그러나 최근에는 'ㄱ시라소라'나 '가스엿우라'에서와 같이 '邊'의 훈을 'ㄱ시/가스'로 재구하였다.

문제는 '邊也'의 '也'에서부터 보인다. 이 '也'는 '애, 예, 이, 익, 야, 여, 라' 등으로 읽어 왔다. 이 중에서 '애, 예, 이, 익' 등은 '也'의 음도 훈도 아니라는 점에서 논외로 한다. 그리고 '야'로 읽은 해독의 문제[69]와 '여'로 읽은 해독의 문제[70]는 각주로 돌리고, '라'로 읽은 해독만을 변증해 보자.

'也'를 '(이)라'로 읽은 해독에는 셋이 있다.

'ㄱ시랴 수븨'(갓이라 숲에, 정열모 1965)에서는, 인용한 예로 보아, '也'를 서술형 종결어미 '-(ㅣ)라'로 본 것 같다. 문맥적 의미가 모호하다.

'ㄱ시라소라'(갓이로구려, 유창균 1994)에서는 '也'와 '耶'를 모두 '라'로 읽고, 전자의 '也/라'를 현대역에서는 '로'로 바꾼 문제를 보인다.

'가사라고라'(변경이라 하는구나, 류렬 2003)에서도 '也'와 '耶'를 모두 '라'로 읽고, 전자의 '也/라'를 종결어미(알림맺음토)로 보았다. 해독과 현대역이 쉽게 연결되지 않는다.

이렇게 선행 해독들은 '(邊)也'의 해독에서 문제를 보인다. 특히 '也'의 음훈을 모두 생각해 보고도 문제를 보인다. 여기에서 우리는 '-也'를 '-(이)라'로 읽으면서, 이 '-(이)

---

69 '也'를 '야'로 읽은 해독에는 다섯이 있다.
  '모히야 슈라'(모퉁이야 있도다, 서재극 1975)에서는 '-야'를 강조의 보조사로 보았는데, ''邊'모히'가 강조되어야 할 단어인가는 문맥상 의문이다.
  '邊야 藪냐'(변방이요 숲이냐, 정창일 1987)의 해독은 문맥에 어울리지 않는다.
  '두던야슈라'(현대역 미제시, 최남희 1996)에서 현대역을 제시하지 않아, '也/야'를 어떤 의미로 본 것인지를 알 수 없다.
  'ㄱ시야 슈야'(변방이 시우야/있우야? 양희철 1997)에서는 '也/야'를 주격으로 본 문제를 보인다.
  'ㄱ샤 수햐!'(변방의 무리여, 신재홍 2000)에서는 '也/야'의 '아'를 '-의'의 의미로 본 문제를 보인다.

70 '也'를 '여'로 읽은 해독에는 여섯이 있다.
  'ㄱ여슈라'(변방이었어라, 변방이었도다, 김준영 1964), '가여슈라'(변방이었어라, 김준영 1979), '가스여수라'(가였도다, 강길운 1995) 등에서는 '也'를 '변방이었-'과 '가이었-'에 포함된 '-이어-'가 축약된 '-여-'로 보았다. 왜군도 오고 있는 시제로 보아, '여'가 포함된 '-이었-'은 문맥에 부합하지 않는다.
  'ㄱ여 슈야'(邊境이 있었노라, 지형률 1996)와 'ㄱ여 슈야'(가이라 있다, 지형률 2007)에서는 '-也'의 해독 '-여'가 현대역의 '-이'나 '-이라'와 연결되지 않는다.
  '어여 수프리야'(어여 수풀이여, 김완진 1980)의 '어여'는 '테두리'의 뜻이 아니고 귓밥(귀불)처럼 두툼한 둥근 것을 가리키는 말(강길운 1995:63)이라는 데에 문제가 있다.

라'가 '-(이)라고'의 생략형이라는 점을 검토해 보아야 할 것 같다. 이 '-(이)라고'는, "이것도 일이라고 했니?"에서와 같이, 마음에 탐탁지 않게 생각하는 대상임을 나타내는 보조사이며, "너라고 뭐 별수 있을 것 같아?"에서와 같이, 어떤 대상을 바로 집어서 대수롭지 않게 가리키는 뜻을 나타내는 보조사이다. 이런 보조사 '-(이)라고'의 생략형 '-(이)라'를 취하여, '邊也'를 'ᄀ시라고'의 생략형 'ᄀ시라'(변방이이라고)로 해독한다. 이 '-(이)라'(-이라고)는 〈맹아득안가〉의 '慈悲也'의 '-也'에도 적용된다.

4.4. 藪耶 고지야 ← 藪(실의독:고지)+耶(전음독:야)

이 '藪'는 〈찬기파랑가〉와 〈우적가〉에 나온 '藪'와 같이 '숲, 고지'로 읽고, 환유적 표현으로 본다. 단지 다른 점은 그 원관념이 '은둔처'가 아니라 '봉수대'라는 것이다. 환유적 표현을 계산하지 않고 해독을 하면서 어려움을 겪었다고 할 수 있다(제4부 「수사법과 연계된 문제 향찰」 2.2.2. 藪耶의 藪 참조).

5. 三 花矣 岳音 於見賜烏尸 聞古

세 곳이 오롬 가보시올 듣고
세 화랑의 금강산 가서 보시올 것을 듣고

  (오구라 1929)   三花의 오롬 보샤올 듣고
  (유창선 1936e)   三花의 뫼 보샤올 듣고
  (양주동 1939)   三花이 오람 보샤올 듣고
  (양주동 1942)   三花이 오롬 보샤올 듣고
  (지헌영 1947)   三花(ᄉᄂ)이 드리(오롬) 보샤올 듣고
  (정열모 1947)   삼화의 오롬 보샤올 듯고
  (정열모 1965)   삼화의 오롬 보리 ᄀ몰 듣고
  (이 탁 1956)   세 곧이 오ᄅ(音) 보ᄉ올 듣고
  (홍기문 1956)   세 고죄 오람 보샤오리 듣고
  (김준영 1964)   三花의 오롬 보샤올 듣고
  (김선기 1967a)   삼화이 올옴 보샤올 듣고
  (김선기 1993)   삼과의 올옴 보시올 돋고

(김상억 1974)	삼화의 오람 보샤올 듣고
(서재극 1975)	三花이 오롬 보시올 듣고
(전규태 1976)	三花의 오롬 보샤올 듣고
(김완진 1980)	三花이 오롬 보샤올 듣고
(정창일 1987)	三花이 오롬 보드올히 듣고
(금기창 1993)	三花이 오롬 보샤올 듣고
(이도흠 1993)	三花의 山 오르신다는 말씀 듣고
(유창균 1994)	三花의 오롬 보샤올 듣고
(강길운 1995)	세 굴의 올음 보솔 듣고
(지형률 1996)	三花이 오롬 보시올 듣고
(최남희 1996)	三花ㅣ 오롬 보시올 듣고
(양희철 1997)	세 곶의 오롬 보시올 듣고
(신재홍 2000)	三花이 오롬 보시올 듣고
(황패강 2001)	三花의 오롬 보샤올 듣고
(류 렬 2003)	서가시히 오롬 보시홀 듧고
(황병익 2005)	三花이 오롬 보샤올 듣고
(박재민 2009a)	뎜(岳音)

5.1. 三 세 ← 三(실의독:세)

5.2. 花矣 곳이 ← 花(실의독:곳)＋矣(전음독:이)

 화랑의 한국어 표현이 무엇이든, '花'가 '화랑'(花郞)의 초언어라 할 때, '곳' 역시 '花郞'의 초언어가 된다는 점에서, '곳이'로 해독한 것을 따른다.

5.3. 岳音 오롬 ← 岳(실의독:오롬)＋音(약음독:ㅁ)

 '뫼, 오 (音), 드리(오롬), 뎜(岳音), 오람, 오롬, 오롬, 오름, 올음, 올음' 등으로 읽혀 왔다. 금강산을 의미하는 '오롬' 정도로 본다.

5.4. 於見賜烏尸 가보시올 ← 於(실의독:가)＋見(실의독:보)＋賜(전음독:시)
　　＋烏(전음독:오)＋尸(약음독:ㄹ)

 '於見賜烏尸'의 '於'는 누락자이다. 於見賜烏尸를 '가보시올'로 읽는다(제2부 「서로 연계된 누락자와 연자」의 3.3.1. 참조).

5.5. 聞古 듣고 ← 聞(실의독:듣)+古(전음독:고)

6. 月置 八切爾 數將 來尸 波衣

돌두 볼긋이 [갈라(八)] 헤어(破/思) 올 결의
달(달/왕)도 발긋이 (갈라) 헤어(破/思) 올 결에
  [1] 달도 밝게 (갈라) 헤치어(破) 올 결에]
  [2] 왕도 밝게 (갈라) 헤아리어(思) 올 결에]

(오구라 1929)	돌두 발써 쉴 바에
(유창선 1936e)	돌도 빨리 쉴 바희의
(양주동 1942)	돌두 ᄇ질이 혀렬 바에
(지헌영 1947)	돌두 ᄇ즈리 셔(혀) 올 바에
(정열모 1947)	달도 발근이 헤여 가올 바에(1965 돌두 볼기리 혀어 ᄇ랠 들에)
(이 탁 1956)	돌두 볼긋ᄉ()볼긋이) 잦아옷 바익
(홍기문 1956)	돌두 브즈리 헤렬 바에
(김준영 1964)	돌두 ᄇ즐이 혀어올 바의(1979 바에)
(김선기 1967a)	딸도 바즈리 잦을 바이(1993 딸도 바지리 잦오올 바이)
(김상억 1974)	달두 바지리 혀렬 바에
(서재극 1975)	돌두 바치 혀바들 바의
(전규태 1976)	돌두 바즈리 혀렬 바애
(김완진 1980)	ᄃ라라도 ᄀᄅᄀᄉ 자자렬 바애
(정창일 1987)	둘 뒤 여뎔비 헤어 굴온히 바옷
(금기창 1993)	돌두 ᄇ즈리 혀 올 바애
(이도흠 1993)	달도 부지런히 밝히려는데
(유창균 1994)	돌두 볼긋이 혈오럴 결의
(강길운 1995)	돌두 바질니 혀렬 바에
(지형률 1996)	ᄃ랄도(2007 돌두) 볼ᄀ시 ᄇᄅ렬 바에(2007 결의)
(최남희 1996)	돌도 바즈리혀어 디녀올 바익

(양희철 1997)	돌두 볼긋이 헤어렬(破/思) 결의
(신재홍 2000)	돌두 바디리 혀여렬/헤오렬 바이
(황패강 2001)	돌두 볼기 혀렬 바애
(류 렬 2003)	달도 바지리자로 올바히
(황병익 2005)	돌두 브즈리 혀렬 바에
(김지오 2012)	(數於)가져 오(尸)
(박재민 2013a)	(數於)가온(尸)

6.1. 月置 둘두 ← 月(실의독:둘)+置(가의독:두)

6.2. 八切爾 볼긋이 [갈라(八)] ← 八[전음독:볼, 잉여코드의 문맥적 의독:갈라(八)]+切(가의독:긋)+爾(전음독:이)

 'ㅂ/브/바지-'계통의 해독들은 '부지런히'(勤)의 뜻으로 해독하고 있다. 그런데 '브-'의 경우는 '八'의 음에 '브'가 없으며, '바질-'의 경우는 중세어에도 없는 유형이고, '브질-'의 경우는 '勤'의 의미가 아니라 '인색하다'(吝)의 의미라는 데에 각각 문제가 있다.
 '불-'계통의 해독들은 그 의미에서 '붉-'(明)으로 거의 통일되어 있다. 이 중에서 '切'(긋)의 뜻과 나머지 차제자의 음을 살린 '불긋이'로 해독한다. 이때 문제가 되는 것은 왜 의주의 향찰 운용법을 취하지 않고, 그 차선책인 음조를 취했느냐 하는 문제이다. 말을 바꾸면 '붉-'만을 표기하려 했다면, '明'으로 표기하면 충분한데, 이를 버리고 '八'로 표기한 이유가 무엇이냐 하는 것이다. 이는 일차로 '八'의 음으로 '볼'을 표기하고, 이차로 '八'의 잉여코드 '갈라'도 쓰기 위한 것으로 판단한다.

6.3. 數將 헤어(破/思) ← 數(가의독:헤)+將(실의독:어)

6.4. 참조.

6.4. 來尸 올 ← 來(실의독:오)+尸(전음독:ㄹ)

 數於將의 '於'는 연자이다. '數將來尸'는 '헤어 올'로 읽는다(제2부 「서로 연계된 누락자와 연자」의 3.3.2. 참조. 제3부 「의독자의 문제 향찰」 3.2.5. 참조).

6.5. 波衣 결의 ← 波(가의독:결)+衣(전음독:의)

'波衣'는 '波'를 거의가 전음독자 '바'로 읽는 가운데, 동음이의적 가의독자 '결'의 해독이 나왔다. 관련 문맥이 거의 동시에 나타난 사건들을 보여준다는 점에서, '바'보다 '결'이 적합하다고 생각한다. 이때 동음이의적 가의독자를 쓴 이유는 '결'의 음형 전달을 용이하게 하기 위한 것으로 생각한다. 만약 '瞬, 間, 須, 臾' 등의 한자를 이용하여 실의독자로 쓰면, '결, 적, 짬, 덛' 등에서 어느 음형인지를 알 수 없기 때문이다.

제6구인 "月置 八切爾 數將 來尸 波衣"는 구문적 중의를 보인다.(제4부 「수사법과 연계된 문제 향찰」 4.4. 〈혜성가〉 제6구의 구문상의 다의, 참조)

7. 道尸 掃尸 星利 望良古

길 술 벼리 ᄇ라고
길 쓸 별 바라고

  (오구라 1929)   길올 쁠 별을 바라고
  (유창선 1936e)   길을 쁠 별을 바라고
  (양주동 1942)   길쁠 별 ᄇ라고
  (지헌영 1947)   길뿔 벼리 ᄇ르고
  (정열모 1947)   길 쓸 별이 바라고(1965 쁠 벼리 ᄇ라고)
  (이 탁 1956)   길슬 별 바라고
  (홍기문 1956)   길 쁠 벼리 ᄇ라고
  (김준영 1964)   길 쁠 벼리 ᄇ라고
  (김선기 1967a)   길쁠 불이 바라고(1993 꿀깔 부실 뵤리 바라고)
  (김상억 1974)   길쓸 별 바라고
  (서재극 1975)   길 쁠 벼리 ᄇ라고
  (전규태 1976)   길 쓸 벼리 ᄇ라고
  (김완진 1980)   길 쁠 벼리 ᄇ라고
  (정창일 1987)   길히 쁠히 벼리 ᄇ럽고
  (금기창 1993)   길 쁠 벼리 ᄇ라고
  (이도흠 1993)   길쓸별 바라보고

(유창균 1994)	길 쁠 벼리 ㅂ라고
(강길운 1995)	길 쁠 비리 바라고
(지형률 1996)	긿쁠 벼리 ㅂ라고
(최남희 1996)	길 쁠 벼리 ㄴ라고
(양희철 1997)	길 술 비리 ㅂ라-고
(신재홍 2000)	'길 쁠 벼리' ㅂ라고
(황패강 2001)	길 쁠 벼리 ㅂ라고
(류 렬 2003)	길 비술버리 바라고[ㅂ라고]
(황병익 2005)	길쁠 별 ㅂ라고
(박재민 2009a)	길 쓸 별 바라고

7.1. 道尸 길 ← 道(실의독:길)+尸(약음독:ㄹ)

7.2. 掃尸 술 ← 掃(실의독:술)+尸(약음독:ㄹ)

'쁠'의 해독으로 거의 굳어지고 있으나, 당시에 된소리가 존재하지 않았다는 점에서 문제를 보인다. 이 문제를 극복하고자, '슬'의 해독이 나왔다고 볼 수 있다. 그러나 '슬'이 아니라 '술'이라고 생각한다.

> 사룸 술여보다(眼裡掃人)(『역어유해보』 61)
> 北風이 술하져 불제 볏뉘 몰라 ᄒ노라(『청구영언(오씨본)』 p.78)
> 밤中만 술아져 우러 님의 귀에 들니리라(『청구영언(대학본)』 p.100)
> 兩分이 여희싫제 술하디여 우러 녀시니(『월인석보』 八 84)(이상 밑줄 필자)

인용의 밑줄 친 부분으로 보면, '掃'를 '술'로 읽을 수 있음을 알 수 있다. 맨 앞의 '술'은 '掃'와 대응된다. 그리고 나머지 인용의 '술-'은 중세에 '쁠-'과 함께 쓰인 말로, 현대어 '쓸어지다'의 '쓸-'에 해당하는 말이다. 이런 예로 보아 '掃'를 '술-'로 읽는다.

7.3. 星利 벼리 ← 星(실의독:벼리)+利(전음독:리)

7.4. 望良古 ㅂ라고 ← 望(실의독:ㅂ라)+良(약의독:아)+古(전음독:고)

8. 彗星也 白反 他 人是 有叱多

술벼리라 술븐 녀느 사룸이 이실다
혜성이라(고) 사뢰온 다른 사람이 있겠느냐?

    (오구라 1929)   彗星이라 슬욀 사람이 잇다
    (유창선 1936e)   살별이라 숢은 사룸이 잇다
    (양주동 1942)   彗星여 술본여 사르미 잇다
    (지헌영 1947)   彗星여 술본여 사르미 잇다
    (정열모 1947)   혜성예 살볼에 사람이 잇다(1965 혜성이라 술벼리라 사르미 이
                               싫다)
    (이   탁 1956)   살별여 슬온이 잇다
    (홍기문 1956)   혜성야 술봉야 사르미 잇다.
    (김준영 1964)   彗星여 술본여 사룸이 잇다(1979 술봉여)
    (김선기 1967a)   쒸성이야 살바란 사람 읻다(1993 쒸성이야 살바란 사람이 읻다)
    (김상억 1974)   셰성여 살븐여 사라미 잇다
    (서재극 1975)   彗星이야 술봉 녀니 잇다
    (전규태 1976)   彗星야 술본야 사르미 잇다
    (김완진 1980)   彗星이여 술바녀 사르미 잇다
    (정창일 1987)   彗星야 슬브얀 분이 이슬다
    (금기창 1993)   彗星여 술봉여 사르미 잇다
    (이도흠 1993)   '혜성이여' 사뢴 사람이 있구나
    (유창균 1994)   彗星이라 술브니라 사룸이 잇다
    (강길운 1995)   살비려 솔본 남이 잇다
    (지형률 1996)   彗星여 술본 여(2007 뿔벼리여 술본여) 사룸이 잇다
    (최남희 1996)   彗星야 술본 넌기 이시다
    (양희철 1997)   술비리야 술본야 사룸이 잇다(2015a 이실다)
    (신재홍 2000)   "彗星야 술봉라"ㄴ 사르미 잇다
    (황패강 2001)   彗星여 술봉녀 사르미 잇다
    (류   렬 2003)   살버리라 살바라 사람이(사룸이) 이시다
    (황병익 2005)   彗星여 술본여 사르미 잇다

8.1. 彗星也 술벼리라 ← 彗(실의독:술)+星(실의독:벼리)+也(실의독:라)

'8세기에 들어 고유지명을 한자어로 대체할 때까지는 가능하면 한자어가 제외되어야 한다고 믿기 때문에'(강길운 1995:78), 일단 '彗星'을 한자로 읽은 경우는 제외한다. '彗星'은 '살별'인데 '별'을 이 작품에서 '벼리'로 표기하고 있어 '술벼리'로 읽고, '也'는 서술형 종결어미 '라'로 읽어, '彗星也'를 '술벼리라'로 읽는다. '술벼리라'는 '술벼리라고'에서 '고'가 생략된 형태이다.

8.2. 白反 술분 ← 白(실의독:숣)+反(전음독:분)

'白反也人是'는 '白反也(隱) 人是', '白反 也 人是', '白反 也人是' 등으로 띄어 읽히고 있다. 이 중에서 '白反'을 끊어 읽은 해독에는 '숣본'(말한, 서재극 1975), '솗본'(사뢴, 강길운 1995), '숣본'(최남희 1996), '술본'(사뢴, 지형률 1996) 등이 있다. 이 해독들과 같이 '白反'을 끊고, '술분'(사뢴)으로 정리한다. '反'의 신라음과 고려음은 '분'이다(제3부「소멸된 한자음의 문제 향찰」의 3.2. '分' 참조).

8.3. 他 人是 녀느 사롬이 ← 他(실의독:녀느)+人(실의독:사롬)+是(실의독:이)

'也人是'의 '也'는 '他'의 오자이다. 他人是를 '녀느 사롬이'로 읽는다(제2부「오자 30제」의 2.4. 참조).

8.4. 有叱多 이실다 ← 有(실의독:이시)+叱(전음독:실)+多(전음독:다)

'叱'을 'ㅅ'으로 읽는 가운데, 정열모(1965)는 '叱'을 'ㅭ'으로 읽고 '필연성 시속태'라고 하고, '이싫다'를 '있을 것이다'의 의미로 보았는데, 이해가 되지 않는다. 정창일(1987)은 '이실다'로 읽고 '있는가, 있겠는가'의 의미로 보았다. 이보다는 문맥상 '이실다'(있겠느냐? 양희철 2015a)로 읽는 것이 바람직하다.

9. 後句 達 阿羅 浮去 伊叱等邪

後句 달 아라 뜨가 잇드야
(後句) 산 아래 떠가 있다야

(오구라 1929)	後句 둘(이) 뼈갓더라
(유창선 1936e)	(後句) 둘이 뼈가 잇드라
(양주동 1939)	뼈갯더라
(양주동 1942)	아으 둘 아래 뼈갯더라
(지헌영 1947)	아으 ᄃᆞᆯᆞ 뼈갯드라
(정열모 1947)	아으 달 아래 떠가 잇드라(1965 둘 아벌라 뼈가 잇ᄃᆞ야)
(이 탁 1956)	아라 둘아 볼아 잇드라
(홍기문 1956)	아야 ᄃᆞᆯᆞ 뼈가 잇다라
(김선기 1967a)	後句 딸 아라이 뜨갣따라(1993 딸 아라 부더가일도라)
(김준영 1964)	아야 달아라 쩌가 잇드라(1979 뼈갯드라)
(김상억 1974)	아으 달 아래 떠갯다라
(서재극 1975)	아으 달아라 뼈가 잇드라
(전규태 1976)	아으 둘아래 뼈갯다라
(김완진 1980)	아야 드라라 뼈갯ᄃᆞ야
(정창일 1987)	아~ 달 아라 뼈 간 伊싀ᄃᆞ샤
(금기창 1993)	아으 달아라 뼈갯더라
(이도흠 1993)	아, 아! 달 아래 떠가버리더라
(유창균 1994)	아라 달 아라 뼈가잇ᄃᆞ라
(강길운 1995)	아으 달아라 뼈가 잇드라
(지형률 1996)	아야 달 아라 뼈가잇ᄃᆞ야(2007 뜨거 잇ᄃᆞ야)
(최남희 1996)	아! 둘아라 뼈가 이시드라
(양희철 1997)	後句(後句, 아야) 달 아라 드가 덧ᄃᆞ야(2015a 이시-)
(신재홍 2000)	아야, 스ᄆᆞ라 뼈갯 드라
(황패강 2001)	後句 달아라 뼈가잇더라
(류 렬 2003)	아라 달아라 부터가 이시다라
(황병익 2005)	아으 둘 아래 뼈갯더라

9.1. 後句 後句(後句) ← 後句(시가의 체격 용어)

'後句'는 체격 용어이다. 차사가 없는 시뇌격을, 차사가 있는 시뇌격과 함께, 같은 형식으로 정리하는 과정에서, 차사를 대신한 체격 용어이다.

9.2. 達 달 ← 達(전음독:달)

'達'(달)의 음에 충실한 '달'(山)의 해독을 따른다. 의주를 벗어난 것은 음형 전달을 위한 것으로 보인다. 만약 '山'으로 표기를 한다면, '뫼, 달, 산' 등에서 어느 음형인지를 결정하기가 어렵기 때문이다.

9.3. 阿羅 아라 ← 阿(전음독:아)+羅(전음독:라)

'阿'(아)와 '羅'(라)의 음에 충실한 '아라'(下에)의 해독을 따른다. 이때 의주를 버리고 음조를 따른 것은 '下'로 표기하면 '알'이 되기 때문에, '아라'의 음형 전달을 용이하게 하기 위한 것으로 생각한다.

9.4. 浮去 뜨가 ← 浮(실의독:뜨)+去(실의독:가)

'불아'는 무슨 의미인지를 알 수 없어 버릴 수밖에 없다. 신라어에 된소리가 없다고 하지만, 확정할 수 없어, 일단 '浮'를 '뜨-'로 읽는다.

9.5. 伊叱等邪 잇ᄃ야 ← 伊(전음독:이)+叱(약음독:ㅅ)+等(약음독:ᄃ)+邪(전음독:야)

해독이 다양한 이유는 세 가지로 요약된다.

하나는 '邪'를 '라'와 '야' 중에서 어느 것으로 읽느냐 하는 문제인데, 이는 '燒邪隱'의 '邪'와 같이 전음독자 '야'로 읽는다. 선학들 거의가 '邪'를 '라'로 읽고 있다. 그러나 이렇게 읽어 놓고, 막상 작품을 해석하려 보면, 문맥에 잘 어울리지 않는다. 즉 작품의 설득성을 약화시킨다는 것이다. 이런 점에서 '邪'를 그 음인 '야'로 읽는다.

다른 하나는 '等'을 '다, 드, ᄃ' 등에서 어느 것으로 보느냐 하는 문제이나. 이 문제는 '둔'(等)의 반절하자의 대칭반자로 보아 'ᄃ'를 취한다.

나머지 하나는 '伊叱'(잇)을 앞의 '去'(가)에 붙여서 '갯'으로 읽느냐, 분리하고 '伊叱'을 다르게 읽어야 하느냐 하는 것이다. 이 문제는 분리해야 한다고 생각한다. '-갯-'으로 읽는 것은 향찰의 운용에서 두 모음에 해당하는 두 자의 표기를 하나로 합쳐서 읽는 경우가 없다는 점에서 분리하여 읽는다. 이때 문제가 되는 것은 '잇-'(有叱)을 표기하려 했다면 괄호 안의 '有'를 이용하여 의주를 취해야 하는데, 그렇지 못하다는 것이다.

이는 음형 전달을 용이하게 하기 위한 것으로 보인다. 만약 '有叱-'로 표기하면, '잇-, 이시-, 시-' 등에서 어느 것을 표기한 것인지를 알 수 없어, 이 문제를 피하기 위한 것으로 보인다.

10. 此也 友徒 北 所音叱 彗叱 只 有叱故

이라 벗물 디 숌시 술시 기 이실고
이런 상황이라 벗무리 뒤 있음의 혜성의 것 있을꼬?

(오구라 1929)	이에 밧갓듸 밤ㅅ 비질악(이) 잇고
(유창선 1936e)	이른 것을 바롤 살별이릿고
(양주동 1942)	이 어우 므슴ㅅ 彗ㅅ기 이실꼬
(지헌영 1947)	이에 벋들ㅅ 소리ㅅ 술(혜)ㅅ아 잇고
(정열모 1947)	이에 벗무리 밤ㅅ 빗래 잇고(1965 이도 다믈 비슴ㅅ 슈ㅅ기 이싫고)
(이 탁 1956)	이 볻돌 므슴 살이 잇드?
(홍기문 1956)	이 버야 乙붓솜 혯기 이실고
(김준영 1964)	이여우 믓솜 쉬ㅼ 잇고(1979 못솜)
(김선기 1967a)	이야 받몯 다뵈솜ㄷ 쐴끼 일고(1993 이애 벋몬 다뵈솜ㄷ쒞ㄷ디기 이싣고)
(김상억 1974)	이어우 무슴ㅅ 쉿기 이실고
(서재극 1975)	이야 벋믈 배솜ㅅ 볏자락 잇고
(전규태 1976)	이야우 믓솜 彗ㅅ기 이실고
(김완진 1980)	이예 버믈 므슴ㅅ 彗ㅅ 다므넛고
(정창일 1987)	이야 友거싀 바롬실 彗설긔 이싀런
(금기창 1993)	이여 벋 믓솜ㅅ 볏즈락 이실꼬
(이도흠 1993)	이에 어울릴 무슨 혜성이 있을꼬
(유창균 1994)	이라 버므리솜 술ㅅ기 이슬고
(강길운 1995)	이의 밧갇 므서ㅼ 삸기 잇고
(지형률 1996)	이여 다믈 므소ㅼ 볏기잇고(2007 븘기잇고)
(최남희 1996)	이야 벋믈 배솜ㆆ 彗ㆆ 다몬 이ㅅ고
(양희철 1997)	이야 友物(벗갓, 우믈) 뒤솜叱 술叱 기 잇고

(신재홍 2000)	이야 덜갓 바--ㅅ 彗ㅅ기 잇 닷
(황패강 2001)	이어우 므슴 彗ㅅ기 잇고
(류 렬 2003)	이벌아 가시보솜시 살히 이실고
(황병익 2005)	이 어우 므슴ㅅ 彗ㅅ기 이실꼬
(박재민 2009a)	此也友('支'의 오자)物北('叱'의 오자)所音叱

10.1. 此也 이라 ← 此(실의독:이)+也(실의독:라)

'此也'에 '友'를 붙인 경우가 있으나, 이런 감탄사를 찾을 수 없다. '也'의 음이 '야'이고, 훈이 '라'라는 점에서, 양자가 모두 가능하나, '라'를 취하여, '此也'를 '이라'로 읽는다. 이는 '이(이런 상황)라'의 의미이다.

10.2. 友徒 벋물 ← 友(실의독:벋)+徒(실의독:물)

友物의 '物'은 동음자 '徒'의 오자이다. 友徒를 '벋물'(벗무리)로 읽는다(제2부 「오자 30제」의 4.2. 참조).

10.3. 北 디 ← 北(실의독:디)

'北'은 작품의 표기에서 '㐲'으로 되어 있어 '叱, 化, 以, 牝' 등의 다양한 교정이 제시되었다. 그런데 『삼국유사』에는 이와 같은 표기가 다음과 같이 나온다.

㐲帶方(〈낙랑국〉〈북대방〉〈말갈 발해〉조): 3회
㐲境(〈말갈 발해〉조): 1회
長城㐲(〈말갈 발해〉조): 1회
㐲扶餘(〈북부여〉): 1회
樂浪之㐲也(〈변한 백제〉조): 1회
㐲宅(〈진한〉조): 1회
㐲山也(〈신라시조 혁거세왕〉조): 1회
東㐲村(〈신라시조 혁거세왕〉조): 1회

이 '㐲'들은 모두가 '北'에 해당한다. 이런 점에서 '北'으로 교정한다. 이렇게 정리하고 나면, '-듸(外) 밤(夜)ㅅ'과 '배숌ㅅ'이 남는다. '-듸(外) 밤(夜)ㅅ'의 해독은 거의가 가의독자를 취하는데, 그 이유를 설명할 수 없다. '배숨ㅅ'의 경우는 '배숨'의 설명에서는 '所'가 'ㅅ'이 되는 이유를 알 수 없다. 이런 점에서 '디 숌시'로 다시 해독한다. '北'은 표준어 '뒤'에 해당하는 경상도 방언 '디'로 보고, '所'는 전음독자 '쇼'로, '音'은 약음독자 '-ㅁ'으로 읽은 것이다. '디 숌'(北 所音)은 '디(後) 시오다'의 명사형이다. '叱'은 속격 '-시'로 읽는다.

10.4. 所音叱 숌시 ← 所(전음독:쇼)+音(약음독:ㅁ)+叱(약음독:시)

10.3. 참조.

10.5. 彗叱 술시 ← 彗(실의독:술)+叱(약음독:시)

'彗'의 고훈인 '술'을 살린 '술'로 읽고 '叱'은 속격의 '-시'로 본다.

10.6. 只 기 ← 只(전음독:기)

'彗叱'과 '只'를 연결하여 '只'를 '-ㄱ, -디/기, -아' 등으로 읽는 것이 거의 모두이며, '只'를 뒤에 붙인 것은 '다ᄆ닛고' 뿐이고, '只'를 독립시킨 경우는 하나도 없다. '-디/기, -아, -ㄱ' 등의 해독에서, '-아'는 차제자의 원리를 벗어나고 있어 일차로 버린다. 다음으로 '기'와 'ㄱ'은 그 음을 살렸다는 장점을 보이지만, 그 기능에서 매우 모호하다. 대다수가 '기'(氣)로 보거나 '명사성 접미사'(名詞性 接尾辭, 유창균 1994:778)로 보고 있다. 우선 '-기'의 해독은 '-기'가 용언 아래 붙는 명사형 접미사라는 점에서, 기왕의 해독들이 무엇을 뜻하는지를 알 수 없다. 이 문제를 극복하고자 나온 것이 '명사성 접미사'설인데, 이 역시 용어의 의미를 알 수 없다. 그리고 '-기'(氣)는 '彗'와 더불어 그 당시에 이들 한자가 아직 한국어의 보편적 어휘로 자리를 잡을 수 없다는 것이다. 이 문제를 어느 정도 인식하고 나온 것이 김완진의 끊어 읽기라고 생각한다. 그러나 바로 뒤에서 보겠지만, 또 다른 문제를 보인다.

이런 문제들을 해결하고자 '只'를 독립시키고, '기'로 해독한다. 이 경우의 '기'는 '것/거'에 해당하는 경상도 방언으로 본다. 그 예는 '그러는 기라' '그런 기라' '참으로 묘한 기야(라)' '그런 기 있어' 등의 '기'에서 찾을 수 있다.

10.7. 有叱故 이실고 ← 有(실의독:이시)+叱(전음독:실)+故(전음독:고)

'잇고'의 해독이 있으나 문맥에 어울리지 않는다. 이를 극복하기 위하여 '이실꼬'가 나왔다. '이실꼬'(양주동 1942)는 문맥에 어울리지만, '有'를 '훈독'이라고 하면서, '이실'로 읽은 문제를 보인다. 크게 보아 이를 벗어나지 않는 '이실고'와 '이실쏘'가 이어서 나왔다. 이와 약간 다르게 '이싫고'(정열모 1965)와 '이실고/이싫고'(류렬 2003)로 읽은 해독도 있다. 전자에서는 '미연태 표기'라고만 하여서 그 구체적인 의미를 알 수 없다. 그리고 후자에서는 "《有叱》은 《이시/이실(이싫)》에 대한 뜻-소리 옮김으로서 《有》는 그것에 대한 뜻옮김이고 《叱》은 거기서의 《시/실(싫)》에 대한 보충적인 소리옮김이며"(류렬 2003:87)라고 하여 '叱'을 어떻게 읽은 것인지를 알 수 없다. 이는 그 이전에 나온 '有/이시/이실'을 종합한 것으로 보이며, '叱'의 정확한 한자음에 기초한 설명은 아닌 것으로 보인다. 유창균(1994)은 각론에서는 '잇고'로 읽고, 모두의 해독에서는 '이슬고'로 정리를 해놓았다.

이렇게 선행 해독들은 '叱'의 해독에 정확한 한자음을 정리하지 못하여, '이실꼬, 이실고, 이싫고, 이슬고' 등의 해독을 명확하게 정리하지 못하고 있다. 이 문제는 '叱'의 상대 한자음이 '실'이라는 사실이 확인(양희철 2016a)되면서, '이실고'(있을꼬? 양희철 2015a)로 확정되는 것 같다.

'有'는 '이시'로, '叱'은 '실'로, '故'는 '고'로 읽어, 전체를 '이실고'로 읽는다.

〈원가〉

[원문]

物叱 好支 栢史
秋察尸矣 不冬 爾屋支 墮米
汝於多支 行齊 教因隱
仰頓隱 面矣 改衣賜乎隱 冬也
月理 影支 右理因 淵之叱
行尸 浪阿叱 沙矣 以支如支
皃史沙叱 望羅阿乃
世理都 □之叱 逸烏隱苐也
(好支의 '支'는 '攴'의 오자로 수정, 秋察尸矣의 '矣'는 누락자로 보충, 冬矣也의 '矣'는 연자로 삭제, 月羅理의 '羅'는 연자로 삭제, 古理因의 '古'는 '右'의 오자로 수정, '(以支)如支'의 '支'은 '攴'의 오자로 수정, 望羅阿乃의 '羅'는 누락자로 보충)

[해독]

가시 됴흔 자시
ㄱ 줄이 안들 니옵 디미
너담 니져 기신
울얼좃은 ᄂᆞᆾ이 가싀시온 듧여
ᄃᆞ리 비칩 우린 못잇
닐 믈결앗 몰기 [말려(以)] 입돗
즈싀삿 ᄇᆞ라아나
누리도 밝읫 [품평과(苐)] 잃온뎌

[현대역]
물이 좋아 잣이
가을에 아니 이울어지므로
'너처럼 가져'라 하신
우러러 조아린 낯에 고치시온 즈(겨울)여
달이 비치어 어린 연못에서
갈 물결에 모래 (말려) 혼미하듯
모습이야 바라아나
세산도 밖에 (품평과) 잃었구나

1. 物叱 好支 栢史

가시 됴흡 자시
물이 좋아 잣이

    (오구라 1929)   것처 잣(이)
    (양주동 1942)   믈흿 자싀(1965 믈힉 자시)
    (지헌영 1947)   들홋 잣
    (정열모 1947)   묻 줄기 잣이(1965 묻 줄기 자시)
    (이 탁 1956)   돋돋 잣아
    (홍기문 1956)   갓 됴히 자싀
    (김준영 1964)   믌홋 자시
    (김선기 1967e)   갇고디 잣이(1993 자시)
    (서재극 1972)   믌 됴히 잣
    (김상억 1974)   맏히 자지
    (전규태 1976)   믈흿 자시
    (김완진 1980)   갓 됴히 자시
    (정창일 1987)   가싀 됴턴 비스
    (금기창 1992)   갓 됴히 자시
    (유창균 1994)   빗 고비기 자시
    (강길운 1995)   믌 됴혼 자스

(지형률 1996)	갓 됴히(2007 곱기) 자시
(최남희 1996)	갓 됴히 자시
(신재홍 1997)	갓 됴히 자시
(양희철 1997)	믈叱(2015a 가시) 동기 자시
(신재홍 2000)	갓 됴히 자시
(황패강 2001)	갓 됴히 자시
(류 렬 2003)	가시 마기 자시
(박재민 2010a)	갓 됴히 자시
(남풍현 2017b)	갓 둏디 잣(자시)

1.1. 物叱 가시 ← 物(실의독:갓)+叱(약음독:시)

'物'의 뜻과 음을 벗어난 것들('것, 들, 빗, 맏' 등)을 제외하면, '物叱'의 해독은 실의독자인 '갓'의 계통과 전음독자인 '믈'의 계통으로 양분된다. 이 중에서 의주음조와 '叱'의 음 '시'를 살려 '가시'로 읽는다.

1.2. 好攴 됴흡 ← 好(실의독:됴ᄒ)+攴(약음독:ㅂ)

好攴의 '攴'는 'ㅊ'의 오자이다. 好攴을 '됴흡'(좋으므로, 좋기 때문에)으로 읽는다. 'ㅊ/ㅂ'은 연결어미이다(제2부 「오자 30제」의 3.1. 참조).

1.3. 栢史 자시 ← 栢(실의독:자시)+史(전음독:시)

'시'(史)를 음절첨기로 쓰고 있어, '자시'의 해독을 따른다.

2. 秋察尸矣 不冬 爾屋攴 墮米

ᄀᆞ줄의 안들 니옵 디미
가을에 이울어 떨어지지 않으므로

| (오구라 1929) | ᄀᆞ술 안들 갓가오어 뼈러디메 |
| (양주동 1942) | ᄀᆞ술 안둘 이우리 디매 |

(지헌영 1947)	ᄀᆞ술 안ᄃᆞ리옷 디매
(정열모 1947)	가슬 아니되 움기짐메(1965 ᄀᆞ슬철 아닌 겨르리 우미기 디매)
(이 탁 1956)	ᄀᆞ줄 안둘 스올아 디민
(홍기문 1956)	ᄀᆞ술 안둘 이보리 디매
(김준영 1964)	ᄀᆞ줄 안들 이옷 디매(1979 ᄀᆞ술 안둘 이옹 디매)
(김선기 1967e)	가잘 안돌 니어디매(1993 가살 안돌 니오디 디매)
(서재극 1975)	ᄀᆞ술 안돌 글오히 디매
(김상억 1974)	가잘 안달 이울이리디매
(전규태 1976)	ᄀᆞ술 안돌 이우리 디매
(김완진 1980)	ᄀᆞ술 안돌곰 ᄆᆞᄅᆞ-디매
(정창일 1987)	ᄀᆞ술히 아겨 이브러 뺄메
(금기창 1992)	ᄀᆞ술 안돌 니위 디매
(유창균 1994)	ᄀᆞ술 안돌 이오기 디며
(강길운 1995)	고슬 안들 갓가보 디메
(지형률 1996)	ᄀᆞ술 안돌 이옥 디매(2007 여토 디민)
(최남희 1996)	ᄀᆞ술 안돌 너오히 디민
(양희철 1997)	ᄀᆞ술 안돌(2008 안들/안둘) 니옵 디매
(신재홍 2000)	ᄀᆞ술 안돌 니르기 디민
(황패강 2001)	ᄀᆞ술 안돌 글오히 디매
(류 렬 2003)	ᄀᆞ술 안돌 이볼히 디머
(박재민 2010a)	ᄀᆞ술 안돌 이우리 디매
(남풍현 2017b)	ᄀᆞ숧 안돌 금오디 디매

2.1. 秋察尸矣 ᄀᆞ줄이 ← 秋(실의독:ᄀᆞ줄)+察(전음독:줄)+尸(약음독:ㄹ)+矣(전음독:의)

秋察尸(矣)의 '矣'는 누락자이다. 秋察尸矣를 'ᄀᆞ줄의'로 읽는다(제2부「서로 연계된 누락자와 연자」의 3.4.1. 참조).

2.2. 不冬 안들 ← 不(실의독:안들)+冬(가의독:들)

'冬'을 '듥'으로 쓴 것으로 보아, '안들'로 읽는다.

2.3. 爾屋攴 니옵 ← 爾(전음독:니)+屋(약음독:오)+攴(약음독:ㅂ)

'爾屋攴'의 해독은 약간 혼선을 보이고 있다.

'갓가오어'(오구라 1929)와 '갓가봋'(강길운 1995)의 해독들은 '爾'의 뜻을 살리고 있다. 그런데 '갓가오어'는 '어'가 차제자에 없다는 문제를 보이고, '갓가봋'의 해독은 '攴'을 지정문자로 본 문제를 보인다. 게다가 이 해독을 따르면, '잣이 가을 아니 가까워지매'가 되어, 노래를 짓기 이전의 상황과 괴리되는 문맥을 보인다.

그리고 지정문자설을 부정하면서 '攴'을 '支'로 수정하여 '-기'로 해독한 것들도 배격한다. 특히 '니르기'(신재홍 2000)의 해독은 원전을 '爾尸至支'로 수정하여 '至'를 〈원왕생가〉의 '惱叱'에 보이는 것과 같이 보주(補註)로 파악하고 '-기'를 연결어미로 파악하고 있다. 우선 '至'는 〈원왕생가〉의 '향언운보언야'(鄕言云報言也)와 같은 형식이 아니라는 문제를 보이고, 또한 '-기'는 한국어 내지는 알타이어들에서 연결어미로 쓰이는 예가 없다는 문제를 보인다.

'爾'는 앞에 붙여서 '안둘곰'으로 읽거나, '그러ᄒ다'(爾)의 어근을 '글-'로 보고 동음이의적 가의독자 '글'(誤)로 읽으면서 '글오히'(그릇, 황패강 2001)로 읽기도 했다. 그러나 부정 부사가 '안둘곰'(김완진 1980)으로 쓰인 전례가 없고(강길운 1995:173), '글'(誤)을 '爾'의 동음이의적 가의독자로 쓸 경제성이 발견되지 않는다는 문제를 보인다.

이 문제를 해결하기 위하여 '니오-'에 부동사형 어미 '-ㅂ'(양희철 1995b:214)이 붙은 '니옵'으로 해독하여, '이울다'의 부동사형(연결형)으로 재구한다. 이때 의주를 버리고 음조를 택한 이유는 '니오-'에 해당하는 한자를 찾을 수 없기 때문이다. '枯'(니올다/이올다)로 쓸 수도 있지만, 이 경우는 '니오-'가 아닌 '니올/이올'이 되기 때문이다. 혹 기본형이 '니올/이올-'인데, '니오/이오-'로 잡은 것에 문제를 제기할 수도 있다. 그러나 '이오시드러ᅀᅡ'(『남명집언해』上 62)의 '이오-'로 보아 문제가 없다.

최근에 '爾屋攴'를 '爾屋支'로 수정하고, '爾'를 '彌'에서 '弓'변이 생략된 글자로 보면서, '爾屋支'를 '금오디'(끝나도, 남풍현 2017b)로 읽은 해독이 나왔다. '彌'에 '終'의 의미가 있다는 점에서 '彌'를 '금'으로 읽고, 이 '금'을 '그뭄, 그뭄날'의 '금'과 같은 것으로 보면서, '금오디'를 '끝나도'의 의미로 보았다. 중세어의 '금-'은 '끊다'의 의미라는 점에서, '終'의 의미를 '끝'을 의미하는 '금-'이라고 보는 데는 한계가 있다. 그리고 '攴/디'를 '틀림없음'을 강조하는 여실법의 조동사로 설명하고 있으나, 이해가 되지 않으며, 이로 인해 '금오디'가 '끝나도'의 의미라고 보는 것도 쉽지 않다. 끝으로, '秋察尸'의 해독에서는 "이 '秋察尸/ᄀᆞ숤'은 문맥상으로 처격이 된다."고 해놓고서는, '秋察尸 不冬

爾屋攴 墮米'의 전체 정리에서는 "'ᄀᆞ숲 안둘 금오디 디매'로 읽고 '가을이 끝나도 떨어지지 않는데' 정도로 해석할 수 있다"고 하였다. 처격을 주격으로 바꾼 이유를 설명하지 않았다. 이를 인정해도 '이울다'의 의미를 삭제한 것이 되어, '떨어지다'만으로는 상록성을 표현하는 데는 한계를 보인다.

이런 점에서 '니옵'(이울어)의 해독을 유지한다.

2.4. 墮米 디미 ← 墮(실의독:디)+米(전음독:미)

3. 汝於多攴 行齊 教因隱

너답 니져 기신
'너처럼 가져'라 하신

(오구라 1929)	너 어듸 녀제이신
(양주동 1942)	너 어듯 니져이신
(지헌영 1947)	너 어듯 니져이신
(정열모 1947)	너 어다기 녀저신은(1965 너 어더기 녀져이신은)
(이 탁 1956)	너 얻ᄃᆞ 닐어 잇은
(홍기문 1956)	너 엇더히 니져 ᄀᆞ른친
(김준영 1964)	너 어듯 니져이신(1979 어돛)
(김선기 1967e)	나 오다기 니져시인(너 오다디 니져이시인)
(서재극 1972)	너다히 녀져 힉신
(김상억 1974)	너 엇디 니져이신
(전규태 1976)	너 엇뎨 니져 이신
(김완진 1980)	너를 하니져 ᄒᆞ시ᄆᆞ론
(정창일 1987)	너 어더러 녀제 敎因은
(금기창 1992)	너다빙 니져 힉신
(유창균 1994)	너 어다기 니져 ᄒᆞ시논
(강길운 1995)	너 엇다 녈셔 이스ᄆᆞ론
(지형률 1996)	너 어닥 니져 이신 ᄆᆞᆯ눈(2007 너를 다히 녀져 이신 ᄆᆞᄅᆞᆫ)
(최남희 1996)	너다히 니져

(양희철 1997)	너-답(2013 너 가둔) 니져 이시-ㄴ
(신재홍 2000)	'너어 다히 녈져' 하신
(황패강 2001)	너 엇뎨 니져 ᄀᆞ르치신
(류 렬 2003)	너 어더기 니지히신
(박재민 2010a)	너 다히 녀져 하신
(황선엽 2015)	너를 다히 녀져
(남풍현 2017b)	너어 다디 녀졔 기신 인은

3.1. 汝於多攴 너답 ← 汝(실의독:너)+於(전음독:어)+多(전음독:다)+攴(약음독:ㅂ)

'汝於多攴'은 끊어 읽기에서 '汝 於多攴', '汝於 多攴', '汝於多攴' 등으로 나뉘고 있다. 이를 나누어서 정리한 바가 있다. '汝 於多攴'의 문제[71]와 '汝於 多攴'의 문제[72]는

---

[71] 대다수의 해독들은 '汝 於多攴'로 띄어서 '어디'나 '어찌'의 의미로 읽었다. '어디'의 의미는 오구라(1929)에서부터 보이고, '어찌'의 의미는 양주동(1942)에서부터 보이는데, 각각 해독과 현대역이 상응/일치하지 않는다. 그리고 '於多攴'은 '가둣'의 의미인 '가둔/가ᄃᆞ디'(양희철 2013a:460-464)로 읽기도 했는데, 문맥이 자연스럽지 않다. 너무 '둔/ᄃᆞ디'를 강조한 것 같다.

[72] '汝於 多攴'으로 띄어 읽은 해독에는 여섯이 있다.

이 해독을 이끈 것은 '너를 하니져'(너를 重히 여겨 가졌다, 김완진 1980)이다. '攴'을 지정문자로 본 문제를 보인다.

'너를 다히'(너를 따라, 지형률 2007)에서는 '다히'가 '따라'의 의미가 되는 근거를 알 수 없다.

'너어 다히'(너하고 같이, 신재홍 2000)에서는 '於'를 나열 선택의 뜻을 갖는 형태소의 '어'로 읽고, 어미로서는 나열형이지만, 조사로서는 공동격으로 기능하여 '-하고, -와/과' 정도의 뜻을 지닌 것으로 보았다. '너 다히'(너와 함께, 박재민 2010a)의 해독은 앞의 '너어 다히'와 같은 범주에 있다. 이 두 해독 역시 '攴' 또는 '支'를 '히'로 읽을 수 없는 문제와, '다히'는 중세어에서 '-다히'로 나타나지 '다히'로 나타난 경우가 없다는 문제를 보인다.

'너를 다히'(황선엽 2015)에서는 '너어 다히'(너하고 같이)와 '너 다히'(너와 함께)의 '다히(같이, 함께)'의 해독을 비판하면서, '다히'를 서재극과 같이 '처럼'의 의미로 다시 검토를 하였다. 그런데 이 해독은 '다히'를 '처럼'으로 읽은 문맥인, "너를 다히(:처럼) 녀져"의 문맥이 매끄럽지 못한 미흡점과 '攴'를 '히'로 읽을 수 없는 문제를 보인다.

최근에 '너어 다디 녀졔'(너와 똑같이 가겠다고, 남풍현 2017b)의 해독이 나왔다. '多攴'를 '多支'와 같은 것으로 보고 '다디'로 읽었다. '攴'를 '디'로 읽은 것은 '가둔/가ᄃᆞ디'에 이어서 가장 정확하게 읽은 것이다. 그러나 '多攴/다디'를 '똑같음'이나 '똑같이'로 본 것은 한계이다. '다-'를 '같다'의 의미로 본 것에는 문제가 있다. 이는 구결 '如ㅣ ᄀᆞ-'를 '곧ᄒᆞ-'나 '곧다ᄒᆞ-'로 읽지 않고, '다ᄒᆞ-'로 읽은 것이다. 즉 '如'의 훈을 구결 'ㅣ/多/다'로 달았다고 오해한 것이다. 이 문제는 이미 다른 글(양희철 2013a: 400-403)에서 비판한 것이다. 그리고 설령 이 해독을 인정하여도, 한국어에서 '다-'가 '같-'의 의미라는 것을 논증하지 않는 한, 믿기 어려운 해독이다. 게다가 '攴/디'를 어떻게 설명하든, '다디'가 '똑같음'이나

각주로 돌리고, '汝於多攴'만을 보자.

'汝於多攴'로 붙여서 읽은 해독에는 '너다히'(너처럼, 서재극 1972; 최남희 1996), '너다뵈'(너처럼, 금기창 1992), '너-답'(너-처럼, 양희철 1997) 등이 있다. 이 해독들이 보인 현대역은, 현존 해독들 중에서 문맥에 가장 적합하다. 그러나 해독에서 약간의 문제를 보인다. '너다히'와 '너다뵈'에서는 '攴'을 '支'와 같은 것으로 보고, '히'와 '뵈'로 읽었는데, 이는 '攴'의 음이 아니다. 그리고 '너-답'에서는 '於'를 장음으로 읽고, '攴'을 'ㅂ'으로 읽고, '-답'을 '-처럼'의 의미로 보았다. 중세어에서 '-다히'가 '-처럼(같이)'의 의미이지만, '-답'이 '-처럼(같이)'이라는 논거가 없다. 이는 보완되어야 할 사항이다.

이상과 같이 선행 해독들은 모두가 문제를 보인다. 특히 문맥에 가장 잘 맞는 '너다히/너다뵈'(너처럼)의 경우는 '攴'을 '支'로 보거나 수정하여 '支'를 '히'나 '뵈'로 읽을 수 없는 문제를 보인다. '攴'의 음을 살린 '너-답'의 경우는 장음으로 본 '어'를 말음첨기로 보아도, '-답'이 '-처럼'이라는 사실을 논증하지 않은 문제를 보인다.

이 문제는 중세어에서 '-처럼'의 의미를 보이는 '-다히'의 과거형을 추정할 때에 해결될 수 있는 문제로 보인다.

먼저 일부 체언류에 붙어서 '-처럼'이나 '-같이'의 의미를 보이는 '-다히'를 보자. "뎌 王둘히 一切有情의그에 慈悲心을 내야 가도앳던 사롬 노코 알픠 니르던 양다히 뎌 藥師瑠璃光如來를供養ᄒᆞᆸᄫᆞ면"(『석보상절』 9:33)의 '양다히'는 '모양처럼/모양같이'의 의미이고, "大臣이 닐오디 그러면 太子ㅅ 뜯다히 호리이다."(『석보상절』 11:20)의 '뜯다히'는 '뜻처럼/뜻같이'의 의미이다. 이 예들로 보아, 중세어에서 '-다히'가 '-처럼/같이'의 의미로 쓰인 것을 확인할 수 있다.

이번에는 이 '-다히'가 변해온 과정을 보자. '-답〉-다비〉-다뵈〉-다히'의 변화를 거친 것으로 볼 수 있다. '-다비〉-다뵈〉-다히'의 변화를 부정할 사람은 없다. 문제는 '-답〉-다비'의 변화이다. 이는 고대어에서 어간이 바로 부사나 명사가 되기도 하였다는 점에서 '-답'이 '-답+이'와 같은 것이었다고 할 수 있다. 이는 '葉如'이 '닢굳'으로 '잎같이'의 의미를 표현한 것과 같은 것으로 본다.

이렇게 중세어에서 '-다히'는 '-처럼/같이'의 의미로도 쓰이고, 이 '다히'는 '-답〉-다비〉-다뵈〉-다히'의 변화를 거쳤다는 점에서, '汝於多攴'는 '너처럼'의 의미인 '너답'으로 읽는 데 문제가 없다고 판단한다. 이렇게 읽을 때에, 문맥에 가장 잘 맞는 '너다히/너다

'똑같이'의 의미라고 보는 데도 한계가 있다.

빈'(너처럼)의 경우에 보인, '攴'을 '支'로 보거나 수정하여 '支'를 '히'나 '비'로 읽을 수 없는 문제를 해결할 수 있고, '攴'의 음을 살린 '너-답'(너처럼)의 경우에 보인, '-답'이 '-처럼'의 의미라는 사실을 논증하지 않고, '於'를 장음표기로 본 문제를 해결할 수 있다.

이런 점들로 보아, '汝於多攴'을 '너답'(너처럼)으로 읽는다.

3.2. 行齊 니져 ← 行(실의독:니)+齊(전음독:져)

3.3. 敎因隱 기신 ← 敎(실의독:기시)+因(전음독:인)+隱(약음독:ㄴ)

'ᄀᆞᄅ치신'은 앞의 '汝於多攴 行齊'와 연결되지 않는다. '히신, ᄒᆞ시ᄆᆞ론, ᄒᆞ시논' 등의 해독은 '敎-'가 '-라 ᄒᆞ시-'의 뜻을 가지지만, 'ᄒᆞ시-'로 읽히는 경우가 없다는 문제를 보인다. 이렇게 보고 나면 '이신, 이시므론, 기신 인은' 등이 남는다. 얼마 전까지만 해도 '이시-'가 주축이었으나, 최근에 이를 부정하는 글이 나왔다. 고려 구결에서 보면 '敎'는 '기시(ハㆆ, ハㄷ)'로 되어 있어, 조선조의 이두에서 보이는 '이시-'는 와전이라는 것이다(남풍현 2017b). 이는 새로운 자료에 근거한 해독으로 주목되는 부분이다. 이 구결을 이용하고, '기시' 다음에 'ㄴ'이 생략된 것으로, '因/인'을 '이(의존명사)+이(계사)+ㄴ(동명사어미)'로, '隱/은'을 주제의 보조사로 각각 보면서, '敎因隱'을 '기신 인은'(하신 것이었지만, 하신 것이었는데)으로 읽었다. 형태 분석과 현대역이 일치하지 않는 모습을 보여준다.

이보다는 '기신'(하신)으로 읽으려 한다. '因'은 '(古)右理因'에서와 같이 '인'의 표기로 본 것이다.

4. 仰頓隱 面矣 改衣賜乎隱 冬矣

울얼좃은 ᄂᆞᆾ이 가싀시온 ᄃᆞᆷ여
우러러 조아린 낯에 고치시온 즘(겨울)여

    (오구라 1929)   울워 조을은 ᄂᆞᆾ애 고티샤온들로
    (양주동 1942)   울월던 ᄂᆞ치 겨샤온뎌
    (지헌영 1947)   울월던 ᄂᆞ츽 고티샤온 겨을여

(정열모 1947)	쳐든 나치 개이사온 듸에
(정열모 1965)	브라든 ᄂ치 가시샤온 겨르리라
(이 탁 1956)	울올돈 낟아 가시스온듸여
(홍기문 1956)	울월던 나치 고치샤혼 디븨야
(김준영 1964)	울월돈 ᄂ츼 고티샤온 겨슬이여(1979 돌이여)
(김선기 1967e)	울올돈 낯이 고띠샤온 겨슬이라(1993 곧히샤온 겨실이라)
(서재극 1972)	울위조손 알픠 가시샤온더야(1975 울월돈 ᄂ치 가시시온 드리야)
(김상억 1974)	우뤌던 나치 계샤온대
(전규태 1976)	우럴던 낯이 고치샤온 겨슬이여
(김완진 1980)	울월던 ᄂ치 가시시온 겨스레여
(정창일 1987)	우러른 ᄂ츼 바롯드호ᄂ 겨싀야
(금기창 1992)	울월던 ᄂ치 가시샤온 드리여
(유창균 1994)	울월이돈 낯이 가시시온더라
(강길운 1995)	울버ㄹ던 너척 가석손듸여
(지형률 1996)	울월던 낯익 가시시온 겨슬에여(2007 겨슳의여)
(최남희 1996)	울월돈 ᄂ시 가시시온 둘이야
(신재홍 1997)	울월돈 ᄂ치 가시시온 디야
(양희철 1997)	울얼돈(2015a 울월좃온/울월조손) 낯의 가속-시온 ᄃ릐야
(신재홍 2000)	울월돈 ᄂ치 가시시온 디야
(황패강 2001)	울월던 ᄂ치 ᄀ시샤온 디여
(류 렬 2003)	우럴던 나시 고디시혼도히라
(박재민 2010a)	우러러 조아린 나치 가시시온 겨슬이여
(남풍현 2017b)	울월던 ᄂ의 가시시온 ᄃ의야

4.1. 仰頓隱 울얼좃은 ← 仰(실의독:울얼)＋頓(실의독:좃)＋隱(약음독:은)

'頓'의 훈이 '조아리다'의 의미인 '좃-'(조ᅀᅡ, 〈월인석보 4:26a〉)이라는 점에서 '울월좃은/울월조손'(제3부 「의독자의 문제 향찰」 4.1. '頓/좃/뭇' 참조)으로 읽는다.

4.2. 面矣 ᄂᆞᆾ익 ← 面(실의독:ᄂᆞᆾ)＋矣(전음독:익)

'ㆍ'를 인정하고 '矣'의 음 '익'를 살려 'ᄂᆞᆾ익'의 해독을 따른다.

4.3. 改衣賜乎隱 가싀시온 ← 改(실의독:가싀)+衣(전음독:의)+賜(전음독:시)+乎(약의독:오)+隱(약음독:ㄴ)

'改衣賜乎隱'의 해독은 '고티-'에서 '가싀-'로 변하고 있다. 이는 '-衣-'의 음을 살리기 위한 것으로 이를 따른다. 그런데 이 '-衣-'는 말음첨기이다. 이에 따라 '가싀시온'으로 해독한다.

4.4. 冬也 듥여 ← 冬(실의독:듥)+也(실의독:여)

冬矣也의 '矣'는 연자이다. 冬也를 '듥여'로 읽는다(제2부 「서로 연계된 누락자와 연자」의 3.4.2. 참조).

5. 月理 影支 右理因 淵之叱

ᄃ리 비칩 우린 못잇
달이 비치어 어린 연못에서

(오구라 1929)	돌의 그림자 고인 못을
(양주동 1942)	둜 그림제 녯 모샛
(지헌영 1947)	달빛 고인 소앳
(정열모 1947)	달이 거렁기 나린 못갓(1965 ᄃ라리 그림지 녜린 후밋)
(이 탁 1956)	둘 그리ᄆ 그린 못잇
(홍기문 1956)	ᄃ리 그르메 딘 녜 모짓
(김준영 1964)	ᄃ리 그리몟 녜리인 못(1979 ᄃ리 그르메ㅿ 네린 못)
(김선기 1967e)	딸이 오디고린 못애(1993 따라리 어디고린 못앳)
(서재극 1972)	ᄃ리 얼히고 다ᄉᆫ 모샛(1975 다스론 모싳)
(김상억 1974)	달그림제 녯 모샛
(전규태 1976)	둘 그리메 네린 못앳
(김완진 1980)	ᄃ라리 그르메 ᄂ린 못갓
(정창일 1987)	ᄃ라 理影러고 理因 모질식
(금기창 1992)	ᄃ리 그리메 치고 다스린 모싳
(유창균 1994)	ᄃ라리 그르머기 고린 못잇

(강길운 1995)	돌알이 그름 녀린 소앳
(지형률 1996)	ᄃ달이 비취억 녀린 못갓(2007 ᄃ올이 비치 고린 못잇)
(최남희 1996)	ᄃ라리 얼히고인 모시ᅘ
(신재홍 1997)	ᄃ라리 그르기 고린 못잇
(양희철 1997)	ᄃ라리 비칩 古理(녀리 蓋/녀리 軟)-ㄴ 못잇
(신재홍 2000)	ᄃ라리 그르기 고린 못잇
(황패강 2001)	ᄃ리 그림제 녯 못앳
(류 렬 2003)	다라리 그림히 나린 모다시
(박재민 2010a)	달羅理 비치는 녀린 못잇
(남풍현 2017b)	ᄃ라리 그르메디 고리인 못잇

5.1. 月理 ᄃ리 ← 月(실의독:돌)+理(전음독:리)

月羅理의 '羅'는 연자이다. 月理를 'ᄃ리'로 읽는다(제2부 「서로 연계된 누락자와 연자」의 3.5.1. 참조).

5.2. 影攴 비칩 ← 影(실의독:비치)+攴(약음독:ㅂ)

'影攴'의 해독은 두 측면에서 어려움을 보인다.

하나는 '影'의 뜻을 명사 '그림자'(陰影) 계통에 집착한 나머지 동사의 뜻을 생각하지 않으면서, '月羅理'의 주어 다음에 이 단어의 연결에서 문제를 보인다. 이에 속하는 해독들로 '그림자, 그림지, 그르메, 그림제, 그르머기, 그름, 그르메디(그림자 그것을)' 등을 들 수 있다. 이 문제를 해결하기 위하여 차제자에도 없는 해독들('빛, 얼히고, 오디, 그르메 딘')을 행하기도 했다.

다른 하나는 오구라와 양주동이 범한 '攴'의 '支' 속자설을 따르거나 지정문자로 처리하는 문제이다.

이런 문제를 해결하기 위하여 '影攴'을 '비칩'(비취어)으로 읽는다. '影'이 '비치(←비취)-'의 의미로 쓰인 예는 '映像'의 '映'이 '影像'의 '影'으로 쓰일 때에 나타난다. 그리고 '攴'은 부동사형(연결형) 어미 '-ㅂ'이다.

5.3. 右理因 우린 ← 右(전음독:우)+理(전음독:리)+因(전음독:인)

古理因의 '古'는 '右'의 오자이다. 右理因을 '우린'으로 읽는다. '어린'의 이형태이다

(제2부 「오자 30제」의 3.2. 참조).

5.4. 淵之叱 못잇 ← 淵(실의독:못)+之(실의독:이)+叱(약음독:ㅅ)

'淵之叱'의 해독은 '淵'과 '之叱'에서 모두 엇갈리고 있다.

'淵'은 실의독자로 보는 것은 같다. 그러나 그 형태를 모두 가능한 '못'과 '소'에서 어느 것을 택하느냐 하는 문제를 가지고 있다. 이는 미세한 문제이지만, '行尸 浪'(갈 물결: 빠질 물결)이 가능한 '못'을 택한다.

'之叱'은 '을, 앳, 잇, 애, 잇, 갓, 엣' 등으로 읽히고 있다. '을'은 '之'의 음역과 의역을 벗어난 것이다. 나머지는 모두가 중세훈으로는 가능하다. 그러나 일단 향찰에서 '之'가 '니(가)-'로 쓰인 예가 없고, '애, 에, 이' 등은 '之'(의)에 기초한 변화로 보인다. 이런 점에서 '淵之叱'을 '못에서'의 의미인 '못잇'으로 읽는다. '叱/ㅅ'의 기능은 명확하지 않은데, '行尸 浪□阿叱 沙矣'의 '阿叱'과 '世理都 □之叱 逸烏隱弟也'의 '之叱'로 보아, 강세 접사로 보인다.

6. 行尸 浪□阿叱 沙矣 以攴如攴

닐 믈결앗 몰기 [말려(以)] 입둗
갈 물결에 모래 (말려) 혼미하듯

(오구라 1929)	녈난 쯤ㅅ모래예 머물어
(양주동 1942)	널 믌결 애와티둧
(지헌영 1947)	널 믌결잇 사이 잇둧
(정열모 1947)	널 물앗 모래 씨기닷기(1965 널 믈앳 모러 삣기둧기)
(이 탁 1956)	닐 뭇결 앗아디둧
(홍기문 1956)	녈 믌결으로 몰애의 이기다히
(김준영 1964)	닐 믌결앳 사이잇둧(1979 사이이ᅀ 둧)
(김선기 1967e)	널 믈걀 앋 사이 이다다디(1993 닐 믿결 / 앗사이 이다다디)
(서재극 1972)	널 믌결 아사 그치둧히(1975 믈 쯔싸 이히둧히)
(김상억 1974)	널 믌결 애와치닷
(전규태 1976)	닐 믌결앳 새이둧

(김완진 1980)	닐 믈겨랏 몰애로다
(정창일 1987)	닐히 결아 싈사이 이러여런
(금기창 1992)	닐 믌결 믈ㄹㅅ 모래이 이치다비
(유창균 1994)	닐 믈결앗 몰기 머믈기다기
(강길운 1995)	널 믌결앳(/ 믌결 가슷) 몰게 이다비
(지형률 1996)	닐 믌결앗 몰애롱닿(2007 결앗 몰기롱다)
(최남희 1996)	널 믌겨라ㅎ 몰개이 이히다히
(양희철 1997)	닐 믈결앗 몰긔- 以ㅎ(입 被/입 蒙)답(2013 몰기 입둔)
(신재홍 2000)	널 믌겨랏 시이기 다히
(황패강 2001)	널 믓결잇 몰앳ᄃ이
(류　렬 2003)	닐 물아리 모시히 이기다히
(박재민 2010a)	뮐 믌결잇 몰이이다
(남풍현 2017b)	넒 믌결앗 몰의로디 다디

6.1. 行尸 닐 ← 行(실의독:니)+尸(약음독:ㄹ)

6.2. 浪尸(←□)阿叱 믈결앗 ← 浪(실의독:믈결)+尸(←□, 약음독:ㄹ)+阿(전음독:아)+叱(약음독:ㅅ)

'浪□阿叱'의 해독에는 세 가지 문제가 포함되어 있다. 하나는 '浪'을 어떻게 읽느냐 하는 것이고, 다른 하나는 □의 부분을 결자로 보느냐 아니면 띄어쓰기로 보느냐 하는 문제이며, 다른 하나는 '阿叱'을 어떻게 읽느냐 하는 것이다.

먼저 '浪'은 '믈결 랑'이므로 이를 벗어난 '-난'과 '믈'을 해독에서 제외시키고 나면, 나머지 해독들은 모두 '浪'을 실의독자로 읽고 있어 '믈결'로 거의 확정된다.

다음으로 □의 부분을 결자로 보느냐 아니면 띄어쓰기로 보느냐 하는 문제이다. 오구라 양주동 등등은 띄어쓰기로 보고, 지헌영 홍기문 등등은 별나른 의미를 부여하지 않고 앞에 붙이고 있으며, 김완진 유창균 등은 결자로 보고 '尸'(ㄹ)과 '波'(결)로 재구하고 있고, 강길운의 경우는 별다른 의미 없이 앞에 붙여 '-앳'(1995:167)으로 읽기도 하고, '-가슷'(1995:183)으로 읽기도 한다. 이 작품의 후구가 망실되었고, '阿叱'만이 떨어질 이유가 없다는 점에서 결자를 인정한다. 결자로 볼 경우에 '尸'와 '波'의 주장이 있다. 이 두 주장은 이론상 모두가 가능하다. 그러나 향찰의 운용으로 보아 '尸'가 아닌가 생각한다. '尸'는 '-ㄹ'의 말자음첨기와 말자음표기에 흔히 쓰이지만, '波'(결)은 말음절첨기에 쓰인 예가 없다는 점에서 그렇다. 이렇게 결자를 보충하고 나면, 빈 공간을 아무

의식도 없이 작품의 분절로 처리한 '씀ㅅ, 애와티둣, 앋, 씀사(沙)' 등의 해독들은 버릴 수밖에 없다. '阿叱'의 해독은 '阿叱'의 음을 살려서 해독한 '앗'을 취한다. 결국 '浪□阿叱'은 '믈결앗'(물결에)으로 해독한다. '叱/ㅅ'은 강세사로 보인다.

6.3. 沙矣 몰기 ← 沙(실의독:몰기)+矣(전음독:이)

6.4. 以攴如攴 [말려(以)] 입돈/입ᄃ디 ← 以[전음독:이, 잉여코드의 문맥적 의독:말려(以)]+攴(약음독:ㅂ)+如(실의독:돈/ᄃ디)+攴(전음독:디, 약음독:ㄷ)

'以攴如攴'는 '입돈/입ᄃ디'(혼미하듯, 양희철 2013a:460)으로 읽어 왔다. 그리고 의주음조의 규범을 일탈한 것은 '以'가 가지고 있는 '말다'(휘감다)의 '말려'의 의미도 잉여코드로 쓰기 위한 것으로 판단한다. 이를 계산하여, '以攴如攴'를 '[말려(以)] 입돈/입ᄃ디'로 해독하고, 그 의미는 '모래 (말려) 혼미하듯'으로 정리한다(제4부 「잉여코드도 겸독한 문제 향찰」 2.3.2. 以攴如支의 以 참조).

7. 皃史沙叱 望羅阿乃

즈시삿 ᄇ라아나
모습이야 바라아나

(오구라 1929)	짓을사 바라나
(양주동 1942)	즛ᅀᅡ ᄇ라나
(지헌영 1947)	못슷 ᄇ라나
(정열모 1947)	즛샛 바라나(1965 즈시삿 ᄇ라나)
(이 탁 1956)	즛아 몯 ᄇ라나
(홍기문 1956)	지싀삿 ᄇ라나
(김준영 1964)	즈시삿 ᄇᄅ나(1979 ᄇ라나)
(김선기 1967e)	짓이사 바라나(1993 지시사ㄷ)
(서재극 1972)	즛삿 ᄇ라나
(김상억 1974)	즞사 바라나

(전규태 1976)	즛사 ㅂ라나
(김완진 1980)	즈스삿 ㅂ라나
(정창일 1987)	즈실사싀 ㅂ라내
(금기창 1992)	즈시삿 ㅂ라나
(유창균 1994)	즈시삿 ㅂ라나
(강길운 1995)	즈스삿 바라나
(지형률 1996)	즈시삿 ㅂ라나
(최남희 1996)	즈시사ㆆ ㅂ라나
(양희철 1997)	즈시삿 ㅂ라-나
(신재홍 2000)	즈싀삿 ㅂ라나
(황패강 2001)	즁삿 ㅂ라나
(류 렬 2003)	지실사 ㅂ라나
(박재민 2010a)	즈싀삿 ㅂ라나
(남풍현 2017b)	즛(즈시)삿 ㅂ라나

7.1. 皃史沙叱 즈시삿 ← 皃(실의독:즈시)+史(전음독:시)+沙(전음독:사)+叱(약음독:ㅅ)

'史'의 음 '시'를 살린 '즈시삿'의 해독을 따른다.

7.2. 望羅阿乃 ㅂ라아나 ← 望(실의독:ㅂ라)+羅(전음독:라)+阿(전음독:아)+乃(전음독:나)

望(羅)阿乃의 '羅'는 누락자이다. 望羅阿乃를 '바라아나'로 읽는다(제2부 「서로 연계된 누락자와 연자」의 3.5.2. 참조).

8. 世理都 □之叱 逸烏隱茀也

누리도 밧읫 [품평과(茀)] 잃온뎌
세상도 밖에 (품평과) 잃었구나

(오구라 1929)   누리도 지즐온 졔요
(양주동 1942)   누리도 아쳐론뎨여
(지헌영 1947)   누리 셔볼앳 일온뎨여
(정열모 1947)   누리도 짓 일온 뎌예(1965 누리도 지지릴 가몬 데라)
(이 탁 1956)   누리도 이럿 을온듸여
(홍기문 1956)   누리도 지즈로 일온뎨야
(김준영 1964)   누리 모둣 이론 뎌여(1979 모돗)
(김선기 1967e)   누리도 깓 일온 집이야(1993 누리도 갓 일온 집이라)
(서재극 1972)   누리도 즛ᄃ론데야
(김상억 1974)   누리도 아쳐론뎨여
(전규태 1976)   누리도 애쳐론 뎨야
(김완진 1980)   누리 모둔갓 여희온더여
(정창일 1987)   世理 다지얼 逸오는 第야
(금기창 1992)   누리 모도잇 이론 뎌여
(유창균 1994)   누리도 이저기잇 ᄇ리온더라
(강길운 1995)   누리두 앳다론뎌여
(지형률 1996)   누리 다갓 일혼뎌여(2007 모둡 짓 잃온 디여)
(최남희 1996)   누리 모다잇ㆆ 일온 뎨야
(신재홍 1997)   누리 아모잇 숨온 뎨야
(양희철 1997)   누리도 밨읫 잃온뎌야
(신재홍 2000)   누리 아모잇 숨온 뎨야
(황패강 2001)   누리 모둣 일혼 뎨여
(류 렬 2003)   누리도 지시리 가몬더라
(박재민 2010a)   누리 모두엣 잃온 第여
(남풍현 2017b)   누리 모도읫 일온 뎨야

8.1. 世理都 누리도 ← 世(실의독:누리)+理(전음독:리)+都(전음독:도)

'都'의 음을 살린 '누리도'로 읽는다.

8.2. 外(←□)之叱 밨(外)읫 ← 外(←□, 실의독:밨)+之(실의독:의)+叱(약음독:ㅅ)

'□之叱'의 해독은 여러 문제를 가지고 있다. 우선 □의 공간 부분을 분절로 보느냐

결자로 보느냐 아니면 무의미한 공간으로 보느냐 하는 문제를 보이고 있다. 무의미한 공간으로 보는 쪽들은 앞의 '都'와 연결하여 '셔볼앳' '모돗'으로 해독한다. 이 해독들은 빈 공간을 전혀 의식하지 않은 문제를 보인다. 다음으로 이 빈 공간을 분절로 의식한 쪽들에서는 '之叱'만을 '지즈로' '깓' 등으로 해독하기도 하고, '之叱逸'로 묶어 '지지릴'로 해독하기도 하며, '之叱逸烏隱'으로 묶어 '지즐온' '아쳐론' '즛ᄃ론' '여희온' '앳다론' 등으로 해독하기도 한다. 이 해독들은 '之'를 '지' '즈'의 음으로 읽거나 '까' '여' '애' 등의 뜻으로 읽고 있지만 상당히 부정적이다. 왜냐하면 '가-'를 표기할 경우는 향찰이 '行'(니-)나 '去'(가-)를 이용하며, '之'는 '의'로 쓰이기 때문이다. 그리고 무엇보다도 이 해독들은 빈 공간이 분절일 수 없는 것을 인식하지 못한 문제를 보인다. 이 빈 공간을 인식하고 결자를 처음으로 재구한 것은 김완진의 '隱'이며, 이를 다시 '今'으로 수정한 의견도 있다. 전자는 '都隱之叱'로 재구하여 '모둔갓'으로 해독하였고, 후자의 경우는 '今之叱'로 재구하여 '이저기잇'으로 읽었다. '모둔갓'의 해독은 '之'를 향찰에서 쓰지 않는 '가'의 가의독자로 보고 있는데, 가의독자로 쓸 만한 이유를 가지고 있지 않다. '이저기잇'의 경우는 결자의 뒤에 있는 글자가 '之叱'임을 중시하고, '淵之叱'과 대비하여 체언 '今'을 재구한 것이다. 그러나 필자는 '行尸 浪□阿叱 沙矣 以支如支'의 의미와 비교하여 '外'(밝)로 재구하여 '밝읫'으로 해독한다. 이 경우에 '읫'의 '의'는 처격이고, '-ㅅ'은 강세접사이다.

8.3. 逸烏隱苐也 [품평도(第)] 잃온뎌 ← 逸(실의독:잃)+烏(전음독:오)+隱(약음독:ㄴ)+苐[전음독:뎌, 잉여코드의 문맥적 의독:품평도(第)]+也(실의독:여)

'[품평도(第)] 잃온뎌'로 읽고, 그 현대역을 '(품평도) 잃었구나'로 정리한다(제4부 「잉여코드도 겸독한 문제 향찰」 2.2.2. 逸烏隱苐也의 苐 참조).

〈우적가〉

[원문]

自矣 心米

兒史 毛達尸將 來呑隱日

遠烏 逸□□ 過出知遣

今呑 藪未 去遣 省如

但 非乎 隱焉 破□主

次弗 □史 內於都 還於尸 朗也

此 兵物叱沙 過乎

好尸 日沙也 內乎呑尼

阿耶 唯只 吾音之叱恨隱

㶚陵隱 安支 尙宅都 作乎隱以多

(毛達只將의 '只'는 '尸'의 오자로 수정, 遠鳥의 '鳥'는 '烏'의 오자로 수정, 唯只伊의 '伊'는 연자로 삭제, 安攴의 '攴'은 '支'의 오자로 수정, 作乎隱以多의 '作'은 누락자로 보충)

[해독]

저이 무스미

즈시 [훤하게(達)] 모돌아 오단 날

멀오 드라날 째 디나 알곤

엳돈 두미 가곤 쇼다

다몬 그르오 숨온 破邪主(파사쥬)

버그블 다시 드리어도 돌얼 [밝은(朗)] 낭여

이 잠가실사 디나오

됴홀 그룹사야 드리오드니
아라 오딕 내 소릿 측은
善陵(션릉)은 안디 尙宅(높은 집/댁)도 일온이다

[현대역]
저의 마음에
즛을 (훤하게) 못 알아 오던 날[즛을 (희미하게) 알아 오던 날]
멀어 달아날 때 지나 알고는
이제 숲(은둔처)에 가고는 있다.
다만 그르오 숨은 파사주
버거울 것 다시 드리어도 돌을 (밝은) 낭(郞)여
이 병물사 지나오
좋을 말씀사야 드리오다니
아-, 오직 내 소리의 한은
善陵(선릉)은 아니 尙宅(높은 집/댁)도 이룬 것이다.
    [1] 陵같이 크고 높게 쌓은 善(=하찮은 善, 즉 하찮은 공덕)은 尙宅(높은 집: 그대 도적들)도 이루지 못한 것이다.]
    [2] 陵같이 크고 높게 쌓은 善(=하찮은 善, 즉 하찮은 공덕)은 尙宅[높은 집: 부처님의 댁(涅槃, 寂靜)]도 이루지 못한 것이다.]

1. 自矣 心米

저의 무스미
저의 마음에

    (오구라 1929)   저의 무음애
    (양주동 1942)   제 무스매
    (지헌영 1947)   나의 무스매
    (정열모 1947)   저의 마미(1965 무미)
    (이 탁 1956)   저의 무솜

(홍기문 1956)   제 ᄆᆞᄉᆞ미
(김준영 1964)   저의 ᄆᆞᄉᆞ메(1979 ᄆᆞᄉᆞ메)
(김선기 1969c)   저이 마잠아이(1993 제 마삼애)
(김상억 1974)   제 마자매
(서재극 1975)   저이 ᄆᆞᄉᆞ매
(전규태 1976)   제 ᄆᆞᄉᆞ미
(김완진 1980)   제의 ᄆᆞᄉᆞ미
(권재선 1983)   저의 ᄆᆞ숨미
(정창일 1987)   自의 心메
(신석환 1990)   저이 ᄆᆞᄉᆞ매
(금기창 1993)   저의 ᄆᆞᄉᆞ미
(유창균 1994)   저의 ᄆᆞᄉᆞ미
(강길운 1995)   저의 마음에
(지형률 1996)   저의(2007 스싀) ᄆᆞ숨이
(최남희 1996)   저의 ᄆᆞᄉᆞ미
(양희철 1997)   저의(2013 저이) ᄆᆞᄉᆞ미
(신재홍 2000)   저의 ᄆᆞᄉᆞ미
(황패강 2001)   저의 ᄆᆞᄉᆞ미
(류 렬 2003)   저히 ᄆᆞᄉᆞ미
(성호경 2008)   제 마음의
(남풍현 2017c)   저의 ᄆᆞᄉᆞ매
(황병익 2019b)   제 ᄆᆞᄉᆞ미

1.1. 自矣 저이 ← 自(실의독:저)+矣(전음독:이)

'自'는 기왕의 거의 모든 해독들에서 '저'로 읽고 그 의미는 '나'의 낮춤말로 파악하고 있다. 이런 큰 흐름에 문제를 제기한 것은 지헌영과 신석환이다. 지헌영(1947:25)은 '自'를 '나(/져)'로 읽으면서, '져'로만 읽는 것을 확정할 수 없는 무엇인가를 암시하였다. 신석환(1990:22)은 중세어에서 '나'는 '吾·我'이므로 '저'로 읽으면서 그 의미는 '나'의 낮춤말이 아님을 주장하였다.

신석환의 주장 중에서 '自'가 '나'의 낮춤말이 아니라는 데는 동의한다. 왜냐하면 이 '自'와 호응 관계에 있는 '去遣 省如'와 제4구 이하의 동사에 자신을 낮추는 선어말어미가 없기 때문이다. 이런 점에서 '自'는 '나'의 낮춤말이 아니라고 생각한다. 그러나 이

'自'가 부사의 '저'가 아니고 인칭 대명사의 '저'라고 보면서도, 이 '저'가 '나'의 낮춤말이 아니라고 할 때에, 이런 용례를 제시하지 않은 문제를 포함한다. 즉 이 주장은 그럴 수 있는 가능성의 추측이지, 논거를 갖춘 논증이 아니다.

이 문제를 해결하기 위하여, 필자는 이 '自'를 '스스로'의 의미인 '저'로 본다. 이렇게 '自'를 보는 이유는 '自矣 心米 儿'이 불교 용어인 자심상(自心相)을 뜻하기 때문이다. '矣'는 속격 '의'로 본다.

1.2. 心米 ᄆᆞᄉᆞ미 ← 心(실의독:ᄆᆞᅀᆞᆷ)+米(전음독:미)

'心米'는 'ᄆᆞᅀᆞ매, ᄆᆞᅀᆞ미, ᄆᆞᄉᆞ매, ᄆᆞᄉᆞ메' 등으로 해독이 엇갈리고, 그 격도 처격과 속격이 엇갈리고 있다. 문맥상 속격으로 본다. '米'가 '未'의 오자라는 주장이 있으나, 주어진 상황으로도 해독이 가능하다는 점에서 오자를 인정하지 않는다.

2. 儿史 毛達尸將 來呑隱 日

즈시 [훤하게(達)] 모돌아 오단 날
즛을 (훤하게) 못 알아 오던 날[즛을 (희미하게) 알아 오던 날]

(오구라 1929)	짓 몰을단온 해
(양주동 1942)	즛 모드(둘)렷단 날
(지헌영 1947)	몿(즈싀) 모드ᄅ 올돈온
(정열모 1947)	즛 못딸기 올튼 날(1965 즈시 모달기 브리돈 날)
(이 탁 1956)	즛 몰아 오돈 눌
(홍기문 1956)	즛 모둘기려돈 날
(김준영 1964)	즈시 / 모둘ᄀ아 오돈 눌
(김선기 1969c)	즛이 몯알기 올라니 숨안 깨(1993 짓이 몯알기 올다니 숌은 날)
(김상억 1974)	즛 모달렷단 날
(서재극 1975)	즛 모ᄌ락 디녀오돈 날
(전규태 1976)	즛 모둘렷돈 날
(김완진 1979b)	즈싀 모둘 보려든 / 日-
(권재선 1983)	즈싀 모둘 기울단 / 날

(정창일 1987)　　즈시 모달긔 굴오솝ᄂ / 날
(신석환 1990)　　즈시 모둘 보뎌돈온 / 日-
(금기창 1993)　　즛 모ᄃ리 올돈 히
(유창균 1994)　　즈시 모딜기려돈 날
(강길운 1995)　　즈스 몯알긔 오렬단은 경
(지형률 1996)　　즈시 못ᄃ로기려돈(2007 모둘기렬 돈) 히
(최남희 1996)　　즈시 모둘기 디녀오돈 날
(양희철 1997)　　즈시 모둘 기려돈 날
(신재홍 2000)　　즈싀 모ᄃ기려돈 / 히
(황패강 2001)　　즛 모둘기려돈 날
(류　렬 2003)　　지시 모둘기래단 날
(성호경 2008)　　모습 모르려던 날(은)
(김지오 2012)　　(毛達只)가져 오(呑隱)
(박재민 2013a)　　(毛達只)가온(呑隱)
(남풍현 2017c)　　즛 모둘 기가지옳 돈
(황병익 2019b)　　즛 모딜이 디니딘 날

2.1. 皃史 즈시 ← 皃(실의독:즈시)+史(전음독:시)

'皃史'는 '貌史'로 '짓, 즁, 몽(즈싀), 즛이, 즈시' 등으로 해독되고 있다. '皃史'의 해독은 외형만 보면 큰 문제가 없는 것 같다. 그러나 문맥에서 보면 세 경우로 갈린다. '皃史'의 격이 불명확하거나 공동격으로 본 경우, 목적격으로 본 경우, 주격으로 본 경우 등이다. 단음절과 이음절의 해독들은 목적격과 주격으로 보는 양상과 거의 일치한다.

'皃史'의 격이 불명확하거나 공동격으로 본 경우로는 세 해독이 있다. '즛 못딸기 올튼 날'(외양과 다른게다, 옳던 날, 정열모 1947), '즈시 모달긔 굴오솝ᄂ'(즈시/相 못알게 대적하옵는, 정창일 1987), '즈시 못ᄃ로기려돈'[모습 마치도록(/없어지도록), 지형률 1996] 등이 있다. 의미 있는 해독이 아니다.

목적격으로 본 경우로는 여러 해독이 있다. 이에 속한 해독들은 다시 '皃史'를 1음절로 읽은 경우와 2음절로 읽은 경우로 나눌 수 있다. 전자에는 '짓'(姿, 오구라 1929), '즁'(形相/얼굴, 양주동 1942, 짓, 홍기문 1956), '즛'[꼴(이탁 1956), 形體(서재극 1975), 容貌(전규태 1976), 모습(금기창 1993; 황패강 2001; 남풍현 2017c)], '즞'(시늉, 김상억 1974), '몽/즈싀'(지헌영 1947) 등이 있고, 후자에는 '즈시'[心狀(김준영 1964, 1979), 모습(최남희 1996)], '즛이'(얼굴, 김선기 1969c), '즈스'(모습, 강길운

1995), '지시'(짓, 류렬 2003), '즈싀'(모습, 신재홍 2000; 지형률 2007) 등이 있다.

주격으로 본 경우로는 '즈시'(정열모 1965; 신석환 1990; 유창균 1994; 양희철 1997, 2013), '즈싀'(김완진 1980; 권재선 1983), '짓이'(김선기 1993) 등이 있다.

이 격의 문제는 이하의 향찰 '毛達只將來吞隱'의 해독과 연결되어 있는데, '毛達只將來吞隱'과의 관계에서 목적격으로 본다. 목적격으로 정리한 선행 해독들은 모두가 문맥에 맞춘 것이며, 형태론상의 예를 둔 것은 아니다. 이 목적격은 부정사나 금지사 앞에서 '-을'을 의미하는 목적격의 '-이'이다. 이에 속한 예들은 『이조어사전』(유창돈)의 "-·이 토 -을"조에 잘 정리되어 있다.

그리고 이 '즈싀'가 포함된 '자기 스스로의 마음의 즈싀'(自心相)는 그 의미를 먼저 구체적으로 정리해야 할 것 같다. 自心相은 두 가지이다. 하나는 "猶如迷人 四方易處 妄認四大 爲自身相 六塵緣影 爲自心相"에서 보이는 '六塵緣影'의 自心相이다. 다른 하나는 圓覺(원만한 깨달음)의 경지인 청정(淸淨)한 본심(本心)을 일컫는 원각묘심(圓覺妙心)의 自心相이다. 이 중에서 작품의 자심상은 후자이다. 6진연영이 영원하다고 생각하기 때문에 애착과 탐욕이 생긴다. 그리고 마음을 청정히 하여 6진연영이 실제가 아님을 아는 것. 이것이 무명을 끊는 것이다. 이것이 원각이고 모든 불보살님들이 성불한 비결이다.

2.2. 毛達尸將 [훤하게(達)] 모들아 ← 毛(전음독:모)+達[전음독:둘, 잉여코드의 문맥적 의독:훤하게(達)]+尸(약음독:ㄹ)+將(실의독:아)

毛達只將의 '只'는 '尸'의 오자이다. 毛達尸將을 '[훤하게(達)] 모들아'로 읽고, '(훤하게) 알지 못하여'의 의미로 정리한다(제2부 「오자 30제」의 2.9. 참조. 제3부 「의독자의 문제 향찰」 3.2.6. 참조. 제4부 「잉여코드도 겸독한 문제 향찰」 2.3.3. 毛達尸將의 達 참조).

2.3. 來吞隱 오단 ← 來(실의독:오)+吞(전음독:단)+隱(약음독:ㄴ)

'來吞隱'을 '오던'의 의미인 '오단'으로 읽는 데는 큰 문제가 없다.

2.4. 日 날 ← 日(실의독:날)

'日'은 '해, 날, 경, 日' 등으로 읽히고 있으나, 다음의 3.1과 연결되어 있어 일단은

'날'로 해독한 것을 따른다.

그리고 제2구인 '즛을 (훤하게) 알지 못하여 오던' 또는 '즛을 (훤하게) 못 알아 오던'은 '즛을 (희미하게) 알아'를 반대의 부정으로 표현한 완서법이다.

3. 遠烏 逸尸 時(←□□) 過出 知遣

멀오 드라날 째 디나알곤
멀어 달아날 때 지나알고는

(오구라 1929)	머오일 □□ 디나아고
(양주동 1942)	머리 □□ 디나치고
(지헌영 1947)	져므올 느리 디나알고
(정열모 1947)	멀새 일오이 지나지고(1965 멀감 일□□ 디나 티고)
(이 탁 1956)	멀오 을온 허믈 내디고
(홍기문 1956)	멀오 □□ 디나치고
(김준영 1964)	먼새이랄□ 디나 알고(1979 머오일□□ 디나디고)
(김선기 1969c)	멀오일 셔산 디나간 알고(1993 숌온 날 멀오일 셔산 디나겨 알오겨)
(김상억 1974)	머리 □□ 디나치고
(서재극 1975)	멀 새 돋 디나티견
(전규태 1976)	머리□□디나치고
(김완진 1980)	-遠鳥逸 드라리 난 알고
(권재선 1983)	멀오 닫니다 디나 알고
(정창일 1987)	멀오 逸오는 過出 알겨
(신석환 1990)	-遠鳥 드라나 디난 알겨
(금기창 1993)	멀 새 수믈 나죄히 디나 알고
(유창균 1994)	멀오 숨우라 넘나디고
(강길운 1995)	멀쌔 일오 디나티고
(지형률 1996)	멀시 일(즉) 남올 줄 알고(2002 희 멀 시 일(즉) 남올 줄 알견)
(최남희 1996)	먼 새 느라□□ 디나디고
(양희철 1997)	잃은 적 디나 알고(2015a, 알곤)

(신재홍 2000)	멀오 숨온 디나출 알고
(황패강 2001)	머리 새 돋드히 디나 알고
(류 렬 2003)	머루 遠□□ 디나디고
(성호경 2008)	遠鳥逸□□ 시나치고
(남풍현 2017c)	日遠鳥逸 □□ 디나디고
(황병익 2019b)	머리 새 숨온 수플 디나티고

3.1. 遠烏 멀오 ← 遠(실의독:멀)+烏(전음독:오)

遠鳥의 '鳥'는 '烏'의 오자이다. 遠烏를 '멀오'(멀기 때문에)로 읽는다(제2부 「오자 30제」의 2.5. 참조).

3.2. 逸尸時(←□□) ᄃ라날 째 ← 逸(실의독:ᄃ라나)+尸(약음독:ㄹ)+時(실의독:째)

'逸□□'의 결자에 대한 기왕의 보충은 다양하다. '盡良'(양주동), '川理'(지헌영), '烏隱'(이탁, 신재홍), '일찌기'(정열모), '西山'(김선기), '如攴/如攴'(서재극, 황패강), '月矣/月衣'(김완진), '行多'(권재선), '良乃'(신석환), '盼時'(양희철) '夕陽'(금기창), '于良'(유창균), '烏攴'(강길운) '俗界'(홍기삼), '隱時'(양희철), '무只, 曾只'(지형률) '林乙'(황병익) 등이다. 이 보충들은 해독자 자신의 해독에서 보인 문맥에 의존한다. 특히 바로 앞에서 정리한 '遠烏'의 해독에 의존한다. 이로 인해 선행 해독에서 문맥을 다시 검토해야 할 것은 거의 없다. 왜냐하면 거의 모든 해독들이 이미 '遠烏'의 해독에서 문제를 보이기 때문이다.

'逸□□'의 두 결자를 보충하는 데에 도움을 주는 것은 문맥과 '逸□□'이다.

먼저 '逸□□'의 전후 문맥을 보자. '逸□□' 이하의 내용은 '逸□□ 지나 알고 이제야 피은처인 숲에 가곤 있다.'이다. 이 내용은 '-곤(遣)'를 전후한 나열이다. 이로 인해 '-곤'의 앞부분은, 그 뒷부분인 '이제야 피은처인 숲에 가곤 있다'로 보아, 이제까지 지나치거나 지나 알게 된 피은의 필요, 피은의 시간, 피은의 장소 등이거나 그중의 하나라 할 수 있다. 왜냐하면 '-곤'의 뒷부분은 이제까지 지나치거나 지나 알게 된 피은의 필요, 피은의 시간, 피은의 장소 등에 기인한 행동을 설명한 것이기 때문이다.

이렇게 좁혀진 '逸□□'의 내용은 그 앞의 내용에 의해서 확인되고 좀더 좁혀진다. '逸□□' 이전까지의 내용은 '자심상을 (훤히) 알지 못하여 오던 날이 멀어'의 원인이다.

이 원인으로 인해 무엇인가 즉 '逸□□'를 지나 알았다고 할 때에, 이 무엇인가 즉 '逸□□'에는 깨닫지 못하게 된 원인이나 그 극복 방법 또는 그 극복 방법을 쓸 시간이 올 수 있다. 이때 이 극복 방법은 앞의 피은의 필요와 통하고, 이 극복 방법의 시간은 앞의 피은의 시간과 통한다. 이것들이 전체 문맥으로 보아 '逸□□'에 올 수 있는 공통의 것들이다.

그러면 이 '逸□□'는 무엇일까를 보아야 하는데, 이는 '逸□□'과 지금까지 정리한 문맥에서 가늠할 수 있다. 지금까지 정리한 문맥으로 보아 '逸□□'는 피은의 필요와 시간에 해당한다. 그런데 피은의 필요와 시간은 '逸'에서 두 가지가 가능하다. 하나는 '逸'을 '숨-'으로 읽을 때이고, 다른 하나는 '逸'을 '드라나-'로 읽을 때이다. '逸'을 '숨-'으로 읽은 해독은 '멀오 숨우라/逸于良 넘나디고'(멀리 隱居할려고 넘어가, 유창균 1994), '히 멀 새 수믈/逸 나죄히/夕陽 디나 알고'[해가 멀고 새가 숨을 저녁 나절이 지나서 알고, 금기창 1993], '멀오 숨온/逸烏隱 디나츌 알고'(멀리 숨은 잘못을 알고, 신재홍 2000) 등에서 보인다. 그리고 '逸'을 '드라나-'와 비슷한 '둗/닫-'으로 읽은 해독은 '멀 새 둗ᄃᆞ히/逸如支 디나티견'[먼 새 달아나듯 지나가 버리고선, 서재극 1975], '머리 새 둗ᄃᆞ히/逸如支 디나 알고'(멀리 새 달아나듯 지나사 알고, 황패강 2001), '멀오 닫니다/逸行多 디나 알고'(멀리 다니다 지나알고, 권재선 1983) 등에서 보인다. 이 해독들은 '逸'의 해독에서 문맥에 가깝지만, '遠烏'의 해독에서 문제를 보인다. 즉 '멀오'(멀리), '멀'(멀고), '멀'(먼) 등에서는 해독이 괄호 안의 현대역으로 연결되지 않는 문제를 보인다. 그리고 '머리'(멀리)에서는 '遠'을 '머리(멀리)'의 부사로 읽었는데, 이런 예를 쉽게 찾기가 어렵다. 그리고 '숨-'은 다음에 볼 '隱'으로 표현되고 있다는 문제를 보인다. 게다가 결자는 두 자뿐이다. 이를 고려하면 '逸□□'는 피은의 필요와 시간을 말하는 '逸尸時(드라날 때)' 정도로 정리한다. 이 '드라나-'는 '둗ᄃᆞ히'(달아나듯)의 현대역에서 보이는 '달아나-'의 의미인데, '둗-'를 따르지 않은 것은 '닫-'과 '달아나-'의 의미가 다르기 때문이다. 즉 '닫다'에는 "위험을 피하여 도망가다."의 의미가 없기 때문이다. 이 '달아나다'는 '避隱'(속세를 피하여 숨다)의 의미인 '逸隱'(달아나 숨다)의 '逸/달아나다'이다.

3.3. 過出 知遣 디나 알곤 ← 過(실의독:디나)+出(가의독:나)+知(실의독:알)+遣(전음독:곤)

'過出知遣'에 대한 선행 해독들은 세 유형으로 정리된다. 단일 동사로 본 경우가 있는

데, 이에 속한 것들로 '디나아고, 디나치고, 디나디고, 디나티견, 넘나디고, 디니티고' 등이 있다. 복합 동사로 본 경우들에는 '디나 알고'가 있다. 그리고 동명사와 동사로 보는 경우에는 '디나간 알고, 난 알고, 디난 알겨, 디나츌 알고' 등이 있다.

이것들 중에서 '出'을 '-ㄴ'과 '-ㄹ'의 동명사형 어미로 해독한 것들은, '知'를 지헌영이 '알다'의 타동사로 보았을 때에 나오는 목적어의 부재를 보충하기 위한 것들이다. 그러나 이 해독들은 우선 '出'의 음에 '-ㄴ'이 없고, 뜻에도 '-ㄴ'이 없으며, '-ㄹ'은 미래시제의 동명사형 어미라는 문제들을 지니고 있다. 또한 인접 향찰들과의 관계에서 문제를 지닌다. 즉 '日遠鳥'를 막연한 불교상의 새로 보거나, '日遠鳥逸'을 다른 향가의 향찰에서 볼 수 없는 한문으로 처리하고, 이에 근거해 '過出'을 새의 동작을 동명사로 표현한 것이라 본 문제이다.

단일 동사로 해독한 경우들에서, '디나치고, 디나티고, 디나티견' 등의 경우에는 '知'가 '치/티'가 될 수 없다는 문제를 포함한다. 이에 비해 '디나디고(지나치고)'의 경우에는 그 음상에서는 어떤 하자도 없다. 그러나 그 목적어를 '날(日)'로 잡으면서 봉착하는 '遠鳥逸(머오일)'의 해독에 따른 문제가 제기된다. 이때 '知(알)'의 목적어를 다시 해석해야 할 것 같다.

이렇게 '過出知遣'에 대한 선행 해독들을 정리하고 나면, 가능한 것들로 '디나디곤'과 '디나 알곤'이 있다고 할 수 있다. 이들 둘이 모두 가능하지만, 피은의 필요를 구체적으로 인식한 '디나 알곤'을 따른다. 그리고 '遣'에 대해서 '견'과 '겨'의 주장이 있었지만, 최근에 밝혀졌듯이 '곤'이다(제3부 「소멸된 한자음의 문제 향찰」의 3.1. '遣' 참조).

4. 今呑 藪未 去遣 省如

열돈 두미 가곤 쇼다
이제 숲(은둔처)에 가고는 있다.

    (오구라 1929)   열단 숩에 가고소다
    (양주동 1939)   열쏜 수미 가고쇼다
    (양주동 1942)   열쏜 수메 가고쇼다
    (지헌영 1947)   곰돈 드메 가고쇼다
    (정열모 1947)   열튼 수며 가고 보다(1965 열돈 수미 가겨셔녀)

(이　탁 1956)　　　　일둔 숨어 가고스다
(홍기문 1956)　　　　이제단 수미 가고소다
(김준영 1964)　　　　엳쏜 슈메(1979 슈매) 가고쇼다
(김선기 1969c)　　　열쁴 다니 수메 가교쇼다(1993 열다니 슘애 가겨쇼다)
(김상억 1974)　　　　엳딴 수메 가고쇼다
(서재극 1975)　　　　여돈 드미 가겨싱다
(전규태 1976)　　　　엳쏜 수메 가고쇼다
(김완진 1980)　　　　열둔 수플 가고셩다
(권재선 1983)　　　　열둔 수미 가고쇼다
(정창일 1987)　　　　이습 숲긋 가겨 찌여
(신석환 1990)　　　　여돈 더미 가겨싱다
(금기창 1993)　　　　여돈 드미 가고쇼다
(유창균 1994)　　　　이저기돈 두미 가고소다
(강길운 1995)　　　　이제 단숨에 가고 솓여
(지형률 1996)　　　　엳둔 듬에 가고싱다(2007 가고소다)
(최남희 1996)　　　　여돈 더미 가고 시이다
(양희철 1997)　　　　열둔 숨메(2013 숨미) 가고쇼다(2015a 가곤 쇼다)
(신재홍 2000)　　　　열둔 더믜 가고소다
(황패강 2001)　　　　이제둔 수페 가고쇼다
(류　렬 2003)　　　　이저돈 수머 가고소다
(성호경 2008)　　　　이젠 숨어 가고 있습니다.
(남풍현 2017c)　　　　엳둔 藪믜 가고소다
(황병익 2019b)　　　　이제둔 수페 가소쇼다

4.1. 今呑 열돈 ← 今(실의독:열돈)+呑(전음독:돈)

'今呑'은 '열단'(오구라)과 '엳쏜'(양주동) 이래로, 대체로 두 해독의 범위 안에서 읽히고 있다. 다른 형태로는 '곰돈(지헌영), 이제단(홍기문), 이습(정창일), 이제둔(황패강), 이저기돈(유창균), 이제(강길운)' 등이 있다. '곰돈'은 '今'을 '곰'으로 읽을 이유가 없고, '이습'은 해독의 근거가 명확하지 않으며, '이제단, 이제둔, 이제' 등은 '제'가 한자 어휘라는 문제를 가지고 있으며, '이저기돈'은 '今'을 '이적'으로 읽을 수는 있으나, '이저기'로 읽기는 어렵다는 문제를 보인다.

이런 점들에서 '열둔'을 취한다.

4.2. 藪未 두미 ← 藪(실의독:둠)+未(전음독:미)

'藪'는 음으로 읽은 경우와 훈으로 읽은 경우로 대별된다.

'藪'를 음 '수, 슈'로 읽은 경우는 다시 '未'를 '메, 며, 머, 미, 매' 등의 어느 것으로 읽었느냐에 따라 나뉜다. 먼저 '未'를 '메'를 읽은 해독은 '수메'[숨어서(양주동 1942; 김상억 1974), 숨으려(김선기 1969c), 숨어(隱居하러, 전규태 1976)]와 '단숨에'(단숨에, 강길운, 1995)에서 보인다. '수메'의 경우에는 '숨-'에 '隱'이나 '逸'을 쓰지 않은 문제와 '未/메'의 해독에서 문제를 보인다. '단숨에'의 경우에는 세 글자를 모두 음으로 읽었다고 보는 것이 쉽지 않다. '未'를 '며'와 '머'로 읽은 해독은 '수머'(목숨이, 정열모 1947), '숨어'(숨어, 이탁 1956; 성호경 2008), '수머'(숨으러, 류렬 2003) 등에서 보이는데, '未'를 '며'나 '머'로 읽는 것이 쉽지 않다. '未'를 '미'로 읽은 해독에는 '수미'[숨으러(홍기문 1956), 목숨이(정열모 1965), 隱居(권재선 1983)]가 있다. '미'는 '未'의 당대음이 아니다.

'藪'를 '숲'의 의미로 읽은 해독들은, '藪'의 훈으로 추정되는 '숨/숲, 두메/두미/드미, 듬, 덤' 등으로 읽거나 '藪'로 읽었다.

'藪'의 훈을 '숨/숲'으로 추정한 해독에는 여섯이 있다. '숨에'(叢에, 오구라 1929)에서는 '未'를 '메'로 읽고, p와 m의 상통을 주장하면서, m과 통하는 p로 '숲'의 'ㅂ'을 표기하였다고 보았다. 이 주장의 'ㅂ'을 'ㅍ'으로 바꾼 것이 '수페'(숲에, 황패강 2001)의 해독이다. 이 두 해독에서는 p와 m의 상통을 인정하는 것이 어렵다. '슈메'(김준영 1964)와 '슈매'(김준영 1979)에서는 '숲'과 '숨(隱)'의 어원이 같다고 보고, "이 '슈메'도 '숲에'라는 뜻 외에 '隱居'의 뜻이 內包되었다고 보아야 할 것"이라고 주장하였다(김준영 1964, 1979:171). '未'의 음을 '메'와 '매'로 읽으면서, p와 m의 상통을 벗어나지만, '슘'이 '숲'의 의미라고 주장할 수 있는 근거가 없다. '수플'(수플을, 김완진 1980)에서는 "'未'를 前行의 '過'에 대응하는 文法 要素로 보아 '去遺省如'의 행동이 未完임을 지시하는 것"으로 보았다. 해독의 범위를 벗어난 것 같다. '숲긋'(숲끝, 정창일 1987)에서는 '未'를 '末'로 수정하여 '긋()끗)끝'으로 읽었는데, 문맥적 의미가 모호하다. 이렇게 '藪'의 훈을 '숨/숲'으로 추정한 해독들은 '未'와의 연결에서 문제를 보인다.

이에 비해 '藪'의 훈을 '두메/두미/드미, 듬'이나 '덤'으로 추정한 해독들은, '未'와의 연결에서 문제를 해결한다. 그러나 '藪'의 훈에서 가능성을 보이지만, 확정할 수 있는 예증을 한 것은 아닌 것 같다.

'藪'의 훈을 '두메/두미/드미, 듬'으로 추정한 해독에는 네 유형이 있다. '드메'(듬풀에, 山골에, 지헌영 1947), '드미'[두메(서재극 1975), 두메에(금기창 1993)], '두미/드미'(山中에, 유창균 1994), '듬에'(두메에, 지형률 1996, 2007) 등이다. 이 해독들에서 추정한 '藪'의 훈은 '두메산골'의 '둠, 두메/두미/드미, 듬'에 근거한 것이다. 유창균은 '藪'의 의미인 '山峽'에 따라 '山中'으로 보았다. 그러나 예증이 좀더 필요해 보인다.

'藪'의 훈을 '덤'으로 추정한 해독에는 두 유형이 있다. '더미'(숲에, 최남희 1996; 신석환 1990)와 '더믜'(숲에서, 신재홍 2000)이다. 이 해독들은 '덤불'의 '덤'을 '藪'의 훈으로 추정한 것인데, 예증이 좀더 필요해 보인다.

'藪믜'[(修道하는) 숲으로, 남풍현 2017c]에서는, '藪'의 훈을 정확하게 제시하기 어려운 점을 감안하여 '藪'를 그대로 쓴 것 같다. 그리고 '믜'의 의미를 '-으로'로 보았는데, 해독과 현대역이 연결되지 않는다.

이렇게 '藪未'의 해독은 문제를 보이는데, 일단 그 가능성이 보이는 '두미'와 '더미' 중에서 '두미'를 따르고자 한다. 그리고 '두미'나 '더미'의 어느 것으로 읽든, 이 문자적 의미는 '은거처'의 비유적 의미를 내포한다.

4.3. 去遣 省如 가곤 쇼다 ← 去(실의독:가)+遣(전음독:곤) 省(약음독:쇼)+如(약의독:다)

'去遣 省如'는 '가곤 쇼다'로 읽는다(제3부 「소멸된 한자음의 문제 향찰」 4.2. '省' 참조).

5. 但 非乎 隱焉 破□主

다문 그르오 숨온 破邪主(파사쥬)
다만 그르오 숨은 파사주

  (오구라 1929)   (미해독)
  (양주동 1942)   오직 외온 破戒主
  (지헌영 1947)   다위온ᄋ 바위 슈-
  (정열모 1947)   단비오는 파계주(1965 돈비오는 파□쥬)
  (이 탁 1956)   드비온 破戒主
  (홍기문 1956)   오지 외혼 파계주

(김준영 1964)	오직 외오 숨언 破戒主
(김선기 1969c)	단비고 숨안 바계듀(1993 단비고 슘안 파계주)
(김상억 1974)	오지 외온 파계쥬
(서재극 1975)	다논 외욘 破[戒]主
(전규태 1976)	오직 외오 숨은 破□主
(김완진 1979b)	다모 외오는 破家니림
(권재선 1983)	술비오 숨은 破家남
(정창일 1987)	단 외호ᄂ연 破戒 님/ㅈ
(신석환 1990)	다모 글오는 破戒主
(금기창 1993)	무릇 비온 破闇 님
(유창균 1994)	다모 외오 숨은 破戒主
(강길운 1995)	다믄 외오 수믄 破戒主
(지형률 1996)	다모 외온오 破(戒)主
(최남희 1996)	다모 외오 스믄 破□主
(양희철 1997)	'다모 그르오' 숨언 破邪主
(신재홍 2000)	다모 외온오 허른/후린 님
(황패강 2001)	다모 외온 파계주
(류 렬 2003)	다모 외혼 바가수
(성호경 2008)	다만 잘못 숨은 파계주
(남풍현 2017c)	다민 외오 숨은 破戒主
(황병익 2019b)	다만 외온 破戒主

5.1. 但 다뫈 ← 但(실의독:다뫈)

'但'을 '오직'(양주동)으로 해독하였으나, '唯只'와 구분하여 '다뫈'으로 해독하였다 (서재극).

5.2. 非乎 그르오 ← 非(실의독:그르)+乎(약의독:오)

'非乎隱焉'은 초기에 '외온'(양주동)으로 해독되었다. 이 해독은 '焉'을 '-ㄴ'의 말음 재첨기로 본 데에 한계가 있다. 이 한계점을 극복하고자 '但非乎隱焉'을 '但非乎 隱焉' 으로 끊어서 '단비고 숨안'(김선기)으로 해독하기도 했다. 그러나 이 해독은 '隱焉'의 분리에서 성공하지만, '但非乎'를 '단비고'로 해독하면서 음의 대비가 잘되지 않고 있다. 이 문제를 극복하고자 제시된 것이 '외오 숨언'(그르게 隱居하는, 김준영)이다. 이 해독은 모음조화에서 문제가 제기되기도 하지만, 그 의미를 그 다음에 이어지는 파계주와 연결하고자 하는 잘못된 의미의 파악을 제외하면, 해독의 외형에서는 가장 객관적인 것으로 판단된다.

이밖에도 '非乎隱焉'을 '외온는←외오+ㄴ(동명사형 어미)+은'(그릇된 것은, 잘못된 것은, 김완진)의 해독이 있다. 이 해독은 상당히 설득력을 지닌 듯이 보이지만 역시 문제점을 포함하고 있다. 즉 '非乎(외오)'가 '그릇' 또는 '잘못'의 의미이지, '그릇되' 또는 '잘못되'와 같이 '되'를 포함하지 않는다는 점이다.

이런 문제들 때문에 이 '但非乎隱焉'을 다시 해독하게 되는데, 그 해독은 "'다몬 그르오!' 숨언"이라 생각한다. 이때 '다몬 그르오!'는 도적들의 말을 시적 화자의 입장에서 희인(parody)한 것이다. 이에 따라 그 축자적 의미를 다시 쓰면 다음과 같다. 즉 '다만 그르다고 숨은'의 의미이다. 이 희인의 문학적 의미는 앞의 글(양희철 1997:751-753)로 돌린다.

5.3. 隱焉 숨온 ← 隱(실의독:숨)+焉(전음독:온)

'隱焉'은 '숨온'으로 읽는다(제3부 「소멸된 한자음의 문제 향찰」의 4.1. '焉' 참조).

5.4. 破邪主 破邪主(파사쥬) ← 破(음의독:破/파)+邪(음의독:邪/사)+主(음의독:主/쥬)

'破□主'를 '破邪主'로 보충한다. 그리고 제5구는 복합 수사를 보인다(제4부 「수사법과 연계된 문제 향찰」 3.5. 〈우적가〉 제5구의 복합 수사 참조).

6. 次弗 再(←□)史內於都 還於尸 朗也

버그블 다시 드리어도 돌얼 [밝은(朗)] 낭(郞)여
버거울 것 다시 드리어도 돌을 (밝은) 낭(郞)여

  (오구라 1929) (미해독)
  (양주동 1942) 저플 즈새 ᄂ외 쏘 돌려

(지헌영 1947)	ㅅ블 니ㅅ누어 셔볼 돌얼 나죄
(정열모 1947)	저불 즛 내어도 도러를 발게(1965 저블 즈시 내여도 도롤 훤이라)
(이 탁 1956)	ᄌ블 즛아 눈에 돌아라
(홍기문 1956)	저흘 즈셰 ᄂ외도 도롤라야
(김준영 1964)	자블이사 너어도 도ᄅ혈 郎여
(김선기 1969c)	자블즛 사나오도 돌올 사나히라(1993 지불이 시나오도 돌올 사나라)
(김상억 1974)	저플 즈새 나외 또 돌려
(서재극 1975)	치블 [잇]ᄂ오도 돌올랑야
(전규태 1976)	자블□ㅅ 너어도 도롤 郎야
(김완진 1979b)	머믈오시ᄂ눌 도도랄 랑여
(권재선 1983)	저블 지ㅅᄂ어 다 둘어셔라
(정창일 1987)	弗 즈시나어 다 도런히 郎야
(신석환 1990)	자볼 이시ᄂ어도 도랄 손여
(금기창 1993)	집 ᄇ릴 즈셰 ᄂ외 도 도롤 불곱여
(양희철 1993c)	버그볼 이시ᄂ어도 돌얼 볼금야
(황패강 1994)	저플 즈셰 ᄂ외 다 돌올 郎여
(유창균 1994)	저블 즈시 ᄂ오도 도럴라라
(강길운 1995)	버거블 즈스 내어두 도ᄅ혈 랑여
(지형률 1996)	지불(이)시나 어다 도롤랑여(2007 어도 도롤렁여)
(최남희 1996)	ᄌ블 즈시 나어도 도롤 郎야
(양희철 1997)	버그볼 이시ᄂ어도(2008 다시 드리어도) 돌얼 朗(볼금, 낭:郎)야
(신재홍 2000)	ᄌ비 업시 드려도 도롤 郎야
(황패강 2001)	저플 즈셰 ᄂ외 다 돌올 郎여
(류 렬 2003)	저불 지시 ᄂ외도 도롤라라
(성호경 2008)	(?) 돌이킬 사내(들)이여
(박재민 2009a)	朗(郎의 오자)
(남풍현 2017c)	ᄌ블 즛 아어 모두 돌옰 郎야
(황병익 2019b)	버그볼 사리ᅀᅡ(生 보충) 너어도 돌올 량이야

6.1. 次弗 버그블 ← 次(실의독:버그)+弗(전음독:블)

'버거울 것'을 의미하는 동명사형 '버그블'로 읽는다. 이 '버그블'은 '버거블'의 '거'가 전설모음화된 '그'로 읽고 '버겁/버급+을'의 '을'을 동명사형 어미로 본 것이다(제3부 「의독자와 음독자로 겸용된 문제 향찰」 4.1.2. 향찰 '次弗'의 '次' 참조).

6.2. 再史 다시 ← 再(실의독:다시)+史(전음독:시)

궐자를 '再'로 보고, '再史'를 '다시'로 읽는다. 6.3. 참조

6.3. 內於都 드리어도 ← 內(納, 실의독:드리)+於(전음독:어)+都(전음독:도)

'□史內於都'는 '都'나 '於都'를 띄어 읽은 경우와 붙여 읽은 경우로 대별할 수 있다.

'都'나 '於都'를 띄어 읽은 경우에는 다시 '□史 內於 都'[73], '□史內於 都'[74], '次弗□史內於 都-'[75], '次弗□史內 於都'[76] 등으로 4분 된다. 모두가 문제를 보이므로 각주로 처리한다.

'都'나 '於都'를 앞에 붙여서 읽은 경우를 보자. 이 경우에도 다시 '□史內於都', '次弗□史 內於都', '次弗□ 史內於都', '□史 內於都' 등으로 4분 된다.

---

[73] '□史 內於 都'로 띄어 읽은 해독들의 문제는 다음과 같다. 이에 속한 해독들은 궐자에 '兒'를 보충하였는데, '內'를 'ㄴ, 나'로 읽은 경우와 '아'로 읽은 경우로 나뉜다. 전자에는 '즈새 ᄂ외 쏘'(짓에 다시 또, 양주동 1942), '즈새 나외 또'(짓에 다시 또, 김상억 1974), '즈세 ᄂ외 도'(짓에 다시 또, 금기창 1993), '즈세 ᄂ외 다'(두려운 相에 다시 다, 황패강 2001) 등이 있다. 이 해독들은 '史'를 '쇄, 새, 세' 등으로 읽은 문제와, '內於'를 '更, 復'의 古訓 'ᄂ외'의 俗音 '뇌여, 노여'의 사음(寫音)이라고 본 문제를 보인다. '於'는 '어'나 '오'로 볼 수는 있어도, '외, 여'로 보는 것은 쉽지 않다. 후자에는 '즛 아어 모두'(무서운 모습을 꼭 어질게 마음먹어 모두, 남풍현 2017c)가 있다. '內'를 '아'로 읽었는데, 해독과 현대역이 쉽게 연결되지 않는다.

[74] '□史內於 都'로 띄어 읽은 해독에는 셋이 있는데, 다음과 같은 문제를 보인다. '니스누어 셔볼'(이르러서 서울, 지헌영 1947)에서는 '至/到'를 보충하여 읽었는데, 해독과 현대역 모두가 이해가 잘 되지 않는다. '지스ᄂ어 다'(권재선 1988)와 '즈시나어 다'(정창일 1987)에서 '兒'를 보충하여 읽었는데, 전자에서는 '史'를 'ㅅ'로 읽은 문제를 보이고, 후자에서는 현대역을 제시하지 않아 정확한 의미를 알 수 없다.

[75] '次弗□史內於 都-'로 띄어 읽은 해독으로는 '弗'을 '物'로 수정하고 궐자에 '乎'를 보충하여 읽은 '머믈 오시ᄂ눌 도도랄랑여'(머물게 하신들 놀라겠읍니까, 김완진 1980)가 있다. 쉽게 이해되지 않는다.

[76] '次弗□史內 於都'로 띄어 읽은 해독으로는 궐자에 '이'를 보충한 '지불이시나 어다'[바람에 불(리)시나 어찌, 지형률 1996]와 '지불이시나 어도'[바람에 불(리)시나 어찌, 지형률 2007]가 있다. 해독과 현대역 모두 이해가 쉽지 않다.

첫째로 '□史內於都'로 붙여서 읽은 해독이다. 이에 속한 해독들은 '有'를 보충하여 읽었는데, 셋이 있다. '[잇]ᄂ오도'(있어도, 서재극 1975)와 '이시ᄂ어도'(있어도, 신석환 1990; 양희철 1997)인데, 'ᄂ'로 읽은 '內'의 기능이 형태소의 결합에서 가능한가는 의문이다.

둘째로 '次弗□史 內於都'로 띄우고 붙여서 읽은 해독이다. 이에 속한 해독으로는 궐자에 '이/伊'를 보충한 '자블이사 닉어도'(소유물을 내어도, 김준영 1964, 1979)와 '자블이스 닉어도'(지닌 것을 내주어도, 전규태 1976)가 있다. '史'를 '시'로 읽지 않고 중근대음 '사'로 읽은 문제를 보인다.

셋째로 '次弗□ 史內於都'로 띄우고 붙여서 읽은 해독이다. 이에 속한 해독에서는 궐자에 '伊'를 보충한 '지불이 시나오도'(현대역 미제시, 김선기 1993)가 있다. '지불치다'가 모진 바람 불음을 가리킨다고 하면서도 '지불이'의 의미를 명확하게 하지 않았고, '史內於都'를 '시나오도'로 읽은 다음에 '시나'는 문맥상 '사납'에 해당한다고 하면서 명확하게 설명을 하지 못하였다.

넷째로 '□史 內於都'로 띄어 읽은 해독들을 보자. 궐자에 '兒'를 채운 경우와 '无/亡, 覆/再, 生' 등을 채운 경우로 나누어서 정리한다.

먼저 '兒'를 채운 경우를 보자. '史'를 '쉐, 사'로 읽은 경우와 '시'로 읽은 경우로 다시 나눌 수 있다.

'史'를 '쉐, 사'로 읽은 해독에는 셋이 있다. '(저흘) 즈쉐 ᄂ외도'(무서운 모습에 다시금, 홍기문 1956)에서는 바로 앞에서 정리한 '□史 內於 都'로 띄어 읽은 해독과 거의 같은 문제를 보인다. '즛아 눈에'(무서운 꼴이 눈에, 이탁 1956)에서는 '史'를 '사'로, '內'를 '눈'으로, '於'를 '에'로 각각 읽고, '都'를 연자로 본 문제를 보인다. '즛 사나오도'(무서운 얼굴 사나워도, 김선기 1969c)에서는 '史'를 '사'로 읽은 문제를 보인다.

'史'를 '시'로 읽은 해독에는 여섯이 있는데, '內於都'의 해독에 따라 다양하다. '즛 내어도'(놀라운 짓을 하더라도, 정열모 1947), '즈시 내여도'(흉한 행동 하여도, 정열모 1965), '즈스 내어두'(다루기 힘든 위협적인 태도를 보여도, 강길운 1995) 등에서는 '內於都'를 '내어도(하더라도), 내여도(하여도), 내어두(보여도)' 등으로 읽었는데, 해독과 현대역의 연결이 매끄럽지 않다. '즈시 ᄂ오도'(무서운 얼굴이 厭鬼라도, 유창균 1994)에서는 'ᄂ오'를 '厭鬼'로 보았는데, 논증을 좀더 명쾌하게 하여야 할 것 같다. '즈시 나어도'(현대역 미제시, 최남희 1996)에서는 현대역을 제시하지 않아 '나어도'의 의미를 알 수 없다. '지시 ᄂ외도'(모습에 다시 또, 류렬 2003)는 초기 해독인 'ᄂ외도'를 취한 문제를 보인다.

'□史 內於都'로 띄우고, 궐자에 '生, 无/亡, 覆/再' 등을 채운 경우는 셋이다. '사리사 니어도'(次生에 윤회는 거듭할 것이다, 황병익 2019b)에서는 궐자로 '生'을 보충하고 읽었는데, 해독과 현대역이 쉽게 연결되지 않는다. '업시 드려도(←드리어도)'(差備 없이 들여도, 신재홍 2000)에서는 '无/亡'을 보충하고, '內於都'를 '드려도(←드리어도)'로 읽은 것은 돋보이는 해독인데, '差備'를 '次弗'로 표기했다고 보는 데는 한계가 있다. '다시 드리어도'(양희철 2008a)에서는 '드리어도'를 수용하면서 궐자를 '覆/再'로 보고 '覆史/再史'를 '다시'로 읽었다. '次弗'을 '버거울 것'을 의미하는 '버그불'의 동명사형으로 볼 때에 가장 문맥에 접근한 해독으로 본다. 특히 '內於都'의 '內'를 '內乎吞尼'의 '內'와 같게 읽고, '內於都'의 '都'를 '尙宅都'의 '都'와 같게 읽었다는 점에서 그렇다.

6.4. 還於尸 돌얼 ← 還(실의독:돌)+於(전음독:어)+尸(약음독:ㄹ)

'還於尸'는 '돌얼'로 읽는다. 혹 '於'를 '오'로 보는 경우도 있으나 음을 벗어난 것으로 보인다.

6.5. 朗也 [밝은(朗)] 낭(郞)야 ← 낭[실의독:낭, 잉여코드의 문맥적 의독:밝은(朗)]+也(전음독:야)

'朗也'를 '[밝은(朗)] 낭(郞)야'로 읽고, '(밝은) 낭(郞)여'의 의미로 정리한다(제4부 「잉여코드도 겸독한 문제 향찰」 2.1.2. 朗也의 朗 참조).
이는 앞에서 본 '毛達尸將/모돌아(達)'의 잉여코드쓰기와 같은 것이다.

7. 此 兵物叱沙 過乎

이 잠가실사 디나오
이 병물사 지나오

   (오구라 1929)   이 兵物을사 디나오-
   (양주동 1942)   이 잠굴사 디내온
   (지헌영 1947)   이돌들ㅅ 사괴-
   (정열모 1947)   이 잠개ㅅ사 지나온(1965 이 보믈 새나오)

(이 탁 1956)	이 본듯 몯가온
(홍기문 1956)	이 잠개르사 디나호
(김준영 1964)	이 잠갯사 디내온
(김선기 1969c)	이 짐길사 디나고(1993 이 병묠ㄴ사 디나고)
(김상억 1974)	이 잠글사 디내온
(서재극 1975)	이 잠개사 글온
(전규태 1976)	이 잠길사 디나온
(김완진 1980)	이 자본 가시사 말오
(권재선 1983)	이 兵갓 스디오
(정창일 1987)	이 兵거싀사 過혼
(신석환 1990)	이 잠갓사 글온
(금기창 1993)	이 도죡무릿 사괴-
(유창균 1994)	이 잠가슬사 넘온
(강길운 1995)	이 잠갓사 허믈오
(신재홍 1995b)	이 잠갓사 디나온?
(지형률 1996)	이 자본갓사(2007 잠갯사) 남오
(최남희 1996)	이 잠갯사 그르오
(양희철 1997)	'이 잠갯사 디나오'
(신재홍 2000)	이 잠갓사 디나온?
(황패강 2001)	이 잠갯사 허믈오-
(류 렬 2003)	이 잠갈사 디나혼
(성호경 2008)	이 병기(兵器)를사 지나면
(남풍현 2017c)	이 잠갓사
(황병익 2019b)	이 잠갯 沙過오

7.1. 此 이 ← 此(실의독:이)

7.2. 兵物叱沙 잠가실사 ← 兵(실의독:잠)+物(실의독:가시)+叱(전음독:실)+沙(전음독:사)

 '兵物叱沙'의 해독은 '잠갈사' 이래로 '잠갯사'가 덧붙여지면서, 약간의 문제를 보인다. '잠가실사'(양희철 2015a:332-334)로 읽는다.

7.3. 過乎 디나오 ← 過(실의독:디나)+乎(약의독:오)

'過乎'는 '디나오-(디나오어), 디내온, 디니고, 글온, 말오, 허믈오(-), 넘온, 디나온?' 등으로 해독되어 왔다. 그런데 이 해독들의 대다수는 이어서 볼 8.의 '日'을 '曰' 또는 '法'의 오자로 수정한 이후에나 가능한 해독들이다. 이 수정은 작품을 있는 그대로 해독할 수 없어 제기된 것으로, 수정 없이도 해독이 가능하다는 점에서 논외로 한다. 수정 없이 '過乎'를 해독한 것들에는 '글온, 디나오, 허믈오, 디나온?' 등이 있다. 이때 '-온'은 'ㅣ'모음이나 '-ㄹ' 하의 '-곤'으로 보아, '-고는 더욱'과 같은 의미의 '-뿐 아니라'로 해석한 것이다. 이 해독은 그 자체로만 보면 별다른 무리가 발견되지 않는다. 그러나 문제는 8의 '-吞尼(ᄃ니)'와 연결할 때에 발생한다. '허믈오'는 '허물인고→허물이냐'의 의미라 하는데, '이 잠갓사 허물인고'가 문맥상 어색해 보인다. '디나온?'은 '지나치련?'의 의미라 하는데, 설명 내용의 문맥이 명확하지 않다.

'過乎'의 '過'는 '그르'와 '디나'의 의미를 가지고 있으며, 이를 적용한 해독들이 있어 왔다. 그러나 필자가 제시하고자 하는 해독은 '過'를 '디나'로 읽고, '乎'를 '오'로 읽어, '過乎'를 '디나오'로 읽는 것이다. 이렇게 읽을 때에, 그 다음의 시어와 문맥이 통하지 않는다는 문제를 제기할 수도 있다. 그러나 이 질문에는 다음과 같이 답할 수 있다. 즉 '此 兵物叱沙 過乎'는 도적들의 말을 영재가 인용하여 쓴 위협의 나쁜 말이며, 동시에 도적에게는 '나쁠 말'이다. '이 兵物사 지나오'를 영재가 따랐을 때에, 도적들은 살인의 대가로 무간지옥에 떨어지게 된다는 점에서, '이 兵物사 지나오'는 도적들에게는 '나쁠 말'이 된다. 그러나 이 '나쁠 말'을 '좋은 말'이라 할 때에, "'이 兵物사 지나오' 좋을 말씀사"의 문맥은 통하지 않는 것이 아니라, '좋을 말씀사'가 반어(irony)로 그 문맥이 통한다. 이런 점에서 '過乎'를 '디나오'로 해독한다.

8. 好尸 日沙也 內乎吞尼

됴홀 ᄀᆞᄅᆞᆷ사야 ᄃᆞ리오ᄃᆞ니
좋을 말씀사야 ᄃᆞ리오다니

    (오구라 1929)   -어 말ᄒᆞ기 몰나 온단이(여)
    (양주동 1942)   됴홀 날 새누옷다니

(지헌영 1947)	-홀 니사어누오다니
(정열모 1947)	조홀 날 / 몰에 너흐트니(홀 날 / 새롸 내오ᄃ니)
(이 탁 1956)	됴홀 눈 몯ᄂ오돈이
(홍기문 1956)	됴홀 닐 믈어누호다니
(김준영 1964)	됴홀 날 사여ᄂ오ᄯ니(1979 사여ᄂ오ᄃ니)
(김선기 1969c)	긴갈 날 사야나온 다니(1993 깃골 날 / 사야나온 다니)
(김상억 1974)	됴할 날 새누옷다니
(서재극 1975)	됴홀 ᄀ롬사 이아ᄂ온ᄃ니
(전규태 1976)	됴홀 날 사야누오ᄯ니
(김완진 1979b)	즐길 法이아 듣ᄂ오다니
(권재선 1983)	동올 날사 여ᄂ오다니
(정창일 1987)	됴힌 날사얏나 호ᄉ니
(신석환 1990)	됴홀 ᄀ롬사 니ᄅᄂ온ᄃ니
(금기창 1993)	-홀 가라사여 나오더니
(유창균 1994)	됴홀 날 사라ᄂ오다니
(강길운 1995)	됴홀 이바구사 여논 단이
(지형률 1996)	됴홀 날 사여ᄂ오ᄃ니
(최남희 1996)	됴홀 ᄀᄅ사 이아ᄂ온ᄃ니
(양희철 1997)	됴홀 ᄀ롬사 야ᄂ오ᄃ니(2015a 드리오돈니)
(신재홍 2000)	됴홀 이사야 드료ᄃ니
(황패강 2001)	-홀 날 새누오ᄶ니
(류 렬 2003)	됴홀 날 사히누호다니
(성호경 2008)	좋을 날 새리러니(?)
(남풍현 2017c)	넘오 홅 日沙야 아옳ᄃ니
(황병익 2019b)	됴홀 말ᄉ야 니호ᄃ니

8.1. 好尸 됴홀 ← 好(실의독:됴ᄒ)+尸(약음독:ㄹ)

'好尸'는 '됴홀'(양주동)로 해독된 이래로, 많은 논란이 있었다. 그러나 이 논란은 그 의미를 반어로 파악하지 못한 것에 기인한다(제4부 「수사법과 연계된 문제 향찰」 2.6. 반어: 好尸 참조).

8.2. 曰沙也 ᄀ ᆞ롬사야 ← 曰(실의독:ᄀ ᆞ롬)+沙(전음독:사)+也(전음독:야)

'曰沙也'의 '曰'을 '日, 法, 是' 등으로 수정하고 해독한 것들이 대부분이다. 이 수정이 없이도 해독이 가능하다는 점에서, 수정에 입각한 해독들을 제외하면, '말ᄒᆞ기, ᄀᆞ롬사, 말ᄉᆞᆷ사' 등이 남는다. 이 중에서 'ᄀ ᆞ롬사'를 취한다.

8.3. 內乎呑尼 드리오ᄃᆞ니 ← 內(실의독:드리)+乎(약의독:오)+呑(약음독:ᄃ ᆞ)+尼(전음독:니)

'好尸曰沙也內乎呑尼'(〈우적가〉)를 "됴ᄒᆞᆯ 이사야 드료ᄃᆞ니(←둏을 이사야 들이오ᄃᆞ니)"로 읽고, "[내게] 좋을 것이라야 (받아)들이다니 [말이 되느냐?]"(신재홍 2000: 303-304)의 뜻으로 잡고 있다. 이렇게 '曰'을 '是'로 수정하고 해독한 결과는 그렇게 시원하지 않다. 즉 해석으로 보인, '[내게] 좋을 것이라야 (받아)들이다니 [말이 되느냐?]'가 무엇을 의미하는지 문맥상으로는 파악이 되지 않는다.

이 부분은 수정 없이 '好尸 曰沙也 內乎呑尼'로 끊고, '됴ᄒᆞᆯ ᄀᆞ롬사야 드리오ᄃᆞ니'로 읽고, 그 뜻은 '좋을 말씀사야 드리오다니'로 보아야 할 것 같다. 이때 '좋을 말씀'은 '이 잠갈사 지나오'라는 나쁜 말씀을 반어로 표현하되, 앞으로 자신에게 좋을 의미를 가진다고 볼 수 있다.

9. 阿耶 唯只 吾 音之叱 恨隱

아라 오딕 내 소릿 측은
아-, 오직 내 소리의 한은

(오구라 1929)	아기 졂잔흔 潸陵은
(양주동 1942)	아으 오지 이오맛흔 善은
(지헌영 1947)	아으 이제 내 소래ㅅ 하논 스론
(정열모 1947)	아야 오기 남으짓 한은 선릉은(1965 오지기 남지ㅅ 한ᄋᆞᆫ 서른)
(이 탁 1956)	아라 오직 이내 恨온 스론오
(홍기문 1956)	아야 오지 이 오롬짓흔 션릉(潸陵)은
(김준영 1964)	阿耶 오직이 내 소릿한 이든은

(김준영 1979)	阿耶 오직 이내 소릿한 이든은
(김선기 1969c)	아사라 아기 이 올옴애ㄷ 깐 이른은(1993 아사라 오디기 이 우리앨 깐 이론안)
(김상억 1974)	아으 오지 이오맛한 션은
(서재극 1975)	아아 오직 이노밋 恨은 서른
(전규태 1976)	아으 오직 이 내 소릿호 善은
(김완진 1980)	아야 오직 뎌오밋호 몰론
(권재선 1983)	아ᄋ 오직 이 내 ᄆ숨잇 恨은 潛陵은
(정창일 1987)	아냐 오직 伊 나롬지설 恨은 潛陵은
(신석환 1990)	아야 오직 뎌 남곳호 마라는
(금기창 1993)	아야 오직 이내 소리잇 훈은 스론
(유창균 1994)	아라! 아기 이몸잇 슬훈 이드른은
(강길운 1995)	아라! 오직이 남엣 恨은 사른
(지형률 1996)	아야 오직 이 남짓한 潛 두둘은(2007 션 두듥은)
(최남희 1996)	아야 오직 이몸이ㅎ恨온 ('선릉'의 해독 누락)
(양희철 1997)	아야 오딕이 내 소리읫(2008 소리읫) 측은
(신재홍 2000)	아야 오지기 나--잇 恨온 아ᄉ란
(황패강 2001)	아야 오직 이 내 모밋 恨은 善은
(류 렬 2003)	아으 오지 이 오롬직호 마두들은
(성호경 2008)	아아! 요만한(?) 선릉(善陵)은
(남풍현 2017c)	아야, 오직 이 우리음읫 훈 善陵은
(황병익 2019b)	아야, 오직 이 내 소릿 恨온 潛陵온

9.1. 阿耶 아라 ← 阿(전음독:아)＋耶(전음독:라)

'아으'는 '耶'의 음을 벗어나 있고, '아야'는 그 의미가 문맥에 맞지 않는다. '아-'의 선행형인 '아라'로 읽은 해독을 따른다.

9.2. 唯只 오딕 ← 唯(실의독:오딕)＋只(약음독:ㄱ)

唯只伊의 '伊'는 '作'의 오자이며 연자이다(제2부 「오자 30제」의 3.3.와 제2부 「서로 연계된 누락자와 연자」의 3.6.1. 참조).

9.3. 吾 音之叱 내 소릿 ← 吾(실의독:내) 音(실의독:소리)+之(실의독:이)+ 叱(약음독:ㅅ)

'吾音之叱'의 해독은 상당히 엇갈리고 있다. 먼저 '吾, 音, 之叱' 등으로 나누어서 설명한 다음에 묶어서 정리를 하고자 한다.

'吾'는 '절, 오, 나, 내, 우리, 올, 노' 등으로 읽어 왔다. '吾'의 음으로 보면 '오'이고, 뜻으로 보면 '나'와 '우리'이다. 확장하면 '내'까지 포함할 수 있다. 이 '오, 나(내), 우리'를 제외한 나머지는 '吾'의 음이나 훈을 벗어난 것들이다. 그리고 '오'의 표기에는 '乎'를 쓴다는 점에서, '우리'는 이어지는 '濟陵'의 주체로 부적합하다는 점에서, 동의하기가 어렵다. '나'나 '내'로 정리한다.

'音'은 '소래, 소리, 소릿, ㅁ, 옴, 옴, ㅇ, 음, ㅇ, 장음' 등으로 읽어 왔다. '音'은 음으로 보면 '임'이고, 뜻으로 보면 '소리'나 '소릿'이다. 이로 보면, '音'은 '소리, 소릿, ㅁ' 등으로 읽은 해독들이 가능성을 보인다. 그런데 'ㅁ'으로 읽은 해독들은 이어지는 '之叱'의 해독에서 문제를 보인다. 이 문제를 해결하기 위하여 '音' 앞에 '心'이나 '身'이 누락된 것으로 본 해독들이 나왔다. 누락을 인정하지 않아도 해독이 가능한 문제를 보인다. 이에 '소리/소릿'로 읽은 해독을 따른다.

'之叱'은 '앗, 잇, 읫, 잔, 짓, 이, ㄡ, 앧, 엣, 지싈, 읳' 등으로 읽거나, 읽지 않거나, 바로 앞의 '音' 자를 訓讀하라는 지시(김준영 1964, 1979)로 보았다. '之'의 음은 '지/시'이고, 훈은 '의/의'와 'ㄱ'이며, '叱'의 음은 '실'이다. 이 두 자의 음과 훈의 범위 안에 있는 해독은 '잇, 읫, 짓, ㄡ' 등이다.

'之叱'을 '짓'으로 읽은 해독에는 넷이 있다. '오롬짓흔'(오름직한, 홍기문 1956)에서는 '吾'를 '우리'로 읽고 이를 '올'로 본 문제와 해독과 현대역이 일치/상응하지 않는 문제를 보인다. '남으짓'(나머지, 정열모 1947)과 '남지ㅅ'(남음, 정열모 1965)에서는 해독과 현대역이 일치/상응하지 않는다. '남짓한'(남짓한, 지형률 1996, 2007)에서는 '남짓'이 의존명사라는 점에서 그 앞에 온 관형어가 명확하지 않은 문제를 보인다.

'之叱'을 'ㄡ'으로 읽은 해독에는 '남ㄡ흔'(나무처럼, 신석환 1990)이 있는데, 해독과 현대역이 일치/상응하지 않는다.

'之叱'을 '잇'이나 '읫'으로 읽은 해독들은 적지 않다. 그 기능으로 보아 네 경우로 나눌 수 있다. 첫째는 '뎌오밋흔'(조만한, 김완진 1980)에서와 같이 그 기능이 명확하지 않은 경우이다. 둘째는 '우리음읫'(우리들정도만큼, 남풍현 2017c)에서와 같이 '之叱/읫'을 '만큼(정도)' 나아가 '정도만큼'의 뜻으로 본 경우이다. 이 해독은 '之叱/읫'을 어떤 형태소로 분석한 결과가 '만큼(정도)'이나 '정도만큼'으로 연결되는지를 이해할 수 없다. 셋째는 '이내잇'(이내, 이탁 1956), '이노밋'(이놈의, 서재극 1975), 'ᄆ숨잇'(내 마음의, 권재선 1983) 등등에서와 같이 '잇'을 속격으로 읽은 경우이다. 이 경우에는 해독 '잇'의 '이'와 'ㅅ'을 각각 속격으로 본 것 같은데, 구체적인 설명이 없어, 어떻게 현대역의 '의'가 되는지가 명확하지 않다. 이 문제를 해결하기 위하여 신재홍(2000)은 속격의 '이'에 강세 혹은 휴지의 '-ㅅ'이 붙은 것으로 보기도 하였다. 넷째는 '소리잇'(소리에의, 금기창 1993)에서와 같이 처격의 '-이'에 속격의 '-ㅅ'이 붙은 것으로 본 경우이다. 이 셋째와 넷째의 경우는 비교적 타당한 것으로 판단한다.

이 '之叱'의 해독은 이어지는 '恨隱'과도 연결되어 있는데, 이에 대한 구체적인 설명은 뒤로 돌린다.

9.4. 恨隱 측은 ← 恨(실의독:측)+隱(전음독:은)

'恨隱'에 대한 선행 해독은 네 경우로 나눌 수 있다. '-혼/ᄒᆞᆫ/한'으로 읽은 경우[77], '하는'이나 'ᄒᆞᆫ'으로 읽은 경우[78], '恨隱'을 '큰'의 의미인 '깐'이나 '슬혼'으로 읽은 경우[79], '恨隱'을 주어로 읽은 경우 등이다. '恨隱'을 주어로 읽은 경우만을 보자.

'恨隱'을 주어로 읽은 해독들은 다시 바로 이어지는 '潸陵隱'을 주어로 본 경우, 관형사로 본 경우, 부사로 본 경우 등으로 나뉜다. 이 해독들은 '潸陵隱'에서 문제를 보이므

---

[77] '-혼/ᄒᆞᆫ/한'으로 읽은 경우의 문제는 다음과 같다. '-혼'은 '졂잔혼'(귀중히 여겨야 할, 오구라 1929)에서 보인다. '恨'을 'ᄒᆞ'으로 '隱'을 'ㄴ'으로 읽은 다음에 '-혼'으로 읽었다. 'ᄒᆞ+ㄴ'을 '혼'으로 정리한 것은 이해가 가지 않는다. '恨'의 일본음 '혼'으로 정리한 것 같다. '이오맛혼'(요만한, 양주동 1942), '오룜짓혼'(오름직한, 홍기문 1956), '소릿혼'[소리한(말한), 전규태 1976], '뎌오밋혼'(조만한, 김완진 1980), '오룜직혼'(오름직한, 류렬 2003), '남ᄌᆞᆺ혼'(나무처럼, 신석환 1990) 등에서는 '恨隱'을 '-혼'으로 읽었다. 그리고 '소릿한'(말한, 김준영 1964, 1979), '이오맛한'(요만한, 김상억 1974), '남짓한'(남짓한, 지형률 1996, 2007) 등에서는 '恨隱'을 '-한'으로 읽었다. '恨隱' 자체로만 보면, '-혼'이나 '-한'으로 읽는 데는 문제가 없다. 그러나 이 해독들은 바로 앞에서 읽은 바와 같이 '吾肹之叱'의 해독에서 문제를 보인다. 이로 인해 '-혼'이나 '-한'의 해독들도 문제를 보이게 된다.

[78] '하는'이나 'ᄒᆞᆫ'으로 읽은 경우의 문제는 다음과 같다. 이에 속한 해독으로는 '소래ㅅ 하는'(소리 하는, 지헌영 1947)과 '우리음읫 ᄒᆞᆫ'(우리들정도만큼 한, 남풍현 2017c)이 있다. 전자는 '恨隱'의 음훈을 벗어났다. 후자는 '恨隱'의 음훈을 벗어나지 않았지만, 앞뒤의 해독에서 문제를 보인다.

[79] '큰'의 의미인 '깐'이나 '슬혼'으로 읽은 경우의 문제는 다음과 같다. '깐'은 '올음애ᄃ 깐'(이 뭿 큰, 김선기 1969c)과 '우리앤 깐'(우리의 큰, 김선기 1993)에서 보인다. '吾肹之叱'의 해독에도 문제가 있으며, '큰'이라면 '大隱'이나 '太隱'으로 표기하지 않은 점이 의아하다. '슬혼'은 '슬혼 이드른'(悔恨의 善根은, 유창균 1994)에서 보인다. '슬혼'을 '悔恨의'의 의미로 보는 것이 쉽지 않다.

로, '恨隱 濟陵隱'의 해독을 함께 보자.

'恨운 스롣은'[恨은 사랑(仁, 慈悲)은, 이탁 1956], '恨운 濟陵은'(한은 이 골짜기는, 권재선 1983), '恨은 濟陵은'(恨은 善根功德은, 정창일 1987), '恨운 善은'(한은 선업은, 황패강 2001) 등에서는 이중의 주어를 보인다. 이 이중의 주어를 구문적인 차원에서 설명을 하지 않으면서 설득을 얻지 못하였다.

'한은 선릉은'(한은 착한, 정열모 1947), '한운 서른'(한은 착한, 정열모 1965), '恨은 서른'(한은 선, 서재극 1975), '흔은 스론'(恨은 正覺한, 금기창 1993), '恨은 사른'(한은 착한, 강길운 1995), '恨운 아스란'(한은 아스라한, 신재홍 2000) 등에서는 '濟陵隱'을 관형사로 읽었다. 이어서 보겠지만 이 해독들은 '濟'을 '善'과 같은 글자로 보았는데, 최근에 새로 정리된 '濟'들로 보면, 같은 글자가 아니다. 그리고 '陵'의 해독에서 문제를 보인다.

'측은 선릉 숨압'(恨은 선 큰언덕에 숨어, 양희철 1997)에서는 '선릉'을 부사로 보았다. 이렇게 부사로 읽으려면, '隱安支'의 '安'을 '아'로 읽어야 하는데, '阿'를 두고 '安'으로 '아'를 표기했다고 보기는 어렵다.

이렇게 선행 해독들은 문제를 보인다. 특히 전후의 문맥에서 문제를 보인다. 이 문제는 이어지는 '濟陵隱 安支(〈支) 尙宅都 (作)乎隱以多'와 깊게 연결되어 있어, 이어서 설명할 해독을 참고하여, '恨隱'을 주어 '恨(측)은'으로 읽는다. 그리고 '恨隱 濟陵隱'이 보이는 이중 주어는 뒤에 볼 '都(作)乎隱以多'의 해독과 연결되어 있다. 즉 '濟陵隱'의 술어는 '都乎隱'이나 '(作)乎隱'의 동명사이고, '恨隱'의 술어는 '都乎隱以多'나 '(作)乎隱以多'라는 것이다.

이런 점에서 '恨隱 濟陵隱'은 이중 주어로 보고, '恨隱'은 '측은'으로 읽는다. '恨'을 실의독자로 본 '슬흔'이 등장하기도 했다. 그러나 '恨'은 고어에서 용언으로 '믜다' '측하다'이다. '믜다'는 『능엄경언해』(八)의 '恨은 믤씨라'에서, '측하다'는 『삼강행실도』(忠 27)의 '측디 아니 ᄒ얘라'에서 보인다. 그리고 '측하다'는 『삼강행실도』(忠 6), 『석보상절』(六 36), 『월인석보』(十 8) 등등에서 '측흔'의 관형사형으로 나타난다(양희철 1997). 이에 따라 '恨隱'은 '측은'으로 읽는다.

10. 濟陵隱 安支 尙宅都 作乎隱以多

濟陵(션릉)은 안디 尙宅(놉은 집/댁)도 일온이다

善陵(선릉)은 아니 尙宅(높은 집/댁)도 이룬 것이다.
- [1] 陵같이 크고 높게 쌓은 善(=하찮은 善, 즉 하찮은 공덕)은 尙宅(높은 집: 그대 도적들)도 이루지 못한 것이다.]
- [2] 陵같이 크고 높게 쌓은 善(=하찮은 善, 즉 하찮은 공덕)은 尙宅[높은 집: 부처님의 댁(涅槃, 寂靜)도 이루지 못한 것이다.]

(오구라 1929)	善陵은 / 어닉 높즉이 두오니이다
(양주동 1942)	善은 / 안디 새집 드외니다
(지헌영 1947)	스론 / 안ㅅ 수ㄹ오니다
(정열모 1947)	선릉은 / 다을기 샹십 노온이나
(정열모 1965)	서른 안기 더딕 드오니다
(이 탁 1956)	스론은 / 안ㄷ 손더 도온이다
(홍기문 1956)	션릉(善陵)은 / 안디 상댁(上宅) 드외니다
(김준영 1964)	이든은 / 安尙宅(1979 安ㆆ尙宅) 도온이다
(김선기 1969c)	이른은 / 아디 높간집 도고 숨은이다(1993 이론안 / 아디 쌍택 도고 쇼이다)
(김상억 1974)	션은 / 안디 새집 도외니다
(서재극 1975)	서른 / 안히 안쥭 모도니다
(전규태 1976)	善은 / 안디 새집 드외니다
(김완진 1980)	물론 / 안쥭 턱도 업스니다
(권재선 1983)	善陵은 안ㆆ 常宅드번이다
(정창일 1987)	善陵은 / 겨퇴 尙宅 다 호느이다
(신석환 1990)	마리는 / 안히 일쥭 모도니다
(금기창 1993)	스론 괴외 노필 집 모도니다
(유창균 1994)	이드른은(善根은) / 안기 큰 짓 살오니다
(강길운 1995)	사른 / 안 안직 모도 수믄이다
(지형률 1996)	善 두들은 바록 노폰 집 다호니다(2007 션 두듥은 알히 노큰 집 모돈이다)
(최남희 1996)	알지 尙宅 모돈이다
(양희철 1997)	渲陵(믈드르, 낯선 큰 언덕에) 숨압 尙宅(높힌 집, 오히려 집) 都(모도, 도)-ㄴ이다.
(신재홍 2000)	아ᄉ란 알히/ᄌ오기 스집 아모니다
(황패강 2001)	善은 / 안디 ᄇ라는 집 모도호니이다

(류 렬 2003)   마두들은 / 안디 우시기시 도호나이다
(성호경 2008)   아니 샹댁(尙宅) 되니이다.
(남풍현 2017c)   안디 尙宅 몯온이다
(황병익 2019b)   濬陵은 安宅 모돈이다

10.1. 濬陵隱 濬陵(선릉)은 ← 濬(음의독:濬/선)+陵(음의독:陵/릉)+隱(전음독:은)

'濬陵隱'은 '濬陵(선릉)은'으로 읽는다. '濬陵'은 은유법 '善陵'에서 '善'을 다시 '濬'으로 패러디한 표현이다. 그 의미는 '陵같이 크고 높게 쌓은 濬(=하찮은 善, 즉 하찮은 공덕)'이다(제4부 「수사법과 연계된 문제 향찰」 3.6. 〈우적가〉 제9구 濬陵의 복합 수사).

10.2. 安攴 안디 ← 安(전음독:안)+攴(전음독:디)

安攴의 '攴'은 '支'의 오자이다. 安攴를 '안디'로 읽는다(제2부 「오자 30제」의 2.6. 참조).

10.3. 尙宅都 尙宅도 ← 尙(음의독:尙)+宅(음의독:宅)+都(전음독:도)

'尙宅'의 해독에는 '尙'이나 '宅'의 음이나 훈을 벗어나거나, 읽지 않은 해독들[80]이 있다. 논외로 한다. 나머지 해독들은 '尙宅'이나 '宅'을 부사로 읽은 경우, 의존명사로 읽은 경우, 명사로 읽은 경우 등으로 삼분이 된다. 이 중에서 앞의 두 경우는 그 설명을 각주[81]로 돌리고, 명사로 읽은 경우만을 보자.

---

[80] '새집'(새 집, 양주동 1942; 전규태 1976), '수럭'(淸淨無垢, 지헌영 1947), '숀터'(상기까지, 이탁 1956), 샹댁(上宅)(큰 집, 홍기문 1956), '더딕/뎌댁'(도적, 정열모 1965), '일죽'(일찍이, 신석환 1990), '큰 짓'(高大廣室, 유창균 1994), '스집'(시골집, 신재홍 2000), '우시기시'(웃집, 류렬 2003), '安宅'[편안한 집(정토), 황병익 2019b] 등이 이에 속한다.

[81] 부사로 읽은 해독에는 셋이 있다. '높즉이'(높이, 오구라 1929)에서는 '宅/틱'을 '즉'으로 읽는 것이 어렵고, 안죽(아직, 서재극 1975)에서는 '宅/칙/틱'을 '죽'으로 읽는 것이 어려우며, '안직'(아직, 강길운 1995)에서는 '宅/짓'을 '직'으로 읽는 것이 쉽지 않다.
  의존명사로 읽은 해독에는 '틱도'(턱도, 김완진 1980)가 있다. '宅'의 음을 살렸지만, 바로 앞의 '尙'의 해독에서 문제를 보인다. 바로 앞의 '尙'을 '安攴'에 붙여서, '安攴尙'을 '안죽(아직)'으로 읽으면서, "'尙'은 義字後添이라 할 存在로 義訓借 '安'으로 音相을 보이면서 그 뜻을 指示하는 기능을 하는 것으로 보는 것이니, …"(김완진 1980:155)라고 설명하고 있으나, '攴'을 지정문자로 본 것과 더불어, 쉽게 이해

명사로 읽은 해독은 한자나 그 음으로 읽은 경우와 고유어로 옮긴 경우가 있는데, 말음첨기나 관형사형 어미가 표기에 없는 것으로 보아 한자로 읽은 '尙宅(상댁)'을 따른다.

한자로 읽은 '尙宅(상댁)'을 따를 때에 문제가 되는 것은 이 '尙宅'의 문자적 의미와 함축적 의미이다. 선행 연구들이 보여주는 문자적 의미와 함축적 의미는 다음과 같다.

'尙宅'의 문자적 의미로는 '높으신 집'(김선기 1969), '숭상할 만한 집'(권재선 1988), '노필 집'(금기창 1993), '높은 집'(최남희 1996; 지형률 1996, 2007), '바라는 집'(황패강 2001) 등이 있다. 문맥적 상황으로 보아, '尙宅'의 문자적 의미를 '높은 집' 정도로 정리한다.

'尙宅'의 함축적/내포적 의미로는 '大宅, 金入宅'과 같이 부귀한 집의 의미로 본 경우와 '寂靜, 열반'과 같이 불교적 의미로 본 경우로 나뉜다. 전자에는 '宅號로 부귀공명의 대명사'(김준영 1964, 1979), '大宅, 金入宅'(김선기 1993), '좋은 집'(최남희 1996), '귀한 집'(류렬 2003), '높은 집'(지형률 2007), '상위에 있는 큰 부자집, 가장 높고 부유한 집'(남풍현 2017c) 등이 있고, 후자에는 '淸淨無垢'(지헌영 1947), '부처님 댁(涅槃)'(금기창 1993), '훌륭한 무덤'(寂靜處, 지형률 1996), '蓮華藏界'(황패강 2001) 등이 있다.

앞에서 '尙宅'의 문자적 의미로 정리한 '높은 집'은 두 가지 의미를 갖는 중의어이다. 하나는 도적들이 영재를 위협하는 상황에서 '높은 집'이 가지는 상대를 지칭하는 '도적'의 의미이다. 이는 높은 자(도적)와 낮은 자(영재)의 관계 상황에서 갖는 의미로, 폭력적인 측면이며, 윤리적 종교적인 측면에서 보면, 반어이다. 다른 하나는 승려 영재가 추구하는 '부처님 댁'의 의미이다. 이 부처님의 집은, '涅槃'이나 '寂靜' 정도로 보인다.

'都'는 '尙宅'에 붙은 '-도'로 읽는다. 이렇게 '-도'로 읽는 이유는 두 가지이다. 하나는 문맥적 의미이고, 다른 하나는 '內於都'의 '-都'와 같이 '-도'로 통일하여 읽어야 한다는 것이다. 이런 사실의 구체적인 설명은 '乎隱以多'에서 다루려 한다.

10.4. 作乎隱以多 일온이다 ← 作(실의독:일오)＋乎(약의독:오)＋隱(약음독:ㄴ)＋以(전음독:이)＋多(전음독:다)

作乎隱以多의 '作'은 누락자이다. 作乎隱以多를 '일온이다'(이룬 것이다)로 읽는다.

가 되지 않는다.

(제2부 「서로 연계된 누락자와 연자」의 3.6.2. 참조)

　　마지막으로 이 부분의 해독은 이것으로 끝나는 것이 아니라, 완서법과 환칭적 중의법이라는 수사와도 연결되어 있다. 앞의 의미를 '安支 尙宅'과 합쳐서 보면, 다음과 같은 환칭적 중의를 갖는다. '아니 尙宅(높은 집: 그대 도적들)도 이루온 것이다.'와 '아니 尙宅[높은 집: 부처님의 댁(涅槃, 寂靜)]도 이루온 것이다.'이다. 이 두 의미는 전달하고자 하는 의미가 부정문이 되어 명확하지 않은데, 이는 완서법에 기인한 것이다. 즉 표현하고자 하는 내용을 반대의 부정으로 표현한 완서법이다. 이 완서법을 계산하면 다음과 같다. '아니 尙宅(높은 집: 그대 도적들)도 이루온 것이다.'는 '尙宅(높은 집: 그대 도적들)도 이루지 못한 것이다.'의 의미가 되고, '아니 尙宅[높은 집: 부처님의 댁(涅槃, 寂靜)]도 이루온 것이다.'는 '尙宅[높은 집: 부처님의 댁(涅槃, 寂靜)]도 이루지 못한 것이다.'의 의미가 된다. 이 환칭적 중의법은 '彌勒座主'(미륵보살, 경덕왕, 〈도솔가〉)의 환칭적 중의법과 같은 수사이다.

제6부

『균여전』 향가의 작품별 해독

〈예경제불가〉

[원문]

心未 筆留

慕呂 白乎隱 佛體 前衣

拜 內乎隱 身萬隱

法界 毛叱 巴只 至去良

塵塵馬洛 佛體叱 刹亦

刹刹每如 邀尸白乎隱

法界 滿賜隱 佛體

九世 盡良 禮爲白齊

歎曰 身語意業無疲厭

此良 夫 作沙毛 叱等耶

(毛叱所只의 '所'는 '巴'의 오자로 수정, 邀里白乎隱의 '里'는 '尸'의 오자로 수정)

[해독]

무스미 筆(필)루

[그리며(慕)] 그려 숣온 부텨 앒의

절 드리온 모만

法界(법계) 뭇 두록 니르거아

塵塵(딘딘)마라 부텻 刹(뎔)여

刹刹(뎔뎔)마다 뫼시숩온

法界(법계) ᄎ신 부텨

九世(구셰) 다아 禮(예)ᄒ습져

[탄식하는 말의(歎曰)] 아라 身語意業無疲厭(신어의업무피염)

이아 ᄆᆞᄅᆞ 삼사모 시ᄃᆞ야

[현대역]
마음의 붓으로
(그리며/慕) 그려 사뢰온 부처 앞에
절 드리온 몸은
법계 끝까지 두루 이르는가?(이르도록 하자)
진진(塵塵, 세속 세속)마다 부처의 절이요
절절마다 뫼시온
법계 차신 부처
구세 다하여 예하옵져
(탄식하는 말의) 아- 신어의업무피염(을)
이(법계 차신 부처님들을 구세 다하여 예하옵져)에 마루(예경제불의 기준)로 삼삼고 있다야

1. 心未 筆留

ᄆᆞᄉᆞ미 筆(필)루
마음의 붓으로

   (오구라 1929)   ᄆᆞ솜의 붇으로
   (신태현 1940)   ᄆᆞ솜의 붇으로
   (양주동 1942)   ᄆᆞᄉᆞ미 브드루
   (지헌영 1947)   ᄆᆞᄉᆞ미 筆루
   (정열모 1947)   맘의 붓으로(1965 ᄆᆞ믈 부드루)
   (홍기문 1956)   ᄆᆞᄉᆞ미 부드루
   (이 탁 1956)   ᄆᆞ솜 붇으로
   (김준영 1964)   ᄆᆞᄉᆞ믜(1979 ᄆᆞᄉᆞ미) 筆루
   (김상억 1974)   마자매 붇으루
   (김선기 1975b) 마잠에 붇으루(1993 마솜애 붇오루)
   (전규태 1976)   ᄆᆞᄉᆞ미 붇으루

(김근수 1979)	ᄆᆞᅀᆞ미 부드루
(김완진 1980)	ᄆᆞᅀᆞ미 부드로
(정창일 1987)	心메 筆루
(양희철 1988)	ᄆᆞᅀᆞ미 筆루
(유창균 1994)	ᄆᆞᅀᆞ미 브드로
(강길운 1995)	마ᅀᆞᆷ의 븓으루
(최남희 1996)	ᄆᆞᅀᆞ미 筆루
(지형률 1996)	ᄆᆞᅀᆞᆷ이 붇으로
(신재홍 2000)	ᄆᆞᅀᆞ미 부드로
(황패강 2001)	ᄆᆞᅀᆞ미 부드로
(정재영 2001)	ᄆᆞᅀᆞ미 부드로
(박재민 2002)	ᄆᆞᅀᆞ미 부드로
(류 렬 2003)	ᄆᆞᅀᆞ미 부두루
(김지오 2012)	ᄆᆞᅀᆞ미 붇(으)루

1.1. 心未 ᄆᆞᅀᆞ미 ← 心(실의독:ᄆᆞᅀᆞᆷ)+未(전음독:미)

'心未'의 해독은 'ᄆᆞᅀᆞ미'와 'ᄆᆞᅀᆞ미'가 대표적이다. 'ᄆᆞᅀᆞ미'는 'ᄆᆞᅀᆞᆷ의'의 'ᄆᆞᅀᆞᆷ'(오구라 1929)과 '미'가 결합된 'ᄆᆞᅀᆞ미'(양주동 1942)에서 처음으로 나타난다. 'ᄆᆞᅀᆞ미'는 'ᄆᆞᅀᆞᆷ'(이탁 1956)과 '미'(양주동 1942)가 결합된 'ᄆᆞᅀᆞ미'(김준영 1979)에서 처음으로 나타난다. 'ᅀ'의 존재 여부로 의견이 갈리는데, 일단 후자인 'ᄆᆞᅀᆞ미'를 취한다.

1.2. 筆留 筆(필)루 ← 筆(음의독:筆/필)+留(전음독:루)

'筆留'의 해독은 '붇으로'와 '筆루'가 대표적이다. 전자의 '붇으로'(오구라 1929)는 향찰에 없는 '-으-'를 첨가해야 하는 문제를 보인다. 후자인 '筆루'(지헌영 1947; 김준영 1964; 양희철 1988)를 취한다. '留'는 '周留城/두루잣'에서와 같이 '루'(양주동 1942: 675)이고, 고려의 표기음이 '루'이며, 고려와 조선조의 한시에서 '루'의 압운자(양희철 2015a:536-539)로 쓰였다.

'마음의 붇'은 은유법이다. '마음'은 원관념이고, '붇'은 보조관념이다.

2. 慕呂 白乎隱 佛體 前衣

[그리며(慕)] 그려(畫) 숣온 부텨 앒의
[그리며(慕)] 그려(畫) 사뢰온 부처 앞에

(오구라 1929)	그리숣온 부텨 앒애
(신태현 1940)	그리숣온 부텨 알픠
(양주동 1942)	그리술본 부텨 前에
(지헌영 1947)	그리숣온 부텨 前에
(정열모 1947)	그리온 부처 앞에(1965 그리슬븐 부텨 앏희)
(홍기문 1956)	그리술본 부텨 앏희
(이 탁 1956)	그리술온 븥더 안이
(김준영 1964)	그리숣온 부텨 前의
(김상억 1974)	그리솗온 부텨 전에
(김선기 1975b)	그리살본 부텨 알비(1993 고로샆온 뿌텨 앑애)
(전규태 1976)	그리숣온 부톄 前의
(김근수 1979)	그리술본 부텨 前의
(김완진 1980)	그리술본 부텨 알픠
(정창일 1987)	그려 술호논 붓다의 몸 앞에
(양희철 1988)	그리(慕) 슬본 佛體 알픠(2013a 부텨 알픠)
(유창균 1994)	그리술본 佛體 前의
(강길운 1995)	그려 술본 부텨 앞에
(최남희 1996)	그리살본 佛體 알비
(지형률 1996)	그리술본 부텨 알패(2007 그리숣온 부텨 알픠)
(신재홍 2000)	그리술본 부텨 알픠
(황패강 2001)	그리술본 부텨 알픠
(정재영 2001)	그리숣온 부텨 알픠
(박재민 2002)	그리습온 부텨 알픠
(류 렬 2003)	그리 술본 부텨 아라히
(김지오 2012)	그리습온 부텨 前의

2.1. 慕呂 [그리며(慕)] 그려(畵) ← 慕[가의독:그리(畵), 잉여코드의 문맥적 의독:그리며(慕)]+呂(전음독:려)

慕呂를 '[그리며(慕)] 그려'로 읽고, '[그리며(慕)] 그려'의 의미로 정리한다(제4부 「잉여코드도 겸독한 문제 향찰」 3.1. 慕呂의 慕 참조).

2.2. 白乎隱 숣온 ← 白(실의독:숣)+乎(약의자:오)+隱(약음독:ㄴ)

2.3. 佛体 부텨 ← 佛(실의독:부텨)+体(전음독:텨)

2.4. 前衣 앎의 ← 前(실의독:앎)+衣(전음독:의)

'前衣'는 '아라히, 안이, 알픠, 알비, 알패, 알픽, 앒히, 앒애, 앞에, 앞에, 前에, 前의, 견에' 등으로 다양하게 읽어 왔다. 이는 '前'을 '아라, 앒, 앎, 前' 중에서 어느 것으로 읽고, '衣'를 '이, 의, 애, 의, 에' 중에서 어느 것으로 읽을 것이냐에 따른 문제이다. '前'은 '前'(양주동 1942)이나 '앎'(김완진 1980)으로 읽어야 하고, '衣'는 그 음이 '의'라는 점에서 '의'(김준영 1964)로 읽어야 한다. 이를 보여주는 것으로, '前의'(김준영 1964)와 '앎픠'(양희철 2013a)가 있다. 이 중에서 후자를 분철하여 '앎의'로 읽는다.

3. 拜 內乎隱 身萬隱

절 드리온 모만
절 드리온 몸은

  (오구라 1929) 빌으온 몸온
  (신태현 1940) 비누온 몸온
  (양주동 1942) 저누온 모몬
  (지헌영 1947) 비누온 모몬
  (정열모 1947) 젓내온 모만(1965 젓논 모몬)
  (홍기문 1956) 저르누혼 모몬
  (이 탁 1956) 젇ᄂ온 몸온
  (김준영 1964) 저ᄂ온 모몬(1979 저ᄂ온 모먼)
  (김상억 1974) 절누온 모만

(김선기 1975b)　　　　빌나온 몸안(1993 빌라온 몸만은)
(전규태 1976)　　　　젇누온 몸은
(김근수 1979)　　　　저누온 모문
(김완진 1980)　　　　저ᄂ온 모마ᄂ
(정창일 1987)　　　　拜나 호는 몸
(양희철 1988)　　　　저ᄂ온 身 萬은(2008 절 드리온 몸만(身萬)은)
(유창균 1994)　　　　절ᄂ온 모문
(강길운 1995)　　　　절허논 몸은
(최남희 1996)　　　　절ᄂ온 모문
(지형률 1996)　　　　저ᄂ온(2007 절ᄂ온) 몸온
(신재홍 2000)　　　　절 드룐 모문
(황패강 2001)　　　　저누온 모문
(정재영 2001)　　　　절ᄂ온(절ᄒ논) 모마ᄂ
(박재민 2002)　　　　저ᄉᆞ온 모문
(류 렬 2003)　　　　저ᄉ누혼 모문
(김지오 2012)　　　　저누온 모문

3.1. 拜 절 ← 拜(실의독:절)

3.2. 참조.

3.2. 內乎隱 드리온 ← 內(納, 실의독:드리)+乎(약의독:오)+隱(약음독:ㄴ)

'拜內乎隱'을 '빌으온, 비누온, 비누온, 저누온' 등등으로 읽는 가운데, '저누온' 계통의 해독들이 우세하지만, 문맥적 의미인 '절 하옵는'의 의미와 거리가 있다. 이 문제를 해결하고자, 두 유형의 해독이 나왔다.

하나는 '절 드룐'(신재홍 2000)과 이를 일부 다듬은 '절 드리온'(양희철 2001, 2008)의 해독이다. 이 해독들은 '內'를 '納(드리다)'의 약자인 '內(납)'으로 보았다.

다른 하나는 '內'를 '白'의 '訛(그릇됨)'로 읽은, '저ᄉᆞ온'의 해독이다.

후자의 해독은 '內'가 '白'의 '訛(그릇됨)'라는 점을 합리적으로 설명하기가 어렵다. 그리고 해독('저ᄉᆞ온 모문')과 그 현대역('절 드린 몸은')이 형태소의 차원에서 일치하지 않으며, 이 해독의 현대역은 전자의 해독과 일치한다. 즉, '절 드린 몸은'(박재민 2002, 2013b:207)에서 보이는 '드린'은 신재홍과 양희철의 해독인 '드룐'과 '드리온'에

서 보이는 '드리-ㄴ'이다. 이런 점에서 전자의 해독인 '절 드리온'으로 읽는다.

3.3. 身萬隱 모만 ← 身(실의독:몸)+萬(전음독:만)+隱(약음독:ㄴ)

'身萬隱'의 '身'은 '몸'(오구라 1929)으로 읽는 데 어떤 문제도 없다. 문제는 '身萬隱'을 2음절과 3음절 중에서 어느 것으로 읽고, '萬'을 'ㅁ, 몬, 만, 먼, 萬' 중에서 어느 것으로 읽으며, '隱'을 'ㄴ, 오, 은' 중에서 어느 것으로 읽을 것인가 등에 있다. '身'은 '몸, 모마'로, '萬'은 'ㅁ, 몬, 만'으로, '隱'은 'ㄴ, 은'으로 읽는 한, '모문'(양주동 1942), '몸은'(전규태 1976; 강길운 1995), '모만'(정열모 1947; 김상억 1974), '몸만은'(김선기 1993) 등만이 가능하다. 이 중에서, '몸만은'의 '만'은 그 기능이 명확하지 않아, '身萬隱'을 '모만'으로 읽는다.

4. 法界 毛叱 巴只 至去良

法界(법계) 못 두록 니르거아?
법계 끝까지 두루 이르는가?(이르도록 하자)

(오구라 1929)	法界 믿ᄭ지 닐으과라
(신태현 1940)	法界 맞ᄃ록 닐으거라
(양주동 1939)	法界 ᄆᆞᆺᄃ록
(양주동 1942)	法界 ᄆᆞᆺᄃ록 니르가라
(지헌영 1947)	法界 ᄆᆞᆺᄃ로 닐가라
(정열모 1947)	법계 못소기 이르거아(1965 니르가라)
(홍기문 1956)	법게 ᄆᆞᆺᄃ로기 니르고야
(이 탁 1956)	법기 몯받 니드아라
(김준영 1964)	法界 못ᄃ록(1979 ᄆᆞᆺᄃ록) 니르가라
(김상억 1974)	법계 맛다록 니르가라
(김선기 1975b)	법계 몬고디 이르가라(1993 니르가라)
(전규태 1976)	法界 못ᄃ록 이르거라
(김근수 1979)	法界 ᄆᆞᆺᄃ록 니르과라
(김완진 1980)	法界 업ᄃ록 니르거라
(정창일 1987)	만흔 法界 모실 所긔 닐가어

(양희철 1988)	法界 못드록(2015a 못두록) 니르거라
(유창균 1994)	法界 못드록 니ᄅ(/니를)가라
(강길운 1995)	法界 못도록 니를가라
(최남희 1996)	法界 못드록 니르가라
(지형률 1996)	法界 못드록 니르가라(2007 몯드록 니를거라)
(신재홍 2000)	法界 못 박 니르거라
(황패강 2001)	法界 못드록 니르가라
(정재영 2001)	법계 못속[속까지] 니르거아
(박재민 2002)	法界 毛叱所只(두루) 니르거라(2013b 못도록[두루 다])
(류 렬 2003)	法界 ᄆ시ᄃ로기 니ᄅ가라
(김지오 2012)	법계 못속[두루, 다] 니르거아

4.1. 法界 法界(법계) ← 法(음의독:法/법)+界(음의독:界/계)

4.2. 毛叱 못 ← 毛(전음독:모)+叱(약음독:ㅅ)

4.3. 참조.

4.3. 巴只 두록 ← 巴(실의독:두로)+只(약음독:ㄱ)

 '毛叱 所只'의 '所'는 '두로'를 표기한 '巴'를 '바'로 잘못 이해하고 이 '巴/바'를 '所/바'로 잘못 썼다는 점에서, '毛叱 巴只'로 수정하고 '끝까지 두루'의 의미인 '못 두록'으로 읽는다. '못'은 '끝까지 내내'의 의미인 '못내'의 '못'과 같은 의미이다. 이 해독의 구체적인 설명과, 선행 해독에 대한 변증은 앞의 글(양희철 2015a:555-561)로 돌린다.

4.4. 至去良 니르거아 ← 至(실의독:니르)+去(전음독:거)+良(약의독:아)

 '至去良'의 '至-'는 '니르-'로 읽어오는 가운데, 이조어 '니를-'에 근거하여 고려 초의 어형을 '니를-'로 읽은 해독(유창균 1994; 강길운 1995; 지형률 2007)이 나왔다. 양자가 모두 가능하다. 특히 '-다' 앞에서 '-ㄹ-'의 유무는 이형태를 이룬다. 즉 '이르다'와 '이를다'는 이형태이다.
 '至去良'의 '-良'은 '-라, -야, -아' 등으로 읽으면서, 다양한 해석을 보인다. '-라'로 읽은 해독은 각주[1]로 돌리고 '-야, -아'로 읽은 해독만을 보자.

'-良'을 '-야, -아'로 읽은 해독은, '니르고야'(이를게라, 홍기문 1956), '니르거아'(이르거라, 정재영 2001), '니르거아'(이른다, 김지오 2012), '니를가아'(이르러 가아? 양희철 2016:605) 등에서 보인다. '니르고야'(이를게라)의 경우는 '-去良'을 '-고야'로 읽는 것이 어렵고, 해독 '니르고야'가 현대역 '이를게라'(서술형)로 연결된다고 보는 것도 쉽지 않다. '니르거아'(이르거라)의 경우는 해독 '니르거아'를 현대역 '이르거라'(명령형)로 연결하는 것이 어렵다. '니르거아'(이른다)의 경우는 해독 '니르거아'를 현대역 '이른다'로 연결하는 것이 쉽지 않다. '니를가아'(이르러 가아?)의 경우는 '-아'를 의문형으로 읽어, 예경제불의 서원의 필요성을, 의문법을 통하여, 자기 반성적으로 노래한 것(양희철 2016a)으로 보기도 했다. 이 의문형을 자기 반성적 자문으로 볼 수도 있지만, 문맥에 좀더 충실하게, '니르거아/니를거아?'의 의문문을 통하여 '이르자, 이르도록 하자'의 청유를 전달하는 명령적 의문문(양희철 2020)으로 수정한다.

5. 塵塵馬洛 佛體叱 刹亦

塵塵(딘딘)마라 부텻 刹(뎔)여
진진(塵塵, 세속 세속)마다 부처의 절이요

    (오구라 1929)   塵塵마다 부텻 쉬이여
    (신태현 1940)   塵塵마락 부텨ㅅ 쉬이오
    (양주동 1942)   塵塵마락 부텻 쉬이
    (지헌영 1947)   塵塵마락 부텨ㅅ쉬이
    (정열모 1947)   진진마다 부처 찰여(1965 딘딘토록 부텨ㅅ뎔히)

---

1 '-良/라'의 해독은 '-去良'를 '-과라, -가라, -거라, -아라' 등으로 읽은 해독에서 보인다. '-과라'(오구라 1929; 김근수 1979)와 '-아라'(이탁 1956)는 '-去-'가 '-과-'와 '-아-'가 아니라는 문제를 보인다. '-가라, -거라'의 해독은 다시 명령형, 청원형, 청유형, 감탄형(영탄형) 등으로 나뉜다. 명령형은 '니르거라'(양주동 1942)의 해독 이래로 많은 해독들이 따르면서 주종을 이루지만, 예경제불의 문맥에 부합하지 않는다. 이 문제를 인식한 결과인지는 모르지만, 청원형, 청유형, 감탄형(영탄형) 등의 해석이 나왔다. '닐가라'(이르옵기 바랍내다, 지헌영 1947)에서는 청원형으로, '니ㄹ(/니를)가라'(미칠 것이로다, 유창균 1994)에서는 청유형으로, '니르거라'(이르구나, 박재민 2002, 2013b)에서는 감탄형과 영탄형으로 각각 해석을 하였다. '-거라, -가라' 등이 청원형, 청유형, 감탄형(영탄형) 등이 아니라는 문제와, 이 해독들과 괄호 안의 현대역들이 형태소 차원에서 연결되지 않는 문제를 보인다.

(홍기문 1956)	塵塵마다 부텨ㅅ뎌리
(이 탁 1956)	塵塵몯돈 븓딋 쥐이
(김준영 1964)	塵塵마락 부텨ㅅ 쳐여
(김상억 1974)	진진마다 부텻 찰이
(김선기 1975b)	디글마다 부텨덜이(1993 딘골마다 뿌텀 덜이)
(전규태 1976)	드틀드틀마락 부톄ㅅ 절이
(김근수 1979)	塵塵마락 부텨ㅅ 쳐이여
(김완진 1980)	塵塵마락 부텻 쳐이역
(정창일 1987)	塵塵마락 부톄쇠 剎 또 剎剎
(양희철 1988)	塵塵마락 부텨ㅅ 剎에
(유창균 1994)	塵塵마락 佛體ㅅ 剎이
(강길운 1995)	塵塵(/드틀)마락 부텨ㅅ 쳐여
(최남희 1996)	塵塵마락 佛體ㆆ 剎역
(지형률 1996)	塵塵마락 부텻 쳐여(2007 뎔여)
(신재홍 2000)	塵塵마락 부텻 뎔여
(황패강 2001)	塵塵마락 부텻 쳐이
(정재영 2001)	塵塵마락 부텻 쳐여
(박재민 2002)	塵塵마락 부텨ㅅ 쳐이여
(류 렬 2003)	드틀마다 부텨시 뎔히
(김지오 2012)	塵塵마락 부텨ㅅ 쳐여

5.1. 塵塵馬洛 塵塵(딘딘)마라 ← 塵(음의독:塵/딘)+塵(음의독:塵/딘)+馬(전음독:마)+洛(약음독:라)

'塵塵馬洛'의 '塵塵'은 '塵塵'으로, '馬洛'은 '마다'와 비교되는 '마라'로 읽는다. '塵塵'는 '世世'(代代)의 의미도 있지만, '세속'의 의미인 '塵'의 반복으로 '세속 세속'의 의미이다.

왜 '每'의 훈 '마다'를 이용하지 않고 '馬'를 사용했을까? 이는 그 당시에 '마다'와 '마라'가 쓰이었는데, '마다'에는 '每'를 쓰고, '마라'에는 '每'를 쓰지 않은 것으로 추정한다.

5.2. 佛體叱 부텻 ← 佛(실의독:부텨)+體(전음독:터)+叱(약음독:ㅅ)

5.3. 刹亦 刹(뎔)여 ← 刹(음의독:刹/뎔)+亦(약음독:여)

'刹亦'의 '刹'은 '刹(뎔)'이다. '刹亦'의 '亦'은 '이여, 이, 히, 익, 에, 이역' 등으로 읽어 왔다. '亦/역'의 '여'를 살린 해독들만을 보자. '亦/여'의 해독은 그 의미를 '-이라, -에, -이여, 동반의 보조사' 등으로 보기도 하지만, 나열 또는 열거형으로 본 것이 주종이다. '찰여'(부처의 절이요, 정열모 1947)와 '刹여'(불찰이 있고, 김준영 1964, 불찰이오, 김준영 1979)에서는 나열 또는 열거형이라는 설명은 보여주지 않았다. 이에 비해 '刹여'[불국토이고(강길운 1995), 절이요(지형률 1996), 세계요(박재민 2013b)]에서는 열거형 또는 나열어미라는 설명까지를 명확하게 보여준다. 이 해독을 따른다.

6. 刹刹每如 邀尸白乎隱

刹刹(뎔뎔)마다 뫼시습온
절절마다 뫼시사온

(오구라 1929)	刹刹마다 마ㅈ리솖온
(신태현 1940)	刹刹마다 마ㅈ리솖온
(양주동 1942)	刹刹마다 뫼시리숣ᄫ
(지헌영 1947)	刹刹마다 ㅁㅈ리솖온
(정열모 1947)	철철머더 드리삷온(1965 뎔뎔마다 기드리술븐)
(홍기문 1956)	뎔뎔마다 뫼시리슣ᄫ
(이 탁 1956)	刹刹마ᄃ 드리술온
(김준영 1964)	刹刹마다 ㅁㅈ리솖온(1979 마ㅈ리솖온)
(김상억 1974)	찰찰마다 뫼시리삷온
(김선기 1975b)	뎔뎔마다 뫼시리 살본(1993 삷온)
(전규태 1976)	刹刹마다 마지솖온
(김근수 1979)	刹刹마다 모리술본
(김완진 1980)	刹刹마다 모리술ᄫ
(정창일 1987)	刹刹미여 티리 술호눈
(양희철 1988)	刹刹마다 뫼리 술본
(유창균 1994)	刹刹마다 마ㅈ리술본
(강길운 1995)	刹刹마다 물리소본

(최남희 1996)   刹刹마다 뫼술본
(지형률 1996)   刹刹마다 모리술본(2007 뎔뎔마다 모리숩온)
(신재홍 2000)   뎔뎔마다 모리술본
(황패강 2001)   刹刹마다 ᄆᆞᄌᆞ리술본
(정재영 2001)   刹刹마다 모리슯온
(박재민 2002)   刹刹마다 모리숩온
(류 렬 2003)   뎔뎔마다 모시리술본
(김지오 2012)   刹刹마다 모리슯온

6.1. 刹刹每如 刹刹(뎔뎔)마다 ← 刹(음의독:刹/뎔)+刹(음의독:刹/뎔)+每(실의독:마다)+如(약의독)

'刹刹每如'는 '刹刹마다, 철철머더, 뎔뎔마다, 刹刹마드, 찰찰마다, 刹刹미여' 등으로 읽어 왔다. '刹刹마다'(오구라 1929)에서는 '刹'의 음을 어느 것으로 읽은 것인지 알 수 없다. '뎔뎔마다'(홍기문 1956; 정열모 1965; 김선기 1975b 등등)에서는 '刹'을 '뎔'로 읽었다. 이 '뎔'을 정열모는 훈으로 보았다. 그리고 김선기는 '刹'이 國土의 의미를 가진 범어 '刹多羅'의 약어(오구라 1929:47)라는 설명을 인용한 다음에, [tetra〉tera〉ter]의 음운변화를 설명하면서, 음을 이용한 표기로 보았다. '刹'의 그 당시의 음이 '뎔'이란 점에서 '刹刹(뎔뎔)마다'로 읽는다.

6.2. 邀尸白乎隱 뫼시숩온 ← 邀(실의독:뫼시)+尸(전음독:시)+白(가의독:숩)+乎(약의독:오)+隱(약음독+ㄴ)

邀里白乎隱의 '里'는 '尸/시'로 쓴 글자를 '尸/리'로 오독한 다음에 동음자로 잘못 쓴 오자이다. 邀尸白乎隱은 '뫼시숩온'으로 읽는다(제2부 「오자 30제」의 4.6. 참조).

7. 法界 滿賜隱 佛體

法界(법계) ᄎᆞ신 佛體(부텨)
법계 차신 부처

(오구라 1929)	法界(예) 츠샨 부텨
(신태현 1940)	法界 ᄀ독ᄒ샨 부텨
(양주동 1942)	法界 츠샨 부텨
(지헌영 1947)	法界 츠샨 부녀
(정열모 1947)	법계 차샨 부처(1965 츠샨 부텨)
(홍기문 1956)	법계 츠샨 부텨
(이 탁 1956)	法界 츠손 븓디
(김준영 1964)	法界 츠샨 부텨
(김상억 1974)	법계 차샨 부텨
(김선기 1975b)	봅계 차샨 부텨(1993 봅개 차샨 쁘텨)
(전규태 1976)	法界 츠샨 부톄
(김근수 1979)	法界 츠산 부텨
(김완진 1980)	法界 츠신 부텨
(정창일 1987)	法界 ᄀᄃᄅ 부톄
(양희철 1988)	法界 츠샨 부텨
(유창균 1994)	法界 츠신 佛體
(강길운 1995)	法界 차신 부텨
(최남희 1996)	法界 ᄀ독ᄒ신 佛體
(지형률 1996)	法界 츠신 부텨
(신재홍 2000)	法界 차신 부텨
(황패강 2001)	法界 츠샨 부텨
(정재영 2001)	法界 차신 부텨
(박재민 2002)	法界 츠신 부텨
(류 렬 2003)	法界 츠샨 부텨
(김지오 2012)	法界 츠신 부텨

7.1. 法界 法界(법계) ← 法(음의독:法/법)+界(음의독:界/계)

7.2. 滿賜隱 츠신 ← 滿(실의독:츠)+賜(전음독:시)+隱(약음독:ㄴ)

 '滿賜隱'은 'ᄀ독ᄒ샨, ᄀᄃᄅ, 츠손, 츠산, 츠샨, 차샨, 츠신, 차신' 등으로 읽어 왔다. 중세어에서 '츠다'와 '차다'가 구분된다는 점에서 '츠다'를 취하고, '賜'는 정연찬(1972) 이래로 읽고 있는 '시'를 취한, '츠신'(김완진 1980; 유창균 1994 등등)을 따른다.

7.3. 佛體 부텨 ← 佛(실의독:부텨)+體(전음독:텨)

8. 九世 盡良 禮爲白齊

九世(구셰) 다아 禮(예)ᄒ숩져
구세 다하여 예하옵져

    (오구라 1929)   九世 다ᄋ아 절ᄒ숣제
    (신태현 1940)   九世 다ᄋ아 절ᄒ숣제
    (양주동 1942)   九世 다아 禮ᄒ숣져
    (지헌영 1947)   九世 다아 禮ᄒ숣져
    (정열모 1947)   구세다라 예하삷제(1965 九世 드라 례ᄒ숣져)
    (홍기문 1956)   九世 다아 례ᄒ숣져
    (이 탁 1956)   九世 다아 禮ᄒ술돈
    (김준영 1964)   九世 다아 禮ᄒ숣져
    (김상억 1974)   구셰 다아 예하삷져
    (김선기 1975b)   구세다라 뎔하살졔(1993 궁세다라 뎔까삷쪄)
    (전규태 1976)   九世 다아 禮ᄒ삷져
    (김근수 1979)   九世 다ᄋ리 禮ᄒ숣져
    (김완진 1980)   九世 다ᄋ라 절ᄒ숣져
    (정창일 1987)   九世 盡얼 禮ᄒ습제
    (양희철 1988)   九世 다ᄋ 禮ᄒ숣져(齊)
    (유창균 1994)   九世 다라 禮ᄒ숣져
    (강길운 1995)   九世 다봐 禮허숣져
    (최남희 1996)   九世 다아 禮ᄒ숣져
    (지형률 1996)   九世 다아 고마 ᄒ숣져(2007 다ᄋ아 고마하숣져)
    (신재홍 2000)   九世 다아 禮ᄒ숣져
    (황패강 2001)   九世 다아 禮ᄒ숣져
    (정재영 2001)   九世 다아 禮ᄒ숣져
    (박재민 2002)   九世 다아 禮ᄒ습져
    (류 렬 2003)   아홉누 다하 례하습져
    (김지오 2012)   九世 다아 禮ᄒ습져

8.1. 九世 九世(구셰) ← 九(음의독:九/구)+世(음의독:世/셰)

'九世'는 '九世, 구세, 구셰, 굴셰, 아홉누(리)' 등으로 읽어 왔다. '九世(구셰)'이다.

8.2. 盡良 다아 ← 盡(실의독:다아)+良(약의독:아)

'盡良'는 'ᄃ라, 다봐, 다ᄋ라, 다ᄋ아, 다라, 다아, 다ᄋ리, 다하, 盡얼' 등으로 읽어 왔다. 이 중에서 '良'의 음과 훈을 벗어난 '다ᄋ리, 다하, 盡얼' 등은 일차로 논의에서 제외한다. 나머지 해독들은 '九世 盡良'을 한 단어로 묶어서 본 부류[2]와 두 단어로 본 부류로 대별할 수 있다.

'九世 盡良'을 두 단어로 읽은 해독들은 '盡良'을 부사로 본 경우[3]와 동사의 연결형으로 본 경우로 나뉜다.

'盡良'을 동사의 연결형으로 본 해독에는 '다ᄋ아'(다하여, 오구라 1929), '다아'(다하여, 皆, 양주동 1942; 지형률 1996 등등), '다아'(다해, 이탁 1956; 김지오 2012), '다봐'(다하여, 강길운 1995), '다라'(계속하여, 정열모 1965)[4] 등이 있다. '다라'(계속하여)는 '돌다'(附, 懸)를 의식한 해독으로 논외로 한다.

'다ᄋ아'(다하여)에서는, '다ᄋ-'를 '다ᄒ-'와 같은 말로 보고, '아'를 연결어미로 보아, 즉 '다ᄋ(=다ᄒ)+아'로 보아, '다ᄋ아'(=다하여)로 정리하였다. 해독의 큰 윤곽은 잡혔다고 할 수 있다. 그런데 문제는 '다ᄋ아'와 같이 'ᄋ'와 '아'가 중첩된 형태가 있을까 하는 것이다. 이 문제를 해결하기 위하여 '다아'(다하여, 皆, 다해)의 해독이 나왔다. 양주동은 앞에서 정리하였듯이, '盡良'을 '다ᄋ아'['다ᄋ(어간)+아(연용형:연결어미)']

---

[2] '九世 盡良'을 한 단어로 묶어서 본 해독에는 '구세다라'(아홉대까지, 정열모 1947), '구셰다라'(구세토록, 김선기 1975b), '굴셰다라'(구세도록, 김선기 1993) 등이 있다. '-다라'가 '-까지'나 '-도록'이라는 사실을 증명하지 못하였다.

[3] '盡良'을 부사로 본 해독에는, '다아'(다/皆, 지헌영 1947), '다아'(다하도록, 홍기문 1956; 김준영 1964 등등), '다아'(마치도록, 전규태 1976), '다ᄋ아'(다하도록, 지형률 2007), '다ᄋ라'(내내, 김완진 1980), '다라'(다할 때까지, 유창균 1994) 등이 있다. 지헌영의 해독은 양주동의 해석을 오해한 결과이다. 양주동은 '盡良'을 '다ᄋ(어간)+아(연용형: 연결어미)'로 읽은 다음에, 이 '다ᄋ아'가 '다아'로 축약하였다고 설명하였다. 이 설명으로 보면, '다아'는 '다하여'의 의미이다. 그런데 이 해독에서는 '다아'가 '다하여'의 의미라는 사실을 명확하게 하지 않고, "「九世다아」는 「盡九世・九世悉皆」의 義이다."라고만 하여, 지헌영으로 하여금 '다아' 곧 부사 '다'로 오해하게 하였다. 나머지 해독들은 현대역에서 김선기가 보여준 '-도록'을 직접 취하거나 이 '-도록'에서 유추한 '내내'나 '-까지'를 취하였다. 이 해독들은 '良'을 읽은 '-아'나 '-라'에서 이끌어낼 수 없는 현대역을 달았다.

[4] 모두에서는 'ᄃ라'(이어)로 정리하고, 각론에서는 '다라'(계속하여)로 정리하였다.

가 축약된 '다아'로 보았다. 이 설명으로 보면, '다아'는 '다ᄋ하여'가 축약된 '다하여'의 의미이다. 그런데 이 해독에서는 '다아'가 '다하여'의 의미라는 사실을 명확하게 하지 않고, "「九世다아」는 「盡九世·九世悉皆」의 義이다."라고만 하였다. 이는 오구라가 '盡良'을 '다ᄋ아'로 읽고 그 의미로 제시한 '다하여'를 직접 언급하는 것을 피한 것으로 보인다. 이 때문에 지헌영은 '다아'의 의미를 부사 '다'로 오해하기도 했고, 이탁은 '盡'을 '다'로 읽기도 했다. 이런 오해는 최근의 해독들에서 다시 '다하여'의 의미를 확인하면서 풀리게 되었다. '다바'(다하여)는 '다ᄋ-'의 고형이 '다ᄫ-'라는 점을 "ᄆᆞᄉᆞᆷ 다ᄫᆞᆯ(盡心)"(월석7-45)과 'tavu(다하다. 드리비다-간나다어)'에 근거하여 재구한 형태이다. 이 해독이 인정되지만, 그렇다고 '다아'의 해독이 부정되는 것도 아니다. 두 형태가 과거에 함께 존재했다고 볼 수도 있다. 일단 '다바'의 가능성을 열어 놓고, '다아'로 정리한다.

8.3. 禮爲白齊 禮(예)ᄒ습져 ← 禮(음의독:禮/예)+爲(실의독:ᄒ)+白(가의독:습)+齊(전음독:져)

'禮爲白齊'의 '禮'는 '절, 뎔, 고마, 예, 례, 禮' 등으로 읽혀 왔다. '禮(예)'이다.

'禮爲白齊'에서, '爲'는 'ᄒ, 하, 허, 까' 등으로, '白'은 '술, 숣, 삷, 솗, 습, 숩, 숩' 등으로, '齊'는 '돈, 제, 져, 쪄, 계' 등으로 각각 읽혀 왔다. 이 중에서, '爲'는 'ᄒ'로, '齊'는 '져'로 읽는 데 큰 문제가 없다.

이에 비해 '白'의 해독에서는 설명을 요한다. '술'은 '白'의 훈도 아니고, 문맥에도 맞지 않는다. '숣, 삷, 솗' 등은 '白'을 전통적으로 읽어 오던 해독이다. 그런데 이 해독은 근현대어의 상대존대 '습/숩'과 비교하면, 불필요한 'ㄹ'이 더 들어간 것이다. 이를 인식하고 'ㄹ'을 삭제한 해독이 '습, 숩, 숩' 등이다. 이 해독들은 'ᄒ습제'(정창일 1987), '허숩져'(강길운 1995), 'ᄒ습져'(박재민 2002; 김지오 2012) 등에서 보인다. 이 해독들과 같이 'ㄹ'을 뺀 'ᄒ습져'로 읽는다.

9. 歎曰 身語意業無疲厭

[탄식하는 말의(歎曰)] 아라 身語意業無疲厭(신어의업무피염)
(탄식하는 말의) 아- 신어의업무피염(을)

(오구라 1929)	歎曰 身語意業疲厭 업시
(신태현 1940)	身語意業無疲厭
(양주동 1942)	아으 身語意業無疲厭
(지헌영 1947)	아으 身語意業無疲厭
(정열모 1947)	아으 신어의업무피염
(홍기문 1956)	아야 身語意業無疲厭
(이 탁 1956)	아라 身語意業無疲厭
(김준영 1979)	아-(1965 아아) 身語意業無疲厭
(김상억 1974)	아으 신어의업 무피염
(김선기 1975b)	아으 신어 의업 아찻 없이(1993 피염 없이)
(전규태 1976)	아으 身語意業無疲厭
(김근수 1979)	身語意業無疲厭
(김완진 1980)	아야 身語意業無疲厭
(정창일 1987)	아~ 身·語·意業 无疲厭
(양희철 1988)	아으(歎曰) 身語意業 無疲厭
(유창균 1994)	아라 身語意業無疲厭
(강길운 1995)	아라 身語意業 疲厭업시
(최남희 1996)	아야 身語意業無疲厭
(지형률 1996)	아야(2007 歎曰) 身語意業無疲厭
(신재홍 2000)	아야, 身語意業無疲厭
(황패강 2001)	(歎曰) 身語意業無疲厭
(정재영 2001)	歎曰 身語意業無疲厭
(박재민 2002)	아으 身語意業無疲厭
(류 렬 2003)	아으《신어의업무피염》
(김지오 2012)	아야 身語意業無疲厭

9.1. 歎曰 [탄식하는 말의(歎曰)] 아라 ← 歎曰[환유법적 가의독:아라, 잉여코드의 문맥적 의독:탄식하는 말의(歎曰)]

歎曰을 '[탄식하는 말의(歎曰)] 아라'로 읽고, '(탄식하는 말의) 아-'의 의미로 정리한다.(제4부「잉여코드도 겸독한 문제 향찰」 5.1. 歎曰 참조)

9.2. 身語意業無疲厭 身語意業無疲厭(신어의업무피염) ← 身語意業無疲厭
(각각 음의독:身語意業無疲厭/신어의업무피염)

'身語意業無疲厭'의 해독은 '身語意業疲厭 업시/없이'와 '身語意業無疲厭'(신어의업무피염)으로 대별된다. 그리고 '身語意業無疲厭'(신어의업무피염)은 그 현대역으로 보아, 부사절 '… 없이', 연결형('… 없어', '잊고서', '고되다 말고', '싫증내지 않고'), 문법적 기능이 명확하지 않은 '身語意業無疲厭', 목적어 등으로 나뉜다. 이 중에서 목적어로 본 해석은 두 글에서 보인다. "몸과 말과 意業이 지침이 없음을 이에서 항상 이루고자 하나이다."(유창균 1994)와 "몸과 말과 뜻의 業에 싫증 없기를, 이렇게 지어야 본받음직 하도다."(신재홍 2000)에서 보인다. 그러나 이 글들은 '身語意業無疲厭'을 목적어로 보았지만, '此良'를 '이라'(이 까닭에, 그러므로)로 읽거나, '此良夫'를 '이라보'(이렇게)로 읽고, '身語意業無疲厭'와 '此良/이아'(이에)의 도치를 계산하지 못하여 해독에 실패하였다.

'身語意業無疲厭'은 목적격 어미가 생략된 '身語意業無疲厭(을)'이 이어지는 '此良/이아'(이에)와 그 순서를 바꾼 도치 표현이다.

10. 此良 夫 作沙毛 叱等耶

이아 므ᄅ 삼사모 시ᄃ야
이(법계 차신 부처님들을 구세 다하여 예하옵져)에 마루(예경제불의 기준)로 삼삼고 있다야

(오구라 1929)	이러히 지ᄉ사 믿으드라
(신태현 1940)	이러히 질 삼엇더라
(양주동 1942)	이에 브즐 ᄉᄆᆺ다라
(지헌영 1947)	이에 브질 사ᄆᆺ다라
(정열모 1947)	이렁 사우 지어 사못드라(1965 이리 저지러 사못ᄃ야)
(홍기문 1956)	이러 브질 사맛다라
(이 탁 1956)	이롭 짓ᄋ 몯드라
(김준영 1979)	이애 브질 사못ᄃ라(1979 ᄉᄆᆺ드라)
(김상억 1974)	이에 브즐 사맛다라
(김선기 1975b)	이라 부작 사몬돌아(1993 이랑 뿌작 사몬도라)

(전규태 1976)	이에 부질 스뭇다라
(김근수 1979)	이란 브즐 스뭇ᄃ라
(김완진 1980)	이렁 ᄆᆞᆯ 지ᅀᅡ 못ᄃᆞ야
(정창일 1987)	이런 夫 짓사 모쉰 드냐
(양희철 1988)	이에 부(夫)짐 스ᄆᆞ(達)ㅅᄃ야(2015a 사모 시ᄃᆞ야)
(유창균 1994)	이라 부질 사못다라
(강길운 1995)	이애 부작 사몿드라
(최남희 1996)	이아 ᄆᆞᆯ 짓사 못ᄃ라
(지형률 1996)	이랑(2007 이러) ᄆᆞᆯ 삼옷ᄃ야
(신재홍 2000)	이라부 짓사 못ᄃ라
(황패강 2001)	이에 브즐 스뭇다라
(정재영 2001)	이아 夫作(부질) 사못ᄃ야
(박재민 2002)	이익 부질 사모ㅅ뎌[2013b 사모ㅅ다야(삼으리라)]
(류 렬 2003)	이라 부질 사ᄆᆞ시다라
(김지오 2012)	이아 부질 사못ᄃᆞ야

10.1. 此良 이아 ← 此(실의독:이)+良(약의독:아)

'此良'의 해독은 매우 난해하다. '良'을 매우 다양한 형태들('러, ᄅᆞ, 라, 렁, 랑, 리, 에, 애, 익, 아')로 읽어 오면서도, 번역시가 보여주는 '此爲常'과 동떨어진 해독을 하여 왔다. 이는 도치법을 이해하지 못한 결과로 판단한다. 제9구의 '身語意業無疲厭'과 그 순서를 바꾼 도치법을 계산하면서, '이에'의 의미인 '이아'로 읽으면, 매우 쉽게 해독된다. '此良'을 '이(법계 차신 부처님들을 구세 다하여 예하옵져)에'의 의미인 '이(此)+아(良)'로 읽고, 이 '이아'는 제9구인 '身語意業無疲厭'의 앞에 있던 것을 그 순서를 바꾸어서 도치법으로 표현한 것으로 정리한다.

10.2. 夫 ᄆᆞᆯ ← 夫(실의독:ᄆᆞᆯ)

10.3 참조.

10.3. 作沙毛 삼사모 ← 作(실의독:삼)+沙(전음독:사)+毛(전음독:모)

김완진은 'ᄆᆞᆯ'(夫)와 '지ᅀᅡ못ᄃᆞ야'(作沙毛叱等耶, 지어 있노라)를 번역시의 '常'과

'爲'에 대응시켰다. '異斯夫=苔宗'에 근거해 '夫'를 '宗旨'의 의미인 'ᄆᆞᆯ'로 읽었다. 이 해독에 대하여, "金完鎭이 '夫'를 'ᄆᆞᆯ'로 읽어 '常'과 대응하는 것으로 보고, 해석에서는 '宗旨'라 했는데 譯詩의 '常'을 '宗旨'로 본 것은 수긍이 가지 않는다."(유창균 1994:887)는 비판을 하면서, 홍기문과 비슷하게 '爲'만을 '삼다'의 의미로 보았다. 이 해독은 거의 같은 형태로 여러 해독(정재영 2001; 박재민 2002, 2013b; 김지오 2012)에서 수용되었다. 지형률은 "ᄆᆞᆯ 삼옷ᄃᆞ야"로 읽고, 그 뜻을 "이렇게 宗旨 삼노라"(1996)와 "마루 삼을 바여(法 삼겠도다)"(2007)로 보았다. 이 해독은 번역시의 '爲'와 '常'을 작품의 '作沙毛叱等耶'와 '夫(ᄆᆞᆯ)'에 대응시켰다. 특히 '常 法典'(『辭源』)에 근거해 '常'을 '法'으로 보았다. 그리고 "爲가 'ᄒ' 이외에 '삼'으로도 읽히므로 '作'도 '삼'으로 읽을 수 있다."(지형률 2007:192)고 보았다. 이 해독은 비교적 논리적인 측면을 많이 보여주고 있으나, '夫(ᄆᆞᆯ)'를 '宗旨'나 '法'의 의미로 본 것과, '作沙毛叱等耶'를 '삼옷ᄃᆞ야'로 읽은 것에는 약간의 문제가 있는 것 같다.

이렇게 앞의 해독들은 아직도 좀더 검토할 것들을 남겨 놓았다. 즉 "身體語言兼意業總無疲厭此爲常"의 '此爲常'에 나오는 '此'이다. '此爲常'은 '(以)A爲B'의 구문으로, 그 의미는 'A를 B(로) 삼다'이다. 이 구문을 계산하면, 제10구는 목적어를 필요로 하는 구문인데, 선행 해독들을 보면, 이 목적어가 없다. 이 목적어를 살리기 위하여, '身語意業無疲厭'을 목적어로 보고, '此良/이아'(이에)와 '身語意業無疲厭'을 도치 표현으로 보았다. 그리고 '夫'는 'ᄆᆞᆯ'로 읽고, 그 의미는 "어떤 사물의 첫째, 또는 어떤 일의 기준"이라는 'ᄆᆞᆯ'(마루)의 의미에 기초하여 '예경제불의 기준'으로 수정하고, '夫作沙毛叱等耶'는 '夫 作沙毛 叱等耶'로 끊고, '마루 삼사모 시ᄃᆞ야'(예경제불의 기준으로 삼삼고 있다야, 양희철 2020)로 수정하여 읽는다.

10.4. 叱等耶 시ᄃᆞ야 ← 叱(약음독:시)+等(약음독:ᄃᆞ)+耶(전음독:야)

'叱等耶'는 '있다야'의 의미인 '시ᄃᆞ야'로 읽는다.(양희철 2015a:308-312)

제9, 10구 전체는 "[탄식하는 말의(歎曰)] 아라, 身語意業無疲厭(을) 이아 ᄆᆞᆯ 삼사모 시ᄃᆞ야'로 읽고, 그 의미는 '(탄식하는 말의) 아-, 이(법계 차신 부처님들을 구세다하여 예하옵져)에 身語意業無疲厭을 예경제불의 기준으로 삼삼고 있다야'"로 정리한다.

〈칭찬여래가〉

[원문]

今日 部伊等衣
南无 佛也 白孫 舌良衣
无盡 辯才叱 海等
一念惡中 涌出 去良
塵塵 虛物叱 邀尸白乎隱
功德叱 身乙 對爲白惡只
際 于萬隱 德海肹
間 毛冬留 讚伊白制
隔句 必只 一毛叱 德置
毛冬 盡良 白乎隱 乃兮

(部伊冬衣의 '冬'은 '等'의 오자로 수정, 邀呂白乎隱의 '呂'는 '尸'의 오자로 수정, 王冬留의 '王'은 '毛'의 오자로 수정, 毛等의 '等'은 '冬'의 오자로 수정)

[해독]

오늘 주비둘의
南无(나무) 佛(불)여 숣손 혀아의
无盡(무딘) 辯才(변재)ㅅ 바둘
一念(일념)아히 솟나 가아
塵塵(딘딘) 虛物(허물)시 뫼시습온
功德(공덕)시 身(신)을 對(대)ㅎ습악
갓 가만 德海(덕히)ㅎㄹ
틈 모둘루 기리습져

(隔句) 반독 一毛(일모)시 德(덕)도
모돌 다아 솖온 [너와(乃)] 나혀

[현대역]
오늘 사부대중의
나무 불여 (영탄조로) 사뢴 혀에
무진 변재의 바다
일념에 솟아나 가아?(솟아나 가게 하자)
진세진세 허물(虛物, 사부 대중)이 뫼시사온
공덕의 신(身)을 대하사와
갓(이) 가만[(보이는 것이) 헤아리기 어려울 만큼 멀은] 덕해(德海:바다같이 넓은 德)를
틈(시간) 모르게 기리옵져
(隔句) 반듯(반듯하게, 宛然하게) 일모의 덕도
다하여 사뢰지 못한 (너와) 나여

1. 今日 部伊等衣

오늘 주비둘의
오늘 사부대중의

   (오구라 1929)   오늘놀이 들어
   (신태현 1940)   오늘 주비들의
   (양주동 1942)   오늘 주비드리
   (지헌영 1947)   오늘 주비드리
   (정열모 1947)   오늘 주비도에(1965 오늘 주비 겨우레)
   (홍기문 1956)   오늘 주비드리
   (이 탁 1956)   오늘 이드이
   (김준영 1964)   오늘 주비둘의
   (김상억 1974)   오날 주비달의

(김선기 1975b)	오날 주비돌이
(전규태 1976)	오늘 주비둘이
(김근수 1979)	오늘 주비둘이
(김완진 1980)	오늘 주비둘히
(정창일 1987)	今日 部이겨옷
(양희철 1988)	오늘 주비둘히(2013a 주비들의)
(유창균 1994)	오늘 주비둘이
(강길운 1995)	오늘 주비들의
(최남희 1996)	오늘 주비둘이
(지형률 1996)	오늘 주비둘히(2007 주비둟이)
(신재홍 2000)	오늘부 이 디
(황패강 2001)	오늘 주비둘히
(박재민 2002)	오늘 주비둘이
(류 렬 2003)	오늘 주비둘히
(김지오 2012)	오늘 주비둘이

1.1. 今日 오늘 ← 今(실의독:오늘)+日(실의독:눌)

'今日部'로 끊고, '오늘눌, 오늘부' 등으로 읽은 경우도 있지만, '今日'로 끊고, '오늘, 오날, 오늘, 오늘' 등으로 읽은 것이 주종이다. '日/눌/날'을 음절첨기로 보는 한, '오늘'(양주동 1942 등등)과 '오날'(김상억 1974; 김선기 1975b)의 해독이 가장 적합하다.

1.2. 部伊等衣 주비둘의 ← 部(실의독:주비)+伊(전음독:이)+等(실의독:둘)+ 衣(전음독:의)

部伊冬衣의 '冬'은 동음자 '等'의 오자이다. 部伊等衣를 '주비둘의'로 읽는다(제2부 「오자 30제」의 4.3. 참조).

2. 南无 佛也 白孫 舌良衣

南无 佛여 숣손 혀아의
나무 불여 (영탄조로) 사뢴 혀에

(오구라 1929)	南無佛이라 숣올손 혀에
(신태현 1940)	南無佛이라 슯손 혀의
(양주동 1942)	南无佛이여 술븐손 혀아이
(지헌영 1947)	南无佛여 숣손 스리
(정열모 1947)	나무불여 삷손 혀랑에(1965 나무불이라 술븡 셔라에)
(홍기문 1956)	南无佛야 숣손 혀아히
(이 탁 1956)	南无佛여 술온 홀(아)이
(김준영 1964)	南無佛여 숣손 혀아의(1979 셔아의)
(김상억 1974)	나무불여 삷안손 혀아에
(김선기 1975b)	나무불이라 살손 혀라이(1993 나무 뿔ㅎ이라 삷알손 까라이)
(전규태 1976)	南无佛이여 술볼손 혀아히
(김근수 1979)	南無佛이여 술볼손 혀애
(김완진 1980)	南無佛이여 술볼손 혀아히
(정창일 1987)	南无佛야 습손 허러옷
(양희철 1988)	南无 佛여 술볼손 혀아히
(유창균 1994)	南無佛이라 술볼손 혀라이
(강길운 1995)	南無佛여 술볼손 혀에
(최남희 1996)	南无佛야 숣손 ᄀᆞᆯ아히
(지형률 1996)	南無佛여 술볼 손 혀아히(2007 혀아이)
(신재홍 2000)	南无佛야 숣손 혀아이
(황패강 2001)	南無佛여 술볼손 혀아이
(박재민 2002)	"南无佛이여" 숣손 혀이(2013b "南无佛야" 숣손 혀아이)
(류 렬 2003)	나무불이라 살본손 가라히
(김지오 2012)	南无佛여 숣손 혀어의

2.1. 南无 나무 ← 南(전음독:남)+无(전음독:무)

'南無佛也'의 해독은 '-이라'형, '-(이)여'형, '-야'형으로 나뉜다. 이 중에서 문맥에 적합한 형태는 영탄형 내지 감탄형의 '-(이)여'형이다. 이에 속한 해독은 '南无佛이여' (양주동 1942; 전규태 1976 등등)에서 처음 나타나는데, '南无佛(나무불)여'(지헌영 1947; 정열모 1947 등등)와 '南无(나무) 佛여'(양희철 1988)로 수정되었다.

2.2. 佛也 佛(불)여 ← 佛(음의독:불)+也(실의독:여)

2.1. 참조.

2.3. 白孫 숣손 ← 白(실의독:숣)+孫(전음독:손)

'白孫'은 난해한 향찰 중의 하나이다. 이 향찰에 대한 기왕의 해독들을 구체적으로 변증한 바가 있다. 이 변증에서는 기왕의 해독들이 보여준 문제를 지적하고, '스로손, 스뢰손'으로 읽었다(양희철 2015a:422-429). 기왕의 해독들[5]이 보여준 세 문제는 다음과 같다.

첫째는 '白孫'의 음이나 훈을 벗어난 해독의 문제이다.

둘째는 형태소의 설명이 모호한 해독의 문제이다.

셋째는 문맥이 통하지 않는 해독의 문제이다.

이 세 문제를 해결하기 위하여 제시한 해독이 '스로손, 스뢰손'이다. '사뢰다'는 15세기부터 나타난다는 점에서, 이 해독을 '숣손'으로 수정한다. 이 '숣손'은 '숣(어간)+소(영탄법의 선어말어미)+ㄴ(관형사형어미)'의 결합이며, 그 의미는 '사뢴'(영탄법의 선어말어미 '소'는 현대어에서 사용하지 않아 현대역에 반영하지 못함)이다. 이 의미는 '(영탄조로) 사뢴'이라고 다시 쓸 수 있다. 이 의미는 '南无佛也'를 영탄의 형태 '南无佛여'로 읽는 데도 도움을 준다.

2.4. 舌良衣 혀아의 ← 舌(실의독:혀)+良(약의독:아)+衣(전음독:의)

'舌良衣'는 '舌'의 훈인 '혀'를 살리고, '良'의 훈인 '알'에서 '아'를 살리면서, '衣'의 음인 '의'를 살린, '혀아의'(김준영 1964; 양희철 2013a)를 따른다.

---

[5] 앞의 논문에서는 '술불손'(사뢰는, 김근수 1979), '습손'(말하는, 정창일 1987), '숣손'(아뢴, 박재민 2002), '숣손'(사뢴, 김지오 2012) 등을 다루지 않았다. 그러나 이 해독들 역시 다른 해독과 같이 세 문제를 보인다.

3. 无盡 辯才叱 海等

无盡(무딘) 辯才(변재)ㅅ 바둘
무진 변재의 바다

  (오구라 1929)   無盡辯才ㅅ 바롤들
  (신태현 1940)   無盡辯才ㅅ 바롤
  (양주동 1942)   無盡辯才ㅅ 바둘
  (지헌영 1947)   無盡辯才ㅅ 바둘
  (정열모 1947)   무진변재 바랄들(1965 무진 변질 바둘)
  (홍기문 1956)   無盡辯才ㅅ 바롤
  (이 탁 1956)   無盡辯才ㅅ 바ᄃ
  (김준영 1964)   無盡辯才ㅅ 바둘
  (김상억 1974)   무진변재ㅅ 바달
  (김선기 1975b)   무진 변잴(1993 무찐 뻔째ㄷ) 바둘
  (전규태 1976)   無盡辯才ㅅ 바둘
  (김근수 1979)   無盡辯才ㅅ 바둘
  (김완진 1980)   無盡辯才ㅅ 바둘
  (정창일 1987)   無盡辯才싀 바ᄃ
  (양희철 1988)   無盡 辯才ㅅ 바둘
  (유창균 1994)   無盡辯才ㅅ 바둘
  (강길운 1995)   다볼 업슨 辯才ㅅ 바덜
  (최남희 1996)   無盡辯才ㆆ 바둘
  (지형률 1996)   無盡辯才ㅅ 바둘
  (신재홍 2000)   無盡辯才ㅅ 바둘
  (황패강 2001)   无盡辯才ㅅ 바둘
  (박재민 2002)   無盡辯才ㅅ 바둘
  (류 렬 2003)   무진 변지시 바둘
  (김지오 2012)   无盡辯才ㅅ 바둘

3.1. 无盡 无盡(무딘) ← 无(음의독:无/무)+盡(음의독:盡/딘)

'无盡辯才叱'은 '無盡辯才ㅅ, 무진변재, 무진변재ㅅ, 無盡辯才싀' 등과 같이 한 단어

로 정리하기도 하고, '무진 변진, 무진 변잳, 無盡 辯才ㅅ, 무찐 뻔째ㄷ, 다볼 업슨 辯才ㅅ, 무진 변지시' 등과 같이 두세 단어로 정리하기도 하였다. '無盡 辯才ㅅ'으로 정리한다.

3.2. 辯才 辯才(변재) ← 辯(음의독:辯/변)+才(음의독:才/재)

3.1. 참조.

3.3. 海等 바돌 ← 海(실의독:바돌)+等(실의독:돌)

'海等'은 '바를들, 바랄들, 바드, 바돌, 바달, 바롤, 바돌, 바딜' 등으로 읽어 왔다. '바돌'로 읽은 양주동(1942:707-709)의 해독을 따른다(제3부 「의독자와 음독자로 겸용된 문제 향찰」 2.2.1.2. '海等'의 '等' 참조).

4. 一念惡中 涌出去良

一念아히 솟나 가아
일념에 솟아나 가아?(솟아나 가게 하자)

(오구라 1929)	一슌여해 솟ᄋ나과라
(신태현 1940)	닛념악히 소스나거라
(양주동 1942)	一念악히 솟나가라
(지헌영 1947)	一念아히 솟나가라
(정열모 1947)	한염 악안 솟나가라(1965 ᄒᆞ 녀바기 믈나가리)
(홍기문 1956)	一念아히 솟나고야
(이 탁 1956)	일남애 솟나이라
(김준영 1964)	一念악히 솟나가라
(김상억 1974)	일념악해 솟나가라
(김선기 1975b)	일념애(1993 깐 산각애) 솓나가라
(전규태 1976)	一念악히 솟나가라
(김근수 1979)	一念아히 솟나과라
(김완진 1980)	一念악히 솟나거라
(정창일 1987)	一念 惡둥 涌出가어

(양희철 1988)	一念 악히 솟나거라
(유창균 1994)	一念아히 솟나가라
(강길운 1995)	一念악아헤 솟나가라
(최남희 1996)	一念아히 솟나가라
(지형률 1996)	一念아기 솟나거라
(신재홍 2000)	一念아히 솟나거라
(황패강 2001)	一念악히 솟나거라
(박재민 2002)	一念아기 솟나거라
(류 렬 2003)	일념아히 소소나가라
(김지오 2012)	一念악기 솟나거아

4.1. 一念惡中 一念(일념)아히 ← 一(음의독:一/일)+念(음의독:念/념)+惡(약음독:아)+中(가의독:히)

'一念惡中'의 해독은 '입'이나 '잇몸'과 연결시킨 경우[6]와 '一念, 생각, 순간' 등과 연결시킨 경우로 대별된다.

'一念, 생각, 순간' 등과 연결시킨 경우에는 대다수가 '一念'을 한 단어로 보지만, 두 단어로 본 경우도 있다. 후자에 속한 해독(김선기 1993)에서는 '깐 산각애'로 읽고, '한 생각에'의 의미로 보았다.

'一念'을 한 단어로 본 해독들은 '一念'을 '一念(일념)'으로 읽고, '一念(일념)'의 의미로 본 경우(오구라 1929; 양주동 1942 등등)가 주종을 이룬다. '一念(일남)'으로 읽고, '일념'의 의미로 본 경우(이탁 1956)도 있다. '一念(일념)'으로 읽고, '단 한 번 생각'(홍기문 1956), '오직 정성'(김준영 1964), '순간'(정창일 1987), '한 순간'(박재민 2002; 지형률 2007; 김지오 2012), '한번 염불'(류렬 2003) 등의 의미로 본 경우들도 있다.

'一念'은 '한결같은 마음, 또는 오직 한 가지 생각', '전심으로 염불함', '아주 짧은 순간. 또는 순간의 마음' 등을 의미하는 다의어이다. 이 중에서 어느 하나의 의미만을 전달하는 것이 아니라, '한결같은 마음' 또는 '오직 한 가지 생각'과 '전심으로 염불함'

---

[6] '입'과 연결시킨 해독으로는 '一念惡中'을 '한 염악안'이나 '훈 녑악이'로 읽고, '한 입에서'의 의미로 본 경우(정열모 1947, 1965)가 있다. '염악'이나 '녑악'이 입이란 사실을 증명하는 것이 쉽지 않다. '잇몸'과 연결시킨 해독으로는 '一念惡中'을 '닛넘악히'으로 읽고, '잇몸(齒莖) 안에'의 의미로 본 경우(신태현 1940)가 있다. '一念'을 '닛넘(=잇몸)'으로 해독하는 것이 쉽지 않다.

을 동시에 보여주는 중의적 표현으로 판단한다.

'惡中'은 '여해'(에, 오구라 1929), '안'(에서, 정열모 1947), '읷'(에서, 정열모 1965), '애'(애, 이탁 1956; 김선기 1975b, 1993) 등과 같이 음훈을 벗어났거나 이음절을 살리지 못한 경우와, '惡듕'(惡 가운데서, 정창일 1987)와 같이 문맥을 벗어난 경우도 있으나, 대다수는 다음과 같이 '악긔, 아기, 아히, 아희, 악희, 악아혜' 등으로 읽어 왔다. 이 해독들은 그 의미로 보면, 양분된다.

하나는 '안, 속, 中' 등에 처격 어미가 붙은 의미로 본 경우이다. '악희'(안에, 양주동 1942; 전규태 1976 등등), '악희'(中에, 김완진 1980, 中에, 에서, 황패강 2001), '악아혜'(속에, 강길운 1995) 등이다. '뜰악'은 '뜰안'과 대응한다고 볼 수 있다. 이에 따라 '악'을 '안, 속' 등의 의미로 보기도 했다. '악'이 '안, 속' 등의 의미로 쓰인 예가 좀더 확인되기 전에는 따르기가 주저된다. 특히 '한 생각 안에'나 '한 순간 안에' 등의 '안'이 그렇게 의미가 있어 보이지는 않는다.

다른 하나는 '에, 에서'의 처격의 의미로 본 경우이다. '악희'(에서, 김준영 1964, 1979), '아히'(에, 지헌영 1947, 에서, 홍기문 1956; 김근수 1979; 신재홍 2000), '아히'(에서, 류렬 2003), '아기'(에, 지형률 1996; 박재민 2002), '악긔'(에, 김지오 2012) 등이다. '아긔'의 여지도 있으나, '아히'로 본다.

4.2. 涌出 솟나 ← 涌(실의독:솟)+出(실의독:나)

'涌出'의 '涌'은 '솟나, 솟, 솓, 믈' 등으로 읽혀 왔고, '出'은 '나'로 통일되어 있어, '涌出'을 '솟나'로 읽는 데는 문제가 없다.

4.3. 去良 가아 ← 去(실의독:가)+良(약의독:아)

'去良'은 '-과라, -가리, -고야, -아라, -가어, -가라, -거라, -거아' 등으로 읽혀 왔다. 이 중에서 '-과라, -가리, -고야, -아라, -가어' 등은 일차로 '去'와 '良'의 음과 훈을 부분적으로 벗어난 문제를 보인다. 그리고 이 해독들은 '솟ᄋ나과라'(솟아났다, 오구라 1929), '솟나과라'(솟아나도다, 김근수 1979), '믈나가리'(솟아나리, 정열모 1965), '솟나고야'(솟아 날 것이라, 홍기문 1956), '솟나아라'(솟아 나거라, 이탁 1956), '涌出가어'(솟아날가, 정창일 1987) 등에서와 같이, 해독과 현대역이 형태소 차원에서 일치하지 않는다.

이에 비해 '-가라, -거라, -거아' 등은, 일단 '去'와 '良'의 음과 훈을 벗어나지 않았다. 그러나 그 해독들이 문맥에 맞지 않거나, 해독과 그 현대역이 형태소 차원에서 일치하지 않는 문제를 보인다.[7]

'涌出 去良'은 '솟나 가아'(솟아나 가아?)의 의문형으로 처리한다. 이 시어는 앞으로 정성의 칭찬여래를 하기 위하여, 지금 사부대중들이 정성스러운 칭찬여래를 하고 있는가를 묻는 표현이다.

'솟아나 가아?'는 '솟아나 가게 하라' 또는 '솟아나 가게 하자'는 명령적 의문법으로 볼 수 있다.

5. 塵塵 虛物叱 邀尸白乎隱

塵塵(딘딘) 虛物(허물)시 뫼시숩온
진세진세 허물(사부 대중)이 뫼시사온

(오구라 1929)	塵塵虛物을 마즈리숩온
(신태현 1940)	塵塵虛物 마즈리숩온
(양주동 1942)	塵塵虛物ㅅ 뫼시리술본
(지헌영 1947)	塵塵들들ㅅ ᄆᆞ즈리숩온

7　'솟아가라'(솟아나거라, 양주동 1942; 지헌영 1947 등등), '솓나가라'(솟구쳐라, 김선기 1975b), '솟나가라'(솟아나라, 유창균 1994) 등에서는 해독과 현대역 모두에서 명령형을 보인다. 이 해독들은 〈칭찬여래가〉의 맥락에서 무슨 의미인지를 알 수가 없다. 이 문제를 극복하고자 그 현대역을 다르게 단 경우들도 있다. '솟아가라'(솟아나왔네, 김준영 1964, 1979, 꼭 나게 하소서, 김상억 1974, 솟아났도다, 전규태 1976) 등의 현대역에서는 다르게 달았는데, 해독의 '-가라'와 그 현대역이 형태소 차원에서 일치하지 않는 문제를 보인다.

'-가라'의 해독들에서는 '-가라'를 '-거라'의 속형(俗形)이라고 설명하였다. 이는 다분히 모음조화를 의식한 해석으로 보인다. 이 문제를 극복하고 '-거라'로 읽은 '솟나거라'(솟아나거라, 김완진 1980; 지형률 1996 등등)가 나왔다. 해독과 현대역이 모두 명령형으로 일치하지만, 이 해독들은 〈칭찬여래가〉의 맥락에서 무엇을 위해서 쓴 시어인가를 알 수가 없다. 이 문제를 극복하고자 그 현대역을 다르게 단 '솟나거라'(솟아나는구나, 박재민 2002, 2013b)가 있다. 이 해독에서는 해독의 '-거라'와 그 현대역인 '-는구나'가 형태소 차원에서 일치하지 않는다.

'-거아'는 '솟나거아'(솟아나네, 김지오 2012)에서 보인다. 이 해독에서는 '-아'를 평서법의 선어말어미로 보았다. 이 해독은 '涌出去良'를 명령형이나 영탄형으로 본 해독들과 함께, 작품의 문맥, 특히 서원(誓願)의 문맥에서 무엇을 위해 쓴 시어인가가 명확하지 않다.

(정열모 1947)	진진 헛것 드리삷온(1965 딘딘수믈 기드리술본)
(홍기문 1956)	塵塵虛物 뫼시리술본
(이 탁 1956)	塵塵몯둔 드리술온
(김순영 1964)	塵塵虛物ㅅ ᄂᆞ스리솗온
(김상억 1974)	진진허물ㅅ 뫼시리삷온
(김선기 1975b)	띠끌 허믈도 뫼시료 살본(1993 띤띤 교뫃ㄷ 모시로 삷온)
(전규태 1976)	塵塵虛物ㅅ 마지솗온
(김근수 1979)	塵塵虛物ㅅ 모리술본(1990 술본)
(김완진 1980)	塵塵虛物ㅅ 모리술본
(정창일 1987)	塵塵 虛거싀 티려 술호ᄂᆞ
(양희철 1988)	塵塵虛物ㅅ 뫼리 술본(2013 모려 솗온)
(유창균 1994)	塵塵虛物ㅅ 마ᄌ리술본
(강길운 1995)	塵塵 헛갓 믈려 솔본
(최남희 1996)	塵塵虛物ㅎ 뫼술본
(지형률 1996)	塵塵虛物ㅅ 모리술본(2007 모리솗온)
(신재홍 2000)	塵塵 헛갓 모리술본
(황패강 2001)	塵塵虛物ㅅ 브르솗온
(박재민 2002)	塵塵虛物(2013b 塵塵虛갓)
(류 렬 2003)	딘딘허믈시 모시리살본
(김지오 2012)	塵塵 헛갓 모리솗온

5.1. 塵塵 塵塵(딘딘) ← 塵(음의독:塵/딘)+塵(음의독:塵/딘)

'塵塵'은 '딘딘, 띠끌, 진진, 塵塵, 띤띤' 등으로 읽어 왔다. '塵塵(딘딘)'이다. 이 '塵塵'은 "盡法界虛空界 十方三世一切剎土 所有極微 一一塵中 皆有一切世界極微塵數佛 一一佛所 皆有菩薩海會圍遶"(법계와 허공계가 다하도록 시방삼세의 모든 불국에 있는 아주 적은 하나 하나의 티끌 가운데에 모두 모든 세계의 헤아릴 수 없이 많은 부처가 있다. 하나 하나의 부처는 모두 보살들이 바다와 같이 모여 둘러싸고 있다.)에 나온 '一一塵'(하나 하나의 티끌)을 '塵塵'으로 바꾼 표현으로, '진세진세(塵世塵世)'의 의미이다.

5.2. 虛物叱 虛物(허물)시 ← 虛(음의독:虛/허)+物(음의독:物/물)+叱(약음독:시)

'虛物'은 '사부대중'의 속성을 의미하는 '공덕이 빈 신자'를 일반화의 제유법으로 표현한 것으로 판단한다. 그리고 '虛物叱'의 '叱'은 주격의 '시'이다. 이런 '시'는 '겁이 없다'의 의미인 '겁시 없다'에서 보인다. 이 '시'는 한문에서 주격에 해당하는 '之'의 고음 '시'와 같은 것이며, 구결에서는 'ア/시'로 표기(양희철 2016a:130-131)[8]하였다. 이런 점에서, '虛物叱'은 '사부대중이'의 의미인 '虛物시'로 읽는다(제4부 「수사법과 연계된 문제 향찰」 2.3.2. 虛物叱 참조).

5.3. 邀尸白乎隱 뫼시습온 ← 邀(실의독:뫼시)+尸(전음독:시)+白(가의독:습)
　　+乎(약의독:오)+隱(약음독:ㄴ)

邀呂白乎隱의 '呂'는 '尸'의 오자이다. 邀尸白乎隱을 '뫼시습온'으로 읽는다(제2부 「오자 30제」의 3.4. 참조).

6. 功德叱 身乙 對爲白惡只

功德(공덕)시 身(신)을 對(대)ᄒ습악
공덕의 신(身)을 대하사와

　　(오구라 1929)　　　功德ㅅ 몸올 對ᄒ숣혀이
　　(신태현 1940)　　　功德ㅅ 몸을 對ᄒ숣악기
　　(양주동 1942)　　　功德ㅅ 身을 對ᄒ숣옥/숣기
　　(지헌영 1947)　　　功德ㅅ 身을 對ᄒ숣아
　　(정열모 1947)　　　공덕 몸을 대하삷압기(1965 공덕ㅅ 신을 디홀스록)
　　(홍기문 1956)　　　功德ㅅ 身을 대ᄒ술바다
　　(이　탁 1956)　　　功德ㅅ 몸올 對ᄒ술아
　　(김준영 1964)　　　功德ㅅ 身을 對ᄒ숣악
　　(김상억 1974)　　　공득ㅅ 신을 대하삷디

8　예는 다음의 밑줄 친 부분에서 보인다. {此}ㅣㅣ 藏ㄱ 窮盡尸 無ㅎ 分段 無ㅎ 間尸 無ㅎ 斷尸 無ㅎ 變異尸 無ㅎ 隔礙尸 無ㅎ(『화엄경소』 26:04-06). 一切 劫ㅎ十 斷絶尸 無ㅣㅅ尸入ㅁ{故}ㅣㅎ(『화엄경소』 26:14). 時乙 以ㅎ 寢息ㅅㅗㄱㅣㄱㅏ 當 願 衆生 身ㅎ十 安隱ㅅㄱ入乙 得ㅎ 心ㅎ十 動亂尸 無ㅋㅅㅌ효(『화엄경』 08:14). 此 所依ㄱㅣ 所建立處乙 依止 {爲}ㅎㅎㄱ乙 由ㅎㅎ入ᄀ 故ㄱ 如來尸 諸 弟子衆ㄱ {有}ㅅ白ㄱㄱ 所ㅌ 聖法乙 證得ㅅㄱㅎㅌㅣ(『유가사지론』 03:20-22).

(김선기 1975b)	공독 몸을 대가여 살재/살밥디(1993 공독ㄷ 몸알 되까삷압디)
(전규태 1976)	功德ㅅ 몸을 대ᄒ솗기
(김근수 1979)	功德ㅅ 身을 對ᄒ술박
(김완진 1980)	功德ㅅ 身을 對ᄒ술박
(정창일 1987)	功德싀 모믈 對ᄒ습앗긔
(양희철 1988)	功德ㅅ 身을 對ᄒ술박
(유창균 1994)	功德ㅅ 身을 對ᄒ술박
(강길운 1995)	功德ㅅ 몸을 對허쇼박
(최남희 1996)	功德ㅎ 모몰 對ᄒ술복
(지형률 1996)	功德ㅅ 몸을 對ᄒ술박(2007 몸올 맞ᄒ솗악)
(신재홍 2000)	功德ㅅ 모몰 對ᄒ술박
(황패강 2001)	功德ㅅ 身을 對ᄒ솗디
(박재민 2002)	功德ㅅ 身을 對ᄒ습악
(류 렬 2003)	공덕시 몸올 디ᄒ술바기
(김지오 2012)	功德ㅅ 몸올 對ᄒ솗악

6.1. 功德叱 功德(공덕)시 ← 功(음의독:功/공)+德(음의독:德/덕)+叱(약음독:시)

'功德叱'은 '功德(공덕)ㅅ, 공덕, 공독ㄷ, 공득ㅅ, 공덕시, 功德싀' 등으로 읽어 왔다. 주종은 '功德(공덕)ㅅ'인데, 발음이 되지 않는 'ㅅ'이 문제가 되었다. 이 문제를 해결하고자 다음의 세 해독이 나왔다. '功德싀'(정창일 1987)에서는 '叱'을 '싀다'의 '싀'로 보고 '의'의 의미로 보았다. '叱'을 '싀'로 읽는 데 한계가 있다. '공덕시'(류렬 2003)에서는 '叱'을 '시'로 읽은 근거의 설명이 없다. '功德(공덕)시'(양희철 2016a:124-134, 2020)에서는 위국봉이 찾아낸 불경자역자 '叱'(ㅅ, 시)를 다르게 해석하여 '叱'의 신라음을 '실'로 재구하고, '功德叱'을 '功德(공덕)시'로 읽고 '시'를 속격으로 정리하였다. 이 '叱/시'는 한자 '之'의 고음 '시'와 같은 것이며, 향찰 '叱'과 같은 구결자인 'ㄣ'(시)와 'ㄗ'(시)는 원문의 한자 '之'와 대응하면서, 주격, 주어적 속격, 속격 등의 기능을 한다. 이런 점에서, '功德叱'은 '功德(공덕)시'로 읽고, '叱/시'는 속격으로 정리한다.

6.2. 身乙 身(신)을 ← 身(음의독:身/신)+乙(전음독:을)

'身乙'은 '모몰, 모믈, 몸올, 몸알, 몸을, 신을, 身을' 등으로 읽혀 왔다. '몸을'과 '身

(신)을'이 가능하나, '身(신)을'로 읽는다.

　부처님을 '공덕신'으로 표현할 때의 차이점은, 아미타불을 무량수불이나 무량광불이라고 부른 것과 같다. 공덕을 구체적으로 보여준 환유법이다. '功德叱 身'은 '功德(공덕)시 身'으로 읽는다. 이는 부처님을 표현한 환유법이다(제4부 「수사법과 연계된 문제 향찰」 2.2.3. '功德叱 身乙' 참조).

6.3. 對爲白惡只 對(대)ㅎ습악 ← 對(음의독:對/대)+爲(실의독:ㅎ)+白(가의독:습)+惡(전음독:악)+只(약음독:ㄱ)

　'對爲白惡只'의 '對爲'는 '디ㅎ, 디할, 對ㅎ, 대하, 대가여, 대하, 對허, 되까 맞ㅎ' 등으로 읽혀 왔다. '對(대)ㅎ'나 '마주ㅎ'가 가능하나, 전자로 본다.

　'對爲白惡只'의 '白'은 '삷, 솔, 숣, 습, 솝, 숩' 등으로 읽혀 왔다. 선어말어미라는 점에서, '습'(정창일 1987), '숩'(강길운 1995), '숩'(박재민 2002; 김지오 2012) 등이 문맥에 맞다.

　'對爲白惡只'의 '惡'은 '아, 악, 압, 앗, 오, 옥, 옵, 혀' 등으로 읽어 왔다. 한자 '惡'의 음을 살리면서 연결어미, 또는 연결어미와 강조사의 기능을 하는 것은 '아'와 '악'이다.

　'對爲白惡只'의 '只'는 'ㄱ, 기, ∅, 디, 긔, 이' 등으로 읽어 왔다. 한자 '只'의 당시음인 '기'에 기초한 해독은 'ㄱ'과 '기'인데, '기'는 연결어미 다음에 오지 않는다는 점에서, 'ㄱ'으로 읽는다.

　개별적으로 정리한 '對爲白惡只'의 해독을 종합하면, '對(대)ㅎ습악'이 되며, 그 의미는 '대하사와, 마주하사와'가 된다. '對(대)ㅎ습악'은 '對(대)ㅎ습악〉對(대)ㅎ습봐〉對(대)ㅎ스왁〉對(대)하사와'의 변화를 거치며, '어간+사와'의 형태는 '내님믈 그리자와 우니다니'(〈정과정〉)의 '그리자와'와 '잡사와 두어리마나난'(〈가시리〉)의 '잡사와'에서 보인다. '그리자와'는 '그리습아〉그리ᄉ봐〉그리자와'로 변한 것이고, '잡사와'는 '잡습아〉잡ᄉ봐〉잡사와'로 변한 것이다.

7. 際 于萬隱 德海肹

　갓 가만 德海흘
　갓(이) 가만[(보이는 것이) 헤아리기 어려울 만큼 멀은] 德海를

(오구라 1929)	ᄀᆞ이 면 德바롤
(신태현 1940)	ᄀᆞ이 면 德바롤
(양주동 1942)	ᄀᆞ 업슨 德바둘훌
(지헌영 1947)	ᄀᆞ 업는 德바롤
(정열모 1947)	대우 만은 덕바다홀(1965 믈위 먼 덕 ㅂ롤홀)
(홍기문 1956)	ᄀᆞ수 먼 덕 바롤홀
(이 탁 1956)	ᄀᆞ 가면 덕 바돌
(김준영 1964)	ᄀᆞ 움슨 德 바ᄃᆞ홀(1979 ᄀᆞ 움언 德 바ᄃᆞ홀)
(김상억 1974)	갓 읍는 득바달홀
(김선기 1975b)	가주 만 독개깔(1993 가주 마안 독 바돌깔)
(전규태 1976)	ᄀᆞ 업는 德바둘 홀
(김근수 1979)	ᄀᆞ 먼 德바둘홀
(김완진 1980)	ᄀᆞ 가만 德海롤
(정창일 1987)	際도 만흔 德바둘
(양희철 1988)	ᄀᆞ 움(于萬)는(2008a 가만) 德海롤
(유창균 1994)	어울우 먼 德 바둘 홀
(강길운 1995)	가ᄉᆞ 가믄 德바덜홀
(최남희 1996)	ᄀᆞ 움는 德海ㄹ
(지형률 1996)	ᄀᆞ 가몬 德海를(2007 홀)
(신재홍 2000)	ᄀᆞ 우몬 德海홀
(황패강 2001)	ᄀᆞ 업슨 德바둘홀
(박재민 2002)	際 엄는 德바롤홀(2013b ᄀᆞ 우만 德海롤)
(류 렬 2003)	ᄀᆞᄉᆞ 먼 덕바롤홀
(김지오 2012)	ᄀᆞ 가몬 덕해롤

7.1. 際 ᄀᆞ ← 際(실의독:ᄀᆞ)

7.2. 참조.

7.2. 于萬隱 가만 ← 于(가의독:가)+萬(전음독:만)+隱(약음독:ㄴ)

'際于萬隱'은 '際于 萬隱'나 '際 于萬隱'로 띄어 읽고 있다. 후자인 '際 于萬隱'의 경우는 '于'를 '우'로 읽은 경우와 '가'로 읽은 경우로 대별된다. 그리고 후자로 읽은 해독에는 'ㄹ 가몬'(갓 까만, 이탁 1956), 'ㄹ 가만(玄)'(갓 가마득한, 김완진 1980), '(ㄹ) 가만'[(갓) (보이는 것이) 헤아리기 어려울 만큼 멀은, 양희철 2008a], 'ㄹ 가몬' [끝 검은(가마득한), 김지오 2012] 등이 있다. 이 해독들은 '가만/가몬'을 공통으로 한다. 단지 그 현대역에서, '까만'은 그 의미를 구체화하지 않았는데, 이를 '가마득한'이 일단 해결하였고, 이를 '(보이는 것이) 헤아리기 어려울 만큼 멀은'이 좀더 구체화하였다. '가만'은 '가맣다'의 관형형이거나 '가믄'의 강조형이다. '際于萬隱'의 해독에 대한 구체적인 변증과 보완은 앞의 글(양희철 2008a:184-187)로 돌린다.

7.3. 德海肹 德海(덕히)흘 ← 德(음의독:德/덕)+海(음의독:海/히)+肹(전음독:흘)

德海肹은 '德海(덕히)흘'로 읽는다. 이때 의미가 문제가 되는데, '德海'는 은유로 '바다같이 넓은 덕'의 의미이다(제4부 「수사법과 연계된 문제 향찰」 2.1.1. 德海 참조).

8. 間 毛冬留 讚伊白制

틈 모둘루 기리숩져
틈(시간) 모르게 기리옵져

(오구라 1929)	間王들을 기리숩졔
(신태현 1940)	間王들을 기리숩졔
(양주동 1942)	西王돌루 기리숩져
(지헌영 1947)	슷님돌루 기리숩져
(정열모 1947)	간왕도루 길이섧졔(1965 간왕드루 기리숩져)
(홍기문 1956)	한왕들로 기리숩져
(이 탁 1956)	숟옹ᄃ로 기리술ᄃ
(김준영 1964)	間王돌루 기리숩져(1979 슷님돌루 기리숩져)
(김상억 1974)	셰왕달루 기리삷져
(김선기 1975b)	깐왕들루 기리살재(1993 간완 돌루 기리삷재)
(전규태 1976)	間王 돌루 기리숩져
(김근수 1979)	世王돌루 기리숩져

(김완진 1980)	醫王둘로 기리숣겨
(정창일 1987)	間王겨루 讚이숩제
(양희철 1988)	醫王둘로(2015a 루) 기리숣겨(制)
(유창균 1994)	間王ㄴ로 기리숣셔
(강길운 1995)	間王 두루 기리숣겨
(최남희 1996)	한왕둘루 기리숣겨
(지형률 1996)	間王둘로 기리숣겨
(지형률 2007)	間王둘ㅇ로 기리숣겨
(신재홍 2000)	ᄉᅀᅵ 모다로 기리숣겨
(황패강 2001)	醫王둘로 기리숣겨
(박재민 2002)	醫王둘로(2013b 間 모둘로) 기리숩겨
(류 렬 2003)	한왕둘로 기리숣겨
(김지오 2012)	ᄉᅀᅵ 모둘루 기리숩겨

8.1. 間 틈 ← 間(실의독:틈)

'틈(시간) 모둘루 기리옵겨'에서 '틈(시간) 모둘루'는 시간 가는지를 모르게 부처님을 칭찬하는 몰입을 보여준다는 점에서, '間'을 '샷'이나 '사ᅀᅵ'로 읽지 않고 '틈(시간)'으로 읽는다.

8.2. 毛冬留 모둘루 ← 毛(전음독:모)+冬(가의독:둘)+留(전음독:루)

'間王冬留'로는 다양하게 읽어 왔다. 그런 가운데 '王'을 '毛'의 마모로 보기 시작한 것은 신재홍(2000:332)이며, 이 문제를 김성주(2010, 2011)가 다시 제기하였고, 이를 발표회 장소에서, 지형률이 월정사 소장본으로 확인해 주었다고 한다. 그 후에 이 확인 과정이 안정희(2011)에 의해 다시 정리되었으며, 이 주장은 김지오(2012)에서 확인되었다.

이 '間 (王>)毛冬留'의 해독은 'ᄉᅀᅵ 모다로'(시간 모두로, 모든 시간을 통해, 신재홍 2000), '間 모둘로'(쉬지 않고, 박재민 2013b), 'ᄉᅀᅵ 모둘루'(사이 모르게, 쉴 새 없이, 김지오 2012) 등에서 보인다. '間'은 '샷'이나 '사ᅀᅵ'로 읽을 수도 있지만, '시간'의 의미인 '틈'으로 읽는다. 그리고 '毛冬留'는 '모르게'의 의미인 '모둘루'(김지오)를 취한다. 이는 '몯(부정사)+알(어간)+오/우(부사형 파생접미사)'로 분석한 것이다. 이는 강길운과 지형률이 〈총결무진가〉의 '毛冬留' 해독에서 보인, '모들+ㄹ(말음첨기)+우(부사형어미)' 및 '모둘(어간)+오(부동사형 어미)'와 같은 유형이다.

8.3. 讚伊白制 기리숩져 ← 讚(실의독:기리)+伊(전음독:이)+白(가의독:숩)
    +制(전음독:져)

'讚伊白制'의 '讚'은 '기리, 길이, 讚' 등으로 읽어 왔다. '기리'이다.
'讚伊白制'의 '伊'는 '이'로 읽고, '기리'의 '-이'를 첨기한 것으로 보고 있다.
'讚伊白制'의 '白'은 '술, 숣, 습, 숩, 솝, 살, 삷, 솖, 섧' 등으로 읽어 왔다. '숩'으로 본다.
'讚伊白制'의 '制'는 '드, 재, 쟤, 졔, 져' 등으로 읽어 왔다. '져'이다.
개별적으로 정리한 '讚伊白制'는 '기리숩져'로 종합한다.

9. 隔句 必只 一毛叱 德置

(隔句) 반둑 一毛(일모)시 德(덕)도
(隔句) 반듯(반듯하게, 宛然하게) 일모의 덕도

(오구라 1929)	隔句 반ᄃ기 一毛ㅅ 德도
(신태현 1940)	비록 一毛ㅅ 德도
(양주동 1942)	아으 비록 一毛ㅅ 德두
(지헌영 1947)	아으 비로 一毛ㅅ 德두
(정열모 1947)	아으 반드기 일못 덕도
(홍기문 1956)	아야 비로기 일모ㅅ 덕두
(이 탁 1956)	아라 빌ᄋ 一毛ㅅ 德도
(김준영 1964)	아- 비록 一毛ㅅ 德두
(김상억 1974)	아으 비록 일모ㅅ 득두
(김선기 1975b)	비록 일몯 독도
(전규태 1976)	아으 비록 一毛ㅅ 德두
(김근수 1979)	비록 一毛ㅅ 德두
(김완진 1980)	아야 반둑 一毛ㅅ 德도

(정창일 1987)	아~ 꼬긔 一毛싀 德 뒤
(양희철 1988)	隔句 비루 一毛ㅅ 德두
(유창균 1994)	아라 반ᄃ기 一毛ㅅ 德두
(강길운 1995)	隔句 반드기 一毛ㅅ 德누
(최남희 1996)	아야 반독 一毛ㆆ 德두
(지형률 1996)	아야 반독 一毛ㅅ 德도(2007 德두)
(신재홍 2000)	아야, 비록 一毛ㅅ 德두
(황패강 2001)	(隔句) 반독 一毛ㅅ 德두
(박재민 2002)	아으 비록 一毛ㅅ 德두
(류 렬 2003)	아으 비로기 일모시 덕두
(김지오 2012)	아야 비록 한 터럭ㅅ 德두

9.1. 隔句(형식 용어)

'隔句'는 형식 용어 '隔句'로 보기도 하고, '아-, 아라, 아야, 아으' 등으로 읽기도 하였다. 감탄사를 표기하거나 표현한 것이 아니라, 형식 용어이다(양희철 2005a, 2020)

9.2. 必只 반독 ← 必(실의독:반독)+只(약음독:ㄱ)

'必只'의 해독은 네 부류로 읽어 왔다.

첫째는 '반ᄃ기'나 '반드기'로 읽고 '반드시'나 '마땅히'의 의미로 본 부류이다.

둘째는 '꼬긔'로 읽고 '꼭'의 의미로 본 부류이다.

셋째는 '비록, 비로, 비루, 빌ᄋ, 비로기' 등으로 읽고, 그 뜻을 '비록'(雖, 縱)으로 본 부류이다.

넷째는 '반둑'으로 읽고 '반듯이, 반듯하게'의 의미로 본 부류(김완신, 시형률, 황패강)이다.

이 넷째 부류를 선도한 해독에서는, 그 당시까지 해독의 주류를 이루던 셋째 부류의 두 문제를 먼저 지적하였다. '必只'는 '반ᄃ기'로 읽히지 '비록'으로 읽히지 않으며, '비록'은 문절을 지배하지 명사구를 지배하지 않는다는 것이다. 이어서 이 해독에서는 "이 '반독'은 '반독ᄒ다'의 '반독'에 해당되는 것으로 '반듯이, 완연히'의 뜻을 가지는 것이요. '반드시'의 뜻은 오히려 二次的인 것으로 본다."(김완진 1980:167)고 설명을 하였다. 이 해독에서 '必只'의 해독은 거의가 밝혀졌다고 할 수 있다.

네 가지만 부가한다.

첫째로, 이 '必只/반독'의 '必/반독'은 첫째 부류의 해독에서 취한 훈독/실의독자가 아니라 훈차/가의독자라는 점이다.

둘째로, 훈차/가의독자를 한 이유는 '반듯'을 보여주는 한자를 쉽게 찾기가 어렵기 때문이라는 점이다. '반듯하다'를 뜻하는 한자로 '井, 筐, 殖, 丼' 등이 있으나, 이 한자들이 '반듯하다'의 의미로 쓰이는 경우는 매우 드물다.

셋째로 이 '必只/반독'은 '반듯하게'(작은 물체, 또는 생각이나 행동 따위가 비뚤어지거나 기울거나 굽지 아니하고 바르게)의 의미와 '宛然하게'(눈에 보이는 것처럼 아주 뚜렷하게)의 의미를 동시에 보여주는 동음이의적 중의라는 점이다.

넷째로, 이 '必只/반독'은 "毛等 盡良 白乎隱"(제10구)에 나온 '盡良'(다아=다하여)의 바로 앞이나 바로 뒤에 있던 것을 제9구로 옮긴 도치법이라는 점이다. 이 도치법은 '반독'을 강조하기 위한 것이다.

9.3. 一毛叱 一毛(일모)시 ← 一(음의독:一/일)+毛(음의독:毛/모)+叱(약음독:시)

'一毛叱'은 '一毛ㅅ, 일못, 일몯, 一毛싀, 일모시, 한 터럭ㅅ' 등으로 읽어 왔다. '一毛(일모)ㅅ'로 볼 수 있으나, 한자+叱+한자로 보면, '一毛(일모)시'이다. '一毛叱德'은 '一毛叱(=之)德'에 해당하는 '일모시덕(一毛之德)'과 같은 의미이다.

9.4. 德置 德(덕)두 ← 德(음의독:德/덕)+置(가의독:두)

'德置'는 '德(덕)도, 德(덕)두, 독도. 德 둬' 등으로 읽어 왔다. '德(덕)두'이다.

10. 毛冬 盡良 白乎隱 乃兮

모돌 다아 솗온 [너와(乃)] 나여
다하여 사뢰지 못한 (너와) 나여

(오구라 1929)	모두어 다ᄋ아 숢온네
(신태현 1940)	모딜 다ᄋ아 숢오나
(양주동 1942)	몯둘 다아 술본뇌
(지헌영 1947)	모둘 다아 숢오뇌
(정열모 1947)	모드 다라 삷온 내혜(1965 모둘 드라 술본 나혜)
(홍기문 1956)	모둘 다아 술본내
(이 탁 1956)	몯 다아 술온 나여
(김준영 1964)	모둘 다아 숢온 나혀
(김상억 1974)	몯달 다아 삷오뇌
(김선기 1975b)	모둘 다라 살본내(1993 몯돌 다아 삷온 나이)
(전규태 1976)	몯둘 다아 숢온 내혜
(김근수 1979)	몯다아 술보나
(김완진 1980)	모둘 다ᄋ라 술본 너여
(정창일 1987)	모ᄃ 盡얼 술호으내혀
(양희철 1988)	모둘(2008 모들) 다ᄋ 술본 너여(兮)(2013 너/나구나)
(유창균 1994)	모둘 다라 술본 나혀
(강길운 1995)	몯들 다봐 술본 내루다
(최남희 1996)	모둘 다라 숢본 너야
(지형률 1996)	모둘 다아 술본 너혀(2007 다ᄋ아 숢온 나혀)
(신재홍 2000)	모둘 다아 술본 니혀!
(황패강 2001)	몯둘 다아 술본 너여
(박재민 2002)	모둘 다아 술본 나로구나(2013b 나혀)
(류 렬 2003)	모둘 다하(다아) 술본 나히
(김지오 2012)	모둘 다아 숢오나혜

10.1. 毛冬 모둘 ← 毛(전음독:모)+冬(가의독:둘)

毛等의 '等'은 동음자 '冬'의 오자이다. 毛冬을 '모둘'로 읽는다(제2부 「오자 30제」의 4.4. 참조).

10.2. 盡良 다아 ← 盡(실의독:다아)+良(약의독:아)

'盡良'는 〈예경제불가〉 제9구의 '盡良'에서와 같이 '다아'(다하여)로 읽는다.

10.3. 白乎隱 솗온 ← 白(실의독:솗)+乎(약의독:오)+隱(약음독:ㄴ)

10.4. 참조.

10.4. 乃兮 [너와(乃)] 나혀 ← 乃[실의독:나, 잉여코드의 문맥적 의독:너와(乃)]+兮(전음독:혀)

白乎隱乃兮를 '솗온 [너와(乃)] 나혀'로 읽고, 그 의미는 '(너와) 나여'의 의미로 정리한다(제4부 「잉여코드도 겸독한 문제 향찰」 4. 참조).

〈광수공양가〉

[원문]

火條 執音馬
佛前灯乙 直體 良焉 多衣
灯炷隱 須彌也
灯油隱 須彌 逸留去耶
手焉 法界 毛叱々巴只 爲旀
手良每如 法叱供乙留
法界 滿賜仁 佛體
佛佛 周 物叱 供爲白制
阿耶 法供叱 多奈
伊於 衣波沙 最勝供也
(毛叱色只의 '色'은 '々巴'의 오자로 수정, 法供沙叱의 '沙'는 연자로 삭제, 衣波沙의 '沙'는 누락자로 보충)

[해독]

블가지 쥽마
佛前灯(불전등)을 [곧게/바르게(直)] 곧텨 알온 드의
灯炷ㄴ(등즁) 須彌(슈미)여?
灯油ㄴ(등윤) 大海 [빠르게/뛰어나게(逸)] 이루거야?
손온 法界(법계) 못못 두록 ㅎ며
손아마다 法(법)시 供(공)으루
法界(법계) ᄎ신 부텨
佛佛(불불) 두루 가실 供(공)ㅎ습져

아라 법공실 하나
이를 니바사 最勝供(최승공)여

[현대역]
불의 곁가지(등불 심지의 곁가지)를 지속적으로 쥐모아
불전등을 (곧게/바르게) 고쳐 좋은 곳에
등의 심지는 수미야
등의 기름은 대해를 (빠르게/뛰어나게) 이루는가
손은 법계 끝끝까지 두루 하며
손에마다 법의 공으로
법계 차신 부처
부처부처 두루 물을 공하옵져
아- 법공의 일이 많으나
이[여래들께 공양하기를 성취하게 되는 광수공양(곧 보현보살의 넓은 법공양)]를 입어야(:받아야) 최승공(진공양)이여

1. 火條 執音馬

블가지 쥠마
불의 곁가지(등불 심지의 곁가지)를 지속적으로 쥐모아

(오구라 1929)	火箸를 잡음에
(신태현 1940)	火箸 잡음에
(양주동 1942)	브져 잡으며
(지헌영 1947)	브져 자ᄇ며
(정열모 1947)	블가지 자브매(1965 불고지 자ᄇ물)
(홍기문 1956)	불가락 자봄마
(이 탁 1956)	브져 잡음말
(김준영 1964)	火條 잡으매
(김상억 1974)	부져 잡으며
(김선기 1975b)	브져 잡오매(1993 부죠 잡음애)

(전규태 1976)	브져 잡으며
(김근수 1979)	브졀 자ᄇ며
(김완진 1980)	블줄 자ᄇ마
(정창일 1987)	火條 마트마
(양희철 1988)	火條 자ᄇ마(2008 블가디 (바로) 잡음아)
(유창균 1994)	블며 주므르마
(강길운 1995)	븘가락 잡음아
(금기창 1996a)	불가락 자ᄇ며
(최남희 1996)	불 긴 쥼마
(지형률 1996)	블가락 자밤아(2007 블올 잠아)
(신재홍 2000)	브져 움마
(황패강 2001)	블가지 자ᄇ며
(박재민 2002)	햇불 잡아(2013b 火條 심마)
(류 렬 2003)	불가락 자봄마
(김유범 2010)	火條 주머
(김지오 2012)	블가지 줌머

1.1. 火條 블가디 ← 火(실의독:블)+條(실의독:가디)

'火條'는 '부져, 부죠, 불가락, 불고지, 브져, 브졀, 블가락, 블가지, 블며, 블올, 블줄, 븘가락, 火箸, 火著를, 火條, 햇불, 블가디' 등으로 읽어 왔다. '불의 곁가지'를 의미하는 '블가디'[火條, 불(등불 심지)의 곁가지, 불(등불 심지)의 갈라져 나간 갈래]로 정리한다. 기존 해독에 대한 변증과 보완은 앞의 글(양희철 2008a:206-208)로 돌린다. 그 후에 나온 해독들은 그 이전의 해독들과 같다.

1.2. 執音馬 쥠마 ← 執(실의독:쥐)+音(약음독:ㅁ)+馬(전음독:마)

'執音馬'은 '마트마, 심마, 움마, 자ᄇ몰, 자ᄇ마, 자ᄇ며, 자봄마, 자밤아, 자브매, 자ᄇ며, 잠아, 잡으며, 잡음말, 잡아, 잡오매, 잡음애, 잡으매, 잡으며, 잡음아, 잡음에, 주머, 주므르마, 줌머' 등으로 다양하게 읽어 왔다. 기왕의 해독들이 보여주는 한계는 앞의 글(양희철 2008a:209-214)로 돌리고 다음과 같이 해독한다.

'쥐(어간)+ㅁ(지속의 선어말어미)+모아'의 '쥠모아'가 '쥠뫄'로 축약되고, 다시 '쥠뫄'가 '쥠마'로 단모음화된, '쥠모아〉쥠뫄〉쥠마'의 변화 과정을 거치면서 변화된 '쥠마'

를, '執/쥐+音/ㅁ+馬/마'로 표기한 '쥠마'[(지속적으로) 쥐어 모아]로 정리한다. '執'을 '잡'으로 잡으면, '音'의 당시음 '임'을 살릴 수 없어, '쥐'로 읽었다. 이 해독은 "불의 곁가지(등불 심지의 곁가지)를 지속적으로 쥐모아, 불전등을 고쳐 좋은 곳에"의 문맥에 잘 부합한다.

2. 佛前燈乙 直體 良焉 多衣

佛前灯(불전등)을 [곧게/바르게(直)] 곧텨 알온 ᄃᆡ
불전등을 (곧게/바르게) 고쳐 좋은 곳에

(오구라 1929)	부텨 앏 등잔올 고티ᄂᆞ대
(신태현 1940)	부텨 앞 등잔올 고티란대
(양주동 1942)	佛前燈을 고티란듸
(지헌영 1947)	佛前燈을 고티란대
(정열모 1947)	불전등을 고치란 다의(1965 고티란다여)
(홍기문 1956)	블전등을 고티란대
(이 탁 1956)	븓견등을 곧익안ᄃᆞ익
(김준영 1964)	佛前燈을 고텨언대
(김상억 1974)	불전등을 고티란대
(김선기 1975b)	뿔젼등을 고텨란까이(1993 뿔ㅎ쪈 동알 교텨ㄹ안 까이)
(전규태 1976)	佛前燈을 고티란듸
(김근수 1979)	佛前燈을 고티란대
(김완진 1980)	佛前燈을 고티란듸
(정창일 1987)	佛前 燈을 고뎌러연다옷
(양희철 1988)	佛前 燈을 고티(直體)란 ᄃᆞ이(2008a 곧텨 알언 ᄃᆞ의)
(유창균 1994)	佛前燈을 고텨란대
(강길운 1995)	블전등을 고툐란데
(금기창 1996a)	佛前灯을 고티란더
(최남희 1996)	佛前燈을 고티란더
(지형률 1996)	佛前 燈을 고티란더(2007 고티언 다익)
(신재홍 2000)	佛前 燈을 고티란더
(이 용 2000)	直體良焉多衣(고치는데)

(황패강 2001)	佛前灯을 고티란디
(박재민 2002)	佛前燈을 지펴온대(2013b 佛前 燈을 디티언대)
(류 렬 2003)	불젼등을 고티란다히
(김유범 2010)	佛前燈을 고텬 다이
(김지오 2012)	佛前燈을 고티안 다이

2.1. 佛前燈乙 佛前灯(불젼등)을 ← 佛(음의독:佛/불)+前(음의독:前/젼)+ 灯(음의독:灯/등)+乙(전음독:을)

'佛前燈乙'은 '佛前灯을, 불전등을, 불젼등을, 블젼등을, 뿔젼등을' 등의 한 단어로 읽기도 하고, '佛前 燈을, 뿔ㆆ쪈 동알' 등의 두 단어로 읽기도 하며, '부텨 앒 등잔올, 부텨 앒 등잔올' 등의 세 단어로 읽기도 하였다. '佛前灯(불젼등)을'로 읽는다.

2.2. 直體 [곧게/바르게(直)] 곧텨 ← 直[실의독:곧, 잉여코드의 문맥적 의독: 곧게/바르게(直)]+體(전음독:텨)

'直體 良焉 多衣'에 대한 기왕의 해독들을 변증하면서, '곧텨 알언 드의'(고쳐 좋은 곳에, 양희철 2008a:215-221)로 읽은 바가 있다. 『천자문』(광주판)에서 보이는 '良'의 훈 '알', "알온 거스란 그 아오몰 므더니 너기고(長者란 任其長ᄒ고)(『금강경삼가언해』 (4:25)"의 '알', '알짜, 알속, 알맞다, 아름답다' 등의 '알' 등에 근거해, 한자 '良'의 훈을 '좋-'의 의미인 '알-'로 잡았다.

이 해독에서 참고하지 못한 해독들[9]은, '直'의 훈 '곧', '体'의 음 '텨', '良'의 훈 '알-', '焉'의 음 '언, 온', '多'의 음 '드', '衣'의 음 '의' 등을 만족시키지 못하며, 해독과 그 현대역이 형태소 차원에서 거의 일치하지 않는다.

이에 앞에서 세시한 '곧텨 일언 드의'(고쳐 좋온 곳에)에서 '알언'을 '알온'으로 수정한다(제3부 「소멸된 한자음의 문제 향찰」의 4.1. '焉' 참조).

'直體/곧텨'는 '改體'로 쓸 수도 있다. 이로 보면, 정보용량의 극대화를 읽을 수 있다. '改體'로 '고텨'를 표기하면, '고치다'의 의미만을 보여준다. 그러나 '直體/곧텨'는 '고

---

[9] '고티란대'(돋우건대, 김근수 1979), '고톄려연다웃'(바로 잡으려 할라치면, 정창일 1987), '고티란디'(고치노라니, 지형률 1996), '고티언 다이'(고친 바에, 지형률 2007), '디티언대'(피우오니, 박재민 2013b), '고티란다히'(고치라 한다면, 류렬 2003), '고텬 다이'(고칠 때에, 김유범 2010), '고티안 다이'(고칠 때에, 김지오 2012) 등이다.

치다'에 '곧게/바르게'라는 정보까지를 더한다. '(곧게/바르게) 고쳐'의 의미인 '[곧게/바르게(直)] 고쳐'로 읽는다. 이는 향찰문학의 특성이다. 만약 구송하거나 염송하면 '곧게/바르게'의 의미는 나타나지 않는다(제4부 「잉여코드도 겸독한 문제 향찰」 3.2. 直體의 直 참조).

2.3. 良焉 알온 ← 良(실의독:알)+焉(전음독:온)

2.2. 참조.

2.4. 多衣 드의 ← 多(전음독:드)+衣(전음독:의)

2.2. 참조.

3. 燈炷隱 須彌也

灯炷ㄴ(등쥰) 須彌(슈미)야
등의 심지는 수미야

  (오구라 1929)   등잔심지는 須彌요
  (신태현 1940)   등잔심지는 須彌요
  (양주동 1942)   燈炷는 須彌여
  (지헌영 1947)   燈炷는 須彌여
  (정열모 1947)   등심은 수미요(1965 등주는 수미라)
  (홍기문 1956)   灯炷는 須彌야
  (이 탁 1956)   灯炷는 須彌여
  (김준영 1964)   燈炷은 須彌여
  (김상억 1974)   등쥬는 슈미여
  (김선기 1975b)   심지는 수미야(1993 등쥬논 수미라)
  (전규태 1976)   燈炷는 須彌여
  (김근수 1979)   燈炷는 須彌여
  (김완진 1980)   燈炷는 須彌여

(정창일 1987)	灯炷는 須彌여
(양희철 1988)	燈炷는(2013a 燈炷ㄴ) 須彌여
(유창균 1994)	燈炷는 須彌라
(강길운 1995)	호롱불 심신 수미여
(금기창 1996a)	灯炷는 須彌여
(최남희 1996)	燈炷는 須彌야
(지형률 1996)	燈炷는 須彌여
(신재홍 2000)	燈炷은 須彌야
(황패강 2001)	灯炷는 須彌여
(박재민 2002)	燈炷는 須彌여
(류　렬 2003)	등듀ㄴ 슈미라
(김유범 2010)	燈炷는 須彌여
(김지오 2012)	燈炷는 須彌여

3.1. 灯炷隱 灯炷ㄴ(등쥰) ← 灯(음의독:灯/등)+炷(음의독:炷/쥬)+隱(약음독:ㄴ)

 '灯炷隱'의 '灯'은 '호롱불, 등잔, 灯, ∅' 등으로, '炷'는 '심지, 심, 炷, 주, 쥬, 듀' 등으로, '隱'은 'ㄴ, 눈, 는, 은, 논' 등으로 각각 읽어 왔다. '灯炷ㄴ(등쥰)'으로 읽는다. '隱'을 'ㄴ'으로 읽은 해독은 '호롱불 심진'(강길운 1995), '등듄'(류렬 2003), '燈炷ㄴ' (양희철 2013a) 등에서 보인다.

3.2. 須彌也 須彌(슈미)야 ← 須(음의독:須/슈)+彌(음의독:彌/미)+也(전음독:야)

 '須彌也'의 '須彌'는 '수미, 슈미, 須彌' 등으로, '也'는 '라, 여, 야, 요' 등으로 각각 읽어 왔다. '라, 여, 야' 등이 모두 가능할 수 있다. 한자 '也'는 서술형, 의문형, 감탄형 등을 모두 보여준다. 많은 해독들이 감탄형이나 서술형으로 보고 있지만, 이어지는 제4구의 '逸留去耶'와의 문맥으로 보아, '須彌(슈미)야?'의 의문형으로 정리한다.

4. 灯油隱 大海 逸留去耶

灯油ㄴ(등윤) 大海 [빠르게/뛰어나게(逸)] 이루거야?
등의 기름은 대해를 (빠르게/뛰어나게) 이루는가

       (오구라 1929)   등잔기름은 大海 일과라
       (신태현 1940)   등잔기름은 大海 일우거라
       (양주동 1942)   燈油는 大海 이루가라
       (지헌영 1947)   燈油는 大海 이루가라
       (정열모 1947)   등유는 한바랄 이루거라(1965 등유는 디히 이루거야)
       (홍기문 1956)   등유는 대해 일우고야
       (이   탁 1956)   燈油는 大海 일아라
       (김준영 1964)   燈油은 大海 이루가라(1979 일우가라)
       (김상억 1974)   등유는 대해 이루가라
       (김선기 1975b)   등유난 때해 이루가라(1993 등유논 때개)
       (전규태 1976)   燈油는 大海 이루가라
       (김근수 1979)   燈油는 大海 이루과라
       (김완진 1980)   燈油는 大海 이루거야
       (정창일 1987)   燈油는 大海 逸로 가냐
       (양희철 1988)   燈油는(2013 燈油ㄴ) 大海 이루거야
       (유창균 1994)   燈油는 大海 이로가라
       (강길운 1995)   등윤 대해 일우가라
       (금기창 1996a)   灯油는 大海 일우거라
       (최남희 1996)   灯油는 大海 일우거라
       (지형률 1996)   燈油는 大海 일우거야(2007 이루도다)
       (신재홍 2000)   燈油은 大海 이로가라
       (황패강 2001)   灯油는 大海 일우거라
       (박재민 2002)   灯油는 大海이루거라
       (류   렬 2003)   등윤 대히(한바롤) 이루가라
       (김유범 2010)   燈油는 大海 일오거야
       (김지오 2012)   燈油는 大海이루거야

4.1. 灯油隱 灯油ㄴ(등윤) ← 灯(음의독:灯/등)+油(음의독:油/유)+隱(약음독:ㄴ)

'灯油隱'은 '등잔기름은, 燈油ㅣ, 등윤, 灯油는, 등유는, 등유난, 燈油은' 등으로 읽어 왔다. '灯油(등유)ㄴ'(강길운 1995; 류렬 2003; 양희철 2013a)으로 읽는다.

4.2. 大海 大海(대히) ← 大(음의독:大/대)+海(음의독:海/히)

'大海'는 '大海, 한바랄, 디히, 대해, 대히, 한바롤' 등으로 읽어 왔다. '大海(대히)'로 읽는다.

4.3. 逸留去耶 [빠르게/뛰어나게(逸)] 이루거야 ← 逸[전음독:일, 잉여코드의 문맥적 의독:빠르게/뛰나게(逸)]+留(전음독:루)+去(전음독:거)+耶(전음독:야)

逸留去耶를 '[빠르게/뛰어나게(逸)] 이루거야?'로 읽고, '(빠르게/뛰어나게) 이루는가'의 의미로 정리한다(제4부 「잉여코드도 겸독한 문제 향찰」 2.3.4. 逸留去耶의 逸 참조).

5. 手焉 法界 毛叱々 巴只 爲旀

손온 法界(법계) 못못 두록 ᄒ며
손은 법계 끝끝까지 두루 하며

(오구라 1929)	손온 法界 맛두록 ᄒ며
(신태현 1940)	손온 法界 맞도두록 ᄒ며
(양주동 1942)	소는 法界 못도록 ᄒ며
(지헌영 1947)	손온 法界 못ᄃ로 ᄒ며
(정열모 1947)	손은 법계 못바(새)기 하며(1965 소는 법계 못소기 ᄒ며)
(홍기문 1956)	소는 법계 못ᄃ로기 ᄒ며
(이 탁 1956)	손온 法界 몯받ᄒ며
(김준영 1964)	손언 法界 못ᄃ록(1979 못ᄃ록) ᄒ며

(김상억 1974)		손안 법계 맛도록 하며
(김선기 1975b)		손안 봄개(1993 법개) 몯고디 까며
(전규태 1976)		손ᄋᆞᆫ 法界 못도록 ᄒᆞ며
(김근수 1979)		손ᄋᆞᆫ 法界 ᄆᆞᆺᄃᆞ록 ᄒᆞ며
(김완진 1980)		香ᄋᆞᆫ 法界 업ᄃᆞ록 ᄒᆞ며
(정창일 1987)		소년 法界 모실 色긔 ᄒᆞ며
(양희철 1988)		소논 法界 ᄆᆞ(毛)ㅅᄃᆞ록 하며
(유창균 1994)		손은 法界 ᄆᆞᆺ도록 ᄒᆞ며
(강길운 1995)		향은 법계 못도록 허며
(금기창 1996a)		소논 法界 ᄆᆞᆺᄃᆞ록 ᄒᆞ며
(최남희 1996)		소논 法界 못ᄃᆞ록 ᄒᆞ며
(지형률 1996)		손ᄋᆞᆫ 法界 ᄆᆞᆺᄃᆞ록(2007 몯도록) ᄒᆞ며
(신재홍 2000)		손ᄋᆞᆫ 法界 못 박ᄒᆞ며
(황패강 2001)		소논 法界 ᄆᆞᆺ도록 ᄒᆞ며
(박재민 2002)		소논 法界 못ᄃᆞ록[두루] 하며
(류 렬 2003)		손ᄋᆞᆫ 법계 마시ᄃᆞ로기 ᄒᆞ며
(김유범 2010)		香ᄋᆞᆫ 法界 못ᄃᆞ록[두루] ᄒᆞ며
(김지오 2012)		손ᄋᆞᆫ 法界 못식[두루] ᄒᆞ며

5.1. 手焉 손온 ← 手(실의독:손)+焉(전음독:온)

手焉의 '手'는 '손' 또는 '香(향)'으로 읽어 왔다. 그리고 '焉'은 '오, 언, 안, 은' 등으로 읽어 왔다. '焉'이 그 당시에는 '온'이라는 점에서 '手焉'은 '손온'으로 읽는다(제3부 「소멸된 한자음의 문제 향찰」의 4.1. '焉' 참조). 향찰에 따라 분철로 보았다.

5.2. 法界 法界(법계) ← 法(음의독:法/법)+界(음의독:界/계)

5.3. 毛叱ㅅ 못못 ← 毛(전음독:모)+叱(약음독:ㅅ)+ㅅ(못)

5.4. 참조.

5.4. 巴只 두록 ← 巴(실의독:두로)+只(약음독:ㄱ)

'毛叱色只'는 '毛叱毛叱巴只'에서 반복되는 '毛叱'을 'ㅅ' 또는 '〃'으로 쓴 '毛叱ㅅ巴

只' 또는 '毛叱〃巴只'를 종서(縱書)하면서 '毛叱色只'로 잘못 옮겨 쓴 오사(誤寫)로 보인다. 이 '毛叱毛叱巴只'를 '毛叱毛叱 巴只'으로 끊고, '끝끝까지 두루' 또는 '끝까지 끝까지 두루'의 의미인 '못못 두록'으로 읽었다. '못못'은 '끝끝내'의 '끝끝'과 같은 반복 표현이다. 구체적인 해독과 기왕의 해독에 대한 변증은 앞의 글(양희철 2015a:559-561)로 돌린다.

5.5. 爲旀 ᄒ며 ← 爲(실의독:ᄒ)+旀(전음독:며)

'爲旀'는 'ᄒ며'나 '하며'로 읽어 왔다. 'ᄒ며'이다. '旀'는 '彌'의 이체자이다.

6. 手良每如 法叱供乙留

손아마다 法(법)시供(공)으루
손에마다 법의공으로

(오구라 1929)	손애마다 法供으로
(신태현 1940)	손애마다 法ㅅ供으로
(양주동 1942)	소내마다 法ㅅ供으루
(지헌영 1947)	손애마다 法ㅅ供으루
(정열모 1947)	손에마다 법공으로(1965 소내마다 법ㅅ공으로)
(홍기문 1956)	소내마다 법ㅅ공으로
(이 탁 1956)	손애마ᄃ 法ㅅ供으로
(김준영 1964)	손애마다 法ㅅ供으루(1979 法ㅅ供으로)
(김상억 1974)	손애마다 법ㅅ 공으로
(김선기 1975b)	손라마다 봅콩으루(1993 손애마다 법ㄷ공아루)
(전규태 1976)	손애마다 法ㅅ供으루
(김근수 1979)	손애마다 (佛)供으로
(김완진 1980)	香아마다 法ㅅ供으로
(정창일 1987)	손언 미여 法싀 供으루
(양희철 1988)	소내마다 法ㅅ 供을루
(유창균 1994)	손이라마다 法供으로

(강길운 1995)	손애마다 법공으루
(금기창 1996a)	소내마다 法ㅅ供으로
(최남희 1996)	소나마다 法ㆆ供ᄋ로
(지형률 1996)	손아마다 法ㅅ供을로(2007 法ㅅ供올로)
(신재홍 2000)	손아마다 法ㅅ供ᄋ로
(황패강 2001)	손애마다 法ㅅ 供으루
(박재민 2002)	소내마다 法ㅅ供ᄋ로
(류 렬 2003)	손아마다 법시 공ᄋ로
(김유범 2010)	香아마다 法ㅅ供ᄋ로
(김지오 2012)	손아마다 法ㅅ 供ᄋ루

6.1. 手良每如 손아마다 ← 手(실의독:손)+良(약의독:아)+每(실의독:마다)+如(약의독:다)

'手良每如'에서, '手'는 '손'이나 '香'으로, '良'은 '애, 라, 아, 언, 에, 이라' 등으로, '每如'는 '마다, 마ᄃ, 미여' 등으로 각각 읽혀 왔다. '手良每如'는 '손아마다'로 본다.

6.2. 法叱供乙留 法(법)시供(공)으루 ← 法(음의독:法/법)+叱(약음독:시)+供(음의독:供/공)+乙(전음독:을)+留(전음독:루)

'法叱供乙留'에서, '法'은 '법, 法, 붑' 등으로, '叱'은 'ㅅ, ∅, 시, ㄷ, 싀' 등으로, '供'은 '供, 공, 콩' 등으로, '乙留'는 'ᄋ로, 으로, 을루, 으루, 올로, 을로, 아루' 등으로 각각 읽어 왔다. '法(법)시供(공)으루'로 읽고 '법의공(法之供)으로'의 의미로 본다. '시'는 속격이다(양희철 2016a).

7. 法界 滿賜仁 佛體

法界(법계) ᄎ신 佛體(부텨)
법계 차신 부처

(오구라 1929)	法界 ᄎ샨 부텨
(신태현 1940)	法界 ᄀᄃᆨᄒᆞ샨 부텨
(양주동 1942)	法界 ᄎ샨 부텨
(지헌영 1947)	法界 ᄌ샨 부텨
(정열모 1947)	법계 차샨 부처(1965 ᄎ샨 부텨)
(홍기문 1956)	법계 ᄎ샨 부텨
(이 탁 1956)	法界 ᄎ손 블티
(김준영 1964)	法界 차샨 부텨
(김상억 1974)	법계 차샨 부텨
(김선기 1975b)	봅개 차샨 부텨(1993 법개 차샤ㄴ 뿌텨)
(전규태 1976)	法界 ᄎ샨 부톄
(김근수 1979)	法界 ᄎ샨 부텨
(김완진 1980)	法界 ᄎ신 부텨
(정창일 1987)	法界 ᄀᄃᆨ건 부톄
(양희철 1988)	法界 ᄎ신 佛體
(유창균 1994)	法界 ᄎ신 佛體
(강길운 1995)	法界 차신 부텨
(금기창 1996a)	法界 ᄎ샨 부텨
(최남희 1996)	法界 ᄀᄃᆨᄒᆞ신 佛體
(지형률 1996)	法界 차신(2007 ᄎ신) 부텨
(신재홍 2000)	法界 ᄎ신 부텨
(황패강 2001)	法界 ᄎ샨 부텨
(박재민 2002)	法界 ᄎ샨(2013b ᄎ신) 佛體
(류 렬 2003)	법계 ᄎ신 부텨
(김유범 2010)	法界 ᄎ신 부텨
(김지오 2012)	法界 ᄎ신 부텨

7.1. 法界 法界(법계) ← 法(음의독:法/법)+界(음의독:界/계)

7.2. 滿賜仁 ᄎ신 ← 滿(실의독:ᄎ)+賜(전음독:시)+仁(약음독:ㄴ)

 '滿賜仁'은 'ᄎ샨, ᄀᄃᆨᄒᆞ샨, 차샨, ᄎ손, ᄎ신, ᄀᄃᆨ건, 차신' 등으로 읽어 왔다. 'ᄎ신'이다.

 'ᄎ신'은 '滿賜隱'으로 보아 'ᄎ시인'의 표기는 아니다. 물론 표기자의 확장이다. 삼국유사의 향가에는 '仁'이 나오지 않는다.

7.3. 佛體 부텨 ← 佛(실의독:부텨)+體(전음독:텨)

8. 佛佛 周 物叱 供爲白制

佛佛(불불) 두루 가실 供(공)ᄒᆞ숩져
부처부처 두루 물건을 공양하옵져

   (오구라 1929)   佛佛에 周物을 供ᄒᆞ숣제
   (신태현 1940)   佛佛周物ㅅ 供ᄒᆞ숣제
   (양주동 1942)   佛佛 ᄃᆞ뭇 供ᄒᆞ숣져
   (지헌영 1947)   佛佛 들들ㅅ 供ᄒᆞ숣져
   (정열모 1947)   불불 드룻 공하숣제(1965 한물 공ᄒᆞ숣져)
   (홍기문 1956)   불불 두루 ᄀᆞᆺ 공ᄒᆞ숣져
   (이 탁 1956)   븓븓 ᄃᆞ뭇 供ᄒᆞ술돈
   (김준영 1964)   佛佛 周物ㅅ 供ᄒᆞ숣져
   (김상억 1974)   불불 다맛 공하숣져
   (김선기 1975b)   부텨마다 주물ㄷ 이바지 갈졔(1993 뿔ㆆ뿔ㆆ 주물ㆆ 공까살재)
   (전규태 1976)   佛佛 다뭇 供ᄒᆞ숣져
   (김근수 1979)   佛佛 周物 供ᄒᆞ숣져
   (김완진 1980)   佛佛 온갓 供 ᄒᆞ숣져
   (정창일 1987)   佛佛 周 거싀 供 ᄒᆞ숩제
   (양희철 1988)   佛佛 ᄃᆞ뭇(2015a 두루 가실) 供ᄒᆞ숣져(制)
   (유창균 1994)   佛佛 온가짓 供ᄒᆞ숣져
   (강길운 1995)   부텨마다 온갓공 허숩져
   (금기창 1996a)   佛佛 두루 뭇 供ᄒᆞ숣져
   (최남희 1996)   佛佛 周物ㆆ供 ᄒᆞ숣져
   (지형률 1996)   佛佛 두루 物ㅅ供 ᄒᆞ숣져
   (신재홍 2000)   佛佛 온갓 이바디 ᄒᆞ숣져
   (황패강 2001)   佛佛 온갓 供 ᄒᆞ숣져

(박재민 2002)	佛佛 두루 物ㅅ供ㅎ습져
(류 렬 2003)	불불 두루가시 공ㅎ습져
(김유범 2010)	佛佛 周物ㅅ供 ㅎ습져
(김지오 2012)	佛佛 온갓 供ㅎ습져

8.1. 佛佛 佛佛(불불) ← 佛(전음독:佛/불)+佛(전음독:佛/불)

 '佛佛'은 '불불, 佛佛, 佛佛에, 븓븓, 뿛뿛, 부텨마다' 등으로 읽어 왔다. '佛佛(불불)' 이다.

8.2. 周 두루 ← 周(실의독:두루)

8.3. 참조.

8.3. 物叱 가실 ← 物(실의독:가시)+叱(전음독:실)

 '周物叱'은 한 단어나 두 단어로 읽어 왔다. 한 단어로 읽은 해독에는 'ᄃ못, 다못, 다맛, 드룻, 들들ㅅ, 온가짓, 온갓, 온갖, 주물ㄷ, 주물ㅎ, 周物, 周物ㅅ, 周物을, 한물' 등이 있다. 두 단어로 읽은 해독에는 '두루 ᄀᆺ'(홍기문 1956), '周 거싀'(정창일 1987), '두루 뭇'(금기창 1996a), '두루 物ㅅ'(지형률 1996; 박재민 2002), '두루 가시'(류렬 2003), '두루 가실'(양희철 2015a) 등이 있다. '두루 물건을'의 의미인 '두루 가실'로 읽는다.

8.4. 供爲白制 供(공)ㅎ습져 ← 供(음의독:供/공)+爲(실의독:ㅎ)+白(가의독:습)+制(선음독:셔)

 '供爲白制'에서, '供'은 '供, 공, 이바디, 이바지' 등으로, '爲'는 'ㅎ, 까, 하, 허' 등으로, '白'은 '슬, 숣, 습, 숩, 숩, ㄹ, 살, 삷, 솝' 등으로, '制'는 '뎐, 재, 제, 져, 제' 등으로, 각각 읽어 왔다. '습'(정창일 1987; 류렬 2003; 김유범 2010) '숩'(강길운 1995), '습'(박재민 2002; 김지오 2012) 등이 주목되는데, '습'을 따라, '供爲白制'를 '供(공)ㅎ습져'로 읽는다.

 여기에서 유의할 것이 있다. 바로 '가실 供(공)ㅎ습져'은 물건을 공양하고자 하는 것인데, 이 물건의 공양은 단순한 財供養이 아니라, 法供養으로의 財供養이라는 것이다. 이는 제6구의 '손에마다 법공으로'가 말해준다. 이 점을 유의하지 않으면, 문맥이 잘 통하지 않아, '온갓, 온갖, 온가짓' 등과 같은 해독을 하게 된다.

그리고 '佛佛 두루 가실 供ㅎ숩져'는 '두루'의 위치에 따라 구문상의 중의를 형성한다. 즉 '부처부처 두루 물건을 공하옵져'와 '부처부처 물건을 두루 공하옵져'의 중의를 보인다.

9. 阿耶 法供叱 多奈

아라 法供(법공)실 하나
아- 법공의 일이 많으나

(오구라 1929)	阿耶 法供을사 만흐나
(신태현 1940)	아으 法供삿 만흐나
(양주동 1942)	아으 法供사 하나
(지헌영 1947)	아으 法供사ㅅ 하나
(정열모 1947)	아야 법공사 하나(1965 법공삿다나)
(홍기문 1956)	아야 법ㅅ공사 하나
(이 탁 1956)	아라 法供 몯 하나
(김준영 1979)	아- 法供삿 하나(1979 하내)
(김상억 1974)	아으 법공사 하나
(김선기 1975b)	아으 봅공사(1993 법공샨) 까나
(전규태 1976)	아으 法供사 하나
(김근수 1979)	佛供이삿 하나
(김완진 1980)	아야 佛供삿 하나
(양희철 1988)	아야 法供沙ㅅ 하나
(정창일 1987)	아냐~法 供사싀 하는
(유창균 1994)	아라 法供삿 하나
(강길운 1995)	아라 법공삿 하나
(금기창 1996a)	아으 佛供삿 하나
(최남희 1996)	아야 佛供사ㆆ 하나
(지형률 1996)	아야(2007 아아) 法供삿 하나
(신재홍 2000)	아야, 法供삿 하나

(황패강 2001)	아으 法供사 하나
(박재민 2002)	아으 法供이야(2013b 法供사ㅅ) 하나
(류 렬 2003)	아으 법시공사 하나
(김유범 2010)	아야 法供사 잇다 (ㅎ)나
(김지오 2012)	아야 法供삿 하나

9.1. 阿耶 아라 ← 阿(전음독:아)+耶(전음독:라)

'阿耶'는 '阿耶, 아으, 아-, 아냐~, 아라, 아아, 아야' 등으로 읽어 왔다. '아라'(이탁, 유창균, 강길운, 양희철 등)이다.

9.2. 法供叱 法供(법공)실 ← 法(음의독:法/법)+供(음의독:供/공)+叱(전음독:실)

法供沙叱의 '沙'는 연자이다. 法供叱을 '法供(법공)실'(법공의 일)로 읽는다(제2부 「서로 연계된 누락자와 연자」의 4.1.1. 참조).

9.3. 多奈 하나 ← 多(실의독:하)+奈(전음독:나)

'多奈'는 '하나, 만흐나, 까나, 하내, 하는' 등으로 읽어 왔는데, '하나'로 본다.

10. 伊於 衣波沙 最勝供也

이를 니바사 最勝供(최승공)여
이(여래들께 공양하기를 성취하게 되는 광수공양, 곧 보현보살의 넓은 법공양)를 입어야(:받아야) 최승공(진공양)이여

(오구라 1929)	이것바 最勝供이요
(신태현 1940)	예바 最勝供이라
(양주동 1942)	이 어의바 最勝供이여
(지헌영 1947)	이 어의바 最勝供여
(정열모 1947)	이어 이바 최승공이여(1965 니바 최승공이라)

(홍기문 1956)   이어의 바 최승공야
(이 탁 1956)   이 어이바 最勝供여
(김준영 1964)   이 어의바 最勝供여
(김상억 1974)   이 어의바 최승공여
(김선기 1975b)   이 오이바 최승콩이랴
(전규태 1976)   이어의바 最勝供여
(김근수 1979)   이어이바 (佛供이샃) 最勝供이여
(김완진 1980)   뎌를 니버 最勝供이여
(정창일 1987)   어옷 波 最勝 供야
(양희철 1988)   이 어옷바(於衣波) 最勝供여
(유창균 1994)   이어의 바 最勝供이라
(강길운 1995)   이 어의바 최승공여
(금기창 1996a)   이 어의바 最勝供여
(최남희 1996)   이 어의바 最勝供야
(지형률 1996)   이를 니버(2007 뎌를 닙어) 最勝供여
(황패강 2001)   이 어의바 最勝供여
(박재민 2002)   이야말로 最勝供이여
(류 렬 2003)   이어히바 최승공이라
(김유범 2010)   이어긔사{(바로) 여기[此岸]에서야} 最勝供이여
(김지오 2012)   이어의바 最勝供야

10.1. 伊於 이를 ← 伊(실의독:이)+於(실의독:를)

10.2. 참조.

10.2. 衣波沙 니바사 ← 衣(실의독:닙)+波(전음독:바)+沙(전음독:사)

衣波(沙)의 '沙'는 누락자이다. 衣波沙를 '니바사'(입어야)로 읽는다(제2부 「서로 연계된 누락자와 연자」의 4.1.2. 참조).

10.3. 最勝供也 最勝供(최승공)여 ← 最(음의독:最/최)+勝(음의독:勝/승)+供(음의독:供/공)+也(실의독:여)

'最勝供也'의 '最勝供'은 '最勝供, 최승공, 최싱공, 최승콩' 등으로 읽어 왔는데, '最

勝供(최승공)'으로 보인다.
　'最勝供也'의 '也'는 '이요, 이리요, 야, 이여, 여, 이라, 랴' 등으로 읽어 왔는데, '-이여, -이도다, -이로다' 등의 감탄을 나타내는 '여'로 본다.

⟨참회업장가⟩

[원문]

顚倒 逸耶

菩提 向焉 道乙 迷波

造將來 臥乎隱 惡寸隱

法界 餘音玉只 出隱伊音 叱 如支

惡寸 習 落臥乎隱 三業

淨戒叱 主留 持以支 乃遣只

今日 部 頓 部叱 懺悔

十方叱 佛體 閼遣只 賜立

落句 衆生界盡 我懺悔

來際 永良 造物 捨齊

(卜以支의 '卜'은 '持'의 오자로 수정, 持以支의 '支'는 '攴'의 오자로 수정)

[해독]

顚倒(뎐도) 이라

菩提(보리) 앗온 길을 이바

짓어오 눕온 머존은(/구존은)

法界(법계) 남옥 느임 실 드디/돌

머존/구존 버릇 디눕온 三業(삼업)

淨戒ㅅ(졍곗) 主(쥬)루 딕힙 나곡

오늘 주비 몫 주빗 懺悔(참회)

十方(시방)시 佛體(부텨) [대조하며/대조하여(閼)] 알곡 시셔?

(落句) 衆生界盡(즁싱계진) 我懺盡(아참진)

來際(리제) 오라 造物(조물) 브리져

[현대역]
전도 일어
    [1] 전도가 일어(=되어)]
    [2] 전도를 이루어(=만들어)]
보리 향한 길을 미혹하여
지어와 가로 놓이온 악한 것은
법계 남아 나온 것임(이) 있을 듯
악한 버릇 떨어져 가로 놓이온 삼업
정계의 주로 지키어 내고
오늘 주비, 무수히 많은 주비의 참회
시방의 부처 (대조하며/대조하여) 알고서 있으셔?(시방의 부처님들이 아시게 하자)
(落句) 중생계진 아참진
내제 영구히 惡業짓기 버리져

1. 顚倒 逸耶

顚倒(뎐도) 이라
전도 일어
    1) 전도가 일어(=되어)
    2) 전도를 이루어(=만들어)

    (오구라 1929)   격구러디이어
    (신태현 1940)   몯으로
    (양주동 1942)   顚倒 이라
    (지헌영 1947)   顚倒 이라
    (정열모 1947)   전도이라
    (홍기문 1956)   전도 일아
    (이 탁 1956)   顚倒 일라

(김준영 1964)　　　顚倒이라
(정열모 1965)　　　뎐도 이랴
(김상억 1974)　　　전도이라
(전규태 1976)　　　顚倒이라
(김선기 1975a)　　 갇고리라(1993 갓고리 이라)
(김근수 1979)　　　갓ᄀ디야
(김완진 1980)　　　顚倒 여희야
(정창일 1987)　　　顚倒 逸야
(양희철 1988)　　　顚倒 일(逸)야[起]
(유창균 1994)　　　顚倒이라
(강길운 1995)　　　갓고로 이라
(최남희 1996)　　　顚倒이라
(지형률 1996)　　　顚倒 일야
(지형률 2007)　　　顚倒 일야
(신재홍 2000)　　　업갓굴 이라
(황패강 2001)　　　顚倒 일(逸)야
(박재민 2002)　　　顚倒이라(2013b '전도이라(이라서-까닭)')
(류　렬 2003)　　　뎐도 일어
(김지오 2012)　　　顚倒이야
(최범영 2012)　　　顚倒(갓ᄀ리)일야

1.1. 顚倒 顚倒(뎐도) ← 顚(음의독:顚/뎐)+倒(음의독:倒/도)

'顚倒'는 '걱구러지, 몯(最初, 最上), 갓고리, 갓고로, 갓ᄀ디, 뎐도, 업갓굴, 전도, 顚倒' 등으로 읽어 왔다. '顚倒(뎐도)'로 읽는다.

1.2. 逸耶 이라 ← 逸(전음독:일)+耶(전음독:라)

'逸耶'의 '逸'은 '여희, 逸(放逸), 일(起)-, 일(成)-, 일(爲, 되)-, -이-, 미상' 등으로 읽어 왔다. 이 중에서 '일(成)-'(양주동 등등)과 '일(爲, 되)-'(이탁 등등)이 주종을 이루며, 가장 많은 가능성을 보인다. '일다'가 '만들다. 되다. 일다(쌀을 일다, 쌀이다. 淘). 이르다(부)' 등의 의미를 가지는 동음이의어라는 점에서 둘 모두가 가능하다.

'逸耶'의 '耶'는 '야(1), 아, 야(2), 어, 미상, 라' 등으로 읽어 왔다. '야(1)'는 '일+야'

에서 나타나는데, '일' 다음에 '아'나 '어'가 아닌 '야'가 온 문제를 보인다. 가장 우세한 '-아'는 연결어미로 본 것인데, '耶'의 음도 훈도 아니라는 문제를 보인다. 이 때문에 '야(2)'를 살리기 위하여 '逸'을 '일'이 아닌 '여희'로 읽은 해독이 나오기도 했는데, 이 해독은 문맥에 잘 어울리지 않는다. '어'와 미상은 검토할 필요도 없다. 나머지 하나는 '라'로 읽은 것이다. 이 '라'는 '耶'의 동자인 '邪/사'가 '라'로 변한 변음으로 추정된다. '耶/邪'를 '라'로 읽을 수 있는 근거는 '伽耶=駕洛'에 있다.

'전도가 일어(=되어)'와 '전도를 이루어(=만들어)'의 두 의미를 함께 보여주는 '顚倒이라'로 읽는다. '成/作'(일-: 이루다/만들다)과 '爲'(일-: 되다)의 어느 하나를 쓰면 중의를 표현할 수 없다. '전도' 다음의 격어미 '-이/ㄹ'의 생략과 '일-'의 동음이의의 중의를 이용한 구문상의 중의이다. 이는 시적 화자의 의도에 의한 전도와 시적 화자의 비의도에 의한 전도를 모두 표현하기 위한 중의법으로 판단된다.

2. 菩提 向焉 道乙 迷波

菩提(보리) 앗온 길을 이바
보리 향한 길을 미혹하여

    (오구라 1929)   菩提 아는 길을 믜위(ᄒ야)
    (신태현 1940)   菩提 아는 길을 이봐
    (양주동 1942)   菩提 아온 기를 이봐
    (지헌영 1947)   菩提 아온 길을 이봐
    (정열모 1947)   보리 안는 길을 미바(1965 아온 기를 이바)
    (홍기문 1956)   보리 ᄇ란 기롤 이벼
    (이 탁 1956)   菩提 안온 길을 입아
    (김준영 1964)   菩提 아언 길을 이바
    (김상억 1974)   보리 아안 길을 이바
    (전규태 1976)   菩提 아온 길을 이바
    (김선기 1975a)   보리 바란 깔이바(1993 뽀띠 아안 깔 이바)
    (김근수 1979)   菩提 아온 길 이바
    (김완진 1980)   菩提 아온 길흘 이바
    (정창일 1987)   보리 向언 기를 이바

(양희철 1988)	菩提 아온(2008 앗언) 길홀(2013 길을) 이바(波)
(유창균 1994)	菩提 아론 길을 이바
(강길운 1995)	菩提 아슨 길 이봐
(최남희 1996)	菩提아산 길홀 이바
(지형률 1996)	菩提 아온 길(2007 앗온 긿) 입어
(신재홍 2000)	菩提 아온 길을 이바
(황패강 2001)	菩提 아논 길을 이바
(박재민 2002)	菩提 아온 길홀 이바(2013b 앞온 길을 이봐)
(류 렬 2003)	보리 ᄇ란 길홀 이바
(김지오 2012)	菩提 앞온 길을 이바
(최범영 2012)	菩提 아온 길 이바

2.1. 菩提 菩提(보리) ← 菩(음의독:菩/보)+提(음의독:提/리)

'菩提'는 '菩提, 뽀띠, 보리' 등로 읽어 왔다. '菩提(보리)'로 본다.

2.2. 向焉 앗온 ← 向(실의독:앗)+焉(전음독:온)

'向焉'을 '앗온'이다. '앗언(趣向也/指向也)'으로 읽으면서 기왕의 해독을 변증한 바가 있다(양희철 2004, 2008a:41-47). 기왕의 해독들이 가지고 있는 문제는 앞의 글로 돌린다. '向'을 '앗-, 앞-' 등의 읽은 해독에는 '아슨'(향한, 강길운 1995), '앗언'(趣向也/指向也, 양희철 2004, 2008a), '앗온'(向한, 지형률 2007), '앞은'(향한, 김지오 2012), '앞온'(向한, 박재민 2013b) 등이 있다. '焉'을 '은, 언, 온' 등으로 읽어 왔는데, '온'으로 읽어야 할 것 같다(제3부「소멸된 한자음의 문제 향찰」의 4.1. '焉' 참조. 제3부「의독자의 문제 향찰」 4.2. '向/앗/안' 참조).

2.3. 道乙 길을 ← 道(실의독:길)+乙(전음독:을)

2.4. 迷波 이바 ← 迷(실의독:입)+波(전음독:바)

'迷波'는 '믜위(ᄒ야)'(오구라 1929)와 '미바'(미워하고, 정열모 1947)를 뺀 나머지 해독들은 '이바(양주동 등등), 이바(김준영, 정열모 등등), 입아, 입어' 등으로 읽어 왔다. '迷波'의 향찰이 보이는 연철을 살린 '이바'로 본다.

3. 造將來 臥乎隱 惡寸隱

짓어오 눕온 머존은(/구존은)
지어와 가로 놓이온 악한 것은

(오구라 1929)	지슬누온 모딘(이)는
(신태현 1940)	지써 오누온 모딘은
(양주동 1939)	짓을누온 머즌은
(양주동 1942)	지슬누온 모디는
(지헌영 1947)	지슬누온 머즌은
(정열모 1947)	지질누온 모진은(1965 죄 브러누온 악드논)
(홍기문 1956)	지스려 누본 모딘은
(이 탁 1956)	짓어 오ᄂ온 궂은
(김준영 1964)	짓어 오누온 머즌은
(김상억 1974)	짖을누온 모딘은
(전규태 1976)	지스려 누온 모딘은
(김선기 1975a)	지실논 모딘
(김선기 1993)	짓올논 모딘
(김근수 1979)	지써 오누온 머즌은
(김완진 1980)	지스려 누온 머즈는
(정창일 1987)	造 굴오누호논 머즈은
(양희철 1988)	지스려누온(2008, 2013 짓어 오누온) 머즌(惡寸)은(2015a 머존은/구존은)
(유창균 1994)	지스려 눕온 구존은
(강길운 1995)	짓오려논 구즌은
(최남희 1996)	지스려누온 구즌
(지형률 1996)	짓으려노온(2007 짓으려누온) 궂온은
(신재홍 2000)	저즈려 누본 머즌
(황패강 2001)	지스러누온 머즈는
(박재민 2002)	지써 오누온 아촌(惡業)온(2013b 밍가오누온 아촌온)
(류 렬 2003)	지스려누본 모딘온
(김지오 2012)	짓가져 오누온 구즌은
(최범영 2012)	짓으려누혼 머촌 業은

3.1. 造將來 짓어오 ← 造(실의독:짓)+將(실의독:어)+來(실의독:오)

'造將來'는 '짓어오'(짓어와)로, 해독해야 한다고 판단한다(제3부 「의독자의 문제 향찰」 3.2.1. 참조).

3.2. 臥乎隱 눕온 ← 臥(실의독:눕)+乎(약의독:오)+隱(약음독:ㄴ)

'造將來臥乎隱'은 '造將來 臥乎隱'으로 띠어서, '지어와 가로 놓이온'의 의미인 '짓어오 눕온'으로 본다(제3부 「의독자의 문제 향찰」 3.2.1. 참조).

3.3. 惡寸隱 머존은(/구존은) ← 惡(실의독:머존/구존)+寸(전음독:존)+隱(전음독:은)

'惡寸隱'의 '惡寸'은 '모딘, 모진, 구즌, 궂은, 구존, 궂온, 구존, 머즌, 머촌, 아촌, 악돈' 등으로 읽혀 왔다. '惡'의 음과 훈으로 보면, 일단 '구즌, 궂은, 구존, 궂온, 구존, 머즌, 머촌, 악돈' 등이 긍정적이다. 그리고 '寸'이 '山'攝에 속한 한자로 그 당시의 음이 '존'이라는 점에서, '머존'과 '구존'이 모두 가능하다.

이 '머존'과 '구존' 자체는 관형형일 수도 있고, 동명사형일 수도 있지만, 뒤에 '隱'이 수반되었다는 점에서, 이 '머존'과 구존은 '악한 것'의 의미인 동명사형으로 본다. 기왕의 주장들을 보면, "「惡寸隱」은 「모딜」의 連體形 「모딘」이 直接 指定助詞를 取하엿다."(양주동 1942:749)고 설명한 이래, 거의가 '惡寸'을 관형형으로만 보았으며, 강길운만이 '악한 業은'과 '악한 것은'을 통하여 동명사형의 가능성을 보여주었다. '隱'은 '은, 온, ㄴ, 는' 등으로 읽어 왔다. '은'으로 본다. 결국 '惡寸隱'은 '악한 것은'의 의미를 보여주는 '머존은'이나 '구존은'으로 정리한다. 기왕의 해독에 대한 구체적인 변증과 보완은 앞의 글(양희철 2015a:390-392)[10]로 돌린다. '머존은'은 이 해독이 처음이며, '구존은'(궂은 것은)의 형태는 '구존은'(악업은, 유창균 1994)과 '궂온은'(악업은, 지형률 1996, 2007)에서도 보이나, 동명사형으로 본 것과 관형사형으로 본 차이를 보인다.

---

10 이 글에서는 '머촌'(최범영 2012)을 참고하지 못했다. 이 '머촌'의 해독에서는, 오구라가 주장한 '惡寸' 다음에 '業'이 탈락하였을 것이라는 주장에 이어서, '惡寸' 다음에 '業'이나 '緣'이 생략되거나 빠졌을 가능성을 제시하면서, '머촌'이 동명사형일 수 있는 가능성을 부정하였다.

4. 法界 餘音玉只 出隱伊音 叱 如支

法界(법계) 남옥 느임 실 드디/돋
법계 남아 나온 것임(이) 있을 듯

    (오구라 1929)   法界를 남기어 나니이다
    (신태현 1940)   法界를 남기어 나니이다
    (양주동 1942)   法界 나목 나니잇다
    (지헌영 1947)   法界 남오아 논이리ㅅ다
    (정열모 1947)   법계 남ㅇ돌옥ㅅ 나ㄴ이음ㅅ딋기(1965 넘도로기 나ㄴ니 욺ㅅ 돋디)
    (홍기문 1956)   법계 나모디 나스니밋다
    (이 탁 1956)   法界 남아 난 이올듯
    (김준영 1964)   法界 남옥 난임다ㅈ(1979 난임다ㅿ)
    (김상억 1974)   법계 남옥 나니잇다
    (전규태 1976)   法界 남옥 나니잇다
    (김선기 1975a)   봅개 나옴이 읻다디(1993 법개 남오기 나ㄴ이잇다디)
    (김근수 1979)   法界 남옥 나니잇다
    (김완진 1980)   法界 나목 나님짜
    (정창일 1987)   法界 나옴옷긔 나는 이름 싀렷디
    (양희철 1988)   法界 나모(玉)ㄱ 나님짜(2014, 2015a 난이임 실 드디/돋)
    (유창균 1994)   法界 남옥 나님ㅅ다기
    (강길운 1995)   法界 남옥 난임ㅅ져
    (최남희 1996)   法界 나목 나니이ㅅ다
    (지형률 1996)   法界 남옥 나넜닿(2007 난이ㅆ타)
    (신재홍 2000)   法界 남옥 나니--ㅅ다
    (황패강 2001)   法界 나목 나니잇다
    (박재민 2002)   法界 남도록 난임ㅅ다(2013b 남옥 난임짜)
    (류 렬 2003)   법계 남ㄷ로기 나니이시다
    (김지오 2012)   法界 남옥 난읺다
    (최범영 2012)   法界 남ㄷ록 난임ㅅ다히

4.1. 法界 法界(법계) ← 法(음의독:法/법)+界(음의독:界/계)

4.2. 餘音玉只 남옥 ← 餘(실의독:남)+音(약음독:ㅁ)+玉(전음독:옥)+只(약음독:ㄱ)

'餘音玉只'은 '남옥'과 '나목'의 해독, '나모디'와 '남오기'의 해독, '-돌옥, -도록, -ᄃ로기, -ᄃ록' 등을 포함한 해독, 향찰과 해독이 정확하게 일치하지 않는 해독 등으로 다양하게 읽어 왔다. 향찰의 음과 훈을 살린 '남옥'과 '나목'만을 보자.

이 해독들이 주종을 이루며, 분철과 연철의 차이를 보인다. '餘音玉只'의 분철로 보아, '남옥'으로 읽는다.

4.3. 出隱伊音 ᄂ임 ← 出(실의독:ᄂ)+隱(약음독:ㄴ)+伊(전음독:이)+音(약음독:ㅁ)

'出隱伊音 叱 如支'는 그 해독이 매우 난해한 부분의 하나이다. 기왕의 해독들을 변증하면서, '如支'가 구결 '如ㅎ'에서와 같이 '걷'으로 쓰이는 경우도 있지만, '듯/ᄃ시'의 이표기인 'ᄃ디/ᄃ디'로 쓰이는 경우가 있다는 점을 일단 정리(양희철 2013a:451-454)하였고, 이차로 '叱'이 '실'로 읽힌다는 점에서, '出隱伊音 叱 如支'를 'ᄂ이임 실 ᄃ디/ᄃ디'[(남아) 나오게 된 것임(이) 있을 듯이, 양희철 2015a:321, 2016a]으로 해독한 바가 있다. 이 두 해독에서 참고하지 못한 형태의 해독들[11]이 있으나, 의미를 부여할 만한 것은 없어 보인다.

'ᄂ임 실 ᄃ디/ᄃ디'[(남아) 나온 것임(이) 있을 듯]으로 수정한다.

4.4. 叱 실 ← 叱(전음독:실)

용언의 어간 '시-'와 관형사형어미 '-ㄹ'의 결합이다.

4.5. 如支 ᄃ디/ᄃ디 ← 如(실의독:ᄃ디)+支(약음독/전음독:ㄷ/디)

4.3. 참조.

---

11 이에 속한 해독으로는 '나는 이름 싀럿디'(나는 것이 이름부터 싫지, 정창일 1987), '나눐닿'(났습니다, 지형률 1996), '난잇타'(났습입니다, 났습니다, 지형률 2007), '난임ㅅ다히'(나니이다, 최범영 2012) 등이 있다. 향찰별 해독이 잘 맞지 않고, 해독과 그 현대역이 형태소 차원에서 일치하지 않는 것이 적지 않다.

5. 惡寸 習 落臥乎隱 三業

구존/머존 비흣 디눕온 三業(삼업)
악한 버릇 떨어져 가로 놓이온 삼업

  (오구라 1929)   모딘 버릇(에) 디누온 三業
  (신태현 1940)   모딘 버릇 지누온 三業
  (양주동 1942)   모딘 비흣 디누은 三業
  (지헌영 1947)   머즌 習 디누온 三業
  (정열모 1947)   모진 비륵누온(1965 악든 겁) 디누온 삼업
  (홍기문 1956)   모진 비흣 디누본 삼업
  (이 탁 1956)   궂은 버릇 디느온 三業
  (김준영 1964)   머즌 비흣 디누온 三業
  (김상억 1974)   모딘 배핫 디누온 삼업
  (전규태 1976)   모딘 비흣 디누온 三業
  (김선기 1975a)   모딘 보롯(1993 버릇) 디논 삼업
  (김근수 1979)   머즌 버릇 디누온 三業
  (김완진 1980)   머즌 비흣 디누온 三業
  (정창일 1987)   구존 習 디누호는 三業
  (양희철 1988)   머즌(惡寸)(2015a 구존/머즌) 비흣 디누온 三業
  (유창균 1994)   구존 비호락 눕온 三業
  (강길운 1995)   구즌 배홋 디논 세業
  (최남희 1996)   머즌 비흣 디누온 三業
  (지형률 1996)   궂은 비흣 디누온 三業
  (신재홍 2000)   머즌 비흣 디누본 三業
  (황패강 2001)   머즌 비흣 디누온 三業
  (박재민 2002)   아촌(惡業) 習 뻐러디누온 三業
  (류 렬 2003)   모딘 ㅂ흣 디누본 三業
  (김지오 2012)   구존 비흣 디누온 三業
  (최범영 2012)   머촌 버락 누혼 三業

5.1. 惡寸 구존/ 머즌 ← 惡(실의독:구존/머즌)+寸(전음독:존)

'惡寸'은 앞에서 정리한 '惡寸隱'의 '惡寸'과 같은데, 동명사형이 아니라 관형사형이

라는 차이만 보인다.

5.2. 習 비호 ← 習(실의독:비호)

'習'은 '버릇, 버륵, 버롯, 버락, 비호, 배핫, 배홋, 비호락, 겹, 習' 등으로 읽어 왔으며, '習落'을 붙여서, '비호락'과 '버락'으로 읽기도 했다.

해독의 처음에는 근훈(近訓)인 '버릇'(오구라)으로 읽었고, 이를 이어서 '버륵, 버롯, 버락' 등의 해독이 나왔다. 그 다음에는 이 근훈을 고훈(古訓)인 '비호'(양주동)으로 바꾸면서, 이 '비호'은 '비호'(學)의 명사형이라고 설명하면서, '비호'이 '버릇'으로 바뀌었다고 설명을 하였고, 이를 이어서 '배핫, 배홋, 비호락' 등의 해독이 나왔다. 이 '비호〉버릇'의 변화를 쉽게 이해할 수 없다는 점에서, '비호'의 해독을 부정하고 다시 '버릇'으로 돌아가기도 했다(김선기 1993). '비호〉버릇'의 변화를 쉽게 이해할 수 없는 것은 사실이다.

그러나 이 '비호'이 '學'이 아니라 '習/버릇'의 의미를 명확하게 보여주는 예들(디나건 비호샛 業과 過去所習業. 법화1-228; 모딘 비호시 盛호야 惡習熾盛. 법화2-123, 강길운 1995:400)이 있다는 점에서 '習'을 '비호'으로 읽는 데는 문제가 없다. 말음첨기가 보이지 않는다는 점에서, 한자 '習'으로 볼 수도 있으나, 말음첨기를 하지 않은 경우도 종종 나타난다는 점에서, 반드시 한자 '習'으로 읽어야 한다고 주장하기는 어렵다.

5.3. 落臥乎隱 디눕온 ← 落(실의독:디)+臥(실의독:눕)+乎(약의독:오)+隱(약음독:ㄴ)

'落臥乎隱'은 '(習)落 臥乎隱'으로 본 경우와 '落臥乎隱'으로 본 경우로 나뉜다.

전자에서는 '臥乎隱'을 '되어버린'의 의미인 '눕온'으로 읽었다. 이 해독이 '눕-'의 의미로 잡은 '되다'는 다의어인 한자 '臥'의 여러 의미 중의 하나이지, '눕다'의 의미가 아니다.

후자에서는 '落'을 '디, 지, 뻐러디' 등으로 읽었는데, '디'로 본다. '臥乎隱'은 '來臥乎隱'에서와 같이 '눕온(가로 놓이온)이다. 이에 따라 '落臥乎隱'은 '디눕온'(떨어져 가로 놓이온)으로 정리한다. 이 해독은 '디누본'(떨어져 놓은, 신재홍 2000)과 비슷하지만, 그 의미에서 '가로 놓인'과 '놓은'의 큰 차이를 보이고, 전자의 '가로 놓인'은 '눕다'의 의미에 기초한 것이고, 후자인 '놓은'은 '눕다'를 '놓다/ 놓다'의 이형태로 본 것이라는 큰 차이를 보인다.

5.4. 三業 三業(삼업) ← 三(음의독:三/삼)+業(음의독:業/업)

6. 淨戒叱 主留 持以支 乃遣只

淨戒ㅅ(졍곗) 主(쥬)루 딕힙 나곡
정계의 주로 지키어 내고

    (오구라 1929)   淨戒ㅅ 님을 디어내고
    (신태현 1940)   淨戒ㅅ 님을 디녀내고
    (양주동 1942)   淨戒ㅅ 主루 디니누곡
    (지헌영 1947)   淨戒ㅅ 主루 디니ㅅ누고아
    (정열모 1947)   정계 주루 지녀기 내고자(1965 디니뼈니겨져)
    (홍기문 1956)   정계ㅅ 주로 디니다나고기
    (이 탁 1956)   淨戒ㅅ 主로 지니어내오ᄃ
    (김준영 1964)   淨戒ㅅ 主루 디니ㅈ내곡(1979 디니ㅿ내곡)
    (김상억 1974)   정계ㅅ 쥬루 디니누곡
    (전규태 1976)   淨戒ㅅ 主루 디니누곡
    (김선기 1975a)   쨍갠듀루 디아 디나격고(1993 쩡개ㄷ쥬 디아 디나격)
    (김근수 1979)   淨戒 니믈 디니누곡
    (김완진 1980)   淨戒ㅅ 主로 디니ㄴ곡
    (정창일 1987)   淨戒싀 主루 ㅏ이앗내겻긔
    (양희철 1988)   淨戒ㅅ 主로 디니(ㅏ以支)ㄴ곡(2015a 디입 내곡)
    (유창균 1994)   淨戒ㅅ 主로 디니기 나곡
    (강길운 1995)   淨戒ㅅ 님자루 디니나곡
    (최남희 1996)   淨戒ㅎ主루 디니히ㄴ곡
    (지형률 1996)   淨戒ㅅ 웃듬으로 디닣ㄴ곡(2007 딘히나곡)
    (신재홍 2000)   淨戒ㅅ 主로 디니기 니곡
    (황패강 2001)   淨戒ㅅ 主로 디니나곡(지니고)
    (박재민 2002)   淨戒ㅅ 主로 디녀 (벗어)나곡(2013b 디니 나곡)
    (류 렬 2003)   淨戒시 主루 디니다나고기
    (김지오 2012)   淨戒ㅅ 主로 디나곡
    (최범영 2012)   淨戒ㅅ 님쟈루 졉으로히 사곡

6.1. 淨戒叱 淨戒 (정계)ㅅ ← 淨(음의독:淨/정)+戒(음의독:戒/계)+叱(약음독:ㅅ)

'叱'은 'ㅅ'와 '시' 모두가 가능하나, 전자로 처리한다.

6.2. 主留 主(쥬)루 ← 主(음의독:主/쥬)+留(전음독:루)

'主留'는 '主(쥬)루'로 읽는다.

6.3 持以攴 딕힙 ← 持(실의독:딕히)+以(전음독:이)+攴(약음독:ㅂ)

卜以支(〈攴)의 '卜'은 동음자 '持'의 오자이다. 持以攴을 '딕힙'(지키어)으로 읽는다 (제2부「오자 30제」의 4.5. 참조).

이렇게 '卜'을 '持'의 오자로 보고 '持以攴'을 '딕힙'으로 읽을 때에, '持/딕히+以/이+攴/ㅂ'에서 보듯이 해당 한자의 훈이나 음을 살렸고, '딕히(어간)+ㅂ(연결어미, 부동사형 어미)'의 연결은 문법적이며, '딕힙'(지키어)의 해독과 현대역은 형태소 차원에서 상응하고, '淨戒의 주로 지키어 내고'의 문맥이 잘 통한다는 점에서, '卜'을 '持'의 오자로 보고 '持以攴'을 '딕힙'으로 읽은 해독은 합리적이라고 할 수 있다. 또한 이렇게 수정하여 읽으면, 선행 연구들이 보인 두 문제, 즉 '卜以'의 해독에서 '卜'을 그 훈도 음도 아닌 '디니'로 읽거나 '以'를 음도 훈도 아닌 '아/어'나 '니'로 읽은 문제와, '卜以支'의 '支'를 '攴'으로 수정하여 연결어미 '-ㅂ'으로 읽지 않고 다르게 본 문제[12]는, 이 문제를 야기시킨 '卜'을 동음자 '持'의 오자로 수정하고 支를 연결어미 '攴/ㅂ'으로 수정함에 따라, 원천적으로 아예 발생하지도 않는다는 점에서도, '卜'을 '持'의 오자로 보고 '持以攴'을 '딕힙'으로 읽은 해독은 합리적이라고 할 수 있다.

6.4. 乃遣只 나곡 ← 乃(전음독:나)+遣(약음독:고)+只(약음독:ㄱ)

'乃遣只'는 '나곡'으로 읽는다. '乃'는 그 음이 '내'이기도 하지만, 향찰에서는 '나'로 쓰이기 때문이다. '나다'에는 "(동사 뒤에서 '-어 나다' 구성으로 쓰여) 앞말이 뜻하는

---

12 기능이 없는 글자나 허자로 보거나, 읽지 않거나, '支'의 음을 벗어난 'ㅅ, ㅈ, ㅿ, ㅎ, 히' 등으로 읽거나, '支'의 음 '디, 기'를 살렸으나, 문법적으로 설명할 수 없는 연결어미의 기능을 부여하거나, '支'를 '攴'으로 수정하고 지정문자로 처리한 문제이다.

행동을 끝내어 이루었음을 나타내는 말."의 의미가 있으며, 이런 예는 "겪어 나다. 읽어 나다. 먹어 나다." 등에서 발견된다(『표준국어대사전』의 '나다'조). 이 '나다'는 '내다'와 같은 말이다.

7. 今日 部 頓 部叱 懺悔

오늘 주비 뭇 주빗 懺悔(참회)
오늘 주비, 무수히 많은 주비의 참회

(오구라 1929)	오늘눌 頓ㅅ 懺悔
(신태현 1940)	오날 주비등 懺悔
(양주동 1942)	오늘 주비 頓部ㅅ 懺悔
(지헌영 1947)	오늘 주비 頓部ㅅ 懺悔
(정열모 1947)	오늘 주비 돈붓(1965 오늘 주비 돈주빗) 참회
(홍기문 1956)	오늘 주비 돈부ㅅ 참회
(이 탁 1956)	오늘 드못 懺悔
(김준영 1964)	오늘 주비 돈부ㅅ 懺悔
(김상억 1974)	오날 주비 돈부ㅅ 참회
(전규태 1976)	오늘 주비 돈부ㅅ 懺悔
(김선기 1975a)	오날 주빋 돈북 쌈회
(김근수 1979)	오늘 주비 頓部ㅅ 懺悔
(김완진 1980)	오늘 주비 ㅂㄹ붓 懺悔
(정창일 1987)	今日 部 頓部의 懺悔
(양희철 1988)	今日 주비 뎐부(頓部)ㅅ(2015a 뭇 주비싈) 懺悔
(유창균 1994)	오늘 주비 頓주비ㅅ 懺悔
(강길운 1995)	오늘 주비 돔붓 懺悔
(최남희 1996)	今日 주비 頓部ㆆ 懺悔
(지형률 1996)	오늘 주비 모로붓(2007 몰붓) 懺悔
(신재홍 2000)	오늘부 무저봇 懺悔
(황패강 2001)	오늘 주비 頓部ㅅ
(박재민 2002)	오늘 주비 돈붓 懺悔
(류 렬 2003)	오늘 주비 頓部시 懺悔

(김지오 2012)　　　　오늘 주비 돈붓(모두) 懺悔
(최범영 2012)　　　　온홀 주비 더붓 懺悔

7.1. 今日 오눌 ← 今(실의독:오눌)+日(실의독:눌)

7.2. 部 주비 ← 部(실의독:주비)

'部'는 '눌, (ㄷ), 붓' 등으로 읽은 경우가 있기는 하나, '주비, 주빈, 部, 주비' 등이 주종을 이룬다. '주비'로 본다.

7.3. 頓 뭇 ← 頓(가의독:뭇)

7.4. 참조.

7.4. 部叱 주빗 ← 部(실의독:주비)+叱(약음독:ㅅ)

'頓部叱'은 '頓ㅅ, 돈붓, ㄷ뭇, ㅂㄹ붓, 뎐부(頓部)ㅅ, 頓部ㅅ, 頓部싀, 頓部시, 돈북, 頓주빗, 돈주빗, 돔붓, 무저봇, 주비둥, 모로붓, 몰붓, 더붓[13], 뭇주비실' 등으로 읽어 왔다. 기왕의 해독에 대한 변증을 하면서, '頓 部叱'로 띄우고, '뭇 주비실'(무수히 많은 주비의 일, 양희철 2015a:115-134, 339-342)로 읽은 적이 있다. '頓'은 '묻다(貯)'의 '묻'을 '뭇'의 표기에 사용한 것이고, '叱/실'은 '일'을 의미하는 접미사 '질'의 선행형이다. 이어지는 '懺悔'와의 문맥에 맞추어, '叱'을 속격의 'ㅅ'으로 수정한다. '頓 部叱'은 '뭇 주빗'(무수히 많은 주비의)이다.

7.5. 懺悔 懺悔(참회) ← 懺(음의독:懺/참)+悔(음의독:悔/회)

---

[13] '모로붓'(묻득, 지형률 1996), '몰붓'(다, 지형률 2007), '더붓'(함께 더불어, 최범영 2012) 등의 세 해독은 앞의 변증에서 검토하지 못했다. 이 해독들이 보이는 문제는 생략한다.

8. 十方叱 佛體 閼遣只 賜立

十方(시방)시 佛體(부텨) [대조하며/대조하여(閼)] 알곡 시셔?
시방의 부처 (대조하며/대조하여) 알고서 있으셔

(오구라 1929)	十方ㅅ 부텨 알고샤셔
(신태현 1940)	十方ㅅ 부텨 알고샤셔
(양주동 1939)	十方ㅅ 부텨 알곡샤셔
(양주동 1942)	十方ㅅ 부텨 알곡샤셔
(지헌영 1947)	十方ㅅ 부텨 알고아샤셔
(정열모 1947)	십방 부처 알고 기샤셔(1965 시방ㅅ 부텨 알겨 지샤셔)
(홍기문 1956)	시방ㅅ 부텨 알고디샤셔
(이　탁 1956)	十方 븓ᄃᆡ 알오ᄃᆞᆫᄉᆞ이
(김준영 1964)	十方ㅅ 부텨 알곡샤셔
(정열모 1965)	시방ㅅ 부텨 알겨 지샤셔
(김상억 1974)	시방ㅅ 부텨 알곡샤셔
(전규태 1976)	十方ㅅ 부톄 알곡샤셔
(김선기 1975a)	시방 부터 알곈샤셔(1993 씹빵ㄷ 뿌텨 알격시셔)
(김근수 1979)	十方ㅅ 부텨 알곡샤셔
(김완진 1980)	十方ㅅ 부텨 마ᄀᆡ쇼셔
(정창일 1987)	十方ᄉᆡ 부톄엇것ᄀᆡ 줄셔
(양희철 1988)	十方ㅅ(2016 시방시) 부텨 알(閼)곡샤셔
(유창균 1994)	十方ㅅ 佛體 알고기시셔
(강길운 1995)	十方ㅅ 부텨 알곡시셔
(최남희 1996)	十方ㅎ 佛體 알곡시셔
(지형률 1996)	十方ㅅ 부텨 알곡 쇼셔(2007 알고 기시셔)
(신재홍 2000)	十方ㅅ 부텨 알곡시셔
(황패강 2001)	十方ㅅ 부텨 알곡샤셔
(박재민 2002)	十方ㅅ 佛體(2013b 부텨) 알곡샤셔
(류　렬 2003)	十方시 부텨 알고기시서
(김지오 2012)	十方ㅅ 부텨 알곡시셔
(최범영 2012)	시방ㅅ 부텨 막곡시셔

8.1. 十方叱 十方(시방)시 ← 十(음의독:十/시)+方(음의독:方/방)+叱(약음독:시)

'十方叱'은 '시방, 시방ㅅ, 십방, 十方, 十方ㅅ, 十方싀, 十方시, 섭뺭ㄷ, 시방시' 등으로 읽어 왔다. 발음되지 않는 'ㅅ'의 해독을 지양한 '十方(시방)시'로 읽는다. '-시'는 속격이다(양희철 2016).

8.2. 佛體 부텨 ← 佛(실의독:부텨)+體(전음독:텨)

8.3. 關遣只 [대조하며/대조하여(關)] 알곡 ← 關[전음독:알, 잉여코드의 문맥적 의독:대조하며/대조하여(關)]+遣(약음독:고)+只(약음독:ㄱ)

關遣只를 '[대조하며/대조하여(關)] 알곡'으로 읽고, '(대조하며/대조하여) 알고서'의 의미로 정리한다(제4부 「잉여코드도 겸독한 문제 향찰」 2.3.5. 關遣只의 關 참조).

8.4. 賜立 시셔 ← 賜(전음독:시)+立(가의독:셔)

'있으셔'의 의미이다.

9. 落句 衆生界盡 我懺盡

(落句) 衆生界盡(즁싱계진) 我懺盡(아참진)
(落句) 중생계진 아참진

(오구라 1929)	落句 衆生界룰 다ᄋ아 내 懺悔
(신태현 1940)	衆生界 다ᄋ아 내 懺悔
(양주동 1942)	아으 衆生界盡我懺盡
(지헌영 1947)	아으 衆生界盡我懺盡
(정열모 1947)	아으 중생계진아참진(1965 衆生界盡我懺盡)
(홍기문 1956)	아야 衆生界盡我懺盡
(이 탁 1956)	아라 衆生界盡我懺盡
(김준영 1979)	아- 衆生界盡我懺盡
(김상억 1974)	아으 중생계진 아참진

(전규태 1976)	아으 衆生界盡我懺盡
(김선기 1975a)	듐생개 다아 우리 쌈회(1993 중생개 다아 우리 쌈꾀)
(김근수 1979)	衆生界盡我懺盡
(김완진 1980)	아야 衆生界盡我懺盡
(정창일 1987)	아~ 衆生界盡 我懺盡
(양희철 1988)	落句 衆生界盡 我懺盡
(유창균 1994)	아라 衆生界盡 我懺盡
(강길운 1995)	(落句) 衆生界盡 我懺盡
(최남희 1996)	아야 衆生界盡我懺盡
(지형률 1996)	아야 衆生界盡我懺盡
(신재홍 2000)	아야 衆生界盡我懺盡
(황패강 2001)	(落句) 衆生界盡我懺盡
(박재민 2002)	아으 衆生界盡我懺盡
(류　렬 2003)	아으 衆生界盡我懺盡
(김지오 2012)	아야 衆生界盡我懺盡
(최범영 2012)	落句 衆生界盡我懺盡

9.1. 落句(체격 용어)

'落句'는 '落句, 아-, 아~, 아라, 아아, 아야, 아으' 등으로 읽어 왔다. 실제 음으로 읽은 해독들은 '阿也, 阿耶' 등과 같은 감탄사의 위치에 '落句'가 왔다는 점에서 실제음으로 읽은 것일 뿐, '落句'의 음이나 훈에 의한 해독은 아니다. 10구체 향가에는 감탄사가 제9구의 앞에 온 경우와 그렇지 않은 경우로 나뉜다. 감탄사가 제9구의 앞에 오지 않은 경우를 감탄사가 제9구의 앞에 온 경우와 같이 놓으면, 감탄사가 제9구의 앞에 온 경우와 같이 10분절이 되지 않고, 감탄사의 위치가 비어 9분절이 된다. 이를 방지하고, 감탄사가 제9구의 앞에 온 경우와 같이 10분절로 정리하기 위하여, 체격 용어인 '落句'를 감탄사의 위치에 놓은 것이다.

9.2. 衆生界盡 衆生界盡(중성계진) ← 衆(음의독:衆/중)+生(음의독:生/싱) +界(음의독:界/계)+盡(음의독:盡/진)

9.3. 我懺盡 我懺盡(아참진) ← 我(음의독:我/아)+懺(음의독:懺/참)+盡(음의독:盡/진)

10. 來際 永良 造物 捨齊

來際(러제) 오라 造物(조물) 브리져
내제 영구히 惡業짓기 버리져

       (오구라 1929)   來際 길에 造物(을) 버리제
       (신태현 1940)   來際 길이 지슴을 버리제
       (양주동 1942)   來際 기리 造物捨져
       (지헌영 1947)   來際 기리 造物捨져
       (정열모 1947)   래제 기라 지걸 바리제(1965 러제 기리 죄물 브리져)
       (홍기문 1956)   래재 기리 조물 브리져
       (이 탁 1956)   來際 길ᄋ 造物말돈
       (김준영 1964)   來際 길애 造物 捨져
       (정열모 1965)   러제 기리 죄물 브리져
       (김상억 1974)   내졔 기리 조물샤져
       (전규태 1976)   來際 기리 造物 샤져
       (김선기 1975a)   올제 까라 조물 빠리재(1993 올째 까라 좀물ㆁ 바리째)
       (김근수 1979)   來際 기리 造物 브리져
       (김완진 1980)   來際 오랑 造物 브리져
       (정창일 1987)   來際 永얼 造 것 捨제
       (양희철 1988)   來際 기리 造物捨져(齊)
       (유창균 1994)   來際 기라 造物 브리져
       (강길운 1995)   올제 오래 造物 바리져
       (최남희 1996)   來際 기라 造物 브리져
       (지형률 1996)   來際 길영(2007 길어) 造物 브리져
       (신재홍 2000)   來際 기라 저즐갓 브리져
       (황패강 2001)   來際 기리 造物 捨져
       (박재민 2002)   來際 다아 造物(俗世) 브리져(2013b 여희져)
       (류 렬 2003)   來際 기러 造物브리져

(김지오 2012)　　來際 길어 짓갓 브리뎌
(최범영 2012)　　흐제 길아 조갓 브리뎌

10.1. 來際 來際(리제) ← 來(음의독:來/니)+際(음의독:際/제)

'來際'는 '리제, 내제, 래재, 래제, 來際, 올제, 올제, 올째, 흐제' 등으로 읽어 왔다. '來際(리제)'로 본다.

10.2. 永良 오라 ← 永(실의독:오라)+良(약의독:아)

'永良'에 대한 기왕의 해독은 '길-'의 부류, '오랑, 오래'의 부류, 기타 등으로 나뉜다. 기타에 속한 해독에는 '다아'(영원히)와 '永얼'(영원함을 위해)이 있다. 전자는 한자 구결 '永 氵'를 한자 '窮'의 번역 '다아'에 해당한다고 보고, '다아'로 읽었다. '永'이 '다(아)'로 쓰인 예증이 필요하다. 후자는 구체적인 설명이 없어 이해가 어렵다.

대다수의 해독들은 '永'을 '길' 또는 '깔'로 읽고, '永良'을 '기라, 기러, 기리, 길ᄋ, 길아, 길애, 길어, 길에, 길영, 까라' 등으로 읽으면서, '영원히, 길이' 등의 의미로 보았다. 이 해독들은 '良'을 '리'로 읽을 수 없거나, 해독에서 현대역을 끌어내는 것이 쉽지 않다. 특히 형태소 차원에서 그 설명이 어렵다. 이 문제를 해결하려고 시도한 '길+아(부사형)'(유창균 1994)의 경우에도 '-아'가 부사형으로 쓰인 예를 들지 않은 한계를 보인다.

'永良'을 '오랑'으로 읽은 해독은 "濟州島 方言의 '하양'(많이)을 본받아 '오랑'이라 표기한다."(김완진 1980)에서 보인다. 거의 결정적인 해독의 전환인데, 향찰의 운용 차원에서 구체적으로 설명하지 않아, '良'을 어떻게 읽은 것인지 알 수 있다. 이어서 '오랑'의 가능성을 인정하면서도 '오래'(오래도록, 강길운 1995)를 제시한 해독이 나왔다. 이 해독은 '永'의 훈을 '久'의 훈인 '오라-'로 본 다음에 '良'을 '애'로 보아, '永良'을 '오래'로 읽었다. '오라+애'가 '오래'가 된다고 보기가 어렵다.

이렇게 거의 밝혀진 것 같은 선행 해독에 극히 미미하지만 하나를 보완하려 한다. '永良'을 '오라+아(말음첨기자)'에 의한 '오라'의 표기로 읽고, 이 '오라'는 '오라다'(永, 久)의 어간 자체가 부사가 된 것으로 본다. 중세어를 보면, '오래다'와 '오라다'가 함께 나온다. '오래다'는 '오래거야, 오래게야, 오래계야' 등에서 보이며, '오라다'는 '오라거눌, 오라거야, 오라게야, 오라샤, 오라며, 오랄' 등등에서 다양하게 나타나면서, '오래다' 보다 상당히 우세하다. 이 중에서 '오래다'의 '오래'는 어간 자체가 부사 '오래'가 되어 현재도 쓰이고 있다. 이와 마찬가지로, '오라다'의 '오라' 역시 어간 자체가 부사 '오라'

가 되어 쓰이다가, '오래'에 밀려 소멸되었다고 추정한다. 이런 점에서, '永良'은 '오라+아'에 의한 '오라'의 표기로 보고, 그 뜻은 '오래(도록), 영구(永久)히'로 정리한다. '오라-'는 "久氵尸不ソ厷口乙ヮ丨"(〈D화소10:18-19〉, 오래지 않습니다.)의 구결에서도 보인다.

10.3. 造物 造物(조물) ← 造(음의독:造/조)+物(음의독:物/물)

造物은 '惡業짓기'를 직접 표현하지 않고 일반화한, 일반화의 제유법으로, 완곡어법적(euphemistic) 제유법이다(제4부「수사법과 연계된 문제 향찰」 2.3.3. 造物 참조).

10.4. 捨齊 ᄇ리져 ← 捨(실의독:ᄇ리)+齊(전음독:져)

'捨齊'는 '버리제, ᄇ리져, 바리제, 바리져, 바리쨰, 빠리재, 捨제, 捨져, 샤저, 샤져, 말둔, 여희져' 등으로 읽어 왔다. '말둔'에서는 '捨'의 고훈(古訓)을 '말'이라고 하였는데, 그 근거가 명확하지 않다. '여희져'에서는 '捨'를 역시의 '永離塵染'의 '離'와 같은 것으로 본 것이다. 그러나 '捨'에 '여희다'의 의미가 없다는 문제를 보인다. 'ᄇ리져'로 본다.

〈수희공덕가〉

[원문]

迷悟同體尸

緣起叱 理良 尋尺 見根

仏体 衆生 毛叱 巴只

吾衣身 不喻仁 人 有叱下呂

修叱賜乙隱 頓 部叱 吾衣 修叱孫丁

得賜尸伊馬落 人米 無叱昆

於內 人衣 善陵等沙

不冬 喜好尸 置乎理叱過

後句 伊羅 趣可 行等

嫉妬叱 心音 至乃 來尸去

 (迷悟同體叱의 '叱'은 '尸'의 오자로 수정, 尋只의 '只'는 '尺'의 오자로 수정, 仏伊의 '伊'는 '体'의 오자로 수정, 毛叱所只의 '所'는 '巴'의 오자로 수정, 得賜尸伊馬落의 '尸'는 누락자로 보충, 嫉妬叱의 '妬'는 '妬'의 오자로 수정, 至刀의 '刀'는 '乃'의 오자로 수정, 來尸去의 '尸'는 누락자로 보충)

[해독]

迷悟同體(미오동톄)ㄹ

緣起(연기)ㅅ 理(리)아 ᄎ자 보곤

부텨 즁생 못 두록

나의몸 안딘 눔 이시아려

다시실은 못 주비실 나의 다실 손뎌

실실 이마다 ᄂ미 업시곤

어느 눔의 善陵(션릉)들사
안들 훔(희)홀 두오릿과
(後句) 이라 너가 녀돈
嫉妬(질투)ㅅ ᄆᆞᄉᆞᆷ 니ᄅᆞ나 올가

[현대역]

미오동쳴
연기의 이치에서 찾아 보곤
부처 중생 끝까지 두루
내몸 아닌 남(이) 있을 것이여?
닦으실 것은, 수많은 주비의 일, 내가 닦을 것이구나
얻으실 것마다 남에 없으므로(나에 있으므로)
어찌 남의 善陵들(능과 같이 크고 높게 쌓은 공덕들)이야
아니 기뻐함을 두오릿고?
(後句) 이렇게 여기어 행하면
질투의 마음이 일어나 올까?(수희의 마음이 아니 일어나 올까?)

1. 迷悟同體尸

迷悟同體(미오동톄)ㄹ
미오동쳴

    (오구라 1929)   迷悟同體ㅅ
    (신태현 1940)   迷悟同體ㅅ
    (양주동 1942)   迷悟同體ㅅ
    (지헌영 1947)   迷悟同體ㅅ
    (정열모 1947)   미오동체ㅅ(1965 迷悟同體ㅅ)
    (홍기문 1956)   迷悟同體ㅅ
    (이   탁 1956)   迷悟同體ㅅ
    (김준영 1964)   迷悟同體ㅅ
    (김상억 1974)   미오동체ㅅ

(전규태 1976)	迷悟同體ㅅ
(김선기 1975a)	메오 똥톈
(김근수 1979)	迷悟同體ㅅ
(김완진 1980)	迷悟同體ㅅ
(정창일 1987)	迷悟同體싀
(양희철 1988)	迷悟 同體ㅅ
(유창균 1994)	迷悟同體ㅅ
(강길운 1995)	迷悟同體ㅅ
(금기창 1996b)	迷悟 同體ㅅ
(처난히 1996)	迷悟 同體ㆆ
(지형률 1996)	迷悟同體ㅅ
(신재홍 2000)	迷悟同體ㅅ
(황패강 2001)	迷悟同體ㅅ
(박재민 2002)	迷悟(는) 同體ㅅ
(류 렬 2003)	迷悟同體시
(김지오 2012)	迷悟同體ㅅ
(이준환 2014)	迷悟同體ㅅ

1.1. 迷悟同體尸 迷悟同體(미오동톄)ㄹ ← 迷(음의독:迷/미)+悟(음의독:悟/오)+同(음의독:同/동)+體(음의독:體/톄)+尸(약의독:ㄹ)

迷悟同體叱의 '叱'은 'ㄹ'의 표기에 쓴 '尸'를 'ㅅ'으로 오독하고 이 오독자를 동음자 '叱'로 잘못 쓴 오자이다. 迷悟同體尸를 '迷悟同體ㄹ'로 읽는다(제2부 「오자 30제」의 4.7. 참조).

2. 緣起叱 理良 尋尸 見根

緣起(연기)ㅅ 理(리)아 츠자 보곤
연기의 이치에서 찾아 보곤

    (오구라 1929)   緣起를 다스려 츠저보곤
    (신태현 1940)   緣起ㅅ 理ㄹ(를) 츠저보곤

(양주동 1942)	緣起ㅅ 理ㄹ(를) 차지보곤
(지헌영 1947)	緣起ㅅ 理애(에) 차자 보곤
(정열모 1947)	연기 다사려 차지보곤(1965 리에(에) 차자 보견)
(홍기문 1956)	연기ㅅ 리에(에) 차지 보곤
(이 탁 1956)	緣起ㅅ 理ㄹ(를) 잦아보곤
(김준영 1964)	緣起ㅅ 理애(根源을)[1979 理애(理致를)] 찾보곤
(김상억 1974)	연기ㅅ 릴(를) 차지보곤
(전규태 1976)	緣起ㅅ 理애(에) 차지 보곤
(김선기 1975a)	연긴 리라[(이)라] 찾디 보고(1993 연킈ㄷ 리라[(이)라] 찾아 보곤)
(김근수 1979)	緣起ㅅ 理ㄹ 찾보곤
(김완진 1980)	緣起ㅅ 理라(에) 차작 보곤
(정창일 1987)	緣起싀 理럴 찻긔
(양희철 1988)	緣起ㅅ 理라 차작 보곤(見根)
(유창균 1994)	緣起ㅅ 理라(라고 하는 것) 츠즈기 보곤
(강길운 1995)	緣起ㅅ 理애(理致에서) 찾악 보곤
(금기창 1996b)	緣起ㅅ 理의 찾 보곤
(최남희 1996)	緣起ㅎ 理아 자작보곤
(지형률 1996)	緣起ㅅ 理라 찾악 보곤(2007 理아(에) 촟악 보아곤)
(신재홍 2000)	緣起ㅅ 理아(에서) 츠작 보곤
(황패강 2001)	緣起ㅅ 理ㄹ(를) 차지보곤
(박재민 2002)	緣起ㅅ 理에서(2013b 理예) 츠작 보곤
(류 렬 2003)	緣起시 理아(에) 차지 보곤
(김지오 2012)	緣起ㅅ 理아(에서) 찾(아)ㄱ 보(아)곤
(이준환 2014)	緣起ㅅ 理아(에서) 츠작 보곤

2.1. 緣起叱 緣起(연기)ㅅ ← 緣(음의독:緣/연)+起(음의독:起/기)+叱(약음독:ㅅ)

'緣起叱'는 '緣起를, 緣起ㅅ, 연기, 연기ㅅ, 연긴, 緣起싀, 緣起시' 등으로 읽어 왔다. 거의가 속격('-의')의 의미를 포함한 단어로 보는 가운데, '緣起를 다스려 츠저보곤'(오구라 1929)과 '연기 다사려 차지보곤'(정열모 1947)에서와 같이 목적격으로 보는 경우도 있다. 그러나 후자는 문맥에 부합하지 않는다. '緣起ㅅ(연깃)'으로 본다.

2.2. 理良 理(리)아 ← 理(음의독:理/리)+良(약의독:아)

'理良'의 '良'은 '어, ㄹ, 라, 애, 아, 에, 에서, 예' 등으로 읽어 왔다. 이 중에서 '良'을 정확하게 읽은 해독은 '라'와 '아'이다. 그리고 기왕의 해독들이 보여준 현대역은 '-어, -를, -라, -에, -에서' 등인데, 이 중에서, 해독의 '라'나 '아'와 연결이 가능한 것은 '-라'와 '-에(서)'이다. 그런데 '라(-라)'로 읽고 그 현대역을 단 경우에는 "(미오동체를) 연기의 理라 찾아 보곤"에서 문맥이 매끄럽지 못하다. 이에 비해 '아(-에, -에서)'로 읽고 그 현대역을 단 경우에는 "(미오동체를) 연기의 理에(서) 찾아 보곤"의 문맥[14]이 매우 매끄럽다.

'理良'은 '理아'로 읽고 '理에(서)'의 의미[15]로 정리한다.

2.3. 尋尺 츳자 ← 尋(실의독:츳)+尺(실의독:자)

尋只의 '只'는 '尺'의 오자이다. 尋尺을 '츳자'로 읽는다(제2부 「오자 30제」의 3.5. 참조).

2.4. 見根 보곤 ← 見(실의독:보)+根(전음독:곤)

'根'의 중국 고음(남방음)-백제음/신라음/고려음-일본음은 '곤'이다(제3부 「의독자와 음독자로 겸용된 문제 향찰」 2.1. '根/불휘/곤' 참조).

3. 佛体 衆生 毛叱 巴只

부텨 즁성 못 두록

---

14 이 문맥과 같이 '迷悟同體叱'의 '叱'을 목적격어미로, '緣起叱理良'의 '良'을 처격어미로 정리한 대표적인 글은 다음과 같다. "그러나 이 동사가 목적어를 필요로 하는 타동사인 이상, 前條에서 말했듯이 그 목적어는 '迷悟同體'요 그것을 찾아보는 곳이 '緣起叱理良'라야 하는 것이다."(김완진 1980:181), "이 둘째구는 첫째구와 연결되는 것으로 '迷悟同體叱'가 目的語인 것이다. '叱'은 目的格을 대신하는 것이다. 이 '緣起叱理'는 '迷悟同體'라는 敎理를 '緣起의 理'에서 찾아 본다는 뜻일 것이다."(유창균 1994:963).
15 '理아'(理에서, 신재홍 2000; 김지오 2012; 이준환 2014, 理에, 류렬 2003; 지형률 2007)의 해독은, 그 의미만으로 보면, '理애'(理에, 지헌영 1947, 理致에서, 강길운 1995)와 '리에'(리에, 홍기문 1956; 정열모 1965)는 물론, '理라'(理에, 김완진 1980, 理에서, 지형률 1996)와도 연결되어 있다.

부처 중생 끝까지 두루

(오구라 1929)	부텨/부톄(모두/각론) 衆生 믿ᄭᆞ지	
(신태현 1940)	부텨 衆生 맞ᄃᆞ록	
(양주동 1942)	부텨/부톄(모두/각론) 衆生 뭇ᄃᆞ록	
(지헌영 1947)	부톄 衆生 뭇ᄃᆞ로	
(정열모 1947)	부처(1965 부텨) 중생 못소기	
(홍기문 1956)	부텨 중생 뭋ᄃᆞ로기	
(이 탁 1956)	븓디 衆生 몯박	
(김준영 1964)	佛이 衆生 못ᄃᆞ록(1979 뭇ᄃᆞ록)	
(김상억 1974)	부텨 중생 맛다록	
(김선기 1975a)	뿔ㅎ이 중생 몯고디	
(전규태 1976)	부톄(1975 불이) 衆生 뭇도록	
(김근수 1979)	부톄 衆生 뭇ᄃᆞ록	
(김완진 1980)	부텨 뎌 衆生 업ᄃᆞ록	
(정창일 1987)	佛이 모실 所긔	
(양희철 1988)	佛이 衆生 ᄆ(毛)ㅅᄃᆞ록(2015a 못두록)	
(유창균 1994)	佛이 衆生 못도록	
(강길운 1995)	부톄 衆生 뭋도록	
(최남희 1996)	佛이 衆生 못ᄃᆞ록	
(금기창 1996b)	부톄 衆生 뭇ᄃᆞ록	
(지형률 1996)	佛이 衆生 뭇ᄃᆞ록(2007 못ᄃᆞ록)	
(신재홍 2000)	부톄 衆生 못 박	
(황패강 2001)	부톄 衆生 뭇ᄃᆞ록	
(박재민 2002)	부텨 衆生 毛叱所只[=두루](2013b 못도록)	
(류 렬 2003)	부톄 중싱 마시ᄃᆞ로기	
(김지오 2012)	仏이 衆生 못속	
(이준환 2014)	仏이 衆生 못ᄃᆞ록(못ᄃᆞ기/못독)	

3.1. 佛体 부텨 ← 佛(실의독:부터)+体(전음독:터)

佛伊의 '伊'는 '体'의 오자이다. 佛体를 '부텨'로 읽는다(제2부 「오자 30제」의 2.7. 참조).

3.2. 衆生 즁싱 ← 衆(음의독:즁)+生(음의독:싱)

3.3. 毛叱 못 ← 毛(전음독:모)+叱(약음독:ㅅ)

3.4. 참조.

3.4. 巴只 두록 ← 巴(실의독:두로)+只(약음독:ㄱ)

'毛叱 所只'의 '所'는 '巴'의 오자이다(제2부 「오자 30제」의 2.7. 참조).

4. 吾衣身 不喩仁 人 有叱下呂

나의몸 안딘 눔 이시아려
내몸 아닌 남(이) 있을 것이여?

  (오구라 1929) 나의 몸 아닌디인 사룸 잇이리오
  (신태현 1940) 나의 몸 아닌디인 사룸 이시리
  (양주동 1942) 내몸 안딘 눔 이시리
  (지헌영 1947) 내몸 안딘 남 잇호리
  (정열모 1947) 나의 몸 아닌 남 잇알아료
  (홍기문 1956) 내 몸 안딘 사룸 이시리
  (이 탁 1956) 내몸 안딘 눔 잇으리
  (김준영 1964) 나의 몸 안딘 사룸 잇ᄒ리(1979 잇ᄒ려)
  (정열모 1965) 우리 몸 아닌 눔 이시아리
  (김상억 1974) 내몸 안딘 남 이시리
  (전규태 1976) 나의 몸 안딘 눔 이시리
  (김선기 1975a) 우리몸(1993 내 몸) 아닌 사람 읻까로
  (김근수 1979) 내몸 안딘 눔 이시리
  (김완진 1980) 내이 모마 안딘 사룸 이샤리
  (정창일 1987) 나옷 몸 不喩인 사룸 이싀아려
  (양희철 1988) 내몸 안딘 ᄂ미사려(2013 눔 잇알려)
  (유창균 1994) 나의 몸 모ᄃ룬 사룸 이사리
  (강길운 1995) 내몸 안딘 사람 이ᅀᅡ려

(금기창 1996b)	내 몸 안딘 사룸 이시아리
(최남희 1996)	내익 몸 안딘 사룸 이시아리
(지형률 1996)	내익 몸 안딘 사룸 이샤리(2007 이시아리)
(신재홍 2000)	내 몸 안딘 눔 이사리?
(황패강 2001)	내몸 안딘 사룸 이시리
(박재민 2002)	나익 몸 아닌 남(2013b 안딘 눔) 잇하리
(류 렬 2003)	우리 몸 안딘 사룸 이시하리
(김지오 2012)	나익 몸 안딘 사룸 잇하려
(이준환 2014)	나익 몸 안딘 눔 이시아리

4.1. 吾衣身 나의 몸 ← 吾(실의독:나)+衣(전음독:의)+身(실의독:몸)

'吾衣身'은 '나의 몸, 나익 몸, 나옷 몸, 내 몸, 내익 몸, 내익 모마, 내몸, 우리 몸' 등으로 읽어 왔다. '나의 몸'으로 정리한다.

4.2. 不喩仁 안딘 ← 不(실의독:안디)+喩(전음독의 변음:디)+仁(약음독:ㄴ)

'不喩仁'은 '아닌디인, 不喩인, 모드론, 아닌, 안딘, 안디인' 등으로 읽어 왔다. 이 중에서 '안딘'으로 읽고 그 의미를 '아닌'으로 본 해독이 우세하며 주종을 이룬다. 문제는 '不'의 훈과 '喩'의 음이다. 거의 모든 해독들이 '不'의 훈을 '안'으로 잡고, '喩'의 음을 '(두〉)디'로 잡고 있다. 그러나 이렇게 보는 데는 세 가지 문제가 포함되어 있다.

하나는 중세어에서만 해도, '不'은 '안'이 아니라 '아니'나 '안이'로만 나온다는 문제이다.

다른 하나는 한자 '喩'의 고음 '두'는 '유'로 변했지, '디'로 변하지 않았다는 문제이다. 마지막 하나는 '안디'(아닌)의 해독에서 '-디'의 기능이 모호하다는 문제이다.

이 문제는 '不喩'(안디)가 '안두다'의 어간 '안두'가 부사가 되었고, 이 '안두'가 '안두〉안디〉안이〉안'으로 변하는 과정에 있는 '안디'의 표기로 볼 때에 풀린다. '안두'의 '두'는 '喩'의 고음 '두'를 살릴 수 있고, '안두'는 몽고문어의 부정사 'andū'에 대응하고, '안디'는 퉁구스어의 부정사 'anči'에 상응하며, '두〉디'는 전설모음화이고, '디〉이'는 'ㄷ'탈락이다. 그리고 '喩/두/디'는 '不喩/안두'와 '不喩/안디'에서 말음표기가 아니라 말음첨기이다.

'不喩仁'을 '안딘'으로 읽는다(제3부 「신구음이 교체되거나 혼용된 문제 향찰」의

'2.2. 喩/두/디' 참조).

4.3. 人 놈 ← 人(실의독:놈)

4.4. 有叱下呂 이시아려 ← 有(실의독:이시)+叱(약음독:시)+下(실의독:알)+呂(전음독:려)

'有叱下呂'의 '呂'는 '리, 로, 료, 려' 등으로 읽어 왔다.

'리'는 '下呂'의 '呂'가 '下里'의 '里'와 같은 표기라는 전제하에 '呂'를 '리'로 읽은 것이다. 대다수가 이를 따르지만, 논증되지 않는 가설에 불과하다.

'呂'의 음을 '로, 료, 려' 등으로 읽은 해독은 크게 보면 두 부류로 나뉜다. 하나는 '下'를 음(하, 흐, 까)으로 본 '잇까로'(있으랴, 김선기 1975a), '잇흐려'[있(었)으랴, 김준영 1979], '잇하려'(있으리오, 김지오 2012) 등의 부류이고, 다른 하나는 '下'를 훈(알, 아)으로 본 '잇알아료'(있을가보냐, 정열모 1947), '이싀아려'(있으리여, 정창일 1987), '이쇼려'(있고 싶으랴, 있기를 바라랴, 강길운 1995), '잇알려'(있을 것이여?, 양희철 2011, 2013a) 등의 부류이다. 전자의 부류에서는 '-까로, 흐려, -하려' 등을 후대의 '-아리어, -아려' 등과 연결하고 있어, 결과는 '下'를 훈(알, 아)으로 읽은 것과 같은 결과를 가져오고, '까, 하, 흐' 등의 기능이 명확하지 않은 문제를 보인다. 이에 비해 후자의 부류는 '下'의 처리에서 좀더 명확하다. 후자의 부류는 다시 두 종류로 나뉜다. '려'를 '-ㄹ 것이여?(/것인가?)'와 '-랴?'로 본 것이다. '下/알, 아'의 '아'를 강조형 선어말어미로 본다는 점에서 '-ㄹ 것이여?(/것인가?)'가 더 적합하다. 이런 점들로 보아, '有叱下呂'는 '있을 것이여?(/것인가?)'의 의미를 보여주는 '이시알여'(있을 것이여?)가 연철된 '이시아려'로 정리한다.

5. 修叱賜乙隱 頓 部叱 吾衣 修叱 孫丁

다시실은 뭇 주비실 나의 다실 손뎌
닦으실 것은, 수많은 주비의 일(은), 내가 닦을 것이구나

  (오구라 1929)   닥샬은 頓을 나의 닥손뎡
  (신태현 1940)   닷샬은 들 나의 닷손뎡

(양주동 1939)	닷샬ᄋ 頓部를 내 닷손뎡
(양주동 1942)	닷ᄀ샤론 頓部ㅅ 내 닷ᄀᆯ손뎡
(지헌영 1947)	닷ᄀ샤론 頓部ㅅ 내 닷ᄀㅅ손져
(정열모 1947)	닷샬은 돈부ㅅ 나의 닷손정(1965 닷ᄀ샬ᄋ 돈주빗 우리 닷ᄀᄇ자)
(홍기문 1956)	닷샤론 돈부를 내 닷손뎌
(이 탁 1956)	닷ᄉ론 ᄃ못 내닷온뎌
(김준영 1964)	닷ᄌ샬은 돈붓 나애 닷ᄌ손뎌
(김상억 1974)	닷가샤론 돈부ㅅ 내 닷글손뎡
(전규태 1976)	닷ᄀ샬은 돈부ㅅ 내 닷ᄀᆯ숀뎡
(김선기 1975a)	닭샬은 돈북 우리 닭손댕(1993 닷샬안 듬뿍 내 닷손댕)
(김근수 1979)	닷ᄀ라스론 頓部ㅅ(1990 모다) 내 닷ᄀᆯ손뎌
(김완진 1980)	닷ᄀ시른 ᄇᄅᄫᆺ 내익 닷ᄀᆯ손뎌
(정창일 1987)	닥싀드오ᄂ 頓部싀 나옷 닥싀손뎡
(양희철 1988)	닷ᄀ샤른 면부(頓部)ㅅ 내닷ᄀᆯ손뎡(2015a 뭇 주비실 내 다실손뎌)
(유창균 1994)	다스릿시른 頓 주빗 나의 다스릿손뎌
(강길운 1995)	닷그실은 돈붓 내 닷글손뎡
(금기창 1996b)	닷ᄀ샬은 頓部ㅅ 내 닷ᄀ손뎌
(최남희 1996)	닷ᄀ시온 頓部ㆆ 나익 닷ᄀᆯ 손뎡
(지형률 1996)	닷ᄀ실은 모로봇(2007 몰봇) 내익 닷ᄀᆯ 손뎌
(신재홍 2000)	닷시론 무저봇 내 닷손뎌
(황패강 2001)	닷ᄀ샬은 頓部ㅅ 내 닷ᄀᆯ손뎌
(박재민 2002)	닷샬ᄋ 頓部叱 나익(2013b 닷실은 돈붓 내익) 닷손뎌
(류 렬 2003)	다스실은 돈부시 우리 다술손뎌
(김지오 2012)	닭(ᄋ)실은 돈붓 나익 닭손뎌
(이준환 2014)	닷ᄀ시론 돈붓 나익 닷손뎌

5.1. 修叱賜乙隱 다시실은 ← 修(실의독:다시)+叱(약음독:시)+賜(전음독:시)+乙(약음독:ㄹ)+隱(전음독:은)

'修叱賜乙隱'의 해독은 두 측면에서 문제를 보여 왔다. 하나는 '닭, 닷'과 '샤, 시'의 결합이 보이는 자음충돌의 문제이고, 다른 하나는 '乙/ㄹ'의 해석 문제이다.

전자는 두 방향에서 문제의 해결을 도모하였다. 한 방향은 '修叱賜乙隱'의 '叱'을

'奴'의 오자로 보거나 '奴'의 누락으로 보고, '修奴賜乙隱' 또는 '修叱奴賜乙隱'으로 수정하여 '닷그실은'(닦으시는 것은, 강길운 1995)으로 읽은 것이다. 다른 한 방향은 '닦-'의 이형태로 정리되어 온 '닷-'(양주동, 신태현, 홍기문)의 선행형 또는 이형태로 '다시-'를 설정하고, '修叱賜乙隱'을 '다시실은'(닦으실 것은, 양희철 2009;2015a:440)으로 읽은 것이다. 어느 것으로 보든 자음충돌의 문제를 해결할 수 있다.

'乙/ㄹ'의 해석은 동명사형 어미를 인식해 가는 과정으로 정리된다.

해독의 초기에는 연용형으로 보고, 동명사로는 인식을 하지 못했다.

그 후에 '修叱賜乙隱'이 명사를 포함한 어휘일 수 있다는 인식을 반영한 해독으로 '닷살은'(수행할 것은, 정열모 1947), '닷스론'(닦을 것으랑, 이탁 1956), '닷ㄱ샬오'(닦을 이는, 정열모 1965) 등이 나왔다. 이 해독들은 동명사형이라는 사실을 인식하지 못한 것 같다.

이어서 '乙/ㄹ'을 동명사형 어미로 본 해독들에는, '닭샬은'(길닦음, 김선기 1975a), '닷ㄱ시른'(닦으심은, 김완진 1980; 지형률 1996, 2007), '닭(ㅇ)실은'(닦으심은, 김지오 2012), '닷그실은'(닦으시는 것은, 강길운 1995), '다스실은'(닦으시는 것은, 류렬 2003), '닷ㄱ시론'(닦으시는 것은, 이준환 2014), '닷실은'(닦으신 것은, 박재민 2013b), '닷시론'(닦으실 것은, 신재홍 2000), '다시실은'(닦으실 것은, 양희철 2009, 2015a: 440) 등이 있다. 이 해독들은 '-ㅁ'형, '-ㄴ'형, '-ㄹ'형 등으로 나뉘는데, '乙/ㄹ'은 당연히 '-ㄹ'형이다.

이런 점들로 보아, '修叱賜乙隱'은 자음충돌을 피하고, '-ㄹ'형을 살린, '다시실은'(修/다시+叱/시+賜/시+乙/ㄹ+隱/은, 닦으실 것은)으로 해독한다.

5.2. 頓 못 ← 頓(가의독:못)

5.3. 참조.

5.3. 部叱 주비실 ← 部(실의독:주비)+叱(전음독:실)

'頓 部叱'은 '못(=묻) 주비실'(수많은 주비의 일, 양희철 2015a:115-134, 339-342)로 읽는다.

5.4. 吾衣 나의 ← 吾(실의독:나)+衣(전음독:의)

5.5. 修叱孫丁 다실손뎌 ← 修(실의독:다시)+叱(전음독:실)+孫(전음독:손)
+丁(약음독:뎌)

'修叱孫丁'의 해독 역시 두 측면에서 문제를 보여 왔다. 하나는 '닦, 닷'과 '손, 숀'의 결합이 보이는 자음충돌의 문제이고, 다른 하나는 '-ㄹ손뎌/손뎡'의 '-ㄹ'을 보입하거나 읽어 내는 문제이다.

전자는 두 방향에서 문제의 해결을 도모하였다. 한 방향은 '修叱孫丁'의 '叱'을 '奴'의 오자로 보거나 '奴'의 누락으로 보고, '修奴孫丁' 또는 '修叱奴孫丁'으로 수정하여 '닷글손뎡'(닦을 것이라면, 강길운 1995)으로 읽은 것이다. 다른 한 방향을 '닦-'의 이형태로 정리되어 온 '닷-'(양주동, 신태현, 홍기문)의 선행형 또는 이형태로 '다시-'를 설정하고, '修叱孫丁'을 '다실손뎌'(修/다시+叱/실+孫/손+丁/뎌, 닦으실 것이구나, 양희철 2009; 2015a:443-453)으로 읽은 것이다. 어느 것으로 보든 자음충돌의 문제를 해결할 수 있다.

'-ㄹ손뎌/손뎡'의 '-ㄹ'을 보입하거나 읽어 내는 문제를 보자, 대다수의 해독들은 '-ㄹ'을 보여주지 않으면서 문제를 보인다. 이 문제를 해결하려고 해독에서 '-ㄹ'을 보여주는 해독들의 상당수는 그 논거의 향찰을 제시하지 않고 있다. 즉 상당수의 해독들은 '修叱'을 '닷'으로, '孫'을 '손'으로 읽은 다음에, '修叱孫-'이 '닷굴손'이라고 정리하면서 '굴/글'이나 '올/을'이 들어간 이유를 설명하지 않은 경우가 대다수(양주동 등등)이다. 이 문제를 피하고자 'ㄱ' 또는 '굴'이 생략된 粗略한 표기(김완진 1980)로 보기도 하였다.

이 문제를 '닷글손뎡'(닦을 것이라면, 강길운 1995)의 해독에서는 '叱'을 '奴'(굴〉글〉그)의 오자로 보고 '글'로 읽으면서, 나름대로 '-ㄹ'의 논거를 제시하였다. '叱'과 '奴'가 글자체나 음에서 유사한 것이 아니어서, 오자로 볼 수 있는 논거가 미약하다. '다실손뎌'(닦을 것이구나, 양희철 2009, 2015a:452-453)에서는 '修/다시+叱/실+孫/손+丁/뎌'로 읽으면서 '-ㄹ'을 보여준다. '叱'이 '실'로도 읽힌다는 점에서 충분한 가능성을 보인다. 특히 이 해독 '다실손뎌'는 '다시(어간)+ㄹ(관형사형어미)+소['ᄉ'(의존명사)+'이'(서술격어미)+'오'(선어말어미)〉쇼〉소]+ㄴ져(감탄형종결어미)'으로 분석되며, [다시실은(닦으실 것은), 수많은 부류의 일(은), 나의 닦을 것이구나](修叱賜乙隱 頓部叱 吾衣 修叱孫丁)의 문맥에도 문제가 없다.

6. 得賜尸 伊馬落 人米 無叱昆

실실 이마라 ᄂᆞ미 업시곤
얻으실 것마다 남에 없으므로(나에 있으므로)

(오구라 1929)	어드심에 딜 사롬이 업곤
(신태현 1940)	어드리마락 사롬이 없곤
(양주동 1942)	어드샤리마락 ᄂᆞ미 업곤
(지헌영 1947)	얻샤리마락 ᄂᆞ미 업곤
(정열모 1947)	얻사리마락 남이 업곤
(홍기문 1956)	어드샤리마다 사ᄅᆞ미 업고
(이 탁 1956)	술이몯둘 사롬 압잇ᄂ
(김준영 1964)	얻샤리마락 사ᄅᆞ미 업ㅅ곤
(정열모 1965)	나으리토로 ᄂᆞ미 음스건
(김상억 1974)	얻으샤리마락 나미 업곤
(김선기 1975a)	앋샬이마락(1993 얻샬이마라) 남이 업곤
(전규태 1976)	얻샤리마락 나미 업ㅅ곤
(김근수 1979)	어드샤리마락 눔 업곤
(김완진 1980)	어드시리마락 사ᄅᆞ미(사람이) 업곤
(정창일 1987)	어들 伊마 딘 이메 업싀곤
(양희철 1988)	어드샤리마락 ᄂᆞ미 없곤(2013 어드시(ㄹ) 이(:것)마다 ᄂᆞ매, 2015a 업시곤)
(유창균 1994)	어드시리마락 사ᄅᆞ미 없곤
(강길운 1995)	어드실 이마락 남이 없곤
(금기창 1996b)	어드샤리마다 사롬미 없곤
(최남희 1996)	어드시리마락 사ᄅᆞ미 없곤
(지형률 1996)	얻으실 이마락 사롬읷(2007 사롬읷(남이)) 엇곤
(신재홍 2000)	엇실 이마락 ᄂᆞ미 없곤
(황패강 2001)	어드샤리마락 사ᄅᆞ미 업곤
(박재민 2002)	어드샤(온) 이마락 ᄂᆞ미 없곤[2013b 어드시 이마락 (내) ᄂᆞ미 없곤]
(류 렬 2003)	어드시리마라 사ᄅᆞ미 업시곤
(김지오 2012)	얻(으)시(ㄴ) 이마락 사ᄅᆞ미 업곤
(이준환 2014)	어드시리마락 사ᄅᆞ미 없곤

6.1. 得賜尸 실실 ← 得(실의독:실)+賜(전음독:시)+尸(약음독:ㄹ)

6.2. 참조.

6.2. 伊馬落 이마라 ← 伊(전음독:이)+馬(전음독:마)+落(약음독:라)

得賜(尸)伊馬落의 '尸'는 누락자이다. 得賜尸伊馬落을 '실실 이마라'(얻으실 것마다)로 읽는다(제2부 「누락자 9제」의 2.2. 참조).

6.3. 人米 ㄴ미 ← 人(실의독:늠)+米(전음독:미)

'人米 無叱昆'은 'ㄴ미 업시곤'으로 읽으면 되는데, 이때 그 의미는 "얻으실 것마다 나에 있으니"를 겸손하게 표현한 완서법(litotes, 양희철 2012)으로 표현한 'ㄴ미 업시곤'으로 읽으면 된다. 이 완서법을 모르면 해독이 거의 어렵다(제4부 「수사법과 연계된 문제 향찰」 '2.7.1. 人米 無叱昆' 참조).

6.4. 無叱昆 업시곤 ← 無(실의독:업시)+叱(전음독:시)+昆(전음독:곤)

'無叱昆'은 '업시곤'으로 읽는다. '없다'의 이형태인 '업시다'는 『화엄경소』(권35), 『구역인왕경』(권상), 『합부금광명경』(권3) 등의 구결에서는 '無ㄴㅅ'(업시며)들과 '無ㅅ'(업시며)들에서 보인다. '無叱昆'의 개별 향찰을 '無(업시)+叱(시)+昆(곤)'으로 읽고, 전체를 '업시곤'으로 읽으면서, '叱'을 어간의 말음 '-시-'의 말음첨기로 읽은 것이다(양희철 2015a).

7. 於內 人衣 善陵等沙

어ᄂ 늠의 善陵(션릉)들사
어찌 남의 능과 같이 크고 많게 쌓은 공덕들이야

　　(오구라 1929)　　어너 사롬의 善陵들이사
　　(신태현 1940)　　어내 사롬의 善陵들사
　　(양주동 1942)　　어ᄂ 人의 善돌사

(지헌영 1947)	어느 사람의 스르든사
(정열모 1947)	어내 사람의 션릉들사(1965 어느 ㄴ미 서른돌사)
(홍기문 1956)	어느 사ᄅ미 션릉들사
(이 탁 1956)	어느 사ᄅ옷 스론애사
(김준영 1964)	어느 사ᄅ미 이든들사
(김상억 1974)	어느 인의 善들사
(김선기 1975a)	애나(1993 오나) 사람이 이론달사
(전규태 1976)	어느 人의 션들사
(김근수 1979)	어느 人의 이든이사
(김완진 1980)	어느 사ᄅ미 ᄆᄅ돌사
(정창일 1987)	어느 이웃 善陵ᄃ사
(양희철 1988)	어느 ㄴ미 善陵 돈사(沙)
(유창균 1994)	어느 사ᄅ미 이드른돌사
(강길운 1995)	어나 남의 사른덜사
(금기창 1996b)	어느 사ᄅ미 스론들사
(최남희 1996)	어느 사ᄅ미 善陵돌사
(지형률 1996)	어느 사ᄅ미 善두들사
(지형률 2007)	어느 사ᄅ미 善 두듥사
(신재홍 2000)	어느 사ᄅ미 이른돌사
(황패강 2001)	어느 사ᄅ미 善돌사
(박재민 2002)	어느(어찌)(2013b 어느) ㄴ미 善陵(功德)들사
(류 렬 2003)	어누 사라미 마두(션릉)던돌사
(김지오 2012)	어누 사ᄅ미 善陵돌사
(이준환 2014)	어느 사ᄅ미 善陵(善根)들사

7.1. 於內 어느 ← 於(전음독:어)+內(약의독:ㄴ)

'於內'는 '어느'의 의미를 가진 '어닉, 어내, 어느, 어느, 오나, 애나, 어나, 어누' 등으로 읽어 오는 가운데, '어찌'의 의미를 가진 '어느'(박재민 2002), '어느'(지형률 2007; 박재민 2013b), '어누'(김지오 2012) 등으로 읽은 해독이 나왔다. 이는 이현희(1996)의 연구를 따른 것으로 보인다. '內/니'의 'ㄴ'를 취한 것이 아니라, '內(=納)'의 음인 '납/납'에서 'ㄴ/나'(양희철 2008a)를 취한 '어느'(어찌)로 정리한다.

7.2. 人衣 눔의 ← 人(실의독:눔)+衣(전음독:의)

'人衣'는 '사룸의, 人(인)의, ᄂᆞ미, 남의, 사ᄅᆞ미, 사룸이, 사룸옷, 사라미, 사람의, 사람이, 이웃, 人의' 등으로 읽어 왔다. 분철과 '衣'의 음을 살려 '눔의'로 읽는다.

7.3. 善陵等沙 善陵(션릉)들사 ← 善(음의독:善/션)+陵(음의독:陵/릉)+等(실의독:들)+沙(전음독:사)

'善陵等沙'는 '善陵(션릉)들사'로 읽는다. 이때 '善陵'은 은유로, '능(陵)같이 크고 높게 쌓은 善(=공덕)'을 의미한다(제4부 「수사법과 연계된 문제 향찰」 2.1.10. 善陵 참조).

8. 不冬 喜好尸 置乎理叱過

안들 훔(희)홀 두오잇과
아니 기쁨을 두올 것인가?

(오구라 1929)	안들 깃부어 두오릿가
(신태현 1940)	안들 깃불 두오릿가
(양주동 1939)	안둘 깃홀 두오릿가(1942 깃홀 두오릿고)
(지헌영 1947)	안둘 깃홀 두오리ㅅ고
(정열모 1947)	아니도 깃브플(1965 안둘 희홀) 두오릿가
(홍기문 1956)	안둘 깃호리 두호릿고
(이 탁 1956)	안둘 깃올 두오릿가
(김준영 1964)	안둘 깃홀 두오리ㅅ고
(김상억 1974)	안달 깃홀 두오릿고
(김선기 1975a)	안돌 긷골 두오릳가(1993 깃골 도오릳고)
(전규태 1976)	안들 깃홀 두오릿고
(김근수 1979)	안둘 깃홀 두오릿고
(김완진 1980)	안둘 깃글 두오릿과
(정창일 1987)	아겨 훔 됴히 두혼 리실 過
(양희철 1988)	안둘 喜好ㄹ 두오릿과(過)

(유창균 1994)	모둘 깃그홀 두오릿가
(강길운 1995)	안들 깃글 두오릿과
(금기창 1996b)	안둘 깃거스괼 두오릿고
(최남희 1996)	안둘 깃거홀 누오리ㅅ과
(지형률 1996)	안둘 깃거홀(2007 깃홀) 두오릿과
(신재홍 2000)	안둘 깃홀 두오릿과?
(황패강 2001)	안둘 깃홀 두오릿고
(박재민 2002)	안둘 喜홀 두오릿가(2013b 두오릿과)
(류 렬 2003)	안둘 기시홀 두호리시고
(김지오 2012)	안둘 깃거홀 두오리(아)ㅅ과
(이준환 2014)	안둘 깃거홀 두오릿가

8.1. 不冬 안둘 ← 不(실의독:안둘)+冬(가의독:둘)

8.2. 喜好尸 喜(희)홀 ← 喜(음의독:喜/희)+好(전음독:호)+尸(약음독:ㄹ)

'喜好尸'의 해독은 우선 향찰에 쓰인 한자의 음훈을 살린 해독과 그렇지 못한 해독으로 양분된다. 후자는 각주[16]로 돌리고, 전자만을 보자.

'喜'의 훈이나 음인 '깃, 깃, 喜, 희' 등의 어느 하나로 읽고, '好尸'를 '홀, 골' 등의 어느 하나로 읽은 해독은 다시 삼분 된다.

하나는 '깃홀'(깃거흠을, 깃븜을, 양주동 1942 등등)과 '깃홀'(기뻐함, 지형률 2007)이다. 이 해독들은 '喜'의 훈 '깃, 깃'과 '好尸/홀'을 살렸다. 그런데 문제는 어간('깃-, 깃-')에 'ㅎ+오+ㄹ'의 '홀'이 직접 연결될 수 없는 문제를 보인다.

다른 하나는 '긴골'(기쁨, 김선기 1975a)과 '깃골'(깃븜, 김선기 1993)이다. 이 해독들에서는 '好'를 '호'가 아니라, 일본음과 같이 '고'로 읽은 문제를 보인다.

마지막 하나는 '희홀'(기쁨을, 정열모 1965)과 '喜홀'(기쁨, 박재민 2002, 2013b)이

---

16 '喜'의 훈이나 음인 '깃, 깃, 喜, 희' 등의 어느 하나로 읽지 않거나, '好尸'를 '홀, 골' 등의 어느 하나로 읽지 않거나, 차제자에 없는 음을 첨가한 해독들은 다음과 같다. '깃부어'(기쁘지 아니ᄒ야, 오구라 1929), '깃불'(기쁨을, 신태현 1940), '깃브믈'(기꺼움을, 정열모 1947), '깃올'(기쁨, 이탁 1956), '깃호리'(기쁨을, 홍기문 1956), '깃글'(기뻐함, 김완진 1980; 강길운 1995), '깃그홀'(기뻐하지 않을 일이, 유창균 1994), '깃거스괼'(기뻐하여 사귐을, 금기창 1996b), '깃거홀'(기뻐함, 지형률 1996, 기뻐함을, 김지오 2012; 이준환 2014), '기시홀'(기쁨을, 류렬 2003), '喜 됴히'(喜를 아기고 理致를 좋게, 정창일 1987) 등이다.

다. 이 해독들은 '喜(희)'와 'ㅎ+오+ㄹ'의 '홀'의 연결로 보았다. 어떤 문제도 발견되지 않는다. 이 해독 '喜(희)홀'을 취한다.

8.3. 置乎理叱過 두오릿과 ← 置(실의독:두)+乎(약의독:오)+理(전음독:리)+叱(약음독:ㅅ)+過(전음독:과)

'置乎理叱過'의 '置乎理叱'을 '두오릿'으로 읽는 데는 거의가 동의한다. 문제는 '過'를 '가, 고, 과' 등에서 어느 것으로 읽느냐에 있다. '고'는 '두오릿고'(양주동 1942; 지헌영 1947 등등)에서 보인다. 이는 약음독('과〉고')으로 본 것인데, 차제자에서 중모음을 쪼개서 차제자를 만든 경우는 없다. 이런 해석은 해독 초기에나 가능했다. '고'의 음을 가진 한자가 없어서 이렇게 만들었다는 말은 되지 않는다. '두오릿가'(이준환 2014)에서는 이 구문이 수사 의문문이라는 점에서 '-고'를 부정하였다.

'가'와 '과' 모두가 가능성을 보인다. '두오릿가'(오구라 1929; 신태현 1940 등등)에서 보이는 '가'는 남북조 이전(후한, 위진)의 음이 '가'라는 점(유창균 1994)과, 오음을 반영한 일본음이 '가'라는 점에서, 백제와 신라에 들어온 오음이 고려로 이어졌다는 점에서 '가'일 수 있다. 그리고 '두오릿과'에서 보이는 '과'는 "句末의 '過'는 '遣'字의 잘못이 아니라면 濟州島 方言에서 보이는 '-과'에 해당하는 것이겠다."(김완진 1980)는 설명과 'ᄒ염수광?'을 예로 설명(강길운 1995)하기도 하였다. 또한 '두오리(良/아)ㅅ과'(기뻐함을 두오리까? 김지오 2012)로 읽으면서 황해도 방언 '-꽈'를 예로 설명하기도 하였다.

이렇게 '가'와 '과'는 모두 가능성을 보이지만, '-去'와 구분하여 '-과'로 읽은 것을 따른다.

9. 後句 伊羅 擬可 行等

(後句) 이라 너가 녀둔
(後句) 이렇게 여기어 행하면

　　(오구라 1929)　　　後句 이러히 비겨 녀든
　　(신태현 1940)　　　　　이러케 녀든
　　(양주동 1942)　　　아으 이라 비겨 녀든

(지헌영 1947)	아으 이라 너겨 녀든
(정열모 1947)	아으 이래(1965 이리) 비가 녀든
(홍기문 1956)	아야 이라 너겨 녀든
(이 탁 1956)	아라 이ᄅ닷아 녀논
(김준영 1964)	아- 이라 비갸(1979 녀갸) 녀든
(김상억 1974)	아으 이라 비겨 녀단
(김선기 1975a)	後句 이라 이가이 년달(1993 빗가 녀돈)
(전규태 1976)	아으 이라 비겨 녀든
(김근수 1979)	이라 너겨 녀든
(김완진 1980)	아야 뎌라 비겨 녀든
(정창일 1987)	아~ 伊라 너겨 년 둘
(양희철 1988)	後句 이라 녀가(擬可) 녀든
(유창균 1994)	아라, 이리 너기니거든
(강길운 1995)	(後句) 이라 비갸 녀든
(금기창 1996b)	아으 이라 너겨 녀든
(최남희 1996)	아야 이라 비갸 녀든
(지형률 1996)	아야 이라 비겨 녈든(2007 뎌러 너겨 녈 돈)
(신재홍 2000)	아야, 이라 너가 녈든
(황패강 2001)	(後句) 이라 너겨 녀든
(박재민 2002)	아으 이라 너겨 녀든
(류 렬 2003)	아으 이라 너겨니돈
(김지오 2012)	아야 이라 곤가 녀(ㄹ)둑(ㄴ)
(이준환 2014)	後句 이라 너겨 녀든

9.1. 後句(형식 용어)

'後句'는 형식 용어이므로 감탄사로 읽을 이유가 없다. 형식의 정보를 제공한다.

9.2. 伊羅 이라 ← 伊(전음독:이)+羅(전음독:라)

'伊羅'는 '伊'의 음이나 훈을 살린 '이, 뎌' 등과 '羅'의 음을 살린, '이라'(이렇게)와 '뎌라' 중에서 전자로 본다.

9.3. 擬可 너가/녀가 ← 擬(실의독:너기/녀기)+可(전음독:가)

'擬可'의 '擬'는 '趣'의 오자(오구라)로 보기도 했으나 그렇지 않은 것으로 본다. '擬可'는 '너갸'(너기+아)의 '갸'가 단모음화된 '너가'의 표기로 정리한다. '擬'는 작품의 문맥으로 보아 "마음속으로 그러하다고 인정하거나 생각하다."와 "주의 깊게 생각하다."의 의미를 가진 '여기다'의 중세어 '너기다/녀기다'의 '너기-'이다. 문제는 '可'인데, 이 '가'는 '너갸'(너기+아)에서 '갸'가 단모음화된 '가'의 표기로 본다. 결국 '擬可'는 '(너갸)〉너가'의 표기로 정리한다.

9.4. 行等 녀돈 ← 行(실의독:녀)+等(전음독:돈)

'行等'은 '녀든, 니든, 녀단, 녀돈, 녀든, 년들, 년둘, 녈 돈, 녀(ㄹ)ㄷ(ㄴ), 니거든' 등으로 읽어왔다. 이 해독들은 크게 보면 5분 된다.

첫째는 '녀든'(오구라 1929; 신태현 1940 등등)으로 읽은 경우이다.

둘째는 '녀돈'(양주동 1942; 지헌영 1947 등등)으로 읽은 경우이다. 이 경우에는 '行等(隱)'에서와 같이 '隱'을 첨가한 경우(정열모 1965; 김완진 1980)도 있다. 이 '녀돈'을 '녀단'(김상억 1974), '녀돈'(김선기 1993), '니돈'(류렬 2003) 등으로 바꾼 경우들도 있다.

셋째는 '년달'(나아간들, 김선기 1975a)과 '년둘'(修行한다면, 정창일 1987)로 읽은 경우이다. 이 경우에는 'ㄴ'을 첨가하였다.

넷째는 '녈든'(行하면, 지형률 1996), '녈돈'(행할진대, 신재홍 2000), '녈돈'(나가면, 지형률 2007), '녀(ㄹ)ㄷ(ㄴ)'(行하면, 김지오 2012) 등으로 읽은 경우이다. 이 경우에는 '行(尸)等'에서와 같이 '尸/ㄹ'를 첨가하거나 '行/녀' 다음에 'ㄹ'을 첨가한 경우(지형률 1996, 2007; 신재홍 2000; 김지오 2012)도 있으며, '行等(隱)'에서와 같이 '隱/ㄴ'을 첨가하거나 'ㄴ'을 첨가한 경우(김지오 2012)도 있다.

다섯째는 '니거돈'(유창균 1994)으로 읽은 경우이다. 이 경우에는 '可行-'을 '니거-'로 읽었는데, 결국은 '可行'을 '行可'로 바꾼 해독이 된다.

해독에서 향찰에 없는 'ㄴ'이나 'ㄹ'을 첨가한 경우들도 있으나, 그 현대역을 보면, 'ㄴ'이나 'ㄹ'을 거의 살리지 않고 있다. 결국 불필요한 것을 첨가한 것이나 다름이 없어, '행하면'의 의미인 '녀돈'으로 읽은 해독을 따른다.

10. 嫉妬叱 心音 至乃 來尸去

嫉妬(질투)ㅅ ᄆᆞᅀᆞᆷ 니ᄅᆞ나 올가
질투의 마음이 일어나 올까?(수희의 마음이 아니 일어나 올까?)

(오구라 1929)	嫉妬ㅅ ᄆᆞᅀᆞᆷ이 닐도올가
(신태현 1940)	嫉妬ㅅ ᄆᆞᅀᆞᆷ 일도올가
(양주동 1942)	嫉妬ㅅ 마ᅀᆞᆷ 닐도올가
(지헌영 1947)	嫉妬ㅅ 마ᅀᆞᆷ 닐도올가
(정열모 1947)	질투ㅅ 마음 이르도올가(1965 ᄆᆞ옴 이를도 올가)
(홍기문 1956)	질투ㅅ 마ᅀᆞᆷ 닐도 오가
(이 탁 1956)	嫉妬ㅅ ᄆᆞᅀᆞᆷ 닌올가
(김준영 1964)	疾妬ㅅ ᄆᆞᅀᆞᆷ(1979 마ᅀᆞᆷ) 닌오올가
(김상억 1974)	질투ㅅ 마잠 닐도올가
(전규태 1976)	嫉妬ㅅ ᄆᆞᅀᆞᆷ 닐도올가
(김선기 1975a)	딜톤 마쌈 일도올까(1993 찔쿠ㄷ 마삼 닐도 올가)
(김근수 1979)	嫉妬ㅅ ᄆᆞᅀᆞᆷ 니르도올가
(김근수 1990)	嫉妬ㅅ ᄆᆞᅀᆞᆷ 닌도올가
(김완진 1980)	嫉妬ㅅ ᄆᆞᅀᆞᆷ 니를올가
(정창일 1987)	시오싈 ᄆᆞᅀᆞᆷ 니도올가
(양희철 1988)	嫉妬ㅅ ᄆᆞᅀᆞᆷ 일도ㄹ가(至刀來去)
(유창균 1994)	嫉妬ㅅ ᄆᆞᅀᆞᆷ 니를도 올가
(강길운 1995)	새옰 마음 니르올가
(금기창 1996b)	嫉妬ㅅ ᄆᆞᅀᆞᆷ 니를 거루(小船) 올짜
(최남희 1996)	嫉妬ㆁ ᄆᆞᅀᆞᆷ 니르도올가
(지형률 1996)	嫉妬ㅅ ᄆᆞᅀᆞᆷ ᄭᆞ장도 올가(2007 니를도 올가)
(신재홍 2000)	嫉妬ㅅ ᄆᆞᅀᆞᆷ 니르올가?
(황패강 2001)	嫉妬ㅅ ᄆᆞᅀᆞᆷ 닐도올가
(박재민 2002)	嫉妬ㅅ ᄆᆞᅀᆞᆷ 니르와도
(류 렬 2003)	嫉妬시 ᄆᆞᅀᆞᆷ 니ᄅᆞ도올가
(김지오 2012)	嫉妬ㅅ ᄆᆞᅀᆞᆷ 니르와도 오(ㄹ)가
(이준환 2014)	嫉妬ㅅ ᄆᆞᅀᆞᆷ 니르러도 올가

10.1. 嫉妬叱 嫉妬叱(질투)ㅅ ← 嫉(음의독:嫉/질)+妬(음의독:妬/투)+叱(약음독:ㅅ)

'嫉妬'는 수정하지 않고 '嫉妬'(오구라, 신태현)로 보기도 하였으나, '嫉妬'(양주동, 지헌영, 정열모, 이탁 등등)의 오기로 정정하였다.

10.2. 心音 ᄆᆞ슴 ← 心(실의독:ᄆᆞ슴)+音(약음독:ㅁ)

10.3. 至乃 니르나/니ᄅᆞ나 ← 至(가의독:니르/니ᄅᆞ)+乃(전음독:나)

至刀의 '刀'는 '乃'의 오자이다. 至乃를 '니르나/니ᄅᆞ나'(일어나)로 읽는다(제2부 「오자 30제」의 2.10. 참조).

10.4. 來尸去 올가 ← 來(실의독:오)+尸(약음독:ㄹ)+去(가의독:가)

來尸去의 '尸'는 누락자이다. 來尸去를 '올가'로 읽는다(제2부 「누락자 9제」의 3.2. 참조).

이 제10구(질투의 마음이 일어나 올까)는 "수희의 마음이 아니 일어나 올까?"를 반대의 부정으로 표현한 완서법이다(제4부 「수사법과 연계된 문제 향찰」의 '2.7.2. 嫉妬叱 心音 至乃 來尸去' 참조).

〈청전법륜가〉

[원문]

彼 仍反隱
法界惡之叱 佛會阿希
吾焉 頓叱 進良只
法雨乙 乞白乎 叱等耶
無明土 深以 埋多
煩惱熱留 煎將來 出米
善芽 毛冬 長乙隱
衆生叱 田乙 潤尸沙音也
後言 菩提叱 菓音 烏乙 及隱
覺月 明斤 秋察羅 波處也
(潤只沙音也의 '只'는 '尸'의 오자로 수정, 反隱의 '反'은 '及'의 오자로 수정)

[해독]

뎌 거들분
法界(법계)악잇 佛會(불회)아희
난 믓 낫악
法雨(법우)ㄹ 비솝오 시드야
無明土(무명토) 깊이 무다
煩惱熱(번뇌열)루 지지어오 내미
善芽(션아) 모들 길은
衆生(즁싱)시 田(전)을/밭을 적시삼여
(後言) 菩提(보리)ㅅ 열음 검을 믿은

覺月(각월) 볼곤 가술벌 [비단(羅)] 믈결치여

[현대역]
저 거듭한(자꾸 되풀이한)
법계의 불회에
난 둘러붙어 나아가
法雨(비와 같이 적시는 法)ㄹ 비옵고 있다야
無明土(흙과 같이 어두운 無明에) 깊이 묻어
煩惱熱(열과 같이 뜨거운 번뇌)로 지지어와 내매
善芽(芽/싹과 같이 자라는 善이) 못 길은(/길지 못한)
衆生의 밭(밭과 같이 메마른 중생)을 적시삼여
(後言) 菩提의 열매 검을 믿은(열매와 같이 잘 익는 보리가 잘 익을 바로 직전은)
覺月(달이 밝듯이 밝는 깨달음)이 밝은 가을 (비단) 들판 물결치여?

1. 彼 仍反隱

뎌 거들븐
저 거듭한(자꾸 되풀이한)

(오구라 1929)	뎌롤 지즈얀
(신태현 1940)	뎌 너븐
(양주동 1942)	뎌 너븐
(지헌영 1947)	뎌 너븐
(정열모 1947)	저잉들은(1965 뎌이도론)
(홍기문 1956)	뎌 잇븐
(이 탁 1956)	뎌 눕온
(김준영 1964)	뎌 느본(1979 뎌 느븐)
(김상억 1974)	뎌 녀븐
(김선기 1975a)	뎌 나반(1993 노빤)
(전규태 1976)	뎌 너븐
(김근수 1979)	뎌 녀븐

(김완진 1980)	뎌 지즐논
(정창일 1987)	뎌 잇브은
(양희철 1988)	뎌 너븐(仍反)은(2015a 거드분)
(유창균 1994)	뎌 ᄌᆞᄌᆞ븐
(강길운 1995)	뎌 골븐
(최남희 1996)	뎌 너븐
(지형률 1996)	뎌 너븐
(신재홍 2000)	뎌 너본
(황패강 2001)	뎌 너븐
(박재민 2002)	뎌 너븐
(류 렬 2003)	뎌 이븐
(이건식 2012)	뎌 너븐
(김지오 2012)	뎌 너븐

1.1. 彼 뎌 ← 彼 (실의독:뎌)

'彼仍反隱'은 '彼仍反隱'로 붙인 경우도 있지만, 거의 모든 해독이 '彼 仍反隱'로 띄어 읽었다.

'彼'는 '저'로 읽은 경우도 있지만, 거의 모든 해독들이 '뎌'로 통일을 보인다.

1.2. 仍反隱 거들븐 ← 仍(실의독:거듧)+反(전음독:븐)+隱(약음독:ㄴ)

'彼仍反隱'의 해독은 한 단어로 읽은 경우[17]와 두 단어로 읽은 경우도 나뉜다.

두 단어로 읽은 해독들은 '仍反隱'을 '지ᄌᆞ얀, 지즐논, ᄌᆞᄌᆞ븐' 등으로 읽은 부류[18],

---

17 한 단어인 '저이들은'의 의미로 읽은 해독에는 '저잉들은'(정열모 1947)와 '뎌이도론'(정열모 1965)이 있다. '仍'을 '잉, 이'로 읽고, '反'을 '들'이나 '돌'로 읽은 다음에, '잉들'이나 '이돌'을 '이들'로 종합한 해독이다. '이'를 표기하는 '伊, 以' 등이 있어, '仍'(잉)을 반절식으로 사용하여 '이'를 표기했다고 보기 어렵고, 복수 접미사에 '等'이 쓰인다는 점과 '反'의 훈이 '돌'이라는 점에서, 이 '反/돌'로 '들'을 표기하였다고 보기도 어렵다.

18 '지ᄌᆞ얀(오구라 1929), 지즐논(김완진 1980), ᄌᆞᄌᆞ븐(유창균 1994)'으로 읽은 부류의 문제를 보자.
  '지ᄌᆞ얀'은 『유서필지』의 '仍于/因于/지즈로'('말미암아, 因하여')에 근거한 해독이다. 이는 '仍'의 한 의미인 '말미암다'나 '因하다'를 보여주는 '지즐-'에서 '지즈'를 이끌어 내고, '反隱'을 '(왼야)'얀'으로 본 해독이다. '仍'은 '因하다, 거듭하다, 누르다' 등의 의미를 갖는 다의어이다. 이 중에서 취한 '인하다'(지즐다)는 문맥에 맞지 않으며, '反隱'을 '(왼야))얀'으로 보는 것도 쉽지 않다.

'너븐, 녀븐, 너본, 느븐, 늡온, 나반, 노빤' 등으로 읽은 부류[19], '잇븐, 잇브은, (잇븐〉)이 븐' 등으로 읽은 부류[20], '골븐'으로 읽은 부류, '거드분'으로 읽은 부류 등의 다섯으로 나뉜다. 문제가 명확한 앞의 세 부류는 각주로 돌리고 뒤의 두 부류만 보자.

'골븐'(거듭된, 잇대인, 강길운 1995)으로 읽은 부류를 보자. 이 해독은 중세어의 '골 프며'(疊, 겹처지다)에서, '골브-'을 끌어내고, 신라어에는 '·'가 존재하지 않으며, 이 '·'는 신라어에서 'ㅗ'에 해당한다고 보고, '골브-'를 재구한 형태이다. 이 재구가 끌어낸 '골브'는 중세어에서 '곫(-)'으로 나온 형태이고, '곫'과 '곫곫히'는 '겹'과 '겹겹이'의

'지즐논'(또는 '지즈논')에서는 '仍'을 '잇따르다'의 의미를 가진 '지즐-'이나 '지즈-'로 읽고, '反'을 '乃'로 수정한 다음에 '(니))ㄴ'로 읽었다. 동사 '지즐-'이 '중첩되다'와 '잇따르다'의 의미라고 주장하지만, 현재까지 밝혀진 '지즐-'의 의미에는 '緣由하다, 因하다, 누르다' 등만이 있어, 문증이 필요하다.
'ᄌᆞᄌᆞ븐'에서는 '仍'을 최행귀의 번역시에 나오는 '佛陀成道數難陳'의 '數'를 '줓다'의 의미로 보고, 이 의미를 참고하여 '仍'을 '(줓))ᄌᆞᄌᆞ-'로 읽고, '브'를 형용사성 접미사로 보았다. 역시의 '數'는 '잦다'와 '자주'의 의미가 아니라, '수(효), 수를 헤아리다, 셈하다' 정도의 의미이다. 그리고 형용사성 접미사로 본 '브'는 문증이 필요하다.

19 '너븐(신태현 1940; 양주동 1942 등등, 신태현은 양주동을 따랐다고 명시하고 있다), 녀븐(김상억 1974; 김근수 1979), 너본(신재홍 2000), 느븐(김준영 1964), 늡온(이탁 1956), 나반(김선기 1975a), 노빤(김선기 1993)' 등으로 읽은 부류의 문제를 보자.
'너븐'의 해독을 주도한 양주동은 '仍'이 고지명에서 '너, 느'에 대응하고, '艿'과 통하는 글자라는 점에서, '너'로 읽고, '仍反隱'를 '너븐'('廣'의 古訓)으로 읽었다. '仍'이 고지명에서 '너, 느'의 표기에 대응하고, '艿'과 통하는 글자라는 점을 충분하게 설명한 것 자체에는 문제가 없다. 그래서 그런지 모르지만, 후대의 많은 해독들이 이 해독을 따르거나 가볍게 수정하기도 했다. 그러나 '너'가 한자 '仍'의 음인지 훈인지를 정리하지 않은 문제를 보인다. 이 문제가 해결되지 않는 한, 이 해독은 미완으로 남게 된다. 그리고 '廣'을 이용하여 '廣反隱'으로 표기하지 않은 이유를 이해할 수 없다.
'녀븐, 너본, 느븐, 늡온, 나반, 노빤' 등은 각각 나름대로 '너븐'을 변형한 이유를 가지고 있다. 그러나 크게 보면, 양주동의 '너븐'을 변형한 것으로, '너븐'의 해독이 보여준 문제를 근본적으로 해결한 것은 아니다. 즉 '너, 녀, 느, 나, 노' 등이 한자 '仍'의 음인지 훈인지를 정리하지 않았고, '廣'을 이용하여 '廣反隱'으로 표기하지 않은 이유를 이해할 수 없다.

20 '잇븐'(홍기문 1956), '잇브은'(정창일 1987), '(잇븐〉)이븐'(류렬 2003) 등으로 읽은 부류의 문제를 보자.
이 해독들은 우선 '仍/잉'을 '잇'으로 읽을 수 없는 문제를 보인다. 그리고 '잇브다, 잇부다'는 '피곤하다'의 의미인데, 이를 벗어난 '수고롭다, 짜증스럽다, 힘겹다' 등으로 다르게 본 문제를 보인다. 이 외에 해독별로 보이는 문제는 다음과 같다.
'잇븐'(수고로운, 勞)은 최행귀의 시에 나오는 '佛陀成道數難陳'의 사연으로 미루어 읽었다고 하지만, '佛陀成道數難陳'의 문맥에서 '수고롭다'의 의미를 끌어내기가 어렵다. '잇브은'(짜증스런)은 '仍反隱'이 '佛陀成道數難陳'의 '難'에 대응한다고 보고 읽었는데, 이 '難'은 '짜증스럽다'의 의미가 아니다. '(잇븐〉)이븐[수고로운(힘겨운)]은 '佛陀成道數難陳'을 "부처길을 이루기는 어려움이 많고 많아"로 번역하고, '仍反隱'을 해독한 것인데, 번역은 앞의 각주에서 인용한 기왕의 다른 번역들로 보아, 번역 자체에서부터 문제를 보인다.

의미이다. 이로 보면, '곫ᄑ며'는 '곫ᄒ며'의 연철로 '겹하며'의 의미이며, '仍反隱'은 '굴븐'에서 'ㆍ'를 'ㅗ'로 수정한 '골븐'이 되고, 그 의미는 '겹한' 나아가 '겹쳐진'은 되어도, '거듭된, 잇대인' 등은 되지 않는다. '골븐'(겹한, 겹쳐진)이 '거듭된, 잇대인' 등의 의미가 되는 논거의 제시가 좀더 필요하다.

'거드분'(거듭한, 양희철 2015a)으로 읽은 부류를 보자. 이 해독은 '仍(거듭)+反(분)+隱(ㄴ)'으로 개별 향찰을 읽고, 전체를 '거드분'(거듭한)으로 정리하였다. 이 해독은 중세어에서 예증을 하지 않았다.

중세어를 보면, '仍'의 훈은 '거듭'이다.『이조어사전』에서는 '거듭'의 예로, "거듭 신(申)(『類合』下 20), 거듭(重重)(『同文類解』下 52), 曹操ㅣ 거듭 무로니(『三譯總解』七 18), 거듭(重)(『漢淸文鑑』350a)" 등을 정리하였다. 현대어 '거듭'에 해당하는 중세어 '거듭'은 '거듭다'의 어간이 부사로 된 것으로 판단하여, '仍反隱'을 '거듭+분+ㄴ'으로 표기한 '거들분'으로 읽고, 그 뜻은 '거듭한(자꾸 되풀이한)'으로 본다. 특히 '(거듭〉)거듭'의 의미가 "어떤 일이나 상황이 계속 생겨나거나 되풀이함"을 의미한다는 점에서, 이 해독을 취한다. '反'은 '분'이다(제3부「소멸된 한자음의 문제 향찰」의 3.2. '分' 참조).

2. 法界惡之叱 佛會阿希

法界(법계)악잇 佛會(불회)아희
법계의 불회에

(오구라 1929)	法界옛 佛會예
(신태현 1940)	法界악 佛會예
(양주동 1942)	法界악잇 佛會아희
(지헌영 1947)	法界앳 佛會아희
(정열모 1947)	법계 모질 불회 아희(1965 아짓 불회 아희)
(홍기문 1956)	법계아딧 불회아희
(이 탁 1956)	法界잇 佛會이
(김준영 1964)	法界앳 佛會아희
(김상억 1974)	법계악앳 불회아해
(김선기 1975a)	뇝개앨 뿔회아기(1993 법개앨 불ㅎ개 아기)
(전규태 1976)	法界악잇 佛會아희

(김근수 1979)	法界앳 佛會아히
(김완진 1980)	法界악잇 佛會아히
(정창일 1987)	法界 구즐싀 佛會아히
(양희철 1988)	法界악잇 佛會아히(兒)(2013 아희)
(유창균 1994)	法界아힛 佛會아히
(강길운 1995)	法界악엣 佛會아헤
(최남희 1996)	法界아힛 佛會아히
(지형률 1996)	法界아깃(2007 아잇) 佛會아히
(황패강 2001)	法界악잇 佛會아히
(박재민 2002)	法界아깃 佛會아히
(류 렬 2003)	법계아시시 불회아히
(이건식 2012)	法界아잇 佛會아히
(김지오 2012)	法界악엣 佛會아히

2.1. 法界惡之叱 法界(법계)악잇 ← 法(음의독:法/법)+界(음의독:界/계)+惡(전음독:악)+之(실의독:이)+叱(약음독:ㅅ)

'法界'는 '法界'(법계)를 취한다.

'惡之叱'의 세 글자는 그 해독에서, 1음절, 3음절, 2음절 등의 양상을 보인다. 1음절과 3음절로 읽은 해독의 문제는 각주[21]로 돌리고, 2음절로 읽은 경우만을 보자.

2음절로 읽은 해독은 상당히 많은데, 우선 '之'를 음으로 읽은 경우와 훈으로 읽은 경우로 나눌 수 있다.

'之'를 음(지, 디)으로 읽은 해독에는 '모질'(모진, 정열모 1965), '아딧'(속, 홍기문

---

21 1음절로 읽은 해독들은 두 경우로 나뉜다. 반절표기를 이용한 경우와 향찰의 일부를 읽지 않은 경우이다. 전자에는 '옛'(오구라 1929), '앳'(지헌영 1947; 김준영 1964, 1979; 김근수 1979), '앤'(김선기 1975a, 1993) 등이 있다. 향찰 3자를 1음절로 해독한 것은 무리이다. 특히 '之'를 'ㅣ'를 표기한 반절로 해석한 것은 무리이다. 후자에는 '악'(신태현 1940)과 '(아)잇'(이탁 1956)이 있다. '악'에서는 '之叱'를 읽지 않은 문제를, '(아)잇'에서는 '惡/아'를 괄호에 넣은 문제를 보인다.

3음절로 읽은 해독에는 '구즐싀'(정창일 1987)와 '아시시'(류렬 2003)가 있다. '구즐싀'에서는 '궂으므로'의 의미로 보았는데, 해독과 현대역이 형태소 차원에서 일치하지 않으며, 향찰별로 어떻게 읽은 것인지가 명확하지 않다. '아시시'에서는 '之'와 '叱'을 각각 '시'로 읽고, '아시'를 '아히'(에서)의 변종 즉 이형태로 보고, '아시시'의 의미를 '-에서의'로 보았다. '아히'와 이형태의 설정에서 문제를 보이며, '惡之叱'의 '叱'을 'ㅅ'이 아닌 '시'로 읽은 것에서도 문제가 발견된다.

1956), '아짓'(-의 아기요, 정열모 1965) 등이 있다. 차제자 원리와 문맥을 벗어났다.

'之'를 훈으로 읽은 해독은 '惡之叱'에 '안(內), 속'의 의미가 있는 것으로 본 경우와 그렇지 않게 본 경우로 대별된다.

양주동은 '惡'을 '악'으로 읽고, 이 '악'을 '內'(안, 속)의 고속훈(古俗訓)이라고 설명하면서, '惡之叱'을 '악잇'으로 읽었다. 이 해독은 몇몇 해독들(전규태 1976; 김완진 1980; 양희철 1988; 황패강 2001)에서 그대로 수용되고, '악앳'(안의, 김상억 1974)과 '악엣'(속에의, 속에 있는, 강길운 1995)에서는 가벼운 변화를 보인다. '악'이 '內'(안, 속)의 고속훈이 되는 논거와 논리에 문제가 있다.

양주동의 '惡/악'을 '아'로 바꾸어 '惡/아+之/이+叱/ㅅ'으로 읽은 해독들도 나왔다. 이 해독들은 그 의미를 '-에서의'(신재홍 2000), '-에의'(지형률 2007), '-의'(이건식 2012)²² 등으로 보았다. '惡'을 '良'과 같이 '아'를 표기한 것으로 보는 것이 가능하지만, '惡'과 '良'의 변별성을 좀더 검토할 여지를 남겼다.

양주동과 같이 '惡/악+之/이+叱/ㅅ'으로 읽고, 그 분철을 살리거나, 연철로 바꾸고, 그 음의 일부를 바꾸면서, 그 의미를 다르게 본 해독들도 있다. '아힛'(ㄱ)ㅎ, 유창균 1994), '아짓'(지형률 1996; 박재민 2002, 2013b), '악옛'(익>예, 김지오 2012), '악잇'(양희철 2013a) 등이다. 이 해독들은 그 의미에서 '악'을 '內'의 고속훈으로 보지 않고, '악이/아기'를 처격으로 보고, 'ㅅ'을 속격('-의')이나 관형격['(-에) 있는']으로 보았다.

이 해독들이 비교적 타당해 보이는데, 향찰의 분절 표기를 살린 '악잇'을 따르면서, 그 격은 처격과 관형격의 결합으로 정리한다.

2.2. 佛會阿希 佛會(불회)아희 ← 佛(음의독:佛/불)+會(음의독:會/회)+阿(전음독:아)+希(전음독:희)

'佛會'는 '佛會(불회)'이다.

'阿希'는 '예, 아헤, (아)이, 아히, 아기, 아히, 아희' 등으로 읽어 왔다. 이 중에서 '阿希'의 음과 거리가 먼 '예, 아헤, (아)이' 등의 문제는 각주²³로 돌리고, '아히, 아기,

---

22 이 해독의 각론에서는 남풍현의 '처격[본원적]+그+처격+속격'에 근거한 '아긔>아희>아의(아이)'를 인용하고, '良中'와 같이 '아+이'로 읽고 '아잇'의 의미를 '-의'로 보면서도, 끝부분의 정리에서는 '아잇'의 의미를 '속의'로 정리를 하였다. 약간의 혼동이 있는 것 같다.
23 '예'(오구라 1929; 신태현 1940)는 중세어 '-예'를 의식한 것으로 보인다. '阿/아'와 '希/희'의 음을 벗어

아히, 아희' 등만을 보자.

'아히'('-에', 양주동 1942; 지헌영 1947 등등)의 해독이 주종을 이룬다. 이 해독은 '良中'와 같은 표기로 보았다. '아히'로 읽고, 그 의미를 '아이'(兒, 정열모 1965) 또는 '-에(兒)'(양희철 1988)로 보기도 하였다. 이 해독들은 '希'의 음 '회'를 벗어났다. '希'를 '회'로 읽고 이 '회'를 다시 '히'로 바꾼 것은 중세어의 모음조화에 맞춘 것에 불과하다.

'아기'(-로, 김선기 1975a, 1993)로 읽은 해독도 있다. 일본 한자음에서 '希'가 '기'라는 점에서 '기'로 읽은 것이다. '기'로 읽을 수는 있지만, '아기'를 여격 '-로'로 해석하려면, 그 예증이 필요하다.

'아히'(류렬 2003)로 읽은 해독도 있다. '希'의 음은 '히'가 아니라 '회'이다.

나머지 해독들은 모두가 '阿希'를 '아희'로 읽었다. 이 해독들은 그 의미에서 둘로 나뉜다. 하나는 '아희'를 명사 '아희'(정열모 1947)로 본 것이고, 나머지는 '아희'를 처격조사 '-에'(김준영 1964, 1979; 유창균 1994; 양희철 2013a)로 본 것이다. 후자의 해독이 한자의 음을 정확하게 살려서 읽었다. 이를 취한다.

삼국유사 향가의 '惡希'를 균여전 향가에서 '阿希'로 표기한 것은 '아긔'가 '아희'로 변한 것을 보여주는 것 같다.

3. 吾焉 頓叱 進良只

난 뭇 낫악
난 둘러붙어 나아가

    (오구라 1929)　　　나는 頓올 들여
    (신태현 1940)　　　난들 나ᅀᅡ가
    (양주동 1942)　　　나는 쏘 나삭

났다.

'아헤'(희)헤, '-에서', 강길운 1995)의 해독에서는, '希'를 '회'로 읽고 이 '회'를 다시 '헤'로 바꾼 것이다. '회'를 '헤'로 바꿀 만한 이유가 명확하지 않다.

'(아)익'(이탁 1956)와 '아익'(이건식 2012)로 읽은 해독도 있다. '(아)익'는 '阿希'를 '阿衣'로 바꾼 해독으로, 향찰을 바꿀 만한 이유가 없고, '阿/아'를 괄호 안에 넣을 만한 이유를 발견하기 어렵다. '아익'에서는 '阿希'를 '아힉'로 읽고, 다시 처격의 변화로 보아, 이 표기는 '아익' 또는 '아희'에 해당한다고 보았다. '希'의 음이 '회'라는 점에서 문제를 보인다.

(지헌영 1947)	나는 頓ㅅ 나ᄉᆞᆯ
(정열모 1947)	나는 듯 나소라기(1965 나논 돗 나ᄋᆞ락)
(홍기문 1956)	나는 믄듯 나ᄉᆞ디
(이 탁 1956)	나는 믄듯 낫아
(김준영 1964)	나언 모롯 나악
(김상억 1974)	나난 또 나악
(김선기 1975a)	우리난 돈북(1993 나난 돈뿍) 나라기
(전규태 1976)	나는 믄득 나삭
(김근수 1979)	나는 모도 나삭
(김완진 1980)	나는 ᄇᆞᄅᆞᆺ 나삭
(정창일 1987)	나년 頓석 나섯긔
(양희철 1988)	나는(2013 난) ᄇᆞᄅᆞᆺ(2015a 믓) 나악
(유창균 1994)	난 모로깃 나ᄉᆞ락
(강길운 1995)	난 좇 나삭
(최남희 1996)	나는 급작 나삭
(지형률 1996)	나는 모롯(2007 모ᄅᆞᆺ) 나삭
(신재홍 2000)	나온 무졊 나삭
(황패강 2001)	나는 ᄇᆞᄅᆞᆺ 나삭
(박재민 2002)	나는 돈붓(모두) 나삭
(류 렬 2003)	난 문드시 나 아기
(이건식 2012)	나는 돈붓 낫악
(김지오 2012)	나는 돈붓(모두) 낡악

3.1. 吾焉 난 ← 吾(실의독:나)+焉(약음독:ㄴ)

'吾焉'은 '나는, 나온, 나난, 나년, 나는, 나언, 난, 난(들), 우리난' 등으로 다양하게 읽어왔다. 신태현의 '난(들)'과 유창균과 강길운 등의 '난'으로 읽는다.

3.2. 頓叱 믓 ← 頓(가의독:믓)+叱(약음독:ㅅ)

'頓叱'은 그 해독이 상당히 엇갈려 왔는데, '믓(:묻)-'(같이 덧붙어, 둘러붙어, 양희철 2015a:115)으로 읽는다.

3.3. 進良只 낫악 ← 進(실의독:낫)+良(약의독:아)+只(약음독:ㄱ)

'進良只'의 해독은 '進'의 훈을 살린 해독과 그렇지 못한 해독으로 대별된다.

'進'의 훈을 살리지 못한 해독에는 '들여'(다하여, 오구라 1929)가 있다. 이 해독에서는, '進'이 '나살〉나알'로 쓰인 예를 인용하였지만, 아쉽게도 이는 '進良只'의 '進'에는 부적합하다고 판단하고, '進'을 '들(入)'로 읽고, '良只'을 '여'로 읽으면서. '進良只'를 '들여'로 읽었다. 세 글자의 해독 모두에서 문제를 보인다.

나머지 해독들은 모두 '進'을 '나아가다'의 의미로 파악하였다. 그러나 '良'과 '只'의 해독, 현대역, 문맥 등에서 문제를 보이는 해독과 그렇지 않은 해독으로 나뉜다. 전자의 문제는 각주[24]로 돌리고 후자만을 보자.

'良'과 '只'의 해독, 현대역, 문맥 등에서 문제를 보이지 않은 해독들을 보자. 이에 속한 해독들에는 '나삭'(양주동 1942; 김근수 1979 등등), '낲악'(김지오 2012), '나삭'(전규태 1976; 지형률 1996), '낫악'(이건식 2012), '나악'(김준영 1964, 1979; 김상억 1974) 등이 있다. 이 해독들은 두 가지만 고려하면 같은 해독이다. 하나는 연철과 분철이고, 다른 하나는 '나사〉나삭〉나아'의 변화이다. 이 중에서 어느 것을 택할 것이냐 하는 문제는 간단하다. 연철과 분철의 문제는 '進/낫'과 '良/아'가 분철되었다는 점에서 분철을 취한다. 그리고, 변화는 고형이란 점에서 '낫'을 취한다. 결과적으로 '進良只'는 '낫악'의 표기라고 할 수 있다.

---

24 '良'과 '只'의 해독, 현대역, 문맥 등에서 문제를 보이는 해독들은 다음과 같다.

'只'를 읽지 않은 '나ᄉᆞᆯ'(進上하야, 지헌영 1947)와 '나ᅀᅡ가'(나아가, 신태현 1940)를 보자. 전자에서는 '只'를 읽지 않았고, 'ᆯ'가 어떻게 '하야'가 되는지도 설명하지 않았다. 후자에서는 '進'을 '나ᅀᆞ-'에 대응시키면서도 '나아가'로 읽었다. '낫-'에 이미 '나아가'의 의미가 있다는 점에서 '나ᅀᅡ가'로 읽을 필요는 없다. 그리고 '只'를 어떻게 처리한 것인지를 설명하지 않았다.

'良'이나 '只'의 해독이 비객관적인 '나섯긔'(진출했기에, 정창일 1987)와 '낫아(ᄋ)'(나가, 이탁 1956)를 보자. 전자에서는 '良'이 '엇'에 대응시켰고, 후자에서는 '只'를 'ᄋ'로 읽고 괄호 안에 넣었다. 음과 훈 중에서 어느 것을 이용한 해독인지를 이해할 수 없다.

'나소라기'(나아가기, 정열모 1947)와 '나라기'(나아가지, 김선기 1995, 1993)에서는 해독의 '良/라'가 현대역의 '가'가 되는 이유가 명확하지 않다. '나ᅀᅡ디'(나가도록, 홍기문 1956)에서는 해독의 '只/디'가 현대역의 '도록'이 되는 이유가 명확하지 않고, '나ᅀᅡ기'(나아가게, 류렬 2003)에서는 해독의 '기'가 현대역의 '게'가 되는 이유가 명확하지 않다. '나ᄉᆞ락'(나아가, 유창균 1994)에서는 '라'를 목적형 어미로, 'ㄱ'을 강세 접미사로 설명한 다음에 그 현대역을 '나아가'로 달았다. 목적형 어미라고 설명한 '라'가 명확하지 않다. 결과는 '良'을 '라'가 아니라 '아/ᄋ'로 읽은 경우와 같다.

'나ᄋ락'(나가라고, 정열모 1965)에서는 '락'를 '라고'로 보았다. 이 설명은 예로 든 "나아가라고 했다."가 "나아가락 했다."에서 보듯이, 설명 자체에는 문제가 없다. 그러나 '나가라고'는 문맥에 맞지 않는 문제를 보인다.

4. 法雨乙 乞白乎 叱等耶

法雨(법우)ㄹ 빌숩오 시드야
법울(비와 같이 적시는 법을) 비옵고 있다야

    (오구라 1929)   法雨를 비숩올더라
    (신태현 1940)   法雨를 비숩올드라
    (양주동 1942)   法雨를 비술봇다라
    (지헌영 1947)   法雨를 비숩옷다라
    (정열모 1947)   법우를 비솗옷더라(1965 비술봇드야)
    (홍기문 1956)   법우를 비술봇다라
    (이 탁 1956)   法雨를 빌술올드라
    (김준영 1964)   法雨을 비숩옷드라
    (김상억 1974)   법우를 비솗옷다라
    (김선기 1975a)   봅울 비리삽곤돌아(1993 법우랄 빌솗곤도라)
    (전규태 1976)   法雨를 비숩옷다라
    (김근수 1979)   法雨를 비술봇드라
    (김완진 1980)   法雨를 비술봇드야
    (정창일 1987)   法雨를 비습호신드냐
    (양희철 1988)   法雨를(2013 法雨ㄹ) 비술봇드야(2014 빌사뢰오 시드야)
    (유창균 1994)   法雨를 비숩옷드라
    (강길운 1995)   法雨ㄹ 비소봇드라
    (최남희 1996)   法雨를 비술보ㅅ드라
    (지형률 1996)   法雨를 비술봇드야(2007 빌숩옷드야)
    (신재홍 2000)   法雨을 비술봇드라
    (황패강 2001)   法雨를 비술봇다라
    (박재민 2002)   法雨를 비ᅀᅳ보다야(2013b 비숩오ᄊᆞ야)
    (류 렬 2003)   법울 비술보시다라
    (이건식 2012)   法雨를 비습옷드라
    (김지오 2012)   法雨를 비습옷 드야

4.1. 法雨乙 法雨 (법우)ㄹ ← 法(음의독:法/법)+雨(음의독:雨/우)+乙(약음독:ㄹ)

'法雨乙'은 '法雨를, 法雨을, 法雨ㄹ, 봄울, 법울' 등으로 읽히고 있다. '乙'을 'ㄹ'로 읽은 '봄울'(김선기 1975a), '法雨ㄹ'(강길운 1995; 양희철 2013a), '법울'(류렬 2003) 등이 적합해 보인다. '法雨(법우)ㄹ'로 읽는다.

이렇게 문자적인 해독으로 끝나는 것이 아니다. 이 '法雨'는 은유로 그 의미는 '비와 같이 적시는 법'의 의미이다(제4부 「수사법과 연계된 문제 향찰」 2.1.2. 法雨 참조).

4.2. 乞白乎 빌숩오 ← 乞(실의독:빌)+白(가의독:숩)+乎(약의독:오)

'乞白乎叱等耶'는 거의 모든 해독들이 하나의 단어로 묶어서 읽었다. 이렇게 읽을 때에 많은 문제가 보인다. 이 문제를 해결하기 위하여 나온 것이, '乞白乎 叱等耶'의 두 단어로 보고, '빌사뢰오 시드야'로 읽은 해독이다(양희철 2015a). '사뢰다'는 20세기 어형이라는 점에서 '빌숩오 시드야'(비옵고 있다야)로 수정한다. 상대 존대의 '白'은 '숩'으로 읽는 가운데, '삽, 습, 숩, 습' 등이 나왔다. 이런 형태들은 '비리삽곤돌아'(비삽 겠더라, 김선기 1975a), '비습호 신드냐'(정창일 1987), '비쇼봇드라'(강길운 1995), '비ㅅ보다야'(박재민 2002), '비습옷드라'(이건식 2012), '비습옷 드야'(김지오 2012) 등에서 보인다. 이 형태들은 중세어에 나오는 상대 존대로 보면, '숩'보다 훨씬 사실에 접근해 있다.

4.3 叱等耶 시드야 ← 叱(약음독:시)+等(약음독:드)+耶(전음독:야)

4.2. 참조.

5. 無明土 深以 埋多

無明土(무명토) 깊이 무다
무명토(흙과 같이 어두운 무명에) 깊이 묻어

  (오구라 1929)   無明土 깁히 묻은
  (신태현 1940)   無明土 기피 무더

(양주동 1942)	無明土 기피 무다
(지헌영 1947)	無明土 기피 무다
(정열모 1947)	무명토 깊이(1965 깁그루) 무다
(홍기문 1956)	무명도 기피 무다
(이 탁 1956)	無明土 깁이 묻어
(김준영 1964)	無明土 깊이 무다(1979 묻아)
(김상억 1974)	무명토 깊이 무다
(김선기 1975a)	무명토(1993 물명또) 깁이 묻아
(전규태 1976)	無明土 깊이 무다
(김근수 1979)	無明土 기피 무더
(김완진 1980)	無明土 기피 무더
(정창일 1987)	無明土 기피 무던
(양희철 1988)	無明土 기피 무다(多)
(유창균 1994)	無明土 깊이 무다
(강길운 1995)	無明土 기피 무다
(최남희 1996)	無明土 깁히 무다
(지형률 1996)	無明土 깊이 묻어
(신재홍 2000)	無明土 기피 무다
(황패강 2001)	無明土 기피 무다
(박재민 2002)	無明土 기피 무다
(류 렬 2003)	무명토 기피 무더
(이건식 2012)	無明土 깊이 무더
(김지오 2012)	無明土 깊이 무더

5.1. 無明土 無明土(무명토) ← 無(음의독:無/무)+明(음의독:明/명)+土(음의독:土/토)

'無明土'는 '無明土(무명토)'로 읽는다. 이렇게 문자적 차원에서의 해독으로 해독이 끝나는 것이 아니다. 이 '無明土'는 은유로, '흙과 같이 어두운 無明(인간의 괴로움 또는 근본 번뇌)'을 의미한다(제4부 「수사법과 연계된 문제 향찰」 2.1.3. 無明土 참조).

5.2. 深以 깊이 ← 深(실의독:깊)+以(전음독:이)

'深以'는 '깁히, 기피, 깁그루, 깁이, 깊이' 등으로 읽혀 왔다. '深以'의 분철을 살린

'깊이'(정열모 1947; 김준영 1964 등등)로 읽는다.

5.3. 埋多 무다 ← 埋(실의독:묻)+多(전음독:다)

'埋多'는 '묻은, 묻아, 무던, 묻어, 믇어, 무더, 무다' 등으로 읽혀 왔다. '埋多'의 연철과 '多'의 음을 살린 '무다'(양주동 1942; 정열모 1947; 지헌영 1947 등등)로 읽는다.

6. 煩惱熱留 煎將來 出米

煩惱熱(번뇌열)루 지지어오 내미
번뇌열로(열과 같이 뜨거운 번뇌로) 지지어와 내매

(오구라 1929)	煩惱熱을 다리(又지지)도록 내매
(신태현 1940)	煩惱熱루 지저오나메
(양주동 1942)	煩惱熱루 다려내매
(지헌영 1947)	煩惱熱루 다려내매
(정열모 1947)	번뇌열루 지저내매(1965 다 브러 내미)
(홍기문 1956)	번뇌열루 다려 내매
(이 탁 1956)	煩惱熱루 짖어 내미
(김준영 1964)	煩惱熱루 다려 오나매(1979 다려 내매)
(김상억 1974)	번뇌열루 다려내매
(김선기 1975a)	본노열루 다리올(1993 뽀놂렬ㆆ루 봈알) 나매
(전규태 1976)	煩惱熱루 다려내매
(김근수 1979)	煩惱熱로 다려내매
(김완진 1980)	煩惱熱로 다려내매
(정창일 1987)	煩惱熱루 달ㄱ오나메
(양희철 1988)	煩惱熱로 다려 내매(2013 지지어 오내미)
(유창균 1994)	煩惱熱로 달히려 내며
(강길운 1995)	煩惱熱루 다료려 나메
(최남희 1996)	煩惱熱루 다려 나미
(지형률 1996)	煩惱熱로 다려내매
(신재홍 2000)	煩惱熱로 다려 내미

(황패강 2001)	煩惱熱루 다려내매
(박재민 2002)	煩惱熱로 봇겨 와서(2013b 봇가 와) 나매
(류　렬 2003)	번뇌열루 드려내미
(이건식 2012)	煩惱熱루 달히將來(ㅎ) 나니
(김지오 2012)	煩惱熱루 다리가져 오나미

6.1. 煩惱熱留 煩惱熱(번뇌열)루 ← 煩(음의독:煩/번)+惱(음의독:惱/뇌)+熱(음의독:熱/열)+留(전음독:루)

'煩惱熱留'는 '煩惱熱을, 煩惱熱루, 번뇌열루, 본노열루, 煩惱熱로' 등으로 읽혀 왔다. '留'의 당시음을 살린 '煩惱熱(번뇌열)루'(양주동 1942 등등)를 따른다.

이 문자적 해독 다음으로 기다리는 것이 문학적 해독이다. '煩惱熱(번뇌열)'은 은유로, '熱과 같이 뜨거운 번뇌'를 의미한다(제4부「수사법과 연계된 문제 향찰」 2.1.4. 煩惱熱 참조).

6.2. 煎將來 지지어오 ← 煎(실의독:지지)+將(실의독:어)+來(실의독:오)

'-將來'는 '-어오'로, '煎將來 出米'는 '지지어오 내미'(지지어와 내매)로 해독된다 (제3부「의독자의 문제 향찰」 3.2.4. 참조)

6.3. 出米 내미 ← 出(실의독:내)+米(전음독:미)

6.2. 참조.

7. 善芽 毛冬 長乙隱

善芽(선아) 모들 길은
선아(芽/싹과 같이 자라는 善이) 못 길은

(오구라 1929)	善芽 몰으기 길은
(신태현 1940)	善芽 모딜 길은
(양주동 1942)	善芽 몯둘 길은

(지헌영 1947)	善芽(스른) 모들 길은
(정열모 1947)	선아 모두 길은(1965 션아 모두 기른)
(홍기문 1956)	션아 모들 기른
(이 탁 1956)	善芽 몬 자론
(김준영 1964)	善芽 모돌 길은
(김상억 1974)	션아 몯달 길은
(김선기 1975a)	쎤아 몯돌 낄온(1993 쎈아 몬돌 길은)
(전규태 1976)	善芽 몬 길은
(김근수 1979)	善芽 몬 기른
(김완진 1980)	善芽 모들 기른
(정창일 1987)	善芽 마겨 기르는
(양희철 1988)	善芽 모둘(2008 모들) 기른
(유창균 1994)	善芽 모둘 길은
(강길운 1995)	善芽 몯들 기른
(최남희 1996)	善芽 모둘 기른
(지형률 1996)	善芽 모둘 길은
(신재홍 2000)	善芽 모둘 기론
(황패강 2001)	善芽 몯들 길은
(박재민 2002)	善芽 모둘 기른
(류 렬 2003)	션아 모둘 기른
(이건식 2012)	善芽 모둘 길은
(김지오 2012)	善芽 모둘 길은

7.1. 善芽 善芽(션아) ← 善(음의독:善/션)+芽(음의독:芽/아)

'善芽'는 '善芽, 선아, 션아, 쎤아' 등으로 정리되었다. '善芽(션아)'를 따른다. 이 '善芽(션아)' 역시 은유로, '芽/싹과 같이 자라는 善'을 의미한다(제4부 「수사법과 연계된 문제 향찰」 2.1.5. 善芽 참조).

7.2. 毛冬 모들 ← 毛(전음독:모)+冬(가의독:들)

'毛冬'은 '마겨, 모둘, 모두, 모들, 모딜, 몬, 몯들, 몯달, 몯돌, 몯들, 몰으' 등으로 다양하게 읽히고 있는 가운데, '모둘'이 우세하지만, '모들'로 읽는다(양희철 2008a:138).

7.3. 長乙隱 길은 ← 長(실의독:길)+乙(약음독:ㄹ)+隱(전음독:은)

'長乙隱'은 '길은, 낄온, 기른, 기론, 기르는, 자론' 등으로 읽혀 왔다. 첨기자 '乙'과 '隱'의 음을 살린 '길은'(오구라 1929; 양주동 1942 등등)의 해독을 따른다.

8. 衆生叱 田乙 潤尸沙音也

衆生(즁싱)시 田(젼)을 젹시샴여
중생의 밭을(밭과 같이 메마른 중생을) 적시삼여(적시도록 하자)

(오구라 1929)	衆生ㅅ 받을 불어 삼으오
(신태현 1940)	衆生ㅅ 받을 부루삼아라
(양주동 1942)	衆生ㅅ 田을 저지삼여
(지헌영 1947)	衆生ㅅ 田을 저쳐 삼여
(정열모 1947)	중생 바틀 누기사음여(1965 즁싱ㅅ 바톨 누기샤미라)
(홍기문 1956)	즁싱ㅅ 바톨 저지샴야
(이 탁 1956)	衆生ㅅ 밭올 블ᄋ숨여
(김준영 1964)	衆生ㅅ 田을 젹삼여
(김상억 1974)	중생ㅅ 전을 저지샴여
(김선기 1975a)	듕생 받일 붇기삼이라(1993 즁싱ㄷ 밭알 붇기샴이라)
(전규태 1976)	衆生ㅅ 田을 저지삼여
(김근수 1979)	衆生ㅅ 田을 저지샴이여
(김완진 1980)	衆生ㅅ 바톨 적셔미여
(정창일 1987)	衆生싀 田을 젓긔사옴야
(양희철 1988)	衆生ㅅ 바톨 저지샤(沙)ㅁ여
(유창균 1994)	衆生ㅅ 밭을 저즈기 삼이라
(강길운 1995)	衆生ㅅ 밭을 젹샴여
(최남희 1996)	衆生ㅎ 바줄 저직샴이야
(지형률 1996)	衆生ㅅ 밭을(2007 밭올) 젹셤여
(신재홍 2000)	衆生ㅅ 바톨 적사--라
(황패강 2001)	衆生ㅅ 바톨 저지삼여
(박재민 2002)	衆生ㅅ 바톨 흐윅 삼여
(류 렬 2003)	즁싱시 바달 저지샴이라

(이건식 2012) 衆生ㅅ 밭을 저지기 삼여
(김지오 2012) 衆生ㅅ 밭을 저직 삼야

8.1. 衆生叱 衆生(중싱)시 ← 衆(음의독:衆/중)+生(음의독:生/싱)+叱(약음독:시)

'衆生叱'는 '衆生(중싱)시'로 읽는다. '叱/시'는 속격의 '-시'(양희철 2016a)이다.

8.2. 田乙 田(전)을 ← 田(음의독:田/전)+乙(전음독:을)

'田乙'은 '田(전)을'로 읽는다.

'衆生叱 田乙'을 '衆生(중싱)시 田(전)을'로 읽는다고 해독이 끝난 것이 아니다. 그 의미를 알아야 하는데, 이 역시 은유로, '田(밭)과 같이 메마른 衆生(중싱)'의 의미이다 (제4부 「수사법과 연계된 문제 향찰」 2.1.6. 衆生叱 田 참조).

8.3. 潤尸沙音也 적시샴여 ← 潤(실의독:적시)+尸(전음독:시)+沙(전음독:샤)+音(약음독:ㅁ)+也(실의독:여)

潤只沙音也의 '只'는 '尸'의 오자이다. 潤尸沙音也를 '적시샴여'로 읽는다(제2부 「오자 30제」의 3.6. 참조).

이 '적시샴여?'의 행동 주체는 부처님이고, 시적 청자는 〈청전법륜가〉를 노래하는 시적 화자는 물론, 이 노래를 듣는 불교 신자들이다. 그리고 이 의문법은 의문문을 통하여 청자에게 청원을 포함한 명령의 의미를 보여주는 명령적 의문문이다. 즉 (중생의 밭을) '적시샴여?'의 의문법을 통하여, '적시도록 하자'의 청원을 보여주는 명령적 의문법이다.[25] 이 청원의 주체는 시적 화자와 시적 청자이며, 피청원자는 부처님이다. 이 청원적(/명령적) 의문문을 명령문으로 오해하면, 시적 느낌이 반감된다. 그리고 이 청원적(/명령적) 의문문을 감탄문으로 오해하면, 〈청전법륜가〉의 청원의 문맥을 벗어나게 된다.

---

25 이 명령적 의문문은 앞의 글(양희철 2020)을 수정한 것이다.

9. 後言 菩提叱 菓音 烏乙 及隱

(後言) 菩提(보리)ㅅ 열음 검을 믿은
(後言) 보리의 열매 검을 믿은(열매와 같이 잘 익는 보리가 잘 익을 바로 직전은)

(오구라 1929)	後言 菩提ㅅ 여름 열니얀
(신태현 1940)	菩提ㅅ 여름 오올븐
(양주동 1942)	아으 菩提ㅅ 여름 오올ᄫ
(지헌영 1947)	아으 菩提ㅅ 여름 오올ᄫ
(성얼노 1947)	나으 보리 의름 올들은(1965 보릿 여름 기믈 도른)
(홍기문 1956)	아야 보리ㅅ 여름 오올ᄫ
(이 탁 1956)	아라 菩提ㅅ 열음 (올인>)어린
(김준영 1964)	아- 菩提ㅅ 여름 오을본
(김상억 1974)	아으 보리ㅅ 여름 오알븐
(김선기 1975a)	뽀딛 열롬 ( )(1993 휴ᇢ언 뽀띠ㄷ 열음 욜반)
(전규태 1976)	아으 菩提ㅅ 여름 오올븐
(김준영 1979)	아- 菩提ㅅ 여름 오을본
(김근수 1979)	菩提ㅅ 여름 오올본
(김완진 1980)	아야 菩提ㅅ 여름 오올ᄂ
(정창일 1987)	아~ 보뎨싁 여름 오올브는 覺
(양희철 1988)	後言 菩提ㅅ 열음 오(烏)올ᄫ(2015a 검을 밑은)
(유창균 1994)	아라! 菩提ㅅ 여름 올븐
(강길운 1995)	(後言) 菩提ㅅ 여름 오을본
(최남희 1996)	아야 菩提ㆆ 여름 오올본
(지형률 1996)	아야 菩提ㅅ 여름 오올본
(신재홍 2000)	아야, 菩提ㅅ 여름 올ᄫ
(황패강 2001)	(後言) 菩提ㅅ 여름 오올ᄫ
(박재민 2002)	아으 菩提ㅅ 여름 오올ᄫ
(류 렬 2003)	아으 보리시 열음 오술ᄫ
(이건식 2012)	後言 菩提ㅅ 여름 오올본
(김지오 2012)	아야 菩提ㅅ 여름 오올ᄫ

9.1. 後言(형식 용어)

'後言'은 향찰이 아니라, 형식 용어이다.

9.2. 菩提叱 菩提(보리)ㅅ ← 菩(전음독:菩/보)+提(전음독:提/리)+叱(약음독:ㅅ)

'菩提叱'는 '菩提ㅅ, 보리ㅅ, 뽀딘, 보데싀, 보리시' 등으로 읽어 왔는데, '菩提(보리)ㅅ'(홍기문 1956)을 따른다.

9.3. 菓音 열음 ← 菓(실의독:열음)+音(약음독:ㅁ)

'菓音'는 '여름, 열음, 열롬, 열옴' 등으로 읽어 왔다. 향찰에서와 같이 분절을 보인 '열음'(이탁 1956)을 취한다.

'菩提叱 菓音'을 '菩提(보리)ㅅ 열음'으로 읽는다고 해독이 끝난 것은 아니다. 이 어구 역시 은유이다. 은유적 의미는 '菓音(열음, 열매)과 같이 잘 익는 菩提(보리, 정각의 지혜)'이다(제4부 「수사법과 연계된 문제 향찰」 2.1.7. 菩提叱 菓音 참조).

9.4. 烏乙 검을 ← 烏(실의독:검)+乙(전음독:을)

'烏乙反隱'은 한 단어로 읽은 해독이 주종을 이루며, 두 단어로 읽은 해독도 있다. 전자에는 '열니얀, 오슐본, 오올눈, 오올븐, 오올본, 오올븐, 오알븐, 오을븐, 오을본, 오을브는, 올본, 올돌은, 올븐, (올인)어린, 욜반' 등이 있다. 이 해독들의 가장 큰 문제는 '乙'을 이용하여 훈주음종이나 의주음조로 표기하지 않은 문제이다.

두 단어로 본 해독에는 '가믈 도론'(많은 들은, 정열모 1965)과 '검을 믿은'(검을 밑은, 양희철 2015a)이 있다. 전자의 경우는 해독 '가믈 도론'이 현대역 '많은 들은'과 잘 연결되지 않는다. 후자는 '反'을 '及'의 오자로 수정한 해독이다. '及'이 '反'으로 오서되거나 오각된 예가 『삼국유사』〈대산오만진신(臺山五萬眞身)〉조의 '圓像無量壽(反)及白地畵無量壽'에서도 발견된다(양희철 2020:33-34). '검을 믿은'(검을 밑은)은 '검게 아주 잘 익을 직전은'의 의미이다. 기왕의 해독에 대한 구체적인 변증과, '검을 믿은'으로 읽은 구체적인 설명은 앞의 글(양희철 2015a:404-407, 502-504)로 돌린다.

9.5. 及隱 믿은 ← 及(실의독:믿)+隱(전음독:은)

9.4. 참조.

10. 覺月 明斤 秋察羅 波處也

覺月(각월) 불곤 가줄벌 [비단(羅)] 믈결치여
각월(달이 밝듯이 밝는 깨달음)이 밝은 가을(가을의, 수확의) (비단) 벌판 물결치여?

    (오구라 1929)   覺月 붉온 ᄀ술올 밧치요
    (신태현 1940)   覺月 붉온 ᄀ술 받치라
    (양주동 1942)   覺月 불곤 ᄀ술 바티여
    (지헌영 1947)   覺月 불곤 ᄀ술 바티여
    (정열모 1947)   각월 발근 가슬 바치여(1965 불곤 ᄀ슬철 깁바치라)
    (홍기문 1956)   각월 밝은 가술 되침이여
    (이 탁 1956)   覺月 불온 ᄀ줄 빛여
    (김준영 1964)   覺月 불곤 ᄀ줄 바텨
    (김상억 1974)   각월 발근 가잘 바티여
    (김선기 1975a)   각월 밝안 가찰 받쵸라(1993 각월ㅎ 밝인 가사래 바쵸라)
    (전규태 1976)   覺月 불곤 ᄀ술 바티여
    (김근수 1979)   覺月 불곤 ᄀ술 바치여
    (김완진 1980)   覺月 불곤 ᄀ술 라ᄫᅵ여
    (정창일 1987)   둘 불곤 ᄀᄉ라 波 處야
    (양희철 1988)   覺月 불곤 ᄀ술라(羅) 바치(波處)여
    (유창균 1994)   覺月 불곤 ᄀ술 고ᄅ 바돌이라
    (강길운 1995)   覺月 벌근 고슬 밭이여
    (최남희 1996)   覺月 불곤 ᄀ술 바지라
    (지형률 1996)   覺月 불곤 ᄀ술ᄅ바지여(2007 ᄀ숲 랍아 지여)
    (신재홍 2000)   覺月 불곤 ᄀ술라ᄫᆫ 곧야
    (황패강 2001)   覺月 불곤 ᄀ술 바치여
    (박재민 2002)   覺月 불곤 ᄀ술 '尸羅波羅' 處여 (2013b ᄀ술 羅波 處여)
    (류 렬 2003)   각월 불곤 ᄀᄉ라 바티라

(이건식 2012)　　　　覺月 불건 ᄀ술 납곤여
(김지오 2012)　　　　覺月 불건 ᄀ술 羅波處여

10.1. 覺月 覺月(각월) ← 覺(음의독:覺/각)+月(음의독:月/월)

'覺月'은 '覺月(각월)'로 의견이 일치한다. 이 '覺月(각월)'로 해독이 끝나는 것이 아니다. 그 의미를 알아야 하는데, '覺月(각월)'은 '달(月/월) 같이 밝는 깨달음(覺/각)'의 의미이다(제4부「수사법과 연계된 문제 향찰」2.1.8. 覺月 참조).

10.2. 明斤 붉곤 ← 明(실의독:붉)+斤(전음독:곤)

'明斤'은 '붉은'(오구라 1929; 신태현 1940), '불건'(양주동 1942; 지헌영 1947 등 등), '불은'(이탁 1956), '발근'(정열모 1947; 김상억 1974), '밝은'(홍기문 1956), '밝안'(김선기 1975a), '벌근'(강길운 1995), '붉곤'(양희철 2020:60-62) 등으로 읽어 왔다. '臻'섭 3등운에 속한 '斤'의 오음과 일본음이 '곤'이고, 『유가사지론』의 구결 ' ㅣ斤 (아곤), ﹀ㅣ斤(ᄒ아곤), ロ斤(곤)' 등에서 '斤'은 '곤'으로 읽힌다는 점에서, '明斤'을 '붉곤'으로 읽는다.(제3부「소멸된 한자음의 문제 향찰」의 2.1. '斤' 참조)

10.3. 秋察羅 가줄벌 [비단(羅)] ← 秋(실의독:가줄)+察(전음독:줄)+羅[가의 독:벌, 잉여코드의 문맥적 의독:비단(羅)]

秋察羅를 'ᄀ줄벌 [비단(羅)]'으로 읽고, 그 의미는 '가을의 벌판 (비단)'으로 정리한다(제4부「잉여코드도 겸독한 문제 향찰」3.3. 秋察羅의 羅 참조)

10.4. 波處也 믈결치여 ← 波(실의독:믈결)+處(전음독:치)+也(실의독:여)

10.3. 참조.

〈청불주세가〉

[원문]

皆 佛體

必于 化緣 盡 動賜乃

手乙 寶非乎 鳴良尒

世呂中 止以賜友 白乎隱等耶

曉留 朝 于萬 夜未

向屋賜尸 朋 知良 閪尸也

伊知 皆矣 爲米

道尸 迷反 群良 哀呂舌

落句 吾里 心音水 淸等

佛影 不冬 應爲賜下呂

(動賜隱乃의 '隱'은 연자로 삭제, 寶非乎의 '乎'는 누락자로 보충, 止以賜友의 '賜'는 누락자로 보충, 白乎隱等耶의 '隱'은 누락자로 보충)

[해독]

모노 부텨

빌우 [반드시(必)] 화연 다아 뮈시나

손을 부븨오 [(수용자를) 울리도록(鳴)] 울아곰

"누려히 머므로시우" 솗온ᄃ야

새루 [깨닫는(曉)] 아촘 가만 바미

안오실 벋 알아 셔두를라

이디 모도의 ᄃ비미

길 이븐 물아 셔려혀

(落句) 우리 ᄆᆞᅀᆞᆷ믈 ᄆᆞᆰ돈
佛影(불영) 안들 웅ᄒᆞ시아려

[현대역]
부처 모두
비록(:아마도) (반드시) 화연(化緣) 다하여 움직이시나
손을 부비고 (수용자를 울리도록) 울부짖오곰
"누리에 머무르시오" 사뢰온다야
새로 (깨닫는) 아침이 가만[(시간이) 헤어리기 어려울 만큼 멀은] 밤에
(열반의 담진성회에서 부처님들과 보살들이) 대면하실 벋(이) (화연이 다함을) 알아
(열반에 들기를) 서두를 것이므로
이것(이) 모두에 됨으로 인해
길 미혹한 무리여 서럽구나
(落句) 우리 물과 같이 비치는 마음이 맑으면
불영 응하시지 않을 것이어

1. 皆 佛體

모도 부텨
부처 모두

  (오구라 1929)   므릇 부텨
  (신태현 1940)   므릇 부텨
  (양주동 1942)   한 부톄
  (지헌영 1947)   한 부톄
  (정열모 1947)   몬 부처
  (홍기문 1956)   모든 부텨
  (이 탁 1956)   몬 븓디
  (김준영 1964)   모든 부텨
  (정열모 1965)   여러 부텨

(김상억 1974)	한 부톄
(전규태 1976)	모돈(한) 부톄
(김선기 1975a)	함목 뿌텨(1993 개 뿌다이)
(김근수 1979)	모돈 부텨
(김완진 1980)	모돈 부텨
(정창일 1987)	다 부톄
(양희철 1988)	모돈 부텨(2015a 모도 부텨)
(유창균 1994)	모돈 佛體
(강길운 1995)	모돈 부텨
(금기창 1995b)	모돈 부톄
(최남희 1996)	모돈 佛體
(지형률 1996)	모돈(2007 몬) 부텨
(신재홍 2000)	여러 부텨
(황패강 2001)	모돈 부톄
(박재민 2002)	한 佛體
(류 렬 2003)	모돈 부텨
(김지오 2012)	모돈 부텨

1.1. 皆 모도 ← 皆(실의독:모도)

'皆'는 '개, 다(모든), 모돈, 모돈(한), 모도, 모든, 몬, 므룻, 여러, 한, 함목' 등으로 다양하게 읽어 왔다. 이는 '皆'가 '佛體' 앞에 왔다는 점에서, '皆'를 '佛體' 앞에 온 관형사로 보기 위한 노력의 결과이다. 그러나 이 구문을 도치 구문이라는 측면에서 보면, 이렇게 어렵게 해독할 이유가 없다. 도치 구문으로 보고, '모도'(양희철 2015a:75-82)로 읽는다.

1.2. 佛體 부텨 ← 佛(실의독:부텨)+體(전음독:텨)

2. 必于 化緣 盡 動賜乃

빌우 [반드시(必)] 화연 다아 뮈시나

비록(:아마도) (반드시) 화연(化緣) 다하여 움직이시나

(오구라 1929)　　　비록 化緣 다ᄋ아 움즉이샤나
(신태현 1940)　　　비록 化緣 다ᄋ아 뮈샤나
(양주동 1942)　　　비루 化緣 ᄆᄎ샤나
(지헌영 1947)　　　비루 化緣 ᄆᄎ샤나
(정열모 1947)　　　필우 화연 다 뮈샨내
(홍기문 1956)　　　비루 화연 ᄆᄎ샤나
(이 탁 1956)　　　 빌우 化緣 몯ᄉ나
(김준영 1964)　　　비룩(1979 비루) 化緣 ᄆᄎ 뮈샤나
(정열모 1965)　　　피루 화연 다 뮈샨너
(김상억 1974)　　　비루 화연 마차샤나
(전규태 1976)　　　비루 化緣 ᄆᄎ 뮈샤나
(김선기 1975a)　　　비록 화연 다아 뮈샨나
(김선기 1993)　　　비록 과원 다아 뮈시오나
(김근수 1979)　　　비록 化緣 다아 뮈샤나
(김완진 1980)　　　비록 化緣 다아 뮈시나
(정창일 1987)　　　곡두 化緣 盡 뮈드으나
(양희철 1988)　　　비루 化緣 다 뮈샤나
(유창균 1994)　　　비록 化緣 ᄆᄎ신이나
(강길운 1995)　　　비루 化緣 다봐 무이시나
(금기창 1995b)　　　비루 化緣 ᄆᄎ샤나
(최남희 1996)　　　비록 化緣 뮈신 너
(지형률 1996)　　　비록 化緣 다아 뮈시나
(지형률 2007)　　　비루 化緣 다ᄋ 뮈신나
(신재홍 2000)　　　비루 化緣 다ᄒ시나
(황패강 2001)　　　비록 化緣 다아 뮈시나
(박재민 2002)　　　비록 化緣 다아 뮈시나
(류 렬 2003)　　　 비루 화연 ᄆᄎ시나
(김지오 2012)　　　비루 化緣 다(아) 뮈시나

2.1. 必于 빌우 [반드시(必)] ← 必[전음독:빌, 잉여코드의 문맥적 의독:[반드시(必)]+于(전음독:우)

'빌우 [반드시(必)]'로 읽고, 그 의미는 '비록 (반드시)'로 정리한다(제4부 「잉여코드도 겸독한 문제 향찰」 2.2.1. 必于의 必 참조).

2.2. 化緣 化緣(화연) ← 化(음의독:化/화)+緣(음의독:緣/연)

2.3. 盡 다아 ← 盡(실의독:다아)

'盡'은 'ᄆᆞᄎᆞ, 마차, 몯, 盡, 다, 다(ᄋᆞ), 다(아), 다봐, 다ᄋᆞ아, 다ᄋᆞ, 나아' 등으로 읽어 왔다. 'ᄆᆞᄎᆞ, 마차' 등은 '盡動'이나 '盡'을 읽은 것인데, 어느 경우나 음훈으로 설명하는 것이 어렵다. 특히 이 해독을 주도한 경우에, '盡動'을 '畢'의 회서(戲書)로 보고, 의훈독 '몿'으로 읽었다. 다분히 역시의 '畢化緣'의 '畢'에 끌린 것으로 보인다. '盡/다'와 '動/뮈'를 언급하면서도 '몿'으로 읽은 한계를 보인다. 'ㆍ'를 첨가해야 하는 문제도 있다.

'몯(맞)'과 '盡(다하여)' 역시 설득력이 없다. 전자는 '盡'을 '몯'으로 '動'을 '듣'으로 보고, 이 둘을 합쳐서 '몯(맞)'으로 본 문제를 보인다. 후자의 경우는 '盡'을 '다하여'로 본 것은 해독이 아니라 번역인 것 같다.

'다, 다(ᄋᆞ), 다(아), 다봐, 다ᄋᆞ아, 다ᄋᆞ, 다아' 등으로 읽은 해독들을 보자. '다'(다)는 중세어의 형태가 아니다. '다(ᄋᆞ)'는 '盡'을 '다ᄋᆞ'로 읽고, '動'을 'ㅎ'로 읽은 다음에 '다ᄋᆞㅎ-'를 '다ㅎ'로 축약하면서 나온 형태이다. '動'을 'ㅎ'로 보는 데 문제가 있다. '다(아)'는 '아'에 해당하는 향찰이 생략되었다고 본 것인데, 생략의 이유를 설명하지 않은 문제와 '盡'을 '다'로 읽은 문제를 보인다. '다봐'(다하여)는 '다ᄫᅩ'에 부사형 '-아'를 첨가한 해독이다. 첨가의 이유가 명확하지 않다. 그리고 '다봐'가 후대의 '다ᄋᆞ'나 '다아'로 연결될 수 있는 가능성이 없어 보인다.

'다ᄋᆞ아'(오구라 1929)에서는 '盡'을 '盡良'과 같은 것으로 보았다. 그리고 '다ᄋᆞ'(다하, 다하고, 지형률 2007)에서는 '다ᄋᆞ다'의 어간을 정확하게 보여준다. 그러나 이 '다ᄋᆞ'가 '다하고'의 의미라고 보기는 어렵다. '다아'(다아, 다해서, 끝나, 다하여, 다해)에서는 이 '盡'이 '盡良'과 같은 것이거나, '良'이 생략되었다는 언급(박재민 2013b)을 거의 하지 않고 있다. 그러나 '盡'의 훈이 '다ᄋᆞ다'라는 점에서, '盡'을 '盡良'과 같은 것으로 보거나, '良'이 생략되었다고 본 것임에 틀림이 없다.

이렇게 기왕의 해독들은 '良'이 생략된 이유를 명확하게 보여주지 못하고 있다. 이는

'盡良/다아'를 '다ᄋ아'의 축약인 '다아'로 보지 않고, '盡/다아'에 '良/아'가 첨기된 것으로 보면서, '盡'을 '다아'로 표기로 본 것 같다. 결국 '盡'을 '다ᄋ'로 보지 않고, '다아'로 보면서, '良'은 첨기해도 좋고 첨기하지 않아도 좋은 것으로 오해를 했다고 정리할 수 있다. 오해를 하였지만, '盡'으로 '다아'(다하여)를 표기한 것임에는 틀림이 없다.

2.4. 動賜乃 뮈시나 ← 動(실의독:뮈)+賜(전음독:시)+乃(전음독:나)

動賜隱乃의 '隱'은 연자이다. 動賜乃를 '뮈시나'로 읽는다(제2부 「서로 연계된 누락자와 연자」의 4.2.1. 참조).

3. 手乙 寶非乎 鳴良尒

손을 부븨오 [(수용자를) 울리도록(鳴)] 울아금
손을 부비고 (수용자를 울리도록) 울부짖오곰

   (오구라 1929)   손을 부뵈여 울니니
   (신태현 1940)   손을 보비여 울이아금
   (양주동 1942)   소놀 부븨 올이(1964 울여곰)
   (지헌영 1947)   손을 부븨올여
   (정열모 1947)   손을 보비오랑이
   (홍기문 1956)   소놀 부븨 울아며
   (이 탁 1956)   손올 보비 울안이
   (김준영 1964)   손을 보븨(1979 보비) 오라며
   (정열모 1965)   소놀 보돗 우러니
   (김상억 1974)   손을 부비 올이
   (전규태 1976)   소놀 부비 올아금
   (김선기 1975a)   손을 보비 우라니(1993 손알 보비 울아며)
   (김근수 1979)   소놀 부븨 올이
   (김완진 1980)   소놀 부븨 울어곰
   (정창일 1987)   소놀 보비 우러며
   (양희철 1988)   소놀 보븨 울(鳴)라이(尒)(2015a 우라금)
   (유창균 1994)   손을 보비 우라곰

(강길운 1995)	손을 보븨 울야곰
(금기창 1995b)	손을 부븨울며
(최남희 1996)	소늘 부븨 오라금
(지형률 1996)	손올 보븨 울어곰(2007 울어금)
(신재홍 2000)	손올 부븨 우라며
(황패강 2001)	소늘 부븨 울어곰
(박재민 2002)	소늘 부벼 울려곰(2013b 부비 우러곰)
(류　렬 2003)	소늘 부븨 우러니
(김지오 2012)	손올 부븨 울어곰

3.1. 手乙 손을 ← 手(실의독:손)+乙(전음독:을)

3.2. 寶非乎 부븨오 ← 寶(전음독:부)+非(전음독:븨)+乎(약의독:오)

寶非乎의 '乎'는 누락자이다. 寶非乎를 '부븨오'(부비고)로 읽는다(제2부 「누락자 9제」의 3.3. 참조).

3.3. 鳴良尒 [(수용자를) 울리도록(鳴)] 울아금 ← 鳴[가의독:울, 잉여코드의 문맥적 의독:울리도록(鳴)]+良(약의독:아)+尒(가의독:금)

鳴良尒를 '[(수용자를) 울리도록(鳴)]'으로 읽고, 그 의미는 '[(수용자를) 울리도록] 울부짖어곰'으로 정리한다(제4부 「잉여코드도 겸독한 문제 향찰」 3.4. 鳴良尒의 鳴 참조).

4. 世呂中 止以賜友 白乎隱等耶

누려히 머므로시우 숣온다야
누리에 머무르시오 사뢰온다야

(오구라 1929)	누리예 머믈게 ᄒ숣오더라
(신태현 1940)	누리예 머믈므로 벋삼오드라
(양주동 1942)	누리히 머믈우슬보다라

(지헌영 1947)	누리히 뒷숩오다라
(정열모 1947)	누리 가운지로 벗 삷오더라
(홍기문 1956)	누리히 멈치우 숤보다라
(이 탁 1956)	누리예 멈어벋술을드라
(김준영 1964)	누리히 머믈우 숩오드라
(정열모 1965)	누리에 바로 아모술보드야
(김상억 1974)	누리헤 머믈우 삷오다라
(전규태 1976)	누리헤 머믈우 숩오더라
(김선기 1975a)	누리애 긷디반(1993 그티바) 삷곧다라
(김근수 1979)	누리히 머믈우 술보다라
(김완진 1980)	누리히 머믈우 숤보드라
(정창일 1987)	누려둥 자치워 술혼드야
(양희철 1988)	누리히(2013 누려히) 머믈우(止以友) 숤보드야
(유창균 1994)	누리히 머므로우 숩오드라
(강길운 1995)	누례헤 그치받조봇드라
(금기창 1995b)	누리히 멍을이우 숤보더라
(최남희 1996)	누리혜 머므로우 숩오드라
(지형률 1996)	누리히 그치받술보드야(2007 누리긔 그치받숩오드야)
(신재홍 2000)	누리히 그치기 술보드라
(황패강 2001)	누리히 머믈우 숤보다라
(박재민 2002)	"누리예 머므리" 술보다라(2013b 머므리습오드야)
(류 렬 2003)	누리히 머무리우 술보다라
(김지오 2012)	누리긔 멈치우 숩오(ㅅ)드야

4.1. 世呂中 누려히 ← 世(실의독:누려)+呂(전음독:려)+中(실의독:히)

'世呂中'의 '世'는 '누려'로, '呂'는 '려'로, '中'은 '히'로 각각 읽어, 전체를 '누려히'(양희철 2013a:301-306)로 읽는다.

4.2. 止以賜友 머무로시오 ← 止(실의독:머물)+以(가의독:로)+賜(전음독:시)+友(전음독:우)

止以賜友의 '賜'는 누락자이다. 止以賜友를 '머므로시우'(머무르시오)로 읽는다(제2부「누락자 9제」의 3.4. 참조).

4.3. 白乎隱等耶 숣온드야 ← 白(실의독:숣)+乎(약의독:오)+隱(약음독:ㄴ)+等 (약음독:드)+耶(전음독:야)

白乎(隱)等耶의 '隱'은 누락자이다. 白乎隱等耶를 '숣온드야'로 읽는다(제2부 「서로 연계된 누락자와 연자」의 4.2.2. 참조).

5. 曉留 朝 于萬 夜米

새루 [깨닫는(曉)] 아춤 가마 바미
새로 (깨닫는) 아침이 가만[(시간이) 헤아리기 어려울 만큼 멀은] 밤에

(오구라 1929)	새벽으로 아춤 밤이
(신태현 1940)	붉올 아춤 먼 밤에
(양주동 1942)	새배루 아춤 바미
(지헌영 1947)	새배루 아춤 바미
(정열모 1947)	샐 아츰 우만 밤에
(홍기문 1956)	새배루 아츠ᄆ로 바미
(이 탁 1956)	불온 아줌 가만 밤이
(김준영 1964)	새배루 아춤 바매
(김준영 1979)	새배루 아춤 바매
(정열모 1965)	싈 아춤 우만 바미
(김상억 1974)	새배루 아참 바매
(전규태 1976)	새배루 아춤 바매
(김선기 1975a)	샐 아차무만 밤애(1993 새루 아차무 만 밤애)
(김근수 1979)	새배투 아춤 바미
(김완진 1980)	붉논 아춤 가만 바매
(정창일 1987)	曉루 朝두 한밤굿
(양희철 1988)	새벼루 아춤(朝于萬)(2008 아침 가만) 바미(未)
(유창균 1994)	새배로 아춤부터 먼 바미
(강길운 1995)	새박으루 아츰 가믄 밤에
(금기창 1995b)	새배루 아춤 바미
(최남희 1996)	새배로 아줌 바미
(지형률 1996)	새로(2007 새배로) 아춤 가몬 밤애(2007 밤의)

(신재홍 2000)	새론 아춤 우믄 바믹
(황패강 2001)	새배루 아춤 바믹
(박재민 2002)	새배로(2013b 볼고모로) 아춤 于萬(2013b 우만) 바믹
(류 렬 2003)	새배루 아춤 바믹
(김지오 2012)	새배루 아춤 가믄 바믹

5.1. 曉留 새루 [깨닫는(曉)] ← 曉[가의독:새, 잉여코드의 문맥적 의독:깨닫는(曉)]+留(전음독:루)

曉留를 '새루 [깨닫는(曉)]'으로 읽고, '새로 (깨닫는)'의 의미로 정리한다(제4부 「잉여코드도 겸독한 문제 향찰」 3.5. 曉留의 曉 참조).

5.2. 朝 아춤 ← 朝(실의독:아춤)

5.3. 于萬 가만 ← 于(가의독:가)+萬(전음독:만)

'于萬'은 '가만, 먼, 우만, 가믄, 우믄, -우 만, -부터 먼, 于萬, -으로' 등으로 읽어 왔다. "(시간이) 헤어리기 어려울 만큼 멀은"의 의미인 '가만'(양희철 2008a:178-184) 으로 읽는다.

5.4. 夜米 바믹 ← 夜(실의독:밤)+米(전음독:믹)

'夜米'는 '바믹, 바매, 바미, 밤이, 밤굿, 밤애, 밤에, 밤이' 등으로 읽어 왔다. 연철을 살려 '바믹'나 '바매'로 본다.

6. 向屋賜尸 朋 知良 閪尸也

안오실 벋 알아 셔두를라
(열반의 담진성회에서 부처님들과 보살들이) 대면하실 벋(이) (화연이 다함을) 알아 (열반에 들기를) 셔두를 것이므로

(오구라 1929)	아오샤 벋(을) 알아 일허
(신태현 1940)	아오샬 벋 알나 일허
(양주동 1942)	아ᅌ살 벋 아라셰라
(지헌영 1947)	아오샬 벋 아라셰라
(정열모 1947)	안지살 부처 아라시라
(홍기문 1956)	ᄇ라샬 버다 알 서리야
(이 탁 1956)	안오술 벋 알아스라
(김준영 1964)	아오샬 벋 알아셜여
(정열모 1965)	안지샬 버디래 서리라
(김상억 1974)	아아샬 벋 알아셰라
(전규태 1976)	아올샬 벋 알아셰라
(김선기 1975a)	아오샬 받이라 아나새라(1993 아오실 벋 알아셀라)
(김근수 1979)	아오샬 벋 아라셰라
(김완진 1980)	아ᅌ실 벋 아라 고티리여
(정창일 1987)	아브들힐 벋 아럿셜히야
(양희철 1988)	아ᅌ샬 벋 아라셔(闇)ㄹ아(2008 안(對面)오실 버디라 셔두를라)
(유창균 1994)	알오실 벋 아라셔리라
(강길운 1995)	아소실 벋 아라셰라
(금기창 1995b)	ᄇ라샬 벋 알아셰라
(최남희 1996)	아스오실 벋 아르서랴
(지형률 1996)	앗외실(2007 앗오실) 벋 알아셜여
(신재홍 2000)	아오실 버디라 술야/실야
(황패강 2001)	아오샬 벋 아라셰라
(박재민 2002)	아오샬 버디아 셜구나(2013b 앉오실 버디이 잃야)
(류 렬 2003)	ᄇ라실 버디라 서리라
(김지오 2012)	앗외실 버디아(벋아) 잃음여

6.1. 向屋賜尸 안오실 ← 向(실의독:안)+屋(약음독:오)+賜(전음독:시)+尸(약음독:ㄹ)

'向屋賜尸'은 'ᄇ라샬, ᄇ라실, 앞오실, 아소실, 아ᅌ살, 아ᅌ샬, 아ᅌ실, 아아샬, 아오샤, 아오샬, 아오실, 아올샬, 안오술, 안오실, 안지살, 안지샬, 알오실, 앗외실, 앗오실, 아브들힐[26]' 등으로 읽어 왔다. 이 해독들을 변증하고 '안오실'로 읽은 바가 있다. 이

'안오실'은 (부처님과 보살님이 열반 세계의 담진성회에서) '대면하오실'의 의미이다 (양희철 2004, 2008a:47-67). 이 '안-'은 한자 '向'이 보여주는 '대면하다, 마주하다' (對也)의 의미이다.

해독은 일단 '안오실'로 끝나지만, 이 행위의 주체가 누구인가를 명확하게 해야 한다. 가능한 것은 '담진성회'의 부처님과 보살들이거나 '벗'이다. 그런데 '知良' 또는 '知良 閪尸也'에 주체존대의 '-시-'가 없다는 점에서, '벗'을 '안오실'의 주체로 볼 수는 없다. 혹시 '담진성회'를 이승의 법회로 보려고 할 수 있지만, 만약 이승의 법회라면, '벗'이 이 법회를 연모하는 것이 되어 벗에게 이 세상에 머물도록 청원할 필요가 없다는 점에서 '담진성회'는 '벗'이 열반에 들었을 때에, 열반에서 맞이하는 '담진성회'이고, 이로 인해 '안오실'의 주제를 '벗'으로 볼 수 없고, 열반의 '담진성회'에서 '벗'을 맞이하는 부처님과 보살들로 보게 된다(양희철 2004, 2008a:47-53).

6.2. 朋 벋 ← 朋(실의독:벋)

'朋'은 '부처'로 읽은 경우도 있으나, 거의가 '벋'으로 읽는 데 동의한다. 그런데 문제는 여기에서 다시 시작된다. 바로 '朋'과 '知良'을 띄어 읽을 것인가 아니면 붙일 것인가의 문제이다. 이 문제는 '朋知良閪尸也'를 '朋 知良閪尸也', '朋 知良 閪尸也', '朋知良 閪尸也' 등의 어느 것으로 띄어 읽을 것인가와 연결되어 있다.

'朋 知良閪尸也'로 띄운 '알아셰라, 알아셸라, 알아셜아' 등등의 해독에서는 '閪'를 '셰'나 '셔'로 읽었는데, 이 '셰'나 '셔'의 기능이 모호한 문제를 보인다.

'朋 知良 閪尸也'로 띄워서 읽은 해독에는 다섯이 있다. '벋(을) 알아 일허'(오구라 1929)와 '벋 알나 일허'(신태현 1940)에서는 '閪'를 '잃-'로 읽었다. 이는 가능하다. 문제는 '閪/잃'과 '尸也'의 결합을 '일허'로 읽을 수 없다는 것이다. '버다 알 서리야'(벗들아 아는 이의 叢中이여, 홍기문 1956)의 해독은 이해가 잘되지 않는다. '벋 아라 고티리여'(김완진 1980)에서는 '閪'를 '醫'로 수정한 논거가 명확하지 않다. '벋 알아 셜여' (벗 알아 있음이라, 벗이라 알고 있는데, 지형률 2007)에서는 '셜여'를 [시(有)+어(확

---

26 '앗외실'(이끌어 주시는, 지형률 1996, 인도해주시는, 김지오 2012), '앗오실'(이끄실, 지형률 2007), '아브들힐'(向해드릴, 정창일 1987) 등은 앞의 변증에서 참고하지 못했다. 그러나 '앗외-'와 '앗오-'의 해독과 괄호안의 현대역은 '向'의 훈과 현대역이 아니라, '導(師)'의 훈과 현대역이라는 문제를 보인다. 그리고 '아브들힐'(向해드릴, 정창일 1987)의 경우는 어떻게 읽은 것인지가 명확하지 않다.

인법어미 '거')+ㄹ(동명사형어미)+여(종결어미)]로 분석하였다. 이 분석에도 불구하고, 이 해독의 '셜여'가 어떻게 현대역의 '있음이라'나 '있는 데'가 되는지를 이해하기 어렵다. 이렇게 이 해독들은 '朋/벋 知良/알아'의 해독에서는 문제가 없지만, '闐尸也'의 해독에서 문제를 보인다.

'朋知良 闐尸也'로 띄워서 읽은 해독에는 여섯이 있다. '버디래 서리라'(몸이 깨달으리, 정열모 1965), '버디라 술야/실야'(벗이라 佛役이여, 신재홍 2000), '버디라 서리라'(벗들은 동무들아라, 류렬 2003), '버디라 셔두를라'[벗이므로 (열반 세계로 들 일을) 서두를라, 양희철 2004, 2008a], '버디이 잃야'(벗 지금 잃는구나, 박재민 2013b), '버디아(벋아) 잃을여'(벗 잃었는데, 김지오 2012) 등이다.

이 중에서 '闐'의 음(셔, 셰)이나 훈(잃-, 서두르-), '尸'의 음(ㄹ), '也'의 음(야)과 훈(여, 라) 등을 정확하게 살린 해독은 '버디라 셔두를라'뿐이다. 그런데 이 '셔두를라'는 '서두를라'의 의미로 볼 수도 있지만, '서두를 것이라'나 '서두를 것이므로'의 의미로 볼 수도 있다. 그리고 '朋知良' 역시 '버디라'로 읽을 수도 있지만, '벋(이) (화연이 다함을) 알아'의 의미로 볼 수도 있다. 이런 점들을 종합하여, '벋(이) (화연이 다함을) 알아 (열반에 들기를) 서두를 것이므로'의 의미인 '벋 알아 서두를라'로 해독한다. 생략된 내용들은 화연이 다하였어도, 열반에 들지 말고, 화연을 계속해 주길 바라는 입장에서, 피하고 싶은 어휘들을 생략한 것으로 판단된다.

제6구인 "向屋賜尸 朋 知良 闐尸也"를 종합하면, '(열반의 담진성회에서 부처님들과 보살들이) 대면하실 벋(이) (화연이 다함을) 알아 (열반에 들기를) 서두를 것이므로'의 의미인 '안오실 벋 알아 서두를라'로 해독하게 된다.

6.3. 知良 알아 ← 知(실의독:알)+良(약의독:아)

6.2. 참조.

6.4. 闐尸也 서두를라 ← 闐(실의독:서두르)+尸(약음독:ㄹ)+也(실의독:라)

제3부 「의독자의 문제 향찰」 2.3. '闐/서둘' 참조.

7. 伊知 皆矣 爲米

이디 모도이 드빅미
이것(이) 모두(에) 됨으로 인해

(오구라 1929)	이러케 ᄒᆞ매
(신태현 1940)	이러케 ᄒᆞ매
(양주동 1942)	이 알긔 ᄃᆞ외매
(지헌영 1947)	이 알긔 ᄃᆞ외매
(정열모 1947)	이지다이 하매
(홍기문 1956)	이 알긔 ᄃᆞ외매
(이 탁 1956)	읻의 몯이 ᄃᆞᆸ익미
(김준영 1964)	이 알 모더 ᄒᆞ메
(정열모 1965)	이디 여릐 ᄒᆞ미
(김상억 1974)	이 알긔 다외매
(전규태 1976)	이 알게 ᄃᆞ외매
(김선기 1975a)	이디가이(1993 이디개이) 까매
(김근수 1979)	이 알긔 ᄃᆞ빅매
(김완진 1980)	뎌 알기 ᄃᆞ뵈매
(정창일 1987)	伊 알다의 ᄒᆞ메
(양희철 1988)	이 알ㄱ(皆)이 ᄃᆞ뵈미(2015a 이 디 모도이 ᄃᆞᆸ미)
(유창균 1994)	이 알기 ᄃᆞ빅메
(강길운 1995)	이디긔 듸뵈메
(금기창 1995b)	이 알긔 더외매
(최남희 1996)	이 알 모더 ᄒᆞ미
(지형률 1996)	뎌디 모더 ᄃᆞ빅매(2007 뎌 디 모더 ᄒᆞ미)
(신재홍 2000)	이디기 ᄒᆞ미
(황패강 2001)	이 알게 ᄃᆞ외매
(박재민 2002)	伊知皆矣爲米(2013b 이 알긔 ᄃᆞ외매)
(류 렬 2003)	이 알긔 ᄃᆞ뵈미
(김지오 2012)	이 알기 ᄃᆞ외미

7.1. 伊知 이디 ← 伊(실의독:이)+知(전음독:디)

'伊知皆矣'의 해독은 띄어 읽기에서 '伊知皆矣', '伊 知皆矣', '伊知 皆矣' 등으로 3분이 되어 왔다. 그런데 어느 경우에도, '伊'의 음과 훈인 '이, 뎌', '知'의 음과 훈인 '디, 알', '皆'의 음과 훈인 '개, 기, 모도', '矣'의 음 '의' 등을 충실하게 반영하여 해독한 경우는 없다. 특히 '皆'와 '矣'를 반절법으로 한 음절('케, 긔, 게, 긔')을 표기했다고 적당하게 설명하면서 넘어가지 않고, '皆'의 음과 훈인 '개, 기, 모도' 등과 '矣'의 음 '의'를 충실하게 살린 해독은 없다.

해당 향찰들의 음훈을 가장 잘 살려서 읽으면 '이것(이) 모두에'의 의미가 된다.

'知'를 '디'로 읽은 해독에는, '이지'(이러, 정열모 1947), '이디'(이렇, 김선기 1975a; 신재홍 2000; 이리, 정열모 1965; 김선기 1993), '뎌디'(그렇게, 지형률 1996), '뎌 디'(저 같, 지형률 2007), '이디긔'(착하게, 강길운 1995), '이디'(이것, 양희철 2015a) 등이 있다. 이 중에서 해독의 '디'가 현대역과 정확하게 연결된 것은 '이디'(이것)뿐이다. 이 '이디'의 '디'(知)는 고려 구결에서 의존명사를 표기하는 데 쓰인 '듯'(백두현 1993: 148-151; 양희철 2013a:427-428)와 같은 것이다.

7.2. 皆矣 모도의 ← 皆(실의독:모도)+矣(전음독:의)

'皆'를 '몰, 모드, 모도' 등으로 읽은 해독에는, '몰의'(畢竟, 終末, 이탁 1956), '모디'(반드시, 김준영 1964; 지형률 1996), '모디'(모두, 김준영 1979), '모디'(못, 지형률 2007), '모도의'(벗들 모두에, 양희철2015a) 등이 있다. '皆'의 훈 '모도'와 '矣'의 음인 '의'의 결합인 '모도+의'는 도저히 '몰의'나 '모디'가 되지 않는다. 그런데도 '皆矣'를 '몰의'나 '모디'로 읽은 것은 억지로 '모디'(반드시)에 맞추기 위한 해독으로 보인다. '皆'를 '모도'로 '矣'를 '의'로 읽어 '열반에 들려는 벗들 모두에'의 의미인 '모도의'로 읽는다.

7.3. 爲米 드비미 ← 爲(실의독:드비)+米(전음독:미)

'爲米'의 '爲'는 기존 해독에서 'ㅎ-, 까-' 등으로 읽은 경우와 '드외-, 드욈-, 드비-' 등으로 읽은 경우로 나뉜다. '드비-'를 따른다.

8. 道尸 迷反 群良 哀呂舌

길 이븐 물아 셔려혀
길 미혹한 무리여 서럽구나

(오구라 1929)	길올 왼 무리여 스러워쇠
(신태현 1940)	길 이븐 믈 스러혀
(양주동 1939)	길 이븐 믈 슬홀셔
(양주동 1942)	길 이본 믈 슬홀쎠
(지헌영 1947)	길 이본 믈 슬홀셔
(정열모 1947)	길 미건 무리래 서러혀
(홍기문 1956)	길 이본 무리아 슬홀셔
(이 탁 1956)	길 입온 믈아 설(ㄹ)셔
(김준영 1964)	길 이븐 물아 셔렬셔(1979 셜얼셔)
(정열모 1965)	길 이븐 무리 서러혀
(김상억 1974)	길 이븐 믈 슬홀쎠
(전규태 1976)	길 이븐 믈 슬홀셔
(김선기 1975a)	깔 이빤 무라 소로교(1993 이반 무리 서로겨)
(김근수 1979)	길 이븐 믈 셜블셔
(김완진 1980)	길 이반 물아 셜보리여
(정창일 1987)	길히 이븐 무럴 셔려혀
(양희철 1988)	길이반(2015a 이분) 물아 셜여혀
(유창균 1994)	길 이븐 무리라 셜브리혀
(강길운 1995)	길 이본 물아 슬허쎠
(금기창 1995b)	길 이본 물아 슬홀셔
(최남희 1996)	길 이븐 무리라 셜비 ᄀᆞᆮ
(지형률 1996)	긿 입은 물아 셜브리혀
(지형률 2007)	긿 입은 물라 셜브리혀
(신재홍 2000)	길 이본 물아 슬리혀
(황패강 2001)	길 이본 믈 슬홀셔
(박재민 2002)	길 이본 물아 슬혀(2013b 슳리혀)
(류 렬 2003)	길 이본 무라 슬홀셔
(김지오 2012)	길 이븐 물아 셜보리혀

8.1. 道尸 길 ← 道(실의독:길)+尸(약음독:ㄹ)

'道尸'는 '길올, 길, 깔, 길히, 긿' 등으로 읽어 왔다. '길'로 본다.

8.2. 迷反 이분 ← 迷(실의독:입)+反(전음독:분)

'迷反'은 '미건, 왼, 이븐, 이반, 이본, 이반, 이븐, 이분, 이빤, 입온, 입은' 등으로 읽어 왔다. '反'이 '山'섭 3등운에 속하고, 오음(吳音)이 '분'이며, 이 '反'의 해성자들이 '분'으로 압운된 한시들이 『동문선』과 『속동문선』에서 발견되고, 『삼국사기』에서 '國飯'이 '國芬'에 대응되어 있다는 점들로 보아, '이분'(양희철 2015a:398-400, 403-404)으로 읽는다.

8.3. 群良 물아 ← 群(실의독:물)+良(약의독:아)

'群良'의 '群'은 '무리'나 '물'로, '良'은 '여, ㄹ, 래, 아, 이, 얼, 라' 등으로 각각 읽어 왔다. '무리여'의 의미인 '물아'(김준영 1964; 김완진 1980 등등)로 읽는다.

8.4. 哀呂舌 셔려혀 ← 哀(실의독:셜)+呂(전음독:려)+舌(가의독:혀)

'哀呂舌'의 해독은 '呂'를 'ㄹ, 리, 러, 로, 려' 등의 어느 것으로 읽느냐에 따라 나눌 수 있다. '呂'를 'ㄹ, 리'로 읽은 해독의 문제[27]와 '러, 로'로 읽은 해독의 문제[28]는 각주로 돌리고, '려'로 읽은 경우만을 보자.

---

[27] '呂'를 'ㄹ'로 읽은 해독들은 '舌'을 'ㅆ'나 '셔'로 읽으면서, '슬흘쎠'(양주동 1942; 김상억 1974), '슬흘셔'(지헌영 1947; 홍기문 1956; 황패강 2001), '셜(ㄹ)셔'(이탁 1956), '셔럴셔'(김준영 1964), '슬홀셔'(전규태 1976; 류렬 2003), '셜얼셔'(김준영 1979), '셜블셔'(김수수 1979) 등의 형태를 보여준다. 모두가 감탄형의 'ㄹ쎠'나 'ㄹ셔'를 의식하고 있는데, 'ㄹ'에 '尸'와 '乙'이 쓰인다는 문제를 보인다.

'呂'를 '리'로 읽은 해독들에는, '셜보리혀'(김완진 1980), '셜브리혀'(유창균 1994; 지형률 1996, 2007), '슬리혀'(신재홍 2000), '셜보리혀'(김지오 2012), '슳리혀'(박재민 2013b) 등이 있다. 이 해독들은 '呂'를 '里'와 같은 '리'로 읽었다. '呂'는 '리'가 아니라 '려'라는 문제를 보인다. 대응 논리가 아니라, '呂' 음의 변화라는 측면에서 '呂'가 '리'라는 점을 밝히지 않는 한, '리'로 읽을 수 없다.

[28] '呂'를 '러'로 읽은 해독에는, '스러워쇠'(오구라 1929), '스러혀'(신태현 1940; 정열모 1947, 1965), '(스러쎠)슬허쎠'(강길운 1995) 등이 있다. '呂'의 음이 '러'라는 것을 입증하기가 어렵다.

'呂'를 '로'로 읽은 해독에는 '소로교'(서러워, 김선기 1975a)와 '소로겨'(서러혀, 김선기 1993)가 있다. '呂'의 오음을 계산하면 가능하나, 전체 해독에서 해독과 현대역이 일치/상응한다고 보기 어렵다.

'몸'를 '려'로 읽은 해독에는, '셔려혀'(슬퍼하여, 정창일 1987)와 '슳려셔'(슬퍼하게 되어 있어, 양희철 2013a)가 있다. '몸'의 음은 살렸지만, 설명이 미흡하다.

'哀몸좀'를 '서럽구나'의 의미인 '셔려혀'로 읽는다. '哀'의 훈은 '셟다'가 지배적이다. 이 '셟다'의 이형태로 '셔렵다'를 설정할 수 있다. 이는 문증되지는 않지만, 현대어 '서럽다'의 중세어 표기에 해당하고, '몸'를 '러'로 읽은 해독들이 보여주는 '서러워, 서러혀' 등등이 보여주는 '서럽->서러우-/서러ㅎ-'에 해당한다. 이 '셔렵다'의 어간 '셔렵'에 감탄형 어미 '-여'가 붙은 '셔렵여'가 '셔려벼〉셔려벼〉셔려뼈〉셔려혀'로 변하는 과정을 거친 '셔려혀'로 본다. 이렇게 'ㅂ'이 'ㅎ'으로 변한 경우는 '답이〉다비〉다뷔〉다히〉다이'에서 볼 수 있다.

9. 落句 吾里 心音水 淸等

(落句) 우리 모숨믈 몱돈
(落句) 우리 마음의 물(물과 같이 비치는 마음이) 맑으면

(오구라 1929)	落句 우리 모숨올 몱히든
(신태현 1940)	우리 모숨올 몱히든
(양주동 1942)	아으 우리 모숨믈 물가돈
(지헌영 1947)	아으 우리 모숨물 몰ᄀ돈
(정열모 1947)	아으 우리맘 물 말가단
(홍기문 1956)	아야 우리 마숨 믈 몰ᄀ돈
(이 탁 1956)	아라 우리 모숨믈 몰돈
(김준영 1964)	아- 우리 모숨믈 몰ᄀ든
(정열모 1965)	아으 우리 모음 믈몱돈
(김상억 1974)	아으 우리 마잠믈 말가단
(전규태 1976)	아으 우리 모숨믈 몱아돈
(김선기 1975a)	우리 마잠(1993 마삼) 밀 맑돈
(김근수 1979)	우리 모숨믈 몰기돈
(김완진 1980)	아야 우리 모숨믈 몰가돈
(정창일 1987)	아~ 우리 모숨 몱돈
(양희철 1988)	落句 우리 모숨믈 몱돈

(유창균 1994)	아라! 우리 ᄆᆞᅀᆞᆷᄆᆞᆯ 몱ᄀᆞ든
(강길운 1995)	(落句) 우리 마ᅀᆞᆷᄆᆞᆯ 믈거든
(금기창 1995b)	아으 우리 ᄆᆞᅀᆞᆷᄆᆞᆯ 몱ᄀᆞ든
(최남희 1996)	아야 내 ᄆᆞᅀᆞᆷᄆᆞᆯ 몱ᄀᆞ든
(지형률 1996)	아야 우리 ᄆᆞᅀᆞᆷᄆᆞᆯ 몱갈든(2007 몱ᄋᆞᆯ 든)
(신재홍 2000)	아야, 우리 ᄆᆞᅀᆞᆷᄆᆞᆯ 몱든
(황패강 2001)	(落句) 우리 ᄆᆞᅀᆞᆷᄆᆞᆯ 몱아든
(박재민 2002)	아으 우리 ᄆᆞᅀᆞᆷ ᄆᆞᆯ 몱가든
(류 렬 2003)	아으 우리 ᄆᆞᅀᆞᆷᄆᆞᆯ 몱ᄀᆞ든
(김지오 2012)	아야 우리 ᄆᆞᅀᆞᆷ ᄆᆞᆯ 몱(ㄹ)ᄃᆞ(ㄴ)

9.1. 落句(형식 용어)

'落句'는 체격의 형식 용어(양희철 2005d, 2020)이다.

9.2. 吾里 우리 ← 吾(실의독:우리)+里(전음독:리)

'吾里'는 '우리'로 통일되어 있다.

9.3. 心音水 ᄆᆞᅀᆞᆷᄆᆞᆯ ← 心(실의독:ᄆᆞᅀᆞᆷ)+音(약음독:ㅁ)+水(실의독:믈)

'心音水' 역시 큰 차이가 없다. '心音水/ᄆᆞᅀᆞᆷᄆᆞᆯ'로 정리한다.

'마음'은 원관념이고, '물'은 보조관념이다. '心音水/ᄆᆞᅀᆞᆷᄆᆞᆯ'의 의미는 '물(水/믈)'과 같이 비치는 마음(心音/ᄆᆞᅀᆞᆷ)이다(제4부 「수사법과 연계된 문제 향찰」 2.1.9. 心音水 참조).

9.4. 淸等 몱든 ← 淸(실의독:몱)+等(전음독:든)

'淸等'은 '淸等'의 향찰에 다른 향찰의 생략이나 첨가를 염두에 둔 경우와 '淸等'만을 해독한 경우로 나뉜다. 전자에는 '히'나 '기'를 첨가한 '몱히든'과 '몱기든', '아'를 첨가한 '몱가든, 몱아든, 말가단', 'ㆍ'를 첨가한 '몱ᄀᆞ든'과 '몱ᄀᆞ든', '어'를 첨가한 '믈거든', '올/알'을 첨가한 '몱ᄋᆞᆯ 든'과 '몱갈든', 'ㄹ/ㄹ'와 '隱/ㄴ'을 첨가한 '몱(ㄹ)ᄃᆞ(ㄴ)' 등이 있다. 이 해독들이 보여준 의미는 '맑으면'을 크게 벗어나지 않는다. 후자에는 '몱든,

묽돈, 맑돈' 등이 있다. '等'을 '等隱'이나 '等焉'의 약체(정열모 1965)로 보기도 하였다. 남방음 '돈'을 살린 '묽돈'으로 읽는다.

10. 佛影 不冬 應爲賜下呂

佛影(불영) 안들 응ᄒ시아려
불영 응하시지 않을 것이어

       (오구라 1929)   佛影 안둘 應ᄒ샤이리(오)
       (신태현 1940)   佛影 안들 應ᄒ샤리
       (양주동 1942)   佛影 안둘 應ᄒ샤리
       (지헌영 1947)   佛影 안들 應ᄒ사리
       (정열모 1947)   불영 아니도 응하사아료
       (홍기문 1956)   불영 안둘 응ᄒ샤리
       (이 탁 1956)   佛影 안둘 應ᄒ슬이
       (김준영 1964)   佛影 안둘 應ᄒ샤ᄋ(ᄒ)려(1979 應ᄒ샤ᄒ려)
       (정열모 1965)   불영 안둘 응ᄒ샤아리
       (김상억 1974)   불영 안달 응하샤리
       (전규태 1976)   佛影 안들 응ᄒ샤리
       (김선기 1975a)   뿔ᅙᅧᆼ 안돌 잉까샤까로(1993 뿔영 안돌 응까시까로)
       (김근수 1979)   佛影 안둘 應ᄒ샤리
       (김완진 1980)   佛影 안둘 應ᄒ샤리
       (정창일 1987)   佛影 아겨 應 ᄒ드아려
       (양희철 1988)   佛影 안둘 應ᄒ샤(賜下)리(2013 應ᄒ시알려)
       (유창균 1994)   佛影 모둘 應ᄒ샤리
       (강길운 1995)   佛影 안들 應허샤려
       (금기창 1995b)   佛影 안둘 應ᄒ샤리
       (최남희 1996)   佛影 안둘 應ᄒ시아리
       (지형률 1996)   佛影 안둘 應ᄒ샤리(2007 맞ᄒ시아리)
       (신재홍 2000)   佛影 안둘 박ᄒ샤리
       (황패강 2001)   佛影 안둘 應ᄒ샤리
       (박재민 2002)   佛影 안둘 應ᄒ샤리(2013b 應ᄒ시하리)

(류　렬 2003)　　　　불영 안둘 웅ᄒ시하리
(김지오 2012)　　　　佛影 안둘 應ᄒ시하려

10.1. 佛影 佛影(불영) ← 佛(음의독:佛/불)+影(음의독:影/영)

'佛影'은 '불영, 佛影, 뿔형, 뿔영' 등으로 읽어 왔다. '佛影(불영)'이다.

10.2. 不冬 안들 ← 不(실이독:안들)+冬(가의독:들)

'不冬'은 '안들, 모들, 아겨, 아니도, 안둘, 안달, 안돌, 안들' 등으로 읽어 왔다. 청어(만주어, 김선기), 만주어와 길약어(서재극), 길약어(강길운), 충청도 방언(양희철) 등으로 보아, '冬'의 훈은 '둘~들' 정도이다. '안들' 또는 '안둘'(양희철 2008a:105-116)로 읽는다.

10.3. 應爲賜下呂 應(응)ᄒ시아려 ← 應(음의독:應/응)+爲(실의독:ᄒ)+賜(전음독:시)+下(가의독:알)+呂(전음독:려)

'應爲賜下呂'의 '呂'는 '리, 로, 료, 려' 등으로 읽어 왔다. 이 중에서 '리'가 가장 우세하지만, 이는 '下呂'의 '呂'가 '下里'의 '里'와 같은 표기라는, 검증되지 않은 가설에 근거한 것이고, '呂'의 음은 '리'가 아니라는 문제를 보인다. '呂'를 '로, 료' 등으로 읽은 경우는 '呂'의 당시음이 '로, 료' 등인지는 좀더 검토해 보아야 한다.

'呂'를 '려'로 읽은 해독에는 여섯이 있다. '應ᄒ샤ᄋ려'(응하여 주지 않으랴, 김준영 1964), '應ᄒ샤ᄒ려'(應하시리, 김준영 1979), '應ᄒ드아려'(應해 주리, 정창일 1987), '應ᄒ시하려'(응하시리오, 김지오 2012) 등의 문제는 생략하고, 나머지 두 해독만을 보자.

'應허샤려'(응하시고 싶으리오, 강길운 1995)의 해독은 매우 정치하다. 그러나 희망형어미 '-아리'에 다시 의문형어미 '(-가〉-아〉)-어'가 붙었다고 보기가 어렵다. 그리고 이 해석을 인정하여도 "應허샤려'는 '응하시고 싶은가'나 '응하시고 싶어?'는 되어도 '응하시고 싶으리오'는 되지 않는다. '-아리'가 희망형어미라고 보았기 때문에, '싶으리오'의 '-리-'는 근거 없는 삽입이 되어 버린다.

이런 문제를 지적하면서 나온 것이 '應ᄒ시알려'(응하시알 것이어? 양희철 2013a: 294-301)의 해독이다. 이 해독에서는 [應(어기)+ᄒ(어간)+시(존경의 선어말어미)+아

(강조의 선어말 어미)+ㄹ(동명사형 어미)+ㄹ(동명사형 어미의 중복발음)+이(계사 또는 서술격)+어(종결어미)]로 분석하고, 그 의미를 '應하샬 것이어?'로 보았다. 이 해독과 같이 볼 수도 있고, '웅ᄒ시알여'를 연철로 표기한 '웅ᄒ시아려'(웅하시알/웅하샬 것이어?)로 볼 수도 있다. 연철을 살린 후자를 택한다.

이 부분의 내용 설명은 김지오의 글에서 잘 보여주고 있다.

衆生心淨 見佛常住 衆生心垢 見佛捨命 佛無生滅 隨機見殊 故知心淨觀佛 佛則常住: 중생의 마음이 맑다면 부처님이 상주하심을 볼 것이고 중생의 마음이 더럽다면 부처님이 목숨을 버리는 것을 볼 것이다. 부처님에겐 生滅이 없으니 중생의 근기에 따라 죽음이 보이는 것이니 마음이 맑다면 부처를 볼 것이고 부처님이 항상 계신다는 것을 알아야 한다(澄觀, 疏, 김지오 20012:95에서 재인용).

⟨상수불학가⟩

[원문]

我 佛體

皆 往焉 世呂 修將 來賜隱

難行苦行叱 願乙

吾焉 頓 部叱留 逐好 及伊音 叱多

身靡只 碎良只 塵化 去米置

命乙 施好尸 歲史中置

然叱 皆好尸 卜下里

皆 佛體置 然叱 爲賜隱 伊留兮

城上人 佛道 向隱 心下

他道 不冬 斜良只 行齊

 (來賜留隱의 '留'는 연자로 삭제, 部叱留의 '留'는 누락자로 보충, 友伊音의 '友'는 '及'의 오자로 수정, 塵伊의 '伊'는 '化'의 오자로 수정, 去米置의 '置'는 누락자로 보충)

[해독]

우리 佛體(부텨)

모도 간 누려 닭아 오신

難行苦行(난힝고힝)시 願(원)을

난 뭇 주비실루 좇호 및임 실다

모믹 [쓰러지고(靡)] ᄇ스디악 드틀ᄃ비 가미두

命(명)을 施(시)홀 나시히두

그럿 모도 홀 디아리

모도 佛體(부텨)두 그럿 ᄒ신 이루구나

城上人 佛道 向(향)ᄒᆞᆫ 心下(무슨아래)

녀느 道(도) 안들 빗겨기 녀져

[성위에 오른 사람의(城上人)] 아라 佛道(불도) 앗은 ᄆᆞ슴하
他道(타도) 안들 빗기악 녀져

[현대역]
우리 부처
모두 간 세상에 닦아 오신
난행고행의 원을
나는 뭇 주비(부류)의 일로 좇기에(추종하기에) 미침이(수준이 일정한 선에 닿음이) 있을 것이다.
몸이 (쓰러지고) 부서지어 티끌되어 감에도
목숨을 베풀 때에도
그렇게 모두 할 것을 (반드시) 책임지리(라)
부처두 모두 그렇게 하신 것이로구나
(성위에 오른 사람의) 아- 불도 향한 마음하
타도(로/에) 아니 빗겨 가져(此道로 똑바로 가고져)

1. 我 佛體

우리 佛體(부텨)
우리 부처

    (오구라 1929)   우리 부텨
    (신태현 1940)   우리 부텨
    (양주동 1942)   우리 부톄
    (지헌영 1947)   우리 부톄
    (정열모 1947)   우리 부처
    (홍기문 1956)   우리 부톄
    (이　탁 1956)   우리 븓더
    (김준영 1964)   우리 부텨
    (정열모 1965)   우리 부텨
    (김상억 1974)   우리 부톄

(전규태 1976)	우리 부톄
(김선기 1975a)	우리 뿌텨
(김선기 1993)	우리 뿓다이
(김근수 1979)	우리 부텨
(김근수 1990)	우리 부톄
(김완진 1980)	우리 부텨
(정창일 1987)	내 부톄
(양희철 1988)	우리 부텨
(금기창 1994a)	우리 부톄
(유창균 1994)	우리 佛體
(강길운 1995)	우리 부텨
(최남희 1996)	우리 佛體
(지형률 1996)	우리 부텨
(신재홍 2000)	우리 부텨
(황패강 2001)	우리 부톄
(박재민 2002)	우리 부텨
(류 렬 2003)	우리 부텨
(김지오 2012)	우리 부텨

1.1. 我 우리 ← 我(실의독:우리)

1.2. 佛體 佛体(부텨) ← 佛(실의독:佛/부텨)+體(전음독:體/텨)

2. 皆 往焉 世呂 修將 來賜隱

모도 간 누려 닦아 오신
모두 간 세상에 닦아 오신

(오구라 1929)	므릇 가는 누리예 닥글샬은
(신태현 1940)	므릇 간 누리(예) 닷거오샬은
(양주동 1942)	니간 누리 닷ㄱ려샤론
(지헌영 1947)	(니건) 누리 닷ㄱ려샤론

(정열모 1947)	다 가는 누리 닷가오살온
(홍기문 1956)	디나건 누리 닷ㄱ려샤론
(이 탁 1956)	몯 니언 누리 닷아오술오
(김준영 1964)	모돈 니건 누리 닥아 오샤룬(1979 닷ㄱ 오샤룬)
(정열모 1965)	여릐 가는 누리 길 브러샤론
(김상억 1974)	니간 누리 닷스려샤른
(전규태 1976)	모돈 니건 누리 닷亽려샤른
(김선기 1975a)	개 까안 누로 닭오샤론(1993 개 가안 누로 닭을 주론)
(김근수 1979)	모돈(1990 모론) 니건 누리 닷가오샤론
(김완진 1980)	모돈 간 누리 닷ㄱ려시론
(정창일 1987)	다 가넌 누려 닷ㄱ 오드록은
(양희철 1988)	모돈(2015a 모도) 간 누리(2013 누려) 닷ㄱ려샤론(2013 닭아 오시룬)
(금기창 1994a)	모돈 니건 누리 닷ㄱ오샬오
(유창균 1994)	디나건 누리 다스라시론
(강길운 1995)	모든 니건 누례 닷고려시룬
(최남희 1996)	모다 간 누리 닷ㄱ려시룬
(지형률 1996)	모돈(2007 몯) 간 누리 닷ㄱ려시론
(신재홍 2000)	여러 니건 누리 다스려시론
(황패강 2001)	디나건 누리 닷ㄱ려샤론
(박재민 2002)	한 디나건 누리 닷ㄱ 오샨(2013b 오시온)
(류 렬 2003)	다 니건 누리 다스려시룬
(김지오 2012)	모돈 디난 누리 닭가져 오시론

2.1. 皆 모도 ← 皆(실의독:모도)

2.2. 往焉 간 ← 往(실의독:가)+焉(약음독:ㄴ)

'往焉'은 '간'이다. '焉'은 이곳에는 'ㄴ'으로 쓰였다.

2.3. 世呂 누려 ← 世(실의독:누려)+呂(전음독:려)

'世呂'는 '누려'(양희철 2013a:301-308)이다.

2.4. 修將 닦아 ← 修(실의독:닭)+將(실의독:아)
2.5. 來賜隱 오신 ← 來(실의독:오)+賜(전음독:시)+隱(약음독:ㄴ)

'來賜留隱'의 '留'는 연자이다. '修將 來賜隱'을 '닦아 오신'으로 읽는다(제2부 「서로 연계된 누락자와 연자」의 4.3.1. 참조. 제3부 「의독자의 문제 향찰」 3.2.3. 참조).

3. 難行苦行叱 願乙

難行苦行(난힝고힝)시 願(원)을
난행고행의 원을

  (오구라 1929)   難行苦行ㅅ 願을
  (신태현 1940)   難行苦行ㅅ 願을
  (양주동 1942)   難行苦行ㅅ 願을
  (지헌영 1947)   難行苦行ㅅ 願을
  (정열모 1947)   낳애고행 원을
  (홍기문 1956)   난행 고행ㅅ 원을
  (이 탁 1956)   難行苦行ㅅ 願을
  (김준영 1964)   難行苦行ㅅ 願을
  (정열모 1965)   난행 고행ㅅ 원을
  (김상억 1974)   난행고행ㅅ 원을
  (전규태 1976)   難行苦行ㅅ 願을
  (김선기 1975a) 난행코행 완을(1993 난깽코ᇢ깽ㄷ 원알ㅎ)
  (심근수 1979)   難行苦行ㅅ 願을
  (김완진 1980)   難行苦行ㅅ 願을
  (정창일 1987)   難行苦行ㅅ 願을
  (양희철 1988)   難行苦行ㅅ 願을
  (금기창 1994a) 難行 苦行ㅅ 願을
  (유창균 1994)   難行苦行ㅅ 願을
  (강길운 1995)   難行苦行ㅅ 願을
  (최남희 1996)   難行苦行ㅎ 願을
  (지형률 1996)   難行苦行ㅅ 願을

(신재홍 2000)	難行苦行ㅅ 願을
(황패강 2001)	難行苦行ㅅ 願올
(박재민 2002)	難行苦行ㅅ 願을
(류 렬 2003)	난힝고힝시 원을
(김지오 2012)	難行苦行ㅅ 願을

3.1. 難行苦行叱 難行苦行(난힝고힝)시 ← 難(음의독:難/난)+行(음의독:行/힝)+苦(음의독:苦/고)+行(음의독:行/힝)+叱(약음독:시)

'難行苦行叱'은 '難行苦行(난힝고힝)시'로 읽는다. '叱/시'는 속격이다.

3.2. 願乙 願(원)을 ← 願(음의독:願/원)+乙(전음독:을)

4. 吾焉 頓 部叱留 逐好 及伊音 叱多

난 뭇 주비실루 좇호 밎임 실다
나는 뭇 주비(부류)의 일로 좇기에(추종하기에) 미침(이) 있을 것이다

(오구라 1929)	나는 頓올 조차이다
(신태현 1940)	난들 조초브리이다
(양주동 1942)	나는 頓部ㅅ 조추리잇다
(지헌영 1947)	나는 頓部ㅅ 조추리잇다
(정열모 1947)	나는 돈부 조혼 벗이음다
(홍기문 1956)	나는 돈부르 조초호리밋다
(이 탁 1956)	나는 ᄃᄆᆺ 돛오볻ᄋ올ᄃ
(김준영 1964)	나언 돈붓 조초우림다(1979 조초우림ㅅ다)
(정열모 1965)	나는 돈주빗 축, 호우 이름ㅅ다
(김상억 1974)	나난 돈부ㅅ 조추리잇다
(전규태 1976)	나는 頓部ㄹ 조추리잇다
(김선기 1975a)	우리난 돈복 좇고반읻다(1993 나난 돈북 좇고바니이다)
(김근수 1979)	나는 頓部ㅅ(1990 모다) 조추리잇다

(김완진 1980)	나는 ᄇᆞᄅᄫᅡᆺ 조초 범덤짜
(정창일 1987)	나넌 頓部싀 조초워 이름싀다
(양희철 1988)	나는(2013 난) 뎐부(頓部)ㅅ(2015a 뭇 주비실) 좇호우(好友) 림짜
(금기창 1994a)	나는 頓部ㅅ 조초 스괴잇다
(유창균 1994)	난 頓 주빗 조초 사고임짜
(강길운 1995)	난 돈붓 조초받임다
(최남희 1996)	나는 頓部ㆆ 조주이ㅅ다
(지형률 1996)	나는 모로붓 조초 다ᄆᆞᆳ다(2007 몰붓 조초 다몰이ᄯᅡ)
(신재홍 2000)	나온 무저봇 조초리--ㅅ다
(황패강 2001)	나는 頓部ㅅ 조추리잇다
(박재민 2002)	나는 頓部叱(=모두) 逐호오임짜(2013b 돈붓 逐호임짜)
(류 렬 2003)	난 돈부ㄹ 조초ᄒᆞ홈이시다
(김지오 2012)	나는 돈붓 좇호 ᄯᆞ르(ㄴ)이ㅆ다

4.1. 吾焉 난 ← 吾(실의독:나)+焉(약음독:ㄴ)

'吾焉'은 '난'(유창균 1994; 강길운 1995 등등)이다.

4.2. 頓 뭇 ← 頓(실의독:뭇)

4.3. 참조.

4.3. 部叱留 주비실루 ← 部(실의독:주비)+叱(전음독:실)+留(전음독:루)

頓部叱(留)의 '留'는 누락자이다. 頓部叱留를 '뭇 주비실루'(무수한 부류의 일로)로 읽는다(제2부「서로 연계된 누락자와 연자」의 4.3.2. 참조).

4.4. 逐好 좇호 ← 逐(실의독:좇)+好(전음독:호)

4.5. 참조.

4.5. 及伊音 및임 ← 及(실의독:및)+伊(전음독:이)+音(약음독:ㅁ)

友伊音叱多의 '友'는 '及'의 오자이다. 及伊音叱多를 '및임 실다'로 읽는다(제2부 「오자 30제」의 2.11. 참조).

4.6. 叱多 실다 ← 叱(전음독:실)+多(전음독:다)

'실다'는 '있을 것이다'의 의미이다.

5. 身靡只 碎良只 塵化 去米置

모믹 [쓰러지고(靡)] ㅂㅅ디악 드틀드비 가미두
몸이 (쓰러지고) 부서지어 티끌되어 감에도

(오구라 1929)	몸업시 브스러뎌 듣글이 가매
(신태현 1940)	몸 쓰러뎌 부스러뎌 듣글이 가매
(양주동 1942)	모미 ᄇ삭 드트리 가매
(지헌영 1947)	모미아 ᄇᄉ아 드트리가매
(정열모 1947)	모미 다못 바스라저 디끌이 가매
(홍기문 1956)	모미기 ᄇᆞ디 드트리 가매
(이 탁 1956)	몸아 밧아 드리이어며
(김준영 1964)	모미 ᄇ숙(1979 모미ㄱ ᄇㅅㄱ)
(정열모 1965)	몸 싀여져 바아져 드트리 가메
(김상억 1974)	모미 바작 드틀이 가매
(전규태 1976)	모미 ᄇ삭 드트리 가매
(김선기 1975a)	몸 옯기 부사라기 도꼴이 까매(1993 몸없기 바사라기 딛골이 까매)
(김근수 1979)	몸 믈그여뎍 ᄇ삭 드트리 가매
(김완진 1980)	모믹 ᄇ삭 드틀뎌 가매
(정창일 1987)	몸 아긔 바혓긔 드티 가메
(양희철 1988)	모미(靡)ㄱ ᄇ삭 드틀(塵)이 가매
(금기창 1994a)	모미 바삭 드트리 가매

(유창균 1994)	모미 오직 븟아디락 드트리 가며
(강길운 1995)	몸익 브삭 트틀여 가메
(최남희 1996)	모믹 ㅂ사디악 드드리 가미
(지형률 1996)	모믹 ㅂ삭 드틀 녀가매(2007 몸익 ㅂ삭 듣글 더 가미)
(신재홍 2000)	몸 긁ㅂ삭 드트리거미
(황패강 2001)	모미 ㅂ삭 드트리 가매
(박재민 2002)	몸 쁘러딕(2013b 쁘러디악) ㅂ삭 드틀이 되어 가매(2013b 드틀이 가매)
(류 렬 2003)	모미기 ㅂ슥기 드트리 가미
(김지오 2012)	모믹 븟악 드틀뎌 가미

5.1. 身靡只 모믹 [쁘러지고(靡)] ← 身(실의독:몸)+靡[전음독:미, 잉여코드의 문맥적 의독:쁘러지고(靡)]+只(ㄱ)

身靡只를 '모믹 [쁘러지고(靡)]'으로 읽고, '몸이 (쁘러지고)'의 의미로 정리한다(제4부 「잉여코드도 겸독한 문제 향찰」 2.3.6. 身靡只의 靡 참조).

5.2. 碎良只 ㅂ스디악 ← 碎(실의독:ㅂ스디)+良(약의독:아)+只(약음독:ㄱ)

'碎良只'는 '부서져(서)'의 의미로 본 'ㅂ삭, ㅂ숙, 바삭' 등(양주동 1942; 김준영 1964 등등)이 주종을 이룬다. 이는 'ㅂ스다, ㅂ솨다, 바사다' 등에 'ㅂ스디다'의 의미가 있다고 본 것이다. 그러나 'ㅂ스다, ㅂ솨다, 바사다' 등에는 'ㅂ스디다'의 의미가 없다. 이는 '碎'의 의미에 'ㅂ스다(>바수다>부수다)'와 'ㅂ스디다(>바서지다>부서지다)'가 모두 있다는 점을 혼동한 것 같다.

'碎良只'의 '碎'를 'ㅂ스디다>바서지다>부서지다'에 가깝게 읽은 해독에는 두 부류가 있다. 한 부류는 '碎'를 '부스러지다'의 의미로 본, '브스러뎌'(오구라 1929), '부스러뎌'(신태현 1940), '바스라저'(정열모 1947) 등이다. 다른 한 부류는 '碎'를 '부서지다'의 의미로 본, '바아져'(부수어져서, 정열모 1965)와 '븟아디락'(부수어져, 유창균 1994)이다. 이 해독들은 '只'를 읽지 않았거나, '良'을 그 기능이 모호한 '라'로 읽은 문제를 보인다.

'碎良只'를 'ㅂ스디악'(부서지어, 부서져)으로 읽는다.

5.3. 塵化 드틀ᄃᆞ비 ← 塵(실의독:드틀)+化(실의독:ᄃᆞ비)

塵伊의 '伊'는 '化'의 오자이다. '塵化去米'를 '드틀ᄃᆞ비가미'로 읽는다(제2부 「오자 30제」의 3.7. 참조).

5.4. 去米置 가미두 ← 去(실의독:가)+米(전음독:미)+置(가의독:두)

去米(置)의 '置'는 누락자이다. 去米置를 '가미두'(감에도)로 읽는다(제2부 「누락자 9제」의 4.1. 참조).

6. 命乙 施好尸 歲史中置

命(명)을 施(시)홀 나시히두
목숨을 베풀 때에도

(오구라 1929)	命을 줄 날애도
(신태현 1940)	命을 베풀 희예도
(양주동 1942)	命을 施홀 쇼히두
(지헌영 1947)	命을 施홀 쇼히두
(정열모 1947)	명을 풀길 나이
(홍기문 1956)	명을 베풀 ᄉᆡ히두
(이 탁 1956)	命을 볩홀 슷애도
(김준영 1964)	命을 볩홀 ᄉ시히두(1979 시시히두)
(정열모 1965)	명을 더홀 나시에두
(김상억 1974)	명을 시홀할 삿해두
(전규태 1976)	命을 施홀 사시히두
(김선기 1975a)	명알 뺍골 나시애도(1993 볩골 도시에도)
(김근수 1979)	命을 볩홀 ᄉᆡ히두
(김완진 1980)	命을 施홀 ᄉᆡ히도
(정창일 1987)	命을 펴 됴힌 歲시둥
(양희철 1988)	命을 施호(好)ㄹ 쇼(歲史)히두
(금기창 1994a)	命(명)을 베풀 ᄉᆡ히두

(유창균 1994)	목숨을 ᄆᆞ츨 스시히두
(강길운 1995)	목숨을 노홀 나쇠혜두
(최남희 1996)	命을 볩홀 스시히두
(시형률 1996)	목숨을 布施홀 스시히됴(2007 베폴 스시긔두)
(신재홍 2000)	命을 베폴 스시히두
(황패강 2001)	命을 施홀 나히두
(박재민 2002)	身命을 베폴 쇼익도(2013b 命을 施홀 스싀예도)
(류 렬 2003)	명을 베푸홀 스시히두
(김지오 2012)	命을 施홀 스싀긔도

6.1. 命乙 命(명)을 ← 命(음의독:命/명)+乙(전음독:을)

6.2. 施好尸 施(시)홀 ← 施(음의독:施/시)+好(전음독:호)+尸(약음독:ㄹ)

'命乙 施好尸'은 '命(명)을 施(시)홀'로 읽는다. '命'과 '施'를 한문으로 읽은 것은 '好尸'(홀)이 'ᄒᆞ올'의 축약이기 때문이다. 이렇게 읽을 경우에, '命'은 '목숨'의 의미이고, '施'는 '베풀다'의 의미이다. '好'(호)는 음을 이용한 것인데, 훈을 이용하여 'ㅎ+오〉호'를 표기하기는 어렵다.

6.3. 歲史中置 나시히두 ← 歲(실의독:나시)+史(전음독:시)+中(실의독:희)
  +置(가의독:두)

'歲史中置'는 '나시히두'로 정리한다. '歲史'는 '날, 히, 쇼/스시/스시, 나시' 등으로 읽어 왔다. 이 중에서 '쇼/스시/스시'가 가장 많지만, '歲/셰'에서 '스/시'를 끌어내는 데는 도저히 이해할 수 없는 부분이 있다. '날'도 그렇다. '歲/나'가 '날'에 전용되었다고 설명하는 것이 거의 불가능하다. '히'는 문맥에 부합하지 않는다. '나시'(나히)는 문맥에도 부합한다. 즉 〈상수불학가〉는 늘 신명(身命)을 다히여 부처님을 따라 본받겠다는 주제를 가지고 있다. 이 주제에 부합하려면, 젊어서는 물론, 몸이 세약하여 죽을 나이에도 신명을 다하여 부처님을 따라 본받아야 한다. 이런 측면을 잘 보여주는 것이 "명을 施홀 나이에도"(죽을 무렵에도)가 잘 보여준다.

7. 然叱 皆 好尸 卜下里

그럿 모도 홀 디아리
그렇게 모두 할 것을 (반드시) 지리(라)

(오구라 1929)	쏘 다혀 디이리(오)
(신태현 1940)	그럿케 홀디리
(양주동 1942)	그랏긔홀 비호리
(지헌영 1947)	그랏긔 홀 디호리
(정열모 1947)	그러개 즐길줄 아리
(홍기문 1956)	그랏긔 호리 디흐리
(이 탁 1956)	그럿 다돗(卜/ㄷ)올이
(김준영 1964)	그럿긔 홀 디흐리
(정열모 1965)	그러ㅅ기 홀 거븝ᄒ리
(김상억 1974)	그럿긔 홀 배하리
(전규태 1976)	그랏긔 ᄒ올 비호리
(김선기 1975a)	개릳개 긷골(1993 그랏개 깃골) 디까리
(김근수 1979)	그럿긔 홀디리
(김완진 1980)	그럿 모둔 홀 디녀리
(정창일 1987)	(置/두)연ㅅ 다 됴히 卜하리
(양희철 1988)	그랏긔(皆) 호(好)ㄹ다(卜下)리(2015a 그럿 모도 홀 卜下里)
(금기창 1994a)	그랏긔 홀 디아리
(유창균 1994)	그럿 다ᄅ홀 브라리
(강길운 1995)	그랗긔 홀 디아리
(최남희 1996)	그럿 모도 홀 디아리
(지형률 1996)	그랏 다 홀(2007 열 몬홀) 디아리
(신재홍 2000)	그럿긔 홀 디냐리
(황패강 2001)	그랏긔 홀 비ᄒ리
(박재민 2002)	그럿기 홀(함) 디니(持)하리
(류 렬 2003)	그리긔 홀 보하리
(김지오 2012)	그엿긔 홀 디니하리

7.1. 然叱 그럿 ← 然(실의독:그럿)+叱(약음독:ㅅ)

7.2. 참조.

7.2. 皆 모도 ← 皆(실의독:모도)

7.3. 참조.

7.3. 好尸 홀 ← 好(전음독:호)+尸(약음독:ㄹ)

'然叱皆好尸'는 '然叱皆 好尸', '然叱 皆好尸', '然叱 皆 好尸' 등으로 띄어 읽어 왔다. '然叱皆 好尸'로 읽은 경우의 문제[29]와 '然叱 皆好尸'로 읽은 경우의 문제[30]는 각주로 돌리고, '然叱 皆 好尸'로 읽은 경우만을 보자.

'然叱 皆 好尸'로 읽은 해독에는 다섯이 있다. '그럿 다 돛'(그렇게 다 좇-, 이탁 1956), '그럿 모든 홀'(그리 모든 것 하는 일, 김완진 1980), '(置/두)연싀 다 됴히'[(두)듯이 다 좋게, 정창일 1987], '그랏 다 홀'(그렇게 다 할, 지형률 1996), '그럿 모도 홀'[그렇게 모도 하올 것을, 양희철 2015a:88-90] 등이다. 균여의 향가에 나온 '皆'가 '모도'로 읽힌다는 점에서 '그럿 모도 홀'(그렇게 모두 할 것을)로 읽는다.

7.4. 卜下里 디아리 ← 卜(실의독:디)+下(가의독:알)+里(전음독:리)

'卜下里'의 해독은 '卜'의 해독에 따라 크게 다섯 부류로 나뉜다.

첫째는 역시와 화엄경에 나오는 '隨學'의 '學'과 연결시킨 '비호리'(양주동 1942 등등)의 부류이다. 이 해독은 그 설명이 너무 복잡하고, '學' 자를 이용하여 표기하지 않은 이유를 알 수 없다.

둘째는 '卜'을 '디'로 읽고 '卜下里'를 '지니리'의 의미로 본 부류(오구라 1929 등등)

---

29 '然叱皆 好尸'의 경우에는 '그렇게'를 의식한 해독들인데, 바로 뒤에서 '그렇게'의 의미를 '然叱'으로 표기하고 있다는 문제를 보인다.

30 '然叱 皆好尸'로 본 해독에는 셋이 있다. '쏘 다혀'(오구라 1929)에서는 '然叱'을 '쏘'로, '皆好尸'을 '다혀'로 보았는데, 이해가 쉽지 않다. '그럿 다롤홀'[그와같이(힘끝) 다할 것을, 유창균 1994]에서 '皆'를 '다롤'로 볼 수 없는 문제를 보인다. '열 몯홀'(그리 다함, 지형률 2007)에서는 '然叱 皆'를 '열 몯'으로 읽었는데, '열'은 '然ㄴ'과 같은 표기인 '然丷'가 잘못 쓰인 '然丶'를 수정하지 않고 읽은 결과이다. '然丶丷-'에 'ㄴ'이 생략되었다고 보지만, 생략을 인정하기 어렵다.

이다. 이 해독은 '니'를 끌어낸 근거가 없으며, '持' 자를 이용하여 표기하지 않은 이유를 알 수 없다.

셋째는 둘째의 부류가 보인 취약점, 즉 'ㅏ'을 '디'로 읽은 다음에 '니'를 넣어 '디니-'로 본 것을, 수정하여 '디다(負)'의 의미로 본 부류(지헌영 1947; 금기창 1994a 등등)이다.

넷째는 한자 'ㅏ'의 의미인, '점치다'(정창일 1987), '주다'(정열모 1947; 김선기 1993), '바라다/기약하다'(유창균 1994) 등을 살려 읽은 부류이다.

다섯째는 나머지의 기타이다.

이 중에서 셋째 부류가 비교적 타당성을 보이는데, '바라다/기약하다'를 살려 읽은 해독에서 강한 비판을 받았다. 특히 셋째 부류의 해독들이 논거로 제시하고 있는 'ㅏ定/디졍/지졍'은 『난중잡록』(1593)부터 나오기 시작하여 근세의 자료에서 나오고, 『대명률직해』에서는 '負定'으로 되어 있다고, 강하게 부정을 하였다. 이 부정을 부정할 수 없는 한, 셋째 부류의 해독은 객관성을 상실하게 된다. 그러나 "國用卜定爲乎, 織造綏定軍器等乙, 定日內良中, 准數上納"(『대명률직해』 29, 工律, 營造)의 'ㅏ定'으로 보아, 'ㅏ'을 '디'로 읽는 데는 문제가 없는 것 같다.

'卜下里'는 'ㅏ/디+下/알+里/리'에 의해 '(반드시) 지리(라)'의 의미인 '디아리'(負)로 읽는다. '반드시'는 강조의 선어말어미 '아'를 바꾼 것이다. 이 해독의 '디-'는 '디아리'(등지겠도다, 금기창 1994a, 부담하고 싶네, 의무로 삼고 싶네, 강길운 1995, 짐지리, 지형률 1996, 지리, 지형률 2007)의 '디-'와 같은 것이다.

8. 皆 佛體置 然叱 爲賜隱 伊留兮

모도 佛體(부텨)두 그럿 ᄒ신 이루구나
부처두 모두 그렇게 하신 것이로구나

   (오구라 1929)   므릇 부텨도 쏘 ᄒ샨 일이네
   (신태현 1940)   므릇 부텨도 그럭 ᄒ샨 일이네
   (양주동 1942)   한 부텨두 그랏ᄒ샷니뢰
   (지헌영 1947)   한 부텨두 그랏ᄒ샨이뢰
   (정열모 1947)   몰 부처도 그러하산 일혜

(홍기문 1956)	모둔 부텨두 그랏 ᄒᆞ샤니루혀
(이　탁 1956)	몯 븓디도 그럿ᄒᆞ손이뢰
(김준영 1979)	모든 부텨두 그랏 ᄒᆞ샨 이루혀
(정열모 1965)	여러 부텨두 그러ㅅ ᄒᆞ샤니뛔
(김상억 1974)	한 부텨두 그럿 하샤니뢰
(전규태 1976)	모둔 부톄두 그랏ᄒᆞ샤니리
(김선기 1975a)	개 뿛ᄒᆞ텨도 개릳 까샨 이루개(1993 개 뿓다도 그랏 까샨ㄴ일 루계)
(김근수 1979)	모둔 부텨도 그럿ᄒᆞ샤니뢰
(김완진 1980)	모든 부텨도 그럿 ᄒᆞ시니로여
(정창일 1987)	다 부톄 두연싀 ᄒᆞ드은 伊루혀
(양희철 1988)	皆佛體도 그랏 ᄒᆞ샨 이루여(兮)(2013 이루구나)
(금기창 1994a)	모둔 부텨두 그랏 ᄒᆞ샤니이여
(유창균 1994)	모든 佛體두 그럿 ᄒᆞ신이로혀
(강길운 1995)	모든 부텨두 그랗 허신이루다
(최남희 1996)	모둔 佛體두 그럿 ᄒᆞ신 이루여
(지형률 1996)	모둔 부텨도 그랏 ᄒᆞ시니로혀(2007 몯 부텨두 엳ᄒᆞ신이로혀)
(신재홍 2000)	여러 부텨두 그럿 ᄒᆞ시니로혀
(황패강 2001)	모둔 부텨두 그랏ᄒᆞ샤니뢰
(박재민 2002)	한 부텨도 그럿ᄒᆞ샨이로구나(2013b 그럿ᄒᆞ신 이로혀)
(류　렬 2003)	모둔 부텨두 그리 하시니로히
(김지오 2012)	모둔 부텨두 그엿ᄒᆞ신 이로혜

8.1. 皆 모도 ← 皆(실의독:모도)

8.2. 佛體置 부텨두 ← 佛(실의독:부텨)+體(전음독:텨)+置(가의독:두)

8.3. 然叱 그럿 ← 然(실의독:그럿)+叱(약음독:ㅅ)

8.4. 爲賜隱 ᄒᆞ신 ← 爲(실의독:ᄒᆞ)+賜(전음독:시)+隱(약음독:ㄴ)

8.5. 伊留兮 이루구나 ← 伊(실의독:이)+留(전음독:루)+兮(실의독:구나)

'伊留兮'는 '이루구나'(것이로구나, 양희철 2013a:340-346)로 읽는다.

9. 城上人 佛道 向隱 心下

[성위에 오른 사람의(城上人)] 아라 佛道(불도) 앗은 ᄆᆞᆺ하
(성위에 오른 사람의) 아- 불도 향한 마음하

(오구라 1929)	城上人 佛道 아는 ᄆᆞᆷ이
(신태현 1940)	佛道 아는 ᄆᆞᆷ하
(양주동 1942)	아으 佛道 아온 ᄆᆞᆷ하
(지헌영 1947)	아차 佛道 아온 ᄆᆞᆷ하
(정열모 1947)	아으 불도 안는 맘해
(홍기문 1956)	아야 불도 ᄇᆞ란 ᄆᆞᆷ하
(이 탁 1956)	아라 佛道 안온 ᄆᆞᆷ하
(김준영 1964)	아- 佛道 아온 ᄆᆞᆷ하
(정열모 1965)	아으으 불도 아온 ᄆᆞ옴희
(김상억 1974)	아으 불도 아안 마잠하
(전규태 1976)	아으 佛道 아온 ᄆᆞᆷ하
(김선기 1975a)	(城上人) 뿔ㅎ또 아안 마잠까(1993 뿔ㅎ또ᇚ 아안 마삼까)
(김근수 1979)	佛道 아는 ᄆᆞᆷ하
(김완진 1980)	아야, 佛道 아온 ᄆᆞᆷ하
(정창일 1987)	아~ 佛道 向온 心하
(양희철 1988)	城上人 佛道 向온(2004, 2008 앗은) ᄆᆞᆷ하
(금기창 1994a)	아으 불도(佛道) ᄇᆞ란 ᄆᆞᆷ하
(유창균 1994)	아라! 佛道 아론 ᄆᆞᆷ하
(강길운 1995)	아라! 佛道 아슨 마음하
(최남희 1996)	아야, 佛道 아손 ᄆᆞᆷ하
(지형률 1996)	아야 佛道 아온(2007 앗온) ᄆᆞᆷ하
(신재홍 2000)	아야, 佛道 아온 ᄆᆞᆺ마
(황패강 2001)	(城上人) 佛道 아온 ᄆᆞᆷ하
(박재민 2002)	아으 佛道 아온(2013b 앗온) ᄆᆞᆷ하
(류 렬 2003)	아으 불도 ᄇᆞ란 ᄆᆞᆷ하
(김지오 2012)	아야 佛道 앗온 ᄆᆞᆷ하

9.1. 城上人 [성위에 오른 사람의(城上人)] 아라 ← 城上人[가의독:아라, 잉여코드의 문맥적 의독:성에 오른 사람의(城上人)]

城上人을 '[성위에 오른 사람의(城上人)] 아라'로 읽고, '(성위에 오른 사람의) 아-'의 의미로 정리한다(제4부 「잉여코드도 겸독한 문제 향찰」 5.2. 城上人 참조).

9.2. 佛道 佛道(불도) ← 佛(음의독:佛/불)+道(음의독:道/도)

9.3. 向隱 앗은 ← 向(실의독:앗)+隱(전음독:은)

'向隱'는 '앗은'(趣向也/指向也, 제3부 「외독자이 문제 향찰」 4.2. '向/앗/아' 참조)이다.

9.4. 心下 ᄆᆞᅀᆞᆷ하 ← 心(실의독:ᄆᆞᅀᆞᆷ)+下(전음독:하)

'心下'은 'ᄆᆞᅀᆞᆷ하'이다. 이 '마음'은 불도를 향한 '불자(佛子)'를 환유적으로 표현한 것이다. 즉 '불자'를 그가 소유한 '마음'으로 표현한 환유이다.

10. 他道 不冬 斜良只 行齊

他道(타도) 안들 빗기악 녀져
타도로 아니 빗겨 가져(此道로 똑바로 가고져)

(오구라 1929)	他道애 안들 빗겨 녀제
(신태현 1940)	他道 안들 빗겨 녀제
(양주동 1942)	녇길 안둘 빗격 녀져
(지헌영 1947)	他道(녇길) 안둘 빗겨아 녀져
(정열모 1947)	타도 아니도 빗두리기 녀져
(홍기문 1956)	녀느길 안들 빗겨디 녀져
(이 탁 1956)	녇길 안둘 빗아 녀돈
(김준영 1964)	녇길 안둘 빗악 녀져
(정열모 1965)	타도 안둘 사라저 녀져

(김상억 1974)	넌길 안달 빗격 녀져
(전규태 1976)	넌길 안들 빗격 녀져
(김선기 1975a)	넌깔 안돌 비두라기 녀재(1993 빤깕 안돌 빋두라기 니째)
(김근수 1979)	넌길 안들 빗격 녀져
(김완진 1980)	녀느 길 안둘 빗격 녀져
(정창일 1987)	他道 아겨 비섯긔 녀제
(양희철 1988)	년길 안둘(2008 안들) 빗격녀져(齊)
(금기창 1994a)	너느 길 안둘 빗격 녀져
(유창균 1994)	너느 길 모돌 비스락 니져
(강길운 1995)	너느 길 안들 빗기악 녀져
(최남희 1996)	너느 길 안둘 기브락 녀져
(지형률 1996)	녀느 긿 안둘 빗걱니져(2007 빗걱 녀져)
(신재홍 2000)	년 길 안둘 빗각 녈져
(황패강 2001)	년길 안둘 빗격 녀져
(박재민 2002)	他道 안둘 빗격 녀져
(류 렬 2003)	너느 길 안둘 비서기 니져
(김지오 2012)	他道 안둘 빗격 녀져

10.1. 他道 他道(타도) ← 他(음의독:他/타)+道(음의독:道/도)

'他道'는 '佛道(불도)'의 반대어로, '佛道(불도)'의 대구가 되게 '他道(타도)'로 읽는다.

10.2. 不冬 안들 ← 不(실의독:안들)+冬(가의독:들)

'不冬'는 '안들/안둘'(양희철 2008a:105-116)이다.

10.3. 斜良只 빗기악 ← 斜(실의독:빗기)+良(약의독:아)+只(약음독:ㄱ)

10.4. 行齊 녀져 ← 行(실의독:녀)+齊(전음독:져)

'行齊'는 '녀져'(양희철 2013a:314-324)이다. '齊'는 '졔'에서 '져'를 취한 것이 아니라, '齊(져)'에서 '져'를 취한 전음독이다.

그리고 이 제10구인 "他道(타도) 안들 빗기악 녀져"(타도로 아니 빗겨 가져)는 "此道로 똑바로 가고져"의 의미를 반대의 부정으로 표현한 완서법이다(제4부 「수사법과 연계된 문제 향찰」의 '2.7.3.' 참조).

〈항순중생가〉

[원문]

覺樹 王焉

迷火隱乙 根 沙音賜焉 逸良

大悲叱水留 潤良只

不冬 萎玉 內乎尸留 叱等耶

法界 居得 丘物叱丘物叱

爲乙 吾置 同生同死

念念相續 无間斷

佛體 爲尸如 敬叱 好叱等耶

打心 衆生 安爲飛等

佛體 頓叱 喜賜尸以留也

(根中의 '中'은 연자로 삭제, 內乎尸留의 '尸'는 누락자로 보충, 喜賜尸以留也의 '尸'는 누락자로 보충)

[해독]

覺樹(갹슈) 王(왕)온

이분을 불휘 샴시온 [빼어난(逸)] 일아

大悲(대비)ㅅ 믈루 적시악

안들 이옥 드리올루 시ᄃ야

法界(법계) 거득 구므실구므실

ᄒᆞᆯ 우리두 同生同死(동싱동ᄉᆞ)

念念相續(념념상속) 无間斷(무간단)

佛體(부텨) ᄒᆞ시ᄃᆞᆺ 敬(경/고마)실 호 시ᄃ야

[가슴을 치는(打心)] 아라 衆生(즁싱) 安(안)ᄒᆞᄂᆞᆯᄃᆞᆫ
佛體(부텨) 뭇 기그실이루야

[현대역]
각수의 왕은
미혹한 것(중생)을 뿌리 삼으신 (빼어난) 분이라
대비의 물로 적시어서
시들어 늘어트리지 않을 것(되살아나 싱그러울 것)으로 있으시다야
법계 그득 굼실굼실
할 우리도 동생동사
염념상속 무간단
부처 하시듯 경(/고마)의 일을 하고 있다야
(가슴을 치는) 아- 중생 편안하날단
부처 묻어(같이 더불어) 기쁘실 것이로다.

1. 覺樹 王焉

覺樹(갸슈) 王(왕)온
각수의 왕은

    (오구라 1929)   覺樹王온
    (신태현 1940)   覺樹王온
    (양주동 1942)   覺樹王온
    (지헌영 1947)   覺樹王온
    (정열모 1947)   각수왕은
    (홍기문 1956)   각수왕온
    (이 탁 1956)   覺樹王온
    (김준영 1964)   覺樹王언
    (정열모 1965)   씨나와는
    (김상억 1974)   갸슈왕안
    (전규태 1976)   覺樹王온

(김선기 1975a)	각슈왕안(1993 각쓩왕안)
(김근수 1979)	覺樹王온
(김완진 1980)	菩提樹王온
(정창일 1987)	菩提樹王언
(양희철 1988)	覺 樹王온
(금기창 1994b)	覺樹王온
(유창균 1994)	覺樹王온
(강길운 1995)	覺樹王은
(최남희 1996)	覺樹王온
(지형률 1996)	覺樹王온
(신재홍 2000)	覺樹王온
(황패강 2001)	覺樹王온
(박재민 2002)	覺樹王온
(류 렬 2003)	覺樹王온
(이 용 2007)	覺樹王온
(김지오 2012)	覺樹王온

1.1. 覺樹 覺樹(갹슈) ← 覺(음의독:覺/갹)+樹(음의독:樹/슈)

1.2. 王焉 王(왕)온 ← 王(음의독:王/왕)+焉(전음독:온)

'王焉'은 '王(왕)온'이다. '焉'은 山섭 3등운에 속하며, 오음은 '온'이다(제3부 「소멸된 한자음의 문제 향찰」의 4.1. '焉' 참조).

2. 迷火隱乙 根 沙音賜焉 逸良

이분을 불휘 샴신 [빼어난(逸)] 일아
미혹한 것(중생)을 뿌리 삼으신 (빼어난) 분이라

(오구라 1929)	迷火에 숨을 불휘에사 옮샤ᄂᆞᆫ일야
(신태현 1940)	이븐을 불휘 삼샤ᄂᆞ니라
(양주동 1939)	이브늘 불휘 사ᄆᆞ샤니라

(양주동 1942)	이브늘 불휘 사ᄆ샤니라
(지헌영 1947)	이본을 불휘 삼샤니라
(정열모 1947)	미블 불휘해 사름산 일라
(홍기문 1956)	이본 브틀 불휘히 사ᄆ샤니리
(이 탁 1956)	입은을 븓의 삼손 이라
(김준영 1964)	이븐을 불휘 삼샨이라
(정열모 1965)	이블 다믈 믿둥사 음샤니라
(김상억 1974)	이븐을 불휘 샤ᄆ샨이라
(전규태 1976)	이븐을 불휘 사ᄆ샨이라
(김선기 1975a)	미화 숨올 불귀애 샘 주안이라(1993 미과 숨알 불긔애 샘 주안니라)
(김근수 1979)	이븐을 불휘 사ᄆ샨이라
(김완진 1980)	이볻늘 불휘 샤ᄆ시니라
(정창일 1987)	이브수믈 根둥 사옴드언 逸얼
(양희철 1988)	이보(迷火)늘 불휘 샤(沙)ᄆ션 이(逸)라
(금기창 1994b)	이본을 불휘히 사ᄆ샨이라
(유창균 1994)	이브른을 불휘 사ᄆ신이라
(강길운 1995)	이볼언을 불희여혜 사ᄆ션-이라-
(최남희 1996)	이븐을 불휘히 사ᄆ시니라
(지형률 1996)	입은을 불힌 삼ᄋ시니라(2007 불희 삼ᄋ신이라)
(신재홍 2000)	이본을 불휘 삼샤니라
(황패강 2001)	이보늘 불휘 사ᄆ샤니라
(박재민 2002)	이본(衆生)을 불휘 삼샨 이라
(류 렬 2003)	이본브를(불를) 부루혜 사ᄆ시니라
(이 용 2007)	迷火 숨늘 불휘 사ᄆ신 이라
(김지오 2012)	이본을 불휘 삼(으)신 이어

2.1. 迷火隱乙 이분을 ← 迷(실의독:입)+火(약의독:부)+隱(약음독:ㄴ)+乙(전음독:을)

'迷火隱乙'을 동명사형 '이분을'(이분 것을)로 읽고, 그 의미는 '중생'으로 본다. 이는 환유법이다(제4부 「수사법과 연계된 문제 향찰」 2.2.4. 迷火隱乙 참조)

2.2. 根 불휘 ← 根(실의독:불휘)

根中의 '中'은 'ㄕ'의 오자로 연자이다. 根은 '불휘'로 읽는다(제2부 「오자 30제」의 3.8.과 「서로 연계된 누락자와 연자」의 4.4.1. 참조).

2.3. 沙音賜焉 샴신 ← 沙(전음독:샤)+音(약음독:ㅁ)+賜(전음독:시)+焉(약음독:ㄴ)

2.4. 逸良 [빼어난(逸)] 이라 ← 逸[전음독:일, 잉여코드의 문맥적 의독:빼어난(逸)]+良(약의독:아)

逸良을 '[빼어난(逸)] 이라'로 읽고, '(빼어난) 분이라'의 의미로 정리한다(제4부 「잉여코드도 겸독한 문제 향찰」 2.3.7. 逸良의 逸 참조)

3. 大悲叱 水留 潤良只

大悲(대비)ㅅ 믈루 적시악
대비의 물로 적시어서

(오구라 1929)	大悲ㅅ 믈을 부어
(신태현 1940)	大悲ㅅ 믈로 부루어
(양주동 1942)	大悲ㅅ 믈루 저지역
(지헌영 1947)	大悲ㅅ 물루 져쳐야
(정열모 1947)	대비 믈루 부라기
(홍기문 1956)	대비ㅅ 믈루 저져디
(이 탁 1956)	大悲ㅅ 믈로 불아
(김준영 1964)	大悲ㅅ 水루 저작(1979 저자ㄱ)
(정열모 1965)	대비ㅅ 믈루 저져
(김상억 1974)	대비ㅅ 믈루 저지역
(전규태 1976)	大悲ㅅ 믈루 적시역
(김선기 1975a)	갇 짜비(1993 때빈) 물루 부라기
(김근수 1979)	大悲ㅅ 믈로 지적
(김완진 1980)	大悲ㅅ 믈로 저적

(정창일 1987)	大悲싀 믈루 적셧긔
(양희철 1988)	大悲ㅅ믈루 저적
(금기창 1994b)	大悲ㅅ믈루 저적
(유창균 1994)	大悲ㅅ 믈로 저즈락
(강길운 1995)	大悲ㅅ 믈로 적시악
(최남희 1996)	大悲ㅎ 믈로 저지억
(지형률 1996)	大悲ㅅ 믈로 젖억
(신재홍 2000)	大悲ㅅ 믈로 저적
(황패강 2001)	大悲ㅅ 믈루 저지역
(박재민 2002)	大悲ㅅ 水로 저적(2013b 믈루 저지악)
(류 렬 2003)	大悲시 물루 저저기
(이 용 2007)	大悲ㅅ 믈로 저적
(김지오 2012)	大悲ㅅ 믈로 저적

3.1. 大悲叱 大悲(대비)ㅅ ← 大(음의독:大/대)+悲(음의독:悲/비)+叱(약음독:ㅅ)

'大悲叱'은 '大悲(대비)ㅅ'으로 읽는다.

3.2. 水留 믈루 ← 水(실의독:믈)+留(전음독:루)

3.3. 潤良只 적시악 ← 潤(실의독:적시)+良(약의독:아)+只(약음독:ㄱ)

'潤良只'는 '적시악'(적시어서, 강길운 1995)이다.

4. 不冬 萎玉 內乎尸留 叱等耶

안들 이옥 드리올루 시ᄃ야
시들어 늘어트리지 않을 것(되살아나 싱그러울 것)으로 있으시다야

(오구라 1929)	안들 이우올러라
(신태현 1940)	안들 이우올쩌라

(양주동 1942)		안둘 이우누올ㅅ다라
(지헌영 1947)		안둘 이오누올ㅅ다라
(정열모 1947)		아니도 시들내올더라
(홍기문 1956)		아둘 이보루누홋다라
(이 탁 1956)		아둘 이온 ㄴ올ㄷ라
(김준영 1964)		안둘 이옥ㄴ오루ㅅ다라
(정열모 1965)		안둘 시들놋ㄷ야
(김상억 1974)		안달 이울누올ㅅ다라
(전규태 1976)		안들 이우누올ㅅ다라
(김선기 1975a)		안돌 이오나기 마문다라(1993 이오나고 머물도라)
(김근수 1979)		안둘 이브누올ㅅㄷ라
(김완진 1980)		안둘 이보ㄴ오롯ㄷ야
(정창일 1987)		아겨 이브나 호루쉰ㄷ냐
(양희철 1988)		안둘 이보ㄴ오롯ㄷ야(2015a 안들 이옥 드리올루 시ㄷ야)
(금기창 1994b)		안둘 이위 옰 더라
(유창균 1994)		모둘 이브로ㄴ오롯ㄷ라
(강길운 1995)		안들 시들옥 노롯ㄷ라
(최남희 1996)		안둘 이블옥 나오루ㅅ다라
(지형률 1996)		안둘 이블옥 ㄴ오롯ㄷ야(2007 이블오ㄴ롯ㄷ야)
(신재홍 2000)		안둘 이보록 드료롯다라
(황패강 2001)		안둘 이오누올ㅅ다라
(박재민 2002)		안둘 이옥이롯다야(2013b 이우리오롯ㄷ야)
(류 렬 2003)		안둘 이부루 누후시다라
(이 용 2007)		안둘 이우ㄴ오니롯ㄷ야
(김지오 2012)		안둘 이울오누오롯 ㄷ야

4.1. 不冬 안들 ← 不(실의독:안들)+冬(가의독:들)

'不冬'은 '안들/안둘'(양희철 2008a:105-116)이다.

4.2. 菱玉 이옥 ← 菱(실의독:이오)+玉(전음독:옥)

4.3. 참조.

4.3. 內乎尸留 드리올루 ← 內(納, 가의독:드리)+乎(약의독:오)+尸(약음독:ㄹ)+留(전음독:루)

內乎(尸)留의 '尸'는 누락자이다. 內乎尸留를 '드리올루'로 읽는다(제2부「서로 연계된 누락자와 연자」의 4.4.2. 참조).

4.4. 叱等耶 시ᄃ야 ← 叱(약음독:시)+等(약음독:ᄃ)+耶(전음독:야)

향찰 '內乎留 叱等耶'는 거의 모든 해독들에서 '內乎留叱等耶'로 붙이고, '叱'을 선어말어미로 읽어 왔다. 이렇게 붙여서 읽을 때에, '叱'의 기능이 불분명하여, 다양한 해독들이 나왔지만, 미흡점을 해결하지 못하였다. 이런 가운데 '內乎留叱等耶'를 '內乎留 叱等耶'로 띄워서 '늘어트리올 것으로 있다야'의 의미인 '드리올루 시ᄃ야'로 읽은 해독(양희철 2014, 2015a)이 나왔다. 이 해독은 형태소들의 연결에서 문법적이지만, 하나의 미흡점도 포함하고 있다. 즉 '內乎留 叱等耶'의 주체가 각수왕(覺樹王)의 부처님인데, 주체 존대의 선어말어미를 포함하지 않은 '시ᄃ야'로 읽고, 그 의미를 '있다야'로 본 미흡점을 포함하고 있다. 바로 '있으시-/계시-'의 의미로 쓰인 '叱/시(시)-'의 문제이다. 이 문제는 앞의 글(양희철 2015b:170-173)에서 보완한 바가 있어 그 글을 인용한다.

앞의 미흡점은 '있다야'의 의미가 아니라, '있으시다야/계시다야'의 의미인 '시(시)ᄃ야'로 해석하면 보완이 된다. 이렇게 '시-'가 '있으시-/계시-'의 의미로 쓰인 예들은 다음에서도 발견할 수 있다.

어긔야 머리곰 비취오 시라, 즌ᄃᆞ재 녀러 신고요, 어느이다 노코 시라(〈정읍사〉)
므슴다 錄事니ᄆᆞᆫ 녯나ᄅᆞᆯ 닛고 신뎌(〈동동〉)
혀고 시라 밀오 시라 鄭少年하(〈한림별곡〉)

앞의 예문들의 '비취오 시라, 녀러 신고요, 노코 시라, 닛고 신뎌, 혀고 시라, 밀오 시라' 등의 '시-'들을, 대다수의 해석들에서는, 바로 앞에 붙여서, 주체 존대의 선어말어미 '-시-'로 읽었다. 이 해석들은 앞의 인용 문장들에서 행위 주체가 '달(하), 님, 鄭少年(하), 님' 등과 같이 존대를 필요로 한다는 점에서 설득력을 얻을 수 있었다. 그러나 '-시-'를 주체 존대의 선어말어미로 볼 경우에, 그 바로 앞에 온 '-오/고-'의 문법적 기능을 합리적으로 설명할 수 없는 미흡점을 보인다. 이 미흡점을 해결하고자 다음의 세 가지 주장들이 나왔다.

첫째는 '-시-'가 '계시-'의 의미를 가진 '이시-'에 기원하며, 앞의 '-시-'는 '-시-'와 '이시-'의 중간 형태로, 'ᄒᆞ야이시〉ᄒᆞ애시〉ᄒᆞ얫-ᄒᆞ얏, ᄒᆞ야시'의 변화를 보여준다는 주장들(양주동 1947; 지헌영 1947 등등)이다.

둘째는 '-시-'를 '겨시-'에서 '겨-'가 생략된 '(겨)시-'의 형태로 본 주장(김완진 2000)이다.

셋째는 '시-' 다음에 주체 존대의 '-시-'가 생략된 '시(시)-'로 본 주장(이등룡 2010)이다.

첫째와 둘째의 주장들은 세 가지 미흡점을 보인다. 하나는 '-시-'가 '이시-'나 '겨시-'에 기원한다고 주장하면서, 그 논거를 명확하게 제시하지 않은 미흡점이다. 다른 하나는 인용의 '시'를 주체 존대의 선어말어미로 볼 때에, 그 앞에 온 '-오/고-'의 기능을 합리적으로 설명할 수 없다는 미흡점이다.[31] 마지막 하나는 '시-'의 존재를 설명할 수 없다는 미흡점이다. '(-)시-' 앞에는 이 '(-)시-'를 선어말어미로 볼 수도 있게 하는 표기들(어간이나 선어말어미와 같은 음의 표기들)이 온 경우들도 있지만, 이 '(-)시-'를 어간으로만 볼 수 있게 하는 형태들(주어, 부사, 연결어미)이 온 경우들도 있다.[32] 전자의 경우에, 임시방편으로 '-시-'는 '(이)시-'와 '(겨)시-'의 '-시-'로 설명할 수 있다. 그러나 후자의 경우에, '시-'는 '(이)시-'와 '(겨)시-'의 '-시-'로 설명할 수 없다. 이 미흡점은 '시-'의 존재를 알지 못했던 때의 해석과 이 해석의 결정적인 영향 아래 발생한 것이다.

첫째와 둘째의 주장들이 이렇게 미흡점을 가지고 있으면서도, '시'를 주체 존대의 선어말어미로 해석하려 한 데는 그만한 이유가 있다. 바로 해당 문맥이 주체 존대의 의미를 필요로 한다는 점이다. 이 점은 틀림이 없다. 그런데 문제는 이 주체 존대의 의미를 만족시켜 주는 방법으로, '-고시-'의 '-고-'를 설명하기 어려운 문제를 감수하면서까지, '-시-'를 선어말어미로 해석하는 것이 유일한 방법이냐 하는 것이다. 이에 다른 해결 방법을 제시한 것이 바로 셋째의 주장이다. 이 셋째의 주장에서는 '녀러신고요'와

---

31 '-고-'의 기능만을 합리적으로 설명하기 위하여 '-고 시-'로 분리한 주장들도 있다. 이 주장들은 '-고'의 기능을 합리적으로 설명할 수 있지만, 문맥이 요구하는 주체존대의 의미를 고려하지 문제를 보인다(김완진 2000).

32 (4나)의 자료에서 예를 하나씩만 보자. '시-' 앞에 주어가 온 경우로 "殘廢ᄒᆞᆫ ᄀᆞ을헨 여슨 슬기 셔 말ᄒᆞ고…"(『두시언해(초)』 23:4)를 들 수 있고, '시-' 앞에 연결어미가 온 경우로 "벼슬 ᄒᆞ야 쇼문"(『두시언해(초)』 21:45)을 들 수 있으며, '시-' 앞에 부사가 온 경우로 "됴이 시리이다"(『계축일기』 p.93)를 들 수 있다.

'닛고신뎌'를 '녀러 신고요'와 '닛고 신뎌'로 분리하고, '시-' 다음에 '시-'와 같은 음인 '-시-'가 생략된 것으로 정리를 하였다.[33] 이 주장은 같은 음이 생략될 수 있다는 점에서, 설득력을 갖는다. 특히 앞에서 설명하였듯이, '오 시며'(『월인석보』1459년), '오 실셔'(『악학궤범』의 〈동동〉 1493년), '오 시다'(來 叱多, 〈혜성가〉) 등의 '오' 다음에는 같은 음인 '-오'가 생략되었다. 이런 점에서 '시-' 다음에 같은 음인 '-시-'가 생략되었다고 본 '시(시)-'의 주장은 설득력을 갖는다.

이상과 같은 해석들로 보아, 앞에서 인용한 '시-'들은 '있-'의 의미가 아니라, '있으시-/계시-'의 의미를 가진 '시(시)-'의 어휘로 추정할 수 있다. 특히 이 '시(시)-'의 형태를 보이는 '닛고 신져'(『악학궤범』의 〈동동〉 1493년), '녀러 신고요'(『악학궤범』의 〈정읍사〉 1493년), '혀고 시라, 밀오 시라'(『악학궤범』의 〈한림별곡〉 1493년, 『악장가사』의 〈한림별곡〉 16세기 초중반의 채록) 등의 '-고 시(시)-'와 '-오 시(시)-'는 보수성이 강한 궁중 악장의 시어로, 다른 한글 표기에서는 찾아 볼 수 없는 형태들이다. 이는 '시(시)-'의 형태가 궁중의 악장을 제외한 한글 표기에서는 이미 소실되었음을 의미한다.

이렇게 추정된, '있으시-/계시-'의 의미를 가진 '시(시)-'는 '內乎尸留 叱等耶'(〈항순중생가〉)를 '드리올루 시ᄃ야'('늘어트릴 것으로 있다야')로 읽은 해독을 보완하게 한다. 즉 이 '시-'를 '-시-'가 생략된 '드리올루 시(시)ᄃ야'로 보완하고, 그 의미를 '늘어트릴 것으로 있으시다야/계시다야'로 보완하게 한다.

그리고 이 제4구인 "안들 이옥 드리올루 시ᄃ야"(시들어 늘어트리지 않을 것으로 있으시다야)는 "되살아나 싱그러울 것으로 있으시다야"의 의미를 반대의 부정으로 표현한 완서법이다(제4부 「수사법과 연계된 문제 향찰」의 '2.7.4.' 참조).

---

33 "위 문례의 '-고 잇/이시/겨시-'는 현재미완료(현재진행)를 나타내는 복합동사 구성으로, 과거미완료의 '-고 시-'와는 구성과 의미가 다르다. '닛고신뎌'는 문맥상 그 구성에 존대의 요소를 필요로 한다. 따라서 본래는 보조용언 '시-'에 존대의 선어말어미 '-시-'가 결합된 '시-시-'의 구성이나 동음생략으로 '-시-'가 표면에 나타나지 않은 것일 뿐이다."(이등룡 2010:70-71, 332). 이에 비해 '혀고시라'와 '밀오시라'에서는 구체적으로 이렇게 설명을 하지는 않았지만, '당겨주십시오, 당기시길 (바랍니다)'와 '밀어주십시오, 미시길 (바랍니다)'의 현대역(이등룡 2010:522)으로 보아, 앞에서와 같이 해석한 것으로 짐작된다.

5. 法界 居得 丘物叱丘物叱

法界(법계) 거득 구므실구므실
법계 그득 굼실굼실

  (오구라 1929)   法界에 가득흔 丘物ㅅ 丘物ㅅ
  (신태현 1940)   法界 ᄀ독 구물구물
  (양주동 1942)   法界 ᄀ독 구믈구믈
  (지헌영 1947)   法界 잇실 돍들ㅅ
  (정열모 1947)   법계 거득 구믈구믈
  (홍기문 1956)   법계 ᄀ독 구슬구믈
  (이 탁 1956)   法界 ᄀ독 구믇구믇
  (김준영 1964)   法界 거득 구믈ㅅ 구믈ㅅ
  (정열모 1965)   법계 거덕 구믈구믈
  (김상억 1974)   法界 가득 구믈구믈 할
  (전규태 1976)   法界 ᄀ독 구믈구믈
  (김선기 1975a)   봅개 고독 구믈구믈(1993 법개 고독 구믈ㄷ구물ㄷ)
  (김근수 1979)   法界 사라 구믈ㅅ 구믈ㅅ
  (김완진 1980)   法界 ᄀ독 구믈ㅅ 구믈ㅅ
  (정창일 1987)   法界 居得 구무실 구므실
  (양희철 1988)   法界 ᄀ(居)독 구믈 구믈(2015a 구므실구므실/구무실구무실)
  (금기창 1994b)   法界 ᄀ독 구믈ㅅ 구믈ㅅ
  (유창균 1994)   法界 ᄀ독 구믈ㅅ 구믈ㅅ
  (강길운 1995)   法界 거득 구믌구믌
  (최남희 1996)   法界 거덕 구믈ㅅ 구믈ㅅ
  (지형률 1996)   法界 ᄀ독 구믌구믌
  (신재홍 2000)   法界 ᄀ독 구믌구믌
  (황패강 2001)   法界 ᄀ독 구믈ㅅ 구믈ㅅ
  (박재민 2002)   法界 거득 구믌구믌
  (류 렬 2003)   法界 ᄀ독 구무루구무루
  (이 용 2007)   法界 ᄀ독 구믌구믌
  (김지오 2012)   法界 거득 구믌구믌

5.1. 法界 法界(법계) ← 法(음의독:法/법)+界(음의독:界/계)

5.2. 居得 거득 ← 居(전음독:거)+得(전음독:득)

'居得'은 '거득'이다. '가득'이나 '거득'에 해당하는 한자는 없다. '가득하다'(充, 滿)만이 보인다. 한자 '居'의 음을 살린 해독에는 '거득'과 '거덕'이 있다. 한자의 음만을 충실하게 살려서 읽고, 어형을 설명하지 않은 해독에는 '거득'(정열모 1947, 1965; 박재민 2013b)과 '거덕'(정열모 1965)이 있다. 이에 비해 '거득'을 'ᄀᆞ독'의 사투리(김준영 1964, 1979), 'ᄀᆞ독'의 선행형[거득(>ᄀᆞ독=가득, 滿), 강길운 1995], 'ᄀᆞ독'의 음성모음형(김지오 2012) 등으로 설명하기도 하였다. 음성모음형의 주장이 가장 사실에 접근한 것 같은데, 좀더 구체적인 설명이 필요해 보인다. '거득'은 부사 '가득가득'의 비표준어인 '거득거득'에서 보인다. 특히 현재는 '가득'과 비교되는 어휘로 '그득'이 있는데, 이 '그득'은 '거득'이 변한 것으로 판단하여, '居得'을 '거득'으로 읽는다.

5.3. 丘物叱丘物叱 구므실구므실 ← 丘(전음독:구)+物(약음독:므)+叱(전음독:실)+丘(전음독:구)+物(약음독:므)+叱(전음독:실)

'丘物叱丘物叱'은 '구므실구므실'(구무실구무실, 양희철 2015a:342-343)이다. 이는 '굼실굼실'의 선행형이다.

6. 爲乙 吾置 同生同死

홀 우리두 同生同死(동싱동사)
할 우리도 동생동사

  (오구라 1929)   홀 나도 同生同死
  (신태현 1940)   홀 나도 同生同死
  (양주동 1942)   홀 나두 同生同死
  (지헌영 1947)   ᄃᆞ욀 나도 同生同死
  (정열모 1947)   할 나두 동생동사
  (홍기문 1956)   홀 나도 동생동사
  (이 탁 1956)   둡일 나도 同生同死

(김준영 1964)   홀 나두 同生同死
(정열모 1965)   홀 나도 동싱동亽
(김상억 1974)   할 나두 동생동사
(전규태 1976)   홀 나두 同生同死
(김선기 1975a)   깔/우리도 똥생똥사(1993 깔 나도 똥생 똥시)
(김근수 1979)   홀 나두 同生同死
(김완진 1980)   ᄒ야놀 나도 同生同死
(정창일 1987)   ᄒ올 나 두 同生同死
(양희철 1988)   홀 나두 同生同死
(금기창 1994b)   홀 나두 同生同死
(유창균 1994)   홀 나두 同生同死
(강길운 1995)   헐 우리두 同生同死
(최남희 1996)   홀 나두 同生同死
(지형률 1996)   ᄒ야놀 나도(2007 ᄒ늘 나두) 同生同死
(신재홍 2000)   홀 나두 同生同死
(황패강 2001)   홀 나두 同生同死
(박재민 2002)   홀 나도 同生同死
(류 렬 2003)   홀 나도 同生同死
(이 용 2007)   ᄒ늘 나도 同生同死
(김지오 2012)   ᄒ(ㄴ)올 나두 同生同死

6.1. 爲乙 홀 ← 爲(실의독:ᄒ)+乙(약음독:ㄹ)

6.2. 吾置 우리두 ← 吾(실의독:우리)+置(가의독:두)

6.3. 同生同死 同生同死(동싱동사) ← 同(음의독:同/동)+生(음의독:生/싱)
    +同(음의독:同/동)+死(음의독:死/사)

7. 念念相續 无間斷

念念相續(념념상속) 无間斷(무간단)
염념상속 무간단

(오구라 1929)   念念相續 間斷 업시
(신태현 1940)   念念相續 无間斷
(양주동 1942)   念念相續 无間斷
(지헌영 1947)   念念相續 无間斷
(정열모 1947)   념념상속무간단
(홍기문 1956)   念念相續 无間斷
(이 탁 1956)   念念相續 无間斷
(김준영 1964)   念念相續 无間斷
(정열모 1965)   念念相續 无間斷
(김상억 1974)   염염샹쇽 무간단
(전규태 1976)   念念相續 无間斷
(김선기 1975a)   념념삭쇽(1993 념념샹속) 무간돤
(김근수 1979)   念念相續 无間斷
(김완진 1980)   念念相續 无間斷
(정창일 1987)   念念相續 无間斷
(양희철 1988)   念念相續 无間斷
(금기창 1994b)   念念相續 无間斷
(유창균 1994)   念念相續无間斷
(강길운 1995)   念念 相續 그춤업시
(최남희 1996)   念念相續无間斷
(지형률 1996)   念念相續无間斷
(신재홍 2000)   念念相續无間斷
(황패강 2001)   念念相續无間斷
(박재민 2002)   念念相續无間斷
(류 렬 2003)   念念相續无間斷
(이 용 2007)   念念相續无間斷
(김지오 2012)   念念相續无間斷

7.1. 念念相續 念念相續(념념상속) ← 念(음의독:念/념)+念(음의독:念/념)+相(음의독:相/상)+續(음의독:續/속)

7.2. 无間斷 无間斷(무간단) ← 无(음의독:无/무)+間(음의독:間/간)+斷(음의독:斷/단)

8. 佛體 爲尸如 敬叱 好 叱等耶

佛體(부텨) ᄒᆞ시ᄃᆞᆺ 敬(경/고마)실 호 시ᄃᆞ야
부처 하시듯 경(/고마)의 일을 하고 있다야

(오구라 1929)	부텨ᄒᆞ데 삼가여더라
(신태현 1940)	부텨ᄒᆞ테 공경홀드라
(양주동 1942)	부톄 ᄒᆞᆯ듯 敬ㅅ 홋다라
(지헌영 1947)	부톄 ᄒᆞᆯ듯 敬ㅅ홋다라
(정열모 1947)	부처 할다이 경 홋더라
(홍기문 1956)	부텨 ᄒᆞᆯ 다븨 경ㅅ 홋다라
(이 탁 1956)	븓듸 爲ㅅ듯 敬ㅅ 홀드라
(김준영 1964)	佛體 ᄒᆞᆯ다이(1979 부텨 ᄒᆞᆯ다븨) 敬ㅅ홋ᄃᆞ라
(정열모 1965)	부텨ᄒᆞᆯ 쳐로 경ㅅ 홋ᄃᆞ야
(김상억 1974)	부톄 할닷 경ㅅ 홋다라
(전규태 1976)	부톄 ᄒᆞᆯ듯 敬ㅅ 홋다라
(김선기 1975a)	뿌텨 깔라비 경곧다라(1993 뿓다 깔닷 고마곧ㄷ도라)
(김근수 1979)	부텨 ᄒᆞᆯ듯 敬ㅅ 홋ᄃᆞ라
(김완진 1980)	부텨 ᄃᆞ빌다 고맛 홋ᄃᆞ야
(정창일 1987)	부톄 하시열 敬싀 됴쉰ᄃᆞ냐
(양희철 1988)	佛體 ᄒᆞᆯ다비 고맛 호(好)ㅅᄃᆞ야(2015a ᄒᆞ시듯 경실/고마실 호 시ᄃᆞ야)
(금기창 1994b)	부톄 ᄒᆞᆯ 다븨 恭敬ㅅ 스굇더라
(유창균 1994)	佛體 ᄃᆞ빌다 敬ㅅ 홋ᄃᆞ라
(강길운 1995)	부텨 헐다븨 고맛홋드라
(최남희 1996)	佛體 다비 敬ㆆ 호ㅅᄃᆞ라
(지형률 1996)	부텨 ᄒᆞᆯ닿(2007 부텨ᄒᆞᆯ 다) 고맛 홋ᄃᆞ야
(신재홍 2000)	부텨 ᄒᆞᆯ닷 고맛홋드라
(황패강 2001)	부톄 ᄒᆞᆯ듯 敬ㅅ홋다라
(박재민 2002)	佛體(께) ᄒᆞᆯ 다이 敬ㅅ홋다라(2013b 佛體 ᄒᆞᆯ 다이 敬ㅅ홋다야)
(류 렬 2003)	부텨 ᄒᆞᆯ ᄃᆞ븨 고마ㄹᄒ시다라
(이 용 2007)	佛體 ᄒᆞᆯ 다 고맛홋다야
(김지오 2012)	佛體 ᄒᆞᆯ 다 고맛홋 ᄃᆞ야

8.1. 佛體 부텨 ← 佛(실의독:부텨)+體(전음독:텨)

8.2. 爲尸如 ㅎ시둣 ← 爲(실의독:ㅎ)+尸(전음독:시)+如(실의독:둣)

'爲尸如'는 '爲賜如'의 오사(誤寫)로, 'ㅎ시둣'(2015a:553-555)으로 읽었었다. 이 자체로만 보면 문제가 없다. 그러나 『균여전』 향가의 다른 '尸'와 구결을 종합적으로 검토하면, '賜'의 오사가 아니라, '시'의 표기로 판단(양희철 2020)된다.

8.3. 敬叱 好 敬(경)/고마실 호 ← 敬[음의독/실의독:敬(경)/고마]+叱(전음독:실)好(전음독:호)

'敬叱 好 叱等耶'는 '경(/고마)실 호 시ᄃ야'(경/고마의 일을 하고 있다야)이며, '好'는 'ㅎ오'의 축약형 '호'(양희철 2015a:335-337)이다.

8.4. 叱等耶 시ᄃ야 ← 叱(약음독:시)+等(약음독:ᄃ)+耶(전음독:야)

8.3. 참조.

9. 打心 衆生 安爲飛等

[가슴을 치는(打心)] 아라 衆生(중싱) 安(안)ㅎ놀둔
(가슴을 치는) 아- 중생 편안하날단

  (오구라 1929)   打心 衆生이 安ㅎᄂ든
  (신태현 1940)   衆生 편안ㅎᄂ든
  (양주동 1942)   아으 衆生 便安ㅎᄂ돈
  (지헌영 1947)   아으 衆生 便安(ᄃ술) ㅎᄂ든
  (정열모 1947)   아으 중생 디늘 하날든
  (홍기문 1956)   아야 중생 안ㅎ놀든
  (이　탁 1956)   아라 衆生 변오 ㅎᄂ든
  (김준영 1964)   아- 衆生 편안 ㅎ놀든
  (정열모 1965)   아으 중싱 안ㅎ놀든
  (김상억 1974)   아으 중생 변안하나단

(전규태 1976)	아으 衆生 편안ᄒᆞᄂᆞ돈
(김선기 1975a)	중생 안까나돈(1993 쭝생 안까낟돈)
(김근수 1979)	衆生 便安ᄒᆞᄂᆞ돈[1990 安(樂)ᄒᆞᄂᆞ돈]
(김완진 1980)	아야 衆生 便安ᄒᆞᄂᆞ돈
(정창일 1987)	아~ 衆生 安 ᄒᆞ는 둘
(양희철 1988)	打心 衆生 便安ᄒᆞᄂᆞ돈
(금기창 1994b)	아으 衆生 便安ᄒᆞᄂᆞ돈
(유창균 1994)	아라 衆生 安ᄒᆞᄂᆞ돈
(강길운 1995)	아으, 衆生 알ᄒᆞ늘덴
(최남희 1996)	아야 衆生 便安ᄒᆞᄂᆞ돈
(지형률 1996)	아야 衆生 便安 ᄒᆞ날돈
(지형률 2007)	아야 衆生 알ᄒᆞ놀 돈
(신재홍 2000)	아야, 衆生 알ᄒᆞ늘돈
(황패강 2001)	(打心) 衆生 便安ᄒᆞᄂᆞ돈
(박재민 2002)	아으, 衆生(이) 安ᄒᆞᄂᆞ돈
(류 렬 2003)	아으 衆生 安ᄒᆞ놀돈
(이 용 2007)	打心 衆生 安ᄒᆞᄂ(=놀)돈
(김지오 2012)	아야 衆生 편안ᄒᆞᄂ(ㄹ)ᄃᆞ(ㄴ)

9.1. 打心 [가슴을 치는(打心)] 아라 ← 打心[환유법적 가의독:아라, 잉여코드의 문맥적 의독:가슴을 치는(打心)]

打心을 '[가슴을 치는(打心)] 아라'로 읽고, '(가슴을 치는) 아-'의 의미로 정리한다 (제4부 「잉여코드도 겸독한 문제 향찰」 5.3. 打心 참조).

9.2. 衆生 衆生(즁싱) ← 衆(음의독:衆/즁)+生(음의독:生/싱)

9.3. 安爲飛等 安(안)ᄒᆞᄂᆞ돈 ← 安(음의독:安/안)+爲(실의독:ᄒ)+飛(가의독:ᄂᆞᆯ)+等(전음독:돈)

10. 佛體 頓叱 喜賜尸以留也

佛體(부텨) 뭇 기그실 이루야
부처 묻어(같이 더불어) 기쁘실 것이로다.

(오구라 1929)	부텨 頓을 깃부샤일야
(신태현 1940)	부텨들 깃그시리라
(양주동 1942)	부톄 쏘 깃그샤리롸
(지헌영 1947)	부톄 頓ㅅ 깃샤리롸
(정열모 1947)	부처도 깃사일예
(홍기문 1956)	부텨 문듯 깃그샤리로야
(이 탁 1956)	븓디 믄듯 깃스어ㄹ여
(김준영 1964)	佛體 모롯 깃샤루여(1979 부텨 모롯 깃샤로여)
(정열모 1965)	부텨도ㅅ 깃그시리라
(김상억 1974)	부톄 쏘 깃그샤리라
(전규태 1976)	부톄 믄득 깃샤리라
(김선기 1975a)	뿌텨 돈북 긴샨이루라(1993 뿌다 돈북 기신일우라)
(김근수 1979)	부톄 모도(1990 다) 깃그샤리롸(1990 깃그샤리라)
(김완진 1980)	부텨 ㅂ룻 깃그시리로여
(정창일 1987)	부톄 頓ㅅ 홈드이루야
(양희철 1988)	부텨 ㅂㄹㅅ(2015a 뭇) 깃그시리루여
(금기창 1994b)	부톄 멈옰 깃그샤리이여
(유창균 1994)	佛體 모로깃 깃그시리로라
(강길운 1995)	부텨 좃=깃그실이루다
(최남희 1996)	佛體 곱작 깃그시이루야
(지형률 1996)	부텨 모롯 깃그시리로여(2007 모롯 깃그실이로여)
(신재홍 2000)	부텨 무젊 깃시리로라
(황패강 2001)	부톄 ㅂ룻 깃그샤리랴
(박재민 2002)	佛體 돈붓(모두) 깃그샤이로여(2013b 부텨 돈붓 깃그시리로야)
(류 렬 2003)	부텨 문드시 기스시루히라
(이 용 2007)	부텨 頓部叱(모두) 깃그리리로다
(김지오 2012)	부텨 돈붓(모두) 젔(으)시(ㄹ) 이루야

10.1. 佛體 부텨 ← 佛(실의독:부텨)+體(전음독:텨)

10.2. 頓叱 믓 ← 頓(가의독:믓)+叱(약음독:ㅅ)

'頓叱'은 '믓(=묻)-'(같이 더불어, 둘러붙어, 양희철 2015a:106-115)이다.

10.3. 喜賜尸以留也 기그실이루라 ← 喜(실의독:기그)+賜(전음독:시)+尸(약음독:ㄹ)+以(전음독:이)+留(전음독:루)+也(실의독:라)

喜賜(尸)以留也의 '尸'는 누락자이다. 喜賜尸以留也를 '기그실이루라'(기쁘실 것이로다)로 읽는다(제2부 「누락자 9제」의 2.1. 참조).

⟨보개회향가⟩

[원문]

皆 吾衣 修叱孫
一切善陵 頓 部叱 廻良只
衆生叱 海惡中
迷反 群 無史 悟乎內去齊
佛體叱 海等 成留焉 日尸恨
懺爲如乎仁 惡寸 業置
法性叱 宅阿叱 寶良
舊留 然叱 爲事置耶
病吟 禮爲白孫 佛體刀
吾衣 身仁波 人 有叱下呂
(修叱孫의 '叱'은 누락자로 보충, 悟乎內去齊의 '乎'는 누락자로 보충, 身伊波의 '伊'는 '仁'의 오자로 수정)

[해독]

모도 우리의 다실 손
一切善陵(일톄션릉) 믓 주비실 돌악
衆生(즁싱)시 바둘아히
이분 믈 업시 씨오니거져
佛體(부톄)ㅅ 바둘 이룬 날혼
懺(참)ᄒ다온 구존 業(업)두
法性(법셩)시 宅(댁)앗 寶(보)라
여리루 그랏 [배위(事)] ᄒ시두야

[병앓는 소리의(病吟)] 아라 禮(예)ㅎ습손 佛體(부텨)도
나의 몸인바 눔 이시아려

[현대역]
모도 우리가 닦을 것은
일체선릉(능과 같이 높고 크게 쌓은 공덕) 뭇 부류의 일 돌려서
중생의 바다에
미혹한 무리 없이 깨워 내고져
부처의 바다를 이룬 날은
참회하던 악한 업도
법성의 댁에의 보배라
옛날부터 그렇게 (배워) 하시도다
(병앓는 소리의) 아- 예하옵는 부처도
내 몸인바 남 있을 것이어

1. 皆 吾衣 修叱孫

모도 우리의 다실손
모도 우리가 닦을 것은

   (오구라 1929)   므릇 나의 닥손
   (신태현 1940)   므릇 나의 닷손
   (양주동 1942)   한 내이 닷골손
   (지헌영 1947)   한 내이 닷손
   (정열모 1947)   묻 나의 닥손
   (홍기문 1956)   다 내 닷ㄱ손
   (이 탁 1956)   몯 나이 닷온
   (김준영 1964)   모둔 나의 닷골손
   (정열모 1965)   여러 무리 닷골
   (김상억 1974)   한 내에 닷글손
   (전규태 1976)   모둔 나의 닷글손

(김선기 1975a)	개 우리 닥손(1993 나이 닭손)
(김근수 1979)	모든 나이 닷골손
(김완진 1980)	모든 내이 닷골손
(정창일 1987)	다 나옷 닥손
(양희철 1988)	모든 내닭손
(유창균 1994)	모든 나이 다스리손
(강길운 1995)	모든 내 닷글손
(금기창 1995a)	모든 내 닷ㄱ손
(최남희 1996)	모든 나이 닷굴 손
(지헌영 1996)	모두 내이(2007 몬 나이) 닷굴 손
(신재홍 2000)	여러 내 닷손
(황패강 2001)	모든 내이 닷굴손
(박재민 2002)	한(無量의) 나이 닭손(2013b 내이 닷손)
(류 렬 2003)	모든 우리 다숙손
(김성주 2011)	다 나이 닭은 손
(김지오 2012)	모든 나이 닭손

1.1. 皆 모도 ← 皆(실의독:모도)

'皆'는 '모도'(양희철 2015a:96)이다. 이 '모도'는 이어지는 '다실 손'(닦을 것은)의 '닦을 것'과 동격이다. 이를 염두에 두면, 향찰에도 없는 관형사형 어미를 첨가할 필요가 없다.

1.2. 吾衣 우리의 ← 吾(실의독:우리)+衣(전음독:의)

'吾衣'의 '우리의'이다.

1.3. 修叱孫 다실손 ← 修(실의독:다시)+叱(전음독:실)+孫(전음독:손)

修叱孫의 '叱'은 누락자이다. 修叱孫을 '다실 손'(닦을 것은)으로 읽는다(제2부 「누락자 9제」의 4.2. 참조).

2. 一切善陵 頓 部叱 廻良只

一切善陵(일톄션릉) 뭇 주비실 돌악
일체 선릉(능과 같이 높고 크게 쌓은 공덕) 뭇 부류의 일 돌려서

      (오구라 1929)   一切 善陵 頓部롤 돌녀
      (신태현 1940)   一切 善陵들 돌녀
      (양주동 1942)   一切善 頓部ㅅ 도ᄅ혁
      (지헌영 1947)   一切 ᄉᄅ 頓部ㅅ 도ᄅ혀/돌리아
      (정열모 1947)   일체 선릉 돈부 도라기
      (홍기문 1956)   일체 선릉 돈부르 도ᄅ디
      (이 탁 1956)   一切 ᄉᄅᆫ 둣모 돌아
      (김준영 1964)   一切 이든 돈부ㅅ 돌악(1979 돌려ㄱ)
      (정열모 1965)   일체 서른 돈주빗 도라져
      (김상억 1974)   일쳬 션 돈부ㅅ 도라혁
      (전규태 1976)   일쳬션 頓部ㅅ 도ᄅ혁
      (김선기 1975a)   일체(1993 일ᇹ체) 이론 돈북 도라기
      (김근수 1979)   一切 이든 頓部ㄹ(1990 모다) 돌역
      (김완진 1980)   一切 ᄆᄅ ᄇᄅ봇 돌악
      (정창일 1987)   一切 善陵 頓部싀 도럿긔
      (양희철 1988)   一切 善陵 뎐부(頓部)ㅅ(2015a 뭇 주비실) 돌악
      (유창균 1994)   一切 이드른 주빗 도ᄅ락
      (강길운 1995)   일체 사른 돈붓 돌악
      (금기창 1995a)   一切 ᄉᄅ 멈을(止舍)마을ㅅ 돌긔
      (최남희 1996)   一切 善陵 頓部ㆆ 도락
      (지형률 1996)   一切 善 두들 모로봇(2007 두듥 몰봇) 돌악
      (신재홍 2000)   一切 이른 무저봇 도락
      (황패강 2001)   一切善 頓部ㅅ 도ᄅ혁
      (박재민 2002)   一切 善陵(=功德) 모두(2013b 돈붓) 돌악
      (류 렬 2003)   일체 션릉 돈부시 도라긔
      (김성주 2011)   一切 善陵 頓部叱 돌이악
      (김지오 2012)   一切 善陵 돈붓 도ᄅ악

2.1. 一切善陵 一切善陵(일톄션릉) ← 一(음의독:一/일)+切(음의독:切/톄) +善(음의독:善/션)+陵(음의독:陵/릉)

'善陵'은 은유로, '능(陵)같이 크고 높게 쌓은 善(=공덕)'을 의미한다(제4부「수사법과 연계된 문제 향찰」 2.1.10. 善陵 참조).

2.2. 頓 뭇 ← 頓(가의독:뭇)

2.3. 참조.

2.3. 部叱 주비실 ← 部(실의독:주비)+叱(전음독:실)

'頓 部叱'은 '뭇 주비실'(수많은 부류의 일, 제3부「의독자의 문제 향찰」 4.1. '頓/좃/뭇' 참조)이다.

2.4. 廻良只 돌악 ← 廻(실의독:돌)+良(약의독:아)+只(약음독:ㄱ)

'廻良只'는 '돌악'으로 본다. '돌다'가 '돌다'와 '돌리다'의 두 의미를 모두 가진다는 점에서, '돌려서'의 의미인 '돌악'으로 읽은 것을 따른다. 이 '돌악'의 형태는 김준영(1964)에서부터 보이며, 이에 포함된 'ㄱ'을 강세첨사로 보았다. '돌악'의 의미는 '돌려서'(강길운 1995; 박재민 2013b)에서 보인다.

3. 衆生叱 海惡中

衆生(즁싱)시 바둘아희
중생의 바다에

    (오구라 1929)   衆生ㅅ 바롤여히
    (신태현 1940)   衆生ㅅ 바롤악히
    (양주동 1942)   衆生ㅅ 바롤악히
    (지헌영 1947)   衆生ㅅ 바둘아희
    (정열모 1947)   중생 바라해

(홍기문 1956)	즁싱ㅅ 바롤아히
(이 탁 1956)	衆生ㅅ 바ᄃ익
(김준영 1964)	衆生ㅅ 바둘악히(1979 바둘아히)
(정열모 1965)	즁싱ㅅ 바ᄅ히
(김상억 1974)	즁생ㅅ 바달악해
(전규태 1976)	衆生ㅅ 바둘악히
(김선기 1975a)	즁생 바돌애(1993 쭁생ㄷ 바들애)
(김근수 1979)	衆生ㅅ 바둘아히
(김완진 1980)	衆生ㅅ 바둘아긔
(정창일 1987)	衆生싀 海 惡둥
(양희철 1988)	衆生ㅅ 바둘 악히
(유창균 1994)	衆生ㅅ 바둘아히
(강길운 1995)	衆生ㅅ 바덜 악아혜
(금기창 1995a)	衆生ㅅ 바둘아히
(최남희 1996)	衆生ㆆ 바둘아히
(지형률 1996)	衆生ㅅ 바둘아긔
(신재홍 2000)	衆生ㅅ 바둘아히
(황패강 2001)	衆生ㅅ 바둘악히
(박재민 2002)	衆生ㅅ 바롤아긔(2013b 바둘아긔)
(류 렬 2003)	즁싱시 바롤아히
(김성주 2011)	衆生ㅅ 바둘아긔
(김지오 2012)	衆生ㅅ 바둘악긔

3.1. 衆生叱 衆生(중싱)시 ← 衆(음의독:衆/중)+生(음의독:生/싱)+叱(약음독:시)

'-叱/시'는 속격이다.

3.2. 海惡中 바둘아히 ← 海(실의독:바둘)+惡(약음독:아)+中(실의독:히)

〈보개회향가〉 **1085**

4. 迷反 群 無史 悟乎內去齊

이분 물 업시 씨오니거져
미혹한 무리 없이 깨워 내고져

    (오구라 1929)   왼 물이 업시 깨닷게 ᄒᆞ야 가졔
    (신태현 1940)   이븐물 업시 깨워가제
    (양주동 1942)   이본물 업시 알리가져
    (지헌영 1947)   이본물 업시 알리가져
    (정열모 1947)   미긴 무리 어이 깨내거져
    (홍기문 1956)   이본 무리 업시 알리가져
    (이   탁 1956)   입은믈 업스 ᄀᆞ치ᄂᆞ아돈
    (김준영 1964)   이븐 물 업시 씨ᄂᆞ가져
    (정열모 1965)   이븐 물 음시 씨내거져
    (김상억 1974)   이븐 믈 업시 알리가져
    (전규태 1976)   이븐 물 업시 깨오가져
    (김선기 1975a)   이반 무라 웂시 깨나가재(1993 없이 깨나가째)
    (김근수 1979)   이븐 물 업시 씨이과져
    (김완진 1980)   이ᄫᅡᆫ 물 업시 씨ᄃᆞᄅᆞ거져
    (정창일 1987)   이븐 믈 업시 씨나 가제
    (양희철 1988)   이ᄫᅡᆫ(2015a 이분) 물 업시 悟內거져(齊)
    (유창균 1994)   이븐 물 업시 씨ᄂᆞ가져
    (강길운 1995)   이본 물 업싀 깨달=나가자
    (금기창 1995a)   이ᄫᅩᆫ 물 업시 알리거져
    (최남희 1996)   이븐 물 업시 씨둘ᄂᆞ가져
    (지형률 1996)   입은 물 업시 씨둘가져(2007 씨ᄂᆞ거져)
    (신재홍 2000)   이본 물 업시 깨ᄂᆞ거져
    (황패강 2001)   이본 물 업시 알리가져
    (박재민 2002)   이본 물 업시 (2013b 알리거져)
    (류   렬 2003)   이본물 업시 알리가져
    (김성주 2011)   입은 물 없이 알이ᄂᆞ가져
    (김지오 2012)   이본 물 업시 아누거져

4.1. 迷反 이분 ← 迷(실의독:이)+反(전음독:분)

'迷反'은 '이분'이다. '山'섭 3등에 속한 '反' 자의 오음은 '분'이고, 한시에서 '분'으로 압운한 예들이 발견된다는 점에서 '분'(양희철 2015a:393-404)이다.

4.2. 群 물 ← 群(실의독:물)

4.3. 無史 업시 ← 無(실의독:업시)+史(전음독:시)

4.4. 悟乎內去齊 끼오니거져 ← 悟(실의독:끼)+乎(약의독:오)+內(전음독:니)+去(전음독:거)+齊(전음독:져)

悟(乎)內去齊의 '乎'는 누락자이다. 悟乎內去齊를 '끼오니거져'(깨워내고져/깨와내고져)로 읽는다(제2부 「누락자 9제」의 4.3. 참조).

5. 佛體叱 海等 成留焉 日尸恨

佛體(부텨)ㅅ 바돌 이룬 날혼
부처의 바다를 이룬 날은

(오구라 1929)	부텨 바롤둘 닐운 날혼
(신태현 1940)	부텨ㅅ 바롤 일운 날혼
(양주동 1942)	부텨ㅅ 바둘 이룬 날혼
(지헌영 1947)	부텨ㅅ 바둘 이룬 날혼
(정열모 1947)	부처 바라들 이루는 날한
(홍기문 1956)	부텨ㅅ 바롤 이룬 날혼
(이 탁 1956)	븓디ㅅ 바드 일언 눌은
(김준영 1964)	佛體ㅅ 바둘 이룬 날혼
(정열모 1965)	부텨ㅅ 바룻둘 이룬 날혼
(김상억 1974)	부텨ㅅ 바달 이룬 날한
(전규태 1976)	부톄ㅅ 바둘 이룬 날혼
(김선기 1975a)	뿌텨(1993 뿓다디) 바돌 이루안 날간
(김근수 1979)	부텨ㅅ 바둘 이룬 날혼

(김완진 1980)	부텨 바돌 이론 나론
(정창일 1987)	부톄싀 바ᄃ 니루언 날히 恨
(양희철 1988)	부텻 바돌(海等) 이루언 날혼(恨)
(유창균 1994)	佛體ㅅ 바돌 이론 날혼
(강길운 1995)	부텻 바덜 이루언 날혼
(금기창 1995a)	부텨ㅅ 바돌 이룬 날혼
(최남희 1996)	佛體ㅎ 바돌 일운 날혼
(지형률 1996)	부텻 바돌 일운(2007 일온) 날혼
(신재홍 2000)	부텨ㅅ 바돌 이론 날혼
(황패강 2001)	부텻 바돌 이룬 날혼
(박재민 2002)	부텨ㅅ 바돌 이룬 날혼
(류 렬 2003)	부텨시 바롤 이룬 날혼
(김성주 2011)	佛體ㅅ 바돌 일운 날온
(김지오 2012)	부텨ㅅ 바돌 이룬 날온

5.1. 佛體叱 佛體(부텨)ㅅ ← 佛(실의독:부텨)+體(전음독:텨)+叱(약음독:ㅅ)

5.2. 海等 바돌 ← 海(실의독:바돌)+等(가의독:돌)

5.3. 成留焉 이룬 ← 成(실의독:일)+留(전음독:루)+焉(약음독:ㄴ)

5.4. 日尸恨 날혼 ← 日(실의독:날)+尸(약음독:ㄹ)+恨(전음독:혼)

'日尸恨'은 '날혼'이다. '根'과 '斤'의 오음이 '곤'으로 '온'운을 보여주듯이, '恨' 역시 '온'운의 '혼'으로 판단된다(제3부 「소멸된 한자음의 문제 향찰」의 2.2. '恨' 참조).

6. 懺爲如乎仁 惡寸 業置

懺(참)ᄒ다온 구존 業(업)두
참회하던 악한 업도

(오구라 1929)	懺ᄒ다온 모딘 業도
(신태현 1929)	懺ᄒ다온 모딘 業도

(양주동 1942)	懺ㅎ다온 모딘 業도
(지헌영 1947)	懺ㅎ다온 머즌 業두
(정열모 1947)	참하다온 모질 업두
(홍기문 1956)	참ㅎ다온 모딘 업두
(이 탁 1956)	懺ㅎ드온 궂은 業도
(김준영 1964)	懺ㅎ다온 머즌 業두
(김준영 1979)	懺ㅎ다온 머즌 業두
(정열모 1965)	춤ㅎ드손 악돈 업두
(김상억 1974)	참하다온 모딘 업두
(전규태 1976)	참ㅎ다온 모딘 업도
(김선기 1975a)	쨤까가온 모딘 업도
(김선기 1993)	참까가온 모딘 업도
(김근수 1979)	懺ㅎ다온 머즌 業두
(김완진 1980)	懺ㅎ더온 머즌 業도
(정창일 1987)	懺ㅎ여 호넌 구즌 業 두
(양희철 1988)	懺ㅎ다왼 머즌(惡寸) 業두
(유창균 1994)	懺ㅎ다온 구존 業두
(강길운 1995)	누이다본()뉘웃븐 구즌 業도
(금기창 1995a)	참ㅎ다온 모딘 業두
(최남희 1996)	懺ㅎ다온 구즌 業두
(지형률 1996)	懺ㅎ더온 궂은 業도
(지형률 2007)	뉘슬ㅎ더온 궂온 業두
(신재홍 2000)	뉘웃ㅎ다왼 머즌 業두
(황패강 2001)	懺ㅎ다온 머즌 業두
(박재민 2002)	懺ㅎ다온(2013b 懺ㅎ더온) 아촌 業도
(류 렬 2003)	참ㅎ다ㅎ 모딘 업두
(김성주 2011)	懺ㅎ더온 궂온 業도
(김지오 2012)	懺ㅎ더온 구즌 업두

6.1. 懺爲如乎仁 懺(참)ㅎ다온 ← 懺(음의독:懺/참)+爲(실의독:ㅎ)+如(약의독:다)+乎(약의독:오)+仁(약음독:ㄴ)

'懺爲如乎仁'은 '懺(참)ㅎ다온'으로 읽는 데 거의 이의가 없다. 이 향찰의 '-如乎仁'에 상응하는 구결 '-ㅣㄱㄴ/다온'과 이두 '-如乎/다온'이 빈번하게 나타난다. 문제는

'-오(乎, ノ)-'의 형태소에 대한 설명이다. 극히 일부만이 이 '-오-'를 雅語조사(양주동 1942), 인칭법(유창균 1994; 박재민 2013b), 대상법(최남희 1996; 김지오 2012) 등으로 정리하고 있다. 좀도 검토해 보아야 하겠지만, 일단 인칭법을 따른다.

6.2. 惡寸 머존/구존 ← 惡(실의독:멎, 궂)+寸(전음독:존)

'惡寸'은 '머존, 구존'이 모두 가능하다. '寸'의 당시음은 '존'이다(양희철 2015a: 390-392).

6.3. 業置 業(업)두 ← 業(음의독:業/업)+置(가의독:두)

7. 法性叱 宅阿叱 寶良

法性(법성)시 宅(댁)앗 寶(보)라
법성의 댁에의 보배라

  (오구라 1929)   法性ㅅ 宅앳 寶라
  (신태현 1940)   法性ㅅ 몰 보배라
  (양주동 1942)   法性ㅅ 지빗 보비라
  (지헌영 1947)   法性ㅅ 宅잇 寶라
  (정열모 1947)   법성 집앗 보라
  (홍기문 1956)   법성ㅅ 대짓 보야
  (이 탁 1956)   法性ㅅ 宅잇 寶라
  (김준영 1964)   法性ㅅ 宅앳 보비라
  (정열모 1965)   법성ㅅ 지뱃 보비라
  (김상억 1974)   법성ㅅ 집앳 보배라
  (전규태 1976)   法性 집앳 보비라
  (김선기 1975a) 봄성 댁아이 보라(1993 법성ㄷ 땍앨 뽀빠이라)
  (김근수 1979)   法性ㅅ 宅앳 보비라
  (김완진 1980)   法性 지밧 寶라
  (정창일 1987)   法性싀 집 아싀 寶럴

(양희철 1988)　　　法性ㅅ 지밧 보비라
(유창균 1994)　　　法性ㅅ 짓앳 寶이라
(강길운 1995)　　　法性ㅅ 짓앳 보배라
(금기창 1995a)　　　法性ㅅ 宅잇 보비라
(최남희 1996)　　　法性ㅎ 宅아ㅎ 보비라
(지형률 1996)　　　法性ㅅ 집앗 보비라
(신재홍 2000)　　　法性 지밧 보비라
(황패강 2001)　　　法性ㅅ 지빗 보비라
(박재민 2002)　　　法性ㅅ 宅앳 寶라(2013b 보비라)
(류　렬 2003)　　　법성시 기시하시 보라
(김성주 2011)　　　法性ㅅ 집앗 寶라
(김지오 2012)　　　法性ㅅ 집앗 보배(이)아

7.1. 法性叱 法性(법성)시 ← 法(음의독:法/법)+性(음의독:性/성)+叱(약음독:시)

'法性叱'은 '法性(법성)시'이다. '시'는 속격 어미이다.

7.2. 宅阿叱 宅(댁)앗 ← 宅(음의독:宅/댁)+阿(전음독:아)+叱(약음독:ㅅ)

'宅阿叱'은 '宅(댁)앗'(댁에의), '집앗', '짓앗' 등으로 읽어 왔는데, '宅(댁)앗'(댁에의)로 정리한다.

7.3. 寶良 寶(보)라 ← 寶(음의독:寶/보)+良(라)

'寶良'은 '寶(보)라'와 '보비라' 양자가 모두 가능한데, 전자로 정리한다. '良'은 '라'와 '아'가 모두 가능한데, 이곳에서는 '라'로 보았다. '보야'(보배여! 홍기문 1956)와 '보배(이)아'(보배이어서, 김지오 2012)에서는 '良'을 '아/야, 아'로 보았으나 문맥이 어색하다. 원인을 나타내는 '-라'로 읽는다.

8. 舊留 然叱 爲事置耶

여리루 그랏 [배워(事)] ᄒ시두야
옛날부터 그렇게 (배워) 하시도다

    (오구라 1929)   녜로 쏘 흔 일이더라
    (신태현 1940)   녜로 그럭흔 일이더라
    (양주동 1942)   녜루 그랏 ᄒ샷두라
    (지헌영 1947)   녜루 그랏 ᄒ샤두라
    (정열모 1947)   예루 그리 하사더라
    (홍기문 1956)   녜루 그랏 ᄒ샤두야
    (이 탁 1956)   녜로 그럿 ᄒ스드라
    (김준영 1964)   녜루 그랏(1979 그럿) ᄒ샤두라
    (정열모 1965)   ᄒᄅ롯 ᄒ리라두야
    (김상억 1974)   녜루 그랏 하샷두라
    (전규태 1976)   녜루 그랏 ᄒ샷두라
    (김선기 1975a)   녜루 개릳 까사도라(1993 고랃 까씨도라)
    (김근수 1979)   녜루 그럿흔 일이두라
    (김완진 1980)   녀리로 그럿 ᄒ시도야
    (정창일 1987)   녜루연싀 ᄒ샷 두냐
    (양희철 1988)   녜루 그랏 ᄒ샤(事)두야(2015a ᄒ시(事)두야)
    (유창균 1994)   녀리로 그럿 ᄒ시두라
    (강길운 1995)   녀리루 그랏헌 일이드라
    (금기창 1995a)   녜루 그랏 ᄒ샤더라
    (최남희 1996)   녀리 그럿ᄒ샤두라
    (지형률 1996)   녀리로 그랏 ᄒ시도야(2007 열ᄒ시두야)
    (신재홍 2000)   녜로 그럿흔 일이두라
    (황패강 2001)   녜루 그랏 ᄒ샷두라
    (박재민 2002)   녀리로 그럿 하(온) 일(이)더라(2013b 그럿ᄒ온 일두야)
    (류 렬 2003)   녜루 그러 ᄒ시두라
    (김성주 2011)   녀리로 그엿흔 일이도야
    (김지오 2012)   녜루 그엿ᄒ(ㄴ) 일(이)두야

8.1. 舊留 여리루 ← 舊(실의독:여리)+留(전음독:루)

'舊留'는 '여리루'로 읽는다. '여리'는 김완진(1980)이 밝힌 것이다.

8.2. 然叱 그랏 ← 然(실의독:그랏)+叱(약음독:ㅅ)

'然叱'은 '그랏'으로 읽는 것이 주종을 이루는 가운데 '열'(지형률 2007)과 '그엿'(김성주 2011; 김지오 2012)이 나왔다. '열'에서는 '今'(열)과 같은 표기로 보았는데, '今'과 '然'이 의미나 음으로 보아 '열'으로 같은 것이 될 수 없다. 이 문제를 극복하고자 '그엿'이 나왔는데, 이 '그엿'이 후대의 '그랏'으로 연결될 가능성은 희박하다. 게다가 '然ヒゝ-'와 '然ミゝ-'는 '그랏ㅎ-'로 읽을 수 있는 것들이고, '그엿'의 논거로 제시한 '然ミゝ-'는 '然ミゝ-'의 오자일 가능성이 많다. '然ミ' 다음에 'ヒ'이 생략되었다고 주장하고 있으나 믿기 어렵다. 다른 논거가 나오지 않는 한 '그랏'으로 읽는다.

8.3. 爲事置耶 [배워(事)] ㅎ시두야 ← 爲(실의독:ㅎ)+事[전음독:시, 잉여코드의 문맥적 의독:배워(事)]+置(가의독:두)+耶(전음독:야)

爲事置耶를 '[배워(事)] ㅎ시두야'로 읽고, '(배워) 하시도다'의 의미로 정리한다(제4부 「잉여코드도 겸독한 문제 향찰」 2.3.8. 爲事置耶의 事 참조).

9. 病吟 禮爲白孫隱 佛體刀

[병앓는 소리의(病吟)] 아라 禮(예)ㅎ습손 佛體(부텨)도
(병앓는 소리의) 아- 예하옵는 부처도

(오구라 1929)	病吟 절ㅎ숣을손 부텨도
(신태현 1940)	절ㅎ숣손 부텨도
(양주동 1942)	아으 禮ㅎ술볼손 부텨도
(지헌영 1947)	아으 禮ㅎ숣손 부텨도
(정열모 1947)	아으 예하손 부처도
(홍기문 1956)	아야 례ㅎ숣손 부텨도
(이 탁 1956)	아라 禮ㅎ술손 븓더도

(김준영 1979)	아- 禮ᄒ슲손 부텨도
(정열모 1965)	아으 례ᄒ슬볼 부텨도
(김상억 1974)	아으 예하슒을손 부텨도
(전규태 1976)	아으 禮ᄒ슒ㅂ 부톄도
(김선기 1975a)	덜까살손 뿌텨도(1993 떨까슒ㅂ 뿐다도)
(김근수 1979)	禮ᄒ슬볼손 부텨도
(김완진 1980)	아야, 절ᄒ슬볼손 부텨도
(정창일 1987)	아~ 禮ᄒ삽손 부톄도
(양희철 1988)	病吟 禮ᄒ슲손 부텨도
(유창균 1994)	아라! 禮ᄒ슲손 佛體도
(강길운 1995)	아으, 禮허소볼손 부텨도
(금기창 1995a)	아으 禮ᄒ술볹손 부텨도
(최남희 1996)	아야 禮ᄒ슲손 佛體도
(지형률 1996)	아야 고마 ᄒ슬볼 손 부텨도
(신재홍 2000)	아야, 禮ᄒ슲손 부텨도
(황패강 2001)	(病吟) 禮ᄒ슬볼손 부텨도
(박재민 2002)	아으 禮ᄒ습손 부텨도
(류 렬 2003)	아으, 례ᄒ슮손 부텨두
(김성주 2011)	아야 禮ᄒ슮ᄋᆞᆯ 손 佛體도
(김지오 2012)	아야 禮ᄒ습손 부텨도

9.1. 病吟 [병앓는 소리의(病吟)] 아라 ← 病吟[환유법적 가의독:아라, 잉여 코드의 문맥적 의독:병앓는 소리의(病吟)]

病吟을 '[병앓는 소리의(病吟)] 아라'로 읽고, '(병 앓는 소리의) 아-'의 의미로 정리한다(제4부 「잉여코드도 겸독한 문제 향찰」 5.4. 病吟 참조).

9.2. 禮爲白孫隱 禮(예)ᄒ습손 ← 禮(음의독:禮/예)+爲(실의독:ᄒ)+白(가의독:습)+孫(전음독:손)+隱(약음독:ㄴ)

'禮爲白孫隱'은 '禮하옵는'(영탄법의 '소'는 현대어에서 사용하지 않아 현대역에 반영하지 못함)을 의미하는 '禮(예)ᄒ습손'(양희철 2015a:429-434)이다. '습'은 '삽'(정창일), '숩'(강길운), '습'(박재민, 김지오) 등에서와 같이 '슮'의 'ㄹ'을 제거한 형태이다.

9.3. 佛體刀 佛體(부텨)도 ← 佛(음의독:부텨)+體(전음독:體/텨)+刀(전음독:도)

10. 吾衣 身仁波 人 有叱下呂

나의 몸인바 눔 이시아려
내 몸인바 남 있을 것이어

   (오구라 1929)   내의 몸인바 사룸 잇이리(오)
   (신태현 1940)   나의 몸 이바 스룸 이시리
   (양주동 1942)   내몸 이바 눔 이시리
   (지헌영 1947)   내이 몸이바 눔잇호리
   (정열모 1947)   나의 몸 이바 남 잇알료
   (홍기문 1956)   내몸 이벼 사른미 이시리
   (이   탁 1956)   내몸 입아 눔 잇올이
   (김준영 1964)   나의 몸 이바 사룸 잇ᄋ리(1979 내 … 잇흐리)
   (정열모 1965)   우리 모미를 눔 어시아리
   (김상억 1974)   내 몸 이바 암 이시리
   (전규태 1976)   나의 몸 이바 눔 이시리
   (김선기 1975a)   우리 몸 이바 남 읻까로(1993 저이 몸 이반 사람 읻까로)
   (김근수 1979)   내 몸 이바 눔 이시리
   (김완진 1980)   내이 모마 뎌버 사룸 이샤리
   (정창일 1987)   나옷 몸 이바니 이싀아려
   (양희철 1988)   내몸 이바(伊波) 느미(有)샤려(2013 잇알려)
   (유창균 1994)   나이 몸 이바 눔 잇아리
   (강길운 1995)   내몸 이바 사람 이ᄉ려
   (금기창 1995a)   내 몸 이바 사람 이시아리
   (최남희 1996)   나이 몸 이바 사룸 이사리
   (지형률 1996)   내이 몸 입어 사룸 이샤리(2007 사룸이시아리)
   (신재홍 2000)   내 몸이 본 사룸 이사리
   (황패강 2001)   내몸 이바 눔 이시리
   (박재민 2002)   나이 몸 伊波(2013b 이바) 남 잇하리

(류　렬 2003)	우리 몸 이바 사룜 이시하리
(김성주 2011)	나의 몸 伊波 눕 잇아리
(김지오 2012)	나의 몸이(ㄹ) 바 사룜 잇하려

10.1. 吾衣 나의 ← 吾(실의독:나)+衣(전음독:의)

10.2. 身仁波 몸인바 ← 身(실의독:몸)+仁(전음독:인)+波(전음독:바)

身伊波의 '伊'는 '仁'의 오자이다. 身仁波를 '몸인바'(몸인 까닭에)로 읽는다(제2부 「오자 30제」의 3.9. 참조).

10.3. 人 눕 ← 人(실의독:눕)

10.4. 有叱下呂 이시아려 ← 有(실의독:이시)+叱(약음독:시)+下(가의독:알)
　　　+呂(전음독:려)

'有叱下呂'는 '잇알려'(있을 것이어? 양희철 2013a:298-299)로 읽은 바가 있다. '이시아려'(있을 것이여)로 수정한다.

〈총결무진가〉

[원문]

生界 盡尸等隱
吾衣 願 盡尸日留 置仁尸伊而
衆生叱 邊衣 于音尾
際 毛冬 願海伊過也
此如 趣可 伊羅 行根
向乎仁 所留 善陵道也
伊波 普賢行願
又 佛體叱 事伊置耶
阿耶 普賢叱都 心音阿 于波
伊留叱 餘音良 他事捨齊

(盡尸日留의 '留'는 누락자로 보충, 置仁尸伊而也의 '也'는 연자로 삭제, 于音毛의 '毛'는 '尾'의 오자로 수정, 毛冬留의 '留'는 연자로 삭제, 願海伊過也의 '也'는 누락자로 보충, 又都의 '都'는 연자로 삭제, 普賢叱都의 '都'는 누락자로 보충)

[해독]

生界(싱계) 다올둔
나의 願(원) 다올 날루 둔이마룐
衆生(즁싱)시 ᄀᆞᆺ의 가미
갓 모둘 願海(원ᄒᆡ)이과라
이곧 앗ᄃᆞ라가 이라 니곤
앗온 디루 善陵道(션릉도)라
이바 普賢行願(보현ᄒᆡᆼ원)

도 佛體(부텨)ㅅ 일이두라
아라 普賢실(보현실)도 [모도(都)] ᄆᆞᄉᆞ마 가바
이룻 남아 他事(타시) 브리져

[현대역]
중생계 다한다면
나의 원(이) 다할 날로 둔 것이지마는
중생의 갓에 감이
끝 모를 원헤이구니
이같이 향하여 달려가 이루어 가니
향한 대로 능처럼 높고 크게 쌓은 공덕의 길이라
이봐 보현행원
또 부처의 일이도다
아- 보현의 일도 (모두) 마음에 가득하게 되어
이로 남아 다른 일 버리져

1. 生界 盡尸等隱

生界(싱계) 다올든
중생계 다한다면

    (오구라 1929)   生界를 다올든
    (신태현 1940)   生界 다올든
    (양주동 1942)   生界 다올든
    (지헌영 1947)   生界 다올든
    (정열모 1947)   생계 다할든
    (홍기문 1956)   생계 다올든
    (이 탁 1956)   生界 다올든
    (김준영 1964)   生界 다올든(1979 다올든)
    (정열모 1965)   싱계 다올든

    (김상억 1974)   생계 다알단
    (전규태 1976)   生界 다올돈
    (김선기 1975a)   생개 다알다란
    (김선기 1993)   다알돌온
    (김근수 1979)   生界 다올돈
    (김완진 1980)   生界 다을돈
    (정창일 1987)   生界 다힌 드논
    (양희철 1988)   生界 다올돈
    (유창균 1994)   生界 다롤돈
    (강길운 1995)   生界 다볼뎬
    (금기창 1995c)   生界 다올돈
    (최남희 1996)   生界 다올돈
    (지형률 1996)   生界 다알돈(2007 다올 돈)
    (신재홍 2000)   生界 다올돈
    (황패강 2001)   生界 다을돈
    (박재민 2002)   生界 다올돈
    (류 렬 2003)   싱계 다홀돈
    (김지오 2012)   生界 다올돈

1.1. 生界 生界(싱계) ← 生(음의독:生/싱)+界(음의독:界/계)

1.2. 盡尸等隱 다올돈 ← 盡(실의독:다ㅇ)+尸(약음독:ㄹ)+等(전음독:돈)+隱(약음독:ㄴ)

2. 吾衣 願 盡尸 日留 置仁伊而

나의 願(원) 다올 날루 둔이마룬
나의 원(이) 다할 날로 둔 것이지마는

    (오구라 1929)   나의 願 다을 날도 인이마리여
    (신태현 1940)   나의 願 다을 날도 이니마리여
    (양주동 1942)   내 願 다올 날두 이시리여

(지헌영 1947)	내 願 다올 날두 이시리여
(정열모 1947)	나의 원 다할 날두 인이마리여
(홍기문 1956)	내 원 다올 날도 어디마리야
(이 탁 1956)	내 願 다올 눌도 이(이)손여
(김준영 1964)	나의 願 다올 날두 인시이여(1979 인시리여)
(정열모 1965)	우리 원 다올 날 두니ᄀ트라
(김상억 1974)	내 원 다알 날두 이시리여
(전규태 1976)	내 願 다올 날두 이시마리여
(김선기 1975a)	우리 원 다알 날도 읻니이라(1993 내 원 다알 날도 잇니이라)
(김근수 1980)	내 願 다올 날두 이신말이여
(김완진 1980)	내이 願 다을 날도 이시리마리여
(정창일 1987)	나옷 願 다힌 날 두언 伊이야
(양희철 1988)	내원 다올 날두 잇(仁)이마리여
(유창균 1994)	나의 願 다롤 날 두니ᄂ라
(강길운 1995)	나의 願 다볼 날 두니마리여
(금기창 1995c)	내 願 다올 날두 이시리여
(최남희 1996)	나이 願 다올 날 둔 이리야
(지형률 1996)	내이 願 다올날 두니마리여(2007 두니 ᄆ롤여)
(신재홍 2000)	내 願 다올 날두 인이이라
(박재민 2002)	나이 願 다올 날도 인이이여(2013b 날 된이마리여)
(황패강 2001)	내 願 다올 날두 이시리여
(류 렬 2003)	우리 원 다홀 날두 어디리라
(김지오 2012)	나이 願 다올 날 둔이마리여

2.1. 吾衣 나의 ← 吾(실의독:나)+衣(전음독:의)

2.2. 願 願(원) ← 願(음의독:願/원)

2.3. 盡尸 다올 ← 盡(실의독:다ᄋ)+尸(약음독:ㄹ)

2.4. 日留 날루 ← 日(실의독:날)+留(전음독:루)

日(留)의 '留'는 누락자이다. 日留를 '날루'로 읽는다(제2부 「서로 연계된 누락자와 연자」의 4.5.1. 참조).

2.5. 置仁伊而 둔이마론 ← 置(실의독:두)+仁(약음독:ㄴ)+伊(전음독:이)+而
(실의독:마론)

置仁伊而也의 '也'는 연자이다. 置仁伊而을 '둔이마론'(둔 것이지마는)으로 읽는다
(제2부 「서로 연계된 누락자와 연자」의 4.6.1. 참조).

3. 衆生叱 邊衣 于音尾

衆生(즁싱)ㅅ ㄱ의 감미
중생의 갓에 감이

(오구라 1929)	衆生ㅅ ㄱ의 움에
(신태현 1940)	衆生 쌔움이
(양주동 1942)	衆生ㅅ 쌔우미
(지헌영 1947)	衆生 쌔우미
(정열모 1947)	중생 개음모
(홍기문 1956)	중생ㅅ 갊 다로미
(이 탁 1956)	衆生ㅅ ㄱ이옴돈
(김준영 1964)	衆生ㅅ ㄱ이움이
(정열모 1965)	즁싱ㅅ ㄱ시 음뒤
(김상억 1974)	즁생ㅅ 깨우미
(전규태 1976)	衆生ㅅ 씨움미
(김선기 1975a)	중생ㄷ 갇이 움모(1993 쭝생ㄷ 갇애 우모)
(김근수 1979)	衆生 씨우미
(김완진 1980)	衆生 가시오모
(정창일 1987)	衆生의 ㄱ옷 우움
(양희철 1988)	衆生 씨(邊衣) 움마(毛)(2008 중생의 ㄱ의 감모)
(유창균 1994)	衆生ㅅ ㄱ 받옴 터럭
(강길운 1995)	衆生ㅅ 가세 감에
(금기창 1995c)	衆生ㅅ 가의 너븜미
(최남희 1996)	衆生ㆆ 겨듸 움다
(지형률 1996)	衆生ㅅ ㄱ이 감오

(지형률 2007)	衆生ㅅ ᄀᆞᆺ이 갇오
(신재홍 2000)	衆生ㅅ ᄀᆞᇫ싀 움모
(황패강 2001)	衆生ㅅ 쌔우미
(박재민 2002)	衆生ㅅ ᄀᆞᆽ(界)이 움모
(류 렬 2003)	중싱시 ᄀᆞᇫ싀 움다
(김지오 2012)	衆生ㅅ ᄀᆞᆽ이 감모

3.1. 衆生叱 衆生(중싱)시 ← 衆(음의독:衆/즁)+生(음의독:生/싱)+叱(약음독:시)

'衆生叱'은 '중생의'의 의미인 '衆生(중생)시'이다. '衆生叱'을 '衆生(중생)ㅅ'으로 읽고 '중생을, (중)생계가, 중생의' 등의 의미로 보고 있다. '叱/ㅅ'에 목적격 어미나 주격 어미의 기능이 없다는 문제를 보인다. 문제를 의식한 것인지는 알 수 없지만, 텍스트 자체에서 '衆生叱'을 '衆生'으로 처리(김완진)하기도 하였다. '중생의'의 의미이다.

3.2. 邊衣 ᄀᆞᆽ의 ← 邊(실의독:ᄀᆞᆽ)+衣(전음독:의)

3.3. 참조.

3.3. 于音尾 감미 ← 于(실의독:가)+音(약음독:ㅁ)+尾(전음독:미)

于音毛의 '毛'는 '尾'의 오자이다. 于音尾를 '감미'로 읽는다(제2부 「오자 30제」의 2.12. 참조).

4. 際 毛冬 願海伊過也

갓 모둘 願海(원희)이과라
끝 모를 원해이구나

(오구라 1929)	ᄀᆞᆽ 몰을 願海이과라
(신태현 1940)	ᄀᆞᆽ 모를 願海일지나

(양주동 1942)		ᄀᆞ 모들 願海이고
(지헌영 1947)		ᄀᆞ 모들 願海이고
(정열모 1947)		갓 모들 원해이고
(홍기문 1956)		갋 모들 원희이고
(이 탁 1956)		ᄀᆞ 모들 願海이와
(김준영 1964)		ᄀᆞ 모들룰 願海이고
(정열모 1965)		그음 모두 원희이과
(김상억 1974)		갓 모달 원해이고
(전규태 1976)		ᄀᆞ 모롤 願海이고
(김선기 1975a)		갇 모롤 원해닏가(1993 모로루 원개이과)
(김근수 1979)		ᄀᆞ 모롤 願海이고
(김완진 1980)		ᄀᆞ 모ᄃᆞ논 願海이고
(정창일 1987)		뫄 際 마겨롤 願海
(양희철 1988)		ᄀᆞ 모들 願海이과(過)
(유창균 1994)		ᄀᆞ 모ᄃᆞ로 願海이가라
(강길운 1995)		가스 모드루 願海이과
(금기창 1995c)		갊 모들 願海 이과라
(최남희 1996)		ᄀᆞ 모들 願海이고
(지형률 1996)		ᄀᆞ 모들오 願海이과
(신재홍 2000)		ᄉᆡ 모다로 願희이과
(황패강 2001)		ᄀᆞ 모들 願海이고
(박재민 2002)		ᄀᆞ 모도로(2013b 모ᄃᆞ로) 願海이과
(류 렬 2003)		ᄀᆞᄉᆞ 모들 원해히고
(김지오 2012)		ᄀᆞ 모들루 願 혜이과

4.1. 際 갓 ← 際(실의독:갓)

4.2. 毛冬 모들 ← 毛(전음독:모)+冬(가의독:들)

毛冬留의 '留'는 연자이다. 毛冬을 '모들'로 읽는다(제2부 「서로 연계된 누락자와 연자」의 4.5.2. 참조).

4.3. 願海伊過也 願海(원히)이과라 ← 願(음의독:願/원)+海(음의독:海/히)+
伊(전음독:이)+過(전음독:과)+也(실의독:라)

願海伊過也의 '也'는 누락자이다. 願海伊過也를 '願海이과라'(원해이노라/원해이도다)로 읽는다(제2부 「서로 연계된 누락자와 연자」의 4.6.2. 참조).

5. 此如 趣可 伊羅 行根

이곧 앗ᄃ라가 이라 니곤
이같이 향하여 달려가 이루어 가니

(오구라 1929)	이다이 나ᅀᅡ가 닐어녀곤
(신태현 1940)	니셔 나ᅀᅡ 가 니러 녀곤
(양주동 1942)	이다이 가 이라 녀곤
(지헌영 1947)	이다이 가 이라 녀곤
(정열모 1947)	이가치 올이라 녀근
(홍기문 1956)	이 다뷔 가 이러 녀곤
(이 탁 1956)	이듯 닷아 이르녀ᄀ
(김준영 1964)	이 다이 너갸 이라 녀곤
(정열모 1965)	이듯 나가 저리 녀견
(김상억 1974)	이다이 녀가 이라 녀곤
(전규태 1976)	이다이 가 이라 녀곤
(김선기 1975a)	이라개 나아가 이라 녀곤(1993 이답이 나악 이라 니곤)
(김근수 1979)	이 다이 녀가 이라 녀곤
(김완진 1980)	이 곧 너겨 더라 녀곤
(정창일 1987)	伊過 이여 趣던 伊라 行
(양희철 1988)	이다이(2013 이곧) 가(趣可) 이라 녀곤(行根)
(유창균 1994)	이다 돋가 이라 녀곤
(강길운 1995)	이다뷔 앞-도라(>앗ᄃ라)가 이라 녈곤
(금기창 1995c)	이 다뷔 가 이라 녀곤
(최남희 1996)	이곧 너갸 이라 녀곤
(지형률 1996)	이귿 너겨 이라 니곤(2007 이 다 너겨 더러 녀근)

(신재홍 2000)	이닷 너가 이라 녈곤
(황패강 2001)	이다이 녀갸 이라 녀곤
(박재민 2002)	이다이 너가(2013b 깃거) 이라 녀곤
(류 렬 2003)	이드비 나ᅀᅡ가 이라 니건
(김지오 2012)	이 다 나가 이라 녀(아)곤

5.1. 此如 이곧 ← 此(실의독:이)+如(실의독:곧)

'此如'는 '이곧'(김완진 1980; 양희철 2013a:464-466)이다. '如'는 '답(이), 곧, 돌/드디' 등으로 읽히는데, '답게, 같이, 듯/드시' 등의 의미를 명확하게 구분해야 한다.

5.2. 趣可 앗ᄃ라가 ← 趣(실의독:앗ᄃ라)+可(전음독:가)

'趣可'는 '나ᅀᅡ가, 가, 닷아, 너갸, 너겨, 돌가, 앞-도라가, 깃거' 등등으로 읽어 왔다. 이 중에서 '닷아'(修)와 '깃거'(喜)는 '趣'의 정확한 훈이 아니다. 그리고 '너갸'와 '너겨'는 '趣'를 '擬'로 수정한 해독으로, 이렇게 수정을 해야 할지는 좀더 검토를 요한다. 나머지 '나ᅀᅡ가, 가, 돌가, 앞-도라가' 등은 '가다'를 기본 의미로 한다. 그러나 '趣'가 '去, 行' 등과 다른 점을 변별에서 차이를 보인다. '趣' 자는 '성취하고자 하는 것을 향해 열심히 노력하며 달려나가는 모습'을 보여주는 데 비해, '去'는 '문밖으로 가다'의 의미가 강하고, '行'은 '다니다'의 의미가 강하다. 이런 내용으로 보면, '가, 나ᅀᅡ가, 돌가(달려가서), 앞-도라가(>앗ᄃ라가, 향하여 달려가, 향하여 나아가)' 등은 점진적으로 '趣'의 의미를 살린 해독들로 보인다. '가'(나가 달려가, 금기창 1995c)와 '나ᅀᅡ가'(나아가, 류렬 2003)에서는 '향하다'와 '달리다'의 의미를 살리지 못했고, '돌가'(趣=趨, 달려가서, 유창균 1994)에서는 '향하다'를 살리지 못했다. 이에 비해 '앞-도라가(>앗ᄃ라가, 향하여 달려가, 향하여 나아가)'에서는 '향하다'와 '달리다'를 모두 살렸다. 이는 '앗ᄃ라가+가'의 '앗ᄃ라가'를 고려형으로 재구한 것으로 판단한다. 고려형을 확신할 수 없어, '앗ᄃ라가'(향하여 달려가)를 취한다.

5.3. 伊羅 이라 ← 伊(실의독:이)+羅(전음독:라)

'伊羅'는 '이라'이다. '伊'의 음을 벗어난 '닐어'(오구라 1929)와 '니러'(신태현 1940)를 제외한 나머지 해독들은 '이라, 이러, 이르, 伊라, 저리, 뎌나, 뎌러' 등으로 읽었다.

이 중에서 '伊'를 훈으로 읽은 해독은 '저리, 뎌나, 뎌러' 등이고, '伊'를 음 '이'나 '伊'로 읽은 해독은 '伊라, 이러, 이ㄹ, 이라' 등이다. '저리, 뎌나, 뎌러' 등으로 읽은 해독의 문제[34]와 '伊라, 이러'로 읽은 해독의 문제[35]는 각주로 돌리고, '이ㄹ'와 '이라'로 읽은 해독의 문제만을 보자.

'이라'와 '이ㄹ'의 해독은 상당히 많다. 현대역으로 보면 여덟 종류이다.

'이라'(이대, 양주동 1942), '이라'(如此히, 이와같이, 지헌영 1947), '(올)이라'(옳다고, 정열모 1947), '이라'(현대역 미제시, 김준영 1964) 등의 네 종류에서는 괄호 안의 현대역을 제시하거나 현대역을 제시하지 않았다. 괄호 안의 현대역이 되는 이유의 설명이 명확하지 않다.

'이라'(이렇게, 김상억 1974; 김선기 1975a 등등)와 '이ㄹ'(이렇게, 이탁 1956)에서는 '이라'를 '이렇게'의 의미로 보았다. '이라'를 '이렇게'의 의미로 본 해독 중에서 전규태(1976)는 '이라'를 '이라하야'와 '이러하야'의 '이라'로 보면서 '이렇게'의 의미로 보았다. 그리고 류렬(2003)은 '이라'를 '이러하다'의 '이러'의 변종 '이라'로 보면서 그 의미를 '이렇게'로 보았다. 두 해석은 모두 홍기문의 주장과 비슷하고, 같은 문제를 보인다. 해독과 현대역이 형태소 차원에서 상응/일치하지 않는다.

'이라'(이리, 김선기 1993)와 '이라'(이처럼, 유창균 1994; 박재민 2002, 2013b)에서는 '이라'를 '이리'와 '이처럼'의 의미로 보았다. 해독과 현대역이 형태소 차원에서 상응/일치하지 않는다.

'이라'(일아, 이루어져, 강길운 1995)와 '이라'(이루어, 지형률 1996)에서는 '이라'를 '이루어(져)'의 의미로 보았다. 전자에서는 '일(이루다)+아'로 본 것 같은데, '일아〉이라'의 현대역을 '이루어'가 아닌 '이루어져'로 본 이유를 알 수 없다. 후자에서는 '이ㄹ(다)+아〉이라'로 설명하고, '이루어'의 의미로 보았다. '이ㄹ+아〉이라'의 설명이 이해되지 않는다.

---

34 '저리'(저리, 정열모 1965), '뎌라'(저리, 김완진 1980), '뎌러'(저렇게, 그렇게, 지형률 2007) 등에서는 '伊'를 '저'나 '뎌'로 읽고, '羅'를 '리, 라, 러'로 읽었다. '리'와 '러'는 '羅'의 음을 벗어났다. 그리고 '뎌라'와 '뎌러'는 그 현대역을 '저리'와 '저렇게/그렇게'로 보았는데, 연결이 잘되지 않는다. 문맥에 맞춘 현대역으로 판단된다.

35 '伊라'와 '이러'는 '伊라'(정창일 1987)와 '이러'(이렇듯, 홍기문 1956)에서 보인다. 전자인 '伊라'는 그 설명을 이해하기가 어렵고, 후자인 '이러'는 해독은 해독과 현대역이 형태소 차원에서 쉽게 연결되지 않는다. '이러하다'의 '이러'라고 주장하지만, '이러'에 '이렇듯'의 의미를 넣어보면, '이렇듯 하다'가 '이러하다'의 의미라고 보기가 어렵다.

강길운과 같이 '(일+아))이라'로 읽고, 그 의미는 '이루어'로 정리한다.

5.4. 行根 니곤 ← 行(실의독:니)+根(전음독:곤)

'行根'은 '녀곤, 니곤, 녈곤' 등으로 읽어 왔다. '行'은 '녀-'로 읽고 '根'은 '곤'으로 읽는다. '根'이 '곤'인 논거가 명확하지 않았다. 이 문제는 '根'이 '臻'섭 1등의 '痕'운에 속한 글자로, 이 운에 속한 글자들은 오음과 일본음에서 그 음이 '곤'이고, 〈수희공덕송〉(최행귀)은 물론 많은 한시들에서 '온'의 운으로 압운되어 있다는 점(양희철 2015a: 285-288)에서 해결되었다.

6. 向乎仁 所留 善陵道也

앗온 디루 善陵道(선릉도)라
향한 대로 능과 같이 높고 크게 쌓은 선(=공덕)의 길이라

(오구라 1929)	아온 바일 善陵道여
(신태현 1940)	아온 드로 善陵道라
(양주동 1939)	디로
(양주동 1942)	아온디루 善길이여
(지헌영 1947)	아온디루 스ㄹ길여
(정열모 1947)	안혼 바루 선릉길에
(홍기문 1956)	브라혼 디로 션 두듥 길야
(이 탁 1956)	안온 볼 스론 길여
(김준영 1964)	아온 디루 이든 길여(1979 드루 이든 길여)
(정열모 1965)	안혼 디루 서른 도라
(김상억 1974)	아온 대루 션 길이여
(전규태 1976)	아온 디루 善 길이야
(김선기 1975a)	아온 바루 이론 깔이라(1993 길이라)
(김근수 1979)	아온 디루 이든 길이여
(김완진 1980)	아온디로 므ㄹ 길히여
(정창일 1987)	根 向호년 바루 善陵 道야
(양희철 1988)	아왼(2008 앗오인) 디로 善陵道여

(유창균 1994)		아론 디로 이드른 길이라
(강길운 1995)		아손대루 사른 길여
(금기창 1995c)		ᄇ라온 디로 스ᄅ 길여
(최남희 1996)		아ᄉ온 ᄃ루 善陵 길이야
(지형률 1996)		아온 디로 善 두들 길혀(2007 앗온 … 두듥 긇여)
(신재홍 2000)		아왼 바로 이른 길야
(황패강 2001)		아온 디루 善 길이여
(박재민 2002)		아온 바로 善陵(功德)도야(2013b 앗온 바로 善陵道야)
(류 렬 2003)		ᄇ라혼 드로 선릉도라
(김지오 2012)		앗왼 바로 善陵道야

6.1. 向乎仁 앗온 ← 向(실의독:앗)+乎(약의독:오)+仁(약음독:ㄴ)

'向乎仁'은 '앗온'이다. '向'은 '앗-'(趣向也/指向也, 제3부 「의독자의 문제 향찰」 4.2. '向/앗/안' 참조)이다.

6.2. 所留 디루 ← 所(실의독:디)+留(전음독:루)

6.3. 善陵道也 善陵道(션릉도) ← 善(음의독:善/션)+陵(음의독:陵/릉)+道(음의독:道/도)

'善陵道也'는 '善陵道(션릉도)라'로 읽는다. 이때 '善陵'은 은유로, '능(陵)같이 크고 높게 쌓은 善(=공덕)'을 의미한다(제4부 「수사법과 연계된 문제 향찰」 2.1.10. 善陵 참조).

7. 伊波 普賢行願

이바 普賢行願(보현힝원)
이봐 보현행원

(오구라 1929)		이봐 普賢行願
(신태현 1940)		이바 普賢行願

(양주동 1942)	이바 普賢行願
(지헌영 1947)	이바 普賢行願
(정열모 1947)	이바 보현행원
(홍기문 1956)	이바 보현행원
(이 탁 1956)	이바 普賢行願
(김준영 1964)	이바 普賢行願
(김준영 1979)	이바 普賢行願
(정열모 1965)	이믈 보현힝원
(김상억 1974)	이바 보현행원
(전규태 1976)	이바 普賢行願
(김선기 1975a)	이바 보현 완행
(김선기 1993)	이바 포견 깽원
(김근수 1979)	이바 普賢行願
(김완진 1980)	뎌바 普賢行願
(정창일 1987)	伊波 普賢 行願
(양희철 1988)	이바(伊波) 普賢行願
(유창균 1994)	이바 普賢行願
(강길운 1995)	이바 普賢行願도
(금기창 1995c)	이바 普賢行願
(최남희 1996)	이바 普賢行願
(지형률 1996)	입어 普賢行願
(신재홍 2000)	이본 普賢行願
(황패강 2001)	이바 普賢行願
(박재민 2002)	伊波(미상) 普賢行願
(류 렬 2003)	이바 보현행원
(김지오 2012)	이바 普賢行願

7.1. 伊波 이바 ← 伊(전음독:이)+波(전음독:바)

'이봐'의 '이바'(감탄사) 또는 '이 바(일)'이다.

7.2. 普賢行願 普賢行願(보현힝원) ← 普(음의독:普/보)+賢(음의독:賢/현)+行(음의독:行/힝)+願(음의독:願/원)

8. 又 佛體叱 事伊置耶

도 佛體(부텨)ㅅ 일이두라
또 부처의 일이도다

  (오구라 1929)   다시 쏘 부텻 일이더라
  (신태현 1940)   쏘 부텻 일이더라
  (양주동 1942)   쏘 부텻 일이두라
  (지헌영 1947)   쏘 부텨 일이두라
  (정열모 1947)   또 모두 부처 일이더라
  (홍기문 1956)   쏘 다 부텨ㅅ 이리두야
  (이 탁 1956)   도 다 븓딧 일이드라
  (김준영 1964)   쏘 모둣(1979 모드) 부텨ㅅ 일이두라
  (정열모 1965)   모도 부텻 이리두야
  (김상억 1974)   또 부텻 일이두라
  (전규태 1976)   쏘 부텻 일이두라
  (김선기 1975a)   또 뿌텨 일이도라(1993 쏘 부다ㄷ 일이도라)
  (김근수 1979)   쏘 모두 부텨ㅅ 일이두라
  (김완진 1980)   쏘 부텻 이리도야
  (정창일 1987)   -도 다 부톄싀 일이 두냐
  (양희철 1988)   쏘(又都) 부텻 일이도야
  (유창균 1994)   쏘 모다 부텻 일이두라
  (강길운 1995)   모다 부텻 일이드라
  (금기창 1995c)   쏘 모드 부텻 일이더라
  (최남희 1996)   쏘 모든 佛體ㅎ 일이두라
  (지형률 1996)   쏘 다 부텻 일이두야(2007 도 부텻 일이두야)
  (신재홍 2000)   쏘 부텨ㅅ 일이두라
  (황패강 2001)   쏘 모드 부텻 일이두라
  (박재민 2002)   쏘 부텻 일이두라(2013b 일이두야)
  (류 렬 2003)   쏘 다 부텨시 일이두라
  (김지오 2012)   쏘 모다 부텨ㅅ 일이두야

8.1. 又 도 ← 又(실의독:도)

又都의 '都'는 연자이다. 又를 '도'(또)로 읽는다(제2부 「서로 연계된 누락자와 연자」의 4.7.1. 참조).

8.2. 佛體叱 佛體(부텨)ㅅ ← 佛(실의독:佛/부텨)+體(음의독:體/텨)+叱(약음독:ㅅ)

8.3. 事伊置耶 일이두라 ← 事(실의독:일)+伊(전음독:이)+置(가의독:두)+耶(실의독:라)

'事伊置耶'는 '이리도야, 이리두야, 일이 두냐, 일이드라, 일이더라, 일이도라, 일이도야, 일이두라, 일이두야, 일이드라' 등으로 읽어 왔다. '置'의 훈 '두'와 '耶'의 음과 훈 '야, 라' 등을 를 계산하면, '이리두야, 일이두야, 일이두라' 등이 남는다. 이 중에서 분철과 '라'를 계산하여 양주동 이래의 '일이두라'로 정리한다.

9. 阿耶 普賢叱都 心音阿 于波

아라 普賢叱(보현실)도 [모도(都)] ᄆᆞᄉᆞᆷ아 가바
아- 보현의 일도 (모두) 마음에 가득하게 되어

```
(오구라 1929)      阿耶 普賢ㅅ ᄆᆞᄉᆞᆷ애 어운바
(신태현 1940)      아으 普賢ㅅ ᄆᆞᄉᆞᆷ 아ᅀᆞ바
(양주동 1942)      아으 普賢ㅅ ᄆᆞᄉᆞᆷ 아ᄋᆞ바
(지헌영 1947)      아으 普賢ㅅ ᄆᆞᄉᆞᆷ 아ᄋᆞ바
(정열모 1947)      아으 보현 마음 아우파
(홍기문 1956)      아야 보현ㅅ ᄆᆞᄉᆞᆷ 아ᅀᆞ바
(이  탁 1956)      아라! 普賢ㅅ ᄆᆞᄉᆞᆷ 앋오바
(김준영 1964)      아- 普賢ㅅ ᄆᆞᄉᆞᆷ(1979 ᄆᆞᄉᆞᆷ) 아우바
(정열모 1965)      아야 보현ㅅ ᄆᆞᄋᆞᆷ 아우바
(김상억 1974)      아으 보현ㅅ 마잠 아우바
(전규태 1976)      아으 普賢ㅅ ᄆᆞᄉᆞᆷ 아우바
(김선기 1975a)         보현 마잠 아우바(1993 포견 마삼 아오바)
```

(김근수 1979)	普賢ㅅ ᄆᆞᆷ 아ᄋᆞ바
(김완진 1980)	아야 普賢ㅅ ᄆᆞᅀᆞ마 ᄀᆞᆲ바
(정창일 1987)	아냐~ 普賢싀 ᄆᆞᆷ 아오바
(양희철 1988)	아야 普賢ㅅ ᄆᆞᆷ 아우바(阿于波)
(유창균 1994)	아라! 普賢ㅅ ᄆᆞᆷ 조초사
(강길운 1995)	아라 普賢ㅅ 마ᅀᆞᆷ 아우바
(금기창 1995c)	아야 普賢ㅅ ᄆᆞᆷ 아ᄉᆞ바
(최남희 1996)	아야 普賢ㆆ ᄆᆞᆷ 아우바
(지형률 1996)	아야 普賢ㅅ ᄆᆞᆷ아 곱아
(신재홍 2000)	아야, 普賢ㅅ ᄆᆞᆷ 아ᄋᆞ바
(황패강 2001)	아ᄋᆞ 普賢ㅅ ᄆᆞᆷ 아ᄋᆞ바
(박재민 2002)	아ᄋᆞ 普賢ㅅ ᄆᆞᆷ 阿于波(2013b 아우바)
(류 렬 2003)	아ᄋᆞ 보현시 ᄆᆞᆷ 아ᅀᅡ바
(김지오 2012)	아야 普賢ㅅ ᄆᆞᆷ 阿于波

9.1. 阿耶 아라 ← 阿(전음독:아)+耶(전음독:라)

'阿耶'는 '아라'(이탁, 유창균, 강길운)이다.

9.2. 普賢叱都 普賢叱(보현실)도 [모도(都)] ← 普(음의독:普/보)+賢(음의독:賢/현)+叱(전음독:실)+都[전음독:도, 잉여코드의 문맥적 의독:모도(都)]

普賢叱(都)의 '都'는 누락자이다. 普賢叱都를 '보현실도 [모도(都)]'로 읽고 '보현의 일도 (모두)'의 의미로 정리한다(제2부 「서로 연계된 누락자와 연자」의 4.7.2. 참조. 제4부 「잉여코드도 겸독한 문제 향찰」 2.3.9. 普賢叱都의 都 참조).

9.3. 心音阿 ᄆᆞᆷ아 ← 心(실의독:ᄆᆞᆷ)+音(약음독:ㅁ)+阿(전음독:아)

9.2. 참조.

9.4. 于波 가바 ← 于(가의독:가)+波(전음독:바)

'于波'는 '가득하게 되어'의 의미인 '가바'이다. 이 '가바'는 함경도 방언 '갑다(차다: 가득하게 되다)'의 연결형에서 확인된다. 9.2. 참조.

10. 伊留叱 餘音良 他事 捨齊

이룻 남아 他事(타시) 브리져
이로 남아 다른 일 버리져

      (오구라 1929)   이를 남아 달은 일을 버리제
      (신태현 1940)   이룻 남아 다론 일 버리제
      (양주동 1942)   이룻 나마 他事捨겨
      (지헌영 1947)   이룻 남아 他事捨겨
      (정열모 1947)   이루 여므라 타사 버리저
      (홍기문 1956)   이룻 나마 다론 닐 브리져
      (이 탁 1956)   이룻 남아 년일말돈
      (김준영 1964)   이룻 남아 년일 브리져(1979 他事捨겨)
      (정열모 1965)   이를 너마 타스 브리져
      (김상억 1974)   이룻 남아 타사샤져
      (전규태 1976)   이룻 남아 他事捨겨
      (김선기 1975a)   이룬 남래 따사 바리재(1993 이루 남이라 타씨 바리째)
      (김근수 1979)   이룻 여나마 년일 브리져
      (김완진 1980)   뎌룻 나마 他事 브리져
      (정창일 1987)   伊루싀 나음얼 년일 捨제
      (양희철 1988)   이룻 나마 他事捨져(齊)
      (유창균 1994)   이룻 나ᄆ란 녀느 일 브리져
      (강길운 1995)   이룻 나마 녀느 일 바리져
      (금기창 1995c)   이룻 남아 녀느 일 브리져
      (최남희 1996)   이루ᇰ 나마 녀느 일 브리져
      (지형률 1996)   이룻 남아 녀느 일 브리져
      (신재홍 2000)   이룻 남아 년일 브리져
      (황패강 2001)   이룻 나마 他事捨겨
      (박재민 2002)   이룻 남아 他事 브리져
      (류 렬 2003)   이루시 나마 녀느 일 브리져
      (김지오 2012)   이룻 남아 他事 브리져

10.1. 伊留叱 이룻 ← 伊(실의독:이)+留(전음독:루)+叱(약음독:ㅅ)

10.2. 餘音良 남아 ← 餘(실의독:남)+音(약음독:ㅁ)+良(약의독:아)

10.3. 他事 他事(타시) ← 他(음의독:他/타)+事(음의독:事/시)

10.4. 捨齊 ㅂ리져 ← 捨(실의독:ㅂ리)+齊(전음독:져)

참고문헌

1. 자료

경흥, 「미륵상생경요간기」, 『삼미륵경소』.
고사경·김지(1395;1991), 『대명률직해』(영인본), 보경문화사.
김정호(1864;1976), 『대동지지』, 아세아문화사.
서거정 외(1478), 『동문선』, 민족문화추진회 역(1967), 『국역 동문선』, 민문고.
석불가사의, 『대비로차나경공양차제법의소』.
魏慶之, 『詩人玉屑』.
이규보(1241), 『동국이상국집』.
일연(1281;1512;1983), 『만송문고본 삼국유사』(영인본), 오성사.
혁련정(1075), 『균여전』.
홍만종, 『소화시평』.

2. 논저

강길운(1995), 『향가신해독연구』, 학문사.
고영근(1985), 「처용가의 한 해독」, 『멱남 김일근박사 화갑기념어문학논총』, 동간행위원회.
고정의(1989), 「처용가 해독의 재검토」, 『울산어문논집』 5, 울산대학교 국어국문학과.
고정의(1992), 「대명률직해의 이두 연구」, 박사학위논문, 단국대학교 대학원.
고정의(1995), 「서동요의 '主隱'과 '卯乙'에 대하여」, 『국어사와 차자표기: 소곡 남풍현 선생 회갑 기념논총』, 태학사.
고정의(1996), 「제망매가 해독의 일고찰」, 『울산어문논집』 11, 울산대학교 국어국문학과.
고창수(1995), 「향찰표기 '叱'의 체언화에 대하여」, 『국어사와 차자표기: 소곡 남풍현 선생 회갑 기념논총』, 태학사.
고창수(2015), 「〈제망매가〉의 해석과 서술태도」, 『민족문화연구』 66, 고려대 민족문화연구원.
권덕규(1923), 『조선어문경위』, 광문사.
권재선(1988), 『우리말글 논문들』, 우골탑.
금기창(1993), 『신라문학에 있어서의 향가론』, 태학사.
금기창(1994a), 「「상수불학가」에 대하여」, 『한국언어문학』 32, 한국언어문학회.

금기창(1994b), 「「항순중생가」에 대하여」, 『한국언어문학』 33, 한국언어문학회.
금기창(1995a), 「「보개회향가」에 대하여」, 『한국언어문학』 34, 한국언어문학회.
금기창(1995b), 「「청불주세가」에 대하여」, 『한국언어문학』 35, 한국언어문학회.
금기창(1995c), 「「총결무진가」에 대하여」, 『어문학』 56, 한국어문학회.
금기창(1996a), 「「광수공양가」에 대하여」, 『한국언어문학』 37, 한국언어문학회.
금기창(1996b), 「「수희공덕가」에 대하여」, 『어문학』 58, 한국어문학회.
금하연·오채금(2006), 『성부중심 설문해자』, 일월산방.
김근수(1976), 「향가 해독의 현위치: 주로 처용가를 중심삼아」, 『도남 조윤제박사 고희기념논총』, 형설출판사.
김근수(1979), 「균여대사와 보현십원가 해독 시고」, 『향가 급 한국차자고』, 청록출판사.
김근수(1990), 「향가에 대한 재조명(상): 보현십원가 연구」, 『한국학연구』 37, 한국학연구소.
김대식(1991), 「'헌화가' 해독의 의미론적 접근」, 『고전시가의 이념과 표상: 임하최진원박사정년기념논총』, 동간행위원회.
김동소(1998), 『한국어 변천사』, 형설출판사.
김동욱(1961), 『한국가요의 연구』, 을유문화사.
김상억(1974), 『향가』, 한국자유교육협회.
김선기(1967a), 「길쁠볼 노래(혜성가)」, 『현대문학』 145, 현대문학사.
김선기(1967b), 「다마로기 노래(모죽지랑가)」, 『현대문학』 146, 현대문학사.
김선기(1967c), 「찌이빠 노래(기파가)」, 『현대문학』 147, 현대문학사.
김선기(1967d), 「안민가」, 『현대문학』 148, 현대문학사.
김선기(1967e), 「잣나무 노래(백수가)」, 『현대문학』 149, 현대문학사.
김선기(1967f), 「쑈뚱노래(서동요)」, 『현대문학』 151, 현대문학사.
김선기(1967g), 「곶 받친 노래(헌화가)」, 『현대문학』 153, 현대문학사.
김선기(1967h), 「곶얼굴 노래(처용가)」, 『현대문학』 155, 현대문학사.
김선기(1968a), 「바람결 노래(풍요)」, 『현대문학』 159, 현대문학사.
김선기(1968b), 「가고파 노래(원왕가)」, 『현대문학』 162, 현대문학사.
김선기(1968c), 「눈 밝은 노래(득안가)」, 『현대문학』 166, 현대문학사.
김선기(1969a), 「누비굿노래(제매가)」, 『현대문학』 171, 현대문학사.
김선기(1969b), 「두시다 노래(도솔가)」, 『현대문학』 172, 현대문학사.
김선기(1969c), 「도둑 만난 노래(우적가)」, 『현대문학』 177, 현대문학사.
김선기(1975a), 「보현가 여덟마리」, 『현대문학』 243, 현대문학사.
김선기(1975b), 「제불 여래가 공양가」, 『현대문학』 250, 현대문학사.
김선기(1993), 『옛적 노래의 새풀이: 향가신석』, 보성문화사.
김성도(1986), 『한국 옛날 이야기』, 계림출판사.

김성주(2011), 「균여 향가 〈보개회향가〉의 한 해석」, 『구결연구』 27, 구결학회.
김수경(2010), 「차자표기 '內'와 향가의 해독」, 『진단학보』 110, 진단학회.
김승찬(1981), 「처용설화와 그 가요의 연구」, 『한국문학논총』 4, 한국문학회.
김양진(1997), 「향찰자 '叱'의 용법과 기능」, 일암김응모교수화갑기념논총 간행위원회 편, 『한국어학의 이해와 전망』, 박이정.
김열규·정연찬·이재선(1972), 『향가의 어문학적 연구』, 서강대 인문과학연구소.
김영만(1991), 「鄕歌의 '善陵'과 '頓部叱'에 대하여」, 『동양학』 21-1, 단국대학교 동양학연구원.
김영만(1997), 「석독 구결 '皆ㄴ', '悉ㄣ'와 고려 향찰 '頓部叱', '盡良'의 비교 고찰」, 『구결연구』 2, 구결학회.
김영수(1999), 「처용가 연구의 종합적 검토」, 『국문학논집』 16, 단국대학교.
김완진(1980), 『향가해독법연구』, 서울대출판부.
김완진(1985a), 「특이한 음독자 및 훈독자에 대한 연구」, 『동양학』 15, 단국대 동양학연구소.
김완진(1985b), 「모죽지랑가 해독의 반성」, 『국어학논총(김형기선생팔순기념논문집)』, 창학사.
김완진(1986), 「신라향가의 어학적 연구」, 『전통과 사상』 3, 한국정신문화연구원.
김완진(1990), 「안민가 해독의 한 반성」, 『청파문학』 16, 숙명여자대학.
김완진(2000), 『향가와 고려가요』, 서울대학교출판부.
김완진(2010), 「서동요의 재조명」, 『한국어연구』 7, 한국어연구회.
김웅배(1982), 「서동요 해석의 한 고찰: 卯乙을 중심으로」, 『목포대학 논문집』 4, 목포대학.
김유범(1996), 「'ᄙ'의 이중적 음가 문제에 대한 해명을 위하여」, 『한국어학』 4, 한국어학회.
김유범(1999), 「향찰표기의 격과 조사: 향찰·구결·이두의 격조사에 대하여」, 『국어의 격과 조사』, 월인.
김유범(2010), 「균여의 향가 〈광수공양가〉 해독」, 『구결연구』 25, 구결학회.
김종우(1974), 『향가문학연구』, 선명문화사.
김준영(1964), 『향가상해』, 교학사.
김준영(1979), 『향가문학』, 형설출판사.
김지오(2010), 「〈참회업장가〉의 국어학적 해독」, 『구결연구』 24, 구결학회.
김지오(2012), 「균여전 향가의 해독과 문법」, 박사학위논문, 동국대 대학원.
김태균(1975), 「양잠경영촬요의 이두주해」, 『경기대학논문집』 3, 경기대.
김학동·조용훈(1997), 『현대시론』, 새문사.
김학성(1995), 「처용가와 관련설화의 생성기반과 의미」, 『대동문화연구』 30, 대동문화연구원.
김향이(1994), 『달님은 알지요』, 비룡소.
김형규(1948), 「중고문학」, 우리어문학회 편, 『국문학사』, 수로사.
김형규(1962;1983), 『증보국어사연구』, 일조각.
김형춘(1989), 「「모죽지랑가」 해독」, 『창원전문대학논문집』 7, 창원전문대학.

김홍곤(1977), 「고유어표기에 사용된 「叱」자의 음가변이에 대한 고찰」, 『국어국문학』 75, 국어국문학회.
남경란(2002), 「《대방광불화엄경소(권35)》 석독 자료에 나타난 독음 고찰: '-尸', '-ㄴ'을 중심으로」, 『민족문화논총』 26, 영남대학교 민족문화연구소.
남경란(2003), 「《대방광불화엄경소(권35)》 입겿(口訣) 연구」, 『배달말』 32, 배달말학회.
남광우(1962), 「향가연구」, 『국어학논문집』, 춘조사.
남광우(1978), 『보정 고어사전』, 일조각.
남풍현(1981), 『차자표기법연구』, 단대출판부.
남풍현(1983), 「서동요의 '夘乙'에 대하여」, 백영정병욱선생환갑기념논총 간행위원회 편, 『한국시가문학연구』, 신구문화사.
남풍현(1986), 「국어 부정법의 발달」, 『문법연구』 3, 문법연구회.
남풍현(1993), 「고려본 유가사지론의 석독구결에 대하여」, 『동방학지』 81, 연세대 국학연구원.
남풍현(1994), 「『신석 화엄경』 권14의 고려시대 석독구결」, 『국문학논집』 14, 단국대 국어국문학과.
남풍현(1996a), 「고려시대 석독구결의 '尸/ㄹ'에 대한 고찰」, 『구결연구』 1, 구결학회.
남풍현(1996b), 「금강명경 3권의 석독구결에 나타난 尸의 용법에 대하여」, 『이기문 교수 정년퇴임기념논총』, 신구문화사.
남풍현(2000), 『이두연구』, 태학사.
남풍현(2010), 「헌화가의 해독」, 『구결연구』 24, 구결학회.
남풍현(2012a), 「『삼국유사』의 향가와 『균여전』 향가의 문법 비교」, 『구결연구』 28, 구결학회.
남풍현(2012b), 「고대 한국어의 여실법 동사 '支/디'와 '多支/다디'에 대하여」, 『구결연구』 29, 구결학회.
남풍현(2017a), 「도천수관음가의 새로운 해독」, 『어문연구』 45-4(겨울), 한국어문교육연구회.
남풍현(2017b), 「〈원가〉의 해독」, 『국어학』 83, 국어학회.
남풍현(2017c), 「우적가의 해독」, 『구결연구』 39, 구결학회.
남풍현(2018a), 「〈원왕생가〉의 새로운 해독」, 『구결연구』 41, 구결학회.
남풍현(2018b), 「〈도솔가〉와 〈제망매가〉의 새로운 해독」, 『진단학보』 130, 진단학회.
남풍현(2019), 「안민가의 새로운 해독」, 『구결연구』 42, 구결학회.
남풍현(2020), 「〈모죽지랑가〉의 새로운 해독」, 『구결연구』 45, 구결학회.
남풍현·심재기(1976), 「구역인왕경의 구결 연구(기일)」, 『동양학』 8, 단국대 동양학연구소.
라경수(1995), 『향가문학론과 작품연구』, 집문당.
류 렬(2003), 『향가연구』, 박이정.
민 찬(2004), 「서동요 해독 및 해석의 관점」, 『한국문화』 33, 서울대학교 한국문화연구소.
박갑수(1981), 「향가 해독의 몇 가지 문제」, 『김형규박사고희기념논총』, 서울대학교 국어교육과.

박노준(1982), 『신라가요의 연구』, 열화당.
박노준(2018), 『향가 여요의 역사』, 지식산업사.
박병채(1990), 『고대국어학연구』, 고려대학교 민족문화연구소.
박일용(2016), 「역신의 상징적 의미와 〈처용가〉의 감동 기제」, 『고전문학연구』 49, 한국고전문학회.
박재민(2002), 「구결로 본 보현십원가 연구」, 석사학위논문, 연세대 대학원.
박재민(2003), 「「보현시원가」 난해구 5제: 구결을 기반하여」, 『구결연구』 10, 구결학회.
박재민(2008), 「〈풍요〉의 형식과 해석에 관한 재고」, 『한국시가연구』 24, 한국시가학회.
박재민(2009a), 「삼국유사 소재 향가의 원전비평과 차자·어휘변증」, 서울대 박사학위논문.
박재민(2009b), 「〈헌화가〉 해독 재고」, 『국문학연구』 19, 국문학회.
박재민(2010a), 「「원가」의 재해독과 문학적 해석」, 『민족문화』 34, 한국고전번역원.
박재민(2010b), 「〈혜성가〉 고유어 재구 4제와 문학적 시사」, 『고전과 해석』 8, 고전한문학연구학회.
박재민(2012), 「도천수관음가의 해독과 구조 재고」, 『어문연구』 156, 한국어문교육연구회.
박재민(2013a), 『신라향가변증』, 태학사.
박재민(2013b), 『고려향가변증』, 박이정.
박진호(1997), 「차자표기 자료에 대한 통사론적 검토」, 『새국어생활』 7-4, 국립국어연구원.
박진호(1998), 「고대국어 문법」, 『국어의 시대별 변천·실태 연구 3: 고대국어』, 국립국어연구원.
박창원(1987), 「처용가 재검토」, 『우해 이병선박사 화갑기념논총』, 동간행위원회.
박창원(1995), 「제망매가의 해독과 고대국어의 몇 의문」, 『한일어학논총』, 국학자료원.
박희숙(1985), 「대명률직해의 이두 연구」, 박사학위논문, 명지대 대학원.
방종현(1948), 『훈민정음통사』, 일성당서점.
백두현(1993), 「고려본 화엄경의 구결자 ㅎ와 ㅅ: 그 독음과 문법 기능」, 『어문론총』 27, 경북어문학회.
백두현(1997), 「고려본 금광명경에 나타난 특이 형태에 대하여」, 성재 이돈주 선생 화갑기념논총 간행위원회 편, 『국어학 연구의 새지평』, 태학사.
사비성인(1935), 「무왕과 호기: 서동과 선화」, 『신동아』 5-12, 신동아사.
서명희(2005), 「'되기'의 문학과 생성적 텍스트: 〈처용가〉 읽기를 중심으로」, 『고전문학과 교육』 10, 한국고전문학교육학회.
서영석(1985), 「신라향가의 난해어 연구: 안민가 어석을 중심으로」, 『신라문화』 2, 동국대 신라문화연구소.
서영석(1986), 「'窟理叱大肹' 신어석」, 『시원김기동박사회갑기념논문집』, 교학사.
서재극(1972), 「「헌화가」 연구」, 『상산 이재수박사 환력기념 논문집』, 동간행위원회.
서재극(1973), 「서동요의 문리」, 청계김사엽박사송수기념논총 간행위원회 편, 『청계김사엽박사

송수기념논총』, 학문사.
서재극(1975), 『신라 향가의 어휘 연구』, 계명대출판부.
서재극(1982), 「향찰 '詞腦, 尸, 冬'에 대하여」, 『긍보조규설교수화갑기념 국어학논총』, 형설출판사.
서정목(2013a), 「〈모죽지랑가〉의 창작 동기와 정치적 배경」, 『서강인문논총』 37, 서강대학교인문과학연구소.
서정목(2013b), 「모죽지랑가의 형식과 내용, 창작 시기」, 『시학과 언어학』 25, 시학과 언어학회.
서정목(2014a), 「'찬기파랑가' 해독의 검토」, 『서강인문논총』 40, 서강대학교 인문과학연구소.
서정목(2014b), 「'찬기파랑가'의 단락 구분과 해독」, 『시학과 언어학』 27, 시학과 언어학회.
서정목(2015), 「「원가」의 창작 배경과 효성왕의 정치적 처지」, 『시학과 언어학』 30, 시학과 언어학회.
서종학(1991), 「이두의 문법형태 표기에 관한 역사적 연구」, 박사학위논문, 서울대 대학원.
서종학(1994), 「지정문자와 차자 '內'」, 『민족문화논총』 15, 영남대학교 민족문화연구소; 「지정문자와 차자 '內'」, 『이두의 역사적 연구』, 영남대학교 출판부, 1995.
서철원(2009), 『한국고전문학의 방법론적 탐색과 소묘』, 도서출판 역락.
서철원(2011), 『향가의 역사와 문화사』, 지식과교양.
성호경(2008), 『신라향가연구』, 태학사.
송기중(1997), 「차자표기의 문자론적 성격」, 『새국어생활』 7-4, 국립국어원.
송재주(1957), 「향가에 나타난 "尸"에 대하여」, 『국어국문학』 17, 국어국문학회.
신동흔(1990), 「모죽지랑가와 죽지랑 이야기의 재해석」, 『관악어문연구』 15, 서울대.
신석환(1987), 「모죽지랑가의 분석적 연구」, 『사림어문연구』 4, 창원대 국어국문학회.
신석환(1990), 「영재 우적가고」, 『사림어문연구』 8, 창원대 국어국문학회.
신영명(2004), 「〈제망매가〉, 회향의 노래」, 『국제어문』 32, 국제어문학회; 「제망매가」, 『월명과 충담의 향가』, 넷북스, 2012.
신재홍(2000), 『향가의 해석』, 집문당.
신재홍(2012), 「처용가의 감각」, 『고전문학과 교육』 23, 한국고전문학학회.
신채호(1924), 「조선 고래의 문자와 시가의 변천」, 『동아일보』(1.1.), 동아일보사.
신태현(1940), 「향가의 신해독」, 『조선』 296, 조선총독부.
심재기(1975), 「구역인왕경상의 구결에 대하여」, 『미술자료』 18, 국립중앙박물관.
심재기(1979), 「'-ㄹ'동명사의 통사적 기능에 대하여」, 『문법연구』 4, 문법연구회.
심재기(1989), 「서동요 해독 삽의」, 이정정연찬선생회갑기념논총간행위원회 편, 『이정정연찬선생회갑기념논총』, 탑출판사.
심재기·이승재(1998), 「화엄경 구결의 표기법과 한글 전사」, 『구결연구』 3, 구결학회.
안병희(1987), 『한국학 기초자료선집: 어학편』, 한국정신문화연구원.

안정희(2011), 「균여향가에 사용된 부정의 표현에 대하여」, 『구결연구』 27, 구결학회.
양주동(1935), 「상대어 연구의 길에서」, 『조광』 2-1, 조광사.
양주동(1937), 「향가의 해독: 특히 원왕생가에 취하여」, 『청구학총』 19, 청구학회.
양주동(1939), 「향가 주석산고」, 『진단학보』 10, 진단학회.
양주동(1942), 『고가연구』, 박문서관.
양주동(1947), 『여요전주』, 을유문화사.
양주동(1965), 『증정고가연구』, 일조각.
양희철(1983), 「차사 지시어의 해독과 문학적 의미」, 김열규 편, 『삼국유사와 한국문학』, 학연사.
양희철(1985), 「「찬기파랑가」에 대한 일고언: '花判'의 해독과 그 관련 이미저리들의 대립체계와 회김직 인식의 역설퍽 표현」, 『인문과학논집』 4, 청주대학교 인문과학연구소.
양희철(1986), 「「안민가」와 관련설화의 두 텍스트 언어」, 『서강어문』 5, 서강어문학회.
양희철(1988), 『고려향가연구: 균여 「원왕가」의 문학성과 시문법』, 새문사.
양희철(1989), 「「제망매가」의 의미와 형상」, 『국어국문학』 102, 국어국문학회.
양희철(1990), 「향찰 '攴'과 '支'의 해독」, 『국어국문학』 104, 국어국문학회.
양희철(1992), 「향가·여요 연구의 회고와 전망」, 국어국문학회 편, 『국어국문학40년』, 집문당.
양희철(1995), 『향찰문자학』, 새문사.
양희철(1996), 「〈찬기파랑가〉의 어문학적 연구」, 『한국고전연구』 2, 한국고전연구회.
양희철(1997), 『삼국유사 향가연구』, 태학사.
양희철(1998), 「향가의 구비성과 기록성」, 『대동문화연구』 33, 성균관대학교 동아시아학술원.
양희철(2000), 『향가 꼼꼼히 읽기: 모죽지랑가의 해석과 창작시기』, 태학사.
양희철·김상태 공편역(2000), 『일탈문체론: 리파테르, 레빈, 리이치의 이론들』, 보고사.
양희철(2001a), 「향가 형식론의 기반 일각: 『삼국유사』의 기사분절에 대한 원전비평의 일부」, 『한국시가연구』 10, 한국시가학회.
양희철(2001b), 「향가의 분절에 관한 연구: 삼국유사에 수록된 11분절 향가의 원전 비평적 검토」, 『한국언어문학』 47, 한국언어문학회.
양희철(2002), 「〈제망매가〉의 표현과 주제」, 김학성·권두환 편, 『신편 고전시가론』, 새문사.
양희철(2003), 「향가」, 김광순 외 공저, 『국문학개론』, 새문사.
양희철(2004a), 「향찰 '阿也'류 해독의 변증」, 『청대학술논집』 2, 청주대학교 학술연구소.
양희철(2004b), 「향찰 '歎曰'류 해독의 변증」, 『인문과학논집』 29, 청주대학교 인문과학연구소.
양희철(2005a), 「향가의 '낙구'류 표기와 형식」, 『聊城大學學報』 105, 山東省 聊城: 聊城大學編輯部.
양희철(2005b), 「당대비평으로 본 '기의심고'와 〈찬기파랑가〉」, 『한국시가연구』 18, 한국시가학회.
양희철(2008a), 『향찰 연구 12제』, 보고사.

양희철(2008b), 「향찰과 이두 '將來'의 연구: '將'과 '來'의 음훈을 살린 해독들의 변증」, 『한국언어문학』 66, 한국언어문학회.

양희철(2009), 「서동요의 중의적 표현과 세 시적 청자의 해석」, 『어문연구』 141, 한국어문교육연구회.

양희철(2010), 「향찰과 이두 '將來'의 해독에 관하여: '將來'의 의미와 '將'의 훈을 벗어난 해독들의 비판」, 『인문과학논집』 40, 청주대학교 한국문화연구소.

양희철(2011a), 「향찰 '(-)頓(-)' 해독의 변증」, 『언어학연구』 19, 한국중원언어학회.

양희철(2011b), 「구결 '㐹' 해독의 변증」, 『인문과학논집』 43, 청주대학교 학국문화연구소.

양희철(2011c), 「구결 '如㐹'와 향찰 '如支, 此如, 葉如'」, 『어문논집』 25, 동서어문학회.

양희철(2012a), 「향찰 해독에 문학이 연계되는 일례: 향찰 '米' 해독의 어문학적 변증을 통하여」, 『국어사연구』 15, 국어사학회.

양희철(2012b), 「황진이의 시조 「어져 내일이야 …」의 연구」, 『배달말』 50, 배달말학회.

양희철(2013a), 『향찰 연구 16제』, 보고사.

양희철(2013b), 「향찰 '遣'의 해독 시고」, 『어문연구』 160, 한국어문교육연구회.

양희철(2014), 「향찰 '叱'자 해독의 변증 일반: 용언에서 '(-)시-, (-)실(-)'을 표기한 '叱'자들을 중심으로」, 『어문연구』 82, 어문연구학회.

양희철(2015a), 『향찰 연구 20제』, 보고사.

양희철(2015b), 「'시-'를 보여준 향찰 해독의 변증과 보완: '史/시-, 賜/시-, 叱/시-, 省/쇼-, 叱/실' 등을 중심으로」, 『언어학 연구』 37, 한국중원언어학회.

양희철(2016), 「향찰 '叱'의 한자음과 속격 '-시'」, 『언어학 연구』 40, 한국중원언어학회.

양희철(2016b), 『연시조 작품론 일반』, 월인.

양희철(2019), 「〈제망매가〉의 향찰 해독과 수사」, 『청대학술논집』 2018학년도 특집호-13호, 청주대학교 학술연구소.

양희철(2020), 『향가 문학론 일반』, 보고사.

양희철(2021), 『연시조성 연구: 제목 없이 합철된 연시조와 탈착형 연시조』, 보고사.

양희철(2022a), 「『삼국유사』 향가의 원전비평: 누락자, 연자, 전도구 등을 중심으로」, 『언어학 연구』 64, 한국중원언어학회.

양희철(2022b), 「『균여전』 향가의 원전비평: 누락자와 연자를 중심으로」, 『인문과학논집』 65, 청주대학교 한국문화연구소.

양희철(2023a), 「〈모죽지랑가〉와 〈맹아득안가〉의 원전비평: 누락자와 연자를 중심으로」, 『언어학 연구』 67, 한국중원언어학회.

양희철(2023b), 「향가의 원전비평 8제:오자와 누락자를 중심으로」, 『인문과학논집』 66, 청주대학교 한국문화연구소.

양희철(2024a), 「향가의 원전비평 10제」, 『인문과학논집』 67, 청주대학교 한국문화연구소.

양희철(2024b), 「〈보현십원가〉의 원전비평: 일곱 오자를 중심으로」, 『언어학 연구』 71, 한국중원언어학회.

양희철(2024c), 「〈총결무진가〉의 원전비평」, 『한국어문교육연구회 제246회 전국학술대회 자료집』(2014. 7. 13/금), 한국어문교육연구회.

양희철(2025), 「향가의 원전비평 6제」, 『인문과학논집』 68, 청주대학교 한국문화연구소.

엄국현(1989), 「모죽지랑가 연구」, 『인제논총』 5-1, 인제대.

엄국현(1990), 「서동요 연구Ⅱ」, 『인제논총』 6-2, 인제대.

엄태웅·김유범·하윤섭(2022), 「국어사와 고전문학의 융합을 위한 실험적 모색: 『삼국유사』〈무왕〉조의 〈서동요〉를 중심으로」, 『어문논집』 95, 민족어문학회.

오정란(1988), 『경음의 국어사적 연구』, 한신문화사.

오정란(1993), 「국어 'ㄹ'음의 양음절성과 겹자음화」, 『언어』 18-1, 한국언어학회.

위국봉(2014), 「'叱'의 음독 유래에 대하여」, 『구결연구』 32, 구결학회.

유창균(1973), 「향가 표기용자의 상고성적 측면: 특히 「尸」의 음가와 그 연원에 대하여」, 『신라가야문화』 5, 영남대 신라가야문화연구소.

유창균(1994), 『향가비해』, 형설출판사.

유창돈(1964), 『이조어사전』, 연세대 출판부.

유창선(1936a), 「신라의 향가해독」(모죽지랑가, 안민가), 『신동아』 6-5, 신동아사.

유창선(1936b), 「신라의 향가해독(2)」(찬기파랑가), 『신동아』 6-6, 신동아사.

유창선(1936c), 「신라의 향가해독(3)」(헌화가, 처용가, 서동요), 『신동아』 6-7, 신동아사.

유창선(1936d), 「신라향가(4): 맹아득안가」, 『신동아』 6-8, 신동아사.

유창선(1936e), 「신라향가(5)」(풍요, 도솔가, 營齋歌, 혜성가), 『신동아』 6-9, 신동아사.

유창선(1936f), 「원왕생가와 영재 우적가: 소창진평과 양주동씨의 논쟁을 비판함」, 『조광』 7(2-5), 조선일보사.

유창선(1940), 「노인 헌화가에 대하여」, 『한글』 76, 조선어학회.

유창식(1956), 「향가에 나타난 "尸"의 문법적 기능과 음가」, 『국어국문학』 15, 국어국문학회.

윤영옥(1980), 『신라시가의 연구』, 형설출판사.

윤철중(1997), 「「서동요」의 신고찰」, 『향가문학입문』, 백산출판사.

이 용(2000), 「광수공양가 '良焉多衣'의 형태론적 고찰」, 『형태론』 2-1, 박이정.

이 용(2004), 「『유가사지론』 점토석독구결 해독 연구(3)」, 『구결연구』 12, 구결학회.

이 용(2007), 「〈항순중생가〉의 해독에 대하여」, 『구결연구』 18, 구결학회.

이 탁(1956), 「향가신해독」, 『한글』 116, 한글학회.

이강로(1989a), 「차자 표기에 쓰인 '內'자에 대한 연구(Ⅰ)」, 『한글』 203, 한글학회.

이강로(1989b), 「차자 표기에 쓰인 '內'자에 대한 연구(Ⅱ)」, 『한글』 205, 한글학회.

이강로(1990), 「대명률직해의 하임법 '使內'의 연구」, 『동방학지』 67, 연세대 국학연구원.

이강로(1991), 「차자 표기에 쓰인 '內/예'에 대한 연구(Ⅲ)」, 『한글』 211, 한글학회.
이건식(1995), 「향찰과 석독구결의 훈독 말음첨기에 대하여」, 『국어사와 차자표기: 소곡 남풍현선생 회갑기념논총』, 태학사.
이건식(1996), 「고려시대 석독구결의 조사에 대한 연구」, 박사학위논문, 단국대 대학원.
이건식(2012), 「균여 향가 청전법륜가의 내용 이해와 어학적 해독」, 『구결연구』 28, 구결학회.
이건식(2015), 「균여 향가 청불주세가의 내용 이해와 어학적 해독」, 『구결연구』 34, 구결학회.
이기문(1989), 「고대국어 연구와 한자의 새김 문제」, 『진단학보』 67, 진단학회.
이도흠(1993), 「신라 향가의 문화기호학적 연구」, 한양대학교 대학원 박사논문.
이도흠(1998), 「「모죽지랑가」의 창작배경과 수용의미」, 『한국시가연구』 3, 한국시가학회.
이돈주(1990), 「향가 용자 중의 '賜'자에 대하여」, 『국어학』 20, 국어학회.
이동림(1982), 「구역인왕경의 구결 해독을 위하여」, 『논문집』 21, 동국대.
이동석(2000), 「향가의 첨기 현상에 대한 연구」, 『구결연구』 6, 구결학회.
이등룡(1984), 「알타이 제어(돌궐, 몽고, 만주·퉁구스 및 한국어)의 서술동사 비교연구」, 『대동문화연구』 18, 성균관대 대동문화연구소.
이등룡(2010), 『여요석주』, 한국학술정보.
이병기(2008), 「모죽지랑가의 해독에 대하여」, 『구결연구』 21, 구결학회.
이숭녕(1955), 『신라시대의 표기법 체계에 관한 시론』, 탑출판사.
이숭녕(1957), 「제주도 방언의 형태적 연구」, 『동방학지』 3, 연세대학교 동방학연구소.
이숭녕(1976), 「15세기 국어의 쌍형어 '잇다, 시다'의 발달에 대하여」, 『국어학』 4. 국어학회.
이숭욱(1986), 「존재동사 'ㅇ시-'의 변의」, 『국어학신연구』, 탑출판사.
이승재(1984), 「고대지명 '古尸'에 대하여」, 목천 유창균 박사 환갑기념 논문집 간행위원회 편, 『목천 유창균 박사 환갑기념 논문집』, 계명대학교.
이승재(1987), 「'將來'고」, 『국어학』 16, 국어학회.
이승재(1989), 「고려시대의 이두에 대한 연구」, 서울대 박사학위논문.
이승재(1991), 「향가의 遣只賜와 구역인왕경의 구결 ㅁㅅㄷ에 대하여」, 서울대학교 대학원 국어연구회 편, 『국어학의 새로운 인식과 전개』, 민음사.
이승재(1992), 『고려시대의 이두』, 태학사.
이승재(1993), 「고려본 화엄경의 구결자에 대하여」, 『국어학』 23, 국어학회.
이승재(1995), 「동명사 어미의 역사적 변화: 『구역인왕경』과 『화엄경』의 구결을 중심으로」, 『국어사와 차자표기: 소곡 남풍현선생 회갑기념논총』, 태학사.
이승재(1997), 「조선 초기 이두문의 어중 '-叱-'에 대하여」, 성재이돈주선생회갑기념논총 간행위원회 편, 『국어학연구의 새 지평』, 태학사.
이승재(1998), 「고대 국어 형태」, 『국어의 시대별 변천 연구3: 고대국어』, 국립국어연구원.
이승재(2000), 「차자표기 자료의 격조사 연구」, 『국어국문학』 127, 국어국문학회.

이완형(1999), 「'처용랑 망해사'조의 서사적 이해와 처용가의 기능」, 『어문학』 68, 한국어문학회.
이임수(1982), 「모죽지랑가를 다시 봄」, 『문학과 언어』 3, 문학과언어연구학회.
이임수(1992), 「찬기파랑가에 대한 새로운 접근」, 『동국논집』 11, 동국대 경주분교.
이장희(1995), 「화엄경 구결자 'ㄹ'의 기능과 독음」, 『어문학』 56, 한국어문학회.
이종철(1987), 「향가 시구 「白遣賜立」 해독 재고」, 『논문집』 5, 한림대학.
이준환(2011), 「향찰 표기자 한자음 연구의 회고와 전망」, 『구결연구』 26, 구결학회.
이준환(2014), 「「수희공덕가」(보현십원가 제5) 해독」, 『구결연구』 33, 구결학회.
이현희(1996), 「향가의 언어학적 해독」, 『새국어생활』 6-1, 국립국어연구원.
임기중(1996), 「향가의 문학적 해독」, 『새국어생활』 6-1, 국립국어연구원.
임기중·임종욱(1996), 『한국고전시가어휘색인사전』, 보고사.
임주탁·이소영(2024), 「무왕 서사의 맥락과 서동요의 함의」, 『우리문학연구』 81, 우리문학회.
임홍빈(2007), 「국어학과 인문학적 상상력」, 『국어국문학』 146, 국어국문학회.
장성진(1986), 「서동요의 형성 과정」, 『한국전통문화연구』 2, 효성여대.
장영우(1998a), 「「도솔가」는 삼행시다」, 『국어국문학』 122, 국어국문학회.
장영우(1998b), 「도솔가」, 임기중 외, 『일용 임기중 선생 환력기념 새로 읽는 향가문학』, 아세아문화사.
장윤희(1999), 「구역인왕경 구결의 종결어미」, 『구결연구』 5, 구결학회.
장윤희(2005), 「고대국어 연결어미 '-遣'과 그 변화」, 『구결연구』 14, 구결학회.
장윤희(2008), 「향찰 연구의 회고와 전망」, 『구결연구』 21, 구결학회.
장윤희(2011), 「석독구결 속격 '-ㄹ'의 문제 해결을 위하여」, 『구결연구』 27, 구결학회.
전규태(1976), 『논주 향가』, 정음사.
정연찬(1972), 「향가해독일반」, 김열규·정연찬·이재선 공저, 『향가의 어문학적 연구』, 서강대학교 인문과학연구소.
정열모(1947), 「새로 읽은 향가」, 『한글』 99, 한글학회.
정열모(1965), 『향가연구』, 사회과학원출판사.
정우영(2007), 「〈서동요〉 해독의 쟁점에 대한 검토」, 『국어국문학』 147, 국어국문학회.
정인보(1930), 『조선어문연구』 1, 연희전문학교 출판부.
정재영(1995), 「전기중세국어의 의문법」, 『국어학』 25, 국어학회.
정재영(1998), 「합부금광명경(권삼) 석독구결의 표기법과 한글 전사」, 『구결연구』 3, 구결학회.
정재영(2001), 「'·예경제불가' 해석」, 『국어연구의 이론과 실제: 이광호 교수 회갑기념논총』, 태학사.
정진원(2008), 「월명사의 〈도솔가〉 해독에 대하여」, 『구결연구』 20, 구결학회.
정진채 옮김(1992), 『안데르센동화집』, 대일출판사.
정창일(1987), 『향가신연구』, 세종출판사.

정철주(1989), 「신라시대 이두의 연구」, 계명대 박사논문.
조용호(2016), 「적극적 대중 포교가로서의 「제망매가」 연구」, 『한국고전연구』 34, 한국고전연구학회.
조윤제(1956), 「향가 연구에의 제언」, 『현대문학』 23, 현대문학사.
지헌영(1947), 『향가여요신석』, 정음사.
지헌영(1954), 「次肹伊遣에 대하여」, 최현배선생화갑기념논문집간행위원회 편, 『최현배선생화갑기념논문집』, 사상계사.
지헌영(1991), 「次肹伊遣에 대하여」, 『향가여요의 제문제』, 태학사.
지형률(1996), 『향가정독』, 서원기업.
지형률(2007), 『향가정독(개정판)』, 다다아트.
천소영(1985), 「향찰의 「叱」자 표기에 대하여」, 『우운 박병채 박사 환력기념논총』, 고려대학교 국어국문학연구회.
최남희(1994), 「고대 국어 자료 「叱」의 소리값과 기능」, 『한글』 224, 한글학회.
최남희(1996), 『고대국어 형태론』, 박이정.
최범영(2012), 「고려시가 참회업장가의 어휘와 해독」, 『학술발표자료 학술행사 구결학회 제44회 전국학술대회』, 구결학회.
현평효(1975), 「고려가요에 나타난 /-고시-/ 형태에 대하여」, 『국어학』 3. 국어학회.
현평효(1985), 『제주도 방언 연구』, 이우출판사.
홍기문(1956), 『향가해석』, 조선민주주의인민공화국 과학원.
홍기문(1957), 『리두연구』, 과학원출판사.
홍재휴(1981), 「헌화가신석」, 『한국시가연구: 백강서수생박사회갑기념논총』, 형설출판사.
홍재휴(1983), 『한국고시가율격연구』, 태학사.
황국정(2004), 「15세기 국어 음절말 'ㅅ'의 기원적인 음가에 관한 연구: '㖧叱多(如)/ㅎㄴㅣ'의 독법을 중심으로」, 『국제어문』 32, 국제어문학회.
황병익(2002), 「『삼국유사』 '이일병현'과 「도솔가」의 의미 고찰」, 『어문연구』 115, 한국어문교육연구회.
황병익(2005), 「〈혜성가〉의 쟁점과 의미 고찰」, 『한국시가연구』 17, 한국시가학회.
황병익(2007a), 「'수로부인'조와 〈헌화가〉의 의미 재론」, 『한국시가연구』 22, 한국시가학회.
황병익(2007b), 「『삼국유사』 죽지랑조와 「모죽지랑가」의 의미 고찰」, 『어문연구』 35-3, 한국어문교육연구회.
황병익(2009), 「〈도천수대비가〉의 재해석: "一等沙隱賜以古只內乎叱等邪"의 의미를 중심으로」, 『한국시가연구』 26, 한국시가학회.
황병익(2011), 「역신의 정체와 신라 〈처용가〉의 의미 고찰」, 『정신문화연구』 34-2, 한국학중앙연구원.

황병익(2012), 「〈안민가〉의 창작 배경과 의미 고찰」, 『정신문화연구』 128, 한국학중앙연구원.
황병익(2014a), 「「제망매가」의 의미 고찰」, 『어문론총』 61, 한국문학언어학회.
황병익(2014b), 「효성왕 대의 정치 현실과 〈원가〉의 의미 고찰」, 『한국시가문화연구』 33, 한국시가문화학회.
황병익(2015), 「산화·직심·좌주의 개념과 〈도솔가〉 관련설화의 의미 고찰」, 『한국시가문화연구』 35, 한국시가문화학회.
황병익(2017a), 「양지사석 조와 〈풍요〉의 의미 고찰」, 『한국시가문화연구』 39, 한국시가문화학회.
황병익(2017b), 「『삼국유사』 광덕엄장 조와 〈원왕생가〉의 의미 재고」, 『한국시가연구』 43, 한국시가학회.
황병익(2018), 「역사와 문학 기반 향가 연구의 회고와 전망」, 『한국시가연구』 45, 한국시가학회.
황병익(2019a), 「삼국유사 '경덕왕 충담사'조와 〈찬기파랑가〉의 의미 재고」, 『어문연구』 47-3(2019년 가을), 한국어문교육연구회.
황병익(2019b), 「『삼국유사』 양재우적조와 〈우적가〉의 의미 고찰」, 『한국시가문화연구』 43, 한국고시가문학회.
황병익(2020), 「『삼국유사』 무왕 조와 〈서동요〉의 의미 고찰」, 『고전문학연구』 57, 한국고전문학회.
황선엽(1997), 「처용가 '脚烏伊'의 해독에 대하여」, 『국어학』 30, 국어학회.
황선엽(2000), 「석독구결 '尸'의 해독에 대하여」, 『한국문학논총』 26, 한국문학회.
황선엽(2002a), 「국어 연결어미의 통시적 연구: 한글 창제 이전 차자표기 자료를 중심으로」, 박사학위논문, 서울대 대학원.
황선엽(2002b), 「향가에 나타나는 '遣'과 '古'에 대하여」, 『국어학』 39, 국어학회.
황선엽(2003), 「구결자 '斤'의 해독에 대하여」, 『구결연구』 10, 구결학회.
황선엽(2006), 「원왕생가의 해독에 대하여」, 『구결연구』 17, 구결학회.
황선엽(2008), 「《안민가》 해독을 위한 새로운 시도」, 『한국문화』 42, 규장각 한국학연구소.
황선엽(2015), 「향가와 배경 실화의 관련성: 「원가」를 중심으로」, 『서강인문논총』 43, 서강대학교 인문과학연구소.
황선엽 외(2009), 『석독구결사전』, 박문사.
황패강(1996), 「삼국유사와 향가 연구」, 『삼국유사의 종합적 검토』, 한국정신문화연구원.
황패강(2001), 『향가문학의 이론과 해석』, 일지사.
高本漢(1948), 『중국음운학연구』, 상무인서관.
董同龢(1981), 『한어음운학』, 문사철출판사.
三藏伽梵達摩, 「천수천안관세음보살치병합약집경(千手千眼觀世音菩薩治病合藥集經)」, 대정신수대장경간행회 편(소화 3년), 『대정신수대장경』 권20, 대장출판주식회사.

蘇慈爾·郝德士(1937), 『중영불학사전』, 불학문화복무처.
袁行霈(1987), 『中國詩歌藝術硏究』, 7인 공역(1990), 『中國詩歌藝術硏究』, 亞細亞文化社.
丁仲祜(民國9, 1920), 『불학대사전』(영인 1970), 보연각.
周法高 외 3인(1979), 『한자고금음휘』, 중문대학출판부.
중문대사전편찬위원회 편(중화민국 62년, 1973), 『중문대사전』, 중국문화대학출판부.
陳新雄(1983), 「고음학발미」, 문사철출판부.
遍照金剛(민국 62), 『文鏡秘府論』, 學海出版社.
黃慶萱(民國 68), 『修辭學』, 三民書局股份有限公社.
가나자와(金澤庄三郎 1918), 「이두의연구」, 『조선휘보』 4, 조선총독부.
마에마(前間恭作, 1929), 「처용가해독」, 『조선』 172, 조선총독부.
아유가이(鮎貝房之進, 1923), 「국문, 이토, 속요, 조자, 속자, 차훈자」, 『특별강의』, 조선사학회.
오구라(小倉進平 1929), 『향가급び이두의연구』, 경성제국대학.
Barthes, R.(1970), *Elements of Semiology*, trans. Lavers, A. and Smith, C., Beacon Press.
Chapman. R.(1973), *Linguistics and Literature*, Littlefield.
Chatman. S.(1971), *Literary Style*, Oxford University Press.
Culler, J.(1975), *Structuralist Poetics*, Cornell University Press.
Eco. U.(1979), *A Theory of Semiotics*, 서우석 역(1985), 『기호학이론』, 文學과知性社.
Empson. W.(1977), *Seven Types Of Ambiguity(third ed.)*, Chatto and Windus.
Freeman. D. C.(1981), *Essays in Modern Stylistics*, Methuen.
Garvin P. L.(1964, ed & trans.), *A Prague School Reader on Esthetics, Literary Structure, and Style*, Georgetown University Press.
Gee, J. P.(1996), *Social Linguistics and Literacies*, SRP.
Godzich, W.(1994), *The Culture of Literacy*, Harvard University Press.
Group μ(1981), *A General Rhetoric*, Hopkins University Press.
Hutcheon L.(1985), *A Theory of parody*, Methuen.
Jakobson, R.(1960), Concluding Statement: Linguistics and Poetics, Sebeok, T. A(ed), *Style in Language*, M.I.T. Press.
Karlgren. B.(1954), *Compendium of Phonetics in Archaic Chinese*, 이돈주 역주(1985), 『중국음운학』, 일지사.
Karlgren. B.(1966), *ANALYTIC DICTIONARY OF CHINESE AND SINO-JAPANESE*, CH'ENG-WEN COMPANY.
Kaufer, D. S.(1983), Irony, Interpretive Form, And The Theory of Meaning, *Poetics Today*, Vol.4:3, The Porter institute for Poetics and Semiotics.
Kayser W.(1982), *Das Sprachliche Kunstwerk*, 김윤섭 역, 『언어예술작품론』, 대방출판사.

Leech. G. N.(1969), Types of deviation, *A Linguistic Guide to English Poetry*, Longman.
Leech. G. N.(1985), Stylistics, Van Dijk, Teun A(ed), *Discourse and Literature*, John Benjamins Publishing Company.
Levin. S. A.(1962), *Linguistic Structures in Poetry*, Mouton Publishers.
Levin. S. R.(1963), DEVIATION - STATISTICAL AND DETERMINATE - IN POETIC LANGUAGE, *Lingua* 12, North-Holland Publishing Co.
Levin. S. R.(1965), Internal and External Deviation in Poetry, *Word* XXI, the Linguistic Circle of New York.
Mountford. J.(1990), Language and writing-system, ed. Collinge, N. E., *A Encyclopaedia of language*, Routledge.
Muecke, D. C.(1970), *Irony*, 文祥得 역(1980), 『아이러니』, 서울大學校 出版部.
Norrick, N. P.(1989), How Paradox means, *Poetics Today*, Vol. 10:3, The Porter Institute for Poetics and Semiotics.
Nöth, W.(1990), *HANDBOOK OF SEMIOTICS*, Indiana University Press.
Ong. W. J.(1982), *Orality and literacy*, Methuen & Co.
Osgood, C.(1960), Some effects of motivation on style of encoding, Sebeok, T(Ed.), *Style in Language*, M.I.T. Press.
Peer. W. V.(1984), *Pragmatics and Stylistics*, Leuven.
Peter. H. Lee(1959), *STUDIES IN THE SAENAENORAE: OLD KOREAN POETRY*, STITUTO ITALIANO PER IL MEDIO ED ESTREMO ORIENTE.
Plett. H. F.(1985), Rhetoric, Van Dijk, Teun A.(ed), *Discourse and Literature*, John Benjamins Publishing Company.
Riffaterre. M.(1959), Criteria for Style Analysis, *Word* XV, the Linguistic Circle of New York.
Riffaterre. M.(1960), Stylistic Context, *Word* XVI, the Linguistic Circle of New York.
Sebeok. T.(1960), *Style in Language*, M.I.T. Press.
Smith. B. H.(1968), *Poetic Closure*, The University of Chicago Press.
Steiger. E.(1946), *Grundbegriffe der Poetik*, 이유영·오현일 역, 『시학의 기본문제』, 삼중당.
Stubbs, M.(1980), *Language and literacy*, R.K.P.
Takakusu, J.(1973), *The Essentials of Buddhist Philosophy*, Greenwood Press.
Taylor. T. J.(1980), *Linguistic Theory and Structural Stylistics*, Pergamon Press. 양희철·조성래 공역(1996), 『구조문체론』, 보고사.
Van Dijk, Teun A.(1985), *Discourse and Literature*, John Benjamins Publishing Company.

찾아보기

ㄱ

간훈미음 28, 33, 39, 61, 68
개별화의 제유법 179, 665, 667
겸독 27, 32, 33, 35, 45, 55, 66-70, 72, 74, 101, 472, 493, 506, 520-523, 528, 540-542, 549, 550, 769, 771, 856, 859, 865, 897, 940, 943, 970, 1018, 1025, 1028, 1049, 1057, 1064, 1092, 1093
겸양법 190, 193, 195, 197, 590
경어법 163, 349, 584
계속행 506, 507, 615, 633, 677
고려 구결 283, 286
고려음 431
고려 이두 286, 287
고립어 64
교착어 64
교체 330, 332, 339, 342, 375, 376
구문상의 다의 503-505, 513, 516, 832
구문상의 동음이의 506, 509, 516, 639, 677, 818
구문상의 중의(법) 66, 71, 380, 510-514, 516, 633, 639-641, 957
구문적 중의 506-508, 511, 712, 815, 832
구상화 260, 267, 478, 479
규범 21, 22, 28, 33, 36, 55, 56, 66, 68, 70, 72, 73, 472, 515, 520, 522, 524, 528, 548

길약어 389, 390, 427

ㄴ

남방음 26, 32, 979
내포 언어 47-49, 51-54
내포적 의미 234
누락구 205
누락자 22, 24, 25, 29-31, 34, 66, 77, 115, 148-151, 153, 155, 157, 158, 160, 161, 163, 166, 167, 169, 171, 174-178, 184, 185, 187, 190, 196, 197, 199, 201, 203-207, 210, 213, 218, 221-223, 226, 228-233, 237-239, 243, 244-248, 250, 251, 253-258, 261, 263, 265, 267, 268, 270, 272-277, 503, 532, 553, 573, 577, 651, 673, 729, 742, 751, 756, 767, 819, 829, 842, 860, 889, 975, 988, 996, 1019, 1025, 1026, 1041, 1047, 1050, 1060, 1067, 1078, 1079, 1081, 1086, 1096, 1099, 1103

ㄷ

다의어 71, 380, 509-511, 604, 712, 729, 817
다의어의 중의(법) 34, 66, 73, 503, 516
단일 수사 472, 515
도치(법) 34, 66, 71, 73, 472, 491-493,

495-497, 504-507, 513, 514, 516, 558, 615, 621, 626, 639-641, 646, 672, 910, 911
도치 구문 195
독법 22, 26, 27, 32, 43, 45, 55, 73, 132
독법의 종류와 체계 32, 36, 39, 45, 72
돌궐어 300, 662
동음이의 513, 639
동음이의어 71, 380, 412, 427, 511, 521, 527, 712
동음이의어의 중의(법/어) 34, 66, 73, 503, 505, 516, 671
동음이의의 중의(법) 510, 512, 516, 957
동음이의적 42, 50-52, 58, 60, 63, 65, 69, 73, 74, 521, 522, 541, 542, 549, 550, 771
동음이의적 가의독 44
동음이의적 음의독 34, 45, 67
동음자 77, 78, 84, 95, 107, 108, 110, 111, 124, 127-129, 132, 133, 135, 137-139, 148, 150, 392, 434, 904, 915, 966, 977
동음자의 오자 31
동자이의 146, 752
동철자이표기 335

ㅁ

말음절첨기 59, 60, 64, 65, 343
말음첨기 28, 38, 39, 55-57, 59, 61, 64, 65, 67, 70, 80, 117, 193, 209, 232, 264, 269, 290, 301, 343, 351, 522, 541, 548, 549, 658, 777, 805, 889, 982
말음표기자 662
명령적 의문문 535, 698, 699, 700, 786, 801, 901, 1014
명령적 의문법 497, 513, 514, 516, 639, 641, 922
명사의 말음 '-시' 310, 328
명사의 말음 '叱/시' 297
명사의 말음과 격어미의 '叱/실' 297
명사의 말음과 격어미의 결합인 '실' 323, 329
명사의 말음절과 어미의 '叱/실' 308
몽고문어 333, 375, 982
문맥적 의독 45, 68-70, 73, 74, 520-523, 540-542, 548-550, 676, 760, 771, 831, 856, 859, 865, 878, 897, 909, 934, 939, 943, 970, 1018, 1023, 1025, 1028, 1049, 1057, 1064, 1076, 1092, 1093, 1111
문맥적 의독자 68, 69
문맥적 의미 489, 521
문법적 중의 507
문자성 533, 550
문자적 의미 179, 233, 380, 426, 489, 496, 504, 510, 516, 604, 650, 669, 889
문자적 해독 506
문체론(적) 28, 39, 55
문체적 일탈 530
문학성 19, 20
문학적 방법 19, 20
문학적 해독 20, 21, 35, 56, 65, 74, 472, 548

ㅂ

반어 472, 493, 498, 516, 765, 880, 881
백제음 291, 979
백제의 한자음 294
범자 304, 305

변체자 94, 299, 380, 467, 468, 499, 500, 779
복수의 텍스트 510-512, 516, 615
복합 수사 472, 502, 516, 799, 874, 888
부동사형어미(연결어미) '-ㅂ' 301, 328
부동사형어미(연결어미) '-압' 328
부사의 말음 '叱/싵' 297, 298
부사의 말음을 표기한 '싵' 329
불경(의) 자역(자) 26, 304, 307-309, 328
비문법적 66, 74, 177, 296, 472, 558
비유법 34, 66, 73, 74
비유어의 중의(법) 34, 66, 74, 516
비유적 의미 66, 380, 426, 491, 669, 872

ㅅ

상고음 467
상징(법) 205, 472, 489, 491, 495-497, 504, 505, 515, 516, 555, 558
상징적 의미 510, 556, 558, 588, 604, 650
생략(법) 34, 66, 67, 71, 73, 239, 349, 495-497, 503, 506-508, 512-514, 516, 558, 640
생략법의 중의법 516
서로 연계된 누락자와 연자 29-31, 34, 148, 149, 176-178, 268, 573, 580, 582, 612, 629, 648, 651, 729, 733, 751, 754, 758, 767, 829, 831, 845, 853, 857, 883, 890, 951, 952, 1024, 1027, 1045, 1047, 1064, 1067, 1099, 1100, 1102
선행 전사 222
선행 전사자 157, 160, 162, 166, 168, 171, 174-176, 178, 201, 205, 210, 219, 222, 225, 226, 228, 231, 238, 244, 248, 251,

260, 268, 274-277
소멸된 한자음 281, 282, 291, 294, 388, 600, 773, 795, 869, 872, 874, 939, 944, 958, 1001, 1062, 1087
소멸된 형태소 295, 298, 299, 320, 328
속격(의) '叱/시' 297, 310, 311, 354, 723, 840
속자 23, 93, 253, 295, 299, 377, 380, 427, 428, 721
속자설 92, 93, 299, 524
수사법 33, 34, 45, 56, 66, 70-72, 74, 471, 472
시성 19-21, 35, 66
시적 기교 615
시적 능력 472
시적 청자 87, 190
시적 화자 87, 95, 167, 170, 221, 270, 506, 697, 957
신구음 330, 342, 368, 374, 376
신라음 286-288, 291, 294, 307, 309, 431, 979
신음 332, 336, 349, 368, 375

ㅇ

약자 23, 110, 111, 377, 446, 447, 721
양가감정 496
어간과 전성어미가 결합된 '싵' 323, 329
어간과 전성어미의 '叱/싵' 296
어간의 '叱/시-' 296, 310, 328
어간의 말음 '-叱/시-' 296, 310
어간의 말음과 어미가 결합된 '-싵-' 323, 329
어간의 말음과 어미의 '-叱/싵-' 296

어간의 말음절과 어미의 '叱/실' 308
어문학적 19, 20, 22, 34, 35
어학적 19-21, 35, 55, 65, 74, 471
어휘상의 중의 71
언표내적 의미 509, 786, 801
언표적 내용 801
여실법 112, 228, 342, 343, 524
연쇄법 34, 66, 74
연자 22, 24, 25, 31, 77, 81-83, 115, 148, 175, 177, 185-187, 190, 197, 200-203, 205-207, 209, 210, 213, 218-221, 223-233, 238-240, 243-245, 248, 250-253, 255, 256, 258, 260, 261, 263, 265, 268-270, 273-277, 408, 503, 505, 553, 580, 629, 739, 742, 754, 756, 758, 819, 831, 842, 853, 860, 1019, 1024, 1041, 1060, 1064, 1096, 1102
오각 91-93, 295, 299, 300, 434, 721
오독자 77, 79, 137, 145, 148
오음 86, 283, 284, 286, 292-294, 431, 467, 748, 1035, 1062, 1086, 1087
오자 22-25, 29-31, 34, 77-84, 87-91, 93-96, 98, 105, 107, 110, 111, 113-117, 119-122, 124, 126-129, 132, 133, 137-139, 141, 142, 145, 147, 148, 150, 165, 177, 218, 239, 271, 295, 299, 300, 434, 499, 503, 529, 651, 673, 688, 721, 739, 742, 754, 756, 774, 785, 786, 819, 835, 842, 853, 860, 863, 888, 893, 904, 913, 915, 933, 954, 966, 975, 979, 981, 986, 996, 1016, 1041, 1048, 1050, 1064, 1079, 1095, 1096
오자설 78, 80, 84, 92, 93, 96, 524

완곡어법(적) 34, 66, 74, 489, 566, 974
완서(법) 34, 66, 74, 238, 472, 493, 494, 506, 516, 890, 988, 1069
우언법 34, 66, 74
원전비평 21, 22, 24, 25, 29, 30, 34, 77, 81, 98, 112, 117, 121, 124, 126, 128, 133, 135, 141, 142, 147-149, 157, 162, 163, 165, 168, 171, 178, 184, 186, 187, 189, 196, 198, 202, 204, 206, 207, 209, 212, 218, 220, 225, 227-229, 232, 237, 240, 245, 247, 250, 252, 254, 257, 260, 263, 267, 754
유사자 24, 77, 78, 82, 84, 94, 96, 98, 101, 105, 110-115, 119, 121, 122, 124, 126, 147, 165, 238, 529
윤창 211, 212
은유(법) 380, 426, 472-476, 479, 482, 502, 504, 505, 511, 515, 516, 669, 712, 807, 888, 928, 990, 1008, 1009, 1011, 1012, 1014, 1016, 1107
은유어의 중의법 516
은유적 의미 475, 504, 511, 712
은유적 직유 473-476, 479, 497, 516
의격 71, 72, 504
의독자 377, 428, 429, 467
의주음조 28, 39, 56, 61, 67, 68, 70, 97, 98, 237, 520, 524, 526, 534, 548, 621, 844
이면적 의미 504, 505, 599, 669
이음동의적 50
이중적 음가 360, 363
이체자(설) 22-24, 77, 91-94, 145, 148, 295, 299, 377, 380, 428, 446, 467, 468,

499, 500, 721, 779, 945
이취 71, 72, 504, 505, 517
이형태 194, 229
이형표기(설) 92, 93, 133
일반화의 오류 94, 300
일반화의 제유(법) 489, 495, 626, 665, 923, 974
일본음 283-286, 292-294, 328, 431, 979
일탈 21, 28, 33, 34, 36, 39, 55, 56, 66, 68, 70, 72, 73, 471, 472, 506, 515, 520, 522, 524, 532, 541, 548, 549, 626, 777
잉여코드 34, 35, 45, 51-55, 68-70, 72, 101, 348, 472, 493, 518, 520-522, 524, 526-528, 531-535, 538, 539, 542, 546, 548-550, 676, 677, 760, 769, 771, 831, 856, 859, 865, 878, 897, 909, 934, 939, 940, 943, 970, 1018, 1023, 1025, 1028, 1049, 1057, 1064, 1076, 1092, 1093, 1111
잉여코드쓰기 27, 32, 38, 518, 528, 545, 546, 547, 760
잉여코드의 문맥적 읽기 518-520
잉여코드읽기 522, 528

ㅈ

장엄화 260, 267, 478, 479
전경화 28, 33, 36, 39, 55, 56, 72, 73, 471, 472, 522, 528, 530, 531, 548
전도(구) 148, 178, 239, 274, 275
전설모음화 333, 375, 982
접미사 '-듭/답'의 말음 '-ㅂ' 301, 328
접미사(의) '叱/실' 297, 298, 308, 309, 324, 329
정보용량의 극대화 45, 68, 70, 73, 520,
521, 523, 524, 526, 527, 529-532, 534, 538, 539, 542, 545, 546, 548-550, 677, 939
제유(법) 179, 472, 485, 486, 488, 495, 496, 513, 516, 515, 558, 573, 640, 974
제자 원리 26, 27, 32, 36, 38, 39, 43, 46, 55, 72, 332
주격(의) '-시/叱' 310, 311, 320, 328, 358
중국 고음 283, 284, 288, 293, 303-305, 307-309, 328, 443, 467
중국음 291, 431
중의(법) 34, 45, 66, 70-73, 184, 507, 508, 510, 517, 573, 615, 633, 712, 786, 957
중의어 234, 504, 889
중의적 표현 777, 780, 785
지정문자(설) 112, 237, 295, 300, 447, 524, 688, 800
직유 473-476, 479, 810
'叱'의 고음 296, 297, 302, 303, 307, 315, 326, 327, 344

ㅊ, ㅌ

차제자 42, 46, 291, 294, 333
차제자 원리 193, 195, 292, 360-363, 365, 366, 371, 373, 376, 416
초언어 47-49, 51-54, 829
추켜세우기 499, 516
퉁구스어 333, 375, 982

ㅍ

패러디 502, 516, 888
표면적 의미 504, 599, 669

ㅎ

한국 고음 293, 309
한자음 22, 25, 31, 32, 112, 257, 290, 298, 301, 304, 306, 308, 309, 315
한자의 22, 31, 112
한자훈 26, 32
함경도 방언 271, 273
해성자 283, 286, 288, 289, 294, 318, 328, 359, 464, 467, 748
행간걸침 34, 56, 66, 71, 74, 506-509, 513, 514, 516, 615, 633, 638-641, 677, 815, 818
확장된 직유 810
환유(법) 472, 481, 483-485, 515, 655, 926, 1063
환유법적 42, 50, 53, 69, 74, 542, 545, 546, 550
환유법적 가의독 34, 44, 45, 522
환유적 표현 481, 483, 828
환칭(법) 478, 512, 513, 640, 777, 780, 785
환칭법의 중의 512
환칭어 71, 510, 604
환칭어의 중의 34, 66, 74
환칭적 중의법 238, 505, 516, 890
후행 전사자 157, 158, 160, 162, 166, 168, 174, 175, 178, 197, 201, 205, 210, 219, 222, 226, 228, 231, 238, 244, 248, 251, 261, 274-277
훈주음종 28, 33, 39, 55, 61, 68, 97, 98, 237, 534
희인 499, 502, 516, 874

양희철(楊熙喆)

1952년 충북 증평 출생
청주대학교 국어국문학과 졸업
서강대학교 대학원 석·박사과정 수료
경남대학교 국어교육과 전임강사
청주대학교 국어국문학과 국어교육과 교수 역임
현재 청주대학교 명예교수

저서

『고려향가연구』(1988), 『향찰문자학』(1995), 『삼국유사 향가연구』(1997),
『향기 꼼꼼히 읽기』(2000), 『시조 작품론 교정』(2005), 『표해가의 생략언어』(2005),
『향찰 연구 12제』(2008), 『향찰 연구 16제』(2013), 『향찰 연구 20제』(2015),
『연시조 작품론 일반』(2016), 『향가 문학론 일반』(2020), 『연시조성 연구』(2021).

향가해독신사 鄕歌解讀愼思

2025년 9월 26일 초판 1쇄 펴냄

지은이 양희철
펴낸이 김흥국
펴낸곳 보고사

책임편집 이찬형
표지디자인 김규범

등록 1990년 12월 13일 제6-0429호
주소 경기도 파주시 회동길 337-15 보고사
전화 031-955-9797
팩스 02-922-6990
메일 bogosabooks@naver.com
http://www.bogosabooks.co.kr

ISBN 979-11-6587-901-3 93810
ⓒ 양희철, 2025

정가 48,000원
사전 동의 없는 무단 전재 및 복제를 금합니다.
잘못 만들어진 책은 바꾸어 드립니다.